ལོ་རྒྱུས་ཡིག་ཚང་། ༡༠

༄༅། །རྒྱ་ནག་ཆོས་འབྱུང་།

མཛད་པ་པོ། མཁན་པོ་ཆོས་རྣམ་རྒྱལ།

སེ་ཁྲིད་བོད་ཡིག་དཔེ་རྙིང་བསྡུ་སྒྲིག་ཁང་གིས་བསྒྲིགས།

XZCB བོད་ལྗོངས་མི་དམངས་དཔེ་སྐྲུན་ཁང་།

图书在版编目（CIP）数据

达那堪布曲朗杰教法史：藏文 / 堪布切纳金著 ；四川藏文古籍整理室整理. -- 拉萨 ：西藏人民出版社，2018.11
（藏族历史典籍精选）

ISBN 978-7-223-05968-8

Ⅰ. 达… Ⅱ. ①堪… ②四… Ⅲ. ①喇嘛宗－佛教史－藏语 Ⅳ. ①B946.6

中国版本图书馆CIP数据核字(2018)第140761号

达那堪布曲朗杰教法史

编　　著：堪布切纳金等
搜集整理：四川藏文古籍搜集保护编务院
责任编辑：侃 照
封面设计：罗桑扎西
出版发行：西藏人民出版社（拉萨市林廓北路20号）
印　　刷：成都东江印务有限公司
开　　本：787×1092　1/16
印　　张：26.5
字　　数：350千
版　　次：2018年11月第1版
印　　次：2018年11月第1次印刷
印　　数：01-3，000
书　　号：ISBN 978-7-223-05968-8
定　　价：62.00元

རྡ་ནག་མཁན་ཆེན་ཐུབ་བསྟན་ཆོས་རྣམ་རྒྱལ།

བསྡུ་སྒྲིག་ལས་མིའི་མཚན་ཐོ།

བཀའ་འདྲི་ཞུ་ཡུལ།	གཟན་དཀར་ཐུབ་བསྟན་ཉི་མ། རྟ་ནག་མཁན་པོ་དགེ་དབང་ཤེས་རབ། དགེ་བཤེས་ཚེ་རིང་པོ། ཚེ་པོ།
སྤྱི་ཁྱབ་གཙོ་འགན་པ།	ཁྲོ་ཐར་འཇམ་བློ།
སྒྲིག་སྒྲོར་པ།	ཟླ་ཚེ།
བསྡུ་སྒྲིག་ཁོངས་མི།	ཚེ་མགོན་ཐར། པད་རྡོ། བསྟན་པའི་རྒྱལ་མཚན། བྱམས་པ་བསྟན་འཛིན། སླིན་དབུས་པོ། དམ་ཆོས། གནམ་ཕྱུག་མཚོ། ཚེ་རིང་ལྷ་དཀར། ཟླ་བ་ལྷ་མོ། ཆོས་བཟང་ཉི་མ། དཔལ་ཆེན་འཕྲིན་ལས། བསོད་ནམས་བདེ་སྐྱིད། ཚུལ་ཁྲིམས་དར་རྒྱས། ཚུལ་ཁྲིམས་བསྟན་འཛིན། འཇམ་དབྱངས་བཟང་པོ། འབྲུག་རྒྱལ། དཀོན་མཆོག་བཀྲ་ཤིས། ལྷུན་པོ། འཆི་མེད་རྣམ་རྒྱལ། གངས་གྲོལ། ཡེ་ཤེས་ཆོས་སྒྲོན། མགོན་པོ། ཀུན་ལྷ། ཟླ་ཚེ། ལྷ་མོ་སྒྲོལ་མ། དགེ་སྒྲོན། གྲགས་པ། སྲི་ཐར་རྡོ་རྗེ། རྩེ་ལྷ་སོགས་སི་ཁྲོན་བོད་ཡིག་དཔེ་སྙིང་བསྡུ་སྒྲིག་ཁང་གི་ལས་མི་རྣམས་སོ། ।

༄༅། །ཧྲ་ནག་ཆོས་འབྱུང་ཆེན་མོ་དཔར་དུ་བསྐྲུན་པའི་གསལ་བཤད་མདོར་བསྡུས་མེས་པོའི་ཞལ་ལུང་ཞེས་བྱ་བ།

དེ་ཡང་བཀའ་ཐང་སྡེ་ལྔ་ལས། གཡས་རུའི་གླིང་ལ་ཡུལ་སྡེ་བཅུ་དྲུག་ཡོད། །བྱང་ཕྱུག་ཏྲེ་ཤོད་ཟང་ཟང་སྟག་སྡེ་དང་། །སྟག་རི་མུས་ལྷོག་འཇད་དང་ཧྲ་ནག་དང་། །ཞན་དག་ཤངས་དང་མོན་མཁར་གེ་རེ་དང་། །ལང་འགྲོ་སྣ་གོར་ཚུར་ཞུ་སྙེ་མོ་བཅས། །དེ་རྣམས་གཡས་རུའི་ཡུལ་སྡེ་བཅུ་དྲུག་ཡིན། །ཞེས་གསུངས་པ་ལྟར་དབུས་གཙང་རུ་བཞིའི་ཡ་གྱལ་གཙང་སྟོད་གཡས་རུའི་ཆར་གཏོགས་པ་དང་། དེང་དུས་གཞིས་རྩེ་གྲོང་ཁྱེར་གྱི་ཁོངས་སུ་ཆགས་ཡོད་པའི་ཧྲ་ནག་ཅེས་གྲགས་པའི་ཡུལ་འདིར། དཔའ་མཛངས་གཉིས་ལྡན་གྱི་མི་སྣ་གྲགས་ཅན་མང་དུ་བྱོན་སྐྱོང་བ་དང་། ཆོས་བརྒྱུད་རིས་མེད་ཀྱི་དགོན་སྡེ་དང་། གནས་རི། སྒྲུབ་ཕུག །རི་ཁྲོད་བཅས་མང་དུ་བཞུགས་པས་བྱིན་རླབས་ཀྱི་གཞི་འོད་འབར་བའི་གནས་ཁྱད་པར་བ་ཞིག་ཡིན་ལ། གནས་འདི་དང་འབྲེལ་ཡོད་ཀྱི་ལོ་རྒྱུས་དང་། གདན་རབས། ཆོས་འབྱུང་བཅས་ཀྱི་ཡིག་ཆ་གལ་ཆེན་ཁག་གཅིག་ཕྱོགས་བསྒྲིགས་བྱས་ཏེ་ཧྲ་ནག་ཆོས་འབྱུང་ཞེས་བླ་ཐབས་སུ་བཏགས་པའི་པོད་འདིའི་ངོ་སྤྲོད་ཉུང་ཙམ་ཞུ་བ་ལ།

ཐོག་མར་ཧྲ་ནག་མཁན་རབས་བཅུ་གསུམ་པ་འཇམ་པའི་དབྱངས་ཆོས་རྣམ་རྒྱལ་དཔལ་བཟང་པོ་མཆོག་གིས་མཛད་པའི་བསྟན་པ་དང་བསྟན་འཛིན་གྱི་ལོ་རྒྱུས་ཡོངས་འདུའི་མེ་ཏོག་གསར་པའི་ངོ་ཤལ་ཞེས་བྱ་བ་སྟེ་འདི་ལས། སྤྱིར་བསྐལ་པ་གང་ལ་སངས་རྒྱས་བྱོན་ཚུལ། ཁྱད་པར་བསྐལ་པ་བཟང་པོའི་སངས་རྒྱས་བྱོན་ཚུལ། མི་མཇེད་ཀྱི་ཁམས་སུ་སྟོན་པ་ཐུབ་པའི་དབང་པོ་བྱོན་ཚུལ། དེས་ཆོས་ཀྱི་འཁོར་ལོ་བསྐོར་ཚུལ། བཀའ་བསྡུ་རིམ་པ་གསུམ་བྱུང་ཚུལ། ཞར་བྱུང་ཕྱི་ནང་གྲུབ་མཐའི་ཁྱད་པར་བཤད་པ། མཁས་གྲུབ་རྣམས་ཀྱིས་ཇི་ལྟར་བསྐྱངས་ཚུལ། གངས་ཅན་དུ་ཇི་

ལྟར་བསྒྱུར་ཚུལ། ཆོས་རྒྱལ་སོགས་ཀྱིས་སྒྲི་ཞུ་ཇི་ལྟར་མཛད་པའི་ཚུལ། མཁས་པ་རྣམས་ཀྱིས་བཤད་ཉན་གྱིས་ཇི་ལྟར་གདན་ལ་ཕབ་པའི་ཚུལ། ས་སྐྱ་པའི་ལྟ་གྲུབ་ཁྱད་པར་འཕགས་ཚུལ་བཅས་གསུངས་ཡོད།

གཉིས་པ་མི་ཕམ་ངག་གི་དབང་ཕྱུག་གིས་མཛད་པའི་ཆོས་གྲྭ་ཆེན་པོ་ཐུབ་བསྟན་རྣམ་རྒྱལ་གྱི་རྟེན་གདན་རབས་དང་བཅས་པའི་ལོ་རྒྱུས་མདོ་ཙམ་བརྗོད་པ་ངོ་མཚར་དད་པའི་སྒོ་འབྱེད་ཅེས་བྱ་བ་སྟེ། འདི་ཉིད་ལས་གདན་ས་ཆེན་པོ་རྟ་ནག་ཐུབ་བསྟན་རྣམ་པར་རྒྱལ་བའི་གླིང་གི་མཁན་རབས་དང་པོ་ཀུན་མཁྱེན་མཁས་པའི་དབང་པོ་གོ་བོ་རབ་འབྱམས་པ་བསོད་ནམས་སེང་གེའི་མཛད་རྣམ་ཐུང་བསྡུས་ཙམ་དང་། མཁན་རབས་གཉིས་པ་གོང་སྟོན་དབང་ཕྱུག་གྲུབ་པ་ནས་མཁན་རབས་སོ་བརྒྱད་པ་ངག་དབང་འཕྲིན་ལས་རྒྱ་མཚོའམ་མི་ཕམ་སེངྒེ་རབ་རྒྱས་མཆོག་གི་བར་གྱི་མཁན་པོ་དང་གདན་ས་པ་ཁག་གི་མཛད་རྣམ་བསྡུས་ཙམ་རེ་དང་། གཙུག་ལག་ཁང་ཆེན་པོའི་དྲི་གཙང་ཁང་གི་དབུས་སུ་ཆོས་གྲྭ་ཆེན་པོ་འདི་ཉིད་ཀྱི་རྟེན་གྱི་གཙོ་བོ་ཀུན་མཁྱེན་ཆོས་ཀྱི་རྒྱལ་པོའི་ནང་རྟེན་ཐུབ་ཆེན་མཐོང་བ་དོན་ལྡན་ནང་གཞུག་སྟོན་པ་རྫོགས་པའི་སངས་རྒྱས་ཀྱི་རིང་བསྲེལ་སོགས་ཀྱི་དཀར་ཆག་དང་། གཞན་ཡང་མཁས་མཆོག་བྱམས་པ་རབ་བརྟན་གྱི་ཐོག་མར་བཞེངས་ཤིང་རྗེ་ཧྲཱུྃ་རསྨིས་བྱམས་ཆེན་བཞེངས་སྐབས་གཙང་ཁང་དང་མཉམ་དུ་རྒྱ་བསྐྱེད་པའི་དབུ་རྩེ་བླ་མ་ལྷ་ཁང་དང་། མཁན་ཆེན་གྲུབ་པའི་དབང་ཕྱུག་པདྨ་རྒྱལ་མཚན་གྱིས་བཞེངས་པའི་བཀའ་འགྱུར་ལྷ་ཁང་། གྲུབ་མཆོག་ཀླུ་དབང་རྒྱ་མཚོའི་དགོངས་རྫོགས་སུ་བཞེངས་པའི་གནས་བརྟན་ལྷ་ཁང་། མཁན་ཆེན་མཁྱེན་རབ་ཀྱི་དབང་ཕྱུག་བྱམས་པ་ངག་དབང་ཕུན་ཚོགས་ཀྱིས་བཞེངས་པའི་མཁའ་སྤྱོད་ལྷ་ཁང་། མ་ཧཱ་པཎྜི་ཏ་ཆོས་རྣམ་རྒྱལ་གྱིས་བཞེངས་པའི་གསེར་སྐུ་ལྷ་ཁང་། མཁས་གྲུབ་བཀྲ་ཤིས་ཆོས་འཕེལ་གྱིས་བཞེངས་པའི་ལམ་འབྲས་ལྷ་ཁང་། ཕྱག་ན་པདྨོ་ངག་དབང་བསྟན་འཛིན་རྒྱལ་མཚན་གྱིས་བཞེངས་པའི་ལྷ་ཁང་ལྷོ་བྱང་དུ་གྲགས་པ་གཉིས། ཀུན་མཁྱེན་ཆེན་པོའི་སྐུ་དུས་ཀྱི་མགོན་ཁང་སྨུག་དམ་ཅན་རྒྱ་མཚོ་སྤྲིན་ལྟར་འདུ་བའི་འཇིགས་རུང་དྲག་པོའི་གཞལ་མེད་ཁང་ཆེན་པོ། མཁན་ཆེན་ངག་དབང་ཚུལ་ཁྲིམས་བཟང་པོས་བཞེངས་པའི་གཟིམ་ཆུང་སེར་མོའམ་མཁའ་སྤྱོད་པོ་བྲང་དུ་གྲགས་པ་སོགས། གྲྭ་ཚང་གཉིས།

ཁམས་ཚན་བཅུ་གསུམ་བཅས་སུ་བྱིན་རླབས་ཀྱི་གཞི་བྱིན་འཕྲུལ་ཞིང་། འབྲེལ་ཚད་དོན་ལྡན་དུ་བྱེད་པའི་རྟེན་གསུམ་ཁྱད་དུ་འཕགས་པ་དུ་མའི་བཞུགས་བྱང་གསལ།

གསུམ་པ་རྟ་ནག་མཁན་པོ་ངག་དབང་ཤེས་རབ་མཆོག་གིས་མཛད་པའི་གཙང་སྟོད་རྟ་ནག་ཡུལ་གྱི་བྱུང་བ་མདོ་ཙམ་བརྗོད་པ་དྲི་བྲལ་ནོར་བུའི་མེ་ལོང་ཞེས་བྱ་བ་སྟེ་འདི་ཉིད་ལས། དཔལ་ས་སྐྱ་པའི་མཁས་པ་གངས་ཅན་མཛེས་པའི་རྒྱན་དགུའི་ཡ་གྱལ་ཀུན་མཁྱེན་གོ་བོ་རབ་འབྱམས་པ་བསོད་ནམས་སེངྒེས་བོད་རབ་བྱུང་བརྒྱད་པའི་རྣམ་རྒྱལ་ཞེས་པ་ཆུ་མོ་སྦྲུལ་གྱི་ལོ་སྤྱི་ལོ་༡༤༧༣ལོར་ཕྱག་བཏབ་པའི་རྟ་ནག་ཐུབ་བསྟན་རྣམ་པར་རྒྱལ་བའི་གླིང་དང་། སློབ་དཔོན་ཆེན་པོ་པདྨ་འབྱུང་གནས་ཀྱི་ཐུགས་སྤྲུལ་རྟ་ནག་གུ་རུ་རྡོན་ཚེས་བོད་རབ་བྱུང་གསུམ་པའི་མེ་འབྲུག་སྤྱི་ལོ་༡༡༩༦ལོར་ཕྱག་བཏབ་པའི་རྟ་ནག་གུ་རུའི་སྒྲུབ་གནས་ཨོ་རྒྱན་གུ་རུ་དགོན། རྟ་ནག་གུ་རུ་རྡོན་ཚེའི་སྲས་རིག་འཛིན་སྟག་ཤམ་རྡོ་རྗེས་ཕྱག་བཏབ་པའི་རྟ་ནག་ཀླུ་གདོང་དགོན། དུས་རབས་བཅུ་གསུམ་པའི་ནང་ཤངས་པ་བཀའ་བརྒྱུད་ཀྱི་བྱ་བཏང་ནམ་མཁའི་རྣལ་འབྱོར་པས་ཕྱག་བཏབ་པའི་རྟ་ནག་རི་མཁར་ཆོས་སྡེ་དགོན། རྗེ་བོ་རྗེ་དཔལ་ལྡན་ཨ་ཏི་ཤ་ཡི་ཐུགས་སྲས་དཔལ་གསང་བ་འདུས་པའི་གྲུབ་ཐོབ། རྟ་ནག་འགོས་ཁུག་པ་ལྷས་བཙས་མཆོག་གིས་དུས་རབས་བཅུ་གཅིག་པའི་ནང་ཕྱག་བཏབ་ཅིང་གནས་སྒོ་ཕྱེ་བའི་རྟ་ནག་གནས་ཆེན་ཞལ་གཟིགས་རི་ཁྲོད། མངའ་རིས་གཏེར་སྟོན་གར་དབང་རྡོ་རྗེའི་དངོས་སློབ་རིག་འཛིན་ཉི་ཟླ་ཀློང་གསལ་ལམ་འཇའ་ལུས་སྣང་སྟོང་རང་གྲོལ་གྱིས་ཕྱག་བཏབ་པའི་རྟ་ནག་གསེར་ལྡིང་གཡང་ཆོས་པདྨ་ལྷུན་ལྡིང་དགོན། རྒྱལ་བ་སྐྱ་ཕྲེང་དང་པོ་དགེ་འདུན་གྲུབ་པའི་ཞལ་སློབ་པ་སྣམ་པ་ཐར་པ་རྒྱལ་མཚན་གྱིས་ཕྱག་བཏབ་པའི་རྟ་ནག་གློ་སྒྲུག་དགོན། བཞད་མཐོང་སྨོན་རྫོང་གི་བྱང་ཤར་ཚ་ཁ་གྲོང་དུ་ཆགས་ཡོད་པའི་རྟ་ནག་ཚྭ་ཁ་སྒྲུབ་སྡེ་དགོན། འཇམ་མགོན་བླ་མ་ཙོང་ཁ་པ་ཆེན་པོའི་ཞལ་སློབ་དུ་གྲགས་པ་མགར་སྟོན་བྱང་ཆུབ་དཔལ་བས་ཕྱག་བཏབ་པའི་རྟ་ནག་ལ་ཁ་ཆོས་སྡེ་དགོན། ལོ་ཆེན་བཻ་རོ་ཙྪ་ནས་ཕྱག་བཏབ་པར་གྲགས་པའི་རྟ་ནག་རི་ཁྱུད་ཆོས་སྡེ་དགོན། དུས་རབས་བཅུ་གསུམ་པའི་ནང་ཤངས་པ་བཀའ་བརྒྱུད་ཀྱི་རིང་ལུགས་འཛིན་པ་ཕ་གྲོད་ཀུན་དགའ་བཟང་པོས་ཕྱག་བཏབ་པའི་རྟ་ནག་ས་རྡོ་རྗེ་གདན་དགོན། དུས་རབས་བཅུ

གསུམ་པའི་ནང་ཤངས་པ་བཀའ་བརྒྱུད་པ་པཎ་ཆེན་ཤེས་རབ་བཟང་པོ་ཞེས་པས་ཐོག་མར་ཕྱག་བཏབ་པའི་རྟ་ནག་ས་སྨེ་ཆེན་དགོན། དཔལ་བརྩེ་ཆེན་པའི་གདན་ས་གཉིས་པ་འོག་མིན་ངོར་ཨེ་ཝཾ་ཁང་སར་བླ་བྲང་གི་ཆོས་གཞིས་སུ་གཏོགས་པའི་རྟ་ནག་རྣམ་རྒྱལ་སྒང་དགོན་ཕྲ་དགོན། དཔལ་ལྡན་བླ་མ་དམ་པ་བསོད་ནམས་རྒྱལ་མཚན་གྱིས་ཐོག་མར་ཕྱག་བཏབ་པའི་རྟ་ནག་ཨོ་རྒྱན་ཆོས་རྫོང་དགོན། ཨོ་རྒྱན་རྫོང་གི་ཡུལ་དཔོན་ཞིག་གིས་སེར་བ་འགོག་པ་སོགས་ཀྱི་ཆེད་དུ་གདན་དྲངས་པའི་སྔགས་པའི་བཞུགས་གནས་རྟ་ནག་ཞོལ་པ་བླ་བྲང་། འབྲུག་པ་བཀའ་བརྒྱུད་པའི་ཆོས་བརྒྱུད་འཛིན་པའི་བཙུན་དགོན་སྒྲུབ་སྡེ་གོང་། ཀུན་མཁྱེན་གོ་བོ་རབ་འབྱམས་པ་བསོད་ནམས་སེངྒེ་མཆོག་དགུང་ལོ་སོ་བརྒྱད་བཞེས་པ་བོད་རབ་བྱུང་བརྒྱད་པའི་མེ་ཕོ་ཁྱི་ཡི་ལོར་ཕྱག་བཏབ་པའི་རྟ་ནག་གསེར་གླིང་དགོན། སེང་ཆེན་སྤྲུལ་སྐུ་སྐྱེ་ཕྲེང་བཞི་པས་ཕྱག་བཏབ་པའི་རྟ་ནག་ཡང་ཡུལ་བྱ་བྲལ་དགོན། ཟུར་ཚུང་པའི་ཡང་སློབ་སྒྲོལ་མ་པ་བསམ་གྲུབ་རྡོ་རྗེ་ཡབ་སྲས་སྒྲུབ་པ་ལ་གཞོལ་བའི་གནས་རྟ་ནག་སྒྲོལ་མ་ལྷིང་རི་ཁྲོད། བླ་མ་དམ་པ་བསོད་ནམས་རྒྱལ་མཚན་གྱིས་ཐོག་མར་ཕྱག་བཏབ་པའི་རྟ་ནག་ལྷུན་གྲུབ་རྩེ་ཆོས་སྡེ། རྒྱལ་པོ་ཀ་ལ་དབང་པོའི་ཕོ་བྲང་དུ་གྲགས་པ་རྟ་ནག་ཡུལ་མཐིལ་སྒང་། རྟ་ནག་ཁུད་བཅུ་གསུམ་གྱི་ཡ་གྱལ་ན་ཁུད་དགོན། གཞན་ཡང་རྟ་ནག་ཐུབ་བསྟན་དགོན་གྱི་ཆོས་གཞིས་རྟ་ནག་དགོན་སྡེ་གྲོང་ཚོ་དང་། རྟ་ནག་ལྷ་ཕུག་རི་ཁྲོད། རྟ་ནག་གཉན་ཐོད་དགོན། རྟ་ནག་ནགས་སྟོད་དགོན། མཚོ་གོང་མཚོ། རྟ་ནག་ཁ་རྒྱ། རྟ་ནག་ལྷིང་ཁ། རྟ་ནག་གནམ་ལྷིང་། རྟ་ནག་གནམ་ལྷིང་རྩེ་བ་བཅས་ཀྱི་ལོ་རྒྱུས་དང་ཁྲིད་ཆོས། ཇོ་བོ་སྨྲི་ཏི་ཛྙཱ་ན་དང་རྟ་ནག་རྒྱང་དཀར་གྲོང་གི་བར་གྱི་འབྲེལ་བ་དང་བྱུང་བ། གླིང་གེ་སར་རྒྱལ་པོ་དང་རྟ་ནག་བར་གྱི་འབྲེལ་བ། རྟ་ནག་རྩེས་དཔོན་ལུང་ཤར་རྡོ་རྗེ་ཚེ་རྒྱལ་སོགས་རྟ་ནག་ཡུལ་དུ་བྱོན་པའི་གྲགས་ཅན་མི་སྣའི་ལོ་རྒྱུས་བཅས་དང་། མི་ལོ་དགུ་བརྒྱ་ཙམ་གྱི་ལོ་རྒྱུས་ལྡན་པའི་རྟ་ནག་རྫ་བཟོའི་སྒྱུ་རྩལ་བྱུང་རིམ། རྟ་ནག་དགོན་སྡེ་གྲོང་གི་ཞོལ་གསོལ་སོགས་ཡུལ་སྲོལ་གོམས་གཤིས། དེ་མིན་གནས་རི་དང་། རྩྭ་ཆུ་སོགས་རང་བྱུང་ཁོར་ཡུག་གི་ངོ་སྤྲོད་བཅས་མདོར་ན་སྟོད་བཙུད་ཀྱི་དགེ་མཚན་དང་། རིག་གནས་ཀྱི་དར་རྒྱུད་བཅས་གསལ་བའི་ཕྲ་ན་མེད་པའི་ལེགས་བཤད་མང་པོས་ཕྱུག་པའི་ལོ་རྒྱུས་ཀྱི་སྐྱེས་བཟང་ཞིག་དང་།

བཞི་པ་མདོ་ཁམས་ག་ཟེ་དགེ་བཤེས་ལུང་རིགས་འཕྲིན་ལས་ཀུན་ཁྱབ་ཀྱིས་མཛད་པའི་དཔལ་ཧྲ་ནག་ཐུབ་བསྟན་རྣམ་རྒྱལ་གླིང་གི་ཆོས་འབྱུང་དང་གདན་རབས་བསླལ་བཟང་སངས་རྒྱས་སྟོང་རྩ་གཉིས་ཀྱི་ཕྲིན་རླབས་དྲི་བསུང་འཕྲུལ་བའི་སྦྱོས་ཀྱི་ཐིགས་པ་ཞེས་བྱ་བ་སྟེ། འདི་ལས་སྐྱེ་གཉིས་སངས་རྒྱས་པའི་གནས་འོག་མིན་དོས་བཟུང་ནས་གནས་འོག་མིན་དུ་གསང་སྔགས་ཇི་ལྟར་བྱོན་པའི་ཚུལ་དང་། འདོད་ཁམས་སུ་གསང་སྔགས་ཇི་ལྟར་བྱོན་པའི་ཚུལ། སྤྱིར་འཛམ་བུ་གླིང་དུ་གསང་སྔགས་ཇི་ལྟར་བྱོན་ཚུལ་དང་། རྒྱ་གར་གྱི་ཡུལ་གྲུ་སོ་སོར་གསང་སྔགས་ཀྱི་བཀའ་སྲོལ་མི་འདྲ་བ་ཇི་ལྟར་བྱུང་ཚུལ། བོད་དུ་དམ་པའི་ཆོས་ཀྱི་དབུ་བརྙེས་པ་ནས་སྲོལ་ཇི་ལྟར་བྱོན་པའི་ཚུལ་དང་། བར་སྐབས་རྒྱལ་བསྟན་ཇི་ལྟར་འགྲིབས་པའི་ཚུལ། བསྟན་པའི་མེ་རོ་མདོ་ཁམས་དང་མངའ་རིས་གཙང་ལྷ་རྩེ་ནས་ཇི་ལྟར་གསོས་པའི་ཚུལ། བོད་དུ་གསར་འགྱུར་གསང་ཆེན་ལམ་སྐོར་དགུ་ཇི་ལྟར་བྱོན་ཚུལ་ནས་བསྟན་པའི་མངའ་བདག་དཔལ་ས་སྐྱའི་རྗེ་བཙུན་གོང་མ་རྣམ་ལྔ་ཇི་ལྟར་བྱོན་ཚུལ། གསང་ཆེན་ལམ་འབྲས་ཁམས་ལུགས་མ་ཇི་ལྟར་བྱོན་པའི་སྐོར་དང་། གསང་ཆེན་ལམ་འབྲས་པོ་དོང་ངོར་པ་རྫོང་པ་གོང་པ་བཞི་ཡི་བཀའ་སྲོལ་ཇི་ལྟར་བྱོན་པའི་སྐོར། ཀུན་མཁྱེན་གོ་བོ་རབ་འབྱམས་པ་བསོད་ནམས་སེང་གེའི་སྐུ་འཁྲུངས་ཡུལ་མཁས་པ་རྣམས་ཀྱིས་ཇི་ལྟར་གསུང་བའི་ཚུལ་ངོས་བཟུང་བ་ནས། གདུལ་བྱ་གཞན་ངོར་གཟུགས་སྐུ་ཆོས་དབྱིངས་སུ་ཐིམ་ཚུལ་མཛད་པའི་སྐོར་དང་ཆོས་རྗེ་ཉིད་ཀྱི་རྒྱལ་ཚབ་མདོ་སྔགས་ཀྱི་བརྒྱུད་འཛིན་མཁན་ཆེན་རྣམ་བཞིས་སྐུ་གདུང་རིན་པོ་ཆེ་ཞུགས་འབྱུལ་ཕུལ་བ་དང་ལྷན་གདུང་རྟེན་གསར་བཞེངས་གནང་བའི་སྐོར་གྱི་བར་ཀུན་མཁྱེན་ཆེན་པོའི་མཛད་རྣམ་རྩུང་རྒྱས་ཤིང་ཞིབ་ཆ་ལྡན་པ་དང་། ཀུན་མཁྱེན་གོ་བོ་རབ་འབྱམས་པ་བསོད་ནམས་སེང་གེའི་དངོས་སློབ་དཔལ་ས་སྐྱ་གོང་མ་བདག་ཆེན་མཆོག་གིས་དབུས་ཡོངས་གྲགས་མཁན་ཆེན་སུམ་རྩ་སོ་ལྔ་དང་། སྔགས་ཕྱོགས་ཀྱི་བརྒྱུད་འཛིན་གཙོ་བོ་གདན་ས་ཆེན་པོ་ངོར་ཨེ་ཝཾ་ཆོས་ལྡན་གྱི་མཁན་རབས་རིམ་བྱོན། མདོ་མཚན་ཉིད་ཐེག་པའི་བརྒྱུད་འཛིན་གྱི་གཙོ་བོ་གདན་ས་ཆེན་པོ་ཧྲ་ནག་ཐུབ་བསྟན་རྣམ་རྒྱལ་གླིང་གི་མཁན་རབས་རིམ་བྱོན་བཅས་ཀྱི་མཚན་ཐོ།ཀུན་མཁྱེན་གོ་བོ་རབ་འབྱམས་པ་བསོད་ནམས་སེང་གེ་མཆོག་གི་བཀའ་སྲོལ་གཞུང་ཆེན་ཁག་གི་བཤད་རྒྱུན་རྣམས་བོད་ཀྱི་ཡུལ་གྲུ་སོ་སོར་འཕེལ་འགྲིབ་ཇི་

ལྟར་བྱུང་བའི་སྐོར། ཀུན་མཁྱེན་གོ་བོ་རབ་འབྱམས་པ་བསོད་ནམས་སེངྒེ་མཆོག་གི་བཀའ་སྲོལ་གཞུང་ཆེན་ཁག་གི་བཤད་རྒྱུན་རྣམས་མདོ་སྟོད་སྟེ་དགེ་རྫོང་སར་ཁམས་བྱེའི་བཤད་གྲྭ་ཆེན་མོ་ནས་དར་རྒྱས་གོང་སྤེལ་གནང་བའི་མཁན་རབས་རིམ་བྱོན་རྣམས་ཀྱི་མཚན་ཐོ་བཅས་གསལ་བའི་ལོ་རྒྱུས་ཀྱི་ཡིག་ཆ་གལ་ཆེན་ཞིག་ཡིན་པས་འདིར་ཕྱོགས་གཅིག་ཏུ་བསྒྲིགས་པ་ཡིན།

དེ་ལྟར་ཐེངས་འདིར་ཕྱོགས་བསྒྲིགས་བྱས་པའི་གཙང་སྟོད་ཧོ་ནག་དང་འབྲེལ་བའི་ཡིག་ཆ་འདི་དག་གཅིག་ལས་གཅིག་རིན་ཐང་ཆེ་བ་ཤ་སྟག་ཡིན་པས། ལོ་རྒྱུས་སྤྱི་དང་བྱེ་བྲག་གཙང་ཧོ་ནག་གི་ཡུལ་ལ་ཞིབ་འཇུག་བྱེད་མཁན་ཞིག་ཡིན་ནས་བཟུང་། མེད་དུ་མི་རུང་བའི་དཔྱད་གཞིའི་ཡིག་ཆ་གལ་ཆེན་ཉིད་དུ་ངེས་པས། འདིར་ཡིག་ཆ་མཁོ་འདོན་བྱེད་མཁན་གྱི་མཁན་ཆེན་ངག་དབང་ཤེས་རབ་མཆོག་དང་། དགེ་བཤེས་ཚེ་རིང་པོ་མཆོག །ཀྲན་ཐུབ་བསྟན་སྒྲོན་ལམ་མཆོག བོད་ལྗོངས་མི་དམངས་དཔེ་སྐྲུན་ཁང་གི་དབུ་ཁྲིད་རྣམ་པ་བཅས་ལ་ཐུགས་རྗེ་ཆེ་ཞུ་རྒྱུ་དང་། འདི་ཉིད་བོད་གངས་ཅན་པའི་རིག་གནས་ཕུན་སུམ་ཚོགས་པ་དར་རྒྱས་གོང་འཕེལ་དུ་འགྲོ་བའི་གསོས་སུ་གྱུར་ཅིག །

སེ་ཁྲོན་བོད་ཡིག་དཔེ་རྙིང་བསྡུ་སྒྲིག་ཁང་ནས།
༢༠༡༤ལོའི་ཟླ་༡༡ཚེས་༡༣ཉིན།

དཀར་ཆག

བསྟན་པ་དང་བསྟན་འཛིན་གྱི་ལོ་རྒྱུས་ཡོངས་འདུའི་མེ་ཏོག་གསར་པའི་དོ་ཤལ།

....ཐུབ་བསྟན་ཆོས་རྣམ་རྒྱལ།

ཆོས་གྲྭ་ཆེན་པོ་ཐུབ་བསྟན་རྣམ་རྒྱལ་གྱི་རྟེན་གདན་རབས་དང་བཅས་པའི་ལོ་རྒྱུས

མདོ་ཙམ་བརྗོད་པ་ངོ་མཚར་དད་པའི་སྒོ་འབྱེད།............................མི་ཕམ་ངག་གི་དབང་ཕྱུག 132

གཙང་སྟོད་རྟ་ནག་ཡུལ་གྱི་བྱུང་བ་མདོ་ཙམ་བརྗོད་པ་དྲི་བྲལ་ནོར་བུའི་མེ་ལོང་།

....མཁན་པོ་ངག་དབང་ཤེས་རབ། 169

མཆོད་བརྗོད།...169

རྟ་ནག་ཐུབ་བསྟན་རྣམ་རྒྱལ་གླིང་།..171

རྟ་ནག་གུ་རུའི་སྒྲུབ་གནས་ཨོ་རྒྱན་གུ་རུ་དགོན།..174

རྟ་ནག་ཀླུ་གདོང་དགོན།..175

རྟ་ནག་རྫ་བཟོའི་སྤྲུ་རྩལ།..176

རྟ་ནག་རི་མཁར་ཆོས་སྡེ་དགོན།...176

རྟ་ནག་གནས་ཆེན་ཞལ་གཟིགས་རི་ཁྲོད།...177

རྟ་ནག་གསེར་ལྡིང་གཡང་ཆོས་པདྨ་ལྷུན་ལྡིང་དགོན།..179

རྟ་ནག་གློ་སྤྲུག་དགོན།..180

རྟ་ནག་ཚ་ཁ་སྒྲུབ་སྡེ་དགོན།..181

རྟ་ནག་ལ་ཁ་ཆོས་སྡེ་དགོན།..183

རྟ་ནག་རི་ཁྲུད་ཆོས་སྡེ་དགོན།..184

རྟ་ནག་ས་རྡོ་རྗེ་གདན་དགོན།...185

རྟ་ནག་ས་སྡེ་ཆེན་དགོན། 188
རྟ་ནག་རྣམ་རྒྱལ་སྣང་དགོན་ཕྲ་དགོན། 188
རྟ་ནག་ཨོ་རྒྱན་ཆོས་རྫོང་དགོན། 189
རྟ་ནག་ཞོལ་པ་བླ་བྲང་། 192
སྒྲུབ་སྡེ་གོང་། 193
རྟ་ནག་གསེར་གླིང་དགོན། 194
རྟ་ནག་ཡང་ཡུལ་བྱ་བྲལ་དགོན། 195
རྟ་ནག་ལྷ་ཕུག་རི་ཁྲོད། 196
རྟ་ནག་སྒྲོལ་མ་ལྷིང་རི་ཁྲོད། 198
རྟ་ནག་རྒྱང་དཀར་གྲོང་གི་ཇོ་བོ་སྒྲི་ཏི་རྣོན། 199
རྟ་ནག་གཉན་ཐོད་དགོན། 203
རྟ་ནག་ནགས་སྟོད་དགོན། 204
མཚོ་གོང་མཚོ། 206
རྟ་ནག་དགོན་སྡེ་གྲོང་གི་ཞོལ་གསོལ། 206
རྟ་ནག་ན་ཁྱུད་དགོན། 208
རྟ་ནག་ལྷུན་གྲུབ་རྩེ་ཆོས་སྡེ། 209
རྟ་ནག་ཁ་རུ 209
རྟ་ནག་ལྷིང་ཁ། 211
རྟ་ནག་གནམ་ལྷིངས། 212
རྟ་ནག་གནམ་ལྷིངས་རྩེ་བ། 213
རྟ་ནག་ལུང་ཤར་རྡོ་རྗེ་ཚེ་རྒྱལ། 216
རྟ་ནག་ཡུལ་མཐུལ་སྣང་། 219
རྟ་ནག་དང་གླིང་གི་སར། 220
མཇུག་སྡོམ་གྱི་སྐད་ཆ་ཚིག་གསུམ། 223
དཔལ་རྟ་ནག་ཐུབ་བསྟན་རྣམ་རྒྱལ་གླིང་གི་ཆོས་འབྱུང་དང་གདན་རབས་བསྐལ་བཟང

སངས་རྒྱས་སྟོང་རྩ་གཉིས་ཀྱི་བྱིན་རླབས་དྲི་བསུང་འཕྲུལ་བའི་སྒྲོས་ཀྱི་རྫིང་བུ། .... ལུང་རིགས་འཕྲིན་ལས་ཀུན་ཁྱབ། 226

༡༽ མཆོད་པར་བརྗོད་ཅིང་རྩོམ་པར་དམ་བཅའ་བ། 226

༢༽ སྐུ་གཉིས་སངས་རྒྱས་པའི་གནས་འོག་མིན་ངོས་བཟུང་བ། 228

༣༽ གནས་འོག་མིན་དུ་གསང་སྔགས་ཇི་ལྟར་བྱོན་པའི་ཚུལ། 229

༤༽ འདོད་ཁམས་སུ་གསང་སྔགས་ཇི་ལྟར་བྱོན་པའི་ཚུལ། 230

༥༽ འཛམ་བུ་གླིང་དུ་གསང་སྔགས་ཇི་ལྟར་བྱོན་ཚུལ། 231

༦༽ བྱང་ཕྱོགས་ཨུ་རྒྱན་གྱི་ཡུལ་དུ་གསང་སྔགས་ཇི་ལྟར་བྱོན་པའི་ཚུལ། 233

༧༽ གསང་སྔགས་རྡོ་རྗེ་ཐེག་པ་ཕྱག་ན་རྡོ་རྗེས་བྱང་ཕྱོགས་སུ་བཀའ་བསྡུས་ཇི་ལྟར་མཛད་པའི་ཚུལ། 234

༨༽ རྒྱ་གར་འཕགས་ཡུལ་ནཱ་ལེནྡྲར་གསང་སྔགས་རྡོ་རྗེ་ཐེག་པ་ཇི་ལྟར་བྱོན་པའི་ཚུལ། 235

༩༽ གྲོང་ཁྱེར་ཆེན་པོ་ཞྭ་རྣཱ་ཊ་སྣིར་གསང་སྔགས་རྡོ་རྗེ་ཐེག་པ་ཇི་ལྟར་བྱོན་པའི་ཚུལ། 239

༡༠༽ རྒྱ་གར་གྱི་ཆུ་བོ་ཆེན་པོ་གངྒཱའི་ཉེ་འདབས་རྒྱལ་པོ་ཙ་ལ་ཧྲ་དྲའི་ཡུལ་དུ་གསང་སྔགས་ཇི་ལྟར་བྱོན་པའི་ཚུལ། 240

༡༡༽ རྒྱ་གར་ལྷོ་ཕྱོགས་ཏྲ་ཀི་ནི་པཱ་ཏའི་ཡུལ་དུ་གསང་སྔགས་ཇི་ལྟར་བྱོན་པའི་ཚུལ། 241

༡༢༽ ཡུལ་གྲུ་ཆེན་པོ་ཏྲི་མེ་ས་རའི་རྒྱལ་སར་གསང་སྔགས་ཇི་ལྟར་བྱོན་པའི་ཚུལ། 242

༡༣༽ རྒྱ་གར་ལྷོ་ཕྱོགས་ཧམ་བྲ་བྲ་ཧི་མའི་ཡུལ་དུ་གསང་སྔགས་ཇི་ལྟར་བྱོན་པའི་ཚུལ། 243

༡༤༽ རྒྱ་གར་ལྷོ་ཕྱོགས་ས་ཧ་ཛ་དེ་ཤིའི་ཡུལ་དུ་གསང་སྔགས་ཇི་ལྟར་བྱོན་པའི། 244

༡༥༽ རྒྱ་གར་ནུབ་ཕྱོགས་སོ་བ་ནཱ་ཐའི་ཡུལ་དུ་གསང་སྔགས་ཇི་ལྟར་བྱོན་པའི་ཚུལ། 245

༡༦༽ རྒྱ་གར་ཤར་ཕྱོགས་ར་ཊའི་ཡུལ་གྱི་གྲོང་ཁྱེར་རྒྱལ་སར་གཾ་ག་ན་གསང་སྔགས་ཇི་ལྟར་བྱོན་པའི་ཚུལ། 248

༡༧༽ རྒྱ་གར་ཤར་ཕྱོགས་ཀྱི་རྒྱལ་སར་གསང་སྔགས་ཇི་ལྟར་བྱོན་པའི་ཚུལ། 249

༡༨༽ མུ་སྟེགས་ཀྱི་རྒྱལ་པོ་མ་ཧུངས་པའི་ཡུལ་དུ་གསང་སྔགས་ཇི་ལྟར་བྱོན་པའི་ཚུལ། 250

༡༩༽ རྒྱ་གར་ཡུལ་དབུས་སུ་གསང་སྔགས་ཇི་ལྟར་བྱོན་པའི་ཚུལ། 250

༢༠༽ རྒྱ་གར་ཤར་ཕྱོགས་རྣོ་ག་ལའི་རྒྱལ་ས་ཙཎྜ་ཧུ་པ་ཨགྣིར་གསང་སྔགས་ཇི་ལྟར་བྱོན་པའི་ཚུལ།

....251
༢༡༽ སྦྱིར་རྒྱ་གར་འཕགས་ཡུལ་དུ་ལམ་སྐོར་དགུ་ཇི་ལྟར་བྱོན་པའི་ཚུལ། 252
༢༢༽ བོད་དུ་དམ་པའི་ཆོས་ཀྱི་གཟུགས་བརྙན་དབུ་ཇི་ལྟར་བརྙེས་པའི་ཚུལ། 254
༢༣༽ བོད་དུ་དམ་པའི་ཆོས་ཀྱི་སྲོལ་ཇི་ལྟར་བྱོན་པའི་ཚུལ། 257
༢༤༽ བོད་དུ་སྔ་འགྱུར་གསང་ཆེན་རྙིང་མ་པ་ཇི་ལྟར་བྱོན་པའི་ཚུལ། 258
༢༥༽ བོད་དུ་བར་སྐབས་རྒྱལ་བསྟན་ཇི་ལྟར་འགྲིབས་པའི་ཚུལ། 259
༢༦༽ བསྟན་པའི་མེ་རོ་མདོ་ཁམས་ནས་ཇི་ལྟར་གསོས་པའི་ཚུལ། 260
༢༧༽ བསྟན་པའི་མེ་རོ་མངའ་རིས་ནས་ཇི་ལྟར་གསོས་པའི་ཚུལ། 261
༢༨༽ བསྟན་པའི་མེ་རོ་གཙང་ལྷ་རྩེ་ནས་ཇི་ལྟར་གསོས་པའི་ཚུལ། 262
༢༩༽ བོད་དུ་གསར་འགྱུར་གསང་ཆེན་ལམ་སྐོར་དགུ་ཇི་ལྟར་བྱོན་ཚུལ། 262
༣༠༽ གཙང་ལྷ་རྩེ་མང་མཁའ་མུ་གུ་ལུང་ནས་འབྲོག་མི་ལོ་ཆེན་གྱི་གསང་ཆེན་ལམ་འབྲས་གང་སྤེལ་ཇི་ལྟར་མཛད་པའི་སྐོར། 269
༣༡༽ བོད་ཡུལ་དུ་དཔལ་ལྡན་ས་སྐྱ་པའི་གསང་ཆེན་ལམ་འབྲས་ཀྱི་བཀའ་སྲོལ་རྣམ་གྲངས་ཐོག་མར་བྱོན་པ་རྣམས་ཇི་ལྟར་བཞུགས་ཚུལ། 272
༣༢༽ གཙང་ས་སྐྱ་ནས་གསང་ཆེན་བསྟན་པའི་ཤིང་རྟ་བརྩེ་ཆེན་ཀུན་དགའ་སྙིང་པོ་ཇི་ལྟར་བྱོན་པའི་ཚུལ། 274
༣༣༽ གསང་ཆེན་བསྟན་པའི་རྒྱུད་འཛིན་ཇི་ལྟར་བྱོན་པའི་ཚུལ། 276
༣༤༽ གསང་ཆེན་བསྟན་པའི་མངའ་བདག་རྗེ་བཙུན་རིན་པོ་ཆེ་གྲགས་པ་རྒྱལ་མཚན་ཇི་ལྟར་བྱོན་པའི་ཚུལ། 277
༣༥༽ གསང་ཆེན་བསྟན་པའི་གཙུག་རྒྱན་ཆོས་རྗེ་ས་སྐྱ་པཎྜི་ཏ་ཇི་ལྟར་བྱོན་པའི་སྐོར། 281
༣༦༽ གསང་ཆེན་བསྟན་པའི་མཛོད་འཛིན་འགྲོ་མགོན་ཆོས་རྒྱལ་འཕགས་པ་ཇི་ལྟར་བྱོན་པའི་སྐོར། 282
༣༧༽ ཁམས་ཀྱི་གཙོ་མདོ་གནས་གསར་ནས་འགྲོ་མགོན་ཆོས་རྒྱལ་འཕགས་པའི་གསང་ཆེན་སྔགས་ཀྱི་རྒྱུད་འཛིན་གཙོ་བོ་ཇི་ལྟར་བྱོན་པའི་སྐོར། 284
༣༨༽ གསང་ཆེན་ལམ་འབྲས་ཁམས་ལུགས་མ་ཇི་ལྟར་བྱོན་པའི་སྐོར། 284

༣༩ ༈གསང་ཆེན་ལམ་འབྲས་བོ་དོང་ངོར་པ་རྫོང་པ་གོང་པ་བཞི་ཡི་བཀའ་སྲོལ་ཇི་ལྟར་བྱོན་པའི་སྐོར།
....286
༤༠ ༈ཀུན་མཁྱེན་གོ་བོ་རབ་འབྱམས་པ་བསོད་ནམས་སེང་གེའི་སྐུ་འཁྲུངས་ཡུལ་མཁས་པ་
རྣམས་ཀྱིས་ཇི་ལྟར་གསུང་བའི་ཚུལ་ངོས་བཟུང་བ།..288
༤༡ ༈ཀུན་མཁྱེན་གོ་བོ་རབ་འབྱམས་པ་བསོད་ནམས་སེང་གེའི་སྐུ་འཁྲུངས་ཡུལ་གོ་འཛོའི་
ཕྱི་སྣོད་ཀྱི་བཀོད་པ།...293
༤༢ ༈ཀུན་མཁྱེན་གོ་བོ་རབ་འབྱམས་པ་བསོད་ནམས་སེང་གེའི་སྐུ་འཁྲུངས་ཡུལ་གོ་འཛོའི་
ནང་བཅུད་སེམས་ཅན་གྱིས་བསྟན་སྲིད་ལ་ཞབས་སྲི་ཇི་ཞུས་སྐོར་རགས་ཙམ་གླེང་བ།....................294
༤༣ ༈ ཀུན་མཁྱེན་གོ་བོ་རབ་འབྱམས་པ་བསོད་ནམས་སེང་གེ་སྐུ་འཁྲུངས་ས་འབོམ་ལུང་གིས་གཙོས་
གོ་འཛོའི་གནས་ཆེན་ཁག་གཅིག་ངོ་སྤྲོད་མདོ་བསྡུས་ཙམ་བརྗོད་པ།.....................................302
༤༤ ༈ཀུན་མཁྱེན་གོ་བོ་རབ་འབྱམས་པ་བསོད་ནམས་སེང་གེ་སྐུ་ཇི་ལྟར་འཁྲུངས་པའི་ཚུལ། 303
༤༥ ༈ཀུན་མཁྱེན་གོ་བོ་རབ་འབྱམས་པ་བསོད་ནམས་སེང་གེ་ལ་སྐྱེས་སྟོབས་ཀྱི་ཤེས་རབ་
མཆོག་ཏུ་མངའ་བའི་ཚུལ།...305
༤༦ ༈ཀུན་མཁྱེན་གོ་བོ་རབ་འབྱམས་བསོད་ནམས་སེང་གེ་མཆོག་བསྟན་པའི་ཆོས་སྒོ་ལ་
ཇི་ལྟར་ཞུགས་པ་མཛད་པའི་ཚུལ།..306
༤༧ ༈ཀུན་མཁྱེན་རོང་སྟོན་ཐམས་ཅད་མཁྱེན་པའི་གདན་ས་དབུས་འཕན་པོ་ན་ལེནྡྲ་ནས
ཐོས་པ་མཛད་པའི་ཚུལ།..309
༤༨ ༈ཀུན་མཁྱེན་རོང་སྟོན་སངས་རྒྱས་འཕེལ་གྱི་གདན་ས་གཙང་རྫོང་དཀར་འབྲས་ཡུལ་
སྐྱིད་མོས་ཚལ་ནས་གཞུང་ཆེན་བཅུ་གསུམ་དང་གྲགས་ཆེན་བཅོ་བརྒྱད་ལ་ཐོས་བསམ་
མཐར་ཕྱིན་གནང་བའི་ཚུལ།...310
༤༩ ༈དཔལ་རྒྱལ་བ་ངོར་ཆེན་རྡོ་རྗེ་འཆང་ཀུན་དགའ་བཟང་པོའི་གདན་ས་གཙང་ངོར་
ཨེ་ཝཾ་ཆོས་ལྡན་ནས་མདོ་སྔགས་དམ་པའི་ཆོས་ལ་ཐོས་པ་རྒྱ་ཆེན་
མཛད་པའི་ཚུལ་སྐོར།...310
༥༠ ༈མུས་ཆེན་སེམས་དཔའ་ཆེན་པོའི་གདན་ས་མུས་སྣག་མོ་གླིང་ཁ་ནས་མདོ་སྔགས་
ཟུང་འབྲེལ་ལ་གསན་བཞེས་མཐར་ཕྱིན་གནང་བའི་ཚུལ།..312

༥༡ ཀུན་མཁྱེན་གོ་བོ་རབ་འབྱམས་པ་བསོད་ནམས་སེངྒེའི་བསམ་བསྒོམ་མཛད་པས་གྲོལ་བ་
རྙེད་པའི་ཚུལ།..........315
༥༢ ཀུན་མཁྱེན་གོ་བོ་རབ་འབྱམས་པ་བསོད་ནམས་སེངྒེ་མཆོག་གདན་ས་རྫོང་དཀར་འབྲས་ཡུལ་
སྐྱིད་མོས་ཚལ་གྱི་མཁན་པོའི་ཁྲི་ལ་ཕེབས་པའི་སྐོར། 315
༥༣ ཀུན་མཁྱེན་གོ་བོ་རབ་འབྱམས་པ་བསོད་ནམས་སེངྒེའི་གདན་ས་རྟ་ནག་གསེར་གླིང་
དགོན་པ་ཕྱག་བཏབ་ནས་བཤད་ཉན་རང་རྒྱ་ཐུབ་པ་མཛད་པའི་ཚུལ།..........321
༥༤ ཀུན་མཁྱེན་གོ་བོ་རབ་འབྱམས་པ་བསོད་ནམས་སེངྒེའི་གདན་ས་ཆེན་པོ་རྟ་ནག་ཐུབ་བསྟན་
རྣམ་རྒྱལ་གླིང་ཕྱག་བཏབ་མཛད་པའི་སྐོར།..........325
༥༥ ཀུན་མཁྱེན་གོ་བོ་རབས་འབྱམས་པ་བསོད་ནམས་སེངྒེ་མཆོག་གདན་ས་ཆེན་པོ་ངོར་
ཨེ་ཝཾ་ཆོས་ལྡན་གྱི་མཁན་པོའི་ཁྲི་ལ་ཕེབས་པའི་སྐོར།..........328
༥༦ ཡོངས་འཛིན་དམ་པ་དཀོན་མཆོག་འཕེལ་མཆོག་ཆོས་རྗེ་ཉིད་ཀྱི་རྒྱལ་ཚབ་གདན་ས་ངོར་པའི་
མཁན་རབས་བདུན་པའི་ཁྲི་ལ་མངའ་གསོལ་གནང་བའི་ཚུལ།..........333
༥༧ ཀུན་མཁྱེན་གོ་བོ་རབ་འབྱམས་པ་བསོད་ནམས་སེངྒེས་རྩོད་པའི་སྒོ་ནས་རྒྱལ་བསྟན་
ཉིན་མོ་ལྟར་གསལ་བར་མཛད་པའི་ཚུལ།..........335
༥༨ ཀུན་མཁྱེན་གོ་བོ་རབ་འབྱམས་པ་བསོད་ནམས་སེངྒེའི་རྩོམ་པས་རྒྱལ་བསྟན་སྲ་བརྟན་
མཛད་པའི་ཚུལ།..........335
༥༩ ཀུན་མཁྱེན་གོ་བོ་རབ་འབྱམས་པ་བསོད་ནམས་སེངྒེའི་མཁས་པའི་ཡོན་ཏན་གྱིས་
རྒྱལ་བསྟན་རྒྱ་ལག་རིན་པོ་ཆེ་ཆེས་ཆེར་གསལ་བར་མཛད་པའི་ཚུལ།..........340
༦༠ ཀུན་མཁྱེན་གོ་བོ་རབ་འབྱམས་པ་བསོད་ནམས་སེངྒེའི་བཙུན་པའི་ཡོན་ཏན་དད་ལྡན་
དང་བ་འདྲེན་པའི་མིག་རྒྱན་དུ་གྱུར་པའི་ཚུལ།..........340
༦༡ ཀུན་མཁྱེན་གོ་བོ་རབ་འབྱམས་པ་བསོད་ནམས་སེངྒེའི་བཟང་པོའི་ཡོན་ཏན་འཁོར་ལྡན་
བསོད་ནམས་བསག་པའི་ཞིང་སར་གྱུར་པའི་ཚུལ།..........341
༦༢ ཀུན་མཁྱེན་གོ་བོ་རབ་འབྱམས་པ་བསོད་ནམས་སེངྒེའི་ནུས་པས་བདུད་གདུག་པ་ཅན་ཁྲོ་ཕུར་
གཡུ་འབར་ཚ་གསུམ་དམ་ལ་བཏགས་པ་མཛད་པའི་ཚུལ།..........342
༦༣ ཀུན་མཁྱེན་གོ་བོ་རབ་འབྱམས་པ་བསོད་ནམས་སེངྒེའི་ནུས་པས་བདུད་ཀྱི་རྒྱལ་པོ་

ཕྲུང་པོའིབདུད་བཅོམ་པ་མཛད་པའི་ཚུལ། 342

༤༤ ཀུན་མཁྱེན་གོ་བོ་རབ་འབྱམས་པ་བསོད་ནམས་སེངྒེའི་ནུས་པས་བདུད་ཀྱི་རྒྱལ་པོ་

ཉོན་མོངས་པའི་བདུད་བཅོམ་པ་མཛད་པའི་ཚུལ། 344

༤༥ ཀུན་མཁྱེན་གོ་བོ་རབ་འབྱམས་པ་བསོད་ནམས་སེངྒེའི་ནུས་པས་བདུད་ཀྱི་རྒྱལ་པོ་

འཆི་བདག་གི་བདུད་བཅོམ་པར་མཛད་པའི་ཚུལ། 344

༤༦ ཀུན་མཁྱེན་གོ་བོ་རབ་འབྱམས་པ་བསོད་ནམས་སེངྒེའི་ནུས་པས་བདུད་ཀྱི་རྒྱལ་པོ་ལྷ་ཡི་བུའི་

བདུད་བཅོམ་པ་མཛད་པའི་ཚུལ། 345

༤༧ ཀུན་མཁྱེན་གོ་བོ་རབ་འབྱམས་པ་བསོད་ནམས་སེངྒེའི་ནུས་པས་འབྱུང་བ་ཆེན་པོའི་

བར་ཆད་ལས་གྲོལ་བ་མཛད་པའི་ཚུལ། 346

༤༨ ཀུན་མཁྱེན་གོ་བོ་རབ་འབྱམས་པ་བསོད་ནམས་སེངྒེའི་མཁྱེན་པའི་སྟོབས་ཀྱིས་སྟོན་པ་

ཚད་མར་གྱུར་པའི་ཚུལ། 347

༤༩ ཀུན་མཁྱེན་གོ་བོ་རབ་འབྱམས་པ་བསོད་ནམས་སེངྒེའི་བརྩེ་བའི་སྟོབས་ཀྱིས་གཞན་དོན་

འཕྲིན་ལས་རྒྱ་ཆེན་མཛད་པའི་ཚུལ། 347

༥༠ ཀུན་མཁྱེན་རོང་སྟོན་ཐམས་ཅད་མཁྱེན་པ་ཡབ་སྲས་རྣམ་གསུམ་གྱིས་རྗེས་སུ་

བཟུང་བའི་ཚུལ། 348

༥༡ དཔལ་རྒྱལ་བ་ངོར་ཆེན་རྡོ་རྗེ་འཆང་ཀུན་དགའ་བཟང་པོ་ཡབ་སྲས་རྣམ་གཉིས་ཀྱིས་

རྗེས་སུ་བཟུང་བའི་ཚུལ། 349

༥༢ རྗེ་བཙུན་ས་ཆེན་ གོང་མ་རྣམ་གསུམ་གྱིས་རྗེས་སུ་བཟུང་བའི་ཚུལ། 350

༥༣ ལྷག་དོན་དུ་རྒྱལ་བས་ལུང་གིས་བསྟགས་པའི་སྐྱེས་བུ་མཆོག་ཏུ་གྱུར་པས་རྗེས་སུ་

བཟུང་བའི་ཚུལ། 351

༥༤ དཔལ་ཁྲི་བོའི་རྒྱལ་པོ་རྡོ་རྗེ་འཇིགས་བྱེད་ཀྱིས་རྗེས་སུ་བཟུང་བའི་ཚུལ། 352

༥༥ རྒྱལ་ཚབ་བྱམས་པ་མགོན་པོས་རྗེས་སུ་བཟུང་བའི་ཚུལ། 352

༥༦ རྒྱལ་ཀུན་སྙིང་རྗེའི་རང་གཟུགས་འཕགས་མཆོག་སྤྱན་རས་གཟིགས་ཀྱིས་

རྗེས་སུ་བཟུང་བའི་ཚུལ། 353

༥༧ དཔལ་ལྡན་མགོན་པོ་གདོང་བཞི་པས་རྗེས་སུ་བཟུང་བའི་ཚུལ། 355

༧༨ །བསྟན་སྲུང་གཙོ་བོ་གུར་གྱི་མགོན་པོས་རྗེས་སུ་བཟུང་བའི་ཚུལ། 356
༧༩ །ཀུན་མཁྱེན་གོ་བོ་རབ་འབྱམས་པ་བསོད་ནམས་སེངྒེ་མཆོག་གིས་རིན་སྤུངས་བྱམས་ཆེན་
གཙོ་བོར་གྱུར་པའི་ཆོས་སྡེ་ཆེན་པོ་བཞི་ལ་སྟོན་དབྱར་དགུན་ཆོས་བསྐུལ་གནང་མཛད་པའི་སྐོར།
....356
༨༠ །པཎ་ཆེན་ཤཱཀྱ་ཤྲཱིའི་གདན་ས་ཁྲོ་ཕུར་སྨོན་ལམ་ཆེན་མོའི་ཚོགས་མགོན་དུ་ཕེབས་
དགའ་བའི་གནས་ཚུལ་ཇི་ལྟར་བྱུང་བའི་སྐོར། 357
༨༡ །ཀུན་མཁྱེན་གོ་བོ་རབ་འབྱམས་པ་བསོད་ནམས་སེངྒེ་མཆོག་གིས་གདན་ས་ཆེན་པོ་
དཔལ་ལྡན་ས་སྐྱར་གནས་གཟིགས་ཕེབས་པའི་ཞོར་ལ་གཞན་ཕན་མཛད་འཕྲིན་
རྒྱ་ཆེན་བསྐྱངས་པའི་སྐོར། 358
༨༢ །ཀུན་མཁྱེན་གོ་བོ་རབ་འབྱམས་པ་བསོད་ནམས་སེངྒེ་མཆོག་གིས་འབྲོག་མི་ལོ་ཆེན་གྱི་
གདན་ས་མང་མཁར་མུ་གུ་ལུང་དང་གདན་ས་ཆེན་པོ་ཇོ་མོ་ནང་གི་གཙོས་པའི་ས་ཁུལ་
ཁག་དགུ་ལ་གཞན་ཕན་མཛད་འཕྲིན་བསྐྱངས་པའི་སྐོར། 360
༨༣ །ཁྲོ་ཕུར་མདའ་དཔོན་མཆོག་དང་བསྟན་པའི་སྦྱིན་བདག་ཆོས་སྐྱོང་འབོས་ཐུན་མོང་ནས་
མི་ལོ་དགུ་ལ་མདོ་མཁར་གྱི་གསུང་ཆོས་གོ་སྒྲིག་གནང་བའི་སྐོར། 361
༨༤ །གདན་ས་ཆེན་པོ་བོ་དོང་ཨེ་བྱ་རྐོད་གཤོང་བསམ་འགྲུབ་རྩེ་དང་བཅས་པ་ལ་དམ་པའི་ཆོས་ཀྱི་
འཁོར་ལོ་རྒྱ་ཆེན་བསྐོར་བའི་ཚུལ། 362
༨༥ །བདག་ཆེན་ནམ་མཁའ་རྒྱལ་མཚན་གྱི་གདན་ས་འཛད་ཨང་དུ་ལན་བཞི། ཁྲོ་ཕུར་ལན་གསུམ།
བོ་དོང་དང་ཆོས་སྡེ་ཆེན་པོ་ཙུམ་བདེ་ཆེན་དང་བཅས་པ་ལ་བཀའ་ཆོས་
བསྐུལ་བའི་སྐོར། 363
༨༦ །གདན་ས་ཆེན་པོ་གཙང་ཧྲ་ནག་ཐུབ་བསྟན་རྣམ་རྒྱལ་གླིང་དུ་གསང་ཆེན་ལམ་འབྲས་ཀྱི་
བཀའ་ཆོས་སྐུལ་བཞིན་པའི་སྐབས་སུ་བོད་ནས་ཕྱུལ་བའི་བརྒྱ་འབུལ་འབུལ་བཞེས་
གནང་བའི་སྐོར། 364
༨༧ །ཀུན་མཁྱེན་གོ་བོ་རབ་འབྱམས་པ་བསོད་ནམས་སེངྒེ་མཆོག་གདན་ས་ཆེན་པོ་དཔལ་ལྡན་
ས་སྐྱ་ལ་བྱོན་ཁར་ཆབ་སྲིད་ཀྱིས་གཡོ་འཁྲུལ་ངན་པས་ཞབས་སོར་འཁོད་དགའ་བའི་
གནས་ཚུལ་ཅི་བྱུང་གི་སྐོར། 365

༨༨ ༈ཀུན་མཁྱེན་གོ་བོ་རབ་འབྱམས་པ་བསོད་ནམས་སེངྒེ་མཆོག་ཐུགས་དགྱེས་ཆོར་ཆེན་པོས་
ཐུགས་སྨོན་དང་ཞལ་གདམས་བསྩལ་བའི་སྐོར།..367

༨༩ ༈ཀུན་མཁྱེན་གོ་བོ་རབ་འབྱམས་པ་བསོད་ནམས་སེངྒེ་མཆོག་གདུལ་བྱ་གཞན་ངོར་གཟུགས་སྐུ་
ཆོས་དབྱིངས་སུ་ཐིམ་ཚུལ་མཛད་པའི་སྐོར།..369

༩༠ ༈ཆོས་རྗེ་ཉིད་ཀྱི་རྒྱལ་ཚབ་མདོ་སྔགས་ཀྱི་བརྒྱུད་འཛིན་མཁན་ཆེན་རྣམ་བཞིས་སྐུ་གདུང་
རིན་པོ་ཆེ་ཞུགས་འབུལ་ཕུལ་བ་དང་ལྷན་གདུང་རྟེན་གསར་བཞེངས་གནང་བའི་སྐོར།......................372

༩༡ ༈རྟ་ནག་མཁན་རབས་གཉིས་པ་པཎ་ཆེན་གོང་སྟོན་དབང་ཕྱུག་གྲུབ་པ་མཆོག་གི་
གདུང་རྟེན་ཁག་ལ་གཟུངས་གཞུག་ཕུལ་བ་མཛད་པའི་སྐོར།..373

༩༢ ༈གདན་ས་ཆེན་པོ་རྟ་ནག་ཐུབ་བསྟན་རྣམ་རྒྱལ་གླིང་གི་རྟེན་གསུམ་གསར་བཞེངས་ལ་
དཔལ་ཀྱི་རྡོ་རྗེའི་དཀྱིལ་འཁོར་སྒྲུབ་ཆོག་གི་སྒོ་ནས་རབ་གནས
གྲུས་པ་མཛད་པའི་སྐོར།..375

༩༣ ༈ཀུན་མཁྱེན་གོ་བོ་རབ་འབྱམས་པ་བསོད་ནམས་སེངྒེའི་དངོས་སློབ་དཔལ་ས་སྐྱ་
“གོང་མ་” བདག་ཆེན་ཁྲི་བས་ཉེར་གཉིས་པ་མཆོག་གིས་དབུས་ཡོངས་གྲགས
མཁན་ཆེན་སུམ་ཅུ་སོ་ལྔའི་མཚན་ཙམ་སྨོས་པ།..376

༩༤ ༈ཀུན་མཁྱེན་གོ་བོ་རབ་འབྱམས་པ་བསོད་ནམས་སེངྒེ་མཆོག་གི་སྔགས་ཕྱོགས་ཀྱི་
བརྒྱུད་འཛིན་གཙོ་བོ་གདན་ས་ཆེན་པོ་ངོར་ཨེ་ཝཾ་ཆོས་ལྡན་གྱི་མཁན་རབས་རིམ་བྱོན་
རྣམས་ཀྱི་མཚན་ཙམ་སྨོས་པ།..378

༩༥ ༈གོ་བོ་རབ་འབྱམས་པ་བསོད་ནམས་སེངྒེ་མཆོག་གི་མདོ་མཚན་ཉིད་ཐེག་པའི་
བརྒྱུད་འཛིན་གྱི་གཙོ་བོ་གདན་ས་ཆེན་པོ་རྟ་ནག་ཐུབ་བསྟན་རྣམ་རྒྱལ་གླིང་གི་
མཁན་རབས་རིམ་བྱོན་གྱི་མཚན་ཙམ་སྨོས་པ།.. 383

༩༦ ༈ཀུན་མཁྱེན་གོ་བོ་རབ་འབྱམས་པ་བསོད་ནམས་སེངྒེ་མཆོག་གི་བཀའ་སྲོལ་གཞུང་ཆེན་
ཁག་གི་བཤད་རྒྱུན་རྣམས་འཕེལ་འགྲིབ་ཇི་ལྟར་བྱུང་བའི་སྐོར་རགས་ཙམ་བཤད་པ།..........................
....386

༩༧ ༈ཀུན་མཁྱེན་གོ་བོ་རབ་འབྱམས་པ་བསོད་ནམས་སེངྒེ་མཆོག་གི་བཀའ་སྲོལ་གཞུང་ཆེན་
ཁག་གི་བཤད་རྒྱུན་རྣམས་མདོ་སྟོད་སྡེ་དགེ་རྫོང་སར་ཁམས་བྱེའི་བཤད་གྲྭ་ཆེན་མོ་ནས

དར་རྒྱས་གོང་སྤེལ་གནང་བའི་མཁན་རབས་རིམ་བྱོན་རྣམས་ཀྱི་མཚན་ཙམ་སྨོས་པ།......................388

༤༢) མཁས་གྲུབ་བྱེ་བའི་འབྱུང་གནས་རྫོང་སར་ཁམས་བྱེའི་བཤད་གྲྭ་ཆེན་མོ་བསྐྱར་གསོ་
གནང་བའི་མཁན་རབས་རིམ་བྱོན་རྣམས་ཀྱི་མཚན་ཙམ་སྨོས་པ།..392

མཛུག་རྩོམ་ཐུབ་བསྟན་རྣམ་པར་རྒྱལ་བའི་སྨོན་ལམ་ཆེན་མོ།...400

༄༅། །བསྟན་པ་དང་བསྟན་འཛིན་གྱི་ལོ་རྒྱུས་ཡོངས་འདུའི་མེ་ཏོག་གསར་པའི་དོ་ཤལ་ཞེས་བྱ་བ་བཞུགས་སོ། །

ཐུབ་བསྟན་ཆོས་རྣམ་རྒྱལ།

ཐུགས་བསྐྱེད་ལྷ་ཆེན་མང་པོས་མཛོན་དགའི་ཆུ་གཏེར་བསྲུབས་པ་ལས། །ལེགས་འོངས་འཇིག་རྟེན་གསུམ་གྱི་མུན་པ་སྡུག་པོ་ཀུན་གྱི་དགྲ། །ཐུབ་བསྟན་དཀའ་ཚལ་ཕྱོགས་བརྒྱར་འཛུམ་པའི་བྱེད་པོ་ཟླ་མེད་པ། །ཆོས་རྒྱལ་འོད་ཟེར་འབུམ་ལྡན་བདག་གི་སྙིང་མཚོར་རྟག་ཏུ་རོལ། །མཁའ་ཡངས་འགྲོ་ལ་མ་ལྟར་བརྩེ་བའི་འཆི་མེད་ལམ་ཡངས་པོར། །མཐའ་ཡས་ཆོས་ཀུན་གཟིགས་པའི་ཡེ་ཤེས་ཉི་མའི་དཀྱིལ་འཁོར་ལས། །ལེགས་འོངས་འཕྲིན་ལས་ཚ་ཟེར་ས་གསུམ་པདྨོའི་གཉེན་གྱུར་པའི། །ལྷ་མིའི་སྟོན་པ་ཟས་གཙང་སྲས་དེར་དང་བས་ཕྱག་བགྱིའོ། །རབ་མཛེས་ལི་ཁྲིའི་ལྷུན་པོ་ལྟར་བརྗིད་དར་བབས་མིག་གི་དཔལ། །རབ་སྙན་གསུང་ནི་དྲི་ཟའི་རྒྱུད་མངས་ལྟར་སྙན་ལེགས་བཤད་གཏེར། །རབ་ཡངས་ཐུགས་ནི་ཆུ་གཏེར་གླིང་ལྟར་སྤྱང་རྟོགས་ནོར་བུས་གཏམས། །འཇམ་པའི་དབྱངས་ཀྱིས་བདག་གི་བློ་གྲོས་ཀུན་ནས་རྒྱས་པར་མཛོད། །ཐུབ་པའི་བསྟན་ལ་ཤིང་རྟའི་སྲོལ་འབྱེད་འཛམ་གླིང་མཛེས་པའི་རྒྱན། །འཕགས་མཆོག་ཀླུ་སྒྲུབ་ཐོགས་མེད་ཞབས་དང་དབྱིག་གི་གཉེན། །འཕགས་པ་ལྷ་དང་ཕྱོགས་གླང་ཡབ་སྲས་དཔལ་ལྡན་ཆོས་སྐྱོང་སོགས། །འཕགས་ཡུལ་ཆོས་ཀྱི་འཁོར་བས་ཕྱག་མཛད་རྣམས་ལ་དང་བས་འདུད། །ཡུན་རིང་དུས་ནས་རྣམ་པར་གྲོལ་ཡང་འགྲོ་ལ་རྗེས་ཆགས་པའི། །གངས་ལྡན་རི་བོས་ཀུན་ནས་ཡོངས་སུ་བསྐོར་བའི་ལྗོངས་འདི་ན། །མི་

རྗེའི་གཟུགས་ཀྱིས་སྐལ་བཟང་འགྲོ་ཀུན་བྱང་གྲོལ་ལམ་འགོད་པའི། །རྒྱལ་མེས་དབོན་ཞེས་གྲགས་པ་དཀར་པོས་ས་གསུམ་བྱུར་བུར་བཀང་། །གངས་ཅན་མཛེས་པའི་རྒྱན་དུ་རིང་ནས་སྤྱན་དྲངས་ཞི་བ་འཚོ། །བདུད་རིགས་ཕྱི་མར་བསྐྱིལ་བའི་མཐུ་གྲུབ་པདྨ་ཨ་ཀ་ར། །ཀླ་ངན་མུན་པ་དྲུངས་ནས་འབྱིན་མཁས་པདྨའི་ངང་ཚུལ་སོགས། །བོད་ཡུལ་ཆོས་ཀྱིས་ཕྱུག་མཛད་རྣམས་ལ་བདག་ཅག་སྙིང་ནས་དད། །བསྟན་འགྲོར་རྗེས་ཆགས་རང་སྲོག་རྩྭ་ལྟར་ཡལ་བོར་ཏེ། །ལྷག་བསམ་གྲུ་ཆེན་བརྩོན་པའི་རླུང་དར་བཟང་པོས་རབ་བསྐྱོད་ནས། །འཕགས་ཡུལ་ཡིད་བཞིན་མཚོ་ནས་དམ་ཆོས་ནོར་བླངས་ཁ་བ་ཅན། །གཏན་པ་མེད་པའི་མཆོད་སྦྱིན་མཁས་ཀུན་དང་བའི་ཡིད་ཀྱིས་མཆོད། །ཕྱག་ན་རལ་གྲི་གཟུགས་གཞན་ཟློས་པའི་སྒྱུ་འཕྲུལ་དྲ་བའི་གར། །བྱང་ཕྱོགས་འདི་ན་ས་སྐྱ་པར་གྲགས་སྐལ་བཟང་དགའ་བའི་གཉེན། །ལེགས་བཤད་རིན་ཆེན་ཕྲེང་བ་བློ་གསལ་མགུལ་བར་འཛོག་མཁས་པའི། །ཐུབ་པའི་རྒྱལ་ཚབ་རིམ་པར་བྱོན་པའི་ཞབས་རྡུལ་སྤྱི་བོས་མཆོད། །བསོད་ནམས་ཡེ་ཤེས་ནགས་ཀླུང་སྟུག་པོའི་སྨན་ལྗོངས་ཉམས་དགའ་བ། །བདེ་གཤེགས་བསྟན་པ་སེང་གེའི་ང་རོས་སྒྲ་ངན་རི་དྭགས་ཀྱི། །ཁྱུ་མཆོག་འབུམ་གྱི་ལོག་རྟོག་གློ་སྙིང་དྲུམ་བུ་བརྒྱུར་འགས་པའི། །སྨྲ་བའི་སེང་གེ་གོ་རམས་པ་ཁྱོད་ཚུར་བྱོན་ཕྱག་གི་གནས། །གནས་ལྔར་དབང་ཕྱུག་གྲུབ་པའི་དཔལ་ལྡན་འཕྲིན་ལས་བཟང་པོ་ཅན། །ཆོས་ཀྱི་གྲགས་དཀར་རྒྱ་མཚོའི་མཐར་སོན་སྣར་ཐང་པ་ལ་སོགས། །ཐུབ་པའི་བསྟན་པ་རྣམ་པར་རྒྱལ་བའི་མཁན་བརྒྱུད་བཟང་རིམ་པར། །སྒོ་གསུམ་དངས་སྐྱབས་སུ་མཆིའོ་ངག་གི་མཆོག་སྩོལ་ཅིག །རང་གཞན་གྲུབ་མཐའ་རྒྱ་མཚོའི་མཐར་སོན་སྟོན་བྱོན་མཁས་རྣམས་ཀྱིས། །གསུང་རབ་ཡོངས་འདུའི་ངོས་ལས་རྣམ་དཔྱོད་ལག་པས་ཉེར་བཏུས་པའི། །ལེགས་བཤད་མེ་ཏོག་གསར་པའི་དོ་ཤལ་མཚར་པོ་མི་ཡི་ལྷའི། །མགྲིན་པའི་རྒྱན་དུ་སྤེལ་ལོ་དཀར་ཕྱོགས་ལྷ་རྣམས་གར་བྱོས་ཤིག །

ཅེས་མཆོད་པར་བརྗོད་པ་དང་། བཤད་པར་དམ་བཅའ་བ་སྐད་དུ་བརྗོད་ནས་འདིར་གླེང་བར་བྱ་བ་ནི། འཛམ་བུས་མཛེས་པའི་གླིང་འདིར་ཆུ་ཀླུང་དང་ཆུ་ཕྲན་རི་སྙེད་འབབ་ཅིང་མེ་ཏོག་དང་།

འབྲས་བུ་དང་སྨན་དང་ནགས་ཚལ་འབྲུ་བཅུད་ལ་སོགས་པ་སྣ་ཚོགས་པ་སྐྱེ་བ་འདི་ཀླུའི་རྒྱལ་པོ་མ་དྲོས་པའི་སྔོན་གྱི་སྨོན་ལམ་དང་ལྷག་པའི་བསམ་པ་རྨད་དུ་བྱུང་བའི་མཐུ་ཡིན་པ་ལྟར། ཐུབ་པའི་བསྟན་པ་རིན་པོ་ཆེའི་སྒོར་ཞུགས་པའི་ཉན་ཐོས་དང་རང་སངས་རྒྱས་དང་། བྱང་ཆུབ་སེམས་དཔའ་རྣམས་ཀྱིས་དམ་པའི་ཆོས་འཆད་པ་དང་ཉན་པ་དང་བསམ་པ་དང་། བསྒོམ་པས་ཉམས་སུ་ལེན་པ་དང་། དེ་ལ་བརྟེན་ནས་འཇིག་རྟེན་གྱི་ཁམས་སུ་མཆོག་གི་ཁྱད་པར་དུ་འཕགས་པའི་ཕན་བདེ་འབྱུང་བ་དང་། འབྲས་བུ་བཞི་དང་། བླ་ན་མེད་པའི་བྱང་ཆུབ་ཐོབ་པ་སོགས་རྣམ་པར་དཀར་བའི་ཡོན་ཏན་ཐམས་ཅད་དེ་བཞིན་གཤེགས་པ་ཉིད་ཀྱི་ཐུགས་བསྐྱེད་རྨད་དུ་བྱུང་བ་དང་། སྔོན་གྱི་སྨོན་ལམ་དང་། ཐུགས་རྣམ་པར་མི་རྟོག་པ་ཤེས་རབ་ཀྱི་ཕ་རོལ་ཏུ་ཕྱིན་པའི་མཐུ་ལས་བྱུང་བ་ཡིན་ཏེ། མདོ་སྡུད་པ་ལས། འཛམ་བུའི་གླིང་འདིར་ཆུ་ཀླུང་ཇི་སྙེད་ཅིག་འབབ་ཅིང་། །མེ་ཏོག་འབྲས་ལྡན་སྨན་དང་ནགས་ཚལ་སྐྱེད་བྱེད་པ། །མ་དྲོས་གནས་པའི་ཀླུ་དབང་ཀླུ་བདག་རྟེན་གནས་ཏེ། །དེ་ནི་ཀླུ་ཡི་བདག་པོ་དེ་ཡི་མཐུ་དཔལ་ཡིན། །རྒྱལ་བའི་ཉན་ཐོས་པ་དག་ཇི་སྙེད་ཆོས་སྟོན་དང་། །འཆད་དང་རིགས་པ་དག་དང་ལྡན་པར་བརྗོད་པ་དང་། །མཆོག་འཕགས་བདེ་བ་བྱེད་དང་དེ་ཡི་འབྲས་ཐོབ་པ། །དེ་དག་ཀུན་ཀྱང་དེ་བཞིན་གཤེགས་པའི་སྐྱེས་བུའི་མཐུ། །

ཞེས་དང་། དཔེར་ན་མ་དྲོས་གནས་པའི་ཀླུ་བདག་མེད་གྱུར་ན། །འཛམ་བུའི་གླིང་འདིར་ཆུ་ཀླུང་འབབ་པར་ག་ལ་འགྱུར། །ཆུ་ཀླུང་མེད་ན་མེ་ཏོག་འབྲས་བུ་འབྱུང་མི་འགྱུར། །རྒྱ་མཚོ་ལ་ཡང་རིན་ཆེན་གཟུགས་མང་མེད་པར་འགྱུར། །དེ་བཞིན་འདིར་ཡང་བྱང་ཆུབ་སེམས་མེད་བདེ་གཤེགས་ཀྱི། །ཡེ་ཤེས་འཇིག་རྟེན་འདི་དག་ཀུན་ཏུ་ག་ལ་འབྱུང་། །ཡེ་ཤེས་མེད་ན་ཡོན་ཏན་འཕེལ་མེད་བྱང་ཆུབ་མེད། །རྒྱ་མཚོ་འདྲ་བའི་སངས་རྒྱས་ཆོས་ཀྱང་མེད་པར་འགྱུར། །ཞེས་གསུངས་པའི་ཕྱིར། དེ་ར་མ་ཟད་སེམས་ཅན་གྱི་འགྲོ་བ་གང་གི་རྒྱུད་ལ་དགེ་བའི་སེམས་སྐད་ཅིག་མ་གཅིག་སྐྱེས་པ་ཡན་ཆད་ཀྱང་དེ་བཞིན་གཤེགས་པ་ཁོ་ནའི་ཐུགས་རྗེའམ་མཐུ་ལས་བྱུང་བ་ཡིན་ཏེ། སྤྱོད་འཇུག་ལས། ཇི་ལྟར་མཚན་མོ་མུན་ནག་སྤྲིན་རུམ་ན། །གློག་འགྱུ་སྐད་ཅིག་རབ་སྣང་སྟོན་པ་ལྟར། །དེ་བཞིན་སངས

རྒྱུས་མཐུ་ཡིས་བརྒྱ་ལམ་ན། །འཇིག་རྟེན་བསོད་ནམས་བློ་གྲོས་ཐང་འགའ་འབྱུང་། ། ཞེས་གསུངས་པའི་ཕྱིར། དེ་ལྟ་བུའི་སངས་རྒྱས་ཀྱི་བྱིན་རླབས་འཇུག་པ་ལ་དགེ་བའི་བཤེས་གཉེན་མཚན་ཉིད་དང་ལྡན་པ་ཞིག་བསྟེན་དགོས་ཏེ། དེ་ཉིད་ལས། སློབ་མ་བཟང་པོ་བླ་མ་གུས་ལྡན་དེ་དག་གིས། །བླ་མ་མཁས་པ་རྣམས་ལ་རྟག་ཏུ་བསྟེན་པར་བྱ། །ཅི་ཕྱིར་ཞེ་ན་མཁས་པའི་ཡོན་ཏན་དེ་ལས་འབྱུང་། །དེ་དག་ཤེས་རབ་ཕ་རོལ་ཕྱིན་པ་རྗེས་སུ་སྟོན། །སངས་རྒྱས་ཆོས་རྣམས་དགེ་བའི་བཤེས་ལ་བརྟེན་ཏོ་ཞེས། །ཡོན་ཏན་ཀུན་གྱི་མཆོག་མངའ་རྒྱལ་བས་དེ་སྐད་གསུངས། ། ཞེས་དང་། ནད་པའི་ཚོགས་ཀྱིས་གསོ་ཕྱིར་སྨན་པ་བསྟེན་པ་ལྟར། །གཡེལ་བ་མེད་པར་དགེ་བའི་བཤེས་གཉེན་བསྟེན་པར་བྱ། །ཞེས་དང་། མཁྱེན་རབ་ཀྱི་དབང་ཕྱུག་ས་སྐྱ་པཎྜི་ཏས། བློ་ཡི་ནུས་པ་ཅུང་ཟད་ཡོད་ཀྱང་ལེགས་བཤད་སྙིང་པོ་མ་རྙེད་ཅིང་། །ཉིན་དང་མཚན་དུ་འབད་པ་བྱས་ཀྱང་གཞུང་ལུགས་ཕྱོགས་རེ་དཔྱིས་མ་ཕྱིན། །རྟག་ཏུ་བརྩོན་པས་ཏིང་འཛིན་བསྒྲུབས་ཀྱང་སངས་རྒྱས་དགྱེས་པའི་ལམ་ལས་གོལ། །སྙིགས་དུས་སྐྱེ་བོ་ཚོག་ཤེས་རྣམས་ཀྱང་ལེགས་པར་སེམས་ལ་མཁས་པ་བསྟེན། ། ཞེས་གསུངས་པའི་ཕྱིར། བསྟེན་པར་བྱ་བའི་བླ་མའི་མཚན་ཉིད་ཀྱང་མདོ་རྒྱུད་དགོངས་འགྲེལ་དང་བཅས་པ་ལས། མང་དུ་གསུངས་ཀྱང་། མེད་ཁ་མེད་ཀྱི་ཡན་ལག་ཏུ་ཚུལ་ཁྲིམས་རྣམ་པར་དག་པས་སྒོ་གསུམ་གཙང་བ། ཤེས་རབ་དག་པས་བཤད་བྱའི་དོན་ལ་མཁས་པ། ལྷག་བསམ་དག་པས་གཞན་ལ་ཕན་པར་འདོད་པ་སྟེ་ཁྱད་ཆོས་གསུམ་ལྡན་ཞིག་དགོས་ཏེ། ས་སྐྱ་པཎྜི་ཏས་མཁས་པ་འཇུག་པའི་སྒོ་ལས། གཙང་མཁས་གཞན་ལ་ཕན་པར་འདོད། ། ཅེས་གསུངས་པའི་ཕྱིར།

བསྟེན་པ་པོ་སློབ་མའི་མཚན་ཉིད་ནི། རྣམ་དཔྱོད་ཀྱི་བློ་གྲོས་གསལ་བ། ངག་ཉུང་བ། བླ་མ་ལ་གུས་པ་སྟེ། ཁྱད་ཆོས་གསུམ་ལྡན་ཞིག་དགོས་ཏེ། དེ་ཉིད་ལས། བློ་གསལ་ངག་ཉུང་བླ་མར་གུས། ། ཞེས་གསུངས་པའི་ཕྱིར། །དེ་ལྟ་བུའི་སློབ་མས་དེ་ལྟ་བུའི་བླ་མ་བསྟེན་ནས་བཤད་ཉན་བྱ་བའི་ཡུལ་ནི་ཤེས་བྱ་རིག་པའི་གནས་བཅོ་བརྒྱད་དམ་བཅུའམ་ལྔ་ཡིན་ཏེ། མགོན་པོ་བྱམས་པས། རིག་པའི་གནས་ལྔ་དག་ལ་བརྩོན་པར་མ་བྱས་ན། །འཕགས་མཆོག་གིས་ཀྱང་ཐམས་ཅད་མཁྱེན་

ཉིད་མི་འགྱུར་ཏེ། །དེ་ལྟ་བས་ན་གཞན་དག་ཚར་བཅད་རྗེས་བཟུང་དང་། །བདག་ཉིད་ཀུན་ཤེས་བྱ་ཕྱིར་དེ་ལ་དེ་བརྩོན་བྱེད། །ཅེས་དང་། མཁྱེན་རབ་ཀྱི་དབང་ཕྱུག་ས་སྐྱ་པཎྜི་ཏས། རང་བློ་ཤེས་བྱ་ཀུན་ལ་མ་སྦྱངས་ན། །ཐམས་ཅད་མཁྱེན་པ་ནམ་མཁའི་མཐའ་ལྟར་རིང་། །དེ་ལྟར་དགོངས་ནས་རྒྱལ་དང་རྒྱལ་སྲས་ཀྱིས། །ཤེས་བྱའི་གནས་ཀུན་ལེགས་པར་སྦྱང་ཞེས་གསུངས། །ཞེས་དང་། མཁས་འཇུག་ལས། མཁས་གང་ཤེས་བྱའི་དེ་ཁོ་ན། །ཇི་བཞིན་རྟོགས་པ་ཡིན་པར་འདོད། །བྱེ་བྲག་སྦྱངས་པའི་དོན་ཤེས་པ། །དེ་ཡང་དེ་ལ་མཁས་པ་ཡིན། །དེ་ཡུལ་བརྡ་སྤྲོད་རྟོག་གེ་དང་། །གསོ་བ་ཕྱི་ནང་རིག་ཅེས་བྱ། །ཞེས་གསུངས་པའི་ཕྱིར། རིག་པའི་གནས་བཅུ་དང་བཅོ་བརྒྱད་དུ་བཤད་པ་ནི་རིག་པའི་གནས་ལྔའི་ནང་གསེས་ཀྱི་དབྱེ་བ་ཙམ་ཡིན་པས་ལྔ་པོ་དེར་འདུས་པ་ཡིན་ཏེ། མཁས་འཇུག་ལས། གཞན་ལས་གཞན་དག་རྣམ་བཤད་པ། །འདི་ཡི་ནང་དུ་འདུས་ཞེས་བྱ། །ཞེས་གསུངས་པའི་ཕྱིར། དེས་ན་གསུང་རབ་ཀྱི་དོན་ལ་མ་སྦྱངས་པར་སེམས་ཁོ་ན་རྐྱང་དེད་བྱས་ནས་བལྟས་པས་རྣམ་པར་གྲོལ་བར་འདོད་ཅིང་། དེ་ལ་གཅིག་ཤེས་ཀུན་གྲོལ་དུ་མིང་འདོགས་པ་ནི་ལོག་པར་རྟོག་པ་འབའ་ཞིག་ཡིན་ཏེ། སྤྱོད་འཇུག་ལས། སྣ་ཚོགས་རྐྱེན་ལས་སྐྱེས་པ་ཡི། །སྒྱུ་མ་དེ་ཡང་སྣ་ཚོགས་ཉིད། །རྐྱེན་གཅིག་གིས་ནི་ཀུན་ནུས་པ། །གང་ན་ཡང་ནི་ཡོད་མ་ཡིན། །ཞེས་དང་། ཀླུ་སྒྲུབ་ཀྱིས། ཐ་སྙད་ལ་ནི་མ་བརྟེན་པར། །དམ་པའི་དོན་ནི་རྟོགས་མི་ནུས། །དམ་པའི་དོན་ནི་མ་རྟོགས་པར། །མྱ་ངན་འདས་པ་ཐོབ་མི་འགྱུར། །ཞེས་དང་། མཁྱེན་རབ་ཀྱི་དབང་ཕྱུག་ས་སྐྱ་པཎྜི་ཏས། མ་བསླབ་པ་ལ་ཀུན་མཁྱེན་དུ། །འགྱུར་ན་རྒྱུ་འབྲས་ག་ལ་བདེན། །རྒྱུ་འབྲས་བསླུ་བ་མེད་པ་འདི། །ཐམས་ཅད་མཁྱེན་པའི་ཁྱད་ཆོས་ཡིན། །ཞེས་གསུངས་པའི་ཕྱིར། དེ་ཡང་འཚང་རྒྱ་བ་ལ་རིག་པའི་གནས་ལྔ་ལ་མཁས་པར་བྱ་དགོས་ཤིང་། དེའི་བརྗོད་བྱ་བདེན་གཉིས་ཀྱི་གནས་ལུགས་ཕྱིན་ཅི་མ་ལོག་པར་ཤེས་དགོས། དེ་མ་ཤེས་ན་སྟོང་ཉིད་དམ་བདག་མེད་ཀྱི་དོན་མི་ཤེས། དེ་མ་ཤེས་པར་བསྒོམ་ན་རྟག་ཆད་ཀྱི་གཡང་ལ་ལྟུང་བར་འགྱུར་ཏེ། ཀླུ་སྒྲུབ་ཀྱིས། གང་དག་བདེན་པ་འདི་གཉིས་ཀྱི། །རྣམ་དབྱེ་རྣམ་པར་མི་ཤེས་པ། །དེ་དག་སངས་རྒྱས་བསྟན་པ་ཡིས། །ཟབ་མོའི་

དེ་ཉིད་རྣམ་མི་ཤེས། །ཞེས་དང་། སློབ་དཔོན་ཟླ་བ་གྲགས་པས། ཐ་སྙད་བདེན་པ་ཐབས་སུ་གྱུར་པ་དང་། །དོན་དམ་བདེན་པ་ཐབས་བྱུང་གྱུར་པ་སྟེ། །བདེན་གཉིས་རྣམ་དབྱེ་གང་གིས་མི་ཤེས་པ། །དེ་ནི་རྣམ་རྟོག་ལོག་པའི་ལམ་ངན་ཞུགས། །ཞེས་དང་།

འཇམ་མགོན་བླ་མ་ས་སྐྱ་པཎྜི་ཏས། བསྒོམས་ན་ཐོས་པ་མི་དགོས་ཞེས། །གླེན་པོ་གོ་རྒྱ་ཆུང་རྣམས་སྨྲ། །ཐོས་པ་མེད་པའི་སྒོམ་པ་དེ། །འབད་ཀྱང་དུད་འགྲོའི་སྒྲུབ་ཐབས་ཡིན། །ཞེས་གསུངས་པའི་ཕྱིར། དེས་ན་བཤད་ཉན་སྒོམ་སྒྲུབ་ལག་ལེན་གང་བྱེད་ཀྱང་སངས་རྒྱས་ཀྱི་གསུང་དང་མཐུན་པ་ཞིག་དགོས་ཏེ། ཆོས་ཀྱི་གནད་ལ་སངས་རྒྱས་ལས་མཁས་པ་འཇིག་རྟེན་གསུམ་ན་མེད་པའི་ཕྱིར་ཏེ། དེ་ཡང་མགོན་པོ་བྱམས་པས། གང་ཕྱིར་རྒྱལ་ལས་ཆེས་མཁས་འགའ་ཡང་འཇིག་རྟེན་འདི་ན་ཡོད་མིན་ཏེ། །མ་ལུས་དེ་ཉིད་མཆོག་ནི་ཚུལ་བཞིན་ཀུན་མཁྱེན་གྱིས་མཁྱེན་གཞན་མིན་པ། །དེའི་ཕྱིར་དྲང་སྲོང་རང་ཉིད་ཀྱིས་བཞག་མདོ་སྡེ་གང་ཡིན་དེ་མི་དཀྲུག །ཐུབ་ཚུལ་བཤིག་ཕྱིར་དེ་ཡང་དམ་ཆོས་ལ་ནི་གནོད་པ་བྱེད་པར་འགྱུར། །ཉོན་མོངས་རྨོངས་བདག་རྣམས་ཀྱི་འཕགས་ལ་སྐུར་པ་དང་། །དེས་གསུང་ཆོས་ལ་བརྙས་གང་དེ་ཀུན་ཞེན་ལྟས་བྱས། །དེས་ན་ཞེན་ལྟའི་དྲི་ཅན་དེ་ལ་བློ་མི་སྦྱར། །ཞེས་དང་། སྡོམ་གསུམ་རབ་དབྱེ་ལས། རྫོགས་སངས་རྒྱས་ལས་མཁས་པ་ཡི། །གང་ཟག་འཇིག་རྟེན་གསུམ་ན་མེད། །དེས་ན་དེ་ཡིས་གསུངས་པ་ཡི། །མདོ་རྒྱུད་རྣམ་པར་དཀྲུག་མི་བྱ། །མདོ་རྒྱུད་དཀྲུགས་ན་ཆོས་སྤོང་ཞིང་། །འཕགས་པ་རྣམས་ཀྱང་སྐུར་འགྱུར་ཞེས། །མགོན་པོ་བྱམས་པས་རྒྱུད་བླར་གསུངས། །ཞེས་གསུངས་པའི་ཕྱིར། དེས་ན་བཤད་ཉན་བྱ་བའི་ཡུལ་གྱི་ཆོས་དེ་ཡང་སངས་རྒྱས་ཀྱིས་གསུངས་པ། སྡུད་པ་པོས་བསྡུས་པ། པཎྜི་ཏ་རྣམས་ཀྱིས་བཤད་པ། ལོ་ཙཱ་བ་རྣམས་ཀྱིས་བསྒྱུར་བ། མཁས་པ་རྣམས་ལ་གྲགས་ཤིང་གྲུབ་པ་ཞིག་དགོས་ཀྱི་དེ་ལས་གཞན་སྙན་བརྒྱུད་དང་ཚིག་བརྒྱུད་དུ་མིང་བཏགས་པའི་གླེན་པོ་མགོ་བསྐོར་གྱི་ཆོས་ལ་ཡིད་གཏོད་པར་མི་བྱ་སྟེ། སྡོམ་གསུམ་རབ་དབྱེ་ལས། གང་ཞིག་སངས་རྒྱས་བྱེད་འདོད་ན། །དེ་ཡིས་འདི་བཞིན་སྤྱད་པར་བྱ། །ཡང་ན་ཕ་རོལ་ཕྱིན་པ་ཡི། །མདོ་ལས་ཇི་ལྟར་འབྱུང་བཞིན་གྱིས། །ཡང་

ན་རྡོ་རྗེ་ཐེག་པ་ཡི། །རྒྱུད་སྡེ་བཞིན་དུ་ཉམས་སུ་ལོང་། །འདི་གཉིས་མིན་པའི་ཐེག་ཆེན་ནི། །སངས་རྒྱས་རྣམས་ཀྱིས་གསུངས་པ་མེད། །ད་ལྟའི་ཆོས་པ་ཕལ་ཆེ་བ། །བསླབ་པ་གསུམ་པོ་མི་སྲུང་བ། །ཕ་རོལ་ཕྱིན་པའི་ཆོས་ལུགས་མི་སྣང་བ། །དབང་དང་རིམ་གཉིས་མི་ལྡན་པ། །རྡོ་རྗེ་ཐེག་པའི་བསྟན་པ་མིན། །འདུལ་བའི་སྡེ་སྣོད་མི་ཤེས་པ། །ཉན་ཐོས་ཀྱིའང་ཆོས་ལུགས་མིན། །འོན་ཀྱང་ཆོས་པར་ཁས་འཆེ་བ། །ཀྱེ་མ་གང་གི་བསྟན་པར་འགྱུར། །ཕ་མེད་པ་ཡི་བུ་མང་ཡང་། །རིགས་ཀྱི་ནང་དུ་ཚུད་མེད་འགྱུར། །དེ་བཞིན་ཁུངས་ནས་མ་བྱུང་བའི། །ཆོས་པ་བསྟན་པའི་ནང་དུ་མིན། །དག་དུག་བསྲེས་པའི་གོས་ལ་ནི། །ཆེན་པོ་རྣམས་ཀྱིས་ཆས་མི་རུང་། །དེ་བཞིན་ཐུན་ཚོགས་བསྲེས་པ་ཡི། །ཆོས་ཀྱིས་དད་ཅན་འཚང་མི་རྒྱ། །ཞེས་དང་། དེས་ན་སངས་རྒྱས་གསུང་རབ་དང་། །མཐུན་པའི་ཐོས་བསམ་སྒོམ་པ་གསུམ། །བསམ་པ་དག་པས་སྒྲུབ་བྱེད་ན། །སངས་རྒྱས་བསྟན་པར་ཤེས་པར་བྱ། ། ཞེས་གསུངས་པའི་ཕྱིར།

དེ་ལྟར་ན་གནས་སྐབས་དང་མཐར་ཐུག་གི་ཕན་བདེ་བསྒྲུབ་པར་འདོད་པ་དག་གིས་དམ་པའི་ཆོས་སམ་དགེ་བ་བསྒྲུབ་པ་ལ་འབད་པར་བྱ་དགོས་ཏེ། སྐྱེས་བུ་དམ་པ་རྣམས་ཀྱིས་དམ་པའི་ཆོས་ལ་འབད་པས་ཚེ་རབས་གཏན་གྱི་འདུན་མ་དང་། བླ་ན་མེད་པའི་བྱང་ཆུབ་ཀྱང་འགྲུབ་པར་མ་ཟད་ཚེ་འདིར་ཡང་བདེ་སྐྱིད་སྐལ་གྲགས་གཞན་ལས་ཆེ་བ་མངོན་སུམ་དུ་མཐོང་ཞིང་ཆོམ་རྐུན་པ་སོགས་དམན་པ་རྣམས་ཀྱིས་མི་དགེ་བ་སྤྱད་པས་ཚེ་རབས་ཕྱི་མར་ངན་སོང་གསུམ་ལ་སོགས་པའི་སྡུག་བསྔལ་མྱོང་དགོས་པར་མ་ཟད་ཚེ་འདིར་ཡང་སྡུག་ཕོངས་གཏམ་ངན་གསུམ་དང་ལྡན་པར་མཐོང་བའི་ཕྱིར་ཏེ། མཁྱེན་རབ་ཀྱི་དབང་ཕྱུག་ས་སྐྱ་པཎྜི་ཏས་ལེགས་པར་བཤད་པ་རིན་པོ་ཆེའི་གཏེར་ལས། བློ་ལྡན་ཚེ་འདིར་སྒྲུབ་ན་ཡང་། །ཆོས་ཀྱི་བསྒྲུབ་པ་ཤིན་ཏུ་སླ། །དམ་པ་རྣམས་དང་ཆོམ་རྐུན་པའི། །ཕུན་སུམ་ཚོགས་པའི་ཁྱད་པར་ལྟོས། ། ཞེས་གསུངས་པའི་ཕྱིར། གནས་སྐབས་དང་མཐར་ཐུག་གི་ཕན་བདེ་མ་ཟད་ཚེ་འདིར་ནོར་ཙམ་བསྒྲུབས་པས་ཀྱང་ཆོས་མ་ཡིན་པ་ལ་བརྟེན་ནས་བསྒྲུབ་པ་བས་ཆོས་ལ་བརྟེན་ནས་བསྒྲུབ་པ་ཁེ་ཆེ་བ་ཡིན་ཏེ། ཡང་དེ་ཉིད་ལས། གང་ཞིག་ནོར་འདོད་སྐྱེ

པོས་ཀྱང་། །ཆོས་ཉིད་ཤིན་ཏུ་བསྲུང་བར་བྱ། །ཆོས་ལས་ཉམས་པའི་ནོར་ཙམ་གྱིས། །འཇིག་རྟེན་འདིར་ཡང་ག་ལ་དགའ། །ཞེས་གསུངས་པའི་ཕྱིར། དེས་ན་སྔོན་གྱི་དུས་ན་ཡང་ཆོས་བཞིན་བྱས་པ་རྣམས་ལ་འཕྲལ་ཡུན་གྱི་ཕན་བདེ་འབྱུང་བར་གོས་ལ། ད་ལྟར་གྱི་གནས་སྐབས་སུ་ཡང་དེ་ལྟར་མཐོང་བའི་ཕྱིར་ན་མ་འོངས་པ་ན་ཡང་དེ་བཞིན་དུ་འབྱུང་སྟེ། ཡང་དེ་ཉིད་ལས། སྔོན་ཡང་འདི་བཞིན་སྤྱོད་རྣམས་བདེ། །ད་ལྟ་ན་ཡང་དེ་ལྟར་མཐོང་། །གཏན་ཚིགས་བཟང་པོ་འདི་ཡིས་ནི། །མ་འོངས་རྣམས་ཀྱང་ཕུན་ཚོགས་འགྲུབ། །ཅེས་གསུངས་པའི་ཕྱིར། དེས་ན་འདིར་ཡ་རབས་ཀྱི་འདུན་སར་གླིང་བར་འོས་པའི་གཏམ་ཆ་ཙམ་གླིང་བ་ལ་སྤྱིར་བསྐལ་པ་གང་ལ་སངས་རྒྱས་འབྱོན་ཚུལ། ཁྱད་པར་བསྐལ་པ་བཟང་པོའི་སངས་རྒྱས་འབྱོན་ཚུལ། ཁྱད་པར་མི་མཇེད་འཇིག་རྟེན་གྱི་ཁམས་སུ་སྟོན་པ་ཐུབ་པའི་དབང་པོ་བྱོན་ཚུལ། བྱོན་ནས་ཆོས་ཀྱི་འཁོར་ལོ་བསྐོར་ཚུལ། དེའི་རྗེས་སུ་བཀའ་བསྡུ་རིམ་པ་གསུམ་བྱུང་ཚུལ། ཞར་བྱུང་གི་ཚུལ་དུ་ཕྱི་ནང་གི་གྲུབ་མཐའི་ཁྱད་པར་སོགས་བཤད་པ། བསྡུས་པའི་བསྟན་པ་རྒྱན་དྲུག་མཆོག་གཉིས་ལ་སོགས་པའི་པཎ་གྲུབ་རྣམས་ཀྱིས་ཇི་ལྟར་བསྐྱང་བའི་ཚུལ། བསྟན་པ་དེ་ཉིད་གངས་རིའི་ལྗོངས་འདིར་ལོ་པཎ་རྣམས་ཀྱིས་ཇི་ལྟར་བསྒྱུར་བའི་ཚུལ། དེ་ལ་བོད་ཀྱི་ཆོས་རྒྱལ་ལ་སོགས་པའི་ཆེན་པོ་རྣམས་ཀྱིས་སྲི་ཞུ་ཇི་ལྟར་མཛད་པའི་ཚུལ། མཁས་པ་རྣམས་ཀྱིས་བཤད་ཉན་གྱི་ཇི་ལྟར་གཏན་ལ་ཕབ་པའི་ཚུལ། དེ་དག་གི་ནང་ནས་ས་སྐྱ་པའི་ལྟ་གྲུབ་ཁྱད་པར་དུ་འཕགས་ཚུལ། མཐར་བཀྲ་ཤིས་དང་དགེ་ལེགས་ཇི་ལྟར་བྱུང་བའི་ཚུལ་དང་བཅུ་གཉིས་ལས།

དང་པོ་ནི། སྤྱིར་བསྐལ་པ་ལ་སྒྲོན་མེའི་བསྐལ་པ་དང་། མུན་པའི་བསྐལ་པ་གཉིས་ལས། སྒྲོན་བསྐལ་ལ་སངས་རྒྱས་འབྱུང་ཞིང་མུན་བསྐལ་ལ་མི་འབྱུང་། དེ་ཡང་སྒྲོན་བསྐལ་བསྐལ་པ་བཟང་པོ་ལ་སངས་རྒྱས་སྟོང་ངམ་སྟོང་དང་ལྔ་བྱོན། དེ་ནས་མུན་བསྐལ་བསྐལ་པ་ཆེན་པོ་དྲུག་ཅུ་འབྱུང་། དེ་ནས་སྒྲོན་བསྐལ་སྣ་པ་ཆེན་པོ་ལ་སངས་རྒྱས་ཁྲི་བྱོན། དེ་ནས་མུན་བསྐལ་བསྐལ་པ་ཆེན་པོ་ཁྲི་འབྱུང་། དེ་ནས་དཔེ་སྐར་མ་ལྟ་བུ་ཞེས་བྱ་བའི་སྒྲོན་བསྐལ་ལ་སངས་རྒྱས་བརྒྱད་ཁྲི་བྱོན། དེ་ནས

མུན་བསྐལ་བསྐལ་པ་ཆེན་པོ་སུམ་བརྒྱ་འབྱུང་། དེ་ནས་སྒྲོན་བསྐལ་ཡོན་ཏན་བཀོད་པ་ལ་སངས་རྒྱས་ཁྲི་བཞི་སྟོང་འབྱོན་པར་བསྐལ་བཟང་ལས་བཤད་པས་སངས་རྒྱས་ཀྱི་བསྟན་པ་དང་མཇལ་བ་ཤིན་ཏུ་དཀའ་བ་ཡིན་ཏེ། རྒྱ་ཆེར་རོལ་པ་ལས། སངས་རྒྱས་འཇིག་རྟེན་འབྱུང་བ་བརྒྱ་ལམ་སྟེ། །མི་ཡི་ལུས་ནི་ཚོགས་ཀྱིས་རྙེད་པ་ཡིན། །གྲོགས་པོ་གང་དག་དད་དང་ཆོས་ཉན་པ། །འདི་འདྲ་བསྐལ་པ་བརྒྱར་ཡང་རྙེད་པར་དཀའ། །ཞེས་དང་། སྡོང་པོ་བཀོད་པ་ལས། དེ་བཞིན་གཤེགས་པ་འབྱུང་བ་དང་། །དད་དང་མི་ལུས་ཐོབ་པ་དང་། །དགེ་ཚོམ་རུང་བ་འདི་ལྟ་བུ། །དཀོན་ན་ནམ་ཞིག་རྙེད་པར་འགྱུར། །ཞེས་གསུངས་པའི་ཕྱིར།

གཉིས་པ་བསྐལ་པ་བཟང་པོའི་སངས་རྒྱས་བྱོན་ཚུལ་ནི། སྙིང་རྗེ་པདྨ་དཀར་པོ་ལས། སངས་རྒྱས་སྟོང་དང་ལྔ་འབྱོན་པར་བཤད་ཅིང་། གསང་བ་བསམ་གྱིས་མི་ཁྱབ་པའི་མདོ་ལས་སངས་རྒྱས་སྟོང་འབྱོན་པར་བཤད་ཀྱང་། འགྲོ་བའི་མགོན་པོ་འཕགས་པའི་གསུང་རབ་འགའ་ལས། གཉིས་ཀྱི་ལྷག་པའི་སྐྱོབ་པ་སྟོང་། །ཞེས་བཤད་པས་ན་རྫུས་སྐྱེས་མཆེད་གཉིས་དང་བཅས་ན་སངས་རྒྱས་སྟོང་རྩ་གཉིས་འབྱོན་པ་ལ་ཡང་འགལ་བ་མེད། ཀུན་མཁྱེན་བུ་སྟོན་ཆེན་པོས་སྟོང་རྩ་གཉིས་ཞེས་པ་བླུན་པོའི་ཁ་སྐད་ཡིན། གསུང་རབ་ལས་བཤད་ཚོད་མེད་ཅེས་གསུངས་ཀྱང་སངས་རྒྱས་སྟོང་རྫུས་སྐྱེས་མཆེད་གཉིས་དང་བཅས་པ་བཤད་ཅིང་། རྫུས་སྐྱེས་མཆེད་གཉིས་པོ་དེ་ཡང་སངས་རྒྱས་ལས་གཞན་མ་ཡིན་པས་མི་འགལ་བར་སེམས་སོ། །

བསྐལ་པ་བཟང་པོ་ཞེས་བརྗོད་པའི་རྒྱུ་མཚན་ནི། སྔོན་བསྐལ་པ་འདི་ཆགས་ཞིགས་ཆགས་པའི་ཚེ་ན་རྒྱ་མཚོ་ནས་གསེར་གྱི་པདྨ་སྟོང་བྱུང་བ་ལ་ལྷ་རྣམས་ཀྱིས་བརྟགས་པས་སངས་རྒྱས་སྟོང་འབྱུང་བའི་སྔ་ལྟས་སུ་གོ་སྟེ། ཨེ་མ་བསྐལ་པ་འདི་ནི་བཟང་པོའོ། །ཞེས་བརྗོད་པས་བསྐལ་པ་བཟང་པོར་གྲགས་ཞེས་སྙིང་རྗེ་པད་དཀར་ལས་བཤད་ཅིང་། ཡེ་ཤེས་རྒྱས་པའི་མདོ་ལས་བསྐལ་པ་པདྨ་སྟོང་ཞེས་ཀྱང་བཤད་དོ། །

གསུམ་པ་མི་མཇེད་འཇིག་རྟེན་གྱི་ཁམས་སུ་ཐུབ་པའི་དབང་པོ་བྱོན་ཚུལ་ནི། ཀླུ་སྒྲུབ་ཀྱི་མཆོད་

རྗེན་བརྒྱུད་ཀྱི་བསྟོད་པར། དང་པོ་བྱང་ཆུབ་མཆོག་ཏུ་ཐུགས་བསྐྱེད་དེ། །བསྐལ་པ་གྲངས་མེད་གསུམ་དུ་ཚོགས་བསགས་ཤིང་། །བར་དུ་གཅོད་པའི་བདུད་བཞི་འཇོམས་མཛད་པའི། །བཅོམ་ལྡན་སེངྒེ་དེ་ལ་ཕྱག་འཚལ་ལོ། །ཞེས་གསུངས་པ་ལྟར་དང་པོ་བྱང་ཆུབ་ཀྱི་མཆོག་ཏུ་ཐུགས་སྐྱེད་ཚུལ། བར་དུ་བསྐལ་པ་གྲངས་མེད་གསུམ་དུ་ཚོགས་བསག་ཚུལ། མཐར་མངོན་པར་རྫོགས་པར་སངས་རྒྱས་པའི་ཚུལ་དང་གསུམ་ལས། དང་པོ་སེམས་སྐྱེད་ཚུལ་ནི། ཉན་ཐོས་ཀྱི་ལུགས་ལ་རྒྱལ་པོ་གསལ་གྲགས་སུ་གྱུར་པའི་ཚེ་སེམས་བསྐྱེད་པར་བཤད་ཅིང་། ཐེག་པ་ཆེན་པོའི་ལུགས་ལ་སྙིང་རྗེ་པད་དཀར་ལས། བྲམ་ཟེ་རྒྱ་མཚོའི་རྡུལ་ཞེས་བྱ་བར་གྱུར་པའི་ཚེ་སེམས་བསྐྱེད་པར་བཤད་པ་དང་། བསྐལ་བཟང་ལས། རྫ་མཁན་གྱི་ཁྱེའུ་སྣང་བྱེད་དུ་གྱུར་པའི་ཚེ་སངས་རྒྱས་ཤཱཀྱ་ཐུབ་པ་ཆེན་པོ་ལ་སེམས་བསྐྱེད་པར་བཤད་པ་དང་། དྲིན་ལན་བསབས་པའི་མདོ་ལས། དམྱལ་བའི་ཤིང་རྟ་འདྲེན་པའི་གྱད་དུ་གྱུར་པའི་ཚེ་སེམས་བསྐྱེད་པར་བཤད་པ་དང་། ཕུང་པོ་གསུམ་པ་ལས། ཚོང་དཔོན་གྱི་བུ་མངོན་དཀར་གྱུར་པའི་ཚེ་དེ་བཞིན་གཤེགས་པ་མཛེས་ཆེན་ལ་སེམས་བསྐྱེད་པར་བཤད་པ་དང་། ཡང་རྒྱལ་པོ་འོད་ལྡན་དུ་གྱུར་པའི་ཚེ་འཇིགས་པས་ཉེན་པའི་འགྲོ་བ་དུ་མ་ལ་མི་འཇིགས་པ་སྐྱབས་ཀྱི་སྦྱིན་པ་བྱིན་ནས། སྦྱིན་པ་འདི་ཡིས་ཤཱཀྱའི་རིགས་སྐྱེས་ནས། །ཡོན་ཏན་རིགས་རུས་མཉམ་པའི་སངས་རྒྱས་འགྱུར། །ཚངས་པའི་བར་གྱི་ཉམ་ཐག་འགྲོ་བ་རྣམས། །ཞི་བ་རྒྱ་ཆེན་འཇིགས་མེད་ཐོབ་པར་ཤོག །ཅེས་སྨོན་ལམ་བཏབ་ཅིང་སེམས་བསྐྱེད་པར་བཤད། གཉིས་པ་གྲངས་མེད་གསུམ་དུ་ཚོགས་བསགས་ཚུལ་ལ་མདོ་ཕལ་ཆེར་ལས་བསྐལ་པ་གྲངས་མེད་གསུམ་དང་། རྒྱ་ཆེར་རོལ་པ་ལས་གྲངས་མེད་བདུན་དང་། སྡེ་པ་ཐ་དད་ཀླུག་པའི་འཁོར་ལོ་ལས་གྲངས་མེད་བཅུ་དང་། བརྒྱུད་སྟོང་འགྲེལ་ཆེན་ལས་གྲངས་མེད་སུམ་ཅུ་རྩ་གསུམ་བཤད་པ་སོགས་དུ་མ་འབྱུང་ཡང་གྲངས་མེད་གསུམ་དུ་འདུས་པ་ཡིན་ཏེ། མགོན་པོ་བྱམས་པས། ས་ནི་དང་པོ་ཡིན་པར་འདོད། །འདི་དེ་བསྐལ་པ་དཔག་མེད་ཀྱི། །ཞེས་དང་། གྲངས་མེད་གཉིས་ནི་རྫོགས་པ་ཡིས། །སྒོམ་པའི་ལམ་ནི་མཐར་ཕྱིན་ཏོ། །ཞེས་གསུངས་པའི་ཕྱིར། དེ་ཡང་ཐེག་པ་ཆེན་པོའི་ལུགས་ལ་རྒྱལ་པོའི་ཕོ་བྲང་རྣམ་པར་རྒྱལ་

བའི་རྒྱལ་མཚན་ཅན་ཞེས་བྱ་བར་རྒྱལ་པོ་ཚེ་རྣམ་པར་རྒྱལ་བའི་སྲས་གཞོན་ནུ་བརྩོན་འགྲུས་སྐྱོད་ཅེས་
བྱ་བར་གྱུར་པའི་ཚེ་དེ་བཞིན་གཤེགས་པ་ཕུང་པོ་ཆེན་པོ་འཇིག་རྟེན་དུ་བྱོན་པ་ལ་བསྙེན་བཀུར་ཞིང་
དགེ་བའི་རྩ་བ་བསྐྲུན་པ་ནས་བཟུང་སྟེ་བསྐལ་པ་གྲངས་མེད་གཅིག་ཏུ་ཚོགས་བསགས་པས་གྲངས་
མེད་དང་པོ་རྫོགས་ནས་ས་དང་པོ་ཐོབ། གྲོང་ཁྱེར་ཛམྦུ་ཆུ་བོའི་གསེར་དུ་རྒྱལ་པོ་མཛེས་པར་གནང་
བའི་ནང་ཆེན་པ་ཚོང་དཔོན་ཤེས་རབ་བཟང་པོ་ཞེས་པར་གྱུར་པའི་ཚེ་དེ་བཞིན་གཤེགས་པ་དཀོན་
མཆོག་ཡན་ལག་འཇིག་རྟེན་དུ་བྱོན་པ་ལ་བསྙེན་བཀུར་ཞིང་དགེ་བའི་རྩ་བ་བསྐྲུན་པ་ནས་བཟུང་སྟེ་
བསྐལ་པ་གྲངས་མེད་གཅིག་ཏུ་ཚོགས་བསགས་པས་གྲངས་མེད་གཉིས་པ་རྫོགས་ནས་ས་བདུན་པ་
ཐོབ། རྒྱལ་པོ་དགྲ་ཐུབ་ཀྱི་གྲོང་ཁྱེར་པདྨ་ཅན་དུ་བྲམ་ཟེའི་ཁྱེའུ་ཚོས་ཀྱི་སྤྲིན་ཞེས་བྱ་བར་གྱུར་པའི་ཚེ་
བྲམ་ཟེ་མར་མེའི་བདག་པོའི་སྲས་དེ་བཞིན་གཤེགས་པ་མར་མེ་མཛད་འཇིག་རྟེན་དུ་བྱོན་པ་ལ་མེ་ཏོག་
ཨུཏྤལ་ལྔ་གཏོར་ཏེ་དགེ་བའི་རྩ་བ་བསྐྲུན་པས་ས་བརྒྱད་པ་ཐོབ་པ་ནས་བཟུང་སྟེ་བསྐལ་པ་གྲངས་མེད་
གཅིག་ཏུ་ཚོགས་བསགས་པས་གྲངས་མེད་གསུམ་པ་རྫོགས་ནས་ས་བཅུ་པ་ཐོབ་པ་ཡིན་ཏེ། མདོ་
ལས། སངས་རྒྱས་མར་མེ་མཛད་ལ་ཨུཏྤལ་ལྔས། །གཏོར་ཏེ་རལ་པ་གདན་དུ་བཏིང་བྱས་
པས། །མི་སྐྱེའི་ཆོས་ལ་བཟོད་པ་ཐོབ་གྱུར་ཏེ། །ཤཱཀྱའི་རྒྱལ་པོར་འགྱུར་ཞེས་ང་ལུང་བསྟན། །
ཞེས་དང་། འདུལ་བ་ལུང་ལས། གང་ཚེ་མར་མེ་མཛད་ཀྱིས་ང་། །ལུང་བསྟན་གྱུར་པ་དེ་ཡི་ཚེ། །ས་
བརྒྱད་པ་ནི་ཐོབ་གྱུར་ཏེ། །དབང་བཅུ་དག་ཀྱང་ཐོབ་པར་འགྱུར། །ཞེས་པ་དང་། ཟླ་བ་སྒྲོན་མེའི་
མདོ་ལས། སངས་རྒྱས་དག་ནི་བྱེ་བ་ཕྲག་ཁྲིག་དང་། །དེ་བས་ལྷག་པ་གངྒཱའི་བྱེ་མ་སྙེད། །ཀུན་ཀྱང་
བྱ་རྒོད་ཕུང་པོ་འདིར་བཞུགས་ཏེ། །མི་དབང་དེ་ཀུན་ང་ཡིས་བཀུར་སྟི་བྱས། །ཞེས་གསུངས་པའི་
ཕྱིར། གསུམ་པ་མངོན་པར་རྫོགས་པ་སངས་རྒྱས་པའི་ཚུལ་ནི། དེ་ལྟར་བསྐལ་པ་གྲངས་མེད་
གསུམ་དུ་ཚོགས་བསགས་པ་སྔོན་དུ་སོང་ནས་འོག་མིན་སྟུག་པོ་བཀོད་པའམ་འོག་མིན་ཆེན་པོའམ་
འཇིག་རྟེན་གྱི་ཁམས་རྒྱ་མཚོ་ཞེས་བྱ་བར་བསྐལ་པ་དཔག་ཏུ་མེད་པའི་སྔོན་རོལ་དུ་སངས་རྒྱས་དབང་
པོའི་ཏོག་ཅེས་བྱ་བར་སངས་རྒྱས་ནས་ཛམྦུའི་གླིང་རྡོ་རྗེའི་གདན་དུ་འཚང་རྒྱ་བའི་ཚུལ་བསྟན་པ་ཙམ་

ཞིག་ཡིན་ཏེ། ལང་ཀར་གཤེགས་པ་ལས། རིན་ཆེན་སྣ་ཚོགས་མཛེས་པ་ཡི། །འོག་མིན་གནས་ནི་ཉམས་དགའ་བ། །གཙང་མའི་གནས་ཀྱི་སྟེང་ཞུགས་ནས། །ཡང་དག་སངས་རྒྱས་དེར་སངས་རྒྱས། །སྤྲུལ་པ་པོ་གཅིག་འདིར་འཚང་རྒྱ། །ཞེས་དང་། མདོ་སྡེ་པདྨ་དཀར་པོ་ལས། བསྐལ་པ་བྱེ་སྟོང་བསམ་གྱིས་མི་ཁྱབ་པ། །དེ་ཡི་ཚད་ནི་ནམ་ཡང་མེད་པ་ནས། །བྱང་ཆུབ་མཆོག་རབ་དེ་ནི་ངས་ཐོབ་སྟེ། །ང་ནི་རྟག་ཏུ་ཆོས་ཀྱང་རབ་འཆད་དོ། །ཞེས་དང་། སློབ་དཔོན་ངག་གི་དབང་ཕྱུག་གྲགས་པས། དཔལ་ལྡན་སྟུག་པོ་བཀོད་པ་ཉིད་དུ་དོན་དམ་ཐུགས་ཆུད་ཅིང་། །དགའ་ལྡན་སྐྱེ་བོའི་དོན་མཛད་ཕྱིར་ནི་དམ་པ་ཏོག་དཀར་གྱུར། །དེ་ནས་འདིར་ནི་འགྲོ་བའི་དོན་དུ་ཤཱཀྱའི་ཏོག་གྱུར་གང་། །འཆི་བདག་ལས་རྒྱལ་སྒྱུ་མ་ཀུན་སྟོན་དེ་ནི་རྒྱལ་གྱུར་ཅིག །ཅེས་གསུངས་པའི་ཕྱིར།

བཞི་པ་བྱོན་ནས་ཆོས་ཀྱི་འཁོར་ལོ་བསྐོར་ཚུལ་ནི། སྟོན་པ་འདི་མི་མོ་ཡོས་ལ་ལྷུམས་སུ་ཞུགས། ས་ཕོ་འབྲུག་ལ་སྐུ་བལྟམས། ཉི་ཤུ་རྩ་དགུའི་བར་ཁབ་ཏུ་བཞུགས། ཉི་ཤུ་རྩ་དགུ་བཞེས་པ་ནས་མཆོད་རྟེན་རྣམ་དག་གི་དྲུང་དུ་ཉིད་ཀྱི་གཙུག་ཕུད་ཉིད་ཀྱིས་བཅད། རིན་ཐང་མེད་པའི་གོས་དང་ངུར་སྨྲིག་གི་གོས་བརྗེས་ནས་གསོལ་ཏེ་རབ་ཏུ་བྱུང་བར་མཛད། དེ་ནས་ཆུ་བོ་ནཻ་རཉྫ་ནའི་འགྲམ་དུ་ལོ་དྲུག་དཀའ་བ་སྤྱོད་པའི་ཚུལ་བསྟན། དེ་ནས་དཀའ་ཐུབ་ཙམ་གྱི་གྲོལ་བར་འདོད་པ་དགག་པའི་ཕྱིར་ཞིང་པའི་བུ་མོ་ལེགས་སྐྱེས་མས་འོ་ཐུག་སྦྲང་རྩི་ཅན་ཕུལ་བ་བཞེས་ཏེ། རྩྭ་འཚོང་བཀྲ་ཤིས་ལས་རྩྭ་དྷུར་བ་བཞེས་ནས་བྱང་ཆུབ་ཀྱི་སྙིང་པོ་རྡོ་རྗེའི་གདན་དུ་བྱོན་ཏེ་དགུང་ལོ་སུམ་ཅུ་རྩ་ལྔ་བཞེས་པ་ཆུ་ཕོ་སྟག་གི་ལོ་སྐར་མ་ས་གས་ཉ་བའི་ཚེས་བཅོ་ལྔ་ལ་རྩྭ་དྷུར་བའི་སྟན་ལ་བཞུགས་ནས་མངོན་པར་རྫོགས་པར་འཚང་རྒྱ་བའི་ཚུལ་བསྟན། དེ་ནས་ཞག་བཞི་བཅུ་རྩ་དགུའི་བར་དུ། ཟབ་ཞི་སྤྲོས་བྲལ་འོད་གསལ་འདུས་མ་བྱས། །བདུད་རྩི་ལྟ་བུའི་ཆོས་ཤིག་ཁོ་བོས་རྙེད། །སུ་ལ་བསྟན་ཀྱང་གོ་བར་མི་ནུས་པས། །མི་སྨྲ་ནགས་ཀྱི་ཁྲོད་དུ་སྡ་བར་བྱ། །ཞེས་གསུངས་ནས་འཇིག་རྟེན་ཐ་མལ་པའི་སྣང་ངོར་ཆོས་མི་གསུང་བར་བཏང་སྙོམས་སུ་བཞུགས་པའི་ཚུལ་བསྟན་པ་ལ། ཚངས་པ་གཙུག་ཕུད་ཅན་འཁོར་ཚངས་པ་འབུམ་ཕྲག་དྲུག་ཅུ་རྩ་བརྒྱད་དང་བཅས་པ་ལྷགས་ཏེ་གསེར་གྱི་འཁོར་ལོ་རྩིབས་སྟོང་དང་

ལྷན་པ་ཕུལ་ནས་ཆོས་ཀྱི་འཁོར་ལོ་བསྐོར་བར་གསོལ་བ་བཏབ་པ་ཡིན་ཏེ། ཡེ་ཤེས་ཆེན་པོ་མཆོག་གི་དཀྱིལ་འཁོར་བསྒྲུབས་ནས་ནི། །ཕྱོགས་བཅུ་དག་ཏུ་འོད་ཟེར་རྣམ་པར་བཀྱེ་མཛད་དེ། །ཡེ་ཤེས་ཟེར་གྱིས་མི་ཡི་པདྨ་ཁ་འབྱེད་པ། །སྨྲ་བའི་ཉི་མ་དེ་རིང་ཅི་སླད་བཏང་སྙོམས་བཞུགས། །ཞེས་གསོལ་བ་བཏབ་ནས་བསྐུལ་བའི་ཕྱིར་དང་། ཡང་ཚངས་པས་བརྒྱ་བྱིན་སྤྲན་ཏེ། བརྒྱ་བྱིན་གྱིས་གསེར་གྱི་མཎྜལ་དཔག་ཚད་ལྔ་བཅུ་ཡོད་པ་ཞིག་དང་། དུང་དཀར་པོ་གཡས་སུ་འཁྱིལ་བ་ཞིག་ཕུལ་ནས། ཟླ་བ་ཉ་བ་གཟའ་ལས་ཐར་བ་ལྟར། ཁྱོད་ཀྱི་ཐུགས་ནི་རྣམ་པར་གྲོལ་བ་ལགས། །གཡུལ་ལས་རྣམ་པར་རྒྱལ་བ་བཞེངས་སུ་གསོལ། །འཇིག་རྟེན་མུན་པར་ཤེས་རབ་འོད་ཕྱུང་གསོལ། །ཞེས་གསོལ་བ་བཏབ་ཅིང་། སླར་ཡང་ཚངས་པས། མ་ག་དྷ་ཡི་ཡུལ་འདིར་སྔོན་ཆད་ཆོས། །མ་དག་དྲི་མའི་རྗེས་སུ་འབྲང་བར་འགྱུར། །དབྱེ་བར་མཛོད་ཅིག་བདུད་རྩི་སྒོ་མོའི་ཆོས། །རྡུལ་བྲལ་དྲི་མ་མེད་པ་བཤད་དུ་གསོལ། །ཞེས་ནན་གྱིས་གསོལ་བ་བཏབ་པས། བཅོམ་ལྡན་འདས་ཀྱིས། སེམས་ཅན་ཀུན་ལ་སྙིང་བརྩེ་མཐའ་ཡས་པས། །གཞན་གྱིས་གསོལ་བ་བཏབ་ལ་ང་མི་ལྟོས། །སྐྱེ་བོ་འདི་དག་ཚངས་ལ་དད་པས་ན། །དེ་ཡིས་གསོལ་བ་བཏབ་ནས་འཁོར་ལོ་བསྐོར། །ཞེས་ཞལ་གྱིས་བཞེས་ནས་ཡུལ་ཝཱ་རཱ་ཎ་སཱི་རིན་ཆེན་སྣ་བདུན་ལས་གྲུབ་པའི་སངས་རྒྱས་སྟོང་གི་ཁྲི་བྱུང་བའི་འཁོར་བ་འཇིག་དང་གསེར་ཐུབ་འོད་སྲུངས་གསུམ་གྱི་ཁྲི་ལ་ཕྱག་དང་བསྐོར་བ་མཛད་དེ་བཞི་པའི་སྟེང་དུ་བཞུགས་ནས་འཁོར་ལྔ་སྡེ་བཟང་པོ་གཙོ་བོར་གྱུར་པའི་གདུལ་བྱ་རྣམས་ལ་བཀའ་དང་པོ་བདེན་པ་བཞིའི་ཆོས་འཁོར་བསྐོར། ཡུལ་བྱ་རྒོད་ཕུང་པོའི་རི་ལ་སོགས་པར་གདུལ་བྱ་ཐེག་ཆེན་གྱི་རིགས་ཅན་རྣམས་ལ་བཀའ་བར་པ་མཚན་ཉིད་མེད་པའི་ཆོས་འཁོར་བསྐོར། དེ་ནས་ཡུལ་ཡངས་པ་ཅན་དང་རི་བོ་མ་ལ་ཡ་ལ་སོགས་པར་བཀའ་ཐ་མ་ལེགས་པར་རྣམ་པར་ཕྱེ་བའི་ཆོས་ཀྱི་འཁོར་ལོ་བསྐོར་བར་མཛད་པ་ཡིན་ཏེ། མདོ་སྡེ་དགོངས་པ་ངེས་འགྲེལ་ལས། དེ་ནས་བཅོམ་ལྡན་འདས་ལ་དོན་དམ་ཡང་དག་འཕགས་ཀྱིས་གསོལ་པ། བཅོམ་ལྡན་འདས་ཀྱིས་དང་པོར་ཡུལ་ཝཱ་ར་ཎ་སཱི་དྲང་སྲོང་ལྷུང་བ་རི་དྭགས་ཀྱི་ནགས་སུ་ཉན་ཐོས་ཀྱི་ཐེག་པ་ལ་ཡང་དག་པར་ཞུགས་པ་རྣམས་ལ་འཕགས་པའི་

བདེན་པ་བཞིའི་རྣམ་པ་བསྟན་པའི་ཆོས་ཀྱི་འཁོར་ལོ་ངོ་མཚར་རྨད་དུ་བྱུང་བ་སྔོན་ལྷར་གྱུར་པའམ་མིར་གྱུར་པ་སུས་ཀྱང་འཇིག་རྟེན་ན་ཆོས་དང་མཐུན་པ་མ་བསྐོར་བ་ཞིག་རབ་ཏུ་བསྐོར་ཏེ། བཅོམ་ལྡན་འདས་ཀྱིས་ཆོས་ཀྱི་འཁོར་ལོ་བསྐོར་བ་དེ་ཡང་བླ་ན་མཆིས་པ། སྐབས་མཆིས་པ། དྲང་བའི་དོན། རྩོད་པའི་གཞིའི་གནས་སུ་གྱུར་པ་ལགས་ལ། བཅོམ་ལྡན་འདས་ཀྱིས་ཆོས་རྣམས་ཀྱི་ངོ་བོ་ཉིད་མ་མཆིས་པ་ཉིད་ལས་བརྩམས་ཏེ་སྐྱེ་བ་མ་མཆིས་པ་དང་། འགག་པ་མ་མཆིས་པ་དང་། གཟོད་མ་ནས་ཞི་བ་དང་། རང་བཞིན་གྱིས་ཡོངས་སུ་མྱ་ངན་ལས་འདས་པ་ཉིད་ལས་བརྩམས་ནས་ཐེག་པ་ཆེན་པོ་ལ་ཡང་དག་པར་ཞུགས་པ་རྣམས་ལ་སྟོང་པ་ཉིད་སྨོས་པའི་རྣམ་པས་ཆེས་ངོ་མཚར་རྨད་དུ་བྱུང་བའི་ཆོས་ཀྱི་འཁོར་ལོ་གཉིས་པ་བསྐོར་ཏེ། ཆོས་ཀྱི་འཁོར་ལོ་བསྐོར་བ་དེ་ཡང་བླ་ན་མཆིས་པ། སྐབས་མཆིས་པ། དྲང་བའི་དོན། རྩོད་པའི་གཞིའི་གནས་སུ་གྱུར་པ་ལགས་ཤིང་། བཅོམ་ལྡན་འདས་ཀྱིས་ཆོས་རྣམས་ངོ་བོ་ཉིད་མ་མཆིས་པ་ཉིད་ལས་བརྩམས་ཏེ་སྐྱེ་བ་མ་མཆིས་པ་དང་། འགག་པ་མ་མཆིས་པ་དང་། གཟོད་མ་ནས་ཞི་བ་དང་། རང་བཞིན་གྱིས་ཡོངས་སུ་མྱ་ངན་ལས་འདས་པ་ཉིད་ལས་བརྩམས་ནས་ཐེག་པ་ཐམས་ཅད་ལ་ཡང་དག་པར་ཞུགས་པ་རྣམས་ལ་ལེགས་པར་རྣམ་པར་ཕྱེ་བ་དང་ལྡན་པའི་ངོ་མཚར་རྨད་དུ་བྱུང་བའི་ཆོས་ཀྱི་འཁོར་ལོ་གསུམ་པ་བསྐོར་ཏེ། བཅོམ་ལྡན་འདས་ཀྱིས་ཆོས་ཀྱི་འཁོར་ལོ་བསྐོར་བ་འདི་ནི་བླ་ན་མ་མཆིས་པ། སྐབས་མ་མཆིས་པ། ངེས་པའི་དོན་ལགས་ཏེ་རྩོད་པའི་གཞིའི་གནས་སུ་གྱུར་པ་མ་ལགས་སོ། །ཞེས་གསུངས་པའི་ཕྱིར། དེ་དག་ནི་ཕྱི་མཚན་ཉིད་ཀྱི་ཐེག་པའི་ཆོས་ཀྱི་འཁོར་ལོ་བསྐོར་ཚུལ་ཡིན་ལ། ཐུན་མོང་མ་ཡིན་པ་རྡོ་རྗེ་ཐེག་པའི་ཆོས་ཀྱི་འཁོར་ལོ་བསྐོར་ཚུལ་ནི། གནས་འོག་མིན་སྟུག་པོ་བཀོད་པར་དེ་བཞིན་གཤེགས་པ་རྣམ་པར་སྣང་མཛད་གངས་ཅན་མཚོས་དེ་བཞིན་གཤེགས་པའི་འཁོར་དང་། ས་བཅུ་ལ་གནས་པའི་བྱང་ཆུབ་སེམས་དཔའ་གྲངས་མེད་པ་ལ་རྡོ་རྗེ་ཐེག་པའི་ཆོས་ཀྱི་འཁོར་ལོ་བསྐོར་བ་ཡིན་ལ། སླར་ཡང་ཤཱཀྱའི་རྒྱལ་པོ་ཉིད་ཀྱིས། དེ་ཉིད་འདུས་པ་དང་། འཁོར་ལོ་བདེ་མཆོག་གི་རྩ་རྒྱུད་མ་གཏོགས་པའི་རྒྱུད་སྡེ་ཐལ་ཆེར་དཔལ་འབྲས་སྤུངས་ཀྱི་མཆོད་རྟེན་ལ་སོགས་པའི་གནས་སྣ་ཚོགས་པར་སྤྲུལ་པ་

མཆོག་གི་གཟུགས་ཀྱིས་བརྣས་ཏེ་གསུངས་པ་དང་། ཀྱཻ་རྡོ་རྗེའི་རྒྱུད་རྣམས་ནི་དང་པོར་འོག་མིན་དུ་ལོངས་སྐུ་དང་། བར་དུ་སྤྲུལ་པ་མཆོག་ཀྱེ་རྡོ་རྗེ་དང་། ཐ་མ་ཛམྦུའི་གླིང་དུ་ཤཱཀྱ་ཐུབ་པ་ཉིད་ཀྱིས་བརྣས་ཏེ་གསུངས་པ་ཡིན་ཏེ། སློབ་དཔོན་ཀ་མ་ལ་རཀྵི་ཏས་ཀྱཻ་རྡོ་རྗེའི་འགྲེལ་པ་ལས། འདི་ལྟར་བཅོམ་ལྡན་འདས་ཀྱིས་ལོ་བརྒྱད་ཅུར་ཛམྦུའི་གླིང་དུ་བཞུགས་པ་དེ་སྲིད་ལ་རྒྱུད་རིན་པོ་ཆེ་འདི་ཡང་དང་ཡང་དུ་མ་གསུངས་ཀྱི་དུས་གཅིག་ན་ལན་གཅིག་ཏུ་གསུངས་པ་ཁོ་ན་སྟེ། དེ་བས་ན་འདིས་དུས་ནི་དུས་གཞན་ལས་ཁྱད་པར་དུ་འཕགས་པ་ཁོ་ནའོ། །ཞེས་དང་། ཚུལ་དང་པོ་གསུམ་གསལ་བར་བྱེད་པའི་རྒྱན་ལས། གསང་རྒྱུད་མཐའ་དག་གྲུབ་པའི་གདུལ་བྱ་ལ། །སྤྲུལ་སྐུ་མཆོག་གིས་སྟོན་དུ་གསུངས་ཟིན་ཡང་། །དེ་ཉིད་འདུས་དང་བདེ་མཆོག་མ་གཏོགས་པ། །ཕལ་ཆེར་ཤཱཀྱ་ཐུབ་པ་རང་ཉིད་དང་། །དེ་ཡི་རྣམ་འཕྲུལ་གཞན་གྱིས་བརྣས་ཏེ་གསུངས། །ཞེས་གསུངས་པའི་ཕྱིར།

ལྔ་པ་སངས་རྒྱས་མྱ་ངན་ལས་འདས་པའི་རྗེས་སུ་བཀའ་བསྡུ་བ་རིམ་པར་བྱུང་ཚུལ་ལ་ཉན་ཐོས་ཀྱི་ལུགས། ཐེག་པ་ཆེན་པོའི་ལུགས། རྡོ་རྗེ་ཐེག་པའི་ལུགས་དང་གསུམ་ལས། དང་པོ་ནི། སྟོན་པ་དགུང་ལོ་བརྒྱད་ཅུ་བཞེས་པ་ན་གྲོང་ཁྱེར་རྩྭ་ཅན་གྱི་ཤིང་སཱ་ལ་ཟུང་གཅིག་གི་དྲུང་དུ་མྱ་ངན་ལས་འདས་ནས་སྐུ་གདུང་ཆ་བརྒྱད་དུ་བགོས་ཏེ་སོ་སོ་ལ་བྱིན་ནས་རང་རང་གི་ཡུལ་དུ་མཆོད་རྟེན་བརྩིགས་ཏེ་མཆོད་པ་དང་དུས་སྟོན་བྱས། སྐུ་གདུང་བཙུག་པའི་བུམ་པ་བྲམ་ཟེ་བྲེ་བོ་དང་མཉམ་པས་འཁྱེར་ནས་རང་གི་ཡུལ་དུ་མཆོད་རྟེན་བརྩིགས། གདུང་གི་གསོལ་བ་ཐུ་གྲོ་རྡོལ་སྐྱེས་ལ་བྱིན་པས་རང་གི་ཡུལ་དུ་འཁྱེར་ནས་མཆོད་རྟེན་བརྩིགས། ཚེམས་མཆེ་བ་བཞི་ལའང་མཆོད་རྟེན་རེ་རེ་བརྩིགས་ཏེ་སྐུ་གདུང་གི་མཆོད་རྟེན་བཅུ་བཞི་བྱུང་བ་ཡིན་ཏེ། འདུལ་བ་ལུང་ལས། སྤྱན་ལྡན་སྐུ་གདུང་བྲེ་བོ་བརྒྱད་དག་ལས། །བདུན་ནི་ཛམྦུ་གླིང་པའི་མཆོད་པར་ཐོབ། །སྐྱེས་བུ་མཆོག་དེའི་བྲེ་བོ་གང་ཞིག་ནི། །གྲོང་ཁྱེར་སྒྲ་སྒྲོགས་ཀླུ་ཡི་རྒྱལ་པོས་མཆོད། །སྐྱེས་མཆོག་དེ་ཡི་མཆེ་བ་བཞི་དག་ལས། །མཆེ་བ་གཅིག་ནི་རྩ་གསུམ་འཛིན་རྟེན་མཆོད། །གཉིས་པ་ཚིག་འཛིན་གྲོང་ཁྱེར་ཡིད་འོང་ན། །གསུམ་པ་ཀ་ལིང་རྒྱལ་པོའི་ཡུལ་ན་སྟེ། །སྐྱེས་མཆོག་དེ་ཡི་མཆེ་བ་བཞི་པ་ནི། །གྲོང་ཁྱེར་སྒྲ་སྒྲོགས་ཀླུ་ཡི་

རྒྱལ་པོས་མཆོད། །ཅེས་གསུངས་པའི་ཕྱིར། དེ་ལྟར་སྐུ་གདུང་གི་མཆོད་རྟེན་ལ་སོགས་པ་གྲུབ་ནས་ཤཱ་རིའི་བུ་འཁོར་བརྒྱད་ཁྲི། མཽདྒལ་གྱི་བུ་བདུན་ཁྲི། སྟོན་པ་འཁོར་བརྒྱད་སྟོང་དང་བཅས་པ་འདས་པས་ཚེ་བསྐལ་པ་མང་པོར་ཐུབ་པའི་ལྷ་རྣམས་ཀྱི་སྟོན་པའི་གསུང་རབ་ནི་དུད་པ་ཙམ་དུ་གྱུར་ཏེ་དགེ་སློང་དབང་ཡོད་པ་དག་ཀྱང་འདས་པས་སྡེ་སྣོད་གསུམ་གྱི་སྒྲ་མི་གྲག་གོ་ཞེས་འཕགས་པ་བསལ་བའི་ཕྱིར་དུ་སྟོན་པ་མྱ་ངན་ལས་འདས་པའི་ཕྱི་དེའི་ལོ་རྒྱལ་པོ་མ་སྐྱེས་དགྲས་སྦྱིན་བདག་མཛད་ནས་རྒྱལ་པོའི་ཁབ་ཀྱི་ནགས་བྲ་ཛིའི་ལྗོངས་སུ་འོད་སྲུངས། ཉེ་བ་འཁོར། ཀུན་དགའ་བོ་གསུམ་གྱིས་གཙོ་བྱས་པའི་དགྲ་བཅོམ་པ་ལྔ་བརྒྱས་བཀའ་བསྡུ་བ་དང་པོ་མཛད།

དེ་ནས་སྟོན་པ་མྱ་ངན་ལས་འདས་ནས་ལོ་བརྒྱ་དང་བཅུ་ལོན་པའི་དུས་རྒྱལ་པོ་དྷརྨཱ་ཨ་ཤོ་ཀའམ་ཆོས་རྒྱལ་མྱ་ངན་མེད་ཀྱིས་སྦྱིན་བདག་མཛད་ནས་ཡངས་པ་ཅན་གྱི་གྲོང་ཁྱེར་（དུ）གྲགས་པ་ལ་སོགས་པ་དགྲ་བཅོམ་པ་བདུན་བརྒྱས་མི་རུང་བའི་གཞི་བཅུ་སུན་དབྱུང་ནས་བསྡུ་བ་གཉིས་པ་མཛད། སྟོན་པ་མྱ་ངན་ལས་འདས་ནས་ལོ་བཞི་བརྒྱ་ཙམ་ན་སྡེ་པ་བཅོ་བརྒྱད་ཕན་ཚུན་བསྟན་པ་རྣམ་དག་ཡིན་མིན་རྩོད་པས་འཁྲུག་ལོང་ཆེན་པོ་བྱུང་བ་ལ་རྒྱལ་པོ་ཀྲི་ཀྲིའི་རྨི་ལམ་ལུང་བསྟན་པའི་མདོ་དྲངས་ནས་ཐམས་ཅད་བསྟན་པ་རྣམ་དག་ཏུ་བསྒྲུབ་པ་དང་། དགེ་སློང་ལྷ་ཆེན་པོས་ཆོས་ལོག་སྣ་ཚོགས་བསྟན་པ་རྣམས་སུན་དབྱུང་བའི་ཆེད་དུ་དགྲ་བཅོམ་པ་ལྔ་བརྒྱ། བྱང་ཆུབ་སེམས་དཔའ་ལྔ་བརྒྱ། སོ་སོ་སྐྱེ་བོའི་པཎྜི་ཏ་ཁྲི་དྲུག་སྟོང་སྟེ་ཁྲི་བདུན་སྟོང་གིས་རྒྱལ་པོ་ཀ་ནི་ཀས་སྦྱིན་བདག་བྱས་ནས་མཉན་ཡོད་ཀྱི་གྲོང་ཁྱེར་དུ་བསྡུ་བ་གསུམ་པ་མཛད་པ་ཡིན་ཏེ། སྡོམ་གསུམ་རབ་དབྱེ་ལས། སངས་རྒྱས་གསུང་རབ་དྲི་མ་མེད། །བསྡུ་བ་དང་པོ་བྱས་པའི་རྗེས། །བསྟན་པ་དག་པར་གནས་པ་ན། །ཡངས་པ་ཅན་གྱི་དགེ་སློང་གིས། །སངས་རྒྱས་བསྟན་དང་འགལ་བ་ཡི། །མི་རུང་བ་ཡི་གཞི་བཅུ་བྱས། །དེ་ནས་འཕགས་པ་བདུན་བརྒྱ་ཡིས། །ཆོས་ལོག་ལེགས་པར་སུན་དབྱུང་ཕྱིར། །བསྡུ་བ་གཉིས་པ་མཛད་ཅེས་གྲགས། །དེ་ལྟར་དག་པར་བྱས་པའི་རྗེས། །ལྷ་ཆེན་ཞེས་བྱའི་དགེ་སློང་ཞིག །བསྟན་པ་འདི་ཡི་ཆོམ་རྐུན་བྱུང་། །དེ་ཡིས་རང་གི་ཕ་མ་བསད། །སློབ་དཔོན་ཡིན་པའི་དགྲ་བཅོམ་

བཀྲོངས། །མཁན་སློབ་མེད་པའི་དགེ་སློང་བྱས། །ཕྱིས་ནས་དགོན་པར་བསྡད་ནས་ནི། །སྦྱིན་བདག་རྣམས་ཀྱི་དད་རྫས་ཟོས། །བླུན་པོ་རྣམས་ཀྱི་མཁན་སློབ་བྱས། །བླུན་པོ་ལོངས་སྤྱོད་ཅན་རྣམས་ཀྱིས། །ཞུ་བའི་ཟས་ནོར་ཆར་བཞིན་འབེབས། །སྐལ་མེད་དད་ཅན་འདུས་པ་ཡིས། །དགེ་འདུན་འབུམ་ཕྲག་དུ་མས་བསྐོར། །དེ་ནས་རྫུན་རླབས་ཆེན་པོ་དེས། །དགྲ་བཅོམ་ཡིན་པར་ཁས་བླངས་སོ། །འཁོར་གྱིས་རྫུ་འཕྲུལ་ཞུས་པ་ན། །རྫུ་འཕྲུལ་ཐོ་རངས་ཉམས་ཞེས་ཟེར། །རང་གི་སྡིག་རྣམས་དྲན་པ་ཡིས། །སྨྲེ་སྔགས་ཆེན་པོ་སྟོན་པ་ལ། །སྡུག་བསྔལ་བདེན་པ་བོས་ཞེས་བསྒྲགས། །དེ་ལ་སོགས་པའི་རྫུན་ཚིག་གིས། །ཚོགས་པ་རྣམས་ཀྱི་མགོ་བོ་བསྐོར། །འཕགས་པ་རྣམས་ལ་འབུལ་རྒྱུ་ཡི། །དད་རྫས་རྣམས་ཀུང་དེ་ལ་འགྱུར། །རབ་བྱུང་བླུན་པོ་ཕལ་ཆེར་གྱིས། །དགྲ་བཅོམ་བོར་ནས་དེ་ལ་འདུད། །སངས་རྒྱས་མྱ་ངན་འདས་འོག་ཏུ། །སོ་སོའི་སྐྱེ་བོས་འཁོར་བསྡུས་པ། །དེ་ལས་མང་བ་མེད་ཅེས་གྲགས། །དེ་ཡིས་ཆོས་ལོག་བཤད་པ་ཡིས། །རྗེས་སུ་སློབ་མ་རྣམས་འབྲངས་ནས། །འཁྲུལ་པའི་གྲུབ་མཐའ་དུ་མ་བྱུང་། །ལྷ་ཆེན་བླུན་པོ་དེ་ཤི་ནས། །སེམས་ཅན་དམྱལ་བར་གྱུར་ཞེས་གྲགས། །དེ་ཡི་ལོག་པའི་ཆོས་དེ་དག ། དགྲ་བཅོམ་རྣམས་ཀྱིས་སུན་དབྱུང་ནས། །བསྡུ་བ་གསུམ་པ་བྱས་ཞེས་ཐོས། ། ཞེས་གསུངས་པའི་ཕྱིར།

འོ་ན་ཉན་ཐོས་རྩ་བའི་སྡེ་པ་བཞི་ལ་མི་འདྲ་བ་བཞི་ཡོད་ཅིང་། དེ་སྐད་རིགས་བཞིས་འདོན་དགོས་པ་བདེན་ན་སྡེ་པ་བཅོ་བརྒྱད་ཐམས་ཅད་སངས་རྒྱས་ཞལ་བཞུགས་པའི་དུས་ནས་ཡོད་དགོས་པར་འགྱུར་ལ། དེ་ལྟར་ན་དེ་དག་བསྟན་པ་རྣམ་དག་ཡིན་མིན་གྱི་རྩོད་པ་འབྱུང་བར་མི་རིགས་སོ་ཞེ་ན། བསྡུ་བ་གཉིས་པ་ཡན་ཆད་དུ་ནི་སྡེ་པ་ཐ་དད་དུ་ཕྱེས་པ་མེད་ལ། བསྡུ་བ་གཉིས་པ་མཛད་ནས་རིང་ཞིག་ན་སྡེ་པ་ཐ་དད་དུ་ཕྱེས་པར་མངོན་ལ། དེ་ཡང་སློབ་དཔོན་ཤཱཀྱ་འོད་ཀྱིས་ནི་འདུལ་བ་འོད་ལྡན་ལས། སྟོན་གཞི་ཐམས་ཅད་ཡོད་པར་སྨྲ་བའི་སྡེ་པ་གཅིག་བུ་ཡིན་པ་ལས། ཕྱིས་དེ་ལས་སྡེ་པ་བཅོ་བརྒྱད་པོ་ཐམས་ཅད་ཕྱེས་པར་བཤད་ལ། སློབ་དཔོན་ལེགས་ལྡན་འབྱེད་ཀྱི་རྟོག་གེ་འབར་བ་ལས་ལུགས་གཉིས་བཤད་པའི་ཕྱི་མ་ནི། སངས་རྒྱས་མྱ་ངན་ལས་འདས་ནས་ལོ་བརྒྱ་དང་སོ་བདུན་

ན་གྲོང་ཁྱེར་པ་ཏ་ལི་པུ་ཏྲར་རྒྱལ་པོ་དགའ་བོ་དང་བད་ཆེན་གྱི་དུས་སུ་བདུད་སྡིག་ཅན་བཟང་པོ་ཞེས་བྱ་བས་དགེ་སློང་གི་ཆ་བྱད་དུ་སྤྲུལ་ནས་རྫུ་འཕྲུལ་སྣ་ཚོགས་བསྟན་པས་དགེ་འདུན་བྱེ་སྟེ་གནས་བརྟན་ཀླུ་དང་། ཡིད་བརྟན་ཞེས་པ་གཉིས་ལས་རྩ་བའི་སྡེ་པ་ཕལ་ཆེན་པ་དང་། གནས་བརྟན་པ་གཉིས་སུ་གྱེས་ནས་ལོ་དྲུག་ཅུ་རྩ་གསུམ་དུ་མ་འདུམ་པ་འཁྲུག་ལོང་དུ་གྱུར། ལོ་བརྒྱ་ཕྲག་གཉིས་པ་འདས་ནས་གནས་བརྟན་གནས་མའི་བུས་བསྟན་པ་བསྐྱུས་པ་ན་དེ་གཉིས་ལས་སྡེ་པ་བཅོ་བརྒྱད་གྱེས་པར་བཤད་པས་དགེ་འདུན་ཕལ་ཆེན་པ་ལ་ཐ་སྙད་པ་དང་བ་ལང་གནས་པ་གཉིས་སུ་གྱེས་པའི་ནང་ཚན་མཆོད་རྟེན་རི་པར་གྲགས་པའི་ཀུན་ཏུ་རྒྱུ་ལྷ་ཆེན་པོ་ཞེས་གྲགས་པ་དེས་ཆོས་ལོག་སྣ་ཚོགས་བསྟན་པ་ན། སྡེ་པ་བཅོ་བརྒྱད་བསྟན་པ་རྣམ་དག་ཡིན་མིན་གྱི་རྩོད་པ་ཆེན་པོ་བྱུང་བ་ཞི་བ་དང་། ལྷ་ཆེན་གྱི་ཆོས་ལོག་སུན་དབྱུང་བའི་ཆེད་དུ་བསྡུ་བ་གསུམ་པ་མཛད་སྐབས་སྡེ་པ་བཞི་སོ་སོ་ལ་ལུང་སྡེ་བཞི་རྩ་བའི་མདོ་སོ་སོ་ཐར་པ་དང་བཅས་པ་རིགས་མི་འདྲ་བ་བཞི་སོ་སོར་བསྡུས། དེ་སྐད་རིགས་བཞིས་འདོན་པའི་རྣམ་གཞག་མཛད་པ་ཡིན་ཏེ། ཕྱོགས་བཅུའི་སངས་རྒྱས་ཀྱི་ཞུ་འཕྲིན་ལས། ཁྱོད་ཀྱིས་འདུལ་བའི་སྡེ་སྣོད་ལས། །བསྡུ་མཛད་ཕྱི་མས་སྡེ་པ་བཞི། །སྐད་རིགས་རྣམ་པ་བཞིའི་དབང་གིས། །འདུལ་བ་ལུང་རྣམས་སྡེ་བཞིར་བསྡུས། ། ཞེས་གསུངས་པའི་ཕྱིར། དེས་ན་རྟོག་གེ་འབར་བར་བཤད་པའི་བདུད་སྡིག་ཅན་བཟང་པོ་དང་དགེ་སློང་ལྷ་ཆེན་པོ་གཉིས་གཅིག་ཡིན་པར་ལུང་རིགས་གཏེར་མཛོད་དུ་བཤད་པ་ཡང་ལེགས་པར་བཤད་པ་ཡིན་ཞེས་སླུས་ཀྱང་སྐྱོན་ཆེན་པོ་མེད་མོད། འོན་ཀྱང་རབ་དབྱེ་ནས་བཤད་པའི་ལྷ་ཆེན་པོ་དེ་བ་ལང་གནས་པའི་ནང་ཚན་ཀུན་ཏུ་རྒྱུ་ལྷ་ཆེན་པོ། ཞེས་བྱ་བ་ཞིག་རབ་ཏུ་བྱུང་ནས་མཆོད་རྟེན་ཅན་གྱི་རི་ལ་གནས་པས། དེའི་རྒྱུན་ལ་མཆོད་རྟེན་རི་པར་བཞག་ཅེས་བཤད་པ་དེ་ཡིན་པ་འདྲ་བས་དཔྱད་པར་བྱའོ། །ལུང་རིགས་གཏེར་མཛོད་དུ་བཤད་པ་དེ་ལ་དཔལ་བོ་གཙུག་ལག་ཕྲེང་བས་དེ་མི་འཐད་དེ། བདུད་སྡིག་ཅན་བཟང་པོས་རྫུ་འཕྲུལ་སྣ་ཚོགས་བསྟན་ནས་བསྟན་པ་དཀྲུག་པར་བཤད་ལ། ལྷ་ཆེན་པོ་རྫུ་འཕྲུལ་མེད་པར། རྫུ་འཕྲུལ་ཐོབ་རངས་ཉམས་ཞེས་ཟེར། །ཞེས་པས་གྲུབ་པས་སོ། །ཞེས་བཤད་ཀྱང་འབྲེལ་ཡོད་པར་མ་མཐོང་སྟེ། རྫུ་

འཕྲུལ་ཉམས་རྒྱུ་ཞིག་བྱུང་བས་སྟོན་རྫུ་འཕྲུལ་ཡོད་པར་གྲུབ་ལ། མེད་པ་ལ་རི་བོང་གི་རྭ་བཞིན་དུ་ཉམས་པའི་ཐ་སྙད་མི་འབྱུང་བའི་ཕྱིར་རོ། །གཉིས་པ་ཐེག་པ་ཆེན་པོའི་ལུགས་ནི། རྒྱལ་པོའི་ཁབ་ཀྱི་ལྷོ་ཕྱོགས་བི་མ་ལ་སྭ་བྷཱ་ཝ་ཞེས་པའི་རི་ལ་རྒྱལ་སྲས་འབུམ་ཕྲག་བཅུ་འདུས་ཏེ། འཇམ་དཔལ་གྱིས་མཛོད་པ། བྱམས་པས་འདུལ་བ། ཕྱག་ན་རྡོ་རྗེས་མདོ་སྡེ་བསྡུས་པ་ཡིན་ཏེ། རྟོག་གེ་འབར་བ་ལས་ཐེག་པ་ཆེན་པོ་སངས་རྒྱས་ཀྱི་གསུངས་པ་ཡིན་ཏེ། རྩ་བའི་སྡུད་པར་བྱེད་པ་པོ་ཀུན་ཏུ་བཟང་པོ་དང་། འཇམ་དཔལ་དང་། གསང་བའི་བདག་པོ་དང་། བྱམས་པ་ལ་སོགས་པས་བསྡུས་པའི་ཕྱིར་རོ། །ཞེས་གསུངས་པའི་ཕྱིར། གསུམ་པ་རྡོ་རྗེ་ཐེག་པའི་ལུགས་ནི། དེ་བཞིན་གཤེགས་པ་བཞུགས་པའི་དུས་སུ་ནུབ་ཕྱོགས་ཨུ་རྒྱན་གྱི་ཡུལ་དུ་ཕྱག་ན་རྡོ་རྗེས་རྒྱུད་སྡེ་མཐའ་དག་བསྡུས་ནས་རྒྱལ་པོ་ཆེན་པོ་ཨིནྡྲ་བྷཱུ་ཏི་འཁོར་དང་བཅས་པ་ལ་བྱིན་པར་བཤད་ཅིང་། དེ་དུས་ཀྱི་ཨིནྡྲ་བྷཱུ་ཏི་ནི་ཨིནྡྲ་ཆེན་པོ་ཡིན་ལ། དེས་དངོས་གྲུབ་ཐོབ་སྟེ་རེ་ཞིག་ཨུ་རྒྱན་གྱི་ཡུལ་སྟོངས་ནས་མཚོ་གང་བ་ཞིག་ཏུ་གྱུར། ཡང་ཕྱག་ན་རྡོ་རྗེས་རྒྱུད་མཐའ་དག་གསེར་གྱི་གླེགས་བམ་ལ་བཻ་ཌཱུརྻ་ཞུན་མས་ཡི་གེར་བྲིས་ཏེ་མཚོ་དེ་ན་གནས་པའི་ཀླུ་རྣམས་སྨིན་པར་བྱས་ནས་རྒྱུད་ཀྱི་གླེགས་བམ་རྣམས་གཏད་པས་ཀླུ་དེ་རྣམས་མིའི་གཟུགས་སུ་གྱུར་ནས་མཚོ་འགྲམ་དུ་གྲོང་ཁྱེར་བྱས་ཏེ་རྡོ་རྗེ་ཐེག་པ་ཉམས་སུ་བླངས་པས་ཕལ་ཆེར་གྲུབ་པ་ཐོབ། མ་གྲུབ་པ་རྣམས་ཀྱང་མིར་གྱུར། བུད་མེད་ཕལ་ཆེར་མཁའ་འགྲོ་མར་གྱུར་ནས་ཨུ་རྒྱན་མཁའ་འགྲོའི་གླིང་ཞེས་དུས་དེང་སང་གི་བར་དུ་གྲགས། དེ་དུས་ཡེ་ཤེས་གྲུབ་པ་མཛད་པ་པོའི་ཨིནྡྲ་བྷཱུ་ཏི་འབྲིང་པོ་བྱོན། དེའི་རྗེས་སུ་དེ་ཁོན་ཉིད་གྲུབ་པ་མཛད་པ་པོའི་ཨིནྡྲ་བྷཱུ་ཏི་ཆུང་ངུ་ཞེས་པ་དེ་བྱོན་པ་ཡིན་ཏེ། ཡེ་ཤེས་ཐིག་ལེའི་རྒྱུད་ལས། མ་འོངས་པའི་དུས་སུ་གསང་བའི་རྒྱུད་སྐལ་བ་དང་ལྡན་པའི་སེམས་ཅན་ལ་སུས་བཤད་པར་བྱེད། བཀའ་སྩལ་པ། ཕྱག་ན་རྡོ་རྗེ་མགོན་པོས་བཤད་པར་བྱེད་དོ། །ཞེས་པ་དང་། གསང་བའི་སྒྲོན་མེ་ལས། གསང་བ་ཆེན་པོའི་རྒྱུད་ཤེས་པ་དང་བཤད་པ་མ་འོངས་པ་ན་སུས་བྱེད། བཀའ་སྩལ་པ། བྱང་ཕྱོགས་ཨུ་རྒྱན་གྱི་ཡུལ་དཔལ་རྡོ་རྗེ་ཆེན་པོའི་གནས་སུ་ཨུ་རྒྱན་གྱི་རྒྱལ་པོ་ཨིནྡྲ་བྷཱུ་ཏི་ཞེས་བྱ་བས་ཤེས་པ་དང་བཤད་པ་དང་གསལ་བར་བྱེད

དོ། །གསོལ་པ། ཨིནྡྲ་བྷཱུ་ཏི་དེ་ས་དུའི་དབང་ཕྱུག་ལགས། བཀའ་སྩལ་པ། དཔལ་ཡེ་ཤེས་ཀྱི་ཐིག་ལེའི་རྒྱུད་ཀྱི་རྒྱལ་པོ་ལས། གང་ཞིག་བསྙོད་པ་ཕྱག་ན་རྡོ་རྗེའི་ཡེ་ཤེས་ཀྱི་སྐུ་ས་བཅུའི་དབང་ཕྱུག་དེ་ཉིད་ཀྱི་སྤྲུལ་པའི་སྐུ་དེ་ས་བཅུའི་དབང་ཕྱུག་གོ །ཞེས་དང་། ཚུལ་གསུམ་མཛེས་རྒྱན་ལས། ཁྱད་པར་སྟུགས་ཀྱི་ཚུལ་རྣམས་བསྟུས་པའི་ཚུལ། །འདི་ལ་ལོག་པར་རྟོག་པ་གཞན་ཡོད་ཀྱང་། །སྐྱོན་མེད་བཀའ་དང་བསྟན་བཅོས་དགོངས་པ་ནི། །དེ་བཞིན་གཤེགས་པས་སྤྲུལ་པའི་དཀྱིལ་འཁོར་དུ། །ཨོཾ་ཊཱ་ནའི་རྒྱལ་པོ་འཁོར་བཅས་རྣམས། །ལེགས་པར་བཅུག་ནས་ཡོངས་སུ་སྨིན་པར་མཛད། །དེ་ཚེ་ཕྱག་ན་རྡོ་རྗེས་རྒྱུད་ཀུན་བསྡུས། །ངེས་པའི་དོན་དུ་སྟོན་དང་སྡུད་པ་པོ། །ཐ་དད་མེད་ཀྱང་དམན་ལ་དེ་ལྟར་སྣང་། །སླར་ཡང་གསང་བའི་བདག་པོས་རྒྱུད་སྡེ་ཀུན། །གནས་དེར་རྒྱལ་པོ་འཁོར་དང་བཅས་ལ་བྱིན། །དེ་ནས་འཛིག་ཆགས་དབང་གིས་ཡུལ་ཕྱོགས་དེ། །རྒྱ་མཚོར་གྱུར་པའི་ཀླུ་རྣམས་སྨིན་མཛད་དེར། །རྒྱུད་ཀུན་ཡི་གེར་བྲིས་ནས་གླེགས་བམ་རྣམས། །ལག་འགྲོ་ཚོགས་ལ་བྱིན་ནས་རྒྱས་པར་མཛད། །ཅེས་གསུངས་པའི་ཕྱིར།

དྲུག་པ་ཕྱི་ནང་གྲུབ་མཐའི་ཁྱད་པར་བཤད་པ་ནི། མཁས་པས་འཛིན་པའི་གྲུབ་མཐའ་ལ་ནང་པ་སངས་རྒྱས་པ་དང་། ཕྱི་པ་མུ་སྟེགས་པ་གཉིས་སུ་ཡོད་ལ། དེ་གང་རུང་ལས་གཞན་པའི་རྣམ་ཅས་བྱས་པ་དང་། ཀླ་ཀློའི་སྟོན་པ་སྦྲང་རྩིའི་བློ་གྲོས་དང་། ཨ་རྫོ་ལ་སོགས་པས་བྱས་པ་དང་། བོད་དུ་སྟོན་པ་གཤེན་རབ་འཁོར་བཅས་ཀྱིས་བྱས་པའི་གྲུབ་མཐའ་རྣམས་ནི་བླུན་པོས་གློ་བུར་དུ་སྒྲོ་བཏགས་པ་ཡིན་གྱི་མཁས་པས་འཛིན་པའི་གྲུབ་མཐའ་མ་ཡིན་ཏེ། ཆོས་ཀྱི་རྗེ་ས་སྐྱ་པཎྜི་ཏས་མཁས་པ་འཇུག་པའི་སྒོ་ལས། མཁས་པས་འཛིན་པའི་གྲུབ་མཐའ་ནི། །སངས་རྒྱས་པ་དང་མུ་སྟེགས་བྱེད། །དེ་ལས་གཞན་པ་བླུན་པོ་ཡིས། །གློ་བུར་བཏགས་པའི་གྲུབ་མཐའ་ཡིན། །ཞེས་གསུངས་པའི་ཕྱིར། དེ་གཉིས་ལས་ཕྱི་རོལ་མུ་སྟེགས་བྱེད་ཀྱི་ངེས་ཚིག་ནི། ནང་གི་དེ་ཁོ་ན་ཉིད་བདག་མེད་པའི་དོན་ལ་དཔྱོད་པ་ལས་ཕྱི་རོལ་དུ་དགར་ཞིང་ཐར་པའི་མུའམ་སྟེགས་ལ་བརྟེན་ནས་ལམ་སྒྲུབ་པར་ཁས་འཆེ་བས་སམ་ཡང་ན་བསྟན་པ་འདི་དང་སྟོན་པ་འདི་ལས་ཕྱི་རོལ་དུ་ཕྱོགས་ཏེ་འཇིག་རྟེན་པའི་

ཤེས་རབ་ཀྱིས་ཤེས་བྱའི་དོན་ལ་དཔྱོད་པར་བྱེད་ཅིང༌། ཡིན་ལུགས་ཀྱི་མྱ་ངན་ལས་འདས་པ་དང༌། རྗེས་སུ་མཐུན་པའི་ལམ་མེད་པས་མཁས་པའི་རྗེས་འབྲང་གི་གྲུབ་མཐའ་སྨྲ་བ་པོ་ཡིན་པས་ཕྱི་རོལ་མུ་སྟེགས་བྱེད་ཅེས་བྱའོ། །འོན་ཀྱང་ལམ་དེ་དང་ཅུང་ཟད་ཉེ་བར་གྱུར་པས་ཐར་པའི་མུའམ་སྟེགས་ལ་གནས་པས་འཇིག་རྟེན་ཐ་མལ་པ་ལས་ནི་ཆེས་མཆོག་ཏུ་གྱུར་པ་ཡིན་ཏེ། ཤེས་བྱའི་གནས་ལུགས་ལ་དཔྱོད་པར་བྱེད་པའི་ཕྱིར་རོ། །འཇིག་རྟེན་ཐ་མལ་པ་རྣམས་ནི་ཤེས་བྱའི་གནས་ཚུལ་དང༌། འཇིག་རྟེན་ཕྱི་མ་ཕན་ཆད་ཀྱི་དང་ཚུལ་ལ་རྟོག་དཔྱོད་གང་ཡང་མི་འཇུག་པར་ཚེ་འདིའི་བདེ་སྡུག་གི་སྣང་ངོར་ཙམ་དོན་དུ་གཉེར་བ་ཡིན་ཏེ། མིའི་ནང་ན་མུ་སྟེགས་ཀྱི་གྲུབ་མཐའ་ཤེས་པ་ཡང་ཤིན་ཏུ་ཉུང་བའི་ཕྱིར་རོ། །དེ་ལ་སྒྲས་བརྗོད་རིགས་ཀྱི་སྒོ་ནས་དབྱེ་ན་སྤྲུལ་པ་དང༌། རང་རྒྱུད་ཀྱི་མུ་སྟེགས་གཉིས་ལས། དང་པོ་ནི། སྟོན་པའི་ཆེ་བ་དབྱུང་བའི་ཆེད་དུ་མུ་སྟེགས་པར་སྤྲུལ་པ་སྟེ། བདེན་སྨྲས་ཀྱི་མདོ་ལས། ཡིད་བཞིན་ནོར་དང་མཚིང་བུ་ཕྲད་གྱུར་པ། །བདེན་པའི་ཚུལ་དུ་ནམ་ཡང་འབྱུང་བ་མེད། །ཞིང་མཆོག་གང་ན་དེ་བཞིན་གཤེགས་བཞུགས་པ། །དེར་ནི་མུ་སྟེགས་ཅན་རྣམས་འབྱུང་བ་མེད། །མུ་སྟེགས་ཅན་སྒོ་འདི་ཀུན་བསམ་གཏན་དང༌། །མངོན་ཤེས་དབང་བསྒྱུར་ཐབས་མཁས་ཡིན་ཞེས་ཀྱིས། །ཤེས་རབ་ཐབས་ཀྱིས་དཔྱོད་པའི་བློ་ལྡན་རྣམས། །རྣམ་པར་སྤྲུལ་པ་སྣ་ཚོགས་སྟོན་པར་བྱེད། །ཅེས་དང༌། རབ་ཏུ་ཞི་བ་རྣམ་པར་ངེས་པ་ཆོ་འཕྲུལ་གྱི་མདོ་ལས། སེང་གེ་ཆེན་པོའི་མདུན་དུ་རི་དྭགས་ཕྲ་མོ་མི་གནས་པ་བཞིན་དུ། དེ་བཞིན་གཤེགས་པའི་མདུན་དུ་མུ་སྟེགས་གནས་པར་མི་ནུས་མོད་ཀྱིས། སེམས་ཅན་སྨིན་པར་བྱེད་པའི་དོན་དུ་དེ་བཞིན་གཤེགས་པ་ཉིད་ཀྱིས་བྱིན་གྱིས་བརླབས་པ་ནི་མ་གཏོགས་སོ། །ཞེས་བསྟན་པ་ལ་དངོས་སུ་འཇུག་ཏུ་མི་རུང་བ་དག་རིམ་གྱིས་ཁྲིད་ནས་བཞུགས་པའི་ཕྱིར་དུ་སངས་རྒྱས་དང་བྱང་སེམས་དབང་ཐོབ་པ་མང་པོས་མུ་སྟེགས་ཀྱི་སྟོན་པར་སྤྲུལ་ནས་ཤེས་བྱའི་གནས་ཚུལ་སྟོན་པར་མཛད་པའི་ཕྱིར་རོ། །དེ་ལྟར་ན་ལུང་ལས། ཆོས་འདི་ལས་ཕྱི་རོལ་དུ་གྱུར་པ་ལ་དགེ་སྦྱོང་གི་ཚུལ་དང་འཕགས་པའི་ལམ་མེད་དོ། །ཅེས་དང༌། ཀུན་ཏུ་རྒྱུ་ཀླུན་ཀ་འཚོལ་བའི་བསམ་པས་འོངས་པ་དེ་དག་ལ་དཀར་པོའི་ཆོས་གཅིག་ཙམ་ཡང་ངས་མ་མཐོང་

སྟེ། ཞེས་གསུངས་པ་དང་འགལ་ལོ་ཞེ་ན་སྐྱོན་མེད་དེ། སྤྲུལ་པའི་སྟོན་པ་དེའི་འཁོར་མང་པོ་རང་རྒྱུད་པ་ཡིན་པའི་དོན་ཡིན་པའི་ཕྱིར་རོ། །འོ་ན་ལང་ཀར་གཤེགས་པ་ལས། ཇི་སྲིད་སེམས་ནི་འཇུག་པའི་བར། །དེ་སྲིད་འཇིག་རྟེན་རྒྱང་འཕེན་ཡིན། །རྣམ་པར་རྟོག་པ་མི་འཇུག་ན། །དེས་ནི་རང་གི་སེམས་མཐོང་ངོ་། །ཞེས་དང་། མདོ་གཞན་ལས། ཤཱ་རིའི་བུ། དགེ་སློང་འཇིག་རྟེན་རྒྱང་འཕེན་པའི་གཏམ་ལྷུར་ལེན་པ་མུ་སྟེགས་བྱེད་ཀྱི་གསང་ཚིག་སྨྲ་བ་དེ་དག་ནི་འཁོར་གྱི་ནང་དུ་ཆོས་ཀྱི་སྒྲས་དགའ་བར་མི་བྱེད་དེ། དེ་དག་ནི་དགེ་སྦྱོང་རྫུལ་པའོ། །ཞེས་གསུངས་པའི་དོན་ཇི་ལྟར་ཞེ་ན། དེ་ནི་རང་སྡེ་དངོས་པོར་སྨྲ་བ་རྣམས་ཀྱིས་ཕྱི་ནང་གི་དངོས་པོ་བདེན་གྲུབ་ཏུ་སྨྲ་བ་ལ་ནང་གི་མུ་སྟེགས་བྱེད་ཅེས་དབུ་མ་པས་དམད་པ་སྟེ། རེ་ཞིག་དབུ་མར་ཁ་དྲངས་པར་མི་ནུས་པ་དེ་དག་མུ་སྟེགས་དང་གྲུབ་མཐའ་ཆ་འདྲ་བ་ལ་དགོངས་པའི་ཕྱིར་རོ། །འོ་ན་གཅེར་བུ་གོས་མེད་ལྷུར་ལེན་དགེ་སྦྱོང་ལ། །མུ་སྟེགས་ཅན་གྱི་སློབ་དཔོན་མཁས་པར་སྟོན། །ཞེས་པ་དེ་སྤྲུལ་པའི་མུ་སྟེགས་ཡིན་ནམ་ཞེ་ན། མ་ཡིན་ནོ། །དེའི་དོན་ནི་སྔོན་དགེ་སྦྱོང་ཞིག་རྐུན་པོས་ནགས་ཁྲོད་དུ་གཅེར་བུར་བཅིངས་ཏེ་བཞག་པ་མུ་སྟེགས་ཞིག་གིས་མཐོང་བ་ན། འདི་ནི་བརྟུལ་ཞུགས་དམ་པའོ། །སྙམ་ནས་ཕྱིན་ཆད་དེའི་བརྟུལ་ཞུགས་བླངས་ནས་གནས་པའི་རྒྱུན་ནམ་རྗེས་འབྲང་ལ་གཅེར་བུ་པར་གྲགས་ཞེས་པའི་དོན་ཡིན་པའི་ཕྱིར་རོ། །དེས་ན་མུ་སྟེགས་ཀྱི་སྟོན་པ་དྲུག་ཅེས་པ་ནི་སྤྲུལ་པ་ཡིན་གྱིས་རང་རྒྱུད་པ་མིན་པར་ངེས་དགོས་སོ། །

གཉིས་པ་རང་རྒྱུད་པ་ལ་སྐྱེས་ཐོབ་ཀྱི་མུ་སྟེགས་དང་། སྦྱོར་བྱུང་གི་མུ་སྟེགས་གཉིས། དང་པོ་ནི། ལོག་སྲིད་ཅན་གྱི་གང་ཟག་དངོས་སྨྲ་བའི་རིགས་ཅད་དུ་འདོད་པ་དེ་དག་ཡིན་ནོ། །གཉིས་པ་ལ་བསམ་གཏན་པ་དང་། རྟོག་གེ་པ་གཉིས་སུ་ཡོད་དེ། བཅོམ་ལྡན་རིག་རལ་གྱིས། དེ་འདྲའི་མུ་སྟེགས་རང་རྒྱུད་ལ། །བསམ་གཏན་པ་དང་རྟོག་གེ་གཉིས། །ཞེས་བཤད་པའི་ཕྱིར་རོ། །དང་པོ་ནི། མངོན་པར་ཤེས་པ་ལྔ་དང་ལྡན་ཞིང་རྫུ་འཕྲུལ་གྱིས་མཁའ་ལ་འགྲོ་བ་ཞིག་ཡིན་པར་བཤད་དེ། ཆེད་དུ་བརྗོད་པའི་ཚོམས་ལས། དྲང་སྲོང་ཆེན་པོ་ལྔ་མངོན་ཤེས། །མཁའ་ལ་རྒྱང་རིང་འགྲོ་བ་

ཡང་། །གང་དུ་འཆི་མེད་སྤྱོད་ཡུལ་པའི། །ས་དེར་འགྲོ་བར་མི་ནུས་སོ། །ཞེས་གསུངས་པའི་ཕྱིར། དེ་ལ་དབྱེ་ན་རྟོག་གེ་འབར་བ་ལས། བསམ་གཏན་པ། བློ་དམན་པ་བསྐལ་པ་སུམ་ཅུ་རྗེས་སུ་དྲན་པ་དང་། བློ་འབྲིང་བསྐལ་པ་དྲུག་ཅུ་རྗེས་སུ་དྲན་པ་དང་། བློ་མཆོག་བསྐལ་པ་དགུ་བཅུ་རྗེས་སུ་དྲན་པ་དང་གསུམ་ཡོད་པར་བཤད་དོ། །

གཉིས་པ་ནི། རྩ་རྒྱུད་ལས། སྐྱེས་བུ་མངོན་རབ་དབང་ཕྱུག་དང་། །བདག་དང་གཡོ་བ་སེམས་ཅན་དང་། །དུས་དང་གང་ཟག་ཅེས་བྱ་བ། །ཞེས་པ་ལ་བརྟེན་ནས་གྲངས་ཅན་པ། རིག་བྱེད་པ། གཟེགས་ཟན་པ། དུས་རྒྱུར་སྨྲ་བ། གང་ཟག་རྒྱུར་སྨྲ་བ་དང་ལྔར་བཤད་པ་དང་། ཡང་སློབ་དཔོན་མི་ཏྲི་པས་དོ་ཧའི་འགྲེལ་པར། ཚངས་པ་བ། དབང་ཕྱུག་པ། གཅེར་བུ་པ། རྒྱང་འཕེན་པ། གྲངས་ཅན་པ་དང་ལྔར་བཤད་པ་དང་། སློབ་དཔོན་ཀཱ་མ་ལ་ཤཱི་ལས་རིགས་ཐིགས་ཀྱི་ཕྱོགས་སྔར། ཕུར་བུ་པ། གྲངས་ཅན་པ། རིགས་པ་ཅན་པ། རྒྱལ་དཔོགས་པ། ཙར་ཀ་པ་དང་ལྔར་བཤད་པ་དང་། སྐྱེས་རབས་ལས། རྒྱུ་མེད་དུ་སྨྲ་བ། དབང་ཕྱུག་རྒྱུར་སྨྲ་བ། ལས་རྒྱུར་སྨྲ་བ། ཆད་པར་སྨྲ་བ། རྒྱལ་རིགས་གཞུང་དུ་སྨྲ་བ་དང་ལྔར་བཤད་པ་དང་། ཨཱ་རྱ་དེ་བས་ཡེ་ཤེས་སྙིང་པོ་ཀུན་ལས་བཏུས་ལས། ཡོན་ཏན་ཅན་དང་། གྲངས་ཅན་དང་། ཚངས་པ་དང་གསུམ་དུ་བཤད་པ་དང་། རྟོག་གེ་འབར་བ་ལས། གྲངས་ཅན་པ། བྱེ་བྲག་པ། རིག་བྱེད་ཀྱི་མཐའ་གསང་བ་པ། སྤྱོད་པ་ཅན་དང་གཅེར་བུ་པ་དང་ལྔར་བཤད་པ་དང་། དུས་འཁོར་ལས། ཚངས་པ་པ། དབང་ཕྱུག་པ། ཁྱབ་འཇུག་པ། རྒྱང་འཕེན་པ། གྲ ངས་ཅན་པ་དང་དྲུག་ཏུ་བཤད་པ་སོགས་དུ་མ་ཞིག་འབྱུང་ཡང་། འདིར་གྲངས་ཅན་པ། རིག་བྱེད་པ། ལུག་ཕྱུག་པ། ཟད་བྱེད་པ། ཙུ་རོལ་མཛེས་པ་བ་དང་ལྔར་ཡོད་ཅིང་། སྔ་མ་གསུམ་གྱིས་རིག་བྱེད་ཚད་མར་འཛིན། ཕྱི་མ་གཉིས་ཀྱིས་རིག་བྱེད་ཚད་མར་མི་འཛིན། སྔ་མ་གསུམ་ལ་ཡང་གྲངས་ཅན་པ་དང་། ལུག་ཕྱུག་པས་རིག་བྱེད་སྟོན་པའི་དྲང་སྲོང་ཚད་མར་བྱེད། རིག་བྱེད་པས་རིག་བྱེད་ཀྱི་བསྟན་བཅོས་ཉིད་ཚད་མར་བྱེད། བདག་ཡོད་པར་ནི་ཐམས་ཅད་མཐུན། ནང་གསེས་ཀྱི་ལྟ་གྲུབ་ལ་མི་མཐུན་པ་ནི་བསམ་གྱིས་མི་ཁྱབ་པ་ཞིག་ཡོད་ལ། དང་པོ

བཞི་ལ་མུ་སྟེགས་རྟག་ལྟ་བ་ཟེར། ཕྱི་མ་ལ་ཆད་ལྟ་བ་ཟེར། སློབ་དཔོན་ཙནྡྲ་ཀ་རིས་དབུ་མ་རིན་པོ་ཆེའི་ཕྲེང་བ་ལས། རྒྱང་འཕེན་སྤྱོད་པ་གྲངས་ཅན་དང་། །ཐེ་བྲག་གཅེར་བུ་སངས་རྒྱས་པ། །བསྟན་བཅོས་དེ་དྲུག་ཡིན་ཞེས་བཤད། །ཅེས་དང་། མཁས་འཇུག་ལས། མུ་སྟེགས་བྱེད་ལ་རྟོག་གེ་ལྔ། །གྲངས་ཅན་རིག་བྱེད་འུག་ཕྲུག་པ། །ཟད་བྱེད་ཚུ་རོལ་མཛེས་པ་བ། །སྔ་མ་གསུམ་པོ་རིག་བྱེད་འཛིན། །ཕྱི་མ་གཉིས་པོ་རིག་བྱེད་འདོར། །བདག་ཡོད་པར་ནི་ཐམས་ཅད་མཐུན། །ལྟ་བའི་བྱེ་བྲག་གཞན་མི་འདྲ། ། ཞེས་གསུངས་པའི་ཕྱིར། དེ་ཡང་གྲངས་ཅན་པ། སེར་སྐྱ་པ། རང་སྐྱེས་པ། སུམ་ཙུ་པ། ཡོན་ཏན་གསུམ་པ། གཙོ་བོ་པ། ཞེས་པ་རྣམས་ནི་མིང་གི་རྣམ་གྲངས་ཏེ། ཤེས་བྱ་ཉི་ཤུ་རྩ་ལྔར་གྲངས་ངེས་པར་ནན་གྱིས་སྒྲུབ་པ་དང་། དྲང་སྲོང་སེར་སྐྱའི་རྗེས་སུ་འབྲང་བ་དང་། དངོས་པོ་རྣམས་རང་དང་བདག་ཉིད་གཅིག་པའི་རྒྱུ་ལས་སྐྱེ་བར་འདོད་པ་དང་། གཞུང་ལུགས་སུམ་ཙུ་པ་ཞེས་བྱ་བ་མཆོག་ཏུ་འཛིན་ཅིང་བདག་གི་རྣམ་གྲངས་སུམ་ཙུར་འདོད་པ་དང་། རྡུལ་མུན་སྙིང་སྟོབས་ཀྱི་ཡོན་ཏན་གསུམ་ཆ་མཉམ་པ་རང་བཞིན་དང་། མི་མཉམ་པ་རྣམ་འགྱུར་དུ་འདོད་པ་དང་། ད་ལྟར་གྱི་སྣང་བ་འདི་ཐམས་ཅད་གཙོ་བོས་བྱས་ཤིང་དེའི་རང་བཞིན་དུ་གནས་པར་འདོད་པས་དེ་དང་དེར་མིང་བཏགས་པ་ཡིན་པའི་ཕྱིར་རོ། །

དེ་ཡང་སྐྱེ་རྒུ་རྣམས་ཚེ་ལོ་ཉི་ཁྲི་ཐུབ་པའི་དུས་སུ་དཀའ་ཐུབ་ཙམ་གྱིས་རྣམ་པར་གྲོལ་བར་རློམ་པའི་དྲང་སྲོང་སེར་སྐྱ་ཞེས་བྱ་བ་བྱུང་སྟེ། དེས་བསྟན་བཅོས་མང་དུ་བརྩམས་ཤིང་། དེའི་གྲུབ་མཐའ་འཛིན་པ་བྷཱ་ར་དྷྭ་ཛ་དང་། ཀུ་ཤཱུང་གི་བུ་གཉིས་ལས། དང་པོས་ཤེས་བྱ་ལ་ཉི་ཤུ་རྩ་ལྔར་གྲངས་ངེས་པར་འདོད་པ་ལ་གྲངས་ཅན་པ་དང་། གཉིས་པ་ཉི་ཤུ་རྩ་ལྔ་པོའི་རང་བཞིན་སྟོང་པར་འདོད་པ་ལ་སེར་སྐྱ་པར་བྱས་པ་ཡིན་ཞེས་བཤད་པའང་ཡོད་དེ། ཡེ་ཤེས་སྙིང་པོ་ཀུན་ལས་བཏུས་ལས། གྲངས་ཅན་པ་རྣམས་ཡོན་ཏན་སྒྲ། །སེར་སྐྱ་པ་རྣམས་སྟོང་པར་འདོད། ། ཅེས་དང་། གྲུབ་ཆེན་དམན་པའི་ཞབས་ཀྱིས། བདག་གི་རྣམ་གྲངས་སུམ་ཙུ་ལས། དུས་ལས་བྱུང་བ་དང་། འདོད་རྒྱལ་དང་། གནམ་གྱིས་བསྐོས་པ་དང་། གྱིན་བཞི་ནི་གྲངས་ཅན་གྱི་འདོད་པ་ཡིན་ནོ། །རྣལ་འབྱོར་དང་། ཚད་མ་

དང་། དག་པ་དང་། མ་དག་པ་བཞི་ནི་སེར་སྐྱའི་འདོད་པ་ཡིན་ནོ། །ཞེས་ཐ་དད་དུ་བཤད་པ་དང་། འདུལ་བ་འོད་ལྡན་ལས་གང་དག་གྲངས་ཅན་སེར་སྐྱ་ལ་སོགས་པའི་བསྟན་བཅོས་དེ་ཁོ་ན་ཉིད་ཡིན་པའི་བློས་འདོན་པ་དེ་དག་ལ་ནི་ཡུལ་འཁོར་གྱི་བསོད་སྙོམས་དུག་ཏུ་འགྱུར་རོ། །ཞེས་སོ་སོར་གསུང་པའི་ཕྱིར། དེ་ཡང་གྲངས་ཅན་སྤྱི་དང་། སེར་སྐྱ་དེའི་བྱེ་བྲག་ལྷ་བུ་སྟེ། མངའ་ཞབས་སྤྱི་དང་དྲང་སྲོང་ལྷ་བུའོ་ཞེས་མཁས་པ་དག་ཟེར་རོ། །དེའི་གྲུབ་པའི་མཐའ་ནི་ཤེས་བྱ་ཐམས་ཅད་བདག་དང་གཙོ་བོ་གཉིས་སུ་འདུས་པར་འདོད་པས། འདི་ལ་བདག་དང་གཙོ་བོ་དང་། དེ་གཉིས་ཤེས་པར་བྱེད་ཚུལ་དང་། མ་ཤེས་པའི་ཉེས་པ། ཤེས་པའི་ཕན་ཡོན་དང་ལྔ་ལས། དང་པོ་ནི། བདག་ཅེས་བྱ་བ་ཤེས་པ་ཅན་གྱི་སྐྱེས་བུ་སྟེ། ཤེས་པ་རྟག་པ་གཅིག་པུ་བྱ་བྱེད་དང་བྲལ་བ། ཡུལ་ལ་ལོངས་སྤྱོད་པས་བཟའ་བ་པོ་ཡིན་པ། གཙོ་བོའི་ཁྲུག་མ་ན་གནས་པས་སུས་ཀྱང་མི་མཐོང་བའི་ཆོས་ལྔ་ལྡན་དུ་འདོད་དོ། །

གཉིས་པ་གཙོ་བོ་ལ་རང་བཞིན་རྒྱུའི་གཙོ་བོ་དང་། རྣམ་འགྱུར་འབྲས་བུའི་གཙོ་བོ་གཉིས་ལས། དང་པོ་ནི། བདེ་སྡུག་བཏང་སྙོམས་གསུམ་མམ། འདོད་ཆགས་ཞེ་སྡང་གཏི་མུག་གསུམ་མམ། རྡུལ་མུན་སྙིང་སྟོབས་ཀྱི་ཡོན་ཏན་གསུམ་ཆ་མཉམ་པ་སྤྱི་བེམ་པོ། རྟག་པ་གཅིག་པུ། རྣམ་འགྱུར་ཐམས་ཅད་བསྐྱེད་པའི་རྒྱུ་བྱེད་པ། སུས་ཀྱང་མ་བསྐྱེད་པ། དྲང་སྲོང་སེར་སྐྱས་ཀྱང་མ་མཐོང་བས་ལྐོག་ཏུ་གྱུར་པ་སྟེ་ཆོས་ལྔ་ལྡན་དུ་འདོད་དོ། །གཉིས་པ་ནི། ཡོན་ཏན་གསུམ་གྱི་རང་བཞིན་ཡིན་ལ་ཆ་མ་མཉམ་པས་གནས་སྐབས་མི་རྟག་པ་དུ་མར་གསལ་བའི་བེམ་པོ་སྟེ་ཆོས་གསུམ་ལྡན་ནོ། །དེ་ལ་དབྱེ་ན། ཆེན་པོ། ངརྒྱལ། དབང་པོ་བཅུ་གཅིག །དེ་ཙམ་ལྔ། འབྱུང་བ་ལྔ་དང་ཉི་ཤུ་རྩ་གསུལ་ལས། དང་པོ་ནི། བློ་ནང་གི་བྱེད་པ་ཤེས་པ། གསལ་ཞིང་རིག་པའི་བདག་ཉིད་དེ་ཆོས་བཞི་ལྡན་གྱི་མེ་ལོང་ངོས་གཉིས་པ་ལྟ་བུ་ཕྱི་ནས་གཟུགས་པོ་ཡུལ་གྱི་རྣམ་པ་ཤར། ནང་ནས་བདེ་སྡུག་བཏང་སྙོམས་གསུམ་གྱི་རྣམ་པ་ཤར་བའི་ཆ་ཅན་ནམ། རྣམ་པ་ཅན་ནོ། །གཉིས་པ་ནི། དེ་ལས་བདག་ནི་སྐལ་བ་དང་ལྡན་པའོ། །ཞེས་བདག་དང་གཅིག་ཏུ་རློམ་པའི་ངརྒྱལ་འབྱུང་ཞིང་། དེ་ལ་དབྱེ་ན། སྟག

བསྐལ་ལས་གྱུར་པ་དང་། འབྱུང་བ་ལས་གྱུར་པ་དང་། རྣམ་འགྱུར་ལས་གྱུར་པའི་ང་རྒྱལ་གསུམ་འདོད་ཀྱང་ཉི་ཤུ་ལྔའི་གྲངས་འཛིན་པའི་ཚེ་གཅིག་ཏུ་བགྲང་ངོ་། །ང་རྒྱལ་དང་པོ་དེ་ལས་དབང་པོ་བཅུ་གཅིག་སྐྱེ་སྟེ། མིག་རྣ་བ། སྣ། ལྕེ། ལུས་ཏེ་ནང་བློའི་དབང་པོ་ལྔ། ཁ་ལག་པ་རྐང་པ་བཤང་ལམ་མདོམ་སྟེ་ཕྱི་ལས་ཀྱི་དབང་པོ་ལྔ། ཕྱི་ནང་གཉིས་ཀ་ལ་ཁྱབ་པ་ཡིད་ཀྱི་དབང་པོ་དང་བཅུ་གཅིག་གོ། ང་རྒྱལ་གཉིས་པ་ལས་དེ་ཙམ་ལྔ་སྐྱེ་སྟེ་ལྔ་ནི། གཟུགས་སྒྲ་དྲི་རོ་རེག་བྱ་ལྔའོ། །དེ་ལྔ་ལས་འབྱུང་བ་ལྔ་སྐྱེས་ཏེ་འབྱུང་བ་ལྔ་ནི། ས་ཆུ་མེ་རླུང་ནམ་མཁའ་སྟེ་ལྔའོ། །དེ་ཡང་སྒྲ་རྟག་པ་ནམ་མཁའི་ཡོན་ཏན་དང་། དྲི་རྟག་པ་སའི་ཡོན་ཏན་དང་། རོ་རྟག་པ་ཆུའི་ཡོན་ཏན་དང་། རེག་བྱ་རྟག་པ་རླུང་གི་ཡོན་ཏན་དང་། གཟུགས་རྟག་པ་མེའི་ཡོན་ཏན་ཡིན་ཞེས་འདོད་དོ། །ང་རྒྱལ་གསུམ་པས་ནི་སྤྱི་མ་གཉིས་ཀྱིས་འབྲས་བུ་བསྐྱེད་པའི་མཚུངས་ལྡན་ནམ་གྲོགས་བྱེད་ཀྱིས་འབྲས་བུ་རྫུར་པ་བསྐྱེད་པར་མི་འདོད་དེ། དབང་ཕྱུག་ནག་པོའི་གཞུང་ལས། རང་བཞིན་ལས་ཆེ་དེ་ལས་ང་རྒྱལ་ཏེ། །དེ་ལས་བཅུ་དྲུག་གི་ནི་ཚོགས་རྣམས་སྐྱེ། །དེ་ལྟར་བཅུ་དྲུག་བྱུང་བ་དེ་ལས་ཀྱང་། །དེ་ཙམ་ལྔ་ལས་འབྱུང་བ་ཆེན་པོ་ལྔ། །ཞེས་འབྱུང་བའི་ཕྱིར། དེ་ལྟར་ན་གཙོ་བོ་ཉེར་བཞི་ལས། རང་བཞིན་དོན་དམ་པ་དང་། རྣམ་འགྱུར་ཉེར་གསུམ་ཀུན་རྫོབ་ཏུ་འདོད་དེ། སྤྱི་མ་དེ་ལས། ཡོན་ཏན་གསུམ་གྱི་ཡོན་ཏན་མཆོག །མཐོང་བའི་ལམ་དུ་འགྱུར་མ་ཡིན། །མཐོང་བའི་ལམ་དུ་གང་གྱུར་པ། །སྒྱུ་མ་བཞིན་དུ་ཤིན་ཏུ་གསོག །ཅེས་འབྱུང་བའི་ཕྱིར། གསུམ་པ་དེ་གཉིས་ཤེས་པར་བྱེད་ཚུལ་ལ། རྒྱུས་འབྲས་བུ་བསྐྱེད་ཚུལ་ཤེས་པ་དང་། སྐྱེས་བུ་གཙོ་བོ་ལ་ལོངས་སྤྱོད་ཚུལ་ཤེས་པར་བྱ་བ་གཉིས་ལས། དང་པོ་ནི། རང་བཞིན་རྒྱུ་ཁོ་ན། ཆེན་པོ། ང་རྒྱལ། དེ་ཙམ་ལྔ་སྟེ་བདུན་རྒྱུ་འབྲས་གཉིས་ཀ། དབང་པོ་བཅུ་གཅིག །འབྱུང་བ་ལྔ་སྟེ་བཅུ་དྲུག་འབྲས་བུ་ཁོ་ན། བདག་གམ་སྐྱེས་བུ་རྒྱུ་འབྲས་གང་ཡང་མ་ཡིན་པར་འདོད་དེ། དེ་ཉིད་ལས། གཙོ་བོ་བྱེད་ཡིན་བྱ་བ་མིན། །ཆེན་པོ་སོགས་བདུན་བྱ་བ་བྱེད། །བཅུ་དྲུག་པོ་ནི་བྱ་བ་ཡིན། །སྐྱེས་བུ་བྱ་མིན་བྱེད་པའང་མིན། །ཞེས་འབྱུང་བའི་ཕྱིར། དེ་ཡང་རྒྱུ་འབྲས་རྫས་གཅིག་མངོན་པར་མི་གསལ་བ་གསལ་བའི་རང་བཞིན་དུ་གྱུར་པ་ལ་སྐྱེ་བ་དང་།

མངོན་པར་གསལ་བ་མི་གསལ་བའི་རང་བཞིན་དུ་གྱུར་པ་ལ་འཇིག་པར་འདོད་དོ། །གཉིས་པ་ནི། བདེ་སོགས་མི་གསལ་བ་གཙོ་བོའི་རང་བཞིན་དུ་ཡོད་ལ། གསལ་བ་ལ་ཕྱི་རོལ་གཟུགས་སྒྲ་སོགས་ཀྱི་བདེ་སོགས། བློ་ངོ་བོ་ཉིད་ཀྱི་བདེ་སོགས། དེ་ལས་ཤར་བ་གཟུགས་བརྙན་གྱི་བདེ་སོགས་དང་གསུམ། དེ་ལ་ལོངས་སྤྱོད་ཚུལ་ནི་ཁ་ཕྱིར་བལྟས་ཀྱི་མེ་ལོང་གི་ངོས་ཤིག་ལ་གཟུགས་སྒྲ་སོགས་ཡུལ་གྱི་གཟུགས་བརྙན་ཤར། ནང་བལྟས་ཀྱི་ངོས་ཤིག་ལ་ཤེས་རིག་གི་གཟུགས་བརྙན་ཤར་བ་གཉིས་འདྲེས་པ་ལ་ལོངས་སྤྱོད་པའི་དོན་དུ་འདོད་དེ། དེ་ཉིད་ལས། ཇི་ལྟར་འོ་མ་སེམས་པ་མེད་ན་ཡང་། །བེའུ་འཕེལ་བའི་རྒྱུ་མཚན་ཡིན་པ་ལྟར། །དེ་བཞིན་གཙོ་བོ་སྐྱེས་བུ་རྣམ་འཕེལ་བའི། །རྒྱུ་མཚན་ཉིད་དུ་འཇུག་པར་འགྱུར་བ་ཡིན། ། ཞེས་དང་། སྐྱེས་བུ་ཉེ་བར་སྤྱོད་པ་དག ། སྒྲུབ་ཕྱིར་གཙོ་བོ་རབ་འཇུག་སྟེ། །ལྟས་མོ་བ་དང་བསྒྲུབ་བྱའི་ཕྱིར། །གར་གྱི་ལྟས་མོ་བྱེད་པ་བཞིན། །ཞེས་འབྱུང་བའི་ཕྱིར་རོ། ། བཞི་པ་ནི། གཙོ་བོ་རང་བཞིན་དང་གནས་སྐབས་འགྱུར་བའི་རྣམ་འགྱུར་ལ་བདག་གི་རྣམ་པར་བཟུང་བས་ཕྱིན་ཅི་ལོག་ཏུ་གྱུར་ནས་འཁོར་བར་འཁྱམ་པར་འདོད་དེ། དེ་ཉིད་ལས། རང་བཞིན་འཇུག་པ་ལས་ནི་ཡོན་ཏན་རྣམས། །མུན་པས་བསྒྲིབས་ཕྱིར་ཕྱིན་ཅི་ལོག་སེམས་ཀྱིས། །བདག་གིས་བྱས་ཞེས་མི་མཁས་སེམས་དཔའ་ཡིན། །རྩ་འབྲུབ་སྐྱེད་པའི་ནུས་པའང་ཡོད་མ་ཡིན། ། ཞེས་དང་། སྐྱེས་བུ་འདི་ནི་དོན་དམ་དུ། །རྟོགས་པ་དག་པའི་རང་བཞིན་ཏེ། །རང་བཞིན་དེ་ལྟར་མ་ཤེས་པས། །རྨོངས་པ་རྟག་ཏུ་འཁོར་བར་འཁྱམ། ། ཞེས་འབྱུང་བའི་ཕྱིར། ལྔ་པ་ནི། དེ་ཡང་གཙོ་བོའི་རྣམ་འགྱུར་ཉི་ཤུ་རྩ་གསུམ་པོ་རྣམས་སྒྱུ་མ་ལྟར་སྣང་བ་ལ་བདག་ཏུ་ཞེན་ནས་བདེན་པར་བཟུང་བས་འཁོར་བར་འཁྱམས་པ་ཡིན་ལ། བདག་གི་རང་བཞིན་བྱ་བྱེད་དང་བྲལ་བ། རྟག་པ། ཁྱབ་པ། གཡོ་བ་མེད་པ་ནི་དོན་དམ་པའི་བདེན་པ་སྟེ། དེ་ཤེས་པའི་ཕན་ཡོན་གྱི་གྲོལ་བར་འདོད་པ་སྟེ། གཙོ་བོ་སྐྱེངས་ནས་རྣམ་འགྱུར་རྣམས་གཙོ་བོའི་ཁུག་མར་བསྡུས་ཏེ་བདག་གཅིག་བུ་ཟླ་མེད་པ། གནས་པ་ལ་ཐར་པ་ཐོབ་ཅེས་འདོད་དེ། དེ་ཉིད་ལས། དེ་ཉིད་ཉི་ཤུ་ལྔ་ཤེས་ན། །རལ་པའམ་སྤྱི་བོ་ཅོད་པན་སོགས། །ཆ་ལུགས་གང་ཞིག་གནས་གྱུར་ཀྱང་། །གྲོལ་འགྱུར་འདི

ལ་ཐེ་ཚོམ་མེད། །ཅེས་འབྱུང་བའི་ཕྱིར་རོ། །དེ་དག་འགོག་བྱེད་ནི། དབུ་ཚད་ཀྱི་གཞུང་ལུགས་དང་། སྔགས་ཀྱི་རྒྱ་གཞུང་མང་པོར་མཐའ་ཡས་པ་ཞིག་འབྱུང་ཡང་འདིར་ཡི་གེར་འཇིགས་ནས་མ་བྲིས་སོ། །

གཉིས་པ་རིག་བྱེད་པ་ནི་རིག་པ་ཅན་པ་སྟེ། དེ་ཡང་རིག་བྱེད་ཀྱི་བསྟན་བཅོས་ཉིད་ལ་ཚད་མར་བྱེད་པའི་རིག་བྱེད་པ་དང་། རིག་བྱེད་ཀྱི་བསྟན་བཅོས་འཇིག་རྟེན་ན་འགའ་ཞིག་གི་རྒྱུད་ལ་མི་གསལ་བར་ཡོད་པ་ཚངས་པས་གཞུང་བསྒྲངས་པས་རིག་བྱེད་ཀྱི་ལས་གསལ་བར་བྱས་པར་འདོད་པས་སྙིང་པ་བ་དང་། རིག་བྱེད་ཀྱི་གསང་ཚིག་རྣམས་འཆད་ཅིང་ཉན་པར་བྱེད་པས་གསང་བའི་མཐའ་སླྨ་བ་པ་དང་། དབང་ཕྱུག་དང་། ཁྱབ་འཇུག་དང་། ཚངས་པ་རྣམས་ལྷར་བྱེད་པས་དབང་ཕྱུག་པ་དང་། ཁྱབ་འཇུག་པ་དང་། ཚངས་པ་བ་དང་། གཅེར་བུ་པའི་སྟོན་པ་རྒྱལ་བ་ལས་བོགས་འདོན་པས་རྒྱལ་དཔོགས་པ་དང་། དྲང་སྲོང་ངན་སྤྱོང་རྣམ་དཔྱོད་གསལ་བ་ལ་བརྟེན་པའི་གཞུང་འཆད་པར་བྱེད་པས་སྤྱོད་པ་བ་དང་། སྐན་ངག སྲིད་སྲུང་། མཆོད་སྦྱིན། ངེས་བརྗོད་དེ་རིག་བྱེད་བཞི་པོ་ཐོག་མ་མེད་པ་ནས་རྟག་པར་ཡོད་པ་ཚངས་པས་དྲན་ནས་བརྗོད་པའི་རྒྱུ་མཚན་གྱིས་རིག་བྱེད་རྟག་པར་འདོད་པས་དྲན་པ་བ་དང་། དྲང་སྲོང་རྒྱུན་ཤེས་ཀྱི་བུ་ལ་སོགས་པའི་ཙ་ར་ཀ་འབུམ་སྡེ་ལ་བརྟེན་པས་ཙ་ར་ཀ་པ་སོགས་རྣམ་གྲངས་སོ། །དེའི་གྲུབ་པའི་མཐའ་ནི། རིག་བྱེད་བཞི་ཚད་མར་འདོད་དེ། སྐན་ངག་གིས་སྐྱེ་བོ་རྣམས་དགའ་བར་བྱེད་པ་དང་། སྲིད་སྲུང་གིས་རང་གི་སྡེ་རྒྱལ་བར་བྱེད། མཆོད་སྦྱིན་གྱིས་འདི་ཕྱིའི་དོན་སྒྲུབ། ངེས་བརྗོད་ཀྱིས་མཆོག་གི་དངོས་གྲུབ་བསྒྲུབ་པར་འདོད་པའོ། །རྒྱས་པར་ནི་གཞན་དུ་ཤེས་པར་བྱའོ། །འུག་ཕྱུག་པ་ནི་བྱེ་བྲག་པ་སྟེ། དེ་ཡང་ཉིལ་གྱི་ཟེགས་མ་ཟས་སུ་བྱས་ཏེ། དཀའ་ཐུབ་གྲུབ་པའི་དྲང་སྲོང་གི་རྗེས་སུ་འབྲངས་པས་གཟེགས་ཟན་པ་དང་། དབང་ཕྱུག་ཆེན་པོས་དྲང་སྲོང་ཞིག་འུ་མ་བསྲུང་དུ་བཅུག་པས། འུ་མས་ཆགས་པའི་རྣམ་འགྱུར་སྣ་ཚོགས་བསྟན་པ་ན་དཀའ་ཐུབ་ལས་ཉམས་ཀྱིས་དོགས་ནས་འུ་མའི་རྐང་པ་ལ་མིག་གཏད་ནས་དཀའ་ཐུབ་བསྒྲུབས་ཏེ་འགྲུབ་པའི་དྲང་སྲོང་གི་རྗེས་སུ་འབྲངས་པས་ན་རྐང་མིག་པ་དང་། དྲང་

སྲོང་གཟིགས་ཟན་གྱིས་བརྩམས་པའི་བྱེ་བྲག་གསལ་བའི་བསྟན་བཅོས་ཚད་མར་བྱེད་པས་བྱེ་བྲག་པ། མུ་སྟེགས་ཤིག་གིས་བསྟི་གནས་ཤིག་ཏུ་བསམ་གཏན་བསྒྲུབ་པས་འཕྲུལ་པ་ཞིག་མཐོང་སྟེ། དེ་ལ་ཤེས་བྱའི་དོན་དྲིས་པས་ཚིག་གི་དོན་དྲུག་རྩུན་ཆད་བཏ་བྱས། དེ་ཕན་ཆད་མ་བྱུང་བས་ཚིག་གི་དོན་དྲུག་ཏུ་རྒྱ་ཆེར་པར་གོ་བའི་དྲང་སྲོང་གི་རྗེས་སུ་འབྲངས་པས་འཕྲུལ་ཤུག་པ་དང་། ཤེས་བྱ་ཐམས་ཅད་ཚིག་གི་དོན་དྲུག་ཏུ་འདུས་པར་འདོད་པས་ཚིག་གི་དོན་དྲུག་པ་ཞེས་བྱ་བ་རྣམས་རྣམ་གྲངས་སོ། །དེས་འགྲོ་བའི་བདེ་སྡུག་དང་། འཁོར་བ་དང་། གྲོལ་བ་ཐམས་ཅད་དབང་ཕྱུག་མཉེས་མ་མཉེས་ཀྱིས་བྱས་པར་འདོད་དེ། དེ་ཉིད་ཀྱི་བསྟན་བཅོས་ལས། འགྲོ་བ་པོ་འདིས་ཤེས་པ་ཡོད་མིན་ཏེ། །

བདག་གི་བདེ་སྡུག་བདག་ལ་རང་དབང་མེད། །དབང་ཕྱུག་གིས་བཏང་ཡང་ན་གཡང་སའམ། །མཐོ་རིས་དག་ཏུ་འགྲོ་བ་ཁོ་ནར་འགྱུར། ། ཞེས་འབྱུང་བའི་ཕྱིར་རོ། །དེ་ཡང་མཆོད་སྦྱིན་གྱི་རྫས་ལ་གང་ཕུལ་བ་དེ་ཚེ་འདིར་ཐོབ་ལ། དེས་སེམས་ཅན་བསད་པ་ཀུན་ཕྱི་མ་རང་གི་འཁོར་དུ་མཐོ་རིས་སུ་སྐྱེ་བར་འདོད་དེ། དེ་ཉིད་ལས། བྲམ་ཟེ་འདོད་ལ་བྲམ་ཟེ་དང་། །རྒྱལ་རིགས་འདོད་ལ་རྒྱལ་རིགས་དང་། །ནོར་རྣམས་འདོད་ལ་ནོར་རྣམས་ཀྱིས། །མཆོད་སྦྱིན་དམ་པ་ཡང་དག་བརྩམས། ། ཞེས་འབྱུང་བའི་ཕྱིར། ལྷ་མཉེས་པའི་ཆེད་དུ་རང་གི་ལུས་སྦྱིན་བསྲེག་བྱས་ན་གྲོལ་བ་ཐོབ་པར་འདོད་ཅིང་། འདི་དག་རིག་པ་ཅན་པས་ཀྱང་འདོད་པ་ཡིན་ཏེ། རྣམ་འགྲེལ་ལས། རིག་བྱེད་ཚད་མ་དང་ནི་འགའ་ལ་བྱེད་སྨྲ། །ཁྲུས་ལས་ཆོས་འདོད་དང་ནི་རིགས་སྨྲས་དྲེགས། །སྡིག་པ་གཞོམ་ཕྱིར་གདུང་བ་རྩོམ་ཞེས་པ། །བླུན་པོ་ཤེས་རབ་འཆལ་བའི་རྟགས་ལྔ་ཡིན། ། ཞེས་གསུངས་པའི་ཕྱིར། འདིས་ཤེས་བྱ་ཐམས་ཅད་ཚིག་གི་དོན་དྲུག་ཏུ་འདུས་པར་འདོད་དེ། རྫས་དང་ཡོན་ཏན་ལས་དང་སྤྱི། །ཁྱེ་བྲག་འདུ་བ་རྣམ་པ་དྲུག ། ཅེས་འབྱུང་བའི་ཕྱིར། རྫས་ལ་དགུ་སྟེ། བདག དུས། ཕྱོགས། ཡིད། ནམ་མཁའ་སྟེ་རྟག་པའི་རྫས་ལྔ། ས་ཆུ་མེ་རླུང་སྟེ་མི་རྟག་པའི་རྫས་བཞི་སྟེ་དགུ། ཡོན་ཏན་ལ་ལྔ་སྟེ། སྒྲ་ནམ་མཁའི་ཡོན་ཏན། དྲི་སའི་ཡོན་ཏན། རོ་ཆུའི་ཡོན་ཏན། རེག་བྱ་རླུང་གི་ཡོན་ཏན། ཁ་དོག་མེའི་ཡོན་ཏན་དང་ལྔའོ། །ལས་ལ་ལྔ་སྟེ། འདེགས་འཇོག་གཉིས། བསྐུང་

བསྐུམ་གཉིས། འགྲོ་བ་སྐྱེ་ལྔའོ། །སྤྱི་ལ་གཉིས་ཏེ། ཀུན་ལ་ཁྱབ་པ་ཆེན་པོ་དང་། བགླང་ལྔ་བུ
ཕྱོགས་རེས་ལ་ཁྱབ་པ་ཉི་ཚེ་བ་སྐྱེ་གཉིས་སོ། །བྱེ་བྲག་ནི་ཕན་ཚུན་འདྲེ་བར་བྱེད་པའི་ཆོས་དང་།
འདུ་བ་ནི་རྫས་དང་ཡོན་ཏན་སྦྲེལ་བར་བྱེད་པའི་ཆོས་ཤིག་ལ་འདོད་དོ། །བདག་ནི་རྟག་པ་གཅིག
པུ་ཐམས་ཅད་ལ་ཁྱབ་པ། སེམས་ཅན་གྱི་རྒྱུད་དུ་རྟོགས་པ། བཟའ་བ་པོ་ཡིན་པ། བེམ་པོ་སྐྱེ་ཁྱད
པར་ལྔ་ལྡན་དུ་འདོད་དེ། གཞན་དག་ཀྱང་ནི་འདིར་བདག་ཉིད། །འདོད་དང་སྡང་སོགས་ཡོན་ཏན
ཅན། །བརྟེན་དང་ཀུན་འཇུག་བཟའ་བ་པོ། །བདག་ཉིད་བེམ་པོའི་ངོ་བོར་འདོད། །ཅེས་འབྱུང
བའི་ཕྱིར། བདག་བེམ་པོ་ཡིན་ཡང་སྒོ་ལྔའི་རྣམ་ཤེས་ཡོན་ཏན་དུ་ལྡན་པས་ཡུལ་འཛིན་པར་ནུས་ལ།
ངོ་བོ་རྟག་པ་ཡིན་ཡང་འབད་པ་དང་འདུ་བ་སོགས་ཡོན་ཏན་དུ་ལྡན་པས་ལུས་ལེན་པ་སོགས་བདག
གི་ཡོན་ཏན་དུ་འདོད་དེ། བདག་ཉིད་རྟག་ཀྱང་བྱེད་པོར་འགྱུར། །རྫ་ཆག་བྱེ་འཕྱུར་ཇི་བཞིན
དུ། །འཇིག་རྟེན་འདི་ནས་ཕ་རོལ་ཏུ། །འཕོ་ཞིང་ཉིང་མཚམས་སྦྱོར་བ་ནི། །བདག་ཅེས་བྱ་བ་དེས
ལེན་ནོ། །ཞེས་འབྱུང་བའི་ཕྱིར། ཟད་བྱེད་པ་ནི་གཅེར་བུ་པ་སྟེ། དེ་ཡང་དཀའ་ཐུབ་ཀྱིས་ལས
ཟད་པར་བྱེད་པས་ཟད་བྱེད་པ། དྲང་སྲོང་རྒྱལ་བ་དམ་པའི་རྗེས་སུ་འབྲངས་པས་རྒྱལ་བ་དམ་པ་པ
དང་། ཤེས་བྱ་ཐམས་ཅད་ཚིག་གི་དོན་དགུར་བསྡུས་ནས་འཆད་པར་བྱེད་པས་ཚིག་དོན་དགུ་པ་དང་།
སྲོག་ནི་ལུས་ཀྱི་ཚད་བཞིན་དུ་ཆེ་ཆུང་དུ་ཡོད་ཅིང་། སྲོག་ལྡན་ནི་ས་ཆུ་མེ་རླུང་ལྗོན་པ་དང་འབྲས་བུ
སྐྱེ་དྲུག་ཏུ་འདོད་པས་སྲོག་གི་སྐྱེ་ཚན་པ་དང་། ངོ་ཚ་མེད་པས་འཛེམ་མེད་པ། གོས་མེད་པས་གཅེར
བུ་པ། ལུས་ཐལ་མདོག་ཏུ་ཡོད་པས་ཐལ་མདོག་པ། གོས་གཞན་མེད་པས་ཕྱོགས་ཀྱི་གོས་ཅན།
ནམ་མཁའི་གོས་ཅན་ཡིན་པས་ནམ་མཁའི་གོས་ཅན། ཕྱོགས་ཀུན་ཏུ་འགྲོ་བས་ཀུན་ཏུ་རྒྱུ་ཞེས་པ
རྣམས་མིང་གི་རྣམ་གྲངས་སོ། །དེའི་གྲུབ་པའི་མཐའ་ནི་དྲང་སྲོང་རྒྱལ་བ་དམ་པས། སྲོག་དང་ཟག
པ་སྡོམ་པ་དང་། །ངེས་པར་རྒ་དང་འཆིང་དང་ལས། །སྡིག་དང་བསོད་ནམས་ཐར་པ་སྟེ། །ཤེས་བྱ
ཚིག་གི་དོན་དགུར་ངེས། །ཞེས་འབྱུང་བའི་ཕྱིར། དེ་ཡང་སྲོག་ལྡན་ནི་འབྱུང་བ་བཞི་དང་། སྲིན་བུ
པདྨ་ཅན། ཉ་ཕྱིས། བུང་བ། སྦྲང་བུ་མཆུ་རིངས་ལ་སོགས་པའོ། །ཟག་པ་ནི། དགེ་སྡིག་གི་ལས

རྣམས་ཟག་བཅས་སུ་འདོད་པའོ། །སྡོམ་པ་ནི་ཟག་པ་འགོག་པ་སྟེ། ལས་གསར་དུ་མི་གསོག་པའོ། །ངེས་པར་རྒྱ་བ་ནི་དཀའ་ཐུབ་ཀྱི་སྒོ་ནས་ལུས་གདུང་བར་བྱེད་པའོ། །འཆིང་བ་ནི་ལྟ་བ་ལ་སོགས་པ་རྣམས་སོ། །ལས་ནི་སྲོང་འགྱུར་གྱི་ལས་དང་། མིང་དང་རུས་དང་ཚོས་ལ་སོགས་པའོ། །སྡིག་པ་ནི་ཆོས་མ་ཡིན་པའོ། །བསོད་ནམས་ནི་ཆོས་སོ། །ཐར་པ་ནི་ལས་ཐམས་ཅད་ཟད་པ། འཇིག་རྟེན་ཐམས་ཅད་ཀྱི་གོང་ན་ཡོད་པ་སྤྲོག་དང་ལྡན་པའི་དངོས་པོ་གདུགས་ནམ་མཁའ་ལ་བཀན་པའི་དབྱིབས་འདྲ་བ་དཀར་ལ་འཚེར་བ་ཞིག་ཡོད་པར་འདོད་དེ། །ཁ་བ་རྒྱ་སྤོས་མེ་ཏོག་མདོག་བ་ཞོ་བ་མོ་མུ་ཏིག་མདོག གདུགས་བཀན་བཟུང་བའི་དབྱིབས་འདྲ་བ། །ཐར་པ་ཡིན་པ་རྒྱལ་བས་བཤད། །ཅེས་འབྱུང་བའི་ཕྱིར། དེས་ཤིང་སེམས་ལྡན་དུ་འདོད་དེ། ལོ་མ་བཅད་ན་འགྲུམ་ཞིང་པགས་པ་བཤུས་ན་འཆི་བའི་ཕྱིར། ཞེས་ཟེར་ཞིང་རང་གཅེར་བུར་གནས་པ་སྟེ་ཕྱི་རོལ་པ་ལ་ལྟོས་ཏེ་སྙིང་རྗེ་ཆེ་བ་ཞིག་ཡིན་པར་བཤད་དེ། ཁྱད་པར་འཕགས་བསྟོད་ལས། ལུས་ཀྱི་དཀའ་ཐུབ་བགྱིས་པ་ཡིས། །མདུད་པ་འཛིག་པ་གཅེར་བུས་འཚལ། ཁྱོད་ཀྱིས་ཐུགས་ཀྱི་དཀའ་ཐུབ་ཀྱིས། །མདུད་པ་འཛིག་པར་བཞེད་པ་ལགས། །ཞེས་གསུངས་པའི་ཕྱིར་ཤིང་སེམས་ལྡན་ཡིན་པའི་དོན་ཡང་ཤིང་ཉིད་དེ་ཀ་ལྟ་བུ་སེམས་དང་བཅས་པ་ཡིན་ཏེ། མཚན་མོ་ལོ་མ་བསྐུམ་ནས་ཉལ་བའི་ཕྱིར། །འབྲིལ་ཤིང་ལ་མིག་གི་དབང་པོ་ཡོད་དེ། གོ་སྐབས་དང་བཅས་པ་ན་སྐྱེ་ཞིང་འགྲོ་བའི་ཕྱིར། ཆུ་ཤིང་ལ་རྣ་བའི་དབང་པོ་ཡོད་དེ། འབྲུག་གི་སྒྲ་ཐོས་པ་ན་འབྲས་བུ་འབྱིན་པའི་ཕྱིར། མ་དུ་ལུང་ག་ལ་སྣའི་དབང་པོ་ཡོད་དེ། དེའི་རྩར་ཁྲི་རོ་བཞག་པ་ན་འབྲས་བུ་འབྱིན་པའི་ཕྱིར། བ་ཀུ་ལ་དང་མྱུ་ངན་མེད་པའི་ཤིང་ལ་ཡིད་ཀྱི་དབང་པོ་ཡོད་དེ། བ་ཀུ་ལའི་ཤིང་ལ་བུད་མེད་ལང་ཚོ་དང་ལྡན་པས་བུ་རམ་གྱི་ཆང་ཁས་གཏོར་ཞིང་རྒོད་པ་ན་མེ་ཏོག་རྒོད་ཅིང་འབྱུང་བའི་ཕྱིར། མྱ་ངན་མེད་པའི་ཤིང་འབྲས་བུ་མི་འབྱུང་བ་ལ་བུད་མེད་ལང་ཚོ་དང་ལྡན་པའི་རྐང་པ་རྒྱ་སྐྱེགས་ཀྱི་ཁུ་བས་བསྐུས་ཤིང་རྐང་གདུབ་དང་ལྡན་པས་མནན་ན་མེ་ཏོག་དང་འབྲས་བུ་ཅིག་ཅར་འབྱུང་བའི་ཕྱིར། དེ་བཞིན་དུ་ས་སོགས་འབྱུང་བ་བཞི་སེམས་དང་བཅས་པ་ཡིན་པས། དེ་ལ་གནོད་པ་བྱས་ན་སྡིག་པ་འབྱུང་ངོ་། །དེ་བས་ན་ཀུན་དགའ་

རབ་དང་མཆོད་རྟེན་ལྔ་བུ་བརྩིགས་ནས་ས་ལ་གནོད་པས་བརྩིག་ཏུ་མི་རུང་ཞེས་ཟེར་ཏེ། ཁྱད་པར་འཕགས་བསྟོད་ལས། གཅེར་བུ་ཀུན་དགའ་ར་བ་སོགས། །བརྩིག་པ་སྡིག་པའི་རྒྱུ་ཞེས་ཟེར། །ཐམས་ཅད་མཁྱེན་པ་ཁྱོད་ཀྱིས་ནི། །དེ་ཉིད་བསོད་ནམས་རྒྱུ་ཞེས་གསུངས། །ཞེས་གསུངས་པའི་ཕྱིར། དེས་ན་བཞི་པོ་དེ་དག་ལ་མུ་སྟེགས་རྟག་ལྟ་བ་ཞེས་བྱ་སྟེ། ལས་རྒྱུ་འབྲས་བདེན་པར་འདོད་པའི་ཕྱིར་རོ། །ལྟ་བ་ཚུ་རོལ་མཛེས་པ་བ་ནི་རྒྱང་འཕེན་པ་སྟེ། དེ་ཡང་ཤི་བའི་ཚེ་བདག་རྒྱུན་ཆད་པར་འདོད་པས་ཆད་པར་སྨྲ་བ་དང་། ཚེ་འདི་ལ་གང་ལེགས་སྒྲུབ་པས་ཆོག་པར་འདོད་པས་ཚུ་རོལ་མཛེས་པ་བ་དང་། འཇིག་རྟེན་ཕ་རོལ་རྒྱང་རིང་དུ་དོར་བའམ་འཇིག་རྟེན་པའི་ཡང་དག་པའི་ལྟ་བ་ལས་རྒྱང་རིང་དུ་སོང་བས་འཇིག་རྟེན་རྒྱང་འཕེན་པ་དང་། སྐྱེ་བ་སྔ་ཕྱི་སོགས་མེད་པར་འདོད་པས་མེད་པར་ལྟ་བ་པ་དང་། དྲང་སྲོང་ཆེན་པོ་ལྷའི་བླ་མ་ལ་སྟོན་པར་འཛིན་པས་ཕུར་བུ་པ་དང་། དྲང་སྲོང་ཕུར་བུས་ལྷ་མ་ཡིན་གྱི་དམག་ཚོགས་སུམ་ཅུ་རྩ་གསུམ་དུ་བྱུང་བ་ན་ལྷ་རྣམས་ལས་རྒྱུ་འབྲས་ལ་འཛེམ་ནས་ཁྲོ་བ་ཞན་པ་ན། ལྷ་རྣམས་ཁྲོ་ཞིང་འཁྲུག་པ་ལས་རྒྱལ་བའི་ཕྱིར་དྲང་སྲོང་ཕུར་བུ་ལྷའི་བླ་མར་གྲགས་པ་དེས་སྐྱེ་བ་སྔ་ཕྱི་ལས་རྒྱུ་འབྲས། ཐར་པ་དང་གྲོལ་བ་སོགས་མེད་པར་སྟོན་པའི་བསྟན་བཅོས་ལྟ་བའི་སྙིང་པོ་ཞེས་བྱ་བ་བྱས། དེ་ནས་རིམ་གྱིས་འཕེལ་ཏེ་མི་ཡུལ་དུ་བབས་པ་ལས་དྲང་སྲོང་འཇིག་རྟེན་མིག་གིས་དེ་ནས་བཏུས་ཏེ་བརྩམས་པས་རྩ་བ་དང་། དྲང་སྲོང་འཛུག་སྟོབས་ཀྱིས་དེའི་འགྲེལ་པ་བྱས་ནས་འཕེལ་བར་བཤད་དེ། དེ་ཉིད་ལས། བཟང་མོ་མ་ཤིའི་བར་དུ་དགའ་མགུར་སྤྱོད། །ཤི་ནས་དེ་ཡི་སྤྱོད་ཡུལ་མིན། །ལུས་ཀྱང་ཐལ་བ་བཞིན་སོང་ནས། །སླར་སྐྱེ་བ་དག་ག་ལ་སྲིད། །ཅེས་ཚེ་སྔ་ཕྱི་མེད་པ་དང་། ཇི་ཙམ་དབང་པོའི་སྤྱོད་ཡུལ་བ། །སྐྱེས་བུའང་དེ་ཙམ་ཁོ་ནར་ཟད། །བཟང་མོ་མང་ཐོས་གང་སྨྲ་བ། །དེ་དག་སྤྱང་ཀིའི་རྗེས་དང་མཚུངས། །ཞེས་མིག་གི་མཐོང་བ་ལས་གཞན་པའི་སེམས་ཅན་མེད་ཅིང་། རང་གི་བུ་མོ་ལ་བགྲོད་པར་འདོད་ནས་གཞུང་ལུགས་ཐམས་ཅད་(ལ)སྐྲུར་པ་འདེབས་པ། བློ་ནི་ལུས་ཀྱི་བདག་ཉིད་དང་། །ལུས་འབྲས་ལུས་ཀྱི་ཡོན་ཏན་དང་། །འདི་ལྟར་ལུགས་གསུམ་ལ་བརྟེན་པ། །གོམས་པ་སྲིད་པ་ཡོད་མ་ཡིན། །ཞེས་

ལུས་སེམས་རྫས་གཅིག་ཅིང་སྐྱེ་བ་སྔ་ཕྱི་མེད་པས་ཡུན་རིང་པོར་གོམས་པའི་སངས་རྒྱས་མེད་པ་དང་། སྒྲོ་བཏགས་འཛིན་ཕྱིར་ཚད་མ་མིན། །ཞེས་རྗེས་དཔག་ཚད་མ་མ་ཡིན་པ་དང་། པདྨོའི་གེ་སར་སུ་ཡིས་བྱས། །རྨ་བྱའི་རི་མོ་སུ་ཡིས་བྲིས། །ཚེར་མ་རྣོ་བ་སུ་ཡིས་བཏར། །ཐམས་ཅད་རྒྱུ་མེད་ངོ་བོས་བྱུང་། །ཞེས་དང་། ཉི་ཤར་ཆུ་བོ་ཐུར་དུ་འབབ་པ་དང་། །སྲན་ཟླུམ་ཚེར་མ་གཟངས་རིང་རྣོ་བ་དང་། །རྨ་བྱའི་མདོངས་བཀྲ་ཤིན་ཏུ་མཛེས་པ་དང་། །རྒྱལ་པོའི་བུ་མོ་བལྟ་ན་སྡུག་པ་རྣམས། །སུས་ཀྱང་མ་བྱས་ངོ་བོ་ཉིད་ལས་བྱུང་། །ཞེས་ངོ་བོ་ཉིད་རྒྱུར་སྨྲ་བས་སྤྱང་ལ་ཤ་མོ་ལྟར་སྐྱེ་བ་འཕྲུལ་བྱུང་དུ་འདོད་ཅིང་། བདག་དང་བདེ་སྡུག་མ་ཤི་བར་དུ་ཡོད་ལ་ཤི་ནས་རྒྱུན་ཆད་པར་འདོད་དོ། །དེ་ཉིད་ལ་ཆད་ལྟ་བ་ཞེས་བྱ་སྟེ། ལས་རྒྱུ་འབྲས་མི་བདེན་ཞིང་སྐྱེ་བ་སྔ་ཕྱི་མེད་པར་འདོད་པའི་ཕྱིར་རོ། །

དེ་ལྟར་ན་ཕྱི་རོལ་མུ་སྟེགས་བྱེད་ལ་ལྟ་བ་ལོག་པ་བསམ་གྱིས་མི་ཁྱབ་ཀྱང་རིགས་བསྡུ་ན་རྟག་པར་ལྟ་བ། ཆད་པར་ལྟ་བ། གཉིས་ཀར་ལྟ་བའི་མུ་གསུམ་ལ་བརྒྱ་ཉི་ཤུ་ཉི་ཤུ་སྟེ་སུམ་བརྒྱ་དྲུག་ཅུ་དང་། དེ་ཡང་བསྡུ་ན་དྲུག་ཅུ་རྩ་གཉིས་སུ་འདུས་ཏེ། མདོ་སྡུད་པ་ལས། འཇིག་ཚོགས་ལྟ་བར་ལྟ་བ་དྲུག་ཅུ་གཉིས་འདུས་ལྟར། །ཞེས་གསུངས་པའི་ཕྱིར། རྒྱས་པར་ནི་མདོ་སྡེ་ཚངས་པའི་དྲ་བ་དང་། ཡེ་ཤེས་རྒྱས་པའི་མདོར་འབྱུང་ངོ་། །འོན་ཕྱི་ནང་གི་ཁྱད་པར་ཇི་ལྟ་བུ་ཞེ་ན། ཁ་ཅིག་ལྟ་དཀོན་མཆོག་གསུམ་ལ་སྐྱབས་སུ་འགྲོ་མི་འགྲོའི་སྒོ་ནས་བྱེད་པ་ཡོད་ཀྱང་། དེ་བཞིན་གཤེགས་པ་གང་ལ་ཡང་སྐྱབས་སུ་མི་འགྲོ་བས་ནང་པ་སངས་རྒྱས་པ་མ་ཡིན་པར་ཐལ་བ་དང་། སྟོན་པ་གཤེན་རབ་འཁོར་དང་བཅས་པ་ཆོས་ལ་སྐྱབས་སུ་མི་འགྲོ་བས་མུ་སྟེགས་བྱེད་དུ་ཐལ་བའི་སྐྱོན་གནས་པས་ཅུང་ཟད་མི་འཐད། ཡང་ཁ་ཅིག་ལྟ་བ་བཀར་བཏགས་ཀྱི་ཕྱག་རྒྱ་བཞི་དང་། སྒོམ་པ་སྲིད་རྩེའི་གཉེན་པོ་ཡོད་མེད་ཀྱི་སྒོ་ནས་འབྱེད་པ་ཡོད་ཀྱང་། དབུ་མ་འཇུག་པ་ལས། ཁ་ཅིག་དེ་ཉིད་གཞན་ཉིད་རྟག་མི་རྟག་ལ་སོགས་བརྗོད་མེད་གང་ཟག་རྫས་ཡོད་འདོད། །རྣམ་ཤེས་དྲུག་གི་ཤེས་བྱར་དེར་འདོད་ཅིང་། །དེ་ནི་ངར་འཛིན་རྟེན་དུའང་འདོད་པ་ཡིན། །ཞེས་གསུངས་པ་ལྟར་རང་སྡེ་གནས་མ་བུའི་སྡེ་པས་ཆོས་ཐམས་ཅད་བདག་མེད་དུ་ཁས་མི་ལེན་པར་བརྗོད་དུ་མེད་པའི་གང་ཟག་གི་བདག་ཡོད་

པར་འདོད་པས་ནང་པ་སངས་རྒྱས་པ་མ་ཡིན་པར་ཐལ་བས་ན་མི་འཐད། འོ་ན་ཇི་ལྟར་ཞེ་ན། བདག་མེད་རྟོགས་པའི་ལམ་ལ་བརྟེན་ནས་ཐར་པ་ཐོབ་པར་འདོད་པ་དང་མི་འདོད་པའི་མཁས་པའི་རྗེས་འབྲང་གི་གྲུབ་མཐའ་སྨྲ་བའི་ཚ་ནས་ནང་པ་སངས་རྒྱས་པ་དང་ཕྱི་པ་མུ་སྟེགས་པ་ཞེས་བྱའོ། །

འོ་ན་གནས་མ་བུའི་སྡེ་པ་སངས་རྒྱས་པ་མ་ཡིན་པར་འགྱུར་རོ་ཞེ་ན་སྐྱོན་མེད། དེས་བརྗོད་དུ་མེད་པའི་བདག་ཡོད་པར་ཁས་ལེན་ཡང་སྤྱིར་བདག་མེད་རྟོགས་པའི་ཤེས་རབ་མེད་པར་མི་འདོད་པའི་ཕྱིར་རོ། །ནང་པ་སངས་རྒྱས་པ་ལ་མདོ་ལུགས་དང་སྔགས་ལུགས་གཉིས་ལས། མདོ་ལུགས་པ་ལ་དབྱེ་ན་བྱེ་བྲག་ཏུ་སྨྲ་བ་དང་། མདོ་སྡེ་པ་དང་། སེམས་ཙམ་པ་དང་། དབུ་མ་པ་དང་བཞིར་ཡོད་དེ། དེ་ལ་བྱེ་བྲག་སྨྲ་བ་བསྟན། །མདོ་སྡེ་པ་ཡང་དེ་བཞིན་ནོ། །དེ་ནས་རྣལ་འབྱོར་སྤྱོད་པ་ཉིད། །དེ་ཡི་རྗེས་སུ་དབུ་མ་བསྟན། །ཞེས་གསུངས་པའི་ཕྱིར། དེ་ཡང་ཤེས་བྱའི་བྱེ་བྲག་འདུས་མ་བྱས་རྟག་པའི་གཞི། སྣང་བ་གཟུགས་ཀྱི་གཞི། གཙོ་བོ་སེམས་ཀྱི་གཞི། འཁོར་སེམས་བྱུང་གི་གཞི། ལྡན་པ་མིན་པ་འདུ་བྱེད་ཀྱི་གཞི་སྟེ་གཞི་ལྔར་ཕྱེ་ནས་དེ་ཐམས་ཅད་བདེན་གྲུབ་ཏུ་སྨྲ་བས་ན་བྱེ་བྲག་ཏུ་སྨྲ་པ་ཞེས་བྱའོ། །དེ་ལ་དབྱེ་ན་གཞི་ཐམས་ཅད་ཡོད་པར་སྨྲ་པའི་སྡེ་པ། དགེ་འདུན་ཕལ་ཆེན་པའི་སྡེ་པ། གནས་བརྟན་པའི་སྡེ་པ། མང་པོས་བཀུར་བའི་སྡེ་པ་དང་བཞི། དང་པོ་ལ་གཞི་ཀུན་པའི་སྡེ་པ། འོད་སྲུང་པའི་སྡེ་པ། ས་སྲུང་བའི་སྡེ་པ། ཆོས་སྲུང་བའི་སྡེ་པ། མང་དུ་ཐོས་པའི་སྡེ་པ། གོས་དམར་བའི་སྡེ་པ། རྣམ་པར་ཕྱེ་སྟེ་སྨྲ་བའི་སྡེ་པ་དང་བདུན། གཉིས་པ་ལ་ཤར་གྱི་རི་ལ་གནས་པའི་སྡེ་པ། ནུབ་ཀྱི་རི་ལ་གནས་པའི་སྡེ་པ། གངས་ཀྱི་རི་ལ་གནས་པའི་སྡེ་པ། འཇིག་རྟེན་ལས་འདས་པར་སྨྲ་བའི་སྡེ་པ། རྟག་པར་སྨྲ་བའི་སྡེ་པ་དང་ལྔ། གསུམ་པ་ལ་རྒྱལ་བྱེད་ཀྱི་ཚལ་ན་གནས་པའི་སྡེ་པ། འཇིགས་མེད་ཀྱི་རི་ལ་གནས་པའི་སྡེ་པ། གཙུག་ལག་ཁང་ཆེན་པོ་ན་གནས་པའི་སྡེ་པ་དང་གསུམ། བཞི་པ་ལ་ས་གྲོགས་ཀྱི་རི་ལ་གནས་པའི་སྡེ་པ། སློབ་དཔོན་བསྲུང་བའི་རྗེས་སུ་འབྲང་བའི་སྡེ་པ། གནས་མ་བུའི་སྡེ་པ་དང་གསུམ་སྟེ་སྡེ་པ་བཅོ་བརྒྱད་དུ་ཡོད་དེ། སློབ་དཔོན་དུལ་བ་ལྷས། སྡེ་པ་ཐམས་ཅད་བསྡུས་པ་ལས། འོད་སྲུང་ས་སྟོན་ཆོས་སྲུང་སྡེ། །མང་ཐོས་གོས་དམར་སློབ་མ་

དང་། །རྣམ་པར་ཕྱེ་དང་གཞི་ཀུན་པ། །ཐམས་ཅད་ཡོད་པར་སྨྲ་བ་བདུན། །ཤར་དང་ནུབ་དང་གངས་རིར་གནས། །འདུས་བྱས་རྟག་པར་སྨྲ་བ་དང་། །འཇིག་རྟེན་འདས་སྨྲ་ཕལ་ཆེན་ལྔ། །རྒྱལ་བྱེད་ཚལ་གནས་འཇིགས་མེད་གནས། །གཙུག་ལག་ཁང་ཆེན་གནས་བརྟན་གསུམ། །ས་གྲོགས་རི་དང་བསྲུང་བ་པ། །གནས་མ་བུ་ཡི་སྡེ་རྣམས་ནི། །ཀུན་གྱི་བཀུར་བ་རྣམ་པ་གསུམ། །དེ་ལྟར་རྣམ་པ་བཅོ་བརྒྱད་དུ། །འགྱུར་དེ་འགྲོ་བའི་བླ་མ་དེའི། །སྔོན་གྱི་འཕྲིན་ལས་དབང་གིས་ཡིན། ། ཞེས་གསུངས་པའི་ཕྱིར། །དང་པོས་སཾ་སྐྲི་ཏའི་སྐད་ཀྱིས་སོ་ཐར་གྱི་མདོ་འདོན། གཉིས་པས་རང་བཞིན་གྱི་སྐད་ཀྱིས། གསུམ་པས་ཟུར་ཆག་གི་སྐད་ཀྱིས། བཞི་པས་ཤ་ཟའི་སྐད་ཀྱིས་སོ་ཐར་གྱི་མདོ་འདོན་པ་ཡིན་ཏེ། སྡོམ་གསུམ་རབ་དབྱེ་ལས། ཉན་ཐོས་རྩ་བའི་སྡེ་བཞི་ལ། །འདུལ་བ་མི་འདྲ་རྣམ་བཞི་ཡོད། །སྐད་ཀྱང་ལེགས་སྦྱར་རང་བཞིན་དང་། །ཟུར་ཆག་པ་དང་ཤ་ཟའི་སྐད། །རྣམ་པ་བཞི་རུ་གནས་པ་ཡིན། །དེ་ལས་གྱེས་པ་བཅོ་བརྒྱད་ལ། །འདུལ་བའི་དབྱེ་བའང་བཅོ་བརྒྱད་ཡོད། ། ཅེས་གསུངས་པའི་ཕྱིར། ཡང་དེ་ལ་གནས་པའི་སློབ་དཔོན་ནས་དབྱེ་ན་ཁ་ཆེ་བྱེ་བྲག་ཏུ་སྨྲ་བ་དང་། ཉི་འོག་བྱེ་བྲག་ཏུ་སྨྲ་བ་གཉིས་སུ་ཡོད། གྲུབ་པའི་མཐའ་ནི་རྫས་ལ་རྟག་པའི་རྫས་དང་། མི་རྟག་པའི་རྫས་གཉིས་ལས། དང་པོ་ནི། ནམ་མཁའ་དང་། སོ་སོར་བརྟགས་འགོག་དང་། སོ་སོར་བརྟགས་མིན་གྱི་འགོག་པ་གསུམ་ཡིན། འདུས་བྱས་ཐམས་ཅད་ལ། དོན་གཞན་གྱི་བདག་དང་ངོ་བོར་གྲུབ་པས་བདག་མེད་པས་ན་བདག་གིས་སྟོང་པ་དང་། ལྷ་དང་དབང་ཕྱུག་སོགས་འཇིག་རྟེན་གྱི་བྱེད་པ་པོ་གཞན་མེད་ཀྱང་སྔོན་གྱི་འཇིག་རྟེན་རྟུལ་ཕྲན་ལས་བྱུང་བ་དང་། སྐད་ཅིག་གི་མི་རྟག་པ་དང་། དབང་ཤེས་ལ་རང་དུས་སུ་ཕྱི་རོལ་རྒྱང་ཆད་དུ་སྣང་བ་ཕྱི་དོན་དངོས་སུ་འདོད་པ་ཡིན་ཏེ། ཡེ་ཤེས་སྙིང་པོ་ཀུན་ལས་བཏུས་ལས། ནམ་མཁའ་དང་ནི་འགོག་པ་གཉིས། །འདུས་མ་བྱས་གསུམ་པོ་ནི་རྟག ། འདུས་བྱས་བདག་གི་ཀུན་སྟོང་ལ། །བྱེད་པ་པོ་མེད་སྐད་ཅིག་མ། །མིག་ལས་སྐྱེས་བློ་རྣམ་མེད་ཅིང་། །མངོན་སུམ་རིག་པ་རྟུལ་གྱི་ཚོགས། །བློ་ལྡན་ཞེས་བྱ་ཁ་ཆེ་ཡིས། །བྱེ་བྲག་སྨྲ་བའི་གཞུང་དུ་བཤད། ། ཅེས་གསུངས་པའི་ཕྱིར། བསྟན་བཅོས་བྱེ་བྲག་ཏུ་བཤད་པ་ལ་ཚད་མར་མི་བྱེད་པར་

མདོ་སྡེ་ཉིད་ལ་ཚད་མར་བྱེད་པས་ན་མདོ་སྡེ་པ་ཞེས་བྱའོ། །

དེ་ལ་དབྱེ་ན་ལུང་གི་རྗེས་འབྲང་གི་མདོ་སྡེ་པ་དང་། རིགས་པའི་རྗེས་འབྲང་གི་མདོ་སྡེ་པ་གཉིས། དང་པོ་ནི། གྲུབ་པའི་མཐའ་ཕལ་ཆེར་བྱེ་བྲག་ཏུ་སྨྲ་བ་དང་འདྲ་ཞིང་དེ་ལ་མངོན་པར་སྨྲ་བའི་མདོ་སྡེ་པ་དང་། ཐེག་ཆེན་བཀར་སྒྲུབ་ཀྱི་ཡུལ་དུ་གྱུར་པའི་མདོ་སྡེ་པ་ཞེས་ཀྱང་བྱ་སྟེ། བྱེ་བྲག་ཏུ་སྨྲ་བ་དང་འདི་གཉིས་ཀྱིས་འབུམ་སོགས་ཐེག་ཆེན་གྱི་མདོ་རྣམས་བཀར་མི་འདོད་པའི་ཕྱིར་རོ། །དེའི་མཚན་གཞི་ནི་མཛོད་རང་འགྲེལ་ལས་བཤད་པའི་མདོ་སྡེ་པ་དེ་ཡིན། གཉིས་པ་ལ་ཚད་མ་སྨྲ་བའི་མདོ་སྡེ་པ་དང་། ཐེག་ཆེན་བཀར་སྒྲུབ་མི་དགོས་པའི་མདོ་སྡེ་པ་ཞེས་བྱ་སྟེ། འདིས་འབུམ་པ་ལ་སོགས་པའི་ཐེག་ཆེན་གྱི་མདོ་རྣམས་བཀར་འདོད་པའི་ཕྱིར་རོ། །དེའི་གྲུབ་པའི་མཐའ་ནི། ཤེས་བྱ་གཞི་ལྔའི་ནང་ནས་འདུས་མ་བྱས་རྟག་པའི་གཞི་དང་། ལྡན་པ་མ་ཡིན་པའི་འདུ་བྱེད་ཀྱི་གཞི་གཉིས་རྫས་སུ་མ་གྲུབ། གཞི་གཞན་གསུམ་རྫས་སུ་གྲུབ་ཅེས་ཁས་ལེན་ལ། དེ་ཡང་ནམ་མཁའ་ནི་རང་གི་ངོ་བོའི་སྒོ་ནས་མ་གྲུབ་པ་མོ་གཤམ་གྱི་བུ་དང་འདྲ་ཞིང་། འགོག་པ་གཉིས་ཀྱང་ནམ་མཁའ་དང་འདྲ་ལ། ལྡན་མིན་འདུ་བྱེད་ནི་བྱེ་བྲག་ཏུ་སྨྲ་བས་བེམ་པོར་འདོད་ཀྱང་འདིར་ནི་བེམ་པོ་མ་ཡིན་པར་མེད་ངེས་སུ་འདོད། བྱེ་བྲག་ཏུ་སྨྲ་བས་དུས་གསུམ་རྫས་ཡོད་དུ་འདོད་ཀྱང་འདིར་ནི་འདས་མ་འོངས་རྫས་སུ་མ་གྲུབ་པས་ད་ལྟར་བ་ཁོ་ན་རྫས་གྲུབ་ཏུ་འདོད། དབང་ཤེས་ལ་རང་དུས་སུ་ཕྱི་རོལ་རྒྱང་ཆད་ལྟར་སྣང་བ་ནི་དབང་ཤེས་དེའི་གཟུང་རྣམ་ཡིན་པས་ཤེས་པའི་རྫས་ཡིན་གྱི་བེམ་པོ་མ་ཡིན་ཏེ། ཕྱི་རོལ་གྱི་གཟུགས་ཡིན་ན། རྡུལ་ཕྲན་བསགས་པ་ལས་བྱུང་དགོས་པའི་ཕྱིར། ཞེས་འདོད་དེ། དེ་གཉིས་ལས། མཐོང་བ་དབང་པོའི་ཡུལ་མིན་ཏེ། །ཤེས་པ་རྣམ་པ་བཅས་པ་སྟེ། །ནམ་མཁའ་མོ་གཤམ་བུ་འདྲ་ལ། །འགོག་པ་ནམ་མཁའ་དང་འདྲའོ། །འདུ་བྱེད་བེམ་པོར་ཡོད་མ་ཡིན། །དུས་གསུམ་དག་ཀྱང་ཁས་མི་ལེན། །བསགས་པའི་གཟུགས་བྱེད་མིན་ཤེས་པ། །མདོ་སྡེ་པ་ཡི་མཁས་རྣམས་སོ། །ཞེས་གསུངས་པའི་ཕྱིར། གཞན་ཡང་དེས་ཉོན་སྒྲིབ་དང་གང་ཟག་གི་བདག་མེད་ཁས་ལེན་ཀྱང་། ཤེས་སྒྲིབ་དང་ཆོས་ཀྱི་བདག་མེད་ཁས་མི་ལེན་ཏེ། སྒྲིབ་གཉིས་མེད་ཅིང་བདག་མེད་

གཉིས་མི་འདོད། །ཅེས་གསུངས་པའི་ཕྱིར། ཕྱི་རོལ་གྱི་སྣང་བ་ཐམས་ཅད་སེམས་ཙམ་དུ་འདོད་པའི་དངོས་སྨྲ་བ་ཡིན་པས་སེམས་ཙམ་པ་འམ་རྣལ་འབྱོར་སྤྱོད་པ་བ་ཞེས་བྱ་སྟེ། མདོ་སྡེ་ས་བཅུ་པ་ལས། ཀྱེ་རྒྱལ་བའི་སྲས་དག་ཁམས་གསུམ་པོ་འདི་དག་ནི་སེམས་ཙམ་མོ་ཞེས་དང་། ལང་ཀར་གཤེགས་པ་ལས། ཕྱི་རོལ་སྣང་བ་ཡོངས་མེད་དེ། །སེམས་ནི་སྣ་ཚོགས་རྣམས་སུ་སྣང་། །ལུས་དང་ལོངས་སྤྱོད་གནས་འདྲ་བ། །སེམས་ཙམ་དུ་ནི་ངས་བསྟན་ཏོ། །ཞེས་གསུངས་པའི་ཕྱིར། སེམས་ཙམ་པ་ལ་དབྱེ་ན། སེམས་ཙམ་རྣམ་བདེན་པ་དང་། རྣམ་བརྫུན་པ་གཉིས། དེ་གཉིས་ཀྱི་ཁྱད་པར་ནི། གཟུང་རྣམ་བདེན་གྲུབ་ཏུ་འདོད་པའི་སེམས་ཙམ་པ་དང་། གཟུང་རྣམ་བརྫུན་པ་སྒྲོ་བཏགས་སུ་འདོད་པའི་སེམས་ཙམ་པ་ལ་འཇོག་པ་ཡིན། རྣམ་བདེན་པ་ལ་དབྱེ་ན། སྒོ་ང་ཕྱེད་ཚལ་བ་དང་། སྣ་ཚོགས་གཉིས་མེད་པ་དང་། གཟུང་འཛིན་གྲངས་མཉམ་པ་དང་གསུམ། དང་པོས་ཕྱི་རོལ་ཡུལ་ལ་ལྟོས་པའི་གཟུང་རྣམས་བདེན་པར་མ་གྲུབ། ནང་ཤེས་པ་ལ་ལྟོས་པའི་གཟུང་རྣམས་བདེན་པར་གྲུབ་ཅེས་ཁས་ལེན་པས་ན་དེ་སྐད་ཅེས་བྱ་སྟེ། རྣམ་འགྲེལ་ལས། ཡོངས་གཅོད་ནང་ཡིན་ཕྱི་རོལ་ལྟར། །གནས་པ་འདི་ནི་ཆ་གཞན་ཡིན། །ཞེས་གསུངས་པའི་ཕྱིར། གཉིས་པས་དབང་ཤེས་ལ་རང་དུས་སུ་སྣང་བ་སྣ་ཚོགས་ཀྱི་ངོ་བོར་མ་གྲུབ། ཤེས་པ་སྐད་ཅིག་གི་ངོ་བོར་བདེན་པར་འདོད་པས་དེ་སྐད་ཅེས་བྱ་ལ། གསུམ་པས་གཟུང་བྱའི་ཡུལ་དང་འཛིན་བྱེད་ཀྱི་ཤེས་པ་གྲངས་མཉམ་དུ་འདོད་པས་དེ་སྐད་ཅེས་བྱའོ། །

རྣམ་བརྫུན་པ་ལ་དབྱེ་ན་དྲི་བཅས་རྣམ་བརྫུན་པ་དང་། དྲི་མེད་རྣམ་བརྫུན་པ་གཉིས། དེ་གཉིས་ཀྱི་ཁྱད་པར་ནི། སངས་རྒྱས་ཀྱི་ཡེ་ཤེས་ལ་གཉིས་སྣང་གི་དྲི་མ་ཡོད་པར་འདོད་པ་དང་མེད་པར་འདོད་པའི་རྣམ་རྫུན་པ་ཡིན་པའི་ཁྱད་པར་གྱིས་ཡིན། དེའི་གྲུབ་པའི་མཐའ་ནི། ཤེས་བྱ་གཞི་ལྔའི་ནང་ནས་འདུས་མ་བྱས་རྟག་པའི་གཞི། ལྡན་པ་མ་ཡིན་པའི་འདུ་བྱེད་ཀྱི་གཞི། སྣང་བ་གཟུགས་ཀྱི་གཞི་གསུམ་བདེན་པར་མ་གྲུབ། གཞན་གསུམ་བདེན་པར་གྲུབ་ཅེས་འདོད་དེ། རིགས་གཏེར་ལས། ཤེས་བྱ་ནང་གིར་ཞུགས་པ་ན། །ཡུལ་དང་ཡུལ་ཅན་གྲུབ་པ་མེད། །ཅེས་དང་། མཁས་

འཇུག་ལས། འདི་ལ་སེམས་ཅམ་ཕྱི་རོལ་དོན། །ཁས་ལེན་ཡིན་ཞེས་བོད་རྣམས་སྨྲ། །རྟག་དངོས་བཞིན་དུ་འདི་མི་སྲིད། ། ཅེས་གསུངས་པའི་ཕྱིར། དེའི་དོན་ཡང་མདོ་སྡེ་པའི་ལུགས་ལ་རྟག་པའི་དངོས་པོ་མི་སྲིད་པ་བཞིན་དུ་སེམས་ཅམ་པས་ཕྱི་དོན་ཁས་མི་ལེན་ཞེས་པ་ཡིན་གྱིས། རྟག་དངོས་ཁས་མི་ལེན་པ་ནི་མ་ཡིན་ཏེ། གཟུང་འཛིན་གཉིས་སྟོང་གི་དེ་བཞིན་ཉིད་རྟག་དངོས་དང་། ཀུན་མཁྱེན་ཡེ་ཤེས་རྟག་ཤེས་སུ་འདོད་པའི་ཕྱིར་ཏེ། མགོན་པོ་ཀླུ་སྒྲུབ་ཀྱིས། ཡང་དག་རྫས་དངོས་བརྟག་པ་ལགས། །ཞེས་གསུངས་པའི་ཕྱིར། རང་གི་གོང་ན་མཚན་ཉིད་ཐེག་པའི་གྲུབ་མཐའ་སྨྲ་བ་གཞན་མེད་པའམ། ཡང་ན་མཚན་ཉིད་ཐེག་པའི་གྲུབ་མཐའ་སྨྲ་བ་ཐམས་ཅད་ཀྱི་གོང་ན་གནས་པས་ན་དབུ་མ་པ་ཞེས་བྱ་ལ། དེ་ལ་དབྱེ་ན་གཞུང་ཕྱི་མོའི་དབུ་མ་པ་དང་། གྲུབ་མཐའ་ཕྱོགས་འཛིན་གྱི་དབུ་མ་པ་གཉིས། དང་པོ་ནི། ཀླུ་སྒྲུབ་དང་། ཨཱཪྻ་དེ་བ་དང་ཞི་བ་ལྷ་སོགས་ཡིན། གཉིས་པ་ལ་བྱེ་བྲག་ཏུ་སྨྲ་བ་དང་རྩུལ་མཚུངས་པའི་དབུ་མ་པ། མདོ་སྡེ་སྤྱོད་པའི་དབུ་མ་པ། རྣལ་འབྱོར་སྤྱོད་པའི་དབུ་མ་པ། སྒྱུ་མ་ལྷ་བུའི་དབུ་མ་པ་ལ་སོགས་མང་དུ་ཡོད། ཀླུ་སྒྲུབ་ཀྱི་རྗེས་འབྲང་ལ་དབུ་མ་ཐལ་རང་གཉིས་སུ་གྱེས་པ་ལས། འདི་གཉིས་ཀྱི་ཁྱད་པར་ནི་རྒྱས་པར་ན་ཤིན་ཏུ་མང་ཡང་། མདོར་བསྡུ་ན་རྩ་བ་ཤེས་རབ་ལས། བདག་ལས་མ་ཡིན་གཞན་ལས་མིན། །གཉིས་ལས་མ་ཡིན་རྒྱུ་མེད་མིན། །དངོས་པོ་གང་དང་གང་ན་ཡང་། །སྐྱེ་བ་ནམ་ཡང་ཡོད་མ་ཡིན། །ཞེས་གསུངས་པ་ལྟར་གྱི་མཐའ་བཞི་སྐྱེ་འགོག་གི་དམ་བཅའ་བཞི་ཐལ་འགྱུར་གྱི་དམ་བཅར་འདོད་ཅིང་། དེ་སྒྲུབ་བྱེད་ཀྱི་གཏན་ཚིགས་རྣམས་ཐལ་འགྱུར་གྱི་གཏན་ཚིགས་སུ་འདོད་པ་ལ་དབུ་མ་ཐལ་འགྱུར་བ་དང་། དམ་བཅའ་བཞི་པོ་རང་རྒྱུད་པའི་དམ་བཅར་འདོད་ཅིང་། དེ་སྒྲུབ་བྱེད་ཀྱི་གཏན་ཚིགས་རྣམས་རང་རྒྱུད་ཀྱི་གཏན་ཚིགས་སུ་འདོད་པ་ལ་དབུ་མ་རང་རྒྱུད་པར་འཇོག་པ་ཡིན། འོན་འགྲེལ་བ་ཚིག་གསལ་ལས། དབུ་མ་པ་ཡིན་ན་རང་རྒྱུད་ཀྱི་རྗེས་སུ་དཔག་པ་རིགས་པ་མ་ཡིན་ནོ། །ཕྱོགས་གཞན་ཁས་བླང་པ་མེད་པའི་ཕྱིར་རོ། ། ཞེས་དང་། རྩོད་བཟློག་ལས། གལ་ཏེ་ངས་དམ་བཅས་འགའ་ཡོད། །དེ་ན་ང་ལ་སྐྱོན་འདི་ཡོད། །ང་ལ་དམ་བཅའ་མེད་པས་ན། །ང་ནི་སྐྱོན་མེད་ཁོ་ན་ཡིན། །

ཞེས་དབུ་མ་ཐལ་འགྱུར་བས་དམ་བཅའ་ཁས་མི་ལེན་པར་བཤད་པ་དང་འགལ་ལོ་ཞེ་ན་སྐྱོན་མེད་དེ། དེ་དག་གི་དོན་ནི་དབུ་མ་ཐལ་འགྱུར་བས་དོན་དམ་སྒྲུབ་བྱེད་ཀྱི་རང་རྒྱུད་ཀྱི་དམ་བཅའ་ཁས་མི་ལེན་ཞེས་པའི་དོན་ཡིན་པའི་ཕྱིར་རོ། །སྤྱིར་ནི་དབུ་མ་ཐལ་འགྱུར་བས་ཐལ་འགྱུར་གྱི་དམ་བཅའ་དང་གཏན་ཚིགས་ཁས་ལེན་པར་མ་ཟད། རང་རྒྱུད་ཀྱི་དམ་བཅའ་དང་གཏན་ཚིགས་ཀྱང་ཁས་ལེན་ཏེ། མགོན་པོ་བྱམས་པས། འདི་ནི་དེ་དངོས་འདོད་པས་ཁས་ལེན་དེ་ཡང་སྙིང་རྗེ་ལས་རིག་བྱ། །ཞེས་པ་ཚད་མར་འདོད་པའི་ཕྱིར། ཕྱིས་གྲགས་པ་དབུ་མ་རང་སྟོང་གཞན་སྟོང་གཉིས་ལས། དང་པོ་ནི། ཆོས་ཐམས་ཅད་རང་རང་གི་ངོ་བོས་སྟོང་པར་འདོད་པས་དེ་སྐད་ཅེས་བྱ་ལ། དེའི་མཚན་གཞི་ནི་དབུ་མ་པ་ཚད་ལྡན་ཐམས་ཅད་ཡིན། གཉིས་པ་ནི་དོན་དམ་བདེན་པ་རང་གི་ངོ་བོའི་སྒོ་ནས་མི་སྟོང་ཞིང་། ཀུན་རྫོབ་ཆོས་གཞན་ལ་ལྟོས་ནས་སྟོང་པར་འདོད་པས་ན་དེ་སྐད་ཅེས་བྱ་ལ། གཞན་སྟོང་གི་སྒྲུབ་བྱེད་དུ་རྒྱུད་བླ་ལས། རྣམ་དབྱེར་བཅས་པའི་མཚན་ཉིད་ཅན། །གློ་བུར་དག་གི་ཁམས་སྟོང་ལ། །རྣམ་དབྱེར་མེད་པའི་མཚན་ཉིད་ཅན། །བླ་མེད་ཆོས་ཀྱིས་སྟོང་མ་ཡིན། །ཞེས་པ་འདྲེན་ཡང་གཏན་མ་འབྲེལ་ཞིང་། གཞན་སྟོང་གི་འདོད་ཚུལ་ལ། ཀླུ་སྒྲུབ་ཀྱི་རིགས་པ་དྲུག་ཅུ་པ་ལས། སྐྱེ་དང་གནས་དང་འཇིག་པ་དང་། །མ་གྲུབ་ཕྱིར་ན་འདུས་བྱས་མིན། །འདུས་བྱས་རབ་ཏུ་མ་གྲུབ་པས། །འདུས་མ་བྱས་ནི་ཇི་ལྟར་འགྲུབ། །ཅེས་པས་ཤིན་ཏུ་གནོད་པས་དབུ་མ་པར་མི་འཐད། རྣམ་བརྫུན་པ་ལ་དབུ་མ་པར་མིང་བཏགས་པ་ཙམ་ཡིན་ཏེ། དྲི་ལན་དོན་བསྡུ་ལས། རྣལ་འབྱོར་སྤྱོད་གཞུང་གྲུབ་མཐའི་རྩེར་འདོད་ན། །དེ་རྗེས་དེ་བས་དབེན་པའི་དབུ་མ་ཡིས། །བཀྲིས་ཕྱིར་སྟོན་པས་གདུལ་བྱ་བསླུ་བའམ། །ཡང་ན་གོ་རིམ་ཙམ་ལ་རྨོངས་པར་འགྱུར། ། ཞེས་གསུངས་པའི་ཕྱིར། སྲོལ་དེ་འཕགས་ཡུལ་དུ་སློབ་དཔོན་ཤཱནྟི་པས་བཟུང་ལ། བོད་དུ་ནི་ཀུན་མཁྱེན་དོལ་པོ་སངས་རྒྱས་སམ་མཚན་དངོས་ཤེས་རབ་རྒྱལ་མཚན་དུ་གྲགས་པས་ཐོག་མར་སྲོལ་ཕྱེ་ལ། དུས་ཕྱིས་པཎྜི་ཏ་ཆེན་པོ་ཤཱཀྱ་མཆོག་ལྡན་གྱིས་སྲོལ་དེ་གཅེས་པར་བསྐྱངས་པ་ཡིན་ནོ། ། དབུ་མ་པའི་གྲུབ་མཐའ་ནི། ཤེས་བྱ་ཐམས་ཅད་ཀུན་རྫོབ་ཏུ་ཡོད་མཉམ་དང་། དོན་དམ་དུ་མེད་མཉམ་དུ་འདོད་པ་ཡིན་ཏེ།

འཇུག་པ་ལས། ཐ་སྙད་བདེན་པ་ཐབས་སུ་གྱུར་པ་དང་། །དོན་དམ་བདེན་པ་ཐབས་བྱུང་གྱུར་པ་སྟེ། །བདེན་གཉིས་རྣམ་དབྱེ་གང་གིས་མི་ཤེས་པ། །དེ་ནི་རྣམ་རྟོག་ལོག་པའི་ལམ་ངན་ཞུགས། །ཞེས་དང་། མདོ་སྡེ་གང་ལས་ཕྱི་རོལ་སྣང་ཡོད་མིན། །སེམས་ནི་སྣ་ཚོགས་སྣང་ངོ་ཞེས་གསུངས་པ། །གཟུགས་ལ་ཤིན་ཏུ་ཆགས་གང་དེ་དག་ལ། །གཟུགས་བཟློག་པ་སྟེ་དེ་ཡང་དྲང་དོན་ཡིན། །ཞེས་དང་། གཟུགས་མེད་ན་ནི་སེམས་ཡོད་མ་འཛིན་ཅིག །སེམས་ཡོད་ཉིད་ནའང་གཟུགས་མེད་མ་འཛིན་ཅིག །དེ་དག་ཤེས་རབ་ཚུལ་མདོར་སངས་རྒྱས་ཀྱིས། །མཚུངས་པར་སྤངས་ཤིང་མངོན་པའི་ཆོས་ལས་གསུངས། །ཞེས་གསུངས་པའི་ཕྱིར། འོན་ཀྱང་དབུ་མ་ཐལ་འགྱུར་བས་ཤེས་བྱ་ཡིན་ན། ཡོད་པས་མ་ཁྱབ་ཅིང་། ཀུན་རྫོབ་ཏུ་ཡོད་ན་ཡོད་པས་མ་ཁྱབ། ཐ་སྙད་དུ་ཡོད་ན་ཡོད་པས་ཁྱབ་ཅེས་ཁས་ལེན་ནོ། །ཡང་ཐེག་པ་ཆེ་ཆུང་གི་ཁྱད་པར་ནི། རང་ཉིད་གཅིག་པུ་ཞི་བདེ་འདོད་པའི་བློས་ཀུན་ནས་བསླང་སྟེ་ལམ་བསླབ་པ་གསུམ་ལ་བརྟེན་ནས་བྱང་ཆུབ་སྒྲུབ་པ་ལ་ཐེག་དམན་པ་དང་། སེམས་ཅན་ཐམས་ཅད་ཀྱི་དོན་དུ་སངས་རྒྱས་ཐོབ་འདོད་ཀྱི་བློས་ཀུན་ནས་བླངས་ཏེ་ལམ་ཕར་ཕྱིན་དྲུག་ལ་བརྟེན་ནས་རྫོགས་པའི་བྱང་ཆུབ་བསྒྲུབས་པ་ལ་ཐེག་ཆེན་པ་ཞེས་བྱའོ། །

ཐེག་དམན་པ་ལ་ཉན་ཐོས་དང་རང་སངས་རྒྱས་གཉིས། དང་པོ་ནི། ཡང་དག་པའི་གདམས་ངག་ཉན་པའི་འབྲས་བུ་གཞན་ལ་ཐོས་པར་བྱེད་པས་ན་ཉན་ཐོས་ཞེས་བྱ་སྟེ། མདོ་སྡེ་པདྨ་དཀར་པོ་ལས། མགོན་པོ་དེ་རིང་བདག་ཅག་ཉན་ཐོས་གྱུར། །བྱང་ཆུབ་དམ་པ་ཡང་དག་བསྒྲག་པར་གྱིས། །བྱང་ཆུབ་པ་ཡི་སྒྲ་ཡང་རབ་ཏུ་བརྗོད། །དེ་བས་བདག་ཅག་ཉན་ཐོས་མི་ཟད་འདྲ། །ཞེས་གསུངས་པའི་ཕྱིར། དེ་ལ་སྡེ་སྣོད་དང་གྲུབ་མཐས་ཕྱེ་བའི་ཉན་ཐོས་དང་། ལམ་དང་འབྲས་བུས་ཕྱེ་བའི་ཉན་ཐོས་གཉིས་ལས། དང་པོ་ནི། ཉན་ཐོས་སྡེ་གཉིས་ཞེས་གྲགས་པ་བྱེ་བྲག་ཏུ་སྨྲ་བ་དང་། མདོ་སྡེ་པ་གཉིས་ཡིན་ལ། དེ་ལ་ནི་ཐེག་ཆེན་པ་དང་ཐེག་དམན་པ་གཉིས་ཀ་ཡོད་ལ། གཉིས་པ་ནི། ཉན་ཐོས་མཚན་ཉིད་པ་ཡིན་ཞིང་། དེ་ལ་ཉན་ཐོས་སློབ་པ་བཞི་མི་སློབ་པ་དང་ལྔར་ཡོད་དོ། །བདག་ཉིད་གཅིག་པུའི་དོན་དུ་རང་གི་བྱང་ཆུབ་ཏུ་སངས་རྒྱས་པས་ན་རང་སངས་རྒྱས་ཞེས་བྱ་སྟེ། འཇུག་པ

རང་འགྲེལ་ལས། བདག་ཉིད་གཅིག་པུའི་དོན་དུ་སངས་རྒྱས་པས་ན། དེ་སྐད་ཅེས་བྱའོ། །ཞེས་གསུངས་པའི་ཕྱིར། དེ་ལ་སློབ་པ་ནི་མེད་ལ། མི་སློབ་པ་ལ་ཚོགས་ན་སྤྱོད་པ་དང་། བསེ་རུ་ལྟ་བུ་གཉིས་ཡོད་པར་བཤད། ཐེག་ཆེན་པ་ལ་སློབ་པ་བཞི་མི་སློབ་པ་དང་ལྔར་ཡོད་ཅིང་། སྡེ་སྣོད་དང་གྲུབ་མཐའི་དབང་དུ་བྱས་ན་སེམས་ཙམ་པ་དང་དབུ་མ་པ་གཉིས་ཡོད་ཀྱང་། དབུ་མ་པ་ཡིན་ན། ཐེག་ཆེན་གྱི་གང་ཟག་ཡིན་པས་ནི་མ་ཁྱབ་སྟེ། ཐེག་པ་གསུམ་ཆར་གྱི་འཕགས་པ་མཐའ་དག་དབུ་མ་པར་ཁས་ལེན་པའི་ཕྱིར་དང་། དངོས་པོར་སྨྲ་བའི་གྲུབ་མཐའ་ལ་བརྟེན་ནས་ཐེག་པ་གསུམ་པོ་གང་གི་ཡང་འཕགས་ལམ་ཙམ་ཡང་ཐོབ་མི་ནུས་པའི་ཕྱིར་རོ། །

མདོ་སྔགས་ཀྱི་ཁྱད་པར་ནི། རང་དོན་དུ་ལྷ་བསྒོམ་པ་དང་། གཞན་དོན་དུ་དབང་བསྐུར་རབ་གནས་སོགས་ཀྱི་ཆོ་གའི་བྱ་བ་མེད་པ་དང་། ཡོད་པའི་ནང་པ་སངས་རྒྱས་པའི་ལུགས་ལ་མདོ་ལུགས་དང་སྔགས་ལུགས་ཞེས་བྱ་སྟེ། སྡོམ་གསུམ་རབ་དབྱེ་ལས། མདོ་དང་རྒྱུད་ཀྱི་ཁྱད་པར་ནི། །ཆོ་གའི་བྱ་བ་ཡོད་མེད་ཡིན། །ཞེས་གསུངས་པའི་ཕྱིར། གཉིས་པ་སྔགས་ལུགས་ལ་མདོ་ལུགས་ལས་སྔགས་ལུགས་ཁྱད་པར་དུ་འཕགས་པ་དང་། ཁྱད་པར་དུ་འཕགས་པའི་སྔགས་ལུགས་ཉིད་བཤད་པ་དང་གཉིས་ལས། དང་པོ་ནི། སློབ་དཔོན་ཛྙཱ་ན་ཤྲཱིས་མདོ་ལུགས་ལས་སྔགས་ལུགས་ཁྱད་ཆོས་བཅུ་གཅིག་གིས་ཁྱད་པར་དུ་འཕགས་པར་བཤད་ཅིང་། ཚུལ་གསུམ་སྒྲོན་མེ་ལས། དོན་གཅིག་ན་ཡང་མ་རྨོངས་དང་། །ཐབས་མང་དཀའ་བ་མེད་པ་དང་། །དབང་པོ་རྣོན་པོའི་དབང་བྱས་ནས། །སྔགས་ཀྱི་ཐེག་པ་ཁྱད་པར་འཕགས། །ཞེས་གསུངས་པ་ལྟར་ཁྱད་ཆོས་བཞིའི་སྒོ་ནས་ཁྱད་པར་འཕགས་པར་གསུངས། དེ་ཡང་ཐེག་པ་ཆེན་པོ་ཕ་རོལ་ཏུ་ཕྱིན་པ་དང་རྡོ་རྗེ་ཐེག་པ་གཉིས་ཐོབ་བྱ་རྫོགས་པའི་སངས་རྒྱས། རྟོགས་བྱ་སྤྲོས་བྲལ་གྱི་ལྟ་བ། ཀུན་སློང་བྱང་ཆུབ་ཀྱི་སེམས་རྣམས་ལ་ཁྱད་པར་མེད་ཀྱང་། ལྟ་བ་རྟོགས་ཚུལ་ལ་ཕར་ཕྱིན་ཐེག་པའི་ལུགས་ལ་སོ་སྐྱེའི་གནས་སྐབས་སུ་ཆོས་ཉིད་དཔེའི་ཚུལ་གྱིས་མངོན་སུམ་དུ་མཐོང་བའི་རྟོག་མེད་ཀྱི་ཡེ་ཤེས་སྐྱེ་བ་མེད་ལ། རྡོ་རྗེ་ཐེག་པའི་ལུགས་ལ་དེ་ཡོད་པས་ཕར་ཕྱིན་ཐེག་པ་བ་ལྟ་བ་རྟོགས་ཚུལ་ལ་རྨོངས་ཤིང་། རྡོ་རྗེ་ཐེག་པ་བ་མ་རྨོངས་པའི་སྒོ་ནས

ཁྱད་པར་འཕགས། ཡང་ཕར་ཕྱིན་ཐེག་པ་ལ་སངས་རྒྱས་སྒྲུབ་པའི་ཐབས་མཁས་ཇི་ཙམ་ཞིག་ཡོད་པ་དེའི་སྟེང་དུ་ཐབས་རྒྱུད་མངོན་པར་རྟོགས་པ་བཅུ་གཅིག་སོགས་ཐབས་ཚུལ་བསམ་གྱིས་མི་ཁྱབ་པ་ཡོད་པས་ཐབས་མང་ཉུང་གི་སྒོ་ནས་རྡོ་རྗེ་ཐེག་པ་ཁྱད་པར་དུ་འཕགས། ཡང་ཕ་རོལ་ཏུ་ཕྱིན་པའི་ལུགས་ཀྱི་སངས་རྒྱས་སྒྲུབ་པ་ལ་མགོ་དང་རྐང་ལག་སྦྱིན་པར་གཏོང་བ་སོགས་དཀའ་སྤྱད་དྲག་པོ་བསྟེན་དགོས་ལ། རྡོ་རྗེ་ཐེག་པའི་ལུགས་ལ་འདོད་ཡོན་ལམ་དུ་འཁྱེར་བ་སོགས་སྤྱོད་པ་བདེ་བས་འབྲས་བུ་བདེ་བ་འགྲུབ་པས་ན་དཀའ་ཚེགས་ཆེ་ཆུང་གི་སྒོ་ནས་རྡོ་རྗེ་ཐེག་པ་ཁྱད་པར་དུ་འཕགས། ཡང་ཕར་ཕྱིན་ཐེག་པའི་ལུགས་ཀྱི་སངས་རྒྱས་སྒྲུབ་པ་ལ་བསྐལ་པ་གྲངས་མེད་སུམ་ཅུ་རྩ་གསུམ་འགོར་བ་ཡང་ཡོད་ཅིང་། བརྩོན་འགྲུས་ཅི་ཙམ་དྲག་དབང་པོ་ཇི་ལྟར་རྣོ་ཡང་བསྐལ་པ་གྲངས་མེད་གསུམ་ནི་ངེས་པར་འགོར་ལ། རྡོ་རྗེ་ཐེག་པའི་ལུགས་ཀྱི་སངས་རྒྱས་སྒྲུབ་པ་ལ་གང་ཟག་དབང་པོ་ཡང་རབ་ཀྱིས་ཚེ་འདི། འབྲིང་གིས་བར་དོ། །ཐ་མས་སྐྱེ་བ་བདུན། ཤིན་ཏུ་ཐ་མས་ཀྱང་སྐྱེ་བ་བཅུ་དྲུག་ན་རྡོ་རྗེ་འཆང་གི་གོ་འཕང་མངོན་དུ་བྱེད་པས་ན་གསང་སྔགས་པ་རང་བཞིན་གྱིས་དབང་པོ་རྣོ་བའི་ཕྱིར་དབང་པོ་རྣོ་རྟུལ་གྱི་སྒོ་ནས་རྡོ་རྗེ་ཐེག་པ་ཁྱད་པར་དུ་འཕགས་པ་ཡིན་ནོ། །

གཉིས་པ་ལ་ཕྱིས་འགྱུར་གསང་སྔགས་གསར་མའི་ལུགས་དང་། སྔ་འགྱུར་གསང་སྔགས་རྙིང་མའི་ལུགས་གཉིས། དང་པོ་ནི། རྡོ་རྗེ་རྩེ་མོ་ལས་ཕྱིའི་རྒྱུད་དང་། གསང་བའི་རྒྱུད་གཉིས་སུ་གསུངས་པ་དང་། འཇིག་རྟེན་གསུམ་རྒྱལ་གྱི་རྟོག་པའི་འགྲེལ་པ་ལས་བྱ་བའི་རྒྱུད་དང་། རྣལ་འབྱོར་གྱི་རྒྱུད་གཉིས་སུ་གསུངས། སྔགས་དོན་རྣམ་གཟིགས་དང་སངས་རྒྱས་གསང་བའི་རྒྱུད་གཉིས་ལས། བྱ་སྤྱོད་རྣལ་འབྱོར་གྱི་རྒྱུད་གསུམ་དུ་གསུངས། ཐམས་ཅད་གསང་བའི་རྒྱུད་ལས། བྱ་སྤྱོད་གཉིས། གཉིས་ཀའི་རྒྱུད་དང་གསུམ་དུ་གསུངས། སློབ་དཔོན་ཤཱནྟི་པས་དེ་གསུམ་གྱི་སྟེང་དུ་རྣལ་འབྱོར་ཆེན་པོའི་རྒྱུད་དང་། རྣལ་འབྱོར་བླ་ན་མེད་པའི་རྒྱུད་གཉིས་བསྣན་ནས་ལྔར་གསུངས། རྒྱ་གར་ཕྱག་ནས་དེ་གསུམ་གྱི་སྟེང་དུ་རྣལ་འབྱོར་བླ་ན་མེད་པའི་རྒྱུད་དང་། རྣལ་འབྱོར་གོང་ན་མེད་པའི་རྒྱུད་གཉིས་བསྣན་ནས་ལྔར་གསུངས། མཁའ་འགྲོ་རྒྱ་མཚོ་དང་། རབ་ཏུ་སྒྲོན་གསལ་ལས་རྒྱུད་སྡེ་

ལྟར་གསུངས། བདེ་མཆོག་རྩ་རྒྱུད་ལས། མདོ་སྡེ་རྟོག་པའི་རྒྱུད། བྱ་སྤྱོད་རྣལ་འབྱོར་གྱི་རྒྱུད་གསུམ། རྣལ་འབྱོར་གསང་བའི་རྒྱུད། རྣལ་འབྱོར་གསང་བའི་མཐའི་རྒྱུད་དང་དྲུག་ཏུ་གསུངས་ཀྱང་། ཀྱེ་རྡོ་རྗེའི་ལུགས་ལ། ཕྱི་རོལ་མུ་སྟེགས་བྱེད་ལ་ལོག་པའི་སྤྱོད་པ་མི་འདྲ་བ་བཞི་ཡོད་པ་རྗེས་སུ་བཟུང་བ་དང་། མཚན་ཉིད་ཐེག་པ་ལ་གྲུབ་མཐའ་སྨྲ་བ་བཞི་ཡོད་པ་དང་སྒོ་བསྟུན་པ་དང་། འདོད་པ་ཁམས་པ་ལ་འདོད་ཆགས་སྤྱོད་ཚུལ་རིགས་མི་འདྲ་བ་བཞི་ཡོད་པ་མ་སྤངས་པ་ལམ་དུ་བསྒྱུར་ནས་བྱང་ཆུབ་སྒྲུབ་པའི་ཕྱིར་དུ་རྒྱུད་སྡེ་བཞིར་གསུངས་པ་ཡིན་ཏེ། རྡོ་རྗེ་གུར་ལས། དམན་པ་རྣམས་ལ་བྱ་བའི་རྒྱུད། །བྱ་མིན་རྣལ་འབྱོར་དེ་དག་ལ། །སེམས་ཅན་མཆོག་ལ་རྣལ་འབྱོར་མཆོག །རྣལ་འབྱོར་བླ་མེད་དེ་ལྡག་ལ། །ཞེས་གསུངས་པའི་ཕྱིར། དེ་ཡང་ཕྱི་ལུས་ངག་གི་བྱ་བ་ཁྲུས་དང་གཙང་སྦྲ་སོགས་གཙོ་བོར་སྟོན་པས་བྱ་བའི་རྒྱུད་ཅེས་བྱ་ལ། བྱ་བའི་རྒྱུད་དེ་ལ་བྱ་བ་སྤྱིའི་རྒྱུད་དང་། བྱ་བ་སོ་སོའི་རྒྱུད་གཉིས། དང་པོ་ལ། གསང་བ་སྤྱི་རྒྱུད། ལེགས་གྲུབ་ཀྱི་རྒྱུད། དཔུང་བཟང་གི་རྒྱུད། བསམ་གཏན་ཕྱི་མའི་རྒྱུད་རྣམས་ལ་བྱ་བ་སྤྱིའི་རྒྱུད་ཆེན་བཞི་ཞེས་གྲགས་ལ། བྱ་བ་སོ་སོའི་རྒྱུད་ལ་རྡོ་རྗེའི་རིགས་ཀྱི་རྒྱུད། པདྨའི་རིགས་ཀྱི་རྒྱུད། ནོར་བུའི་རིགས་ཀྱི་རྒྱུད། ལྡུས་རྩེན་གྱི་རིགས་ཀྱི་རྒྱུད། ལས་ཀྱི་རིགས་ཀྱི་རྒྱུད། འཇིག་རྟེན་པའི་རིགས་ཀྱི་རྒྱུད་དེ་རྒྱུད་སྡེ་སྒོ་དྲུག་ཏུ་ཡོད་ཅིང་། ནང་གསེས་ཀྱི་དབྱེ་བ་ནི་མཐའ་ཡས་པ་ཞིག་ཡོད་དོ། །ལྷ་སྒྲུབ་ལུགས་ནི་བྱ་རྒྱུད་རང་རྐང་ལ་བདག་ཉིད་ལྷར་བསྐྱེད་པ་མེད་པས་རང་ཉིད་ཐ་མལ་པའི་ང་རྒྱལ་གྱིས་གནས་ཏེ་མདུན་བསྐྱེད་དུ་ཁྲིས་སྐུ་ལྷར་བསྒོམ། དེའི་ཐུགས་ཀའི་སྔགས་ཕྲེང་ལས་འོད་ཟེར་གྱི་སྤྲོ་བསྡུས་སངས་རྒྱས་བྱང་སེམས་ཀྱི་བྱིན་རླབས་བསྡུས་ནས་སྔགས་བཟླ་ཞིང་། ཀུན་སྤྱོད་ཀྱི་གཙོ་བོ་གཙང་སྦྲ་དང་དཀའ་ཐུབ་ལ་གནས་ནས་ལྷ་རྗེ་དཔོན་ལྷ་བུ་ལས་དངོས་གྲུབ་ལེན་པ་ཡིན་ཏེ། སྡོམ་གསུམ་རབ་དབྱེ་ལས། འོན་ཀྱང་བྱ་བའི་རྒྱུད་དུ་ནི། །ཁྲིས་སྐུ་ལྷ་རུ་བསྒོམས་ནས་ཀྱང་། །དེ་ལ་དངོས་གྲུབ་ལེན་པ་ཡིན། །དེས་ན་དཀའ་ཐུབ་གཙང་སྦྲ་ཡིས། །སངས་རྒྱས་མཉེས་ནས་དངོས་གྲུབ་གནང་། །ཞེས་གསུངས་པའི་ཕྱིར། བྱ་རྒྱུད་ཀྱི་ལྷ་ལ་བདག་བསྐྱེད་བསྒོམ་པའི་སྒྲུབ་ཐབས་ཚད་ལྡན་འགའ་ཞིག་ཡོད་པ་ནི་བྱ་རྒྱུད་སྤྱོད་རྒྱུད་

ལྟར་བཀྲལ་བ་དང་། རྣལ་འབྱོར་གྱི་རྒྱུད་ལྟར་བཀྲལ་བ་དང་། བླ་མེད་ལྟར་བཀྲལ་བའི་ལུགས་ཡིན་གྱིས། བྱ་རྒྱུད་རང་རྐང་གི་ལུགས་མ་ཡིན་ཏེ། སྡོམ་གསུམ་རབ་དབྱེ་ལས། བྱ་བའི་རྒྱུད་ལ་བདག་བསྐྱེད་མེད། །ཁྲིས་སྐུ་མཆོད་ནས་གསོལ་བ་འདེབས། །བདག་བསྐྱེད་སྒྲུབ་ཐབས་ཡོད་པ་ནི། །རྣལ་འབྱོར་རྒྱུད་ཀྱི་རྗེས་འབྲང་ནས། །དེ་ཡི་ལུགས་བཞིན་མཛད་པ་ཡིན། །ཞེས་གསུངས་པའི་ཕྱིར། བྱ་རྒྱུད་སློབ་བྱེད་ཀྱི་དབང་ལ་ཆུའི་དབང་དང་། ཅོད་པན་གྱི་དབང་གཉིས་ཁོ་ནར་ངེས་ཏེ། ཡེ་ཤེས་ཐིག་ལེའི་རྒྱུད་ལས། ཆུ་ཡི་དབང་བསྐུར་ཅོད་པན་དག །བྱ་བའི་རྒྱུད་ལ་རབ་ཏུ་གྲགས། །ཞེས་གསུངས་པའི་ཕྱིར། འོ་ན་གསང་བ་སྤྱི་རྒྱུད་ལས། དབང་བསྐུར་བ་ནི་རྣམ་པ་བཞི། །སློབ་དཔོན་རྣམ་པར་མཁས་པ་ཡིས། །དེ་དག་ཤེས་ནས་ཅི་རིགས་སྦྱད། །སློབ་དཔོན་གོ་འཕང་རབ་སྒྲུབ་ཕྱིར། །དང་པོ་ཡོངས་སུ་བསྒྲགས་པ་ཡིན། །རིགས་སྔགས་རྣམས་ནི་སྒྲུབ་པའི་ཕྱིར། །གཉིས་པ་ལེགས་པར་བཤད་པ་ཡིན། །བགེགས་རྣམས་འཇོམས་པར་བྱ་བའི་ཕྱིར། །གསུམ་པ་ཡོངས་སུ་བསྒྲགས་པ་ཡིན། །བཞི་པ་འཁོར་པ་ཐོབ་བྱའི་ཕྱིར། །ཚིག་རྒྱས་པ་དེ་བཤད་དོ། །ཞེས་གསུངས་པ་དང་འགལ་ལོ་ཞེ་ན། མི་འགལ་ཏེ། སྔགས་ཀྱི་བཟླས་ལུང་དང་། བྱབ་ཁྲུས་བསྲུང་གསུམ་གྱི་དབང་དང་། རྒྱལ་སྲིད་སྣ་བདུན། བཀྲ་ཤིས་རྫས་བརྒྱད་ཀྱི་དབང་རྣམས་ནི་བྱིན་རླབས་ལ་དབང་གི་མིང་བཏགས་པ་ཙམ་ཡིན་ལ། བྱ་རྒྱུད་ཀྱི་དབང་མཚན་ཉིད་པ་ནི་རྡོ་རྗེ་སློབ་དཔོན་གྱི་གོ་འཕང་ཐོབ་པའི་ཆེད་དུ་སྦྱིན་པ་ཆུ་དང་ཅོད་པན་གྱི་དབང་གཉིས་ཁོ་ན་ཡིན་པའི་ཕྱིར། ལུང་འདི་ལ་བརྟེན་ནས་ཁ་ཅིག །རྒྱུད་སྡེ་འོག་མ་གསུམ་ལ་སྨིན་བྱེད་ཀྱི་སྐབས་སུ་དབང་བཞི་དང་། ཕྱོགས་བཅུ་སངས་རྒྱས་ཀྱི་ཞུ་འཕྲིན་ལས། བཅོམ་ལྡན་ཁྱོད་ཀྱི་གསང་སྔགས་ལམ། །རིམ་པ་གཉིས་སུ་བསྡུས་ཏེ་བསྟན། །ཞེས་པ་ལ་བརྟེན་ནས་གྲོལ་བྱེད་ཀྱི་སྐབས་སུ་རིམ་གཉིས་ཡོད་པར་འདོད་པ་ནི་རྣམ་པར་འཁྲུལ་ཏེ། སྡོམ་གསུམ་རབ་དབྱེ་ལས། བྱ་སྤྱོད་རྣལ་འབྱོར་རྒྱུད་གསུམ་ལ། །དབང་བཞི་དང་ནི་རིམ་གཉིས་མེད། །གལ་ཏེ་ཡོད་ན་དེ་དག་ཀྱང་། །རྣལ་འབྱོར་ཆེན་པོ་ཉིད་དུ་འགྱུར། །ཞེས་དང་། བྱ་སྤྱོད་རྣལ་འབྱོར་རྒྱུད་གསུམ་ལ། །སྣང་བ་ལྷ་རུ་གསུངས་པ་མེད། །ཅེས་གསུངས་

པའི་ཕྱིར། འོན་རྒྱུད་སྡེ་འོག་མ་གསུམ་གྱི་ལུགས་ལ་བྲིས་སྐུ་ལྷ་རུ་བསྒོམ་པ་ཡོད་པས་ཀུན་རྫོབ་ཀྱི་སྣང་བ་ལྷ་རུ་བསྒོམ་པ་ཡོད་པར་འགྱུར་རོ་ཞེ་ན། གནད་མི་འདྲ་སྟེ། བྲིས་སྐུ་དང་འབུར་སྐུ་རབ་གནས་ཅན་ལྷར་བསྒོམས་ནས་ཕྱག་མཆོད་སོགས་ཕུལ་བས་བསོད་ནམས་ཀྱི་ཚོགས་རྒྱ་ཆེན་པོ་རྫོགས་པའི་དགོས་པ་ཡོད་པས་བྲིས་སྐུ་སོགས་ལྷར་བསྒོམ་པ་ནི་ཐབས་མཁས་ཀྱི་ཁྱད་པར་ཡིན་ལ། ཀུན་རྫོབ་ཀྱི་སྣང་བ་གཞན་ལ་དེ་འདྲའི་དགོས་པ་མེད་པའི་ཕྱིར་ཏེ། སྡོམ་གསུམ་རབ་དབྱེ་ལས། དེས་ན་རྣལ་འབྱོར་རྒྱུད་མན་ཆད། །ཀུན་རྫོབ་ལྷ་རུ་གསུངས་པ་མེད། །འོན་ཀྱང་ཀུན་རྫོབ་ཐམས་ཅད་ནི། །ཇི་ལྟར་སྣང་བ་བཞིན་དུ་བས། །བྲིས་སྐུ་ལ་སོགས་ལྷར་བསྒོམ་པ། །དེ་ནི་ཐབས་ཀྱི་ཁྱད་པར་ཡིན། ། ཞེས་གསུངས་པའི་ཕྱིར། དེས་ན་བྱ་རྒྱུད་ཀྱི་ལྷ་ལ་རྒྱུད་སྡེ་གོང་མ་གསུམ་གྱི་ལུགས་བཞིན་བདག་བསྐྱེད་བྱེད་ན་ལུས་གདུང་བའི་ཕྱིར་དུ་སྨྱུང་གནས་བྱར་མི་རུང་སྟེ། རང་ལྷར་བསྐྱེད་པ་ལ་མཆོད་ན་བསོད་ནམས་དང་བཀྲས་ན་སྡིག་པ་འབྱུང་བའི་ཕྱིར། དེས་ན་ལུས་གདུང་བའི་ཕྱིར་དུ་སྨྱུང་གནས་བྱེད་ན་རང་ཉིད་ཐ་མལ་པའི་ང་རྒྱལ་གྱིས་བྲིས་སྐུ་ཆོ་ག་བཞིན་བྲིས་པ་ལྷར་བསྒོམ་ནས་བྱ་དགོས་ཏེ། སྡོམ་གསུམ་རབ་དབྱེ་ལས། དེ་ལྟར་བྱེད་ན་སྨྱུང་གནས་མེད། །བདག་ཉིད་ལྷ་རུ་བསྐྱེད་པ་ལ། །མཆོད་ན་བསོད་ནམས་བཀྲས་ན་སྡིག །གལ་ཏེ་སྨྱུང་གནས་བྱེད་འདོད་ན། །རང་ཉིད་ཐ་མལ་ང་རྒྱལ་གྱིས། །བྲིས་སྐུ་ཆོ་ག་བཞིན་བྲིས་ལ། །རྗེ་དཔོན་བཞིན་དུ་དངོས་གྲུབ་བླངས། །དེ་ལ་ཤ་ཆང་གཏོར་མ་མེད། །གླ་རྩི་ལ་སོགས་སྲོག་ཆགས་དང་། །འབྲེལ་བའི་མཆོད་པ་ཐམས་ཅད་སྤོངས། །གུ་ལང་མཆོད་པའི་ལྷག་མ་དང་། །གཏོར་མའི་ཁ་ཟས་འདིར་མི་ཟ། །ལྷ་ལ་ཕུལ་བའི་དམན་མ་སོགས། །ཟ་དང་འགོམ་པ་གཉིས་ཀ་བཀག །དཀར་གསུམ་ལ་སོགས་ཁ་ཟས་དང་། །གཙང་སྦྲ་ལ་སོགས་བརྟུལ་ཞུགས་ཀྱིས། །བྱ་བའི་རྒྱུད་ཀྱི་གསང་སྔགས་འགྲུབ། །ཅེས་གསུངས་པའི་ཕྱིར་རོ། །ཕྱི་ལུས་ངག་གི་བྱ་བ་དང་། ནང་ཏིང་ངེ་འཛིན་གྱི་བྱ་བ་གཉིས་ཆ་མཉམ་དུ་སྟོན་པས་ན་སྤྱོད་པའི་རྒྱུད་ཅེས་བྱ་ལ་མཚན་གཞི་ནི་རྣམ་སྣང་མངོན་བྱང་དང་། ཁྲོ་བོ་ཁམས་གསུམ་རྣམ་རྒྱལ་གྱི་རྒྱུད་སོགས་ཡིན་ནོ། །ལྷ་སྒྲུབ་ཚུལ་གྱི་ཁྱད་པར་ནི། བྲིས་སྐུ་དང་རང་ཉིད་གཉིས་ཀ་

ལྷར་བསྒོམ། ཡེ་ཤེས་ཀྱི་འཁོར་ལོ་མདུན་དུ་སྤྱན་དྲངས་ནས་མི་བསྟིམ་པར་གྲོགས་པོ་ཕན་ཚུན་ཕན་འདོགས་པའི་ཚུལ་གྱིས་དངོས་གྲུབ་ལེན་པ་ཡིན་ཏེ། སྡོམ་གསུམ་རབ་དབྱེ་ལས། སྤྱོད་པའི་རྒྱུད་དུ་བྲིས་སྐུ་དང་། །རང་ཉིད་གཉིས་ཀ་ལྷར་བསྒོམས་ནས། །གྲོགས་པོ་ལྟ་བུས་དངོས་གྲུབ་ལེན། །ཞེས་གསུངས་པའི་ཕྱིར། སྨིན་བྱེད་དབང་དེ་ལ་ཆུ་དང་ཅོད་པན་དང་རྡོ་རྗེ་དྲིལ་བུ་དང་མིང་གི་དབང་ལྔར་ཡོད་དེ། ཡེ་ཤེས་ཐིག་ལེའི་རྒྱུད་ལས། རྡོ་རྗེ་དྲིལ་བུ་མིང་གི་དབང་། །སྤྱོད་པའི་རྒྱུད་ལས་རབ་ཏུ་གསལ། །ཞེས་གསུངས་པའི་ཕྱིར། བྱ་སྤྱོད་གཉིས་ཀྱི་སྲོལ་འཕགས་པའི་ཡུལ་དུ་དར་བར་བྱུང་ཡང་། ཁ་བ་ཅན་གྱི་ལྗོངས་འདིར་ནི་དབང་རྗེས་གནང་དང་ལུང་རྒྱུན་མ་ཆད་ཙམ་ལས། དང་པོ་ཆོས་དར་བར་མ་བྱུང་ལ། དུས་ཕྱིས་ཀུན་དགའ་བཟང་པོས་སྒོ་རུམ་དཔེ་ཁང་དུ་ལོ་གསུམ་སྐུ་མཚམས་བཅད་དེ་རྒྱུད་དང་རྒྱ་འགྲེལ་རྣམས་ལ་གཟིགས་རྟོགས་དཔྱིས་ཕྱིན་པར་མཛད་ནས་བྱ་རྒྱུད་སྤྱི་རྣམ་དང་། སྤྱོད་རྒྱུད་སྤྱི་རྣམ་སོགས་མཛད་དེ་དར་ཞིང་རྒྱས་པར་མཛད་པ་ཡིན་ནོ། །ནང་ཏིང་ངེ་འཛིན་གཙོ་བོར་སྟོན་པས་ན་རྣལ་འབྱོར་གྱི་རྒྱུད་ཅེས་བྱ་ལ། དེ་ལ་དབྱེ་ན་རྩ་རྒྱུད། བཤད་རྒྱུད་ཆ་མཐུན་གྱི་རྒྱུད་གསུམ་དུ་ཡོད་དེ། སློབ་དཔོན་པདྨ་ཙཀྲས། རྩ་རྒྱུད་ཤིན་ཏུ་ཟབ་ཅིང་རྟོགས་དཀའི་དོན། །བཤད་དང་ཆ་མཐུན་རྒྱུད་ཀྱིས་རྣམ་པར་དབྱེ། །ཞེས་གསུངས་པའི་ཕྱིར། དེའི་མཚན་གཞི་ནི་དེ་ཉིད་འདུས་པ་དང་། ངན་སོང་སྦྱོང་རྒྱུད་སོགས་ཡིན་ནོ། །ལུགས་དེའི་ལྷ་སྒྲུབ་ཚུལ་ནི། ཕྱི་རོལ་དུ་བྲིས་སྐུ་ལྷར་བསྐྱེད་པ་ལ་དམིགས་པའི་རྐྱེན་ཙམ་བྱས། གཙོ་བོར་རང་ཉིད་དམ་ཚིག་སེམས་དཔར་བསྐྱེད། ཡེ་ཤེས་ཀྱི་འཁོར་ལོ་སྤྱན་དྲངས་ནས་དེ་ལ་བསྟིམ་སྟེ་ཕྱག་རྒྱ་མ་བཀྲོལ་གྱི་བར་དུ་ཡེ་ཤེས་སེམས་དཔའ་བཞུགས་པ་ལ་དངོས་གྲུབ་ལེན་ཅིང་། ཕྱག་རྒྱ་བཀྲོལ་ནས་ཡེ་ཤེས་པ་གཤེགས། རང་ཉིད་དམ་ཚིག་པའི་ང་རྒྱལ་གྱིས་ཐུན་མཚམས་ཀྱི་བྱ་བ་རྣམས་བསྒྲུབ་པར་གསུངས་ཏེ། སྡོམ་གསུམ་རབ་དབྱེ་ལས། རྣལ་འབྱོར་རྒྱུད་དུ་ཕྱི་རོལ་ལ། །དམིགས་པའི་རྐྱེན་ཙམ་བྱས་ནས་ཀྱང་། །རང་ཉིད་དམ་ཚིག་སེམས་དཔའ་ལ། །ཡེ་ཤེས་འཁོར་ལོ་སྤྱན་དྲངས་ནས། །ཇི་སྲིད་ཕྱག་རྒྱ་མ་བཀྲོལ་བར། །དེ་ཡི་བར་དུ་སངས་རྒྱས་བཞུགས། །ཕྱག་རྒྱ་བཀྲོལ་ནས་སངས་རྒྱས་གཤེགས། །དེ་ནས་

རང་ཉིད་ཐ་མལ་གྱུར། །ཞེས་གསུངས་པའི་ཕྱིར། སྨིན་བྱེད་ཀྱི་དབང་ལ་སྤྱིར་གྱི་ཆུ་སོགས་ལྔའི་སྟེང་དུ་ཕྱིར་མི་ལྡོག་པ་འཁོར་ལོའི་དབང་དང་དྲུག་ཏུ་ཡོད་དེ། ཡེ་ཤེས་ཐིག་ལེའི་རྒྱུད་ལས། ཕྱིར་མི་ལྡོག་པ་ཡི་ནི་དབང་། །རྣལ་འབྱོར་རྒྱུད་དུ་གསལ་བར་ཕྱེ། །དེ་བཞིན་དྲུག་གི་བྱེ་བྲག་དབང་། །དེ་ནི་སློབ་དཔོན་དབང་ཞེས་བྱ། །ཞེས་གསུངས་པའི་ཕྱིར། རྣལ་འབྱོར་རྒྱུད་ཀྱི་སྲོལ་ནི་ཚིག་ལ་མཁས་པ་ཤཱཀྱ་བཤེས་གཉེན། དོན་ལ་མཁས་པ་སངས་རྒྱས་གསང་བ། ཚིག་དོན་གཉིས་ཀ་ལ་མཁས་པ་གྲུབ་ཆེན་ཀུན་དགའ་སྙིང་པོ་སྟེ་ཡོ་ག་ལ་མཁས་པའི་མི་གསུམ་སློབ་བརྒྱུད་དང་བཅས་པས་འཕགས་པའི་ཡུལ་དུ་ཆོས་དར་བར་མཛད་ལ། བོད་དུ་ནི་པཎྜི་ཏ་ཤྲདྡྷཱ་ཀ་ར་ཝརྨ་པྲ་ལ་ནས་ལོ་ཆེན་རིན་བཟང་ལ་བརྒྱུད་པ་དང་། བལ་པོ་ཞནྟ་ནས་མལ་ལོ་ཙཱ་བ་ལ་བརྒྱུད་པ་དང་བི་བྷུ་ཏི་ཙནྡྲ་ནས་གཡག་སྡེ་ཟེ་དམར་བ་ལ་བརྒྱུད་པ་སོགས་སྲོལ་དུ་མ་བྱུང་ཞིང་། རྗེ་སྟེར་འཛིམ་གསུམ་སོགས་ཀྱིས་དར་ཞིང་རྒྱས་པར་མཛད་དོ། །ཡོ་ག་སྟོད་ལུགས་དང་སྨད་ལུགས་ཞེས་གྲགས་པ་ནི། ལོ་ཆེན་གྱི་སྐུ་ཚེའི་སྟོད་ལ་བྱུང་ཡང་ས་ཆ་སྨད་དུ་དར་བ་ལ་ཡོ་ག་སྨད་ལུགས་ཞེས་བྱ་སྟེ། ཉང་སྟོད་ཀྱི་རྐྱང་པོ་ཆོས་བློ། རིན་སྤུང་གི་སུམ་སྟོན་ཡེ་འབར། བོ་དོང་གི་སྤྱང་ག་འདར་ཚུང་རྣམས་ཀྱིས་སྲོལ་བཏོད་པ་རྣམས་ཡིན་ནོ། །ཡོ་ག་སྟོད་ལུགས་ནི་ལོ་ཆེན་གྱི་སྐུ་ཚེའི་སྨད་ལ་བྱུང་ཡང་། ས་ཆ་སྟོད་དུ་དར་བས་དེ་སྐད་ཅེས་བྱས་ཏེ། མལ་ལོ་ཙཱ་བ་ནས་བླ་མ་ས་སྐྱ་པ་ཆེན་པོ་སོགས་ལ་བརྒྱུད་དེ་སྔོན་བརྒྱུད་དུ་བཞུགས་པ་རྗེ་བཙུན་ཆེན་པོ་གྲགས་པ་རྒྱལ་མཚན་གྱིས། ཕྱི་རབས་ཀྱི་གདུལ་བྱ་བློ་ཞན་ཅིང་བརྗེད་ངེས་པས་སྔོན་བརྒྱུད་འཛིན་མི་ནུས་པར་ནུབ་ཀྱི་དོགས་ནས་གཞན་ཕན་སྐོར་གསུམ་སོགས་མཛད་ནས་དར་ཞིང་རྒྱས་པར་མཛད་པ་ཡིན་ནོ། །ཡོ་གའི་སྲོལ་རྒྱས་པ་རྣམས་བར་སྐབས་སུ་ཅུང་ཟད་ནུབ་པ། ཀུན་མཁྱེན་བུ་སྟོན་ཆེན་པོས་གསོས་ཏེ་ད་ལྟ་ནི་དར་རྒྱས་ཆེའོ། །སྔོང་རྒྱུད་ཀྱི་སྲོལ་སྙིང་པ་མཐའ་དག་ལ་བོ་དོང་ཕྱོགས་ལས་རྣམ་རྒྱལ་ལམ་མཚན་དངོས་བོ་དོང་ཀ་བཙུ་པ་ཆོས་ཀྱི་རྒྱལ་མཚན་ཞེས་བྱ་བ་དེས་ལུང་རིགས་ལྷར་སྣང་གིས་ཕྱེན་ཅི་ལོག་ཏུ་བཀྲལ་མོད། གོ་རམས་ཆེན་པོས་དཔྱིས་ཕྱིན་པར་བཀག་ནས་སྲོལ་སྤྲ་མ་ཉིད་རྩོད་པ་ཐམས་ཅད་དང་བྲལ་བར་མཛད་པ་ཡིན་ནོ། །ཏིང་ངེ་འཛིན་གྱི་ཁྱད་པར་གོང་ན་མེད་པ་གཙོ

བོར་སྟོན་པས་ན་བླ་ན་མེད་པའི་རྒྱུད་ཅེས་བྱ་ལ། དབྱེ་ན་རྣལ་འབྱོར་ཆེན་པོ་ཐབས་ཀྱི་རྒྱུད། ཤེས་རབ་ཀྱི་རྒྱུད། གཉིས་ཀའི་རྒྱུད་དེ་གསུམ་མམ་ཡང་ན་ཕ་བླ་ན་མེད་པ། མ་བླ་ན་མེད་པ། གཉིས་ཀ་བླ་ན་མེད་པའི་རྒྱུད་དང་གསུམ་ལས། དེ་གསུམ་གྱི་ཁྱད་པར་ནི་རྒྱས་པར་ན་རབ་ཏུ་མང་ཡང་། མདོར་བསྡུ་ན་ཐབས་ཀྱི་ཆ་གཙོ་བོར་སྟོན་པ་དང་། ཤེས་རབ་ཀྱི་ཆ་གཙོ་བོར་སྟོན་པ་དང་། གཉིས་ཀའི་ཆ་གཙོ་བོར་སྟོན་པ་ལ་བྱའོ། །དང་པོ་ལ་འདོད་ཆགས་ཅན་རྗེས་སུ་བཟུང་བ་གསང་བ་འདུས་པ། ཞེ་སྡང་ཅན་རྗེས་སུ་བཟུང་བ་གཤིན་རྗེའི་གཤེད། གཏི་མུག་ཅན་རྗེས་སུ་བཟུང་བ་སངས་རྒྱས་མཉམ་སྦྱོར་དང་གསུམ་ལས། དང་པོ་ལ་གསང་བ་འདུས་པ་རྩ་བའི་རྒྱུད། བཤད་པའི་རྒྱུད་ལ་དགོངས་པ་ལུང་སྟོན་དང་། ལྷ་མོ་བཞིས་ཞུས་པ་སོགས་མང་ངོ་། །དགོངས་པ་འགྲེལ་ཚུལ་ལ་འཕགས་པ་ཀླུ་སྒྲུབ་ཡབ་སྲས་ཀྱིས་བཀྲལ་བའི་ལུགས་ལ་གསང་འདུས་འཕགས་ལུགས་དང་། དཀྱིལ་འཁོར་ཆེན་པོའི་སློབ་དཔོན་ཡེ་ཤེས་ཞབས་ཀྱིས་བཀྲལ་བའི་ལུགས་ལ་ཡེ་ཤེས་ཞབས་ལུགས་དང་། ཇོ་བོ་རྗེ་དཔལ་ལྡན་མར་མེ་མཛད་ཀྱིས་བཀྲལ་བའི་ལུགས་ལ་གསང་འདུས་སྨྲིན་གཟིགས་སུ་གྲགས་པ་ཡིན་ནོ། །བོད་དུ་རྗེ་མར་པ་དང་། འགོས་ཁུག་པ་ལྷས་བཙས་དང་། མལ་ལོ་ཙཱ་བ་སོགས་ལས་འཕེལ་བ་ཡིན། གཤིན་རྗེའི་གཤེད་ལ། གཤིན་རྗེའི་གཤེད་དམར་པོའི་རྒྱུད་ལ་བརྟེན་ནས་ཌོཾ་བྷི་ཧེ་རུ་ཀ་དང་། གྲུབ་ཆེན་དཔལ་འཛིན་སོགས་ཀྱིས་བཀྲལ་བའི་གཤིན་རྗེ་གཤེད་དམར་པོ་ལྷ་ལྔ་དང་། ལྷ་བཅུ་གསུམ་མ་ལ་སོགས་པ་དང་། ལ་ལི་ཏ་བཛྲ་དང་། ཨ་མོ་གྷ་བཛྲ་སོགས་ཀྱིས་བཀྲལ་བའི་དགྲ་གདོང་འཇིགས་གསུམ་དུ་གྲགས་པ་རྣམས་ཡིན་ལ། ལུགས་དང་པོ་དེ་བོད་དུ་ནི་གློ་བོ་ལོ་ཙཱ་བ་ཤེས་རབ་རིན་ཆེན་དང་། དཔྱལ་ལོ་ཁྱུ་དབོན་སོགས་ཀྱིས་དར་བར་བྱས། ལུགས་གཉིས་པ་དེ་རྭ་ལོ་རྡོ་རྗེ་གྲགས། དེའི་སྲས་ར་ཆོས་རབ། སྐྱོ་འོད་འབྱུང་ལ་སོགས་པས་དར་བར་བྱས་སོ། །མ་རྒྱུད་ནི་འཁོར་ལོ་བདེ་མཆོག་དང་། མ་ཧཱ་མ་ཡ་ལ་སོགས་པ་ཡིན་ལ། དང་པོ་ལ། བདེ་མཆོག་རྩ་རྒྱུད་དང་། བཤད་པའི་རྒྱུད་མངོན་བརྗོད་བླ་མ་སོགས་མང་ངོ་། །དགོངས་འགྲེལ་ནི། གྲུབ་པའི་སློབ་དཔོན་ཆེན་པོ་ལཱུ་ཧི་པའམ་བོད་སྐད་དུ་ཉ་ལྟོ་བར་གྲགས་པ་དེས་བཀྲལ་བའི་ལུགས་ལ་བདེ་མཆོག་ལཱུ་ཧི་པའི་

སྐོར་དང་། སློབ་དཔོན་ནག་པོ་སྤྱོད་པས་བཀྲལ་བའི་ལུགས་ལ་བདེ་མཆོག་ནག་པོ་པའི་སྐོར་དང་། སློབ་དཔོན་རྡོ་རྗེ་དྲིལ་བུ་པས་བཀྲལ་བའི་ལུགས་ལ་བདེ་མཆོག་དྲིལ་བུ་པའི་སྐོར་ཏེ་ལཱུ་ནག་དྲིལ་གསུམ་དུ་གྲགས་པ་རྣམས་ནི་བདེ་མཆོག་གསང་མཐའ་ཞེས་ཤིན་ཏུ་ཟབ་པར་བྱེད་ལ། སྤྲོལ་དེ་བལ་པོ་ཕམ་མཐིང་པ་སྐུ་མཆེད་ཀྱིས་ཇོ་བོ་ནཱ་རོ་ཏ་པའི་ཞལ་ནས་བླང་ཏེ་གློག་སྐྱ་ཤེས་རབ་བརྩེགས་དང་། མར་ལོ་བློ་གྲོས་གྲགས་སོགས་ལ་གནང་སྟེ་རྗེ་བཙུན་ས་སྐྱ་པ་ལ་བཀའ་བབས་ནས་བཤད་སྒྲུབ་ཀྱི་གཏན་ལ་ཕབས་ཏེ་དར་རྒྱས་ཆེའོ། །གསང་མཐའ་མ་ཡིན་པའི་བདེ་མཆོག་ཙམ་ལ་མཁའ་འགྲོ་རྒྱ་མཚོ་དང་། སྡོམ་འབྱུང་། རྡོ་རྗེ་མཁའ་འགྲོ་སོགས་རབ་ཏུ་མང་ཡང་སྔ་མ་ལས་ཙུང་མི་ཟབ་པར་བྱེད་དོ། །མ་ཧཱ་མ་ཡའམ་སྒྱུ་མ་ཆེན་མོ་ནི་ཞི་བ་བཟང་པོ་ལས་མར་སྟོན་ཆོས་ཀྱི་བློ་གྲོས་ཀྱིས་བླངས་ཏེ་རྔོག་ཆོས་སྐུ་རྡོ་རྗེ་སོགས་ལ་གནང་ནས་རྔོག་ལུགས་དཀྱིལ་འཁོར་བདུན་གྱི་ནང་ཚན་དུ་གྲགས་མོད། དེང་སང་ནི་ཀུན་དགའ་བཟང་པོའི་བརྒྱུད་འཛིན་རྣམས་ལ་དར་ཆེའོ། །གཉིས་མེད་ཀྱི་རྒྱུད་ནི་ཀྱེ་རྡོ་རྗེ་དང་། དུས་ཀྱི་འཁོར་ལོ་ལ་སོགས་པ་ཡིན་ལ། དང་པོ་ལ་ཀྱེ་རྡོ་རྗེའི་རྩ་རྒྱུད་རྒྱས་བསྡུས་གཉིས། བཤད་རྒྱུད་ལ་ཐུན་མོང་དང་ཐུན་མོང་མ་ཡིན་པ་སོགས་མང་ངོ་། །དགོངས་འགྲེལ་ནི་རྣལ་འབྱོར་གྱི་དབང་ཕྱུག་ཆེན་པོ་དཔལ་ལྡན་བིརྺ་པས་བཀྲལ་བ་ལ་མན་ངག་ལུགས་དང་། ཌོམྦི་ཧེ་རུ་ཀས་བཀྲལ་བ་ལ་ཌོམྦི་ལུགས་དང་། གྲུབ་ཆེན་མཚོ་སྐྱེས་རྡོ་རྗེས་བཀྲལ་བ་ལ་མཚོ་སྐྱེས་ལུགས་དང་། ནག་པོ་ཤཱནྟ་བྷ་དྲས་བཀྲལ་བ་ལ་ནག་པོ་ལུགས་ཞེས་གཞུང་འགྲེལ་ལ་བརྟེན་པ་གསུམ་སྟེ་ཀྱེ་རྡོ་རྗེའི་བཀའ་བབ་བཞི་ཞེས་འཕགས་ཡུལ་ན་ཉི་ཟླ་ལྟར་གྲགས་པ་ཆེ་ལ། བོད་དུ་ནི་ཀྱེ་རྡོ་རྗེའི་སྨིན་གྲོལ་གྱི་གདམས་པ། རྒྱུད་དང་རྒྱ་གཞུང་གི་བཤད་བཀའ་སོགས་ཡོངས་སུ་རྫོགས་པ་མ་ཚང་བ་མེད་པ་བཞུགས་པ་ནི་འབྲོག་མི་ལོ་ཙཱ་བ་ཤཱཀྱ་ཡེ་ཤེས་མ་དྲོས་པའི་རྒྱ་མཚོའི་གཟུགས་སུ་བཀོད་པ་དེ་ཁོ་ན་ཡིན་ལ། དེ་ལས་འཁོན་དཀོན་མཆོག་རྒྱལ་པོ། སེ་སྟོན་ཀུན་རིག མངའ་རིས་པ་གསལ་བའི་སྙིང་པོ། མཆིམས་ལོ་ཙཱ་བ་འོད་ཀྱི་སྣང་བ་སྐྱེ་གཉཱ་སོགས་ཆུ་ཀླུང་ཆེན་པོ་བཞིའི་གཟུགས་སུ་བཀོད་པ་བཞིས་བླངས་ཏེ། དེ་བཞིའི་ནང་ནས་སེ་སྟོན་ཀུན་རིག་དང་། གསལ་བའི་སྙིང་པོ་ལས། ཆུ་ཕྲན་ལྔ་བུའི་

འཁོན་སྐྱི་ཆུ་བ་དགྲ་ལྷ་འབར་རམ་ཤཱཀྱ་འབར་དང་། ཞང་སྟོན་ཆོས་འབར་གཉིས་ཀྱིས་དྲངས་ནས་རྗེ་བཙུན་ས་སྐྱ་པ་ཡབ་སྲས་ལ་བཀའ་བབས་ཤིང་ཕྱིས་རྣལ་འབྱོར་གྱི་དབང་ཕྱུག་བི་རྒྷ་པ་ཉིད་ས་དཀར་པོ་རྒྱབ་ཡོལ་གྱི་ཚུལ་དུ་མཛད། འབལ་གྲོག་དང་མོན་གྲོག་ཏུ་ཞབས་རེ་བཞག་སྟེ་སྐུའི་གཟི་བྱིན་ཉི་མ་འབུམ་ལྟར་འབར་བ་ཞིག་ས་ཆེན་ལ་ཞལ་མངོན་སུམ་དུ་བསྟན་པས་མི་རྟོག་པའི་ཏིང་ངེ་འཛིན་ལ་ཡུན་རིང་དུ་འབྲུམས། དེ་ལས་སད་ནས་བསྟོད་པ་མཛད་ཅིང་ས་སྐྱའི་བྲང་ཁང་རྙིང་པར་སྤྱན་དྲངས་ཏེ་རྒྱུད་སྡེ་བདུན་ཅུ་རྩ་གཉིས་ཀྱི་བཤད་བཀའ་ཚུལ་བཞི་སྟོན་དུ་བཏང་ནས་བཤད་ཐབས་ཀྱི་མན་ངག་དྲུག་དང་ལྡན་པ་དང་། གསུང་ངག་རིན་པོ་ཆེ་ལམ་འབྲས་བུ་དང་བཅས་པའི་གདམས་པ་ཡོངས་སུ་རྫོགས་པ། ལྷུགས་རིའི་ཁོང་ལས་མི་འདའ་བའི་ཟབ་ཆོས་བཞི་དང་བཅས་པ་གདམས་པ་དང་རྗེས་སུ་སྟོན་པར་མཛད་པས་ཆོས་འདིའི་བདག་པོར་གྱུར་ཏེ།ཁ་བའི་ལྗོངས་འདི་སྐལ་བ་བཟང་པོར་མཛད་པ་ཡིན་ཏེ། རྗེ་བཙུན་ཆེན་པོས། མ་དྲོས་ཡེ་ཤེས་ཞབས་ལས་རྒྱུན་བཞིས་བླ་མ་ནི། །རྒྱལ་པོ་རིག་དང་སྙིང་པོ་སྣང་བའི་མཐའ་ཅན་ལས། །རིག་དང་སྙིང་པོའི་ཞབས་ལས་འབར་བ་འབར་བའི་མཐའ། །རྒྱུན་བཞི་འཛིན་པའི་བླ་ཆེན་དེ་ལ་བདག་ཕྱག་འཚལ། ། ཞེས་དང་། བླ་མེད་ཕྱོགས་ནི་རིས་བསྒྱུར་མིག་བཅས་པ། །རིག་བྱེད་ཀྱིས་གསལ་ལག་པས་མེ་ལ་བསྒོ། །དེ་འོག་ཀུན་གསལ་ཆུ་གཏེར་འབྱུང་བར་བབས། །བློ་ལྡན་དོན་འདི་ཤེས་ནས་སྨྲ་བར་གྱིས། །ཞེས་དང་། རྗེ་བཙུན་ཆེན་པོས། ཡེ་ཤེས་ཟླ་བ་དྲི་མེད་མིག་ལ་ཤར། །སྡེ་སྣོད་གསུམ་གྱི་དེ་ཉིད་གསལ་བར་བྱས། །རྒྱ་མཚོའི་ནང་ན་ནོར་བུ་བཞིན་དུ་མཛེས། །བློ་ལྡན་རྣམས་ཀྱི་རྟོགས་འགྱུར་གཞན་གྱིས་མིན། ། ཞེས་དང་། ཨ་ལ་ལ་སྙེ་ལྷན་སྐྱེས་སྤྲོས་བྲལ་ལས། །འདི་འདྲའི་རབ་བརྗིད་དཔལ་འབར་བསམ་ལས་འདས། །གང་དེའི་རྗེ་བཙུན་བི་རུ་པ་ཞེས་པ། །བདག་གི་དཔལ་དུ་གྱུར་པ་ཨེ་མ་ཧོ། ཁྱོད་ཀྱི་གཟི་ཡིས་རྟོག་པ་ཀུན་བྲལ་ཞིང་། །སྒོ་གསུམ་རླུང་རྣམས་དགའ་བ་བཞི་རྒྱས་ཏེ། །ཟ་ཟི་ལས་ཀྱང་བདེ་སྟོང་གྱུར་ནས་ནི། །སད་ནས་རྗེས་དྲན་ཙུང་ཟད་བསྟོད་པར་བགྱི། ། ཞེས་དང་། གཞན་ཞིག་ལས། འབྲོག་མའི་གསང་གདམ་སྐྱི་ངོས་བསྒྲགས། །སེ་ཡིས་བརྐུས་ནས་ཞང་ལ་བྱིན། །ཞང་སྟོན་སྒོ་བརྡུན

བཏབ་པ་ལ། །ས་ཆེན་སྤྱང་པོས་བརྟུན་ཕྱུག་གཏིབས། །ཕྲིས་ནས་ས་སྐྱའི་དན་ཡོགས་སུ། །བིརྣཱས་ལམ་འབྲས་སྒོ་སྤྱིལ་བྱས། ། ཞེས་བཤད་པའི་ཕྱིར་རོ། ། དཔལ་དུས་ཀྱི་འཁོར་ལོ་ལ་རྩ་བའི་རྒྱུད་དང་པོའི་སངས་རྒྱས་དབང་མདོར་བསྟན། རང་གཞན་གྱི་ལྟ་བ་མདོར་བསྟན་པ། བསྡུས་པའི་རྒྱུད། ཕྱི་རྒྱུད་ཕྱི་མ། འགྲེལ་ཆེན་དྲི་མ་མེད་པའི་འོད། རྣལ་འབྱོར་གསུམ་གྱི་སྙིང་པོ་སོགས་གསལ་བ། དོན་དམ་བསྙེན་པ། བདེ་མཆོག་སྟོད་འགྲེལ། རྡོ་རྗེ་སྙིང་འགྲེལ་ཏེ་རྒྱུད་དང་བྱང་ཆུབ་སེམས་དཔའི་འགྲེལ་པ་མང་པོ། བཤད་སྲོལ་ནི། སྟོན་པ་མྱ་ངན་ལས་འདའ་ཁར་དཔལ་འབྲས་སྤུངས་ཀྱི་མཆོད་རྟེན་དུ་རྒྱལ་པོ་ཟླ་བ་བཟང་པོ་ལ་དུས་འཁོར་རྩ་རྒྱུད་གསུངས། དེས་ཤམྦྷ་ལར་སྤེལ་ཏེ། དེ་ན་ཤིན་ཏུ་དར་ཆེ་ལ། དེ་ཡང་རྒྱལ་པོ་ཟླ་བ་བཟང་པོས་མཆོག་གི་དང་པོའི་སངས་རྒྱས་ལ་སོགས་པ་རྒྱུད་མཐའ་དག་བསྡུས་ཤིང་ཡུལ་དགུ་བཅུ་རྩ་དྲུག་ཏུ་སོ་སོའི་སྐད་ཀྱི་གླེགས་བམ་དུ་བྲིས། རྩ་བའི་རྒྱུད་ཀྱི་རྒྱས་འགྲེལ་སྟོང་ཕྲག་དྲུག་ཅུ་པ་མཛད་ནས་གྲོང་ཁྱེར་བྱེ་བ་ཕྲག་དགུ་བཅུ་རྩ་དྲུག་ན་གནས་པའི་སྐལ་བ་དང་ལྡན་པ་རྣམས་ལ་དབང་བསྐུར་ཏེ་ལེགས་པར་བསྟན་ནས་སྨིན་གྲོལ་གྱི་ལམ་ལ་བཀོད། རྒྱུད་བསྟན་པའི་ལོ་གཉིས་པ་ལ་ཀཱ་ལ་པའི་གྲོང་གི་ལྷོ་ཕྱོགས་ཙནྡན་མ་ལ་ཡའི་སྐྱེད་མོས་ཚལ་གྱི་དབུས་སུ་རིན་པོ་ཆེ་སྣ་ལྔ་ལས་དུས་ཀྱི་འཁོར་ལོའི་དཀྱིལ་འཁོར་ཡོངས་སུ་རྫོགས་པ་བཞེངས། སྲས་སའི་སྙིང་པོའི་སྤྲུལ་པ་ལྷ་དབང་སེང་གེའི་ཁྲི་ལ་ཆོས་སྟོན་པ་པོར་དབང་བསྐུར་ཏེ་གཤེགས། ལྷ་དབང་གི་ལོ་བརྒྱའི་བར་དུ་རྩ་རྒྱུད་འགྲེལ་པ་དང་བཅས་པ་བསྟན། དེ་ནས་ལྷ་དབང་གི་སྲས་གཤིན་རྗེ་མཐར་བྱེད་ཀྱི་སྤྲུལ་པ་གཟི་བརྗིད་ཅན། དེའི་སྲས་སྒྲིབ་པ་རྣམ་སེལ་གྱི་སྤྲུལ་པ་ཟླ་བས་བྱིན། དེའི་སྲས་ཁྲོ་བོ་རྨུགས་བྱེད་ཀྱི་སྤྲུལ་པ་ལྷའི་དབང་ཕྱུག དེའི་སྲས་ཧ་མགྲིན་གྱི་སྤྲུལ་པ་སྣ་ཚོགས་གཟུགས། དེའི་སྲས་ནམ་མཁའི་སྙིང་པོའི་སྤྲུལ་པ་ལྷའི་དབང་ལྡན་རྣམས་ཀྱིས་ཀྱང་སེང་གེའི་ཁྲི་ལ་བཞུགས་ཏེ་རྩ་རྒྱུད་འགྲེལ་པ་དང་བཅས་པ་ལོ་བརྒྱ་བརྒྱ་བསྟན་ནས་རང་རང་གི་སྲས་རྒྱལ་སར་བསྐོས་ཏེ་གཤེགས། ལྷའི་དབང་ལྡན་གྱི་སྲས་འཇམ་དཔལ་གྱི་སྤྲུལ་པ་རྒྱལ་པོ་ཆེན་པོ་འཇམ་དཔལ་གྲགས་པ་སྟེ། དེས་རྒྱལ་ས་བཟུང་ནས་ལོ་དགུ་བཅུ་གོ་དགུ་ཙམ་ན་ནི་རྩ་བའི་རྒྱུད་བཤད་ལ། །བརྒྱ་པ་ལ་དེ་བཞིན་

གཤེགས་པས་བསྐུས་པའི་རྒྱུད་བསྐུ་བར་ལུང་བསྟན་པའི་དུས་ལ་བབས་པར་མཁྱེན་ནས་དབོ་ཟླ་བའི་ཉ་ལ་ཉེ་མའི་ཤིང་རྟ་ལ་སོགས་པའི་དྲང་སྲོང་བྱེ་བ་ཕྲག་ཕྱེད་བཞི་པོ་ཐམས་ཅད་བོས་ཏེ་བཀའ་སྩལ་པ། ཀྱེ་བོའི་ཚིག་ཐམས་ཅད་མཁྱེན་པའི་ཕུན་སུམ་ཚོགས་པ་ཐོབ་པར་བྱེད་པ་ཉོན་ཅིག ། སླར་ཕྱི་མ་ནག་པའི་ཉ་ལ་ཁྱེད་རྣམས་ལ་རྡོ་རྗེ་ཐེག་པའི་བསྟན་པ་སྦྱིན་པར་བྱའོ། །དེ་བས་ན་ཁྱེད་ཀྱི་ཡུལ་སྣ་ཚོགས་པའི་དབང་གིས་བྲམ་ཟེའི་རིགས་ཀྱི་སྤྱོད་པ་ཐ་དད་པ་རྣམས་བདག་ལ་སྟོན་ཅིག ། ཅེས་གསུངས་པ་ན། རང་རང་གི་སྤྱོད་པ་འགའ་ཞིག་ཐོད་པར་ཟ་བ་དང་། གཞན་དག་བ་ལང་མ་རྟེའི་ཤ་ཟ་བ་དང་། ཁ་ཅིག་ཆང་འཐུང་བ་དང་། ལ་ལ་མ་དང་སྲིང་མོ་ཆུང་མར་འཛིན་པ་སོགས་རང་རང་གི་ཡུལ་ཆོས་ཀྱི་སྤྱོད་པ་དེ་དག་མིའི་དབང་པོ་ལ་ངོ་ཚ་སྟེ་བསྟན་མ་ནུས་པར་ས་ལ་འཁྱིལ་བར་གྱུར་ཏོ། །དེ་གཟིགས་ནས་སླར་ཡང་བཀའ་སྩལ་པ། བདག་གིས་བཅོམ་ལྡན་འདས་དུས་ཀྱི་འཁོར་ལོའི་དཀྱིལ་འཁོར་གྱི་ཁང་པ་འདིར་ཁྱེད་རྣམས་བཞུགས་པར་བྱ་ཞིང་། འཇིག་རྟེན་དང་འཇིག་རྟེན་ལས་འདས་པའི་དབང་སྦྱིན་པར་བྱའོ། །ཅི་སྟེ་ངའི་བཀའ་བཞིན་མི་བྱེད་ན་བདག་གི་གྲོང་ཁྱེར་བྱེ་བ་ཕྲག་དགུ་བཅུ་རྩ་དྲུག་པོ་ལ་གང་དང་གང་དུ་མོས་པ་དེར་སོང་ཞིག ། ཅེས་བཀའ་སྩལ་པ་དང་། དེ་དག་གིས་ཀ་ལཱ་པའི་གྲོང་སྤངས་ཏེ་འཕགས་པའི་ཡུལ་དུ་འགྲོ་བར་བརྩམས་ནས་ཉི་མ་བཅུ་དྲུག་ཕྱིན་ཏེ་ནགས་ཚལ་སྟུག་པོ་ཞིག་ཏུ་གནས་པའི་ཚེ་རྒྱལ་པོའི་དགོངས་པ་ལ་དྲང་སྲོང་འདི་དག་འཕགས་ཡུལ་དུ་སོང་ན་ཀ་ལཱ་པའི་གྲོང་ན་གནས་པའི་སེམས་ཅན་རྣམས་རྒྱལ་པོ་གྲགས་པའི་འཇིགས་པས་ཐར་པ་དོན་དུ་གཉེར་བའི་དྲང་སྲོང་རྣམས་རང་རང་གི་གཉེན་བཤེས་དང་བཅས་ཡུལ་གཞན་དུ་སྐྱུགས་སོ་སྙམ་པའི་བསམས་པ་ངན་པ་སྐྱེ་བར་འགྱུར་ལ། དེ་ལྟར་ན་རྡོ་རྗེ་ཐེག་པའི་ཆོས་དངོས་སུ་སྟོན་པའི་སྣོད་དུ་མི་རུང་བར་འགྱུར་རོ་སྙམ་ནས་ཁྱབ་འཇུག་དང་ཚངས་པ་དང་དྲག་པོའམ་དབང་ཕྱུག་གི་རིགས་ཐམས་ཅད་རྨོངས་པར་བྱེད་པ་ཞེས་བྱ་བའི་ཏིང་ངེ་འཛིན་ལ་སྙོམས་པར་ཞུགས་པ་ན། ཏིང་ངེ་འཛིན་དེ་དང་། བཅོམ་ལྡན་འདས་དུས་ཀྱི་འཁོར་ལོའི་བྱིན་རླབས་ཀྱིས་དྲང་སྲོང་དེ་དག་ནགས་ཚལ་དུ་རྨོངས་ནས་དེར་གནས་པའི་རི་ཁྲོད་པ་དག་གིས་བཅིངས་ནས་རྒྱལ་པོ་གྲགས་པའི་མདུན་སར་དོར་བ་ན། དེ་དག་གིས་དཀྱིལ་

འཁོར་གྱི་ཁང་པར་སླེབ་པར་ཤེས་ནས། ཡི་མུག་སྟེ་ཙ་ཙོའི་སྒྲ་ཆེན་པོ་བསྒྲགས་པ་རྒྱལ་པོ་གྲགས་པའི་བློན་པོ་སྤྲུལ་པའི་སྐུ་རྒྱ་མཚོའི་བློ་གྲོས་ཀྱིས་ཐོས་ཏེ། སྨྲས་པ། ཀྱེ་ཉི་མའི་ཤིང་རྟ་ལ་སོགས་པའི་དྲང་སྲོང་རྣམས་རྒྱལ་པོ་གྲགས་པ་འདི་ནི་རང་རྒྱུད་པ་མ་ཡིན། ཁྱེད་རྣམས་རྗེས་སུ་གཟུང་བའི་དོན་དུ་བསམ་བཞིན་སྐྱེ་བ་བཞེས་པའི་བྱང་ཆུབ་སེམས་དཔའ་ཆེན་པོ་ཞིག་སྟེ། དེའི་ཕྱིར་ན་འདིའི་ཞབས་ལ་གཏུགས་ཏེ་རྒྱུད་ཀྱི་རྒྱལ་པོ་དང་པོའི་སངས་རྒྱས་ལས་བྱུང་བའི་འཇིག་རྟེན་དང་འཇིག་རྟེན་ལས་འདས་པའི་དངོས་གྲུབ་སྒྲུབ་པའི་ཐབས་བླ་ན་མེད་པ་དབང་བསྐུར་བར་གསོལ་བ་ཐོབ་ཅིག་ཅེས་བསྒོས་སོ། །དེའི་ཚེ་རྒྱ་མཚོའི་བློ་གྲོས་ཀྱི་ཚིག་དེ་དང་། སངས་རྒྱས་ཀྱི་བྱིན་རླབས་ཀྱིས་དྲང་སྲོང་རྣམས་རིག་སད་ནས་རང་གི་གཙོ་བོ་ཉི་མའི་ཤིང་རྟ་སྔོན་ཏེ་མིའི་དབང་ཕྱུག་ལ་གསོལ་བ་བཏབ་པས། ཞལ་གྱིས་བཞེས་ཏེ་ནག་པ་ཟླ་བའི་དཀར་པོའི་ཕྱོགས་ལ་དབང་བསྐུར་བས་རྒྱལ་རིགས་རྗེའུ་རིགས་བྲམ་ཟེའི་རིགས་དམངས་རིགས་ཏེ་བཞི་པོ་དེར་གཏོགས་པའི་ཤམྦྷ་ལའི་ཡུལ་གྱི་མི་ཐམས་ཅད་དང་དྲང་སྲོང་བྱེ་བ་ཕྲག་ཕྱེད་དང་བཞི་དང་བཅས་པ་རྡོ་རྗེའི་རིགས་སམ་རིགས་པ་འཛིན་པ་སྔགས་ཀྱི་སྡོམ་ལྡན་ཞེས་གཅིག་ཏུ་མཛད་པས། དེ་མིན་གྱི་རྒྱལ་པོ་རྣམས་ལ་རིག་ལྡན་ཞེས་གྲགས་ལ། ལྷའི་དབང་ལྡན་ཡན་ལ་ཆོས་རྒྱལ་ཞེས་བྱ་བའི་རིག་ལྡན་གྱི་ཐ་སྙད་མི་ཐོབ་པར་བཤད་དོ། །དེའི་ཉིན་རྩ་བའི་རྒྱུད་ལས། ཐེང་བ་འཛིན་པའི་སྡེབ་སྦྱོར་གྱིས་ཤློ་ཀ་སྟོང་ཕྲག་གཅིག་དང་སུམ་ཅུ་ལྷག་ཙམ་ཡོད་པའི་དུས་འཁོར་བསྡུས་རྒྱུད་དུ་གྲགས་པ་བསྡུ་བར་མཛད་པ་ཡིན་ནོ། །དེ་དག་གི་རྒྱུ་མཚན་ཡང་དུས་འཁོར་རྩ་རྒྱུད་ལས། འདི་ནི་དཔལ་ལྡན་འཇམ་པའི་རྡོ་རྗེ་ལྷ་ཡི་མཆོག་རྒྱུད་རྡོ་རྗེའི་རིགས་ཀྱི་རིག་ལྡན་ཏེ། །རྡོ་རྗེའི་དབང་བསྐུར་བྱིན་ནས་མཐའ་དག་ཐུབ་པའི་རིགས་རྣམ་དག་ནི་རིགས་གཅིག་དག་ཏུ་བྱེད་པར་འགྱུར། །ཞེས་པས་ཤེས་སོ། །ལོ་དེའི་རྒྱལ་གྱི་ཉ་ལ་འཇིག་རྟེན་དབང་ཕྱུག་གི་སྤྲུལ་པ་པདྨ་དཀར་པོ་རྒྱལ་སར་བསྐོས་ཏེ་སྤྲུལ་པ་བསྡུས་སོ། །པད་དཀར་དེས་བསྡུས་རྒྱུད་ལ་རྒྱས་འགྲེལ་དྲི་མ་མེད་པའི་འོད་ཅེས་པ་ཤློ་ཀ་སྟོང་ཕྲག་བཅུ་གཉིས་ཡོད་པ་ཞིག་མཛད་དེ་ལོ་བརྒྱར་ཆོས་བསྟན། དེ་ནས་བཟང་པོ། རྣམ་རྒྱལ། བཤེས་གཉེན་བཟང་པོ། ཕྱུག་དམར། ཁྱབ་འཇུག་སྦས་པ། ཉི་མ་གྲགས་

པ། ཤིན་ཏུ་བཟང་། རྒྱ་མཚོ་རྣམ་རྒྱལ། རྒྱལ་དཀའ། ཉི་མ། སྣ་ཚོགས་གཟུགས། ཟླ་འོད། མཐའ་ཡས། ས་སྐྱོང་། དཔལ་སྐྱོང་། སེང་གེ། རྣམ་གནོན། སྟོབས་པོ་ཆེ། མ་འགགས་པ། མིའི་སེང་གེ། དབང་ཕྱུག་ཆེན་པོ། མཐའ་ཡས། རྣལ་རྒྱལ་ཧེ་དྲི་མེད་འོད་ལས། དེ་བཞིན་རིམ་པ་ཛེ་ལྟ་བར་གཤིན་རྗེ་མཐར་བྱེད་ལ་སོགས་པའི་ཁྲོ་བོ་བཅུ་དང་། སའི་སྙིང་པོ་ལ་སོགས་པའི་བྱང་ཆུབ་སེམས་དཔའ་བཅུ་གསུམ་པོ་རྣམས་ཏེ། གཤིན་རྗེ་མཐར་བྱེད་ལ་སོགས་པ་ཁྲོ་བོའི་རྒྱལ་པོ་དེ་དག་གི་བར་དུ་བྱང་ཆུབ་སེམས་དཔའ་བཅུ་གསུམ་པོ་དེ་དག་ལུང་བསྟན་ཏོ། །ཞེས་གསུངས་པའི་ཕྱིར། ལུང་ཡང་། རྩ་རྒྱུད་ལས། གཤིན་རྗེའི་གཤེད་སོགས་ཁྲོ་བོ་བཅུ། །དེ་བར་བྱང་ཆུབ་སེམས་དཔའ་གཞན། །བཅུ་གསུམ་དེ་དག་རིམ་པ་ཡིས། །རིག་ལྡན་རིགས་ལ་འབྱུང་བར་འགྱུར། །ཞེས་པད་དཀར་ནས་དྲག་པོའི་བར་ཉེར་གསུམ། གཞན་ཞེས་པ་འཇམ་དབྱངས་དང་སྤྱན་རས་གཟིགས་ཀྱི་སྤྲུལ་པ་དེ་གཉིས་ལས་གཞན་བཅུ་གསུམ་འབྱུང་བར་ལུང་བསྟན་པའི་ཕྱིར་དང་། གྲགས་པ་རིག་ལྡན་དེ་ནས་སླར། །དེ་སྲས་འཁོར་ལོ་ཆེན་པོ་ཅན། །རིག་ལྡན་དྲག་པོ་འབྱུང་འགྱུར་ཏེ། །ཟླ་མཁས་རྟ་མཆོག་ཉིད་འཛིན་གྱིས། །ཀླ་ཀློའི་ཆོས་ནི་མཐར་བྱེད་པའོ། ། ཞེས་རིག་ལྡན་ཉི་ཤུ་རྩ་དྲུག་པ་ནི་འཇམ་དབྱངས་གྲགས་པ་ཉིད་རྣམ་རྒྱལ་ཕྱི་མའི་སྲས་སུ་འཁྲུངས་པ་དྲག་པོ་འཁོར་ལོ་ཅན་དེ། དེ་ལྟར་ན་ཟླ་བཟང་གི་ཡབ་རྒྱལ་པོ་ཉི་མའི་འོད་མི་ཐེ་བའི་ཆོས་ཀྱི་རྒྱལ་པོ་བདུན། རིག་ལྡན་ཉི་ཤུ་རྩ་དྲུག་པོ་ཐམས་ཅད་རྒྱལ་སར་བསྐོས་ནས་ལོ་བརྒྱ་བརྒྱ་རྒྱལ་སྲིད་བསྐྱངས། བརྒྱ་པ་དེ་རང་ལ་རྒྱལ་ས་གཏད་སྤྲུལ་པ་བསྡུ་བར་བཤད་ཀྱང་དགུང་ལོ་འདི་ཙམ་ལ་རྒྱལ་སར་ཕེབས་ཞེས་པའི་ངེས་པ་ནི་གསལ་པོ་མི་འབྱུང་ངོ་། ། རིག་ལྡན་སྣ་ཚོགས་གཟུགས་དང་སློབ་དཔོན་ཀླུ་སྒྲུབ་དུས་མཉམ། ཀླུ་སྒྲུབ་ཀྱི་སྐུ་ཚེའི་རིང་ལ་རིག་ལྡན་རྣམ་རྒྱལ་ཡན་རྗོགས། རྣམ་རྒྱལ་རྒྱལ་སར་བསྐོས་པ་དང་། འཕགས་པ་ཐོགས་མེད་བྱོན་པ་དུས་མཉམ། རིག་ལྡན་ཁྱབ་འཇུག་སྲས་པས་ཁ་ཆེའི་ཡུལ་དུ་བྱོན་ནས་རྫུ་འཕྲུལ་སྣ་ཚོགས་བསྟན་ཏེ་རྡོ་རིང་བཙུགས། སློབ་མ་འགའ་ལ་ཕག་མོའི་སྒྲུབ་ཐབས་ཀྱང་གནང་། འདི་རྒྱལ་སར་བསྐོས་ནས་ལོ་ལྔ་བཅུ་རྩ་གཅིག་ན་ཀླ་ཀློ་ཏ་ཟིག་གི་རྒྱལ་པོའམ་སྟོན་པ་ཨ་ཧོ་བྱུང་ནས་དེས་རྣམ་

ཙའི་འཇུག་པ་ཞེས་བྱ་བ་ལྷ་མ་ཡིན་གྱི་ཆོས་བརྩམས། དེ་ཀླུ་ཀློའི་ལོ་སྟོང་ཕྲག་བརྒྱད་འབྱུང་བའི་ཐོག་མ་ཡིན་ལ། དེ་ནས་རིམ་གྱིས་ཀླུ་ཀློའི་སྟོན་པ་ཨ་ནོ་ཧྲ ཕག་ལྡན། བྱི་བ། དབང་པོ། གོས་དཀར་ཅན་རྣམས་བྱུང་། རིག་ལྡན་རྒྱ་མཚོ་རྣམ་རྒྱལ་རྒྱལ་སར་བསྐོས་པའི་ཚེ་འཕགས་པའི་ཡུལ་གྱི་ནུབ་ཕྱོགས་ཀྱི་ཆ་ཤས་མ་གའི་ཡུལ་ལམ་ཏུ་རཱུ་སྟེ་སོག་པོའི་ཡུལ། ཧི་ཏི་ཞེས་པ་གྲོང་བྱེ་བས་བརྒྱན་པ། བཱ་ག་ད་ལ་སོགས་པའི་གྲོང་ཁྱེར་དུ་ཀླུ་ཀློའི་སྟོན་བའམ་ཛེ་བོ་མ་ཧྨ་མ་ཏི་ཞེས་པ་བོད་སྐད་དུ་མདངས་ལྡན་ནམ་སྨྲང་རྩེའི་བློ་གྲོས་ཞེས་པ་བྱུང་སྟེ། དེ་ནི་བུད་མེད་དང་བཅས་པ་གོས་དཀར་པོ་འབའ་ཞིག་གྱོན་པ་རལ་པའི་དོ་ཀེར་ཅན་ཛ་མོང་དང་། རྟ་དང་བ་གླང་བཤད་ནས་ཁྲག་དང་བཅས་པའི་ཤ་ཙུང་ཟན་བཙོས་པ་ཟས། གཞན་དང་མ་འདྲེས་པ་དང་། བ་ལང་གི་ཤ་དང་སྒོ་ང་དང་ཆུ་དང་ཚ་བ་གསུམ་མཉམ་དུ་བཙོས་པ་དང་། འབྲས་དང་ལོ་མ་བསྲེས་ནས་བཙོས་པ་ཤིང་ཏོག་དང་བཅས་པའི་ཟས་དང་། བྱ་གག་ལ་སོགས་པའི་སྒོ་ངའི་ཁུ་བ་ལས་བྱས་པའི་བཏུང་བ་ལ་ཉིན་ཕྱེད་ནས་མཚན་ཕྱེད་ཀྱི་བར་ལ་ལོངས་སྤྱོད་ཅིང་། ཀླུ་ཀློའི་ལྷ་བི་ཥྨི་མི་ལླའི་ཕྱགས་ཀྱིས་བཏབ་པའི་སོག་པོའི་གྲི་སྒྲུར་གྱིས་ཕྱུགས་ཀྱི་མགྲིན་པ་བཅད་པའི་ཤ་ཟོས་པའི་མཆོག་ཐོབ་པར་འདོད་ལ། གཞན་ཡང་རྣམ་ཙ་འཇིག་རྟེན་གྱི་བྱེད་པོ་ཡིན་པས་དེ་མཉེས་ན་མཐོ་རིས་སུ་འགྲོ་ཞིང་མ་མཉེས་ན་དམྱལ་བར་འགྲོའོ་ཞེས་ལྷ་དང་ཕ་མེས་མཆོད་པའི་དོན་དུ་ཕྱུགས་ཀྱི་སྲོག་བཅད་ནས་ཤ་ཁྲག་འཁྱེད་པར་བྱེད། བདུད་ཀྱི་ལྷ་དངོས་སུ་མཐོང་ཞིང་དེས་གྲོགས་བྱས་པས་གཟི་བརྗིད་དང་དཔུང་རྒྱས་ནས་སངས་རྒྱས་པའི་ལྷ་ཁང་དྲུག་ཙུ་རྩ་བརྒྱད་བཤིག་པ་སོགས་བསྟན་པ་ལ་གནོད་པ་ཆེན་པོ་བྱས་པ་དེ་གྲགས་པ་ཤིན་ཏུ་ཆེ་བས་ཀླུ་ཀློའི་ཐོག་མའི་སྐམ་དུ་སེམས་པ་མང་ངོ་། །དེས་ན་ལུགས་དེ་དག་ལ་ལྷ་མ་ཡིན་གྱི་ཆོས་ཟེར། ཏོག་གེ་སྟེ་ལྡེ་ལ་སོགས་པ་ལ་ལྷ་ཆེན་གསུམ་གྱི་བསྟན་པར་འཛིན་པའི་ཕྱིར་ན་ལྷའི་ཆོས་ཟེར། ཐེག་པ་གསུམ་ལ་སངས་རྒྱས་ཀྱི་ཆོས་ཟེར་རོ། །དེ་དག་ནི་འདས་པ་ཡིན་ལ། མ་འོངས་པ་ན་འཕགས་ཡུལ་དང་བོད་ལ་སོགས་པ་རྣམས་ཀླུ་ཀློས་གང་སྟེ་བྱེད་པའི་བློ་གྲོས་ཞེས་པའི་ཀླུ་ཀློའི་རྒྱལ་པོ་རྒྱལ་ཕྲན་དགུ་བཅུ་རྩ་དྲུག་དང་། དམག་དཔོན་ཟླ་བ་ཆེན་པོའི་བུ་དང་། དམག་དཔོན་དབང་པོའི་མགོན་པོ་སོགས་དཔུང་གི

ཚོགས་ཡན་ལག་བཞི་དང་བཅས་པ་འབྱུང་ངོ་། །དེའི་ཚེ་རིག་ལྡན་དྲག་པོ་སེང་གེའི་ཁྲི་ལ་དབང་བསྐུར་ནས་ལོ་ལྔ་བཅུ་ལྷག་ཙམ་བཞེས་པ་དེས་རང་ཉིད་ཉི་མ་ལྟ་བུའི་གཟི་བརྗིད་འབར་ཞིང་ཁྲོ་འབྲུག་འཇིགས་སུ་རུང་བའི་ཚུལ་གྱིས་ཛོའི་རྟ་ལ་ཆིབས། སྲ་བའི་གོ་བགོས། ཕྱག་ན་མདུང་ཐུང་བསྣམས། རྒྱལ་ཕྲན་དགུ་བཅུ་རྩ་དྲུག་དམག་དཔོན་ཧ་ནུ་མ་ན་དང་། དམག་དཔོན་གཉིས་པ་དྲག་པོ་སོགས་རླུང་གི་ཤུགས་ཅན་གྱི་ཛོའི་རྟ་ཁ་དོག་སྣ་ཚོགས་ལ་ཞོན་པའི་རྟ་པ་བྱེ་བ་དགུ་ཆང་གིས་མྱོས་པའི་གླང་པོ་འབུམ་ཕྲག་བཞི། གསེར་གྱིས་བརྒྱན་པའི་ཤིང་རྟ་འབུམ་ཕྲག་ལྔ། དཔའ་བོ་དཔུང་བུ་ཆུང་གི་ཚོགས། མིག་གིས་མཐོང་ཚད་དྲུག ཚངས་པ། དབང་ཕྱུག ཁྱབ་འཇུག ཚོགས་བདག གཞོན་ནུ་གདོང་དྲུག་ལ་སོགས་པ་དཔུང་གི་ཚོགས་དང་བཅས་པས་གྲོགས་བྱས་ཏེ་ཀླ་ཀློའི་དཔུང་ཚོགས་ཐམས་ཅད་རྨིག་མེད་པར་བཅོམ་ནས་འཕགས་པའི་ཡུལ་གྱི་བར་ཐམས་ཅད་སངས་རྒྱས་ཀྱི་བསྟན་པས་ཁྱབ་པར་མཛད་པ་འབྱུང་ངོ་། རབ་དབྱེ་ལས། དཔལ་ལྡན་དུས་ཀྱི་འཁོར་ལོ་ལས། །ཆུ་བོ་སི་ཏའི་བྱང་ཕྱོགས་སུ། །རི་བོ་གངས་ཅན་ཡོད་པར་བཤད། །དེ་ཡི་འགྲམ་ན་ཤམྦྷ་ལ། །གྲོང་ཁྱེར་བྱེ་བ་དགུ་བཅུ་དྲུག །དེ་ན་རྒྱལ་པོའི་ཕོ་བྲང་མཆོག །ཀཱ་ལ་པ་ཞེས་བྱ་བ་ཡོད། །དེ་ན་སྤྲུལ་པའི་རྒྱལ་པོ་རྣམས། །ལོ་གྲངས་བརྒྱ་བརྒྱར་ཆོས་གསུངས་སོ། །དེ་ན་ནགས་ཚལ་སྣ་ཚོགས་དང་། །བཟའ་ཤིང་ར་བ་དུ་མ་ཡོད། །སྙིགས་མའི་དུས་ན་འཕགས་པའི་ཡུལ། །ཀླ་ཀློའི་ཆོས་ཀྱིས་གང་བར་འགྱུར། །དེ་ནས་ཀླ་ཀློའི་རྫུ་འཕྲུལ་གྱིས། །ཤམྦྷ་ལ་རུ་དམག་འདྲེན་འགྱུར། །དེ་ཚེ་ཕྱག་ན་རྡོ་རྗེ་ཡིས། །སྤྲུལ་པ་དྲག་པོ་ཞེས་བྱ་བའི། །རྒྱལ་པོས་ཀླ་ཀློ་ཀུན་བཅོམ་ནས། །འཕགས་པའི་ཡུལ་གྱི་བར་དུ་ཡང་། །སངས་རྒྱས་བསྟན་པ་སྤེལ་བར་གསུངས། །ཞེས་དང་། རྗེ་བཙུན་ཆེན་པོས་མཛད་པའི་རྩིས་གཞི་ལས། དེ་ལྟར་རྒྱལ་རབས་རྣམ་པ་བཅུ། །དེ་ལས་ཀཱ་ལ་ཀི་ཞེས་བྱའི་མིང་། ཁྲོ་བོ་བཅུ་དང་དེ་བཞིན་དུ། །བྱང་ཆུབ་སེམས་དཔའ་བཅུ་གསུམ་ནི། །རིམ་པ་བཞིན་དུ་འབྱུང་བ་སྟེ། །གཤིན་རྗེ་རྩོད་པའི་རྣམ་རྒྱལ་ལོ། །ཕྱག་ན་རྡོ་རྗེའི་སྤྲུལ་པ་ནི། །དྲག་པོ་ཀཱ་ལ་ཀི་ཞེས་བྱའི་བར། །ཁྲོ་བོ་བཅུ་དང་དེ་བཞིན་དུ། །བྱང་ཆུབ་སེམས་དཔའ་རེ་རེ་སྤེལ། །མཐུག་ཏུ་བྱང་ཆུབ་སེམས་དཔའ་གསུམ། །རིམ་པ་

བཞིན་དུ་འབྱུང་བ་ཡིན། །སྤྲུལ་པའི་རྒྱལ་པོ་རེ་རེ་བཞིན། །ལོ་ནི་བརྒྱ་ཕྲག་ལྷག་པ་རུ། །སེང་གེའི་ཁྲི་ལ་བཞུགས་ནས་ནི། །ཆོས་ཀྱི་འཇིག་རྟེན་སྐྱོང་བར་མཛད། །དེ་ནས་རྒྱལ་བས་བསྔགས་པ་ཡིས། །ཤམྦྷ་ལ་ཡི་ཡུལ་དུ་ནི། །དཔལ་ལྡན་རྡོ་རྗེ་ཐེག་པའི་རྒྱུད། །ནམ་ཡང་ནུབ་པར་མི་འགྱུར་རོ། །ཞེས་གསུངས་པའི་ཕྱིར། འོ་ན་སེང་གེའི་ཁྲི་ལ་ལོ་བརྒྱ་ལས་མི་བཞུགས་པར་བཤད་པ་དང་། འདིར་བརྒྱ་ཕྲག་ལྷག་གི་བར་དུ་བཞུགས་པར་བཤད་པ་འགལ་ལོ་སྙམ་ན་མི་འགལ་ཏེ། རྒྱལ་སར་མ་ཐེབས་གོང་དང་བསྡོམས་པས་བརྒྱ་ཕྲག་ལྷག་པར་ཤམྦྷ་ལ་རུ་བཞུགས་ཞེས་པའི་དོན་དུ་མཛད་པའི་ཕྱིར་རོ། །

འོ་ན་རིག་ལྡན་དྲག་པོ་འཇམ་དབྱངས་གྲགས་པའི་སྤྲུལ་པ་ཡིན་པས་ཕྱག་ན་རྡོ་རྗེའི་སྤྲུལ་པར་མི་འཐད་དོ་ཞེ་ན། སྐྱོན་མེད་དེ་རིག་ལྡན་དྲག་པོ་འཇམ་དབྱངས་གྲགས་པའི་སྤྲུལ་པ་ཡིན། འཇམ་དབྱངས་གྲགས་པ་ཟླ་བ་བཟང་པོའི་སྤྲུལ་པ་ཡིན། ཟླ་བ་བཟང་པོ་ཕྱག་ན་རྡོ་རྗེའི་སྤྲུལ་པ་ཡིན་པར་རྩ་རྒྱུད་ལས་བཤད་པའི་ཕྱིར། གཏན་ཚིགས་དང་པོ་ནི། དྲི་མེད་འོད་དུ་རྩ་རྒྱུད་ཀྱི་ལུང་དྲངས་པ་ལས། རིག་ལྡན་ཉི་ཤུ་རྩ་བཞི་རྫོགས་པའི་རྗེས་སུ་གྲགས་པ་རིག་ལྡན་དེ་ནས་སླར། །ཞེས་སོགས་ཀྱིས་གྲུབ། གཉིས་པ་ནི་ཟླ་བཟང་། རྩ་རྒྱུད་ལས། ཁྱོད་ནི་སྟོད་པར་བྱེད་པ་སྟེ། །འགྲེལ་བཤད་བྱེད་པ་བདེ་འཛིན་རང་། །ཞེས་ཟླ་བ་བཟང་པོ་ཉིད་བསྡུས་རྒྱུད་མཛད་པ་པོ་དང་། འགྲེལ་བཤད་མཛད་པ་པོ་གཉིས་ཀ་ཡིན་པ་བཤད་པས་གྲུབ། གསུམ་པ་ནི། རྩ་རྒྱུད་ལས། ཕྱག་ན་རྡོ་རྗེ་ཟླ་བཟང་ཁྱོད། །ཅེས་བཤད་པས་གྲུབ་པའི་ཕྱིར། སྤྱིར་ཡང་འཇམ་དབྱངས་ཀྱི་སྤྲུལ་པ་དང་། ཕྱག་རྡོར་གྱི་སྤྲུལ་པ་མི་འགལ་ཏེ། འཇམ་དབྱངས་གཙོ་བོར་བྱས་ཕྱག་རྡོར་དེའི་འཁོར་དུ་ཡོད་པ་དང་། ཕྱག་རྡོར་གཙོ་བོར་བྱས། དེའི་འཁོར་དུ་འཇམ་དབྱངས་ཡོད་པའི་དཀྱིལ་འཁོར་མང་དུ་འབྱུང་ལ། དཀྱིལ་འཁོར་དེ་དང་དེའི་འཁོར་ཐམས་ཅད་དེ་དང་དེའི་གཙོ་བོའི་སྤྲུལ་པ་ཡིན་པར་ཀྱེ་རྡོར་རྩ་རྒྱུད་ལས་བཤད་པའི་ཕྱིར། ཞེས་ཀུན་མཁྱེན་ཆེན་པོས་གསུངས་ལ། མཁན་ཆེན་ལེགས་པའི་འབྱུང་གནས་ནི་དེར་མ་ཟད། ཕྱག་ན་རྡོ་རྗེ་དང་། ཐུགས་ཀྱི་རྡོ་རྗེ་དང་། དུས་ཀྱི་འཁོར་ལོ་ཞེས་པ་རྣམས

མིང་གི་རྣམ་གྲངས་ཡིན་པས། དུས་ཀྱི་འཁོར་ལོའི་རྒྱུད་གསུངས་པའི་སྐབས་འདིར་ཆོས་རྒྱལ་བདུན་དང་རིག་ལྡན་ཉི་ཤུ་རྩ་དྲུག་སྟེ་སུམ་ཅུ་རྩ་གསུམ་པོ་ཐམས་ཅད་སྤྲུལ་བྱེད་ཕྱག་ན་རྡོ་རྗེའམ་དུས་ཀྱི་འཁོར་ལོ་འབའ་ཞིག་གིས་སྤྲུལ་པ་ཡིན་པས་སྤྲུལ་པ་སོ་སོ་ལ་བགོད་པ་མི་འཐད་པ་དང་། སྤྲུལ་བྱེད་ཀྱི་མཚན་སོ་སོར་ཡོད་ཀྱང་འགལ་བ་མེད་དེ། གསང་བ་གྲུབ་པ་ལས། ཡེ་ཤེས་སྒྱུ་མའི་རང་བཞིན་ཐུགས་རྡོ་རྗེ་སྐྱེས་བུ་ཆེན་པོའི་མཚན་སུམ་ཅུ་རྩ་གཉིས་ཀྱིས་བརྒྱན་པའི་སྐུར་གྱུར་ནས། འདི་སྐད་བདག་གིས་ཐོས་པ་ཞེས་བྱ་བ་ལ་སོགས་པའི་དོན་དམ་པའི་དེ་ཁོ་ན་ཉིད་སངས་རྒྱས་དང་བྱང་ཆུབ་སེམས་དཔའ་རྣམས་ལ་བདག་ཉིད་ཀྱིས་སྟོན་ཏོ། །ཞེས་དང་། འདི་དག་སྟོན་པར་བྱེད་པ་པོ། །གཞན་དག་ཡོད་པ་མ་ཡིན་ཞེས། །བདག་ཉིད་འབའ་ཞིག་སྨྲ་བར་བྱེད། །སྟོན་མཛད་པ་ནི་ཐུགས་རྡོ་རྗེ། །ཞེས་པ་དང་མཐུན་ཞིང་། དྲི་མེད་འོད་ལས་ཀྱང་། འདི་དག་སངས་རྒྱས་དང་བྱང་ཆུབ་སེམས་དཔའ་དག་སྟོན་པ་པོ་དང་ཞུ་བ་པོའི་འགྲེལ་པ་སྤྲུལ་པའི་སྐུའམ་ལོངས་སྤྱོད་རྫོགས་པའི་སྐུས་ཀྱང་རུང་སྟེ་སྔ་མ་དང་ཕྱི་མར་འགལ་བ་མེད་དོ། །དེ་ནས་ཕྱག་ན་རྡོ་རྗེའི་སྤྲུལ་པའི་སྐུ་རྒྱལ་པོ་ཟླ་བ་བཟང་པོས་སེམས་ཅན་ཐམས་ཅད་ཀྱི་ཕྱིར་འཇིག་རྟེན་དང་འཇིག་རྟེན་ལས་འདས་པའི་དངོས་གྲུབ་ཀྱི་དོན་དུ་དེ་བཞིན་གཤེགས་པ་ལ་ཞུས་སོ། །ཞེས་གསུངས་པའི་ཕྱིར། སྔ་མའི་རྣམ་གྲངས་གསུམ་དང་། འཁོར་ལོ་ཅན་ཞེས་པ་རྣམ་གྲངས་ཡིན་ཏེ། དབང་མདོར་བསྟན་གྱི་འགྲེལ་པ་ལས། རྡོ་རྗེ་ཅན་ནམ་རྡོ་རྗེ་སེམས། །རྡོ་རྗེ་འཇིགས་བྱེད་དབང་ཕྱུག་དང་། །ཧེ་རུ་ཀ་དང་དུས་འཁོར་ལོ། །ཞེས་པས་གྲུབ་པའི་ཕྱིར། སྐབས་འདིར་འཇམ་དབྱངས། སྤྱན་གཟིགས། གཤིན་རྗེའི་གཤེད་སོགས་ཕྱག་ན་རྡོ་རྗེའི་ཐུགས་རྒྱུད་ཀྱི་བསྡུས་པའི་དོན་ཡིན་གྱིས། སྤྱིར་སངས་རྒྱས་ཐམས་ཅད་ཆོས་སྐུའི་ངོ་བོར་གཅིག་པ་ལ། ཐུགས་རྒྱུད་གཅིག་ཏུ་བྱས་པ་དང་གནད་མི་གཅིག་གསུངས་སོ། །ཀླ་ཀློའི་རྫུ་འཕྲུལ་གྱིས་ཤམྦྷ་ལ་རུ་དམག་འདྲེན་པ་ནི་རིག་ལྡན་དྲག་པོའི་དཔུང་ཚོགས་དང་། ཀླ་ཀློའི་དཔུང་ཚོགས་འཁྲུག་པར་བཤད་པ་ཉིད་ཀྱིས་གྲུབ་སྟེ། ཀླ་ཀློའི་དཔུང་ཚོགས་ཚུར་འོངས་བ་དང་། རིག་ལྡན་གྱི་དཔུང་ཚོགས་ཕར་ཕྱིན་ཏེ་གདོང་བསུ་བྱས་ནས་བཅོམ་པ་ལས་འོས་མེད་པའི་ཕྱིར་རོ། །འོ་ན་དེ་

འཕགས་པའི་ཡུལ་དུ་སུས་སྤྱན་དྲངས་ཏེ་དར་བར་བྱས་ཞེ་ན། དུས་ཀྱི་འཁོར་ལོ་ནི་འཕགས་པའི་ཡུལ་
དུ་སྔ་མོ་ཞིག་ནས་བྱུང་བར་མངོན་ཏེ། སློབ་དཔོན་རྡོ་རྗེ་དྲིལ་བུ་པའི་བདེ་མཆོག་ལྷན་སྐྱེས་ཀྱི་སྒྲུབ་
ཐབས་སུ་དྲི་མེད་འོད་ཀྱི་མཆོད་བརྗོད་ཤློ་ཀ་གཉིས་པ་དེ་འབྱུང་ཞིང་བི་རཱུ་པས་གཤིན་རྗེ་གཤེད་ཀྱི་
འཁྲུལ་འཁོར་གསལ་བྱེད་དུས་འཁོར་ལ་བརྟེན་ནས་མཛད་པ་གཞུང་དེ་ཉིད་ན་གསལ་བ་དང་། ཙི་ལུ་
པས་རིན་ཆེན་རི་བོའི་གཙུག་ལག་ཁང་དུ་བྱང་ཆུབ་སེམས་དཔའི་འགྲེལ་པ་སྐོར་ཤམྦྷ་ལ་ན་ཡོད་པའི་
ཁུངས་རྙེད་པའི་ཕྱིར་རོ། །ཡོངས་སུ་གྲགས་པ་ནི་རྒྱ་གར་ཤར་ཕྱོགས་པཎྜུ་ཀོ་ཊ་ཞེས་གྲགས་པའི་ཨོཌྜི་
སར་རྣལ་འབྱོར་མ་ཆང་འཚོང་བ་ཞིག་ཟླ་མཚན་དང་ལྡན་པའི་དུས་སུ་རྣལ་འབྱོར་པ་མདོག་སྔོན་པོ་
མིག་གསུམ་ཡོད་པ། ལག་ན་ཤིང་ཤྲཱི་ཁཎྜའི་རྡོ་རྗེ་ཐོགས་པ་ཞིག་བྱུང་ནས་ཆང་ཉོས། རྣལ་འབྱོར་མ་ལ་
འདོད་པ་སྤྱོད་པ་ལས་ཐོ་རངས་ཤིང་གི་རྡོ་རྗེ་དེ་ཀ་ན་འདུག རྣལ་འབྱོར་པ་མི་སྣང་། འདི་ཉིད་ངེས་
པར་མི་ཡིན་ནོ་སྙམ་ནས་རྡོ་རྗེ་དེ་བླངས་པས་འོད་སྔོན་པོར་སོང་ནས་ལག་པ་ལ་ཐིམ། དེ་ནས་ལོ་དུས་
ན་བུ་ཞིག་བྱུང་། བྱིས་པའི་དུས་ནས་རབ་ཏུ་བྱུང་བས་ཙི་ལུ་པ་ཞེས་བྱ་ལ། སྡེ་སྣོད་མཐའ་དག་ལ་
སྦྱངས་ཤིང་རིག་པའི་གནས་ལྔ་ལ་མཁས་པས་ཙི་ལུ་པཎྜི་ཏར་གྲགས། གསང་སྔགས་ཀྱི་རྒྱུད་ཐམས་
ཅད་གསན། ལུང་ལ་ཡིད་ཆེས་པའི་ཕྱིར་བི་ཀྲ་མ་ལ་ཤཱི་ལ་དང་། ན་ལེནྡྲའི་སྡེ་སྣོད་ཀྱི་པུསྟི་མཐའ་
དག་གཟིགས། ཁྱད་པར་ཏུ་རུ་ཀའི་གནོད་པ་མི་འབྱུང་བའི་ཕྱིར་རིན་ཆེན་རི་བོར་སྔགས་ཀྱི་པུསྟི་
མཐའ་དག་གཟིགས་པས། སྤྱིར་ཚེ་གཅིག་གི་སངས་རྒྱས་སྒྲུབ་པ་ལ་སྔགས་ཀྱི་ཐེག་པ་དགོས། དེའི་
སྔགས་དོན་གསལ་བར་བྱེད་པ་ལ་བྱང་ཆུབ་སེམས་དཔའི་འགྲེལ་པ་དགོས། དེ་ཤམྦྷ་ལ་ན་སྤྲུལ་པའི་
རྒྱལ་པོས་སྟོན་པ་ཡོད་ཅེས་པ་འདུག་པ་དང་། ཡི་དམ་གྱི་ལྷས་ཀྱང་ལུང་བསྟན་པ་ལ་བརྟེན་ནས།
ནོར་བུ་ལེན་པའི་ཚོང་པ་བ་དང་འགྲོགས་ཏེ་རྒྱ་མཚོ་ལ་གཟིངས་བཏང་སྟེ་ཕྱིན། རྒྱ་མཚོ་བརྒལ་ནས་
ཚོང་པ་རྣམས་དང་ཟླ་བ་དྲུག་གི་དུས་འཛོམ་བྱས་ནས་རི་ཆེན་པོ་ཞིག་ལ་འཛེགས་ཕྱིན་པས་རི་དེའི་རྩེར་
དགེ་སློང་ཤིན་ཏུ་མཛེས་པ་ཞིག་དང་འཕྲད། དེ་ན་རེ། ཁྱོད་གར་འགྲོ་ཟེར། ཤམྦྷ་ལར་བྱང་ཆུབ་
སེམས་དཔའི་ཆོས་སྐོར་འཚོལ་དུ་འགྲོ་བྱས་པས། དེ་ཤིན་ཏུ་བགྲོད་དཀའ། ཤེས་པར་བྱུང་ན་འདིར་

ཡང་ཉན་པས་ཆོག་མོད་ཅེས་ཟེར། དེ་འཇམ་དཔལ་གྱི་སྤྲུལ་པ་ཡིན་པར་ཤེས་ནས་ཕྱག་བྱས། མཎྜལ་ཕུལ། གསོལ་བ་བཏབ་པས། དབང་རྒྱུད་འགྲེལ་པ་མན་ངག་དང་བཅས་པ་གནང་བས་ཞག་རེ་ལ་ཤློ་ཀ་སྟོང་ཕྲག་རེ་ཟིན་པ་བྱུང་བས་བཟུང་ཞིང་། སྤྲུལ་པ་དེས་མི་ཧོག་གཅིག་སྤྱི་བོར་བཞག་ནས་བྱང་ཆུབ་སེམས་དཔའི་སྐོར་མ་ལུས་པ་ཐུགས་སུ་ཆུད་པར་གྱུར་ཅིག ། ཅེས་བརྗོད་པས་ཆུ་སྣོད་གཅིག་ནས་གཅིག་ཏུ་བྱོ་བ་བཞིན་ཐུགས་སུ་ཆུད་ནས་སྤྲུལ་པ་དེ་མི་སྣང་བར་གྱུར། སླར་ཚོང་པ་རྣམས་དང་འགྲོགས་ཏེ་ན་ལེནྡྲར་བྱོན། ཀ་ཏ་ཀའི་རྒྱལ་པོའི་སར་ཞུགས་པས་སློབ་མ་གསུམ་བྱུང་། དེ་རྣམས་ཀྱིས་རྒྱུད་འགྲེལ་གླེགས་བམ་ལ་བྲིས། སློབ་མ་གཅིག་ཐ་མལ་པ་ཞིག་བྱུང་། གཅིག་རྒྱལ་བའི་འབྱུང་གནས་སྦས་པ་ཞེས་པའི་གྲུབ་ཐོབ་དེ་ཡིན། གཅིག་པཎྜི་ཏ་ཨ་ཙཱརྱ་སྟེ་བསོད་སྙོམས་མཛད་པས་སི་ཏོ་ཨ་ཙཱརྱའམ་པཎྜི་ཏ་ཨ་ཙཱརྱ། བོད་སྐད་དུ། སློབ་དཔོན་བསོད་སྙོམས་པ་ཞེས་པ་མཁས་པ་ཆེན་པོ་ཞིག་བྱུང་སྟེ། དེས་སེམས་འགྲེལ་མ་ལུས་པ་ཐུགས་སུ་ཆུད་ཅིང་ཐུགས་ཉམས་སུ་བཞེས་པས་ཙི་ལུ་པ་ཆེ་ཆུང་ངམ། པཎྜི་པ་ཆེ་ཆུང་ཞེས་གྲགས་ཏེ་འཕགས་པའི་ཡུལ་ཀུན་ཏུ་བྱང་ཆུབ་སེམས་དཔའི་སྐོར་དར་བར་མཛད་ཅིང་། དེའི་རྗེས་སུ་སློབ་དཔོན་དུས་འཁོར་ཞབས་ཆེན་པོ་གཞོན་ནུ་ལ་རབ་ཏུ་བྱུང་སྟེ་རིག་པའི་གནས་མ་ལུས་པ་ཚོགས་མེད་པར་མཁྱེན་ནས་པཎྜི་ཏར་གྱུར་པས་འདི་ལ་ཡང་ཙི་ལུ་པ་ཟེར་དེས་ཙི་ལུ་པ་ཆུང་བ་སློབ་དཔོན་བསོད་སྙོམས་པ་ལ་དུས་འཁོར་གསན་ཡང་། དེས་མ་ཚིམས་པར་ཅི་ནས་ཀྱང་ཤམྦྷ་ལར་འགྲོ་སྙམ་པའི་ཐུགས་འདུན་དྲག་པོ་འཁྲུངས་ཏེ་ཐུགས་དམ་གྱི་ལྷ་སྒྲོལ་མ་ལ་ཅི་འདོད་དངོས་སུ་ཞུར་ཡོད་པས་ཞུས་པ་ན་སོང་ཞེས་པར་ལུང་བསྟན་ནས་ཚོང་པ་དང་ལྷན་ཅིག་རྒྱ་མཚོ་ལ་གཟིངས་བཏང་ནས་བྱོན། རྒྱ་མཚོ་བརྒལ་ཏེ་ཚོང་པ་རྣམས་ནོར་བུའི་གླིང་དུ་སོང་། སློབ་དཔོན་གྱི་བྱང་ཕྱོགས་སུ་ནོར་བུའི་གླིང་གི་རི་ཞིག་ལ་འཛེགས་ཏེ་བྱོན་པས། ཁ་ཅིག་རིག་ལྡན་དཔལ་སྐྱོང་ཡིན་ཟེར། ཁ་ཅིག་པད་དཀར་ཡིན་ཟེར། གང་ལྟར་རིག་ལྡན་གྱི་སྤྲུལ་པ་མི་དཀར་པོ་ཞིག་དང་ཕྲད། དེ་ན་རེ། ཁྱོད་གང་ནས་འོང་། གང་དུ་འགྲོ། ཅི་ལ་འོང་གསུངས་པ་ལ། ང་རྒྱ་གར་ཤར་ཕྱོགས་ནས་འོང་། བྱང་ཤམྦྷ་ལར་རིག་ལྡན་གྱི་རྒྱལ་པོ་ལ་དུས་ཀྱི་འཁོར་ལོའི་ཆོས་ཞུ་རུ་འགྲོ་བྱས་པས།

དེར་འཕགས་པ་མིན་པས་བགྲོད་མི་ནུས། འདིར་ཤེས་པ་བྱུང་ན་ཉན་པར་བྱེད་དམ་གསུངས་པས། དེ་རིག་ལྡན་གྱི་སྤྲུལ་པར་ཤེས་ནས་ཕྱག་བཙལ་མཎྜལ་ཕུལ། གསོལ་བ་བཏབ་པས། འཕགས་པའི་ཡུལ་གྱི་འགྲོ་བ་རྣམས་ཀྱི་ཆེད་དུ་ཁྱོད་ལ་དུས་ཀྱི་འཁོར་ལོ་བསྟན་པའི་ཕྱིར་ངས་འདིར་འོངས་ཀྱིས་ཉོན་ཅིག་གསུངས་ནས་དུས་ཀྱི་འཁོར་ལོའི་སྤྲུལ་པའི་དཀྱིལ་འཁོར་དུ་དབང་བསྐུར། སྦྱོར་བ་ཡན་ལག་དྲུག་པའི་ཁྲིད་བཏབ། རི་དེའི་རྒྱབ་རྒྱ་མཚོའི་འགྲམ་དུ་ཞག་བདུན་བསྒོམས་པས་གྲུབ་པ་བརྙེས་ཏེ་རྫུ་འཕྲུལ་གྱིས་ཤམྦྷ་ལར་བྱོན་ནས་རིག་ལྡན་གྱི་རྒྱལ་པོ་དངོས་དང་མཇལ། དབང་བསྐུར། རྒྱུད་འགྲེལ་མན་ངག་མཐའ་དག་གནང་ནས། སླར་ཡུལ་དབུས་སུ་བྱོན། ནཱ་ལེནྡྲའི་གཙུག་ལག་ཁང་གི་སྒོ་གོང་དུ་རྣམ་བཅུ་དབང་ལྡན་བྲིས། དེའི་གཤམ་དུ་གང་གི་མཆོག་གིས་དང་པོའི་སངས་རྒྱས་མི་ཤེས་པ་དེ་ནི་དུས་ཀྱི་འཁོར་ལོ་མི་ཤེས་སོ། །གང་གིས་དུས་ཀྱི་འཁོར་ལོ་མི་ཤེས་པ་དེས་ནི་མཚན་ཡང་དག་པར་བརྗོད་པ་མི་ཤེས་སོ། །གང་གིས་མཚན་ཡང་དག་པར་བརྗོད་པ་མི་ཤེས་པ་དེས་རྡོ་རྗེ་འཛིན་པའི་ཡེ་ཤེས་ཀྱི་སྐུ་མི་ཤེས་སོ། །གང་གིས་རྡོ་རྗེ་འཛིན་པའི་ཡེ་ཤེས་ཀྱི་སྐུ་མི་ཤེས་པ་དེས་སྔགས་ཀྱི་ཐེག་པ་མི་ཤེས་སོ། །གང་གིས་སྔགས་ཀྱི་ཐེག་པ་མི་ཤེས་པ་དེ་ཐམས་ཅད་ནི་འཁོར་བ་པ་སྟེ། བཅོམ་ལྡན་འདས་རྡོ་རྗེ་འཛིན་པའི་ལམ་དང་བྲལ་བའོ། །དེ་བས་ན་མཆོག་གི་དང་པོའི་སངས་རྒྱས་ནི། བླ་མ་དམ་པ་རྣམས་ཀྱིས་བསྟན་པར་བྱ་ཞིང་། ཐར་པ་དོན་དུ་གཉེར་བའི་སློབ་མ་རྣམས་ཀྱིས་ཉན་པར་བྱའོ། །ཞེས་བྲིས་པས་ན། པཎྜི་ཏ་ལྔ་བརྒྱ་བརྒྱད་པས་མ་ཐུབ་པར་ཞབས་ལ་གཏུགས་ཏེ། དང་པོའི་སངས་རྒྱས་ཉན་པས་འཕགས་པའི་ཡུལ་དུ་ཆོས་དར་བར་གྱུར་པ་ཡིན་ནོ། །དེ་ལ་སློབ་མའི་མཆོག་དུས་འཁོར་ཞབས་ཆུང་བ་ཨ་ཝ་དྷཱུ་ཏི་པ། ནཱ་རོ་པ། པཱ་ཎྜུ་སུ་ཏྲ། དུས་འཁོར་ཞབས་ཆུང་བ་ཤྲཱི་ཛྙཱ་ན་བོ་དྷི། དུས་འཁོར་ཞབས་ཆུང་བ་ནཱ་ལེནྡྲ་པ། རཏྣ་ཨ་ཀ་ར་གུཔྟ། ཐར་པའི་འབྱུང་གནས་སྦས་པ། འདུལ་བའི་འབྱུང་གནས་བློ་གྲོས། སེང་གེ་རྒྱལ་མཚན། མཐའ་ཡས་རྣམ་རྒྱལ་སོགས་མང་དུ་བྱུང་ངོ་། །དང་པོ་དེ་ལ་ཕྱིས་ཡུལ་དབུས་སུ་ངག་གི་དབང་ཕྱུག་གྲགས་པ་ཞེས་གྲགས་ཏེ་བསྟན་པ་ལ་ཕན་ཆེའོ། །དེ་དག་གི་ལོ་རྒྱུས་ཞིབ་པར་ནི་གཞན་དུ་ཤེས་པར་བྱའོ། །

བླ་མེད་ཀྱི་ལྷ་སྒྲུབ་ཚུལ་ནི་རང་ཉིད་དམ་ཚིག་སེམས་དཔར་བསྐྱེད། དེ་ལ་ཡེ་ཤེས་འཁོར་ལོ་སྤྱན་དྲངས་ལ་བསྟིམ་ནས་དུས་ནམ་ཡང་ཡེ་ཤེས་པ་གཤེགས་པར་མི་མཛད་ལ། ཐ་མལ་གྱི་རྣམ་རྟོག་འཛུག་པའི་སྣང་གྲག་གི་ཆོས་ཐམས་ཅད་ལྷར་བསྒོམ་ནས་དེ་བཞིན་ཉིད་ཀྱི་དག་པ། ལྷ་སོ་སོའི་དག་པ། རང་རིག་པའི་དག་པ་གསུམ་ལས་ནམ་ཡང་མི་གཡོ་བའི་སྒོ་ནས་དངོས་གྲུབ་ལེན་པ་ཡིན་ཏེ། སྡོམ་གསུམ་རབ་དབྱེ་ལས། རྣལ་འབྱོར་ཆེན་པོའི་རྒྱུད་དུ་ནི། །དག་པ་གསུམ་གྱི་རང་བཞིན་བཤད། །འདི་ཡི་ལུང་རིགས་མན་ངག་རྣམས། །བླ་མའི་ཞལ་ལས་ལེགས་པར་བྲིས། །ཞེས་གསུངས་པའི་ཕྱིར། ལུགས་དེ་ལ་སྨིན་བྱེད་ཀྱི་སྐབས་སུ་དབང་བཞི་དང་། གྲོལ་བྱེད་ཀྱི་སྐབས་སུ་ལམ་རིམ་པ་གཉིས་ལ་སོགས་པས་རྣལ་འབྱོར་རྒྱུད་མན་ཆད་ཀྱིས་བསྐལ་པ་གྲངས་མེད་གསུམ་དུ་བསྒྲུབས་ཀྱང་མི་འགྲུབ་པའི་ཕྱག་རྒྱ་ཆེན་པོ་མཆོག་གི་དངོས་གྲུབ་ཀྱང་ཚེ་གཅིག་ལུས་གཅིག་ལ་འགྲུབ་པའི་ཐབས་མཁས་ཀྱི་ཁྱད་པར་མཐའ་ཡས་པ་ཞིག་ཡོད་དེ། སྡོམ་གསུམ་རབ་དབྱེ་ལས། དབང་བཞི་དང་ནི་རིམ་པ་གཉིས། །རྣལ་འབྱོར་ཆེན་པོའི་ཁྱད་ཆོས་ཡིན། །ཞེས་དང་། སོ་ནམ་ཚུལ་བཞིན་བྱས་པ་ལས། །ལོ་ཏོག་རིམ་གྱིས་སྨིན་པ་ལྟར། །ཕ་རོལ་ཕྱིན་པའི་ལམ་ཞུགས་ན། །གྲངས་མེད་གསུམ་གྱི་རྫོགས་སངས་རྒྱས། །སྔགས་ཀྱི་བདབ་པའི་ས་བོན་ནི། །ཉི་མ་གཅིག་ལ་ལོ་ཏོག་སྨིན། །རྡོ་རྗེ་ཐེག་པའི་ཐབས་ཤེས་ན། །ཚེ་འདི་ཉིད་ལ་སངས་རྒྱས་འགྲུབ། །ཅེས་གསུངས་པའི་ཕྱིར།

གཉིས་པ་སྔ་འགྱུར་གསང་སྔགས་རྙིང་མའི་ལོ་རྒྱུས་ལ་བཀའ་གཏེར་གཉིས་སུ་གྲགས་པ་ལས། དང་པོ་རྒྱལ་བ་དགོངས་པའི་བརྒྱུད་པ། རིག་འཛིན་བརྡའི་བརྒྱུད་པ། གང་ཟག་སྙན་ཁུང་བརྒྱུད་པ་དང་གསུམ་ལས། དང་པོ་ནི། སྟོན་པ་ཆོས་ཀྱི་སྐུའི་སྤྲུལ་པའི་སྐུ་དང་། ས་ལ་གནས་པའི་སེམས་དཔའ་འཁོར་གྱི་ངོར་ལོངས་སྐུར་བསྟན་ནས་རང་གི་ངོ་བོའི་སྒོ་ནས་བཤད། དེ་ནས་ལོངས་སྐུ་དེས་མི་ཏོག་པདྨའི་སྟེང་དུ་རང་བྱུང་རྡོ་རྗེ་སེམས་དཔའ་སྤྲུལ་པའི་སྐུར་བསྟན་ནས་ལྷ་གནས་གསུམ་དུ་འཁོར་རྣམ་པ་བཞི་ལ་གདམས་པ་རིན་པོ་ཆེ་རྣམ་པ་གསུམ་བསྟན་པ་ལ་འཆད་དོ། །གཉིས་པ་ནི།

རྡོ་རྗེ་སེམས་དཔའི་ཞལ་ལན་གསུམ་གཟིགས་པ། གསུང་ལན་གསུམ་ཐོས་པ། ཐུགས་ལན་གསུམ་མཁྱེན་པ། རིག་འཛིན་གྱི་གཙོ་བོ་དགའ་རབ་རྡོ་རྗེས་རྒྱ་ནག་བཀྲ་ཤིས་ཁྲིགས་སྒོར་འཇམ་དཔལ་བཤེས་གཉེན་ལ། དེས་རྒྱ་ནག་ཞོ་ཤའི་གླིང་དུ་འབྲུངས་པ་ཤྲཱི་སིངྷར་བཤད་དེས་དུར་ཁྲོད་བསིལ་བའི་ཚལ་དུ་རྒྱ་གར་ནུབ་ཕྱོགས་པ་བི་མ་ལ་མི་ཏྲ་དང་། རྒྱ་ནག་བཀྲ་ཤིས་ཁྲིགས་སྒོར་ཛྙཱ་ན་སུ་ཏྲ་ལ་བཤད། ཕྱི་མ་ལ་བི་མ་ལས་གསན་པ་ནི་རྫོགས་པ་ཆེན་པོའི་བརྒྱུད་པའོ། །ཡང་འཇམ་དཔལ་བཤེས་གཉེན། སངས་རྒྱས་གསང་བ། བི་མ་ལ་ཏེ་སྒྱུ་འཕྲུལ་གྱི་བརྒྱུད་པ། ཡང་འཇམ་དཔལ་བཤེས་གཉེན། ཤྲཱི་སིངྷ། ཤཱནྟི་གརྦྷ། དེས་རྒྱ་གར་གྱི་རྒྱལ་པོ་ཀུན་སྐྱོང་དང་། བལ་པོ་བ་སུ་དྷ་ར་གཉིས་ལ་བཤད་པའི་གཤིན་རྗེའི་བརྒྱུད་པའོ། །དེ་ཚོའི་ལུགས་ལ་སློབ་དཔོན་བཤེས་གཉེན་གྱིས་འཇམ་དཔལ་གྱི་ཏནྟྲ་འབུམ་སྡེ་གླེགས་བམ་དུ་བཀོད། མ་གཤིན་ཚོགས་ཀྱི་དཀྱིལ་འཁོར་ཞལ་ཕྱེ་སྟེ་སྒྲུབ་པའི་ཚེ་བི་མ་ལ་ཡེ་ཤེས་སེམས་དཔའ་དངོས་སུ་ཞུགས་ཏེ་བཞེངས་པ་ལ་རོ་ལངས་བདེ་བའི་དངོས་གྲུབ་ཡིན་ཟེར། ཀླུ་སྒྲུབ་ལས་ཏྲ་མགྲིན། འཇམ་དཔལ་བཤེས་གཉེན་ལས་གཤིན་རྗེ། ཧཱུཾ་ཀཱ་ར་ལས་ཡང་དག པདྨ་སམྦྷ་ཝ་ལས་ཕུར་པ། འདི་ལ་ཀླུ་སྒྲུབ། ཐོགས་མེད། རོ་ལངས་བདེ་བ་རྣམས་ཀྱི་གཞུང་ཡོད་པར་རྒྱ་གར་གྱི་སློབ་དཔོན་བདེ་བྱེད་ཀྱིས་བཤད་ཟེར་རོ། །ཛྙཱ་ན་སིངྷ་ཀྲ་ཏའམ་པདྨ་ནག་པོ་ལས་མ་མོ་རྦོད་གཏོང་། ཤཱནྟི་གརྦྷ་ལས་འཇིག་རྟེན་མཆོད་བསྟོད། བི་མ་ལ་ལས་བདུད་རྩི་ཡོན་ཏན་ཞེས་འབྱིན་པར་བྱེད་དོ། །སློབ་དཔོན་པདྨས་རིག་འཛིན་སོ་སོ་ལས་གསན་པ་ཡིན་ནོ། །

གཉིས་པ་གཏེར་མའི་ལོ་རྒྱུས་ནི། སྟོན་པ་ཀུན་ཏུ་བཟང་པོས་དགོངས་པར་བཞུགས། རྒྱལ་བའི་བཞེད་པ་ཐམས་ཅད་གཅིག་ཏུ་དྲིལ་ནས་ཁྲོ་བོའི་དཀྱིལ་འཁོར་ཆེན་པོ་མངོན་སུམ་དུ་བསྟན་ཏེ། འཇིག་རྟེན་དང་འཇིག་རྟེན་ལས་འདས་པའི་འཁོར་དང་། མ་འོངས་པའི་གདུལ་བྱ་འདུལ་བའི་ཕྱིར་རིག་འཛིན་རྡོ་རྗེ་ཆོས་ཀྱི་བསྡུས་ཏེ་རྒྱུད་ལུང་མན་ངག་ཏུ་ཕྱེད་ནས་གླེགས་བམ་དུ་བྱས། མཁའ་འགྲོ་མ་རྣམས་དང་ལྷ་སྲིན་སྡེ་བརྒྱད་ལ་གཏད་དོ། །དེ་རྣམས་ཀྱི་ཆེ་མཆོག་གི་རྒྱུད་ལུང་མན་ངག་གསེར་གྱི་སྒྲོམ་བུར་བཅུག ། ཡང་དག་དངུལ་གྱི་སྒྲོམ་བུར་བཅུག ། གཤིན་རྗེ་ལྕགས་ཀྱི་སྒྲོམ་བུར་བཅུག །

པདྨ་ཟངས་ཀྱི་སྒྲོམ་བུར་བཙུག །ཕུར་པ་གཡུའི་སྒྲོམ་བུར་བཙུག །དམོད་པ་དྲག་སྔགས་གཟིའི་སྒྲོམ་བུར་བཙུག །མ་མོ་རྦོད་གཏོང་བསེའི་སྒྲོམ་བུར་བཙུག །འཇིག་རྟེན་མཆོད་བསྟོད་མཆོང་གི་སྒྲོམ་བུར་བཙུག །བཀའ་སྤྱི་རིན་ཆེན་སྣ་བརྒྱད་ལས་གྲུབ་པའི་སྒྲོམ་བུར་བཙུག །གར་སྣ་ནང་མ་འཆམས་པའི་ཆོ་མཁའ་འགྲོ་ལས་ཀྱི་དབང་མོ་ཆེ་བྱིན་ནས་དུར་ཁྲོད་ཆེན་པོ་བསིལ་བའི་ཚལ་གྱི་མཆོད་རྟེན་བདེ་བྱེད་བརྩེགས་པའི་ནང་དུ་སྦས་ཤིག་གསུངས་པ་བཞིན་སྦས་ནས་ཐམས་ཅད་ཀྱིས་མཆོད་པར་བྱེད་དོ། །དེ་ནས་དུས་རིང་ཞིག་ན་རིག་འཛིན་གྱི་སློབ་དཔོན་བརྒྱད་གཟིགས་སྣང་མ་མཐུན་པར་དུར་ཁྲོད་ཆེན་པོ་དེ་ན་ཉིན་པར་རླུང་དང་འཚུབས་མ་ལྷང་། ཐོག་དང་སེར་བ་འབབ། མཚན་མོ་མེ་འབར། གློག་འཁྱུག་པར་གཟིགས་པས། དེ་རྣམས་བཀའ་བགྲོས་ཏེ་འདི་ནས་འཇིག་རྟེན་གྱི་ཁམས་འཚོངས་པའི་ཆོས་དང་ནོར་འོང་དམ། ཡང་ན་འཇིག་རྟེན་གྱི་ཁམས་ཞུང་བའི་ངན་སྔགས་འབྱུང་བས་བཏོན་ན་ལེགས་པར་མཐུན་ནས། མཐུན་པའི་རྫས་ཀྱི་མཁའ་འགྲོ་དང་སྡེ་བརྒྱད་མཆོད། བདེན་པའི་ཆོས་བཤད། དགོངས་པ་རྒྱ་བསྐྱེད་ནས་དབང་དུ་བསྡུས་ཏེ་དགུང་བདུན་སོང་བའི་ནུབ་མོ་གཏེར་སྒྲོང་རྣམས་ཀྱིས་གསེར་གྱི་སྒྲོམ་བུ་བེ་མ་ལ་ལ་གཏད། དེ་བཞིན་དུ་དཔལ་ཧཱུྃ་ཀཱ་ར་ལ། ལྕགས་འཇམ་དཔལ་བཤེས་གཉེན། ཟངས་ཀླུ་སྒྲུབ་སྙིང་པོ། གཡུ་པདྨ་འབྱུང་གནས། བསེ་དྷ་ན་སཾ་སྐྲི་ཏ། མཆོང་རཾ་བུ་གུ་ཧྱ་དེ་ཝ་ཙནྡྲ། གཟི་ཤནྟི་གརྦྷ་ལ་གཏད། རིན་པོ་ཆེ་སྣ་བརྒྱད་ཀྱི་སྒྲོམ་བུ་ཁ་མ་ཕྱེ་བར་གཏེར་དུ་བཞུགས་པ་སླར་པདྨ་འབྱུང་གནས་ཀྱིས་བཏོན་པ་ཡིན་ཞེས་གྲགས་སོ། །དེའི་ལོ་རྒྱུས་ནི་ལྷོ་ནུབ་ཛ་ཡབ་གླིང་གི་ཚུ་རོལ། ཨུ་རྒྱན་ཡུལ་གྱི་ཕ་རོལ། ཆུ་བོ་ཆེན་པོ་སིནྡྷུ་རྒྱ་མཚོར་འབབ་པ། ཀླུའི་རྒྱལ་པོ་འཇོག་པོའི་ཕོ་བྲང་གནས་པའི་རྒྱ་མཚོར་པདྨའི་སྡོང་པོ་ཕུན་སུམ་ཚོགས་པའི་གེ་སར་གྱི་རྩེར་ཁྲིའུ་ལོ་བརྒྱད་ཙམ་ལོན་པའི་ན་ཚོད་བྱད་གཟུགས་ཤིན་ཏུ་མཛེས་པ་ཞིག་ཏུ་བརྫུས་ཏེ་འཁྲུངས་པས་ཨིནྡྲ་བྷཱུ་ཏི་ཆེན་པོས་མཁྱེན་ནས་སྤྱན་དྲངས། རང་གི་སྲས་སུ་བཟུང་སྟེ་རྒྱལ་སྲིད་གཏད་པ་ཆོས་བཞིན་དུ་བསྐྱངས། སླར་རྒྱལ་སྲིད་སྤངས་ཏེ་ཡུལ་དབུས་སུ་བྱོན་ཏེ་ཀུན་དགའ་བོ་ལས་རབ་ཏུ་བྱུང་། མཚན་ཉིད་ཀྱི་གཞུང་ལ་ཐོས་པ་མཛད། ལྷག་ཏུ་གསང་སྔགས་ཀྱི་ཆོས་གསན། དུར་ཁྲོད་བསིལ་

བའི་ཚལ་དུ་གསང་སྤྱོད་མཛད། མ་མོ་མཁའ་འགྲོ་ཐམས་ཅད་དབང་དུ་འདུས། ཕྱོགས་བཞི་མཚམས་བཞི་དུར་ཁྲོད་ཆེན་པོ་བརྒྱད་དུ་སྤྱོད་པ་མཛད་པས་ཡེ་ཤེས་མཁའ་འགྲོ་ཐམས་ཅད་དབང་དུ་འདུད། རྡོ་རྗེ་ཕག་མོའི་ལམ་ཐོབ་བྱིན་གྱིས་བརླབས་པས་ནམ་མཁའི་གཟའ་ཆེན་ཐམས་ཅད་བྲན་དུ་བཀོལ་བར་ནུས། མཚན་རྡོ་རྗེ་དྲག་པོ་རྩལ་ཞེས་གྲགས། བྲག་དམར་བྱ་ཁྱུང་ཚལ་དུ་སློབ་དཔོན་ཆེན་པོ་པྲ་ཧཱ་ཧ་ཏིའི་སྤྱན་སྔར་ཡོ་ག་རྣམ་པ་གསུམ་གྱི་ཆོས་ལ་སྦྱངས། དེ་ནས་བཤད་པའི་ལྷ་ཚོགས་ཐམས་ཅད་ཞལ་གཟིགས། མཚན་ཤཱཀྱ་སེང་གེར་གྲགས། འཕགས་ཡུལ་གྱི་གཙུག་ལག་ཁང་དུ་མར་བྱོན། ཁྲི་མཚན་ཉིད། ནང་གསང་སྔགས་སྒྲ་ཚད་སོགས་རིག་གནས་ཀུན་ལ་སྦྱངས་པས་མཚན་མཁས་པ་བློ་ལྡན་མཆོག་སྲེད་ཅེས་གྲགས། བྲག་ཕུག་མར་ཏི་ཀའི་གནས་སུ་ཚེ་བསྒྲུབས་པས་འཆི་མེད་ཀྱི་དངོས་གྲུབ་བརྙེས་ཏེ་ནམ་མཁའ་ཇི་སྲིད་གནས་ཀྱི་བར་བཞུགས་པའི་ནུས་པ་ཐོབ་པས་མཚན་པདྨ་འབྱུང་གནས་ཞེས་གྲགས། ཟ་ཧོར་གྱི་རྒྱལ་ཁམས་རྫུ་འཕྲུལ་གྱིས་བཏུལ་ཏེ་དམ་པའི་ཆོས་རྒྱས་པར་མཛད་པས་མཚན་པདྨ་སམྦྷ་ཝ་ཞེས་གྲགས། ཨུ་རྒྱན་གྱི་ཡུལ་དུ་བྱོན་པའི་ཚེ་གཤེད་མས་མེའི་དབུས་སུ་བསྲེགས་པ་མི་ཐམས་ཅད་མཚོར་སོང་དེའི་དབུས་སུ་པདྨའི་སྡོང་པོ་བྱུང་བ་ལ་སློབ་དཔོན་ཡབ་ཡུམ་བཞུགས་ཏེ་རྒྱལ་པོ་ཨིནྡྲ་བྷཱུ་ཏི་འབྲིང་པོ་འཁོར་བཅས་བྱང་ཆུབ་ཀྱི་ལམ་ལ་བཀོད། མཚན་པདྨ་རྒྱལ་པོར་གྲགས། སླར་རྒྱ་གར་དབུས་སུ་བྱོན། མཁའ་འགྲོ་བདུད་འདུལ་མས་བྱིན་གྱིས་བརླབས། མུ་སྟེགས་ཀྱི་སྟོན་པ་ལྔ་བརྒྱ་རྩོད་པས་བཏུལ། ངན་སྔགས་ཀྱི་བདག་པོ་ཕྱག་སོར་གྱི་རྩེ་ལས་ཐོག་འཕངས་ཏེ་བསྒྲལ་བས་མཚན་འཕགས་པ་སེང་གེ་སྒྲ་སྒྲོགས་སུ་གྲགས། བལ་ཡུལ་ཡང་ལེ་ཤོད་ཀྱི་བྲག་ཕུག་ཏུ་ཡང་དག་གི་སྒྲུབ་པ་མཛད་པས་བར་དུ་གཅོད་པའི་བགེགས་བྱུང་བ་རྡོ་རྗེ་ཕུར་པས་བསྒྲལ་ཏེ་ཕྱག་རྒྱ་ཆེན་པོ་མཆོག་གི་དངོས་གྲུབ་ཐོབ། མཚན་རྡོ་རྗེ་ཐོད་ཕྲེང་རྩལ་དུ་གྲགས། དེ་ནས་བོད་ཀྱི་རྒྱལ་པོས་སྤྱན་དྲངས་པས་བྱོན་ཏེ་ལྷ་སྲིན་སྡེ་བརྒྱད་ཐམས་ཅད་དམ་ལ་བཏགས། སྲོག་གི་སྙིང་པོ་ཕུལ་ཏེ་བཀའ་འབངས་བགྱིད་པར་ཁས་བླངས། སངས་རྒྱས་ཀྱི་བསྟན་པ་སྐྱོང་བར་ཆད་བྱས། བསམ་ཡས་བཞེངས་པའི་སའི་ཆོ་ག་མཛད། མཆིམས་ཕུར་སྒྲུབ་པ་བཀའ་བརྒྱད་ཀྱི་དཀྱིལ་འཁོར་

ཞལ་ཕྱེ་སྟེ་རྒྱལ་པོ་འཁོར་བཅས་སྨིན་པར་མཛད། སྟག་ཚང་སེང་གེ་བསམ་གྲུབ་ཀྱི་ཕུག་ཏུ་བདུད་དང་དམ་སྲི་བཏུལ། གནས་ཆེན་གང་དྲག་རྣམས་སུ་གཏེར་ཆེན་པོ་དུ་མ་སྦས་ཏེ་མ་འོངས་པའི་སེམས་ཅན་གྱི་སྐྱིད་པའི་སྐབས་ཕྱེ་བས་མཚན་རྡོ་རྗེ་གྲོ་ལོད་རྩལ་ཞེས་གྲགས། བོད་ཀྱི་གངས་ཆེན་བཞི་ལ་སྒྲུབ་པ་མཛད་ཅིང་བྲག་ཕུག་ཆེན་པོ་བརྒྱད་ལ་ཡང་དབེན་མཛད། ཕྱོགས་བཞིའི་བྲག་ལ་ཞབས་རྗེས། ཡོངས་སུ་གྲགས་པའི་མཚོ་ཆེན་བཞི་ལ་ཕྱག་རྗེས། ལྷོ་ཕྱོགས་མོན་ཁའི་བྲག་ལ་སྐུ་རྗེས། སྐུ་ཚབ་རིགས་ལྔ་བོད་ཀྱི་དོན་ལ་བཞག་སྟེ་འགྲོ་བའི་དོན་རྒྱ་ཆེན་པོ་མཛད་ནས་མཐར་མང་ཡུལ་གུང་ཐང་གི་བར་དུ་རྒྱལ་པོ་འཁོར་དང་བཅས་པས་བསྐྱལ་ཏེ། ནང་རེ་དགོངས་རེ་བོད་ཀྱི་དོན་ལ་བྱོན། །ཉི་ཟེར་འཆར་དུས་མདངས་ལ་བཅིབས་ཏེ་བྱོན། །ཡར་ངོའི་ཚེས་བཅུའི་དུས་ན་དངོས་སུ་བྱོན། ། ཞེས་ཞལ་གྱིས་བཞེས་ཏེ་རྒྱལ་པོ་འཁོར་བཅས་ཀྱི་ཌི་ཙམ་མཐོང་བའི་བར་དུ་མཁའ་ལ་འཕུར་བ་ལྟར་མཛད། ད་ཐན་ཡིད་ལྟར་མྱུར་བའི་རྫུ་འཕྲུལ་གྱིས་སྲིན་ཡུལ་རྔ་ཡབ་གླིང་དུ་སྲིན་པོའི་རྒྱལ་བུའི་ཚུལ་གྱི་སྲིན་པོའི་ཁ་གནོན་ལ་ད་ཧི་སྲིད་གནས་ཀྱི་བར་དུ་བཞུགས་པ་ཡིན་ཞེས་གྲགས་སོ། །འདིའི་ལོ་རྒྱུས་ལ་མི་འདྲ་བ་མང་དུ་འབྱུང་ཡང་འདིར་གསོལ་འདེབས་ལེའུ་བདུན་མའི་སིཀྐུ་རྒྱ་མཚོ་མ་ལྟར་བྲིས་པ་ཡིན་ནོ། །སློབ་དཔོན་འདིའི་རྗེས་སུ་འབྲང་བ་ལ་གསང་སྔགས་སྔ་འགྱུར་རམ། གསང་སྔགས་རྙིང་མ་ཞེས་གྲགས་ལ། དེའི་ལུགས་ལ་ཐེག་པ་རིམ་པ་དགུར་བཞེད་པ་ལས། ཉན་ཐོས་རང་རྒྱལ་བྱང་ཆུབ་སེམས་དཔའི་ཐེག་པ་གསུམ་ལ་ཕྱི་མཚན་ཉིད་ཀྱི་ཐེག་པའམ་རྒྱུའི་ཐེག་པ་ཡིན་ལ། དྲུག་ནི་འབྲས་བུའི་ཐེག་པ་སྟེ། ཀྲི་ཡ་ཨུ་པ་ཡོ་ག་གསུམ་ལ་གསང་སྔགས་ཕྱི་པའམ་ཕྱི་ཐུབ་པ་རྒྱུད་ཀྱི་ཐེག་པ་ཟེར། འདི་གསུམ་གསར་མའི་རྒྱུད་སྡེ་འོག་མ་གསུམ་དང་རིམ་པ་བཞིན་གནད་འདྲ་བར་སྣང་། མ་ཧཱ་ཡོ་ག ཨ་ནུ་ཡོ་ག ཨ་ཏི་ཡོ་ག་གསུམ་ལ་གསང་སྔགས་ནང་པའམ་གསང་སྔགས་ཆེན་པོའི་ཐེག་པའམ་གསང་བ་མཐར་ཐུག་པའི་ཐེག་པ་ཞེས་ཟེར་རོ། །

འདི་ལ་དགོངས་ནས་སྒྲ་ཐལ་འགྱུར་ལས། འདས་པ་རྒྱུ་དང་འབྲས་བུ་ལས། །གསུམ་ལ་རྒྱུ་དང་འབྲས་ལ་གཉིས། །གཉིས་པོ་ལས་བྱེད་དྲུག་ཏུ་འགྱུར། །འདི་ལྟར་དབང་པོའི་རིམ་པས

སོ། །དེ་ལྟར་དགུ་ལ་བརྟེན་ནས་ནི། །ཁམས་གསུམ་པོ་ཡང་ཡང་དག་གིས། །ལམ་དུ་འཛུད་པར་བྱེད་པའོ། །ཞེས་གསུངས་པའི་ཕྱིར། དེ་ལྟར་དགུ་ལས་ཀྱི་ཡ་ནི། ལུས་ངག་གི་བྱ་བ་གཙོ་བོར་སྟོན་པའི་དོན་ཡིན་ལ། ཏནྟྲ་ནི་རྒྱུད་སྟེ་འགྲེལ་པ་ཅན་དུ་འབྱུང་བའི་དོན་ནོ། །དེ་ཡང་ཀུན་རྫོབ་ཏུ་སྣང་བ་ཐམས་ཅད་ལྷ་དྲུག་གི་རང་བཞིན་དུ་ཤེས་པས། ཡི་དམ་གྱི་ལྷ་ཡེ་ཤེས་སེམས་དཔའ་རྗེ་དང་། བདག་དམ་ཚིག་སེམས་དཔའ་ཁོལ་གྱི་ཚུལ་དུ་སྒྲུབ་ཅིང་། དོན་དམ་པར་མ་སྐྱེས་པའི་ཆོས་ཉིད་འོད་གསལ་ལ་ཞུགས་པས་ལྟ་བ་དང་ཏིང་ངེ་འཛིན་གྱི་ཡོན་ཏན་གོང་ནས་གོང་དུ་འཕེལ་ཏེ་མཐར་ཐུག་ཚེ་བཅུ་དྲུག་ན་ལྷའི་སྐུར་འཚང་རྒྱ་བར་འདོད་དེ། རྡོ་རྗེ་ལྷུན་པོ་རི་རབ་ཐོམ་གྱི་རྒྱུད་ལས། གང་དག་སྔགས་པ་སྐལ་བཟང་ཆེ། །གཙང་སྦྲ་དག་པ་དག་བཅོས་པ། །དེ་ཆེ་བཅུ་དྲུག་སྐྱེ་བ་ན། །རྣམ་གྲོལ་ཡེ་ཤེས་མཆོག་ལ་རེག །ཅེས་གསུངས་པའི་ཕྱིར། དེ་ལ་ཀྲི་ཡ་སྤྱིའི་རྒྱུད་དྲུག །བྱེ་བྲག་རྒྱུད་གསུམ་ལ་སོགས་པ་དཔག་ཏུ་མེད་པ་ཞིག་ཡོད་པར་བཤད་དོ། །འདི་བྱ་རྒྱུད་དང་ཆ་འདྲ་བར་སྣང་། ཨུ་པ་ཡ་ཏནྟྲ་ནི་སྤྱོད་པ་ཀྲི་ཡ་ལྟར། གཙང་སྦྲ་དག་པར་བྱེད་ཅིང་ལྟ་བ་ཡོ་ག་ལྟར་སྤྱོད་པས་གཉིས་རྒྱུད་ཀྱི་ཐེག་པ་ཟེར། སྒོམ་པ་ལྷའི་རྣལ་འབྱོར་ནི། རང་དམ་ཚིག་པའི་མདུན་དུ་ལྷ་ཡེ་ཤེས་པ་སྤྱན་ནམ་གྲོགས་ལྟར་བསྒོམས་ནས་སྐྱེས་བ་བདུན་ན་དངོས་གྲུབ་ཐོབ་པར་འདོད་དེ་སྤྱོད་རྒྱུད་དང་ཆ་འདྲ་བར་སྣང་། དེའི་མཚན་གཞི་ནི། མི་གཡོ་བ་འབར་བའི་རྒྱུད། དབང་བསྐུར་བའི་རྒྱུད། རྣམ་པར་མི་རྟོག་པའི་རྒྱུད་སོགས་ཡིན་པར་བཤད་དོ། །ཡོ་ག་ཏནྟྲ་ནི། སྒོམ་པ་ཏིང་ངེ་འཛིན་གྱི་ལས་གཙོ་བོར་སྟོན་ཅིང་། ལུས་ངག་གི་སྤྱོད་པ་གྲོགས་ཙམ་དུ་བརྟེན་པས་དངོས་གྲུབ་སྒྲུབ་པར་འདོད་པ་སྟེ། རང་ཉིད་དམ་ཚིག་སེམས་དཔའ་ལ་ལྷ་ཡེ་ཤེས་སེམས་དཔའ་འོག་མིན་ནམ་རང་བཞིན་གྱི་གནས་ནས་སྤྱན་དྲངས་ལ་བསྟིམ་སྟེ་འཕྲོ་འདུ་འོད་ཀྱི་དྲ་བ་ལ་སེམས་བཟུང་ནས་བཟླས་པ་བྱས་ཏེ་སླར་ཡེ་ཤེས་པ་གཤེགས་པར་བྱེད། བརྟུལ་ཞུགས་དེས་མི་ཚེ་གསུམ་ན་གྲོལ་བ་ཐོབ་པར་འདོད་པ་སྟེ། རྣལ་འབྱོར་རྒྱུད་དང་ཆ་འདྲ་བར་སྣང་། དེའི་མཚན་གཞི་ནི། རྡོ་རྗེ་དབྱིངས་རྩ་བའི་རྒྱུད་སྟོང་ཕྲག་ལྔ་པ། ཡོ་ག་མུཎྜ་ཛ་ཡ་སོགས་ཡིན་ནོ། །དེ་ལྟར་ཕྱིའི་རྒྱུད་གསུམ་གྱིས་དབང་པོ་འབྲིང་པོ་ཚེ་རབས་ཀྱི་གྲོལ་བ་སྒྲུབ་པའི་ཐབས་སྟོན་

པ་ཡིན་ཏེ། བཀོད་པ་ཆེན་པོ་ལས། འབྲིང་པོ་གསུམ་ལ་བསྟན་པ་ནི། །རབ་ཏུ་དམན་ལ་བྱ་བའི་རྒྱུད། །དམན་པ་རྣམས་ལ་སྤྱོད་པའོ། །རྣམ་ཤེས་ཅན་ལ་རྣལ་འབྱོར་ཉིད། །ཅེས་གསུངས་པའི་ཕྱིར། ནང་པ་གསང་སྔགས་ཆེན་པོའི་ཐེག་པ་ལ་གསང་སྔགས་ཕྱི་ནང་གི་ཁྱད་པར་དང་། ཁྱད་པར་ཅན་གྱི་ནང་པ་དངོས་བཤད་པ་གཉིས། དང་པོ་ནི། ཕྱི་པས་བདེན་པ་སོ་སོར་འདོད། ནང་པས་དབྱེར་མེད་དུ་འདོད་པ་ནི་ལྟ་བའི་ཁྱད་པར། ཕྱི་པས་ལྷ་ཞལ་སྒྲོར་མི་བསྒོམ། ནང་པས་བསྒོམས་པ་ནི་བསྒོམ་པའི་ཁྱད་པར། ཕྱི་པས་གཙང་སྦྲ་སྤྱོད་ཅིང་ཤ་ལྔ་བདུད་རྩི་ལྔ་ལ་སོགས་པ་བསྟེན་པར་མི་ནུས་ལ། ནང་པས་ནུས་པ་ནི་སྤྱོད་པའི་ཁྱད་པར་རོ། །

གཉིས་པ་ནི་ཞེ་སྡང་ཤས་ཆེ་ཞིང་རྟོག་པ་མང་བ་རྗེས་སུ་བཟུང་བའི་ཆེད་དུ་བསྟན་པ་སྣང་བ་ཐབས་ཀྱི་རང་བཞིན་ཕའི་རྒྱུད་མ་ཧཱ་ཡོ་ག འདོད་ཆགས་ཤས་ཆེ་ཞིང་སེམས་གནས་པར་དཀའ་བ་རྗེས་སུ་བཟུང་བའི་ཆེད་དུ་བསྟན་པ་སྟོང་པ་ཤེས་རབ་ཀྱི་རང་བཞིན་མའི་རྒྱུད་ཨ་ནུ་ཡོ་ག གཏི་མུག་ཤས་ཆེ་ཞིང་བྱ་རྩོལ་ཅན་རྗེས་སུ་བཟུང་བའི་ཆེད་དུ་བསྟན་པ་གཉིས་སུ་མེད་པའི་རང་བཞིན་ལ་ཨ་ཏི་ཡོ་ག་དང་གསུམ་དུ་ཡོད་དེ། བཀོད་པ་ཆེན་པོ་ལས། ཆེན་པོ་རིག་ལྡན་གསུམ་དག་ལ། །སེམས་ཡངས་ས་ལ་བསྐྱེད་པ་སྟེ། །སེམས་བཅུད་ཅན་ལ་རྫོགས་པའོ། །མཆོག་གསང་རབ་ལ་རྫོགས་པ་ཆེ། །ཞེས་གསུངས་པའི་ཕྱིར། དེ་ལ་བསྐྱེད་པ་ཐབས་བཞིའི་ལམ། རྫོགས་པ་ནི་ཤེས་རབ་ཀྱི་ལམ། བླང་དོར་གཉིས་སུ་མེད་པར་རྫོགས་པ་ནི་འབྲས་བུར་འདོད་དེ། རྡོ་རྗེ་སེམས་དཔའ་སྙིང་གི་མེ་ལོང་གི་རྒྱུད་ལས། བསྐྱེད་པ་མ་ཧཱ་ཡོ་ག་ནི་ཆོས་རྣམས་ཀྱི་གཞི་ལྟ་བུའོ། །རྫོགས་པ་ཨ་ནུ་ཡོ་ག་ནི་ཆོས་རྣམས་ཀྱི་ལམ་ལྟ་བུའོ། །རྫོགས་པ་ཆེན་པོ་ཨ་ཏི་ཡོ་ག་ནི་ཆོས་རྣམས་ཀྱི་འབྲས་བུ་ལྟ་བུའོ། །ཞེས་གསུངས་པའི་ཕྱིར། དང་པོས་སྣང་སྲིད་ལྷ་དང་གཞལ་ཡས་ཁང་པར་གསལ་ཞིང་། ཕུང་ཁམས་སྐྱེ་མཆེད་ལྷར་དག་པས་རླུང་ལྟ་གཙོ་བོར་གྱུར་པའི་བདེ་གསལ་མི་རྟོག་པའི་གཉིས་མེད་ཀྱི་ཡེ་ཤེས་ལམ་དུ་བྱས་ཏེ་ཚེ་འདིར་གྲོལ་བར་འདོད་པ་ཡིན་ཞིང་། དེ་ལ་རྩ་བའི་རྒྱུད་དང་། མན་ངག་གི་རྒྱུད་གཉིས། དང་པོ་ལ་དཔལ་གསང་བ་འདུས་པ་ནམ་མཁའ་དང་མཉམ་པའི་རྒྱུད། རི་རབ་ཀྱི་ཐོམ་རྒྱ་མཚོ་དང་མཉམ

པའི་རྒྱུད། ཡེ་ཤེས་རྒྱས་པས་གཞི་དང་མཉམ་པའི་རྒྱུད་གསུམ། གཉིས་པ་ལ་གཟི་ལྡན་འབར་བ་མཚམས་ཀྱི་རྒྱུད་སོགས་མང་དུ་ཡོད་པར་བཤད་དོ། །

གཉིས་པ་ཨ་ནུ་ཡོ་ག་ནི་སྟོད་བཅུད་ལྷའི་རང་བཞིན་དུ་དབྱིངས་ནས་སངས་རྒྱས་པ་ཙམ་དུ་རྟོགས་པའི་ངང་ནས་བསྐྱེད་པ་ཐབས་ཤེས་ཆུང་ཞིང་རྫོགས་པ་རྩ་ཐིག་རླུང་གི་རྣལ་འབྱོར་བདེ་གསལ་མི་རྟོག་པའི་ཡེ་ཤེས་ལམ་དུ་བྱས་ཏེ་ཚེ་འདིར་གྲོལ་བར་འདོད་པ་ཡིན་ལ། དེ་ལ་རྩ་བ་དང་མན་ངག་གི་རྒྱུད་གཉིས་ལས། དང་པོ་ལ་ཐིག་ལེ་འདུས་པའི་རྒྱུད། སྒྱུ་མ་ཆེན་མོའི་རྒྱུད། ཟླ་གསང་ཐིག་ལེའི་རྒྱུད། རྡོ་རྗེ་གདན་བཞིའི་རྒྱུད་དེ་བཞིའོ། །གཉིས་པ་ལ་སྐུའི་རྒྱུད་མེ་ལྟར་འབར་བ། གསུང་གི་རྒྱུད་དབང་ཆེན་འདུས་པ། ཐུགས་ཀྱི་རྒྱུད་པུནྡ་རི་ཀཡོན་ཏན་གྱི་རྒྱུད་ལྷ་མོ་གསང་བ། འཕྲིན་ལས་ཀྱི་རྒྱུད་ཏིང་འཛིན་འདུས་པ་སོགས་བསམ་གྱིས་མི་ཁྱབ་པ་ཞིག་ཡོད་པར་བཤད་དོ། །གསུམ་པ་ཨ་ཏི་ཡོ་ག་ནི། རྒྱུའི་ཐེག་པ་གསུམ་གསང་སྔགས་ཀྱི་ཐེག་པ་གསུམ་དང་བཅས་པ་ལས་ཁྱད་པར་དུ་འཕགས་པར་མ་ཟད་བསྐྱེད་རྫོགས་ཀྱི་ཐེག་པ་གཉིས་ལས་ཀྱང་ཁྱད་ཆོས་དུ་མའི་སྒོ་ནས་ཁྱད་པར་དུ་འཕགས་པ་ཞིག་ཡིན་པར་འདོད་ལ། དེ་ཡང་སྒྲོས་བྲལ་རང་བྱུང་གི་ཡེ་ཤེས་རྒྱ་ཆད་དང་ཕྱོགས་ལྷུང་མེད་པ། ཐེག་པ་ཀུན་གྱི་དོན་ཐམས་ཅད་ཡོངས་སུ་རྫོགས་པའི་རྩེ་མོར་གྱུར་པ་ཞིག་ཡིན་ཏེ། ཀུན་བྱེད་ལས། གཅིག་རྫོགས་གཉིས་རྫོགས་སེམས་ལ་རྫོགས། །གཅིག་རྫོགས་སེམས་ཀྱི་བྱས་པར་རྫོགས། །གཉིས་རྫོགས་ཕུན་སུམ་ཚོགས་པར་རྫོགས། །ཀུན་རྫོགས་བྱང་ཆུབ་སེམས་སུ་རྫོགས། ། ཞེས་གསུངས་པའི་ཕྱིར། དེ་ཡང་སྣང་སྲིད་སྣོད་བཅུད་ཀྱིས་བསྡུས་པའི་ཆོས་རྣམས་དང་། ལྟ་སྒོམ་སྤྱོད་པ་ཐེག་པ་རྣམས་ཀྱི་གཞི་ལམ་འབྲས་བུར་བཏགས་སོ་ཅོག་ཐམས་ཅད་སེམས་ཀྱི་བཟོ་བོས་བློ་བུར་དུ་བྱས་པའི་འཁྲུལ་པ་སྟེ་འཕྲུལ་བདེན་བདེན་འདྲ་ཡང་དོན་ལ་ངོ་བོ་མ་གྲུབ་པས་རང་བྱུང་ཡེ་ཤེས་ཀྱི་རོལ་པ་ལས་མ་འདས་པའི་ཕྱིར་རྫོགས་པ། རང་བྱུང་གི་ཡེ་ཤེས་འོད་གསལ་བས་ངོ་བོ་སྟོང་པ་ཆོས་སྐུ། རང་བཞིན་གསལ་བ་ལོངས་སྐུ། ཐུགས་རྗེ་རིག་པ་སྤྲུལ་སྐུ་སྟེ་སྐུ་གསུམ་ཡེ་ནས་རང་ཆས་སུ་ཚང་བས་གཞན་ནས་རྩོལ་སྒྲུབ་མི་དགོས་པའི་ཕུན་སུམ་ཚོགས་པར་རྫོགས་པ་སྐྱེས་བུའི་གཉིད་དང་རྨི་ལམ་

ལྟར། སྣང་སྲིད་ཀྱི་ཆོས་དག་མ་དག་ཏུ་སྣང་བ་ཐམས་ཅད་རྩ་བ་རང་བྱུང་གི་ཡེ་ཤེས་ཀྱི་ངང་དུ་འདུས། ངང་ལས་ཤར། ངང་ལ་གནས་པས་བྱང་ཆུབ་ཀྱི་སེམས་སུ་རྫོགས་པ་ཞེས་ཟེར་རོ། །དེ་ལ་སེམས་སྡེ། ཀློང་སྡེ། མན་ངག་གི་སྡེ་གསུམ་དུ་ཡོད་པར་འདོད་དེ། བཀོད་པ་ཆེན་པོ་ལས། འོན་ཀྱང་ང་འདས་འོག་ཏུ་ནི། །འདི་ལྟར་རྣམ་པར་སྣང་བར་འགྱུར། །ཡིད་ཅན་རྣམས་ལ་སེམས་ཀྱི་སྡེ། །ནམ་མཁའ་ཅན་ལ་ཀློང་གི་སྡེ། །བྲེ་རྩོལ་ཅན་ལ་མན་ངག་གོ །ཞེས་གསུངས་པའི་ཕྱིར། སེམས་སྡེའི་དོན་ནི། ངོ་བོ་སྣ་ཚོགས་སུ་སྣང་ཡང་སེམས་ཉིད་གཅིག་གི་རོལ་པ་ལས་མ་འདས་པར་འདོད་དེ། ཀློང་གསལ་ལས། སྣ་ཚོགས་སེམས་ཀྱི་སྣང་བ་སྟེ། །དེ་བཞིན་གཉིས་མེད་སེམས་ཉིད་ནི། །རང་བྱུང་ཡེ་ཤེས་མི་གཡོའི་བདག །འོད་གསལ་སྤྲོས་དང་བྲལ་བར་བརྗོད། །ཅེས་གསུངས་པའི་ཕྱིར། དེ་ལ་འབྲས་བུ་སེམས་ཀྱི་འབྱུང་བར་འདོད་པས་སེམས་ཕྱོགས་པ་སོགས་བདུན་དུ་ཡོད་པར་བཤད་དོ། །དེའི་རྗོད་བྱེད་ཀྱི་རྒྱུད་ཤློ་ཀ་འབུམ་ཕྲག་ཉི་ཤུ་རྩ་གཅིག་པ་ལྟ་བུ་སྟེ། དེ་ཡང་ཆོས་ཉིད་ལ་བརྗོད་དུ་མེད་པའི་ཀློང་། ལྟ་བ་ལ་མིན་པ་མེད་པའི་ཀློང་། སྤྱོད་པ་ལ་ཡིན་པ་མེད་པའི་ཀློང་སྟེ་ཀློང་གསུམ་དུ་འདུས་པར་འདོད་དོ། །གཉིས་པ་ཀློང་སྡེ་ནི་རང་བྱུང་གི་ཡེ་ཤེས་དང་། དེའི་ངང་ལས་ཤར་བའི་ཆོས་ཐམས་ཅད་ཡེ་གྲོལ་རང་དག་ཆེན་པོར་འདོད་ལ། དེ་ལ་ཀློང་ནག་པོ་རྒྱུ་མེད་དུ་སྨྲ་བ། ཀློང་ཁྲ་བོ་སྣ་ཚོགས་སུ་སྨྲ་བ། ཀློང་དཀར་པོ་སེམས་སུ་སྨྲ་བ། ཀློང་རབ་འབྱམས་རྒྱུ་འབྲས་ལ་བླ་བ་དང་བཞི་ཡོད་པར་བཤད་དོ། །གསུམ་པ་མན་ངག་གི་སྡེ་ནི། སེམས་ཀློང་གི་སྡེ་གཉིས་ལས་ཆེས་ཁྱད་པར་དུ་འཕགས་པ་སྟེ། བཀོད་པ་ཆེན་པོ་ལས། ཀྱེ་ཧོ་རྡོ་རྗེ་འཛིན་པ། དེ་ལྟར་གཏན་ལ་མ་ཕབ་ན། །ཡིད་སྤྱོད་འཛིན་པ་རྣམས་དང་ནི། །ཁྱད་པར་ཅི་ཡང་མེད་པར་འགྱུར། །དེ་ཕྱིར་ངེས་གསང་སྙིང་པོ་འདི། །མུན་པ་ལས་ནི་མར་མེ་འམ། །གཅན་གཟན་རྣམས་ལས་སེང་གེ་འམ། །རྐང་ཐང་རྣམས་ལས་རྟ་པ་བཞིན། །ཀུན་གྱི་ནང་ནས་ཁྱད་པར་འཕགས། །ཞེས་གསུངས་པའི་ཕྱིར། དེ་ལ་ཁ་འཁོར་གྱི་མན་ངག །ཁ་གཏམ་གྱི་མན་ངག །རྒྱུད་རང་གཞུང་དུ་གསུངས་པའི་མན་ངག་དང་གསུམ་དུ་ཡོད་པར་བཤད་དོ། །དེ་ལྟ་བུའི་སེམས་སྡེའི་རྒྱུད་ལ་སེམས་སྡེ་མ་བུ་བཅོ་བརྒྱད་ཡོད་པར

བཤད་དེ། རིག་པའི་ཁུ་བྱུག་རྩལ་ཆེན་དཀྱུག་པ་སོགས་སྔ་འགྱུར་ལྔ། རྩེ་མོ་བྱུང་རྒྱལ་སོགས་ཕྱི་འགྱུར་བཅུ་གསུམ་ཡོད་པར་བཤད་དོ། །ཀློང་སྙེའི་རྒྱུད་ལ་དོང་སྤྲུགས་རིན་པོ་ཆེ་གསང་བའི་རྒྱུད། བྱ་རྩོལ་མེད་པའི་རྒྱུད་སོགས་འབུམ་ཕྲག་གཅིག་ཡོད་པར་བཤད་དོ། །མན་ངག་གི་རྒྱུད་ལ་པདྨ་གླིང་གསལ། པདྨ་དབང་རྒྱལ་སོགས་ཁྲི་ཕྲག་ལྔ་དང་སྟོང་ཕྲག་གཅིག་ཡོད་དོ། །

གསང་སྔགས་གསར་རྙིང་གི་ཁྱད་པར་ནི། རྒྱ་གར་ན་གསར་རྙིང་གི་ཐ་སྙད་མེད་ལ་བོད་དུ་འགྱུར་སྔ་ཕྱིའི་སྒོ་ནས་ཐ་སྙད་བྱས་པ་སྟེ་གཙོ་ཆེ་བའི་དབང་དུ་བྱས་ན་བསྟན་པ་སྔ་དར་གྱི་དུས་སུ་བྱུང་བའི་སྔགས་རྣམས་ལ་གསང་སྔགས་རྙིང་མའམ་གསང་སྔགས་སྔ་འགྱུར་ཞེས་པའི་ཐ་སྙད་བྱས་ཤིང་། ལུགས་དེ་ཉིད་སློབ་དཔོན་པདྨས་རྗེས་འབངས་ཉེར་ལྔ་སོགས་ལ་རྒྱས་པར་སྤེལ། སོ་ཟུར་གནུབས་གསུམ་ལ་སོགས་པས་གཅེས་པར་བསྐྱངས་ཏེ་ད་ལྟའི་བར་དུ་གནས་པ་འདི་འོ། །འོན་ཀྱང་ལུགས་དེ་ལ་ལོ་ཆེན་རིན་ཆེན་བཟང་པོ། ལྷ་བླ་མ་ཡེ་ཤེས་འོད། ཕོ་བྲང་ཞི་བ་འོད། འགོས་ཁུག་པ་ལྷས་བཙས། རྡོག་ལྷ་བ་ཅན། ཆག་དགྲ་བཅོམ་རྣམས་ཀྱིས་དག་མ་དག་གི་དཔྱད་པ་མང་དུ་མཛད་ཅིང་། ཀུན་མཁྱེན་བུ་སྟོན་ཆེན་པོས་ཐེ་ཚོམ་ཟ་བའི་ཆོས་སུ་གསུངས། འབྲི་ཁུང་དཔལ་འཛིན་དང་། མཁས་གྲུབ་དགེ་ལེགས་དཔལ་བཟང་སོགས་མཐའ་གཅིག་ཏུ་མ་དག་པར་འདོད་ཅིང་། སློབ་དཔོན་པདྨ་ཡང་བོད་དུ་བྱོན་པ་འདི་སློབ་དཔོན་དངོས་མ་ཡིན། བལ་པོ་ཀཱ་རུ་འཛིན་ཞེས་ཟེར་རོ། །རྗེ་བཙུན་ས་སྐྱ་པ་ཡབ་སྲས་ནི་རྙིང་མ་ལྷད་མ་ཞུགས་པ་རྣམས་ཆོས་རྣམ་དག་ཏུ་བཞེད། སློབ་དཔོན་པདྨ་ཡང་བོད་དུ་བྱོན་པ་འདི་དངོས་ཡིན་ཏེ། རབ་དབྱེར། རྒྱལ་པོ་ཁྱོད་ཀྱི་བོད་ཡུལ་འདི། །སློབ་དཔོན་པདྨ་འབྱུང་གནས་ཀྱིས། །བརྟན་མ་བཅུ་གཉིས་ལ་གཏད་པས། །མུ་སྟེགས་འབྱུང་བར་མི་འགྱུར་མོད། །འོན་ཀྱང་རྟེན་འབྲེལ་འགའ་ཡི་རྒྱུས། །ཆོས་ལུགས་གཉིས་སུ་འགྲོ་བར་འགྱུར། །ཞེས་དང་། བསམ་ཡས་ཀྱི་ཁོར་སའི་ངོས་ལ་བྲིས་པའི་ཡི་གེ་ལས། སྡོམ་བརྩོན་དམ་པ་དཔལ་ལྡན་ཞི་བ་འཚོ། །བརྟུལ་ཞུགས་གྲུབ་པ་པདྨ་འབྱུང་གནས་དཔལ། །མཁས་པའི་དབང་པོ་པདྨའི་ངང་ཚུལ་ཏེ། །སྙིགས་མའི་དུས་ཀྱི་རྒྱལ་བ་གཉིས་པ་ཡིན། །ཞེས་གསུངས་པའི་ཕྱིར། གསར་མ་ལ་ནི་ལོ་ཆེན་རིན་ཆེན་བཟང་

པོས་བསྐྱུར་བ་མན་གྱི་གསང་སྔགས་ལ་ཟེར་རོ། །

བདུན་པ་བསྡུས་པའི་བསྟན་པ་མཁས་གྲུབ་རྣམས་ཀྱིས་ཇི་ལྟར་བསྐྱངས་པའི་ཚུལ་ནི། ལང་ཀར་གཤེགས་པ་ལས། ལྷོ་ཕྱོགས་བྷེ་ཏའི་ཡུལ་དུ་ནི། །དགེ་སློང་དཔལ་ལྡན་ཆེར་གྲགས་པ། །དེ་མིང་ཀླུ་ཞེས་བོད་པ་སྟེ། །ཡོད་དང་མེད་པའི་ཕྱོགས་འཇིག་པ། །ང་ཡི་བསྟན་པ་འཇིག་རྟེན་དུ། །བླ་མེད་ཐེག་ཆེན་རབ་བཤད་ནས། །རབ་ཏུ་དགའ་བའི་ས་བསྒྲུབ་སྟེ། །བདེ་བ་ཅན་དུ་དེ་འགྲོའོ། །ཞེས་དང་འཇམ་དཔལ་རྩ་རྒྱུད་ལས། དེ་བཞིན་གཤེགས་པ་ང་འདས་ནས། །ལོ་ནི་བཞི་བརྒྱ་ལོན་པ་ན། །དགེ་སློང་ཀླུ་ཞེས་དེ་འབོད་འབྱུང་། །བསྟན་པ་ལ་ནི་དད་ཅིང་ཕན། །རབ་ཏུ་དགའ་བའི་ས་ཐོབ་པ། །ལོ་ནི་དྲུག་བརྒྱ་དག་ཏུ་འཚོ། །རིག་པ་རྨ་བྱ་ཆེན་མོ་ནི། །བདག་ཉིད་ཆེན་པོ་དེས་ཀྱང་འགྲུབ། །བསྟན་བཅོས་སྣ་ཚོགས་དོན་དང་ནི། །དངོས་པོ་མེད་པའི་དོན་དེ་རིག །གང་ཚེ་ལུས་དེ་བོར་བ་ན། །བདེ་བ་ཅན་དུ་སྐྱེ་བར་འགྱུར། །དེ་ནི་མཐར་གྱི་སངས་རྒྱས་ཉིད། །ངེས་པ་ཁོ་ནར་ཡང་དག་ཐོབ། །ཅེས་དང་། གཞན་ཡང་དུས་ཀྱི་འཁོར་ལོ་དང་། རྔ་བོ་ཆེའི་མདོ་ལ་སོགས་པ་དུ་མ་ནས་ལུང་བསྟན་པ་ལི་ཙ་བྱི་གཞོན་ནུ་སེམས་ཅན་ཐམས་ཅད་ཀྱིས་མཐོང་ན་དགའ་བར་གྲགས་པའི་སྤྲུལ་པ་དཔལ་འཕགས་པ་ཀླུ་སྒྲུབ་ཞབས་དང་། དེའི་སློབ་མ་དུས་ཀྱི་འཁོར་ལོ་ལས། དགེ་བཅུའི་ལམ་གྱི་གྲུབ་པར་གྱུར་པ་འཕགས་པའི་ལྷ་དང་ལྷ་བའི་ན་བཟའ་རྟ་དབྱངས་དང་། །ཞེས་ལུང་བསྟན་པ་རྒྱ་གར་གྱི་སྐད་དུ་ཨཱརྱ་དེ་བ། བོད་སྐད་དུ་འཕགས་པ་ལྷ་ཞེས་ཡོངས་སུ་གྲགས་པ་དེ་གཉིས་ཀྱིས་ལྷོ་ཕྱོགས་དཔལ་གྱི་རི་ལ་བཞུགས་ནས་ཐེག་པ་ཆེན་པོ་དབུ་མའི་བསྟན་པ་དར་ཞིང་རྒྱས་པར་མཛད། ཀླུ་སྒྲུབ་ཀྱིས་དབུ་མ་རིགས་པའི་ཚོགས་ལྔ། བསྟོད་ཚོགས་རབ་ཏུ་མང་པོ། གཏམ་གྱི་ཚོགས་གཉིས་ལ་སོགས་པ་མཛད་ནས་ཐེག་པ་ཆེན་པོ་བཀའ་མ་ཡིན་པར་འདོད་པའི་ལོག་རྟོག་བསལ་ཏེ་ཐེག་ཆེན་བཀར་སྒྲུབ་པའི་སེང་གེའི་ང་རོ་ལན་གཅིག་མ་ཡིན་པར་བསྒྲགས། ཨཱརྱ་དེ་བས་དེའི་སྲོལ་ཚུལ་བཞིན་དུ་བསྐྱངས་ཤིང་མུ་སྟེགས་ཀྱི་སྟོན་པ་མངལ་སྐྱེས་སུས་ཀྱང་མི་ཐུབ་པའི་དངོས་གྲུབ་དབང་ཕྱུག་ཆེན་པོས་བྱིན་པ་མ་ཁོལ་དང་ཕ་ཁོལ་དང་། མ་ཏི་ཙི་ཏྲ་སོགས་མིང་གི་རྣམ་གྲངས་དུ་མ་དང་ལྡན་པ་དེ་བཏུལ་ནས་སངས་རྒྱས

ཀྱི་བསྟན་པའི་སྐོར་འཛུད་པར་མཛད་པས་ཕྱིས་སློབ་དཔོན་དཔའ་བོ་ཞེས་པ་ཐུབ་པའི་སྐྱེས་རབས་སོ་བཞི་པ་སོགས་མཛད་དེ་བསྟན་པ་ལ་ཕན་པ་ཆེན་པོ་མཛད་པ་དེ་བྱུང་། ཨཱཙརྱ་དེ་བས་རབ་ཏུ་བྱེད་པ་ལེགས་པའི་ཚད་དང་། དབུ་མ་བཞི་བརྒྱ་པ་དང་། ཡེ་ཤེས་སྙིང་པོ་ཀུན་ལས་བཏུས་པ་ལ་སོགས་པའི་བསྟན་བཅོས་མང་དུ་མཛད། ཡབ་སྲས་དེ་གཉིས་ཀྱི་དབུ་མའི་བསྟན་བཅོས་རྣམས་ལ་གཞུང་ཕྱི་མོའི་དབུ་མ་ཞེས་ཐལ་རང་གཉིས་ཀས་ཚད་མར་རྩི་བ་ཡིན། དེ་གཉིས་ཀྱི་རྗེས་འབྲང་ལ་ཐལ་རང་གཉིས་སུ་གྱེས་པ་ཡིན་ཏེ། ཐལ་འགྱུར་བ་ནི་ཨཱཙརྱ་དེ་བའི་སློབ་མ་སློབ་དཔོན་སངས་རྒྱས་བསྐྱངས་ཀྱིས་དབུ་མ་ཐལ་འགྱུར་བའི་སྲོལ་ཕྱེ། གཞན་ཡང་ཨཱཙརྱ་དེ་བའི་སློབ་མ་སློབ་དཔོན་ཟླ་བ་གྲགས་པ་དང་། ཟླ་གྲགས་ཀྱི་སློབ་མ་རིག་པའི་ཁུ་བྱུག་ཆེ་བ། དེའི་སློབ་མ་རིག་པའི་ཁུ་བྱུག་ཆུང་བ། དེ་གཉིས་ཀའི་སློབ་མ་ཇོ་བོ་རྗེ་དཔལ་ལྡན་མར་མེ་མཛད་ལ་སོགས་པ་འཕགས་ཡུལ་ན་བཟང་ལ་མང་བ་བྱུང་། རང་རྒྱུད་པ་ནི། ཐོག་མར་སློབ་དཔོན་ལེགས་ལྡན་འབྱེད་ཀྱིས་རང་རྒྱུད་ཀྱི་སྲོལ་ཕྱེ། དེའི་སློབ་མ་དཔལ་སྦས་དང་། དེ་ནས་སློབ་དཔོན་ཡེ་ཤེས་སྙིང་པོ། ཞི་བ་འཚོ། ཀཱ་མ་ལ་ཤཱི་ལའམ། བོད་སྐད་དུ་པདྨའི་ངང་ཚུལ་དུ་གྲགས་པ་གསུམ་གྱིས་རྒྱ་གར་ཤར་ཕྱོགས་སུ་རང་རྒྱུད་ཀྱི་སྲོལ་བསྐྱངས་པས་རང་རྒྱུད་ཤར་གསུམ་དུ་གྲགས། ཡང་འཇམ་དཔལ་རྩ་རྒྱུད་དུ། ང་ནི་མྱ་ངན་འདས་འོག་ཏུ། །ལོ་ནི་དགུ་བརྒྱ་ལོན་པ་ན། །ཐོགས་མེད་ཅེས་བྱའི་དགེ་སློང་ནི། །བསྟན་བཅོས་ཀྱི་ནི་དོན་ལ་མཁས། །མདོ་སྡེ་ངེས་དོན་དྲང་བའི་དོན། །རྣམ་པ་མང་པོ་རབ་ཏུ་འབྱེད། །འཇིག་རྟེན་རིག་པ་སྟོན་བདག་ཉིད། །གཞུང་བྱེད་ངང་ཚུལ་ཅན་དུ་འགྱུར། །ཞེས་ལུང་བསྟན་པ་འཕགས་པ་ཐོགས་མེད་ཞབས་དང་། ཡང་འཇམ་དཔལ་རྩ་རྒྱུད་ལས། དེ་འོག་རྣམ་པར་གྲགས་པ་ནི། །ལྷོ་ཡི་ཕྱོགས་སུ་བྲམ་ཟེ་ནི། །ཡི་གེ་དང་པོ་བ་བསྟན་པ། །སྟོན་པའི་བསྟན་པ་གཅེས་འཛིན་བྱེད། །མཆོད་རྟེན་ཀུན་དགའ་ར་བར་གནས། །སྟོན་པའི་གཟུགས་བརྙན་ཡོད་འོང་གི། ས་ནི་རྒྱ་མཚོ་གཉིས་མཐར་ཐུག །ཐམས་ཅད་ཀྱིས་ནི་རྒྱན་དུ་བྱས། །ཞེས་ལུང་བསྟན་པ་ཀུན་མཁྱེན་གཉིས་པ་དབྱིག་གཉེན་ཞབས་ཏེ་སྐུ་མཆེད་གཉིས་ཀྱིས་མངོན་པའི་བསྟན་པ་ཤིན་ཏུ་རྒྱས་པར་མཛད་པ་ཡིན་ཏེ། དེ་ཡང་འཕགས་པ་

ཐོགས་མེད་ཀྱིས་མགོན་པོ་བྱམས་པ་བསྙེབས་པས་འགྲུབ་སྟེ། དགའ་ལྡན་དུ་བྱོན་ནས་བྱམས་པ་ལ་ཆོས་མངོན་པའི་མདོ་སྟོང་ཕྲག་བརྒྱ་པ་དང་། བྱམས་པའི་ཆོས་ལྔ་ལ་སོགས་པ་གསན་ནས་སླར་ཛམྦུའི་གླིང་དུ་བྱོན་ཏེ། ས་སྡེ་ལྔ། སྡོམ་རྣམ་པ་གཉིས་ལ་སོགས་པ་མཛད་ནས་ཐེག་པ་ཆེན་པོའི་མངོན་པ་ཤིན་ཏུ་དར་བར་མཛད་པ་ལ་མངོན་པ་གོང་མ་ཞེས་ཡོངས་སུ་གྲགས། སློབ་དཔོན་དབྱིག་གཉེན་གྱིས་ཁ་ཆེར་འདུས་པ་བཟང་པོའམ། དགེ་འདུན་བཟང་པོའི་དྲུང་དུ་བྱོན་ནས་རིག་པའི་གནས་ལྔ་ལ་བསླབས་པས་ཤིན་ཏུ་མཁས་པར་གྱུར་ནས་སླར་ཡུལ་དབུས་སུ་བྱོན་ཏེ་མངོན་པ་མཛོད་ཀྱི་ཚིག་ལེའུར་བྱས་པ་རང་འགྲེལ་དང་བཅས་པ་མཛད། དེ་ལ་ཀ་བཞི་རང་ལས་མཁས་པའི་སློབ་མ་བཞི་བྱུང་བ་ལས། མངོན་པ་རང་ལས་མཁས་པ་ཁ་ཆེ་བློ་གྲོས་བརྟན་པ་དང་། སློབ་དཔོན་གང་བ་འཕེལ་དང་། རྒྱལ་པོའི་སྲས་གྲགས་པ་བཤེས་གཉེན་ལ་སོགས་པས་མཛད་དོ། །རང་འགྲེལ་ལ་འགྲེལ་བཤད་མཛད་དེ། ཐེག་པ་ཆུང་དུའི་ལུགས་ཀྱི་མངོན་པ་ཤིན་ཏུ་དར་བར་མཛད་པ་ལ་མངོན་པ་འོག་མ་ཞེས་ཡོངས་སུ་གྲགས་པ་ཡིན། དབྱིག་གཉེན་གྱི་སློབ་མ་འདུལ་བ་རང་ལས་མཁས་པ་སློབ་དཔོན་ཡོན་ཏན་འོད་ཀྱིས་འདུལ་བ་མདོ་རྩ་བ་དང་། ཀརྨ་ཤ་ཏཾ་ལ་སོགས་པའི་བསྟན་བཅོས་མཛད། དེའི་སློབ་མ་ཤཱཀྱ་འོད་ཀྱིས་འདུལ་བ་སུམ་བརྒྱ་པ་དང་། དེའི་རང་འགྲེལ་འོད་ལྡན་ལ་སོགས་པ་མཛད། ཡོན་ཏན་འོད་ཀྱི་སློབ་མ་བཤེས་གཉེན་རྣམ་པ་བཞིའི་ནང་ཚན་སློབ་དཔོན་ཆོས་ཀྱི་བཤེས་གཉེན་གྱིས་མདོ་རྩའི་འགྲེལ་པ་ཤིན་ཏུ་རྒྱས་པ་རྒྱ་ཆེར་འགྲེལ་མཛད། བཤེས་གཉེན་གཞན་གསུམ་གྱིས་ཀྱང་འགྲེལ་པ་རེ་མཛད་དེ་འཕགས་ཡུལ་ན་འདུལ་བའི་སྲོལ་ཤིན་ཏུ་དར་བར་བྱུང་། དབྱིག་གཉེན་གྱི་སློབ་མ་ཕར་ཕྱིན་རང་ལས་མཁས་པ་འཕགས་པ་རྣམ་གྲོལ་སྡེ་ནི་སློབ་དཔོན་ཆེན་པོ་དཀོན་མཆོག་འབངས་ཀྱི་དབོན་པོ་ས་གསུམ་པ་ལ་གནས་པའི་བྱང་ཆུབ་སེམས་དཔའ་ཡིན་ལ། དེས་ཤེར་ཕྱིན་གྱི་མདོའི་སྐབས་དོན་མགོན་པོ་བྱམས་པས་མཛད་པའི་མངོན་པར་རྟོགས་པའི་རྒྱན་དང་། ཤེར་ཕྱིན་མདོ་གཉིས་ཀའི་འགྲེལ་པ་ཉི་ཁྲི་སྣང་བ་ཞེས་བྱ་བ་མཛད། དེའི་སློབ་མ་བཙུན་པ་རྣམ་གྲོལ་སྡེས་ཉི་ཁྲི་རྣམ་འགྲེལ་ཞེས་བྱ་བ་མཛད་ཅིང་། དེའི་རྗེས་སུ་སློབ་དཔོན་སེང་གེ་བཟང་པོས་མངོན་པར་རྟོགས་པའི་རྒྱན། ཉི་ཁྲི་

དང་སྦྱར་བ་ཉི་ཁྲི་ལེ་བརྒྱད་མ། བརྒྱད་སྟོང་པ་དང་སྦྱར་བ་བརྒྱད་སྟོང་འགྲེལ་ཆེན། ཡུམ་རྒྱས་འབྲིང་བསྡུས་གསུམ་ཀ་དང་སྦྱར་བ་འགྲེལ་ཆུང་དོན་གསལ་ལ་སོགས་པ་མཛད་ནས་ཕར་ཕྱིན་ཐེག་པའི་བསྟན་པ་ཤིན་ཏུ་དར་ཞིང་རྒྱས་པར་མཛད། དབྱིག་གཉེན་གྱི་སློབ་མ་ཚད་མ་རང་ལས་མཁས་པ་སློབ་དཔོན་ཕྱོགས་ཀྱི་གླང་པོ་ནི། དུས་འཁོར་རྩ་རྒྱུད་ལས། ཕྱོགས་ཀྱི་གླང་པོ་གཞན་ལ་ཕན་པའི་བསམ་པ་ཅན་ནི་ཟླ་བ་པདྨའི་སྨྱུ་གུ་ཞེས། །ཞེས་ལུང་བསྟན་ཞིང་། དེས་ཚད་མའི་བསྟན་བཅོས་ཐོར་བུ་བ་མང་དུ་མཛད་པ་ལས། ཕྱིས་རྗེ་བཙུན་འཇམ་པའི་དབྱངས་ཀྱིས་བསྐུལ་ནས་ཚད་མའི་མདོ་ཀུན་ལས་བཏུས་པ་རང་འགྲེལ་དང་བཅས་པ་མཛད། དེའི་སློབ་མ་དབང་ཕྱུག་སྡེ་ཡིན་ལ། དེའི་སློབ་མ་དཔལ་ལྡན་ཆོས་ཀྱི་གྲགས་པ་ནི། འཇམ་དཔལ་རྩ་རྒྱུད་ལས། ཡི་གེ་དྷ་ཞེས་སྨོམ་བརྗོན་ཉིད། །ལྷོ་ཡི་ཕྱོགས་སུ་རྣམ་པར་བསྒྲགས། །ཕ་རོལ་རྒོལ་བ་བཟློག་ནས་ནི། །དེ་བཞིན་སྨོམ་བརྗོན་སྔགས་ཀྱང་འགྲུབ། །ཅེས་དང་། མགོན་པོ་མངོན་བྱུང་གི་རྒྱུད་ལས། པཎྜི་ཏ་རྣམས་ཀྱི་གཙོ་བོར་གྱུར་པ་ཆོས་ཀྱི་གྲགས་པ་ཞེས་པར་གྱུར་པ་འདི་དང་། སྐྱེས་བུ་དྲུག་བསྟན་པ་ལ་ཕན་པ། ཚངས་པར་སྤྱོད་པ་ལ་གནས་པ་རྣམས་ཀྱིས་གྲུབ་པོ་ཞེས་ལུང་བསྟན་པ་དེས་ཚད་མའི་བསྟན་བཅོས་སྡེ་བདུན་ལེའུ་དང་པོའི་རང་འགྲེལ་དང་བཅས་པ་མཛད། དེའི་སློབ་མ་ལྷ་དབང་བློས་ལེའུ་ཕྱི་མ་གསུམ་གྱི་འགྲེལ་པ་མཛད་ཅིང་། དེའི་སློབ་མ་ཤཱཀྱ་བློ་དང་རྒྱན་མཁན་པོའམ་མཆན་དཔོན་ཤེས་རབ་འབྱུང་གནས་སྦས་པ་ཞེས་གྲགས་པ་དང་། སློབ་དཔོན་ཆོས་མཆོག་དང་། སློབ་དཔོན་རྒྱལ་བ་ཅན་དང་། བྲམ་ཟེ་བདེ་བྱེད་དགའ་བ་ལ་སོགས་པ་རབ་ཏུ་མང་པོས་འགྲེལ་པ་འགྲེལ་བཤད་ལ་སོགས་པ་མཛད་ནས་ཚད་མ་རིག་པའི་བསྟན་པ་ཤིན་ཏུ་དར་བར་མཛད། འཕགས་ཡུལ་དུ་གསང་སྔགས་ཀྱི་བཤད་སྲོལ་ཇི་ལྟར་དར་བའི་ཚུལ་ནི། རྒྱ་གར་ལྷོ་ཕྱོགས་སུ་རྒྱལ་པོ་བི་སུ་ཀ་ལྤ་ཞེས་པ་ཉན་ཐོས་ཀྱི་ཐེག་པ་ལ་ཞུགས་པ་ཞིག་གིས་སྨི་ལམ་དུ་ཁྱོད་ཨུ་རྒྱན་དུ་སོང་ཞིག །ཚེ་འདིར་རྡོ་རྗེ་འཛིན་པ་ཐོབ་པར་འགྱུར་རོ། །ཞེས་ཟེར་བ་ཐོས་ཏེ་ཐེ་ཚོམ་མེད་པར་ཕྱིན་པས། ཨུ་རྒྱན་དུ་བུད་མེད་གཅིག་དང་ཕྲད། དེ་ལ་རྟེན་བཀུར་བྱས་པས་དེས་དབང་བསྐུར་བྱིན་གྱིས་བརླབས་ཏེ། གསང་བ་འདུས་པ་དང་། དེ་ཉིད་འདུས་པའི་རྒྱུད་

གཉིས་བྱིན་པ་ཁྱེར་འོངས་ཏེ་ཡུལ་དབུས་སུ་དར་བར་མཛད་པ་དང་། ཀུ་ཀུ་རི་པས་མ་ཧཱ་མ་ཡའི་རྒྱུད་དང་། ལ་ལི་ཏ་བཛྲས་རྡོ་རྗེ་འཇིགས་བྱེད་ཀྱི་རྒྱུད་ཨུ་རྒྱན་ནས་བླངས་ཏེ་ཡུལ་དབུས་སུ་དར་བར་བྱས་པ་དང་། ཀྱེ་རྡོ་རྗེའི་རྒྱུད་ནི་རྡོག་གཞུང་པའི་རྗེས་འབྲང་ཁ་ཅིག །ཀླུ་སྒྲུབ་གླན་པར་བརྗུས་ནས་ཨུ་རྒྱན་དུ་མཁའ་འགྲོ་མའི་ཕྱག་ནས་བརྐུས་པ་ཡིན་ནོ་ཞེས་ཟེར་བ་ནི་གཏམ་རྒྱུད་མ་དག་པ་ཡིན་ལ། དེས་ན་བི་རྐླ་པ་དང་། ཊོམྦྷི་ཧེ་རུ་ཀས་སྤྱན་དྲངས་པའི་ལོ་རྒྱུས་གཉིས་འབྱུང་ཞིང་། གཉིས་ཀ་ལྟར་ཡང་འགལ་བ་མེད་པས་ཡུལ་དབུས་སུ་དར་བར་བྱས་པ་དང་། དུས་ཀྱི་འཁོར་ལོའི་རྒྱུད་ནི། སློབ་དཔོན་ཙི་ལུ་པ་ཤམྦྷ་ལར་བྱོན་པས་རིག་ལྡན་གྱི་སྤྲུལ་པ་དང་མཇལ་ནས་དུས་ཀྱི་འཁོར་ལོའི་དབང་དང་རྒྱུད་ལ་སོགས་པ་གསན་ཏེ་ཡུལ་དབུས་སུ་དར་བར་མཛད་པ་སོགས་ཡིན་ཏེ། དེ་རྗེས་ཀླུ་ལས་གྲུབ་པའི་དཔའ་བོ་དང་། །མཁའ་འགྲོ་རྣམས་ལས་བི་སུ་ཀལྤ་སོགས། །གྲུབ་པའི་སློབ་དཔོན་རྣམས་ཀྱིས་ལེགས་བླངས་ཏེ། །འཕགས་པའི་ཡུལ་དང་གངས་རིའི་ཁྲོད་འདིར་ཡང་། །སྐྱེས་མཆོག་རྣམས་ཀྱིས་ཡོངས་སུ་དར་བར་མཛད། །ཅེས་གསུངས་པའི་ཕྱིར། སྒྲ་རིག་པ་ནི། སྟོན་སུམ་ཅུ་རྩ་གསུམ་གྱི་གནས་སུ་སནྟྲ་ཧྃ་དེ་བ་ཞེས་པ་ལྷ་ཐམས་ཅད་མཁྱེན་པ་ཞེས་གྲགས་པ་བྱུང་། དེས་སནྟྲ་ཧྃ་བྱཱ་ཀ་ར་ཎ་ཞེས་པའི་སྒྲའི་བསྟན་བཅོས་བྱས། དེའི་སློབ་མ་བརྒྱ་བྱིན་གྱིས་ཨིནྡྲ་བྱཱ་ཀ་ར་ཎ་ཞེས་པའི་སྒྲའི་བསྟན་བཅོས་བྱས། དེའི་སློབ་མ་ཕུར་བུ་ལྷའི་བླ་མར་གྲགས་པ་དེ་སྒྲ་ལ་མཁས་པའི་ང་རྒྱལ་གྱིས་ཞེན་ཏེ་དྲེགས་པ་ན་བརྒྱ་བྱིན་གྱིས་ཕྱིས་རྒྱ་མཚོ་ལས་ཆུ་བུམ་པ་གང་བླངས། དེ་ལས་ཀུ་ཤའི་རྩེས་ཐིགས་པ་གཅིག་བླངས། སྒྲ་ཡི་རིག་པ་མཐའ་ཡས་པ། །ཡོངས་སུ་རྫོགས་པ་རྒྱ་མཚོ་ཙམ། །དབང་པོས་ཤེས་པ་བུམ་ཆུ་ཙམ། །ཕུར་བུས་ཤེས་པ་ཐིགས་པ་ཙམ། །ཞེས་བརྗོད་པས། ཕུར་བུ་སྙིང་ལྷུག་པར་གྱུར་པ་ན། རང་གི་ཇི་ལྟར་ཤེས་པ་བཞིན་ལྷ་རྣམས་ལ་སྟོན་ཅིག་ཅེས་བསྒོས་པས། ཕུར་བུ་ན་རེ། ཆོས་བརྒྱད་སློབ་དཔོན་ངེས་པར་འཛོམས། །བཅུ་བཞི་ལ་ནི་སློབ་མ་འཛོམས། །གནམ་སྟོང་ལ་ནི་རིག་པ་འཛོམས། །ཆོས་གཅིག་ལ་ནི་ཐམས་ཅད་འཛོམས། །ཞེས་རང་བསྙེན་གནས་བསྲུང་བའི་དུས་བཞི་མ་གཏོགས་པ་དུས་ཐམས་ཅད་དུ་བཤད་པས་ལྷའི་ཡུལ་དུ་དར་ཞིང་རྒྱས་ཏེ། ཕུར་བུ་ལ་

ལྷའི་བླ་མ་ཞེས་འབོད་པ་དེ་བྱུང་། དེ་ནས་མི་ཡུལ་དུ་དར་ཚུལ་ནི། ལང་ཀར་གཤེགས་པ་ལས། སྒྲ་བྱེད་པ་ནི་པ་ཎི་ཊའོ། །ཞེས་དང་། འཇམ་དཔལ་རྩ་རྒྱུད་ལས། བྲམ་ཟེའི་ཁྱེའུ་པ་ཎི་ནི། །ངེས་པར་ཉན་ཐོས་བྱང་ཆུབ་ཏུ། །ང་ཡིས་ལུང་བསྟན་བྱས་པ་ཡིན། །འཇིག་རྟེན་དབང་ཕྱུག་བདག་ཉིད་ཆེ། །དེ་ཉིད་དེ་ཡིས་སྔགས་འགྲུབ་པོ། །ཞེས་ལུང་བསྟན་པ་བྲམ་ཟེའི་ཁྱེའུ་པ་ཎི་ཞེས་པ་དེས་སྒྲ་ཤེས་པར་འདོད་ནས་ལག་རིས་མཁན་ལ་ལག་པ་བསྟན་པས། སྒྲ་ཤེས་པའི་མཚན་མ་འདི་ལྟ་བུ་ཡིན་ཏེ་མི་འདུག་ཟེར་བས་ཚོན་གྱིས་མཚན་མ་བཅོས་པ་ན། བརྩོན་འགྲུས་འདི་ལྟ་བུ་ཡོད་ན་གང་ཡང་འགྲུབ་བོ་ཞེས་ཟེར། དེ་ནས་སྤྱན་རས་གཟིགས་དབང་ཕྱུག་བསྒྲུབས་པས་ཟླ་དྲུག་ན་ཞལ་མཐོང་སྟེ། ཅི་འདོད་གསུངས་པ་ན་སྒྲ་ཤེས་པར་འཚལ་ལོ་ཞེས་ཞུས་པས། ཡི་གེའི་བསྡུ་བ་ཙམ་ཟད་བསྟན་པ་ཙམ་གྱིས་སྒྲ་ལ་ཤིན་ཏུ་མཁས་པར་གྱུར་ཏེ་པ་ཎི་བྱཱ་ཀ་ར་ཎ་ཞེས་པ་སྒྲའི་བསྟན་བཅོས་ཤློ་ཀ་ཉིས་སྟོང་ཡོད་པ་ཞིག་མཛད། དེ་ལ་ཀླུའི་རྒྱལ་པོ་ནོར་རྒྱས་ཀྱི་བུས་མ་ཧཱ་བྷེ་ཤ་ཞེས་འགྲེལ་པ་ཤློ་ཀ་འབུམ་ཡོད་པ་ཞིག་མཛད། དེ་གཉིས་ཡུལ་དབུས་སུ་དར་བར་འགྱུར། ཀ་ཙན་གཉིས་ཞེས་གྲགས་པ་ནི། རྒྱལ་པོ་བདེ་སྤྱོད་བཟང་པོའི་ཞང་པོ་ཤ་ར་ཝརྨ་ཞེས་པས་གཞོན་ནུ་ཀཱརྟི་ཀ་བསྒྲུབས་པས་ཞག་བདུན་ནས་གཞོན་ནུ་སྨིན་དྲུག་རྨ་བྱ་ལ་ཞོན་པ་མཐོང་ནས་ཅི་འདོད་ཟེར་བ་ན་སྒྲ་ཤེས་པར་འཚལ་ལོ་ཞེས་ཞུས་པས། ཀུན་བཤད་རྐང་པ་བཞིའི་བར་བསྟན་པ་ན་སྒྲ་ལ་ཤིན་ཏུ་མཁས་པར་གྱུར་ཏེ་འཚལ་ལོ་ཞེས་སྨྲས་པས། རྨ་བྱའི་བཞོན་པ་གྱེན་དུ་བསྐྱོད་ནས་མཇུག་སྒྲོ་ཁྲ་བུན་གྱིས་མཐོང་བ་ན་ཀ་ལཱ་པ་བཟོད་པར་གསོལ་ལོ་ཞེས་སྨྲས་ཏེ་ཡི་གེར་བཀོད་པ་ནི་ཀ་ལཱ་པ་ཡིན་ལ། དེ་ལ་དུརྒ་སེང་ཧས་འགྲེལ་པ་དུར་སེང་མཛད། བྲམ་ཟེ་གྲགས་འབྱོར་གྱིས་འགྲེལ་པ་སློབ་མ་ལ་ཕན་པ་མཛད། དེ་སོགས་འགྲེལ་པ་མང་དུ་བྱུང་སྟེ་ཡུལ་དབུས་སུ་ཤིན་ཏུ་དར་བར་གྱུར། ཙནྡྲ་པ་ནི་སློབ་མ་ཞིག་འདུལ་བའི་དོན་དུ་སློབ་དཔོན་ཙནྡྲ་གོ་མིས་མཛད་པ་ཡིན་ལ། དེ་ལ་རང་གི་ཞང་པོ་རཏྣ་དཱ་སས་འགྲེལ་པ་སྟོང་ཕྲག་དྲུག་པ་དང་། སེང་གེ་བཟང་པོས་འགྲེལ་པ་སུ་བཅུ་དང་། ཉི་མའི་སྙིང་པོའི་འགྲེལ་པ་གྲུབ་པ་སོགས་མང་དུ་འབྱུང་ཞིང་ཡུལ་དབུས་སུ་ཤིན་ཏུ་དར་བར་གྱུར་བ་ཡིན། སྒྲ་རིག་པའི་བྱེ་བྲག་རིག་པའི་གནས་ཆུང་

བཞི་ནི། མདོན་བརྗོད་ཤེས་ན་མིང་ལ་མི་རྨོངས། སྙེབ་སྦྱོར་ཤེས་ན་ཚིགས་བཅད་ལ་མི་རྨོངས། སྙན་ངགས་ཤེས་ན་ཚིག་རྒྱན་ལ་མི་རྨོངས། ཟློས་གར་ཤེས་ན་སྐད་རིགས་ལ་མི་རྨོངས་ཞེས་པ་བཞི་ཡིན་ལ། དེ་ཡང་མངོན་བརྗོད་ནི་ཆོས་རེ་རེ་ལ་མིང་གི་རྣམ་གྲངས་དུ་མ་ཡོད་པར་སྟོན་པ་སྟེ། སློབ་དཔོན་ཨ་མ་ར་ཀོ་ཥས་འཆི་མེད་མཛོད་ཅེས་པའི་བསྟན་བཅོས་མཛད་ཅིང་། དེ་ལ་སུ་བྷཱུ་ཏི་ཙནྡྲས་འགྲེལ་པ་འདོད་འཇོ་ཞེས་པ་མཛད་པ་སོགས་དང་། སྙེབ་སྦྱོར་ནི་དྲང་སྲོང་སེར་སྐྱས་བྱས་པའི་རྩ་བའི་མདོ་དང་། དེའི་དཔེར་བརྗོད་རྒྱལ་བའི་ལྷས་མཛད་པ་དང་། ཁྱད་པར་དུ་འཕགས་པ་སྙེབ་སྦྱོར་རིན་ཆེན་འབྱུང་གནས་རང་འགྲེལ་དང་བཅས་པ་སློབ་དཔོན་ཤཱནྟི་པས་མཛད་པ་སོགས་ཀྱིས་སྟོན་པ་ཡིན་ལ། སྙན་ངག་ནི་སློབ་དཔོན་དཎྜི་འམ་དབྱུག་པ་ཅན་གྱིས་མཛད་པ་མེ་ལོང་གི་བསྟན་བཅོས་ཉིད་དང་། དཔེར་བརྗོད་ནི་ཤར་པའི་ལམ་ལ་དཔག་བསམ་འཁྲི་ཤིང་དང་། ལྷོ་པའི་ལམ་ལ་དཔའ་བོའི་སྐྱེས་རབས་སོ་བཞི་པ་སོགས་ཀྱིས་སྟོན་པ་ཡིན་ཞིང་། ཟློས་གར་ནི། སློབ་དཔོན་དགའ་བའི་ལྷས་མཛད་པའི་ཀླུ་ཀུན་ཏུ་དགའ་བའི་ཟློས་གར་དང་། སློབ་དཔོན་ཙནྡྲ་གོ་མིས་མཛད་པའི་འཇིག་རྟེན་ཀུན་ཏུ་དགའ་བའི་ཟློས་གར་སོགས་ཀྱིས་སྟོན་པ་ཡིན་ནོ། །

འོ་ན་རིག་པའི་གནས་ཆུང་དུ་འདི་དག་ཕྱི་ནང་ཐུན་མོང་བ་ཡིན་པས་བསླབས་ཀྱང་སངས་རྒྱས་ཐོབ་པའི་རྒྱུར་མི་འགྱུར་རམ་སྙམ་ན་ཤིན་ཏུ་འང་འགྱུར་ཏེ། མགོན་པོ་བྱམས་པས། རིག་པའི་གནས་ལྔ་དག་ལ་མཁས་པར་མ་སྦྱངས་ན། །ཞེས་སོགས་དང་། མདོ་དྲིན་ལན་བསབས་པ་ལས། དེ་བས་ན་བླ་ན་མེད་པའི་བྱང་ཆུབ་ཐོབ་པར་བྱ་བའི་ཕྱིར་རིག་པའི་དངོས་པོ་ལྔ་ལ་བསླབ་པར་བྱའོ། །ཞེས་དང་། མཁྱེན་རབ་ཀྱི་དབང་ཕྱུག་ས་སྐྱ་པཎྜི་ཏས། རང་བློ་ཤེས་བྱ་ཀུན་ལ་མ་སྦྱངས་ན། །ཞེས་སོགས་མཐའ་ཡས་པ་གསུངས་པའི་ཕྱིར། འོ་ན་མདོ་དྲན་པ་ཉེར་བཞག་ལས། དེ་བས་ན་དགེ་སློང་གི་ཐོས་པ་ངན་པ་སྙན་ངག་སྤེབ་པར་མི་བྱའོ། །ཞེས་དང་། སྙན་དངགས་གཙོ་བོར་བྱེད་པ་རྣམས་ལྷ་ཡུལ་གྱི་བྱ་གཞན་ལ་ཚིགས་བཅད་ཀྱི་བསྐུལ་ཞིང་རང་བག་མེད་དུ་སྤྱོད་པར་སྐྱེ་བར་བཤད་པ་དང་འགལ་ལོ་ཞེ་ན་མི་འགལ་ཏེ། དེ་ནི་འདོད་པའི་གཏམ་གྱི་སྙན་ངག་མི་བྱ་བ་ལ་དགོངས་པའི་ཕྱིར་ཏེ།

མདོ་དེ་ཉིད་ལས། སངས་རྒྱས་ཆོས་དང་དགེ་འདུན་ལ་བསྟོད་པ་དང་བསྔགས་པ་གསལ་བར་འགྱུར་བའི་ཕྱིར་སྐན་དག་བྱའོ། །དེ་ལས་བླ་ན་མེད་པའི་བྱང་ཆུབ་ཐོབ་པར་འགྱུར་རོ། །ཞེས་དང་། མདོ་སྡེ་བསྐལ་བཟང་ལས། དེ་བཞིན་གཤེགས་པ་དུས་མཁྱེན་རྒྱལ་པོ་ནི། །སྐན་དག་མཁན་ཆེ་བདེ་གཤེགས་རྩ་མཆོག་ལ། །ཚིགས་སུ་བཅད་པའི་དབྱངས་ཀྱིས་བསྟོད་ནས་ཀྱང་། །དང་པོ་བྱང་ཆུབ་ཏུ་ནི་སེམས་བསྐྱེད་དོ། །ཞེས་པ་དང་། འདུལ་བ་ལུང་ལས། སངས་རྒྱས་སྐར་རྒྱལ་ལ་ནི་ངས། །དེ་ཚེ་ཚིགས་བཅད་གཅིག་བསྟོད་པས། །བསྐལ་པ་དགུ་ནི་ཕྱིར་བསྐྱེལ་ཏོ། །ཞེས་དང་། མེ་ལོང་ལས། དེ་ལྟར་སྙན་ངག་སྐལ་བཟང་ལྡན་པ་ཡིས། །སྐན་དག་བཟང་པོས་དཀོན་མཆོག་རྣམ་གསུམ་གྱི། །ཡོན་ཏན་ཚུལ་བཞིན་རབ་ཏུ་བསྔགས་བྱས་ན། །གྲགས་དང་འཁོར་དང་རྒྱལ་མཆོག་ཐོབ་པར་འགྱུར། །ཞེས་གསུངས་པའི་ཕྱིར། དེར་མ་ཟད་སྐན་དག་གི་རྩོམ་པ་པོ་ནས་ཡི་དམ་གྱི་ལྷ་འགྲུབ་ཅིང་ཞལ་མཐོང་བ་ཡང་ཡོད་དེ། མེ་ལོང་ལས། ཐོས་དང་འབད་པ་དག་གི་ངག་བསྔན་ནས། །ཅི་ཞིག་ལྟར་ན་ངེས་པར་རྗེས་འཛིན་བྱེད། །ཅེས་དང་། མཁྱེན་རབ་ཀྱི་དབང་ཕྱུག་ས་སྐྱ་པཎྜི་ཏས། སྡེབ་སྦྱོར་གྱི་གཙུག་ལག་དང་མཐུན་པར་རྩོམ་ཤེས་ན། རྩོམ་པ་པོ་ནས་ལྷག་པའི་ལྷའི་ཞལ་མཐོང་བར་འགྱུར་བ་ཡང་ཡོད་དོ། །ཅེས་གསུངས་པའི་ཕྱིར་དང་། སློབ་དཔོན་ཟླ་བ་གྲགས་པས། སློབ་དཔོན་ཙནྡྲ་གོ་མི་སེར་འཕྲེང་གིས་བསུས་བ་ན། ཙནྡྲ་གོ་མིས་རང་གི་མདུན་དུ་འཛམ་པའི་དབྱངས་ཀྱི་སྐུ་ཞིག་ཤིང་རྟའི་འཁོར་ལོས་འདྲེན་དུ་བཅུག །དེ་ལ་སྐན་དག་གི་བསྟོད་པ་མཛད་ཅིང་ཕེབས་པ་ན་སྐུ་གཟུགས་དེས་མཛེང་པ་ཡོན་མཛད་ནས་གསན་ཏེ། ང་ལ་དེ་འདྲའི་ཡོན་ཏན་རང་འདུག་གམ་ཞེས་གསུང་བྱོན་ཞིང་། དེ་ལ་འཛམ་དབྱངས་མཛེང་ཡོན་དུ་གྲགས་པའི་གཏམ་རྒྱུད་ཚད་མ་རྣང་ལྟར་གྲགས། སློབ་དཔོན་ཙནྡྲ་གོ་མི་རྒྱལ་པོའི་ཆད་པས་ཡན་ལག་ལྕུགས་སྒྲོག་གིས་བཅིངས་ཏེ་ཆུ་བོ་གང་ྒཱ་ལ་བསྐྱུར་བའི་ཚེ་སློབ་དཔོན་གྱི་སྒྲོལ་མ་ལ་སྐན་དག་གི་སྒོ་ནས་བསྟོད་པས། སྒྲོལ་མས་གསན་ཅིང་ཆུ་བོའི་དབུས་སུ་གླིང་སྤྲུལ་པ་ལ་ཙནྡྲའི་གླིང་དུ་གྲགས་པའི་གཏམ་རྒྱུད་ཚད་མ་ཡང་ཡོད་པའི་ཕྱིར། དོན་འདི་ལ་དགོངས་ནས་སློབ་དཔོན་ཉི་མ་སྦས་པས་འཛིགས་པ་བརྒྱད་སྐྱོབས་ཀྱི་བསྟོད་པར། ཙནྡྲ

གོ་མི་འཕགས་པའི་དགེ་བསྙེན་མཆོག ། རྒྱལ་པོའི་ཆད་པས་གནྡྷའི་ཆུ་ལ་བསྐྱུར། །གུས་ལྡན་ཞེ་སར་བཅས་པའི་སྡེབ་སྦྱོར་གྱིས། །འཛུམ་ཞལ་དགའ་མས་སེང་གའི་གླིང་ལ་བཞག ། ཅེས་གསུངས་པའི་ཕྱིར་རོ། །བཟོ་རིག་པ་ལ་རྣམ་པར་མ་གྱུར་པ་སེམས་ཀྱི་བཟོ་ནི་སེམས་བཟང་ངན་གྱི་དབང་ལས་འཁོར་འདས་ཀྱི་བདེ་སྡུག་འགྲུབ་པ་ལྟ་བུ་དང་། བརྗོད་པ་སྨྲའི་བཟོ་ནི་སྨྲ་དང་སྙན་ངག་དང་དབྱངས་ལ་སོགས་ངག་གི་འགྱུར་བ་ལ་བྱ་དགོས་ཤིང་། རྣམ་པར་གྱུར་པ་དབྱིབས་ཀྱི་བཟོ་ནི་བྱེད་པ་པོ་དང་མ་འབྲེལ་བ་ནི་འཇིག་རྟེན་ཆགས་པ་སོགས་ཡིན་ལ། བྱེད་པ་པོ་དང་འབྲེལ་བ་ནི་རིག་པའི་གནས་ལྔའི་ནང་ཚན་གྱི་བཟོ་ལྟ་བུ་ལ་འཇོག་པ་ཡིན། དེའི་གཙོ་བོ་ཡང་སྐུ་གསུང་ཐུགས་ཀྱི་རྟེན་བཞེངས་པ་ཉིད་ཡིན་ལ། དེའི་ཡང་འོག་མར་བྱུང་བ་ནི་རི་མོའི་གཟུགས་དག་ཡིན་ཏེ། སྔོན་རྒྱལ་པོ་འཇིགས་ཐུལ་གྱིས་རྒྱལ་སྲིད་ཆོས་བཞིན་དུ་བསྐྱངས་པས་མི་རྣམས་ཚེ་ལོ་འབུམ་དུ་འཕེལ་ཞིང་ཤིན་ཏུ་བདེ་ཞིང་སྐྱིད་པར་གྱུར་པའི་ཚེ། བྲམ་ཟེ་ཞིག་གི་བུ་གཞོན་ནུ་གཅིག་པ་ཞིག་གློ་བུར་དུ་ཤི་བས། བྲམ་ཟེས་རྒྱལ་པོ་ལ་ཁྱོད་ཀྱི་རྒྱལ་སྲིད་ཆོས་བཞིན་དུ་མ་བསྐྱངས་པ་འདྲ་སྟེ། ཁྱོད་ཀྱི་འབངས་ལ་དུས་མིན་གྱི་འཆི་བ་བྱུང་ནས་བདག་གི་བུ་འཕྲོགས་སོ། །བུ་སླར་མ་བཙལ་ན་བདག་འདི་ཁར་ལྕེབ་བོ་ཞེས་སྨྲས་པས། རྒྱལ་པོས་བྲམ་ཟེ་ཁྲིད་དེ་གཤིན་རྗེའི་རྒྱལ་པོ་ཉི་མ་ལྟར་འབར་བའི་དྲུང་དུ་ཕྱིན་ཏེ། བྲམ་ཟེའི་བུ་བསྐྱལ་དུ་གསོལ་ཞེས་ཞུས་པས། གཤིན་རྗེའི་རྒྱལ་པོས་ངས་མ་ལན། རང་རང་གི་ལས་སུ་ཟད་དོ་ཞེས་སྨྲས་པ་ན། རྒྱལ་པོ་ཁྲོས་ཏེ། གཤིན་རྗེའི་རྒྱལ་པོ་དང་གཡུལ་འཐབ་པ་ན་འཇིག་རྟེན་ཐམས་ཅད་དངངས་པར་གྱུར་པའི་ཚེ། ཚངས་པ་བྱོན་ནས་གཤིན་རྗེས་མ་ཉེས། སོ་སོའི་ལས་སུ་ཟད་དོ། །འོན་ཀྱང་བྲམ་ཟེའི་བུ་རི་མོར་བྲིས་ཤིག་ཅེས་བསྒོ་བ་ལྟར་བྲིས་པས་ཚངས་པས་གསོལ་ཏེ་བྲམ་ཟེ་ལ་གཏད། སླར་རྒྱལ་པོས་ཚངས་པའི་འཇིག་རྟེན་དུ་བྱོན་ཏེ་རི་མོ་འབྲི་ཚུལ་ཞུས་པས། རི་ཡི་མཆོག་ནི་རི་རབ་ཡིན། །སྒོང་ལས་སྐྱེས་རྣམས་ཀྱི་ནི། །གཙོ་བོ་ནམ་མཁའ་ལྡིང་ཡིན་ནོ། །མི་ཡི་གཙོ་བོ་ས་བདག་སྟེ། །དེ་བཞིན་རི་མོ་སྒྱུ་རྩལ་གཙོ། ། ཞེས་དང་། རྒྱལ་པོ་དེ་བཞིན་སྒྱུ་རྩལ་ཀུན། །རི་མོའི་ལས་ལ་ཡང་དག་བསྟན། ། ཞེས་བཟོའི་བརྟགས་པ་བརྗོད་ནས་བི་ཤྭ་ཀརྨས་སྟོན

པར་ལུང་བསྟན་ཅིང་། དེས་འཁོར་ལོས་བསྒྱུར་བའི་ཚད་གཙོ་བོར་བྱས་ཏེ། ཚད་དང་མི་ལྡན་པའི་ཉེས་པ། ལྡན་པའི་ཕན་ཡོན་སོགས་བསྟན་ཅིང་། ལུས་ལ་མཛེས་པ་མ་ཚང་ན། །ཚད་དག་གིས་ནི་ཅི་ཞིག་བྱ། ། ཞེས་མཛེས་དགོས་པར་ཡང་བསྟན་པ་སོགས་རི་མོའི་མཚན་ཉིད་ཚང་བའི་ཚད་ཡིག་ཅེས་བྱ་བ་དྲང་སྲོང་ཨ་ཏྲེའི་བུས་སྨྲར་བ་ལས་འབྱུང་ཞིང་། གཞན་ཡང་དུས་ཀྱི་འཁོར་ལོ་དང་། བདེ་མཆོག་སྡོམ་འབྱུང་སོགས་དུ་མ་ལས་འབྱུང་བ་ཡིན། ཐུབ་པའི་བསྟན་པ་འདི་ལ་ཡང་སྐུའི་རྟེན་རི་མོར་བྲིས་པ་ཐོག་མར་བྱུང་བ་ཡིན་ཏེ། འདུལ་བ་ལུང་ལས། དེ་བཞིན་གཤེགས་པ་བཞུགས་པའི་དུས་སུ་ཡུལ་སྒྲ་སྒྲོགས་ཀྱི་རྒྱལ་པོ་ཨུ་ཏྲ་ཡ་ན་དང་། ཡུལ་དབུས་ཀྱི་རྒྱལ་པོ་གཟུགས་ཅན་སྙིང་པོ་གཉིས་མ་མཐོང་མ་འཕྲད་པའི་གྲོགས་པོ་བྱས་ནས་སྐྱེས་བསྐུར་རེས་བྱས་པ་ན། རྒྱལ་པོ་ཨུ་ཏྲ་ཡ་ནས་རིན་པོ་ཆེའི་ཁྲབ་རིན་གྱི་གཞལ་དུ་མེད་པ་ཞིག་བསྐུར་བ་ན་མ་གཟ྄འི་རྒྱལ་པོ་གཟུགས་ཅན་སྙིང་པོས་དེའི་སྐྱེས་ལན་དུ་འོས་པ་མ་རྙེད་པར་སེམས་ཤིན་ཏུ་ཞུམ་པར་གྱུར་ནས། བཅོམ་ལྡན་འདས་ལ་གསོལ་བ། བཅོམ་ལྡན་འདས་ཀྱི་དེ་བཞིན་གཤེགས་པའི་སྐུ་རི་མོར་བྲིས་པ་དང་། བཀའ་ཚིགས་སུ་བཅད་པ་དང་བཅས་པ་བྲིས་ལ་སྐུར་ཅིག་ཅེས་གསུངས་པ་ལྟར་བཟོ་བོ་རྣམས་ཀྱིས་བཅོམ་ལྡན་འདས་ཀྱི་སྐུ་ལ་བལྟ་ཞིང་འབྲི་བར་བརྩམ་པ་ན། སྐུ་ཉི་མའི་འོད་ལྟར་འབར་བས་འབྲི་མ་ནུས་པར་བཅོམ་ལྡན་འདས་ཁྲུས་ཀྱི་རྫིང་བུའི་སྟེང་དུ་བཞུགས། དེའི་གཟུགས་བརྙན་རྫིང་བུར་ཤར་བ་ལྟར་བྲིས་པ་ལ་ཐུབ་པ་རྒྱུ་ལོན་མར་གྲགས་པ་དེ་དང་། རྟེན་འབྲེལ་བཅུ་གཉིས་ལུགས་འབྱུང་ལུགས་བཟློག་གི་ཚིགས་བཅད། དཀོན་མཆོག་གསུམ་ལ་སྐྱབས་སུ་འགྲོ་བའི་ཚིགས་བཅད་དང་། བསླབ་པའི་གཞི་ལྔའི་ཚིགས་བཅད་དང་། དེ་དག་གི་ཕན་ཡོན་དང་བཅས་པ་བྲིས་ཏེ་གསེར་གྱི་ཟ་མ་ཏོག་ཏུ་བཅུག་ནས་གླང་པོ་ཆེ་ལ་བཀལ་ཏེ་བསྐུར། འདི་འཇིག་རྟེན་གསུམ་ལས་འདས་པའི་སྐྱེས་ཡིན་པས་རྒྱལ་པོ་ཁྱོད་དཔུང་གི་ཚོགས་ཡན་ལག་བཞི་དང་བཅས་པས་གདུགས་དང་རྒྱལ་མཚན་དང་མེ་ཏོག་དང་བདུག་སྤོས་ལ་སོགས་པའི་མཆོད་པ་དང་བཅས་ཏེ་བསུས། གོ་སྐབས་ཡངས་པར་སེང་གེའི་ཁྲིའི་སྟེང་དུ་བཞུགས་སུ་གསོལ་ཏེ་དད་ཅིང་གུས་པའི་སློ་ནས་ཞལ་ཕྱེ་ཞིག་ཅེས་པའི་སྤྲིང་ཡིག་དང་བཅས་པ་བཏང་ངས། སྒྲ་

སྒྲོགས་ཀྱི་རྒྱལ་པོས་ཀྱང་དེ་བཞིན་དུ་བྱས་ཏེ་ཞལ་ཕྱེ་བ་ན། ཚོང་པ་རྣམས་ཀྱི་མགྲིན་གཅིག་ཏུ་སངས་རྒྱས་ལ་ཕྱག་འཚལ་ལོ་ཞེས་བརྗོད་པ་ཐོས་པས་བ་སྤུ་ཐམས་ཅད་གྱེན་དུ་ལངས་ཤིང་མཆི་མ་རང་དབང་མེད་པར་གཡོས། ཚིགས་བཅད་རྣམས་བཀླགས་པས་སྐྱབས་གསུམ་འཛིན་པའི་དགེ་བསྙེན་དུ་གྱུར་ཏེ་བདེན་པ་མཐོང་བར་བཤད་པ་དང་། ཡང་སྟོན་པས་ཆོས་གསུངས་པའི་ཚེ་ཤཱཀྱའི་མིང་ཅན་གྱི་ཚུང་མས་མུ་ཏིག་གི་དོ་ཤལ་ཁྱིམ་དུ་ལུས་པ་བྲན་མོ་ལེན་དུ་བཏང་བ་ན་བྲན་མོའི་བསམས་པ་ལ་འདི་ལྷ་བུའི་ཆོས་ཟབ་མོ་ཉན་པའི་དབང་མེད་པར་འགྲོ་དགོས་པ་ཤིན་ཏུ་སྐལ་པ་དམན་སྙམ་པའི་ཚེ། སྟོན་པས་དེའི་བསམས་པ་མཁྱེན་ནས་ཆོས་ཚིགས་སུ་བཅད་པ་གཅིག་བྲིས་ཏེ་གནང་བ་འདོན་ཞིང་ཕྱིན་པ་ན་ལམ་དུ་བ་དྲུས་མ་ཞིག་གིས་བརྡུངས་ཏེ་ཤི་དེ་མ་ཐག་སིང་ག་གླིང་གི་རྒྱལ་པོའི་བུ་མོར་སྐྱེས། སྐྱེས་མ་ཐག་ཏུ་ཡུལ་དེར་མུ་ཏིག་གི་ཆར་བབས་པས་མུ་ཏིག་ཅན་ནམ་མུ་ཏིག་གི་འཕྲེ་ཤིང་ཅན་དུ་བཏགས། དེ་ནས་རེ་ཞིག་ན་ཡུལ་དབུས་ཀྱི་ཚོང་པ་མང་པོས་སིང་གའི་གླིང་དུ་ཕྱིན། སངས་རྒྱས་ཀྱི་བཀའ་ཚིགས་སུ་བཅད་པ་འགའ་ཞིག་སྟོན་པ་དང་བུ་མོའི་ཡིད་འཕྲོགས་ཏེ། བཟང་པོའི་གླུ་དེ་ད་དུང་ལོངས་ཤིག་ཟེར་བ་ན་ཚོང་པ་རྣམས་ཀྱི་འདི་གླུ་མིན་སངས་རྒྱས་ཀྱི་བཀའ་ཡིན་ཞེས་བཤད་པ་ན་བུ་མོ་མུ་ཏིག་ཅན་སངས་རྒྱས་ཀྱི་མཚན་ཐོས་པ་ཙམ་གྱིས་ལུས་ཀྱི་བ་སྤུ་ལངས། མིག་མཆི་མས་གང་བཞིན་དུ་སངས་རྒྱས་ཞེས་བྱ་བ་ཅི་འདྲ་ཞིག་ཡོད་ཅེས་དྲིས་པ་ན། ཚོང་པ་རྣམས་ཀྱིས་ཅི་ནུས་ཀྱིས་ཡོན་ཏན་བརྗོད་པས་བུ་མོ་ཤིན་ཏུ་དད་པར་འགྱུར་ཏེ། དེ་བཞིན་གཤེགས་པ་ལ། བདག་འཁོར་བའི་གནས་ལས་དྲང་དུ་གསོལ་ཞེས་པའི་འཕྲིན་ཡིག་ཕུལ་བ་སྟོན་པས་བཞེས་ཏེ། དེའི་ལན་དུ་རས་ཀྱི་ངོས་ལ་འོད་ཟེར་བཏང་བ་ལྟར་རིག་བྱེད་པ་དག་གིས་བྲིས་ཏེ་བཀའི་ཚིགས་བཅད་འགའ་དང་བཅས་པ་བསྐུར་བ་མཐོང་བའི་མོད་ལ་བུ་མོས་བདེན་པ་མཐོང་སྟེ་ཡུལ་དེའི་མི་ཀུན་བསྟན་པའི་སྐོར་བཙུད། དྲིན་ལན་དུ་དཀོན་མཆོག་གསུམ་ལ་མུ་ཏིག་མཆོག་མ་ག་དྷའི་བྲེ་རེ་རེ་ཕུལ། སྐུ་དེ་ལ་ཐུབ་པ་འོད་ཟེར་མར་གྲགས་ཏེ་སྐུ་གཟུགས་ཀྱི་ཐོག་མ་ཡིན། འབུར་སྐུའི་ཐོག་མ་ནི་བཅོམ་ལྡན་འདས་མ་གཤེགས་པས་དགེ་འདུན་གདུགས་ཚོད་ལ་སྤྱན་དྲངས་པའི་ཚེ་གྲལ་གྱི་དབུས་མི་བཞེད་པར་མཐོང་ནས་ཁྱིམ་བདག་

མགོན་མེད་ཟས་སྦྱིན་གྱིས་སྟོན་པ་ལ་བདག་གིས་སྟོན་པའི་སྐུ་རིན་པོ་ཆེ་ལས་གྲུབ་པ་ཞིག་བཞེངས་ནས་དགེ་འདུན་གྱི་གྲལ་གྱི་ཐོག་མར་བཞུགས་སུ་གསོལ་ན་རུང་ངམ་ཞེས་ཞུས་པ་ན། སྟོན་པས་གནང་སྟེ་མགོན་མེད་ཟས་སྦྱིན་གྱི་གླང་པོ་ཆེ་མཆོག་ལ་ཞོན་གདུགས་དང་རྒྱལ་མཚན་དང་རོལ་མོའི་སྒྲ་དང་བཅས་ཏེ་དབུལ་པོའི་སྲང་ལ་སོགས་པ་གྲོང་ཁྱེར་ཀུན་ཏུ་ཞུགས་ནས་འགྲོ་བ་ཀུན་ལ་དམིགས་པའི་ལྷག་པའི་བསམ་པ་བཟང་པོས་དེ་བཞིན་གཤེགས་པའི་སྐུ་གཟུགས་ཀྱི་རྒྱུ་བླངས་ཏེ་རྒྱལ་བའི་སྐུ་གཟུགས་མང་དུ་བཞེངས་པ་རྣམས་ཡིན། གསུང་རྟེན་གྱི་ཐོག་མར་ནི། འཁོར་ལོ་བར་པའི་ཚེ་བརྒྱ་བྱིན་གྱིས་གསེར་གྱི་གླེགས་བུ་ལ་བཻ་ཌཱུརྻའི་ཞུན་མས། ཤེས་རབ་ཀྱི་ཕ་རོལ་ཏུ་ཕྱིན་པའི་མདོ་བྲིས་ཏེ་ལྷའི་གནས་སུ་མཆོད་ཅིང་བཀུར་སྟི་བྱས་པར་གསུངས་པ་དང་། རྒྱལ་མཚན་རྩེ་མོའི་དཔུང་རྒྱན་སོགས་གཟུངས་མང་པོ་གླེགས་བམ་དུ་བྲིས་ཏེ་རྒྱལ་མཚན་གྱི་རྩེར་བཏགས་པས་ལྷ་མ་ཡིན་གྱི་གཡུལ་ལས་རྒྱལ་བར་གསུངས་པ་དང་། ཁྱིམ་བདག་གོར་ཏ་ཤི་བའི་ཡོ་བྱད་རྣམས་དགེ་འདུན་ལ་ཕུལ་བ་བཞེས་པའི་ཚེ་སྟོན་པས་རྒྱལ་བའི་བཀའི་གླེགས་བམ་ཚད་དུ་མི་སྣང་། མུ་སྟེགས་བྱེད་ཀྱི་གཞུང་ཚད་དུ་སྣང་བར་གསུངས་པས་བཀའ་བསྡུ་གསུམ་པའི་སྔོན་དུ་ཡང་རྒྱལ་བའི་བཀའ་ཡི་གེར་བྲིས་པ་ཡོད་པར་བཤད་པ་རྣམས་ཡིན་ལ། དེ་ནས་སྟོན་པས་ཐབས་ལ་མཁས་པ་རྣམ་པ་སྣ་ཚོགས་ཀྱི་སྒོ་ནས་གང་ལ་གང་འདུལ་གྱི་གཟུགས་ཀྱིས་འཇིག་རྟེན་ལ་ཕན་པ་བསམ་གྱིས་མི་ཁྱབ་པ་ཞིག་མཛད་པ་ཡིན་པར་ཡང་ངེས་དགོས་ཏེ། མཁྱེན་རབ་ཀྱི་དབང་ཕྱུག་ས་སྐྱ་པཎྜི་ཏས། ཐབས་མཆོག་དག་གིས་ལེགས་སྦྲུབ་པའི། །ཆོས་ཕྱིར་གཟིགས་པའི་ཡེ་ཤེས་སྤྱན། ཁྱོད་ཀྱི་འཕྲིན་ལས་མངོན་བསམ་ན། །བསམ་མི་ཁྱབ་པ་འདི་ལྟར་སྣང་། །ཆོས་ཀྱི་དབྱིངས་ཀྱི་ཕོ་བྲང་དུ། །སངས་རྒྱས་རྣམས་ལ་ཆོས་སྐུར་སྣང་། །སྟུག་པོ་བཀོད་པའི་ཞིང་ཁམས་སུ། །རྒྱལ་སྲས་མཆོག་ལ་ལོངས་སྐུར་བསྟན། །འཇིག་རྟེན་ཁམས་ནི་མཐའ་ཡས་སུ། །འགྲོ་ལ་སྤྲུལ་པ་སྣ་ཚོགས་འགྱེད། །སྐྱེ་བའི་སྤྲུལ་པ་དགའ་ལྡན་དུ། །ལྷ་རྣམས་གདུལ་བར་བྱ་ཕྱིར་བཞུགས། །མཆོག་གི་སྤྲུལ་པ་སྣ་ཚོགས་པ། །གདུལ་དཀའ་འགའ་ཞིག་འདུལ་བའི་ཕྱིར། །རི་རབ་རི་ཡི་རྩེ་མོ་རུ། །སྤྲུལ་པའི་དཀྱིལ་འཁོར་ཆེན་པོ་དེར། །དབང་བསྐུར་མཛད

ནས་རྣམ་པར་བཏུལ། །བདུད་ཀྱི་དཀྱིལ་འཁོར་འདུལ་བའི་ཕྱིར། །རྡོ་རྗེ་ལྷ་མོའི་ཚོགས་ཀྱིས་བསྐོར། ། ཞེས་དང་། མི་ཡི་འགྲོ་བ་འདུལ་བའི་ཕྱིར། །གཞོན་ནུ་རོལ་རྩེད་སྣ་ཚོགས་མཛད། །དཀའ་ཐུབ་དགའ་བ་སྟོན་དབྱུང་ཕྱིར། ཁྱོད་ཀྱིས་ལོ་དྲུག་དཀའ་བ་སྤྱད། །རྒྱལ་པོ་ཟས་གཙང་སྟོན་རབས་ཀྱིས། །མགུ་མཛད་ཁམས་དྲུག་བཞིག་ནས་བཏུལ། །རྒྱལ་པོ་ཆེན་པོ་པི་ལིནྡ། །འཁོར་ལོ་བསྒྱུར་བའི་གཟུགས་ཀྱིས་བཏུལ། །རྒྱལ་པོ་ཨུ་ཏྲ་ཡ་ན་ནི། ཁྱོད་སྐུ་རི་མོར་བྲིས་པས་བཏུལ། །འཇམ་པའི་དབྱངས་ཀྱི་ཆོ་འཕྲུལ་གྱིས། །ལྷ་དང་བཅས་པའི་བདུད་ཀྱི་སྡེ། །བཏུལ་ནས་ཆོས་དབྱིངས་སྒྲོལ་བར་མཛད། །རྒྱལ་པོ་མ་སྐྱེས་དགྲ་ཡི་སྡིག །རས་ཡུག་ཆེན་པོས་བསྡམས་པས་སྦྱངས། ། ཞེས་དང་། ཕྱག་ན་རྡོ་རྗེ་སྟོབས་ཆེན་གྱིས། །དབང་ཕྱུག་ཆེན་པོ་བསད་ནས་བཏུལ། །བདུད་ཀྱི་དཔུང་རྣམས་བསྡིགས་ནས་བཏུལ། །ལྷ་མོ་ནམ་གྲུ་བསྟོད་པས་བཏུལ། །སྤྱན་རས་གཟིགས་ཀྱི་ཐུགས་རྗེ་དང་། །རིགས་སྔགས་སྦྱོར་བའི་ཚིག་དང་། །རིལ་བུ་སྨན་གྱི་སྦྱོར་བ་ཡིས། །སྡིག་བསྡུལ་ཅན་རྣམས་ལེགས་པར་གསོས། ། ཞེས་དང་། མཉན་ཡོད་ལ་སོགས་གདུལ་དཀའ་བ། །འདུལ་ཕྱིར་ཤཱ་རིའི་བུ་ལ་སོགས། །ཉན་ཐོས་ཆེན་པོ་མངགས་པ་མཛད། །རིགས་དང་བྱ་ཕྱིར་འཆར་ཀ་དང་། །ཡུལ་གཞན་རྒྱལ་པོ་འདུལ་བའི་ཕྱིར། །འཕགས་པ་ཀཱ་ཏྱ་ཡ་ན་སོགས། །གང་ལ་གང་གིས་འདུལ་གྱུར་པ། །དེ་འདྲའི་ཚུལ་གྱིས་ཐམས་ཅད་བཏུལ། །དེ་ལྟའི་འཕྲིན་ལས་བསམ་ཡས་པ། །མཐོང་དམ་ཐོས་པར་གྱུར་ན་ཡང་། །སུ་ཞིག་ངོ་མཚར་སྐྱེ་མི་འགྱུར། །ཞེས་གསུངས་པའི་ཕྱིར་རོ། །

གསོ་བ་རིག་པའི་བྱུང་ཚུལ་ལ་ཕྱི་རོལ་མུ་སྟེགས་བྱེད་ཀྱི་ལུགས་ནི། སྨན་ཚིག །མཚོད་སྦྱིན། སྲིད་སྲུང་། ངེས་བརྗོད་དེ་རིག་བྱེད་བཞི་བསླབ་པ་བཏང་སྤྲད་དོ། །སྡེབ་སྦྱོར་སྐར་རྩིས། ཐོས་པ་རྟོག་པ་སྟེ་ཡན་ལག་དྲུག །དྲན་པ་དང་ཆོས་ཏེ་ཉེ་བའི་ཡན་ལག་གཉིས་རྣམས་ཚངས་པའི་ཞལ་བཞི་ལས་བྱུང་བར་འཆད་དོ། །རིག་བྱེད་ཀྱི་བསྟན་བཅོས་ལས། གང་ཕྱིར་ཚངས་པ་ཡི་ནི་ཞལ། །དབུས་མ་ནས་ནི་ཚེའི་རིག་བྱེད། ། ཅེས་སོགས་བཤད་པའི་ཕྱིར། ནང་པ་སངས་རྒྱས་པའི་ལུགས་ནི་སྔོན་

ལྷ་ཆེན་པོ་རྣམས་ཀྱིས་རྒྱ་མཚོ་བསྲུབས་པ་ལས་བདུད་རྩི་བུམ་པ་གང་བྱུང་བ་དེ་བགོ་བར་བརྩམས་ནས་སྒྲ་གཅན་ན་གཞོན་པས་ལག་བདེ་བར་བསྐོས་ཏེ་བུམ་པ་གཏད་པས། སྒྲ་གཅན་གྱིས་བསམས་པ་ལ་འདི་ནི་རྙེད་པར་དཀའ་བས་རང་གིས་འཐུང་ནས་བྲོས་པ་ལེགས་སྙམ་སྟེ་དེ་བཞིན་བྱས་པས། ཚངས་པ་ལ་སོགས་པའི་ལྷ་ཆེན་པོ་རྣམས་ཀྱིས་ཕྱི་བཞིན་བསྙེགས་ཏེ་ཁྱབ་འཇུག་གི་འཁོར་ལོ་འཕངས་པས་སྒྲ་གཅན་གྱི་མགྲིན་པ་ལ་ཕོག་སྟེ་མགྲིན་པ་བཅད་པ་ན་ཁོ་ཁྲོས་ཏེ་འཁོར་ལོ་དམ་བཅའ་བཞི་ལྡན་ཕྱིར་འཕངས་པ་ཚངས་པའི་མཁྲུར་ཆོས་ལ་ཕོག་པའི་ཚེ་ཚངས་པ་ཚེ་ལ་དབང་བས་འཆི་བར་ཡང་མ་ནུས། འཁོར་ལོ་དམ་བཅའ་དང་ལྡན་པས་འཆོ་བ་ཡང་མ་ནུས་པའི་སྐབས་སུ། སངས་རྒྱས་ཀྱིས་བྱིན་རླབས་ཀྱིས་རང་གི་མཁྲུར་ཆོས་ལས་ཨོཾ་ཨ་ཐ་ཞེས་པའི་སྒྲ་བྱུང་བ་ན་སྔོན་སངས་རྒྱས་ལས་གསོ་དཔྱད་འབུམ་པ་ཐོས་པ་དྲན་ཏེ་གསོ་བའི་ལས་ལ་སྦྱར་བས་བདེ་བར་གྱུར་པས་ན། སངས་རྒྱས་ཀྱི་ཐུགས་རྗེ་ལས་བྱུང་བ་ཡིན་ཞེས་འཆད་པ་ཡིན་ཏེ། ཡན་ལག་བརྒྱད་པ་ལས། སྒྲ་གཅན་བདུད་རྩི་བརྐུས་པ་ལ། །ཁྱབ་འཇུག་གིས་ནི་ཀེ་བཅད་པས། །ཞེས་དང་། ཚངས་པས་ཚེ་ཡི་རིག་བྱེད་དྲན། །ཞེས་དང་། ཡི་གེ་ཨོཾ་དང་ཨ་ཐའི་སྒྲ། །གཉིས་པོ་འདི་དག་སྔོན་ཚངས་པའི། །མཁྲུར་ཆོས་རྡོལ་ཏེ་མངོན་པར་བྱུང་། །དེས་ན་འདི་གཉིས་བཀྲ་ཤིས་ཡིན། །ཞེས་གསུངས་པའི་ཕྱིར། ཚངས་པས་སྐྱེ་རྒུའི་བདག་པོ་ལ་བཤད། དེས་ཐ་སྐར་གྱི་བུ་གཉིས་ལ་བཤད། དེས་བརྒྱ་བྱིན་ལ་བཤད། དེས་ལྷའི་དྲང་སྲོང་རྒྱུན་ཤེས་སོགས་གཙུག་ཕུད་ཅན་བདུན་ལ་བཤད། དྲང་སྲོང་རྒྱུན་ཤེས་ཀྱི་རང་གི་བུ་དྲུག་ལ་བཤད། དེ་ནས་དྲང་སྲོང་ལུག་ནག་འབར། རྒྱ་སྐྱེགས་སྣ་ལ་སོགས་པས་གཞུང་མང་དུ་བྱས་ཏེ་ལྷ་ཡུལ་དུ་དར་བར་གྱུར། མི་ཡུལ་དུ་དར་ཚུལ་ནི་སྔོན་བཅུད་ཆགས་ནས་རིང་པོ་མ་ལོན་པ་ན་གཤེད་བུ་ཞིག་ས་ཞག་མ་ཞུ་བར་ན་སྟེ། སྨྲེ་སྔགས་འདོན་པ་ན་ཚངས་པ་འོངས་ཏེ་ཆུ་བསྐོལ་བཏང་བས་ཞི་སྟེ། ནད་པ་ལ་སྨྲ་བ་གཤེད་བུ། སྨན་པ་ལ་སྨྲ་བ་ཚངས་པ། སྨན་ལ་སྨྲ་བ་ཆུ་སྐོལ་ཞེས་གྲགས། འོན་གསོ་བ་རིག་པ་ལ་བཤད་བྱའི་བཀའ་མེད་དམ་ཞེ་ན། སྨན་དཔྱད་ཁོ་ན་སྟོན་པའི་མདོ་རྒྱུད་མེད་ཀྱང་འདུལ་བ་ལུང་སྨན་གྱི་གཞི་ལས། དགེ་སློང་ནད་པས་སྨན་པ་ལ་དྲིས་ཏེ་བྱའོ། །ཞེས་དང་། སྨན་

རྣམ་པ་བཞི་བསྟེན་ཚུལ་གསུངས་པ་རྣམས་དང་། གསེར་འོད་དམ་པའི་ནད་རབ་ཏུ་ཞི་བར་བྱ་བའི་
ལེའུ་དང་། གསོ་དཔྱད་འབུམ་པ་དང་། དེ་བཞིན་གཤེགས་པ་བདུན་གྱི་སྨོན་ལམ་གྱི་ཁྱད་པར་རྒྱས་
པའི་མདོ་ལས་དུས་མ་ཡིན་པར་འཆི་བ་དགུ་ཡོད་པ་ཁྱོད་ཀྱིས་དེ་བཞིན་གཤེགས་པ་ལས་མ་ཐོས་སམ།
དེའི་ཕྱིར་སྨན་དང་སྔགས་ཀྱི་སྦྱོར་བ་རྣམས་བསྟན་ཏོ། །ཞེས་དང་། རྡོ་རྗེ་མཁའ་འགྲོའི་རྒྱུད་ལས།
དེ་ནས་སེམས་ཅན་ཀུན་ཕན་ཕྱིར། །ཐམས་ཅད་སྙིང་པོར་བསྡུས་པ་ཡིན། །སྒྲུབ་པའི་སྦྱོར་བ་བདུད་
རྩི་མཆོག །ཡང་དག་རབ་ཏུ་བཤད་པར་བྱ། །ག་པུར་དང་ནི་གུར་གུམ་དང་། །ཞེས་སོགས་དང་།
དུས་ཀྱི་འཁོར་ལོ་ལས། རླུང་འཛོམས་ལན་ཚྭ་སྐྱུར་བ་དག་ཏུ་རབ་ཏུ་འགྱུར་ཏེ་མངར་དང་བསྐ་བ་དག་
ནི་མཁྲིས་པའི་དགྲ། །ཞེས་སོགས་གསུངས་པ་རྣམས་ཡིན་ཏེ། སློབ་དཔོན་ཟླ་དགས། སྨན་གྱི་ལུང་
དང་གསེར་འོད་དམ་པ་དང་། །གསོ་དཔྱད་འབུམ་པ་ལ་སོགས་བཀའ་ཡིན་ཏེ། །ཞེས་གསུངས་
པའི་ཕྱིར། གཞན་ཡང་། རིན་ཆེན་སྤུངས་པར། རིག་གསུམ་མགོན་པོས་གསུངས་པའི་རྒྱུད་ལ་
སོགས་པ་ཡོད་པར་བཤད། བསྟན་བཅོས་ནི་སློབ་དཔོན་ཀླུ་སྒྲུབ་ཀྱི་སྦྱོར་བ་བརྒྱ་པ། འཚོ་བའི་མདོ་
ཚིགས་སུ་བཅད་པ། རྒྱ་ཨ་ཤའི་ཆོག །དངུལ་ཆུ་རིན་ཆེན་ཕྲེང་བ། གསེར་འགྱུར་སྦྱོར་བ་རྣམས་
མཛད། བོད་སྟ་མ་ཁ་ཅིག་རིག་པ་རྩའི་མདོ། འཚོ་བ་ཟས་ཀྱི་མདོ། ཕན་པ་སྨན་གྱི་མདོ། གཏར་
བསྲེག་དཔྱད་ཀྱི་མདོ། ༼ཆས་བཟོའི་མདོ་སྟེ་མདོ་ལྔ། བདུད་རྩི་སྙིང་པོ་སོགས་དཔྱད་གཞུང་བཅུ
དང་བཅས་པ་མཛད་ཟེར་ཡང་། དེ་དག་ལ་རྒྱ་གཞུང་གི་མཚན་ཉིད་ཅི་ཡང་མ་ཚང་བས་ཀླུ་སྒྲུབ་ཀྱིས
མཛད་པ་མིན་པར་ངེས། སློབ་དཔོན་དཔའ་བོས་ཡན་ལག་བརྒྱད་པ་ཆེན་པོ། ཡན་ལག་བརྒྱད་པ་
ལ་འཇུག་པ། དེའི་སྙིང་པོ་བསྡུས་པ་སོགས་མཛད། ཁྱད་པར་སྙིང་པོ་བསྡུས་པ་རྩོམ་པའི་ཚེ། ས་
གསུམ་དགེ་ལེགས་འབྱུང་བ་ཡིས། །དགེ་བའི་ལྷས་ནི་སྔ་ཚོགས་འབྱུང་། །ཞེས་བཤད་ཅིང་གཞུང་
དེ་ལ་རང་འགྲེལ་ཡང་མཛད། ཁ་ཆེ་ཟླ་དགས་སྙིང་པོ་བསྡུས་པའི་འགྲེལ་པ་ཟླ་ཟེར་དང་། ཡན་ལག་
བརྒྱད་པ་ཆུང་བ་ཡང་མཛད་ཟེར། འདི་སློབ་དཔོན་དཔའ་བོའི་སྲས་དང་དངོས་སློབ་ཏུ་འདོད་པ་ཡོད་
ཀྱང་། དཔལ་ཆེན་དགེ་བའི་སྲས་ཚག་ལ་མངོན་དགའ་ཡིན་ཞིང་། དེའི་སྲས་ཟླ་དགའ་ཡིན་ལ། དེ་

ཉིད་ཁ་ཆེའི་སྨན་པ་དོན་མཆོག་གི་དངོས་སློབ་ཡིན་པར་བཤད་དེ། ཟླ་ཟེར་ཉིད་ལས། བདག་གི་མེས་པོར་གྱུར་པ་ནི། །དཔལ་ཆེན་དགེ་བ་ཞེས་གྲགས་ཡིན། །དེ་ནི་ད་ལྷ་ས་གསུམ་ན། །གྲགས་པ་དྲི་མེད་སྒྲོགས་པར་བྱེད། །དེ་སྲས་ཆག་ལ་མངོན་པར་དགའ། །དེའི་བུ་ཟླ་བ་མངོན་དགའ་བདག །སློབ་དཔོན་བློ་གྲོས་ཆེན་པོ་ནི། །རྒྱུད་ཤེས་དོན་ལྡན་མིང་བཏགས་པ། །དོན་དམ་ཞེས་པ་སྨན་པའི་མཆོག །ཁ་ཆེའི་ཡུལ་དུ་སྐྱེས་པ་ཡིན། །ཞེས་གསུངས་པའི་ཕྱིར། དེ་ལ་སོགས་པ་འཕགས་པའི་ཡུལ་དུ་དར་ཞིང་རྒྱས་པར་གྱུར། དེས་ན་འཕགས་ཡུལ་དུ་ཆོས་ཀྱི་རྒྱལ་པོ་ཙནྡྲ་བདུན། པཱ་ལ་བདུན། སེ་ན་བཞི་ལ་སོགས་པ་བྱུང་ཞིང་དེ་དག་གི་རིང་ལ་མཁས་པ་དང་གྲུབ་པའི་སློབ་དཔོན་གྲངས་མེད་པ་བྱོན་ཞིང་། དེ་དག་གིས་སངས་རྒྱས་ཀྱི་བསྟན་པ་ཆེས་ཆེར་གསལ་བར་མཛད་པ་ཡིན་ནོ། །

བརྒྱད་པ་བསྟན་པ་དེ་ཉིད་གངས་རིའི་ལྗོངས་འདིར་ལོ་པཎ་རྣམས་ཀྱིས་ཇི་ལྟར་བསྒྱུར་བའི་ཚུལ་ནི། ལྷ་མོ་དྲི་མ་མེད་པའི་འོད་ལུང་བསྟན་པའི་མདོ་ལས། ང་ཡོངས་སུ་མྱ་ངན་ལས་འདས་ནས་ལོ་ཉིས་སྟོང་ལྔ་བརྒྱ་ན་གདོང་དམར་ཅན་གྱི་ཡུལ་དུ་དམ་པའི་ཆོས་དར་བར་འགྱུར་རོ། །ཞེས་ལུང་བསྟན་པ་ལྟར་ལྷ་ཐོ་ཐོ་རི་སྙན་བཙན་གྱི་ཕོ་བྲང་ཡུམ་བུ་བླ་མཁར་གྱི་སྟེང་དུ་རིན་པོ་ཆེའི་སྒྲོམ་བུ་ཞིག་བབས་པ་ཁ་ཕྱེ་བ་ན་གསེར་གྱི་མཆོད་རྟེན་ཁྲུ་གང་བ། ཙིནྟཱ་མ་ཎིའི་གཟུངས། ཟ་མ་ཏོག་བཀོད་པའི་མདོ། དཔང་སྐོང་ཕྱག་བརྒྱ་པ་རྣམས་བྱུང་། གང་ཡིན་ངོ་མ་མཁྱེན་ཀྱང་ཡིད་དུ་འོང་བས་མིང་གཉན་པོ་གསང་བར་བཏགས། ནམ་མཁའ་ནས་མི་རབས་ལྔ་ནས་འདིའི་དོན་ཤེས་པ་འབྱུང་ངོ་ཞེས་ལུང་སྟོན་པའི་སྒྲ་ཡང་གྲགས། ཁ་ཅིག་མནལ་ལམ་དུ་བྱུང་ཡང་ཟེར། གང་ལྟར་དེ་ལ་ཕྱག་མཆོད་བྱས་པས་རྒྱལ་སྲིད་དང་མངའ་ཐང་ཆེར་རྒྱས། རྒྱལ་པོ་ཡང་གཞོན་ཤ་ཅན་དུ་གྱུར་ཏེ་དགུང་ལོ་བརྒྱ་དང་ཉི་ཤུ་རྩ་ལྔ་འམ་ཉི་ཤུ་ཐུབ་ཟེར། དེ་ཡང་ཆོས་རྒྱལ་མྱ་ངན་མེད་ཀྱི་རིང་བསྲེལ་གྱི་སྙིང་པོ་ཅན་གྱི་མཆོད་རྟེན་བྱེ་བ་དང་། གླེགས་བམ་བྱེ་བ་བཞེངས། དེའི་རབ་གནས་ཀྱི་སྐབས་གླེགས་བམ་འགའ་ཞིག་རྒྱལ་མཚན་གྱི་རྩེ་ལ་བཏགས་ཏེ་མཆོད་པའི་ཚེ་སངས་རྒྱས་ཀྱི་བྱིན་རླབས་དང་། བོད་དུ་བསྟན་པ་དར

བའི་རྟེན་འབྲེལ་གྱི་དབང་གིས་མཐུན་པའི་རླུང་ཆེན་པོ་གཡོས་ཏེ་མཁའ་ལ་བཏེག་ནས་ཕོ་བྲང་གི་རྩེ་ལ་བབས་པ་ཡིན་ཞེས་ཁ་ཅིག་ཟེར། གཞན་དག་ནི་ནམ་མཁའ་ལས་བབས་ཟེར་བ་བོན་པོ་ནམ་མཁའ་ལ་དགའ་བས་བོན་གཏམ་ཡིན། དོན་ལ་པཎྜི་ཏ་བློ་སེམས་འཚོ་དང་། ལོ་ཙཱ་བ་ལི་ཐེ་སེ་དེ་རྣམས་ཁྱེར་ནས་འོངས་པ་རྒྱལ་པོ་ལ་ཕུལ་བས་ཡི་གེ་ཡང་མི་ཤེས། དོན་ཡང་མ་གོ་བས་ལོ་པཎ་གཉིས་ཕྱིར་ལོག་དགོས་པ་བྱུང་བ་ཡིན་ཟེར་རོ། །གང་ལྟར་དེ་ལ་བསྙན་པ་དབུ་བརྙེས་པ་ཟེར། དེ་ནས་མི་རབས་ལྔ་ན་གནམ་རི་སྲོང་བཙན་དང་བཙུན་མོ་འབྲི་ཟ་ཐོད་དཀར་གྱི་སྲས་སྤྱན་རས་གཟིགས་ཀྱི་སྤྲུལ་པ་སྲོང་བཙན་སྒམ་པོའམ། མཚན་དངོས་ཁྲི་ལྡེ་སྲོང་བཙན་དུ་གྲགས་པ་བྱོན།

དགུང་ལོ་བཅུ་གསུམ་པ་ལ་རྒྱལ་སར་བྱོན། མཐའི་རྒྱལ་ཕྲན་ཐམས་ཅད་དབང་དུ་བསྡུས། ཕྱག་ན་རྡོ་རྗེའི་སྤྲུལ་པ་བློན་པོ་མགར་ཞེས་གྲགས་པ་དེས་བལ་པོའི་རྒྱལ་པོ་འོད་ཟེར་གོ་ཆའི་སྲས་མོ་ཁྲི་གཉེར་ཅན་གྱི་སྤྲུལ་པ་བལ་བཟའ་ཁྲི་བཙུན་རྒྱལ་པོ་ཀྲི་ཀྲིའི་ཐུགས་དམ་གྱི་རྟེན་ཤཱཀྱ་ཐུབ་པ་དགུང་ལོ་བརྒྱད་པའི་སྐུ་ཚད་དུ་ཀྲི་ཀྲིས་བཞེངས། སངས་རྒྱས་འོད་སྲུངས་ཀྱིས་རབ་གནས་མཛད་པའི་ཇོ་བོ་མི་བསྐྱོད་རྡོ་རྗེ། གཞན་ཡང་བྱམས་པ་ཆོས་ཀྱི་འཁོར་ལོ། རང་བྱོན་སྒྲོལ་མ། བཻ་ཏུཏུའི་ལྷུང་བཟེད་གསོལ་བ་གང་བཏབ་ཀྱི་འབྲས་བུ་དུས་སུ་འཛོམ་པའི་ཡིད་བཞིན་གྱི་ནོར་བུ་སོགས་རྟེན་མང་པོ་དང་བཅས་པ་སྤྱན་དྲངས། སླར་རྒྱ་ནག་གི་རྒྱལ་པོའི་སྲས་མོ་སྒྲོལ་མའི་སྤྲུལ་པ་རྒྱ་བཟའ་ཀོང་ཇོ། སྟོན་པས་དགུང་ལོ་ཞེ་གཅིག་བཞེས་པའི་ཚེ་སུམ་ཅུ་རྩ་གསུམ་དུ་དབྱར་གནས་མཛད་པའི་ཚེ། ལྷའི་དབང་པོ་བརྒྱ་བྱིན་གྱིས་སྦྱིན་བདག་བྱས། སྟོན་པ་དགུང་ལོ་བཅུ་གཉིས་པའི་སྐུ་ཚད་བཟོ་བོ་བི་ཤྭ་ཀརྨས་རྒྱུ་རིན་པོ་ཆེ་ལས་བཞེངས་པ་ཇོ་བོ་ཤཱཀྱ་མུ་ནེ་སོགས་རྟེན་མང་པོ་དང་། བཟོ་དང་རྩིས་ཀྱི་གཙུག་ལག་མང་པོ་སྤྱན་དྲངས། ཤཱཀྱ་མུ་ནེ་འདི་ཐོག་མར་ལྷ་ཡུལ་དང་ཨུ་རྒྱན་དང་རྒྱ་གར་རྣམས་སུ་ཡུན་རིང་དུ་བཞུགས། དེ་ནས་རྒྱ་གར་གྱི་རྒྱལ་པོ་དྷརྨ་པཱ་ལ་ལས། རྒྱ་ནག་རྒྱལ་པོ་ཁྲི་ཏ་བི་ཛ་ཡ་ལ་སྐྱེས་སུ་བསྐུར་ཏེ་རྒྱ་ནག་ཏུ་ལོ་ལྔ་བརྒྱ་བཞུགས། དེ་ནས་བོད་དུ་བྱོན་པ་ཡིན་ཞེས་གྲགས་སོ། །གང་ལྟར་བལ་མོ་བཟས་འོ་ཐང་གི་འཚོ་བསུབ་ཏེ་རས་འཕྲུལ་སྣང་གི་གཙུག་ལག་ཁང་བོད་ཀྱི་ས་གཞི་སྲིན་

མོ་གན་རྒྱལ་དུ་འགྲེལ་བ་ལྷ་བུའི་སྙིང་གར་བཞེངས། རྒྱ་མོ་བཟས་ར་མོ་ཆེའི་གཙུག་ལག་ཁང་
བཞེངས། དེའི་རིང་ལ་རྒྱལ་པོས་སྲས་དགྲ་མནན་པའི་ཆེད་དུ་དཔུང་པ་གཡས་ལ་ཀ་ཚལ། གཡོན་ལ་
ཁྲ་འབྲུག །རྐང་པ་གཡས་ལ་གཙང་འགྲམ། གཡོན་ལ་གྲོམ་པ་རྒྱང་སྟེ་རུ་བཞིའི་གཙུག་ལག་ཁང་
དང་། གྲུ་མོ་གཡས་ལ་ཀོང་པོ་བུ་ཆུ། གཡོན་ལ་ལྷོ་བྲག་འཁོན་མཐིང་། པུས་མོ་གཡས་ལ་ཀ་བྲག །
གཡོན་ལ་པྲ་དུམ་ཙེ་རེ་རེ་མཐའ་འདུལ་གྱི་གཙུག་ལག་ཁང་དང་། ལག་མཐིལ་གཡས་ལ་བྱང་འཚལ་
རླུང་གནོན། གཡོན་ལ་ཁམས་ཀྱི་གླང་ཐང་སྒྲོལ་མ། རྐང་མཐིལ་གཡས་ལ་མང་ཡུལ་བྱམས་པ་སྤྲིན་
གྱི་ལྷ་ཁང་། གཡོན་ལ་མོན་བུམ་ཐང་སྐྱེང་ཡང་འདུལ་གྱི་གཙུག་ལག་ཁང་བཞི། གཞན་ཡང་ས་གནོན་
གྱི་ལྷ་ཁང་མཆོད་རྟེན་སོགས་བརྒྱ་རྩ་བརྒྱད་སྤྲུལ་པས་བཞེངས། བོད་ལ་ཡི་གེ་མེད་པས་ཐོན་མི་ཨ་
ནུའི་བུ་སམྦྷོ་ཊ་བོད་སྐད་དུ་བོད་ལེགས་ཞེས་པ་རྒྱ་གར་དུ་ཆོས་དང་ཡི་གེ་སློབ་ཏུ་བརྫངས། དེས་བྲམ་
ཟེ་ལི་བྱིན་ལ་ཡི་གེ་དང་། པཎྜི་ཏ་ལྷ་རིག་པའི་སེང་གེ་ལ་སྒྲ་བསླབས། ཆོས་མང་དུ་གསན་ནས་བོད་
དུ་བྱོན་པའི་ཚེ་རྒྱལ་པོ་དབུ་རུ་བཙུན་མོ་ཚལ་ན་རྗེ་དཀར་པོ་ཞིག་ལ་སྤྱན་རས་གཟིགས་ཀྱི་སྐུ་བཞེངས་
པ་དང་མཇལ། ཕྱག་དང་ཞེ་ས་ཕུལ་བས། ཁྱོད་ཀྱི་སྒྲ་དང་ཡི་གེ་ཤེས་སམ་གསུངས། ཤེས་ལགས་
ཞུས་པས། འོ་ན་ངའི་ཡི་དམ་ལ་བསྟོད་པ་གྱིས་གསུངས། ལོ་ཙྪ་བས། ཞལ་རས་གསལ་ལ་དང་
མདངས་གང་བས་དཀར། །གདམས་ངག་ཐར་ལམ་ལགས་པས་འཆད་པ་དང་། །ལས་ངན་བག་
ཆགས་ཐམས་ཅད་བསལ་མཛད་པ། །འཕགས་པ་མ་ཕམ་ཡང་དག་དམ་པ་ལགས། །ཞེས་སོགས་
ཀྱིས་བསྟོད་པ་མཛད་པས། རྒྱལ་པོ་ཤིན་ཏུ་མཉེས་ཏེ་ཞབས་སྤྱི་བོར་བླངས། སྲི་ཞུ་ཕུན་སུམ་ཚོགས་
པ་མཛད། རྒྱལ་པོ་ལ་སྒྲ་དང་ཡི་གེ་བསླབས་པས་ཚེགས་མེད་པར་མཁྱེན་པའི་ཚུལ་བསྟན་ཏེ། བོད་
དུ་ཆོས་དགེ་བ་བཅུའི་རྒྱལ་ཁྲིམས་བཙུགས། ལོ་ཙྪ་བས་བོད་ཀྱི་སྐད་དང་བསྟུན་ནས་གསལ་བྱེད་སུམ་
ཅུ། དབྱངས་གུག་ཀྱེད་བཞིར་བསྡུས། དབྱིབས་ཁ་ཆེའི་ཡི་གེ་ལ་དཔེ་བྱས་ཏེ་ལྷ་སའི་སྐུ་མཁར་མ་
རུར་ཡི་གེ་བཅོས། སུམ་ཅུ་པ་དང་རྟགས་འཇུག་སོགས་སྒྲའི་བསྟན་བཅོས་བརྒྱད་བརྩམས། མདོ་
ཟ་མ་ཏོག་བཀོད་པ་དང་། པདྨ་དཀར་པོ་སོགས་བསྒྱུར། རྒྱལ་པོས་གདམས་ངག་གནང་ནས་ཡེར་

པར་སྒོམ་གྲྭ་བཙུགས། ལོ་དྲུག་ཅུ་རྩ་དགུ་རྒྱལ་སྲིད་བསྐྱངས། བརྒྱད་ཅུ་རྩ་གཉིས་པ་ལ་ཡབ་ཡུམ་རང་བྱོན་ལྷ་ལྡན་གྱི་ཐུགས་ཀར་ཐིམས། དེ་ནས་རིང་ཞིག་ན་ཁྲི་ལྡེ་གཙུག་བརྟན་ནམ་མེས་ཨག་ཚོམ་གྱིས་ལྷ་སའི་བྲག་དཀར་སོགས་གཙུག་ལག་ཁང་འགའ་རེ་བཞེངས། བྲན་དཀའ་མུ་ལ་ཀོ་ཥ་སོགས་ཀྱིས་མདོ་སྡེ་ལས་བརྒྱ་པ་དང་གསེར་འོད་སོགས་བསྒྱུར། དེའི་སྲས་ལྗང་ཚ་ལྷ་དབོན་ལ། རྒྱ་མོ་བཟའ་གྱིམ་ཤང་ཀོང་ཇོ་བོད་སྐད་དུ་མཚོའི་པདྨ་ཞེས་པ་སྤྱན་དྲངས། དེ་མ་བྱོན་གོང་དུ་ལྗང་ཚ་གཤེགས་པས་ཡབ་དང་འདུས། ཇོ་བོ་ཤཱཀྱ་མུ་ནེ་མུན་ཁང་ནས་རས་འཕྲུལ་སྣང་གི་གཙུག་ལག་ཁང་དུ་སྤྱན་དྲངས། ཇོ་བོ་མི་བསྐྱོད་རྡོ་རྗེ་ར་མོ་ཆེར་བཞུགས་སུ་གསོལ། མཆོད་པ་རྒྱ་ཆེན་པོ་བཙུགས། དེ་གཉིས་ཀྱི་སྲས་འཇམ་པའི་དབྱངས་ཀྱི་སྤྲུལ་པ་ཁྲི་སྲོང་ལྡེ་བཙན་གྱི་ཆུང་དུའི་དུས་སུ་སྣ་སང་ཤི་སོགས་མི་བཞི་རྒྱ་ནག་ཏུ་ཆོས་འཚོལ་དུ་བཏང་། རྒྱའི་ཧྭ་ཤང་མངོན་ཤེས་ཅན་དང་མཇལ། སྒོམ་པའི་ལུང་ནོས། ཧྭ་ཤང་དེ་ན་རེ། སང་ཤི་ལ་སྟོན་པས་གདོང་དམར་གྱི་ཡུལ་དུ་དམ་པའི་ཆོས་དར་བར་བྱེད་པའི་བྱང་ཆུབ་སེམས་དཔའ་ལུང་བསྟན་པ་དེ་ཁྱོད་ཡིན། རྒྱ་གར་གྱི་མཁན་པོ་ཞི་བ་འཚོ་ཞེས་པ་དེ་བོད་ཀྱི་འདུལ་སྐལ་ཡིན། གཞན་སུས་ཀྱང་བོད་ལ་ཕན་མི་ཐོགས་ཟེར། དེ་བཞིན་ཆོས་བམ་པོ་སྟོང་ཙམ་དང་ཧྭ་ཤང་གཞན་ཞིག་སྤྱན་དྲངས་ཏེ་འོངས་པའི་ཚེ་མེའི་ཨག་ཚོམ་འདས། ཁྲི་སྲོང་ལྡེ་བཙན་ན་གཞོན་པས་བློན་པོ་རྣམས་ཀྱིས་ཆོས་ཁྲིམས་བཤིག ། ཆོས་བྱེད་པ་བྱུང་ན་སྤྱུགས་པར་བྱས། ལྷ་ཤཱཀྱ་མུ་ནེ་རྒྱ་ཡུལ་དུ་སྐྱེལ་བར་བརྩམས་པས་མི་སུམ་བརྒྱས་མ་ཐེག་པར་བྱེ་ཐེམས་སུ་སྦས་པས་སྦ་གནམ་ཁྲི་ཐོག་རྗེ་ཐང་ལ་འབར་བྱ་བ་རྒྱབ་གསན་ནས་ཤི། ཙོག་གྲུ་རྐྱེན་རྒྱལ་འགོང་བྱ་བས་སྦམ་ནས་ཤི་བས་ལྷ་བྱེ་ལོག་ཏུ་བཙུག་པས་ལན་ཟེར་ནས་བཏོན། དྲེའུ་གཉིས་ཀྱིས་བཏེག་ནས་མང་ཡུལ་སྐྱིད་གྲོང་དུ་བསྐྱལ་ཏེ་ལོ་བཅུ་གསུམ་བཞུགས། ཇོ་བོ་མི་བསྐྱོད་རྡོ་རྗེ་ཤར་ཕྱོགས་ར་མོའི་ཐང་ལ་བསྐྱལ་ནས་ཞག་བདུན་ལུས། དེ་ནས་ར་མོ་ཆེར་བཞུགས་སུ་གསོལ། དེའི་ཚེ་སང་ཤི་སོགས་ཀྱི་ཆོས་རྣམས་མི་མངོན་པར་སྦས། ཧྭ་ཤང་སློག ། བློན་པོ་འགོས་རྒན་གྱིས་ཐབས་བྱས་ནས་སང་ཤི་མང་ཡུལ་གྱི་བློན་པོར་བསྐོས་ཏེ་བཏངས། དེ་ནས་རྒྱལ་པོ་དགུང་ལོ་བཅུ་གསུམ་བཞེས་པ་རྒྱལ་སར་བསྐོས།

འགོས་རྣན་སོགས་ཀྱིས་གྲོས་བྱས་ཏེ་མ་ཞང་གྲོན་པ་སྐྱེས་གསོན་པོར་དུར་དུ་བཅུག ། རྟ་ར་ཀླུ་གོང་བྱང་ལ་སྤྱུགས། ཇོ་བོ་སྐྱིད་གྲོང་ནས་སྤྱན་དྲངས་ཏེ་ལྷ་སའི་གཙུག་ལག་ཁང་དུ་བཞུགས་སུ་གསོལ་ཏེ། མཆོད་པ་རྒྱ་ཆེན་པོ་བཙུགས། སྦ་གསལ་སྣང་གིས་བོ་དྷི་ས་ཏྭ་སྤྱན་དྲངས། ཕོ་བྲང་རླུང་འཚུབས་སུ་ཁ་ཆེ་ཨ་ནནྟ་ལོ་ཙཱ་བྱས་ནས་རྒྱལ་པོས་དགེ་བ་བཅུ་དང་ཁམས་བཅོ་བརྒྱད་ཀྱི་ཆོས་གསན། དེའི་རྗེས་སུ་བོད་ཀྱི་ལྷ་འདྲེ་གདུག་པ་ཅན་འདུལ་བའི་ཕྱིར་དུ་ཨུ་རྒྱན་གྱི་སློབ་དཔོན་ཆེན་པོ་པདྨ་སམྦྷ་ཝ་སྤྱན་དྲངས། དེའི་ལོ་རྒྱུས་གོང་དུ་བཤད་པ་ལྟར་ཡིན། དེ་ནས་བསམ་ཡས་མི་འགྱུར་ལྷུན་གྱིས་གྲུབ་པའི་གཙུག་ལག་ཁང་བཞེངས། བོ་དྷི་ས་ཏྭས་རབ་གནས་མཛད་པས་རབ་གནས་ལེགས་ཏེ་བོད་ཁམས་སུ་བདེ་སྐྱིད་རྫོགས་ལྡན་གྱི་དུས་སུ་འགྲན་པ་ཙམ་བྱུང་། དེའི་ཚེ་བོད་ལ་བཙུན་པ་བཏུབ་མི་བཏུབ་ཉམས་སད་པའི་ཕྱིར། སད་མི་མི་བདུན་རབ་ཏུ་བྱུང་སྟེ། སྔར་མེད་པའི་རབ་ཏུ་བྱུང་བའི་དགེ་འདུན་གྱི་སྡེ་བཙུགས། དེ་ལ་སད་མི་མི་བདུན་ནི། དབས་རཏྣ་རཀྵི་ཏ། བོད་སྐད་དུ་རིན་ཆེན་བསྲུང་བ། སྦས་ཛྙཱ་ནེནྡྲ་རཀྵི་ཏ་ཡེ་ཤེས་དབང་པོ་བསྲུང་བ་སྟེ་དམ་པའི་ཆོས་འཛིན་པའི་མཁན་པོ་བོད་ལ་བཀའ་དྲིན་ཆེ་ཞིང་བོ་དྷི་ས་ཏྭ་གཤེགས་ནས་འདིས་གདན་ས་མཛད། བྱང་ཆུབ་སེམས་དཔའ་ཧ་སྐད་ཅེས་པ་སངས་རྒྱས་ཀྱི་ལུང་བསྟན་པ་ཡིན། རཏྣ་ནནྡྲ་རཀྵི་ཏ་རིན་ཆེན་དབང་པོ་བསྲུང་བ་སྟེ་རྣན་གསུམ། གླང་པུ་ག་ཤརྨ་རཀྵི་ཏ་བདེ་བར་གཤེགས་པའི་གོ་ཆ་བསྲུང་ཞེས་པ་བར་པ་ཡིན། གཞོན་གསུམ་ནི། པ་གོར་བཻ་རོ་ཙ་ན་རཀྵི་ཏ་རྣམ་པར་སྣང་མཛད་བསྲུང་བ་འཁོན་ནཱ་གེནྡྲ་རཀྵི་ཏ་ཀླུའི་དབང་པོ་བསྲུང་བ། གཙང་དེ་བེནྡྲ་རཀྵི་ཏ་ལྷའི་དབང་པོ་བསྲུང་བ་སྟེ་འདི་རྣམས་བོད་ཀྱི་བཙུན་པ་ལ་སྔ་བ་ཡིན། སད་མི་མི་བདུན་ལ་ལོ་ཙཱ་བ་ཀ་བ་དཔལ་བརྩེགས་སོགས་བརྒྱ་རྩ་བརྒྱད་ཀྱིས་བློ་སྦྱངས། དེ་དག་ལ་ཅོག་རོ་ཀླུའི་རྒྱལ་མཚན། ཞང་ཡེ་ཤེས་སྡེ་སོགས་སྟོང་རྩ་བརྒྱད་ཀྱིས་བློ་སྦྱངས་ཞེས་ཡི་གེ་རྙིང་མ་འགའ་ལས་འབྱུང་ངོ་། །བོ་དྷི་ས་ཏྭ་སྐུ་འདས་ཁར་ཁྲི་སྲོང་ལྡེ་བཙན་ལ་རྒྱལ་པོ་ཁྱོད་ཀྱི་བོད་ཡུལ་འདིར་སློབ་དཔོན་ཆེན་པོ་པདྨ་འབྱུང་གནས་ཀྱིས་མ་མོའི་གཙོ་མོ་བརྟན་མ་བཅུ་གཉིས་ལ་བཀའ་གཏད་པའི་ཕྱིར་མུ་སྟེགས་ནི་མི་འབྱུང་མོད། ཉིན་མཚན་དང་ཡར་ངོ་མར་ངོ་སོགས་ཀྱི་རྟེན་འབྲེལ་གྱི་དབང་

ལས་ཆོས་ལུགས་གཉིས་སུ་འགྲོ་བར་འགྱུར་ཏེ་ང་འདས་པའི་འོག་ཏུ་རྒྱ་ནག་དགེ་སློང་ཧྭ་བ། ཧྭ་ཧྭེད་ཀྱི་ཆོས་ཀྱིས་འཚང་མི་རྒྱ། སེམས་རྟོགས་ན་རྣམ་པར་མི་རྟོག་པ་ཡིན་ནོ་ཞེས་ཅིག་ཅར་བའི་ལམ་སྟོན་པ་ཞིག་འབྱུང་། དེའི་ཚེ་ངའི་སློབ་མ་ཀ་མ་ལ་ཤཱི་ལ་སྤྱན་དྲངས་ལ་རྩོད་པ་བྱེད་དུ་ཆུག །དེས་རྩོད་པ་ཆོས་ཕྱོགས་སུ་ཞི་བར་འགྱུར་རོ། །ཞེས་ལུང་བསྟན་ཏེ་གཤེགས། དེ་ནས་ཡེ་ཤེས་དབང་པོ་མཁན་པོར་བསྐོས་ཏེ་བསྟན་པ་རིང་ཞིག་བསྐྱངས། སླར་དཔལ་དབྱངས་རྒྱལ་ཚབ་ཏུ་བསྐོས་ཏེ་ལྷོ་བྲག་མཁར་ཆུར་སྒོམ་དུ་བྱོན། དེའི་རིང་ལ་ཧྭ་ཤང་མ་ཧཱ་ཡ་ནའི་ལུགས་དར་ཏེ་ལུས་ངག་གི་དགེ་བ་རྒྱུན་ཆད། གཙུག་ལག་ཁང་རྣམས་ཀྱི་མཆོད་པ་སྟོང་། བོད་ཕལ་ཆེར་ཁོའི་ལུགས་སུ་གྱུར། དཔལ་དབྱངས་སོགས་བོ་དྷི་ས་ཏྭའི་སློབ་མ་ཉུང་ཤས་ཤིག་བསྒྱུར་དུ་མ་འདོད། ཆོས་མིན་གྱི་རྩོད་པ་ཆེན་པོ་བྱུང་བས་རྒྱལ་པོ་ཐུགས་མ་བདེ་བར་ཡེ་ཤེས་དབང་པོ་ལྷོ་བྲག་ནས་སྤྱན་དྲངས། དེས་མཁན་པོའི་ལུང་བསྟན་གྱི་དྲན་བསྐུལ་ཕུལ་ནས་ཀ་མ་ལ་ཤཱི་ལ་སྤྱན་དྲངས། རྒྱ་ནག་དགེ་སློང་དང་རྩོད་དུ་བཅུག་པས་པད་མའི་ངང་ཚུལ་རྒྱལ་ཏེ་རྒྱ་གར་བའི་ལུགས་དར་བར་བྱས། དེའི་ཚེ་རྒྱལ་པོས་ལྟ་བ་ཀླུ་སྒྲུབ་ཀྱི་ལུགས་བཟུང་། སྤྱོད་པ་ཆོས་སྤྱོད་བཅུ་དང་ཕ་རོལ་ཏུ་ཕྱིན་པ་ལ་སློབ། དཀར་པོ་ཅིག་ཐུབ་ཀྱི་ལུགས་བྱེད་དུ་མི་དབང་ངོ་ཞེས་བཀས་བཅད་དེ་ཧྭ་ཤང་རྒྱ་ནག་ཏུ་བརྫངས། དེས་བརྩམས་པའི་དཔེ་ལྔ་པོ་གཏེར་དུ་སྦས། རྩོད་གྲྭ་དེར་ཁོའི་ལྷམ་ལུས་པས་ཧྭ་ཤང་ན་རེ། ད་དུང་བོད་ཀྱི་བསྟན་པའི་མཇུག་ཏུ་ངའི་ཆོས་ལུགས་འོང་བའི་ལྟས་ཡིན་ཟེར་ཏེ། ད་ལྟ་ཆོས་ཁྲུངས་མ་རྣམས་བོར་ཏེ་ཕྱག་རྒྱ་ཆེན་པོར་མིང་བཏགས་པའི་དཀར་པོ་ཅིག་ཐུབ་ལ་གཙོ་བོར་བྱེད་པ་འདི་ཚོ་ཡིན་པར་སེམས་སོ། །ཀ་མ་ལ་ཤཱི་ལས་སྒོམ་རིམ་རྣམ་པ་གསུམ། དེའི་རྒྱབ་བརྟེན་དུ་དབུ་མ་སྣང་བ་བརྩམས་ཏེ་བསྟན་པ་སྔ་དར་གྱི་དུས་ན་ཤིན་ཏུ་དར་ཆེའོ། །ཧྭ་ཤང་གིས་མངགས་པའི་རྒྱའི་བཤེས་གཉེན་པ་བཞིས་ཀ་མ་ལ་ཤཱི་ལ་བཀྲོངས། བཙན་པོ་ཡང་དྲུག་ཅུ་རྩ་དགུ་ལ་གཤེགས་ཏེ། དེའི་སྲས་མུ་ནེ་བཙན་པོས་རྒྱལ་ས་བཟུང་། བསམ་ཡས་སུ་སྡེ་སྣོད་གསུམ་གྱི་མཆོད་པ་བཙུགས། བོད་འབངས་ཀྱི་ལོངས་ཕྱུག་ལན་གསུམ་བསྙམས། དེ་ནས་སད་ན་ལེགས་མཛིང་ཡོན་ནམ་ཁྲི་ལྡེ་བཙན་གྱིས་དགུང་ལོ་བཞི་པ་ལ་རྒྱལ་ས་བཟུང་། སྐར་

ཚུང་ལྷ་ཁང་བཞེངས། ཆོས་ཀྱི་སྒྲོལ་བཏོད། དེ་ནས་དེའི་སྲས་མངའ་བདག་ཁྲི་རལ་པ་ཅན་གྱིས་འུ་ཤང་རྡོའི་ལྷ་ཁང་བཞེངས། མཐའ་བཞིའི་རྣ་ཐམས་ཅད་དབང་དུ་བསྡུས། ལོ་པཎ་མང་པོའི་ཞབས་ནས་བཏེག་ནས་བཀའ་དང་བསྟན་བཅོས་སྔར་མ་འགྱུར་བ་མང་པོ་བསྒྱུར། བསྒྱུར་བ་རྣམས་སྐད་གསར་བཅད་ཀྱིས་གཏན་ལ་ཕབ་སྟེ་ཆོས་ཀྱི་སྒྲོལ་ཆེར་གཏོད། རབ་ཏུ་བྱུང་བའི་དབུ་འཕང་བསྟོད་རྒྱལ་པོ་ཉིད་ཀྱི་དབུ་སྐྲ་ལ་དར་ཡུག་བཏགས་ནས་དེའི་སྟེང་དུ་དགེ་འདུན་རྣམས་བཞུགས་སུ་གསོལ་ཏེ་སྤྱི་བོར་འཁྱུར་བའི་བརྙ་ཡིན། བོད་དམག་གིས་རྒྱ་ནག་ལན་དུ་མ་བཅོམ། སླར་དབོན་ཞང་འདུམ་བྱས། ལྷ་ས་དང་རྒྱ་བོད་ཀྱི་མཚམས་དང་ཕོ་བྲང་ལྷ་ན་སྡུག་གསུམ་དུ་རྡོ་རིང་བསླངས། དེ་ལ་ཆད་མདོའི་ཡི་གེ་བཏབ་སྟེ། དེ་ཡན་ཆད་ལ་བསྟན་པ་སྔ་དར་ཞེས་གྲགས་སོ། །དེ་ནས་སྡིག་བློན་ཆོས་ལ་མི་དགའ་བ་རྣམས་ཀྱིས་གྲོས་བྱས། ལྷ་སྲས་གཙང་ལ་སྤྱུགས། དབས་རྒྱལ་གཏོ་རེ་དང་། ཅོ་རོ་ལེགས་སྒྲ་གཉིས་ཀྱིས་མངའ་བདག་བཀྲོངས། གླང་དར་མ་འུ་དུམ་བཙན་ལ་རྒྱལ་སྲིད་གཏད། དབས་རྒྱལ་གཏོ་རེ་ནང་བློན་དུ་བསྐོས། ཐོག་མར་རྒྱལ་སྲིད་ཆོས་བཞིན་བསྐྱངས། བར་སྐབས་སུ་ཐུགས་ལ་གདོན་གསོལ་ཏེ་ཆོས་བསྒྱུར་བའི་འཕྲོ་བཅད། པཎྜི་ཏ་རྣམས་རང་ཡུལ་དུ་བརྫངས། རབ་བྱུང་ལ་ལ་བསད། ལ་ལ་ཕབ། བཙུན་པའི་རྟགས་འབོར་དུ་མ་འདོད་པ་རྣམས་མདའ་གཞུ་བསྐུར་ནས་རྔོན་པ་བྱེད་དུ་བཙུགས་དཀོན་མཆོག་གི་མཆོད་པ་རྒྱུན་བཅད། ལྷ་ས་དང་བསམ་ཡས་སོགས་གཙུག་ལག་ཁང་རྣམས་སུ་བཤས་ར་བྱས། པུ་སྟི་ཕལ་ཆེར་ལྷ་སའི་བྲག་ལ་སྦས་ཏེ་འདུལ་བའི་བསྟན་པ་མིང་མེད་པར་བྱས་སོ། །

བསྟན་པ་ཕྱི་དར་ལ་བསྟན་པའི་མེ་རོ་སླད་ནས་བླངས་ཚུལ་དང་སྟོད་ནས་གསོས་ཚུལ་གཉིས་ལས། དང་པོ་ནི། རྒྱལ་པོ་སྡིག་ཅན་གྱིས་བསྟན་པ་བསྣུབས་པ་ན་ལྷ་སའི་དཔལ་ལྷ་མོས་བསྐུལ་ཏེ་ལྷ་ལུང་དཔལ་གྱི་རྡོ་རྗེས་རྒྱལ་པོ་བཀྲོངས་ཏེ་ཁམས་སུ་བྲོས་པས་ཐར། ཆུ་བོ་རིའི་སྒོམ་གྲྭ་ན། གཙང་རབ་གསལ། གཡོ་དགེ་འབྱུང་། དམར་ཤཱཀྱ་མུ་ནེ་གསུམ་སྒོམ་མཛད་ཀྱིན་བཞུགས་པ་ན་བཙུན་པའི་གཟུགས་ཀྱིས་ཁྱི་ར་བྱེད་པ་མཐོང་། གཏམ་དྲིས་པས། རྒྱལ་པོས་བསྟན་པ་བསྣུབས་ཚུལ་ཐོས་ནས

དངངས་ཏེ་འདུལ་བའི་དཔེ་དྲེའུ་ལ་བཀལ་ནས་མངའ་རིས་སྟོད་དུ་བྲོས་ནས་ཧོར་ཡུལ་དུ་ཕྱིན། བསྟན་པ་དར་བར་བྱ་སྙམ་ཡང་སྐད་མ་གོ་བར་མདོ་སྨད་དུ་བྱོན། མདོ་ཁམས་དབེན་ཚུང་གི་དགོན་པ་ཡང་ཟེར། དན་ཏིག་ཤེལ་གྱི་དགོན་པ་ཡང་ཟེར་བར་གཞི་ཕབ་ནས་བཞུགས་པས་བོན་པོའི་རིགས་སུ་སྐྱེས་པ་མུ་ཟུ་གསལ་འབར་བྱ་བའི་རིགས་སད་པའི་བྱིས་པ་གཞོན་ནུ་ཞིག་ཁོང་རྣམས་ལ་དད་ཅིང་འདུལ་བ་ལ་ལྷག་པར་མོས་ནས་རབ་ཏུ་བྱུང་བར་ཞུས་པས་གནང་སྟེ་གཙང་གི་མཁན་པོ་དང་། གཡོས་ལས་སློབ་བྱས་ཏེ་རབ་བྱུང་དང་དགེ་ཚུལ་སྒྲུབ། མཁན་སློབ་ཀྱི་མཚན་ལས་དྲངས་ཏེ་དགེ་བ་རབ་གསལ་དུ་མཚན་གསོལ། ཕྱིས་ཐུགས་རབ་ཆེ་བས་དགོངས་པ་རབ་གསལ་དུ་གྲགས། སླར་མཁན་སློབ་དེ་ཉིད་དང་། དམར་གྱི་གསང་སྟོན། རྒྱ་ནག་ཧྭ་ཤང་ཀེ་བང་དང་། ཀྱི་བན་བྱ་བ་གཉིས་ཀྱིས་ཁ་བསྐངས་བྱས་ཏེ་བསྙེན་པར་རྫོགས། དེས་མཁན་སློབ་དང་གོང་སེང་གེ་གྲགས་ལ་འདུལ་བ་བསླབས། དེ་ནས་ལོ་ལྔ་ལོན་པ་ན། དབུས་ནས་ཀླག་པ་ལམ་པ་ཀླུ་མེས་ཚུལ་ཁྲིམས་ཤེས་རབ། འབྲི་ཡེ་ཤེས་ཡོན་ཏན། རག་ཤི་ཚུལ་ཁྲིམས་འབྱུང་གནས། སྦ་ཚུལ་ཁྲིམས་བློ་གྲོས། སུམ་པ་ཡེ་ཤེས་བློ་གྲོས་དང་ལྔ། གཙང་ནས་མགུར་མོ་རབ་ཁ་བ། ལོ་སྟོན་རྡོ་རྗེ་དབང་ཕྱུག ། ཤབ་སྒོ་ལྔ་པ་ཚོང་བཙུན་ཤེས་རབ་སེང་གེ་མངའ་རིས་པ་འོད་བརྒྱད་སྤུན་གཉིས། པོ་དོང་པ་ཨུ་པ་དེ་དཀར་བ་དང་ལྔ་སྟེ་མི་བཅུ་ཁམས་སུ་ཕྱིན། གཙང་ལ་བཀའ་དྲིན་ཞུས་པས་ང་རྒས་ནས་མཁན་པོ་མི་ཐེག ། བླ་ཆེན་ལ་ཞུས་གསུངས་པ་ལྟར་ཞུས་པས་ང་བསྙེན་པར་རྫོགས་ནས་ལོ་ལྔ་ལས་མ་ལོན་པས་མཁན་པོ་མི་བཏུབ་གསུང་བ་ལ། གཙང་ན་རེ། དམིགས་གསལ་ལ་བཏུབ་པས་གྱིས་གསུངས། བླ་མ་ཆེན་པོས་མཁན་པོ། གཙང་གི་ལས་སློབ། གཡོས་གསང་སྟོན། དམར་དང་ཧྭ་ཤང་གིས་ཁ་བསྐངས་བྱས་ཏེ་ཐམས་ཅད་རྫོགས་པར་བྱས། བླ་ཆེན་གྱི་གསུང་ནས་ལོ་སྟོན་མཐུ་ཆེ་བས་བསྟན་བསྲུང་གིས། ཀླུ་མེས་བཙུན་པས་མཁན་པོ་གྱིས། ཚོང་གི་བློ་རྣོ་བས་སྟོན་པ་གྱིས། འབྲིང་བསྒོམས་མཁས་པས་གནས་གཞི་བཟུང་གསུངས་ཏེ་བཏངས། དེ་རྣམས་ཀྱིས་དབུས་གཙང་དུ་འོངས་ཏེ་གནས་གཞི་སོ་སོར་བཟུང་། འདུལ་བའི་གྲྭ་བཙུགས་ཏེ་བསྟན་པ་སྤེལ་བ་ལ་བསྟན་པའི་མེ་རོ་སླད་ནས་བསླང་བ་ཞེས་

ཟེར་རོ། །

གཉིས་པ་ནི། ལྷ་བླ་མ་ཡེ་ཤེས་འོད་ཅེས་པ་བོད་ཆོས་རྒྱལ་གྱི་རྒྱུད་དུ་འཁྲུངས། དང་པོར་རྒྱལ་སྲིད་ཆོས་བཞིན་བསྐྱངས། ཕྱིས་མཁན་པོ་ཡེ་ཤེས་བཟང་པོ་ལ་རབ་ཏུ་བྱུང་ཞིང་བསྙེན་པར་རྫོགས་པ་དེས་ཡབ་མེས་ཀྱི་རྣམ་གྲོལ་བཟང་པོ་བསབ་ཏུ་རེ་བའི་ཐུགས་བསྐྱེད་རླབས་པོ་ཆེས་ཀུན་ནས་བསླངས་ཏེ་མི་ཉི་ཤུ་རྩ་གཅིག་ལ་གསེར་བྲེ་རེ་བསྐུར་ཏེ་རྒྱ་གར་ཁ་ཆེར་ཆོས་སློབ་ཏུ་བཏང་ངས་པ་ལས་བཅུ་དགུ་ཚད་པའི་ནད་ཀྱིས་གྲོངས་ནས་ཕན་པར་ཇོ་མ་ཐོགས། ལོ་ཆེན་རིན་ཆེན་བཟང་པོ། དེའི་གཡོག་ལེགས་རངས་པ་ལོ་ཆུང་ལེགས་པའི་ཤེས་རབ་གཉིས་ཀྱིས་ཕན་ཐོགས་ཤིང་། ལྷག་པར་ལོ་ཆེན་རིན་ཆེན་བཟང་པོས་རྒྱ་གར་ཤར་ནུབ་དབུས་ཐམས་ཅད་དུ་མྱུལ། བླ་མ་ཇོ་རྗེ་གདན་པ་དང་། ཛོ་བོ་ནཱ་རོ་ཏ་པ་སོགས་མཁས་གྲུབ་ཀྱི་བླ་མ་རབ་ཏུ་མང་པོའི་ཞལ་ལས་མདོ་སྔགས་ཀྱི་བདུད་རྩི་བླངས་ཏེ་བོད་དུ་སྤྱན་དྲངས་པ་ལ་སྟོད་ནས་གསོས་པ་ཟེར་རོ། །འདི་ལ་ཁ་ཅིག་བར་དར་ཞེས་པའི་ཐ་སྙད་བྱེད་པ་ནི་མི་འཐད་དེ། དབུས་གཙང་གི་མི་བཅུས་བསྟན་པ་སྤྱིལ་བ་ནས་འདིའི་བར་ལ་བསྟན་པ་མེད་པའི་བར་སྟོང་མ་བྱུང་བའི་ཕྱིར་རོ། །དེས་ན་བསྟན་པ་སྔ་དར་དང་ཕྱི་དར་གཉིས་ལས། བར་དར་ཞེས་པའི་ཐ་སྙད་མེད་ཅིང་། དེ་ཡང་འདུལ་བའི་བསྟན་པ་ཁོ་ནའི་དབང་དུ་བྱས་ལ། དེའི་ནང་ནས་ཀྱང་དབུས་གཙང་ཁོ་ནའི་དབང་དུ་བྱས་པ་ཡིན་ཏེ། ཁམས་མངའ་རིས་གཉིས་སུ་བསྟན་པ་སྔ་དར་ནས་དབུས་གཙང་གི་མི་བཅུས་བསྟན་པ་སྤྱིལ་བའི་བར་དུ་འདུལ་བའི་བསྟན་པ་མེད་པའི་བར་སྟོང་མ་བྱུང་ཞིང་དབུས་གཙང་ཉིད་དུ་ཡང་འདུལ་བའི་བསྟན་པ་ནུབ་སྐབས་སྔགས་པ་རྗེན་སྒྲ་བོ་རྣམས་ཀྱིས་གསང་སྔགས་ཀྱི་ཉམས་ལེན་ལྷོག་ཏུ་བྱས་ཤིང་རྗེན་དང་གླིགས་བམ་མི་མཐོན་པའི་སར་གཅེས་པར་བསྐྱངས་པས་ཕྱིས་བསྟན་པ་བྱུང་བ་ན་ཕྱག་མཆོད་དང་། དཔེ་ལྷ་བ་སོགས་ལོངས་སྤྱོད་པས་ཚོག་པ་འདི་བྱུང་བའི་ཕྱིར་རོ། །འོན་དབུས་གཙང་དུ་འདུལ་བའི་བསྟན་པ་མེད་པའི་བར་སྟོང་ལོ་ཇི་ཙམ་བྱུང་ཞེ་ན། ཀུན་མཁྱེན་བུ་སྟོན་ཆེན་པོས་ལྕགས་མོ་བྱ་ལ་བསྟན་པ་བསྣུབས་པ་ནས་བདུན་ཅུ་རྩ་གསུམ་པ་ཆུ་མོ་བྱ་ལ་བསྟན་པ་བྱུང་བ་ཡིན་ཞེས་དང་། འབྲོམ་སྟོན་པས་བདུན་ཅུ་རྩ་བདུན་འབྱུང་བར་བཤད་པ་དང་།

ཉེལ་པ་པཎྜི་ཏས་བརྒྱ་དང་བརྒྱད་བྱུང་བར་བཤད་པ་དང་། འགའ་ཞིག་གིས་དྲུག་ཅུ་རྩ་གསུམ་འབྱུང་བར་བཤད་པ་དང་། འགའ་ཞིག་གིས་བདུན་ཅུ་བྱུང་བར་བཤད་པ་དང་། འགའ་ཞིག་གིས་བརྒྱ་དང་བཅུ་ལྷག་ཙམ་བྱུང་བར་བཤད་པ་སོགས་མི་མཐུན་པ་སྣ་ཚོགས་འབྱུང་བས་དཔྱད་པར་བྱའོ། །དེས་ན་མི་བཅུས་སྨད་ནས་བསླང་པ་དང་། ལོ་ཆེན་གྱིས་སྟོད་ནས་གསོས་པ་གཉིས་ཀ་ཕྱི་དར་ཡིན་ཏེ། མཁྱེན་རབ་ཀྱི་དབང་ཕྱུག་ས་སྐྱ་པཎྜི་ཏས། སྡོམ་གསུམ་རབ་དབྱེ་ལས། ཕྱིས་ནས་གངས་རིའི་ཁྲོད་འདི་རུ། །སངས་རྒྱས་བསྟན་པ་ལེགས་པར་བསྒྱུར། །དེ་ནས་བསྟན་པ་དར་བའི་ཚེ། །རྒྱལ་པོ་དར་མས་བསྟན་པ་བསྣུབས། །དེ་རྗེས་ཆོས་ལོག་དུ་མ་འཕེལ། །དེ་ཚེ་བླ་མ་ཡེ་ཤེས་འོད། །ཆོས་རྒྱལ་དེ་ཡིས་སྐྱེས་བུ་མཆོག །རིན་ཆེན་བཟང་པོ་ཁ་ཆེར་བརྫངས། །འཇམ་པའི་དབྱངས་ཀྱིས་བྱིན་བརླབས་པའི། །མཁས་པ་དེ་ཡིས་སྔོན་མེད་པའི། །ཆོས་རྣམས་ཕལ་ཆེར་བསྒྱུར་ཅིང་ཞུས། །ཆོས་དང་ཆོས་མིན་རྣམས་འབྱེད་པ། །ཞེས་བྱའི་བསྟན་བཅོས་མཛད་ནས་ནི། །ཆོས་ལོག་ཐམས་ཅད་བསུབ་པར་མཛད། །དེ་ཡི་སློབ་མ་ཞི་བ་འོད། །དེས་ཀྱང་སྔགས་ལོག་སུན་འབྱིན་པ། །ཞེས་བྱའི་བསྟན་བཅོས་མཛད་ཅེས་ཟེར། །དེ་དག་འདས་པའི་འོག་ཏུ་ཡང་། །ཆོས་ལོག་འགའ་ཞིག་འཕེལ་བའི་རྒྱུས། །ལྷས་བཙས་ཞེས་བྱའི་ལོ་ཙཱ་བ། །དེས་ཀྱང་ཆོས་ལོག་སུན་འབྱིན་པ། །ཞེས་བྱའི་བསྟན་བཅོས་མཛད་ནས་ནི། །ཆོས་དང་ཆོས་མིན་རྣམ་པར་ཕྱེ། །ཞེས་གསུངས་པའི་ཕྱིར་རོ། །

དགུ་པ་དེ་ལ་བོད་ཀྱི་ཆོས་རྒྱལ་ལ་སོགས་པའི་ཆེན་པོ་རྣམས་ཀྱིས་སྲི་ཞུ་ཇི་ལྟར་མཛད་པའི་ཚུལ་ནི། ལྷ་ཐོ་ཐོ་རི་སྙན་ཤལ་གྱིས་གཉན་པོ་གསང་བ་ལ་ཕྱག་མཆོད་མཛད་པ་དང་། སྲོང་བཙན་སྒམ་པོས་རང་གི་འབངས་སུ་གྱུར་པའི་ལོ་ཙཱ་བ་རྣམས་ཀྱི་ཞབས་སྤྱི་བོར་བླངས་ཤིང་སྲི་ཞུ་ཕུན་སུམ་ཚོགས་པ་མཛད་པ་དང་། རབ་ཏུ་བྱུང་བའི་གཟུགས་བརྙན་ཙམ་ལའང་རྒྱལ་པོ་ཉིད་ཀྱིས་ཕྱག་མཛད་པ་སོགས་བསྟན་པ་དང་བསྟན་འཛིན་གྱི་དབུ་འཕང་ཆེས་ཆེར་བཏོད་དོ། །ཁྲི་སྲོང་ལྡེ་བཙན་གྱི་བསྟན་པའི་རྩ་བ་རབ་ཏུ་བྱུང་བའི་སྡེ་བཙུགས་ནས་བཤད་ཉན་གྱི་སྲོལ་ལེགས་པར་བཏོད། རབ་ཏུ་བྱུང་བ་རེ་རེའི་ཞབས་ནས་བཏེག་སྟེ་བསྟན་པ་བླ་ནར་བཀུར་བས་བོད་ཁམས་ཀྱི་བདེ་སྐྱིད་དབྱར་གྱི་མཚོ་ལྟར

གྱུར། མངའ་བདག་ཁྲི་རལ་པ་ཅན་གྱིས་བོད་ཀྱི་རབ་ཏུ་བྱུང་བ་མི་རེ་རེ་ལ་འབངས་ཀྱི་ཁྱིམ་བདུན་རེ་འབུལ་བ་སོགས་ཀྱིས་བཀུར་སྟི་ཆེར་མཛད། བསྟན་པ་ཕྱི་དར་གྱི་དུས་སུ་བསམ་ཡས་ཀྱི་བཙད་པོ་མངའ་བདག་ཙཱ་ལ་ན་ཡབ་སྲས་ཀྱིས་དབུས་གཙང་གི་མི་བཅུ་ཁམས་སུ་རྫོང་བའི་བདག་རྐྱེན། ཡར་ཕྱོགས་ནས་སྣ་ལེན་དང་བསྙོད་བཀུར་ཆེར་མཛད་པས་འདུལ་མངོན་དང་ཕར་ཕྱིན་ལ་སོགས་པའི་བཤད་ཉན་རླབས་པོ་ཆེ་བཙུགས། ལྷ་བླ་མ་ཡེ་ཤེས་འོད་དང་། དེའི་དབོན་པོ་ལྷ་བཙུན་བྱང་ཆུབ་འོད་ཀྱིས་ལོ་ཙཱ་བ་རིན་ཆེན་བཟང་པོ་དང་། པུ་རངས་པ་ལེགས་པའི་ཤེས་རབ་སོགས་ལོ་ཙཱ་བ་མང་པོར་བདག་རྐྱེན་མཛད་པས་སྡེ་སྣོད་གསུམ་དང་རྒྱུད་སྡེ་བཞིའི་བཤད་ཉན་རླབས་པོ་ཆེ་སྤེལ་ནས་དར། རྒྱ་བརྩོན་སེང་། གུང་ཐང་བ་ནག་ཚོ་ཚུལ་ཁྲིམས་རྒྱལ་བ་ཕོ་ཉར་མངགས་ཏེ་ཇོ་བོ་རྗེ་དཔལ་ལྡན་མར་མེ་མཛད་སྤྱན་དྲངས། བཀའ་གདམས་ཀྱི་སྲོལ་ཆེན་པོ་བཙུགས་པ་སོགས་བོད་ཀྱི་ཆོས་རྒྱལ་རིམ་པར་བྱོན་པ་རྣམས་ཀྱིས་རྒྱལ་བའི་བསྟན་པ་བསྟན་འཛིན་དང་བཅས་པ་ལ་ཕྱུ་དྲུད་ཆེས་ཆེར་མཛད་པས་བསྟན་པ་རིན་པོ་ཆེ་འདི་ཆེས་ཆེར་རྒྱས་པ་ཡིན་ནོ། །

བཅུ་པ་མཁས་པ་རྣམས་ཀྱིས་བཤད་ཉན་གྱིས་ཇི་ལྟར་གདན་ལ་ཕབ་པའི་ཚུལ་ནི། སྡེ་སྣོད་ཀྱི་བཤད་ཉན་ལ་འདུལ་བ་སྨད་ལུགས་ཀྱི་བཤད་པ་ནི་བསྟན་པ་སྔ་དར་གྱི་བཤད་པའི་རྒྱུན་ཁམས་སུ་འཕོས་པ། གླུ་མེས་ཀྱིས་བླངས་ཏེ་སྤེལ་བ་དང་། མངོན་པ་ཀུན་བཏུས་ཀྱང་བསྟན་པ་སྔ་དར་གྱི་བཤད་རྒྱུན་ཁམས་སུ་འཕོས་པ་ལས་ཡར་འཕེལ་ཏེ་ཁུ་སྟོན་བརྩོན་འགྲུས་གཡུང་དྲུང་དང་། དེའི་སློབ་མ་རྣ་ཁྲི་བཟང་འབར་དང་། བྲང་ཏི་དར་མ་སྙིང་པོ་སོགས་ལས་བརྒྱུད་དེ་ཤིན་ཏུ་དར་བར་མངོན་བྱུང་ཡང་། ད་ལྟ་ནི་ལུང་རྒྱུན་ཙམ་ལས་བཤད་པའི་རྒྱུན་མི་སྣང་། འདུལ་བ་སྟོད་ལུགས་ཀྱི་བཤད་པ་ནི་པཎྜི་ཏ་དྷརྨ་པཱ་ལ་མངའ་རིས་སུ་བྱོན། དེའི་སློབ་མ་པཱ་ལ་རྣམ་གསུམ། དེའི་སློབ་མ་ཞང་ཞུང་བ་རྒྱལ་བའི་ཤེས་རབ་ལས་འཕེལ་བ་ཡིན་ཞིང་། དུས་ཕྱིས་ཁ་ཆེ་པཎྜི་ཏ་ཤཱཀྱ་ཤྲཱི་བོད་དུ་བྱོན། ས་སྐྱ་པཎྜི་ཏ་ཀུན་དགའ་རྒྱལ་མཚན་དཔལ་བཟང་པོ་དང་། བྱང་ཆུབ་པ་རྗོར་རྗེ་དཔལ། གཉིས་ལ་སོགས་པ་བསྙེན་པར་རྫོགས་པར་མཛད་ཅིང་། བཤད་ཉན་ཀྱང་མཛད་པ་

ལས་འཕེལ་བ་ལ་འདུལ་བ་བར་ལུགས་ཞེས་གྲགས། མངོན་པ་མཛོད་ཀྱི་བཤད་ཉན་ནི་པཎྜི་ཏ་སྨྲྀ་ཏིས（དུས་ཁ་མི་ཐུབ་པས་འདི་བར་ཡི་གེ་བས་ཆུག་དམ་སྙམ། ）མཆིམས་པ་རྩོན་འགྲུས་སེང་གེ་དང་། མཆིམས་ཐམས་ཅད་མཁྱེན་པ་སོགས་ལ་བཤད་ཅིང་། དེ་ནས་དགེ་བའི་བཤེས་གཉེན་མཆིམས་པ་རྣམས་ལས་བརྒྱུད་དེ་འཕེལ་བ་ཡིན། བྱམས་པའི་ཆོས་ལྔ་ནི་རྔོག་བློ་ལྡན་ཤེས་རབ། བཙན་ཁ་བོ་ཆེ་གཉིས་ནས་འཕེལ་ཞིང་། དབུ་མའི་བཤད་པ་ནི་པ་ཚབ་ཉི་མ་གྲགས་ནས་པ་ཚབ་ཀྱི་བུ་བཞི་ལས་བརྒྱུད་དེ་འཕེལ། ཚད་མ་རྣམ་ངེས་སོགས་ཀྱི་བཤད་པ་ནི་རྔོག་ལོ་ཆེན་པོ་ལས་འཕེལ་ཞིང་། ཚད་མ་རྣམ་འགྲེལ་གྱི་བཤད་པ་ནི་ཐོག་མར་སྐྱ་དགེ་བའི་བློ་གྲོས་དང་། བར་དུ་རྔོག་ལོ་ཆེན་པོས་བཤད་ཉན་མཛད་ཀྱང་རྒྱུན་མ་ཆགས་པ་ལ་ཕྱིས་ས་སྐྱ་པཎྜི་ཏས་ཁ་ཆེ་པཎ་ཆེན་དང་། དེའི་པཎ་ཆུང་གསུམ་དང་བཅས་པ་ལས་གསན་ཏེ་བཤད་ཉན་གྱི་སྲོལ་བཙུགས་པ་ལས་འཕེལ་བ་ཡིན། གསང་སྔགས་ཀྱི་བཤད་ཉན་ནི། སྟོན་རྡ་པ་དང་། རོག་པ་དང་། དཔྱལ་ལོ་དང་། འགོས་ལོ་སོགས་ལས་ཀྱང་མང་དུ་འཕེལ་ལོ། །གཙོ་བོར་གྱུར་པ་ས་སྐྱ་པའི་ཡབ་ཆོས་བདེ་ཀྱེ་གསང་གསུམ་དུ་གྲགས་པ་ལ་ཀྱེ་རྡོ་རྗེའི་སྐོར་ནི། འབྲོག་མི་ལོ་ཙཱ་བའི་བཀའ་བབས་ཀྱི་སློབ་མ་བཞི་ལས་བརྒྱུད་དེ་རྗེ་བཙུན་ས་སྐྱ་པ་ཡབ་སྲས་ལས་འཕེལ་ལོ། །

ལཱུ་ནག་དྲིལ་གསུམ་དུ་གྲགས་པའི་བདེ་མཆོག་གསང་མཐའི་སྐོར་ནི། ཀློག་སྐྱ་ཤེས་རབ་བརྩེགས་དང་། མལ་ལོ་བློ་གྲོས་གྲགས་སོགས་ལས་བརྒྱུད་དེ་ས་སྐྱ་པ་ཡབ་སྲས་ལས་འཕེལ། གསང་བ་འདུས་པ་ཡེ་ཤེས་ཞབས་ལུགས་ནི་གཉན་ལོ་ཙཱ་བ་ནས་གནམ་ཁའུ་པ་ལ་བརྒྱུད་ཅིང་།

འཕགས་ལུགས་ནི་འགོས་ལོ་ཙཱ་བ། དབུས་པ་དགེ་སེར། གནམ་ཁའུ་པ་ནས་བརྒྱུད་དེ་ས་སྐྱ་པ་ཡབ་སྲས་ལས་འཕེལ། གཤིན་རྗེ་གཤེད་ཀྱི་སྐོར་རྣམས་ནི། ལྕོང་སྟོན་ཤེས་རབ་དཔལ་ལས་བརྒྱུད་དེ་འགྲོ་བའི་མགོན་པོ་འཕགས་པ་ལས་འཕེལ་བ་མང་། རྣལ་འབྱོར་གྱི་རྒྱུད་རྣམས་ནི་མལ་ལོ་བློ་གྲོས་གྲགས་ལས་བརྒྱུད་དེ་ས་སྐྱ་པ་ཡབ་སྲས་ལས་འཕེལ། རིག་པའི་གནས་ཆུང་བ་ས་སྐྱ་པཎྜི་ཏ་ཁོ་ནས་གངས་རིའི་ཁྲོད་འདིར་ཤིང་རྟའི་སྲོལ་གསར་དུ་ཕྱེ་བ་ཡིན་ཏེ། སྒྲ་རིག་པ་ལ་མཁས་པ་འཇུག

པའི་སྒོ་དང་། ཤེས་རབ་འཕྲོ་བ་དང་། ཤེས་རབ་ལ་འཇུག་པ་དང་། སྒྲ་ཉེར་བསྡུ་སྡེ་བཞི་དང་།
ཚད་མ་རིག་པ་ལ་རིགས་པའི་གཏེར་རང་འགྲེལ་དང་བཅས་པ་དང་། བཟོ་རིག་པ་ལ་སྐུ་གཟུགས་ཀྱི་
བསྟན་བཅོས་དང་། ས་བརྟག་པ་སོགས་ཀྱི་བསྟན་བཅོས་དང་། གསོ་བ་རིག་པ་ལ་ཡན་ལག་བརྒྱད་
པའི་བསྡུས་དོན་དང་། སྡེབ་སྦྱོར་ལ་མེ་ཏོག་གི་ཆུན་པོ་དེའི་ངལ་གསོའི་དཔེ་ཙམ་སྟོན་པ་བདེ་བར་
གཤེགས་པའི་ཐུགས་རྗེ་ལ་བསྐུལ་བ་གཉིས། སྙན་ངག་ལ་མཁས་པའི་ཁ་རྒྱན་(དཔྱད།) མངོན་
བརྗོད་ལ་ཚིག་གཏེར། ཟློས་གར་ལ་རབ་དགའི་འཇུག་པ་དང་། དེའི་རོལ་མོའི་དབྱངས་འདྲེན་པའི་
ཕྱོགས་ཙམ་སྟོན་པ་རོལ་མོའི་བསྟན་བཅོས་ལ་སོགས་པ་མཛད་ནས་གངས་རིའི་ཁྲོད་འདིར་ཆེས་ཆེར་
དར་བར་མཛད་པའི་ཕྱིར་ཏེ། ཆོས་རྗེ་ཉིད་ཀྱི་གསུང་ལས། སྐྱེ་བ་གཞན་དུ་སྦྱངས་པ་དང་། །མཁས་
པ་དུ་མ་བསྟེན་པ་དང་། །རྣམ་པར་དཔྱོད་པའི་བློ་གྲོས་ཀྱིས། །ཤེས་བྱ་ཀུན་ལ་འཇིགས་མེད་
ཐོབ། །ཅེས་དང་། བྱང་ཕྱོགས་འདི་ན་ཚིག་ལ་མཁས་པ་མེད། །ལེགས་པར་ཤེས་ནས་འཆད་པ་
ཁོ་བོ་ཙམ། །ཞེས་དང་། སྒྲ་པ་ང་ཡིན་རྟོག་གེ་པ་ང་སྨྲ་བ་ངན་འཛོམས་ང་འདྲ་མེད། །སྡེབ་སྦྱོར་ང་
མཁས་སྙན་ངག་ང་ཉིད་མངོན་བརྗོད་འཆད་ལ་འགྲན་མེད་ང་། །དུས་སྦྱོར་ངས་ཤེས་ཕྱི་ནང་ཀུན་རིག
རྣམ་དཔྱོད་བློ་གྲོས་མཚུངས་མེད་ང་། །དེ་འདྲ་གང་ཡིན་ས་སྐྱ་པ་སྟེ་མཁས་པ་གཞན་དག་གཟུགས་
བརྙན་ཡིན། །ཞེས་ཞལ་གྱི་འཆེས་པར་མཛད་པའི་ཕྱིར། འོན་དེ་ལྟ་བུ་ང་རྒྱལ་མ་ཡིན་ནམ་ཞེ་ན།
རང་ལ་རྗེས་སུ་ཡི་རང་བའི་ཚིག་ཡི་གེའི་ལམ་དུ་འགོད་པ་ནི་མཁས་པ་དང་གྲུབ་པ་རྣམས་ལ་ཤིན་ཏུ་
འོས་པས་གཟུ་བོར་གནས་པའི་གཏམ་ངོ་མཚར་རྨད་དུ་བྱུང་བ་ཞིག་ཡིན་ཏེ། དེ་དང་ཚུལ་མཚུངས་པ་
དཔལ་ལྡན་ཆོས་ཀྱི་གྲགས་པས། སྤྲེའུའི་ཚོགས་ཀྱིས་རི་བོང་བཟུང་ནས་ཆུ་གཏེར་བཞག་ཅེས་གྲོག་
མཁར་སྨྲ། །རྒྱས་པ་སྲིད་སྒྲུབ་བརྡ་ཤེས་དེ་དག་བདེ་མིན་ལོ་རྒྱུས་སྒྲོག་པར་བྱེད། ཁོ་བོས་ཚིག་དོན་
གྲང་ལ་གཞལ་བཞིན་ཇི་ལྟར་གནས་པ་བདེན་སྨྲས་ཀྱང་། །འགྲོ་ཀུན་མགྲིན་པ་བརྐྱངས་ནས་སྲུན་
འབྲིན་དེའི་ཕྱིར་གྲགས་ལྡན་ཁྱོད་ལ་འདུད། །ཅེས་དང་། གལ་ཏེ་ཆོས་ཀྱི་གྲགས་པ་ཡི། །སྨྲ་བའི་
ཉི་མ་ནུབ་པ་ན། །ཆོས་རྣམས་གཉིད་ལོག་ཡང་ན་ཤི། །ཆོས་མ་ཡིན་རྣམས་ད་གཟོད་ལོངས། །ཞེས་

དང༌། སློབ་དཔོན་བློ་བརྟན་གྱིས། བདག་བློ་ཕྱོགས་གཅིག་བཞག་པ་དང༌། །གཞན་བློ་ཕྱོགས་གཅིག་བཞག་པ་གཉིས། །གལ་ཏེ་ཚད་ལས་གཞལ་རུང་ན། །ཐྲང་ལ་བཙལ་ན་བདག་བློ་ལྟི། །ཞེས་དང༌། སློབ་དཔོན་རྒྱན་མཁན་པོས། ཤེས་རབ་འབྱུང་གནས་སྐྱེས་པ་ན། །ཤེས་བྱའི་ཚོགས་རྣམས་མི་འདར་ན། །དེ་ལ་སེམས་མེད་ཡང་ན་ནི། །ལྐུགས་སམ་བ་གླང་མཚོན་སུམ་ཡིན། །ཞེས་གསུངས་པའི་ཕྱིར། དེས་ན་བོད་ན་ཡོད་པའི་བཤད་ཉན་གྱི་རྒྱུན་འདི་དག་ཕལ་མོ་ཆེ་ས་སྐྱ་པའི་དགེ་བའི་བཤེས་གཉེན་རེ་རེ་ལས་མ་བརྒྱུད་པ་མེད་ཅིང༌། དེ་ཡང་རྗེ་བཙུན་གོང་མ་རྣམས་དང༌། གཙོ་བོར་མཁྱེན་རབ་ཀྱི་དབང་ཕྱུག་ས་སྐྱ་པཎྜི་ཏའི་འཕྲིན་ལས་ཀྱི་རྒྱུན་ཁོ་ན་ཡིན་པས་འགྲན་སེམས་དང་ཕྲག་དོག་སོགས་རྒྱང་རིང་དུ་དོར་ནས་བཀའ་དྲིན་རྗེས་སུ་དྲན་པར་བྱ་རིགས་པ་ཡིན་ནོ། །བཟོ་རིག་པ་ཡང་རི་མོ་དང་སྐུ་གཟུགས་ཀྱི་མཚན་ཉིད་དང་ཕྱག་ཚད་དང་དགེ་ལེགས་ལ་སོགས་པའི་བརྟག་པ་དང༌། ས་བརྟག་པ་ལ་སོགས་པ་བརྟག་པ་རྣམ་པ་བརྒྱད་དང༌། ཅེས་ཀྱང་བཟོ་རིག་པའི་ཁོངས་སུ་གཏོགས་པར་མཁས་པ་རྣམས་བཞེད་པས་དཔལ་དུས་ཀྱི་འཁོར་ལོ་ལས་འབྱུང་བའི་ཨཀྵི་དང༌། དབྱི་བསྣན་སོགས་རྩིས་ཀྱི་ཡན་ལག་མ་ཚང་བ་མེད་པ་དཔྱིས་ཕྱིན་པ་ལེགས་པར་མཁྱེན་ནས་རྗེ་བཙུན་ཆེན་པོའི་ནང་རྟེན་དབུ་རྩེ་རྙིང་མ་ན་བཞུགས་པའི་རྗེ་བཙུན་འཇམ་པའི་དབྱངས་ཀྱི་སྐུ་གཟུགས་ད་ལྷ་འཇམ་དབྱངས་གཟི་འོད་འབར་བར་གྲགས་པའི་རྟུས་ཤིང་དང་པྲ་བཟོ་ལ་སོགས་པ་ཆོས་རྗེ་ཉིད་ཀྱིས་མཛད་པ་འདི་ནི་དུས་ཕྱིས་ཛམྦུའི་གླིང་ན་བཟོ་རིག་པ་ལ་ཤིན་ཏུ་མཁས་པར་བྱས་པ་དག་གིས་མངོན་པར་འདུ་བྱས་པའི་སྐུ་གཟུགས་དག་གིས་བརྒྱའི་ཆར་ཡང་ཉེ་བར་མི་འགྲོ་བར་མ་ཟད་འདིའི་ཁྲི་རྒྱབ་ཡོལ་སློབ་དཔོན་ཟངས་ཚས་མཛད་པ་ལ་ཡང་འགྲན་མི་བཟོད་པས། རྩ་རྒྱུད་ནས་བཤད་པའི་རི་མོའི་བཀོད་པ་གན་དར་དཀར་པོ་ཁ་ཕྱེད་དོ་ལྷག་པ་ལ་ཕྱག་གི་མངོན་པར་འདུ་མཛད་པ་རྒྱ་མ་དཔོན་གྲགས་ལ་གནང་བ་དང༌། ཤང་སྲེག་ཤིང་དུ་གྲུང་ངོས་ལ་བྲིས་པའི་འཇམ་དབྱངས་གར་གཟིགས་དང༌། དཔལ་བསམ་ཡས་ལྷུན་གྱིས་གྲུབ་པའི་གཙུག་ལག་ཁང་གི་ཁོར་སའི་ངོས་ལ་བྲིས་པའི་འཕགས་པ་འཇམ་དཔལ་གྱི་ཕྱག་མཚན་གྱི་རི་མོ་སོགས་ནི་དེང་སང་གི་རི་མོ་བ་ཤིན་ཏུ་མཁས་པར་བྱས་པ་འབུམ་གྱི་བློ་གྲོས་ཕྱོགས

གཅིག་ཏུ་བསྡོམས་ནས་བྲིས་ཀྱང་ཆ་ཙམ་དུ་ཡང་མི་འགྲོ་བ་ཞིག་སྟེ། དེ་ལྟ་བུའི་ཕྱག་རྒྱུན་ལ་བརྟེན་ནས་གཙོ་བོར་འཕེལ་བ་ཡིན། གསོ་བ་རིག་པ་ཡང་བོད་འདིར་དང་པོར་ནི་རྒྱ་ནག་ནས་བྱུང་བ་ཡིན་ལ། ཕྱིས་ནི་རྒྱ་གར་སོགས་ཕྱོགས་མང་པོ་ནས་འཕེལ་བར་མངོན་མོད། ད་ལྟ་རྒྱུད་བཞི་ཞེས་ཡོངས་སུ་གྲགས་པ་ནི། གཡུ་ཐོག་ཡོན་ཏན་མགོན་པོས་མཛད་པ་ཡིན་གྱིས། རྒྱ་གར་ནས་འོངས་བའི་བཀའ་དང་བསྟན་བཅོས་གང་ཡང་མ་ཡིན་མོད། བོད་བློན་ལོག་རྟོག་ཅན་དག་གིས་སྒྲོ་སྐུར་གྱི་གཞིར་སོང་དོགས་རྒྱ་གར་ནས་བྱུང་རྒྱུ་བ་དང་། ཟ་བ་ཡེ་ཤེས་གཟུངས་ལ་ཆིག་བརྒྱུད་དུ་གནང་རྒྱུ་བའི་ཚུལ་མཛད་པ་ཡིན། དེ་ལྟ་ནའང་གཡུ་ཐོག་མགོན་པོ་ནི་སྨན་བླ་ཉིད་ཀྱི་སྤྲུལ་པར་གྲགས་ཤིང་། མཁས་ཤིང་གྲུབ་པ་བརྙེས་པས་འཕྲུལ་པའི་དྲི་མ་བསངས་པ་ཞིག་ཡིན་པས། འདི་དག་ཀྱང་ཤིན་ཏུ་ལྐོག་གྱུར་གྱི་དོན་ལ་རྒྱལ་བའི་བཀའ་དང་འདྲ་བས་ཚད་མ་ཡིན་པར་མཁས་པ་རྣམས་ལ་གྲགས་སོ། །ཆོས་རྗེ་པས་ཀྱང་ཡན་ལག་བརྒྱད་པ་སོགས་རྒྱ་གར་ནས་བྱུང་བའི་གསོ་རིག་གི་བསྟན་བཅོས་རྣམས་དཔྱིས་ཕྱིན་པར་བསླབས་ཏེ་ཤིན་ཏུ་མཁས་པར་མཁྱེན་ནས་ཡན་ལག་བརྒྱད་པའི་བསྡུས་དོན་མཛད་ཅིང་། དེའི་ལྷན་ཐབས་འགའ་ཡང་བྱུང་བ་སོགས་བཀའ་སྲོལ་འདི་ལས་མཆེད་པ་བྲང་ཏི་དཔལ་ལྡན་འཚོ་བྱེད་སོགས་མང་དུ་བྱུང་བར་སྣང་ངོ་། །

བཅུ་གཅིག་པ་ལ་རྒྱུའི་སྒོ་ནས་དང་། འབྲས་བུའི་སྒོ་ནས། རྟགས་ཀྱི་སྒོ་ནས། རིགས་ཀྱི་སྒོ་ནས། འཕྲིན་ལས་ཀྱི་སྒོ་ནས་ཁྱད་པར་དུ་འཕགས་ཚུལ་དང་ལྔ་ལས། དང་པོ་ནི། བླ་མ་ས་སྐྱ་པ་ཆེན་པོ་དེ་ཉིད་བྱང་ཆུབ་སེམས་དཔའ་ཕྱག་ན་པདྨོ་འམ་སྤྱན་རས་གཟིགས་དབང་ཕྱུག་དང་། མཐུ་སྟོབས་ཀྱི་མགོན་པོ་བི་རཱུ་པའི་སྤྲུལ་པ་ཡིན་པར་འཁོན་དཀོན་མཆོག་རྒྱལ་པོའི་གཟིགས་སྣང་ལ་མ་ཅིག་ཞང་མོ་བྱ་བའི་མདུན་གྱི་ནམ་མཁར་འཕགས་པ་སྤྱན་རས་གཟིགས་དབང་ཕྱུག་ཕྱག་གཡས་མཆོག་སྦྱིན་གཡོན་པདྨ་དཀར་པོའི་ཡུ་བ་ཐུགས་ཀར་འཛིན་པ་ཞིག་འབྲལ་མེད་དུ་འཁོར་ཞིང་འདུག་པས་རིགས་བསྐྱུན་པའི་ཚིག་མཛད་པ་ན། ས་ཆེན་འཁྲུངས་ཤིང་དེ་ཡང་སྐུ་ཤ་དཀར་ལ་འོད་ཟེར་འཕྲོ་བ། ཞི་ཞིང་དུལ་བ། འགྲོ་བ་ཀུན་ལ་མ་འདྲིས་པའི་མཛའ་བཤེས་ལྟ་བུའི་ཐུགས་རྗེ་ཆེན་པོ་ཞིག་བྱུང་

བས་བརྩེ་བ་ཆེན་པོར་གྲགས་པ་དང་། སིདྡྷ་ལའི་གླིང་ན་བཞུགས་པའི་མཁན་པོ་དགྲ་བཅོམ་པ་ཞིག་གིས་ཨ་ཙཪྻ་ཞིག་ལ་བོད་ན་རྣལ་འབྱོར་དབང་ཕྱུག་གི་སྤྲུལ་པ་ས་སྐྱ་པ་བྱ་བ་ཡོད་པས་དེར་སོང་ཞིག་ཅེས་ལུང་བསྟན་པ་ལྟར་བྱོན་པས་ཕྱག་རྒྱ་ཆེན་པོ་མཆོག་གི་དངོས་གྲུབ་ཐོབ་པའི་སློབ་མ་གསུམ་གྱི་ནང་ཚན་དུ་གྱུར་པ་དང་། ཁམས་པ་ཀྲུ་ལོ་ལ་རྒྱ་གར་དུ་རྩ་རླུང་གི་གེགས་བྱུང་བ་འཕགས་ཡུལ་གྱི་པཎ་གྲུབ་སུས་ཀྱང་སེལ་བར་མ་ནུས་པའི་ཚེ། ཡེ་ཤེས་ཀྱི་མཁའ་འགྲོས་བོད་ན་རྣལ་འབྱོར་དབང་ཕྱུག་གི་སྤྲུལ་པ་ས་སྐྱ་པ་བྱ་བ་ཡོད་ཀྱིས། དེས་གེགས་ཀྱི་རིགས་ཆེ་ཆུང་གང་ཡང་སེལ་མི་ནུས་པ་མེད་པས། དེ་ཙན་སོང་ཞིག་ཅེས་ལུང་བསྟན་པ་ལྟར་བྱོན་པས་བླ་ཆེན་གུང་ཐང་དུ་བཞུགས་པ་དང་མཇལ། གེགས་སེལ་གྱི་དམིགས་པ་ཕྲ་མོ་ཞིག་བསྟན་པས་དེ་མ་ཐག་གྲོལ་ཏེ། སྐུ་རྟེན་དང་གླེགས་བམ་སོགས་རྟེན་མང་པོ་དབུ་ཐོག་ཏུ་ཁུར་ནས་རྒྱ་བོད་གཉིས་ན་ཁྱེད་ལས་གདམས་པ་ཆེ་བ་ཡོད་རེ་གསུངས་ནས་དབུ་བསྣུང་ཐེང་གསུམ་བཞེས་པ་དང་། ཞིང་གཤེགས་པ་ན་བདེ་བ་ཙན། པོ་ཏ་ལ། གསེར་མདོག་ཙན། ནུབ་ཕྱོགས་ཨུ་རྒྱན་བཞིར་གཤེགས་པར་བཤད་པའི་དང་པོ་གཉིས་སྤྱན་རས་གཟིགས་ལོངས་སྤྱོད་ཀྱི་ཞིང་ཁམས་ཡིན་པས་རང་གནས་སུ་བྱོན་པས་ཀྱང་གྲུབ་མོད། ཐ་སྙད་དུ་མི་གཡོ་བ་དང་། འཛམ་པའི་དབྱངས་ཀྱི་མངོན་སུམ་དུ་ཞལ་བསྟན་ནས་གདམས་པ་དང་། རྗེས་སུ་བསྟན་པ་གནང་བས་ཤེས་བྱའི་དཀྱིལ་འཁོར་མཐའ་དག་ལ་ཐོགས་པ་མེད་པའི་མཁྱེན་རབ་མངའ་བ་དང་། རྗེ་བཙུན་རྩེ་མོ་ནི་འབྲུངས་མ་ཐག་སཾ་སྐྲི་ཏའི་སྐད་སྒྲ་རྡོ་རྗེའི་སྐྱིལ་ཀྲུང་བཅས་ཏེ་ངའི་བྱིས་པའི་སྤྱོད་པ་ལས་འདས་པའོ། །ཞེས་ལན་གཉིས་ཀྱི་བར་དུ་གསུངས། ཡེ་ཤེས་ཀྱི་མཁའ་འགྲོ་མ་རྣམས་ཀྱིས་འཛམ་དཔལ་གྱི་སྤྲུལ་པ་མཁན་པོ་བསོད་ནམས་རྩེ་མོ་རྡོ་རྗེ་ཐེག་པ་མཐའ་དག་གི་དབང་ཕྱུག་དམ་པ་ས་སྐྱར་སྐྱེས་སོ། །ཞེས་པའི་ཡི་གེ་རྡོ་རྗེ་གདན་གྱི་སྒོའི་ཡ་ཐེམ་ལ་བཏབ་པ་ཀོཊུ་ཤཱཀྱའི་པཎྜི་ཏ་དེ་བ་མ་ཏིས་ཕྱོགས་ཐམས་ཅད་དུ་བསྒྲགས་པས་འཛམ་དབྱངས་ཀྱི་སྤྲུལ་པ་ཡིན་པར་གྲུབ་མོད། ཐ་སྙད་དུ་སློབ་དཔོན་མི་ཐུབ་ཟླ་བའམ་སྙིང་དཀའ་ཟླ་བའམ་དཀར་གསལ་ཟླ་བ་ཞེས་པའི་མཚན་གྱི་ཁྱད་པར་གསུམ་དང་ལྡན་པ་དེ་ཉིད་སོགས་པཎྜི་ཏའི་སྐྱེ་བ་བར་མ་ཆད་པ་བཅུ་གཅིག་ཏུ་སྐྱེ་བ་བཞེས་པར

བཤད་པས། ཤེས་བྱ་རིག་པའི་གནས་མཐའ་དག་ལ་མཁྱེན་པ་ཐོགས་མེད་དུ་གྲུབ་པ་དང་། རྗེ་བཙུན་གྲགས་པ་རྒྱལ་མཚན་ནི་ཇོ་བོ་རྗེ་མངའ་རིས་ནས་དབུས་གཙང་དུ་ཕེབས་པའི་ལམ་འབྲོང་དུའི་ལ་རྟེ་ནས་སྐྱོམ་པོ་རིའི་ངོས་ལ་འབྲོང་གཉིས་རྩྭ་ཟ་བ་གཟིགས། དེ་ཅིའི་ལྟས་ཡིན་ཞུས་པས། མ་འོངས་པ་ན་མ་ཧཱ་ཀཱ་ལ་གཉིས་དེ་ར་བྱོན་ནས་འགྲོ་དོན་མཛད་པའི་ལྟས་ཡིན། ཞེས་ས་སྐྱ་པའི་ཆོས་སྐྱོང་གུར་ཞལ་རྣམ་གཉིས་ལ་མཛད་པ་དེ་ལུང་བསྟན། དེ་ནས་ཕྱག་འཚལ་སྒང་དུ་ཕེབས་པ་ན་ཆིབས་ལས་བབས་ཏེ། ས་དཀར་ལོགས་ལ་ཕྱག་མཆོད་རྒྱས་པ་ཞིག་མཛད། ཅི་ལགས་ཞུས་པས། ས་དཀར་པོ་ཕ་གིའི་ངོས་ལ་ཧྲཱིཿཡིག་གཅིག་ཧཱུྃ་ཡིག་བདུན། ཧཱུྃ་ཡིག་གཅིག་རྣམས་འདུག་པ་ལ་ཕྱག་མཆོད་བྱས་པ་ཡིན་གསུངས། དེ་ཅིའི་ལྟས་ལགས་ཞུས་པས། མ་འོངས་པ་ན་སྤྱན་རས་གཟིགས་ཀྱི་སྤྲུལ་པ་གཅིག་ས་ཆེན། འཇམ་པའི་དབྱངས་ཀྱི་སྤྲུལ་པ་བདུན་ནི། གཅེན་ཀུན་དགའ་འབར། སློབ་དཔོན་བསོད་རྩེ། རྗེ་བཙུན་གྲགས་པ། གཙུང་དཔལ་ཆེན་འོད། ས་པཎ། ཟངས་ཚ་བསོད་ནམས་རྒྱལ་མཚན། འགྲོ་མགོན་འཕགས་པ་དང་བདུན་ནོ། །

ཕྱག་ན་རྡོ་རྗེའི་སྤྲུལ་པ་གཅིག་འགྲོ་མགོན་ཕྱག་ན་རྣམས་ཕ་གིར་བྱོན་ནས་འགྲོ་དོན་མཛད་པའི་ལྟས་ཡིན་ཞེས་ལུང་བསྟན་པ་དང་། ཆོས་ཀྱི་རྗེ་ས་སྐྱ་པཎྜི་ཏས་འཇམ་པའི་དབྱངས་དངོས་སུ་གཟིགས་ཤིང་། དེ་དང་མཐུན་པར་སངས་རྒྱས་ཞུ་འཕྲིན་ལས། སངས་རྒྱས་ཀུན་གྱི་ཡེ་ཤེས་སྐུ། །གཅིག་ཏུ་བསྡུས་པ་འཇམ་པའི་དབྱངས། །དགེ་བསྙེན་མཆོག་གི་སྐུར་བསྟན་ནས། །བདག་གི་འཕྲུལ་པའི་དྲྭ་བ་བཅད། །ཡུན་རིང་དུས་ནས་འདི་ཉིད་ནི། །ཁྱོད་ཀྱི་དགེ་བའི་བཤེས་སོ་ཞེས། །མཁའ་ལ་དེ་འདྲའི་སྒྲ་གྲགས་པ། །ལེགས་འདོམས་ཁྱོད་ལ་ཕྱག་འཚལ་ལོ། །ཞེས་གསུངས་པས་འཇམ་དབྱངས་ཀྱི་སྤྲུལ་པ་ཡིན་པར་གྲུབ་མོད། ཐ་སྙད་དུ་སྒོ་མཐའ་ཡས་པའི་བློ་གྲོས་ལ་སོགས་པ་པཎྜི་ཏའི་སྐྱེ་བ་བདུན་བར་མ་ཆད་པར་བཞེས་པར་བཤད་པས་རིག་པའི་གནས་མ་ལུས་པ་ལ་མཁྱེན་པ་ཉི་མ་ལྟར་གསལ་བ་དང་། ཆོས་རྗེ་ས་སྐྱ་པཎྜི་ཏ་ནི་ཁ་ཆེ་པཎ་ཆེན་ཤཱཀྱ་ཤྲཱི་བཞུགས་པའི་ཚེ། ཧོར་གྱི་ཕོ་ལྷ་གནམ་ཐེལ་དཀར་པོས་གདན་འདྲེན་དུ་བྱུང་བ་ན་རང་གི་ཡི་དམ་གྱི་ལྷ་རྗེ་བཙུན་མ་སྒྲོལ་མ་ལ་ཞུས་པས། ཁྱེད་

ཕྱིན་ཀྱང་ཕན་མི་ཐོགས། པོད་ན་ཁྱོད་ཀྱི་སློབ་མ་འཇམ་དབྱངས་ཀྱི་སྤྲུལ་པ་ཀུན་དགའ་རྒྱལ་མཚན་བྱ་བ་ཡོད། དེས་ཕན་ཐོགས་པས་ལུང་སྟོན་ཅིག་གསུངས་པ་ལྟར་ལུང་བསྟན་པ་དང་། རྗེ་བཙུན་རིན་པོ་ཆེ་གྲགས་པ་བྱང་གི་ཉི་ལྗོང་ཕྱུག་པར་བཞུགས་དུས་ཉི་བའི་རིམ་གྲོ་པས་མཐོང་སྣང་ལ་ཧོར་གྱི་ཆ་ལུགས་ཅན་གྱི་ཧྲ་པ་ས་གཞི་གོ་སྐབས་པ་ཙམ་བྱུང་། རྗེ་བཙུན་གྱི་ཕྱག་པར་སོང་། མིག་འཕྲུལ་པའམ་ཅི་ཡིན་སྙམ་ནས་བལྟར་ཕྱིན་པས་ཐམས་ཅད་རྗེ་བཙུན་གྱི་དྲུང་ན་གྲལ་བྱས་འདུག །དེའི་ཁྲིད་ནས་ཁྱེའུ་དཀར་པོ་དུང་སོ་ཁོར་མོར་ཡོད་པ་ཞིག་ལངས་ཏེ་རྗེ་བཙུན་ལ་ཕྱག་འཚལ། རྗེ་བཙུན་རིན་པོ་ཆེ་འདི་རྣམས་ཧོར་གྱི་ཡོ་ལྷ་གནམ་ཐེལ་དཀར་པོ་བྱ་བ་ཁྱེད་སྤྱན་འདྲེན་པར་འོང་བ་ཡིན་པར་འདུག །ངག་ཉན་ཆེན་ཐང་ལྷ་བྱ་བ་ཡིན་ཏེ་ཁོང་རྣམས་ཀྱི་ལམ་སྣ་ལ་འོངས་པ་ཡིན། ཧོར་གྱི་ལྷ་མི་ཐམས་ཅད་ལ་ཕན་པའི་ཕྱིར་དུ་འབྱོན་དགོས་ཞུ་བ། རྗེ་བཙུན་ཆེན་པོས། ང་ན་སོ་ཡང་རྒས་ཧོར་དང་ལས་འབྲེལ་ཆེ་བ་རང་ཡང་མེད་པས་ཕན་མི་ཐོགས། ངའི་ཚ་བོ་འཇམ་དབྱངས་ཀྱི་སྤྲུལ་པ་ཀུན་དགའ་རྒྱལ་མཚན་སྤྱན་དྲངས་ན་ཧོར་དང་ལས་འབྲེལ་ཡང་ཆེ་བར་འདུག་པས་ཕན་ཐོགས་པ་འོང་ཞེས་ལུང་བསྟན། ནང་མཆོད་བདུད་རྩི་ར་བྱིན་གྱིས་བརླབས་ཏེ་སྲིན་ལག་གི་རྩེས་འཐོར་བ་གནང་བས་དེ་རྣམས་བཟི་བའི་རྣམ་པས་ཉམས་ཀྱི་མཚན་ཐོག་ཐག་གླུ་གར་སོགས་ཀྱི་དུས་འདའ། ནམ་ལངས་པ་ན་ལོག་སོང་བར་མཐོང་བ་དང་། ཡང་ཆ་ལུང་རྡོ་རྗེའི་བྲག་ཕུ་བཞུགས་པའི་ཚེ་ཚོགས་བདག་གླང་སྣ་ཅན་གྱི་མཁའ་དབྱིངས་མཐོན་པོར་བཏེག་ནས་རྒྱ་ནག་གི་ཡུལ་ཁམས་ཐམས་ཅད་བསྟན། འདི་ཐམས་ཅད་ཁྱོད་ཀྱི་གདུལ་བྱ་ཡིན་གསུངས་པ་ན་སྔར་བཞིན་གསུངས་ཏེ། ཀུན་དགའ་རྒྱལ་མཚན་གྱི་གདུལ་བྱར་འོང་བར་གྱིས་ཞེས་བཀའ་བསྒོས་པ་དང་། གཙང་ནག་ཕུག་པ་འཇམ་དབྱངས་ཤེས་རབ་འོད་ཟེར་གྱིས་མནལ་ལམ་ཟིན་ནས་ཤར་ཕྱོགས་སུ་འཕུར་བྱོན་པས། རི་བོ་རྩེ་ལྔ་ཡིན་ཟེར་བའི་སྤང་རི་བཟང་པོ་ཞིག་གི་རྩེར་གནས་གཞི་བཟང་པོ་ལྟ་བུ་ཞིག་གི་དབུས་སུ་ཁང་པ་བཟང་པོ་ཞིག་འདུག་པ་ལ་འདི་འཇམ་པའི་དབྱངས་ཀྱི་ཕོ་བྲང་ཡིན་སྙམ་ནས་བསྐོར་བ་འགའ་བྱས། སྒོ་ཡུན་རིང་དུ་མ་རྙེད་པ་ལ་སླར་ཤར་ཕྱོགས་ནས་སྒོ་གཅིག་བྱུང་། ནང་དུ་བྱོན་པས་གཙུག་ལག་ཁང་བཟང་པོ་ཞིག་གི་

དབུས་ན་བླ་མ་ཆོས་རྗེ་པ་བཞུགས་འདུག །འདི་འཇམ་པའི་དབྱངས་ཡིན་སྙམ་ནས་ཕྱག་འཚལ་བྱིན་རླབས་ཞུས་པས། གསུང་ནི་གང་ཡང་མ་བྱུང་། གླེགས་བམ་དར་སྣ་ཚོགས་ཀྱིས་གྲིལ་བ་ཞིག་གནང་། ཁ་ཕྱེ་ནས་བལྟས་པས་མཚན་བརྗོད་ཀྱི་དཔེ་གསེར་གྱིས་བྲིས་པ་ཞིག་འདུག །དེ་མ་ཐག་མནལ་སད་དེ། དེ་ཕྱིན་ཆད་ཆོས་རྗེ་པ་ལ་ཐ་མལ་པ་ཡིན་སྙམ་པའི་བསམ་པ་སྐད་ཅིག་ཀྱང་མ་སྐྱེས་པ་དང་། ཆོས་རྗེ་པ་ལིང་ཚུ་རྩེར་ཁབ་ན་བཞུགས་པའི་ཚེ་མི་མང་པོས་རི་བོ་རྩེ་ལྔ་ལ་མཆོད་པ་འབུལ་དུ་ཕྱིན་པས་ཐམས་ཅད་ལ་རྨི་ལམ་མཐུན་པར་འཇམ་པའི་དབྱངས་འདི་ན་མི་བཞུགས། ལིང་ཚུ་རྩེར་ཁབ་ན་བཞུགས་ཟེར་བ་བྱུང་བས། སླར་ལོག་སྟེ་ལིང་ཚུ་རྩེར་ཕྱིན་པ་ན་ཆོས་རྗེ་པས་མི་མང་པོ་ལ་ཆོས་གསུངས་པ་དང་མཇལ། ཆོས་ཀྱང་ཐོབ་སྟེ་ཐམས་ཅད་ལ་འཇམ་པའི་དབྱངས་ཡིན་སྙམ་པའི་ངེས་ཤེས་སྐྱེས་པ་དང་། ལྷ་རྗེ་བི་རྗེ་སོགས་མོས་གུས་ཅན་གྱི་སློབ་མ་མང་པོས་འཇམ་པའི་དབྱངས་དངོས་སུ་མཐོང་བ་སོགས་ཀྱི་ཕྱག་ན་རལ་གྲིའི་སྤྲུལ་པ་ཡིན་པར་གྲུབ་མོད། ཐ་སྙད་དུ་དབྱིག་གཉེན་དང་རྗེ་བློ་ལྡན་ཤེས་རབ་སོགས་པཎྜི་ཏའི་སྐྱེ་བ་བར་མ་ཆད་པ་ཉི་ཤུ་རྩ་ལྔའམ་རྩ་བདུན་གྱི་བར་དུ་རིག་པའི་གནས་ལྔ་ལ་སྦྱངས་པས་ཤེས་བྱ་ཐམས་ཅད་ལ་མི་འཛིགས་པའི་སྤོབས་པ་ཐོབ་པ་དང་། འགྲོ་བའི་མགོན་པོ་འཕགས་པ་ནི། སྔར་གྱི་ཇོ་བོ་རྗེའི་ལུང་བསྟན་དང་། དགུང་ལོ་གསུམ་བཞེས་པ་ན་སྒྲུབ་ཐབས་མཚོ་སྐྱེས་ལ་མཁས་པ་དུ་མའི་དབུས་སུ་བཤད་པ་མཛད་པ་དང་། དགུང་ལོ་བརྒྱད་པ་ལ་ཆོས་རྗེ་པའི་སྔོན་འགྲོའི་ཆོས་འཁོར་གྱི་དུས་རབ་ཏུ་བྱུང་བ་ཁྲི་ཕྲག་དུ་མ་འདུས་ཤིང་། དེའི་ནང་ན་སྡེ་སྣོད་འཛིན་པ་རང་ཡང་སྟོང་ཕྲག་དུ་མ་དང་། གདུགས་ཐོགས་པའི་བསྟན་འཛིན་ཆེན་པོ་སྟོང་ལྷག་པ་འདུས་པའི་དབུས་སུ་རྩ་བའི་རྒྱུད་བརྟག་པ་གཉིས་པ་དང་། དཔལ་པོས་མཛད་པའི་སྐྱེས་རབས་སོ་བཞི་པ་ལ་སྟེབ་སྦྱོར་དང་ཚིག་རྒྱན་དུ་མས་སྤྲས་ཤིང་། བཤད་པའི་ཚེ་ནའང་དགག་སྒྲུབ་དང་བཅས་པ་སྨྲ་བའི་རྒྱན་བཞི་དང་ལྡན་པའི་སྒོ་ནས་མཛད་པ་ན། མཁས་པ་ཐམས་ཅད་ཀྱི་ང་རྒྱལ་ཆག་ནས་ཧ་ལས་པར་གྱུར་ཏེ་སོ་སྐྱེ་ལ་འདི་ལྟ་བུ་འབྱུང་བ་མི་སྲིད། འདི་ནི་ངེས་པར་ས་ལ་གནས་པའི་འཕགས་ཆེན་ཞིག་གོ །ཞེས་གླེང་བས་འཕགས་པ་ཞེས་པའི་མཚན་བླ་དྭགས་སུ་ཆགས་པ་སོགས་ཀྱི་ཟུར་ཕུད་

ལྔ་པའི་སྤྲུལ་པར་གྲགས་མོད། ཐ་སྙད་དུ་རྒྱ་གར་དུ་རིག་པའི་གནས་ལྔ་ལ་མཁས་པའི་པཎྜི་ཏ་དུ་མར་སྐྱེ་བ་བཞེས་པ་དང་། བོད་དུ་ཡང་གླང་རི་ཐང་པ་དང་། སྤྱན་རས་གཟིགས་དང་གསུང་གླེང་མཛད་པར་གྲགས་པའི་ས་སྟོན་རི་པ་སོགས་མཁས་ཤིང་གྲུབ་པ་བརྙེས་པ་དུ་མར་སྐྱེ་བ་བཞེས་པས་ཤེས་བྱའི་གནས་ཐམས་ཅད་ལ། ཆོས་རྗེ་བས། མཁས་པ་ལ་ལ་མཚོ་བཞིན་ངང་གིས་གང་། །ལ་ལ་རྒྱལ་པོའི་བུ་བཞིན་ལྷུན་གྱིས་གྲུབ། །ཅེས་པ་ལྟར་གྱུར་པ་ཡིན་ལ། དེ་ལྟ་བུའི་ཤིང་རྟའི་སྲོལ་གསར་དུ་གཏོད་པའི་བཀའ་སྲོལ་ལ་ཕྱིས་ཆོས་རྗེ་བླ་མ་དམ་པ་བསོད་ནམས་རྒྱལ་མཚན། ཐེག་ཆེན་ཆོས་ཀྱི་རྒྱལ་པོ་ཀུན་དགའ་བཀྲ་ཤིས། བླ་མ་འདི་ལ་གྲུབ་ཆེན་ཐང་སྟོང་རྒྱལ་པོས་འཇམ་དཔལ་གྱི་རྗེས་གནང་། བཀའ་འགྱུར་གྱི་ལུང་། ས་སྐྱ་བཀའ་འབུམ་གྱི་ལུང་། དབུ་སེམས་གཉིས་ཀྱི་སེམས་བསྐྱེད་ཀྱི་ཆོ་ག་ལ་སོགས་པ་གསན། ས་ལོ་ཐམས་ཅད་མཁྱེན་པ་ཀུན་དགའ་བསོད་ནམས་སོགས་ཉིད་ཀྱི་དབོན་རིགས་སུ་འཁྲུངས་པ་མཁས་ཤིང་གྲུབ་པ་བརྙེས་པའི་སྐྱེས་བུ་ནམ་མཁའི་སྐར་ཕྲན་གྱི་གྲངས་ཙམ་དང་། རྗེས་སུ་འབྲང་བ་མཁས་བཙུན་བཟང་གསུམ་གྱི་ཕ་མཐར་ཕྱིན་པར་མ་ཟད། གྲུབ་པ་ཆེན་པོའི་གོ་འཕང་ལ་བཞུགས་པ་གང་གཱའི་ཀླུང་གི་བྱེ་མ་སྙེད་ཀྱི་གྲངས་དང་མཉམ་པས་ལུང་གིས་བརྟགས། རིག་པས་དཔྱད། བཤད་ཉན་གྱིས་གདན་ལ་ཕབ་སྟེ་ཤིན་ཏུ་རྣམ་པར་དག་པ་ལ་དག་པར་གཟིགས་པའི་ཕྱིར་ན་བཀའ་སྲོལ་གཞན་ལས་ཁྱད་པར་དུ་འཕགས་པ་ཡིན་ནོ། །

གཉིས་པ་མཁས་པའི་འབྲས་བུའམ་བྱ་བ་འཆད་རྩོད་རྩོམ་གསུམ་གྱི་སྒོ་ནས་བསྟན་འཛིན་གྱི་སྐྱེས་བུ་མཁས་ཤིང་གྲུབ་པ་ཆེན་པོའི་སར་ཞུགས་པ། ཆོས་ལུགས་རང་སྣང་དུ་མི་མངོན་པ་ཙམ་མ་ཡིན་པར་རང་གཞན་ཀུན་ལ་ཟླ་ལྟར་གྲགས་པ་མཐའ་ཡས་པ་བསྐྲུན་པར་མཛད་པ་སྟེ། དེ་ཡང་ས་སྐྱ་པ་ཆེན་པོའི་ཞལ་སློབ་ནི་འཁོན་སྐྱེ་ཆུ་བ་ལ་ཀྱེ་རྡོར་ཊཱིཀྐ་ལུགས་ཀྱི་དབང་གསན་པའི་ནུབ་ཀྱི་མནལ་ལམ་དུ་སྲིད་པའི་རྒྱ་མཚོ་ཡིན་ཟེར་བའི་མཚོ་དམར་མེར་བ་ཞིག་ལ་ཟམ་པ་གསུམ་བཙུགས་ཏེ་ཉེ་བ་ལ་མི་གསུམ། བར་པ་ལ་མི་བདུན། རིང་བ་ལ་མང་པོ་ཞིག་བསྒྲལ་བར་རྨིས་པ་དང་། ཞང་དགོན་པ་བས་སྒྲུབ་པ་ལུང་སྟོན་གྱི་སྐབས་མདུན་གྱི་ནམ་མཁར་སྐུ་བདུན་དུ་སྤྲུལ་ཏེ་ངས་ཀྱང་སྒྲུབ་པ་ཙམ་བྱེད་

པ་མ་བྱུང་ཡང་ཁྱོད་ཡིད་ཆེས་པའི་ཕྱིར་དུ་འདི་ཙམ་ཡིན། སྤྱིར་ཁྱོད་ཀྱི་སྒྲུབ་པ་གཙོ་བོར་བྱས་ན་རྣལ་འབྱོར་དབང་ཕྱུག་ཙམ་འོང་། བཤད་པ་གཙོ་བོར་བྱས་ན་ཕྱག་རྒྱ་ཆེན་པོ་མཆོག་གི་དངོས་གྲུབ་ཐོབ་པའི་སློབ་མ་གསུམ། མཆོག་ཐོབ་པའི་སློབ་མ་གསུམ་ནི། སིདྡྷ་གླིང་གི་རྣལ་འབྱོར་པ། བྱང་ཆུབ་སེམས་དཔའ་སྟག །སྒོམ་པ་སྐྱི་འབར་ཏེ་གསུམ་མོ། །བཟོད་པ་ཐོབ་པ་བདུན། ནི། བླ་མ་རྗེ་བཙུན། ཞུ་བཅས་དངོས་གྲུབ། དགའ་སྟོན་རྡོ་རྗེ་གྲགས། ནགས་སྒོམ་བསོད་ནམས་རྒྱལ་མཚན། ཚར་ཁའི་རྣལ་འབྱོར་པ། སྒོམ་པ་པོ་དབང་གྲགས། མང་ཆུང་མ་སྟེ་བདུན་ནོ། །ཚོགས་ལམ་ཆེ་འབྲིང་ལ་གནས་པ་བསམ་གྱིས་མི་ཁྱབ་པ་འབྱུང་བར་འགྱུར་རོ། །ཞེས་གསུངས་པ་དང་མཐུན་པར་འབྱུང་བ་དང་། གཞན་ཡང་ཆེ་བར་གྲགས་པ་རྔ་ལོ་ཙཱ་བ་གཞོན་ནུ་དཔལ། ལ་སྟོད་པ་དཀོན་མཆོག་མཁར། ཁམས་པ་སྣེ་རྩེ་སྤྲར་སྟོན། ཀུ་ར་ཨ་སེང་། གཤེན་པ་རྡོར་སེང་ལ་སོགས་པ་དུ་མ་དང་། རྗེ་བཙུན་རྩེ་མོ་ལ་ས་ཆེན་གྱི་དངོས་སློབ་ཕལ་ཆེ་བས་གཏུགས་ཤིང་གསུང་གི་བདུད་རྩི་བླངས་པ་དང་། གྲགས་པ་ལ་དཀར་ཤཱཀྱ་གྲགས། ནུབ་པ་རིག་འཛིན་གྲགས། སྣ་རོའི་བརྟེ་གཤེན་རྗེ་གྲགས། སལ་བ་དབང་ཕྱུག་གྲགས་ཏེ་གྲགས་པའི་མཐའ་ཅན་བཞི། ཕྲས་སྟོན་བློ་གྲོས་གྲགས། རྔ་སྟོན་རྡོ་རྗེ་གྲགས། ལྷེ་སྟོན་དཀོན་མཆོག་གྲགས། ས་སྟོན་འཇིགས་མེད་གྲགས་ཏེ་སྔ་མ་བཞི་དང་བསྡོམས་པས་གྲགས་པ་མི་བརྒྱད་ཅེས་པ་དང་། མུ་ཙུ་བྱང་ཆུབ་གྲགས། གཙང་སྟོན་བརྩོན་འགྲུས་གྲགས། ལྷ་ཐོག་ཡོན་ཏན་གཟུངས། རིག་ལྡན་ཤེས་རབ་རིན་ཆེན་ཏེ་གུར་རྒྱན་ཞུས་པའི་མི་བཞི། རྡོ་ཕྲས་ལུགས་ཀྱི་རྡོ་རྗེ། གཉན་སྟོན་སྤྲས་པའི་སངས་རྒྱས། ཁམས་ཀྱི་འཛི་སྟོན་དགེ་སློང་སྐྱེ་〈གཅིག་ཆད〉རིག་འཛིན་གྱི་སྡོམ་བརྩོན་ཆེན་པོ་བཞི། དབྱི་སྒོམ་ཚུལ་ཁྲིམས་གྲགས། མོན་རྡོ་རྗེ་རྣ་ཛ་སོགས་དུ་མ་དང་། ས་ལོ་ཀུན་དགའ་རྒྱལ་མཚན། སྟུབ་ལོ་བྱམས་པའི་དཔལ། སུམ་པ་ལོ་ཙཱ་བ་དཔལ་མཆོག་དང་པོའི་སྡེ་སོགས་དང་། ས་སྐྱ་པཎྜི་ཏ་ལ་ངོས་སུ་གྲགས་པ་ཤར་པ་ཤེས་རབ་འབྱུང་གནས་ནུབ་ཉི་ཐོག་པ་རིགས་པའི་སེང་གེ་གྱུང་སྐྱོ་སྟོན་དྲི་མེད་གསུམ། ཁང་སྟོན་འོད་ཟེར་རྒྱལ་མཚན་གཉན་སྟོན་ཚུལ་ཁྲིམས་རྒྱལ་མཚན་ཞང་སྟོན་འོད་བདེ་བ་གསུམ། ལྷོ་པ་རིན་ཆེན་པ་དམར་ཆོས་ཀྱི་རྒྱལ་པོ་

གཉིས། གྲུབ་སྒོ་བ་ཡོན་ཏན་དཔལ་ཚོགས་སྒོ་བ་ཀུན་དགའ་དཔལ་གཉིས། སྟོམ་ཕྲུག་བགྲེས་པ་དཔལ་བཟང་པོའི་མཐའ་ཅན་ཤེར་འབྱུང་སོགས་བཅུ་གསུམ། གཞོན་པ་རྒྱལ་མཚན་གྱི་མཐའ་ཅན་བདུན། ཡེ་ཆེན་པོ་སོགས། སྐད་གཉིས་སྨྲ་བ་གློ་ཆག་ཞང་གསུམ། འུ་ཡུག་པ་རིག་པའི་སེང་གེ་གཟད་རིང་དར་མ་ཚུལ་ཁྲིམས། རྗོ་ནང་ཀུན་སྤངས་ཆེན་པོའི་བླ་མ་ཀུན་མཁྱེན་ཆོས་སྐུ་འོད་ཟེར། སྣར་ཐང་པ་མཆིམས་སྟོན་ནམ་མཁའ་གྲགས། སྐྱོ་སྟོན་སྨོན་ལམ་ཚུལ་ཁྲིམས། བཅོམ་ལྡན་རིག་པའི་རལ་གྲི་སོགས་སྡེ་སྣོད་འཛིན་པ་དུ་མ་དང་། སྒྲུབ་པའི་བརྒྱུད་འཛིན་རྒྱལ་བ་ཡང་དགོན་པ་སོགས་རབ་ཏུ་མང་པོ་དང་། འཕགས་པ་ལ་ཁང་གཉན་ཞང་གསུམ། དགའ་ལྡན་པ་བཀྲ་ཤིས་དཔལ། དགའ་ལྡན་པ་ཀུན་བསོད། ཞང་དཀོན་མཆོག་དཔལ་ཤེར་འབྱུང་ལ་རབ་ཏུ་བྱུང་ལམ་འབྲས་པ་ཀུན་བློ། བོ་དོང་པ་ཤོང་སྟོན་དོ་རྗེ་རྒྱལ་མཚན། རྗོ་ནང་པ་ཀུན་སྤངས་ཀུན་ཏུ་བཟང་པོ། སྣར་ཐང་པ་བརྒྱུད་པ་སོགས་དུ་མ་དང་། རྒྱས་པར་ན་ཁ་བ་ཅན་པའི་བླ་དཔོན་ཧི་སྐྱེད་པ་དེ་སྐྱེད་ཀྱིས་ཞབས་སྤྱི་བོར་བླངས་ཤིང་གསུང་གི་བདུད་རྩི་ལེན་པར་མཛད་པ་སྟེ་དེ་ལྟ་བུ་དག་བསྐྱུན་པར་མཛད་པས་ན། བཀའ་སྲོལ་གཞན་ལས་ཁྱད་པར་དུ་འཕགས་པ་ཡིན་ནོ། །གསུམ་པ་ནི་བླ་མ་ས་སྐྱ་པ་ཆེན་པོ་དགུང་ལོ་བཅུ་གཉིས་བཞེས་པ་ན་ཡབ་གཤེགས། བ་རི་ལོ་ཙྪ་བ་རིན་ཆེན་གྲགས་གདན་སར་བསྐོས་པས། བ་རི་བའི་གསུང་ལས་ཕ་རྗེ་ཁྲུས་ཀྱི་བུ་བྱ་བ་སློབ་གཉེར་དགོས། སློབ་གཉེར་བྱེད་པ་ལ་ཤེས་རབ་དགོས། ཤེས་རབ་ཀྱི་ལྷ་འཕགས་པ་འཇམ་དཔལ་ཡིན་པས་འདི་སྒྲུབས་ཤིག་གསུངས་ནས་འཇམ་དཔལ་གྱི་རྗེས་གནང་དང་སྒྲུབ་ཐབས་ཀྱི་ལུང་གནང་སྟེ་བླ་བྲང་ཤར་དུ་སྒྲུབ་པས་དུང་གི་མི་ཆེན་པོ་ཞིག་ཡང་ཡང་བྱུང་། དེ་བླ་མ་ལ་ཞུས་པས། དཔེ་དཀར་འདི་བར་ཆད་ཤིག་བྱེད་འདོད་ཡིན་འདུག་པས་བར་འདི་ར་རྗེ་བོ་མི་གཡོ་བ་སྒྲུབ་གསུངས་ནས་བསྒྲུབས་པས་རྗེ་བཙུན་མ་སྒྲོལ་མས་ཞལ་མངོན་སུམ་དུ་བསྟན་ནས་ཕྱིའི་བར་ཆད་བསལ། མི་གཡོ་བས་ཞལ་མངོན་སུམ་བསྟན་ནས་ནང་གི་བར་ཆད་བསལ། ཟླ་བ་དྲུག་ན་རྗེ་བཙུན་འཇམ་པའི་དབྱངས་སྐུ་མདོག་དམར་སེར་རིན་པོ་ཆེའི་ཁྲི་ལ་བཞང་པོའི་འདུག་སྟངས་ཀྱིས་བཞུགས་པ། འཁོར་བྱང་ཆུབ་སེམས་དཔའ་གཉིས་དང་བཅས་པ་མངོན་སུམ་

དུ་ཞལ་གཟིགས་ཏེ་བློ་སྦྱོང་ཞེན་པ་བཞི་བྲལ་གྱི་གདམས་པ་རིགས་ཀྱི་བུ་ཚེ་འདི་ལ་ཞེན་ན་ཆོས་མ་མིན། །ཁམས་གསུམ་ལ་ཞེན་ན་ངེས་འབྱུང་མིན། བདག་དོན་ལ་ཞེན་ན་བྱང་སེམས་མིན། འཛིན་པ་བྱུང་ན་ལྟ་བ་མིན། གཞན་ཡང་ལན་ཅིག་མལ་གྱི་ཉེ་གནས་མཛད་པ་ན་སྟོན་གཞི་ཐུ་མོ་ཞིག་བྱུང་བའི་ཚེ། བཟོ་མོ་ཅེ་ཅེ་ཞེས་པ་བརྟན་མ་བཅུ་གཉིས་ཀྱི་ཡ་གྱལ་དེས་སྟོན་ཕུལ་བས་དྭངས། ཡང་རེ་ཞིག་ན་དེའི་སྟོན་རོ་ལངས་ཏེ་ཡུན་རིང་པོ་ཞིག་སྟོན་པས་གསུང་ངག་ཐམས་ཅད་བརྗེད་པ་ན་འདི་ཤེས་པ་བོད་ན་ནི་མེད་པས་འདྲི་ས་མི་འདུག་རྒྱ་གར་དུ་ཕྱིན་ཀྱང་ཅི་འདྲ་ཡོད་མི་ཤེས་སྙམ་ཐུགས་མ་བདེ་བར་ས་སྐྱའི་བྲང་ཁང་རྙིང་པར་མཚམས་བཅད་དེ་བླ་མ་དཀོན་མཆོག་ལ་གསོལ་བ་བཏབ་པས། ཐོག་མར་རྨི་ལམ་དུ་ཞང་དགོན་པ་བ་བྱོན་ནས་གསུངས། སླར་མངོན་སུམ་དུ་བྱོན་ནས་གསུངས་པས་ཐམས་ཅད་གསོས་པར་གྱུར་ཏེ། དེ་དུས་བསྟོད་པ་མཛད་པའི་ནང་ན། རང་གི་སྤྱོད་པའི་ལས་ལས་གྱུར་པ་གཡོ་བ་ཡི། །ནད་ཀྱིས་བཏབ་པ་ཁྱོད་ཀྱི་ཐུགས་རྗེས་ཟིལ་མནན་ནས། །སྐྱོངས་པར་གྱུར་པ་ཡེ་ཤེས་ཆེན་པོའི་རོས་གང་བ། །རྣལ་འབྱོར་དབང་ཕྱུག་ཁྱེད་ཀྱི་མཐུ་ཡིས་རྗེས་སུ་སྐྱོངས། །ཞེས་པ་འབྱུང་། དེའི་རྗེས་སུ་བིརྺ་པ་དངོས་གཡོག་ལྔ་བྱོན་ཏེ་གསུངས་པའི་ལོ་རྒྱུས་གོང་བཞིན། རྗེ་མོས་ནི། གཞོན་ནུའི་དུས་ནས་འཇམ་དབྱངས་སྤྱན་རས་གཟིགས། རྣལ་འབྱོར་གྱི་དབང་ཕྱུག་རྣམས་ཞལ་གཟིགས་ཤིང་མ་བདེ་བའི་དོགས་པ་ཅི་བྱུང་ཡང་རྣལ་འབྱོར་དབང་ཕྱུག་ལ་ཞུས་ཆོག་པ་བྱུང་། དགུང་ལོ་ཉེར་བརྒྱད་བཞེས་པའི་ཚེ་གསུང་ངག་གི་ལྟ་བའི་སྐབས་ནམ་མཁའ་འོད་ཀྱི་གུར་ཁང་གི་དབུས་སུ་རྗེ་བཙུན་ཆེན་པོ་ལ་འཇམ་དཔལ། ཞུ་བྱས་ལ་ཀྱེ་རྡོ་རྗེ། གཉགས། རྨོག་སྟོན། གཙུག་ཏོར་དབོན་པོ་སོགས་བཅོ་ལྔ་ལ་སྤྱན་རས་གཟིགས་སུ་བསྟན་ཏེ་ཆོས་ཉན་བཅུ་དགུ་དག་པའི་སྣང་བ་ལ་བཀོད་ཅིང་། རྗེ་བཙུན་ཆེན་པོ་ལ་སྤྲུལ་པའི་དཀྱིལ་འཁོར་དུ་དབང་བསྐུར། ཨུ་རྒྱན་སོགས་ཡུལ་ཉེར་བཞི་དང་། པོ་ཏ་ལ་སོགས་དུ་མར་དཔའ་བོ་མཁའ་འགྲོའི་ཚོགས་གྲལ་དུ་བྱོན་ཏེ་བརྟུལ་ཞུགས་ཀྱི་སྤྱོད་པ་མཛད་པས་ཉེ་བའི་གནས་བསམ་པ་གཉིས་པ་དྲི་མ་མེད་པའི་རྟོགས་པ་བསྐྱུན་པར་མཛད་པ་སོགས་ངོ་མཚར་མཐའ་ཡས། རྗེ་བཙུན་ཆེན་པོས་མནལ་ལམ་དུ་ཀྱེ་རྡོར་རྒྱུད་བརྟག་གཉིས། རྡོ་རྗེ་གུར། སཾ་པུ་ཊ།

གསུམ་གྱི་ཕྱུཀྵི་གསོལ་བས་ཆོས་ཐམས་ཅད་ཀྱི་དེ་ཁོ་ན་ཉིད་ཐུགས་སུ་ཆུད། དགུང་ལོ་ཉི་ཤུ་པའི་ཚེ་ཉིན་པར་གཡེངས་པར་མནལ་དུ་སོང་བའི་མནལ་ལམ་དུ་མཚན་བརྗོད་ཕྱེད་ཙམ་བཏོན་པའི་སྣང་བ་བྱུང་། ཡང་ལན་གཅིག་མནལ་ལམ་དུ་ཚར་གཅིག་བཏོན་པ་རྨིས་ཏེ་མནལ་སད་པ་ན་ཐུགས་ལ་འཛིན་མ་དགོས་པ་བྱུང་ཞིང་། དེའི་ཚེ་འཕགས་པ་འཇམ་དཔལ་སྐྱེ་བ་བདུན་གྱི་བར་གྱི་ཡི་དམ་གྱི་ལྷ་འོ་ཞེས་པའི་སྒྲ་ནམ་མཁའ་ལ་གྲགས་པ་བྱུང་། ཡང་ལན་ཅིག་མནལ་ལམ་དུ་ས་སྐྱ་པ་ཆེན་པོ་ཇོ་དཀར་འཛམཔའི་དབུས་སུ་པདྨ་འདབ་བརྒྱད་ཀྱི་རྣམ་པ་ཡོད་པ། དབུས་སུ་ཧཱུྃ་དང་ཨ། མཚམས་བཞིར་ཡ་ར་ལ་ཝ་བཞི་ཡོད་པ། ཕྱོགས་བཞི་སྟོང་པར་ཡོད་པ་ཞིག་བསྟན་ཏེ་ངས་ཁྱོད་ལ་ཆོས་བསྟན་པ་ཐམས་ཅད་ཀྱི་དོན་འདིར་འདུས་པ་ཡིན་ཏེ། བྱང་ཆུབ་སེམས་ཀྱི་བདག་ཉིད་དངོས། །དང་པོ་ཆོས་ཉིད་གདན་དུ་བྱ། །གཉིས་པ་རླུང་ལ་སྦྱར་ཞིན་བྱ། །གཏུམ་མོའི་མེ་དྲོད་རབ་ཏུ་སྦར། །བྱང་སེམས་རྒྱུ་རྒྱུན་དབུ་མར་ཞུགས། །ས་སོགས་འབྱུང་བ་དབང་དུ་བསྡུ། །ཡེ་ཤེས་ལྷ་ནི་མངོན་གྱུར་ནས། །འཆི་བ་མེད་པའི་གནས་ཐོབ་བོ། །ཞེས་གསུངས་པས་ཕྱི་ནང་གི་རྟེན་འབྲེལ་ཐམས་ཅད་ཐུགས་སུ་ཆུད། ཡང་ལན་ཅིག་དབུས་སུ་བླ་མ་ས་སྐྱ་པ་ཆེན་པོ་ལ་ཉེ་བའི་སྲས་བརྒྱད་ཀྱིས་བསྐོར། གཡས་སུ་ཤཱཀྱ་ཐུབ་པ་ལ་ཉན་ཐོས་བརྒྱད་ཀྱིས་བསྐོར། གཡོན་དུ་ཀྱེ་རྡོ་རྗེ་ལ་ལྷ་མོ་བརྒྱད་ཀྱིས་བསྐོར་བའི་ཞལ་མངོན་སུམ་དུ་བསྟན་ནས་ཁྱོད་སྡོམ་པ་ལེན་ན་སུ་ལ་ལེན། དབང་བསྐུར་ཞུ་ན་སུ་ལ་ཞུ་གསུངས་པ་ན། བདག་སྡོམ་པ་ལེན་པའི་སློབ་དཔོན་ནམ་དབང་བསྐུར་ཞུ་བའི་བླ་མར་གྱུར་པ་ནི་ཆོས་ཀྱི་རྗེ་ཉིད་དོ། །ཞེས་ཞུས་པས། དེ་ཁོ་ན་བཞིན་ཏེ་ཁྱོད་ཀྱིས་ལེགས་པར་རྟོགས་པ་དེ་བཞིན་ནོ། །ཞེས་དབུགས་དབྱུང་སྟེ་ཆོས་དང་འཇིག་རྟེན་གྱི་དགེ་ལེགས་ཐམས་ཅད་ཡར་འཕེལ་དུ་སོང་། ཡང་སློབ་དཔོན་རིན་པོ་ཆེ་བདེ་བ་ཅན་དུ་གཤེགས་ནས་ཡུན་རིང་པོ་མ་ལོན་པའི་ཐོ་རངས་ཤིག་མནལ་ལམ་དུ་སློབ་དཔོན་རིན་པོ་ཆེ་ན་བཟའ་སྨུག་ཧ་རེ་སྐུ་ལུས་འདི་ཉིད་ཀྱི་མཁའ་སྤྱོད་དུ་གཤེགས་པའི་ན་བཟའི་སྦུབས་ནས་སྦྲང་པོ་ཆེ་ལྷ་བུའི་སྐད་གཅིག་བར་སྣང་ལས་འཐོན་ཏེ་ཁྱོད་འདི་ནས་བྱང་ཕྱོགས་སུ་ཞིང་ཁམས་དཔག་ཏུ་མེད་པ་འདས་པ་ན་སངས་རྒྱས་ཀྱི་ཞིང་གསེར་མདོག་ཅན་བྱ་བར་དེ་བཞིན་གཤེགས་པ་གསེར་འོད་

རྣམ་པར་རྩེན་པའི་རྒྱལ་པོའི་བསྟན་པ་ལ་འཁོར་ལོས་སྒྱུར་བའི་རྒྱལ་པོ་བསོད་ནམས་མཐའ་ཡས་བྱ་བ་བཞུགས། དེའི་སྲས་འཁོར་ལོས་སྒྱུར་བའི་རྒྱལ་པོ་ཡོན་ཏན་མཐའ་ཡས་སུ་སྐྱོའོ་ཞེས་པའི་སྒྲ་རང་གྲགས་སུ་བྱུང་ངོ་། །ཡང་ཁ་ཆེ་པཎ་ཆེན་གྱི་ཤང་བསྒྲིག་ཤིང་དུ་ཟླ་བ་གཟའ་འཛིན་གྱི་སྒྲོ་ཡིག་བཏབ་པ་ན་རྗེ་བཙུན་གྱིས་རོ་རྐྱང་གཉིས་རླུང་སེམས་འགྲོ་འོང་བཀག་སྟེ། དབུ་མའི་ནང་དུ་ཁམས་དཀར་དམར་བསྲེས་པས་དེའི་མཚན་མོ་ཟླ་བ་འཆར་རྒྱུ་མ་བྱུང་། དེའི་སང་ཆོས་རྗེ་པས་པཎ་ཆེན་ལ་དེ་ཅི་ཡིན་ཞུས་པས་ང་བརྫུན་མར་བཏང་བའི་ཕྱིར་ཁྱོད་ཀྱི་ཁུ་བོ་དགེ་བསྙེན་རྒན་པོ་དེ་ལ་དཀའ་ལས་ཅི་ཡང་བྱུང་སོང་གསུངས་ཞེས་གསུངས་པར་གྲག་གོ། ཡང་བདེ་བ་ཅན་དུ་སྨོན་འདྲེན་གྱི་ཕོ་ཉ་ལན་གཉིས་བྱུང་བའི་དང་པོ་ཕྱིར་ཟློགས། གཉིས་པའི་ཚེ་ལྷ་རྣམས་ཀྱི་བདེ་བ་ཅན་གྱི་བསྔགས་པ་དང་མི་མཛེད་ཀྱི་མི་བསྔགས་པ་མང་དུ་བརྗོད་ནས་ནན་གྱིས་སྤྱན་དྲངས་པ་ན། ཁོ་བོ་ཞིང་བཟང་བ་ལ་དགའ་བ་དང་། ངན་པ་ལ་མི་དགའ་བ་མེད་ཅིང་། ཞིང་སྦྱོངས་པ་ལ་དམན་པ་ཉིད་ཁྱད་པར་ཆེ། ཁོ་བོ་ལ་ལྟོས་པའི་མགོན་མེད་པ་མང་པོ་ཡོད་པས་ང་མི་འགྲོ་གསུངས་ནས་ཟློགས། དགུང་ལོ་བདུན་ཅུ་བཞེས་པའི་ཚེ་ཅི་ནས་ཀྱང་གཤེགས་དགོས་ཞེས་ནན་གྱིས་སྤྱན་དྲངས། བདེ་བ་ཅན་གྱི་བཀོད་པ་ཡང་གཟིགས། ཐོ་རངས་ཆོས་རྗེ་པས་ཙོག་པུར་འདུག་སྟེ་གསོལ་བ་བཏབ་པས་ཅུང་ཟད་མནལ་བ་ན། བདེ་བ་ཅན་ནས་འོངས་ཟེར་བའི་ལྷ་ཚོགས་ནམ་མཁའི་ཁམས་ཁྱབ་པ་རྣམས་ཀྱིས་སེང་གེའི་ཁྲི་རྒྱན་དུ་མས་བརྒྱན་པ་དང་། མཆོད་པའི་བཀོད་པ་རྒྱ་མཚོར་འཁྱིལ་བ་དང་བཅས་པ་ཐོགས་ནས་རྗེ་པ་བདེ་བ་ཅན་དུ་སྨོན་འདྲེན་ཟེར་བ་ལ་གསོལ་བ་བཏབ་པས་ཀྱང་མི་སླ་བར་འཁོད། རྗེ་པ་ཉིད་ལ་གསོལ་བ་བཏབ་པས་གཤེགས་པ་ལ་སྤྲོ་བར་འདུག །ཁྱོད་ཀྱང་བདེ་བ་ཅན་གྱི་བཀོད་པ་ལ་ལྟོས་ཤིག་གསུངས། ཕྱག་གི་བརྡ་སྤྲད་པས། བེ་ཌཱུརྻའི་ས་གཞི་རིན་པོ་ཆེའི་ཤིང་ལྗོན་པ་སོགས་བཀོད་པ་ཡིད་འཕྲོག་པ་གཟིགས། དེར་དང་པོ་གསེར་མདོག་ཅན་དུ་གཤེགས་གསུངས་པ་དང་མི་འགལ་ལམ་ཞེས་ཞུས་པ་དང་། བླ་མ་ཡབ་སྲས་ཀྱི་དྲུང་དུ་སྐྱེ་བར་གྱུར་ཅིག་ཅེས་པའི་སྨོན་ལམ་གྱི་སྟོབས་ལས། རེ་ཞིག་བདེ་བ་ཅན་དུ་འགྲོ། དེར་ཡུན་མི་རིང་བ་ཞིག་བསྡད་ནས་གསེར་མདོག་ཅན་དུ་སྟོར་བཞེད་པའི་ཚུལ་

གྱིས་འཁོར་ལོས་སྒྱུར་བའི་རྒྱལ་པོའི་ཆ་བྱད་དུ་བྱས་ནས་ས་ལམ་ཕལ་ཆེར་བགྲོད་སྐྱེ་བ་གསུམ་པའི་ལུས་རྟེན་དེ་ལ་འཚང་རྒྱ་རྒྱུ་མེད་པའི་ཚུལ་གྱིས་རྒྱ་བར་རེ་བ་ཡིན་གསུངས་ནས་གཤེགས་པ་སོགས་མཐའ་ཡས། ཆོས་རྗེ་ས་སྐྱ་པཎྜི་ཏ་ལ་དགུང་ལོ་བཅོ་བརྒྱད་བཞེས་པའི་ཚེ་མནལ་ལམ་དུ་ཨ་ཕྱི་འབུམ་པའི་དྲུང་དུ་དབྱིག་གཉེན་ཡིན་ཟེར་བའི་པཎྜི་ཏ་སྔོ་སེང་ལང་ཚོ་དར་ཡོལ་ཞིག་ལ། ཆོས་མངོན་པ་མཛོད་ཟླ་བ་གཅིག་གསན་པར་རྨིས། མནལ་སད་པ་ན་ཚིག་དོན་ཐམས་ཅད་ཐུགས་སུ་ཆུད་འདུག །ཕྱིས་ཁ་ཆེ་པཎ་ཆེན་ལས་གསན་པས་ཀྱང་སྔར་དང་ཁྱད་མ་བྱུང་གསུངས། ཡང་ཚོགས་པ་ཆེན་པོ་ཞིག་ལ་ཚད་མ་རྣམ་འགྲེལ་གྱི་མཆོད་བརྗོད་སཾ་སྐྲི་ཏའི་སྐད་དུ་གསུངས་པའི་ཚེ་ཕྲག་གོང་གཉིས་ནས་ཉི་ཟླ་ཤར་ཏེ་དེའི་འོད་ཀྱིས་འཇིག་རྟེན་གྱི་ཁམས་ཐམས་ཅད་ཁྱབ་པ་ཞིག་རྨིས་པ་དང་། དུས་གཞན་ཞིག་ན་ཕྱོགས་ཀྱི་གླང་པོའི་གདན་སར་བསྙོས་པས་གཤེགས་པར་ཞུ་ཟེར་ནས་བྱོན་པས་བྲག་ཕུག་བཟང་པོ་དོས་རྣམས་ལ་གླིགས་བམ་གྱི་རྩིག་པ་མཐོན་པོ་དང་བཅས་པ་ཞིག་གི་ལྡེ་མིག་གཏད་པ་རྨིས། ཡང་ཁ་ཆེ་པཎ་ཆེན་བོད་དུ་མ་བྱོན་གོང་མནལ་ལམ་དུ་ཆོས་ཟབ་མོ་རྡོ་རྗེའི་གླུར་ལེན་པ་གསན། ཕྱིས་པཎ་ཆེན་དང་མཇལ་དུས་ཞུས་པས། དེ་དུས་ཁོ་བོ་ལ་ཡང་དེ་ལྟ་བུའི་སྣང་བ་ཞིག་བྱུང་གསུངས། ཡང་རྗེ་བཙུན་རིན་པོ་ཆེ་ལ་ལམ་ཟབ་མོ་བླ་མའི་རྣལ་འབྱོར་ཞུས་པས་བླ་མ་སངས་རྒྱས་ཐམས་ཅད་ཀྱི་ངོ་བོ་འཇམ་དཔལ་དུ་མཐོང་། ཤེས་བྱའི་གནས་ཐམས་ཅད་ལ་མི་འཇིགས་པའི་སྤོབས་པ་ཐོབ། ནང་དུ་ཡང་དག་པའི་རྟོགས་པ་ཤར། ལྷ་འདྲེ་མི་གསུམ་གྱི་འགྲོ་བ་ཐམས་ཅད་དབང་དུ་འདུས། རྒྱ་དཀར་ནག་ལ་སོགས་པའི་རྒྱལ་པོ་དྲེགས་མྱོས་ཀྱི་ང་རོ་འབྲུག་ཏུ་ལྡིར་བ་མང་པོས་གསུང་གི་བདུད་རྩི་ལེན་པར་འདོད་ནས་སྤྱན་འདྲེན་གྱི་ཕོ་ཉ་བཏང་། དབང་ཕྱུག་དང་ཚངས་པ་ལ་སྐྱབས་སུ་སོང་ཞིང་དྲང་སྲོང་སེར་སྐྱ་དང་གཟེགས་ཟན་ལ་སོགས་པའི་རྗེས་སུ་འབྲངས་པ། རྒྱ་གར་ན་རྩོད་པའི་ཡ་མ་རྐྱེད་པ་འཕྲོག་བྱེད་དགའ་བོ་ལ་སོགས་པའི་སྟོན་པ་དྲུག་གིས་ཆོས་རྗེ་པའི་སྙན་པ་ཐོས་པས་ཕྲག་དོག་གི་བསམ་པ་རླུང་ལྟར་ལངས་ཏེ། ཁོ་བོ་ཅག་ཁ་བ་ཅན་གྱི་ལྗོངས་སུ་ཕྱིན་ཏེ། དེ་ན་གནས་པའི་སྐྱེ་བོ་གོའུ་ཏ་མའི་དགེ་སློང་དུ་ཁས་འཆེ་བ་བུད་མེད་ཀྱི་བརྟུལ་ཞུགས་ཅན་ལྟ་བ་དང་སྤྱོད་པ་ངན་པ་ལ་ཞེན་པ་དེ་

དག་སྣུན་དབྱུང་ནས་རང་ཅག་གི་བརྟུལ་ཞུགས་འཛིན་དུ་གཞུག་གོ་ཞེས་བགྲོས་ཏེ་འོངས་པ་ན། ཆོས་ཀྱི་རྗེ་སླུ་བའི་སེང་གེས་རལ་པ་ཅན་རྐང་པ་བརྒྱད་དང་ལྡན་པ་དེ་རེ་རེ་ནས་སྣུན་ཕྱུང་སྟེ་མི་སླུ་བའི་བརྟུལ་ཞུགས་ལ་བཀོད། རལ་པའི་ཁྱུར་བྲེགས་ནས་ཉིད་ཀྱི་ཐད་དུ་རབ་ཏུ་བྱུང་སྟེ། དེ་ལྟ་བུའི་གྲགས་དཀར་མི་ནུབ་པའི་ཕྱིར་རལ་པ་རྣམས་ད་ལྟའི་བར་དུ་དཔལ་ལྡན་ས་སྐྱའི་གཙུག་ལག་ཁང་གི་ཀ་རྒྱན་དུ་བཏགས། སྤྱན་རས་གཟིགས་དང་སྒྲོལ་མ་དང་འཇམ་པའི་དབྱངས་དང་མི་གཡོ་བ་ལ་སོགས་པ་ཡི་དམ་གྱི་ལྷ་དཔག་ཏུ་མེད་པས་ཞལ་བསྟན། དབུགས་དབྱུང་། ཆོས་ཀྱི་སྒོ་དུ་མ་གདམས་པ་དང་རྗེས་སུ་བསྟན། ཅུང་ཟད་བསྟན་པའི་ཚུལ་བསྟན་པ་ན། འཕགས་པ་ཀླུ་སྒྲུབ་དང་ཞི་བ་ལྷ་ལ་སོགས་པས་བསྟན་དྲིས། བསམ་ཡས་ཀྱི་བཙད་པོ་ཤཱཀྱ་མགོན་གྱིས་ཆོས་འཁོར་ལ་སྤྱན་དྲངས་པའི་ཚེ། རྒྱུད་ཀྱི་བརྟག་པ་གཉིས་པའི་ལེའུ་ལྔ་པ་ཡན་གསུངས། གསུང་ངག་ཕལ་ཆེར་རྫོགས་པའི་ཚེ། སྦྱིན་པོ་རི་པས་དགེ་འདུན་ལ་བསྙེན་བཀུར་རྒྱ་ཆེན་པོ་བྱེད་པའི་ཚོགས་དབུར་སྤྱན་དྲངས་པ་ན་ཉིན་བར་བྱིན་རླབས་དང་མན་ངག་འགའ་རེ་གནང་བ། ཞལ་ཏ་ཞུ་བའི་ལན་གནང་དགོས་པ་སོགས་ཀྱི་ཐོ་རངས་བར་མནལ་རྒྱུ་མ་བྱུང་། དེ་ནས་ཅུང་ཟད་མནལ་པ་ན་མི་སྐྱ་ཤར་བ་ཚན་གཅིག་བྱུང་སྟེ་ཕྱག་འཚལ། ཕྱག་རྗེན་རེ་ཕུལ་ཏེ་གྲལ་ལ་འདུག་ནས་གྲལ་མགོ་མ་ན་རེ། ཆོས་རྗེ་པ་སེམས་ཅན་ཐམས་ཅད་སྐྱེ་རྒ་ན་འཆིའི་ཆུ་བོ་ཆེན་པོ་བཞིས་ཉམ་ཐག་པར་མི་གདའི་ཟེར། དེ་བཞིན་འདུག་གསུངས་པས། འོན་དེ་ལ་ཕན་པའི་སྨོན་ལམ་འདྲ་བདོག་གི་ཟེར། སྐྱེ་བ་སྐྱེ་བ་མེད་པའི་ཚུལ་རྟོགས་ཀྱང་། །ད་དུང་སྐྱེ་བའི་གཟེབ་ལས་བདག་མ་གྲོལ། །སྐྱེ་བ་ཀུན་ཏུ་སྐྱེ་བོར་སྐྱེ་འགྱུར་བའི། །སྐྱེ་ངན་བདག་གིས་སྐྱེ་བའི་སྐྱབས་མཛོད་ཅིག ། ཅེས་པས་ལ་གསོལ་བ་ཐོབ་གསུངས། འོན་ན་བ་ལ་སོགས་པ་ལའང་དེ་བཞིན་སྨྲར་བས་འཆི་བར་མི་གདའམ་ཟེར། གོ་འདུག་སྙམ་སྟེ་དེ་བཞིན་བྱས་པས་འོང་བར་འདུག་གསུངས་པས། ཐུགས་ལ་བཏགས་ཟེར་ནས་ཕྱག་རེ་བཙལ་ཏེ་སོང་བར་སྨིས། མནལ་སད་ནས་བསམས་པས་བསམ་ཡས་ཀྱི་རྒྱལ་པོ་ཧྲེ་ཏ་ར་འཁོར་བཅས་ཡིན་པར་གོ་སྟེ་དེ་བཞིན་འོང་བར་འདུག་གསུངས། དེས་ན་ད་ལྟའི་བར་དུ་རྒྱལ་པོ་འདིས་སྐྱ་པ་རྣམས་ཀྱི་འཕྲིན་ལས་སྒྲུབ་ཅིང་བཀའ་ཉན་

པའི་རྒྱུ་མཚན་དེ་ཡིན། ཡང་རྟོར་གྱི་རྒྱལ་པོ་གོ་དན་གྱིས་སྤྱན་དྲངས་ཏེ། དགུང་ལོ་དྲུག་ཅུ་རེ་གསུམ་པ། འཕགས་པ་དགུང་ལོ་བཅུ་བཞེས་པ། དབུས་སུ་སཔཎ་ལ་རབ་ཏུ་བྱུང་། ཕྱག་ན་དགུང་ལོ་དགུ་བཞེས་པ་གཉིས་ཞབས་འབྲིང་བྱས་ཏེ་སློབ་མའི་ཚོགས་རགས་ལ་མང་བས་མདུན་བདར་ཏེ་ཆས་པ་ན། བཀའ་གདམས་པ་ནམ་མཁའ་འབུམ་གྱིས་ཁྱེད་ལ་མངོན་པར་རྟོགས་པའི་ཡོན་ཏན་ཅི་མངའ་བ་ཞིག་མི་འཆབ་པར་སྙིང་གཏམ་གྱི་ཚུལ་དུ་གསུང་བར་ཞུ། གཞན་ཡང་རྟོར་འདི་ལ་ཁྱེད་ཀྱིས་ཕན་ཐོགས་པའི་རྒྱུ་མཚན་ཨེ་བདོག ། ཅེས་ཞུས་པའི་ལན་དུ་བདག་སངས་རྒྱས་ཀྱི་བསྟན་པ་ལ་མོས་གུས་ཕྱིན་ཅི་མ་ལོག་པ་ཡོད། གསུང་རབ་ཀྱི་དོན་ལ་གོ་བ་ཅུང་ཟད་མཆིས། མངོན་པར་རྟོགས་པ་རྒྱུད་ལ་སྐྱེས་པ་ཙམ་ནི་ཆེན་པོ་མི་བདོག ། རྟོར་འདིས་ངེད་ལ་མཆོད་གནས་ལ་ཅེས་ཀྱང་ཤོག ། མ་འོང་ན་དམག་འོང་ཟེར་ནས་དམག་བྱུང་ན་བོད་ལ་གནོད་ཀྱིས་དོགས་ནས་འགྲོ་བ་ལགས། ཕན་དུ་རེ་ནས་འགྲོ་བ་མ་གཏོགས་ཕན་ངེས་པའི་རྒྱུ་མཚན་མ་མཆིས། ལར་སེམས་ཅན་ལ་ཕན་ན་རང་གི་ལུས་སྲོག་གཏོང་བ་ལ་མི་ཕོད་རྒྱུ་མི་བདོག་པ་ཙམ་དུ་ལྷ་ཤེས་པ་ལ་གདའ་ཞེས་གསུངས་ཏེ། ཆོས་ཀྱི་དོན་དུ་སྲོག་གཏོང་བ་ས་དང་པོ་མཐོང་བའི་ལམ་ཐོབ་པའི་རྟགས་ཡིན་པས་སར་གནས་ཀྱི་འཕགས་པར་ཞལ་གྱིས་འཆེས་པ་ཡིན། རྟོར་ལ་ཕན་ཐོགས་པའི་རྒྱུ་མཚན་མི་བདོག་གསུངས་པ་ཡང་ཁེངས་བསྐྱུངས་པ་ཙམ་སྟེ། གཞན་ཡང་རྗེ་བཙུན་ཆེན་པོ་སྐུ་འདའ་ཁར་ཁྱོད་ཀྱི་ཚེའི་མཇུག་ཏུ་ཉ་ཁྲ་འཕྱུར་བ་འདྲ་བ། ལྷམ་ཕག་པའི་སྣ་འདྲ་བ་གྱོན་པའི་སྐད་རིགས་མི་གཅིག་པའི་ཡུལ་ནས་སྤྱན་འདྲེན་གྱི་ཕོ་ཉ་འོང་བས་དེ་དུས་ཐེ་ཚོམ་མ་བྱེད་པར་སོང་ཞིག ། སངས་རྒྱས་ཀྱི་བསྟན་པ་ལ་ཕན་པའི་འགྲོ་དོན་དཔག་ཏུ་མེད་པ་འོང་ངོ་། །ཞེས་ལུང་བསྟན་པ་ཐུགས་ལ་བཞག་ནས་བྱོན་པ་ཡིན། དེ་ནས་ལམ་བར་རྣམས་སུ་གདུལ་བྱ་སྐལ་ལྡན་ལ་དབང་བྱིན་རླབས་རྒྱུད་མན་ངག་ལ་སོགས་པ་ཆོས་ཀྱི་འཁོར་ལོ་བསྐོར་བཞིན་པའི་ངང་ནས་བྱོན་ཏེ་དྲུག་ཅུ་རྩ་ལྔ་པ་ལ་རྒྱལ་པོའི་ཕོ་བྲང་ལིང་ཀྲུ་རྩེ་ར་ཁབ་ཏུ་རྒྱལ་པོ་དང་མཇལ། ཆོས་ཀྱི་གསུང་གླེང་མང་དུ་མཛད། ཅུང་ཟད་མ་གོ་བ་རྣམས་ཡོ་གུར་གྱི་བནྡེ་མཁས་པ་རྣམས་ཀྱིས་མཚམས་སྦྱར་ནས་གོར་བཅུག་པས་རྒྱལ་པོ་ཡང་ཤིན་ཏུ་མཉེས་ཏེ་ཐེག་པ་ཆེན་པོའི་སེམས་བསྐྱེད་དང་བློ་སྦྱོང་

ལ་སོགས་པ་ཟབ་པ་དང་རྒྱ་ཆེ་བའི་ཆོས་དུ་མ་གསན་ཏེ་མཆོད་གནས་དང་བླ་མ་ཀུན་གྱི་ཕུད་དུ་བཀུར་བར་མཛད། དེ་ནས་བཟུང་སྐྱེ་སྐད་རིགས་མི་གཅིག་པའི་ཡུལ་དུ་ཆོས་ལ་མི་དད་པ་རྣམས་དད་པར་བྱས། དད་པ་རྣམས་ཐེག་པ་ཆེན་པོ་ལ་བཙུག་སྟེ་འགྲོ་བ་དཔག་ཏུ་མེད་པ་སྨིན་གྲོལ་གྱི་ལམ་ལ་བཀོད། རབ་ཏུ་བྱུང་བའི་དབུ་འཕང་བསྟོད་དེ་དམག་ཁྲལ་ལས་གསུམ་ལས་ཐར་བར་མཛད། དེ་ནས་རྒྱལ་པོ་གོ་དན་ལ་ཤ་བཀྲའི་ནད་བྱུང་བའི་རིམ་གྲོར་ཆབ་གཏོར་འཇམ་དཔལ་མ་མང་དུ་མཛད་པས། ལུག་ལོ་ཟླ་བ་གསུམ་པའི་ཚེས་བཅུ་གཅིག་གི་ཐོ་རངས་མནལ་ལམ་དུ་མི་འཐེང་པ་ལུས་ཐམས་ཅད་རྨ་དང་ཤུ་བས་གང་བ་ཞིག་བྱུང་། ཁྱོད་སུ་ཡིན་དྲིས་པས། ང་ལ་དཔོན་ཞིག་ཡོད་པ་ན་རེ། ས་སྐྱ་པས་འབོད་ཅིང་འདུག་པས་ཁྱོད་སོང་ལ་ཅི་ཟེར་ཉོན། ང་ལུས་པོ་ན་བས་འགྲོ་མི་ནུས་པར་འདུག་ཟེར་ནས་འོངས་པ་ཡིན་ཟེར། འོ་ན་དེ་ལ་ཐབས་ཅི་བྱས་ན་ཕན་དྲིས་པས། ཁོ་ན་རེ། ཡུལ་ཕྱོགས་འདི་རྣམས་སྔོན་སུས་ཀྱང་མ་བཟུང་བའི་དུས་སུ་ངའི་དཔོན་གྱིས་བདག་བྱས་པ་ཡིན། དེའི་ཚེ་གོ་དན་འདི་ཤཱཀྱ་མུ་ནེ་ལ་བསོད་ནམས་བསགས་པའི་རྒྱལ་པོ་ཞིག་ཏུ་སྐྱེས། དེ་ནས་ཚེ་འཕོས་ནས་མི་ཉག་གི་རྒྱལ་པོ་ཞིག་ཏུ་སྐྱེས། དེས་ངེད་ཀྱི་ཁང་པའི་སྟེང་དུ་མཁར་ལས་བྱེད་པར་བརྩམས་ཏེ་བཙེ་རྣམས་ལ་ང་མཁར་ལས་བྱེད་པའི་ས་གཞི་སློང་བའི་ཆོ་ག་གྱིས་ཟེར་ནས། བཙེ་རྣམས་དབྱངས་འདྲ་བྱེད། རོལ་མོ་འདྲ་འཁྲོལ། གཏོར་མ་འདྲ་བ་གཏོང་གིན་འདུག་སྟེ་ས་ཆོག་མི་ཤེས་འདུག་པས་ས་མ་བྱིན། དེར་རྒྱལ་པོས་མཁར་ལས་བྱས་པས་ངེད་དཔོན་གཡོག་རིམ་མནན་པ་བཞིན་སོང་། དེ་ནས་མིའི་བསོད་ནམས་མ་ཐུབ་པར་བྱུང་ངོས་འདིར་འོངས་ནས་ཡུལ་ལེགས་པར་བཟུང་། དེར་ཡང་རྒྱལ་པོ་འདི་འོངས་ནས་ངེད་ཀྱི་སྟེང་དུ་མེ་བཏང་། ས་བརྐོས། གཞན་ཡང་གནོད་པ་མང་དུ་བྱས་ཏེ་བསད་ས་མ་བྱུང་། དེ་ནས་ངའི་དཔོན་འདི་ཁྲོས་ཏེ་ཡུལ་ཕྱོགས་ཀྱི་ལྷ་འདྲེ་ཐམས་ཅད་བསྡུས་ནས་རྒྱལ་པོ་འདིས་ང་ལན་གཉིས་ཡུལ་ཕྱུང་བས་ད་འདི་ལ་གནོད་པ་ཞིག་བྱེད་པས་ཁྱེད་རྣམས་ཀྱིས་གྲོགས་གྱིས་ཞེས་བསྒོ་བ་ན། ལྷ་འདྲེ་རྣམས་ན་རེ། རྒྱལ་པོ་འདི་ཤཱཀྱ་མུ་ནེ་ལ་བསོད་ནམས་བསགས་པ་ཡིན་པས་འདིའི་སྟོབས་མི་ཐུབ་ཀྱིས་ཁྱེད་སྐམ་སར་མ་སྡོད་པར་ཆུ་མིག་དང་། འདམ་རྫབ་ཡོད་སར་ཡུལ་བཟུང་

ཟེར་ནས་དེ་བཞིན་བྱས་ནས་བསྡད་པའི་དུས་སུ་རྒྱལ་པོ་འདིས་རྒྱལ་པོ་སྡེ་མ་ཀུན་གྱི་བརྡེ་ལ་རྒྱུགས་བྱིན་པའི་ཡི་གེ་བལྟས་ཏེ་ཆེས་ཟེར་ནས་འཕྲི། ཤཱཀྱ་མུ་ནེ་འདི་གསེར་རམ་ཤིང་དམ་རྡོ་ཡིན་ལྟ་ཟེར་ནས་ཞབས་ལ་གཟོང་གིས་བརྐོས་པ་ན་ལྷ་འདྲེ་རྣམས་ན་རེ། ད་འདི་བསོད་ནམས་ཀྱི་ཚ་ཉམས་པས་བར་ཆད་བྱ་བའི་དུས་ལ་བབ་ཟེར་ནས་འཚོགས་ཏེ་འདི་བསོད་ནམས་ཅན་ཡིན་པས་གཞན་སུས་ཀྱང་བརླག་པར་མི་ནུས། ནང་བློན་དང་རྒྱལ་པོའི་བར་དུ་ཕྲ་མ་བཙུག་ཟེར་ནས་བཙུག་པས་ནང་བློན་གྱིས་རྒྱལ་པོ་བསད། དེས་འཆི་ཁར་སྨོན་ལམ་བཏབ་སྟེ་ཚེ་ཕྱི་མ་ལ་རྒྱལ་པོ་ཞིག་གི་བུར་སྐྱེས་ནས་ཁྱེད་རྣམས་ལ་གནོད་པ་སྐྱེལ་ཞིང་བྲན་བཞིན་དུ་བཀོལ་བར་ཤོག་ཅིག་ཅེས་བརྗོད་པས། རྫིང་གིར་རྒྱལ་པོའི་ཚ་བོར་སྐྱེས་པ་གོ་དན་འདི་ཡིན། དེས་བྱང་ངོས་འདིར་འོངས་ནས་བོད་ཀྱི་སྡོད་ས་ཆུ་དང་འདམ་རྫབ་ཀྱི་སྟེང་དུ་རྟ་རྒྱུགས། རྟ་བསད་པའི་ཁྲག་སོགས་འཕོ་བས་བོད་ལ་ལན། ལ་ལ་ཤི་ངའི་ལུས་ལ་ཡོད་པའི་སྦྲུལ་ལྟོང་འདི་རྣམས་ཀྱང་ཤི་ལ་ཁད་པ་ལ་ངའི་དྲོད་ཀྱིས་མ་ཤི་བ་ཡིན་ཟེར་ནས་སྦྲུལ་པ་དང་ལྟོང་མོ་ཕྱེད་བསྐམས་པ་དང་། ཤི་ལ་ཁད་པ་མང་པོ་བསྟན་བྱུང་། སྔར་གྱི་བརྡེ་རྣམས་ཀྱི་གོ་དན་ལ་སྨོན་ལམ་འདྲ་འདེབས་ཀྱིན་འདུག་ཀྱང་བོད་ཀླུ་ལ་ཕན་པ་མ་བྱུང་། ཁྱེད་ས་སྐྱ་པས་སྨན་དང་བཟའ་རྒྱུ་བྱིན་པས་བོད་ལ་ཕན་པ་བྱུང་། ངགར་ཡང་འགྲོ་མི་ནུས་པ་ལ་ད་རེས་ཅུང་ཟད་ཕན་པ་ཡིན། ད་ངའི་དཔོན་འདི་ཤི་ལ་ཁད་ཡོད། དེ་ཤི་ན་གོ་དན་ཡང་འཆི་བས་རིམ་གྲོ་ཡང་ཆུང་ཆུང་གིས་མི་ཕན་པས། ཁྱེད་ཀྱི་ངའི་དཔོན་དང་གོ་དན་གསོ་བའི་འབད་པ་ཆེན་པོ་གྱིས། ངའི་དཔོན་དེ་གསོས་ན་གོ་དན་ཡང་གསོས། དེ་གསོས་ན་ཁྱེད་ཀྱང་བཟང་པོར་འགྲོ་ཟེར་ནས་ཡལ་སོང་། དེ་ནས་ཆོས་རྗེ་པས་རྒྱལ་པོའི་དོན་དུ། འཕགས་པ་སེང་གེ་སྒྲའི་ཚོགས་མཛད་པས། རྒྱལ་པོ་བསྟུན་ལས་གྲོལ་ཏེ་ཤིན་ཏུ་དད་པར་གྱུར། དེ་ནས་ལྕགས་ཕག་ཐ་སྐར་ཟླ་བ་ལ་ས་གཡོས་ཆེན་པོ་བྱུང་། ཅིའི་ལྟས་ལགས་ཞུས་པས། ཁོ་བོ་ཞིང་ཁམས་གཞན་དུ་འགྲོ་བའི་ལྟས་ཡིན་གསུངས། ཟླ་བ་དེའི་ཉི་ཤུ་དགུའི་ནམ་ཕྱེད་ན་དེ་བཞིན་གཤེགས་པ་སྒྲ་དབྱངས་མི་བཟད་པ་སྒྲོགས་པའི་རྒྱལ་པོ་དང་། ཐོ་རངས་སྤྱན་རས་གཟིགས་མངོན་སུམ་དུ་གཟིགས། སྨིན་དྲུག་ཟླ་བའི་ཚེས་བཅུ་གསུམ་གྱི་ཉིན་གཟིམ་ཁང་གི་ཕྱིར་བཞུགས་པའི་

ཚེ་བི་ཧི་ལ་ནམ་མཁའ་ལ་ཅི་འདུག་གསུངས། ཅི་ཡང་མི་གདའ་ཞུས་པས། ཐུབ་པ་ཉན་ཐོས་བརྒྱད་ཀྱིས་བསྐོར་བ་བཞུགས་འདུག་གསུངས། བཅུ་བཞིའི་ཉིན་གཟིམ་ཁང་དུ་བཞུགས་པའི་ཚེ་སྤྱིན་གསེབ་ཏུ་ཀྱེ་རྡོ་རྗེའི་དཀྱིལ་འཁོར་གཟིགས། བཅོ་ལྔའི་ཉིན་གཟིམ་ཁང་གི་ཕྱི་ན་བཞུགས་པའི་ཚེ་འཇམ་དབྱངས་ལན་གསུམ་དང་སྒྲོལ་མ་ཞལ་གཟིགས། ཟླ་བ་དེའི་མར་ངོ་ལ་བབས་པའི་ཚེ་བི་ཧི་ལ་རོལ་མོའི་སྒྲ་ཐོས་སམ་ཏིང་ངེ་འཛིན་སྐྱེས་སམ་མཐོང་སྣང་ཅི་བྱུང་གསུངས། གཞན་མ་བྱུང་རོལ་མོའི་སྒྲ་ཐོས་ཞུས་པས། སྔིག་ཤས་ཆུང་བ་ཡིན། བདེ་མཆོག་ལ་སོགས་པའི་དཀྱིལ་འཁོར་མང་པོ་འདུག་གསུངས། དེའི་ཕྱི་ནུབ་ཐོ་རངས་དབུས་སུ་རྗེ་བཙུན་ཆེན་པོ། གཡས་སུ་བི་རཱུ་པ། གཡོན་དུ་ནག་པོ་པ་གསུམ་གྱིས་ཞལ་མངོན་སུམ་དུ་བསྟན་ནས། ཁྱོད་འཁོར་བ་ཐོག་མ་མེད་པ་ནས་ལམ་ལ་སྦྱངས་ཤིག་ཁྱད་པར་སྐྱེ་བ་ཉི་ཤུ་རྩ་ལྔར་མིར་གྱུར་ཏེ་འཇམ་པའི་དབྱངས་ཀྱིས་རྗེས་སུ་བཟུང་ནས་རིག་པའི་གནས་ལྔ་ལ་སྦྱངས་པ་ཡིན། ཁྱད་པར་སྐྱེ་བ་འདིའི་འོག་རོལ་དུ་མཁའ་ལ་གནས་པའམ་རིག་པ་འཛིན་པར་གྱུར་ནས་ས་ལམ་ཕལ་ཆེར་བགྲོད། སྐྱེ་བ་གཉིས་པ་ལ་ཛམྦུའི་གླིང་འདི་ཉིད་ཀྱི་ཤར་ཕྱོགས་ཀྱི་ལྷོ་ལ་ཉེ་བའི་ཆར་རྒྱ་གར་མུ་མུ་ནི་བྱ་བར་རྒྱལ་པོ་ཉི་མ་སྟོབས་འཕེལ་གྱི་བུར་གྱུར་ནས་བདེ་བར་གཤེགས་པའི་བསྟན་པ་རྒྱས་པར་བྱས་ཏེ་སྐྱེ་བ་གསུམ་པ་ལ་མངོན་པར་དགའ་བ་ཞེས་བྱ་བའི་ཞིང་དུ་དེ་བཞིན་གཤེགས་པ་དྲི་མ་མེད་པའི་དཔལ་ཞེས་བྱ་བར་འཚང་རྒྱ་བར་འགྱུར་རོ། །ཞེས་ལུང་བསྟན། བི་རཱུ་པས་དེ་དེ་བཞིན་ནོ་ཞེས་མཐུན་འགྱུར་མཛད། ནག་པོ་པས་རྗེས་སུ་ཡི་རང་བའི་འཛུམ་པ་མཛད། དེའི་ཚེ་བི་རཱུ་པའི་ཐོད་པའི་བདུད་རྩི་ནས་ལྷུགས་ཐོག་ཏུ་གཏོར་བས་བདེ་གསལ་མི་རྟོག་པའི་ཉམས་བཟང་པོ་རྒྱལ་བ་རྣམས་ཀྱི་ཐུགས་ལའང་འདི་ལས་ལྷག་པ་མེད་དམ་སྙམ་པ་འཁྲུངས་པ་སོགས་བསམ་གྱིས་མི་ཁྱབ། འགྲོ་མགོན་འཕགས་པ་ལ་གཞོན་ནུ་ཉིད་ནས་རིགས་སད་པའི་ཡོན་ཏན་གྱི་ཁྱད་པར་དཔག་ཏུ་མེད་པ་མངའ། དགུང་ལོ་བཅོ་ལྔ་ཡན་ལ་ཆོས་རྗེ་པ་ལ་མངའ་བའི་ཡོན་ཏན་ཐམས་ཅད་རྫོགས། བསྟན་པའི་ཁུར་འཛིན་བཞེད་པར་དགོངས་ནས་ཆོས་ཀྱི་དུང་དང་ལྷུང་བཟེད་ལ་སོགས་པ་གནང་། སློབ་མའི་ཚོགས་གཏད་ནས་བསྟན་པའི་བྱ་བ་དང་སེམས་ཅན་མང་པོའི་དོན་བྱ་

བའི་དུས་ལ་བབས་པས་སྟོན་དམ་བཅས་པ་དྲན་པར་གྱིས་ཤིག་ཅེས་བསྟན་པ་གདད། དགུང་ལོ་བཅུ
བདུན་པ་ལ་ཆོས་རྗེ་པ་གཤེགས་པའི་རྗེས་ཀྱི་བྱ་བ་རྣམས་གྲུབ་ནས་གླང་ལོ་ལ་སེ་ཆེན་གོ་པེ་ལས
གདན་དྲངས་ནས། རྒྱལ་པོས་གཞན་གྱི་ལན་མ་ཐེབ་པའི་དཀའ་གནད་མང་པོ་དྲིས་པའི་ལན་རྒྱུ
མཚན་བཅས་གསུངས་པ་ན་མཉེས་ཏེ་རྒྱལ་པོས་གསོལ་བ་བཏབ་པའི་ངོར་རྒྱལ་པོ་ཉིད་ཀྱི་ཐོག་དྲངས
པའི་སློབ་ལྡན་མང་པོ་ལ་ཀྱེ་རྡོར་རྒྱུད་གསུམ་གྱི་དབང་ཆེན་ལན་གསུམ་གནང་བའི་དབང་ཡོན་དང་པོ
ལ་དབུས་གཙང་ཁྲི་སྐོར་བཅུ་གསུམ། བར་བ་བོད་ལྗོངས་ས་ཆ་ཀུན་ཏུ། ཐ་མ་ལ་བླ་མ་ཉིད་ཀྱིས
བཀའ་གནང་སྟེ་རྒྱའི་མི་ཡུར་ཆེན་མོ་ཞུལ། དེའི་དུས་བསྐོ་བ་ལ་འདི་ལྟར་མཛད། ནམ་མཁའི་ཁམས
ནི་ཁྲག་གི་མདོག་ལྟར་དམར། །རྐང་ལེབ་རོ་ཡིས་ཕྱི་ཡི་རྒྱ་མཚོ་གང་། །འདི་འདྲ་བཅད་པའི་དགེ་བ
གང་ཡིན་དེ། །མཁྱེན་རབ་དབང་ཕྱུག་ཐུགས་དགོངས་རྫོགས་ཕྱིར་དང་། །ཕན་བདེའི་འབྱུང་གནས
བསྟན་པ་རྒྱས་པའི་ཕྱིར། །མི་དབང་སྐུ་ཚེ་བརྟན་ཕྱིར་རབ་ཏུ་བསྔོ། །དེ་ནས་ཆོས་རྗེ་པའི་བཀའ
བཞིན་འཕགས་པ་ལ་བསྙེན་རྫོགས་ཞུ་སྙམ་ཡང་འཕགས་པ་ཞིང་གཞན་དུ་གཤེགས་པའི་སྐད་ཆ་གསན
ནས་སྙེ་ཐང་པ་གྲགས་པ་སེང་གེས་མཁན་པོ། ཇོ་གདན་བྱང་ཐང་པ་བསོད་ནམས་རྒྱལ་མཚན་གྱིས
ལས་སློབ། ཡར་ལུང་པ་བྱང་ཆུབ་རྒྱལ་མཚན་གྱིས་གསང་སྟོན། ཆོས་རྗེའི་བུ་ཆེན་མང་པོས་ཁ་སྐོང
བ་བྱས་ཏེ་བསྙེན་པར་རྫོགས། མཁན་སློབ་དེ་དག་སོགས་བླ་མ་མཁས་གྲུབ་དཔག་ཏུ་མེད་པ་ལ་སྔར
མ་གསན་པའི་མདོ་སྔགས་ཀྱི་ཆོས་མཐའ་ཡས་པ་གསན། འཆད་རྩོད་རྩོམ་གསུམ་གྱི་བྱ་བ་རྒྱུན་མི
ཆད་པར་མཛད་ཀྱང་ནང་དུ་ཏིང་ངེ་འཛིན་ལས་ཅུང་ཟད་ཀྱང་མི་གཡེལ་བས། ཡི་དམ་གྱི་ལྷ་དཔག་ཏུ
མེད་པའི་ཞལ་གཟིགས། འོད་གསལ་རྒྱུན་མི་འཆད། མངོན་པར་ཤེས་པ་རི་ཆེན་པོའི་རྒྱུད་ཙམ
མངའ། དེའང་སྐྱིད་གྲོང་རྗེ་བོའི་དྲུང་དུ་བྱོན་པའི་ཚེ་སྤྱན་རས་གཟིགས་མནལ་ལམ་དུ་ཞལ་གཟིགས
པ་ལ་བསྟོད་པ་མཛད། མར་ལམ་ཆོས་རྗེ་ཡང་དགོན་པས་མཇལ་དུ་བྱུང་སྟེ། ཆོས་རྗེ་པ་རྒྱ་ནག་ཏུ
གཤེགས་པར་གདའ། བདག་ཅག་སློབ་མ་རྣམས་ལ་ཕྱག་དང་དབང་བསྐུར་དང་མོས་གུས་བྱེད་པའི
གནས་སུ་གྱུར་པའི་སྐུ་ཚབ་གཅིག་འཚལ་བར་གདའ་བས་དབོན་པོ་འདི་པ་ཡང་དགོངས་ལགས་སམ

ཞུས་པས། དཔོན་པོ་མནལ་མ་ལགས་གསུངས་ནས་བླ་མ་འདི་ཕ་ཚད་ཅིག་ན་ཐད་གཅིག་ལ་མཉེལ་མཛད་ནས་སྐྱུན་མ་བཙུམ་པར་མནལ་དུ་སོང་བ་བསྟན་ནས་འདི་འོད་གསལ་ཟིན་པའི་རྟགས་ལགས། ངེད་ཀྱི་མི་བརྒྱུད་རྣལ་མ་ལ་འོད་གསལ་ཅུང་ཟད་རེ་རྒྱུན་མི་ཆད་དུ་འོང་བ་ཡིན་གསུངས། བླ་མ་འདི་དབུས་གཙང་དུ་ཕེབས་སྐབས་འུ་ཡུག་ཏུ་བཞུགས་པའི་ཚེ་ལྷ་ཕུ་ནས་ཇོ་གདན་ཞིག་ཞུ་དོན་ཞིག་གཏོང་དུ་ཕྱིན་པས། སྐར་ཆེན་པོའི་མཐའ་ན་སེམས་ཅན་ལ་གནོད་པ་སྐྱེལ་བ་སོགས་སྣ་ཚོགས་མཐོང་བས་ཤིན་ཏུ་མ་དད་པ་བྱུང་། དྲུང་དུ་མཇལ་བ་ན་གཡས་ཕྱོགས་སུ་རྩོམ་ཡིག་པ་མང་པོ་ལ་གསུང་རབ་ཀྱི་རྩོམ་པོད། གཡོན་ཕྱོགས་སུ་ཆབ་ཤོག་འབྲི་མི་མང་པོ་ལ་འཇིག་རྟེན་གྱི་ཞལ་བཀོད་པོད། མདུན་དུ་བན་ཆུང་ཞིག་གིས་གཏོར་སྐད་དང་བཅས་གཏོར་མ་བཤམས་པ་བསྔོ་བ་བཞིན་ནི་མི་འདུག་པས་ཤིན་ཏུ་ཡིད་མ་རངས་སྟེ། གཡོན་གྱི་ཆབ་ཤོག་ནི་ང་ཞུ་བ་ལ་འོངས་པ་དང་འདྲ་གཞན་གཉེར་པའི་ཆེད་ཁོ་ན་ཡིན། གཡས་ཀྱི་རྩོམ་ཡང་ཅི་འདྲ་ཡོད་མི་ཤེས། བསྔོ་བ་པོ་མེད་པའི་གཏོར་མ་བཤམས་པས་ཅི་བྱེད་སྙམ་ནས་ཁོས་བསྔོས་ཏེ་ཚར་བ་ན། བླ་མའི་གསུང་ནས། གཏོར་མ་བཤམས་པས་ཆོག་པ་དེ་ཁོས་བྱས། བསྔོས་པས་ཆོག་པ་དེ་ཁྱོད་ཀྱིས་བྱས། ཉིང་དེ་འཛིན་གྱིས་ཆོག་པ་དེ་ངས་བྱས་ཨཾ་གསུངས་པས། མངོན་ཤེས་ཐོགས་མེད་མངའ་བར་ཤེས་ཏེ་ཤིན་ཏུ་དད་པར་གྱུར་ནས་ཕྱོགས་ཐམས་ཅད་དུ་སྙན་པའི་གྲགས་པ་བསྒྲགས། ཡང་རྒྱ་གར་གྱི་པཎྜི་ཏ་གོ་ཧཾ་ཧྲ་དྲ་ལ་མཚན་མོ་རྨི་ལམ་བྱུང་བ་ཐམས་ཅད་འདིའི་མངོན་པར་ཤེས་པས་མཁྱེན་ནས་ནངས་པར་པཎྜི་ཏ་ལ་གསུང་འཕྱོན་པས་ཤིན་ཏུ་ངོ་མཚར་བར་གྱུར་ནས་མ་ཧཱ་གུ་རུ་ལ་མངོན་པར་ཤེས་པ་ཨ་ཚེ་ཞེས་ཟེར་ཞིང་དད་པར་གྱུར་ཏོ། །ཡང་དགུང་ལོ་ཉེར་གསུམ་བཞེས་པའི་ས་ག་ཟླ་བའི་ཚེས་བཅུ་གསུམ་གྱི་མཚན་མོ་ཆོས་རྗེ་པ་གསལ་བར་བྱོན་ནས་ཆོས་ཀྱི་གནད་དུ་མ་གསུངས། ཁྱོད་འདི་ནས་བཟུང་སྟེ་ལོ་འབུམ་ཕྲག་གཅིག་དང་སྟོང་འདས་པ་ན། ཕྱག་རྒྱ་ཆེན་པོ་མཆོག་གི་དངོས་གྲུབ་ཐོབ་པར་འགྱུར་རོ། །ཞེས་ལུང་བསྟན་ཅིང་དབུགས་དབྱུང་། དེའི་ཚེ་སྲིད་པར་དུཿཁ་དུ་མ་ཡིས། །ཡུན་རིང་དུས་སུ་ཐུབ་པ་བདག །ལེགས་པར་གསུངས་པས་དབུགས་འབྱིན་པ། །ཐུགས་རྗེའི་དབང་ཕྱུག་མཁྱེན་པའི་གཙོ། །ཆོས་ཀྱི་རྗེ་ལ་ཕྱག་འཚལ་

ལོ། །ཡང་ཐང་ཤང་ལ་གྱིན་ཞེས་པའི་རྗེས་སུ་འབྲངས་པའི་ཐེན་ཤིང་གི་སྡེ་མང་པོ་ཡོད་པས་ལྟ་བ་ངན་པ་ལ་ཞེན་པ་དེ་དག་རང་གཞན་ལ་གནོད་པར་གཟིགས་ནས་སེ་ཆེན་རྒྱལ་པོའི་བཀས་བསྒྲལ་ཏེ་ཐེན་ཤིང་གི་སྟོན་པ་རང་གི་གཞུང་ལུགས་ལ་རིང་དུ་སྤྱངས་ཤིང་མཐར་སོན་པ་བཅུ་བདུན་རིགས་པས་སྲུན་ཕྱུང་སྟེ་ཡང་དག་པའི་ལྟ་བ་འཛིན་དུ་བཅུག་སྟེ། དེ་བློ་དག་པ་ལྟ་གས་ཀྱི་ཁམས། །ཡང་དག་གསུངས་པའི་བསྟན་པ་ཡི། །གསེར་འགྱུར་རྩི་ཡིས་རབ་སྦྱངས་ནས། །ཐུབ་པའི་བརྟུལ་ཞུགས་ལེགས་འཛིན་པའི། །སྡོམ་བརྩོན་དམ་པར་བདག་གིས་བསྒྱུར། །ཞེས་ཆེད་དུ་བརྗོད་པ་ཡང་མཛད། ཚུལ་ཁྲིམས་ཀྱི་བསླབ་པའི་སྒོ་ནས་རང་ཉིད་ཀྱིས་སྐུ་ཕྱིར་དགེ་སློང་དགེ་ཚུལ་སྟོང་བཞི་བརྒྱ་ཉི་ཤུ་རྩ་ལྔའི་མཁན་པོ་མཛད། ཉིད་ཀྱི་སློབ་མ་འདུལ་འཛིན་ཆོས་ཀྱི་མགོན་པོ་བྱ་བས་སྨན་རྩེའི་ཡུལ་དུ་ལོ་གཅིག་རང་གི་ཁོངས་སུ་དགེ་སློང་དགེ་ཚུལ་དགུ་བརྒྱ་དང་བཞི་བཅུ་རྩ་བདུན་གྱི་མཁན་པོ་བྱས། དེ་རྣམས་ལས་འཕེལ་བའི་རབ་བྱུང་གི་སྡེ་རྒྱ་ནག་དང་རྒྱ་ནག་ཆེན་པོའི་ཡུལ་ཁམས་ཐམས་ཅད་ཁྱབ་པར་གྱུར་ཏེ་སྟོན་བསྟན་པ་མེད་པའི་ཡུལ་ཁམས་ཐམས་ཅད་དམ་པའི་ཆོས་ལ་བཀོད་པས་བསྟན་པ་ལ་བྱ་བ་ཆེར་མཛད། དེ་དག་ལ་སོགས་པ་རྣམ་དཀར་གྱི་མཛད་པས་ཐུགས་རངས་པར་གྱུར་ཏེ་ཞིང་གཞན་དུ་གཤེགས་པར་འདུན་པ་མཛད་པ་ན། མཚན་ལམ་དུ་ལྗོ་ཕྱོགས་དཔལ་གྱི་རི་ལ་འཕགས་པ་ཀླུ་སྒྲུབ་བྱང་ཆུབ་ཤིང་ཆེ་ཞིང་རྒྱས་པ་ཞིག་གི་དྲུང་ན་བཞུགས་པ་ལ་དབུ་མ་རིགས་ཚོགས་སོགས་ཐེག་ཆེན་གྱི་ཆོས་མང་དུ་གསན། དེའི་ཚེ་ལྷ་མང་པོས་མཆོད་པ་བྱེད་པ་དང་། རིག་སྔགས་ཀྱི་རྒྱལ་མོ་རྨ་བྱ་ཆེན་མོ་གསལ་བར་གཟིགས་པའི་སྣང་བ་ཡང་བྱུང་། དེ་ལ་སོགས་པ་རྒྱལ་བ་སྲས་དང་བཅས་པ་དགྱེས་ཤིང་རང་གཞན་གྱི་གཟུ་བོར་གནས་པ་སུ་ཞིག་གིས་ཐོས་ཀྱང་ངོ་མཚར་གྱི་དང་བ་དབང་མེད་དུ་བསྐྱེད་པ་འཕྲུལ་པའི་དྲི་མ་ཟད་པར་མཆོན་ནུས་པའི་རྟགས་དང་མཚན་མ་རྨད་དུ་བྱུང་བ་དེ་དང་དེ་དག་གིས་སླ་བའི་དབང་ཕྱུག་དེ་དག་གི་ཕྱི་བའི་བཀའ་སྲོལ་ལ་འཕྲུལ་པའི་དྲི་ཙམ་ཡང་མི་མནམ་པར་རྟོགས་ནུས་པས་ན་བཀའ་སྲོལ་གཞན་ལས་ཁྱད་པར་དུ་འཕགས་པ་ཡིན་ནོ། །

བཞི་པ་རིགས་དམན་པར་གང་ཟག་བཟང་པོ་འབྱུང་བ་ཡང་སྲིད་མོད། རྒྱལ་རིགས་དང་། རྗེའུ

རིགས་དང་། བྲམ་ཟེའི་རིགས་དང་། ཁྱིམ་བདག་གི་རིགས་ཆེས་མཐོ་བ་དག་གིས་བཀུར་བ་ཤས་ཆུང་བས་བསྟན་པ་ལ་ཕན་མི་ཆེ། དཔེར་ན་བསྐལ་པ་བཟང་པོའི་སངས་རྒྱས་རྣམས་ཛམྦུའི་གླིང་ན་རྒྱལ་རིགས་ལ་གཙོ་བོར་བྱེད་པའི་ཚེ་རྒྱལ་རིགས་དང་། བྲམ་ཟེའི་རིགས་ལ་གཙོ་བོར་བྱེད་པའི་ཚེ་བྲམ་ཟེའི་རིགས་ལ་འབྱུང་བ་དང་འདྲ་བར་ཆོས་ཀྱི་རྗེ་འདི་དག་ཀྱང་ཐོག་མར་འོད་གསལ་ལྷ་ལས་བབས་པ་གནམ་ལྷའི་རིགས། བར་དུ་གཡའ་སྤང་སྐྱེས་གཅིག་གིས་སྲིན་པོ་སྐྱ་རིང་ཁྲག་མིག་བསད་སྲིན་ལྕམ་སི་ལི་མ་འཁྲོགས་ཏེ་ཁབ་ཏུ་བཞེས་པ་ལས་སྲས་འཁོན་པར་སྐྱེས་འཁྲུངས་པ་ནས་བརྩམས་ཏེ་སྲིན་པོ་དང་འཁོན་པའི་རིགས་ཡིན་པས་འཁོན་གྱི་གདུང་བརྒྱུད། མཐར་འཁོན་དཀོན་མཆོག་རྒྱལ་པོས་དཔལ་ས་སྐྱའི་གཙུག་ལག་ཁང་བཏབ་པ་ནས་བཟུང་སྟེ་ས་སྐྱ་པའི་གདུང་རྒྱུད་དམ་རིག་གསུམ་མགོན་པོའི་གདུང་རྒྱུད་ཅེས་པར་བསམ་བཞིན་དུ་སྐྱེ་བ་བཞེས་ནས་མཁས་པ་དང་གྲུབ་པ་ཆེན་པོའི་གོ་འཕང་ཐོབ་ནས་ལྷ་ཅི། ཡུམ་གྱི་མངལ་ནས་བཙས་མ་ཐག་པའི་ཚེ་ཡང་ལྷ་དང་བཅས་པའི་འཇིག་རྟེན་ཐམས་ཅད་ཀྱི་སྤྱི་བོར་ཞབས་ཀྱི་པདྨོ་འཇོག་པ་རང་གཞན་ཐམས་ཅད་མཐུན་སྣང་དུ་གྲུབ་པའི་སྐྱེས་བུ་དམ་པ་རབ་ཏུ་མང་པོས་ཕྱེ་བའི་བཀའ་སྲོལ་ཡིན་པས་བཀའ་སྲོལ་གཞན་ལས་རིགས་ཀྱི་སྒོ་ནས་ཀྱང་ཁྱད་པར་འཕགས་པ་ཡིན་ནོ། །

ལྔ་པ་ནི། རྣམ་པར་དཀར་བའི་འཕྲིན་ལས་ཀྱིས་ཛམྦུའི་གླིང་ཐམས་ཅད་ཁྱབ་པ་སྟེ་ཆོས་ཀྱི་རྗེ་འདི་དག་གི་ཞལ་ལས་སློབ་གྲོལ་གྱི་བདུད་རྩི་བླངས་པའི་ཇོ་ཀི་རབ་ཏུ་མང་པོ་རྒྱ་གར་ཤར་ནུབ་དབུས་གསུམ་གླིང་ཕྲན་སོ་སོ་དང་བཅས་པར་སོང་བ་རྣམས་ཀྱིས་བཀའ་སྲོལ་དེ་ཉིད་ལ་བརྟེན་པའི་འཆད་རྩོམ་སློམ་གསུམ་མཛད་པར་ངེས་ལ། རྒྱ་ནག་དང་རྒྱ་ནག་ཆེན་པོ་སྨན་རྩེར་གྲགས་པའི་པོ་ཏ་ལའི་རི་བོ་ཚུན་ཆད་ཀྱི་ཡུལ་ལྗོངས་ཐམས་ཅད་ཁྱབ་པར་སྣང་བ་ཤོད་པ་བཞིན་དང་། གངས་རི་ཅན་གྱི་རྒྱུད་འདིར་ཡང་ཡོངས་སུ་གྲགས་པའི་བཀའ་སྲོལ་མང་ཡང་འཇིག་རྟེན་ལུགས་ཀྱི་དབང་དུ་བྱས་ན་ས་སྐྱ་པའི་གཡོག་རིགས་སུམ་གཏོགས་པ་མེད་ཅིང་། ཆོས་ཀྱི་དབང་དུ་བྱས་ན་སློབ་བརྒྱུད་དུ་མ་གཏོགས་པ་མེད་པའོ། །

དེ་ཡང་གསང་སྔགས་རྙིང་མར་གྲགས་པའི་སོ་ཟུར་གནུབས་གསུམ་ལ་སོགས་པའི་ཆེས་ཆེ་བའི་རིགས་སུ་རློམ་པ་མཐའ་དག་པ་དང་། བཀའ་གདམས་བྲེ་ཡུལ་བ། དོ་ཀོ་བ། ནམ་མཁའ་འབུམ་ལ་སོགས་པ་ཆེན་པོར་རློམ་པ་དུ་མས་ཆོས་རྗེ་ཁུ་དབོན་གྱི་གསུང་གི་བདུད་རྩི་བླངས། གངས་རིའི་ཁྲོད་ཀྱི་ཐུབ་པའི་རྒྱལ་ཚབ་གསང་ཕུ་བ་རྔོག་ལོ་ཆེན་པོའི་བརྒྱུད་འཛིན་རིག་པའི་དབང་ཕྱུག་ཕྱ་པ་ཆེན་པོ་དང་ཞང་ཕྲན་པ་ཆོས་ཀྱི་སེང་གེ་སོགས་ཀྱིས་ས་ཆེན་གྱི་དངོས་སློབ་སྐྱུ་ར་ཨ་སེང་ལས་ས་ལུགས་ཀྱི་ཆོས་ཀྱི་བདུད་རྩི་མང་དུ་བླངས་པས་ན་འདི་དག་ཀྱང་སློབ་བརྒྱུད་དུ་གཏོགས། དཔལ་དྭགས་པོ་དཀར་བརྒྱུད་ཅེས་གྲགས་པའི་བསྟན་འཛིན་གྱི་གཙོ་བོ་ཁམས་པ་མི་གསུམ་དུ་གྲགས་པ་ལས། གསལ་སྟོན་སྒོམ་ཤོར་ལ་བརྒྱུད་པ་མ་བྱུང་། ཁམས་པ་རྡོར་རྒྱལ་ལམ་ཕག་མོ་གྲུ་པའམ་མཐའ་རྟ་བ་ཞེས་མཚན་གྱི་ཁྱད་པར་གསུམ་དང་ལྡན་པ་དེས་ས་ཆེན་གྱི་ཞབས་པད་ལོ་བཅུ་གཉིས་བསྟེན་ཏེ་ས་ལུགས་ཀྱི་གདམས་པ་ཕལ་ཆེར་གསན། ཁྲིས་རྗེ་བཙུན་རིན་པོ་ཆེ་གྲགས་པ་ལས་ཀྱང་ཆོས་ཀྱི་བདུད་རྩི་གསོལ་ཏེ་བརྒྱུད་འཛིན་གྱི་སློབ་མ་གྲགས་པ་ཅན་ཡིན། དེའི་སློབ་བརྒྱུད་ལ་གླིང་རས་ནས་བརྒྱུད་དེ་གཙང་པ་རྒྱ་རས་ཀྱིས་འབྲུག་ཏུ་དགོན་པ་བཏབ་པ་ནས་འབྲུག་པ་ཞེས་བཀའ་སྲོལ་ཆེན་པོ་ཞིག་ཏུ་གྲགས། ཕག་གྲུའི་ཉེ་གནས་གཟི་བཀྲ་ཤིས་དཔལ་གྱི་སྟག་ལུང་ཐང་བཏབ་པ་ནས། སྟག་ལུང་ཐང་པ་ཞེས་སྲོལ་ཆེན་པོ་ཞིག་ཏུ་གྲགས། ཕག་གྲུའི་སྐུ་ཚེའི་མཇུག་གི་སློབ་མ་སྐྱུར་རིན་ཆེན་དཔལ་གྱིས་འབྲི་ཁུང་མཐིལ་བཏབ་པ་ནས་འབྲི་ཁུང་པ་ཞེས་སྲོལ་ཆེན་པོ་གཅིག་ཏུ་གྲགས། འདི་དག་ཀྱང་སློབ་བརྒྱུད་དུ་གཏོགས། དུས་གསུམ་མཁྱེན་པའམ་ཁམས་པ་དབུ་སེའམ་ཏྲེ་བོ་ཆོས་ཀྱི་གྲགས་པ་ཞེས་མཚན་གྱི་ཁྱད་པར་གསུམ་དང་ལྡན་པ་དེས། ས་ཆེན་གྱི་དངོས་སློབ་རྒྱ་ལོ་དང་། ཨ་སེང་དང་། གཞོན་རྡོར་སེང་གསུམ་ལ་ལམ་འབྲས་སོགས་ས་ལུགས་ཀྱི་གདམས་པ་མཐའ་ཡས་པ་གསན། དེས་སླར་ཁམས་སྒང་དུ་ཀརྨ་ལྷས་སྟེབས་ཀྱི་དགོན་པ་བཏབ་པ་ནས་ཀརྨ་ཀཾ་ཚང་ཞེས་བཀའ་སྲོལ་ཆེན་པོ་གཅིག་ཏུ་གྲགས་ཏེ་འདི་དག་ཀྱང་འདི་པའི་སློབ་བརྒྱུད་དུ་གཏོགས། ཡང་ཤངས་པ་བཀའ་བརྒྱུད་ཅེས་གྲགས་པ་གྲུབ་ཐོབ་ཁྱུང་པོ་རྣལ་འབྱོར་རམ་ཤངས་དུ་ཁུ་བ་ཞེས་གྲགས་པའི་སྲོལ་ཕྱེ་བའི་ལུགས་

ལ་བརྒྱུད་པ་རིན་ཆེན་སྣ་བདུན་དུ་གྲགས་པའི་བརྒྱུད་པ་བཞི་པ་རྨོག་ཅོག་པ་རིན་ཆེན་བརྩོན་འགྲུས་ཀྱིས་ས་ཆེན་གྱི་དངོས་སློབ་ཞ་སེང་ལས་ས་ལུགས་ཀྱི་གདམས་པ་མང་དུ་གསན་པ་དང་། བརྒྱུད་པ་དྲུག་པ་གཉན་སྟོན་སྤྲུལ་པའི་སངས་རྒྱས་ཀྱིས་རྗེ་བཙུན་རིན་པོ་ཆེ་གྲགས་པའི་ཞབས་པད་ལོ་བཅུ་གཉིས་ཀྱི་བར་དུ་བསྟེན། རྒྱུད་མན་ངག་ལ་སོགས་པ་ས་ལུགས་ཀྱི་གདམས་པ་ཕལ་ཆེར་གསན་ཅིང་། བརྒྱུད་པ་བདུན་པ་འགྲོ་མགོན་སངས་རྒྱས་སྟོན་པས་འགྲོ་བའི་མགོན་པོ་འཕགས་པའི་ཞལ་ལས་སྨིན་གྲོལ་གྱི་བདུད་རྩི་བཞེས་པས་དེ་དག་ཀུང་འདི་དག་གི་སློབ་བརྒྱུད་དུ་གཏོགས། ཡང་ཞང་གཡུ་བྲག་པར་གྲགས་པས་ཀུང་ས་ཆེན་གྱི་དངོས་སློབ་ཞ་སེང་དང་། གཤེན་རྡོར་སེང་ལས་ས་ལུགས་ཀྱི་གདམས་པ་མང་དུ་གསན་ཅིང་། དེའི་བརྒྱུད་འཛིན་ལ་ཤངས་པ་བཀའ་བརྒྱུད་དུ་གྲགས་པ་རྣམས་ཀུང་འདི་པའི་སློབ་བརྒྱུད་དུ་གཏོགས། ཕྱིས་གྲགས་པ་བོ་དོང་པ་ཞེས་ད་ལྟ་སྲོལ་གཅིག་ཏུ་བྱེད་པ་འདི་པའི་རྩ་བ་ཤོངས་སྟོན་རྡོ་རྗེ་རྒྱལ་མཚན་ལ་བླ་ཆེན་འཕགས་པས་གསེར་སྲང་དོ་དར་ཡུག་བཅུ་གསུམ་དང་བཅས་པ་གནང་ནས་རྒྱ་གར་དུ་བཛྲངས། གཞི་འགྱུར་ཐུབ་པ་རང་དཀའ། རྫོར་གོང་སོབ་པ་དང་། མཆན་བུ་དང་ཞུ་ཆེན་གྱི་ལོ་ཙྭ་ཡོང་ཞིང་། སྦྱོར་སྦྱོར་གྱི་བསྟན་བཅོས་མེ་ཏོག་གི་ཆུན་པོ་དང་། སྙན་ངག་མཁས་པའི་ཁ་〈གཞན་ལས་ཆེག་གཏེར་ཡོད་པས་དཔྱད།〉རྒྱན་སོགས་ལ་འཆད་ཉན་ཕེར་བ་གྱིས་ཞེས་པ་གསུངས་པ་དང་དུ་བླངས་ཏེ་བྱོན་པས་མཁས་པ་ཆེན་པོར་གྱུར་ཏེ། སྙན་དངགས་དཔག་བསམ་འཁྲི་ཤིང་སོགས་གཞི་འགྱུར་མང་པོ་མཛད། རིག་པའི་གནས་ཆུང་བ་རྣམས་ལ་འཆད་ཉན་གཙོ་བོར་མཛད་པས་རིག་གནས་ཀྱི་བསྟན་པ་ལ་ཤིན་ཏུ་བཀའ་དྲིན་ཆེ།

དེའི་གཅུང་པོ་ཤོངས་བློ་གྲོས་བརྟན་པ། དེའི་སློབ་མ་དཔང་བློ་གྲོས་བརྟན་པ་〈ལོ་ཙྭ་བ་མཆོག་ལྡན་འདྲ་བསམ་པས་དཔྱད།〉སྐྱེ་གཉིས་ལས་དཔང་ལོ་ཆེན་པོས་བོ་དོང་ཨེའི་བདག་པོ་མཛད། དེའི་དཔོན་པོ་ལོ་ཆེན་བྱང་ཆུབ་རྩེ་མོ། དེའི་དཔོན་ལོ་ཆེན་གྲགས་པ། དེའི་དཔོན་པོ་བོ་དོང་ཀ་བཅུ་པ་ཆོས་ཀྱི་རྒྱལ་མཚན། སྟོན་མིང་ཕྱོགས་ལས་རྣམ་རྒྱལ་ཞེས་གྲགས་པ་འདི་དག་ས་སྐྱ་པའི་དགེ་བཤེས་ངོ་མ་ཡིན་ཞིང་། དེའི་བརྒྱུད་འཛིན་ལ་བོ་དོང་པར་གྲགས་པས་འདི་པའི་སློབ་བརྒྱུད་དུ་གཏོགས།

ཡང་དཔལ་ལྷ་རི་བོ་དགའ་ལྡན་པ་ཞེས་ཡོངས་སུ་གྲགས་པའི་རྩ་བ་ཤར་ཙོང་ཁ་པ་བློ་བཟང་གྲགས་པ་དེས། འབྲོག་རི་བོ་དགའ་ལྡན་རྣམ་པར་རྒྱལ་བའི་གླིང་བཏབ། དེའི་གདན་ས་ཀ་བཙུ་པ་དར་མ་རིན་ཆེན། དེའི་གདན་ས་བྱུང་པ་ཀ་བཙུ་པ་དགེ་ལེགས་དཔལ་བཟང་གསུམ་ལས། དང་པོ་གཉིས་རེ་མདའ་བ་གཞོན་ནུ་བློ་གྲོས་ཀྱི་སློབ་མ་རབ་འབྱམས་སྨྲ་བའི་བཤེས་གཉེན་བདུན་གྱི་ནང་ཚན་ཡིན་ལ། འདི་དག་གི་རེ་མདའ་བ་དང་། གོ་འཇོ་ཡེ་ཤེས་བཟང་པོ། ལམ་འབྲས་པ་བློ་བཟང་དཀར་མོ་སོགས་ལས་ལམ་འབྲས་སོགས་ས་ལུགས་ཀྱི་གདམས་པ་ཕལ་ཆེར་གསན་པས་ས་སྐྱ་པའི་དགེ་བཤེས་ངོ་མ་ཡིན། དེའི་སློབ་བརྒྱུད་ལ་དགའ་ལྡན་པ་ཞེས་བོད་པ་འདི་པ་ཡང་འདི་པའི་སློབ་བརྒྱུད་དུ་གཏོགས། ད་ལྟ་ས་སྐྱ་པ་རང་གི་ཞལ་འཛིན་མཛད་པ་ལ་མདོ་སྔགས་གཉིས་ལས། དང་པོའི་སྒྲོལ་འབྱེད་ཀྱི་གཙོ་བོ་གཡག་རོང་གཉིས། ཕྱི་མས་ནུ་ལེཀྵའམ་བོད་སྐད་དུ་རྒྱུན་གྱི་དབང་པོ་ཞེས་པའི་གཙུག་ལག་ཁང་བཏབ། འཆད་ཉན་རྒྱ་ཆེར་མཛད་པས་སློབ་མ་ནོར་འཛིན་གྱི་རྫུལ་ཙམ་བྱུང་མོད། དེའི་ནང་ནས་སྨྲར་ཁམས་པ་གྲགས་པ་བཟང་པོས་གྲྭ་ཚང་ཆེན་མོ་བཏབ། དེའི་གདན་ས་ནམ་བསོད་ཆེན་མོས་བསྐྱངས། བྱམས་ཆེན་རབ་འབྱམས་པ་སངས་རྒྱས་འཕེལ་གྱིས་འབྲས་ཡུལ་སྐྱེད་མོས་ཚལ་བཏབ། དེའི་གདན་ས་འཛམ་དབྱངས་ཆོས་རྗེ་ཀུན་དགའ་ཆོས་བཟང་གིས་བསྐྱངས། རོང་སྟོན་དོན་ཡོད་དཔལ་གྱིས་སེ་མོ་ལུང་གི་ཆོས་སྡེ་བཏབ། དེའི་གདན་ས་པཎ་ཆེན་ཤཱཀྱ་མཆོག་ལྡན་གྱིས་མཛད་ནས་དགོན་པའི་མིང་ཐུབ་བསྟན་གསེར་མདོག་ཅན་དུ་བསྒྱུར། རོང་སྟོན་དང་བྱམས་ཆེན་རབ་འབྱམས་པ་གཉིས་ཆར་གྱི་སློབ་མ་གོ་རམས་བསྟན་པའི་ཉི་མས་ཐོག་མར་སྐྱིད་ཚལ་གྱི་ཟུར་ཆད་མཛད། ཕྱིས་ཐུབ་བསྟན་རྣམ་པར་རྒྱལ་བའི་དགོན་པ་བཏབ། དེའི་སློབ་མ་མུས་རབ་འབྱམས་པ་ཐུགས་རྗེ་དཔལ་བཟང་གིས་ཐུབ་བསྟན་ཡངས་པ་ཅན་གྱི་དགོན་པ་བཏབ། འབུམ་རམས་པ་བྱམས་པ་ཆོས་དོན་གྲུབ་ཀྱིས་བྱ་རྐོད་གཤོངས་བཏབ། གཞུང་བརྒྱ་པ་དངོས་གྲུབ་དཔལ་འབར་གྱིས་ཆོས་འཁོར་ལྷུན་པོ་བཏབ། མངའ་རིས་པ་ལྷ་དབང་བློ་གྲོས་ཀྱིས་གཞའ་རི་སྐྱེད་ཚལ་བཏབ། སྟག་ཕྲུག་ཀུན་དགའ་དཔལ་འབྱོར་གྱིས་ར་བ་སྨད་གོ་རམས་ཆེན་པོའི་བཀའ་སྒྲོལ་དུ་བསྒྱུར། ཤེལ་གྲོང་པཎ་ཆེན་བློ་གྲོས་ཆོས་ཀྱི་རྒྱལ་

པོས་རྡོ་ཕུད་ཆོས་འཁོར་གནས་དང་། དྭགས་པོ་གྲྭ་ཚང་དེའི་བཀའ་སྲོལ་དུ་བསྒྱུར། གཞི་ཀ་བཅུ་པ་ཤཱཀྱ་བློ་གྲོས་ཀྱིས་རྣམ་རྒྱལ་གསེར་ཁང་གི་གྲྭ་ཚང་བཙུགས་ཏེ་གཞི་གྲྭ་ཚང་དུ་གྲགས་སོ། །སྔགས་ལུགས་ལ་ས་སྐྱའི་ཟུར་ཆེན་ཀུན་དགའ་རྣམ་གཉིས་སུ་གྲགས་པ་ལས། ཀུན་དགའ་བཟང་པོའི་བཀའ་སྲོལ་ལ་ངོར་པ་དང་། ཀུན་དགའ་རྒྱལ་མཚན་པའི་བཀའ་སྲོལ་ལ་རྫོང་པར་གྲགས་པ་ཡིན་ནོ། །

བཅུ་གཉིས་པ་མཐར་བཀྲ་ཤིས་དང་དགེ་ལེགས་ཇི་ལྟར་བྱུང་བའི་ཚུལ་ནི། སྤྱིར་འཇིག་རྟེན་གྱི་ཁམས་ཀྱི་ཕན་བདེ་མཐའ་དག་དཀོན་མཆོག་གསུམ་གྱི་ཐུགས་རྗེ་དང་། སངས་རྒྱས་ཀྱི་བསྟན་པ་ཚུལ་བཞིན་དུ་བསྐྱངས་པ་ལས་བྱུང་བ་ཡིན་ཏེ། འགྲོ་བའི་སྡུག་བསྔལ་སྨན་གཅིག་པུ། །བདེ་བ་ཐམས་ཅད་འབྱུང་བའི་གནས། །བསྟན་པ་རྙེད་དང་བཀུར་སྟི་དང་། །བཅས་ཏེ་ཡུན་རིང་གནས་གྱུར་ཅིག །ཅེས་གསུངས་པའི་ཕྱིར། འཇིག་རྟེན་གྱི་ཁམས་སུ་ཕན་བདེ་ཤིན་ཏུ་དར་བའི་སྐབས་འདིར་བཀྲ་ཤིས་པའི་ཚུལ་ཙུང་ཟད་བརྗོད་ན། སྤྱིར་བཀྲ་ཤིས་ལ་མཛད་པ་བཅུ་གཉིས་ཀྱི་བཀྲ་ཤིས་དང་། ཡངས་པ་ཅན་གྱི་གྲོང་ཁྱེར་དུ་འཇུག་པའི་མདོ་ནས་འབྱུང་བའི་བཀྲ་ཤིས་དང་། ཁྱིམ་བདག་དེས་པ་ལ་གསུངས་པའི་བཀྲ་ཤིས་སོགས་དུ་མ་ཡོད་ཀྱང་། འདིར་དཀོན་མཆོག་གསུམ་གྱི་ཤིས་པ་བརྗོད་ན་འཕྲལ་ཡུན་དུ་ལེགས་ཤིང་སྐབས་སུ་བབས་པ་ཡིན་ལ། དེ་ཡང་སྤྱིར་སྟོན་པ་ཞེས་པ་ནི་རང་གི་གདུལ་བྱ་ལ་ལམ་སྟོན་པར་བྱེད་པ་ཞིག་ཡིན་ལ། ཕྱི་རོལ་མུ་སྟེགས་བྱེད་ཀྱི་སྟོན་པ་རྣམས་ཀྱང་རང་གི་གདུལ་བྱ་ལ་ལམ་སྟོན་པ་པོ་ཙམ་ཡིན་ཡང་། ཐར་པའི་ལམ་ཕྱིན་ཅི་མ་ལོག་པར་སྟོན་མི་ནུས་པས་ན་སྟོན་པ་མཆོག་མ་ཡིན་ལ། དེ་བཞིན་གཤེགས་པ་ནི་ཐུགས་རྗེ་ཆེན་པོས་གདུལ་བྱ་རྣམས་ལེགས་པའི་ལམ་ལ་སྦྱོར། ཤེས་བྱ་ཐམས་ཅད་ལ་མཁས་པས་ན་ལམ་བདེན་པའམ་ཕྱིན་ཅི་མ་ལོག་པར་སྟོན་ནུས་པས་ཕྱི་རོལ་མུ་སྟེགས་བྱེད་ལ་སོགས་པ་ལུགས་གཞན་གྱི་སྟོན་པས་ཆོས་དང་མཐུན་པར་གཏོལ་མི་ནུས་ཤིང་། ཆོས་དང་མི་མཐུན་པའི་སློ་ནས་རྡེ་མི་ནུས་པའི་ཕྱིར་ན་སྟོན་པ་མཆོག་ཏུ་གྱུར་པ་ཡིན་ཏེ། བརྩེ་བས་ལེགས་པའི་ལམ་ལ་སྦྱོར། །མཁས་པའི་ཕྱིར་ན་བདེན་པ་སྟོན། །མུ་སྟེགས་གཞན་གྱིས་མ་བསྐྱལ་བའི། །སྟོན་མཆོག་དེ་ལ་ཕྱག་འཚལ་ལོ། །ཞེས་གསུངས་པའི་ཕྱིར། དམ་པ་ཞེས་པ་ནི་སྐྱོན་དུ

བགྲང་བ་མཐའ་དག་སྤངས་ཤིང་ཡོན་ཏན་གྱི་ཚོགས་མཐའ་དག་ལྡན་པ་ལ་བྱ་སྟེ། རྫོགས་པའི་སངས་རྒྱས་སྨྲ་རྣམས་ཀྱིས། །དམ་པ་དེ་ལ་ཕྱག་འཚལ་ལོ། །ཞེས་གསུངས་པའི་ཕྱིར། ལྷ་དང་མིས་མཆོད་པར་འོས་པ་ནི། དེ་བཞིན་གཤེགས་པ་ལ་བརྟེན་ནས་དགེ་བ་ཆུང་ངུ་ཞིག་བསགས་ཀྱང་རྣམ་སྨིན་ངོ་མཚར་བ་བསམ་གྱིས་མི་ཁྱབ་པ་འབྱུང་བ་ལགས་ཏེ། སྤྱོད་འཇུག་ལས། དེ་ལྟར་སངས་རྒྱས་རྣམས་ལ་ཆུང་བ་ཡིས། །ཡོན་ཕུལ་རྣམ་པར་སྨིན་པ་འདི་དག་ཡིན། །འཁོར་ཚེ་དེ་ཡི་འབྲས་བུ་དེ་འདྲ་ན། །སེམས་ཤེས་སུ་ཞིག་བྱང་ཆུབ་སྒྲིད་ལུག་འགྱུར། །ཞེས་གསུངས་པའི་ཕྱིར། དེ་ལྟ་བུའི་སངས་རྒྱས་ལ་ཕྱག་དང་མཆོད་པ་སོགས་བསྙེན་བཀུར་བ་བྱས་ན་སེམས་ཅན་གང་དག་འགྲོ་བ་སྟེ་གཡོ་བ་བཅུད་ཀྱི་སེམས་ཅན་དང་། མི་འགྲོ་བ་སྟེ་བརྟན་པ་སྣོད་ཀྱི་འཇིག་རྟེན་མཐའ་དག་ལ་བཀྲ་ཤིས་སམ་དགེ་ལེགས་རྒྱ་ཆེན་པོ་འབྱུང་བ་ཡིན་ཏེ། སྟོན་མཆོག་དམ་པ་བླ་མའི་མཆོད་འོས་པ། །སངས་རྒྱས་ཕྱག་འཚལ་དེང་འདིར་བདེ་ལེགས་ཤོག །སེམས་ཅན་གང་དག་འགྲོ་དང་མི་འགྲོ་བ། །དེ་དག་ཐམས་ཅད་དེང་འདིར་བདེ་ལེགས་ཤོག །ཅེས་གསུངས་པའི་ཕྱིར། ཆོས་དཀོན་མཆོག་ནི་སྡུག་ཀུན་ཉེ་བར་ཞི་ཞིང་ཁམས་གསུམ་ལ་འདོད་ཆགས་དང་བྲལ་བྱེད་ལམ་བདེན་དང་། འདོད་ཆགས་དང་བྲལ་བ་འགོག་པའི་བདེན་པ་གཉིས་ཀྱིས་བསྡུས་པ་ཞིག་ཡིན་ཏེ། གང་ཞིག་གང་གི་ཆགས་བྲལ་བ། །བདེན་གཉིས་མཚན་ཉིད་ཅན་དེ་ཆོས། །ཆགས་བྲལ་ཉིད་ནི་འགོག་པ་དང་། །ལམ་གྱི་བདེན་པ་དག་གིས་བསྡུས། །ཞེས་གསུངས་པའི་ཕྱིར། དེ་ཡང་ལྷ་དང་མི་རྣམས་ཀྱིས་གུས་པའམ་སྲི་ཞུ་བྱ་བའི་ཡུལ་ཡིན་ཏེ། སྤྱོད་འཇུག་ལས། ཡིད་ལ་སེམས་པས་དགེ་བྱེད་ན། །གང་དང་གང་དུ་འགྱུར་བ་ཡིས། །དེ་དང་དེར་ནི་བསོད་ནམས་དེའི། །རྣམ་སྨིན་ཡོན་གྱིས་མངོན་མཆོད་འགྱུར། །ཞེས་གསུངས་པའི་ཕྱིར། དེ་ལས་གཞན་དུ་དམ་པའི་ཆོས་ལ་གུས་པ་མ་བྱས་ན་མཐོ་རིས་ཀྱི་མི་མཐུན་ཕྱོགས་མཐའ་དག་འབྱུང་ཞིང་། གུས་པ་བྱས་ན་མངོན་མཐོའི་ཡོན་ཏན་འབྱུང་བར་མ་ཟད། ལུང་དང་མངོན་པར་རྟོགས་པའི་ཆོས་ཀྱི་མཛོད་འཛིན་པ་སོགས་ངེས་ལེགས་ཀྱི་ཡོན་ཏན་མཐའ་དག་ཀྱང་འབྱུང་བའི་ཕྱིར་ཏེ། སྤྱོད་འཇུག་ལས། བདག་ནི་མངོན་དད་ད་ལྟར་ཡང་། །ཆོས་ལ་མོས་དང་བྲལ་བ་

ཡིས། །ཕོངས་པ་འདི་འདྲ་བྱུང་བར་གྱུར། །སུ་ཞིག་ཆོས་ལ་མོས་པ་གཏོང་། །ཞེས་དང་། མཁྱེན་རབ་ཀྱི་དབང་ཕྱུག་ས་སྐྱ་པཎྜི་ཏས། དམ་པའི་ཆོས་ལ་གུས་བྱས་ན། །སངས་རྒྱས་ཀུན་གྱི་ཆོས་མཛོད་འཛིན། །ཞེས་གསུངས་པའི་ཕྱིར། དེ་ལྟ་བུའི་ཆོས་ལ་བཀུར་སྟི་བྱས་ན་བཀྲ་ཤིས་དང་དགེ་ལེགས་གཞལ་དུ་མེད་པ་བརྟན་གཡོ་ཀུན་ལ་འབྱུང་བ་ཡིན་ཏེ། ཞི་བ་ཚགས་བྲལ་ལྷ་མའི་མཆོད་འོས་པ། །ཆོས་ལ་ཕྱག་འཚལ་དེང་འདིར་བདེ་ལེགས་ཤོག །སེམས་ཅན་གང་དག་འགྲོ་དང་མི་འགྲོ་བ། །དེ་དག་ཐམས་ཅད་དེང་འདིར་བདེ་ལེགས་ཤོག །ཅེས་གསུངས་པའི་ཕྱིར། དགེ་འདུན་ནི་ཚོགས་ཏེ་བྱེ་བྲག་ཏུ་སྨྲ་བའི་ལུགས་ལ་ཚོགས་སམ་དགེ་འདུན་དུ་འཛོག་པ་ལ་དགེ་སློང་བཞི་ཡན་ཆད་ཚོགས་དགོས་ཤིང་། དགེ་ཚུལ་འབུམ་ཕྲག་ཚོགས་ཀྱང་དགེ་འདུན་དུ་མི་འདོད་ལ། ཐེག་པ་ཆེན་པོའི་ལུགས་ལ་ནི་ཐེག་ཆེན་གྱི་སྦྱོར་མཐོང་སྒོམ་གསུམ་ལ་གནས་པའི་གང་ཟག་རེ་རེ་ཡང་ཚོགས་སམ་དགེ་འདུན་དུ་འདོད་དགོས་ཏེ། བླ་ཆེན་འཕགས་པས། བསོད་ནམས་ཞིང་རབ་མཆོག་གྱུར་པ། །ལྷ་དང་མི་ཡི་མཆོད་པའི་གནས། །རྒྱལ་སྲས་རང་རྒྱལ་དགྲ་བཅོམ་པ། །ཚོགས་མཆོག་དགེ་འདུན་ལ་ཕྱག་འཚལ། །ཞེས་གསུངས་པའི་ཕྱིར། དགེ་འདུན་ནི་ལྷ་དང་མིས་མཆོད་པའི་ཞིང་། བསོད་ནམས་ཀྱི་མགྲོན། ཡོན་གནས་སམ་སྦྱིན་གནས་དམ་པར་གྱུར་པ་ཞིག་ཡིན་ཏེ། དཀོན་མཆོག་གསུམ་རྗེས་སུ་དྲན་པའི་མདོ་ལས། ཐེག་པ་ཆེན་པོའི་དགེ་འདུན་ནི་ལེགས་པར་བཞུགས་པ། རིགས་པར་བཞུགས་པ། དྲང་པོར་བཞུགས་པ། མཐུན་པར་བཞུགས་པ། ཐལ་མོ་སྦྱར་བའི་འོས་སུ་གྱུར་པ། ཕྱག་བྱ་བའི་འོས་སུ་གྱུར་པ། བསོད་ནམས་ཀྱི་དཔལ་གྱི་ཞིང་ཡོན་ཡོངས་སུ་སྦྱོང་བ། སྦྱིན་པའི་གནས་སུ་གྱུར་པ། ཀུན་ཏུའང་སྦྱིན་པའི་གནས་སུ་གྱུར་པ་ཆེན་པོའོ། །ཞེས་དང་། དེ་ལྟ་བུའི་དགེ་འདུན་ལ་བསྙེན་བཀུར་བྱས་ན་སྟོད་བཅུད་ཀུན་ལ་བཀྲ་ཤིས་དང་བདེ་ལེགས་རྒྱ་ཆེན་པོ་འབྱུང་བ་ཡིན་ཏེ། ཚོགས་ཀྱི་དམ་པ་ལྷ་མིའི་མཆོད་འོས་པ། །དགེ་འདུན་ཕྱག་འཚལ་དེང་འདིར་བདེ་ལེགས་ཤོག །སེམས་ཅན་གང་དག་འགྲོ་དང་མི་འགྲོ་བ། །དེ་དག་ཐམས་ཅད་དེང་འདིར་བདེ་ལེགས་ཤོག །ཅེས་གསུངས་པའི་ཕྱིར་རོ། །

འདི་ར་སྨྲས་པ། ལེགས་བཤད་གསེར་གྱི་ཐུར་མས་བླང་དོར་ལ། །སྒོངས་པའི་རབ་རིབ་སྟུག་པོ་ཀུན་སྤྲུངས་ནས། །གསུང་རབ་དོན་ལ་ལྟ་བའི་མིག་སྦྱིན་པས། །ཡོངས་འཛིན་སྨན་པ་ཆེན་པོར་སླར་ཡང་འདུད། །སངས་རྒྱས་ཉི་མས་སྣང་བའི་མུན་པ་ཡིས། །བསྐལ་པར་ཐེག་གསུམ་ལམ་བཟང་སྣང་བ་དང་། །བྲལ་བས་ཉེས་པར་སྤྱོད་ལ་ཞེན་ས་ཡིས། །བསོད་ནམས་བཞིན་དུ་བརྩོན་ལས་འོས་ཅི་ཡོད། །བཟང་པོའི་བསྐལ་པ་འདི་ལ་མིའི་ཉི་མ། །ལྔ་ཡིས་ལྷག་པའི་སྟོང་དམ་བརྒྱ་ཕྲག་བཅུ། །རྡོ་རྗེའི་གདན་དུ་བྱོན་ནས་འཇིག་རྟེན་གསུམ། །སྣང་བར་བྱེད་ཅེས་རྒྱལ་བས་མདོ་ལས་གསུངས། །མི་མཇེད་འཇིག་རྟེན་ཁམས་སུ་ཐུབ་པ་ཡིས། །གཉིས་ཀྱིས་ལྷག་པའི་རྨད་བྱུང་མཛད་པ་བཅུས། །རིགས་ཅན་གསུམ་གྱི་སེམས་རྒྱུད་ལྕགས་ཟངས་དངུལ། །ངེས་འབྱུང་ནོར་བུའི་ཁུ་བས་གསེར་དུ་བྱས། །ཟས་གཙང་སྲས་པོ་རབ་ཞིའི་བདེར་བཞུགས་ཚེ། །བསྡུ་མཛད་རྣམས་ཀྱིས་གསུང་རབ་མཐའ་དག་བསྡུས། །ལོ་དང་ཚན་དུ་བཅད་ནས་གླེགས་བམ་ལ། །བཀོད་པ་སྡེ་གསུམ་ཆོས་དཀར་སྣང་བས་འབྱམས། །ལུང་རྟོགས་ཆོས་ཀྱི་བང་མཛོད་ཀུན་འཛིན་པའི། །མཁས་གྲུབ་མང་པོ་ཀུ་ཤའི་ཐང་ཡངས་པོར། །བཤད་སྒྲུབ་ཉི་ཟླའི་གཟི་འོད་འབུམ་སྤྲར་ནས། །མུ་སྟེགས་མེ་ཁྱེར་མ་ལུས་མིང་མཐར་བྱས། །སཾསྐྲྀ་ཏ་སོགས་འཇིག་རྟེན་མིག་རྣམས་ཀྱིས། །འཕགས་ཡུལ་ཡིད་བཞིན་མཚོ་ནས་དམ་ཆོས་ཀྱི། །ཡིད་བཞིན་ནོར་བླངས་གངས་ལྡན་མིའི་ལྗོ་བར། །རང་རང་རེ་བའི་ལྗོན་པ་འབྲས་བུ་དུད། །རྒྱལ་མེས་དབོན་ཞེས་གྲགས་པའི་གདུགས་དཀར་པོ། །འཇིག་རྟེན་གསུམ་གྱི་བླ་ན་རྟག་འཁོར་བ། །བརྒྱུད་པར་བཅས་པས་རྒྱལ་བསྟན་ས་ཆེན་པོ། །སྲུངས་པ་འདོད་འཇོའི་ག་བས་མཐོན་པོར་བཏེག །མཁན་པོ་ཞི་འཚོས་བསྟན་པའི་རྩ་བ་བརྟན་པོར་བཙུགས། །པདྨས་ལྷ་སྲིན་དྲེགས་པའི་སྲོག་སྙིང་བླངས། །པཎྜའི་ངང་ཚུལ་བཟང་པོའི་ཡང་དག་པའི། །ལྟ་བ་སྦྲང་རྩི་ཞིམ་པོས་བོད་ཁམས་བསྐྱངས། །བོད་ལ་ཉམས་སད་སླད་དུ་བསྟན་པ་ལ། །རབ་དགས་ཞུགས་པའི་འཇིག་རྟེན་མིག་རྣམས་ཀྱིས། །བཀའ་བསྟན་མང་པོའི་སྒྲ་བསྒྱུར་གཏན་ཕབ་ནས། །གངས་ཅན་འཕགས་པའི་ཡུལ་གྱི་དོ་ཟླར་བྱས། །རིག་སྔགས་གྲུབ་པ་པདྨ་ཨ་ཀ་རའི། །རྗེས་སུ་འབྲངས་པའི་སྔགས

འཆང་བྱེ་བ་བརྒྱུས། །འགྲོ་མང་རིག་འཛིན་གྲལ་དུ་བཙུག་པ་ལ། །སྨྲ་འགྱུར་གསང་སྔགས་རྙིང་མའི་གྲགས་པ་དཀར། །དེ་ལྟར་བསྟན་པའི་ཉི་མ་འོད་འབར་བ། །འདོད་པའི་དབང་ཕྱུག་གཟུགས་གཞན་ཟློས་པའི་གར། །སྡིག་སྤྱོད་དར་མའི་སྒྲ་གཅན་གདོང་པ་ཡིས། །སྨུན་པའི་རྒྱལ་ཁམས་བཞིན་དུ་ནག་པོར་བསྒྲིབས། །དབུས་གཙང་མི་བཅུར་གྲགས་པའི་དེད་དཔོན་གྱིས། །བསླབ་གསུམ་ཡིད་བཞིན་ནོར་བུ་ཁམས་ནས་བླངས། །བཤད་སྒྲུབ་རྒྱལ་མཚན་རྩེ་ལ་དབུས་གཙང་དུ། །བཀོད་པས་དག་པའི་ཞིང་ཞེས་སྙན་པར་གྲགས། །མི་བདག་ཡེ་ཤེས་འོད་ཀྱི་བཀའ་དྲིན་ལས། །རིན་ཆེན་བཟང་པོས་མདོ་སྔགས་ཡོངས་འདུ་ཡི། །ལྗོན་པ་གངས་ཅན་ལྗོ་བར་སྤྱན་དྲངས་པས། །བོད་ཡུལ་རི་བའི་བྲུམ་པ་བདུད་རྩིས་གང་། །ལྷ་བཙུན་བྱང་ཆུབ་འོད་ཀྱི་ཐུགས་བསྐྱེད་རྟ་བདུན་གྱིས། །ཨ་ཏི་ཤ་མར་མེ་མཛད་དཔལ་ཉི་མའི་དཀྱིལ་འཁོར་མཆོག །གངས་ཅན་མཁར་དྲངས་བློ་གསལ་པདྨོ་ཡི། །འདབ་བརྒྱ་ཕྱོགས་སུ་འཛུམ་ལ་བཀའ་གདམས་ཟེར། །བླ་ཆེན་ཤཱཀྱ་ཡེ་ཤེས་འབྲོག་གི་མ་དྲོས་ཆུ་གཏེར་ལས། །སྲས་ཀྱི་ཆུ་བོ་བཞི་ལས་འབར་དགྲ་ལྷ་འབར། ཞང་སྟོན་ཆོས་འབར་གཉིས་ཀྱིས། །སྨིན་གྲོལ་གདམས་པའི་ཆུ་བོ་མ་ལུས་པ། །ས་སྐྱའི་བླ་ཆེན་ཡིད་བཞིན་རྒྱ་མཚོར་དྲངས། །འཇམ་པའི་དབྱངས་བདུན་རྫོགས་པའི་རོལ་མོ་ཡིས། །ས་གསུམ་སྣང་བ་བདུད་རྩིས་བཀང་ཡང་འདིར། །ཕྲག་དོག་སྨུན་པའི་ཁྲུང་བུར་སྤྲུལ་བཞིན་དུ། །གནས་པ་མང་པོའི་སྙིང་ལ་ཚེར་མ་བཙུག །གཡག་སངས་རྒྱས་དཔལ་རོང་སྟོན་ཤེས་བྱ་ཀུན་རིག་འཆི་མེད་གཞོན་ནུའི་བློ་གྲོས་ལམ་ཡངས་པོར། །གོ་བོ་རབ་འབྱམས་ཤཱཀ་ཤཱཀྱ་མཆོག་ལྡན་ཉི་ཟླ་ཟུང་གི་ཟློས་གར་ལས། །བློ་གསལ་ཆུ་ལས་སྐྱེས་དང་ཀུ་མུ་དའི། །དགའ་ཚལ་གངས་ཅན་ལྗོ་བར་བྱེད་པོས་བཀྲམ། །གངས་རི་ཅན་གྱི་དཔལ་ལྡན་རྡོ་རྗེའི་གདན། །ས་སྐྱའི་ཟུར་ཆེན་ཀུན་དགའ་རྣམ་གཉིས་ལས། །ངོར་རྫོང་གཉིས་ཞེས་གངས་ཀྱི་བློ་གྲོས་མའི། །ལྗོ་བར་ཆུ་ཀླུང་སྨིན་གྲོལ་མཁྲིན་པ་བཞིན། །ཀུན་དགའི་འཕྲིན་ལས་བུམ་བཟང་གཉིས་པོ་ཡིས། །གངས་ཅན་རྡོ་རྗེའི་རིགས་གཅིག་ཏུ་བྱས་ཏེ། །རིག་ལྡན་མ་གྲགས་བཞི་རིགས་གཅིག་ཉིད་དུ། །བྱས་པས་རིག་ལྡན་ཞེས་པ་རྒྱལ་བས་བརྗོད། །ནཱ་རོ་མཻ་ཏྲི་གདམས་པ་མཐོ་རིས་ཀླུང་། །ཆོས

ཀྱི་བློ་གྲོས་བདེ་འབྱུང་རལ་པའི་ནགས། །བརླལ་བར་འཁྲུམས་སོང་བཀའ་ཆེན་བཞི་དྲངས་ཤིང་། །མི་ལའི་དྲིན་ལས་སྒྲུབ་བརྒྱུད་བསྟན་པ་འཕེལ། །དེ་ལྟར་སྣ་ཚོགས་གྲུབ་པའི་མཐའ་མང་ཡང་། །སྐྱོན་མེད་ལུང་དང་རིགས་པ་མན་ངག་གིས། །གྲུབ་པ་ས་སྐྱའི་འཛམ་མགོན་བཀའ་སྒྲོལ་ཏེ། །འདི་མཆོག་ལེགས་པར་སེམས་ལྡན་སུ་མི་ཤེས། །ཐེག་པ་གསུམ་དང་མཐའ་ཡས་གྲུབ་མཐའ་ཀུན། །སྣ་ཚོགས་ཁམས་ཀྱི་རིམ་པ་དང་འཚམས་པར། །རྒྱལ་བས་ཉོན་མོངས་སྣ་རེའི་གཉེན་པོ་རུ། །གསུངས་པ་ཤ་སྟག་དོར་དུ་རུང་བ་མེད། །ཇི་ལྟར་སྨན་པ་མཁས་པའི་སྨན་རྐྱལ་ནང་། །སྣ་ཚོགས་སྨན་གྱི་དབྱེ་བ་མཐའ་ཡས་ཀྱང་། །ནད་རེའི་གཉེན་པོར་འགྲོ་བ་ཤ་སྟག་ལས། །དོར་དུ་རུང་བ་ཅི་ཡང་མེད་པ་བཞིན། །དེ་ལྟར་ནའང་སྨན་རྣམས་ནང་ཕན་ཚུན། །ལྟོས་ནས་སྨན་མཆོག་ནུས་པ་ཤིན་ཏུ་ཆེ། །བསྟན་ལ་མི་ཕྱེད་དད་པའི་ཀློང་ཡངས་པོར། །བློ་གྲོས་རི་ཡི་དབང་པོར་ཕྲག་དོག་པའི། །ནོར་འཛིན་སྐྱོང་བ་ཕུན་ཚོགས་རྣམ་རྒྱལ་གྱིས། །གསེར་གྱི་མཎྜལ་དང་བཅས་བསྐུལ་བའི་ངོར། །གངས་ཅན་བསྟན་པའི་བདག་པོ་ས་སྐྱ་པ། །བརྒྱུད་པར་བཅས་ལ་ཤེས་ནས་དད་ཐོབ་པ། །སྡེ་སྟོད་གསུམ་པ་ཀྲྀཥྞ་བི་ཛ་ཡ། །མཁྱེན་པར་ལེགས་བཤད་བདུད་རྩིའི་རྒྱུ་གཏེར་རྫོལ། །གསུང་རབ་ཡིད་བཞིན་རྒྱ་མཚོ་ལས་འོངས་པའི། །ལེགས་བཤད་ནོར་བུའི་དོ་ཤལ་ཡིད་འཕྲོག་པ། །སྡེབ་ལེགས་ཚིག་གི་སྲད་བུ་ལ་བརྒྱུས་ནས། །དེ་རིང་ས་སྐྱོད་མཁྱེན་པའི་རྒྱན་དུ་འཕོས། །འདི་ཡི་ཉེས་གང་བདག་བློ་རྨོངས་པའི་འབྲས། །ལེགས་པའི་ཆ་ཀུན་བླ་མ་དམ་པའི་དྲིན། །ཉེས་པར་བཤད་ནས་སྒོ་གསུམ་སྡིག་པ་དང་། །ལྷན་ཅིག་བླ་མའི་སྤྱན་སྔར་མཐོལ་ཞིང་བཤགས། །ཚུལ་འདི་འབད་པས་རྣམ་དཀར་དགེ་བ་གང་། །དུས་གསུམ་དགེ་ཚོགས་གཅིག་ཏུ་བསྡོམས་པའི་མཐུས། །མཁའ་མཉམ་འགྲོ་བའི་ལས་ཉོན་ཀུན་བསལ་ནས། །ཀུན་མཁྱེན་སྐུ་ལྔའི་གྲོང་དུ་འཁྲིད་པར་ཤོག །

ཅེས་པ་འདི་ནི་སྐྱེས་སྦྱངས་ཀྱི་རྣམ་དཔྱོད་མཁའ་ལྟར་ཡངས་ཤིང་། རིགས་རུས་ཆོ་འབྲང་སོགས་མཐོ་རིས་ཀྱི་ཡོན་ཏན་མང་པོའི་རྒྱན་གྱི་མཛེས་པའི་དབང་ཕྱུག་ཕུན་ཚོགས་རྣམ་རྒྱལ་གྱིས་བསྐུལ་བའི

ངོར་དགེ་སློང་སྨེ་སྟོད་འཛིན་པ་ཆོས་རྣམ་རྒྱལ་གྱིས་ཐུབ་བསྟན་རྣམ་པར་རྒྱལ་བའི་དགོན་པར་སྦྱར་བའི་ཡི་གེ་པ་ནི་མི་ཉིའི་རྡྲམྨ་ཀིརྟས་གྲུས་པར་བགྱིས་སོ། ། ། །ཚུལ་འདི་བསྟན་པའི་སྣང་བྱེད་ས་སྐྱ་པའི། །འཕྲིན་ལས་སྐྱོང་བ་སངས་རྒྱས་བཟང་པོ་པས། །རྗེས་འཛུག་དོན་གཉེར་ཕན་ཕྱིར་བསྐུལ་བར་བརྟེན། །སྨེ་དགེ་ལྷུན་གྲུབ་སྟེང་ནས་པར་དུ་སྤེལ། ། ། །སརྦ་མངྒ་ལཾ། །

༄༅། །ཨརྻཤྲཱིཛྙཱནཀླཱཡམུཁབནྡནམམཧཏྨཀོནིམུནིཤཱསནབིཛཡསཱུགཏིསཱུསནིགྲམོཀྲིཏིསྟོ
ཀཾབཙནབིཛཧཏྭཾ། །

༄༅། །ཆོས་གྲྭ་ཆེན་པོ་ཐུབ་བསྟན་རྣམ་རྒྱལ་གྱི་རྟེན་གདན་རབས་དང་བཅས་པའི་
ལོ་རྒྱུས་མདོ་ཙམ་བརྗོད་པ་ངོ་མཚར་དད་པའི་
སྒོ་འབྱེད་ཅེས་བྱ་བ་བཞུགས་སོ། །

མི་ཕམ་ངག་གི་དབང་ཕྱུག

ན་མསྶྲཱ་རྡྷེ་པུཎྜེ་སིདྡྷ་ཡ། གང་ཞིག་ཚོགས་གཉིས་དཔལ་གྱིས་བསྐྲུན་པའི་རྣལ་འབྱོར་ཆོས་ཀྱི་སྐུ་ཞི་བ། །བསམ་གྱིས་མི་ཁྱབ་དབྱིངས་ལ་རེས་བཞུགས་མཐའ་ཡས་ཡོན་ཏན་ཚོགས་ཀྱི་གཏེར། །སྙིང་རྗེའི་གཟུགས་རྣམ་བྱེ་བར་འཕྲོ་བའི་འཕྲིན་ལས་རྟག་པའི་འཁོར་ལོ་ཅན། །ཞི་བསིལ་བདུད་རྩིའི་སྒོ་མོ་འབྱེད་མཁས་རྒྱལ་བ་མཆོག་དེས་ཤིས་པ་སྩོལ། ༡། རབ་འབྱམས་ཁམས་ཀྱི་ངོ་མཚར་སྙིང་པོ་གཅིག་ཏུ་བཀོད་འདྲའི་མཚན་དཔེའི་དཔྱིད། །དམར་སེར་འོད་ཀྱི་དྲ་བས་རྣམ་མཛེས་བཙུ་དྲུག་ལང་ཚོའི་འཛེ་སྣེག་འཆང་། །དྲན་པ་ཡིས་ཀྱང་སྙིང་གི་མུན་བཅིལ་བློ་མཆོག་སྣང་བའི་དཔལ་སྟེར་བ། །རྒྱལ་བའི་ཡབ་གཅིག་འཇམ་དཔལ་གཞོན་ནུ་ཡིད་ཀྱི་ཐིག་ལེར་དགྱེས་པར་རོལ། ༢། ཟླ་བའི་འཁྲི་ཤིང་རླུང་གིས་བསྐྱོད་པ་མ་ཡིན་དེ་ཡི་མཛེས་པ་འཛིན། །བཙུ་དྲུག་དགའ་བས་མྱོས་པའི་ལང་ཚོས་རྒྱལ་ཀུན་རྗེས་ཆགས་དགྱེས་པ་བསྐྱུལ། །རིན་ཆེན་གདུ་བུའི་སྒྲ་དང་རྒྱུད་མངས་གདངས་ལས་ཆོས་ཀུན་གླུར་ལེན་མ། །སྒྲ་མཁས་ཡོངས་ཀྱི་ལྷ་གཅིག་སུ་ར་སུ་སྟི་ངག་གི་མཆོག་སྦྱིན་མཛོད། ༣། འདི་ན་ཐུབ་བསྟན་རྒྱ་མཚོའི་སྙིང་པོ་འཁྲུལ་མེད་བཤད་དང་སྒྲུབ་པ་ཡི། །འཕྲིན་ལས་སྣང་བས་ཆེས་ཆེར་གསལ་ལ་རྒྱལ་ཀུན་མཁྱེན་བརྩེ་ནུས་པའི་གཟུགས། །མཁས་ཤིང་གྲུབ་པའི་ངོ་མཚར་བརྒྱུས

སྒྲིག་ས་སྐྱ་པ་ཞེས་གྲགས་དཀར་གྱི། །འོད་ཞགས་རིང་པོས་འཛིན་མའི་ཁྱོན་བཅིངས་སྐྱེ་རྒུའི་གདུང་སེལ་མཆོག་རྣམས་བསྡུགས། ༤། ཁྱད་པར་རབ་བསིལ་ཁ་བའི་གོས་གྱོན་བྱང་ཕྱོགས་ནོར་འཛིན་དཔལ་མོའི་བཞིན། །རྨོངས་ཆེན་ར་རི་སྟུག་པོས་སྦྲགས་གང་མཁྱེན་པའི་ཆབ་ཀྱིས་ལེགས་བཀྲུས་ཏེ། །བཅུ་ཕྲག་རིག་གཞུང་ནོར་བུའི་རྒྱན་ཕྲེང་མཚར་བས་མཆོག་ཏུ་མཛེས་བྱེད་པ། །འཛམ་དབྱངས་བླ་མ་ས་སྐྱ་ལོ་ཙྪའི་ཞབས་སེན་ཨུཏྤལ་ཐོད་དུ་འཆིང་། ༥། འཇིགས་བྲལ་མཁྱེན་རབ་འོད་ཀྱི་ཐུར་མས་རབ་འབྱམས་གཞུང་བརྒྱའི་ཨུཏྤལ་ཕྱེ། །ལུང་དང་རིགས་ཚུལ་བྱེ་བའི་ཟེར་གྱིས་ལོག་སྨྲའི་མུན་པ་མིང་མཐར་བཅིལ། །ངོ་མཚར་འཕྲིན་ལས་སྣང་བ་དཀར་པོས་ཐུབ་བསྟན་ས་གསུམ་ཉིན་མོ་མཛད། །སླ་བའི་ཉི་མ་གོ་རམས་ཆེན་པོས་འདི་ན་ཤེས་པའི་སྣང་བ་སྤེལ། ༦། གང་གི་རིང་ལུགས་རིན་ཆེན་གདུགས་མཛེས་ཟབ་དོན་ནོར་བུའི་འཕྱུར་འཕྱུལ་ཅན། །འཆད་མཁས་ངག་གི་ཡུ་བས་བཏེགས་པའི་ལེགས་བཤད་ལྷབ་ལྷུབ་ཕྱོགས་བརྒྱར་གཡོ། །རྩེ་གཅིག་སྒྲུབ་པའི་གྲིབ་བསིལ་ཡིད་འོང་ཡིད་ཀྱི་ངལ་འཚོར་ལེགས་བསྐྱེན་པའི། །བགྲང་ཡས་མཁས་དང་གྲུབ་པའི་ཚོགས་ཀྱི་ངོ་མཚར་ཡིད་ལ་རྗེས་སུ་དྲན། ༧། ཐུབ་མཆོག་ཏི་སེའི་གཙུག་ཏོར་ལས་བབས་ལུང་རྟོགས་བསྟན་པའི་ཆུ་བོ་བརྒྱ། །བཤད་སྒྲུབ་འཛིན་མར་གཅིག་ཏུ་འཁྱིལ་ལས་སྨོན་རབས་མཁས་མང་ངང་པའི་སྐྱེས། །ཕྱོགས་ལས་རྣམ་རྒྱལ་ལེགས་བཤད་དབྱངས་ཀྱིས་ས་གསུམ་ངོ་མཚར་ཁྲིས་པའི་གཞི། །སྡོམ་བརྩོན་ངུར་པ་བྱེ་བའི་སྐྱེ་འདི་སྐྱེ་རྒུའི་ལེགས་བྱས་ཞིང་གི་ཕུལ། ༨། གང་དེ་ངོ་མཚར་རྟེན་དང་བཅས། །བསོད་ནམས་ས་གཞིར་འཁྲུངས་པའི་ཚུལ། །མདོ་ཙམ་འགྲོ་ལ་དད་པའི་སྒོ། །འབྱེད་པའི་ལྡེ་མིག་འདྲ་བ་བརྗོད། ༩། གང་ཞིག་ཐོས་པས་ཡིད་ཀྱི་མེ་ལོང་ལ། །དགེ་ལེགས་རི་མོ་གསར་དུ་འགོད་བྱེད་པའི། །གཏམ་དེ་དོན་མཐུན་རྣ་བར་རྒྱ་མཚོའི་བཞིན། །ཐར་པ་འདོད་རྣམས་གཅིག་ཏུ་མཉན་པར་རིགས། ༡༠།

དེ་ཡང་བདག་ཅག་གི་སྟོན་པ་ལྷ་དང་བཅས་པའི་འཇིག་རྟེན་ཐམས་ཅད་ཀྱི་སྐྱོབ་པ་བླ་ན་མ་མཆིས་པ་སྟོབས་བཅུའི་དབང་ཕྱུག་ཉི་མའི་གཉེན་གྱིས་ལེགས་པར་གསུངས་པའི་བསྟན་པ་རིན་པོ་ཆེ་ནི་ལུས་ཅན་ཀུན་གྱི་ཕན་བདེའི་འདོད་རྒྱུ་ཡིད་བཞིན་དུ་འཛད་པའི་གཏེར་ཆེན་པོར་ལྷུན་གྱིས་གྲུབ་པའི

ཕྱིར། རི་གདངས་ཀྱི་གོས་དཀར་འཛིན་པས་ཁོར་ཡུག་ཏུ་ཁྱབ་པའི་ཞིང་ཁམས་འདིར་ཡང་རྒྱལ་བ་ཉིད་ཀྱི་དཔལ་གྱི་མགུར་ནས་ཇི་ལྟར་ལུང་བསྟན་པ་བཞིན་སྤྲུལ་པའི་རྒྱལ་བློན་བྱང་ཆུབ་སེམས་དཔའ་རྣམས་དང་། ལོ་པཎ་ཆོས་ཀྱི་སྤྱན་ལྡན་རྣམས་ཀྱི་སྔོན་གྱི་སྨོན་ལམ་དང་དཔག་པར་དཀའ་བའི་མཛད་པའི་སྟོབས་ལས་དབུ་བརྙེས་སྲོལ་བཏོད་དར་རྒྱས་སུ་གྱུར་ཏེ་མཁས་ཤིང་དངོས་གྲུབ་བརྙེས་པའི་སྐྱེས་བུ་རྒྱ་མཚོའི་རྟུལ་སྐྱེད་ཀྱིས་འཆད་པ་དང་། སྒྲུབ་པ་དང་། རྒྱལ་བ་དགྱེས་པའི་འཕྲིན་ལས་རྨད་དུ་བྱུང་བས་ལེགས་པར་བསྒྲུངས་པའི་བཀའ་སྲོལ་མཐའ་ཀླས་པ་དབྱར་དུས་པདྨའི་ཚལ་ཆེན་རྣམ་པར་བཀྲ་བ་ལྟར་གྱུར་པའི་ནང་ནས་རྒྱལ་མཚན་གྱི་ཏོག་ལྟར་འཕགས་པ་ནི། རྒྱལ་བ་རིགས་གསུམ་གྱི་མགོན་པོའི་ཡེ་ཤེས་ཀྱི་སྒྱུ་འཕྲུལ་མིའི་གར་དུ་ཟློས་པ། མཁས་པ་དང་གྲུབ་པ་ཡོངས་ཀྱི་གཙུག་གི་ནོར་བུས་ཞབས་བརྟེན་གྱི་པདྨ་ལ་ཕྱག་བྱས་པ། གངས་ཅན་བསྟན་པའི་བདག་པོ་རྗེ་བཙུན་ས་སྐྱ་པ་ཡབ་སྲས་ཀྱིས་ལེགས་པར་སྲོལ་ཕྱེ་བའི་རིང་ལུགས་བཟང་པོ་འདི་ཁོ་ནར་ལུང་དང་རིགས་པ་དང་མན་ངག་ཚད་མས་གྲུབ་ལ། གང་དེའི་བྱིན་རླབས་ཀྱི་བཀའ་བབས། དོན་དམ་གྱི་ལྟ་བ། ཀུན་རྫོབ་ཀྱི་གྲུབ་མཐའ། བཤད་སྒྲུབ་ཀྱི་ཕྱག་ལེན། གསུང་རབ་ཀྱི་འགྲེལ་ཚུལ་ཐམས་ཅད་འཁྲུལ་བའི་དྲི་མ་ཕྲ་མོས་ཀྱང་མ་གོས་པར་འཆད་པ་དང་། རྩོད་པ་དང་། རྩོམ་པ་ལ་སོགས་པའི་འཕྲིན་ལས་རྨད་དུ་བྱུང་བས་འཛིག་རྟེན་ན་ཉིན་མོ་ལྟར་གསལ་བར་མཛད་པ་པོ་ནི་ཀུན་མཁྱེན་ཆོས་ཀྱི་རྒྱལ་པོ་གོ་རམས་བསྟན་པའི་ཉི་མ་བསོད་ནམས་སེང་གེ་ཞེས་སྒྲིབ་པ་མེད་པའི་མཚན་གྱི་ངེས་པ་ས་གསུམ་ན་མངོན་པར་གསལ་བ་དེ་ཉིད་དེ། འདི་ནི་ངེས་པའི་དོན་དུ་རྒྱལ་བ་ཐམས་ཅད་ཀྱི་མཁྱེན་པའི་སྣང་བརྙན་མགོན་པོ་འཇམ་པའི་དབྱངས་ཉིད་དྲང་བའི་དོན་དུ་སྨྲ་མཐའ་ཡས་པའི་བློ་གྲོས་ལ་སོགས་པ་པཎ་གྲུབ་དུ་མའི་ཚུལ་བཟུང་བའི་མཐར་རྗེ་བཙུན་འཁྲུལ་པའི་དྲི་མ་ཟད་པ་གྲགས་པ་རྒྱལ་མཚན་གྱི་སྐུར་བསྟན་ཏེ་བསྐལ་བཟང་གི་འགྲོ་བ་མཐའ་ཀླས་པ་སྨིན་གྲོལ་ལ་བཀོད་ནས་སླར་ཡང་རང་གི་བསྟན་པ་སྤེལ་བའི་ཕྱིར་བསམ་བཞིན་དུ་མདོ་ཁམས་འབོམ་གྱི་ཡུལ་དུ་སྤྲུལ་པའི་བཀོད་པ་བཟུང་། གོ་བོ་རབ་འབྱམས་པ་ཤེས་རབ་དཔལ། རོང་སྟོན་ཤེས་བྱ་ཀུན་རིག ། ཀུན་མཁྱེན་སངས་རྒྱས་འཕེལ། རྡོ་རྗེ་འཆང་

ཀུན་དགའ་བཟང་པོ་ཡབ་སྲས་སོགས་མཁས་གྲུབ་མང་དུ་བསྟེན་ཏེ་རྒྱལ་བའི་གསུང་རབ་དགོངས་འགྲེལ་དང་བཅས་པ་ལ་ལེགས་པར་སྦྱངས་པའི་ཚུལ་བསྟན། ཤེས་བྱའི་དཀྱིལ་འཁོར་མཐའ་དག་ལ་མི་འཇིགས་པའི་སྤོབས་པ་བརྙེས། བླ་མ་དང་ལྷག་པའི་ལྷའི་ཡེ་ཤེས་ཀྱི་སྐྱུས་ཡང་ཡང་རྗེས་སུ་བཟུང་སྟེ་གསུང་གིས་དབུགས་དབྱུང་། དུས་གསུམ་གཟིགས་པའི་འདྲེན་པ་དག་གིས་རྒྱལ་བའི་བསྟན་པ་ལ་འཕྲིན་ལས་གཞལ་དུ་མ་མཆིས་པ་འབྱུང་བར་ལུང་བསྟན། མངོན་པར་ཤེས་པའི་རོལ་པས་རྩེ་ཞིང་གཟུངས་དང་ཏིང་ངེ་འཛིན་གྱི་སྒོ་དུ་མ་མངོན་དུ་གྱུར། རྒྱལ་བའི་གསུང་རབ་མཐའ་དག་དང་དེ་དག་གི་དགོངས་འགྲེལ་འཕགས་པའི་ཡུལ་གྱི་ཤིང་རྟ་ཆེན་པོ་རྣམས་ཀྱི་གཞུང་ལུགས་ཀྱི་ཚིག་དོན་ལ་མ་རྟོགས་པ་དང་། ལོག་པར་རྟོག་པ་དང་། ཐེ་ཚོམ་གྱི་དྲི་མ་མཐའ་དག་ལེགས་པར་བསལ་ནས། མཁས་པ་དུ་མའི་བློ་གྲོས་ཀྱི་སྤྱོད་ཡུལ་དུའང་མ་གྱུར་པའི་མདོ་སྔགས་ཀྱི་ཟབ་དོན་མཐའ་དག་དཔྱིས་ཕྱིན་པར་བཀྲལ་ཏེ་བསྟན་པ་སྤྱི་དང་བྱེ་བྲག་རྗེ་བཙུན་གོང་མའི་ཐུན་མོང་མ་ཡིན་པའི་བཀའ་སྲོལ་བཟང་པོ་སྲོག་མཐུད་པ་ལྟ་བུར་གྱུར་པ་སོགས་ངོ་མཚར་རྨད་དུ་བྱུང་བའི་རྣམ་པར་ཐར་པ་མཐའ་ཡས་པ་དག་ཇི་སྙེད་པ་ནི་བསམ་གྱིས་མི་ཁྱབ་པའི་སྤྱོད་ཡུལ་ཅན་གྱི་འཕགས་པ་དག་གིས་ཀྱང་གཞལ་བར་མི་ནུས་ན་གཞན་གྱིས་ལྟ་ག་ལ་ཞིག་སྟེ། ཐུན་མོང་དུ་སྣང་བ་རགས་པ་ཙམ་ཞིག་སྐུ་དངོས་དང་བརྒྱུད་པའི་སློབ་མ་ཆོས་ཀྱི་སྤྱན་རྟུལ་དང་བྲལ་བ་བདག་གིས་མཛད་པའི་རྟོགས་བརྗོད་བཅུ་གཉིས་ཙམ་མཆིས་པ་དེ་དག་ལས་ཤེས་པར་བྱ་ཞིང་། འདིར་ཆོས་གྲྭ་ཆེན་པོ་འདི་ཉིད་ཕྱག་བཏབ་ཚུལ་མདོ་ཙམ་བརྗོད་ན། དེ་ཡང་བདག་ཉིད་ཆེན་པོ་འདི་ཉིད་ཐོག་མར་དགུང་ལོ་སོ་ལྔ་བཞེས་པའི་ཚེ་འབྲས་ཡུལ་སྐྱེད་མོས་ཚལ་གྱི་ཆོས་གྲྭར་ཀུན་མཁྱེན་སངས་རྒྱས་འཕེལ་གྱི་རྒྱལ་ཚབ་མཛད་དེ་སྔ་ན་མེད་པའི་ལེགས་བཤད་ཀྱི་ཕྲེང་བས་མཁས་པའི་ཚོགས་རྣམས་སྤྲོ་བ་བསྐྱེད། དེ་ནས་དགུང་ལོ་སོ་བརྒྱད་བཞེས་པ་མེ་ཕོ་ཁྱིའི་ལོ་ཆོས་ཀྱི་རྗེ་བྱམས་ཆེན་སྐུ་སྐྱེ་བསོད་ནམས་ཆོས་ཀྱི་ཀུན་དགའ་བཀྲ་ཤིས་རྒྱལ་མཚན་དཔལ་བཟང་པོས་ནས་ཁལ་སྟོང་ར་ཅན་ལ་སོགས་པ་མཐུན་རྐྱེན་ཟད་མི་ཤེས་པ་སྦྱར་ཏེ་རྟ་ནག་གསེར་གླིང་གི་དགོན་པར་སྡེ་སྣོད་གཙོ་བོར་གྱུར་པའི་འཆད་ཉན་རླབས་པོ་ཆེ་བཙུགས། དེའི་ཚེ་རྡོ་རྗེ་གུར་

གྱི་མགོན་པོ་མིའི་རྣམ་པས་ཆོས་ཀྱི་གཏེར་དངོས་སུ་ཕུལ། ཀུན་མཁྱེན་ཆེན་པོའི་གསུང་གིས། ནཱ་ནེང་ངེད་ཀྱི་སྨི་ལམ་དུ་རྟ་ནག་གི་བྲག་ལྷ་བའི་རྩ་དེར་ས་སྐྱ་གུར་མགོན་གྱི་ཡིན་ཟེར་བའི་སྣར་ཆེན་པོ་ཞིག་འདུག ། དེ་གོ་བོ་རབ་འབྱམས་པས་འཆད་ཉན་འཛུགས་པ་འདི་ལ་ལྟ་བ་འདྲ། གྲྭ་ཚང་དེ་འགྲན་ཟླ་མེད་པ་ཞིག་འོང་ངེས་སོ་ཞེས་ལུང་བསྟན་གྱི་བདུད་རྩི་འཐོར་བར་ཡང་མཛད། གཙང་ཆེན་དོན་གྲུབ་རྡོ་རྗེ་དང་དཔོན་བྲུང་གཡུང་པ་ཚེ་དབང་བཀྲ་ཤིས་དཔོན་སློབ་གྱིས་ཀྱང་དབྱར་ཕོགས་དགུན་ཕོགས་ཀྱི་རྒྱུན་སོགས་བསྟན་པ་ལ་དད་པའི་འབྲོར་ལྡན་ཇི་སྙེད་པས་ཞབས་ཏོག་མཐའ་ཡས་པ་བསྒྲུབས་ཏེ་ལོ་ངོ་དྲུག་ཙམ་གྱི་བར་གསེར་གླིང་ཉིད་དུ་གཞི་མཛད། མདོ་མཁར། དགའ་བ་ཚལ། བྱམས་ཆེན་སོགས་སུ་བྱོན་པར་ཡང་ཡང་མཛད་དེ་འཆད་ཉན་ཤིན་ཏུ་འཕེལ་ཞིང་གྲྭ་ཚོགས་ཀྱང་ཇེ་ཆེར་རྒྱས། དེ་སྐབས་མཁས་གྲུབ་ཆེན་པོ་དོན་ཡོད་དཔལ་བས་ཟི་ལུང་དང་བྲག་དམར་ཆོས་སྡེའི་གདན་ས་མཛད་པར་ནན་གྱིས་ཞུས་ཀྱང་རྗེ་སེམས་དཔའ་ཆེན་པོས་དོན་ཡོད་དཔའ་བ་ཙམ་ལ་ལྟོས་དགོས་པའི་དགེ་བཤེས་ཁྲིད་མིན་པས་འཆད་ཉན་ཟུར་དུ་ཚུགས་ཞེས་གསུངས་པར་བརྟེན་ཞལ་གྱིས་མ་བཞེས་པས། ཕྱིས་ཟི་ལུང་གི་གདན་སར་པཎྜི་ཏ་ཆེན་པོ་ཤཱཀྱ་མཆོག་ལྡན་ཕེབས་ཏེ་དགོན་པའི་མཚན་ཐུབ་བསྟན་གསེར་མདོག་ཅན་དུ་གསོལ་བ་ཡིན་ནོ། །

དེ་ནས་བླ་མ་དང་ལྷག་པའི་ལྷའི་ལུང་བསྟན་བཞིན་ཆུ་ཕོ་འབྲུག་གི་ལོ་སྟོབས་ཀྱི་རྒྱལ་པོ་རིན་ཆེན་སྤུངས་པས་གནས་མཆོག་འདི་ཉིད་ཕྱག་ཏུ་ཕུལ་བ་ཡིན་ཏེ། དེའི་ཚུལ་ཅུང་ཟད་ཞིབ་ཏུ་བཤད་ན། དེ་ཡང་སྔར་གནས་འདིར་ཆོས་སྡེ་རྙིང་པ་ཞིག་ཡོད་ལ། དེ་ནི་སྟོན་འགྲོ་བའི་མགོན་པོ་འཕགས་པ་རིན་པོ་ཆེར་ཧིང་གིར་གནམ་གྱི་རྒྱལ་པོའི་བརྒྱུད་ལས་གོང་མ་སེ་ཆེན་རྒྱལ་པོས་ཐོག་མར་དབུས་གཙང་ཁྲི་སྐོར་བཅུ་གསུམ་དང་། དེ་ནས་བོད་ཡུལ་ཕུལ་བ་ནས་བཟུང་དཔལ་ལྡན་ས་སྐྱས་བོད་ཁམས་ཡོངས་ལ་མངའ་མཛད་དེ་ཁྲི་རབས་བདུན་དང་། དཔོན་རབས་ཉེར་ལྔའི་བར་དུ་བྱོན་ཏེ་མི་ལོ་བདུན་ཅུ་རྩ་གསུམ་ཙམ་བོད་ཆོས་བཞིན་དུ་བསྐྱངས་པའི་ཁྲི་རབས་དྲུག་པ་ཆོས་ཀྱི་རྗེ་དཔལ་ལྡན་བླ་མ་དམ་པ་བསོད་ནམས་རྒྱལ་མཚན་གྱིས། རྟ་ནག་འདིར་ཡུལ་གྱིས་བཅུད་ལ་ཕན་པའི་ཕྱིར་གཏེར་མང་དུ་སྦས།

རིན་ཆེན་རྩེའི་རྫོང་དང་ཆོས་སྡེ་ ལྷུན་གྲུབ་རྩེའི་རྫོང་དང་ཆོས་སྡེའང་འདི་དུས་བཏབ། བཏབ། གདན་སར་བླ་མ་དམ་པ་ཉིད་ཀྱི་དངོས་སློབ། བུ་སྟོན་ཐམས་ཅད་མཁྱེན་པའི་ཐུགས་སྲས་དགེ་བའི་བཤེས་གཉེན་འཇམ་དབྱངས་དཀར་པོའམ་མཚན་དངོས་རྒྱལ་མཚན་གྲགས་སུ་གྲགས་པ་བསྐོས། དེའི་རྗེས་སུ་སྐྱེས་མཆོག་ཨཱ་ནནྡ་པ་ རྒྱལ་བ་དགེ་འདུན་གྲུབ་ཀྱིས་གདོང་བཞི་པའི་སྐོར་གསན་པ་དེ་ཡིན། དང་། མཚུངས་མེད་དཔལ་འབྱོར་རྒྱལ་མཚན་གཉིས་ཀྱིས་རིམ་བཞིན་གདན་ས་མཛད། ཕྱི་མ་དེའི་སྐུ་ཚེའི་རྗེས་ལ་ཧ་ནག་ཚང་མ་རིན་སྤུངས་པའི་མངའ་ཞབས་སུ་ཆུད། དེའི་ཚེ་རང་བྱོན་པ་དང་། རིན་ཆེན་རྩེ་བ། ཨུ་རྒྱན་རྫོང་པ་གསུམ་གྱིས་ངོ་ལོག་རྩོམ་པ་དཔོན་བློན་གྱིས་དགོངས་ཏེ་དམག་གི་དཔུང་ཆེན་པོས་རིན་ཆེན་རྩེའི་རྫོང་བཟུང་། དཔོན་དོན་ཡོད་འཕགས་པ་འཁོར་བཅས་སྲིད་རིན་ཆེན་རྩེར་སྤྱུགས། མི་རིང་བ་ན་ཆོས་སྡེའི་གྲྭ་པ་ཁ་ཡར་གྱིས་སྤྱར་གྱི་མཆོད་ཡོན་གྱི་ཞེན་བྱས་རྫོང་ལ་བསླུས་བརྐམས་ཏེ་དཔོན་དོན་འཕགས་པ་ལ་གཏོད་རྒྱུའི་རྩིས་བྱས་པ་ལམ་དུ་མ་རྒྱུགས་པར་བརྟེན་རིན་སྤུངས་པའི་དམག་གིས་ཆོས་སྡེ་ཕལ་ཆེར་བཙེམ་མོ། །དེའི་ཚེ་དཔོན་བློན་གྱིས་རྗེ་འདི་རི་ཁྲོད་དུ་གདན་དྲངས། ཕྲུག་ཕྱིར་རྗེས་སངས་རྒྱས་རིན་ཆེན་དང་། ཀོང་སྟོན་ཆེན་པོ་སོགས་དཔོན་སློབ་བདུན་ཙམ་བྱོན། འབུལ་ནོད་མཐའ་ཡས་པ་མཛད་ཅིང་ཁྱད་པར་སྡེ་པའི་ཞུ་ཆར། རྗེ་ཉིད་ཁམས་ནས་བྱོན་ཏེ་ངོར་དུ་བཞུགས་པ་ལ་སོགས་པའི་གནས་སྐབས་ཐམས་ཅད་དུ་ནང་སོ་བདེ་གཤེགས་ཆེན་པོས་གསོལ་ཆས་འབུལ་བ་ལ་སོགས་པ་ཞབས་ཏོག་མཐའ་ཡས་པ་མཛད་པ་དེ། སྤྱིར་སངས་རྒྱས་ཀྱི་བསྟན་པ་ལ་ཕན་པ་དང་། ཁྱད་པར་རང་རེའི་མངའ་ཞབས་འདི་ཉིད་དུ་འཆད་ཉན་རླབས་པོ་ཆེ་མཛད་དེ་སྐུ་རིམ་པའི་དྭངས་མ་ཞིག་ཡོད་དུ་རེ་བ་དེ་ཡིན། དགོངས་པ་དེ་བཞིན་དུ་ཡོད་པ་ངེད་ཀྱིས་ཀྱང་སེམས་ཡུལ་དུ་བཞག་ནས་ཞབས་ཏོག་ཏུ་ཅི་འགྱུར་བྱས། ཤིང་ཕུང་མེད་ན་བྱ་ཚོགས་མི་འདུ་བའི་དཔེས་བཤད་ཉན་མཛད་པའི་གནས་རང་དབང་ཐོབ་པ་ཞིག་དགོས་པ་འདུག་སྙམ་པ་ཤར་ནའང་སྟར་ཕན་འབུལ་སྐབས་བདེ་བ་ཞིག་མ་བྱུང་། དེའི་སྐོར་ལ་རང་རེའི་སྡེ་པ་འདི་དུས་རྟག་ཏུ་དམག་གི་ལས་ཀ་བྱེད་པ་ཞིག་ཡོད་ནའང་དགོན་པ་དང་དགེ་འདུན་ལ་གནོད་འགལ་དུ་མི་འགྲོ་བ་རེ་བྱེད་ཀྱིན་ཡོད་པ་ཡིན་ནའང་། ཁ་སེང་རིན་

ཆེན་རྩེ་བའི་བཙུན་པ་རྣམས་བྱེད་པ་ངན་པར་བརྟེན་ཆོས་སྡེ་ཡ་གི་བརླག་གྱུག་ཏུ་སོང་བ་ཤིན་ཏུ་ཞེ་གནོང་བ་ཡོད། ད་ཡ་གི་གསོར་ཆུད་པ་ཞིག་དགོས་རྒྱུར། སེར་མོ་བཀྲང་ཚང་བ་ཙམ་གྱིས་དོན་མ་ཚང་། བཤད་སྒྲུབ་ཀྱི་བསྟན་པ་སྐྱོང་བ་ཞིག་དགོས། དེ་ཙན་དགོན་པ་ཡ་གི་ཁྲིད་ལ་འབུལ་བ་ཡིན་པས་ཞུ་བ་ཡང་ཡང་བསྐྱར་མི་དགོས་པ་ད་ལན་གྱི་ཐེབས་གཅིག་པོ་འདི་ལ་བཞེས་པའི་ཞལ་བཞེས་ཡོད་པ་དགོས་ཞེས་གསོལ་བ་ན། བསྟན་པ་དང་སེམས་ཙན་ལ་ཕན་བདེ་གཞལ་དུ་མེད་པ་འབྱུང་བར་དགོངས་ནས་དགྱེས་བཞིན་དུ་ཞལ་གྱིས་བཞེས་ཏེ་ལོ་དེའི་ཧོར་ཟླ་བཅུ་གཉིས་པའི་ནང་དུ་སྡེ་སྣོད་འཛིན་པའི་འཁོར་ཚོགས་རྒྱ་མཚོས་མདུན་བདར་ཏེ་གནས་འདིར་ཕེབས། ཟླ་བ་དེའི་དཀར་ཕྱོགས་ཀྱི་རྒྱལ་བ་གཉིས་པའི་ཉིན་ཡངས་པའི་ས་ཆེན་པོར་སྟོབས་ཀྱི་དཔུང་པས་འཁྲུད་པའི་མིའི་དཔའ་བོ་དོན་གྲུབ་རྡོ་རྗེ་མཆོད་པའི་སྦྱིན་ཕྱུང་མཐའ་ཀླས་པ་དང་བཅས་ཁ་བ་རི་བའི་ཐུབ་པའི་རྒྱལ་ཚབ་ཆེན་པོར་མངའ་གསོལ། དེ་ཉིན་ཚོགས་སུ་སྡེ་སྣོད་འཛིན་པ་ཆེན་པོ་ཤཱཀྱ་བློ་གྲོས་དང་། རབ་འབྱམས་སྨྲ་བ་མགོན་པོ་དབང་ཕྱུག་གཉིས་ཆོས་འཁོར་ལ་འབེལ་གཏམ་ལ་བཞེངས། ཤཱཀྱ་བློ་གྲོས་པས་ལེགས་བཤད་ཀྱི་མཚོ་ཆེན་པོ་དགག་སྒྲུབ་ཀྱི་རྣབས་ཕྲེང་ཆལ་ཆིལ་དུ་གཡོ་བར་མཛད་ཅིང་། མགོན་པོ་དབང་ཕྱུག་པས་ཕྲ་ཞིབ་རིགས་པའི་སྒྱུ་འཕྲུལ་གློག་གི་གང་བཞིན་རྩེན་པས་དེར་ཚོགས་པའི་བློ་གསལ་མཐའ་དག་ཡིད་སྨྲོ་བར་གྱུར་ཏེ། དགོན་པའི་མཚན་ཡང་དཔལ་ཐུབ་བསྟན་རྣམ་པར་རྒྱལ་བ་ཞེས་རྗེ་ཉིད་ཀྱིས་འདོགས་པར་མཛད་ཅིང་། འཛམ་གླིང་མཛེས་པར་བྱེད་པ་དཔལ་གྱི་སྡེ་ཞེས་ཕྱིས་ནས་བསྟན་པར་སྣང་ངོ་། ། དེ་དུས་དགོན་པ་རྩིས་བཞེས་ཙམ་མཛད་ནས་སླར་གསེར་གླིང་ཉིད་དུ་ཕེབས། དེ་ནས་ཧོར་ཟླ་གཉིས་པའི་ནང་དུ་གནས་འདིར་ཕྱག་ཕེབས། སྤྱི་ཁང་དང་སྒྲོས་ཁང་སོགས་ཞུ་མི་སོ་སོར་མཁར་ལས་ཀྱི་ཞལ་ཏ་དང་བཅས་ཁ་ཅིག་ལ་ཁང་ཤུལ་དང་ཕལ་ཆེར་ལ་ཁང་ས་གནང་ཞིང་། འདུ་ཁང་འདི་དང་པོ་སྒོ་ལྔ་བསྟན་ཡིན་འདུག་པ་ལ་ཤར་དུ་ཀ་བསྐར་གཅིག་དང་ལྷོར་ཀ་བསྐར་གཉིས་བསྐྱེད་ནས་སྒོ་ཤར་བསྟན་གྱི་དགོངས་པ་མཛད་དེ་དཔོན་སློབ་རགས་བསྡུས་ཀྱིས་སའི་ཆོ་གའང་རྒྱས་པར་མཛད་དེ། སྟོན་པ་མྱ་ངན་ལས་འདས་པའི་ཚུལ་བསྟན་ནས་ལོ་སུམ་སྟོང་དྲུག་བརྒྱ་དང་ལྔ་འདས་

ཞིང་། བོད་ཀྱི་ཡུལ་དུ་དམ་པའི་ཆོས་ཀྱི་དབུ་བརྙེས་ནས་ལོ་ཆིག་སྟོང་བརྒྱ་དང་ང་བཞི་འདས་པ་རབ་བྱུང་བརྒྱད་པའི་རྣམ་རྒྱལ་ཞེས་པ་ཆུ་མོ་སྦྲུལ་གྱི་ལོ་ཡོན་ཏན་རིན་པོ་ཆེ་དུ་མའི་འབྱུང་གནས་དཔལ་ཐུབ་བསྟན་རྣམ་པར་རྒྱལ་བའི་ཆོས་གྲྭ་ཆེན་པོ་ཕྱག་བཏབ་བོ། །བཤད་སྒྲུབ་ཆོས་ཀྱི་སྒོ་མོ་སྟོང་ཕྱེ་བའི། །ཡོངས་རྫོགས་ཐུབ་བསྟན་ནོར་བུའི་བ་གམ་ཆེ། །མཁས་མང་ལེགས་བཤད་རོལ་མོས་རྩེ་བའི་གནས། །རྣམ་པར་རྒྱལ་བྱེད་གཉིས་པ་ས་འདིར་འཁྲུངས། ། དེ་ནས་གནས་འདིར་སྙན་པའི་དྲི་བསུང་གིས་རིང་ནས་བོས་པའི་སྐལ་བཟང་གི་གདུལ་བྱ་ཕྱོགས་མཐའ་དག་ནས་སྤྲིན་བཞིན་དུ་འདུས་པ་རྣམས་ལ་ཟབ་པ་དང་རྒྱ་ཆེ་བའི་མདོ་སྔགས་ཀྱི་ཆོས་ཀྱི་འཁོར་ལོ་རྒྱུན་མི་འཆད་པར་བསྐོར་བས་ལུང་རིགས་སྨྲ་བས་ནོར་འཛིན་གྱི་ཁྱོན་ཐམས་ཅད་ཁྱབ། མདོ་རྒྱུད་རྒྱ་མཚོའི་ཟབ་དོན་འབྱེད་པའི་ངོ་མཚར་རྨད་དུ་བྱུང་བའི་བསྟན་བཅོས་ཀྱི་ཚོགས་མཐའ་ཡས་པ་མཛད། མདོ་སྔགས་ཡོངས་སུ་རྫོགས་པའི་བསྟན་པ་རིན་པོ་ཆེ་ནམ་ལངས་པ་ལ་ཉི་མ་ཤར་བ་ལྟར་ཕྱོགས་ཐམས་ཅད་དུ་གསལ་བར་མཛད་དེ་གངས་རིའི་ཁྲོད་འདིར་ཐུབ་པའི་དབང་པོ་ཉིད་སླར་བྱོན་པ་ལྟ་བུར་གྱུར་ཏོ། །གཞན་ཡང་སྐབས་སྐབས་སུ་ཁྲི་བྱ། བོ་དོང་། བཞད། མཆིམས་བདེ་ཆེན་སོགས་སུའང་ལས་ལྡན་གྱི་གདུལ་བྱ་མཐའ་ཀླས་པའི་བསོད་ནམས་ཀྱི་མགྲོན་དུ་བྱོན་ཏེ་ཕན་བདེའི་འཕྲིན་ལས་མཛད། ཁྱད་པར་དགུང་ལོ་ང་ལྔ་པ་ཆུ་མོ་ཡོས་ཀྱི་ལོ་འོག་མིན་གཉིས་པ་དཔལ་ཨེ་ཝཾ་ཆོས་ལྡན་དུ་ཐོན་དུས་ཀྱི་རྡོ་རྗེ་འཆང་ཀུན་དགའ་བཟང་པོས་ཆོས་ཀྱི་ཁྲི་ལ་བཞུགས་ཏེ་ལོ་ངོ་བཞིའི་བར་དུ་ཟབ་གསང་རྡོ་རྗེ་ཐེག་པའི་སྨིན་གྲོལ་མན་ངག་གི་སྒོ་ཕྱེ་སྟེ་སྐལ་བཟང་གི་གདུལ་བྱ་མཐའ་ཡས་པ་སྨིན་གྲོལ་ལ་བཀོད། དེ་ལྟར་བསྟན་པ་དང་འགྲོ་བའི་དོན་དཔག་ཏུ་མེད་པ་མཛད་ནས་མ་འོངས་པའི་རྟེན་འབྲེལ་ཁྱད་པར་ཅན་བསྒྲིག་པའི་ཕྱིར་ས་ཕོ་སྤྲེལ་གྱི་ལོ་དཔོན་སློབ་བདུན་བརྒྱ་ཙམ་དང་བཅས་གདན་ས་ཆེན་པོ་དཔལ་ལྡན་ས་སྐྱར་བྱོན། འདུས་པའི་ཚོགས་ཉིས་སྟོང་བཀྲལ་བར་གསེར་གྱི་འགྱེད་གྱུ་ནོམ་པ་དང་། ཡེ་ཤེས་པ་དངོས་སུ་བཞུགས་པའི་རྟེན་འབྲེལ་གསུམ་ཁྱད་པར་ཅན་རྣམས་ཀྱི་སྨྱུན་སྔར་མར་ཁལ་ལྔ་བརྒྱའི་དཀར་མེ་ལ་སོགས་པ་ཀུན་ཏུ་བཟང་པོའི་སྤྲུ་འཕྲུལ་ལ་འགྲན་པར་བཟོད་པའི་མཆོད་པའི་སྤྲིན་ཕུང་

མཐའ་ཀླས་པ་མངོན་པར་མཆོད་དེ་བསྟན་པ་རྒྱས་པ་དང་སེམས་ཅན་ལ་ཕན་བདེ་གཞལ་དུ་མེད་པ་འབྱུང་བའི་སྨོན་ལམ་རླབས་པོ་ཆེ་མཛད། བསྟན་པ་དམ་པའི་ཆོས་སྐྱོང་བའི་སྲུང་མ་ཡེ་ཤེས་ཀྱི་སྤྱན་ལྡན་རྣམས་ལའང་མཆོད་གཏོར་སྤྱན་གཟིགས་དཔག་ཏུ་མེད་པ་ཕུལ་ཏེ་བཀའ་བསྒོས་འཕྲིན་ལས་གཉེར་དུ་བཏད་དེ་ཐུགས་ཀྱི་བཞེད་པ་ཡོངས་སུ་རྫོགས་པར་འགྲུབ་ནས་ཚུར་ལམ་སྔོན་མོ་རྫོང་དུ་དགུང་ལོ་དྲུག་ཅུ་རེ་གཅིག་བཞེས་པ་ས་མོ་བྱའི་ལོ་ཆོ་འཕྲུལ་ཟླ་བའི་ཚེས་ཉེར་གཅིག་ལ་ངོ་མཚར་བའི་ལྟས་བསམ་གྱིས་མི་ཁྱབ་པ་དང་བཅས་གཟུགས་སྐུའི་བཀོད་པ་ཆོས་དབྱིངས་སུ་བསྡུས། སྐུ་གདུང་ནོར་བུའི་ཟ་མ་ཏོག་ཐུབ་བསྟན་ཉིད་དུ་སྤྱན་དྲངས་ཏེ་རེ་ཞིག་མཆོད་སྡིན་རྒྱ་མཚོའི་འཛིངས་སུ་བཞུགས་སུ་གསོལ། དཔལ་ཨེ་ཝཾ་ཆོས་ལྡན་ནས་སྲས་ཀྱི་ཐུ་བོ་ཡོངས་འཛིན་དཀོན་མཆོག་འཕེལ་པ་སྤྱན་དྲངས་ཏེ་རྒྱུད་སྡེ་རིན་པོ་ཆེ་ནས་ཇི་སྐད་བཤད་པའི་ཆོ་གས་ཞུགས་སུ་ཕུལ། གདུང་ཕལ་ཆེར་རིང་བསྲེལ་གྱི་ཕུང་པོར་གྱུར་ཅིང་ཁྱད་པར་དབུ་ཐོད་བུམ་རིལ་དུ་བྲོན་པའི་ཚངས་བུག་གཡས་གཡོན་ལ་གཤིན་རྗེ་གཤེད་དང་ནཱ་རོ་མཁའ་སྤྱོད་ཀྱི་སྐུ་གསལ་བར་བྱོན་པ་རྣམས་བཞུགས་པའི་ནང་རྟེན་སྟོན་པའི་གསེར་སྐུ་ངོ་མཚར་བ་དྲི་གཙང་ཁང་ཀ་བ་བཞིའི་ཁྱོན་རྒྱལ་བ་སྲས་དང་བཅས་པའི་སྐུ་བརྙན་སོགས་ཆོན་བརྒྱུས་རྣམ་པར་བཀྲ་བ་བཅས་རིང་པོར་མི་ཐོགས་པ་མཐར་ཕྱིན་ཏེ་འདྲེན་མཆོག་ཆོས་ཀྱི་རྗེ་ཐུགས་སྲས་མཁས་མཆོག་རྣམ་གཉིས་ལ་སོགས་པས་དམ་ཚིག་སེམས་དཔའི་ངོ་བོར་ཡེ་ཤེས་རྡོ་རྗེའི་བྱིན་ཆེན་འབེབས་པའི་ལྷག་གནས་ཀྱི་མེ་ཏོག་རྒྱས་པར་གཏོར་ཞིང་བཀྲ་ཤིས་དང་དགེ་ལེགས་ཀྱི་དཔལ་དུ་འབར་བར་མཛད་དོ། །

ཨེ་མ་རྒྱལ་བའི་ཐུགས་བསྐྱེད་ནི། །དུས་ལས་ཡོལ་མེད་ངོ་མཚར་རླབས། །སྐལ་བཟང་གདུལ་བྱའི་ལེགས་བྱས་ཀྱི། །མིག་ལ་གཟུགས་ཅན་བཞིན་གྱུར་པ། ༡། དཔལ་ལྡན་ཟླ་བའི་དབང་ཕྱུག་ནི། །གོ་རམ་པ་ཞེས་ས་གསུམ་ན། །ཉིན་མོའི་མགོན་པོ་ཉིན་བྱེད་དང་། །མཚན་མོའི་དབང་ཕྱུག་ཟླ་འདྲ་བྱུང་། ༢། འཇིག་རྟེན་ཀུན་གྱི་མིག་གྱུར་པ། །དེ་ཡི་སྣང་བས་ཕྱོགས་ཀུན་གྱི། །མུན་པའི་དཔུང་དང་སྣང་བྱེད་གཞན། །གསལ་བའི་གོ་སྐབས་ལྷན་ཅིག་བཅོམ། ༣། བསམ་ཡས་ཡོན་ཏན་མ་

ལ་ཡའི། །དྲི་ལྡན་གྲགས་པའི་མེ་ཏོག་དཀར། །ཕྱོགས་ཀྱི་མཁས་པའི་མགོ་བོ་ལ། །ད་ལྟའང་ནོར་བུའི་རྒྱན་བཞིན་ལེན། ༤། ཐུབ་བསྟན་ཡིད་འོང་ཀུནྡའི་ཚལ། །རྩོད་དུས་ཉིན་མོས་སྨྲ་ཕབས་པ། །ལེགས་བཤད་འོད་དཀར་ཕྲེང་བ་ཡིས། །དབུགས་འབྱིན་བདུད་རྩིའི་ཟླ་བ་ཉིད། ༥། མཐའ་ཡས་བསོད་ནམས་མཆོག་གི་རྩལ་ལྡན་མདོ་སྔགས་གཞུང་བརྒྱའི་རལ་བས་བརྗིད། །དགག་སྒྲུབ་རིགས་པའི་སྒྲར་ཁྲིམ་མངོན་མཐོ་ཆོལ་ངན་གླང་པོའི་སྤྱི་བོ་འགེམས། །འཛིགས་བྲལ་སྤོབས་པ་མཆོག་གི་ང་རོ་འཆད་རྩོད་རྩོམ་པའི་སྒྲར་འབབ་པས། །ཤེས་བྱའི་ས་གསུམ་ཅིག་ཅར་འདར་བྱེད་དཔལ་ལྡན་མི་ཡི་སེང་གེ་གང་། ༦། ཐུབ་བསྟན་དྲི་མེད་ཁ་བའི་རྫུལ། །ལྷུན་པོར་སྤུངས་པའི་འོད་ཚོགས་ཀྱིས། །སྲིད་གསུམ་མུན་པའི་ཕྱོགས་ཀུན་ལས། །རྣམ་པར་རྒྱལ་བའི་སྒོ་དེར་འཕྱིངས། ༧། དེ་ནི་གང་གི་འཕྲིན་ལས་རྒྱུན། །མི་ཟད་བདུད་རྩིའི་ཆུ་གཏེར་ཏེ། །ལྷ་གྲུབ་རྣམ་དག་རིན་ཆེན་གྱི། །འབྱུང་གནས་མཁས་པའི་འཇུག་ངོགས་ཉིད། ༨། ཆོས་ཀྱིས་མཐོ་བའི་ཁང་བཟང་ནི། །དུས་ཀྱིས་ས་ལ་འཕོས་འདྲ་བ། །ལུང་རིགས་སྨྲ་བའི་མདུན་ས་གང་། །དེར་ནི་གངས་ཅན་རྒྱན་དུ་གྱུར། ༩། དེ་ནས་ལྕགས་ཕོ་ཁྱིའི་ལོ་གནས་ལྔ་རིག་པའི་པཎྜི་ཏ་ཆེན་པོ་དབང་ཕྱུག་གྲུབ་པ་དཔལ་བཟང་པོ་རྒྱལ་ཚབ་དམ་པར་མངའ་གསོལ། འདི་ནི་ཆུ་ཕོ་ཕག་གི་ལོ་གོང་པོ་ཆབ་ནག་ཏུ་སྐུ་བལྟམས། སྐྱེས་ཐོབ་ཀྱི་མཁྱེན་རབ་མཐའ་ཡས་ཤིང་རིགས་ཀྱི་ཡོན་ཏན་ཁྱད་པར་ཅན་མངའ། མཁས་གྲུབ་བསྟན་པ་རབ་གསལ། འཇམ་དབྱངས་དཀོན་མཆོག་བཟང་པོ། མི་ཉག་པཎྜི་ཏ་སོགས་བསྟེན། ཁྱད་པར་ཀུན་མཁྱེན་ཆེན་པོའི་ཞབས་པད་ལོ་བཅུ་དགུའི་བར་དུ་བསྟེན་ཏེ་མདོ་སྔགས་རིག་གནས་ཀུན་ལ་སྦྱངས། པཎྜི་ཏ་ཆེན་པོ་ཤཱཀྱ་མཆོག་ལྡན་ལ་སོགས་པའི་མཁས་པ་མང་པོ་རིག་པས་ཟིལ་གྱིས་མནན། རིག་པའི་སྙིང་པོ་རིན་ཆེན་ཕྲེང་བ་སོགས་བསྟན་བཅོས་ཀྱང་མང་དུ་མཛད། གདན་ས་ལོ་ཉི་ཤུ་རྩ་ལྔ་མཛད་ཅིང་འཕྲིན་ལས་ནམ་མཁའ་དང་མཉམ་མོ། །རྗེ་དེའི་དག་པའི་སྣང་ངོར་ཀུན་མཁྱེན་ཆེན་པོས་ཇི་ལྟར་ལུང་བསྟན་པ་བཞིན་སྤྲུལ་སྐུ་སྣར་ཐང་པ་ཆེན་པོ་ཆོས་གྲགས་རྒྱ་མཚོ་གདན་སེང་གེའི་ཁྲིར་དབང་བསྐུར། འདི་ནི་ཆུ་ཕོ་སྤྲེའུའི་ལོར་འཁྲུངས། ཀུན་མཁྱེན་ཡབ་སྲས་སོགས་མཁས་གྲུབ་དུ་མ

ལས་ལུང་རིགས་ཀྱི་སྒྲོ་འདོགས་བཅད། རིགས་པའི་དབང་ཕྱུག་ཆེན་པོར་གྲགས། ཀོང་སྟོན་ཆེན་པོའི་སྲས་ཀྱི་ཐུ་བོར་གྱུར་ཏེ་བསྟན་པ་ལ་བྱ་བ་ལྷག་པར་མཛད། གདན་ས་ལོ་བདུན་བསྐྱངས། གྲྭ་སའི་དར་རྒྱས་ཀྱང་འདིའི་དུས་ཁོ་ན་ཆེ་བ་ཙམ་བྱུང་། འབྲོམ་སྟོན་རྒྱལ་བའི་འབྱུང་གནས་ཀྱི་རྣམ་པར་འཕྲུལ་པའོ། །དེའི་རྗེས་སུ་མཁས་གྲུབ་ཆེན་པོ་བློ་གྲོས་རབ་ཡངས་བྱོན། འདི་ནི་ཤིང་ཕོ་རྟའི་ལོར་བལྟམས། སྐུ་གཞོན་ནུའི་དུས་ཀུན་མཁྱེན་ཆེན་པོས་རྗེས་སུ་བཟུང་། ཀོང་སྟོན་ཡབ་སྲས་དང་། མུས་ཆེན་སངས་རྒྱས་རིན་ཆེན་སོགས་བསྟེན་ཏེ་མདོ་སྔགས་ཀུན་ལ་སྦྱངས། མཁས་པའི་གྲགས་པས་ཕྱོགས་ཐམས་ཅད་དུ་ཁྱབ། སེ་སྙོད་རྒྱ་མཚོའི་ཟབ་དོན་འབྱེད་པའི་ལེགས་བཤད་ཀྱང་མང་དུ་མཛད། ཀྲ་ཀིའི་གཙོ་མོ་ཤངས་ཕུའི་མཚོ་རྒྱལ་གྱིས་རྗེས་སུ་བཟུང་སྟེ་གྲུབ་པའི་གོ་འཕང་མཐོན་པོར་གཤེགས། ཨོ་རྒྱན་ཆེན་པོའི་གཏེར་ཁ་རྣམས་ནས་ལོ་ཆེན་རྒྱལ་བ་མཆོག་དབྱངས་དང་། ཀརྨ་དུས་གསུམ་མཁྱེན་པ། ཀུན་མཁྱེན་རང་བྱུང་རྡོ་རྗེ་སོགས་ཀྱི་སྤྲུལ་པར་ལུང་བསྟན། ཀུན་མཁྱེན་བླ་མའི་ཆོས་ཀྱི་ཁྲི་ལ་ལོ་བཅུ་གཉིས་བཞུགས། སྐུ་ཚེའི་མཇུག་ལ་སྒྲུབ་པ་གཙོ་བོར་མཛད་དེ་མཆོག་གི་དངོས་གྲུབ་བརྙེས་སོ། །དེ་རྗེས་དཔལ་ས་སྐྱ་པ་ཆེན་པོ་བདག་ཆེན་ངག་གི་དབང་ཕྱུག་གྲགས་པ་རྒྱལ་མཚན་དཔལ་བཟང་པོ་བྱོན། འདི་ནི་འཇམ་དབྱངས་འཁོན་གྱི་གདུང་རིགས་སུ་མེ་མོ་ཕག་གི་ལོར་བལྟམས། ཡོངས་འཛིན་དཀོན་མཆོག་འཕེལ། མཁན་ཆེན་ལེགས་པའི་འབྱུང་གནས། སྐུའི་གཅེན་ས་ལོ་ཐམས་ཅད་མཁྱེན་པ་སོགས་མཁས་གྲུབ་མང་དུ་བསྟེན། ཁྱད་པར་ཀོང་སྟོན་སྨྲ་བའི་སེང་གེའི་སྤྱན་སྔར་ཡུན་རིང་དུ་བཞུགས་ཏེ་སེ་སྙོད་ལ་སྦྱངས། ལུང་དང་མངོན་པར་རྟོགས་པའི་ཡོན་ཏན་མཐའ་ཡས་དཔལ་ནཱ་ལེནྡྲ་དང་པ་ནམ་དགའ་བ་གདོང་སོགས་ཀྱི་གདན་ས་མཛད། ཀུན་མཁྱེན་ཆོས་ཀྱི་རྒྱལ་པོའི་ཞབས་སྟེགས་སེང་གེའི་ཁྲི་ལ་ལོ་བཅུའི་བར་དུ་ཞབས་ཟུང་པདྨོ་བཀོད་དེ་སེ་སྙོད་གཙོ་བོར་གྱུར་པའི་ཆོས་ཀྱི་སྒྲོ་མཐའ་ཡས་པ་ཕྱེ་སྟེ་གདུལ་བྱ་རྣམས་སྨིན་གྲོལ་བ་བཀོད་དོ། །དེའི་རྗེས་སུ་འདར་སྟོན་རྩོད་པའི་ཁྲུ་མཆོག་བཀྲ་ཤིས་བརྟན་པ་བྱོན། འདི་ནི་གཙང་སྟོད་དར་གྱི་ཡུལ་དུ་སྐུ་འཁྲུངས། པཎ་ཆེན་ཡབ་སྲས་ཀྱི་དྲུང་དུ་སེ་སྙོད་ལ་རིང་དུ་སྦྱངས། གཞན་ཡང་ས་ལོ་སྐུ་མཆེད་སོགས་མཁས་གྲུབ་མང་དུ་

བསྟེན། གཞུང་ལུགས་ཀུན་ལ་མཁས་ཤིང་ཁྱད་པར་དངོས་སློབས་རིག་པའི་དབང་ཕྱུག་ཆེན་པོར་གྱུར། ཟུར་འཆད་མཛད་སྐབས་ཁམས་མངའ་རིས་ཀྱི་གྲྭ་ཚང་ནང་འཁྲུགས་པའི་རྐྱེན་གྱིས་རྗེ་འདི་འཁོར་སྡེ་སྣོད་འཛིན་པ་སུམ་བརྒྱ་ཙམ་དང་བཅས་ངོར་ས་སྐྱ་སོགས་སུ་ལོ་གསུམ་ཙམ་བཞུགས། དེའི་ཆོས་ལོ་ཐམས་ཅད་མཁྱེན་པས་བདག་རྐྱེན་ལྷག་པར་མཛད་ཅིང་དཔོན་སློབ་རྣམས་གདན་ས་ཆེན་པོར་གཏན་དུ་བཞུགས་ཏེ་སྡེ་སྣོད་ཀྱི་འཆད་ཉན་འཛུགས་པའི་ཐུགས་བཞེད་རྒྱ་ཆེར་མཛད་ཀྱང་། ས་ལོ་ཉིད་སྐུ་ཚེ་ཐུང་ཞིང་རྗེ་འདི་དཔོན་སློབ་རྣམས་རིན་སྤུངས་པས་ཐུབ་བསྟན་ཉིད་དུ་དྲངས་པས། ཕྱིས་སྔགས་འཆང་ཀུན་དགའ་རིན་ཆེན་གྱིས་ཐུབ་བསྟན་ཡངས་པ་ཅན་ནས་པཎ་ཆེན་ལེགས་པའི་བློ་གྲོས་སྤྱན་དྲངས་ཏེ་ཐུབ་བསྟན་ལྷ་ཆེན་གྱི་ཆོས་གྲྭ་གསར་དུ་བཙུགས་པ་ཡིན་ནོ། །དེའི་རྗེས་སུ་མཁས་པའི་དབང་པོ་འབུམ་རབ་འབྱམས་པ་དཔལ་ལྡན་རྒྱལ་མཚན་བྱོན། འདི་ནི་མངའ་རིས་དོལ་པོའི་སར་འཁྲུངས། གོང་སྟོན་ཡབ་སྲས། རྗེ་བློ་གྲོས་རབ་ཡངས། ངོར་ཆེན་དཀོན་མཆོག་ལྷུན་གྲུབ་སོགས་བསྟེན། གསུང་རབ་རྒྱ་མཚོའི་ཕ་རོལ་ཏུ་སོན་ཅིང་ལུང་ཆོས་ལ་ལྷག་པར་མངའ་བརྙེས། དཀའ་འགྲེལ་དགོངས་པའི་རྒྱན་སོགས་རྩོམ་གྱི་ཕྲེང་བའང་མང་དུ་སྤེལ། གོང་སྟོན་ཆེན་པོའི་གསུང་ལ་ཟིན་བྲིས་མཛད་པའི་ལམ་འབྲས་ཀྱི་ཡིག་ཆ་ངོ་མཚར་ཅན་འགའ་ཞིག་ཀྱང་སྣང་སྐྱེ་ཁྲིད་སྐོར་ཆ་ཚང་ཡོད་པར་མངོན། ཟུར་འཆད་ཡུན་རིང་དུ་མཛད་ཅིང་ཕྱིས་ཁྲི་ཐོག་ཏུའང་བྱོན་ནས་བཤད་སྒྲུབ་ཀྱི་འཕྲིན་ལས་བསྐྱངས། འདི་དང་རྗེ་བཀྲ་ཤིས་བརྟན་པ་གཉིས་སོ་སོས་ཁྲི་ལ་རེ་བཞུགས་མི་གསལ་ཡང་གཉིས་ཀ་བསྐོམས་པས་ལོ་ལྔ་ལས་མ་སོང་ངོ་། །དེའི་རྗེས་སུ་རྗེ་བཙུན་གླིང་སྟོད་པ་ཆེན་པོ་བློ་གྲོས་འབྱུང་གནས་བྱོན། འདི་ནི་ཡུལ་དབུས་རྩེ་ཐང་དུ་འཁྲུངས། ཞལ་གྲོང་པཎ་ཆེན། འཇམ་དབྱངས་ཆོས་གྲགས་རྒྱ་མཚོ། མཁས་གྲུབ་གྲགས་འབྱོར་ཤེས་རབ། རྗེ་བློ་གྲོས་རབ་ཡངས་སོགས་ལས་ལུང་རིགས་མན་ངག་གི་སྒྲོ་འདོགས་བཅད། བྱང་ངམ་རིང་དང་རྒྱལ་པོའི་ཕོ་བྲང་རིན་ཆེན་སྤུངས་སོགས་སུ་དབུས་གཙང་གི་ལུང་རིགས་སྨྲ་བའི་སྡེ་རྣམས་ནས་འདུས་པའི་མཁས་པ་མང་པོ་རིགས་པས་ཟིལ་གྱིས་མནན། བཀའ་པོད་དྲུག་གི་སྤྱི་དོན་སོགས་ལེགས་བཤད་ཀྱང་འགའ་ཞིག་མཛད། དྭགས་པོ་

གྲྭ་ཚང་སོགས་དགོན་གནས་དུ་མ་བསྐྱངས་ཤིང་ཁྱད་པར་བོད་ཀྱི་རྡོ་རྗེ་གདན་དཔལ་གསང་ཕུ་ནེའུ
ཐོག་ཏུ་རྟོག་ལོ་བསྟན་པའི་ཉི་མ་བློ་ལྡན་ཤེས་རབ་ཀྱི་ཆོས་ཀྱི་ཁྲི་ལ་བཞུགས་ཏེ་འཕྲིན་ལས་མཐའ་ཡས་
པའི་སྐབས་ཐུབ་བསྟན་རྣམ་རྒྱལ་གྱི་གདན་སར་སྤྱན་དྲངས་པའི་ཚེ། ཕྱོགས་དེའི་གདུལ་བྱ་རྣམས་
ཀྱིས་ཚོ་དེ་དྲག་པོས་བཞུགས་པར་གསོལ་ཀྱང་། གྲྭ་ས་ཡ་གི་ཆུ་མིག་བརྒྱ་རྩའི་ཆུ་མགོ། ངེད་རང་གི་
བསླབ་ཤེས་ཀྱི་ཡོན་ཏན་སྒྲོང་སའི་གཙོ་བོ་ཡིན་པས་ངེས་པར་འགྲོའོ་ཞེས་ཞལ་གྱིས་བཞེས། གདན་
ས་ལོ་བཅུ་བདུན་མཛད། འདུལ་ཁྲིམས་ཤིན་ཏུ་གཙང་ཞིང་མདོ་སྔགས་ཀྱི་བཤད་སྒྲུབ་སོགས་ཆོས་
སྲིད་ཀྱི་དཔལ་ཡོན་མཐའ་དག་དབྱར་མཚོ་ལྟར་སྤེལ། རྗེ་འདི་ནི་ཀུན་མཁྱེན་ཆོས་ཀྱི་རྒྱལ་པོ་ཉིད་རང་
གི་བསྟན་པ་སྤེལ་བའི་ཕྱིར་བསམ་བཞིན་དུ་བསྟན་འཛིན་མཆོག་གི་གར་དུ་རོལ་པ་གདོན་མི་ཟ་བ་
ཞིག་སྟེ། དེ་ཡང་སྔོན་ཀུན་མཁྱེན་ཆེན་པོ་ཉིད་ཀྱི་མནལ་ལམ་དུ། ཚོགས་ཁང་སྟེང་ཤོད་ཀྱི་རྣམ་པ་
ཅན་ཞིག་གི་སྟེང་མ་ན་རྗེ་ཉིད་བཞུགས། འོག་ན་ངེད་རང་གི་ཚོགས་པ་འདི་ཀ་ཡིན་པ་ལ་དབུ་མཛད་
གཞན་ཞིག་གིས་ཆོས་སྤྱོད་ཀྱི་རིམ་པ་རྣམས་དཀྲུག་གིན་འདུག་པ་ན། ངེད་རང་གིས་རྩོལ་བ་ཆེར་
བྱས་པས་འགྲིག་ཐུབ་པའི་སྣང་བ་ཞིག་བྱུང་བས། འུ་ཅག་གི་རྗེས་འདི་ལ་བསྟན་པ་ལ་བྱེ་ཞིག་ཙུང་
ཟད་ཡོང་བ་འདྲ། དེ་རྗེས་དགའ་མོ་ཞིག་ཡོང་ཚོད་འདུག་ཅེས་ལུང་བསྟན་པ་བཞིན་སྔར་མཁས་གྲུབ་
བློ་གྲོས་རབ་ཡངས་ཀྱི་སྐབས་ཁམས་མངའ་རིས་འབྲུགས་པ་ནས་བཟུང་བར་སྐབས་མཁན་རབས་
བཞི་ཙམ་གྱི་བར་མདོ་སྔགས་བཤད་རྩོད་ཀྱི་རྒྱུན་ཉམས་པ་མེད་ཀྱང་། སྐབས་སྐབས་སུ་སྡེ་འབྲུག་
ཡང་ཡང་འབྱུང་ཞིང་དེའི་རྐྱེན་གྱིས་སྒྲིག་ལམ་སོགས་ཀྱང་ཙུང་ཟད་འཆོལ་བའི་བསྟན་པ་ཉག་ཕྲ་བར་
གྱུར་པ་ན། རྗེ་འདིས་བསྟན་པའི་མེ་རོ་སྨྱང་ནས་བསླང་བར་མཛད་པ་སྟེ། རང་རེ་ཐུབ་བསྟན་རྣམ་
རྒྱལ་བ་ལ་བཀའ་དྲིན་བསམ་གྱིས་མི་ཁྱབ་པ་ཞིག་གོ། །དེའི་རྗེས་སུ་མཁས་པའི་དབང་པོ་བྱམས་པ་
རབ་བརྟན་བྱོན། འདི་ནི་ཉང་སྟོད་དུ་འཁྲུངས། རྗེ་བློ་གྲོས་རབ་ཡངས། བདག་ཆེན་ངག་གི་དབང་
ཕྱུག ། སྤྱན་སྔ་དཀོན་མཆོག་རྒྱ་མཚོ། རྗེ་དྲུང་མཁྱེན་བརྩེའི་དབང་ཕྱུག་སོགས་བསྟེན། མདོ་རྒྱུད་
ཀུན་ལ་མཁས་པའི་ཡུལ་དུ་ཕྱིན་ཅིང་ཁྱད་པར་འཆད་པ་དང་རྩོད་པ་ལ་བཀའ་བབས། ཀུན་མཁྱེན་པདྨ་

དཀར་པོས་བསྡུགས་བརྗོད་རྒྱ་ཆེར་མཛད་པའི་སྐྱིད་ཚལ་མཁན་ཆེན་བྲག་དམར་བ་རབ་བརྟན་དཔལ་འབར། གངས་ཅན་གྱི་ལྗོངས་སུ་རིགས་པ་སྨྲ་བའི་ཁྱུ་མཆོག་ཏུ་གྲགས་པ་ཐང་སྟོད་ཆོས་མཛོད། མཁས་མཆོག་ཟླ་བ་བཟང་པོ། ཀུན་མཁྱེན་ཀླུ་སྒྲུབ་རྒྱ་མཚོ་སོགས་མཁས་པའི་མཁས་པ་དུ་མའི་ང་རྒྱལ་གྱི་གདོང་པ་བསྒྲེལ། ཐལ་འགྱུར་གྱི་རྣམ་བཞག་དགོངས་པ་རབ་གསལ་སོགས་བསྟན་བཅོས་ཀྱང་མང་དུ་མཛད། དྭགས་པོ་གྲྭ་ཚང་དང་དཔལ་ལྡན་གསང་ཕུ་སོགས་སུ་འཕྲིན་ལས་བསྐྱངས་ཤིང་། གོ་རམས་སྨྲ་བའི་སེང་གེའི་ཆོས་ཀྱི་ཁྲི་ལ་ལོ་ཉི་ཤུ་རྩ་གཅིག་བཞུགས་ཏེ་ལུང་རིགས་ཀྱི་སྒྲ་བསྒྲགས། སྡེ་སྣོད་འཛིན་པ་གནམ་གྱི་སྐར་མ་ཙམ་བསྐྱུན། འཕྲིན་ལས་ནམ་མཁའ་དང་མཉམ་མོ། །དེའི་རྗེས་སུ་འཛམ་མགོན་ཆོས་འོད་ཟེར་བྱོན། འདི་ནི་ཏེ་ཤོད་དུ་འཁྲུངས། ངོར་ཆེན་དཀོན་མཆོག་ལྷུན་གྲུབ། རྗེ་ཤར་ཁང་པ། རྗེ་བཙུན་གླིང་སྟོད་པ་སོགས་ལས་མདོ་རྒྱུད་མན་ངག་རྒྱ་མཚོ་ལྟ་བུ་གསན། རྗེ་བྱམས་པ་རབ་བརྟན་གྱི་སྲས་ཀྱི་ཐུ་བོར་གྱུར། མཁས་བཙུན་བཟང་གསུམ་གྱི་ཞལ་དུ་ཕྱིན་ཅིང་བྱང་ཆུབ་ཀྱི་སེམས་ཀྱི་བདུད་རྩིས་ཐུགས་རྒྱུད་གཏམས། མཛོད་ཀྱི་སྤྱི་དོན་ངོ་མཚར་སྣང་བ་སོགས་ལེགས་བཤད་ཀྱང་འགའ་ཞིག་མཛད། རྭ་ཕོག་རྗེ་བོའི་ཏེ་ཤྲི་དང་བྲག་ནག་གི་གདན་ས་མཛད། ཀུན་མཁྱེན་བླ་མའི་ཆོས་ཀྱི་ཁྲི་ལོ་ཉི་ཤུ་བསྐྱངས། གངས་ཅན་གྱི་ཆེ་རྒུ་ཀུན་གྱི་གཙུག་གི་ནོར་བུས་ཞབས་ལ་གཏུགས་ཏེ་ཆོས་སྲིད་འཕྲིན་ལས་ཀྱི་གདུགས་དཀར་གཅིག་གིས་ནོར་འཛིན་གྱི་ཁྱོན་ཀུན་ཁྱབ། སྤྱིར་ཡང་ཀུན་མཁྱེན་ཡབ་སྲས་ཀྱི་རྗེས་ནས་རྗེ་བྱམས་པ་རབ་བརྟན་དང་འདི་གཉིས་ཁོ་ན་འཕྲིན་ལས་ཆེའོ། །དེའི་རྗེས་སུ་འཛམ་མགོན་གྲུབ་པའི་དཔའ་བོ་བསོད་ནམས་ཆོས་འཕེལ་བྱོན། འདི་ནི་མདོ་ཁམས་སུ་འཁྲུངས། རྗེ་བྱམས་པ་རབ་བརྟན་ཡབ་སྲས། མུས་ཆེན་དཀོན་མཆོག་རྒྱ་མཚོ། འབུམ་རབ་འབྱམས་པ་རྒྱལ་བ་བློ་གྲོས་སོགས་ལས་ལེགས་བཤད་ཀྱི་བགོ་སྐལ་བླངས། གཞུང་ལུགས་རབ་འབྱམས་ལ་མཁྱེན་པའི་སྤྱན་རས་གསལ། ཡི་དམ་གྱི་ལྷ་མང་པོའི་བསྙེན་སྒྲུབ་མཐར་ཕྱིན། མཐུ་སྟོབས་ནུས་པའི་དབང་ཕྱུག་ཏུ་གྱུར། བསྟན་སྲུང་རྒྱ་མཚོས་བཀའི་སྤྲིངས་ཡིག་རྣ་བའི་རྒྱན་དུ་ལེན། གདན་ས་ལོ་དགུ་བསྐྱངས་སོ། །དེའི་རྗེས་སུ་པཎ་ཆེན་བཟོད་པ་རྒྱ་མཚོ་བྱོན། འདི་ནི་ཆུ་འདུས་སུ་

འབྱུངས། རྗེ་ཆོས་འོད་ཟེར། གྲུབ་མཆོག་བསོད་ནམས་ཆོས་འཕེལ། མུས་ཆེན་སངས་རྒྱས་རྒྱལ་མཚན་སོགས་བསྟེན། སྐྱེས་སྟོབས་ཀྱི་མཁྱེན་རབ་འཇམ་པའི་དབྱངས་ལ་འགྲན་བཟོད། གསུང་རབ་ཀུན་ལ་མཁས་པའི་ཕུལ་དུ་ཕྱིན། སྙན་པའི་གྲགས་པས་གངས་ཅན་གྱི་ཁྱོན་ཐམས་ཅད་ཁྱབ། སྔོན་མེད་པའི་ལེགས་བཤད་ཀྱི་ཕྲེང་བའང་འགའ་ཞིག་སྤེལ། ཟུར་འཆད་ཡུན་རིང་དུ་མཛད་དེ་བློ་གསལ་མང་པོའི་བློ་གྲོས་ཀྱི་མིག་ཕྱེ། སྐུ་ཚེ་ཐུང་བས་གདན་ས་ར་ལོ་གསུམ་ལས་མ་བཞུགས་སོ། །དེའི་རྗེས་སུ་འཇམ་པའི་དབྱངས་ཆོས་རྣམ་རྒྱལ་བྱོན། འདི་ནི་ཤིང་མོ་ཕག་གི་ལོར་བལྟམས། རྗེ་ཆོས་འོད་ཟེར། འཇམ་མགོན་བསོད་ནམས་ཆོས་འཕེལ། མཁན་ཆེན་དགེ་དབང་ཆོས་གྲགས། པཎ་ཆེན་སྙིང་རྗེ་བཟང་པོ་རྣམས་གཙོ་བོ་སློས་པའི་མཁས་གྲུབ་དུ་མ་བསྟེན་ཏེ་མདོ་རྒྱུད་མཐའ་དག་ལ་སྦྱངས། སློབ་འགྲོ་པཎ་ཆེན་ལས་སྒྲ་དང་སྙན་ངག་སོགས་རིག་པའི་གནས་རྒྱ་མཚོ་ལྟ་བུ་གསན་ཏེ་ཡོངས་སུ་རྫོགས་པའི་པཎྜི་ཏ་ཆེན་པོར་གྱུར། མཁྱེན་རབ་མུ་མཐའ་ཡས་པས་མཁས་སྙེམ་ལོ་བརྒྱར་སྦྱངས་པའི་དྲེགས་ལྡན་དག་གིས་ཀྱང་ཕྱོགས་སུའང་མི་ཕྱིན་པའི་མདོ་རྒྱུད་ཀྱི་ཟབ་དོན་མཐའ་དག་མཁྱེན་པའི་སྤྱན་ཟུར་ལྟུང་བའི་མདོ་ལ་དཔྱིས་ཕྱིན་པར་གཟིགས། འཆད་རྩོད་རྩོམ་གསུམ་ལ་མི་འཇིགས་པའི་སྤོབས་པ་བརྙེས། ངོ་མཚར་རྨད་དུ་བྱུང་བའི་ལེགས་བཤད་ཀྱི་ཕྲེང་བའང་མཐའ་ཡས་པ་སྤེལ། དུས་དེ་ཙམ་ནས་གངས་ཁྲོད་སྨྲ་བའི་སེང་གེ་གཅིག་པུ་པར་གྱུར། གདན་ས་ལོ་བཅུ་གསུམ་བསྐྱངས་ཏེ་འཕྲིན་ལས་ཤིན་ཏུ་ཆེའོ། ། དེའི་རྗེས་སུ་མཁས་པའི་དབང་པོ་དོན་གྲུབ་དཔལ་བཟང་བྱོན། འདི་ནི་གོང་པོར་འཁྲུངས། པཎ་ཆེན་ཆོས་རྣམ་རྒྱལ། མཁན་ཆེན་དགེ་དབང་ཆོས་གྲགས། ཐར་རྩེ་ནམ་མཁའ་སངས་རྒྱས། རྗེ་བཟོད་པ་རྒྱ་མཚོ་སོགས་བསྟེན། མདོ་རྒྱུད་མཐའ་དག་ལ་མཁས་ཤིང་ཚད་མ་ལ་བཀའ་བབས། གངས་ཅན་ན་རིགས་པའི་དབང་ཕྱུག་ཆེན་པོར་གྲགས། དུས་དེར་སྡེ་སྣོད་འཛིན་པ་ཁྲུ་འཕྲིགས་པ་ལྟ་བུའི་དབུས་ན་མཁས་བཙུན་བཟང་གསུམ་གྱི་ཡོན་ཏན་འགྲན་ཟླ་དང་བྲལ་བས་རྗེ་དགེ་དབང་ཆོས་གྲགས་སོགས་རང་གི་ཡོངས་སུ་འཛིན་པ་རྣམས་ཀྱིས་ཀྱང་བླ་མ་ལྟ་བུ་བསྟུགས་ཤིང་བཀུར། ཤངས་རྒྱ་མཚོའི་བླ་ཆེན་དང་སྡེ་སྲིད་གཙང་པའི་ཡོངས་འཛིན་མཛད།

གདན་ས་ལོ་བརྒྱད་བསྐྱངས། འཇུག་པའི་རྣམ་བཤད་སོགས་བསྟན་བཅོས་ཀྱང་འགའ་ཞིག་མཛད་ཅིང་སྡེ་སྣོད་གཙོ་བོར་གྱུར་པའི་བཤད་སྒྲུབ་ཀྱི་འཁོར་ལོས་བསྟན་འགྲོའི་དོན་རྒྱ་ཆེན་པོ་མཛད་དོ། །དེའི་རྗེས་སུ་ཐམས་ཅད་མཁྱེན་པ་ངག་དབང་བརྟན་པའི་རྡོ་རྗེ་བྱོན། འདི་ནི་མདོ་ཁམས་ཀྱི་ཐང་དུ་འཁྲུངས། འཇམ་དབྱངས་བསོད་ནམས་ལྷུན་གྲུབ། ཤར་ཆེན་ཀུན་དགའ་བཀྲ་ཤིས། མནྟྲ་པཎྜི་ཏ་ཛ་ཡ་མ་ཏི། པཎ་ཆེན་བཟོད་པ་རྒྱ་མཚོ། རྗེ་ཆོས་རྣམ་རྒྱལ་སོགས་མཁས་གྲུབ་མཐའ་ཡས་པ་བསྟེན། རིག་པའི་གནས་ལྔ་ལ་མཁས་ཤིང་ཁྱད་པར་རྡོ་རྗེ་ཐེག་པ་ལ་དབང་འབྱོར། སྐུ་གཞོན་ནུའི་དུས་ནས་ཆོས་ཉིད་ཀྱི་རང་ཞལ་གཟིགས་པའི་རྣལ་འབྱོར་གྱི་དབང་ཕྱུག་ཆེན་པོར་གྱུར། བསྐྱེད་རྫོགས་ལ་བརྟན་པ་ཐོབ། མ་ཅིག་ལབ་ཀྱི་སྒྲོན་མ་སོགས་ཀྱི་ཡེ་ཤེས་ཀྱི་སྐུས་བྱིན་གྱིས་བརླབས། རྩེ་གདོང་སྲིད་གསུམ་རྣམ་རྒྱལ། གྱེར་ལྷུན་གྲུབ་སྟག་རྩེ། རྐྱང་ཕུ་རྩ་ཐོག་སྒྲུབ་སྡེ་སོགས་ཀྱི་གདན་ས་མཛད། སྐུ་ཚེའི་མཇུག་ལ་གངས་ཅན་གྱི་ཆེ་བཙུན་ཀུན་གྱི་གཙུག་ན་ཞབས་ཟུང་ནོར་བུའི་ཅོད་པན་བཀོད། ཤར་ཆེན་ཤེས་རབ་འབྱུང་གནས་སྐུ་གཤེགས་སྐབས་དཔལ་ཨེ་ཝཾ་ཆོས་ལྡན་དུ་སྤྱན་དྲངས་ཏེ་འདུས་པའི་ཚོགས་ཀྱི་གཙོ་བོར་བཞུགས་ནས་ཆོས་ཀྱི་འཕྲིན་ལས་མཛད། མཚུངས་མེད་བསོད་ནམས་རྒྱ་མཚོ། ཐར་རྩེ་ནམ་མཁའ་རིན་ཆེན་སོགས་བསྟན་འཛིན་ཀུན་གྱིས་ཞབས་ཀྱི་པད་མོར་བཏུད་དེ་གསུང་གི་བདུད་རྩི་ནོས། ཐམས་ཅད་མཁྱེན་གཅིག་ཏུ་རྒྱལ་བ་རྡོ་རྗེ་འཆང་གི་རྒྱལ་ཚབ་ཏུ་གསོལ་བ་བཏབ་ཀྱང་རྐྱེན་འགའ་ཞིག་གིས་མ་འགྲུབ། གོ་རམས་བསྟན་པའི་ཉི་མའི་ཆོས་ཀྱི་ཁྲི་ལ་སྔ་ཕྱིར་ལོ་བཅུ་གཉིས་བཞུགས་ཏེ་འཆད་རྩོད་རྩོམ་གསུམ་གྱི་འཕྲིན་ལས་རྒྱ་ཆེར་སྤེལ་ལོ། །དེའི་རྗེས་སུ་མཁས་གྲུབ་བཀྲ་ཤིས་ཆོས་འཕེལ་བྱོན། འདི་ནི་ཤར་རྒྱལ་མོ་རོང་དུ་འཁྲུངས། གྲུབ་མཆོག་བསོད་ནམས་ཆོས་འཕེལ། པཎ་ཆེན་བཟོད་པ་རྒྱ་མཚོ། འཇམ་དབྱངས་ཆོས་རྣམ་རྒྱལ་སོགས་ཀྱི་དྲུང་དུ་ལུང་རིགས་ལ་ཡུན་རིང་དུ་སྦྱངས། བྱང་ངམ་རིང་སོགས་སུ་རང་གཞན་གྱི་མཁས་པ་མང་པོ་དང་རིག་པའི་རྩལ་འགྲན་པས་སྙན་བཟང་གི་གྲགས་པས་ཁྱབ། འཇམ་དབྱངས་བསོད་ནམས་དབང་པོ། འཇམ་མགོན་ཨ་མེས་ཞབས་སོགས་ལས་ཀྱང་སྨིན་གྲོལ་གྱི་གདམས་པ་མང་དུ་གསན། ལུགས་

གཉིས་ལ་མཁྱེན་པའི་སྤྱན་ལྷག་པར་གསལ། མཛོད་ཀྱི་མཐའ་དཔྱོད་ངོ་མཚར་ཅན་སོགས་བསྟན་བཅོས་ཀྱང་འགའ་ཞིག་མཛད། ཆོས་ཀྱི་ཁྲི་ལ་ལོ་བརྒྱད་བཞུགས། སྣར་ཐང་དང་དཔལ་ལྡན་ས་སྐྱ་སོགས་སུ་འང་འཕྲིན་ལས་བསྐྱངས་སོ། །དེའི་རྗེས་སུ་མཁས་གྲུབ་བསོད་ནམས་བློ་གྲོས་བྱོན། འདི་ནི་མེ་ཕོ་ཁྲི་ལོར་འཁྲུངས། རྗེ་བསོད་ནམས་ཆོས་འཕེལ་སོགས་མཁན་རབས་གསུམ་དང་། མཁན་ཆེན་དགེ་དབང་ཆོས་གྲགས། ཐུགས་འཆང་ཐམས་ཅད་མཁྱེན་པ་སོགས་བསྟེན་ཏེ་མདོ་རྒྱུད་ལ་སྦྱངས། མང་དུ་ཐོས་པའི་མཐར་ཕྱག །སྐུ་ཞིན་ཏུ་བཙུན། ཚ་ཐོག་སྒྲུབ་སྡེའི་གདན་ས་ཡུན་རིང་དུ་བསྐྱངས་ཤིང་སྒྲུབ་པ་གཙོ་བོར་མཛད་པས་རྟོགས་པའི་ཡོན་ཏན་ཁྱད་པར་ཅན་མངའ། ཀུན་མཁྱེན་ཆེན་པོའི་ཆོས་ཀྱི་ཁྲི་ལ་བཞུགས་ནས་ཟླ་བ་གཉིས་ནས་སྐུ་གཤེགས་ཏེ་སླར་དགེ་དབང་བརྟན་པའི་རྡོ་རྗེས་བསྐྱངས་སོ། །དེའི་རྗེས་སུ་མཁྱེན་རབ་ཀྱི་དབང་ཕྱུག་ཆོས་དཀར་རྣམ་རྒྱལ་བྱོན། འདི་ནི་ལུགས་ཕོ་ཁྱིའི་ལོར་འཁྲུངས། པཎ་ཆེན་ཆོས་རྣམ་རྒྱལ། དགེ་དབང་བརྟན་པའི་རྡོ་རྗེ། ཐུགས་འཆང་ཐམས་ཅད་མཁྱེན་པ། མཁན་ཆེན་དགེ་དབང་ཆོས་གྲགས་སོགས་ཡོངས་འཛིན་དུ་མ་བསྟེན། སྡེ་སྣོད་སྤྱི་དང་ཁྱད་པར་རིག་ལམ་ལ་མཁས། ལྷ་ཁང་མཁན་ཆེན་བསམ་གཏན་རྒྱ་མཚོའི་དྲིས་ལན་སོགས་བསྟན་བཅོས་ཀྱང་འགའ་ཞིག་མཛད། རྩེ་གདོང་ཆོས་སྡེའི་སློབ་དཔོན་མཛད་ཅིང་གདན་ས་ལོ་བརྒྱད་བསྐྱངས་ཏེ་འཁོར་ལོ་གསུམ་གྱི་འཕྲིན་ལས་རྒྱ་ཆེར་སྤེལ་ལོ། །དེའི་རྗེས་སུ་འཇམ་པའི་དབྱངས་ཀུན་དགའ་བསོད་ནམས་བྱོན། འདི་ནི་ཤིང་ཕོ་སྟག་གི་ལོར་འཁྲུངས། མཁས་གྲུབ་བཀྲ་ཤིས་ཆོས་འཕེལ། དགེ་དབང་བརྟན་པའི་རྡོ་རྗེ། རྒྱལ་རྩེ་བ་དགེ་དབང་བསོད་ནམས་རྒྱལ་མཚན། པཎ་ཆེན་བྱམས་པ་ལྷུན་གྲུབ། རྩེ་གདོང་ཁྲི་ཆེན་བསོད་ནམས་བསྟན་འཛིན་དབང་པོ་སོགས་ལས་མདོ་རྒྱུད་ཀྱི་ཟབ་དོན་བླངས། མཁས་པའི་སྙན་པ་ལྷག་པར་ཆེ། ཕར་ཚད་མངོན་གསུམ་གྱི་སྤྱི་དོན་ཐལ་ཕྲེང་སོགས་ཡིག་ཆ་ཤིན་ཏུ་མང་། རྩེ་གདོང་དུ་སྲིད་གསུམ་རྣམ་རྒྱལ་གྱི་འཆད་ཉན་དང་གདུང་བརྒྱུད་རྣམས་ཀྱི་གནས་ཀྱི་སློབ་དཔོན་ཡུན་རིང་དུ་མཛད། ཁྲིས་གོ་རམས་སྨྲ་བའི་ཉི་མའི་རྒྱལ་ཚབ་ཏུ་བྱོན་ཏེ་བཤད་སྒྲུབ་ཀྱི་བསྟན་པ་བསྐྱངས་སོ། །དེའི་རྗེས་སུ་མཁས་མཆོག་དཔལ་འབྱོར་རྣམ་རྒྱལ་བྱོན།

འདི་ནི་ར་ཐོག་ཏུ་འཁྲུངས། རྗེ་ཆོས་རྣམ་རྒྱལ་ཚུན་གྱི་མཁན་རབས་ལྔ་དང་། མཁས་མཆོག་ངག་དབང་ཕུན་ཚོགས་སོགས་ཀྱི་དྲུང་དུ་གཞུང་ལུགས་མཐའ་དག་ལ་སྦྱངས་ཤིང་རིག་ལམ་ལ་མཆོག་ཏུ་མཁས་པའི་གྲགས་པ་བརྙེས། ཀུན་མཁྱེན་བླ་མའི་ཆོས་ཀྱི་ཁྲི་ལ་བཞུགས། བཤད་དཔལ་ལྡན་སྙིངས་སོགས་སུའང་འཆད་ཉན་གྱི་བསྟན་པ་བསྐྱངས། ཀུན་རིག་རྣམ་བཤད་སོགས་གསུང་རབ་ཀྱང་འགའ་ཞིག་སྣང་ངོ་། །དེའི་རྗེས་སུ་མཁས་བཙུན་བཟང་པོ་རྒྱལ་མཚན་བྱོན། འདི་ནི་མདོ་ཁམས་སུ་འཁྲུངས། ངག་དབང་བརྟན་པའི་རྡོ་རྗེ། རྗེ་གཟིམ་ཤག་པ། སྔགས་འཆང་ཐམས་ཅད་མཁྱེན་ཡབ་སྲས། བསོད་ནམས་བསྟན་འཛིན་དབང་པོ། འཇམ་དབྱངས་ཆོས་དཀར་རྣམ་རྒྱལ་སོགས་བསྟེན། མདོ་རྒྱུད་ཀུན་ལ་མཁས་ཤིང་གསན་རྒྱ་ལྷག་པར་ཆེ། བཙུན་པའི་ཕུལ་དུ་ཕྱིན། བདག་ཆེན་ཀུན་དགའ་བཀྲ་ཤིས། ཛོར་ཆེན་ཀུན་དགའ་ལྷུན་གྲུབ་སོགས་མཁས་གྲུབ་མང་པོས་ཞབས་ལ་གཏུགས། གདན་ས་ཡུན་རིང་དུ་བསྐྱངས། སྐུ་ཚེའི་མཇུག་ལམ་མདོ་ཁམས་སུ་བྱོན་ཏེ་བཤད་སྒྲུབ་སྤེལ་བར་མཛད། ཁྲི་ཆེན་སངས་རྒྱས་བསྟན་པས་སྡེ་དགེ་ལྷུན་གྲུབ་སྟེང་དུ་སྤྱན་དྲངས་ཏེ་ཆོས་ཀྱི་འཁོར་ལོ་རྒྱ་ཆེན་པོ་བསྐོར་རོ། །ཕྱི་མ་འདི་གསུམ་སོ་སོའི་ཁྲི་ལོ་མ་ངེས་ཀྱང་གསུམ་ཅར་བསྡོམས་པས་ལོ་ཉེར་བདུན་ཙམ་སོང་ངོ་། །དེ་ཡན་ཆད་ནི་མདོ་སྔགས་རྒྱ་མཚོའི་ཕ་རོལ་ཏུ་སོན་ཅིང་འཆད་རྩོད་རྩོམ་གསུམ་ལ་བློ་གྲོས་ཀྱི་སྣང་བ་ཐོབ་པའི་མཁས་གྲུབ་གསེར་གྱི་རི་བོ་ཚར་དུ་དངར་བ་ལྟ་བུ་དག་སྟེ། དེའི་ཕྱིར་སྐུ་ཆེ་བའི་ཡོན་ཏན་མདོར་བསྡུས་རེའང་དད་པའི་གསོས་སུ་སྨོས་པའོ། །དེ་ནས་རིམ་པར། མཁས་པའི་དབང་པོ་བསོད་ནམས་བློ་གྲོས། མཚུངས་མེད་རྡོ་རྗེ་རྣམ་རྒྱལ། མཁས་མཆོག་རྣམ་རྒྱལ་བཟང་པོ། འཇམ་མགོན་ཆོས་སྐྱབས་རྣམ་རྒྱལ། ཀུན་སྤངས་ཕུན་ཚོགས་རྒྱལ་མཚན། འཁོར་ལོ་སྡོམ་པ་ཚུལ་ཁྲིམས་བཟང་པོ། ངག་དབང་བསྟན་འཛིན་རྒྱལ་མཚན། སྤྱན་རས་གཟིགས་ཀྱི་སྤྲུལ་པར་གྲགས། གྲུབ་མཆོག་ཀླུ་དབང་རྒྱ་མཚོ། རྗེ་པདྨ་རྒྱལ་མཚན། ངག་དབང་ཚུལ་ཁྲིམས་རབ་རྒྱས། མང་ཐོས་བྱམས་པ་བསོད་ནམས་བསྟན་དར། ངག་དབང་ཀུན་དགའ་བཟང་པོ། ངག་དབང་ཚུལ་ཁྲིམས་དཔལ་འབྱོར། ཚུལ་ཁྲིམས་དཔལ་བཟང་ཡང་ཟེར། ངག་དབང་ཚུལ་ཁྲིམས་རབ་རྒྱས། གྲུབ་

དབང་དག་དབང་ཚུལ་ཁྲིམས། མཁས་མཆོག་པཎྜེ་སིདྡྷ། དགེ་དབང་འཕྲིན་ལས་རྒྱ་མཚོའམ་མི་ཕམ་སེང་གེ་རབ་རྒྱས་དཔལ་བཟང་པོ་རྣམས་བྱོན་ཏེ། འདི་དག་ཀུང་གཞུང་ལུགས་མན་ངག་དུ་མས་རྒྱུད་བལྟམས་ཤིང་། ལུང་རིགས་སྨྲ་བའི་བཤེས་གཉེན་དམ་པ་འབའ་ཞིག་གོ། །དེ་ནས་ཀྱང་ད་ལྟའི་བར་དུ་མཁན་རབས་འགའ་ཞིག་སོང་མོད། དེ་དག་ལས་མཁས་བཙུན་གྱི་ཡོན་ཏན་དང་ལྡན་པའང་རེ་ཟུང་ཙམ་བྱོན་ནོ། །སྤྱིར་ཡང་མཁན་རབས་དེ་དག་ལས་རྣམ་ཐར་ཡི་གེར་འཁོད་པ་གོང་མ་འགའ་ཞིག་ལས་མེད་ཀྱང་། དུས་མཉམ་པའི་མཁས་གྲུབ་རྣམས་ཀྱི་གསུང་རབ་དང་། རྣམ་ཐར་སོགས་ལོ་རྒྱུས་ཀྱི་ཕྲེང་བ་གཞན་དང་གཞན་དག་གྱུང་བསྒྲིགས་པ་ལས་ཇི་ཙམ་ཐོན་པའི་རྗེ་མི་ཕམ་སེང་གེ་རབ་རྒྱས་ཡན་གྱི་གདན་རབས་ཙུང་ཟད་རྒྱས་པ་ཞིག་ཁོ་བོས་ཡོགས་སུ་འཆད་པར་སྤྲོའོ། །

སྨྲ་བའི་ཉི་མ་མཁའ་ཁྱབ་སྣང་བའི་གཏེར། །ཞིང་གཞན་ཕྲ་རབ་ཡི་ཕང་གཞོལ་ཆེ། །དེ་གསུང་འཛིན་པའི་མཁས་མང་ཟླ་སྐར་ཕྲེང་། །ཐུབ་བསྟན་ཀུན་གསལ་མཛེས་པའི་རྒྱན་དུ་གྱུར། ༡། དེར་ནི་གནས་ལྔའི་ཚ་ཟེར་བདུད་རྩིའི་གཏེར། །སྨྲ་བའི་དབང་ཕྱུག་ཐུབ་པའི་ཚོད་པན་གང་། །ཆོས་ཀྱི་ཁྲི་མཐོན་གསེར་རིའི་ཕྲག་པ་ནས། །འཕྲིན་ལས་འོད་དཀར་དྲ་བས་ས་གསུམ་བཀང་། ༢། མཐའ་དག་ཤེས་བྱའི་ནོར་འཛིན་གསུམ། །རྣམ་གཉོན་རིག་པའི་གོམས་སྟབས་ཅན། །འདི་མཐོང་དྲེགས་ལྡན་རྒོལ་བའི་སྙེ། །སྟོབས་ལྡན་བཞིན་དུ་ས་འོག་ཞུགས། ༣། དྲི་མེད་གཞུང་བརྒྱའི་པད་མཚོ་ནི། །རིག་པའི་ཟེར་གྱིས་སྣང་བྱེད་ཅིང་། །ཟབ་ཡངས་ལུང་གི་འོད་ཕྲེང་ཅན། །གང་ཞིག་ཉི་མ་ལྟ་བུར་མཛེས། ༤། དེ་སོགས་མཁས་པའི་མཁས་པ་རྣམ་དཔྱོད་ཀྱི། །ཕྲག་པར་ཐུབ་བསྟན་ཡོངས་འདུ་ལེན་བཟོད་པའི། །སྐྱེས་མཆོག་ལྔ་ཡི་རི་བོ་བརྒྱུད་མ་རུ། །བྱོན་པ་བསྐལ་བཟང་རྒྱལ་བའི་རིམ་པ་བཞིན། ༥། ཀུན་ཀྱང་མཁས་བཙུན་གྲུབ་པའི་ངོ་མཚར་གཟུགས། །གཅིག་ཉིད་མེ་ལོང་ལ་བཞིན་མཚུངས་གྱུར་ཀྱང་། །བཤད་སྒྲུབ་འཕྲིན་ལས་རོལ་པའི་གར་སྟབས་བརྒྱ། །འགྲན་བཞིན་བསྒྱུར་ལ་རྒྱལ་ཀུན་འཛུམ་པ་སྐམ། ༦། དེ་ཚེ་ལུང་རྟོགས་རབ་དགའི་སྙིང་ཚལ་འདིར། །མདོ་སྔགས་ཆོས་ཀྱི་འཁོར་པ་མི་ཟད་པའི། །སྟོན་མེད་མཁས་པའི་དགའ་སྟོན་བྱུང་གྱུར་པ། །རྗོགས་ལྡན་གཞོན་ནུའི་

དཔལ་གྱིས་ཆར་མི་ཉེ། ༧། དྲི་མེད་ཚུལ་ཁྲིམས་ཟླ་བ་དག་པའི་གཟུགས། །ཐོས་མང་རི་མོ་གཡས་
འཁྱིལ་དམ་པའི་དུང་། །བློ་གསལ་ལག་འགྲོའི་རྒྱན་གྱུར་དུ་མས་ཀྱང་། །ས་འདིར་ལུང་རིགས་
དབྱངས་ཀྱིས་ཤིས་པ་བསྒྲུབས། ༨། བདག་ཀྱང་སྟོན་ལས་ཀྱིས་འཕངས་སྐྱེ་བའི་མཚོར། །སྙིགས་
མའི་ཐ་ཀློང་དྲག་པོས་རྣམ་གཅེས་ཀྱང་། །སྐྱེ་མང་ཡོངས་འདྲིས་དགེ་བའི་བག་ཆགས་ཀྱིས། །གཞོན་
ནུའི་དུས་ནས་མཛའ་བ་མ་བཏང་སྟེ། ༩། རིས་བྲལ་མཁས་པ་མང་པོའི་ཞབས་བང་བསྟེན། །མདོ་
སྔགས་རིག་པའི་ཚུལ་ལ་ཅུང་ཟད་སྦྱངས། །ལེགས་བཤད་སྨྲ་བའི་སྤོབས་པ་གཟེངས་མཐོ་
བ། །བརྟགས་ཤིང་དཔྱད་ན་སྐལ་པ་བཟང་སྙམ་འགྱིད། ༡༠། ཡིད་འཕྲོག་སྣ་ཚོགས་རིག་པའི་མེ་
ཏོག་གིས། །ཆེས་ཆེར་གང་བའི་བདག་བློའི་སྙིད་ཚལ་གྱིས། །ཐུབ་བསྟན་ནོར་འཛིན་མཛེས་པར་
བྱས་མོད་ཀྱི། །བློ་མིག་བྲལ་བས་ཇི་བཞིན་མཐོང་བར་དཀའ། ༡༡། དེ་ལྟ་ན་ཡང་སྲས་བཅས་རྒྱལ་
ཀུན་དང་། །ཁྱད་པར་ཀུན་མཁྱེན་ཡབ་སྲས་བརྒྱུད་པར་བཅས། །དགྱེས་པའི་འཛུམ་དཀར་དབྱེངས་
ནས་བཞད་པ་ཡི། །ཐུགས་རྗེའི་སྣང་བས་སྐྱོང་བར་གདོད་མི་ཟ། ༡༢། དེ་ལྟ་བུའི་སྟོན་རབས་མཁས་
ཤིང་གྲུབ་པའི་སྐྱ་མཆོག་མཐའ་ཀླས་པས་རྒྱལ་བའི་བསྟན་པ་ལ་སྟོན་པ་གཉིས་པའི་འཕྲིན་ལས་མཛད་
པའི་གནས། སངས་རྒྱས་གཉིས་པ་པདྨ་ཀ་རས། ལྷོ་ཤུག་གཉིས་ཀྱི་མཚམས་ཤེད་ན། །མདོ་སྔགས་
བསྟན་པ་སྤྲིན་ཙམ་འབྱུང་། །ཞེས་སོགས་རྡོ་རྗེའི་ལུང་གི་རོལ་མོས་རྒྱ་ཆེར་བསྔགས་པའི་གཞི། སྡེ་
སྣོད་རྒྱུད་སྡེའི་བཤད་སྒྲུབ་ཀྱི་ཆུ་རྒྱུན་འབུམ་ཕྲག་གཅིག་ཏུ་འཁྱིལ་བའི་ཆུ་གཏེར། མཁས་པ་དང་བའི་
སྡེ་དཔོན་དུ་མས་ལེགས་བཤད་མགྲིན་པའི་རྔ་ཟ་ཁོར་ཡུག་ཏུ་བསྒྲགས་པའི་གནས། སྡོམ་བརྩོན་ཧུར་
པ་བྲེ་བས་བསླབ་གསུམ་བདུད་རྩིའི་དགའ་སྟོན་ལ་ཀུན་ཏུ་རོལ་བའི་ས། རྒྱབ་ཀྱི་ས་འཛིན་གཉིས་
འཕྱུང་དབང་པོ་དལ་གྱིས་རྒྱུ་བ་ལྟར་བརྗིད་ཆགས་ཤིང་། གཡས་རི་བཀྲ་བྱིན་སེང་གེའི་གདན་ལ་
འགྱིངས་པ་བཞིན་རབ་ཏུ་བརྗིད་ལ། གཡོན་རི་དུང་དཀར་གྱེན་དུ་བསླངས་པ་ལྟར་གསལ་ཞིང་
མཛེས་པ། མདུན་རི་ནོར་དང་འབྲུ་ཡི་ཕུང་པོ་ཕྱུར་བུར་སྤུངས་པ་ལྟར་བརྗིད་ཆགས་པ། རྣམ་པ་
གཅིག་ཏུ་ན་རྒྱབ་རི་གསེར་གྱི་གདུགས་འཛེས་གཡས་སུ་འཁོར་བ་ལྟ་བུ་འགྲོ་བའི་ཉོན་མོངས་ཀྱི་ཚ་

གདུང་སྐྱོབ་པ། གཡས་རི་ནོར་བུའི་རྒྱལ་པོ་པདྨའི་གདན་ལ་བགོད་པ་ལྷ་བུ་ལུང་རྟོགས་ཆོས་ཀྱི་འདོད་རྒུ་ཡིད་བཞིན་འཛོ་བ། གཡོན་རི་མཁའ་འགྲོའི་དབང་ཕྱུག་ས་ལ་བབས་པ་ལྷ་བུ་ལུང་དང་རིགས་པས་དྲེགས་ལྡན་རྒོལ་བའི་སྤྱོབས་པ་ཟིལ་གྱིས་གནོན་པ། མདུན་རི་བློན་པོ་རིན་ཆེན་གྲུས་པས་འདུད་པ་ལྷ་བུ་འགྲོ་བ་ལྷ་མིར་བཅས་པས་མཆོད་ཅིང་བཀུར་བ། གཡས་གཡོན་མདུན་གསུམ་ནས་ཆུ་ཀླུང་དལ་གྱིས་རྒྱུ་ཞིང་གཡས་ཕྱོགས་སུ་གཅིག་ཏུ་འབབ་པ་འཁོར་ལོ་གསུམ་གྱི་འཕྲིན་ལས་རྒྱུན་མི་འཆད་པ་བསྟན་འགྲོའི་གདུང་སེལ་དཔལ་དུ་རོག་གཅིག་ཏུ་སྨིན་པའི་མཚན་མ་དང་། གཞན་ཡང་གནམ་འཁོར་ལོ་རྩིབས་བརྒྱད། ས་པདྨ་འདབ་བརྒྱད་སོགས་དགེ་ཞིང་ཤིས་པའི་དཔྱད་ངོ་མཚར་བས་ཕྱོགས་དང་ཕྱོགས་མཚམས་ཀུན་ཏུ་བརྒྱན་པའི་ཆོས་གྲྭ་ཆེན་པོ་འདིར། རྒྱལ་བ་སྲས་དང་བཅས་པའི་གསང་བ་གསུམ་གྱི་ངོ་མཚར་བཀོད་པའི་རྟེན་མཆོག་ལོའི་རབ་ལས་བརྒལ་བ་ལྷ་དང་བཅས་པའི་འཇིག་རྟེན་གྱི་བསོད་ནམས་རྒྱ་མཚོའི་ཞིང་དུ་བཞུགས་པ་ལས། གཙོ་བོར་གྱུར་པ་འགའ་ཞིག་ཕྱོགས་ཙམ་སྨོས་པ་ནི་འདི་ལྟར། ཉི་འོད་ལན་བརྒྱར་བྱུགས་པའི་གསེར་གྱི་རིར། །མཚན་དཔེའི་ཉམས་འགྱུར་བྱེ་བའི་དཔལ་རྫོགས་ན། །ལྷ་མིའི་བླ་མ་ཤཱཀྱ་སེང་གེའི་སྐུ། །ལྟ་བས་ངོམས་པ་མེད་འདིའི་རྗེས་སུ་བྱེད། །མཐོང་ཐོས་དྲན་པའི་སྐལ་བཟང་འདབ་བརྒྱ་པ། །སྲིད་པའི་འཆིང་བ་ཀུན་ནས་ལྷོད་བྱེད་ཅིང་། །ཕུན་ཚོགས་འཛུམ་དཀར་བཞད་པའི་ལང་ཚོ་ལ། །རྣམ་གྲོལ་སྦྲང་རྩིའི་སྙིག་པ་ཅི་ཡང་འཛིན། །ཞེས་ཏེ་དེ་ཡང་གཙུག་ལག་ཁང་ཆེན་པོའི་དྲི་གཙང་ཁང་གི་དབུས་སུ་ཆོས་གྲྭ་ཆེན་པོ་འདི་ཉིད་ཀྱི་རྟེན་གྱི་གཙོ་བོ་ཀུན་མཁྱེན་ཆོས་ཀྱི་རྒྱལ་པོའི་ནང་རྟེན་ཐུབ་ཆེན་མཐོང་བ་དོན་ལྡན་ནང་གཞུག་སྟོན་པ་རྫོགས་པའི་སངས་རྒྱས་སོགས་སངས་རྒྱས་བྱང་སེམས། འཕགས་བོད་ཀྱི་པཎ་གྲུབ་དུ་མའི་གདུང་རིང་བསྲེལ། དབུ་ལྷོན། ན་བཟའ། གདུང་ཚ་སོགས་མཐའ་ཡས་པ་དང་། ཁྱད་པར་ཐུགས་ཀར་ཀུན་མཁྱེན་ཆེན་པོའི་དབུ་ཐོད་ཡིད་བཞིན་ནོར་བུ་རང་བྱོན་ངོ་མཚར་བས་བརྒྱན་པ། དེའི་གཡས་སུ་ཟངས་དཀར་ལོ་ཙཱ་བའི་ཐུགས་དམ་གསང་འདུས་འཇམ་རྡོར་གྱི་རག་སྐུ་རྗེ་སེམས་དཔའ་ཆེན་པོས་ཀུན་མཁྱེན་ཉིད་ལ་གསང་འདུས་ཀྱི་བསྟན་པ་གཏད་ཕྱིར་གནང་བ་ཞིག་ཏུ་ཐུགས་རྗེས་ཅན། གཡོན་

དུ་མུས་ཆེན་གྱི་ཐུགས་དམ་ནཱ་རོ་མཁའ་སྤྱོད་ཀྱི་གསེར་སྐུ། རྒྱབ་ཏུ་རྒྱལ་སྲས་ཐོགས་མེད་ཀྱི་ཐུགས་དམ་སྟོན་པའི་གསེར་སྐུ། གཞན་ཡང་དབུའི་དབྱིངས་སོགས་སུ་ཀུན་མཁྱེན་ཆེན་པོའི་ཐུགས་དམ་རིགས་ལྔའི་སྐུ་རྣམ་སྣང་དཔལ་དང་གཞན་རྣམས་ལི་དཀར་ལས་གྲུབ་པ་སོགས་བླ་མ་གོང་མའི་ཐུགས་དམ་རྟེན་གྱི་སྐུ་བརྙན་བྱིན་ཆེན་རབ་ཏུ་མང་པོ། ཆོས་རྗེ་ས་སྐྱ་པཎྜི་ཏའི་ཕྱག་ཕྲེང་ལུང་ཐང་། རྗེ་རྡོ་རྗེ་འཆང་དང་མུས་ཆེན་གྱི་སྐུ་བླ་མ་ཆ་ཚང་། མུས་ཆེན་གྱི་སྣམ་སྦྱར། ཀུན་མཁྱེན་གྱི་སྣམ་སྦྱར་དང་། གདུང་ཚ་བརྒྱ་ཕྲག་མང་པོ། མཐིང་ཤོག་ལ་གསེར་གྱིས་བྲིས་པའི་གཟུངས་སྤོབས་ཆེ་བ་སོགས་རིང་བསྲེལ་རྣམ་བཞིས་བྱུར་བུར་གཏམས་པ་མཐོང་ཐོས་དྲན་རེག་གིས་ཐར་པའི་ས་བོན་འཇོག་ཅིང་། མཆོག་ཐུན་གྱི་དངོས་གྲུབ་ཡིད་བཞིན་དུ་སྩོལ་བ་སྲིད་པ་དང་ཞི་བའི་མཆོད་སྡོང་ཆེན་པོ་ལྷམ་མེ། ལྷན་ནེ། ལྷང་ངེར་བཞུགས་སོ། །འདིའི་རྒྱབ་ཡོལ་ན་དྲུག་གཉྫོ་ལར་གྲགས་པ་དང་། གཡས་གཡོན་གྱི་མཆོག་ཟུང་གཉིས་ཀོང་སྟོན་ཆེན་པོས་བཞེངས། མཚུངས་མེད་དཔལ་འབྱོར་རྒྱལ་མཚན་གྱིས་བཞེངས་པའི་སྐྱེས་མཆོག་ཨཱ་ནནྡ་པའི་ནང་རྟེན་བྱམས་པའི་གསེར་སྐུ་རྟེན་རྙིང་བྱིན་རླབས་ཅན། ༸བླ་མ་དམ་པ་བསོད་ནམས་རྒྱལ་མཚན་གྱི་ནང་རྟེན་རིན་ཆེན་རྩེའི་རྫོང་དུ་བཞེངས་པའི་སངས་རྒྱས་རྡོ་རྗེ་འཆང་གི་གསེར་སྐུ་བྱིན་རླབས་དཔལ་འབར། འདིའི་ནང་གཞུག་རྒྱ་བོད་ཧོར་གསུམ་གྱི་བྱིན་རླབས་རྟེན་ངོ་མཚར་ཅན་མཐའ་ཡས་པ་བཞུགས་པའི་དཀར་ཆག་གི་ཤོག་དྲིལ་ཡོད་པ་བོར་ཟེར། འདི་ཡང་ཆོས་གྲྭ་འདིའི་རྟེན་གྱི་གཙོ་བོ་ཞིག་ཡིན་ནོ། །རྨད་བྱུང་ཐེག་མཆོག་ཆོས་ཀྱི་དགའ་སྟོན་ཅན། །ཕུན་ཚོགས་ཡིད་དགའ་ཆོས་འཛིན་གཉིས་པ་ཞིག །ས་ལ་མཆིས་ཞེས་དགའ་ལྡན་ལྷ་བརྒྱའི་གཙོ། །མངོན་སུམ་གཉྫོ་ལ་འདིར་བྱོན་པ་སྙམ། །ཞེས་ཏེ། གཙང་ཁང་གི་གཡས་ངོས་སུ་འཛམ་མགོན་ཆོས་འོད་ཟེར་གྱིས་བཞེངས་པའི་རྒྱལ་བ་བྱམས་པའི་གསེར་སྐུ་ཆེས་ཆེ་བ་གཙང་པའི་བདག་མོ་དཔོན་ས་ཆེ་ལྷ་བུ་འཕྲིད་ཀྱི་སྐུ་རྒྱན་སོགས་རིན་པོ་ཆེའི་ཕྲ་བཀོད་ངོ་མཚར་བས་བརྒྱན་པ། ནང་དུ་སྟོན་པའི་རིང་བསྲེལ་རྒྱལ་པོ་མ་སྐྱེས་དགྲའི་གདུང་སྐལ་ནས་བྱོན་པ་སོགས་རིང་བསྲེལ་གྱི་ཕུང་པོ་ཆེན་པོ་གསེར་གྱི་ཟ་མ་ཏོག་ཏུ་བཞུགས་པས་མཆོན་སྲིད་དོན་རྙེད་པར་དཀའ་བའི་བྱིན་རླབས་ཀྱི་རྟེན་ཧི་

སྙིད་པ་གཅིག་ཏུ་འཁྲིལ་བའི་གོང་བུ་ལྟ་བུ། རབ་གནས་ཀྱི་ཆོ་ག་ཡེ་ཤེས་པ་དངོས་སུ་བཞུགས་པའི་རྟགས་ནམ་མཁའི་དབྱིངས་ཐམས་ཅད་འཇའ་འོད་ཀྱིས་ཁྱབ་ཅིང་མེ་ཏོག་གི་ཆར་ཁ་བ་ལྟར་བབས་པ་སོགས་ངོ་མཚར་བའི་ལྟས་བསམ་གྱིས་མི་ཁྱབ་པ་བྱུང་ཞིང་། འཇིག་རྟེན་ཀུན་ཏུ་ནད་མཚོན་མུ་གེ་སོགས་དུས་ཀྱི་རྒུད་པ་མཐའ་དག་རེ་ཞིག་ཞི་ནས་བདེ་སྐྱིད་རྫོགས་ལྡན་གྱི་དཔལ་གསར་དུ་བཞད་པ་དང་། ཆོས་གྲྭ་འདིའི་ཆོས་སྲིད་ཀྱི་དཔལ་ཡོན་ཀྱང་དབྱར་མཚོ་ལྟར་རྒྱས་པ་སོགས་དགེ་མཚན་མཐའ་ཡས་པས་མཚན་ཡང་བྱམས་ཆེན་བྱིན་རླབས་ཆར་འབེབས་ཞེས་གསོལ་བ་ཡིན་ནོ། །དེའི་གཡས་སུ་མཁན་ཆེན་ངག་དབང་ཚུལ་ཁྲིམས་བཟང་པོའི་གསེར་གདུང་རྣམ་རྒྱལ་མཆོད་རྟེན་དང་། གཡོན་དུ་ཀོང་སྟོན་དབང་ཕྱུག་གྲུབ་པའི་དངུལ་གདུང་བཀྲ་ཤིས་སྒོ་མང་ངོ་མཚར་ཅན། ལྷོ་ངོས་སུ་མི་དབང་ཀརྨ་བསྟན་སྐྱོང་དབང་པོས་ཕུལ་བའི་བཀའ་འགྱུར་བྲིས་མ་དང་། བྱང་ངོས་སུ་གསུང་རབ་སྣ་ཚོགས་པའི་གླེགས་པ་མཐའ་ཡས་པ་སོགས་བཞུགས། །

༄དུར་སྨྲིག་མདངས་ཀྱིས་ཕྱོགས་ཀུན་ལི་ཁྲིའི་མཚོར། །སྒྱུར་བྱེད་འདུས་པའི་བསྟི་གནས་ཁྱམས་ཆེན་གྱི། །རྩིག་ངོས་ཞིང་ཁམས་རྒྱ་མཚོའི་བཀོད་པ་ནི། །ཀུན་ཏུ་བཀྲ་བ་ཚངས་ཆེན་ཡིད་རིས་བཞིན། །ཁྱད་པར་བསོད་ནམས་བརྒྱ་ལྡན་མིའི་སེང་གེའི། །ཡེ་ཤེས་སྣང་ངོར་རང་གནས་བདེ་ཅན་ཞིང་། །མངོན་སུམ་གཟིགས་གང་ཀཱ་ཤིའི་མེ་ལོང་ལ། །འཕོས་འདི་སྐྱེ་རྒྱུའི་མིག་གི་བདུད་རྩིར་ཆེ། །ཞེས་པ་སྟེ། དེའི་མདོ་ཁྱམས་གཙུག་ལག་ཁང་གི་ལྡེབས་བྲིས་ནུབ་ངོས་གཡས་སུ་ཐུབ་དབང་གནས་བརྟན་བཅུ་དྲུག་བཅས་ལ་མཛད་པ་བཅུ་གཉིས་ཀྱིས་བསྐོར་བ་དང་། གཡོན་དུ་སྨན་བླའི་ལྷ་ཚོགས། འོད་དཔག་མེད་དང་མི་འཁྲུགས་པའི་ཞིང་ཁམས་རྣམས་ཀུན་མཁྱེན་ཆེན་པོའི་སྐུ་དུས་དང་། ལྷོ་བྱང་དུ་ཕྱོགས་བཅུ་མུན་སེལ་ནས་བཤད་པའི་ཕྱོགས་བཅུའི་སངས་རྒྱས་ལ་བསྐལ་བཟང་གི་སངས་རྒྱས་སྟོང་གིས་བསྐོར་བ་དང་། ཤར་དུ་སྤྱན་རས་གཟིགས། སྒྲོལ་མ། རྣམ་རྒྱལ། འཇམ་དབྱངས། བྱམས་པ། ལོ་གྱོན་མ་རྣམས་སོ་སོའི་འཁོར་གྱིས་བསྐོར་བ་སོགས་པཎ་ཆེན་དབང་ཕྱུག་གྲུབ་པས་བཞེངས་པ་དང་། སེང་གཡབས་ལ་སྟོན་པ་གཙོ་འཁོར། རྒྱན་དྲུག་མཆོག་གཉིས། ས་པིར་སོགས

གྱི་བཀོད་པ་ངག་དབང་ཚུལ་ཁྲིམས་བཟང་པོས་བཞེངས་པ་རྣམས་སོ་སོའི་ཕྱག་ནས་མ། ཁྱད་པར་ཀུན་མཁྱེན་ཉིད་ཞིང་འདིའི་བསྟན་འགྲོའི་དོན་རླབས་པོ་ཆེ་མཛད་ནས་ཞིང་ཁམས་གཞན་གྱི་གདུལ་བྱ་ལ་དགོངས་པར་ཉེ་བའི་ཚེ་གང་དུ་འབྱོན་པའི་ཞིང་མཆོག་བདེ་བ་ཅན་གྱི་རྟེན་དང་བརྟེན་པར་བཅས་པའི་བཀོད་པ་མདུན་གྱི་ནམ་མཁར་མངོན་སུམ་དུ་གཟིགས་པ་ཇི་ལྟ་བ་བཞིན་དང་ལྡན་གྱི་བསོད་ནམས་ཀྱི་མགྲོན་དུ་སྣང་བར་མཛད་པའི་ཞལ་གཟིགས་ཤིང་བཀོད་ཐང་ཀ་ཤིན་ཏུ་བྱིན་རླབས་ཅན། ཡོངས་འཛིན་དཀོན་མཆོག་འཕེལ་གྱིས་བཞེངས་པའི་ཀུན་མཁྱེན་ཆེན་པོའི་དུས་མཆོད་སྐུ་ཐང་སོགས་གདན་རབས་ཕལ་ཆེ་བའི་དུས་ཐང་། ཐུབ་དབང་དང་བྱམས་པའི་གསེར་སྐུ་རྟེན་སྙིང་བྱིན་རླབས་ཅན་སོགས་བཞུགས།

༄ཁམས་གསུམ་ཆོས་ཀྱི་རྒྱལ་པོ་གོ་རམས་རྗེ། །གསང་གསུམ་རྒྱལ་ཚབ་བརྒྱུད་པའི་ཕྲེང་བར་བཅས། །དུས་གསུམ་རྒྱལ་བའི་དཀྱིལ་འཁོར་མངོན་སུམ་བཞིན། །འགྲོ་གསུམ་ལེགས་བྱས་ཞིང་དུ་ལྷུམ་མེར་བཞུགས། ། ཞེས་པ་སྟེ། མཁས་མཆོག་བྱམས་པ་རབ་བརྟན་གྱི་ཕྱག་མར་བཞེངས་ཤིང་རྗེ་རྟྣ་རཀྵིས་བྱམས་ཆེན་བཞེངས་སྐབས་གཙང་ཁང་དང་མཉམ་དུ་རྒྱ་བསྐྲུན་པའི་དབུ་རྩེ་བླ་མ་ལྷ་ཁང་དུ། མཁན་ཆེན་འཇམ་པའི་དབྱངས་ཆོས་རྣམ་རྒྱལ་གྱིས་བཞེངས་པའི་དུས་གསུམ་རྒྱལ་བ་ཡོངས་ཀྱི་མཁྱེན་བརྩེ་ནུས་གསུམ་གཅིག་ཏུ་བསྡུས་པའི་རང་གཟུགས་ཀུན་མཁྱེན་ཆོས་ཀྱི་རྒྱལ་པོ་རྒྱལ་བ་བསོད་ནམས་སེང་གེའི་སྐུ་བརྙན་ཡིད་བཞིན་ནོར་བུ་སེམས་དཔའ་སུམ་བརྩེགས་སུ་གྲགས་པ་ཕྱི་དམ་ཚིག་སེམས་དཔའི་ཚུལ་ལ། ནང་དུ་ཐུབ་ཆེན་གྱི་བཟོ་ཕུད་ལ་བཞེངས་པའི་སྐུ་ཚབ་གསེར་སྐུ་མདའ་གང་མ་ཡེ་ཤེས་སེམས་དཔའི་རྣམ་པ་དང་། དེའི་ཐུགས་ཀར་ཀུན་མཁྱེན་ཉིད་ཀྱི་ཚེམས་དང་དབུ་ལོ་བྲུབས་བཞུགས་པའི་དངུལ་སྐུ་ཕྱག་ནས་བརྒྱ་ཚར་མ་ཧིང་ངེ་འཛིན་སེམས་དཔའི་ཚུལ་དུ་བཞུགས་ཤིང་། གཞན་ཡང་ཀུན་མཁྱེན་ཉིད་ཀྱི་སྐུ་བརྙན་ཕྱག་ནས་མ་སྡེ་བ་དགའ་སྡེ་བར་དང་རྟེན་དུ་གནང་བ་གསུང་ལན་མང་དུ་བྱོན་པ་སོགས་རྟེན་ངོ་མཚར་ཅན་མཐའ་ཀླས་པས་གཏམས་པ་འདིའི་ཕྱག་ཚད་དང་ནང་གཞུག་སོགས་ཕྱག་ལེན་ཕལ་ཆེར་ངག་དབང་བརྟན་པའི་རྡོ་རྗེས་མཛད་པར་སྣང་། སྐུ་དངོས་དང་མི་གཉིས་པའི་

མཐོང་གྲོལ་བྱིན་རླབས་ཀྱི་གཟི་འོད་འབར་བ། དེའི་གཡས་སུ་ཀུན་མཁྱེན་ཆེན་པོའི་སྐུ་བརྙན་གསུང་འབྱོན་ཨ་ཙ་མ་ར་ངག་རྒྱུན་ལ་ལོ་རྒྱུས་འདྲ་ཟེར་བ་དག་པར་མ་མཐོང་བས་འདིའི་སྒྲ་དོན་ཁུངས་དག་ཅིག་སླར་བཙལ། གྲགས་པ་དང་། གཡོན་དུ་གློ་བོ་མཁན་ཆེན་བསོད་ནམས་ལྷུན་གྲུབ་ཀྱི་སྐུ་བརྙན་ཕྱག་ནས་མ་ངོ་མཚར་ཅན་གཉིས་འཁོར་གྱི་ཚུལ་དུ་བཞུགས་ཤིང་། གཡས་ཕྱོགས་སུ་རིམ་པར་པཎ་ཆེན་དབང་ཕྱུག་གྲུབ་པ། རྗེ་བཙུན་བྱམས་པ་རབ་བརྟན། པཎ་ཆེན་ཆོས་རྣམ་རྒྱལ། མཁས་གྲུབ་བཀྲ་ཤིས་ཆོས་འཕེལ། འཇམ་དབྱངས་ཆོས་དཀར་རྣམ་རྒྱལ། མཁན་ཆེན་བཟང་པོ་རྒྱལ་མཚན། མཁས་མཆོག་དཔལ་འབྱོར་རྣམ་རྒྱལ། རྗེ་རྣམ་རྒྱལ་བཟང་པོ། འཇམ་མགོན་ཆོས་སྐྱབས་རྣམ་རྒྱལ་རྣམས་དང་། གཡོན་ཕྱོགས་སུ་རྗེ་བཙུན་བློ་གྲོས་འབྱུང་གནས། རྒྱལ་བ་ཆོས་འོད་ཟེར། འཇམ་མགོན་བསོད་ནམས་ཆོས་འཕེལ། ཐམས་ཅད་མཁྱེན་པ་ངག་དབང་བརྟན་པའི་རྡོ་རྗེ། མཚུངས་མེད་རྡོ་རྗེ་རྣམ་རྒྱལ་རྣམས་ཀྱི་གསེར་སྐུ་མི་ཚད་སོ་སོའི་གདུང་རིང་བསྲེལ་སོགས་བཞུགས་ཤིང་སྐུ་དངོས་ཀྱི་དབུ་ཞྭ་དང་ན་བཟའ་སྐུ་དྲིག་ཅན་གསོལ་བ་རང་རང་གི་གདན་ས་པ་འོག་མ་སོ་སོས་བཞེངས་པ། རྗེ་ཆོས་འོད་ཟེར་གྱིས་བཞེངས་པའི་ལམ་འབྲས་བརྒྱུད་པའི་སྨན་སྐུ་མདའ་གང་མ་འཇམ་དབྱངས་སངས་རྒྱས་སེང་གེ་ཡན་ངོར་གྱི་བརྒྱུད་པ་དང་། རྗེ་ཉིད་བར་ཐུབ་བསྟན་གྱི་བརྒྱུད་པ་གཉིས་བསྡུས་ནང་གཞུག་ཁྱད་འཕགས་དུ་མས་གཏམས་ཤིང་བྱིན་རླབས་ཀྱི་གཟི་འོད་ཕྱོགས་བརྒྱར་འཕྲོ་བ་སྟོན་སྔགས་འཆང་ཆེན་པོ་ཀུན་དགའ་རིན་ཆེན་གྱིས་དཔལ་ས་སྐྱར་བསྟན་པའི་མེ་རི་གསོ་སྐབས་ཀྱི་སྤྲུལ་པའི་ལྷ་བཟོ་བ་མགོན་པོ་ཚེ་དབང་དུ་གྲགས་པའི་ཕྱག་བཟོ་འཕྲུལ་མེད། དེའི་ཁ་སྐོང་འཇམ་མགོན་བསོད་ནམས་ཆོས་འཕེལ། ཤར་ཆེན་ཀུན་དགའ་བཀྲ་ཤིས། པཎ་ཆེན་ཆོས་རྣམ་རྒྱལ། ངག་དབང་བརྟན་པའི་རྡོ་རྗེ། མཁས་གྲུབ་བཀྲ་ཤིས་ཆོས་འཕེལ། རྗེ་དཔལ་འབྱོར་རྣམ་རྒྱལ་རྣམས་ལས། ཤར་ཆེན་གྱི་སྐུ་བརྙན་ངག་དབང་བརྟན་པའི་རྡོ་རྗེས་བཞེངས་ཤིང་། གཞན་རྣམས་སོ་སོའི་ཕྱག་ནས་མ། མཁན་ཆེན་ནམ་མཁའ་སྐྱབས་པས་བཞེངས་པའི་ལམ་ཟབ་བརྒྱུད་པའི་ལི་སྐུ། བྱམས་པ་བསོད་ནམས་བསྟན་དར་དང་། ངག་དབང་ཚུལ་ཁྲིམས་རབ་རྒྱས་ཀྱི་སྨན་སྐུ། ཀུན་མཁྱེན་ཆེན་པོས་རྡོ་རྗེ་འཆང་ཡབ་སྲས་ཀྱི་དགོངས་རྫོགས་སུ་

བཞེངས་པའི་ལམ་འབྲས་བརྒྱུད་པའི་བྲིས་སྐུ་སོགས་བཞུགས།

༈ཕྱག་ན་པདྨོའི་སྤྲུལ་གཟུགས་མ་ཧེ་ཀ། །བསྟན་འཛིན་རྒྱལ་མཚན་ཏོག་ཏུ་འབར་བ་དེའི། །སྐུ་གདུང་རིན་ཆེན་བྱེ་བའི་ཕུང་པོ་སོགས། །རབ་འབྱམས་རྒྱལ་བའི་རྟེན་མཆོག་བགྲང་ཡས་དང་། །འཕགས་ཡུལ་འཆི་མེད་ཚལ་ནས་སྣ་ལའི་གཞིར། །ཐར་བདེའི་ཀུན་དགའི་སྤྲོ་ལ་ཆས་གྱུར་པའི། །རྒྱལ་གསུང་དགོངས་འགྲེལ་བྱེ་བའི་མིན་ཀཿལེགས་བྱས་མེ་ལོང་ངོས་སུ་སྣང་འདི་འོ། །ཞེས་པ་སྟེ། མཁན་ཆེན་གྲུབ་པའི་དབང་ཕྱུག་པདྨ་རྒྱལ་མཚན་གྱིས་བཞེངས་པའི་བཀའ་འགྱུར་ལྷ་ཁང་དུ། རྗེ་ངག་དབང་བསྟན་འཛིན་རྒྱལ་མཚན་གྱི་དངུལ་གདུང་བྱང་ཆུབ་མཆོད་རྟེན་འཛམ་གླིང་འོད་ཁྱབ་ཏུ་གྲགས་པ་རྗེ་པདྨའི་མཚན་ཅན་ཉིད་ཀྱིས་བཞེངས་པ། འཁོར་ལོ་སྡོམ་པ་ཚུལ་ཁྲིམས་བཟང་པོའི་ཐུགས་དམ་སྟོན་པའི་གསེར་སྐུ་ཐུགས་ཁར་ཧཱུཾ་ཀྲཱི་གྱི་ཐུབ་དབང་གསུང་བྱོན་བཞུགས་པ་ཤིན་ཏུ་བྱིན་རླབས་ཅན། མཁན་ཆེན་ཕུན་ཚོགས་རྒྱལ་མཚན་གྱིས་ཆོས་གྲྭ་འདིའི་མདོ་སྔགས་ཀྱི་བཤད་རྒྱུན་འཕེལ་བའི་རྟེན་འབྲེལ་དུ་བཞེངས་བཞེད་བཞིན་རྗེ་དེའི་དགོངས་རྫོགས་སུ་བསྒྲུབས་པའི་འཇམ་དབྱངས་ཀྱི་གསེར་སྐུ་ངོ་མཚར་བ། འཇམ་དབྱངས་ཀུན་དགའ་བསོད་ནམས་ཀྱི་ཐུགས་དམ་བྱམས་པའི་གསེར་སྐུ་རྣམས་མི་ཚད་སོགས་གསེར་སྐུ་ཁྱད་འཕགས་རབ་ཏུ་མང་པོ། ངག་དབང་བསྟན་འཛིན་རྒྱལ་མཚན་གྱིས་བལ་པོ་ཡེ་རང་དུ་བཞེངས་པའི་ཟངས་པོ་ལོངས་སྐུ་མ་དང་། གཡས་གཡོན་དུ་བཀའ་དང་བསྟན་བཅོས་འགྱུར་རོ་འཚལ་གྱི་གླེགས་བམ་གྱི་ཕྲེང་བ་ཚར་དུ་དངར་བ་སོགས་བཞུགས། །

༈ཐུབ་དབང་དགྲ་བཅོམ་བྱེ་བའི་འཁོར་ཚོགས་ཀྱིས། །ལེགས་བསྐོར་བྲག་རི་གསེར་གྱི་བྱ་སྐྱིབས་ཅན། །རང་གཟུགས་མ་ཉམས་གངས་ཅན་འཛིན་མའི་གཞིར། །འཕོས་འདི་བདུད་དགྲའི་སྐྱུ་མ་ལས་གཞན་ཅི། །ཞེས་པ་སྟེ། གྲུབ་མཆོག་ཀླུ་དབང་རྒྱ་མཚོའི་དགོངས་རྫོགས་སུ་བཞེངས་པའི་གནས་བཅུ་ལྷ་ཁང་དུ། སྟོན་པ་ཡང་དག་པར་རྫོགས་པའི་སངས་རྒྱས། འཁོར་གནས་བརྟན་ཆེན་པོ་བཅུ་དྲུག ། རྒྱལ་པོ་ཆེན་པོ་སྡེ་བཞི། སྤྲུལ་པའི་དགེ་བསྙེན་དྷརྨ་ཏཱ། རྒྱལ་པོ་ཐང་ཐའི་རྫུའི་དུས་

གནས་བརྟན་རྒྱ་ནག་ཏུ་སྤྱན་འདྲེན་པ་པོ་ཧྭ་ཤང་འཁོར་བཅས་སོགས་བྲག་རི་རྣམ་པར་བཀྲ་བའི་ཕུག་པ་ན་དགྲེས་པར་བཞུགས་སོ། །

༄མཁའ་ཁྱབ་རྒྱལ་ཀུན་སྐྱེད་དང་རོལ་པའི་ཡུམ། །མཁའ་སྤྱོད་རྡོ་རྗེ་བཙུན་མོའི་སྐུ་བརྙན་སོགས། །མཁའ་མཉམ་འགྲོ་བའི་བསོད་ནམས་ཞིང་མཆོག་ཏུ། །མཁའ་ལ་དབང་པོའི་གཞུ་བཞིན་རྣམ་པར་བཀྲ། །ཞེས་པ་སྟེ། མཁན་ཆེན་མཁྱེན་རབ་ཀྱི་དབང་ཕྱུག་བྱམས་པ་ངག་དབང་ཕུན་ཚོགས་ཀྱིས་བཞེངས་པའི་མཁའ་སྤྱོད་ལྷ་ཁང་དུ། རྗེ་ཉིད་ཀྱི་ཐུགས་དམ་རྟེན་ནཱ་རོ་མཁའ་སྤྱོད་ཀྱི་དངུལ་སྐུ་མི་ཚད་ངོ་མཚར་ཅན། དེའི་གཡས་སུ་རྗེ་ངག་དབང་བསོད་ནམས་རབ་རྒྱས་ཀྱི་གདུང་རྟེན་མདའ་གང་མ། རྗེ་དེ་ཉིད་དང་། བྱམས་པ་ངག་དབང་རྡོ་རྗེ་གཉིས་ཀྱི་ནང་རྟེན་ཆོས་རྗེ་ས་སྐྱ་པཎྜི་ཏའི་སྐུ་བརྙན་རེ། ངག་དབང་ཚུལ་ཁྲིམས་རབ་རྒྱས་ཀྱིས་བཞེངས་པའི་བྱམས་པ་ལྟོངས་སྐུ་མ་རྣམས་གསེར་སྐུ་མི་ཚད། ངག་དབང་བརྟན་པའི་རྡོ་རྗེའི་སྨན་སྐུ་ཕྱག་ནས་མ་ཤིན་ཏུ་བྱིན་རླབས་ཅན། གཡོན་དུ་རྗེ་ངག་དབང་ཕུན་ཚོགས་ཀྱི་དངུལ་གདུང་བྱང་ཆེན་མཆོད་རྟེན་མདའ་གང་མ་དང་། རྗེ་དེ་ཉིད་ཀྱིས་བཞེངས་པའི་ཀུན་མཁྱེན་ཆེན་པོའི་སྐུ་བརྙན། ངག་དབང་བསྟན་འཛིན་རྒྱལ་མཚན་གྱི་འདྲ་བརྙན་བྱིན་རླབས་ལྡན་པོ་ཐུགས་སྲས་པདྨའི་མཚན་ཅན་གྱིས་བཞེངས་པ། མི་ཕམ་སེང་གེ་རབ་རྒྱས་དང་། ངག་དབང་ཀུན་དགའ་བཟང་པོ། གྲུབ་དབང་ངག་དབང་ཚུལ་ཁྲིམས། ངག་དབང་བསྟན་འཛིན་རབ་རྒྱས། བྱམས་པ་ཀུན་དགའ་བསྟན་འཛིན་སོགས་ཀྱི་སྐུ་བརྙན། ནགས་སྟོད་ནས་སྤྱན་དྲངས་པའི་ཨོ་རྒྱན་ཆེན་པོའི་སྐུ་བརྙན་གསུང་བྱོན་གཏེར་མར་གྲགས་པ་ཤིན་ཏུ་བྱིན་རླབས་ཅན། བྱམས་པ་ངག་དབང་ཕུན་ཚོགས་ཀྱི་ཐུགས་དམ་སྨན་བླ་བདེ་གཤེགས་བརྒྱད་ཀྱི་སྨན་སྐུ། ཀུན་མཁྱེན་ཆེན་པོའི་ཐུགས་དམ་སྟོན་པ་དང་བྱམས་པའི་གོས་ཐང་སོགས་བྲིས་སྐུ་སྙིང་མ་བྱིན་ཅན་རབ་ཏུ་མང་པོ་སོགས་བཞུགས། །༄གནས་ལྔ་རིག་པའི་ཐུགས་བསྐྱེད་གསེར་རིའི་སྤོར། །ཤར་བ་བརྩེ་ཆེན་སྙིང་པོའི་གཟུགས་སྐུའི་ཟླ། །བྱིན་རླབས་བདུད་རྩིའི་སྣང་བས་ཕྱོགས་འགེངས་བཞིན། །རྟེན་མཆོག་རྒྱུ་སྐར་བྱེ་བའི་དབུས་ན་བརྗིད། །ཅེས་པ་སྟེ། མ་ཏྲཱ་པཎྜི་ཏ་ཆོས་རྣམ་རྒྱལ་གྱིས་བཞེངས་པའི་གསེར་

སྐུ་ལྷ་ཁང་དུ། རྟེན་གྱི་གཙོ་བོ་རྗེ་ཉིད་ཀྱིས་བཞེངས་པའི་དཔལ་བརྩེ་བ་ཆེན་པོ་ཀུན་དགའ་སྙིང་པོའི་སྣང་བརྙན་ངོ་མཚར་རྨད་དུ་བྱུང་བ་བྱིན་རླབས་ཀྱི་ཕུང་པོ། ཀུན་མཁྱེན་ཡབ་སྲས་ནས་བཟུང་གདན་རབས་གོང་མ་རྣམས་ཀྱི་ཐུགས་དམ་རྟེན་དང་། ཕྱག་ཏུ་འགྱུར་པའི་རྟེན་རྙིང་ཤིན་ཏུ་ཐུགས་རྗེས་ཅན་གཟིམ་ཆུང་དང་མགོན་ཁང་སྤྱག་ཏུ་བཞུགས་པ་ནས་སྤྱན་དྲངས་པའི་ཐུབ་དབང་ཉིས་བརྒྱ་དང་དྲུག་ཅུ་རེ་ལྔ། རྡོར་སེམས་བཞི་བཅུ་ཞེ་བརྒྱད། སྒྲོལ་མ་ལྔ་བཅུ་ང་གཅིག །སྤྱན་རས་གཟིགས་ཉི་ཤུ་རྩ་ལྔ་སོགས་བླ་མ་ཡི་དམ་སངས་རྒྱས་བྱང་སེམས་སོགས་ཀྱི་སྐུ་བརྙན་གསེར་ཟངས་ཁྲོ་ལི་སོགས་ལས་གྲུབ་པའི་དྲིལ་གྱི་གོང་བུ་ཁ་ཕྱེ་བ་ལྔ་བུ་དང་། པཎ་ཆེན་ཉིད་ཀྱི་གདུང་བཞུགས་པའི་ལིའི་བདེ་གཤེགས་མཆོད་རྟེན་བརྒྱད། གོང་སྟོན་ཆེན་པོའི་གདུང་རྟེན་གཉིས། བཀའ་གདམས་མཆོད་རྟེན་སོགས་མཆོད་རྟེན་རྙིང་མ་བརྒྱ་དང་སོ་ལྔ་སོགས་བཞུགས། །

༈མདོ་རྒྱུད་རྒྱ་མཚོའི་སྙིང་པོ་གསུང་ངག་གི །བཤད་སྒྲུབ་བརྒྱུད་པ་ནོར་བུའི་ཕྲེང་བ་དང་། །དྲན་པས་ངན་སོང་ཡོངས་སྦྱོང་རྣམ་སྣང་ཆེའི། །ལྷ་ཚོགས་རིན་ཆེན་དོ་ཤལ་ཚར་དུ་དངར། །ཞེས་པ་སྟེ། མཁས་གྲུབ་བཀྲ་ཤིས་ཆོས་འཕེལ་གྱིས་བཞེངས་པའི་ལམ་འབྲས་ལྷ་ཁང་དུ། ཆོས་རྒྱལ་གཙང་པའི་ཡོ་བྱད་བསམ་གྲུབ་རྩེ་ནས་སྤྱན་དྲངས་པའི་ལམ་འབྲས་བརྒྱུད་པའི་སླན་སྐུ་འདི་

སྔར་བསམ་རྩེ་རང་ན་བཞུགས་པ་ཡིག་རྙིང་དུ་གསལ་ཞིང་། ངག་རྒྱུན་ལ་སྔར་ཐང་ནས་གདན་དྲངས་ཟེར་བ་བསམ་རྩེ་ནས་ཐོག་མར་སྔར་ཐང་དུ་ཕྱིན། དེ་ནས་འདིར་སྤྱན་དྲངས་པའམ། ཡང་ན་གཙང་བས་སྔར་ཐང་ནས་བཞེས་ཏེ་འདིར་ཕྱིན་པ་གང་རུང་འདྲ་བས་བླར་བརྟག །

བཟོ་ཁྲིད་ཕུལ་དུ་བྱུང་ཞིང་བྱིན་རླབས་ཀྱི་སྤྲིན་ཕུང་གཡོ་བ། དེའི་ཁ་སྐོར་འཇམ་དབྱངས་བསོད་ནམས་དབང་པོ། ཁྲི་ཆེན་བསོད་ནམས་ལྷུན་གྲུབ། པཎ་ཆེན་ཆོས་རྣམ་རྒྱལ། རྗེ་བཀྲ་ཤིས་ཆོས་འཕེལ། འཇམ་དབྱངས་ཀུན་དགའ་བསོད་ནམས། མཁས་བཙུན་བཟང་པོ་རྒྱལ་མཚན། མཁས་མཆོག་རྣམ་རྒྱལ་བཟང་པོ། རྗེ་ཆོས་སྐྱབས་རྣམ་རྒྱལ་རྣམས་ལས་གོང་མ་གཉིས་མ་གཏོགས་གཞན་རྣམས་སོ་སོའི་ཕྱག་ནས་མ། པཎྜི་ཏ་སྨྲི་ཏི་ཛྙཱ་ན་ཀཱིརྟིས་བཞེངས་པའི་ཀུན་རིག་རྩ་བའི་ལྷ་སོ་བདུན་གྱི་སླན་སྐུ་ཤིན་ཏུ་བྱིན་རླབས་ཅན། ངག་དབང་བརྟན་པའི་རྡོ་རྗེའི་ནང་རྟེན་འོད་དཔག་མེད་ཀྱི་སྐུ། རྗེ་

དེའི་ཕྱག་དྲིལ་འཁྲུལ་མེད། བཀའ་འགྱུར་སྟེ་དགེའི་མཚལ་པར། རྗེ་བཙུན་གོང་མ་ལྔའི་བཀའ་འབུམ། ཀུན་མཁྱེན་ཆེན་པོས་བཞེངས་པའི་གྲུབ་ཐོབ་བརྒྱད་ཅུའི་ཐང་སྐུ་ཐོག་ཚད་མ་གསུམ་སོགས་བཞུགས། །ཀྱཻ་རྒྱལ་ཀུན་ཡེ་ཤེས་འཇམ་དབྱངས་ཞི་ཁྲོའི་གར། །གར་དགུའི་ཉམས་ལྡན་བཀའ་སྡོད་གཤིན་རྗེའི་རྒྱལ། །རྒྱལ་བ་དུས་གསུམ་འདྲེན་པའི་མཚན་དཔེའི་དཔྱིད། །དཔྱིད་ཀྱི་དགའ་ཚལ་བཞིན་དུ་འདི་ན་བཀྲ། །ཞེས་པ་སྟེ། ཕྱག་ན་པདྨོ་ངག་དབང་བསྟན་འཛིན་རྒྱལ་མཚན་གྱིས་བཞེངས་པའི་ལྷ་ཁང་ལྷོ་བྱང་དུ་གྲགས་པའི་ལྷོ་མར། མཁན་ཆེན་ཀུན་དགའ་བཟང་པོ། འཇམ་དབྱངས་དམར་སེར། དཔལ་རྡོ་རྗེ་འཇིགས་བྱེད། འཆི་བདག་ལས་ཀྱི་གཤིན་རྗེ་སོགས་དང་། བྱང་མར་ངག་དབང་ཚུལ་ཁྲིམས་རབ་རྒྱས་ཀྱིས་བཞེངས་པའི་དུས་གསུམ་སངས་རྒྱས་དང་། འོད་དཔག་མེད་ཀྱི་སྐུ་བརྙན་གཙོ་བོའི་ཐུགས་ཀར་ནྰ་རོ་མཁའ་སྤྱོད་ཀྱི་སྐུ་བརྙན་ངོ་མཚར་ཅན་བཞུགས་པ། འཁོར་ལོ་སྡོམ་པ་ཚུལ་ཁྲིམས་བཟང་པོའི་སྨན་སྐུ་ཕྱག་ནས་མ། མི་ཕམ་སེང་གེ་རབ་རྒྱས་ཀྱིས་བཞེངས་པའི་ཨོ་རྒྱན་ཆེན་པོའི་སྐུ་བརྙན་སོགས་བཞུགས། །

ཀྱཻ་དམར་ཞྭམ་དུས་མེ་འབྲུག་འདྲའི་ཡེ་ཤེས་སྤྱན། །བསྟན་པའི་གསང་མཛོད་སྲུང་ལ་མི་གཡེལ་བའི། །དམ་ཅན་རྒྱ་མཚོ་ལས་བཞིའི་འཕྲིན་ལས་ཀྱིས། །ཀུན་ཏུ་རོལ་བའི་དྲག་པོའི་གཞལ་མེད་ཁང་། །ཞེས་པ་སྟེ། ཀུན་མཁྱེན་ཆེན་པོའི་སྐུ་དུས་ཀྱི་མགོན་ཁང་སྔག་དམ་ཅན་རྒྱ་མཚོ་སྤྲིན་ལྟར་འདུ་བའི་འཇིགས་རུང་དྲག་པོའི་གཞལ་མེད་ཁང་ཆེན་པོར། བསྟན་སྲུང་རྒྱ་མཚོའི་གཙོ་བོ་དཔལ་རྡོ་རྗེ་ནག་པོ་ཆེན་པོ་གུར་གྱི་མགོན་པོ་དང་། དེའི་གཡས་སུ་དཔལ་མགོན་སྟོབས་འཕྲོག་ནག་པོ་བྲམ་ཟེའི་གཟུགས་ཅན། གཡོན་དུ་དཔལ་ལྡན་ལྷ་མོ་འདོད་པ་ཁམས་ཀྱི་དབང་ཕྱུག་མ་རྣམས་སྤྲུལ་སྐུ་མགོན་ཚེ་བའི་ཕྱག་བཟོ་འཁྲུལ་མེད་འཇམ་མགོན་ཆོས་འོད་ཟེར་གྱིས་བཞེངས་པ་ཡེ་ཤེས་པ་དངོས་དང་མི་གཉིས་པའི་བྱིན་རླབས་ཀྱི་ཟིལ་བཟོད་པར་དཀའ་ཞིང་དམ་ཚིག་ཅན་ལ་མཆོག་ཐུན་གྱི་དངོས་གྲུབ་ཡིད་བཞིན་དུ་སྩོལ་བ། ཀུན་མཁྱེན་ཆེན་པོའི་ཐུགས་དམ་མགོན་སྐུ་ཁྲིད་འཕགས་སྟོན་ཀུན་མཁྱེན་ཉིད་དགོངས་པ་ཞི་དབྱིངས་སུ་མནལ་སྐབས་གདུང་ཡིད་བཞིན་ནོར་བུ་གློ་བུར་གསང་སྐབས་སུ་བཞུ

བར་བརྩམ་པ་ན་སྐུ་འདི་ཉིད་ཤར་ཕྱོགས་ཀྱི་ནམ་མཁའ་ལ་མདའ་གང་ཙམ་འཕགས་ཤིང་ཆོ་འཕྲུལ་སྣ་ཚོགས་བསྟན་པ་སོགས་ད་ལྟའི་བར་དུ་ལས་བཞིའི་འཕྲིན་ལས་ཐོགས་མེད་དུ་སྒྲུབ་པའི་རྟགས་དང་མཚན་མ་ངོ་མཚར་ཅན་བརྒྱུད་མར་སྟོན་པ། གློ་བོ་མཁན་ཆེན་ཐམས་ཅད་མཁྱེན་པ་ལེགས་པའི་འབྱུང་གནས་ཀྱི་ཐུགས་དམ་མགོན་པོ་བྱིན་ཅན། ཀུན་མཁྱེན་ཆེན་པོའི་ཚེམས་རིང་བསྲེལ་གྱི་ཅོད་པཎ་ཅན་བཞུགས་པའི་སྨན་སྐུ་མཐོ་གང་བ་ཕྱག་ནས་ལན་མང་དུ་མཛད་པ་སྐུ་དངོས་དང་མི་གཉིས་པ། རྗེ་བཙུན་ཆེན་པོའི་སྨན་སྐུ་བྱིན་ཅན་དང་། ཐུབ་དབང་། འཁོར་ལོ་བདེ་མཆོག །ནཱ་རོ་མཁའ་སྤྱོད། འཇིགས་བྱེད་དཔའ་གཅིག གཤེད་དམར། གུར་མགོན་རྣམས་ཀྱི་གསེར་སྐུ། གུར་ཞལ་ལྷ་མོ་གསུམ་གྱི་སྨན་སྐུ་བཅས་འདི་རྣམས་ཕལ་ཆེར་ཀུན་མཁྱེན་བླ་མའི་ཐུགས་དམ་རྟེན། རྭ་ལོའི་ཐུགས་དམ་འགྲན་མེད་རྡོ་རྗེ་འཇིགས་བྱེད་ཞལ་ཕྱག་ཡོངས་རྫོགས་ཀྱི་གསེར་སྐུ་ཁྱད་འཕགས། བསེ་སྒམ་དམ་འབྱར་མའི་ནང་ཀུན་མཁྱེན་ཆེན་པོ་ལ་བྱ་རྒོད་གཤོངས་ཀྱི་རྣམ་སྲས་གདུང་དམར་ཅན་དང་ཁའུར་ཞལ་བཞི་པས་ཕུལ་བའི་དར་གྱི་ཆུན་པོ། ཆག་ཆོས་རྗེ་དཔལ་སོགས་མཁས་གྲུབ་མང་པོའི་ཐུགས་དམ་ཕྱག་ཕྲེང་ངོ་མཚར་ཅན། ཆག་ཆོས་སྐྱོང་བཟང་པོའི་བཟླས་ཕྲེང་བྲམ་ཟེ་མང་པོའི་ཐོད་པ་ལས་བྱས་པའི་རྒྱ་བཟོ་འགྲན་མེད། དུས་འཁོར་འཕགས་པ་རིན་པོ་ཆེའི་ཕྱག་ཕྲེང་ཡིག་དྲུག་དུང་ཕྱུར་མང་པོ་སོང་བ་ཤིན་ཏུ་བྱིན་རླབས་ཅན་སོགས་ནང་རྟེན་ཁྱད་འཕགས་འགའ་ཞིག་བཞུགས་ཀྱང་ད་ལྟ་སུས་ཀྱང་རང་དགར་མཇལ་དུ་མེད། ཀུན་མཁྱེན་ཆེན་པོའི་ཤངས་མཚལ་གྱིས་བྲིས་པའི་མགོན་པོའི་ཞལ་ཐང་ཤིན་ཏུ་བཀའ་གཉན་པ། པཎ་ཆེན་ཆོས་རྣམ་པས་བཞེངས་པའི་གུར་ཞལ་ལྕམ་གསུམ་གྱི་ཐང་ཐོག་ཚད་མ་སོགས་བྲིས་སྐུ་དང་ཞལ་འབག་བྱིན་ཅན་མང་པོ་སོགས་བཞུགས། །

༈ རྒྱལ་ཀུན་འཕྲིན་ལས་ལྷ་མོའི་ཡེ་ཤེས་སྐུ། །འདི་ན་རིན་ཆེན་སྤུངས་པའི་ཟློལ་བསྟེན་པ། །ཡིད་བཞིན་ནོར་ལྟར་རྟོགས་རྩོལ་མེད་བཞིན། །ཕན་བདེའི་དཔལ་ཀུན་འཇོ་བ་ངེས་པར་མཆོན། །ཞེས་པ་སྟེ། མཁན་ཆེན་ངག་དབང་ཚུལ་ཁྲིམས་བཟང་པོས་བཞེངས་པའི་གཟིམ་ཆུང་སེར་མོའམ་ད་ལྟ་མཁའ་སྤྱོད་ཕོ་བྲང་དུ་གྲགས་པར། ལོ་ཆེན་རིན་ཆེན་བཟང་པོས་རྒྱ་གར་རྡོ་རྗེ་གདན་ནས

སྤྱན་དྲངས་པའི་༧རྗེ་བཙུན་སྒྲོལ་མའི་སྐུ་བརྙན་ལི་དམར་ལས་གྲུབ་པ་གསུང་བྱོན་ཤིན་ཏུ་བྱིན་རླབས་ཅན། གློ་བོ་ཆོས་རྒྱལ་ཨ་སེང་རྡོ་རྗེ་བརྟན་པས་ཀུན་མཁྱེན་ཆེན་པོ་ཉིད་གློ་བོར་སྤྱན་འདྲེན་ཡང་ཡང་མཛད་ཀྱང་མཛད་ཕྲིན་རྒྱ་ཆེ་བས་ཕེབས་མ་གྲུབ་པར་བརྟེན་སླར་ཆོས་ཀྱི་རྒྱལ་པོ་དེ་ཉིད་ཀྱིས་འབུལ་བའི་དངོས་པོ་རྒྱ་ཆེན་པོ་དང་བཅས་ཏེ་ཕུལ་བའི་ལམ་འབྲས་བརྒྱུད་པའི་གསེར་སྐུ་གཟུངས་འབུལ་དང་རབ་གནས་སོགས་གྲུ་གུ་པཎ་ཆེན་གྱིས་མཛད་པ་སླར་ཀུན་མཁྱེན་ཉིད་ཀྱི་ཕྱག་གི་པདྨ་རིན་ཆེན་མེ་ཏོག་སིལ་མའི་གྲུ་ཆར་ལན་མང་དུ་ཕབ་པ། མཁན་ཆེན་ཐམས་ཅད་མཁྱེན་པ་ལེགས་པའི་འབྱུང་གནས་ཀྱི་གསེར་སྐུ་རྗེ་ཉིད་ཀྱི་ཕྱག་ནས་མ། སངས་རྒྱས་རྡོ་རྗེ་འཆང་དང་། ས་པིར་གྱི་སྐུ་བརྙན་ངོ་མཚར་ཅན་སོགས་གསེར་སྐུ་དང་ལི་མ་ཁྲུད་འཕགས་འགའ་ཞིག ། མངའ་ཟུར་ངག་དབང་གྲགས་པ་དང་། རྗེ་ངག་དབང་བསོད་ནམས་རབ་རྒྱས་གཉིས་ཀྱིས་གསར་བཞེངས་རྟེན་གསུམ་དངོས་གཙང་མང་པོ། ཆག་ལོ་ཆོས་རྗེ་དཔལ་དང་ལོ་ཆེན་རིན་ཆེན་ཆོས་རྒྱལ་སོགས་ཆག་གོང་མ་མང་པོའི་ཐུགས་དམ་དུས་འཁོར་གྱི་ཐུགས་དཀྱིལ། ཀྱཻ་རྡོར་ལྷ་དགུའི་དཀྱིལ་འཁོར་ཀུན་མཁྱེན་ཆེན་པོའི་དམ་ཚིག་བྲིས་སྐུ་འབྲུལ་མེད། ཆོས་རྒྱལ་དོན་གྲུབ་རྡོ་རྗེས་ཀུན་མཁྱེན་ཆེན་པོར་ཕུལ་བའི་རྡོ་རྗེ་ཕྲེང་བ་ཀླི་ཡ་དང་བཅས་པའི་དཀྱིལ་འཁོར་ཡོངས་རྫོགས་སོགས་བླ་མ་གོང་མའི་ཐུགས་དམ་རྟེན་དང་ཕྱག་ནས་མའི་དཀྱིལ་འཁོར་དང་བྲིས་སྐུ་མང་པོ། ཀུན་མཁྱེན་ཆེན་པོས་བཞེངས་པའི་རྗེ་བཙུན་གོང་མ་ལྔའི་བཀའ་འབུམ་དང་། ཀུན་མཁྱེན་ཉིད་ཀྱི་སྔགས་འབུམ། ཤར་ཆེན་ཀུན་དགའ་བཀྲ་ཤིས་ཀྱིས་རྗེ་ཆོས་འོད་ཟེར་ལ་ཕུལ་བའི་ལམ་འབྲས་གླེགས་བམ་གསེར་མ་སོགས་གཟིགས་དཔེ་རྙིང་མ་རབ་ཏུ་མང་པོ་བཞུགས།

༄དབྱིངས་ནས་ཁྲོས་པའི་ཡེ་ཤེས་མེ་པོ་ཆེས། །སྲིད་གསུམ་ཟ་བ་ལེགས་ལྡན་ནག་པོའི་སྐུ། །རང་བྱུང་གོར་མའི་གཟུགས་སུ་བསྟན་པ་སོགས། །ངོ་མཚར་རྟེན་མཆོག་དབྱར་སྐྱེས་ཕྲེང་བ་བཞིན། །ཞེས་ཏེ་གཟིམ་སྤྱུག་ཏུ་སྔོ་མོན་ན་ཁ་ནས་གཏེར་དུ་བྱོན་པའི་རྡོ་ནག་གི་མགོན་སྐུ་རང་བྱོན་ཤིན་ཏུ་ཁྲུད་འཕགས། རྗེ་བཙུན་གྲགས་པ་རྒྱལ་མཚན་གྱི་སྨན་སྐུ་རྗེ་བཙུན་ཉིད་ཀྱི་ཕྱག་ནས་མར་

གྲགས་པ་རྗེ་བསྟན་འཛིན་རྒྱལ་མཚན་གྱི་རྣམ་ཐར་དུ། ས་ཆེན་ཀུན་བློས་གདུང་རྒྱུད་མྱུར་འགྲོན་ཆེད་མང་མཁར་ཐུབ་བསྟན་དགེ་འཕེལ་གྱི་རྗེ་བཙུན་གྲགས་པའི་སྐུ་བརྙན་མདུན་གསོལ་འདེབས་སུ་འགྲོན་དགོས་ཕེབས་པར། ཐུབ་བསྟན་ཉིད་ན་རྗེ་བཙུན་གྱི་སྐུ་བརྙན་ཕྱག་ནས་མ་བཞུགས་པའི་མདུན་གསོལ་འདེབས་མཛད་ན་ཐུས་མིན་གསོལ་བར་དེ་གས་ཐུས་ཕེབས་པར་བརྟེན་འདིའི་སྤྱན་སྔར་མཆོད་འབུལ་གསོལ་འདེབས་དང་ཚོགས་བདག་གི་བསྙེན་སྒྲུབ་གནང་སྐྱིན་མཛད་པས་གདུང་རྒྱུད་སྐུ་མཆེད་འཁྲུངས་ཞེས་པ་སྣང་། ཤིན་ཏུ་བྱིན་ཅན་སོགས་དང་། ནང་རྟེན་དུ་ཀུན་མཁྱེན་ཆེན་པོའི་སྐུའི་སྣམ་སྦྱར། སྐུ་པེར། འགན་སྦྱར། ཞབས་ཕྱགས། ཕྱག་དྲིལ་ཁྲིད་འཕགས། ཐོད་ཀྲཱ་བཅས་དང་། བདག་ཆེན་ངག་གི་དབང་ཕྱུག་གི་ཕྱག་ཕྲེང་དང་། ནང་མཆོད་ཀ་པཱ་ལ། ངག་དབང་བརྟན་པའི་རྡོ་རྗེའི་དབུ་ཞྭ། རྗེ་བཀྲ་ཤིས་ཆོས་འཕེལ་གྱི་སྣམ་སྦྱར་དང་། ཕྱག་ཕྲེང་། པཎ་ཆེན་ཐམས་ཅད་མཁྱེན་པ་བློ་བཟང་དཔལ་ལྡན་ཡེ་ཤེས་ཀྱི་དབུ་པཎ། ངག་དབང་ཀུན་དགའ་བཟང་པོའི་ཕྱག་ཕྲེང་སོགས་བཞུགས། །གཞན་ཡང་དོལ་པོ་མི་ཆེན་དུ་རྗེ་བཙུན་སྒྲོལ་མའི་སྐུ་བརྙན་རྒྱ་གར་མ་ཤིན་ཏུ་ཁྱད་འཕགས། གློ་བོར་མཁན་ཆེན་ཐམས་ཅད་མཁྱེན་པ་བསོད་ནམས་ལྷུན་གྲུབ་ཀྱི་བརྙན་རྗེ་ཉིད་ཀྱི་ཕྱག་ནས་མ། འབོམ་པར་ཀུན་མཁྱེན་ཆེན་པོའི་ཐུགས་དམ་རྟེན་དུ་གྲགས་པའི་རྡོ་ནག་གི་མགོན་སྐུ་བྱིན་ཅན་སོགས་ཀྱིས་མཚོན་གྲྭ་ཚང་གཉིས། ཁམས་ཚན་བཅུ་གསུམ་བཅས་སུ་རྟེན་གསུམ་བྱིན་ཆེན་མཐའ་ཀླས་བཞུགས་པ་སོགས་རེ་རེ་ནས་བརྗོད་པའི་ཡུལ་ལས་འདས་ཤིང་། གླིང་གི་ཤར་དབུས་སུ་ཀུན་མཁྱེན་ཆོས་ཀྱི་རྒྱལ་པོའི་ཕྱི་རྟེན་བྱང་ཆུབ་མཆོད་རྟེན་གོང་སྟོན་དབང་གྲུབ་པས་བཞེངས་པ་ཀུན་མཁྱེན་ཆེན་པོའི་གདུང་ཚ་བརྒྱ་ཕྲག་མང་པོ་དང་། པཎ་ཆེན་ཉིད་ཀྱི་ཕྱག་ཚ་སྟོང་ཕྲག་དུ་མ། སྤང་ལོའི་ཐུགས་དམ་རྣམ་རྒྱལ་མཆོད་རྟེན་སོགས་བཞུགས་པ་ཤིན་ཏུ་བྱིན་ཅན། དེའི་གཡོན་དུ་མཁས་གྲུབ་བློ་གྲོས་རབ་ཡངས་ཀྱིས་བཞེངས་པའི་འཇམ་དབྱངས་ཆོས་གྲགས་རྒྱ་མཚོའི་ཕྱི་རྟེན་རྣམ་རྒྱལ་མཆོད་རྟེན། གླིང་གི་ཕྱི་རོལ་ཤར་ལྷོའི་མཚམས་སུ་བུ་སྟོན་ཐམས་ཅད་མཁྱེན་པའི་གསོལ་ལྷུང་དང་། ཞབས་ཕྱགས་སོགས་བཞུགས་པའི་མཆོད་རྟེན་འཇམ་དཀར་རྒྱལ་མཚན་གྲགས་ཀྱིས་བཞེངས་པ། ལྷོ་ངོས་སུ་པཎ་ཆེན་དབང་ཕྱུག་གྲུབ་པ། རྗེ་བཙུན་བློ་གྲོས་འབྱུང་གནས། མཁས་མཆོག་བྱམས་པ་རབ་བརྟན། རྒྱལ་བ་ཆོས་འོད་ཟེར།

འཇམ་མགོན་བསོད་ནམས་ཆོས་འཕེལ། པཎ་ཆེན་ཆོས་རྣམ་རྒྱལ་རྣམས་ཀྱི་ཕྱི་རྟེན་མཆོད་རྟེན་ཤིན་ཏུ་བྱིན་ཅན་སོགས་བཞུགས་སོ། །བསོད་ནམས་ཞིང་གྱུར་མཆོག་གསུམ་འཛིན་མ་ལ། །བསོད་ནམས་དྲི་མེད་ས་བོན་གང་བཏབ་པའི། །བསོད་ནམས་འབྲས་བུ་མི་ཟད་དམ་པའི་དཔལ། །བསོད་ནམས་མཆོག་ལྡན་སྐྱེས་བུས་ལོངས་སུ་སྤྱོད། །ཅེས་པ་སྟེ། ལུས་ཅན་ཀུན་གྱི་དགེ་ལེགས་རྒྱ་མཚོའི་འབྱུང་གནས་བླ་ན་མ་མཆིས་པའི་རྟེན་གསུམ་ཁྱད་པར་ཅན་དེ་དག་གི་སྤྱན་སྔར། ཕྱག་འཚལ། མཆོད་འབུལ། བསྐོར་བ་སོགས་བགྱིས་པའི་ཕན་ཡོན་ནི། སྤྱན་རས་གཟིགས་ཀྱི་མདོ་ལས། སྟོན་པའི་མཆོད་རྟེན་ཕྱག་འཚལ་བ། །དེ་ནི་བསྐལ་པ་བྱེ་བར་ཡང་། །ནམ་ཡང་ལོང་ཞིང་འཕེང་མི་འགྱུར། །ཞེས་དང་། འཇིག་རྟེན་མགོན་གྱི་མཆོད་རྟེན་ལ། །སུ་ཞིག་བསྐོར་བ་བྱེད་པ་ནི། །ཚེ་རབས་དག་ནི་ཐམས་ཅད་དུ། །བྱང་ཆུབ་སྤྱད་པ་སྤྱོད་པའི་ཚེ། །དྲན་དང་ལྡན་ཞིང་བློ་གྲོས་ལྡན། །བསོད་ནམས་ལྡན་ཞིང་འཇིགས་མེད་འགྱུར། །ཞེས་སོགས་རྒྱ་ཆེར་འབྱུང་ཞིང་། གསལ་རྒྱལ་ལ་ཚིགས་སུ་བཅད་པ་ལས། སུ་ཞིག་དད་པས་ཐུབ་པའི་མཆོད་རྟེན་ནམ། །སྐུ་གཟུགས་དག་ལ་བསྐོར་བ་བྱེད་པ་དེ། །ཕྱི་མའི་ཚེ་ན་དགྲ་ཆེན་རྣམས་ཀྱིས་བཏུད། །བཟང་པོའི་སྤྱོད་གྱུར་ཡོན་ཏན་རྣམས་དང་ལྡན། །མི་གང་སུ་དག་དགའ་ཞིང་གུས་པ་ཡིས། །བླ་མེད་མཆོད་རྟེན་རྣམས་དང་སྐུ་གཟུགས་ལ། །ལུས་ཀྱི་ལས་རྣམས་བྱེད་པ་དེ་དག་ནི། །སྲིད་པ་ཀུན་ཏུ་མཛེད་རྣམས་ཤིན་ཏུ་རྒྱས། །ཞེས་དང་། ཐུབ་དབང་མཆོད་རྟེན་བྱི་དོར་བྱས་པ་ཡིས། །ཤིན་ཏུ་ལྷ་ན་སྡུག་ཅིང་མིག་ཏུ་མཛེས། །བྱིད་བཞིན་བཟང་ཞིང་པདྨའི་འོད་དང་ལྡན། །སྲིད་པའི་སྐྱོན་རྣམས་ཀུན་དང་བྲལ་བར་འགྱུར། །ཞེས་དང་། སའི་སྙིང་པོ་འཁོར་ལོ་བཅུ་པའི་མདོ་ལས། ཁམས་གསུམ་དག་ན་བདེ་ཞིང་སྐྱིད་པ་གང་། །དེ་ནི་དཀོན་མཆོག་མཆོད་ལས་བྱུང་བའི་ཕྱིར། །དེ་བས་བདེ་ཞིང་སྐྱིད་པར་འདོད་པ་རྣམས། །རྟག་ཏུ་དཀོན་མཆོག་གསུམ་ལ་མཆོད་པར་གྱིས། །ཞེས་དང་། རབ་གནས་ཀྱི་རྒྱུད་ལས། སྐུ་གཟུགས་མཆོད་རྟེན་ལ་སོགས་ཀྱིས། །དངོས་གྲུབ་དག་ནི་སྟེར་བར་མཛད། །ཡིད་ཀྱིས་ཙུང་ཟད་གང་བསམ་པ། །སྐྱེ་དང་སྐྱེ་བར་འགྲུབ་པར་འགྱུར། །ཞེས་དང་། འདུལ་བ་ལུང་ལས། མེ་ཏོག་གཅིག་ནི་རབ་ཕུལ་བས། །གང་ཞིག་ངན་འགྲོར

ལྷུང་མི་འགྱུར། །ཞེས་པ་དང་། གཞན་ཡང་དད་པའི་སྟོབས་སྐྱེད་པ་ཕྱུག་རྒྱུའི་མདོ། སྙིང་རྗེ་པད་
དཀར། དཀོན་མཆོག་སྤྲིན་སོགས་མདོ་རྒྱུད་བསྟན་བཅོས་དྲི་མ་མེད་པ་རྣམས་ལས་ཕན་ཡོན་མཐའ་
ཡས་པ་ཞིག་བཀའ་སྩལ་ཞིང་། ལུང་ཕྲན་ཚེགས་ལས། ཟླ་བ་སྐར་མའི་ཚོགས་བཅས་ས་ལ་ལྷུང་ཡང་
སྲིད། །ས་འདི་རི་དང་ནགས་བཅས་མཁའ་ལ་འགྲོ་ཡང་སྲིད། །རྒྱ་མཚོ་ཆེན་པོའི་ཆུ་ནི་སྐམ་པར་
འགྱུར་སྲིད་ཀྱི། །དྲང་སྲོང་ཆེན་པོ་བརྫུན་གསུང་འགྱུར་བ་སྲིད་པ་མིན། །ཞེས་པ་ལྟར་ནམ་ཡང་སླུ་
བ་མེད་པས། ལེགས་སུ་འདོད་པ་དག་གིས། དཀར་ཆོས་ཐམས་ཅད་ཀྱི་རྩ་བ་མི་ཕྱེད་པའི་དད་པས་
ཀུན་ནས་བསླངས་ཏེ། ཕྱག་དང་། བསྐོར་བ་དང་། མར་མེ། ལྷ་བཤོས། ཡོན་ཆབ། ན་བཟའ། སྣན་
དར། གསེར་ཆབ་སོགས་མཆོད་འབུལ་དང་། བཞུགས་གནས་ཀྱི་གཙུག་ལག་ཁང་གི་དོར་བྱེད་པ་
སོགས་ཚོགས་བསགས་སྒྲིབ་སྦྱོང་སྒོ་དུ་མ་ནས་བརྩོན་པ་དང་། དེ་དག་ཀུང་རང་དོན་ཉི་ཚེའི་བསམ་
སྦྱོར་མཐུ་ཆུང་དུ་དང་འབྲེལ་བ་མ་ཡིན་པ་མཐའ་ཡས་པའི་སེམས་ཅན་ཐམས་ཅད་ཀྱི་དོན་དུ་བླ་ན་མེད་
པའི་སངས་རྒྱས་ཀྱི་གོ་འཕང་ལ་དམིགས་པའི་བྱང་ཆུབ་ཀྱི་སེམས་ཀྱི་རྩིས་ཟིན་ཅིང་། བཟང་པོ་བཞི་
དང་ལྡན་པའི་བསྔོ་བ་དང་སྨོན་ལམ་རྣམ་པར་དག་པས་རྒྱས་གདབ་པ་ནི། དགེ་རྩ་ཕྲ་མོའང་ཐམས་
ཅད་མཁྱེན་པའི་རྒྱུར་འགྱུར་ཞིང་བྱང་ཆུབ་སྙིང་པོའི་བར་དུ་མི་འཛད་ཅིང་གོང་དུ་འཕེལ་བའི་ཐབས་
མཁས་ཁྱད་པར་བ་ཡིན་པས། ཚུལ་དེ་ལྟ་བུས་དལ་འབྱོར་གྱི་ལུས་ལ་སྙིང་པོ་ལེན་པའི་ཐབས་ལ་ཀུན་
ནས་འབད་པར་རིགས་སོ། །རྨད་བྱུང་རྒྱལ་བའི་འཕྲིན་ལས་ནི། །གཟུགས་ཅན་བཞིན་དུ་སར་
བཀོད་པ། །ངོ་མཚར་མཁས་པའི་ཆོས་གྲྭ་ཆེ། །གྲགས་པ་རྣ་བའི་རྒྱན་གྱུར་ཡོད། ༡། དེ་ནི་ཡོངས་
རྫོགས་བསྟན་པའི་སྤྲིན། །བཀོད་པའི་ལྷ་ལམ་ཉིད་འགྱུར་ཞེས། །དུས་གསུམ་གཟིགས་པའི་ལུང་
གི་ཐ། །ངོ་མཚར་དང་པོའི་འཕྲིན་བཞིན་བསྒྲགས། ༢། གང་དུ་སྟོན་མཆན་ཀུན་གསལ་མའི། །རྒྱུ་
སྐར་དོ་ཤལ་བཀྲམ་འདྲའི་གླིང་། །བཤད་དང་སྒྲུབ་པའི་འཕྲིན་ལས་ཀྱིས། །སྣང་བ་དག་དང་ལྡན་
ཅིག་མཛེས། ༣། ཚངས་སྤྱོད་ཀྱིས་གཙང་དུལ་བས་བརྗིད། །རིག་གྲོལ་སླུ་མཁས་དྲུར་སླིག་
སྟེས། །ལྷག་མ་ཅན་ལ་ངལ་སྟེར་བ། །དབུས་འགྱུར་ཚལ་ལ་འགྲན་བཞིན་གྱུར། ༤། དེ་དབུས་རིན་

ཆེན་གྱིས་བརྒྱན་པའི། །ངོ་མཚར་སྙིང་པོའི་གཙོ་ལ། །ཁྲིད་འཕགས་རྒྱལ་བའི་རྣམ་འཕྲུལ་གྱིས། །རབ་སྤྲུལ་ནོར་བུའི་ཁང་བརྩེགས་བཞིན། ༥། དེར་ནི་བདེ་བར་གཤེགས་པའི་གཟུགས་སྐུ་བསོད་ནམས་བྱེ་བའི་དཔལ་འབར་བ། །ཡེ་ཤེས་རང་བཞིན་ཉིད་ཀྱང་མཚན་དཔེས་ཡོངས་བརྒྱད་རིན་ཆེན་སྙིང་པོའི་ཐོལ། །རབ་ཞི་བདུད་རྩིས་རྫོགས་པའི་ཞལ་གྱི་ཟླ་བ་ཀུན་དགའི་རྒྱུན་དག་སྤྲོ་བ་བཞིན། །མཐོང་ན་མི་མཐུན་མེད་འདྲིས་སུ་ཞིག་སྙིང་ལ་ཡ་མཚན་རི་མོ་རྒྱས་མི་བྱེད། ༦། བསམ་པའི་བྱེ་བྲག་རྒྱ་མཚོ་ལ་ནི་བདུད་རྩིའི་ཟེར་བཞིན་སྙིང་རྗེའི་གར། །ཅི་ཡང་ཡོངས་བསྒྱུར་གཟུགས་སྐུའི་རོལ་པ་གྲངས་མེད་འོད་རིས་འབར་བ་ཅན། །རྫུལ་སྙེད་རྒྱལ་བའི་དཀྱིལ་འཁོར་མ་ལུས་ཞིང་གཅིག་ཉིད་ན་ལྡན་ཅིག་བཞིན། །མཐོང་དང་ཐོས་དང་དྲན་པ་ཙམ་གྱིས་སྲིད་པ་རྩལ་པོ་བྱེད་པ་སྙམ། ༧། ཨེ་མ་གང་ཞབས་ནོར་བུའི་ཅོད་པཎ་ཟུར་ཕུད་རྒྱན་དུ་གུས་ལེན་ཅིང་། །རབ་དྭངས་ཡིད་ཀྱི་ཆུ་མཚོ་ལས་སྐྱེས་དངོས་པོ་ཀུན་གྱིས་རྟག་མཆོད་པ། །དེ་ནི་སྲིད་པའི་འགྲོག་དགོན་ཉམས་དང་རྒྱུད་པ་བརྒྱ་ཡིས་མི་གཅོས་ཤིང་། །སྲིད་དང་ཞི་བའི་ཕུན་ཚོགས་ཀུན་གྱི་སྟོད་ཉིད་དག་ཏུ་ངེས་པར་འགྱུར། ༨། དེ་དག་གིས་ནི་གནས་མཆོག་འདི་ཉིད་བྱོན་ཚུལ་རྟེན་གྱི་བྱུང་བ་དང་བཅས་པ་མདོར་མཚོན་པ་ཙམ་ཞིག་སྨོས་པར་ཟད་ལ། གཞན་དུ་ན་དེ་ལྟ་བུའི་བསྟན་པ་བསྟན་འཛིན་དང་བཅས་པ་ལ་གུས་པས་མཆོད་པའི་རྒྱལ་བློན། འཁོར་ལྡན་སོགས་ཇི་ལྟར་བྱུང་བ་དང་། ཆོས་གྲྭ་འདི་ཉིད་ནས་ཐོན་པའི་མཁས་པའི་ཚོགས་ཀྱིས་གངས་ཅན་གྱི་ཁྲོན་ཕལ་ཆེར་ཁྱབ་ཅིང་དེ་དག་གིས་རྒྱལ་བའི་བསྟན་པ་ལ་བྱ་བ་ཇི་ལྟར་བྱས་ཚུལ་སོགས་བློ་ལྡན་དགྱེས་པའི་ལེགས་བཤད་ཀྱི་སྒོ་ཇི་སྙེད་ཅིག་སྣང་དུ་ཡོད་ཅིང་སྐབས་སུའང་བབས་མོད་ཀྱི། དེང་དུས་ཧ་ཅང་དགོས་པ་མི་ཆེ་ཞིང་ཡི་གེའི་ལས་སུ་ཆེ་བས་གཏང་སྙོམས་སུ་བྱས་སོ། །

སླར་སྨྲས་པ། གང་ཡང་སྲིད་ཞིའི་དཔལ་ཡོན་རྒྱ་ཆེན་བདུད་རྩིའི་སྙིང་པོས་རབ་ལྷི་བ། །དམ་པའི་ངོ་མཚར་སྤྲིན་དཀར་བླ་བྲེས་རྣམ་དཔྱོད་ལྡ་ལ་མངོན་བྲེས་པའི། །སྐལ་བཟང་ཆར་དུས་དར་བའི་རང་སྒྲ་བསྒྲགས་འོས་བསྒྲགས་པའི་ལེགས་བཤད་གླུར། །འབབ་འདྲིས་སྐྱེ་རྒྱུ་མདངས་མཐའི་ཚོགས་ལ་དད་པའི་མངལ་ཁྲུར་ཅི་ཡང་སྤྲིན། ༡། ཨུཏྤལ་གཞོན་ནུའི་ཆུན་པོ་མིན་ཡང་ཐོས་པས་རྣ་བ་ཡིད་འོང་

བྱེད། །རབ་གསལ་མུ་ཏིག་དོ་ཤལ་མིན་ཡང་བསམ་པས་སྙིང་ལ་ངོ་མཚར་སྐྱེར། །སྐབས་གསུམ་ཡོངས་འདུའི་བཅུད་མཆོག་མིན་ཡང་རྣམ་འགྲོལ་བདུད་རྩིའི་དཔལ་སྦྱིན་པ། །ཕུན་ཚོགས་རྨད་བྱུང་དགེ་བའི་གཏམ་འདིས་ཐུབ་བསྟན་ལུས་བཟང་མཛེས་བྱེད་སྙམ། ༢། གང་ལས་བྱུང་བའི་ལེགས་བྱས་དྲི་མེད་རབ་དཀར་ཟླ་བའི་ཐིག་ལེ་ནི། །བྱང་ཆུབ་མཆོག་གི་མཁའ་ལ་ལེགས་བྲིས་ཀུན་བཟང་སྤྱོད་པའི་འོད་དཀར་ཕྲེང་། །གཞན་ཕན་འབའ་ཞིག་བདུད་རྩིར་འཇིགས་པས་འགྲོ་གསུམ་སྙིང་ལ་སིམ་སྐྱེར་ཞིང་། །ཕན་བདེའི་ཨུཏྤལ་ཕྱོགས་བརྒྱར་དགོད་པས་སྲིད་ཞིའི་དགའ་ཚལ་མཛེས་གྱུར་ཅིག །༣ཡོངས་རྫོགས་རྒྱལ་བསྟན་ནོར་བུའི་ལྷོན་བཟང་བཤད་སྒྲུབ་གཡུ་ཡི་གོས་གྱོན་ཞིང་། །རིག་རྩལ་མེ་ཏོག་དཀར་པོའི་ཕྲེང་བས་ནུ་རྒྱས་བཞིན་དུ་མདོན་མཛེས་ལ། །མཁས་བཙུན་གྲུབ་པའི་གཉིས་སྐྱེས་ཚོགས་རྣམས་ལེགས་བཤད་གླུ་དབྱངས་སྙན་སྒྲོགས་པའི། །ངོ་མཚར་གང་གིས་འཇིག་རྟེན་མ་ལུས་ སུམ་རྩེན་གནས་བཞིན་མཛེས་གྱུར་ཅིག༤། སྔོན་བྱོན་མཁས་མང་ཀླུ་དབང་གྱིས་བསྐྱེན་རྨད་བྱུང་ཆོས་ཀྱི་མཚོ་འདི་ཡང་། །སྙིགས་མའི་གྲང་རེག་བཟློད་དཀས་བཅིངས་པའི་མི་བཟད་དགུན་གཟུགས་མྱུར་ཡལ་ནས། །བཀྲ་ཤིས་པདྨའི་དྲྭ་བས་ཡོངས་ཁེབས་བཤད་སྒྲུབ་ཐ་རླབས་མཁར་སྒོགས་པའི། །བསྐལ་བཟང་དབྱར་གྱི་དུས་སྟོན་ཡིད་འོང་མི་རིང་སླར་ཡང་འཆར་གྱུར་ཅིག༥། རྒྱལ་ཀུན་གསང་གསུམ་བཀོད་པའི་རོལ་མོ་ངོ་མཚར་རྟེན་མཆོག་ཕྲེང་རྣམས་ཀྱང་། །འགྲོ་བའི་བསོད་ནམས་མཆོད་སྡོང་མཆོག་ཏུ་སྲིད་པ་ཇི་སྲིད་བརྟན་བཞུགས་ནས། །མཆོད་སྦྱིན་རྒྱ་མཚོས་ཀུན་ནས་མཐོ་ཞིང་བྱིན་རླབས་བདུད་རྩིའི་ཆར་ཆེན་པོས། །འགྲོ་རྒྱུད་ཞིང་ས་རྟག་པར་བརླན་ལས་དགེ་བའི་མྱུ་གུ་དར་གྱུར་ཅིག༦། དེ་མཐུས་བརྟན་གཡོའི་འཇིག་རྟེན་མཐའ་དག་དུས་ཀྱི་རྒྱུད་པས་མི་མཛའ་བར། །ཆོས་འབྱོར་ཕུན་ཚོགས་སྣང་བ་གསར་པས་རྫོགས་ལྡན་གཞོན་ནུའི་དཔལ་འགོག་ཅིང་། །འགྲོ་ཀུན་དམ་ཆོས་བདུད་རྩིའི་དགའ་བས་རྣམ་གྲོལ་ས་ལ་གར་རྩེན་པའི། །དོན་གཉིས་ལྷུན་གྲུབ་དགའ་སྟོན་མཆོག་ལ་ཀུན་ཏུ་རོལ་པའི་བཀྲ་ཤིས་ཤོག༧། ཅེས་ཆོས་གྲྭ་ཆེན་པོ་ཐུབ་བསྟན་རྣམ་རྒྱལ་གྱི་རྟེན་གདན་རབས་དང་བཅས་པའི་བྱུང་བ་མདོ་ཙམ་བརྗོད་པ་ངོ་མཚར་དད་པའི་སྒོ་འབྱེད་ཅེས་བྱ་བ་འདི་ནི།

ཁམས་དྲུང་རིན་པོ་ཆེ་བྱམས་པ་དག་དབང་བཟང་པོའི་གསུང་གིས་ཡུན་རིང་མོ་ནས་བསྐུལ་བ་དོན་ཡོད་པར་བྱ་བའི་ཕྱིར་དུ། རིས་སུ་མ་ཆད་པའི་ཡོངས་འཛིན་མཁས་པ་དུ་མའི་ཞབས་རྡུལ་སྤྱི་བོར་བླངས་ཤིང་གསུང་གི་བདུད་རྩི་རིང་དུ་འཐུང་པའི་མཐུ་ལས། ཤེས་བྱའི་གནས་ལ་བལྟ་བའི་བློ་མིག་ཅུང་ཟད་ཐོབ་པའི་སྐལ་བཟང་གི་བཙུན་པ་མི་ཕམ་དག་གི་དབང་ཕྱུག་གམ། བཛྲ་སྤྲོད་རིག་པའི་བདགས་མིང་འཇམ་དབྱངས་གསུང་འོད་མཆོ་བྱུང་གྲུབ་པའི་ལང་ཚོ་ཞེས་འབོད་པས་ལེགས་པར་སྦྱར་བ་བཀྲ་ཤིས་དགེ་ལེགས་ཀྱི་སྣང་བས་ཕྱོགས་ཐམས་ཅད་དུ་ཁྱབ་ཅིང་རྟག་པར་གྱུར་ཅིག ། སརྦ་དཱ་ཀ་ལྱཱ་ཎཾ་བྷ་ཝ་ཏུ། འདིས་ཀྱང་བསྟན་པ་དང་སེམས་ཅན་ལ་སྒོ་དུ་མ་ནས་ཕན་པ་རླབས་པོ་ཆེ་བྱེད་པར་གྱུར་ཅིག ། དགེ་ལེགས་འཕེལ། ॥ །བཙུན་པ་ཕ་གིནྡྲ་རྨ་ནའི་ཡིན།

༄༅། །གཙང་སྟོད་ཧ་ནག་ཡུལ་གྱི་བྱུང་བ་མདོ་ཙམ་བརྗོད་པ་དྲི་བྲལ་ནོར་བུའི་མེ་ལོང་ཞེས་བྱ་བ་བཞུགས་སོ། །

མཁན་པོ་ངག་དབང་ཤེས་རབ།

མཆོད་བརྗོད།

ཨོཾ་སྭ་སྟི། ཁམས་གསུམ་འཁོར་བ་མྱ་ངམ་ཐང་ཆེན་དུ། །དུག་གསུམ་རླུང་ནག་དྲག་པོས་འཁྲུག་པའི་འགྲོར། །བདེན་བཞི་ཕན་བདེའི་འོད་དཀར་སྤྲིན་པའི་གཉེན། །སྟོན་པ་བཀའ་དྲིན་ཅན་དེ་སྙིང་ནས་མཆོད། །འཕགས་ཡུལ་གདམས་ཟབ་ཁ་འབབ་རྣམ་བཞི་དང་། །གངས་ཅན་ཤིང་རྟའི་ཆོས་བརྒྱུད་རྣམ་བཞི་སོགས། །རིས་མེད་བསྟན་འཛིན་བརྒྱུད་པར་བཅས་པ་ལ། །དད་གསུམ་མོས་པའི་ཡིད་ཀྱིས་གུས་ཕྱག་འཚལ། །ཞེས་མཆོད་པར་བརྗོད་པའི་བཀྲ་ཤིས་ཚིག་རྐང་རྟགས་བརྒྱད་ཀྱིས་མདུན་བསུས་ཏེ་ཅུང་ཙམ་གླེང་བ་ནི་གཙང་སྟོད་ཕ་ཡུལ་ཧ་ནག་གི་བྱུང་བ་བསྡུས་ཙམ་ཡིན། ཧ་ནག་ཅེས་གྲགས་པའི་ལུང་པ་འདི་ནི་ཨོ་རྒྱན་ཆེན་པོས་མཛད་པའི་བཀའ་ཐང་སྡེ་ལྔ་ལས། གཡས་རུའི་གླིང་ལ་ཡུལ་སྡེ་བཅུ་དྲུག་ཡོད། །བྱང་ཕྱུག་ཏེ་ཤོད་ཟང་ཟང་སྟག་སྡེ་དང་། །སྟག་རི་མུས་ལྡོག་འཇད་དང་ཧ་ནག་དང་། །ཞན་དག་ཤངས་དང་མོན་མཁར་གེ་རེ་དང་། །ལང་འགྲོ་སྦྲ་གོར་ཚུར་ཞུ་སྙེ་མོ་བཅས། །དེ་རྣམས་གཡས་རུའི་ཡུལ་སྡེ་བཅུ་དྲུག་ཡིན། །ཞེས་གསུངས་པ་ལྟར་དབུས་གཙང་རུ་བཞིའི་ཡ་གྱལ་གཙང་སྟོད་གཡས་རུའི་ཆར་གཏོགས་པ་དང་། དེང་དུས་གཞིས་རྩེ་གྲོང་ཁྱེར་གྱི་ཁོངས་སུ་ཆགས་ཡོད་པ་མ་ཟད། ཕྲན་རང་གང་དུ་ལྟེ་ཁྲག་འཕོས་པའི་ཡུལ་ཡིན། ཉམས་དགའ་ཞིང་ཡིད་དུ་འོང་བའི་ཡུལ་འདིར་གངས་ཅན་མཐོ་སྒང་གི་མཛེས་པ་འབུམ་གྱིས་ཕྱུག་ཡོད་ཅིང་རྣམ་བརྗོད་ཀྱི་གངས་རི། མཐའ་ཡས་ཀྱི་རྩྭ་ཐང་། མཛེས་སྡུག་གི་ཆུ་ཀླུང་། བྱིན་ཅན་གྱི་གནས་བཟང་། མེས་པོ་ཡི་མཛད

རྗེས། ངོ་མཚར་གྱི་གཏམ་རྒྱུད། རང་བྱུང་གི་ཕོན་རྫས་སོགས་ཧ་ནག་ཡུལ་གྱི་བྱུང་བ་ནི་མགྲིན་བརྒྱའི་ལམ་ནས་བསྒྲལ་བརྒྱར་གླེང་ཡང་གླེང་མི་ནུས་པ་ཞིག་ཡིན། འོན་ཀྱང་བཟློག་ཏུ་མེད་པའི་ལས་དབང་ཞིག་གམ། བསུབ་ཏུ་མེད་པའི་དུངས་ཞེན་ཞིག་གིས་ཧ་ནག་ཡུལ་གྱི་བྱུང་བ་འགའ་ཞིག་དབང་མེད་དུ་གླེང་བར་ཐལ། དེ་ཡང་འགྲོ་བ་མིའི་བྱུང་འཕེལ་དང་། མཉམ་མེད་ཐུབ་པའི་དབང་པོའི་བསྟན་པ་རིན་པོ་ཆེ་འཕགས་ཡུལ་ཆོས་ཀྱི་ཞིང་ཁམས་སུ་དར་ཚུལ། བྱང་ཕྱོགས་ཁ་བ་རི་པའི་ལྗོངས་སུ་ཇི་ལྟར་བྱུང་ཚུལ། སྔ་དར་ཕྱི་དར་ཡང་དར་བཅས་ལོ་རྒྱུས་ཀྱི་ལུགས་པ་རིང་མོའི་འཕེལ་འགྲིབ། བསྟན་འཛིན་སྐྱེ་བོ་ཁག་གི་ངོ་མཚར་བའི་མཛད་རྣམ། ཆོས་བརྒྱུད་གྲུབ་མཐའ་ཁག་གི་ཐུན་མིན་གྱི་བཞེད་སྲོལ། བསྟན་པའི་གསལ་བྱེད་འཁོར་སློབ་རྣམས་ཀྱིས་བསྟན་པའི་ཞབས་འདེགས་སྒྲུབ་ཚུལ་བཅས་ནི་སྔོན་བྱོན་རིས་མེད་སྐྱེས་ཆེན་ཁག་གིས་མཛད་པའི་ཆོས་འབྱུང་དེབ་ཐེར་དག་ལས་ཡང་ཡང་གསལ་བས་འདིར་ཡང་བཤད་ཀྱི་སྤྲོས་པ་བྱས་ཀྱང་དགོས་པ་ཆེར་མ་མཐོང་། དེས་ན་ད་ལམ་ཧ་ནག་གི་ལུང་པ་འདི་ཉིད་དམིགས་སུ་བཀར་ནས་བཤད་ན་སྔར་མེད་ཀྱི་སྟོང་ཆ་སྐོང་བའི་དགེ་མཚན་ཆེ་བར་སྙམ། དེ་ཡང་ཧ་ནག་གི་ལུང་པ་འདི་ཉིད་ནི་གནའ་གྲོང་གཞིས་རྩེའི་བྱང་ཕྱོགས་སུ་ཆུ་མོ་ཡར་ཀླུང་གཙང་པོ་བརྒལ་ཏེ་སྤྱི་ལེ་བཅུ་དྲུག་ཙམ་བསྐྱོད་ན་ཐོག་མར་གདོང་དཀར་ཡུལ་ཤོག་གི་ཧ་ནག་གསེར་ལྡིང་དུ་སླེབས་པ་དང་། དེ་ནས་རིམ་པས་རྡུང་མ་ཡུལ་ཤོག ། ཧ་ནག་མདའ་ཡུལ་ཤོག ། རིན་ཆེན་རྩེ་ཡུལ་ཤོག ། ཧ་ནག་ཕུ་ཡུལ་ཧ་ནག་ཐུབ་བསྟན་རྣམ་རྒྱལ་གླིང་དགོན་གྱི་དགུན་ལྗོངས། ཤོག ། རྩེ་ཤོད་ཡུལ་ཤོག་བཅས་དེང་དུས་ཡུལ་ཤོག་དྲུག་གི་ས་ཁོངས་ལ་ཧ་ནག་ཅེས་ཞུ་བ་དང་། ཡུལ་ལུང་རྒྱ་ཆེ་ཞིང་ཞིང་འབྲོག་ལས་ཀྱི་ཐོན་ཁུངས་ཟབ་པ། གྲགས་ཆེན་གྱི་གནས་དང་། སྐྱེས་ཆེན་དམ་པའི་མཛད་རྣམ་སོགས་ལོ་རྒྱུས་གསེར་ཟམ་རིང་མོས་འཛམ་གླིང་གོ་ལའི་ཁྱོན་ལ་སྟན་པ་འབུམ་གྱིས་ཁྱབ། གནའ་མི་རྒན་པོའི་ངག་རྒྱུན་ལས། ཧ་ནག་གི་ལུང་པ་འདི་ཉིད་ཐོག་མར་ནག་ཕྱོགས་ཀྱི་ལྷ་སྲིན་དྲེགས་པ་ཅན་གྱི་དབང་དུ་ཤོར་ཏེ་དཀར་ཕྱོགས་བསྟན་པའི་མིང་ཡང་མི་གྲགས་པའི་ལུང་པ་འདྲེ་སྲིན་གདུག་པ་ཅན་གྱིས་ཁེངས་པ་ཞིག་ཡོད་པ་ཨོ་རྒྱན་གྱི་སློབ་དཔོན་སངས་རྒྱས་གཉིས་པས་ལྷ་སྲིན་དམ་ལ་བཏགས་ཤིང

རྟ་ནག་ཁ་རྩ་ལུང་པའི་ཞབས་རྗེས་སོགས་ངོ་མཚར་གྱི་མཛད་པ་ཕྱི་རབས་དད་པའི་སོས་སུ་བཞག་པ་དང་། གླིང་རྗེ་གེ་སར་མི་ཡི་ཉི་མས་བདུད་བྱུ་རུ་སྐྱིད་པ་དང་། བདུད་འབྲོག་ནག་པོ་སོགས་གཟུགས་ཅན་གྱི་ནག་ཕྱོགས་ལྷག་མེད་དུ་བརྟུལ་ཏེ་ངོ་མཚར་མཛེས་དགུར་ཕྱུག་པའི་དབུར་ལྡོངས། དཀར་ཕྱོགས་བསྟན་པའི་མངའ་ཐང་སྲིད་པའི་རྩེ་ལ་གཏོད་པ་མ་ཟད་སློབ་དཔོན་པདྨས། ལྷ་ཀླུ་གཉིས་ཀྱི་བར་མཚམས་སུ། །མདོ་སྔགས་བསྟན་པ་སྤྲིན་ཙམ་དར། །ཞེས་བསླུ་མེད་རྡོ་རྗེའི་ལུང་གིས་བསྔགས་པ་བཞིན་སྟོན་མཆོག་ཐུབ་དབང་ཐུགས་རྗེ་ཅན་གྱི་བཤད་སྒྲུབ་བསྟན་པའི་པད་ཚལ་ཕྱོགས་ཀུན་ཏུ་རྒྱས་ཏེ་སྔ་འགྱུར་རྙིང་མ་དང་། དཔལ་ལྡན་ས་སྐྱ། འགྲོ་མགོན་བཀའ་བརྒྱུད། རི་བོ་དགེ་ལྡན་པ། གཡུང་དྲུང་བོན་ལ་སོགས་པ་དམ་པའི་སྐྱེས་ཆེན་མང་པོའི་མཛད་རྣམ་དང་། བྱིན་རླབས་ཀྱི་གཞི་འོད་འབར་བའི་གྲགས་ཅན་དགོན་གནས་མང་དུ་ཡོད་པ་སོགས་དགེ་མཚན་ནམ་ཁྱད་ཆོས་བསམ་གྱིས་མི་ཁྱབ་པ་ལས། ད་ཐེངས་དགོས་དབང་གིས་དགོན་གནས་ཁག་གཙོ་བོར་བྱས་ཏེ་གཙང་སྟོད་རྟ་ནག་གི་བྱུང་བ་མདོ་ཙམ་ངོ་སྤྲོད་ཞུ་བ་ནི་གླིང་སློང་བའི་ས་བོན་ཙམ་ཡིན། ༎ །

༼༡༽རྟ་ནག་ཐུབ་བསྟན་རྣམ་རྒྱལ་གླིང་།

དཔལ་ས་སྐྱ་པའི་མཁས་པ་གངས་ཅན་མཛེས་པའི་རྒྱན་དགུའི་ཡ་གྱལ། རྒྱལ་བས་ལུང་གིས་བསྔགས་པ། ཟུར་ཕུད་ལྔ་པ་མི་ཡི་གར་དུ་བཟློས་པ། ཀུན་མཁྱེན་གོ་བོ་རབ་འབྱམས་པ་བསོད་ནམས་སེངྒེའི་གདན་ས་དཔལ་ལྡན་རྒྱུན་གྱི་དབང་པོའི་གནས་ཆེན་རྟ་ནག་ཐུབ་བསྟན་རྣམ་པར་རྒྱལ་བའི་ཆོས་གྲྭ་ཆེན་པོ་ནི་རིན་ཆེན་རྩེ་ཡུལ་ཤོག་གི་དཔལ་མགོན་ཞལ་བཞིའི་གནས་རི་སྒང་ཆེན་འགྱིང་འདྲའི་འདབས་ན་གསེར་མདོག་གི་རྒྱ་ཕིབས་གསེར་འོད་ཆེམ་ཆེམ་དུ་འཕྲོ་བ་འགྱིང་ངེར་ཚགས་ཡོད་པ་དང་། གནས་དེ་ན་དཔལ་ལྡན་ས་སྐྱ་པའི་བསྟན་འཛིན་ངོར་རྫོང་ཚར་གསུམ་གྱི་སྐྱེས་ཆེན་རྒྱུ་སྐར་གྱི་གྲངས་དང་མཉམ་པ་བྱོན་ནས་པད་དཀར་འཆང་བ་སྔགས་འཆང་རྡོ་རྗེ་འཛིན་པའི་གར་ཏུ་སྣང་བ་རྗེ་བཙུན་བརྩེ་བ་ཆེན་པོའི་དོན་དམ་གྱི་ལྟ་བ། ཀུན་རྫོབ་ཀྱི་གྲུབ་མཐའ། བཤད་སྒྲུབ་ཀྱི་ཕྱག་ལེན། གསུང་རབ་ཀྱི་འགྲེལ་ཚུལ་སོགས་བྱིན་རླབས་ཀྱི་ངད་མ་ཡལ། གདམས་ངག་གི་སྣ་མ་ལོག་པར་བརྒྱུད་པ་

གསེར་གྱི་ཕྲེང་བ་ལ་དམ་སེལ་ངན་པའི་གཡའ་ཡི་མ་གོས་པར་འཛམ་གླིང་འཛིན་མའི་ཁྲོན་ན་ངོ་མཚར་སྐན་པས་ཁྱབ་ཅིང་སྐལ་ལྡན་ཕྱོགས་འདུས་སྐྱེ་བོའི་བསོད་ནམས་ཀྱི་ཞིང་དུ་བོད་རབ་བྱུང་བཅྲུད་པའི་རྣམ་རྒྱལ་ཞེས་པ་ཆུ་མོ་སྦྲུལ་གྱི་ལོ་སྤྱི་ལོ་༡༩༧༣ ལོར་ཀུན་མཁྱེན་བླ་མ་བསོད་ནམས་སེངྒེས་ཕྱག་བཏབ་པ་ནས་ད་ལྟའི་སྤྱི་ལོ་༢༠༡༥ བར་བགྲང་བྱའི་ཕྲེང་བ་༨༠༠ ལ་ཉེ་བའི་ལོ་རྒྱུས་མངའ་བ་དང་། ཚིག་གི་འགལ་འབྲེལ་གཅོད་པ་སྒྲ་རིག་པ། དོན་གྱི་འགལ་འབྲེལ་གཅོད་པ་ཚད་མ་རིག་པ། གཞན་རྗེས་སུ་འཛིན་པ་བཟོ་དང་གསོ་བ་རིག་པ། རིག་པ་ཀུན་གྱི་རྒྱལ་པོ་ནང་དོན་རིག་པ་བཅས་རིག་པའི་གནས་ཆེན་ལྔ་དང་། སྙན་དངགས་ཤེས་ན་ཚིག་རྒྱན་ལ་མི་རྨོངས། ཟློས་གར་ཤེས་ན་སྒྲ་རྩལ་ལ་མི་རྨོངས། མངོན་བརྗོད་ཤེས་ན་མིང་ལ་མི་རྨོངས། སྐར་རྩིས་ཤེས་ན་གྲངས་ལ་མི་རྨོངས། སྡེབ་སྦྱོར་ཤེས་ན་ཚིགས་བཅད་ལ་མི་རྨོངས་ཞེས་པའི་རིག་པའི་གནས་ཆུང་ལྔ་བཅས་གནས་བཅུ་རིག་པའི་གཟི་འོད་ཀྱིས་ཁ་བ་རི་པའི་ཞིང་ཀུན་ཁྱབ་པར་མཛད་པ་དང་། གངས་ལྗོངས་རྡོ་རྗེ་གདན་དཔལ་ས་སྐྱའི་འོད་གསལ་ལྷ་རིགས་རིགས་གསུམ་སེམས་དཔའི་རྣམ་སྤྲུལ་མཚན་མཆོག་གསུམ་ལྡན་གྱི་གོང་མ་རིམ་བྱོན་དང་། འོག་མིན་ཨེ་ཝཾ་ཆོས་ལྡན་གྱི་ཁྲི་རབས་རིམ་བྱོན། གསང་ཆེན་བསྟན་པའི་བརྒྱུད་འཛིན་རྫོང་ཆེན་རིམ་བྱོན། སྐྱན་བརྒྱུད་རྒྱ་མཚོའི་མངའ་བདག་ཚར་ལུགས་རིམ་བྱོན་སོགས་མཁས་གྲུབ་ས་ཆེན་པོའི་རྟུལ་དང་མཉམ་པ་གནས་འདི་ནས་ཕེབས་པ་དང་། ཀུན་མཁྱེན་ཆེན་པོའི་ཞབས་ལྷམ་དང་། རིན་ཆེན་རྩེ་ལྔི་ཕུ་ཕུ་ཆུའི་ཆུ་གཞུང་ན་ཡོད་པའི་ཀུན་མཁྱེན་ཆེན་པོའི་ཕྱག་རྗེས་བཅས་ནི་འབྱུང་བ་ཆུ་ཡི་ཁ་གནོན་ཡིན་ཅིང་། རིན་ཆེན་རྩེ་བྲག་དམར་བའི་ཁྲིམ་དུ་ཡོད་པའི་ཀོ་ལྷམ་དེ་ལ་བྱིན་རླབས་ཀྱི་རྟགས་མཚན་མངོན་སུམ་དུ་ཡོད་༼ཁྲིམ་ཚང་དེ་ཆུ་དང་ཉེ་བས་ཞབས་ལྷམ་དེ་ཀུན་མཁྱེན་ཆེན་པོས་གསོལ་རས་གནང་བ་ཡིན་ཟེར་༽ལེགས་བཤད་གླིང་གི་ཁང་འོག་ཏུ་ཀུན་མཁྱེན་ཆེན་པོའི་ཆིབས་པའི་རྗེས་གཅིག་ཀྱང་ཡོད། ད་དུང་འབུམ་པ་མི་ཚན། སེར་རིག་པ་མི་ཚན། ཀོང་པོ་མི་ཚན། གློ་བོ་མི་ཚན། ཟུ་ཕྱོག་སྣང་མི་ཚན། ཉག་རེ་མི་ཚན། ཤག་སྐག་མི་ཚན། དགོན་སྟེ་མི་ཚན། ཁམས་པ་གྲང་མི་ཚན། བརྩེ་ཆེན་པ་མི་ཚན། ཞིལ་མི་ཚན། མཆེན་པ་མི་ཚན། དོལ་པོ་མི་ཚན་༼དགོན་པ་ལ་ལར་ཁང་ཚན་ཟེར་༽བཅས་མི་

ཚན་བཅུ་གསུམ་གྱི་ཆོས་གཞིས་མངའ་ཁོངས་སྟོད་བལ་བོད་གློ་བོ་ནས་སྨད་མི་ཉག་དང་སྨར་ཁམས་བར་ལ་ཁྱབ་པ་དེ་དག་གི་ཆོས་ཞུགས་སློབ་གཉེར་མཛད་སའི་ལྟེ་གནས་ཡིན་པ་མ་ཟད། ལྷག་པར་དུ་ཀུན་མཁྱེན་བླ་མ་ཆེན་པོ་ནས་མཁན་ཆེན་འཇམ་དབྱངས་བློ་གྲོས་བར་མཁན་རབས་གསེར་རིའི་ཕྲེང་བ་ལྔ་བཅུ་དང་དགེ་འདུན་ཁྲི་ཕྲག་ལ་ཉེ་བ་བྱོན་པ་དེ་དག་གིས་འཆད་རྩོད་རྩོམ་པའི་འཕྲིན་ལས་ཀྱི་འོད་དཀར་བོད་ཡུལ་ཀུན་ཙམ་དུ་མ་ཟད་ཧི་མ་ལ་ཡ་རི་བརྒྱུད་ལས་བརྒལ་ཏེ་ལྷོ་ནུབ་ཀྱི་རྒྱལ་ཁམས་ཀུན་ལ་ཁྱབ་པ་སོགས་མདོར་ན་ཕྱི་ཡི་རྟེན་དང་། ནང་ལུང་རྟོགས་ཀྱི་ཡོན་ཏན་ཀུན་ལ་འགྲན་གྱི་ཟླ་དང་བྲལ་བའི་ཆོས་སྡེ་ཆེན་པོ་འཛམ་གླིང་མཛེས་པའི་རྒྱན་འདིར་དུས་ཀྱི་གཤིན་རྗེ་ཁྲོས་པའི་རླུང་དམར་གྱིས་བསམ་ཡུལ་ལས་འདས་པའི་ཉམས་གུད་བྱུང་ན་ཡང་ཀུན་མཁྱེན་བླ་མའི་འཕྲིན་ལས་ཀྱི་གདུགས་དཀར་ནམ་ཡང་བར་མེད་དུ་འཁོར་བའི་བྱིན་མཐུས་གསང་ཆེན་རྙིང་མའི་ཉམས་བཞེས་མཐར་ཕྱིན་པའི་རིན་རྩེ་སྟག་འཚོའི་སྐྱེས་ཆེན་ཀུན་དགའ་དོན་གྲུབ་མཆོག་དང་། ས་ཁྱུང་བགྲེས་ཕུན་ཚོགས། བྲག་དམར་ཆོས་སྡེའི་ངག་དབང་། ཆོས་ཟུར་ངག་དབང་བསྟན་རྫོར། དགེ་སློང་བསྟན་ཆོས། མཁན་རབས་ལྔ་ཅུ་པ་འཇམ་དབྱངས་བློ་གྲོས་བཅས་ནས་སྐྱ་ངལ་ཚད་མེད་བསྐྱོན་ཏེ་སྤྱི་ལོ་༡༩༨༩ནས་དབུ་བརྩམས་ཏེ་ཉམས་བཟོ་གནང་བའི་བདག་རྐྱེན་ལས་དེང་གི་ཆར་དགེ་འདུན་པ་བཅུ་ཕྲག་བཞི་དང་ཉག་མ་ལྔས་གཞུང་པོད་ཆེན་དྲུག་དང་། གསང་སྔགས་རྒྱུད་སྡེ་བཞི། ཐུན་མོང་རིག་གནས་བཅས་ལ་འཆད་ཉན་དང་། ཞལ་གཟིགས་དབེན་པའི་གནས་སུ་ཉམས་ལེན་སྒྲུབ་པའི་ལམ་ལ་འབད་བཞིན་པ་མ་ཟད་ཚོགས་ཆེན་འདུ་ཁང་ཀ་བ་བཅུ་དྲུག་གི་རྒྱ་ཁྱོན་ཕྱི་ནང་རྟེན་དང་བཅས་པ་དང་། དྲི་གཙང་ཁང་། བླ་མ་ལྷ་ཁང་། བཀའ་འགྱུར་ལྷ་ཁང་། གསེར་སྐུ་ལྷ་ཁང་། ལམ་འབྲས་ལྷ་ཁང་། མགོན་ཁང་ནང་མ། མགོན་ཁང་ཕྱི་མ། རྣམ་རྒྱལ་ལྷ་ཁང་། སྟོང་མཆོད་ལྷ་ཁང་། མ་ཎི་ལྷ་ཁང་། རིགས་གསུམ་མགོན་པོའི་ལྷ་ཁང་། བཤད་གྲྭའི་འདུ་ཁང་ཀ་བ་ཉེར་བཞིའི་ཁྱོན་ཅན། སྒྲོར་སྒྲུང་ལྷ་ཁང་། གཟིམ་ཆུང་ལྷ་ཁང་། ཆོས་བཅུ་ལྷ་ཁང་། ཇོ་གཙལ་ཕྱི་ནང་གཉིས། ཀུན་མཁྱེན་མཆོད་རྟེན་སྒྲི་ཁྲི་བརྒྱད་ཀྱི་རིང་ཚད་ཅན་ཡུལ་རང་གི་བཟོ་རྩལ་ལས་གྲུབ་པ། ཇོ་ནང་བདུད་འདུལ་མཆོད་རྟེན་གླིང་དུ་བུ་སྟོན་ཐམས་ཅད་མཁྱེན་པའི་

གདུང་རྟེན་བདུད་འདུལ་མཆོད་རྟེན་ཡུལ་རང་གི་ས་རྡོ་ལས་གྲུབ་པ་སྒྱི་ཁྲི་ཉེར་གསུམ་གྱི་མཐོ་ཚད་ཅན་ངོ་མཚར་བྱིན་འོད་འབར་བ། རྡོ་ཀ་མ་རུ་པ་ལས་གྲུབ་པའི་སྒྱི་ཁྲི་གཅིག་ཕྱེད་ཀྱི་མཆོད་རྟེན་བརྒྱ་དང་བརྒྱད། ཨར་འདམ་གྱིས་བཞེངས་པའི་སྒྱི་ཁྲི་གཅིག་ཕྱེད་ཀྱི་མཆོད་རྟེན་ཉེར་གཅིག་ངོ་མཚར་མཛེས་དགུས་ཕྱུག་པའི་ཁང་བུ་བརྩེགས་པ་གཉིས། ལེགས་བཤད་གླིང་གི་ཁང་བུ་བརྩེགས་པ་གཉིས། བརྗིད་ཉམས་ལྡན་པའི་རིག་གསུམ་མགོན་པོའི་ཁང་བུ་བརྩེགས་པ་གཅིག་བཅས་འཛམ་གླིང་སྐྱེ་དགུའི་མཆོད་སྡོང་ཧ་ནག་ཐུབ་བསྟན་རྣམ་པར་རྒྱལ་བའི་གླིང་འདི་ནི་ཧ་ནག་ཡུལ་གྱི་ངོ་མཚར་གྱི་བྱུང་བ་དང་པོའོ། ༎ །

༼༢༽ཧ་ནག་གུ་རུའི་སྒྲུབ་གནས་ཨོ་རྒྱན་གུ་རུ་དགོན།

གསང་ཆེན་སྔ་འགྱུར་འོད་གསལ་སྙིང་པོའི་རིང་ལུགས་འཛིན་པ་ཕྱོན་གུ་རུ་དགོན་ནི་ཕྱོན་གྱི་སློབ་དཔོན་ཆེན་པོ་པདྨ་འབྱུང་གནས་ཀྱི་ཐུགས་སྤྲུལ་ཧ་ནག་གུ་རུ་རྣོན་རྩེས་བོད་རབ་བྱུང་གསུམ་པའི་མེ་འབྲུག་སྤྱི་ལོ་༡༡༨༧ལོར་ཕྱག་བཏབ་པ་དང་། ཧ་ནག་གུ་རུ་རྣོན་རྩེ་མཆོག་ནི་རབ་བྱུང་གཉིས་པའི་ཤིང་སྤྲེལ་སྤྱི་ལོ༡༡༢༥ལོར་བློན་པོ་ཞང་གཞུང་༼དིང་དུས་གྲུལ་བསྒྲིག་ཡུལ་ཤོག་སྤང་ཆུང་གྲོང་ཚོ༽ཞེས་པའི་ས་ཆར་ཡབ་གཡུང་དྲུང་བསོད་རྒྱལ་དང་ཡུམ་བྱམས་མ་བསམ་འགྲུབ་གཉིས་ཀྱི་སྲས་སུ་སྐྱེ་འཁྲུངས། ༼ཁྲི་ཕྲུ་ལོ་རྩ་བའི་རྣམ་ཐར་དཔག་བསམ་འཁྲི་ཤིང་ལས་གུ་རུ་སློན་རྩེ་ཅེས་གསལ། ༽ཁྲི་ཕྲུ་ལོ་རྩ་བ་བྱམས་པའི་དཔལ་དང་དུས་མཉམ་དུ་བྱོན། ཁོང་གཉིས་ཉམས་རྟོགས་འགྲན་གླེང་དང་། འགྲོ་དོན་ལྡན་ཅིག་ཏུ་སྤེལ་བའི་ལོ་རྒྱུས་མང་པོ་ཡོད། ད་དུང་ཐེག་པ་ཆེན་པོ་གསང་སྔགས་མ་རྒྱུད་ཐུགས་རྗེ་ཉི་མའི་རྒྱུད་གསུམ་ལ་སོགས་པ་གཡུང་དྲུང་བོན་གྱི་ཕ་ཆོས་མང་པོ་གཏེར་ནས་བཞེས་པ་སོགས་གཡུང་དྲུང་བོན་གྱི་ཕྱོགས་ལ་བཀའ་དྲིན་བླ་ལྷག་ཏུ་ཆེ། དགོན་འདིའི་རྒྱབ་རི་ཟངས་ལུང་དུ་གྲགས་པ་ལ་གུ་རུའི་ཟངས་གཏེར་དང་། གཡུ་ལུང་དུ་གྲགས་པ་ལ་གུ་རུའི་གཡུ་གཏེར་སྦས་ཡོད་ཅིང་། རྒྱབ་རི་དང་འབྲེལ་བའི་རི་བརྒྱུད་ཡོངས་རྫོགས་ཟངས་མདོག་དཔལ་གྱི་གནས་དང་དབྱེར་མེད་པའི་གནས་རི་བྱིན་ཅན་ཤ་སྟག་ཡིན། དགོན་པའི་ལྷོ་ནུབ་ཀྱི་མཚམས་སུ་གུ་རུ་རིན་པོ་མཆོག་ནས་ཕྱག་མདའ

བསྐྱོན་པ་ལས་རང་བྱུང་དུ་འཁྲུངས་པའི་གུ་རུའི་སྒྲུབ་ཆུ་བྱིན་རླབས་ཅན་དང་། གུ་རུའི་སྐུ་ཚིགས་དྲུད་པ་ལས་བྱུང་བའི་ལྷག་ཡག་སྣང་དུ་དགུན་དུས་མི་འཁྱག་པའི་ཆུ་ཞིག་ཡོད་པ་ནི་ཀླུག་ལུང་པའི་སྐྱེ་བོ་རྣམས་ས་ཞིང་རྨོ་རློག་ཟླ་གསུམ་གྱི་ཆེད་དུ་བཏོན་པར་མཛད། དགོན་པའི་ཤར་ཕྱོགས་སུ་ནག་མོ་ཚ་ཚ་ཞེས་པའི་འབུམ་པ་བརྒྱ་རྩ་བརྒྱད་བཞེངས་པ་དང་། ཁྲོ་ཕུ་ལོ་ཙྪ་བས་འགྱོད་བཤགས་ཆེད་བཞེངས་པའི་དར་རྒྱས་པའི་མཆོད་རྟེན་དང་། ཁྲོ་ཕུ་ལོ་ཙྪ་བའི་སྨན་ནད་བཅོས་པའི་ཆེད་སྤྲུལ་པའི་མཛོ་མོ་རྫིང་གི་རྗེས་ཤུལ་མ་ཉམས་པར་ཡོད་ཅིང་། རྫིང་དང་མཆོད་རྟེན་གཉིས་ནི་དད་ལྡན་ཁག་གིས་ཆེས་རྩ་ཆེན་དུ་བརྩི་བའི་ངོ་མཚར་བྱིན་རླབས་ལྡན་པ་ཁོ་ན་ཡིན། གུ་རུ་འབུ་བཏུངས་ཞེས་པའི་གནས་རྫོ་རྒྱ་གར་བསིལ་བའི་ཚལ་ནས་སྤྱན་དྲངས་པ་འབུ་སྲིན་ཐམས་ཅད་རྫོ་འདིའི་སྟེང་སླེབས་པས་ངན་སོང་ལས་ཐར་པར་གྲགས་པའི་བྱིན་རླབས་ཅན། གུ་རུའི་ཕྱག་བཟོ་འཁྲུལ་མེད་ཀྱི་རྫ་དུང་བྱིན་ཅན། རྫ་ཡི་ཚང་སྟོད། ༼ཁ་སྐད་དུ། སྤྲུལ་རིལ་ཟེར་༽གུ་རུའི་ཕྱག་མཚན་མདའ་གཞུ་སོགས་བཞུགས། དེང་གི་དུས་རབ་བྱུང་མ་བཅུ་དང་། འདུ་ཁང་ཀ་བ་བརྒྱད། ལྷ་ཁང་གསུམ་ཕྱི་ནང་རྟེན་དང་བཅས་པ་སྐལ་ལྡན་ལས་ཅན་བསོད་ནམས་ཀྱི་ཞིང་དུ་ལྷན་ནེ་ལྷམ་མེར་བཞུགས་པ་ནི་རྟ་ནག་ཡུལ་གྱི་བྱུང་བ་གཉིས་པའོ། ༎ །

༼༣༽རྟ་ནག་ཀླུག་གདོང་དགོན།

ཀླུག་གི་ལུང་པའི་མདའ་རུ་ཡོད་པའི་ཀླུག་གདོང་ཞེས་པའི་རི་སྣང་དེ་ན་གྲུང་རོ་ཧ་ཙང་གི་མང་པོ་ཡོད་པ་ནི་རྟ་ནག་གུ་རུ་རྫོན་རྩེ་མཆོག་ནས་ཕྱིན་གུ་རུ་ཕྱག་བཏབ་སྐྱེ་ལོ་གསུམ་སོང་རྗེས་སྲས་གཅིག་འཁྲུངས་པ་དང་། སྐུ་སྣང་ལ་སྟག་ལྤགས་ཀྱི་རི་མོ་མང་དུ་ཡོད་པས་མཚན་ལ་སྟག་ཤམ་རྡོ་རྗེ་ཞེས་གསོལ། སྲས་དེ་ཉིད་རབ་ཏུ་བྱུང་སྟེ་ཧོར་རྒྱལ་གྱི་བླ་ཡི་མཆོད་གནས་སུ་གྱུར་པ་དང་། མཁས་པའི་གྲགས་པས་ཕྱོགས་ཀུན་ཁྱབ། སྲས་སྟག་ཤམ་རྡོ་རྗེས་ཀླུག་གདོང་གི་རི་ལ་གདན་ས་བཏབ་སྟེ་དགེ་འདུན་གྱི་སྡེ་ཚོགས་རྒྱས་པ་མ་ཟད་སྡེ་སྣོད་ཀྱི་འཆད་ཉན་ཤིན་ཏུ་རྒྱས་པའི་དགོན་པ་ཞིག་བྱུང་བར་གྲགས། ༼བཤད་སྒྲོལ་ལ་ལར་རྫོང་ཤུལ་དུའང་འདོད་༽སོག་པོ་རྟེན་གར་བའི་༼ཁ་སྐད་དུ་སོག་པོ་སྒྲུང་དཀར་བ་ཟེར་༽དུས་ལ་ཆོས་སྡེ་རྩ་མེད་དུ་ཕྱིན་པ་བཅས་རྟ་ནག་ཡུལ་གྱི་བྱུང་བ་གསུམ་པའོ། ༎ །

༼༨༽ཏ་ནག་རྡོ་བཟོའི་སྒྱུ་རྩལ།

ཏ་ནག་ལུག་ལུང་པའི་རྡོ་བཟོའི་སྒྱུ་རྩལ་འདི་ནི་མི་ལོ་དགུ་བརྒྱ་ཙམ་གྱི་སྔོན་དུ་ཏ་ནག་ལུག་གི་ལུང་པ་འདི་རི་དྭགས་རྔོན་པའི་སྲོག་གཅོད་ཀྱི་སྡིག་ལས་ལ་བརྟེན་ནས་འཚོ་བ་ཞིག་ཡིན་པ་དང་། ཏ་ནག་གྲུ་རུ་རྔོན་རྩེ་མཆོག་འདིར་ཕེབས་ནས་ཐོག་མར་ཁོ་ཚོ་དང་མཉམ་དུ་རི་དྭགས་རྔོན་པའི་ཚུལ་མཛད་ཅིང་། དེ་རྗེས་རིམ་པས་ལུག་ལུང་པའི་སྐྱེ་འགྲོ་ཀུན་དཀར་པོ་དགེ་བའི་ཕྱོགས་སུ་བསྐུལ་བ་དང་། སྲོག་གཅོད་ཀྱི་ལས་ཀུན་སྤངས་སུ་བཅུགས་པས་ཏ་ནག་བདུད་ལུང་སྐྱོ་མོ་ཆོས་ལ་བཀོད་ཅེས་གྲགས། གྲུ་རུ་རྔོན་རྩེ་མཆོག་གིས་ལུག་ལུང་པའི་འཚོ་རྟེན་ལ་དམིགས་ནས་གཡུ་ལུང་དང་ཟངས་ལུང་གི་ཕུ་ནས་རྡོ་འདམ་གྱི་གཏེར་བཞེས་པ་དང་། རྡོ་གཏེར་གྱི་ཕུད་ལས་ཕྱོན་གྲུ་རུ་དགོན་གྱི་ཆོས་དུང་དང་། ཆང་སྣོད་གཉིས། སངས་རྒྱས་སྟོང་སྐུ་བཅས་བཞེངས་པ་མ་ཟད་ལུག་ལུང་པའི་སྐྱེ་བོ་ཀུན་ལ་རྡོ་བཟོའི་ལག་རྩལ་བསླབ་སྟེ་ཕྱོགས་ཀུན་ཏུ་ཚོང་གཉེར་བྱས་པས་ལུག་ལུང་པ་འདི་ཉིད་བདེ་ཞིང་སྐྱིད་པ་བྱུང་སྟེ་དུས་ད་ལྟའི་བར་རྡོ་བཟོའི་སྒྱུ་རྩལ་མ་ཉམས་པར་ཡོད་ཅིང་ལུག་གི་རྡོ་ལ་གྲུ་རུའི་ཐུན་མིན་བྱིན་རླབས་ཡོད་པར་གྲགས་པ་བཅས་རྡོ་བཟོའི་བྱུང་རིམ་བསྡུས་པ་འདི་ནི་ཏ་ནག་ཡུལ་གྱི་བྱུང་བ་བཞི་པའོ། ༎ །

༼༩༽ཏ་ནག་རི་མཁར་ཆོས་སྡེ་དགོན།

དགོན་འདི་ཏ་ནག་ལུག་ལྷོ་གླིང་གྲོང་གི་རྒྱབ་ངོས་རྗེ་བཙུན་སྒྲོལ་མའི་གནས་རིའི་ལྟེ་བ་ལ་ཆགས་ཡོད། རི་བོ་འདི་ནི་ཐག་རིང་ནས་མཇལ་ན་རྗེ་བཙུན་སྒྲོལ་མ་གཡས་བརྐྱངས་གཡོན་བསྐུམ་གྱི་རྣམ་པར་བཞུགས་པ་ཤིན་ཏུ་གསལ། ལྷོ་གླིང་གྲོང་གི་མི་རྣམས་རྡོ་བཟོའི་ལག་རྩལ་ལ་བྱང་ཆུབ་པ་མང་། རི་མཁར་ཆོས་སྡེ་དགོན་ནི་སྤྱི་ལོའི་དུས་རབས་བཅུ་གསུམ་པའི་ནང་ཤངས་པ་བཀའ་བརྒྱུད་པ་བྱ་བཏང་ནམ་མཁའི་རྣལ་འབྱོར་པས་ཕྱག་བཏབ། དེ་ནས་བླ་རབས་བརྒྱད་དགུ་ཙམ་ཕེབས་མྱོང་བར་གྲགས། དུས་རབས་བཅུ་བདུན་པའི་ནང་གཙང་གི་འགྱུར་གླིང་བཅུ་གསུམ་གྱི་སྐབས་འཛམ་མགོན་ཆོས་ཀྱི་རྒྱལ་པོ་རི་བོ་དགེ་ལྡན་པའི་ལུགས་སུ་འགྱུར་བའི་གསུང་སྒྲོས་གཅིག་དང་། དུས་སྐབས་དེ་གའི་ཡས་མས་སུ་སོག་པོ་ཇུན་གར་བའི་དམག་གིས་འགྱུར་བའི་བཤད་སྒྲོལ་ཡང་ཡོད། གང་ལྟར་འོ

གླིན་དཔལ་འབྱོར་རྒྱལ་མཚན་ནས་ཧ་ནག་དཀོན་མཆོག་རྒྱལ་མཚན་བར་གྱི་བླ་རབས་བཅུ་དགུའི་མཚན་སྡེ་སྲིད་སངས་རྒྱས་མཚོའི་དགའ་ལྡན་ཆོས་འབྱུང་དུ་གསལ་བ་དང་། དེའི་ནང་དུ་པཎ་ཆེན་བློ་བཟང་ཆོས་རྒྱན་ཡང་ཡོད། གསང་འདུས་མི་བསྐྱོད་པ་དང་། བདེ་མཆོག་ལཱུ་ཧི་པའི་སྒྲུབ་མཆོད་སོགས་རི་བོ་དགེ་ལྡན་པའི་ཕྱག་བཞེས་གཙང་མར་འཛིན་ཅིང་། བཀྲ་ཤིས་ལྷུན་པོའི་དཀྱིལ་ཁང་དུ་སློབ་གཉེར་མཛད་པ་དང་། དགེ་འདུན་དྲུག་ཅུ་ལྷག་གི་སྡེ་རྒྱས་པ་སོགས་ཧ་ནག་ཡུལ་གྱི་ལོ་རྒྱུས་ཐོག་ཕྱལ་བྱུང་གི་ཆོས་གྲྭ་ཞིག་ཡིན། རི་མཁར་དཔལ་ལྡན་ལྷ་མོ་ནི་གྲགས་ཆེ་ཞིང་བཀའ་གཉན་པའི་སྲུང་མ་ཡིན་པ་མ་ཟད། ཀུག་ཡུལ་ལུང་ཀུན་ཏུ་གསོལ་མཆོད་བྱེད་པའི་སྲོལ་རྒྱུན་མ་ཉམས་པར་ཡོད། ལྷ་མོ་འདི་ཉིད་བོ་དོང་ནས་གདན་འདྲེན་སྐབས་རི་མཁར་གྱི་གཤམ་དུ་ཡོད་པའི་ཇོལ་མོ་ཞེས་པར་ལྷ་མོའི་ལྷ་ཇོ་ལ་ཐིམ་པ་དང་། ལྷ་ཇོ་དེ་ཉིད་དགོན་པར་གདན་འདྲེན་ཞུས་པ་དུས་ད་ལྟ་ཡང་མཇལ་དུ་ཡོད། ལོ་ལྟར་ཁ་སྐད་དུ་ལོ་འོང་ཞེས་ལོ་གཅིག་གི་སྔོན་བསྡུའི་གོང་ཡུལ་མི་རྣམས་གཟབ་མཆོར་སྤྲད་ཅིང་རྣ་གཡག་བཞོན་ཏེ་རྣ་རྒྱག་གཏོང་བ་དང་། ལྷ་མོས་ལོ་ཏོག་ལ་སྲུང་སྐྱོབ་མཛད་པར་བཀའ་དྲིན་བཏང་རག་གཏོང་སྲོལ་ཡོད། དེང་དུས་འདུ་ཁང་གཅིག་གི་རྟེན་གཙོར་ལོ་རྒྱུས་བཞིན་ཐུབ་དབང་གི་སྐུ་དང་། མགོན་ཁང་དུ་དཔལ་ལྡན་ལྷ་མོའི་སྣང་བརྙན་སོགས་སྐུ་གསུང་ཐུགས་རྟེན་བགྲང་ཡས་དང་སྔོན་རབས་པ་སྔོན་སྐྱིད་མཚོ་མོས་བཞེངས་པའི་ཕྱི་རྟེན་མཆོད་རྟེན་གཉིས་སོགས་བཞུགས། དགེ་འདུན་པ་གསུམ་ནས་བསྟན་པའི་ཞབས་འདེགས་སྒྲུབ་བཞིན་པ་བཅས་རི་མཁར་དགོན་གྱི་ལོ་རྒྱུས་ཉག་མ་འདི་ཉིད་ནི་ཧ་ནག་ཡུལ་གྱི་བྱུང་བ་ལྔ་པའོ། ། །

(༤) ཧ་ནག་གནས་ཆེན་ཞལ་གཟིགས་རི་ཁྲོད།

ཇོ་བོ་རྗེ་དཔལ་ལྡན་ཨ་ཏི་ཤ་ཡི་ཐུགས་སྲས། དཔལ་གསང་བ་འདུས་པའི་གྲུབ་ཐོབ། ཧ་ནག་འགོས་ཁུག་པ་ལྷས་བཙས་མཆོག་གིས་དུས་རབས་བཅུ་གཅིག་པའི་ནང་ཕྱག་བཏབ་ཅིང་གནས་སྒོ་ཕྱེ་བའི་ཧ་ནག་ཞལ་གཟིགས་རི་ཁྲོད་ཐར་པ་ཆེན་པོའི་ཕོ་བྲང་ནི་ཧ་ནག་འགོས་ལོ་མཆོག་གནས་འདིར་དཔལ་གསང་བ་འདུས་པའི་སྒྲུབ་པ་ལ་ཡུན་རིང་གཞོལ་ཏེ་གསང་འདུས་ལྷ་ཚོགས་སུམ་ཅུ་སོ་གཉིས

ཀྱིས་དཀྱིས་ཞལ་མངོན་སུམ་དུ་གཟིགས་པས་དེ་ནས་བཟུང་རྟ་ནག་ཞལ་གཟིགས་ཞེས་ཡོངས་སུ་གྲགས། འགོས་ལོ་མཆོག་རྩ་རླུང་ལ་སྦྱངས་པ་མཛད་པའི་སྦྱོང་པ་བྲག་ཕུག་དང་། གསང་འདུས་ཀྱི་འཇམ་ཞལ་གཟིགས་པའི་གསང་འདུས་སྒྲུབ་ཕུག་བཅས་རང་བྱུང་བྲག་གི་ངོ་མཚར་ཆེ་བའི་སྒྲུབ་ཕུག་གཉིས་ལས་གསང་འདུས་སྒྲུབ་ཕུག་གི་སྟེང་དུ་གསང་བ་འདུས་པའི་དཀྱིལ་འཁོར་རང་བྱོན་དང་། དུང་། གཡུང་དྲུང་། རྡོ་རྗེ་བཅས་ཀྱི་རང་བྱོན་ཡོད་པ་མ་ཟད་སྐལ་ལྡན་ལས་འཕྲོ་ཅན་ལ་མཐོང་སྣང་མི་འདྲ་བ་མང་དུ་ཡོད་པར་གྲགས། གསང་འདུས་སྒྲུབ་ཕུག་འདི་ཉིད་མཇལ་བ་ཙམ་གྱིས་བསྐལ་བརྒྱར་བསགས་པའི་སྡིག་སྒྲིབ་ཐམས་ཅད་ལྷག་མེད་དུ་དག་པ་དང་། སྒྲུབ་ཕུག་འདིའི་ནང་ཁུ་སིམ་མེར་སྨོན་ལམ་བཏབ་ན་དུག་གསུམ་གྱི་རྒྱུ་བ་རེ་ཞིག་འགགས་སྟེ་ལུས་སེམས་ལ་བདེ་སྟོང་གི་སྙིང་ཉམས་ཤིག་ཤར་རྒྱུ་ཡོད་པ་ཡང་མྱོང་བ་མངོན་སུམ་གྱིས་གྲུབ་པ་ཡིན། གསང་འདུས་དཀྱིལ་འཁོར་འོག་གི་རང་བྱུང་བྲག་གི་དཀྱིལ་དུ་འགོས་ལོའི་ཕྱག་གཡས་པས་རྫུ་འཕྲུལ་གྱིས་བརྡོན་པའི་སྒྲུབ་ཆུ་ངོ་མཚར་ཅན་ཞིག་ཡོད་ཅིང་། འགོས་ལོའི་ཕྱག་འཛུབ་བཞི་ཡི་རྗེས་ཤུལ་འདམ་ལ་བཞག་པ་བཞིན་མཇལ་དུ་ཡོད། འགོས་ནད་གདུག་པ་ཅན་སྐྱི་དང་། ཕོ་བ། གྲིབ་སྐྱོན་སོགས་ལ་གྲགས་ཅན་སྨན་ཁང་ཁག་གིས་བཅོས་མི་ཐུབ་པ་ཡང་སྒྲུབ་ཆུ་འདི་བསྟེན་པ་ཙམ་གྱིས་ལྷག་མེད་དུ་ཞི་བ་མངོན་སུམ་གྱིས་གྲུབ། སྒྲུབ་ཆུ་འདིས་རྩ་ལྟུང་བཅུ་བཞི་དག་པ་དང་། ལམ་བར་དུ་ཡོད་པའི་ཡན་ལག་སྒྲུབ་ཆུས་ཡན་ལག་སྡིག་ལྟུང་དག་པར་གསུངས། ངོ་མཚར་མཛེས་པ་འབུམ་གྱི་གནས་འདིའི་སྟོད་དུ་བྲག་རི་ཤེལ་དཀར་སྤྱངས་པས་མུ་ཁྱུད་དུ་བསྐོར་ཅིང་། གཡས་གཡོན་ཀུན་ཏུ་ལྷ་ཤིང་ཤུག་བསང་དང་སེ་བ་སོགས་རང་བྱུང་ནགས་ཚལ་གྱི་དྲི་ངད་ལྷམ་ལྷམ་དུ་འཕྲོ་བ་དང་། མདུན་རི་སྤང་ལྗོངས་གཡུ་ཡི་ནེའུ་གསིང་ལ་བདག་མེད་ཀྱི་རི་དྭགས་ཅི་དགར་རྒྱུ་ཞིང་ལྷ་བྱ་གོང་མོའི་གསུང་སྙན་ལྷང་ལྷང་དུ་སྒྲོགས་པ། རང་བྱུང་དྭངས་བསིལ་གྱི་རྫ་ཆུ་སྔོན་མོ་ལྷུང་ལྷུང་སྙན་པའི་དབྱངས་ཀྱིས་གཤམ་འོག་ནས་དུས་རྟག་ཏུ་རྒྱུ་བ་དཔལ་གསང་བ་འདུས་པའི་ཕོ་བྲང་གཞལ་མེད་ཁང་ཆེན་འདི་ནི་དེང་གི་དུས་རྟ་ནག་ཐུབ་བསྟན་དགོན་གྱི་གསང་ཆེན་སྒྲུབ་པའི་གྲྭ་ཚང་དུ་དཔལ་ས་སྐྱའི་རིང་ལུགས་འཛིན་བཞིན་སྒྲུབ་བརྩོན་དམ་པ་རྒྱུན་མི་ཆད་པས་སྐྱོང་བ་དང་། རྟེན་

གཙོར་དཔལ་གསང་བ་འདུས་པ་དང་། འགོས་ཁུག་པ་ལྷས་བཙས། རྡོ་བོ་རྗེ་དཔལ་ལྡན་ཨ་ཏི་ཤ། སྟོན་པ་ཐུབ་པའི་དབང་པོ། ཆོས་རྗེ་ས་པཎ་སོགས་ཀྱི་སྣང་བརྙན། པཎ་ཆེན་སྐུ་ཕྲེང་བཞི་པའི་དུས་སྐབས་ཀྱི་གོས་ཆེན་ལྷན་གྲུབ་ཀྱི་ཞལ་ཐང་སོགས་ཀྱི་དབུས་འདུ་ཁང་དང་། མཚམས་ཁང་བཅུ་གྲངས་བཅས་ཞལ་གཟིགས་ཐར་པ་ཆེན་པོའི་ཕོ་བྲང་གི་བྱུང་བ་འདི་ནི་རྟ་ནག་ཡུལ་གྱི་བྱུང་བ་དྲུག་པའོ། ‖ །

（༧）རྟ་ནག་གསེར་ལྷིང་གཡང་ཆོས་པདྨ་ལྷུན་ལྷིང་དགོན།

རྟ་ནག་གསེར་ལྷིང་གཡང་ཆོས་དགོན་ནི་སྤྱི་ཕྲ་མ་ཞེས་པའི་གནས་རི་གླང་པོ་འཕྲེད་ཉལ་འདྲ་བའི་འདབས་སུ་ཆགས་ཡོད་པ་དང་། གནམ་འཁོར་ལོ་རྩིབས་བརྒྱད། ས་པདྨ་འདབ་བརྒྱད། གཡས་གཡོན་གྱི་རི་བོ་གླང་ཆེན་གྱི་སྣ་གཤོག་དང་འདྲ་བ། ཕྱོགས་མཚམས་ཀུན་ཏུ་བཀྲ་ཤིས་རྟགས་བརྒྱད་ཀྱི་རང་བྱོན། མདུན་ཕྱོགས་སུ་ཆུ་མོ་ཡར་ཀླུང་གཙང་པོས་ཡོན་ཆབ་ཕུལ་འདྲའི་ས་དཔྱད་ཕུན་སུམ་ཚོགས་པ་མ་ཟད། ཨོ་རྒྱན་ཆེན་པོས་ལུང་གིས་ཟིན་པའི་གཏེར་སྟོན་ཞིག་པོ་གླིང་པས་གནས་སྒོ་ཕྱེ་བ་དང་། གཏེར་སྟོན་ཆེན་པོ་ཁོང་གི་སྒྲུབ་ཕུག་གི་གཙོ་བོ་ཨ་བྱུང་སྒྲུབ་ཕུག་ཞུ་བའི་སྒྲུབ་ཕུག་ཆེན་མོ་སོགས་སྒྲུབ་ཕུག་བྲིན་ཅན་བརྒྱ་རྩ་བརྒྱད་ཡོད། དེང་སང་ཡོངས་གྲགས་སུ་དགོན་པ་བྱུང་ཞུ་བ་ཡིན། དགོན་འདི་ནི་མངའ་རིས་གཏེར་སྟོན་གར་དབང་རྡོ་རྗེའི་དངོས་སློབ་རིག་འཛིན་ཉི་ཟླ་ཀློང་གསལ་ལམ་འཇའ་ལུས་སྣང་སྟོང་རང་གྲོལ་（༡༦༣༨-༡༧༡༡）གྱིས་སྤྱི་ལོ་༡༦༨༠ལོར་ལྷ་དང་བླ་མའི་ལུང་བསྟན་བཞིན་ཕྱག་བཏབ་ཅིང་ད་ལྟའི་བོད་རབ་བྱུང་བཅུ་བདུན་པའི་སྨོས་བྱེད་ཤིང་ལུག་ལོ་ཡི་བར་མི་ལོ་༣༣༦ཙམ་གྱི་ལོ་རྒྱུས་ལྡན། རིག་འཛིན་ཉི་ཟླ་ཀློང་གསལ་མཆོག་ནི་མངའ་རིས་དུང་དཀར་རྒྱ་མཚོའི་རིགས་ལས་ཡབ་ཨོ་རྒྱན་ལེགས་གྲུབ་དང་ཡུམ་ཚེ་དབང་སྒྲོན་གྱི་སྲས་སུ་སྐུ་བལྟམས་པ་ནས་དགུང་གྲངས་བདུན་ཙམ་དོན་གཅིག་ལ་གཟུགས་སྐུ་ཞི་དབྱིངས་སུ་མ་གཤེགས་བར་པཎ་ཆེན་ཤཱཀྱ་མཆོག་ལྡན་གྱི་གདན་ས་ཐུབ་བསྟན་གསེར་མདོག་ཅན་སོགས་སུ་མདོ་སྔགས་རིག་པའི་གནས་ལ་མཁས་པའི་རྩེ་མོར་སྤྱངས་པ་མ་ཟད། རྫོགས་པ་ཆེན་པོའི་གྲུབ་ཐོབ་རྩོད་མེད་ཡོངས་གྲགས་སུ་བཞུགས། དགོན་འདི་

ལ་གནའ་ནས་ད་ལྟའི་བར་སྔགས་པ་གྲྭ་ཚང་དང་། བཙུན་མ་གྲྭ་ཚང་ཞེས་གྲྭ་ཚང་གཉིས་སུ་ཕྱེ་བ་དང་། གཏེར་སྟོན་བརྒྱ་རྩའི་ནང་གི་གྲུབ་ཐོབ་གཡག་ཕྱར་བའི་གདུང་རྒྱུད་དྲི་མ་མེད་པ། གཙང་རོང་གཡག་སྡེ་བསམ་གྲུབ་ཁང་སར་དུ་སྐུ་འཁྲུངས་པ་རིག་འཛིན་ཉི་ཟླ་ཀློང་གསལ་གྱི་ཡང་སྲིད་ཟླ་བ་གར་གྱི་དབང་ཕྱུག་ནས་བཟུང་སྟེ་གཡང་ཆོས་བླ་བྲང་གི་གདུང་བརྒྱུད་བྱུང་བ་ཡིན། གྲགས་ཆེ་བའི་གདུང་རབས་གསུམ་ཙམ་ཕེབས་མྱོང་བ་དང་། དེང་གི་དུས་ཚོགས་ཆེན་འདུ་ཁང་གཅིག ལྷ་ཁང་བཅོ་བརྒྱད། རབ་བྱུང་མ་བཅུ་གཉིས་དང་བཅས་པའི་བསྟན་བདག་གཡང་ཆོས་བླ་བྲང་གི་བླ་རབས་རིམ་ཕེབས་ནས་མཛད་བཞིན་པ་བཅས་གསང་ཆེན་སྔ་འགྱུར་བའི་རིང་ལུགས་དྲི་མ་མེད་པ་འཛིན་པའི་གནས་མཆོག་འདི་ནི་སེ་བ་དང་། ཁམ་བུ། ཨ་སྟོང་། ཤུག་སྟོང་། ལྕང་དཀར་སོགས་རང་བྱུང་ནགས་ཀྱི་དབུས་འཁྱིལ་ངེར་གནས་པ་གནའ་གྲོང་གཞིས་རྩེ་ནས་བཞད་མཐོང་སྨོན་དུ་བསྐྱོད་པའི་གཞུང་ལམ་གྱི་གཡས་ངོས་སུ་མཇལ་ཐུབ་པ་བཅས་ཏྲ་ནག་ཡུལ་གྱི་བྱུང་བ་བདུན་པའོ། ། །

（༢）ཏྲ་ནག་གློ་སྦུག་དགོན།

ཏྲ་ནག་གསེར་ལྡིང་ནས་ཡར་ཙམ་བསྐྱོད་ན་ཏྲ་ནག་ཆོས་ཉི་ཟེར་བའི་གྲོང་སྡེར་འགྲོར། གྲོང་ཚོ་དེའི་ཕུ་ནུབ་ཏུ་ཆགས་པའི་གློ་སྦུགས་དགོན་ནི་རྒྱལ་བ་སྐུ་ཕྲེང་དང་པོ་དགེ་འདུན་གྲུབ་པའི་ཞལ་སློབ་པ་སྣམ་པ་ཐར་པ་རྒྱལ་མཚན་གྱིས་ཕྱག་བཏབ། དགོན་པའི་མཚན་བསམ་གྲུབ་དགེ་འཕེལ་ཞེས་གསོལ། དེ་རྗེས་པཎ་ཆེན་ཤཱཀྱ་པའི་དངོས་སློབ་བསྟན་པ་རྒྱ་མཚོའི་སྐབས་བཤད་སྒྲུབ་ཀྱི་འཁོར་ལོ་དར་ཞིང་རྒྱས་པ་རྒྱལ་མཆོག་སྐུ་ཕྲེང་གཉིས་པ་དགེ་འདུན་རྒྱ་མཚོ་ཏྲ་ནག་ཏུ་ཕེབས་པའི་ལམ་བར་དུ་གཟིགས་པས་རི་གློ་བ་འདྲ་བའི་སྦུག་ན་མཁས་པ་ཉི་མ་ཤར་བ་འདྲ་བ་ཞིག་ལེགས་བཤད་ཀྱི་གཟི་འོད་འབར་ནས་འདུག་གསུངས་པ་དེ་ནས་བཟུང་དགོན་པའི་མཚན་ཡང་གློ་སྦུགས་སུ་གྲགས། དགོན་གནས་འདིར་ཏྲ་ནག་ཤོད་ཁུད་པ་རྒྱལ་བ་བསམ་གྲུབ་ནས་ཏྲ་ནག་ཕྱོན་རྫོང་པ་བློ་བཟང་ཡར་འཕེལ་བར་གྱི་བླ་རབས་བཅུ་གཉིས་ཀྱི་མཚན་དཀའ་ལྡན་ཆོས་འབྱུང་ལས་གསལ་བ་བཞིན་ཕེབས་པ་དང་། གཞན་ཡང་དུས་ཀྱི་འགྲོས་དང་བསྟུན་ནས་ཕྱི་ནང་གི་རྟེན་དང་ཆོས་སྤྱོད་སོགས་རྒྱས་པར་གནས་ཤིང་

གདན་ས་ཆེན་པོ་བཀྲ་ཤིས་ལྷུན་པོའི་དཀྱིལ་ཁང་གྲྭ་ཚང་དུ་ཆོས་བཞུགས་སློབ་གཉེར་མཛད་བཞིན་ཡོད། ཉེ་བའི་ལོ་བཅུ་ལྷག་གི་སྔོན་དུ་སྔར་གྱི་གཙུག་ལག་ཁང་རྙིང་པ་འབྱུང་བ་མེས་ཚིགས་པ་དང་། དེང་དུས་འཛིན་སྐྱོང་མཛད་མཁན་ངེས་ཅན་མེད་པས་གྱང་རྡོའི་ཕུང་པོ་ཡིད་སྐྱོ་བའི་གནས་སུ་ཡོད། དེའི་ཡར་ཙམ་ན་གུ་རུ་རིན་པོ་ཆེའི་སྒྲུབ་གནས་མཁའ་ལྡིང་དགོན་གྱི་རྗེས་ཤུལ་དེང་དུས་ལྷ་ཁང་ཆུང་ཆུང་ཞིག་དང་ནང་རྟེན་འབུམ་པོ་ཧྲི་བཅུ་དྲུག་སོགས་བཞུགས། གཞན་ཡང་རྫ་མོ་རྫོང་གི་སྒྲུགས་སུ་དགེ་ལྡན་པའི་དགོན་པ་ཤར་གྱི་རྗེས་ཤུལ་དང་། ཆོས་ཉིའི་མདོར་བཀའ་བརྒྱུད་པའི་སྟག་རྩེ་དགོན་གྱི་རྗེས་ཤུལ་བཅས་ཧ་ནག་ཆོས་ཉི་གློ་སྒྲུགས་དང་འབྲེལ་བའི་རགས་བཤད་ས་བཅད་མ་སྟོང་ཙམ་འདི་ནི་ཧ་ནག་ཡུལ་གྱི་བྱུང་བ་བརྒྱུད་པའོ། ༎ །

（༤）ཧ་ནག་ཚ་ཁ་སྒྲུབ་སྡེ་དགོན།

ཧ་ནག་ཚ་ཁ་སྒྲུབ་སྡེ་དགོན་ནི་མཚོ་ངོས་ལས་སྤྱི་ཁྲི་༤༤༠༠ལྷག་གི་མཐོ་ཚད་དང་ལྡན་པ་བཞད་མཐོང་སྣོན་རྫོང་གི་བྱང་ཤར་ཚ་ཁ་གྲོང་དུ་ཆགས་ཡོད་པ་དང་། རྡུས་ཆག་སོགས་ལ་ཕན་པ་བླ་ལྷག་ཏུ་ཆེ་བའི་རང་བྱུང་གི་ཆུ་ཚན། སྦུ་མཐའ་བྲལ་བའི་སྤང་ལྗོངས། གཡའ་བཟང་དང་སྤྱ་བཟང་། སྤྲིན་དཀར་དང་སྤྲིན་སྨུག་སོགས་རང་བྱུང་ཕྱི་ཡི་བཀོད་པ་མཛེས་ཤིང་ཕྱུགས་རིགས་དཀར་ནག་གི་འདུ་བ་རྒྱས་པ། མདའ་ཡི་ས་ཞིང་དང་ཕུ་ཡི་འབྲོག་ལས་བཅས་ཡུལ་གྱི་ཐོན་ཁུངས་ཕུན་སུམ་ཚོགས་པའི་ལུང་པ་ཞིག་ཡིན། དགོན་གནས་འདི་ནམ་བཏབ་ཀྱི་ལོ་ཚིགས་གསལ་བར་མ་ངེས་ཀྱང་རྣམ་གླིང་རྫོང་རི་སྟོད་གཞིས་ཀ་གྲོང་དུ་སྐུ་ཡི་པདྨོ་བཞད་པ། ལོ་ཆེན་རཏྣ་བྷ་དྲའི་སློབ་མ་ཀརྨ་བསྟན་འཕེལ་མཆོག་གིས་བཞད་མཐོང་སྣོན་གྱི་ས་ཁོངས་སུ་ཚ་ཚ་དགོན་དང་། ཧ་ཙུ་དགོན། སྒྲུབ་སྡེ་དགོན་བཅས་ཕྱག་བཏབ་པ་ལས་དགོན་པ་འདི་གཙོ་བོའི་མ་དགོན་ཡིན། དགོན་འདིའི་ཤར་རི་རི་བོ་ཆེན་མོ་ཞེས་པར་གསེར་ལོག་གདན་ཞེས་གསེར་གྱི་གནས་རི་ཡིན་པ་དང་། ལྷོ་རི་གཡག་རྒན་སྨན་པའི་རྒྱལ་པོ་ཞེས་དབྱིབས་གཡག་རྒན་དང་མཚུངས་པ་གསོ་བྱེད་སྨན་གྱི་གནས་རི་ཡིན་ཅིང་རྩྭ་སྨན་གྱི་རིགས་ཧ་ཅང་མང་། ནུབ་ཀྱི་རི་བརྒྱུད་ཆ་ཚང་ཚྭ་ལུང་ཞེས་རོ་བཅུད་ཚྭ་ཡི་གནས་རི་ཡིན། ནུབ་རི་ལ་ཚྭ་ལུང་དགོན་གྱི་གོག་རོ་ཡོད་ཅིང་

དགོན་ཤུལ་དེ་ན་དེང་དུས་སྤྱིན་རས་གཟིགས་ཀྱི་རྡོ་བཀོད་སྐྱི་ཁྲི་གང་ལྷག་ཙམ་དང་། དར་ཆེན་གྱི་བཏགས་རྡོ་ཨི་ཁྲུང་གཉིས་མ་རང་བྱུང་ལིདྷྭའི་རྩུལ་ཅན་བཅས་ཡོད། ཧ་ནག་རྩ་ཁ་ཞེས་པ་ནི་རྩ་ཡི་འབྱུང་ཁུངས་ཡིན། འོན་ཀྱང་བྱང་བུའི་སྐད་ཀྱིས་རྩ་གཏེར་བྱང་དུ་ཤོར་བས་བྱང་པོང་རའི་རྩ་ཞེས་པ་དེ་ནས་བྱུང་བར་གྲགས། བྱང་རི་སྤྲ་མཚོ་ཅེས་པ་སྟོ་ལྷུང་ནགས་ཀྱི་བསྐོར་བ་ནི་ལྷ་ཤིང་སྤྲ་མའི་གནས་རི་ཡིན། སྤྲ་མས་བསྐོར་བའི་དབུས་སུ་དུར་ཁྲོད་གཅིག་ཡོད་པ་ནི་རྒྱ་གར་བསིལ་བའི་ཚལ་དང་གཉིས་མེད་དུ་གྲགས། གནས་འདིར་ཚ་ཐོག་མཁའ་འགྲོ་ཡེ་ཤེས་མཚོ་རྒྱལ་ཞེས་པའི་རྣལ་འབྱོར་མ་ཞིག་བྱོན་མྱོང་བ་དང་། ཁོང་གི་སྒྲུབ་ཁང་དཔལ་ཁང་པའི་ཁྱིམ་དུ་ཡོད། མཁའ་འགྲོ་ཡེ་ཤེས་མཚོ་རྒྱལ་གྱི་འཐག་ར་གཡས་གཡོན་གཉིས་ལས་འཐག་ར་གཡས་པའི་སྟེང་དུ་སྒྲུབ་སྡེ་དགོན་པའི་གཙུག་ལག་ཁང་ཡོད། དགོན་པའི་སྟོད་དུ་འབུམ་ཐང་ཟེར་བའི་འབུམ་པ་ཆེན་པོ་གཅིག་དང་། མཆོད་རྟེན་གཅིག་ཡོད་པ་ནི་ཕྲ་ཚོགས་ཞེས་པའི་རི་དེའི་གཏིང་འོག་ཏུ་མཚོ་ཡོད་པས་མཚོ་མོ་དེའི་ཁ་གནོན་དུ་བཞེངས་པ་ཡིན་ཟེར། དེང་སང་འབུམ་པའི་རྗེས་ཤུལ་ཤིན་ཏུ་ཆེ་བ་ཡོད། སྒྲུབ་སྡེ་དགོན་པའི་བྱང་དུ་ཧ་འུ་དགོན་པའི་རྗེས་ཤུལ་དང་སྒྲུབ་ཕུག་རང་བྱོན་ཅན་སོགས་ཡོད། རྩ་ཁ་སྒྲུབ་སྡེ་དགོན་ནི་ལོ་རྒྱུས་ཐོག་བཀའ་བརྒྱུད་དང་རྙིང་མའི་ཆོས་ལུགས་གཉིས་ཀ་འཛིན་མྱོང་བ་མ་ཟད། སྟོན་ཆད་ཧ་ནག་ཐུབ་བསྟན་དགོན་གྱི་ཡན་ལག་ཏུ་གནས་པ་དང་། ལྷ་ལུང་དཔལ་རྡོར་གྱི་མཛད་རྣམ་མཚོན་པའི་གར་འཆམ་ཡོད། ལོ་རྒྱུས་ཐོག་དགེ་འདུན་དྲུག་ཅུ་ཙམ་གྱི་སྡེ་བྱུང་བ་དང་། ཧ་ནག་ཐུབ་བསྟན་དགོན་པའི་ཡན་ལག་ཏུ་རྒྱུན་ཞུགས་དགེ་འདུན་བརྒྱད། གར་འཆམ་ལ་དགེ་འདུན་ཉེར་བདུན་ཙམ་ཕེབས་སྲོལ་ཡོད་པ་མ་ཟད་རྟེན་གསུམ་ལྷ་ཁང་བཅས་པའི་གཞི་ཁྱོན་རབ་ཏུ་ཆེ། དེང་འདུ་ཁང་ཀ་བ་དྲུག་དང་། མ་ཎི་ལྷ་ཁང་། རྡོ་གཙལ་ཆོས་ར་དང་བཅས་པའི་རྟེན་གཙོར་གུ་རུ་སྣང་སྲིད་ཟིལ་གནོན་དང་། ས་ཆེན་ཀུན་དགའ་སྙིང་པོ་སོགས་སྐུ་གསུང་ཐུགས་རྟེན་གང་འཚམ། དགེ་འདུན་པ་གཉིས་ནས་ས་བསྟན་ལ་ཉམས་བཞེས་མཛད་བཞིན་བཞུགས་པ་ནི་ཧ་ནག་ཡུལ་གྱི་བྱུང་བ་དགུ་པའོ། ॥ །

（༡༠）ཏ་ནག་ལ་ཁ་ཆོས་སྡེ་དགོན།

ཏ་ནག་ཕུ་ཡུལ་ཤོག་གི་ས་ཁོངས་སུ་གནས་པའི་ཏ་ནག་ལ་ཁ་ཆོས་སྡེ་དགོན་ནི་ལ་ཁ་གྲོང་གི་སྟོ་ལྡང་སྒང་དང་། ཚང་ཆེང་ནགས་ཀླུང་གིས་བརྒྱན་པའི་རི་བོ་དུང་དཀར་གྱེན་དུ་སྣང་འདྲའི་སྟེང་ཆགས་ཡོད། དགོན་འདི་ནི་དུས་ཚིགས་གསལ་བར་མ་ངེས་ཀྱང་འཇམ་མགོན་བླ་མ་ཙོང་ཁ་པ་ཆེན་པོའི་ཞལ་སློབ་དུ་གྲགས་པ་མགར་སྟོན་བྱང་ཆུབ་དཔལ་བས་ཕྱག་བཏབ། དགོན་པའི་མཚན་གཞན་ཞིག་ལ་དགའ་ལྡན་ལྷ་ལྡིངས་ཞེས་ཞུ། དེ་ཡང་ཡུལ་མི་རྒན་པོའི་ངག་རྒྱུན་ལས། དགོན་པའི་ནང་རྟེན་རྒྱལ་བ་ཚེ་དཔག་མེད་ཀྱིས་གསུང་བྱོན་ཏེ་བདུད་རི་གྲོད་པ་ཅན་གྱི་ཁ་གནོན་དང་། སེམས་ཅན་བདེ་བའི་གནས་ལ་འགོད་པའི་ཆེད་དགའ་ལྡན་རྩེ་མོར་མི་སྡོད་དགའ་ལྡན་ལྷ་ལྡིངས་སུ་འགྲོ་ཞེས་གསུངས་པས་དགོན་པའི་མཚན་ཡང་དགའ་ལྡན་ལྷ་ལྡིངས་སུ་གསོལ་བར་གྲགས། དེ་རྗེས་ཏ་ནག་ཐུབ་བསྟན་རྩེ་བ་བློ་གྲོས་རྣམ་རྒྱལ་ནས་ཏ་ནག་ལ་ཁ་བ་དགེ་ལེགས་རྒྱལ་མཚན་བར་མཁས་གྲུབ་བཅོ་ལྔ་ཙམ་གྱི་མཚན་སྙེ་སྲིད་སངས་རྒྱས་རྒྱ་མཚོའི་དགའ་ལྡན་ཆོས་འབྱུང་ལས་གསལ་བ་ལྟར་དང་། གདན་ས་བཀྲ་ཤིས་ལྷུན་པོའི་དཀྱིལ་ཁང་གྲྭ་ཚང་གི་ལ་ཁ་མི་ཚན་ནི་དགོན་འདིའི་ཆོས་བཞུགས་སློབ་གཉེར་དང་། མཁན་པོ་མངགས་གཏོང་གི་རྩ་བའི་མ་དགོན་ལྟ་བུ་ཡིན་པ་མ་ཟད་དགུན་དུས་སུ་དགུ་བཟློག་གར་འཆམ་བཅས་ཡོད་པ་ནི་བཀྲ་ཤིས་ལྷུན་པོའི་ཕྱག་བཞེས་གཙང་མ་ཡིན། ནག་པོ་སྐོར་གསུམ་སོགས་གཞན་ཆོས་ལུགས་ཀྱི་བྱེད་སྒོ་ཁག་དགེ་ལུགས་བྱིངས་དང་མཚུངས། སྔོན་ཆད་དགེ་འདུན་ཞལ་གྲངས་སུམ་ཅུ་སོ་གསུམ་སྐོར་ཡོད། ངག་རྒྱུན་གཞན་ཞིག་ལས། དགོན་གནས་འདི་ནི་འགོས་ལོའི་ཞལ་སློབ་མཁས་གྲུབ་བརྟན་པ་རབ་བཟང་ཞུ་བས་དུས་རབས་བཅུ་གཅིག་པའི་དུས་སྨད་ལ་ཕྱག་བཏབ་པ་ཕྱིས་གྲུབ་མཐའ་འགྱུར་བར་གྲགས། ས་རྫོ་གདན་གྱི་བླ་རབས་ལ་སྟོད་བསྟན་པ་དར་སངས་དང་། ལ་ཁ་ཆོས་སྡེའི་བླ་རབས་ཆོས་ཉི་བསྟན་པ་དར་བཟང་། འགོས་ལོའི་ཞལ་སློབ་མཁས་གྲུབ་བརྟན་པ་རབ་བཟང་བཅས་ཕ་ཚུན་ནོར་བ་ཡང་མང་དུ་ཡོད་པ་འདྲ། རྒྱབ་རི་དགའ་ལྡན་རྩེ་མོ་དང་། ནུབ་རི་ལྷ་ལུང་དུ་གྲགས་པ་མདུན་རྫ་སྒྲུང་དང་རྒྱབ་འབྲུ་ཡི་ཕུང་པོ་སྤུངས་པ་དང་འདྲ་བར་ངོ་མཚར་འབྲུ་ཡི་ཟབ་

གཏེར་ཡོད། དགོན་པའི་གཤམ་ཚངས་ལྡན་གྱི་རི་ནི་གྲོད་པའི་རང་བྱོན་ཡིན་ཅིང་། ཧྲ་ནག་འགོས་ལོ་འབྲུངས་སྐབས་ཕྲུ་མ་ཐོར་བ་ལས་བྱུང་བའི་ཚངས་ལས་ཆུ་མིག་དང་། ལྷ་ཤིང་ཤུག་སྡོང་། དཔལ་མགོན་ཞལ་གྱི་མགོན་ཁང་དུ་གྲགས་པའི་ཁང་ཆུང་བཅས་ཡོད། དེང་གི་དུས་གཙུག་ལག་ཁང་རྟེན་དང་བཅས་པ་དང་དགེ་འདུན་པ་གཉིས་ནས་གསང་ཆེན་སྔ་འགྱུར་བའི་རིང་ལུགས་དྲི་མ་མེད་པ་འཛིན་བཞིན་ཡོད་པ་བཅས་ཧྲ་ནག་ཡུལ་གྱི་བྱུང་བ་བཅུ་པའོ། ༎ །

(༡༡) ཧྲ་ནག་རི་ཁྲོད་ཆོས་སྡེ་དགོན།

ཧྲ་ནག་ཁྲོད་བཅུ་གསུམ་གྱི་ནང་ཚན་ཧྲ་ནག་མདའ་རི་ཁྲོད་གྲོང་གི་དཀྱིལ་དབུས་སུ་གནས་པའི་རི་ཁྲོད་ཆོས་སྡེ་དགོན་ནི་ཧྲ་ནག་སྟོང་ཆུའི་ཆུ་གཞུག་ཡར་ཀླུང་གཙང་པོ་དང་འདབས་འབྲེལ་བའི་སར་ཆགས་ཡོད། ཡུལ་འདི་ནི་ས་རྒྱ་ཆེ་ཞིང་གྲོ་ནས་སྲན་གསུམ་སོགས་ལོ་ཏོག་ཕུན་སུམ་ཚོགས་པའི་ཡུལ་ལུང་གཅིག་ཡིན། ཧྲ་ནག་ཕུ་ཆུ་དང་ཧྲ་ནག་སྟོང་ཆུ་ནི་ཆུ་བོ་གཅིག་གི་མིང་གི་རྣམ་གྲངས་དང་། ཧྲ་ནག་སྟོང་ཆུ་ཞེས་པ་ནི་ཧྲ་ནག་གི་ལུང་པ་ཕུ་ཐག་རིང་བས་ཆུ་ཕྲན་སྟོང་ཕྲག་གཅིག་འབབ་པ་ཆུ་བོ་གཅིག་ལ་བསྡུས་པས་སྟོང་ཆུ་ཞེས་སུ་གྲགས་པ་ཡིན། དགོན་གནས་འདི་ནི་ཐོག་མར་སྔ་འགྱུར་རྙིང་མ་དང་། དཔལ་ལྡན་ས་སྐྱ་པའི་རིང་ལུགས་འཛིན་པ་ནས་རིམ་པས་རི་བོ་དགེ་ལྡན་པའི་ལུགས་སུ་འགྱུར་བ་འདྲ་སྟེ། དེ་ཡང་བསྟན་པ་སྔ་དར་གྱི་སྐབས་ལོ་ཆེན་བཻ་རོ་ཙྪ་ནས་ཕྱག་བཏབ་པར་གྲགས་ཤིང་། འགྲོ་བའི་མགོན་པོ་འཕགས་པ་རིན་པོ་ཆེས་སྐུ་སྤྲུལ་པའི་ལྷ་ཁང་བཞེངས་ཟིན་རྗེས་ཤིང་ཆའི་ལྷག་མ་ཐམས་ཅད་འདིར་དབོར་འདྲེན་ཞུས་ཏེ་དགོན་གནས་བཏབ་པ་དང་། སྔར་གྱི་ཀ་གདུང་གི་ཤིང་ཆ་ཐམས་ཅད་སྤྲུལ་པའི་ལྷ་ཁང་འདྲ་བར་སྒྲོམ་པོ་དང་ཤིང་རང་གཟུགས་ཀྱི་རྣམ་པ་ཅན་ཤ་སྟག་ཡིན་ཅེས་ཧྲ་ནག་གི་རྒན་རབས་ཀུན་གྱི་ཞལ་རྒྱུན་ལ་རླུང་ལྟར་གྲགས་པ་མ་ཟད་(ཧྲ་ནག་གི་བགྲེས་སོང་དག་གི་ཞལ་རྒྱུན་ལས་རི་ཁྲོད་ཆོས་སྡེ་དང་དར་ལྡིང་རི་རྒྱལ་དགོན་པ་གཉིས་ས་སྐྱ་སྤྲུལ་པའི་ལྷ་ཁང་གི་ཤིང་ཆ་ལྷག་མ་ལས་བཞེངས་པ་ཡིན་ཞེས་གྲགས། དེའི་སྒོར་དར་ལྡིང་རི་རྒྱལ་ན་གསུང་རྒྱུན་མང་དུ་ཡོད་)དེང་སང་སྔར་གྱི་གཙུག་ལག་ཁང་གི་ལོག་རིས་རྙིང་མ་ཚུང་ཟད་ལྷག་ཡོད་པ་ས་སྐྱ་པའི་བླ་མ་ཡི་དམ་ཆོས་སྲུང་

གི་སྣང་བརྙན་ཁོ་ན་ཡིན། སྐབས་དེ་དུས་གཞི་ཁྲོན་ཤིན་ཏུ་ཆེ་བས་དེང་སང་གི་ཁྱིམ་ཚང་མང་ཆེ་བ་དགོན་པའི་ལྷ་ཁང་དང་གྲྭ་ཤག་གི་ཤུལ་ཡིན། གཞན་ཡང་ཀུན་མཁྱེན་གོ་རམས་པའི་རྣམ་ཐར་དང་། ཧྲ་ནག་ཐུབ་བསྟན་རྣམ་རྒྱལ་གླིང་གི་ཆོས་འབྱུང་ལས་གསལ་བ་ལྟར་ན་ཀུན་མཁྱེན་བླ་མ་དང་། པཎ་ཆེན་ཤཱཀྱ་མཆོག་ལྡན་གཉིས་ནས་མཛད་པ་འཕྲིན་ལས་བསྐྱངས་སའི་ལྟེ་གནས་ལྟ་བུར་གསུངས་ཤིང་གྲུར་གྱི་མགོན་པོས་པཎ་ཆེན་གོ་ཤག་གཉིས་ལ་ལུང་བསྟན་པའི་གནས་ཡིན་པར་གསལ། ཐམས་ཅད་མཁྱེན་པ་དགེ་འདུན་གྲུབ་པའི་རྣམ་ཐར་ལས། ཧྲ་ནག་དགེ་སྡིང་དཀར་པོ་བས་ཆོས་སྡེ་རྗེ་ཤེས་རབ་སེངྒེ་ལ་ཕུལ། ལོ་ཤས་གདན་ས་བསྐྱངས་ཤིང་། རི་ཁྲོད་ཀྱི་གདན་སར་རྗེ་དགེ་འདུན་གྲུབ་པས་རྗེ་བཙུན་བྱམས་པའི་སྐུ་བཞེངས་པ་དང་། གཙུག་ལག་ཁང་སྒོ་འགྱུར་བ། རྡོ་གཅལ་བཏིང་བ། དུས་ཆེན་སྨོན་ལམ་ཆེན་མོ་བཙུགས་པ་བཅས་མཛད་ཅེས་གསལ་བ་དང་། ལ་སྟོད་གཞོན་ནུ་བཟང་པོ་སོགས་ས་སྐྱ་པའི་བླ་རབས་བརྒྱུད། རྗེ་ཤེས་རབ་སེངྒེ་ནས་སྲིད་པ་འཛམ་དབྱངས་ཆོས་འཕེལ་བར་གྱི་དགེ་ལྡན་པའི་བླ་རབས་བཅུ་ཙམ་བྱོན་སྨྱོང་བ་དང་། དུས་རབས་བཅོ་བརྒྱད་པའི་ནང་དགེ་འདུན་ལྔ་རྩ་ཙམ་གྱི་སྡེ་དར་བ་མ་ཟད་དེང་གི་དུས་གདན་ས་བཀྲ་ཤིས་ལྷུན་པོའི་ཕྱག་བཞེས་གཙང་མར་བཀོད་གཙང་ཡིད་འོང་གི་གཙུག་ལག་ཁང་ཕྱི་ནང་རྟེན་དང་བཅས་པ་དང་། ཡུལ་འདིའི་དབུས་ན་སྙིང་པོའི་དོན་ལ་གཞོལ་བའི་དགེ་བསྙེན་ཕུན་ཚོགས་སོགས་དད་ལྡན་ཁག་གིས་བཞེངས་པའི་མཆོད་རྟེན་ཆེན་པོ་གཅིག་དང་། ཁང་བརྩེགས་གཅིག་ཡོད། ཧྲ་ནག་རང་བྱོན་གྲོང་སྡེ་ན་ཡང་དད་ལྡན་མང་ཚོགས་ཀྱིས་བཞེངས་པའི་བཀོད་པ་མཛེས་པའི་མཆོད་རྟེན་ཆེན་པོ་གཅིག་མཛལ་དུ་ཡོད། དགེ་སློང་གཅིག་ནས་རི་ཁྲོད་ཆོས་སྡེའི་བསྟན་དོན་བླ་རུ་འདེགས་བཞིན་ཡོད་པ་བཅས་ཧྲ་ནག་རི་ཁྲོད་ཆོས་སྡེའི་དར་རིམ་བསྡུས་པ་འདི་ནི་ཧྲ་ནག་ཡུལ་གྱི་བྱུང་བ་བཅུ་གཅིག་པའོ། ༎ །

༼༡༢༽ཧྲ་ནག་ས་རྡོ་རྗེ་གདན་དགོན།

རྒྱལ་བ་སྐུ་ཕྲེང་གཉིས་པའི་འཁྲུངས་ཡུལ་ཧྲ་ནག་ས་རྡོ་གདན་ནི་གནས་ཆེན་ཞལ་གཟིགས་ཀྱི་ཁ་སྒྲོད་ས་ཞེས་པའི་གྲོང་དུ་ཆགས་ཡོད། ༼ཡུང་པ་འདིའི་མིང་ལ་སྲིག་ཅེས་པ་རིམ་པས་ཟུར་ཆགས་ཏེ་ས

ཅེས་པར་འགྱུར་བར་གྲགས། ༼ལུང་པ་འདི་ནི་རྟ་ཁ་སྤང་ཞིང་བཟང་ཞིང་ཕྱུགས་རིགས་དཀར་ནག་ཤ་ཤེད་ལེགས་པའི་ཡུལ་ལུང་གཅིག་ཡིན། འཕགས་ཡུལ་རྡོ་རྗེ་གདན་དུས་གསུམ་སངས་རྒྱས་ཀྱིས་བྱིན་གྱིས་བརླབས་པའི་གནས་དང་དབྱེར་མེད་པས་ན་རྡོ་རྗེ་གདན་ཅེས་མཚན་གསོལ་བ་ཡིན། དགོན་གནས་འདི་ནི་དུས་རབས་བཅུ་གསུམ་པའི་ནང་ཤངས་པ་བཀའ་བརྒྱུད་ཀྱི་རིང་ལུགས་འཛིན་པ་ཡེ་ཤེས་མགོན་པོ་ཕྱག་དྲུག་བྲན་དུ་འཁོལ་བ། སྲིག་མའི་རིགས་ལས་ཕ་རྒོད་ཀུན་དགའ་བཟང་པོས་ཕྱག་བཏབ། དེའི་སྲས་དྲན་མཆོག་དོན་ཡོད་རྒྱལ་མཚན་ནས་བཟུང་བླ་རབས་མང་དུ་བྱོན་ཏེ་འཆད་རྩོད་རྩོམ་པའི་འཕྲིན་ལས་ཀྱིས་བཀའ་བསྟན་ཉིན་མོ་བཞིན་གསལ་བར་མཛད། དེ་ནས་རྒྱལ་མཆོག་དགེ་འདུན་རྒྱ་མཚོའི་སྐུ་དུས་ནས་རིམ་པས་རི་བོ་དགེ་ལྡན་པའི་ལུགས་སུ་འགྱུར་ཏེ་རྗེ་དབོན་ཤེས་རབ་རྒྱལ་མཚན་ནས་རྟ་ནག་དགེ་ལེགས་རྒྱལ་མཚན་བར་དགའ་ལྡན་པའི་མཁས་གྲུབ་བཅུ་གཉིས་ཀྱི་མཚན་སྔེ་སྲིད་ཀྱི་དགའ་ལྡན་ཆོས་འབྱུང་ལས་གསལ་བ་བཞིན་བྱོན། ཆོས་ཞུགས་སློབ་གཉེར་གདན་ས་བཀྲ་ཤིས་ལྷུན་པོའི་དཀྱིལ་ཁང་གྲྭ་ཚང་དུ་བྱེད་པ་དང་། དུས་རབས་བཅོ་བརྒྱད་པའི་ནང་གྲྭ་གྲངས་སུམ་ཅུ་ཙམ་ཡོད་པར་གྲགས། པད་དཀར་འཆང་བ་དུར་སྒྲིག་གར་དུ་རོལ་བ། རྒྱལ་མཆོག་སྐུ་འཕྲེང་གཉིས་པ་དབྱངས་ཅན་བཞད་པའི་རྡོ་རྗེའམ་དགེ་འདུན་རྒྱ་མཚོ་མཆོག་ནི་བོད་རབ་བྱུང་བརྒྱད་པའི་མེ་སྤྲེལ་སྤྱི་ལོ་༡༤༧༦ལོར་རྟ་ནག་ས་རྡོ་རྗེ་གདན་དུ་འཁྲུངས། ཁོང་གི་ཡབ་ནི་གསང་སྔགས་རྙིང་མ་དང་དཔལ་ལྡན་བཀའ་བརྒྱུད་པའི་ཕ་ཆོས་ལ་ཉམས་བཞེས་མཛད་པའི་སྔགས་འཆང་ཞིག་ཡིན་པ་དང་། ཁོང་ཉིད་སྐུ་གཞོན་ནུའི་སྐབས་ཡབ་རྡོ་རྗེ་འཆང་ཀུན་དགའ་རྒྱལ་མཚན་ལས་ཤངས་ལུགས་ཀྱི་མན་ངག་མང་དུ་གསན་བཞེད་མཛད། ཁོང་སྐུ་ན་ཕྲ་མོའི་སྐབས་ཡུམ་གྱིས་བ་མོ་ལེན་དུ་བཏང་བར་བ་རྣ་ཞེས་པ་ནས་བ་མོ་གཅིག་དེད་པ་དང་། བ་མོ་དེ་ཡིས་བིའུ་ཡི་ཚབ་དུ་ངོ་མཚར་ཆེ་བའི་ཤེལ་གྱི་ནོར་བུ་གཅིག་སྐྱེས་པས་ཀུན་ཡ་མཚན་པར་གྱུར། དུས་དེང་སང་ཡང་ས་རྡོ་གདན་གྱི་ནང་རྟེན་དུ་མཛལ་རྒྱུ་ཡོད་པ་མ་ཟད་བ་རྣ་ཞེས་པའི་ཁྲིམ་ཚང་དེ་ཡང་ས་ཡི་མདོ་ན་ཡོད། ད་དུང་ཡུམ་གྱིས་ཆང་སྣོད་སྦྲག་རིལ༼ཁ་སྐད་དུ་སྦྲུལ་རིལ་ཟེར༽ཉི་མར་སྐམ་དུ་བཙུགས་པས་ཁོང་གིས་རྫུ་འཕྲུལ་གྱིས་གོས་ཕྱི་ནང་

འགྱུར་བ་བཞིན་ཆང་སྟོད་ཕྱི་ནང་འགྱུར་བ་ཡུམ་གྱིས་གཟིགས་པས་ཡུམ་གྱི་ཐུགས་ལ་ངའི་བུ་འདི་གཞན་དང་མི་འདྲ་བའི་སྐྱེས་བུ་དམ་པ་གཅིག་རེད་དགོངས་ཏེ་ཡུམ་ཉིད་ཀྱིས་ཆང་སྟོད་ལ་ཐུག་མ་ནུས་པར་བུ་ཉིད་ནང་དུ་ལེན་པར་བཏང་བས་ཁོང་གིས་ཆང་སྟོད་སྔར་རྒྱུན་བཞིན་གསོ་བར་མཛད། ཁྱིམ་གྱི་མདུན་དུ་རྡོ་ཕ་བོང་གཡག་རོའི་ལྟེད་ཚད་དབྱིབས་པཧ་ཞྭ་དང་འདྲ་བ་གཉིས་ཡོད་པ་གཅིག་གི་སྟེང་གཅིག་བརྩེགས་ཏེ་བཞག་པས་ཡུམ་གྱིས་ཕ་བོང་རོང་དུ་ཟག་སྟེ་མི་གཞན་ལ་གནོད་པ་བྱུས་ཡོང་གསུངས་པས་རྡོ་གཉིས་ཀྱི་བར་དུ་རྩབ་རྡོ་གཡག་རོ་འདྲ་བ་ཤིན་ཏུ་ཆེ་བ་གཅིག་འཛུག་པར་མཛད་པ་དེང་སང་ཡང་མཇལ་རྒྱུ་ཡོད། རྡོ་འདི་གཉིས་ཀྱི་དབྱིབས་ལ་ལྟོས་ན་ང་ཡང་མི་རིང་བར་ཞྭ་འདི་འདྲ་གྱོན་དགོས་པ་འདྲ་གསུངས་པས་རིངས་པོར་མི་ཐོགས་པར་རྒྱལ་བ་སྐུ་ཕྲེང་དང་པོ་དགེ་འདུན་གྲུབ་པའི་འཁྲུལ་བྲལ་ཡང་སྲིད་དུ་ངོས་འཛིན་མཛད། ཁོང་གི་དབུ་སྐྲ་བཞར་བའི་ཉག་མ་རྣམས་ཞབས་ཕྱི་ལ་གནང་སྟེ་ངའི་སྐྲ་འདི་རྣམས་ས་རྡོ་རྗེ་གདན་གྱི་རི་ལ་གཏོར་ཏེ་ཤིང་སྡོང་མི་འདྲ་བ་མང་པོ་སྐྱེ་ཐུབ་པའི་སྨོན་ལམ་བཟང་པོ་ཐོབ་ཅེས་གསུངས་ན་ཡང་ཞབས་ཕྱི་དེས་སྐྲ་ནག་གཏོར་ན་སྤྲ་ནག་ལས་སྐྱེ་ག་ལ་ཐུབ་ཅེས་སྨོན་ལམ་ངན་པ་བཏབ་པས་རྟེན་འབྲེལ་འཕྱུག་སྟེ་ས་རྡོ་རྗེ་གདན་གྱི་རི་ལ་སྤྲ་མ་ནག་པོ་ཡོད་པ་རྒྱུ་མཚན་དེས་ཡིན་གསུངས། དེ་ནས་ཁོང་ས་རྡོ་རྗེ་གདན་དང་ཞལ་གྱིས་སྐབས་ས་གྲོང་སྡེའི་ལུང་པའི་མདའ་རྫོང་པ་ཞེས་པ་ནས་བྲག་གཅིག་གི་སྟེང་ཡུལ་ལུང་བདེ་བའི་སྨོན་ལམ་བཀྲོན་པས་སྲ་མཁྲིགས་རྡོ་ཡི་སྟེང་བྱིས་པ་ལོ་བཅུ་ཙམ་གྱི་ཞབས་གཉིས་ཀྱི་རྗེས་འདམ་ལ་བཞག་པ་བཞིན་ཁྲ་ལམ་མེར་མཇལ་རྒྱུ་ཡོད། ས་རྡོ་གདན་གྱི་ཡར་སྟེང་དུ་གྲུང་རོ་འགའ་ཡོད་པ་ནི་ཡར་ཁ་ཞེས་མཁའ་འགྲོའི་བྲོ་ར་ཡིན་པར་གྲགས། རྒྱལ་མཆོག་དགེ་འདུན་རྒྱ་མཚོས་བཞེངས་པའི་ཁང་བུ་བརྩེགས་པའི་མཆོད་རྟེན་གསུམ་ཡོད་པའི་ནང་གཟུངས་ལ་ཉམས་ཆག་ཅུང་ཟད་ཀྱང་མེད་པ་ལྷར་བཅས་འགྲོ་བའི་བསོད་ནམས་ཀྱི་ཞིང་དུ་ཉམས་གསོ་ཞུས་པ་མཇལ་རྒྱུ་ཡོད་པ་མ་ཟད་རྒྱ་གར་རྡོ་རྗེ་གདན་གྱི་མཆོད་རྟེན་དང་བྱིན་རླབས་མཉམ་པར་གྲགས། ས་གྲོང་གི་དད་གཏོང་ལྷག་བསམ་ཡངས་པའི་སྦྱིན་བདག་རྣམ་པས་ཉམས་གསོ་ཞུས་ཏེ་ལྷ་ཁང་གསུམ་དང་སྔོན་གྱི་ནང་རྟེན་རྒྱལ་མཆོག་དགེ་འདུན་རྒྱ་མཚོའི་སྣང་བརྙན་

ཛོ་ཀླིམ་ལས་གྲུབ་པ་དང་། ཐུབ་པ་རྡོ་གདན་པས་དབུས་སྐུ་གསུང་ཐུགས་རྟེན་གང་འཚམ་མཇལ་རྒྱུ་ཡོད་པ་བཅས་ས་རྡོ་རྗེ་གདན་དང་འབྲེལ་བའི་བྱུང་བ་བསྡུས་པ་འདི་ནི་ཧ་ནག་ཡུལ་གྱི་བྱུང་བ་བཅུ་གཉིས་པའོ། ༎ །

༼༡༣༽ཧ་ནག་ས་སྐྱེ་ཆེན་དགོན།

ས་སྐྱེ་ཆེན་དགོན་འདི་ནི་ས་གྲོང་གི་ས་རྡོ་རྗེ་གདན་གྱི་འོག་གི་རི་རྒྱུད་གཅིག་ཏུ་ཆགས་ཡོད། དགོན་གནས་འདི་ནི་སྤྱི་ལོའི་དུས་རབས་བཅུ་གསུམ་པའི་ནང་ཤངས་པ་བཀའ་བརྒྱུད་པ་པཎ་ཆེན་ཤེས་རབ་བཟང་པོ་ཞེས་པས་ཐོག་མར་ཕྱག་བཏབ། ཐོག་མའི་ས་གནས་ནས་མར་ཅུང་སྤོས་ཏེ་ད་ལྟའི་གནས་དེར་བཏབ། དེ་ཡང་པཎ་ཆེན་ཁོང་གིས་རྫུ་འཕྲུལ་གྱིས་ཝུར་རྡོའི་ནང་ཚང་སྣོད་སྦྲུག་རིལ་བཞག་སྟེ་འཕང་བས་ཕྱོགས་དེར་འབབ་ཅེས་གྲགས། ཚང་སྣོད་དེའི་དུམ་བུ་ད་ལྟ་ཡང་མཇལ་དུ་ཡོད། དུས་རབས་བཅུ་བདུན་པའི་ཡས་མས་ནས་རི་བོ་དགེ་ལྡན་པའི་ལུགས་སུ་འགྱུར། མཁས་གྲུབ་དོན་ཡོད་རྒྱལ་མཚན་ནས་བཟུང་བློ་བཟང་དཔལ་འབྱོར་བར་གྱི་དགེ་ལྡན་པའི་མཁས་གྲུབ་བཅུ་ཡི་མཚན་སྙེ་ཁྲིད་ཀྱི་དགའ་ལྡན་ཆོས་འབྱུང་ལས་གསལ་བ་བཞིན་བྱོན་མྱོང་བ་དང་། དུས་རབས་བཅོ་བརྒྱད་བཅུ་དགུའི་ཡས་མས་སུ་དགེ་འདུན་སུམ་ཅུ་སྐོར་ཡོད། བསླབ་པ་སློབ་གཉེར་གདན་ས་བཀྲ་ཤིས་ལྷུན་པོའི་དཀྱིལ་ཁང་དུ་མཛད། དེང་གི་དུས་ས་གྲོང་སྐྱེའི་ལྷག་བསམ་ཟླ་ལྟར་དཀར་བའི་སྤྱི་བོ་བཀྲ་ཕུན་སོགས་དད་ལྡན་ཁག་གིས་ཕྱི་ཡི་ལྷ་ཁང་དང་། ནང་རྟེན་བཀྲ་ཤིས་ལྷུན་པོའི་སྲུང་མ་རང་བྱུང་རྒྱལ་མོ་དང་། ཚེ་དཔག་མེད་ཀྱི་སྐུ་བརྙན་སོགས་ཉམས་གསོ་ཞུས་པ་འགྲོ་ལྡན་བསོད་ནམས་བསགས་པའི་ཞིང་མཆོག་ཏུ་བཞུགས་པ་མ་ཟད་ཡུལ་འདིར་དད་ལྡན་ཉི་མ་སོགས་ནས་བཞེངས་པའི་བྱང་ཆུབ་མཆོད་རྟེན་ཞིག་ཀྱང་ཡོད་པ་བཅས་ཧ་ནག་ཡུལ་གྱི་བྱུང་བ་བཅུ་གསུམ་པའོ། ༎ །

༼༡༤༽ཧ་ནག་རྣམ་རྒྱལ་སྒང་དགོན་ཕྲ་དགོན།

རིན་ཆེན་རྩེ་ཡུལ་ཤོག་གི་ས་ཁོངས་ཧ་ནག་རྣམ་རྒྱལ་སྒང་གྲོང་གི་དབུས་སུ་ཀྱང་རི་ཆེན་པོ་ཞིག

ཡོད་པ་ནི་རྣམ་རྒྱལ་སྣང་མཁར་རྫོང་ཡིན་པར་གྲགས། གྲོང་ཚོ་འདི་ནི་དཔལ་བརྩེ་ཆེན་པའི་གདན་ས་གཉིས་པ་འོག་མིན་ངོར་ཨེ་ཝཾ་ཁང་སར་བླ་བྲང་གི་ཆོས་གཞིས་ཡིན། རྣམ་སྣང་གྲོང་གི་བྱང་ཤར་མཚམས་སུ་གནས་པའི་དགོན་ཕྲ་དགོན་ནི་ནམ་བཏབ་དང་། གྲུབ་མཐའ་གང་ཡིན་གསལ་པོར་མ་ངེས་ཀྱང་ལོ་རྒྱུས་ཐོག་དགེ་འདུན་གྱི་སྡེ་རྒྱས་མྱོང་ཞིང་བླ་རབས་མང་དུ་བྱོན་མྱོང་བར་གྲགས། སྔ་འགྱུར་རྙིང་མའི་ལུགས་འཛིན་སྐྱེ་མེད་རིན་པོ་ཆེ་ནས་བཟུང་སྟོན་ཚད་མོ་དགོན་ཡིན་པ་དང་། རབ་བྱུང་མ་བརྒྱད་ཙམ་ནས་གསང་སྔགས་རྙིང་མའི་ཕྱག་བཞེས་འཛིན་པར་བཞེད། སྐྱེ་མེད་རིན་པོ་ཆེ་ནི་དུས་རབས་ཉི་ཤུ་པའི་དུས་འཇུག་ཏུ་བྱོན་པའི་གསང་སྔགས་རྙིང་མའི་གསུམ་ལྡན་རྡོ་རྗེ་འཛིན་པའི་གྲུབ་ཐོབ་གཅིག་ཡིན་པ་མ་ཟད་ཧ་ནག་གི་ཡུལ་ལུང་གང་སར་ཁོང་གི་མཛད་རྣམ་མང་དུ་ཡོད་ཅིང་། སྐྱེ་མེད་རིལ་བུ་ཞེས་པའི་བྱིན་སྨན་རིལ་བུ་རྩ་ཆེན་གཅིག་ཡོད་ཅེས་ཕ་ཁུ་རྒན་རབས་རྣམས་ཀྱི་ཞལ་རྒྱུན་ལས་སླུང་ལྟར་གྲགས། དེང་གི་དུས་ཡུལ་འདིའི་རྒྱུ་སྦྱོར་སྦྱིན་པའི་བདག་པོ་ཁག་གིས་ཉམས་གསོ་ཞུས་ཏེ་ལྷ་ཁང་གཅིག་དང་། མགོན་ཁང་གཅིག །ཆོས་ར་བཅས་ཀྱི་ནང་ཐུབ་དབང་དང་། འཕགས་པ་སྤྱན་རས་གཟིགས་ཀྱི་གཙོས་སྐུ་གསུང་ཐུགས་རྟེན་མི་ཉུང་བ་ཞུགས་ཡོད་པ་ནི་ཧ་ནག་ཡུལ་གྱི་བྱུང་བ་བཅུ་བཞི་པའོ། །། །

(༡༥)ཧ་ནག་ཨོ་རྒྱན་ཆོས་རྫོང་དགོན།

ཧ་ནག་ཨོ་རྒྱན་ཆོས་རྫོང་ནི་དེང་དུས་རྫུང་མ་ཡུལ་ཤོག་གི་ཨོ་རྒྱན་རྫོང་གྲོང་སྡེའི་བྲག་རི་ཤེལ་དཀར་གནམ་ལ་ཟུག་འདྲའི་སྟེང་ཆགས་ཡོད། ཨ་སྟོང་དང་། སེ་བ་བཅས་ཀྱི་བསྐོར་བའི་ཡུལ་ལྟོངས་མཛེས་པ་འབུམ་གྱིས་བརྒྱན་པའི་དབུས་ན་ཨ་ཤུ་དང་སེ་འབྲུ་སོགས་ལོངས་སུ་སྤྱོད་རྒྱུ་ཡོད་ཅིང་། ཞིང་འབྲོག་ལས་ཀྱི་ཐོན་ཁུངས་ཀྱང་ཕུན་སུམ་ཚོགས་པོ་ཡོད། གནས་འདི་ཉིད་ས་སྐྱ་པས་བོད་ཁམས་ཆོས་བཞིན་བསྐྱངས་པའི་ཁྲི་རབས་དྲུག་པ་དཔལ་ལྡན་བླ་མ་དམ་པ་བསོད་ནམས་རྒྱལ་མཚན་གྱིས་ཐོག་མར་ཕྱག་བཏབ། དཔལ་ལྡན་ས་སྐྱ་པའི་མཁས་གྲུབ་སྐྱེས་ཆེན་མང་དུ་བྱོན། དགེ་འདུན་གྱི་སྡེ་ཡང་རབ་ཏུ་རྒྱས། བླ་མ་དམ་པས་ས་དཔྱད་ལ་གཟིགས་སྐབས་ཆོས་རྫོང་གི་ཤར་དུ་བྲག་སེངྒེ་ཁ་གདངས་པ་དང་འདྲ་བ།

ལྷོར་སྒྲིན་མོའི་ལག་པ་དང་འདྲ་བའི་རི། ནུབ་ཏུ་བྱ་ཁྱུང་གི་མགོ་བོ་དང་འདྲ་བའི་རི། བྱང་དུ་སྒྲིན་མོའི་མཚན་མ་དང་འདྲ་བའི་རི། བཞུགས་ཁང་སྤྱིལ་གྱི་ལྷ་ཁང་མདུན་བྲག་རི་གྲིས་བཏུབ་པ་དང་འདྲ་བའི་ཤུར་གཅིག་བཅས་ས་དཔྱད་ངན་པ་འགོག་ཕྱིར་ཕྱོགས་བཞི་དང་། བཞུགས་ཁང་སྤྱིལ་གྱི་ལྷ་ཁང་བཅས་ལ་འབུམ་པའི་མཆོད་རྟེན་རེ་བཞེངས་ཡོད་པ་ད་ལྟ་ཡང་རྗེས་ཤུལ་མཇལ་རྒྱུ་ཡོད། བླ་མ་དམ་པས་ཧ་ནག་ཕྱོན་རྫོང་དང་། ཧ་ནག་རིན་ཆེན་རྩེ། ཧ་ནག་ལྷུན་གྲུབ་རྩེ་བཅས་གཙོ་བོར་གྱུར་པའི་ཧ་ནག་གི་ཡུལ་ལུང་གང་སར་ཡུལ་ཁམས་ས་བཅུད་གསོ་ཕྱིར་ཟབ་གཏེར་མང་དུ་སྦ་བར་མཛད་པ་བཅས་ཧ་ནག་གི་ལུང་པར་བཀའ་དྲིན་བླ་ལྟག་ཏུ་ཆེ་ཚུལ་ལོ་རྒྱུས་མང་པོར་གསལ། ཁྱད་པར་དཔལ་ལྡན་བླ་མ་དམ་པ་བསོད་ནམས་རྒྱལ་མཚན་གྱི་སྣང་བརྙན་གསུང་བྱོན་མ་ཞིག་ཡོད་པ་ལུང་པ་འདིའི་དད་ལྡན་ཀུན་གྱིས་སྤྱི་བོའི་གཙུག་ཏུ་བཀུར་བ་དང་། དབྱར་དུས་ཐན་པ་བྱུང་སྐབས་དགོན་པའི་ཆོས་རའི་ཞུགས་ཁྲིའི་སྟེང་སྣང་བརྙན་གསུང་བྱོན་མ་གདན་འདྲེན་ཞུས་ཏེ་གསོལ་མཆོད་སྨོན་ལམ་བྱས་པ་ཙམ་གྱིས་ཆར་གྱི་རྒྱུན་ཆེན་པོ་འབབ་པ་མངོན་སུམ་དང་། ཡུལ་དུ་ནད་རིམས་བྱུང་སྐབས་སྐུ་བརྙན་དེར་གསོལ་མཆོད་སྨོན་ལམ་བྱས་པས་ནད་རིམས་ཞི་བའི་རྟགས་སུ་སྐུ་བརྙན་དེའི་ཞལ་རས་ལ་འགྱུར་ལྡོག་འགྲོ་བ་ཡང་མངོན་སུམ་ཡིན། དཔལ་ནག་པོ་ཆེན་པོ་གུར་གྱི་མགོན་པོའི་སྣང་བརྙན་གསུང་བྱོན་མ་ཞིག་ཡོད་པ་བླ་མ་དམ་པ་གང་དུ་ཕེབས་པའི་རྗེས་སུ་ང་ཡང་འོང་ངོ་ཞེས་གསུང་ལན་མང་བྱོན་ཏེ་གནས་འདིར་ཞུགས་པར་མ་འདོད་པས་བླ་མ་དམ་པ་མཆོག་གིས་ལྕགས་ཐག་གིས་བཏགས་ཏེ་བཞག་པས་མགོན་པོ་ལྕགས་ཐག་མ་ཞེས་ཀྱང་ཞུ། རྟེན་འདི་གཉིས་ནི་ཡུལ་མིའི་ཁྲོད་དུ་གྲགས་ཆེ་ཞིང་། གྲུབ་མཐའ་རིམ་འགྱུར་དང་། དུས་རབས་ཆགས་འཇིག་གི་ཁྲུག་སོ་མང་པོར་ཉམས་མེད་དུ་ཞུགས་ན་ཡང་དུས་ཀྱི་འགྲོས་དང་བསྟུན་ནས་གོད་ཆག་འོག་རྩ་གཏོར་དུ་བཏང་། སྡེ་པ་རིན་སྤུང་པའི་དུས་སྐབས་སུ་ཕག་གྲུ་བཀའ་བརྒྱུད་པའི་ལུགས་སུ་འགྱུར། ཕྱོན་ཆོས་རྫོང་གི་མདུན་དུ་སྤྱིལ་ཞེས་པའི་དབྱར་དགུན་གྱི་ཕོ་བྲང་གཉིས་ཡོད་པ་དང་། རིན་སྤུང་དཔོན་རབས་རིམ་བྱུང་གི་མངའ་གཞིས་སུ་གྱུར། ལྷག་པར་རིན་སྤུང་པའི་སྲས་མོ་མདའ་མ་ཆེ་ལྷ་བུ་ཁྲིད་ཅེས་པའི་རྣལ་འབྱོར་མ་རྗེ་འཕྲུལ་ཡ་མ་ཟུང་ལ་མདའ

འགྱུར་བ་ཞིག་ཕེབས་ཏེ་གནས་འདིར་ཡུན་རིང་ཞུགས་པ་དང་། སོག་པོ་ཇུན་གར་བའི་དམག་གིས་ཕྱོན་ཆོས་རྫོང་གི་ཕྱོགས་བཞིར་དམག་མཁར་བཏབ་སྟེ་ལམ་བཀག་པའི་ཚེ་ལྷ་བུ་ཁྲིད་མཆོག་རྫུ་འཕྲུལ་གྱིས་རི་བོ་ཆོས་རྫོང་ལ་བཞོན་ཏེ་ལུང་པའི་ལྷོ་རི་ལ་མདའ་འཕེན་སྐབས་ཕྱོན་ཆོས་རྫོང་གི་རྒྱབ་མདུན་གཉིས་ལ་ཞབས་རྗེས་རིང་ཚད་སྐྱི་ཁྲི་གང་ཙམ་ཡོད་པ་ཤིན་ཏུ་ཆེ་བ་རེ་བཞག་ཡོད། རྒྱབ་ཀྱི་ཞབས་རྗེས་དེ་ཉེ་དུས་ཆུ་ལོག་གིས་རྡོ་ཕ་བོང་མང་པོ་རིལ་བས་མཇལ་མི་ཐུབ་པར་གྱུར་ན་ཡང་མདུན་གྱི་ཞབས་རྗེས་དེ་ད་ལྟ་ཡང་བྲག་སྟེང་དུ་མཇལ་རྒྱུ་ཡོད། ཕྱོན་ཆོས་རྫོང་ནི་རྗེ་བཙུན་སྒྲོལ་མའི་སྐུའི་དབྱིབས་སུ་བཞུགས་པའི་གནས་རི་ཡིན་པ་དང་། ཞབས་ཕྱུས་གཡས་གཡོན་གཉིས་ལ་ལྷ་ཁང་རེ་དང་། གསང་བའི་གནས་སུ་བྲག་ཕུག་ཆོས་འབྱུང་གི་རྣམ་པ་ཅན་ཡོད། བཤད་སྲོལ་ཞིག་ཏུ། བྲག་ཕུག་ཆོས་འབྱུང་གི་དབྱིབས་ཅན་འདི་ནི་གུ་རུ་རིན་པོ་ཆེའི་མཁར་སྒྲོངས་བྲག་ཅེས་པའི་སྒྲུབ་ཕུག་ཡིན་པ་དང་། གནས་བདག་མཁར་སྒྲོང་ལྷ་མོ་ཅེས་ཡུམ་ཆེན་ཨེ་ཀ་ཛ་ཊི་ཡིན་པར་འདོད། གང་ལྟར་ཟ་རི་ཕུག་གི་སྒྲུབ་ཆུ་ཞེས་པའི་ཆུ་མིག་རྩ་ཆེན་གཅིག་ཀྱང་ཡོད། སོག་པོ་ཇུན་གར་བའི་དམག་གིས་མདའ་མ་ཚེ་ལྷ་བུ་ཁྲིད་བཀྲོངས་པ་དང་། རིན་སྤུང་པས་མངའ་གཞིས་འཕྲོག་སྟེ་ཆོས་གཞིས་ཚང་མ་སོག་དམག་གི་དབང་དུ་བསྡུས། དེ་ནས་དུས་རབས་བཅུ་བདུན་པའི་ཡས་མས་སུ་རི་བོ་དགེ་ལྡན་པའི་ལུགས་སུ་འགྱུར་ཞིང་རྟ་ནག་བླ་མ་ནམ་མཁའ་རྒྱལ་མཚན་ནས་རྟ་ནག་ཆོས་ཉི་བ་བློ་བཟང་རྒྱལ་མཚན་བར་གྱི་དཔོན་སློབ་སྐུ་ཞབས་(ཁ་སྐད་དུ་སྤོ་ལོ་སྐུ་ཞབས་ཟེར་)ཞེས་པའི་བླ་རབས་བརྒྱད་ཙམ་ཕེབས་མྱོང་བ་དང་། དཔལ་གྱི་གདན་ས་བཀྲ་ཤིས་ལྷུན་པོའི་དཀྱིལ་ཁང་གྲྭ་ཚང་དུ་བསླབ་སྦྱང་མཛད་པའི་དགེ་འདུན་གྱི་སྡེ་ཚུང་ཟད་རྒྱས་པ་མ་ཟད། གདན་ས་གཞུང་ནས་ས་ཞིང་སོགས་ཀྱི་མཐུན་རྐྱེན་ཡང་ཡོད། སྔོན་ཆད་རྒྱུན་ཞུགས་རབ་བྱུང་མ་བརྒྱད་ཙམ་དང་། གདན་ས་བཀྲ་ཤིས་ལྷུན་པོ་ནས་དཔོན་སློབ་སྐུ་ཞབས་རྒྱུན་གཏོང་མཛད་བཞིན་ཡོད། ཆོས་རྫོང་མདུན་གྱི་རྗེ་བཙུན་སྒྲོལ་མའི་གསང་གནས་སུ་ཆགས་པའི་ཆོས་འབྱུང་གི་དབྱིབས་ཅན་རང་བྱུང་བྲག་གི་ཕུག་པ་དེ་ནི་ཕྱོན་རྫོང་ཞོལ་པ་བླ་བྲང་གི་སྟགས་པ་རིམ་བྱུང་གི་སྒྲུབ་ཕུག་དང་། འཛིན་སྐྱོང་བྱེད་པའི་གནས་སུ་གྱུར་པ་བཅས་རྟ་ནག་ཡུལ་གྱི་བྱུང་བ་བཅོ་ལྔ་

པའོ། ‖ །

༼༡༨༽ཧ་ནག་ཞོལ་པ་བླ་བྲང་།

ཞོལ་པ་བླ་བྲང་ནི་སྔོ་པ་རིན་སྤུངས་པའི་སྐབས་ཀྱོན་རྫོང་གི་ཡུལ་དཔོན་ཤུགས་གྲགས་ཅན་གཅིག་གིས་གཞིས་ཀ་རྩེ་ནས་ཡུལ་འདིའི་སེར་བ་འགོག་པ་སོགས་ཀྱི་ཆེད་གདན་དྲངས་ཏེ་ཆོས་གཞིས་ཆགས་པའི་གསང་སྔགས་རྙིང་མའི་སྔགས་བརྒྱུད་ཡིན་པ་དང་། ལུང་པ་འདིའི་ཕུན་སྔགས་པ་གཞན་གཅིག་ཡོད་པ་དང་ཕན་ཚུན་མཐུ་འགྲན་རེས་བྱས་པས་ཞོལ་པ་བླ་བྲང་གི་ཁང་གཉའ་དུ་རྡོ་ཆེན་པོ་གཅིག་ཡོད་པ་སྔགས་པ་གཞན་དེས་ཚུར་གཡུག་པ་ལྷ་མོ་ཨེ་ཀ་ཛ་ཏིས་བཀག་སྟེ་ཁང་གཞིས་ལ་གནོད་མ་ཐུབ། ཕར་མཐུ་བཏང་སྟེ་ཕུ་ཡི་སྤྲུབ་སྟེ་གོང་གི་ལུང་ཤུར་ལ་ཆུ་ཡི་གཏད་བཙུགས་ཏེ་ཆུ་ལོག་གིས་སྔགས་པ་གཞན་དེའི་ཁྱིམ་གཞིས་རྩ་གཏོར་དུ་བཏང་བ་དང་། དེང་སང་ཁང་ཤུལ་རྩུང་ཟད་མཐོང་རྒྱུ་ཡོད། སྔགས་བརྒྱུད་གཅིག་གི་དུས་སྐབས་ལ་ཧ་ནག་ཐ་མོང་འཕྲང་ནས་གཏེར་ལས་བཞེས་པའི་ཕུར་པ་ཞལ་གསུམ་ཕྱག་དྲུག་ཕོ་འདོམ་ཕྱེད་ཙམ་གྱི་རིང་ཚད་ཅན་དང་། གཞན་ཡང་ཞོལ་པ་བླ་བྲང་གི་སྔགས་པ་རིམ་བྱོན་གྱི་གནམ་ལྕགས་རྡོ་རྗེ། གནམ་ལྕགས་ཕུར་པ། གཙང་གམ་པ་ལ་ཡན་དུ་པོད་གསུམ་ལས་མེད་པར་གྲགས་པའི་རྙིང་ཆོས་པོད་གཅིག་སོགས་མང་དུ་ཡོད་མོད། མཁའ་འགྲོ་ཡེ་ཤེས་མཚོ་རྒྱལ་གྱི་ཞབས་རྗེས་ཤིག་ཡོད་པ་དེང་སང་ཡང་མཇལ་དུ་ཡོད། ཁྱིམ་བརྒྱུད་འདི་ལ་གྲགས་ཆེན་གྱི་སྔགས་པ་མང་དུ་བྱོན་ངེས་ཀྱང་ཁུངས་བཙན་པའི་ལོ་རྒྱུས་མ་རྙེད། སྔོན་ཆད་སྤྱི་པོ་བློ་བཟང་ཞུ་བའི་སྔགས་པ་མཐུ་ནུས་ཅན་ཞིག་ཡོད་པ་དང་། ཁོང་ནི་སྤྲ་སྦྲོལ་བཞིན་ཧ་ནག་སྐྱབས་མགོན་སྒྲོལ་མ་དང་། ཤབ་ལྕམ་མོ་ཕུག་ཏུ་བླ་མ་བསྟེན་ཏེ་བསླབ་སྦྱང་མཛད། ལྕམ་མོའི་བླ་མ་དེ་ནི་ས་སྐྱར་སློབ་གཉེར་གནང་བ་ཟད་སྐབས་རྗེ་བདུད་འཛོམ་འཇིགས་བྲལ་ཡེ་ཤེས་རྡོ་རྗེ་ལས་དམིགས་བསལ་གྱི་ཆོས་འབྲེལ་ཐོབ་པ་གཅིག་ཡིན། སྔགས་པ་བློ་བཟང་མཆོག་ནི་དགུང་ལོ་བརྒྱད་ཅུ་གྱ་བརྒྱད་ཙམ་བཞུགས་པ་དང་། དུས་རྒྱུན་བཟླ་གུ་རུ་པོ་ན་བསག་སྟེ་སྨས་པའི་ཚུལ་དུ་བཞུགས་པ་དང་། ཚོ་ག་ཕྱག་བཞེས་དང་། སྔགས་

གྱི་སྐོར་གསུངས་ཚེ་ཐོས་རྒྱ་ཆེ་བའི་མཁས་པ་གཅིག་ཡིན་པའང་ངང་གིས་གསལ། ལན་གཅིག་ཕྱོན་རྫོང་དུ་སེར་བ་ཆེན་པོ་འབབ་པར་ཉེན་ཏེ་ཛ་དྲག་ལ་ཐུག་པས་ལུང་པའི་ཁྱིམ་མཚེས་མོ་ཧྲེང་མ་ལ་རྫ་ཡི་སྣོད་བླུག་གུ་(རྫ་ཡི་ཆང་སྣོད་ཆུང་ཆུང་ཞིག་གི་མིང་ཡིན)གཡར་བ་སྐྱེ་རགས་ཀྱི་བསྡམ་སྡེ་ཐོགས་བརྩེགས་གསུམ་ཙམ་ཡོད་པའི་ཁང་སྟེང་ནས་གཡུག་པ་དང་། གནམ་དྭངས་ཏེ་སླར་ལེན་དུ་བཏང་བ་གས་སྐྱོན་ཙམ་ཡང་མེད་པ་ལེན་རྒྱུ་བྱུང་བ་དང་། ཁོང་དབྱར་དུས་གཞུང་གྲོང་ཚོར་སེར་སྲུང་ལ་བཞུགས་སྐབས་ལན་གཅིག་སེར་བ་འབབ་ལ་ཉེ་བར་ཁོང་གིས་རྫ་ཡི་ཐུག་ཁྲི་ཐུག་པ་ཁོལ་མ་དང་བཅས་པ་སྐྱེ་རགས་ཀྱི་བསྡམ་སྡེ་ལྟུང་གསེབ་ཏུ་འཕེན་པས་གནམ་དྭངས་ཏེ་སླར་ལེན་སྐབས་ཐུག་པ་དང་བཅས་པ་ཉམས་མེད་དུ་ལེན་རྒྱུ་བྱུང་། སྔགས་པས་སེར་བ་འགོག་སྐབས་སྔགས་པ་སོ་སོའི་མཐུ་རྩལ་དང་གནས་ཚུལ་ལ་གཞིགས་ཏེ་སྔགས་ལ་བརྟེན་པ། ཏཱ་རུ་དང་། ཕུར་པ། རྐང་གླིང་། ཕྲེང་བ་སོགས་ཆོས་ཆས་ལ་བརྟེན་པ། ཛ་དྲག་གི་སྐབས་རྫ་སྣོད་ལ་བརྟེན་པ་སོགས་ཡོད། སྔས་པའི་ཚུལ་འཛིན་སྔགས་པ་བླ་མ་བློ་བཟང་མཆོག་ནི་སྒྲིན་པའི་འཁོར་ཕྱོགས་སོགས་ལས་གནམ་གཤིས་ཀྱི་འགྱུར་འགྱུར་ཚད་མ་མཁྱེན་ཐུབ་པའི་རྟོགས་པ་མངའ་བ་ཡིན། དེ་ལྟར་ཏ་ནག་ཕྱོན་ཆོས་རྫོང་དང་འབྲེལ་བའི་བྱུང་བ་འདི་ནི་ཏ་ནག་ཡུལ་གྱི་བྱུང་བ་བཅུ་དྲུག་པའོ། ༎ །

(༡༧)སྒྲུབ་སྡེ་གོང་།

ཕྱོན་ཆོས་རྫོང་གི་ཕུ་ནས་ཡར་ཙམ་བསྐྱོད་ན་སྒྲུབ་སྡེ་གོང་ཞེས་པའི་མོ་དགོན་གཅིག་ཡོད་པ་མྱང་སྟོད་སྐྱིད་སྒྲུགས་དགོན་པ་ནས་བཙུན་མ་མངགས་གཏོང་དང་། བཀའ་ལུང་དབང་ཁྲིད་སོགས་འབྲུག་པ་བཀའ་བརྒྱུད་པའི་ཆོས་བརྒྱུད་འཛིན་ཅིང་། བཙུན་མ་ཉི་ཤུའི་གཡས་གཡོན་ཙམ་བཞུགས་པ་སྔོན་གྱི་དུས་སུ་ཉམས་ཆག་ཕྱིན་ཏེ་ད་ལྟ་ཉམས་གསོ་ཞུ་ཐུབ་མེད། སྒྲུབ་སྡེ་གོང་གི་རྒྱབ་རི་ཆོས་དུང་རང་གྲོན་ཡིན་པ་དང་། ཆོས་དུང་དཀར་མོ་དང་ཤིན་ཏུ་འདྲ་བའི་ཁོག་པར་དགོན་པ་ཆགས་ཡོད། རི་བོ་དེའི་རྒྱུད་ལ་ངོ་མཚར་ཆེ་བའི་རང་བྱུང་སྒྲུབ་ཕུག་མང་པོ་ཡོད་ཅིང་། བཀའ་བརྒྱུད་པའི་གྲུབ་ཆེན་མང་པོ

སྒྲུབ་པ་ལ་གཞོལ་བའི་གནས་བྱིན་ཅན་ཤ་སྟག་ཡིན་པ་ཡོངས་སུ་གྲགས་ཀྱང་དེང་གི་དུས་ལོ་རྒྱུས་ཙམ་ཡང་ཤོད་ཐུབ་མཁན་དཀོན་པ་ཡིད་སྐྱོ་བའི་གནས། དེ་ནས་ཡར་ཙམ་བསྐྱོད་ན་གཙང་གི་མིང་པོ་ལྷ་ཆེན་ཅེས་པའི་གནས་རི་གྲགས་ཅན་དེ་ཡོད་པ་དང་། རི་བོ་དེའི་དཀྱིལ་དུ་གནས་བདག་ཪྫོ་མོ་ཚང་ཆེང་མ་ཡོད། ཀུན་རིན་པོ་ཆེས་ཆེ་སྒྲུབ་མཛད་པའི་ཡངས་པ་ཚལ་གྱི་སྒྲུབ་ཕུག་དང་། སྒྲུབ་ཕུག་གི་སྒོ་ལ་སངས་རྒྱས་ཀྱི་རང་བྱོན་ཤིན་ཏུ་ཆེ་ལ་དྭངས་ཤིང་གསལ་བ་ད་ལྟ་ཡང་མཇལ་དུ་ཡོད། རི་བོ་དེ་འཕགས་པའི་གནས་བརྟན་བཅུ་དྲུག་གི་རང་བྱོན་ཡིན་པར་གྲགས། དགོན་ཤུལ་གཅིག་ཡོད་པ་སྔོན་ཆད་སྐབས་གཏོར་སྐྱོན་ཕྱིན་པ་དང་། བཀའ་བརྒྱུད་པའི་ཆོས་བརྒྱུད་འཛིན་པའི་རབ་བྱུང་མ་བཅུ་ཕྲག་ཙམ་ཡོད་པ་རྣ་རབས་རྣམས་ཀྱིས་གསལ་བར་དྲན། གུ་ཤྲི་བསྟན་འཛིན་ཆོས་རྒྱལ་གྱི་སྒྲུབ་ཁང་སྟོད་ཀྱི་རྫ་གསེབ་ལ་ཡོད་པ་དང་། ཁོང་རྫུ་འཕྲུལ་གྱིས་འཕུར་ཏེ་ཕེབས་པར་གྲགས། རྒྱལ་མཆོག་ལྔ་པའི་སྐབས་ནས་བཟུང་མིང་པོ་ལྷ་ཆེན་གྱི་རྟེ་མོར་ལོ་ལྟར་དར་ཆེན་གསར་བཞེངས་མཛད་པའི་སྲོལ་རྒྱུན་ཡོད་པ་ནི་མིང་པོ་ལྷ་ཆེན་འདི་མ་ཉམས་པར་གནས་ན་བོད་ཁམས་སྤྱི་ལ་རང་བྱུང་གནོད་འཚེ་འགོག་ཐུབ་པ་དང་། བོད་ཁམས་བདེ་བའི་རྟེན་འབྲེལ་ཡོད་པར་གྲགས་པ་བཅས་ཧྲ་ནག་ཡུལ་གྱི་བྱུང་བ་བཅུ་བདུན་པའོ། ༎ །

(༡༨)ཧྲ་ནག་གསེར་གླིང་དགོན།

ཧྲ་ནག་མདའ་ཡུལ་ཤོག་བཀྲ་ཤིས་ལྷིང་གྲོང་སྡེའི་རྒྱབ་ངོས་སུ་གནས་པའི་ཧྲ་ནག་གསེར་གླིང་དགོན་ནི་དཔལ་ས་སྐྱ་པའི་མཁས་པ་ཀུན་གྱི་གཙུག་གི་ནོར་བུར་གྱུར་པ་ཀུན་མཁྱེན་གོ་བོ་རབ་འབྱམས་པ་བསོད་ནམས་སེངྒེ་མཆོག་དགུང་ལོ་སོ་བརྒྱད་བཞེས་པ་བོད་རབ་བྱུང་བརྒྱད་པའི་མེ་ཕོ་བྱི་ཡི་(སྤྱི་ལོ་༡༩༤༤)ལོར་བདག་ཆེན་བློ་གྲོས་རྒྱལ་མཚན་ས་སྐྱའི་ཁྲི་མངའ་གསོལ་བ་དང་དུས་མཉམ་ཏུ་ཕྱག་བཏབ། དེ་ནས་མི་ལོ་དྲུག་ཙམ་རིང་ཧྲ་ནག་བྲག་ལྷ་བའི་(ཁ་སྐད་ལ་བྲག་སྤྲ་ལགས་ཟེར་)མདུན་གྱར་གྱིས་མགོན་པོས་འཚང་ཉན་རླབས་པོ་ཆེའི་གྲྭ་ཚང་འགྲན་ཟླ་མེད་པ་ཞིག་འོང་ངེས་སོ་ཞེས་ལུང་བསྟན་པ་བཞིན་དགེ་འདུན་འདུས་ཚོགས་སྟོང་ཕྲག་བརྒལ་བར་ཆོས་ཀྱི་རྗེ་བྱམས་ཆེན་སྐུ་སྐྱེ

བསོད་ནམས་ཆོས་ཀྱི་ཀུན་དགའ་བཀྲ་ཤིས་རྒྱལ་མཚན་དཔལ་བཟང་པོས་ནས་ཁལ་སྟོང་ར་ཅན་ལ་སོགས་པ་མཐུན་རྐྱེན་ཟད་མི་ཤེས་པ་སྦྱར་ཏེ་མདོ་སྔགས་ཀྱི་ཆོས་འཁོར་བསམ་གྱིས་མི་ཁྱབ་པ་བསྐོར། སྤྱི་སྟོད་འཛིན་པའི་ཁྲུ་ཚོགས་རླབས་པོ་ཆེས་ནོར་འཛིན་ཡངས་པའི་ཁྱོན་ཀུན་གང་བར་མཛད། ཀུན་མཁྱེན་བླ་མའི་མདོ་སྔགས་ཀྱི་གསུང་རྩོམ་མང་པོ་ཞིག་ཀྱང་གནས་འདིར་མཛད། མཁན་རབས་དང་གདན་རབས་ནི་ཧ་ནག་ཐུབ་བསྟན་དང་གཅིག་མཚུངས་ཡིན། དེ་ནས་དུས་རབས་བཅོ་བརྒྱད་པའི་དུས་མཇུག་ཏུ་དགེ་ལྡན་པའི་ལུགས་སུ་འགྱུར་ཏེ་གན་པ་བ་བློ་བཟང་དངོས་གྲུབ་ནས་ཧ་ནག་བློ་བཟང་ཀུན་དགའི་བར་བླ་རབས་ཀྱང་འགའ་ཤས་བྱོན་པར་སྣང་། སླར་དུས་རབས་བཅུ་དགུ་པའི་དུས་དཀྱིལ་དུ་ཧ་ནག་ཐུབ་བསྟན་རྣམ་པར་རྒྱལ་བའི་ཡན་ལག་ཏུ་གྱུར་ཏེ་གྲུབ་མཐའ་སླར་གསོ་བྱུང་། དགེ་འདུན་གྱི་སྡེ་དང་། འཚད་ཉན་གྱི་འཕྲིན་ལས་ཀྱང་རྒྱས་པར་གྱུར། སྔོན་ཆད་སྔགས་བརྩོན་འདྲེས་མའི་ཆོས་སྡེར་གནས། མདོ་སྔགས་ཀྱི་ཕྱག་བཞེས་ཧ་ནག་ཐུབ་བསྟན་དང་འདྲ་བར་འགྱུར་བ་གང་ཡང་མ་བྱུང་། དེང་དུས་ཉམས་གསོ་ཞུ་ཐུབ་མེད། སྔར་གྱི་གྲུང་རོ་མང་པོའི་ཕྱི་སྒྲོམ་རྣམས་ད་ལྟ་ཡང་མ་ཉམས་པར་ཡོད་པ་ལ་གཞིགས་ན་གཞི་ཁྱོན་ཧ་ཅང་གི་ཆེ་བར་སྣང་། ད་ལྟའི་རྙན་རབས་རྣམ་པའི་དྲན་ཡུལ་དུ་གནས་པ་ནི་དགོན་འདིའི་གཡས་ངོས་སུ་ཨ་སྟོང་དང་། ལྕང་མ། ནེའུ་གསེང་བཅས་ཡུལ་ལྗོངས་མཛེས་པ་འབུམ་གྱིས་ཕྱུག་པ་ཡོད་ན་ཡང་ལོ་རབས་དྲུག་ཅུ་པའི་ནང་ཆུ་ལོག་ཤ་འོད་དྲག་པོས་ད་ཆ་རྗེས་ཤུལ་ཙམ་ཡང་མེད་པའི་ངམ་གྲོག་བྱེ་རྡོའི་ཕུང་པོར་གྱུར་ཡོད་པ་ནི་དགོན་འདིའི་གཡས་གཡོན་གྱི་འབུམ་པ་དང་། མཆོད་རྟེན། ལ་སྟེང་སྒྲོལ་མ་ཕུག་ཏུ་བེ་རོ་ཙྣ་ནས་བཞེངས་པའི་འབུམ་པ་གསུམ་སོགས་རྩ་གཏོར་བཏང་བས་ཡུལ་ཟུངས་ས་བཅུད་ཉམས་པ་ཡིན་ཞེས་རྙན་རབས་ཀྱི་ཞལ་རྒྱུན་ལས་གྲགས། ཤར་མདོ་ཁམས་ཀྱི་མཧཱ་པཎྜི་ཏ་ཀུན་མཁྱེན་བླ་མའི་གདན་ས་ཧ་ནག་གསེར་གླིང་གི་བྱུང་བ་འདི་ནི་ཧ་ནག་ཡུལ་གྱི་བྱུང་བ་བཅོ་བརྒྱད་པའོ། ༎ །

༼༡༩༽ཧ་ནག་ཡང་ཡུལ་བྱ་བྲལ་དགོན།

དགོན་འདི་ནི་གཞིས་ཀ་རྩེ་གྲོང་ཁྱེར་གདོང་དཀར་ཡུལ་ཤོག་གི་དཔལ་སྐྱེ་ལུང་པའི་ཕུ་ཡང་ཡུལ་

གྲོང་སྡེའི་རི་ཕུག་ཁ་ལྷོ་བསྟན་དུ་ཆགས་ཡོད། དགོན་འདི་ནི་སེང་ཆེན་སྤྲུལ་སྐུ་སྐུ་ཕྲེང་བཞི་པས་ཕྱག་བཏབ། ཁོང་སྐུ་འཁོར་རྣམས་ཀོ་གྲུ་ལ་བཞུགས་ཏེ་གཞིས་རྩེ་ར་ཕེབས་སྐབས་དཔལ་སྡེའི་ལུང་མདོ་ནས་གཟིགས་ཏེ་རི་བོ་བྱ་རྒོད་ཀྱི་གཤོག་པ་དང་འདྲ་བ་ཡ་གིའི་སྟེང་དགོན་གནས་ཤིག་འདེབས་ཐུབ་ན་འཇིག་རྟེན་ཆོས་བརྒྱད་ཀྱི་བྱ་བ་དང་བྲལ་བའི་ཚད་ལྡན་གྱི་ཆོས་པ་རྣལ་མ་ཤ་སྟག་འབྱུང་ངེས་སོ་ཞེས་གསུངས་པའི་རྟེན་འབྲེལ་དང་མཐུན་པར་དགོན་པའི་མཚན་ཡང་བྱ་བྲལ་དགོན་ཞེས་གསོལ། བསླབ་པ་སློབ་གཉེར་གདན་ས་བཀྲ་ཤིས་ལྷུན་པོའི་དཀྱིལ་ཁང་གྲྭ་ཚང་དུ་མཛད་པ་དང་། གཞུག་མར་གནས་པའི་དགེ་འདུན་བརྒྱད་ཙམ་ཡོད། དེང་གི་ཆར་ཡུལ་མི་རྣམས་ཀྱི་ཉམས་གསོ་ཞུས་པའི་ལྷ་ཁང་དང་། ཇོ་བོའི་སྣང་བརྙན་སོགས་སྐུ་གསུང་ཐུགས་རྟེན་བཞེངས་ཡོད་པ། དགེ་འདུན་པ་གཅིག་ནས་རི་བོ་དགེ་ལྡན་པའི་རིང་ལུགས་དྲི་མ་མེད་པ་འཛིན་བཞིན་བཞུགས། དཔལ་སྡེ་ནས་མཐོང་སྨོན་གྱི་གཞུང་ལམ་སྟེང་ཡར་ཙམ་བསྐྱོད་ན་ཧ་ནག་ལྷ་རྒྱལ་འཕྲང་དུ་སླེབས་པ་དང་། སྔོན་དུས་ཧ་ནག་ཏུ་ལྷ་རྒྱལ་འཕྲང་། ཤཱ་བ་འཕྲང་། ཐ་མོང་འཕྲང་། ཀ་རོང་འཕྲང་བཅས་སྐད་གྲགས་ཆེ་བའི་འཕྲང་ལམ་བཞི་ཡོད་པའི་ཡ་གྱལ་གཅིག་ཡིན་པ་མ་ཟད་ཆོས་སྐྱོང་ལྷམ་སྲིང་ཞེས་པའི་ཡུལ་གྱི་སྲུང་མ་གྲགས་ཅན་དེའི་བཙན་མཁར་དང་། རི་དེའི་ལྗིབས་སུ་བྲག་དམར་ཆོས་སྡེ་ཞེས་པའི་དགོན་ཤུལ་གཅིག་ཡོད་པའི་ཁྱུངས་བཙན་ལོ་རྒྱུས་མ་རྙེད་པ་བཅས་ཧ་ནག་ཡུལ་གྱི་བྱུང་བ་བཅུ་དགུ་པའོ། ༎ །

༼༢༠༽ཧ་ནག་ལྷ་ཕུག་རི་ཁྲོད།

ཧ་ནག་མདའ་ཡུལ་ཤོག་ཤུད་ཁྱུད་གྲོང་ཧ་ནག་སྟོང་ཆུ་གློག་ཁང་གི་གཡས་ངོས་ཀྱི་རྒྱབ་ཏུ་ཡོད་པའི་མཆིམས་༼ཁ་སྐད་དུ་ཅིམ་ཟེར་༽ལུང་པའི་ཕུ་ཡི་རི་ཕུག་ཉམས་དགའ་ཞིང་ཡིད་དུ་འོང་བ་དེ་ཉིད་ནི་ལྷ་ཕུག་རི་ཁྲོད་ཅེས་པའི་གནས་རི་ཁྱད་པར་ཅན་དེ་ཉིད་ཡིན། གནས་འདི་གཙང་གི་ཇོ་མོ་སྨན་བདུན་གྱི་ཡ་གྱལ་གནས་ཆེན་ཇོ་མོ་ལྷ་རིའི་ལྷོ་ནུབ་ཀྱི་རི་བརྒྱུད་ཡིན། དམ་པ་མ་གཅིག་ལབ་སྒྲོན་དང་། མ་ཅིག་གཅེར་བདུན། ཕ་དམ་པ་སངས་རྒྱས། རྒྱལ་བ་ཟུར་ཚུང་པ་ཤེས་རབ་གྲགས་པ། ཟུར་ཆེན་ཤཱཀྱ་འབྱུང་གནས། དཔལ་ས་སྐྱའི་སྒྲོལ་མ་ཕོ་བྲང་གི་སྐྱབས་མགོན་རིམ་བྱོན་སོགས་སྐྱེས་ཆེན་མང་པོས

ཐུགས་དམ་ཉམས་བཞེས་མཛད་པའི་གནས་མཆོག་ཡིན་པ་དང་། སྟོན་ཆདསྔ་འགྱུར་རྙིང་མའི་མཁས་གྲུབ་སྐྱེ་མེད་རིན་པོ་ཆེ་མཆོག་གནས་འདིར་ཡུན་རིང་བཞུགས་པ་མ་ཟད་གཙུག་ལག་ཁང་དང་། རབ་བྱུང་བཙུན་མའི་སྡེ་བཙུགས་ཏེ་ཆོ་ག་ཕྱག་བཞེས་དང་། ཉམས་རྟོགས་ཡོན་ཏན་གྱི་འབྲས་རྟགས་མངའ་བའི་རབ་བྱུང་མ་མང་པོ་ཕེབས་པ་ནི་དབུས་གཙང་ཡུལ་འདིར་བཙུན་མའི་ཕྱོགས་ཀྱི་མཁས་གྲུབ་མང་ཤོས་ཡིན་ཞེས་རླུང་ལྷར་གྲགས། གནས་འདིར་མ་ཎིག་གཅེར་བདུན་དང་། གྲུབ་ཐོབ་གཅེར་སྒོམ་པའི་སྒྲུབ་ཕུག་སོགས་ངོ་མཚར་ཆེ་བའི་རང་བྱུང་བྲག་གི་ཕུག་པ་བརྒྱ་རྩ་ཙམ་ཡོད་པ་དང་། ཉམས་གསོ་ཞུས་ཟིན་པའི་སྒྲུབ་ཕུག་བཅུ་ཙམ་ཡོད་ཅིང་། གཙུག་ལག་ཁང་། འབུམ་པ། མཆོད་རྟེན་བཅས་ཀྱི་རྗེས་ཤུལ་མང་དུ་ཡོད། དེང་དུས་ལྷ་ཁང་གཅིག་ཉམས་གསོ་ཞུས་ཡོད་པའི་ནང་གུ་རུ་སྣང་སྲིད་ཟིལ་གནོན་དང་གུ་རུ་མཚན་བརྒྱད་ཀྱི་ཞལ་ཐང་བཅས་ཡོད། ལྷ་ཕུག་བསམ་གཏན་གླིང་གི་དགོན་ཤུལ་གྲུང་རོ་མང་དུ་ཡོད་པ་ལ་གཞིགས་ན་དགོན་གནས་རྒྱ་ཆེ་ཙམ་དར་མྱོང་བ་དང་། ལྷ་ཕུག་བསམ་གཏན་གླིང་ནི་སྔོན་ཆད་གདན་ས་བཀྲ་ཤིས་ལྷུན་པོའི་འཛིན་སྐྱོང་འོག་ཡོད་ཅིང་རྒྱུན་བཞུགས་དགེ་འདུན་བརྒྱད་གྲྭ་གཅིག་ཡོད་ཅེས་རྒན་རབས་རྣམ་པའི་ཞལ་རྒྱུན་ལས་གྲགས། དགོན་དེའི་ཡར་སྟོད་ན་བྲག་ངོ་མཚར་ཅན་གཅིག སྨད་ཕྱོགས་སུ་བཀའ་གདམས་མཆོད་རྟེན་དུ་གྲགས་པའི་བྲག་གཅིག་བཅས་ཡོད། གནས་འདིའི་གནས་བདག་ཇོ་མོ་ཚེ་རིང་མཆེད་ལྔ་ཡིན་པ་མ་ཟད་ཚེ་རིང་མའི་སྒྲུབ་ཕུག་གཅིག་ཀྱང་ཡོད། གནས་འདི་ནི་བྱ་རྒྱལ་ཁྱུང་གི་གཤོག་པ་འདྲ་བའི་དབྱིབས་སུ་སྟོད་ཧྲ་རི། སྨད་སྤང་ལྡིངས། མེ་ཏོག་སྣ་ཚོགས་དང་སེ་བ་ཡི་ནགས་ཀྱི་དྲི་ཞིམ་རབ་ཏུ་འཕྲོ་བ། ངང་བསིལ་གྱི་རྫ་ཆུ་སྔོན་མོ་ཕྱོགས་གསུམ་ནས་ལྷུང་ལྷུང་དུ་རྒྱུ་བ། མཛེས་སྡུག་ལྷ་ཡུལ་དང་འདྲ་བའི་གནས་ངོ་མཚར་ཅན་གཅིག་ཡིན། དེ་ནས་གཡོན་ཕྱོགས་སུ་ཇོ་མོ་ལྷ་རིའི་ཤར་ངོས་ལ་མ་གཅིག་ལབ་སྒྲོན་གྱི་སྒྲུབ་ཕུག་གཅིག་དང་། སྒྲུབ་ཕུག་སྒོ་རགས་ཅན་བཅས་ཡོད། ལྷ་ཕུག་གི་གཡས་ཕྱོགས་ཇོ་མོ་ལྷ་རིའི་རི་རྒྱུད་གདོང་ནག་ཅེས་པའི་རི་ལ་རྒྱལ་བ་ཟུར་ཆེན་པའི་སྒྲུབ་ཕུག་དང་། བླ་བྲང་ཤར་ནུབ་ཏུ་གྲགས་པའི་ཤུལ་ལྷག་བཅས་ཡོད། དེང་དུས་ནི་ཏ་ནག་རི་ཁུད་གྲོང་སྡེའི་ཡུལ་ལྷ་གཞི་བདག་མཆོད་སའི་ལྡེ་བར་གྱུར། རི་དེའི་རི་བརྒྱུད་ལོ་གོང་

ཞེས་པར་སྔགས་རྒྱུད་ཀྱི་ཁྲིམ་ཚང་གཅིག་ཡོད་པ་མ་ཟད་འབྲུག་ཚང་ཉེ་བར་གནས་པ་ལས་མིང་ཆགས་པ་གྲུབ་ཐོབ་འབྲུག་པ་ལུང་གི་སྒྲུབ་ཕུག་ཡོད། གཞིས་རྩེ་ཉ་མོའི་ཕྱོགས་སུ་འབྲུག་པ་ལུང་གི་དགོན་པ་ཡང་ཡོད་པར་གྲགས། (འབྲུག་པ་ལུང་དང་འབྲུག་བྱ་ལུང་གཉིས་རྒྱལ་བ་ཟུར་ཆེན་པའི་མཚན་གཞན་ཡིན་པར་ཡང་གསུངས་སྲོལ་ཡོད།) ལྷ་ཕུག་རི་ཁྲོད་ཀྱི་འོག་ཏུ་རྗེ་འབངས་ཉེར་ལྔའི་ནང་ཚན་ཤུད་བུ་དཔལ་སེང་གི་བརྒྱུད་པ་ལས་མཆེད་པའི་མཆིམ་གྱི་སྔགས་པ་གྲགས་ཆེན་མང་དུ་ཕེབས་མྱོང་ནའང་རིང་པོར་འཚོ་གཞིས་གནང་ཐུབ་མེད་པར་སྐུ་སྲོག་ཤོར་ཏེ་སྔགས་རྒྱུད་ཆད། རི་ཁྲོད་འདིའི་འོག་ཏུ་ཤུད་ཁུད་གྲོང་སྡེ་ཡོད་པ་དང་། བླ་རབས་སྐྱེས་ཆེན་མང་དུ་ཕེབས་མྱོང་བའི་ཤུད་ཁུད་སྤེལ་ཞེས་པའི་སྣེར་པ་ཁྲིམ་གཞིས་སྐད་གྲགས་ཅན་གཅིག་ཡོད། ཧྲ་ནག་ཏུ་རིན་ཆེན་རྩེ་སོགས་རྩེ་དྲུག་ཏུ་གྲགས་པའི་རྫོང་མཁར་དྲུག་དང་། ཤུད་ཁུད་སོགས་ཁུད་བཅུ་གསུམ། སྤེལ་དྲུག་ཏུ་གྲགས་པའི་སྣེར་པ་ཁྲིམ་གཞིས་ཆེན་པོ་དྲུག་ཏུ་ཡོད་པར་གྲགས། ལྷ་བ་ཕུག་གི་ཞིབ་ཕྲའི་གནས་བཤད་མ་རྙེད་པས་རེ་ཞིག་ས་བཅད་འདིས་མཐུས་པར་བྱས་པ་ནི་ཧྲ་ནག་ཡུལ་གྱི་བྱུང་བ་ཉེ་ཤུ་པའོ། ।། །

(༢༡) ཧྲ་ནག་སྒྲོལ་མ་ལྷིང་རི་ཁྲོད།

ཧྲ་ནག་གསེར་གླིང་གི་ལ་སྟེང་དུ་ཆགས་པའི་སྒྲོལ་མ་ལྷིང་དང་། དེ་ནས་ཡར་ཙམ་བསྐྱོད་ན་སྒྲོལ་མ་ཕུག་ཅེས་པའི་རི་ཁྲོད་ཡོད། སྒྲོལ་མ་ལྷིང་ནི་སྤང་ལྗོངས་ཉམ་དགའ་བ། ཆུ་དང་མེ་ཤིང་བཟང་བ། སྣ་བརྒྱའི་མེ་ཏོག་མཛེས་པ། དབེན་ཞིང་འཛམ་པ། མི་རྟོག་བདེ་བའི་ཏིང་འཛིན་ངང་གིས་ཤར་བའི་གནས་མཆོག་ཅིག་ཡིན། དེང་དུས་སྒྲུབ་ཁང་རྙིང་རོ་མང་པོ་དང་། ལྷ་ཁང་གི་རྗེས་ཤུལ་བཅས་པ་ཧྲ་ནག་གསེར་ལྷིང་གཡང་ཆོས་ཀྱི་ཡན་ལག་མོ་དགོན་ཡིན། སྒྲོལ་མ་ཕུག་ནི་ས་བ་དང་ཨ་སྨོང་བཅས་ཀྱི་དྲི་དང་ཕུན་སུམ་ཚོགས་པའི་གནས་མཆོག་ཅིག་ཡིན། རི་ཁྲོད་དབེན་པའི་གནས་མཆོག་འདི་ནི་ཧྲ་ནག་སྐྱབས་མགོན་སྒྲོལ་མའི་སྔགས་པ་བླ་རབས་གཙོ་བོར་གྱུར་པའི་མཁས་གྲུབ་མང་པོའི་སྒྲུབ་སྡེ་ཡིན། བདུད་འཇོམས་ཆོས་འབྱུང་ལས་རྒྱུད་གསང་བ་སྙིང་པོའི་བླ་བརྒྱུད་འཆད་སྐབས་ཟུར་ཆུང་པའི་ཡང་སློབ་སྒྲུབ་པ་བསམ་གྲུབ་རྡོ་རྗེ་ཡབ་སྲས་སྒྲུབ་པ་ལ་གཞོལ་བ་དང་། གནས་བྲེ་མ་སེཏྲེར་ཆོས་ཉིད་ཟད་

སར་འཁྱོལ་ཞེས་གསུངས་པ་དང་། བྱེ་མ་སེཾཧེ་ནི་སྟག་ཙོག་དང་སྐད་ཅོར་འུར་ཤར་རྒྱབ་ཆེ་ཆུ་ལོག་རྒྱུག་པ་བཅས་ཀྱི་བཀའ་མཉན་པོ་ཡོད་པར་གྲགས། ཇོ་ནག་སྲིན་མོ་གན་རྐྱལ་དུ་ཆགས་པའི་སྙིང་ཁར་སྒྲོལ་མ་ཕྱུག་དང་། ལག་པའི་སྟེང་སྒྲོལ་མ་ལྷིང་ཆགས་ཞེས་ཀྱང་གྲགས། སྒྲོལ་མའི་མཚན་ཅན་གྱི་སྒྲུབ་གནས་གཉིས་པོ་འདི་གུ་བཀྲའི་ཆོས་འབྱུང་ལས་གསལ་བ་ལྟར་ན་ཇོ་ནག་གྲུབ་པ་བསམ་གྲུབ་རྡོ་རྗེ་སོགས་སྒྲོལ་ཆེན་རིམ་བྱོན་དང་། ཟུར་ཆེན་ཟུར་ཆུང་ལ་སོགས་པའི་ཟུར་བརྒྱུད་རིམ་བྱོན་བཅས་སྒྱུར་སྙིང་མའི་མཁས་གྲུབ་མང་པོའི་སྒྲུབ་གནས་ངོ་མཚར་ཅན་ཡིན་པ་དང་། མཁྱེན་བརྩེ་དབང་པོའི་དབུས་གཙང་གནས་ཡིག་ལས་ཀྱང་སྒྲོལ་ཆེན་རིམ་བྱོན་གྱི་སྒྲུབ་གནས་སུ་གསུངས། སྐྱབས་མགོན་སྒྲོལ་མ་ནི་ཇོ་ནག་གི་ལོ་རྒྱུས་སྟེང་མཁས་གྲགས་ཆེ་བའི་སྔགས་བརྒྱུད་ཁྱིམ་ཚང་ཞིག་ཡིན་པ་མ་ཟད་གྲུབ་པའི་རང་རྟགས་ལྡན་པའི་སྔགས་པ་ངོ་མཚར་ཅན་མང་པོ་བྱོན་མྱོང་བར་གྲགས། ཁྱད་པར་དུ་དཔལ་ས་སྐྱའི་སྒྲོལ་མ་ཕོ་བྲང་དང་སྐྱ་ཉེ་ཡིན་ཅིང་། ཡབ་ཆོས་རྗེ་རྡོ་རྗེ་ཕུར་པའི་འཕྲིན་ལས་སྐྱོང་བའི་ཞལ་སློབ་གཙོ་བོ་ཞིག་ཀྱང་ཡིན། དེང་དུས་ཇོ་ནག་སྐྱབས་མགོན་སྒྲོལ་མའི་སྔགས་རྒྱུད་ཆོས་བྱེད་མཁན་དམིགས་བསལ་བ་མེད་མོད། ཁྱིམ་གཞིས་ནི་མི་ཉམས་པར་གནས་ཡོད་པ་བཅས་སྒྲོལ་མའི་མཚན་གྱི་སྒྲུབ་གནས་གཉིས་ཀྱི་ཞིབ་ཕྲའི་ལོ་རྒྱུས་འཁོར་ཆེ་འདིར་འགོད་པར་བྱའོ་ཞེས་ཇོ་ནག་ཡུལ་གྱི་བྱུང་བ་ཉེར་གཅིག་པའོ། ། །

(༢༢)ཇོ་ནག་རྒྱང་དཀར་གྲོང་གི་ཇོ་བོ་སྨྲྀ་ཏི་ཛྙཱ་ན།

ཇོ་ནག་རྒྱང་དཀར་གྲོང་སྡེ་ནི་ཇོ་ནག་སྟོང་ཆུ་གློག་ཁང་ནས་ཇོ་ནག་ཕུ་ཆུའམ་ཇོ་ནག་སྟོང་ཆུའི་གྱེན་དུ་ཡར་ཙུང་ཙམ་བསྐྱོད་པའི་གཞུང་ལམ་གྱི་གཡས་ངོས་གནས་ཆེན་ཇོ་མོ་ལྷ་རིའི་ཤར་ངོས་ཀྱི་རི་གཤམ་དུ་ཡོད། དེ་ཡང་ཇོ་བོ་སྨྲྀ་ཏི་ཛྙཱ་ན་མཆོག་ནི་དུས་རབས་བཅུ་པའི་དུས་འཇུག་ཏུ་བོད་ལ་ཕེབས་པའི་རྒྱ་གར་གྱི་པཎ་ཆེན་གཅིག་ཡིན། འོན་ཀྱང་ཁོང་དང་མཉམ་དུ་ཕེབས་མཁན་པཎ་ཆེན་ཕྲ་ལ་རིང་མོ་དང་ལོ་ཙཱ་བ་གཉིས་ལམ་བར་དུ་གྲོངས་པས་ཁོང་བོད་དུ་བཞུགས་རིང་གསུང་འགྱུར་ཞུ་མཁན་སོགས་ཀྱི་མཐུན་རྐྱེན་མ་འཛོམས་སྐབས་བོད་ཡུལ་དུ་འཕྲིན་ལས་འགྲོ་དོན་རྒྱ་ཆེར་མ་བྱུང་བ་ཕྱིས་ཇོ་

བོ་རྗེ་དཔལ་ལྡན་ཨ་ཏི་ཤས། ཇོ་བོ་སྨྲི་ཏི་ཛྙཱ་ན་འདྲ་བའི་མཁས་པ་ངེད་རྒྱ་གར་ཤར་ནུབ་གང་དུ་ཡང་མེད་པས་ཕངས་པ་ལ་ཨང་གསུངས་ཏེ་ཐུགས་སྐྱོ་བའི་ཚུལ་གྱིས་སྤྱན་ཆབ་ཉིལ་ལེར་བསིལ་བའི་ལོ་རྒྱུས་ཡོད། ཇོ་བོ་སྨྲི་ཏི་ཛྙཱ་ན་མཆོག་གི་ཡུམ་ཆེན་ནི་སྐུ་ཚེ་གང་པོར་ནག་པོ་སྡིག་པའི་ལས་ལ་དགའ་ཞིང་དཀར་པོའི་དགེ་བ་མ་ཎི་འབྲུ་དྲུག་ཙམ་ཡང་ཞལ་ནས་མི་ཐོན་པའི་སྡིག་ཅན་མ་ཞིག་ཡིན། ཡུམ་སྐུ་འཚོ་ཞུགས་རིང་ཁོང་གི་དགེ་བའི་སློབ་སྟོན་མང་དུ་མཛད་ཅིང་། མ་ཎི་སོགས་དགོས་པའི་བཀའ་གནང་ན་ཡང་ཡུམ་ཆེན་སྡིག་ལས་ཀྱི་ཐྲིལ་བས་མ་ཎི་ཞལ་ནས་ཐོན་པ་ཤིན་ཏུ་དཀའ། སྐབས་དེ་དུས་ཁོང་གིས་སྒོ་ཡི་ཡང་སྟེང་ནས་དྲིལ་བུ་ཐུར་དུ་བཀལ་ཏེ་སྒོ་ཕྱེ་བ་དང་རྒྱབ་པའི་སྐབས་སྒོ་དང་གྲིལ་ལྟེ་ཐུག་པས་དྲིལ་བུའི་སིང་སྒྲ་རེ་ཐོས་པ་དང་མཉམ་དུ་ཡུམ་གྱིས་ངེས་པར་དུ་མ་ཎི་ཚར་རེ་འདོན་དགོས་པའི་བཀའ་ནན་ལྟི་བར་བསྐུལ། (ངག་རྒྱུན་དུ། བོད་ཀྱི་དགོན་སྡེ་དང་ཁྱིམ་ཚང་གི་སྒོ་སྟེང་དུ་དྲིལ་བུ་འགེལ་བའི་ལུགས་སྲོལ་དེ་ནས་དར་ཞེས་ཟེར།)ཡུམ་གྱིས་བུས་ཁྲལ་བཀལ་བའི་མ་ཎི་དེ་ཨོཾ་མ་ཎི་པདྨེ་ཧཱུྃ། ཞེས་ལྷག་བསམ་དག་པས་མ་ཎི་འབྲུ་གཅིག་ཀྱང་མ་བཏོན་པར་སྡིག་ལས་ཁོ་ནའི་ངང་ཡུམ་དགོང་པ་རྫོགས་ཏེ་དམྱལ་བའི་ཟངས་མ་ཆེར་ལྷུང་བ་དམྱལ་སྲུང་རྣམས་ཀྱི་ཤ་འཛིན་གྱིས་ཟངས་མ་ཆེ་དཀྲུག་སྐབས་ཤ་འཛིན་ཟངས་མ་ཆེར་ཐུག་པའི་སིང་སྒྲ་གྲགས་པ་ཐོས་པ་དང་། སྐུ་ཚེ་སྔོན་མའི་བག་ཆགས་སད་དེ་ཡུམ་གྱིས་བུས་ཁྲལ་བཀའ་བའི་མ་ཎི་དེ་ཨོཾ་མ་ཎི་པདྨེ་ཧཱུྃ་ཞེས་གསུངས་པས་དམྱལ་སྲུང་རྣམས་ཀྱིས་སངས་རྒྱས་ཀྱི་ཆོས་སྒྲ་སྒྲོག་མཁན་ཞིག་འདིར་བྱོན་འདུག་པས་མགྱོགས་མྱུར་ཟངས་མ་ཆེའི་ནང་གི་སེམས་ཅན་རྣམས་བཏོན་དགོས་འདུག་ཅེས་ཟངས་མ་ཆེའི་སེམས་ཅན་རྣམས་དེ་ལས་ཐར་རྗེས་ཡུམ་དེ་ཉིད་སླར་ཡང་རྟ་ནག་རྒྱུད་དཀར་གྲོང་གི་ཕྱུག་པོ་བ་ཞེས་པའི་ཁྱིམ་ཚང་ཆེན་པོ་གཅིག་གི་ནམ་ཉིན་ལྟོས་མེད་དུ་མི་གཏོང་བའི་འཐབ་ཁའི་འོག་ཉེ་ཚེ་བའི་དམྱལ་བར་སྐྱེས་ཏེ་སྡིག་པ་རྫ་ཙམ་གཅིག་ལ་བུ་དགུས་ཟ་བའི་རྣམ་སྨིན་གྱི་སྡུག་བསྔལ་ཉམས་སུ་མྱོང་དགོས་པར་གྱུར། དེའི་ཚེ་ཇོ་བོ་སྨྲི་ཏིས་ཡུམ་གྱི་སྡིག་སྦྱོང་དུ་དགེ་རྩ་མང་དུ་སྒྲུབ་ན་ཡང་དད་དུང་ལས་ངན་གྱི་ལྷག་མ་མ་དག་པར་རྟ་ནག་རྒྱུད་དཀར་ཕྱུག་པོ་བའི་ཐབ་ཀའི་འོག་ཏུ་སྡིག་པ་རྫ་ཙམ་གཅིག་ལ་བུ་དགུས་ཟ་བ་དང་། ཉིན་མཚན་མེད་པར་མེ་ཡི་ཚ་

བསྒྲིགས་ཀྱི་སྡུག་བསྔལ་མྱོང་བཞིན་ཡོད་པ་མངོན་མཁྱེན་གྱིས་གཟིགས་པས་ཡུམ་གྱི་ཆེད་དུ་རྒྱ་གར་འཕགས་པའི་ཡུལ་ནས་དཀའ་བ་ཁྱད་དུ་སད། ངལ་བ་དང་དུ་བླང་སྟེ་བོད་གངས་ཅན་གྱི་ཡུལ་རྟ་ནག་རྒྱང་དཀར་དུ་ཕེབས། ཡུམ་གྱི་ལས་སྒྲིབ་མ་དག་པའི་དབང་གིས་རྒྱང་དཀར་ཕྱུག་པོ་བས་ཇོ་བོ་ཇོ་གིས་ངན་བྱས་ཏེ་ཐབ་ཀ་བཞིག་པ་རྟེན་འབྲེལ་མི་ལེགས་པ་འདུག་ཅེས་འཐབ་ཀ་བཞིག་ཏུ་མ་བཅུག ། དེ་ནས་ཇོ་བོ་སྒྲི་ཏི་རྣྒྲ་ན་དང་ཁྲིམ་ཚང་དེ་གྲོས་སྟུར་གནང་སྟེ་ཇོ་བོ་སྒྲི་ཏིས་ལོ་གསུམ་གྱི་རིང་ཕྱུག་པོ་བའི་ལུག་རྫི་གནང་རྒྱུ་དང་། ལོ་གསུམ་ཕྱིན་པའི་རྗེས་གླ་ཆ་སྣར་ལི་ཙམ་ཡང་ཕུལ་མི་དགོས་པར་འཐབ་ཀ་བཞིག་ཏུ་འཇུག་རྒྱུ་མཛད་དེ་ལོ་གསུམ་རིང་རྟ་ནག་རྒྱང་དཀར་ཕྱུག་པོ་བའི་ལུག་རྫི་མཛད་སྐབས་ཁོང་ལ་ངོ་བྲོ་བ་གསུམ་དང་དགོད་བྲོ་བ་གསུམ་གྱི་གཏམ་རྒྱུད་བྱུང་བར་གྲགས་པ་གཤམ་གསལ། ངོ་བྲོ་བ་གསུམ་ལས། ༡ཁྲིམ་དེའི་བུད་མེད་ཁྲེལ་མེད་ཁྲོ་གཏུམ་ཅན་ཞིག་ཡིན་པས་ཉིན་ཞིག་འབྲི་དང་མཛོ་མོའི་འོ་མ་བཞོ་དགོས་བྱུང་བས་འདམ་རྫབ་ཏུ་ཁྲིམ་དེའི་བུད་མེད་ཀྱི་བཞོན་སྟེགས་ལ་བཞུགས་དགོས་བྱུང་བར་ཁོང་གི་ཐུགས་ལ་བདག་རྒྱ་གར་དུ་ཡོད་སྐབས་མཁས་པས་གཙུག་ཏུ་བཀུར་ཏེ་པཎ་ཆེན་མང་པོ་དང་ཆོས་ཀྱི་དགའ་སྟོན་ལ་རོལ་ནས་ཡོད་མོད། ད་ལྟ་བོད་དུ་སླེབས་ནས་བུད་མེད་ཀྱི་སྟེགས་སུ་འདུག་དགོས་ཏེ་ཞེས་ངོ་བྲོ་བ་དང་པོ་དང་། ༢ཁོང་ཉིན་མོ་ར་ལུག་འཚོ་བར་སོང་སྟེ་ཁྲིམ་དུ་སླར་ལོག་ནས་མཚན་མོ་ཡང་བཞུགས་ལོང་མེད་པར་ཁྲིམ་དེའི་ཡོས་རྫི་དགོས་པས་ལན་གཅིག་གཉིད་དུ་སོང་སྟེ་མཆི་དགུའི་སྟེང་དབུ་རྒྱབ་པ་ན་བུད་མེད་དེས་ཡོས་མ་འཕོ་ཨང་ཟེར་བར་ཁོང་གིས་རང་གི་དབུ་དང་ཡོས་གཉིས་ལས་གལ་ཆེ་བ་ཡོས་རེད་གསུངས་ནས་ངོ་བྲོ་བ་གཉིས་པའོ། །༣ཉིན་ཞིག་ར་ལུག་གི་རྫི་བོར་སོང་ནས་བཞུགས་སྐབས་བྱ་ཁྲུང་ཁྲུང་ཞིག་གླག་གིས་བསད་ནས་བྱའི་རོ་ཁོང་གི་སྐུ་པང་དུ་ལྷུང་བས་ཁྱོད་ཀྱང་ས་མཐའི་བྱ། ང་ཡང་ས་མཐའི་མི། དེད་གཉིས་ཀྱི་ལས་ཅི་འདྲའི་ཐབས་རྟགས་ཤིག་རེད་ཨང་ཞེས་ངོ་བྲོ་བ་གསུམ་པ་བྱུང་ངོ་། །དགོད་བྲོ་བ་གསུམ་ནི། ༡ཁོང་ར་ལུག་གི་རྫི་བོར་སོང་བའི་ཉིན་ཞིག་ནམ་ཟླ་ཧ་ཅང་གྲང་བས་མེ་ཕུང་གཅིག་བསྐྱིལ་ནས་བཞུགས་སྐབས་རི་བོང་ཞིག་ཀྱང་ཁོང་ལ་མ་འཇེམས་པར་མེ་ལ་ལྷེས་ཏེ་དར་གཅིག་གཉིད་དུ་ཁུག་སྟེ་མགོ་བོ་མེ་ཕུང་ནང་ཞུགས་པར་བྱས་པས

གདོང་གི་ཁ་སྤུ་འཚིག་ནས་ཕྱོགས་ཕྱོགས་སུ་རྒྱུགས་པར་གཟིགས་པ་དགོད་བྲོ་བ་དང་པོ་དང་། ཉིན་ཞིག་ར་ལུག་འཚོ་ཞོར་དུ་མཚོ་ཁ་ཞིག་ལ་བཞུགས་སྐབས་མཚོ་དེར་གནས་པའི་ཀླུ་ཞིག་གིས་ཁོང་མཁས་པ་ཆེན་པོར་ཤེས་ནས་བུད་མེད་ཡིད་དུ་འོང་བ་ཞིག་ཏུ་སྤྲུལ་ཏེ་རི་དྭགས་གཉན་གྱི་རྣ་ཅོའི་ནང་འོ་མ་བསྣམས་ཡོད་པ་སར་བཞག །ཐོག་མར་ཕྱུག་འབུལ་དགོས་སྙམ་པའི་བར་ལ་རྣ་ཅོ་འདྲིལ་ཏེ་འོ་མ་ས་ལ་བོར་སོང་བས་ཀླུ་དེ་ངོ་ཚ་སྟེ་ཕྱིར་བཀྱེད་ནས་སྤྲུལ་པ་ཡང་མ་བསྡུས་པར་མཚོ་ནང་དུ་ལྡུང་བས་དགོད་བྲོ་བ་གཉིས་པ་དང་། ཉིན་ཞིག་ཁོང་རྫི་བོ་བྱེད་པའི་ཚེ། རྒྱ་གར་ན་བཞུགས་དུས་ཀྱི་གཞུང་སྡེ་སྣོད་གསུམ་ལ་ཐོས་བསམ་སྒོམ་གསུམ་བྱས་པའི་ལུང་རྟོགས་ཀྱི་ཡོན་ཏན་རྣམས་བར་སྐབས་སུ་བརྗེད་ཡོད་ལས་ཆེ་སྙམ་ནས་དཔྱོད་ལ་བཞུགས་པས་ཡོན་ཏན་གྱི་ནོར་བུ་རྣམས་གཅིག་ཀྱང་མ་བརྗེད་པར་ཐུགས་ལ་གསལ་བས་དགོད་བྲོ་བ་གསུམ་པའོ། །དེ་ནས་ཁོང་ཉིན་རེ་བཞིན་རྒྱང་མཁར་ཕྱུག་པོ་བའི་ར་ལུག་གི་སྣེ་རི་འདབས་སུ་འཁྱེར་ཡང་མཇུག་ད་དུང་ལྷས་ར་ནས་ཐོན་མི་ཚར་བར་ཡོད་སྐད་དུ་གྲགས་པ་དེ་རྣམས་གནས་ཆེན་ཇོ་མོ་ལྷ་རིའི་ཤར་རྒྱུད་ལ་དེད་དེ་ལུག་རྫི་མཛད་པ་དང་། ཇོ་མོ་ལྷ་རིའི་ཤར་རྒྱུད་ཀྱི་རི་ལ་རྗེའུ་དཀར་ནག་ཆེ་ཆུང་མང་པོ་ཡོད་པ་ནི་ཁོང་ལུག་རྫི་གནང་སྐབས་རྗེའུ་དཀར་པོས་ལུག་གི་ཚབ་དང་། རྗེའུ་ནག་པོས་སྤྱང་ཀིའི་ཚབ་གནང་སྟེ་རྗེའུ་དཀར་ནག་ལ་སྔགས་བཏབ་ཏེ་བཞག་ན་ཁོང་ཉིད་དངོས་སུ་ལུག་རྫི་ར་ཕེབས་མི་དགོས་པར་སྤྱང་ཀི་ནག་པོ་གཉིས་ཀྱིས་ལུག་རྫི་བྱས་ཏེ་དགོང་མོ་ལུག་ལྷས་ལ་དེད་ཡོང་གི་ཡོད། ད་དུང་ཁོང་གི་ཉིན་མོ་གསོལ་བ་མཆོད་པའི་རྩམ་པ་ལྷག་མ་ར་ས་ཚྭ་བཏབ་ཏེ་རྩྭ་འཇག་མའི་སྟེང་བསྐྱོན་ཏེ་མ་འོངས་སྐལ་ལྡན་ལས་འཕྲོ་ཅན་དང་འཕྲད་པར་ཤོག་ཅེས་སྨོན་ལམ་བཀྲོན་པས་སྐལ་ལྡན་ལས་འཕྲོ་ཅན་ལ་སྐྱེ་མའི་མགོ་ལྕོག་ལྡེམ་པ་ལྟ་བུའི་སྨྲི་ཏིའི་ས་ཚྭ་རྙེད་ཐུབ། ས་ཚྭ་དེ་ནི་རྩྭ་འཇག་མའི་སྟེང་ན་ལོ་ཡག་སྐྱེ་མའི་མགོ་བོ་བཞིན་ཡོད་པ་དང་། ངོ་བོ་ཨར་ཀ་ལས་གྲུབ་པ་མཆོད་རྟེན་དབྱིབས་ཅན་གྱི་ས་ཚྭ་ཆུང་ཆུང་ཞིག་ཡོད། བོད་ཀྱི་ཡུལ་ལུང་གང་སར་སྨྲི་ཏིའི་ས་ཚྭ་ཞེས་མཚན་སྙན་ཤིན་ཏུ་ཆེ་བ་རྟ་ནག་ཇོ་མོ་ལྷ་རིའི་ཤར་རྒྱུད་དུ་སྐལ་ལྡན་ལས་འཕྲོ་ཅན་ལ་དངོས་སུ་རྙེད་རྒྱུ་ཡོད། (རྟ་ནག་ཐུབ་བསྟན་རྣམ་རྒྱལ་གླིང་གི་བླ་མ་ལྷ་ཁང་གི་ནང་རྟེན་གསུང་སྣང་

སྲིད་ཟིལ་གནོན་གྱི་གཟུངས་ཞུགས་སུ་རྟ་འཛག་མ་དང་བཅས་པའི་ས་རྫ་དེ་ཕུལ་ཡོད་པ་དངོས་སུ་མཇལ། ས་རྫ་དེ་ནི་སྔོན་གྱི་དུས་ཕྲན་གྱི་ཨ་མ་དང་བུ་མོ་གཞན་ཁ་ཤས་ཇོ་མོ་ལྷ་རིའི་ཤར་རྒྱུད་དུ་ལུག་རྫི་ར་འགྲོ་སྐབས་རོགས་བུ་མོ་ཞིག་ལའང་དངོས་སུ་རྙེད་པ་དང་། ཨ་མས་བུ་མོ་རོགས་པ་དེ་རྩེད་མོ་ལ་མགོ་གཡེང་བ་དང་སྟབས་བསྟུན་རྐུས་ཏེ་ནང་ལ་ཁྱེར་བ་སྤྱི་བོ་ལགས་སུ་ཕུལ། སྤྱི་བོ་ལགས་ནས་དོ་སྣང་ཆེན་པོས་ཉར་ཚགས་གནང་བ་ཕྲན་གྱི་ཞང་པོ་དགེ་འདུན་པ་བསྟན་ཆོས་མཆོག་གིས་དགོན་པའི་ཉམས་གསོ་བ་སྟག་འཚོ་སྐྱེས་ཆེན་ཀུན་དགའ་དོན་གྲུབ་དང་ལྷན་དུ་གུ་རུ་སྣང་སྲིད་ཟིལ་གནོན་གྱི་གཟུངས་སུ་ཕུལ་བ་ཡིན། །དེ་ནས་ལོ་གསུམ་རྫོགས་རྗེས་ཇོ་བོ་སློ་ཏིས་ཕྱུག་པོ་བའི་ཐབ་ཀའི་འོག་ནས་ཤོག་པ་རྣ་ཙམ་གཅིག་ལ་བུ་དགུས་བཟས་ཏེ་ཁ་འཐམ་འཐམ་དུ་སྡུག་བསྔལ་སྤྱོད་བཞིན་ཡོད་པ་དངོས་སུ་བཏོན་དེ་ཡུམ་བདེ་བ་ཅན་དུ་འདྲེན་པའི་ཆོག་མཛད་པས་ཤོག་པ་རྣ་ཙའི་རོ་ལ་འཇའ་ཟུག །རྟ་ནག་གི་མི་རྣམས་ཇོ་བོ་སློ་ཏི་ལ་མི་འཕྲོག་པའི་དད་པ་ཐོབ་སྟེ་སྐྱེ་བོ་མང་པོ་ཐར་པའི་གནས་སུ་བཀོད། དཔྱལ་ལོས་བཀྲིད་སློ་ཏི་སྨན་ལུང་དུ་གདན་དྲངས་ཏེ་ཕེབས་ཁར་ཇོ་བོ་སློ་ཏིས། ཕྱུག་པོ་བའི་ལུག་རའི་སྣོ་ཐོད་དུ། རི་བོང་འཛིན་པ་རྒྱུ་སྐར་ཕྲེང་བ་ཅན། །མཚན་མོ་མཁའ་ལ་རྒྱུ་བ་མ་མཐོང་ནས། །དྭངས་པའི་མཚོ་ནང་འདི་ན་ཟླ་བ་ཞེས། །གཟུགས་བརྙན་ཟླ་བར་འཛིན་པ་བྱིས་པའི་བློ། །ཞེས་དཔེ་རྒྱན་སོ་ལྔའི་ནང་གསེས་བསྡུས་བརྗོད་མཚོན་པའི་སྙན་དངགས་ཚིགས་བཅད་འབྲི་བར་མཛད། གཞན་ཡང་ཕྱུག་པོ་བའི་འཐབ་ཀ་སྔར་བཞིན་ཉམས་གསོ་མཛད་པ་མ་ཟད་སྨོན་ལམ་བཟང་པོ་གནང་སྟེ་ཐབ་ཀའི་ངོས་བཞིར་ས་རྫ་རི་བཞག་སྟེ་ས་རྫ་འདི་ཕྱི་ལ་མ་གཡུག་པར་སྨོན་ལམ་བཏབ་ན་མི་རྒྱུད་ཆུ་བོའི་གཞུང་བཞིན་གནས་པ་དང་། ཡུལ་ལུང་ཐམས་ཅད་བདེ་ཞིང་སྐྱིད་པའི་བྱིན་རླབས་ཡོད་ཅེས་གསུངས་པ་མི་རབས་མང་པོའི་རྗེས་ཕྱུག་པོ་བའི་བག་མ་ལས་རྫམ་ཅན་གཅིག་བྱུང་བ་དེ་ས་རྫས་ལས་ཀ་བྱེད་དུས་གནོད་སྐྱེལ་གྱི་འདུག་ཅེས་རྟ་ནག་ཞུ་ཆུ་ལ་གཡུག་པས་ཁྲིམ་ཚང་དེ་ཡང་རིམ་པས་རྩ་སྟོང་དུ་གྱུར་བ་ཡིན་ཅེས་པའང་རྟ་ནག་ཡུལ་གྱི་བྱུང་བ་ཉེར་གཉིས་པའོ། ། །

༼༢༣༽རྟ་ནག་གཉན་ཐོད་དགོན།

རྟ་ནག་ཕུ་ཡུལ་ཤོག་དམར་ཞེས་པའི་གྲོང་སྡེར་ཆགས་པའི་གཉན་ཐོད་དགོན་ནི་ནམ་བཏབ་དང་ཆོས་བརྒྱུད་གྲུབ་མཐའ་སོགས་གང་ཡང་གསལ་བར་མ་རྙེད། པ་ཁྲུ་ཀྲན་རབས་རྣམ་པའི་ངག་རྒྱུན་ལྟར་ན་སྔ་འགྱུར་རྙིང་མའི་ཆོས་བརྒྱུད་འཛིན་པའི་དགོན་སྡེ་གཅིག་ཡིན་པ་མ་ཟད་རྫས་ཤུལ་དང་། ཆགས་དབྱིབས་སོགས་ལ་གཞིགས་ན་ཡང་ཆོས་སྡེ་ཆེན་པོ་ཞིག་ཡོད་པ་གདོན་མི་ཟ། ཀུན་བཟང་ཕྱག་སོགས་སྒྲུབ་ཕུག་ངོ་མཚར་ཅན་ཁ་ཤས་ཡོད་པ་ནི་དམ་པ་གོང་མ་མང་པོས་བྱིན་གྱིས་བརླབ་པའི་སྒྲུབ་གནས་ཡིན་པ་དང་། དགོན་གནས་འདི་ནི་རི་དྭགས་གཉན་གྱི་ཐོད་པའི་སྦུག་ཏུ་ཆགས་པས་མཚན་དེ་བཞིན་གསོལ། གྲོང་སྡེ་འདིར་དམར་ཞེས་མིང་ཆགས་དོན་ནི་བྱིན་རླབས་བཟོ་བྱེད་ཀྱི་ས་དམར་བཟས་ན་ཁ་ནང་ལ་སོ་སག་མེད་པ་ཞིག་ཡོད་པས་མིང་དེ་ལྟར་ཆགས་ཞེས་ཟེར། སྔོན་ཆད་རྟ་ནག་གསེར་ལྡིང་གཡང་ཆོས་དགོན་པའི་ཡན་ལག་ཏུ་གཏོགས་པ་ཡིན། གཞན་ཡང་རིག་འཛིན་ཉི་ཟླ་གླིང་གསལ་དང་། རྗེ་བཙུན་མདོ་སྔགས་དབང་མོ། རྗེ་བཙུན་བློ་བཟང་དབང་མོ་སོགས་གཡང་ཆོས་ཀྱི་བླ་རབས་སྐྱེས་ཆེན་མང་པོས་ཐུགས་དམ་ཉམས་བཞེས་མཛད་པའི་གནས་ཆེན་ཡིན། དེང་དུས་ལྷ་ཁང་ཀ་བ་དྲུག་ཅན་ཆོས་ར་དང་བཅས་པའི་ནང་རྟེན་ཆོས་ལོངས་སྤྲུལ་གསུམ་གཙོ་བོར་གྱུར་པའི་སྐུ་གསུང་ཐུགས་རྟེན་མཐའ་ཀླས་པ་གསར་བཞེངས་ཞུས་ཡོད་པ་དང་། དགེ་འདུན་པ་གཅིག་ནས་གསང་ཆེན་སྔ་འགྱུར་བའི་རིང་ལུགས་དྲི་མ་མེད་པ་འཛིན་བཞིན་བཞུགས་པ་ནི་ས་བཅད་མ་སྟོང་ཙམ་དུ་བགྲང་བ་ལགས་པས་བློ་ལྡན་སུ་ཞིག་ལ་དགོན་འདིའི་ཞིབ་ཕྲའི་ལོ་རྒྱུས་རྙེད་ཚེ་འདིར་འགོད་ཐུབ་པའི་རེ་བ་དང་བཅས་རྟ་ནག་ཡུལ་གྱི་བྱུང་བ་ཉེར་གསུམ་པའོ། || |

༼༢༤༽རྟ་ནག་ནགས་སྟོད་དགོན།

རྟ་ནག་ཐུབ་བསྟན་ནས་གཡས་ངོས་ཀྱི་ཕུར་བསྐྱོད་ན་དགོན་སྡེ་གྲོང་ཚོའི་ལྡི་ཕུ་ཞེས་པའི་འབྲོག་ཡུལ་དུ་སླེབས། ལྡི་ཕུ་དང་ཉུག་གྲོང་སྡེའི་བར་དུ་རྟ་ནག་ཐུབ་བསྟན་དགོན་ཆགས་ཡོད་པ་དང་། ཤུ་རྡུའི་ལུང་བསྟན་ལས། ལྡི་ཉུག་གཉིས་ཀྱི་བར་མཚམས་སུ། །མདོ་སྔགས་བསྟན་པ་སྤྲིན་ཙམ་

དར། །ཞེས་ལུང་གིས་ཟིན་པའི་འབྲོག་ཡུལ་ལྷོ་ཕུ་ཞེས་བྱ་བའི་ལུང་པ་དེ་ནི་སྤང་རི་དང་། རྫ་རི། ནེའུ་གསིང་ཉམས་དགའ་བས་བརྒྱན་པའི་ལུང་པ་ཞིག་ཡིན་པ་མ་ཟད། ལུང་པ་འདི་ཡི་རྫ་ཆུ་བསིལ་མ་རྣམས་ནི་དེང་དུས་ཀྱི་གཏེར་ཆུ་ཞེས་ཁྲིམ་གཞུང་དུ་ཚོང་གཉེར་བྱེད་པའི་ཆུ་འདི་རྣམས་ཀྱིས་ཆ་ཤས་ཙམ་ཡང་འགྲན་མི་ཐུབ་པའི་ཡང་བ། དྭངས་པ། འཐུང་ན་ལྟོ་བ་ལ་མི་གནོད་པའི་ཆུ་བཟང་པོ་ཤ་སྟག་ཡིན། ཚ་ཕྲུར་སྐྱེལ། ཁོག་པ་ལུང་སྐྱེལ། ཆེ་མོ་ལུང་སྐྱེལ། བྲག་ནག་སྐྱེལ། ཨུ་རི་སྐྱེལ། ཞོང་གོང་སྐྱེལ། གཡའ་རལ་སྐྱེལ། སྣོ་མང་སྐྱེལ། སྐྱེལ་ཆེན་མོའི་སྐྱེལ། གཡུ་ལྷ་སྐྱེལ། སྐྱབས་རག་པའི་སྐྱེལ། ཁྲ་རང་སྐྱེལ། ཤེལ་ལུང་སྐྱེལ་བཅས་ལྷོ་ཕུ་སྐྱེལ་བཅུ་གསུམ་དུ་གྲགས་པའི་ལུང་ཚན་རབ་ཏུ་མང་པོ་ཡོད། དེང་དུས་ཆུ་ལོག་ལ་སོགས་པས་སྤང་ལྷོངས་དང་། ནེའུ་གསིང་མང་པོ་མིང་གི་ལྷག་མར་གྱུར་ལ་ཉེ། ལྷོ་ཕུ་གྲོང་ཆེ་མོ་ལུང་དང་ཁ་སྦྲོད་དུ་ཡོད་པའི་ནགས་སྟོད་དགོན་པ་ནི་སྔ་འགྱུར་རྙིང་མའི་ཆོས་སྡེ་ཡིན་པ་དང་། སོག་པོ་ཧྲུན་གར་བའི་དམག་གིས་ཆོས་སྡེ་རྩ་གཏོར་བཏང་། ནགས་སྟོད་དགོན་པའི་རྟེན་གཙོ་གུ་རུ་གསུང་བྱོན་མ་དང་། བྱིན་རླབས་ཤིན་ཏུ་ཆེ་བར་གྲགས་པའི་གསེར་ཟངས་ཀྱི་རྒྱལ་མཚན་གཏེར་མ་སོགས་རྟེན་མང་པོ་སྔོན་ཆད་ཧ་ནག་ཐུབ་བསྟན་དགོན་གྱི་བླ་མ་ལྷ་ཁང་དུ་ཡོད། (ངག་རྒྱུན་ལས། ནགས་སྟོད་དགོན་པའི་རྒྱལ་མཚན་བཞི་དང་ཧ་ནག་ཐུབ་བསྟན་དགོན་པའི་ཆོས་དུང་གཉིས་ཧ་ནག་ཕུའི་རི་ནས་གཏེར་ལས་བཞེས་པར་གྲགས།)དེང་དུས་ནི་དགོན་ཤུལ་གྱང་རོ་མང་པོ་དང་། ལུང་པའི་ཀུན་རབས་རྣམས་ཀྱི་རྩ་ཆེན་དུ་བརྩི་བའི་སྨན་ཆུ་ཞུ་བའི་སྒྲུབ་ཆུ་བཟང་པོ་གཅིག་ཡོད་པ་མ་ཟད། ལོ་རྒྱུས་ཐོག་སྨན་ཆུ་བསྟེན་མཁན་མང་དུ་བྱུང་བའི་གྲུར་ཕུབ་ཤུལ་ཡོད། སྨན་ཆུའི་སྒྲུབ་ཕུག་ངོ་མཚར་ཅན་གྱི་ནང་དུ་རང་བྱུང་བྲག་གི་བཞུགས་ཁྲི་གསོལ་ལྕོག་དང་བཅས་པ་ཡོད། ནགས་སྟོད་དུ་འཛིམ་སྐུ་བཞེངས་བྱེད་ཀྱི་ནགས་སྟོད་འདམ་ཞེས་པའི་འཛིམ་འདམ་དང་། སྒྲུབ་ཆུ་ཧ་ཅང་གི་བཟང་པོ་གཅིག་ཀྱང་ཡོད། དེ་ནས་ཡར་ཙམ་བསྐྱོད་ན་མདོ་སྔགས་བསྟན་པ་ཡོངས་རྫོགས་གཞུང་ལེའུ་བཅུ་གསུམ་གྱིས་བསྟན་པ་ཀློང་ཆེན་རབ་འབྱམས་པའི་སེམས་ཉིད་ངལ་གསོ་བའི་གཞུང་ལ་གྲུབ་པ་ཐོབ་པའི་གནས་སེམས་ཉིད་བྲག་ཕུག་དང་། དེ་དང་ཉེ་བའི་ལྷོ་ཕུ་ཤེལ་དཀར་དུ་ཡང་དབྱིབས་པོ་ཏ་ལ་དང་འདྲ

བའི་དགོན་ཤུལ་དང་གྲུང་རོ་མང་དུ་ཡོད་པ་བཅས་རྟ་ནག་ཡུལ་གྱི་བྱུང་བ་ཉེར་བཞི་པའོ། ༎ །

〔༢༥〕མཚོ་གོང་མཚོ།

མཚོ་གོང་མཚོ་ནི་ལྷི་ཞུ་མཚོ་གོང་གྲོང་སྡེའི་མཚོ་གོང་ཞུ་ཞེས་པའི་ལུང་མདོ་སྟོ་ལྡོང་གི་སྤྱང་ལྡོངས་སྣ་བརྒྱའི་མེ་ཏོག་ཁྲ་ཆེམ་མེར་བཞད་པའི་ངོས་ན་གཡུ་ཡི་མེ་ལོང་ལྟར་དྭངས་ཤིང་མཛེས་པ་མིག་སྟོང་བདག་པོས་ཆེད་དུ་སྤྲུལ་བའི་ལྷ་ཡི་ཡོན་ཆབ་དང་གཉིས་སུ་མེད་པར་ངོ་མཚར་འབུམ་གྱི་དགའ་སྟོན་དུ་ཞུགས། མཚོ་མོ་འདི་ནི་རྟ་ནག་མཁན་ཆེན་མི་ཕམ་ངག་གི་དབང་ཕྱུག་གི་བླ་མཚོ་དང་། མཚོ་མོའི་འཕེལ་སྒྲིབ་ལ་དཔག་སྟེ་རྟ་ནག་ཡུལ་གྱི་དར་རྒྱུད་ལྟ་བའི་མེ་ལོང་ལྟ་བུ་ཡིན། མཚོ་མོ་འདི་ཡི་མཚོ་བདག་ལྷི་ཞུའི་མཚོ་སྨན་རྒྱལ་མོ་ཞུ་བའི་ལྷ་མོ་གཅིག་ཡོད་པ་མ་ཟད་མཚོ་གོང་གྲོང་གི་མི་རྣམས་ཀྱི་འབྲི་མོ་སྟོན་མོ་དང་རྒྱ་དཀར་ཁོ་ནས་ཞོལ་མོ་འཛུགས་དགོས་པ་དང་། མཚོ་དེའི་མཐའ་ན་རྡོ་ཧིང་ཧིང་ཟེར་བ་གཅིག་ཡོད་པ་བརྡུངས་ཏེ་སྤྱང་སྤྱོས་ཀྱི་གླུ་བསང་བཏང་ན་གླུ་མོ་དངོས་སུ་ཕེབས་ཤིང་རྡོ་ཧིང་ཧིང་གང་བྱུང་དུ་བརྡུངས་མི་ཉན་པར་གྲགས། ལོ་རབས་དྲུག་ཅུ་པའི་ནང་མཚོ་ཆུ་ཕྱིར་བཏང་སྟེ་ཡུལ་ལུང་ལ་གནོད་པའི་ལས་ངན་མང་དུ་བརྩམས་ཀྱང་དེང་དུས་ནི་མཚོ་མོ་སྔར་བཞིན་རྒྱས་པར་གནས། མཚོ་གོང་མཚོ་ཡི་འོག་ཏུ་ཐང་གསེབ་ཅེས་པར་སྤྱང་གི་བཞུགས་ཁྲི་གཅིག་ཡོད་པ་ནི་པཎ་ཆེན་རིན་པོ་ཆེ་སྐུ་ཕྲེང་རིམ་བྱོན་གྱི་ཞུགས་ཁྲི་ཡིན་པ་བཅས་རྟ་ནག་ཡུལ་གྱི་བྱུང་བ་ཉེར་ལྔ་པའོ། ༎ །

〔༢༦〕རྟ་ནག་དགོན་སྡེ་གྲོང་གི་ཞོལ་གསོལ།

རྟ་ནག་དགོན་སྡེ་གྲོང་ཚོ་ནི་རྟ་ནག་ཐུབ་བསྟན་དགོན་གྱི་ཆོས་གཞིས་གྲོང་སྡེ་གཙོ་བོ་ཡིན་པས་དགོན་སྡེ་ཞེས་མིང་ཐོགས། 〔ཁ་སྐད་དུ་སྒོམ་སྡེ་ཟེར〕དགོན་སྡེ་གྲོང་ཚོ་ནི་རྟ་ནག་ཐུབ་བསྟན་རྣམ་རྒྱལ་གླིང་གི་གཡས་གཡོན་དུ་གནས་པའི་རི་ཕུག་གི་འབྲོག་སྡེ་མཚོ་གོང་གྲོང་། ཉ་ཚ་རི། ཚེ་མོ་ལུང་། ཁྲོ། སྤྱིལ་སྟོན། ཁ་རུ་བཅས་གྲོང་ཚོ་དྲུག་གི་འབྲོག་སྡེ་ཡོངས་ཀྱི་སྤྱི་མིང་ཡིན། ཞོལ་གསོལ་ཞེས་པ་ནི་དཔལ་སྐྱ་པའི་སྲུང་མ་གུར་གྱི་མགོན་པོའི་འཁོར་དུ་བྱ་ནག ། ཁྱི་ནག མི་ནག གཡག་ནག་བཅས་ཡོད

པའི་ནང་ཚན་གཡག་ནག་དེ་ཉིད་གུར་གྱི་མགོན་པོའི་རྟེན་མཁར་དུ་དམིགས་ཏེ་སྲུང་མ་གུར་གྱི་མགོན་པོ་ལ་གསོལ་མཆོད་བཏུང་རག་འབུལ་བའི་ཆོས་ལུགས་ཀྱི་བྱེད་སྒོ་ཞིག་ཡིན། དེ་ཡང་ལོ་ལྟར་བོད་ཟླ་དགུ་པའི་ཚེས་ཉེར་གསུམ་ནས་ཉེར་དགུའི་བར་ཧ་ནག་ཐུབ་བསྟན་གྱི་མགོན་ཁང་དྲག་ཤུལ་དབང་པོའི་ལྷིང་ཁང་དུ་ཉིན་བདུན་རིང་རྡོ་རྗེ་ནག་པོ་ཆེན་པོ་གུར་གྱི་མགོན་པོའི་སྐང་གསོ་ཆེན་མོའི་སྒྲུབ་པ་ཚུགས་པ་དང་། ཉིན་དེ་དག་གི་རིང་ཞོལ་པོ་ཞོལ་མོའི་རྣ་ཆ་དང་། ཟེ་དར་བཅས་ལ་བྱིན་རླབས་སྒྲུབ་བཞག་བྱེད། ཚེས་ཉེར་དགུའི་སྔ་བར་དགེ་འདུན་པ་རྣམས་ཀྱི་དགོན་པའི་ཡང་སྟེང་དུ་ཐུག་གསོལ་གྱི་ཆོག་སྒྲུབ་རྗེས་འཁྲོག་སྟེ་དྲུག་གི་རྒྱན་གཞོན་ཕོ་མོ་ཚང་མས་གཟབ་མཆོར་ལེགས་པར་སྤྲས་ཏེ་ཞོལ་པོ་ཞོལ་མོ་ཐམས་ཅད་དགོན་པའི་རྡོ་གཅལ་དུ་གྲལ་བསྟར་བསྒྲིགས་པོས་གདང་ཐག་ལ་བཏགས་ཏེ་འཛོག་པ་དང་། ཞོལ་གསོལ་གྱི་ཚོགས་དང་བསྟུན་ཏེ་ཐོག་མར་ནོར་གཡག་ཞོལ་པོ་ཞོལ་མོའི་ཁ་ལ་ཕྱེ་མར་དང་། ཕུད་ཆང་སྟེར་བཞིན་རྣ་ཅོ་གཡས་གཡོན་ལ་མར་གྱི་ཡར་ག་བརྒྱབ་པ་དང་། བཙ་ཚོ་ཚག་ག་དམར་པོ་ཞོལ་པོ་ཞོལ་མོའི་ལུས་ལ་བྱུགས་ཤིང་ར་ཅོ་གཡས་གཡོན་ལའང་བཙག་བྱུགས་ཏེ་ཨ་ཁྲུ་འཁྲོག་པ་རྣམས་ཀྱིས་ཞོལ་པོ་ཞོལ་མོའི་རྣ་གཡས་པ་ལ་བཙག་གིས་བྱུགས་བཞིན་ངག་ནས། གཡས་ཀྱི་ཟངས་ར་དམར་པོ་འདི་སྟང་དགྲ་བོའི་སྟེང་ལ་བརྡར་རོ། །བརྡར་རོ། །བརྡར་རོ། །ཕྱུ་ཡ་གིའི་ནགས་རི་སྤྱང་གསུམ་དབང་གྱིན་ཟེར་མཁན། མདའ་ཡི་རྩ་ཁ་སྤྱང་ཞིང་དབང་གྱིན་ཟེར་མཁན་དེ་ཚོའི་མགོ་ལ་རྒྱོབས་ཤིག །མ་མཐོང་བ་ལ་མཐོང་གིས་ཟེར་མཁན། མ་བྱས་པ་ལ་བྱས་སོང་ཟེར་མཁན། མ་ལེན་པ་ལེན་སོང་ཟེར་མཁན། ཁ་འོ་མ་ལས་འཇམ་པ། སྙིང་ཚེར་མ་ལས་རྩུབ་པ་དེ་ཚོ་བརྡར་རོ། །བརྡར་རོ། །ཞེས་སྐད་གསེང་མཐོན་པོས་བསྒྲགས་པ་དང་། རྣ་གཡོན་པ་ལ་ཕྱེ་མར་བྱུགས་བཞིན་ངག་ནས། འཇམ་མོ། འཇམ་མོ། གཡོན་གྱི་དུང་རྣ་དཀར་མོ་འདི། འཇམ་མོ། འཇམ་མོ། མཉེན་ཉེ་བའི་སྟེང་ལ་འཇམ་མོ། སྐུ་ཁྲིམ་མཆེས་ལ་འཇམ་མོ། རྫི་བོ་རྫི་རོགས་ལ་འཇམ་མོ། དེ་ནས་རྣ་ཆ་དང་ཟེ་དར་འདོགས། མགོན་པོའི་ཆིབས་སྒ་དང་ཆིབས་གདན་གཉིས་ནོར་གཡག་ཞོལ་པོ་ཞོལ་མོ་རེ་རེའི་སྟེང་དུ་བཀབ་ཙམ་བཀབ་ཙམ་བྱས་ཏེ་ངག་ནས། ཆིབས། ཆིབས། ཐུབ་བསྟན་ལྷ་ཆོས་རྗེན་གསུམ། སྒྲོལ་

མའི་ཡེ་ཤེས་མགོན་པོ། དཔལ་ས་སྐྱ་གུར་གྱི་མགོན་པོ། གུར་མགོན་ཉེ་ཤུ་རྩ་གཅིག ། ལས་མགོན་ཕྱུ་ཊ་ཧྲ་ཏ། ལྷ་མོ་དྲེགས་པ་ལྷུམ་སྲིད། ཞིང་སྐྱོང་དབང་ཕྱུག་ཆེན་པོ། ཆིབས། ཆིབས། ཁྱེད་ཆིབས་ཐོག་ལ་ཕེབས་ནས་མི་ལ་ན་ཚ་མ་གཏོང་། ཕྱུགས་ལ་གོད་ཁ་མ་གཏོང་། ཁ་ཡན་གྱི་ཁ་མཆུ་མ་གཏོང་། ལག་ཡན་གྱི་རྐུན་མ་མ་གཏོང་། ཆིབས། ཆིབས། ཆིབས་པའི་དུས་སུ་ཆིབས་པ་ཡིན། ཆིབས་པ་འདི་ལས་ཡག་པ་མེད། བཞུགས་པའི་དུས་སུ་བཞུགས་པ་ཡིན། མགོན་མཁར་འདི་ལས་བཙན་པ་མེད་ཅེས་སྐད་གསེང་མཐོན་པོས་འུར་ཆིལ་ལེར་འདོན། དེ་ནས་དགོན་པའི་མཁན་སློབ་རྣམས་ཀྱི་གུར་མགོན་གྱི་གཏོར་མ་རྒྱན་ཅན་དེས་ནོར་གཡག་ཞོལ་པོ་ཞོལ་མོ་རེ་རེ་ལ་དབང་བསྐུར། མཇུག་ཏུ་སེར་སྐྱ་ཚང་མ་མཉམ་དུ་ལྷ་རྒྱལ་འཕེན་ཏེ་བཀྲ་ཤིས་སྨོན་ལམ་འདེབས་པ་དང་། ད་དུང་ཁྱིམ་ཚང་སོ་སོས་ལོ་ལྷར་ཞོལ་གསོལ་བྱེད་སྐབས་ཕོ་ལྷ་སོགས་ཀྱི་མིང་ནས་འབོད་ཅིང་དགོན་པའི་རྫོ་གཅལ་དུ་ཆོས་སྐྱོང་གུར་མགོན་སྤྲུལ་པའི་ལས་མཁན་དང་བཅས་པ་ལས་གཞན་ལྷ་འབོད་གླུ་འབོད་བྱེད་མི་རུངས་ཞེས་བཀའ་གཉན་པར་བརྩི། འབྲོག་པ་རྣམས་དགོན་པས་གནང་བའི་ཧ་ཆང་འཕྲུང་སྐྱེ་དགོན་པའི་རྫོ་གཅལ་དུ་ཐུགས་སྤྲོ་གཏོང་བ་བཅས་ཧྲ་ནག་ཡུལ་གྱི་བྱུང་བ་ཉེར་དྲུག་པའོ། ། །

（༡༧）ཧྲ་ནག་ན་ཁྲུད་དགོན།

ཧྲ་ནག་ཐུབ་བསྟན་རྣམ་རྒྱལ་གླིང་གི་གཡས་རི་གནས་ཆེན་ཛ་མོ་ལྷ་རིའི་རི་གཤམ་དུ་ཆགས་པའི་ཧྲ་ནག་ཁྲུད་བཅུ་གསུམ་གྱི་ཡ་གྱལ་ན་ཁྲུད་དགོན་པ་ནི་ནམ་བཏབ་དང་འདེབས་པ་པོ་སོགས་གསལ་བར་མ་རྙེད་ཀྱང་སྔོན་ཆད་སྤྱི་འགྱུར་རྙིང་མའི་ཆོས་བརྒྱུད་ཡིན་པ་དང་། ནང་རྟེན་དུ་གུ་རུ་རིན་པོ་ཆེ་དང་། འཕགས་པ་སྤྱན་རས་གཟིགས་གཙོ་བོར་གྱུར་པའི་སྣང་བརྙན་མང་པོ། གཙུག་ལག་ཁང་དང་གྲྭ་ཤག་རྒྱ་ཆེར་ཡོད་ཅིང་རྒྱུན་ཞུགས་རབ་བྱུང་མ་བཅུ་གཉིས་ཙམ་ཡོད།དུས་ཀྱི་འགྱོས་དང་བསྟུན་ནས་ཉམ་ཆག་ཤུགས་ཆེར་ཐོག ། ལོ་རབས་དགུ་བཅུ་པའི་ནང་ཧྲ་ནག་རྒྱང་མཁར་གྲོང་ནས་ཡིན་པའི་ཨ་ནེ་བགྲེས་མོ་གཅིག་དང་གྲྭ་ཤག་བཅས་ཡོད་མོད། དེང་དུས་དོ་དམ་འཛིན་སྐྱོང་བྱེད་མཁན་མེད་པས་ད་ཆ་ནི་ལྷ་ཁང་དང་། གྲྭ་ཤག ། ཆོས་ར་བཅས་ཀྱི་གྲུང་རོ་ཡིད་སྐྱོ་བ་མང་པོས་ཁེངས་ཡོད། དགོན་འདིའི

མདུན་དུ་ལྷུང་སྟོང་ཆེན་པོ་ཁ་ཤས་དང་། དྭངས་གཙང་གི་ཆུ་མིག་གཅིག་བཅས་ཡོད། དགོན་པའི་རྒྱབ་རི་ནི་བྲག་རི་བྱུ་རུའི་ལྷུན་པོ་སྤུངས་པའི་མདུན་དུ་གནས་པ་རྒྱང་རིང་ནས་མཇལ་ན་ཉམས་ཆག་གང་ཡང་མ་བྱུང་བའི་དགོན་གནས་ཞིག་དང་འདྲ་བར་དགོན་པའི་ཕྱི་དབྱིབས་ད་ལྟ་ཡང་མཇལ་དུ་ཡོད་པ་བཅས་རྟ་ནག་ཡུལ་གྱི་བྱུང་བ་ཉེར་བདུན་པའོ། ། །

༼ ༢༨ ༽ རྟ་ནག་ལྷུན་གྲུབ་རྩེ་ཆོས་སྡེ།

རྟ་ནག་རྩེ་དྲུག་གི་ཡ་གྱལ་ལྷུན་གྲུབ་རྩེ་གྲོང་སྡེའི་གཡོན་ངོས་ཀྱི་རི་ཆུང་ནས་ཀྱི་མཐླ་སྤྱུང་འདྲའི་སྟེང་ཆགས་པའི་ལྷུན་གྲུབ་རྩེ་ཆོས་སྡེ་ནི་དཔལ་ལྡན་ས་སྐྱ་པས་བོད་ཡུལ་ཆོས་བཞིན་བསྐྱངས་པའི་ཁྲི་རབས་དྲུག་པ་ཆོས་རྗེ་དཔལ་ལྡན་བླ་མ་དམ་པ་བསོད་ནམས་རྒྱལ་མཚན་གྱིས་ཐོག་མར་ཕྱག་བཏབ། ༼ རིན་ཆེན་རྫོང་དང་ཆོས་སྡེའང་འདི་དུས་བཏབ ༽ དེ་དང་དུས་མཉམ་པར་ལྷུན་གྲུབ་རྩེ་རྫོང་བཏབ་པ་དང་། རྟ་ནག་ཡུལ་གྱི་ས་བཅུད་ལ་ཕན་ཕྱིར་རིན་ཆེན་ཟབ་གཏེར་མང་དུ་སྦས་བར་མཛད། དེ་ནས་ལྷུན་གྲུབ་རྩེ་བ་བློ་གྲོས་རྣམ་རྒྱལ་གྱིས་རི་བོ་དགེ་ལྡན་པའི་ལུགས་སུ་བསྒྱུར། འོ་ལོན་དཔལ་འབྱོར་རྒྱལ་མཚན་ནས་ལ་ཁ་བ་དགེ་ལེགས་རྒྱལ་མཚན་བར་གྱི་བླ་རབས་བཅུ་གསུམ་ཙམ་བྱོན། གདན་ས་བཀྲ་ཤིས་ལྷུན་པོའི་དཀྱིལ་ཁང་གྲྭ་ཚང་དུ་སློབ་གཉེར་བྱེད་པ་དང་། སྔོན་དགེ་འདུན་བཅོ་བརྒྱད་ཙམ་ཡོད། དེང་དུས་སྔར་ཤུལ་གྱི་གྲུང་རོ་ངམ་མེར་ཉམས་གསོ་ཞུམ་ཐུབ་པར་གནས་པ་བཅས་རྟ་ནག་ཡུལ་གྱི་བྱུང་བ་ཉེར་བརྒྱད་པའོ། ། །

༼ ༢༩ ༽ རྟ་ནག་ཁ་རུ

རྟ་ནག་ཁ་རུ་ཞེས་པའི་འབྲོག་ཡུལ་གྱི་ལུང་པ་འདི་ནི་རྫ་ཁ་སྤང་རི་བཟང་བ་དང་། སྤྲིན་མ་དང་སྤྲ་མ། སེ་བ་དང་ཚེར་མ་སོགས་རང་བྱུང་ནགས་ཀྱི་བརྒྱན་པའི་ལུང་པ་ཕུ་ཐག་རིང་མོ་ཞིག་ཡིན། རྟ་ནག་ཐུབ་བསྟན་དགོན་གྱི་གཡོན་ངོས་ཀྱི་རི་རྒྱུད་ཕྱེད་ཙམ་ཁ་རུ་འབྲོག་སྡེའི་ཁོངས་སུ་བསྡུད་པ་ཡིན། ལུང་པ་འདིའི་ནང་རྟ་ནག་གུ་རུ་རྫོང་རྩེའི་མཛོད་རྣམ་མང་དུ་ཡོད། ཕུས་མོ་ནུ་ས་དང་། ཕྱོ་སོ་སྒོ། ཁྲི་ལུང་།

སྤྱང་བརྡབས་བཅས་ནི་རྟ་ནག་གུ་རུ་རྣོན་རྩེ་མཆོག་གིས་རྟ་ནག་བདུད་ལུང་སྐྱོ་མོ་ཆོས་ལ་བཀོད་པའི་ཆེད་ཐབས་མཁས་གང་འདུལ་གྱི་མཛད་པས་ཁྲི་ར་བཀྱོན་ཚུལ་བསྟན་པའི་ཚེ་ཞབས་ཕྱུས་སྟེན་པས་ཕྱུས་མོ་ན་ས་དང་། ཐེབས་རིམ་བཞིན་ལྷ་གསོལ་མཛད་པས་ཕྱོ་སྭོ་སྭོ། ཁྲི་ལུང་ནས་ཁྲི་ཤོར་ཏེ་སྤྱང་བརྡབ་ཏུ་སྤྱང་གི་བརྡབས་པས་ན་མིང་དེ་དག་རིམ་པས་ཆགས་པར་གྲགས། སྤྱི་ལུང་གི་ལུང་མདོར་ཞབས་རྗེས་ཐང་ཞེས་གུ་རུའི་ཞབས་རྗེས་ཤིན་ཏུ་གསལ་བ་ཞིག་ཡོད། ཁྲོལ་ཁྲོལ་གྱི་རི་ལ་ཨ་ནེའི་དགོན་པ་གཅིག་བྱུང་བ་དང་། ཁྲོལ་ཁྲོལ་ལྷ་མོ་དྲིལ་བཞོན་མ་ཞེས་རྫོ་བཀོད་ཀྱི་ལྷ་མོ་དྲིལ་ལ་ཆིབས་པའི་སྣང་བརྙན་ད་ལྟ་ཡང་མཇལ་དུ་ཡོད་ཅིང་དགོན་ཤུལ་གྱང་རོ་ཡང་ཙུང་ཟད་ཡོད། ཁ་རུ་ལུང་པ་ནི་ཕྱོན་གྱི་སློབ་དཔོན་པདྨ་འབྱུང་གནས་དང་། རྟ་ནག་གུ་རུ་རྣོན་རྩེས་བྱིན་གྱིས་བརླབ་པའི་གནས་ཆེན་དང་སྦས་ལུང་ཡིན་པ་དང་། ལུང་པ་ཞུ་རྒྱ་ཆེ་ཞིང་རྩ་ཆེའི་སྨན་རྩྭ་དང་། རང་བྱུང་ནགས་ཀྱི་མཛེས་པ་ཕུན་སུམ་ཚོགས་པའི་རྟ་ནག་གི་འབྲོག་ཡུལ་སྐྱིད་ཤོས་ཤིག་ཀྱང་ཡིན། ལོ་རབས་བདུན་ཅུ་པའི་འཛུག་ཏུ་གཞིས་ཀ་རྩེ་རྫོང་ཁག་བཅོ་བརྒྱད་ཀྱི་ལས་མི་བསྡུས་ཏེ་རྟ་ནག་སྟོང་ཚུ་གློག་ཁང་གི་ཆུ་ཡུར་ཆེན་མོ་བཟོ་སྐྲུན་བྱེད་སྐབས་ནགས་ཚལ་ལ་ཚད་ལས་འདས་པའི་གཏོར་སྐྱོན་ཐེབས་པ་མ་ཟད་རྟ་ནག་རྣམ་རྒྱལ་སྒང་གྲོང་སྡེ་ནས་རྟ་ནག་ཤུད་ཁུད་གྲོང་སྡེའི་བར་གྱི་ས་ཞིང་མང་པོ་ཞིག་ཀྱང་རྩ་སྟོང་དུ་ཕྱིན། ཁ་རུ་ལུང་བཅུ་གསུམ་ནི་སྐྱིད་ལུང་དང་། ན་ལུང་། གདུང་དུ་ལུང་། འཛག་མ་ལུང་། སྤྱི་ལུང་། རྒྱབ་ལུང་། ཇ་ལུང་། ཤལ་ལུང་། ཁྲི་ལུང་། གླད་གླད་ལུང་། དིབ་བི་ལུང་། བྱེ་ཞི་ལུང་། ཨོག་ཆོས་ལུང་བཅས་ཡིན། གཞན་ཡང་ཁ་རུའི་ལུང་མདོར་གནས་པའི་རྫོ་སྟང་པ་ཅེས་པར་གནམ་ལྡིང་རྩེ་བའི་སྟགས་རྒྱུད་ཆགས་པ་དང་། དེ་ནས་སྟགས་པ་གཞན་གྱིས་མཐུ་ནུག་པས་ད་ལྟའི་གནམ་ལྡིང་དུ་གནས་སྤོས་པ་ཡིན་ཅེས་རྒན་རབས་ཀྱི་ངག་རྒྱུན་ལས་གྲགས་ཤིང་མཚམས་ཁང་དང་། སྒྲུབ་ཁང་གི་ཁང་ཤུལ་མང་པོ་ཡོད། སྔོན་གྱི་ལོ་རྒྱུས་སུ་གོང་རྫོ་སྟང་པའི་མཆོད་རྟེན་ཞེས་སྐད་གྲགས་ཆེ་བའི་མཆོད་རྟེན་གཅིག་ཡོད་པ་ནི་ཁ་རུའི་ཁ་སྐྱོད་ཀྱི་ཤར་ཕྱོགས་སུ་གླ་བ་ལུང་གི་བདུད་རི་སྲིན་མོའི་ལག་པ་རྐྱོང་འདྲའི་ཁ་གནོན་དུ་རྟ་ནག་ཐུབ་བསྟན་གྱི་མཁན་པོ་གྲུབ་དབང་བསྟན་འཛིན་རྒྱལ་མཚན་ཞུ་བས་བཞེངས་པ་ཡིན། མཁན་

པོ་བསྟན་འཛིན་རྒྱལ་མཚན་ལ་བྱ་ནེ་ཙོ་གཅིག་ཡོད་པ་ནི་ལེས་ཁྱེར་བའི་ངག་རྒྱུན་གཏམ་རྒྱུད་ཡོད། དེ་ནས་མར་ཙམ་བསྐྱོད་ན་ཁ་རུ་ཞིང་ཁྱིམ་ཚགས་ས་དེ་དང་། སྐྱབས་ཤོང་ཟེར་བའི་ཞིང་གི་འགྲམ་དང་། འབུམ་པ་འོག་མ། བྱེ་སྣང་འབུམ་པ་བཅས་ལ་ཁང་བུ་བརྩེགས་པའི་འབུམ་པ་རེ་ཡོད་པའི་རྗེས་ཤུལ་དང་། རྟ་ནག་ཁུལ་བཅུ་གསུམ་གྱི་ནང་ཚན་འབྲས་མོ་ཁུལ་གྲོང་སྡེའི་རུས་སྦལ་གདོང་གི་སྟོད་དུ་མཆོད་རྟེན་མ་ཟེར་བའི་ས་ཆ་དེ་དང་། སྨད་དུ་མཆོད་རྟེན་སྣང་ཟེར་བའི་ས་ཆ་དེ་གཉིས་སུ་མཆོད་རྟེན་རེ་ཡོད་པ་མ་ཟད་གྲོང་ཚོའི་སྟོད་ཀྱི་རི་ལ་ཀླུ་ཁང་དགོན་པ་ཞུ་བ་གཅིག་ཀྱང་ཡོད་པར་གྲགས་པའི་རྗེས་ཤུལ་བཅས་རྟ་ནག་ཡུལ་གྱི་བྱུང་བ་ཉེར་དགུ་པའོ། ། །

(༣༠)རྟ་ནག་ལྷིང་ཁ།

རྟ་ནག་ལྷིང་ཁ་གྲོང་སྡེ་ནི་ས་ཞིང་ཐོན་འབབ་བཟང་བའི་ཞིང་གྲོང་ཞིག་ཡིན། ཡུལ་འདིའི་ཤར་རི་གྲོང་ཚོའི་གཡས་ངོས་སུ་ཆོས་སྒྲུབ་དགོན་པ་དང་། དེ་ནས་རི་སྙིང་དུ་ཡར་ཙམ་འཛེགས་ན་ཆོས་རྫོང་གི་བྱང་དུ་ནང་དམར་པོ་ཞུ་བའི་དགོན་ཤུལ་གཅིག་ཡོད། ནང་དམར་པོའི་གྲུང་ཤུལ་ད་ལྟ་ཡང་ལྷག་ཡོད་པ་དང་། གྲུང་ལྷེབས་སུ་ས་སྐྱའི་གུར་གྱི་མགོན་པོ། དཔལ་ལྡན་ལྷ་མོ་སོགས་ཀྱི་རྡོ་བགོད་སྣང་བརྙན་མང་པོ་ཡང་མཇལ་རྒྱུ་ཡོད། ཆོས་སྒྲུབ་དགོན་པ་ནི་རྩིག་ཤུལ་ཙམ་ལས་ལྷག་མེད་ཀྱང་སྔོན་གྱི་དུས་སུ་ཁྱེ་ཡི་ལྷ་ཁང་དང་། ཆོས་ར། ནང་གི་རྟེན་གསུམ་སོགས་ཕུན་སུམ་ཚོགས་པའི་དགོན་གནས་དང་བ་སྒྲོ་བ་གཅིག་ཡོད་པ་མ་ཟད་སྔགས་བཙུན་འདྲེས་མའི་ཆོས་སྡེ་གཅིག་ཡིན་ཅེས་ད་ལྟའི་རྒན་རབས་རྣམས་ཀྱིས་གླེང་། ཆོས་བརྒྱུད་གྲུབ་མཐའ་སྔ་འགྱུར་རྙིང་མ་ཡིན་པ་དང་། ནམ་བཏབ་ཀྱི་ལོ་ཚིགས་ནི་ལོ་ཟླ་རིང་མོའི་རླུང་དམར་གྱིས་འཇིག་སྐེ་མ་རྙེད། ལྷིང་ཁ་གྲོང་དུ་བླ་རབས་སྐྱེས་ཆེན་མང་དུ་ཕེབས་མྱོང་བའི་རྟ་ནག་སྤེལ་དྲུག་གི་ནང་ཚན་ལྷིང་ཁ་སྤེལ་ཞེས་པའི་སྐོར་པ་ཁྱིམ་གཞིས་སྙད་གྲགས་ཅན་གཅིག་ཡོད་པ་ས་སྐྱ་སྒྲོལ་མ་ཕོ་བྲང་གི་སྐྱ་ཉེ་ཡིན་པ་དང་། དེང་སང་ལྷིང་ཁ་སྤེལ་གྱི་བཀའ་འགྱུར་ལྷ་ཁང་གི་རྗེས་ཤུལ་གྲུང་རོ་མང་དུ་ཡོད་ཅིང་ལྷིང་ཁ་སྤེལ་གྱི་ཁྱིམ་དུ་མདོ་ཁམས་སྡེ་དགེ་དགུ་ཟེ་དགོན་གྱི་ཞབས་དྲུང་རིན་པོ་ཆེའི་ཡང་སྲིད་འཁྲུངས་པ་དགུ་ཟེ་གླིང་ཚང་དགོན་གྱི་བསྟན་པའི་བདག་པོར་འཚོ་བཞིན་

བཞུགས། ལུང་པ་དེ་དང་ཧ་ནག་འོ་ལོན་གྲོང་སྡེ་གཉིས་སྒྲོལ་མ་ཕོ་བྲང་གི་ཆོས་གཞིས་ཡིན། ཧ་ནག་འོ་ལོན་དུ་ས་སྐྱ་ནས་དར་བའི་བོད་ཟླ་བཅུ་གཅིག་པའི་ཚེས་གཅིག་ལ་སྟོན་ལོ་ལོ་གསར་ཞེས་ལོ་གསར་གཏོང་བའི་སྲོལ་རྒྱུན་ད་ལྟ་ཡང་ཡོད། དེང་དུས་སྔར་སྐྱབས་མགོན་སྒྲོལ་མ་ཕོ་བྲང་གི་ལོ་རྒྱུས་བཞིན་དད་གཏོང་ལྷག་བསམ་ཡངས་པའི་འོ་ལོན་བཀྲ་ཤིས་ཁང་གསར་གྱི་དབུ་ལྷག་རྗོར་མཆོག་ནས་བཞེངས་པའི་ལྷ་བབ་མཆོད་རྟེན་སྒྲི་ཁྲི་བཅོ་བརྒྱད་ཀྱི་མཐོ་ཚད་ཅན་བཟོ་བཀོད་ཤིན་ཏུ་ལེགས་པ་བྱིན་རླབས་ཀྱི་གཞི་འོད་འབར་བ་ཧ་ནག་འོ་ལོན་ཡུལ་གྱི་བསོད་ནམས་ཀྱི་ཞིང་དུ་བཞུགས་པ་བཅས་ཧ་ནག་ཡུལ་གྱི་བྱུང་བ་སུམ་ཅུ་པའོ། །། །

(༣༡) ཧ་ནག་གནམ་ལྷིང་།

ཧ་ནག་གནམ་ལྷིང་གི་ཤུན་སྤེལ་སྟོན་ཟེར་བའི་འབྲོག་སྡེ་གཅིག་ཡོད་པའི་ཕྱོགས་ནས་བར་ལའི་ལ་མོ་བརྒྱབ་ཏེ་བསྐྱོད་ན་ཚ་ཤུ་ཡུལ་ཤོག་ན་མོ་ཆེར་སླེབས། གནམ་ལྷིང་གི་གཡས་ངོས་ཀྱི་ཤུན་ཁྲི་ཟེར་བའི་འབྲོག་སྡེ་གཅིག་ཡོད། ཧ་ནག་གནམ་ལྷིང་ནི་རང་བྱུང་གི་རྩྭ་སྔོན་བཟང་བ། ཞིང་འབྲོག་འདྲེས་མའི་ལུང་པ་གཅིག་ཡིན་པ་དང་། ས་སྙིང་གི་ཆོས་འབྱུང་མང་པོའི་ནང་འཁོད་པའི་གནས་ཁྱད་པར་ཅན་ཞིག་ཀྱང་ཡིན། གནམ་ལྷིང་གུ་རུ་འབུམ་པ་དགོན་ནི་གསང་སྔགས་སྙིང་མའི་ཆོས་བརྒྱུད་ཡིན་པ་དང་། ལྷ་ཁང་ཆོས་ར་དང་བཅས་པའི་ནང་རྟེན་གྱི་གཙོ་བོར་གུ་རུ་སྣང་སྲིད་ཟིལ་གནོན་ཤིན་ཏུ་ཆེ་བ་གཅིག །རབ་བྱུང་མ་བརྒྱད་ཙམ་བཅས་ཡོད་པ་དུས་ཀྱི་བྱེ་གླིང་ནང་རྩ་གཏེར་དུ་བཏང་བའི་རྗེས་ཤུལ་མང་པོ་ལྷག་ཡོད་པ་དང་། སྐུ་ཞབས་འཇམ་དབྱངས་དགེ་ལེགས་སོགས་མང་ཚོགས་ཡོངས་ཀྱིས་བཞེངས་པའི་གུ་རུ་འབུམ་པའི་མཆོད་རྟེན་དང་། ཁང་བུ་བརྩེགས་པ་གཉིས་བཅས་བསོད་ནམས་ཀྱི་ཞིང་དུ་བཞུགས་པ་མ་ཟད་གུ་རུ་འབུམ་པའི་སྒྲུབ་ཆུ་ཞུ་བའི་འཛམ་པ། དྭངས་པ། ལྷོ་བ་ལ་མི་གནོད་པ། སྣོད་གཙང་མའི་ནང་བཞག་ན་རང་བཞིན་གྱིས་རུལ་སྐམ་དུ་མི་འགྲོ་བ་བཅས་ཀྱི་ཁྱད་ཆོས་ལྡན་པའི་སྒྲུབ་ཆུ་བཟང་པོ་གཅིག་ཀྱང་ཡོད། ཡོན་བདག་ཅེས་པའི་གྲོང་སྡེ་འདིར་བར་ཚོགས་ཚེས་བཅུ་བའི་ཚེས་བཅུ་ལྷ་ཁང་གཅིག་དང་། རྣམ་རྒྱལ་སྟོང་མཆོད་འབུལ་སའི་ལྷ་ཁང་གཅིག་ཡོད་པ་ཡང་དུས་ཀྱི་འགྲོས་དང་བསྟུན་

ནས་མི་མངོན་པའི་དབྱིངས་སུ་བཏང་། དེང་སང་གནམ་ལྡིང་པ་རྣམས་ཀྱི་ལོ་ལྟར་བོད་ཟླ་དྲུག་པའི་ཚེས་བཞི་ཡི་ཆོས་འཁོར་དུས་ཆེན་ལ་རྣམ་རྒྱལ་མའི་སྐུ་བརྙན་གདན་འདྲེན་ཞུ་བ་ཡང་རྣམ་རྒྱལ་ལྷ་ཁང་དེ་དང་འབྲེལ་བ་ངེས་ཅན་ཡོད་པར་གྲགས། སྔོན་གྱི་དུས་སྐད་གྲགས་ཤིན་ཏུ་ཆེ་བའི་ཧྲ་ནག་རྒྱག་དཔོན་ལུག་རག་ཅེས་པའི་སྐྱེར་པ་ཁྱིམ་ཚང་ཕྱུག་བདག་དེ་ཡང་གནམ་ལྡིང་དུ་ཡོད། རྒྱག་དཔོན་ལུག་རག་ནི་ཧྲ་ནག་ཐུབ་བསྟན་གྱི་སྦྱིན་བདག་གཙོ་བོ་དང་། ཧྲ་ནག་ཡུལ་གྱི་ཕྱུག་བདག་གཙོ་བོ་དེ་ཡིན་པས་མ་ཚད་བཀའ་འགྱུར་ལྷ་ཁང་སྤྱུས་ལེགས་གཅིག་ཡོད་པའི་ནང་སྐུ་གསུང་ཐུགས་རྟེན་མང་དུ་ཡོད་པ་དུས་ཀློང་གི་བྱེ་མར་འཐིམས། དེང་སང་མཛོ་རྭ་དང་སྐྲ་ཤར་ལ་སོགས་པའི་ཁྱིམ་ཚང་མང་པོ་རྒྱག་དཔོན་ལུག་རག་གི་རྗེས་ཤུལ་ཡིན། གནམ་ལྡིང་རྩེ་བའི་གཡས་ཕྱོགས་ལུང་པའི་ཕུ་ན་ཐོལ་ཟེར་བའི་རི་ལ་བྲག་ཕུག་ངོ་མཚར་ཅན་གཅིག་ཡོད་པ་དང་། ཡོན་བདག་གྲོང་གི་རྒྱབ་ཕྱོགས། མ་རྒྱ་ལུང་གི་ཕུ་བཅས་ལ་སྒྲུབ་ཕུག་རེ་ཡོད་པ་མ་ཟད། སྒྲུབ་ཕུག་དེ་དག་གི་སྒོ་ལ་རྩིག་པ་བརྩིག་སྟེ་ཕྱི་ནས་མི་མངོན་པ་བྱུག་སྒོ་འདམ་སྦྱར་གྱི་ལུགས་སུ་བྱས་ཡོད། གོང་གི་སྒྲུབ་ཕུག་དེ་དག་ནི་ཧྲ་ནག་ག་མཁན་ཆེན་ངག་དབང་བསྟན་པའི་རྡོ་རྗེའི་རྣམ་ཐར་དུ་འཁོད་པའི་ཧྲ་ནག་གནམ་ལྡིང་དཔལ་གྱི་སྒྲུབ་ཁང་དུ་ཆོས་རྗེ་འཇམ་མགོན་ས་པཎ་གྱིས་ཞལ་གཟིགས་པའི་སྒྲུབ་ཁང་དང་། ཟུར་ཚུང་པའི་སྒྲུབ་ཕུག་ཡོད་པའི་ངག་རྒྱུན། གཞན་ཡང་བདུད་འཇོམ་ཆོས་འབྱུང་ནང་ཤ་མི་རྡོ་རྗེ་རྒྱལ་མཚན་ལ་ཧྲ་ནག་གནམ་ལྡིང་དཔལ་གྱི་སྒྲུབ་ཁང་དུ་དབང་བསྐུར་བར་གསུངས་པ་བཅས་ཀྱི་སྒྲུབ་ཁང་དེ་དག་མིན་ནམ་སྙམ་པ་བཅས་ཧྲ་ནག་ཡུལ་གྱི་བྱུང་བ་སོ་གཅིག་པའོ། །། །

（༣༢）ཧྲ་ནག་གནམ་ལྡིང་རྩེ་བ།

ཧྲ་ནག་གནམ་ལྡིང་རྩེ་བ་ཞེས་པ་ནི་སྟག་རྒྱུད་ཀྱི་ཁྱིམ་ཚང་ཞིག་ཡིན། གནམ་ལྡིང་རྩེ་བའི་སྟག་བརྒྱུད་ནི་ཁྲུངས་བཙན་གྱི་རིགས་རྒྱུན་དང་། བདུད་འཇོམས་ཆོས་འབྱུང་བཅས་ལས་གསལ་བ་ལྟར་ན་མི་ལོ་ཆིག་སྟོང་ལྷག་གི་ཡར་སྔོན་དུ་བྱུང་བའི་རྗེ་འབངས་ཉེར་ལྔའི་ཁོངས་གཏོགས་ཞང་སྣ་ནམ་ཡེ་ཤེས་ཀྱི་བརྒྱུད་པ་ལས་མཆེད་པ་ཡིན། ཞང་སྟོན་ནམ་མཁའ་རྡོ་རྗེ་སོགས་མཁས་གྲུབ་མང་དུ་བྱོན།

རྟེ་བའི་བླ་མ་ཚེ་བརྟན་དཔལ་འབྱོར་གྱི་སྐུ་དུས་སུ་བཞེངས་པའི་ཆོས་རྗེ་རྣམ་རྒྱལ་བཟང་པོ་ལ་ན་མོ་ཞེས་འབོད་པ་རྟེ་བའི་བླ་མ་སྔགས་འཆང་གི་ཆ་བྱད་ཅན་ཕྱུར་གཞོག་ཡོད་པའི་འདྲ་སྐུ་རྡོ་བརྐོས་མ་ཤིན་ཏུ་ཆེ་བ་གཅིག་གི་ངོས་ལ་གཞོག་པའི་སྙིང་མ་ཊི་ཡོད་པ་དེང་སང་ཡང་མཇལ་དུ་ཡོད་ཅིང་རྗེ་འབངས་ཉེར་ལྔའི་གསོལ་འདེབས་ལས། སྣ་ནམ་ཡེ་ཤེས་ནམ་མཁའི་བྱ་ལྟར་ལྡིང་། །ཞེས་གསུངས་པ་བཞིན་རྟེ་བའི་སྔགས་རྒྱུད་ལ་ཕྱུར་གཞོག་ཡོད་པར་གྲགས། གནམ་ལྡིང་རྟེ་བའི་རྒྱབ་རི་འདི་ནི་པདྨ་འདབ་བརྒྱད་ཀྱི་དབྱིབས་སུ་ཆགས་ཡོད་པ་དང་། གུ་རུའི་གླིང་བཞིའི་ནང་ཚན་བསམ་གཏན་གླིང་གི་རི་བོ་ཞེས་མཚན་དུ་གསོལ། བསམ་གཏན་གླིང་གི་རྟེ་མོར་དགོན་སྙིང་ཞེས་པའི་དགོན་ཤུལ་ཆེན་པོ་གཅིག་ཡོད། གནམ་ལྡིང་རྟེ་བ་ཐོག་མར་དགོན་སྙིང་དུ་ཡོད་པ་དང་། དེ་རྗེས་རྫུ་འཕྲུལ་གྱིས་འཕྱུར་ཏེ་འབབ་ཡོང་བས་ད་ལྟའི་ས་ཆ་དེར་ཆགས། དེ་ཡང་དག་རྒྱུན་ལས། གནམ་ནས་ལྡིང་སྟེ་རྟེ་རུ་ཆགས་པས་ན་གནམ་ལྡིང་རྟེ་བ་ཞེས་པའི་མཚན་ཐོགས་ཞེས་གསུངས། སྤྱིལ་སྦོན་ལུང་ཆུང་དུ་མཚོ་ཆུང་ཆུང་གཅིག་ཡོད་པ་ནི་གནམ་ལྡིང་རྟེ་བའི་བླ་མཚོ་ཡིན། མདའ་རུ་ཤོལ་སྦོང་གཅིག་ཡོད་པ་ནི་རྟེ་བའི་བླ་ཤིང་ཡིན་ཅིང་། གནམ་ལྡིང་རྟེ་བའི་བླ་རབས་སྔགས་བརྒྱུད་འདི་ནི་ལོ་རྒྱུས་ཤིན་ཏུ་རིང་བ་དང་། བརྒྱུད་པ་རྒྱ་ཆེན་ཡིན་མོད་ཞིབ་ཕྲའི་ལོ་རྒྱུས་ནི་མ་རྙེད། དེང་སང་དྲན་ཡུལ་དུ་ཡོད་པའི་བླ་རབས་སྔགས་རྒྱུད་མི་རབས་བདུན་ཙམ་ཡོད་པ་ནི། ༡བླ་མ་ཚེ་བརྟན་དཔལ་འབྱོར་དང་། ༢དེའི་སྲས་བླ་མ་ཕུན་ཚོགས་དང་པདྨ། ༣དེའི་སྲས་བླ་མ་ཀུན་དགའ་དང་དབང་འདུས། ༤དེའི་སྲས་བླ་མ་བསོད་ནམས་དང་བློ་བཟང་། ༥དེའི་སྲས་བླ་མ་ཕུན་ཚོགས་བཀྲ་ཤིས་དང་ཀུན་བཟང་། ༦དེའི་སྲས་ད་ཆ་འཚོ་བཞིན་པ་བླ་མ་དབང་འདུས་ཚེ་རིང་། ༧དེའི་སྲས་དེང་སང་འཚོ་བཞུགས་བླ་མ་བཀྲ་ཤིས་དངོས་གྲུབ་༼ཁོང་ནི་ངོར་ཨེ་ཝཾ་ཆོས་ལྡན་གྱི་བཤད་གྲྭ་ཐོན༽བཅས་ཡོད། དེ་དག་གི་ནང་ནས་རྟེ་བའི་བླ་མ་དབང་འདུས་མཆོག་ནི་པཎ་ཆེན་སྐུ་ཕྲེང་དགུ་པ་མཆོག་ནང་ཡོགས་ནས་གདན་འདྲེན་དུ་ཕེབས་སྐབས་ཀུང་རྟ་ནག་བླ་མ་དགྲ་ལྷ་དཔང་བསྟོད་གསུངས་ཞེས་པཎ་ཆེན་རིན་པོ་ཆེ་གང་དུ་ཕེབས་པའི་ཕྱོགས་ཀྱི་སྐུ་རིམ་སྒྲུབ་མཁན་མཐུ་རྩལ་ཅན་གྱི་སྔགས་པ་ཡིན་པ་དང་། རྟ་ནག་སྐྱིལ་རབ་ཀྱི་ཁྲིམ་ཚང་དུ་ཞབས་རིམ་ལ་

ཕེབས་ཏེ་མཚན་མོ་ཁོང་ཧ་ཕོ་ཆིབས་ཏེ་གཟིམ་ཁང་ལ་ལོག་ཕེབས་སྐབས་གནམ་ལྡིང་གི་བྲག་གདོང་མར་སྐྱིལ་རབ་ཀྱི་ཨ་མ་གསོན་འདྲེ་མ་དེས་ཆང་གྲོད་པ་གང་ཁྱེར་ཏེ་བླ་མའི་སྐུ་ཞབས་མཆོད་ཆང་བཞེས་ཞེས་ཁོང་གི་མདུན་བཀག་པས་ཁོང་གི་སྙིང་པ་ནས་བསྙེན་ཕུར་བཏོན་ཏེ་གསོན་འདྲེ་མའི་སྙིང་གཡུག་པ་ཙམ་གྱིས་གསོན་འདྲེ་མ་དེ་ཉིད་ཡལ་བར་གྱུར། སང་ཞོགས་སྔ་བར་ཕ་ཡུལ་བློན་པོ་ནས་ཡིན་པའི་རྩེ་བའི་གཡོག་མོ་རྨོ་བོ་སྒྲོལ་ཆུང་ལ་མདང་ནུབ་ངའི་ཕུར་པ་དེ་བྲག་གདོང་མར་ཟག་སོང་བས་ཁྱེད་ནས་རས་འདིས་བཏུམས་ཏེ་ལག་པས་མ་ཐུག་པར་དངོས་པོ་གང་ལ་ཟུག་ཡོད་རུང་མཉམ་དུ་ཁྱེར་ཤོག་གསུངས། སང་ཞོགས་རྨོ་སྒྲོལ་ཆུང་ནས་ཕུར་པ་བླངས་ཏེ་ཕུལ་བས་ཕུར་པ་དེ་ཟོམ་པ་རྙིང་པ་ཞིག་ལ་ཟུག་ཡོད་པ་དང་། ཁོང་ནས་ད་ཕལ་ཆེར་མི་གཅིག་གི་རྐང་པ་ཆགས་ཡོད་ངེས་རེད་གསུངས་པ་བཞིན་སྐྱིལ་རབ་ཀྱི་ཨ་མ་གསོན་འདྲེ་མ་དེ་ཡི་རྐང་པ་མདང་ནུབ་ཉལ་སའི་ནང་དོན་མེད་དུ་ཆག་འདུག་ཟེར་བའི་གཏམ་ཐོས་སོ། །ལན་ཅིག་གནམ་ལྡིང་དུ་སེར་བ་དྲག་པོ་འབབ་ལ་ཉེ་སྐབས་ཁོང་ནས་ཐུག་པ་འཁོལ་བཞིན་པའི་ཐུག་ཕྲུ་ལྷམ་སྒྲོག་གིས་བསྡམས་ཏེ་ཕྱི་ལ་འཕེན་པས་སེར་བ་ཞི་བ་དང་། གནམ་དྭངས་ཏེ་ནང་མི་རྣམས་ཀྱིས་ད་ཐུག་ཕྲུ་ཟེར་སྐབས་ཁོང་ནས་ཐུག་ཕྲུ་ལེན་དུ་བཏང་བས་ཐུག་ཕྲུ་དང་ཐུག་པ་ཉམ་ཆག་གང་ཡང་མེད་པར་ཁང་པའི་རྒྱབ་ཏུ་ཐུག་པ་ལྷོག་ལྷོག་ཏུ་ཁོལ་བཞིན་ཡོད་པ་མི་ཚང་མས་མཐོང་། ད་དུང་ཁོང་ལ་འཕུར་གཤོག་ཡོད་པས་ཆུ་ཆེན་སོགས་ལ་འཕུར་ཏེ་ཕེབས། དགུང་གྲངས་སུམ་ཅུ་སོ་གྲངས་ནས་དགེ་ཚུལ་སྡོང་གི་སྡོམ་པ་བཞེས། ཁོང་ཉིད་དགུང་གྲངས་དྲུག་ཅུ་ལྷག་ཕེབས་སྐབས་ཁོང་གི་ཚ་བོ་ད་ལྟའི་བླ་མ་དབང་འདུས་ཚེ་རིང་མཆོག་ཡུམ་གྱི་མངལ་དུ་ཡོད་པ་དང་། འབྲས་མོ་ལྗོངས་ཀྱི་རྨི་བོ་པ་མོ་ལགས་(ཡི་གེའི་ནང་པྲ་མོ་ཟེར་)ཀྱི་ཁོག་མིང་དུ་དབང་འདུས་ཚེ་རིང་ཞེས་གསོལ་བས་ད་ནི་རྩེ་བའི་ཁྱིམ་དུ་དབང་འདུས་ཟེར་བ་གཞན་གཅིག་བྱུང་བས་ང་རྒད་པོ་འགྲོ་རན་པ་འདྲ་གསུངས་ཏེ་མི་རིང་བར་དགོངས་པ་རྫོགས། དགོངས་པ་རྫོགས་ཁར་བརྟན་མ་བཅུ་གཉིས་ཀྱིས་ཞལ་གཟིགས་པ་དང་། ངའི་ཕུང་པོ་ལ་བྱ་རྒོད་བཅུ་གཉིས་འབབ་ངེས་གསུངས་པ་བཞིན་བྱ་རྒོད་བཅུ་གཉིས་འབབ། ཐུགས་དམ་ལ་ཞག་གྲངས་བདུན་བཞུགས། བྱང་སེམས་དཀར་དམར་མང་དུ་ཕེབས།

རྗེ་བའི་བླ་མ་པདྨ་མཆོག་ནི་རིག་པའི་གནས་ལ་མཁས་པ་མ་ཟད། འཕགས་པ་སྤྱན་རས་གཟིགས་ཀྱི་ཞལ་གཟིགས། ཐུགས་དམ་ལ་ཡུན་རིང་བཞུགས། སྐུ་ཕྱུང་ལ་མ་ཊི་འབྲུ་དྲུག་དང་མཐུན་པའི་བྱ་རྒོད་འབབ། རྗེ་བའི་བླ་མ་ཀུན་དགའམ་བླ་མ་རག་ར་མཆོག་ནི་མཐུ་དང་ནུས་པ་ཕུལ་དུ་བྱུང་། ས་ཁྱུད་ཀོ་སར་ཀོ་མཁན་རྣམས་ཀྱི་ཀོ་བ་མ་བཏང་བས་སེར་བ་དྲག་པོ་ཕབ་སྟེ་ཐམས་ཅད་ཏ་ལས་དགོས་པ་བྱུང་། བླ་མ་ཚེ་བརྟན་དཔལ་འབྱོར་གྱིས་ཏ་ནག་འབྲས་མོ་ཁྱུད་ཀྱི་ཡུལ་ལྷ་ལྷམ་མོ་རྡོ་རྗེ་གཡུ་སྒྲོན་མ་དང་། ཏ་ནག་རྒྱལ་སྐོའི་ཡུལ་ལྷ་སྤྲོ་བོ་ལྟེ་འོག་བཅས་ལ་གནས་བསྟོད་རེ་བརྩམས་ཡོད་ཅིང་གནས་བསྟོད་ཀྱི་མཇུག་ཏུ་ཞང་གི་བླ་མ་སྐུ་ཚེ་བརྟན་གྱུར་ཅིག་ཅེས་གདུང་རྒྱུད་ཡུན་དུ་གནས་པའི་ཐུགས་སྨོན་ཡང་མཛད་ཡོད། གནམ་ལྡིང་རྗེ་བའི་གཡོན་ཕྱོགས་སུ་སྤྲུལ་རིལ་རྐང་རྗེས་ཞུ་བའི་རྡོ་གཅིག་གི་ངོས་ལ་ཚང་སྟོད་སྤྲུལ་རིལ་（ཡི་གེའི་ནང་སྤྲུག་རིལ་ཞེས་འབྲི）ཡི་རྗེས་ཤིན་ཏུ་གསལ་བ་གཅིག་ཡོད་པ་ནི་སྔགས་པ་གཅིག་གི་སྐུ་དུས་སུ་བསམ་གཏན་ལྡིང་ནས་ཐུར་དུ་འཕེན་པས་སྤྲུལ་རིལ་གྱི་རྗེས་བཞག་པ་ཡིན། རྗེ་བའི་ཤར་དུ་མཆོད་རྟེན་དང་འབུམ་པ་ཁ་ཤས་ཀྱི་རྗེས་ཤུལ་ཡོད་པ་མ་ཟད་གཡོན་ཕྱོགས་སུ་རྡོ་གཙུག（ཁ་སྐད་དུ་རྡོ་བརྟན་པ་ཟེར། ）ཞེས་གཡང་རོང་དུ་ལྟུང་ལ་ཁད་པ་ཞིག་ཡོད་པ་ཡང་ཤིན་ཏུ་རྩ་ཆེ་བར་གྲགས་པ་བཅས་ཏ་ནག་ཡུལ་གྱི་བྱུང་བ་སོ་གཉིས་པའོ། ‖ །

（༣༣）ཏ་ནག་ལུང་ཤར་རྡོ་རྗེ་ཚེ་རྒྱལ།

རྫོང་མ་ཡུལ་ཤོག་གི་ས་ཁོངས་སུ་གནས་པའི་ཏ་ནག་ལུང་པ་ཤར་གྲོང་སྡེ་ནི་གནས་ཆེན་རྡོ་མོ་ལྷ་རིའི་ལྷོ་ཕྱོགས་སུ་ཡོད། ལུང་པ་ཤར་ནས་ལ་བརྒྱབ་ན་ཏ་ནག་ལྷ་ཤུག་རི་ཁྲོད་ཀྱི་ཤུ་ལ་སླེབས་པ་ཡིན། རྩིས་དཔོན་ལུང་ཤར་རྡོ་རྗེ་ཚེ་རྒྱལ་མཆོག་ནི་སྤྱི་འགྱུར་རྙིང་མའི་སྐྱེས་ཆེན་ཟུར་ཚང་ཤེས་རབ་གྲགས་པའི་གདུང་རྒྱུད་ཡིན་པ་དང་། ལུང་ཤར་གྱི་ཤར་ཕྱོགས་ཟུར་ཚང་པའི་བཞུགས་ཡུལ་རྙིང་པ་དེར་དེང་སང་ཟུར་ལུང་ཞེས་སུ་གྲགས། ཁོང་ནི་བོད་རབ་བྱུང་བཅོ་ལྔ་པའི་ལྕགས་སྤྲེལ（སྤྱི་ལོ་༡༤༤༡）ལོར་ཡབ་ལུང་ཤར་ལྷུན་གྲུབ་རྡོ་རྗེ་དང་། ཡུམ་བདེ་ཆེན་བསྒྲོ་གཉིས་ཀྱི་སྲས་སུ་འཁྲུངས། ཁོང་གིས་ས་གནས་སྲིད་གཞུང་གི་རྩིས་དཔོན་དང་། དམག་དོན་སོགས་ཕྱོགས་གང་སྙིར་འགན་ཁུར་ལོ་མང་བཞེས་པ་མ་

ཟད་རྒྱལ་བ་སྐུ་ཕྲེང་བཅུ་གསུམ་པ་མཆོག་གི་དྲུང་སྐྱི་ཆེན་མོ་མཛད་པས་རྩིས་དཔོན་ལུང་ཤར་ཞེས་མཚན་སྙན་ཆེ་ཞིང་བོད་མི་དམངས་ལ་ལྷག་བསམ་རླབས་ལྷུར་དཀར་བའི་དཔོན་པོ་ཞིག་ཡིན། ཁོང་གིས་སྤྱི་ལོ་༡༩༡༣ལོར་བོད་ཕྲུག་མི་བཞི་དབྱིན་ཇིའི་རྒྱལ་ས་ལོན་ཊོན་དུ་ཁྲིད་དེ་རིག་གནས་གསར་པ་བསླབ་ཏུ་བཅུག་ས། དེའི་ནང་ནས་བྱ་དངོས་པ་རིག་འཛིན་རྡོ་རྗེས་ལྷ་སའི་དོག་སྡེ་གློག་ཁང་དེ་སྤྱི་ལོ་༡༩༢༨ལོར་དངོས་སུ་གྲུབ་སྟེ་ལྷ་སར་གློག་ཐོག་མར་ཁྲིད། སྨོན་གྲོང་ཀུན་བཟང་མཁྱེན་རབ་ནས་ས་གཏེར་འཚོལ་འདོན་དང་། སྐྱིད་སྡུག་པ་དབང་འདུས་ནོར་བུས་ཏར་གཏོང་དང་ས་ཐིག་ལེན་རྒྱུའི་རིག་པ། སྒོག་མཁར་བ་བསོད་ནམས་ནོར་བུས་དམག་དོན་ལས་ཀ་བཅས་བསླབ་སྟེ་བོད་ལ་རིག་གནས་གསར་པ་ནང་འདྲེན་དང་བཅོས་འགྱུར་གྱི་ལས་དོན་རླབས་པོ་ཆེ་སྤེལ། བོད་ཀྱི་ལམ་ལུགས་རྙིང་པར་སྒྱུར་བཅོས་དང་། བོད་ལ་ཚན་རིག་ནང་འདྲེན་བྱ་ཆེད་སྐྱིད་ཕྱོགས་ཀུན་མཐུན་ཚོགས་པའམ་ལུང་ཤར་ལས་འགུལ་ཚོགས་པ་ཞེས་པའི་ཚོགས་པ་ཞིག་སྒྲིག་འཛུགས་གནང་བར་དཔོན་རིགས་མི་གྲངས་བརྒྱ་སྐོར་དང་། དགོན་སྡེ་ཁག་ མི་མང་མང་ཚོགས་བཅས་ཁོང་མི་མང་པོ་བྱུང་། འོན་ཀྱང་ཀ་ཤོད་པ་ཆོས་རྒྱལ་ཉི་མ་སོགས་མི་ངན་གཡོ་ཅན་འགས་དབྱེན་སྦྱོར་དཀྲུག་ཤིང་བརྒྱབ་སྟེ་རྩིས་དཔོན་ལུང་ཤར་མཆོག་མུན་པའི་བཙོན་དུ་བཅུག་རྗེས་སྤྱན་གཉིས་བཏོན་པ་སོགས་མནར་གཅོད་ཚད་མེད་བཏང་། ཁོང་བཙོན་ཁང་ནང་སྤྱན་གཉིས་བཏོན་རྗེས་རང་གི་རྩ་བའི་བླ་མ་དིང་རི་རྫ་རོང་ཕུའི་བླ་མ་ལ་ཕུལ་རྒྱུའི་ལོང་ཚོད་དུ་བྲིས་པའི་སྙན་ངག་དུམ་བུ་གཅིག་ཡོད་པ་ནི། སྐྱིད་ཕྱོགས་ཀུན་དགེའི་བྱ་བ་འགག་རྩོམ་ཆེ། །བར་ཆད་སྤྲིན་ནག་དྲག་པོའི་གློང་དུ་ཚུད། །དེ་དུས་གཤེད་མ་བརྒྱ་ཕྲག་མཐའ་ནས་སྐོར། །རྩུབ་མོའི་ཚིག་བཅས་མིག་གཉིས་ས་ལ་ཕྱུངས། །ཆུ་བུར་མིག་གཉིས་ས་ལ་ཕྱུངས་ན་ཡང་། །ཡེ་ཤེས་སྤྱན་རས་འདི་ལ་དབྱུངས་ཐབས་ཅི། །མིག་ལོང་རྟག་ཏུ་མུན་པའི་རང་བཞིན་ལ། །བཙོན་ཁང་མུན་ནག་འཇུག་པ་ཨེ་མ་མཚར། །བསགས་པའི་རྒྱུ་ནོར་གཞན་གྱིས་འཕྲོག་ན་ཡང་། །འཕགས་པའི་ནོར་བདུན་འདི་ལ་འཕྲོག་ཐབས་ཅི། །གཞན་གྱིས་བཙོན་ཁང་མུན་པ་གཏིང་རིང་ཟེར། །རང་སྣང་འོད་གསལ་གློང་ཡངས་ཕྱུག་པ་ནས། །སྐོམས་ལས་འདུ་གསུམ་བཀའ

འབངས་ལུང་ཤར་པ། །ཛོ་རྗེ་ཚེ་རྒྱལ་ཞེས་པས་ཕྱག་བཅས་ཕུལ། །ཞེས་སོགས་སྙན་འཛེབས་ཀྱི་ཚིག་བཅད་མང་པོ་འབྲི་བར་མཛད། མདོར་ན་རྩེས་དཔོན་ལུང་ཤར་མཆོག་ནི། བོད་ཀྱི་སྔོན་ཐོན་གྱི་གསར་བརྗེ་བ། ཕུལ་བྱུང་གི་སྙན་ངག་པ། ངོ་མཚར་གྱི་སྒྱུ་རྩལ་པ། རླབས་ཆེན་གྱི་ཚན་རིག་པ། དོན་དམ་གྱི་རྣལ་འབྱོར་པ། གཞུང་དྲང་གི་དཔོན་པོ། ཉམ་ཆུང་གི་ཕ་མ། བཙན་པོ་ཡི་གཉའ་གནོན། མེས་པོ་ཡི་བུ་རྒོད་ཅིག་བཅས་ཡིན། འོན་ཀྱང་ཕྲག་དོག་དང་གདུག་རྩུབ་ཀྱི་འཇིག་རྟེན་དུ་ཁོང་ལ་ཐོབ་པ་ནི་ཕམ་ཁ་ཁོ་ན་ཡིན། ཁོང་དང་མཁས་དབང་དགེ་འདུན་ཆོས་འཕེལ་ནི་ལས་དབང་གཅིག་པའི་དྲང་བདེན་གྱིས་བསླུས་པའི་སློང་མོ་བ་ཆ་གཅིག་ཡིན། ཁོང་གཉིས་ནི་མི་རིགས་འདིའི་མདུན་ལམ་གྱི་ཆེད་གཅེས་པའི་སྐྱ་སྲོག་ཕྲ་མོ་གཞན་གྱི་ལག་རྩེད་དུ་གྱུར་པའི་པེ་ཧྨ་ཧྲའི་བུམ་པ་ཆ་གཅིག་ཡིན། ད་དུང་ཆོས་འཕག་ངོ་ལ་གྲོན་པའི་མི་ངན་འགགས་གཡོ་སྒྱུའི་བསམ་སྦྱོར་ངན་པས་གུ་རུ་རིན་པོ་ཆེ་ལ་ཡང་ལག་རྩེད་དུ་བྱས་ཏེ་ཧྲ་ནག་བདུད་ལུང་ནག་པོའི་ཁོག་པ་ཡང་ཡང་སྔོགས་ཏེ་བདུད་རྒན་རྩེས་དཔོན་ལུང་ཤར་པའི་མི་རྒྱུད་རྩ་གཏོར་གཏོང་དགོས་པའི་ལུང་བསྟན་རྫུན་མའི་རྩ་ཚིག་བཀྲམ། ལྷ་ཐོས་ཆུང་བའི་མི་སེར་དཀྱུས་མ་རྣམས་ཀྱང་འུར་ལངས་ཏེ་མིག་བཏོན་རྨང་ཡི་གེ་བྲིས་པ་རེད་ཅེས་པ་རྩེས་དཔོན་ལུང་ཤར་བདུད་རྒན་ཡིན་པའི་གཏན་ཚིགས་སུ་བགྲངས། ཕ་མ་རྣམས་ཀྱིས་ཕྲུ་གུ་ལ་འཇིགས་སྣང་བསྐུལ་བའི་ལག་ཆ་རུ་གྱུར། ཡ་ང་བའི་མི་རིགས་ཤིག་གི་སྨྱོན་པའི་ བློས་གར་འཁྲབ། ལས་ངན་པའི་ཕམ་ཁ་ཆེན་པོ་ཉོས་པ་ཡིན། གཞན་ཡང་ཧྲ་ནག་གུ་རུ་རྣོན་རྩེ་དང་། ཧྲ་ནག་རྒྱལ་མཆོག་དགེ་འདུན་རྒྱ་མཚོ། ཧྲ་ནག་འགོས་ཁྱུག་པ་ལྷས་བཙས། ཧྲ་ནག་གྲུབ་དབང་ངག་དབང་བསྟན་རྗེར། སྤྱི་ལོ་༡༩༢༣ལོར་ཧྲ་ནག་རང་བྱོན་དུ་སྐུ་ཡི་པཉྩ་བཞད་པ་ལམ་རིམ་བླ་བརྒྱུད་ཀྱི་བླ་རབས་ལྷ་བཙུང་བདུན་པ་མཁས་གྲུབ་ནོར་བཟང་རྒྱ་མཚོ། ཧྲ་ནག་དགེ་འདུན་བློ་བཟང་། ཧྲ་ནག་མཁན་ཆེན་མི་ཕམ་སེངྒེ་རབ་རྒྱས། ཧྲ་ནག་མི་ཕམ་ངག་གི་དབང་ཕྱུག །(༡༩༠༢-༡༩༨༠)ཧྲ་ནག་རིན་ཆེན་རྩེ་མང་ཁང་གི་ཡོངས་འཛིན་བློ་བཟང་བཀྲ་ཤིས(༡༩༠༡-༡༩༨༨)སོགས་བོད་གངས་ཅན་གྱི་ལྗོངས་སུ་གྲགས་པའི་མཁས་གྲུབ་མང་པོ་བྱོན་མྱོང་བ་དང་། ཧྲ་ནག་དགེ་འདུན་བློ་བཟང་གི་གསུང་རྩོམ་ཧྲ་ནག་རྣམ་འགྲེལ་ལྷ་བུ་གཞུང་

ལུགས་ཀྱི་མཚན་ཡང་ཧ་ནག་ཏུ་ཆགས་ཡོད་པས་མཆོན་མཁས་པ་དང་། གྲུབ་ཐོབ། དཔའ་བོ། དགེ་རྒན། ཚན་རྩལ་པ། སྒྱུ་རྩལ་པ། སློབ་གསོ་བ། འགྱུར་ཅན་པ་སོགས་ཧ་ནག་ཡུལ་འདིར་གྲགས་ཅན་གྱི་མི་སྣ་སྔར་སོང་གི་ལོ་རྒྱུས་ཐོག་མང་དུ་ཐོན་མྱོང་བ་མ་ཟད་དེང་གི་དུས་སུ་འཚོ་བཞིན་བཞེས་པ་ཡང་མང་དུ་ཡོད། དེ་བཞིན་ཧ་ནག་ལུང་པ་ཤར་གྱི་ནུབ་ཏུ་ལབ་སྒྲོན་སྒྲུབ་ཕུག་ཞུ་བའི་དམ་པ་མ་གཅིག་ལབ་སྒྲོན་གྱི་སྒྲུབ་ཕུག་ངོ་མཚར་ཅན་གཅིག་དང་། དེ་དང་ཉེ་བའི་ལུང་ཤར་ནུབ་རི་ལ་བྲག་གྲོད་པ་ཅན་ཟེར་བའི་ངོས་ལ་གནའ་བོའི་ཚལ་ཡིག་མི་འདྲ་བ་མང་པོ་དང་། སྔོག་ཆགས་ཀྱི་གཟུགས་བརྙན་མང་པོ། སྒྲུབ་ཕུག་ཀྱང་ཧ་ཅང་མང་པོ་ཡོད། ལུང་ཤར་གྱི་ཕུ་ཡི་ཕ་བོང་ཆེན་པོ་ཞིག་གི་སྟེང་དུ་བཀའ་བརྒྱུད་པའི་ཆོས་བརྒྱུད་དུ་གྲགས་པའི་སྤྱིན་པ་དགོན་གྱི་རྗེས་ཤུལ་དང་། ལུང་ཤར་གྲོང་ཚོའི་སྟོད་དུ་ཟུར་ཆུང་ཤེས་རབ་གྲགས་པས་ཕྱག་བཏབ་པར་གྲགས་པའི་དགོན་ཤུལ། མཁས་གྲུབ་སྐྱེ་མེད་རིན་པོ་ཆེས་ཕྱག་བཏབ་ཅིང་རྩིས་དཔོན་ལུང་ཤར་ཡབ་སྲས་ནས་སྦྱིན་བདག་མཛད་པའི་དགོན་ཤུལ་ཡོད་པ་མ་ཟད་སྟོན་ཆད་ཨ་ནེ་བཙུ་ཕྲག་དང་། བཟོ་བཀོད་ལེགས་པའི་ལྷ་ཁང་བཅས་ཡོད་པ་དེང་སང་རྗེས་ཤུལ་མཐོང་རྒྱུ་ཡོད། རྫང་མ་ཡུལ་ཤོག་གདོང་དཀར་གྲོང་ཚོའི་གཡས་ཕྱོགས་ཀྱི་རི་ཕུག་ན་ངོར་ཨེ་ཝཾ་ཆོས་ལྡན་གླིང་པ་ཁང་ཚན་གྱི་དགོན་ཤུལ་ཡོད་པ་དང་། དགོན་པ་དེའི་ནང་རྟེན་རི་དྭགས་ཀྱི་ཧ་ས་རའི་ན་ཙ་གཅིག་དགོན་དེའི་སྔར་གྱི་གྲྭ་ལོག་དཔལ་ལྡན་རྒྱལ་མཚན་མཆོག་གིས་ཧ་ནག་ཐུབ་བསྟན་དུ་ཕུལ་བ་དེང་སང་མཐོང་རྒྱུ་ཡོད་པ་བཅས་ཧ་ནག་རྩིས་དཔོན་ལུང་ཤར་དང་འབྲེལ་བའི་ལོ་རྒྱུས་བསྡུས་པ་འདི་ནི་ཧ་ནག་ཡུལ་གྱི་བྱུང་བ་སོ་གསུམ་པའོ། ། །

༼༣༩༽ཧ་ནག་ཡུལ་མཐུལ་སྣང་།

ཧ་ནག་ཤུག་ཟམ་ཆེན་གྱི་ཡར་སྟེང་ཧ་ནག་རིན་ཆེན་རྩེ་གྲོང་གི་མ་འདབས་སུ་ཡོད་པའི་སི་ལིང་འབུམ་པ་ཞེས་པའི་ལ་མོ་དེར་ཧ་ནག་ཡུལ་མཐུལ་སྣང་གི་རྒྱལ་པོ་ཀ་ལ་དབང་པོའི་ཕོ་བྲང་ཆགས་ཤུལ་ཡིན་ཅེས་ངག་རྒྱུན་དུ་ཟེར། དེ་ཡི་རིང་དུ་མཐུལ་ཐང་ཟེར། ༼བཤད་སྒྲོལ་གཅིག་ཏུ་མཐུལ་ཐང་དུ་ཧ་ནག་གུ་རུ་རྡོར་རྩེ་མཆོག་ལ་ཁྲི་ཕུ་ལོ་ཙཱ་བས་མཐུལ་ཕུལ་བས་མིང་དེ་ལྟར་ཆགས་པར་གྲགས༽ཧ་ནག

ཐུབ་བསྟན་དགོན་པའི་སྔར་དུས་ལྷ་ཁྲང་གི་གཡོན་ཕྱོགས་དེང་དུས་བཤད་གྲྭའི་གཙུག་ལག་ཁང་གི་གཡོན་དེ་ལ་མེ་ཏོག་ལྗུམ་ར་ཟེར་བ་ནི་རྒྱལ་པོ་ཀུ་ལ་དབང་པོ་ཡབ་ཡུམ་སྲས་དང་བཅས་པ་སྐྱོ་སངས་ལ་ཕེབས་སའི་མེ་ཏོག་ལྗུམ་ར་དེ་ཡིན་པ་དང་། རིན་ཆེན་རྩེའི་བྲག་དམར་རྫིང་གི་ཤར་ཕྱོགས་སུ་ཡོད་པའི་འཕྲང་སྣུག་ཟེར་བ་དེ་ནི་ལྷ་གཅིག་ཀུན་བཟང་དང་། ལྷ་སྲས་རྒྱལ་པོ་གཉིས་གདོལ་བས་བྲག་དམར་ཤར་རིའི་གཡང་ལ་གཡུག་སྐབས་བྲག་ལ་མ་ཐུག་ཕོ་རོག་གཤོག་པས་ཁྱེར། རྒྱ་ལ་མ་ཐུག་ཉ་མོའི་གཤོག་པས་ཁྱེར་ཟེར་བའི་བྲག་དམར་ཤར་རིའི་གཡང་དེ་ཡིན་ཅིང་དེ་ནི་ཕོ་བྲང་ཡུལ་མཐིལ་སྒང་གི་ཤར་ཕྱོགས་སུ་ཡོད། ས་སྐྱ་དང་ཉང་བྲན་ལྷ་མོ་ཚོགས་པ་སོགས་ལྷ་མོ་ཚོགས་པ་མང་པོས་ཟློས་གར་གཏོང་སྐབས་སུ་ཧྲ་ནག་ཡུལ་མཐིལ་སྒང་གི་རྒྱལ་པོ་ཀུ་ལ་དབང་པོ་ཞེས་འབོད་པ་ཡིན། སེ་ལེང་འབུམ་པ་ཞེས་པ་ནི་མི་ལོ་ལྔ་བརྒྱ་དྲུག་བརྒྱའི་གོང་གནས་འདི་ཉིད་དུ་འབུམ་པ་ཤིན་ཏུ་ཆེ་བ་གཅིག་བཞེངས་པའི་རྗེས་སུ་མིང་དེ་ཐོགས་པ་ཡིན། སེ་ལེང་འབུམ་པའི་ནང་གཟུངས་དང་བཅས་པ་ལ་དུས་རབས་ཀྱི་འགྱུར་བའི་ནང་ཉམ་ཆག་ཚབས་ཆེན་བྱུང་མོད་ད་དུང་རྩིག་ཤུལ་གྱི་རྗེས་ཤུལ་ཤིན་ཏུ་ཆེ་བ་ལྷག་ཡོད་པ་ལ་གཞིགས་ན་འབུམ་པ་འདི་ཉིད་ཤིན་ཏུ་ཆེན་པོ་ཡོད་པ་མ་ཟད་བདུད་རིའི་ཁ་གནོན་དུ་བཞེངས་པའི་བྱིན་རླབས་ཅན་གཅིག་དང་། ཧྲ་ནག་རིན་ཆེན་རྩེའི་ཕྱོགས་བཞི་མཚམས་བརྒྱད་ལ་འབུམ་པ་རེ་བཞེངས་ཡོད་པ་ཡང་དམ་པ་གོང་མས་དགོས་པ་ངེས་ཅན་རེ་ལ་གཟིགས་ཡོད་པ་གོར་མི་ཆག་པས་ང་ཚོ་ཕྱི་རབས་ཡོངས་ཀྱི་ཉམས་གསོ་བྱེད་དགོས་པ་ཡང་མ་བསྐྱོས་ལས་ཀྱིས་བསྐོས་པའི་འོས་འགན་ཡིན། ལྷ་མོའི་རྣམ་ཐར་དང་འབྲེལ་བའི་དམངས་ཁྲོད་བཤད་སྲོལ་འདི་ཡང་ཕྱི་རབས་ཤེས་ལྡན་ཞིབ་འཇུག་པའི་བསམ་པའི་རྒྱུགས་ཕྲེ་དང་། ས་མིང་ཙམ་ཡང་སྟོང་ལ་ཉེ་བའི་གནད་འགག་ལ་དམིགས་ཏེ་བཀོད་པ་ནི་ཧྲ་ནག་ཡུལ་གྱི་བྱུང་བ་སོ་བཞི་པའོ། ། །

(༣༥) ཧྲ་ནག་དང་གླིང་གེ་སར།

གླིང་རྗེ་གེ་སར་རྒྱལ་པོ་ལ་མི་ཡི་དབང་དུ་བྱས་པ་ཞིག །ལྷ་སྲུང་གི་དབང་དུ་བྱས་པ་ཞིག །དགྲ་ལྷའི་དབང་དུ་བྱས་པ་ཞིག་དང་གསུམ་དུ་དབྱེ་སྟེ་ཞིབ་འཇུག་བྱེད་དགོས་པར་བདག་གི་བློ་མ་དམ་པས

གསུངས། གེ་སར་གྱི་སྒྲུང་དེབ་ནི་འཛམ་གླིང་ན་ཆེས་རིང་ཤོས་ཀྱི་སྒྲུང་གཏམ་དང༌། ཆེས་དོ་མཚར་བའི་དཔའ་བོའི་རྣམ་ཐར་རིང་མོ་ཡིན་པ་མ་ཟད་དེང་སང་རྒྱལ་ཁབ་ཀྱི་གཟུགས་འདས་རིག་གནས་ཤུལ་བཞག་ནང་ཆེས་གལ་འགངས་ཆེ་བ་ཞིག་ཀྱང་ཡིན། ༼སྣངས་ཀྱི་ཕུ་དི་བསེ་རུ་དང༌། ལྡོང་གི་མ་ཡིག་ལུང་བསྟན། བདུད་འདོམས་ཆོས་འབྱུང༌། མཁས་དབང་དམུ་དགེ་བསམ་གཏན་སོགས་ཀྱི་བཞེད་པ་ལྟར་ན་བོད་རབ་བྱུང་དང་པོའི་ས་སྟག་ལོ་ལ་སྐུ་འཁྲུངས་ནས་རབ་བྱུང་གཉིས་པའི་ཤིང་སྦྲུལ་སྤྱི་ལོ་༡༡༢༥༼དགུང་ལོ་༡༧ལ་སྐུ་གཤེགས་པ་དང༌། ཇོ་བོ་སྨི་རྣོན་གདན་དྲངས་ཏེ་ཆོས་ཞུས་པ་དང༌། ལྷ་ཁང་བཞེངས་པ་སོགས་ཀྱི་སྐོར་གསལ། ༽ཧྲ་ནག་ཕོ་རོག་གྲོང་སྡེ། ༼ཁ་སྐད་དུ་ཨོ་རོག་ཟེར༽ཞི་གླིང་རྗེ་གེ་སར་རྒྱལ་པོའི་ཁུ་བོ་རོང་ཚ་ཨ་ཁུ་ཁྲོ་ཐུང་རྒྱལ་པོའི་ཕོ་རོག་སྟིང་རྫོང་གི་མཁར་ཤུལ་ཡིན། ཨོ་རོག་གྲོང་སྡེར་དེང་སང་ཡང་མཁར་ཤུལ་མང་དུ་ཡོད། དེ་ནས་མར་ཙམ་ཡོང་ན་འབུ་རུ་གྲོང་སྡེར་སླེབས། འབུ་རུ་ཆུ་ཚན་ནི་པཎ་ཆེན་སྐུ་ཕྲེང་རིམ་བྱོན་གྱི་ཆབ་ཞུགས་གནང་ས་ཡིན། ཆུ་ཚན་དེའི་དཀྱིལ་དུ་རྗེ་རྒྱབ་བསྙེས་ཀྱི་དབྱིབས་ཅན་གཅིག་ཡོད་པ་པཎ་ཆེན་རིན་པོ་ཆེའི་སྐུ་བསྙེས་ཡིན་ཟེར།

ཧྲ་ནག་སློན་པོ་གྲོང་སྡེའི་ནང་བྱ་རྒོད་ཨ་ལ་ཕྱུག་གཙོ་བྱས་པའི་གུ་རུའི་སྒྲུབ་ཕུག་མང་པོ་དང༌། དགོན་ཤུལ་འགའ་ཡོད་པ་ཁུངས་བཙན་གྱི་ལོ་རྒྱུས་མ་རྙེད། སློན་པོའི་ལུང་པ་འདི་ནི་གུ་རུ་རྡོར་རྩེ་དང༌། གེ་སར་སྒྲུང་ཡིག་ལ་གླིང་གཡུལ་འགྱེད་ལས་གསལ་བའི་གཙང་སློན་དོན་གྲུབ་ལ་གྲགས་པ་སོགས་ཡུལ་འདི་ནས་འཁྲུངས་ཡོད་པར་མངོན། ཧྲ་ནག་གྲེད་སྐལ་རོང་དང་ཧྲ་ནག་ལ་ཁའི་སུམ་མདོར་གེ་སར་རྒྱལ་པོའི་གསོལ་ཐབ་ཏུ་གྲགས་པའི་རྡོ་སྒྲིད་པུ་སྤུན་གསུམ་ཟེར་བ་གཅིག་ཡོད། ཧྲ་ནག་སླེ་གྲོང་སྡེའི་ལ་རྩེ་དང་སླེ་མདོ་ལ་ཞབས་རྗེས་རེ་ཡོད་པ་གེ་སར་རྒྱལ་པོས་བདུད་འབྲོང་ནག་པོ་བཏུལ་སྐབས་བཞག་པ་དང༌། ཕྱོག་པོའི་རོང་གི་ཕར་ངོས་འབྲོང་སྐེ་ཟེར་བའི་རི་ལ་བདུད་འབྲོང་གི་གློ་བ་དང་རྒྱུ་མ་བཅས་བཀལ་བ་ཡིན་ཟེར་བ་དང༌། གློ་བ་རྒྱུ་མ་དང་འདྲ་བའི་དབྱིབས་གཟུགས་ཡོད། གེ་སར་གྱི་ཞབས་དོར་༼ན་བཟའ་དོར་མའི་ཞེ་ཚིག་ཡིན།༽ཁྲི་རྗེས་ཡིན་ཟེར་བ་དང༌། རྡོ་གྲུ་བཞི་གཅིག་གི་ངོས་སྣུམ་སྒྲོན་ཨུང་གུའི་ཤུལ་ཡིན་ཟེར་བའི་སྣུམ་ཕོར་ཤུལ་དང་འདྲ་བའི་ནག་འཁྱུག་བཅས་ལྷུན་གྲུབ་རྩེ་

གྲོང་དང་ཉེ་བར་ཡོད། རྟ་ནག་ཀ་རོང་འཕྲང་（ཁ་སྐད་དུ་སྐབས་རོང་འཕྲང་ཟེར་）གི་ཕར་རི་ལ་གོ་སར་རྒྱལ་པོས་བདུད་བླུ་རྫ་སྐྱིད་པ་བཏུལ་སྐབས་མདའ་ཞུ་འཕེན་པའི་ཚེ་ཞབས་ཕྱུས་དང་གྲུ་མོའི་རྗེས་གསལ་བར་ཡོད་ཅིང་། རི་དེའི་རྒྱུད་ལ་གོ་སར་ཕུག་ཏུ་གྲགས་པའི་སྒྲུབ་ཕུག་ནང་གླིང་གི་དཔའ་རྟུལ་སུམ་ཅུའི་རྡོ་བགོད་སྣང་བརྙན་ཡོད། ཀ་རོང་འཕྲང་དུ་གླིང་རྗེ་གེ་སར་རྒྱལ་མཆོག་མི་ཡི་ཉི་མས་བདུད་བླུ་རྫ་སྐྱིད་པ་བཏུལ་རྗེས་ས་འོག་ཏུ་མནན་པ་དང་། དེའི་སྟེང་དུ་རྡོ་གཡམ་གྱི་མཆོད་རྟེན་བཞེངས་ཏེ་གཙང་པོའི་གད་པ་གཡག་ལ་མ་གྱུར་བར་དང་། ཆུ་ཁའི་རྡོ་དཀར་ལུག་ལ་མ་གྱུར་བར་ནམ་ཡང་ལངས་མི་ཐུབ་པའི་ཐུགས་སྨོན་མཛད། རྟ་ནག་ཏུ་ཡོངས་གྲགས་སུ་མཆོད་རྟེན་ནག་པོ་ཟེར། མཆོད་རྟེན་ནག་པོ་ནི་གལ་འགངས་ཆེ་བར་གྲགས་ཤིང་ལོ་ངོ་བཅུ་ལྷག་གི་སྔོན་གཞུང་ལམ་འཛུགས་བསྐྲུན་གྱིས་དབང་གིས་མཐའ་སྐོར་བའང་མང་དུ་ཕྱིན། སླེ་གྲོང་སྡེའི་བྱེའུ་ཚང་ཞེས་པའི་རི་དེའི་རྩེ་མོར་ཁ་སྐད་དུ་བོན་པོའི་གཡག་ཤ་ལག་པ་ཟེར་བའི་རྡོ་རིང་ཞིག་ཡོད་པ་དང་། རྡོ་དེའི་དབྱིབས་གཡག་ཤ་ལག་པ་དང་ཏ་ཅང་འདྲ་པོ་ཡོད་པ་མ་ཟད། རྫ་རི་ཤིན་ཏུ་མཐོན་པོ་ཞིག་གི་དཀྱིལ་དུ་ཏ་ཅང་གིས་ངོ་མཚར་བར་གནས་ཡོད་ཅིང་བོན་ཆོས་ཐོག་མར་དར་བའི་དུས་ཀྱི་ལོ་རྒྱུས་ཤིན་ཏུ་རིང་བའི་རྡོ་རིང་ཞིག་ཡིན་པར་གྲགས། རྫ་མོ་ལྷ་རིའི་རི་གཤམ་རྟ་ནག་གསེར་གླིང་འབུམ་པའི་ལ་སྟེང་དུ་རྡོ་ནོར་བུའི་དབྱིབས་ཅན་འཕགས་པ་སྤྱན་རས་གཟིགས་སོགས་ཀྱི་རྡོ་བརྐོས་ངོ་མཚར་ཅན་མང་དུ་ཡོད་པ་དེ་ནི་གེ་སར་ནོར་བུ་དགྲ་འདུལ་གྱིས་ལྷོ་ལའི་ལ་སྟེང་ནས་འུར་རྡོའི་ནང་འཕེན་པ་དང་། རྟ་ནག་ཉག་གི་ཕུ་ཡི་བདུད་རིའི་ཁ་གནོན་ཡིན་ཅིང་བདུད་རི་དེ་ཉིད་དུས་ཀྱི་འགྱུར་བ་དང་བསྟུན་རིམ་པས་མཐོ་རུ་འགྲོ་བཞིན་ཡོད་པར་གྲགས། གནས་ཆེན་རྫ་མོ་ལྷ་རིའི་མདུན་དཀྱིལ་གྱི་རྫ་གསེབ་ན་རང་བྱུང་སྐྱུང་གི་བོད་ཡིག་དབུ་མེད་ཀྱི་ཧཱུྃ་ཡིག་རང་བྱོན་གཅིག་ཡོད་པ་ནི་གླིང་རྗེ་གེ་སར་གྱིས་བདུད་འབྲོང་ནག་པོ་དམ་ལ་བཏགས་སྐབས་འཁྲུངས་པར་གྲགས། ཧཱུྃ་ཡིག་དེ་ནི་སྔོན་དུས་སྤྱང་མདོག་སེར་པོ་ཆགས་སྐབས་རིན་ཆེན་རྩེ་གྲོང་སྡེ་ནས་གསལ་བར་མཐའ་ཐུབ་པ་བཅས་རྟ་ནག་ཡུལ་གྱི་བྱུང་བ་སོ་ལྔ་པའོ། ༎ །

མཇུག་སྡོམ་གྱི་སྐད་ཆ་ཚིག་གསུམ།

དེ་ལྟར་རྟ་ནག་ཡུལ་གྱི་བྱུང་བ་འགའ་ཞིག་གླེང་བའི་དམིགས་ཡུལ་ནི། གཅིག་ནས་དྲིན་ཆེན་ཕ་མ་གཉིས་ཀྱི་བཀའ་དྲིན་ལས་རང་ཉིད་གང་དུ་ལྟེ་ཁྲག་འཕོས་པའི་ཕ་ཡུལ་ལ་བཙངས་པའི་བརྩེ་དུངས་མཚོན་པའི་ཆེད་དང་། གཉིས་ནས་ཉམས་དགའ་ཞིང་ཡིད་དུ་འོང་བའི་ངོ་མཚར་གྱི་བྱུང་བ་འདི་དག་ལ་གཅེས་སྐྱོང་མ་བྱས་ཚེ་ལོ་ཟླ་རིང་མོའི་ཆར་རླུང་གིས་ལྷག་མེད་དུ་བཅོམ་སྟེ་ཕྱི་རབས་ཀྱི་དྲན་པའི་གློང་ནས་ཡལ་དང་ཡལ་བཞིན་པ་མི་བཟོད་པ་དང་། ལྷག་པར་དུ་ནོར་བུའི་ནོར་ཉམས་མི་ཚོད་པའི་གསར་བུ་སྙོར་ཞིག་གིས་འཇུགས་བསྐྲུན་དང་གཏེར་ལས་ལ་སོགས་པས་ཕ་མེས་ཀྱི་ནོར་མཆོག་འདི་དག་གཞིན་རྗེའི་ལམ་དུ་རྫོངས་བཞིན་པའི་ཉེན་སྐྱོབས་ཀྱི་སྨན་མཆོག་གཅིག་ཏུ་དམིགས་པ་ཡིན། གསུམ་ནས་ཕ་ཡུལ་རྟ་ནག་གི་ཆོས་འབྱུང་དང་དམིགས་བསལ་གྱི་ལོ་རྒྱུས་མེད་པའི་སྟོང་ཆ་ཁ་སྐོང་བའི་ཆེད་བྲིས་པ་ཡིན། དགོན་གནས་ཆེ་ཁག་འགའ་ཞིག་མ་གཏོགས་ཕལ་ཆེ་བ་དག་རྒྱུན་ལ་གཞི་འཛིན་ཏེ་བྲིས་པ་ལགས་པས་མ་དག་ནོར་བའི་དྲི་མ་ཡང་ཡོད་ངེས། ཕ་ཡུལ་རྟ་ནག་ནི་ངག་རྒྱུན་ལས། རྟ་ནག་ནང་པ་གསེར་ལྤིངས་མདོ་ན་ཡོད་ཅེས་གྲགས་པ་བཞིན་སྨད་ཀྱི་གསེར་ལྤིངས་ནས་སྟོད་ཀྱི་རྩེ་ཤོད་བར་དང་། གཡས་ཀྱི་རུང་མ་ཡུལ་ཤོག་བར་ཚང་མ་རྟ་ནག་གི་ལུང་པ་ཡིན། རྟ་ནག་ཅེས་པའི་ས་མིང་འདི་ནི་འདོད་རྒྱལ་གྱི་མིང་ཚིག་ཡིན་མོད་མི་ཕལ་ཆེ་བས་རྟ་ནག་པོ་གཅིག་ལ་ངོས་འཛིན་བྱེད། གང་ལྟར་དགའ་བའི་གཙང་ལྗོངས། བརྩེ་བའི་ཕ་ཡུལ། དྲང་བའི་སེམས་པ། ལྷག་བསམ་གྱི་རང་མདངས། ལུས་ཀྱི་སྟོབས་ཤུགས། ངག་གི་སྟོབས་ཤུགས། ཤེས་རབ་ཀྱི་སྟོབས་ཤུགས་བཅས་ལས་བྱུང་བའི་ཡིག་ཚང་འདིས་ཕ་ཡུལ་གྱི་གཟི་བརྗིད་བླ་རུ་འདེགས་པའི་རྒྱུ་དང་། ཤེས་ལྡན་གཟུར་གནས་ཡོངས་ལ་དཔྱད་ཞིབ་ཀྱི་དྲངས་གཙང་མེ་ལོང་ཞིག་ཏུ་རེ་བ་ཡིན། མདོར་ན་རྩོམ་དང་གཞུང་ལ་རེ་བ་གང་ཡང་མེད་པར་ཕལ་སྐད་ཀྱི་ལམ་ནས་བྲིས་པའི་ཡིག་ཆུང་འདི་ཉིད་ལ་ཁ་སྐོང་དགོས་པ་དང་། ནོར་བ་བཅོས་དགོས་པ་ཡོད་ཚེ་རྣམ་དཔྱོད་ལྷག་བསམ་ཡངས་པའི་དམ་པ་ཡོངས་ལ་སྙིང་ནས་སྐྱབས་འཇུག་ཞུ་བ་ཡིན།

སླར་སྨྲས་པ། ཨ་མ་ངོ་མཚར་མེས་པོའི་ཤེས་རབ་ཀྱིས། །ཟབ་མོའི་གནས་མཆོག་རྩ་ཆེའི་རིག་དངོས་དང་། །འཇོད་མེད་ལོ་རྒྱུས་གསེར་གྱི་རྡོ་རིང་སོགས། །ཕ་ནོར་བུ་ལ་བཞག་པའི་བཀའ་དྲིན་དྲན། །ཚན་རྩལ་རིག་པས་དབུལ་བའི་སློབ་བུ་དང་། །གྲོལ་རྒྱུན་མི་ཤེས་མེས་པོའི་བུ་ཚ་རྣམས། །གསར་རྙིང་གང་ཡང་མིན་པའི་བར་དོ་ན། །ཡ་མ་ཟུང་གིས་འཚོ་བ་སྐྱོ་བའི་གནས། །རིང་རིང་ལོ་ཞག་ཟླ་བའི་ཆར་རླུང་གིས། །མོག་མོག་གསལ་ལ་མི་གསལ་ལོ་རྒྱུས་རྣམས། །ཡང་ཡང་རིག་པ་ཟབ་མོས་མ་དཔྱད་ན། །རིལ་རིལ་གོ་ལ་འདི་ནས་ཡལ་བར་ངེས། །སྔར་སྲོལ་ལྷ་རུ་འཛིན་པའི་མགོ་མཁྲིགས་དང་། །མཐོང་ཚད་ལད་མོ་བྱེད་པའི་མགོ་སྟོང་རྣམས། །མཐའ་གཉིས་རྣམ་པར་གསལ་བའི་བློ་གྲོས་ཀྱིས། །གངས་ཅན་ཡུལ་གྱི་འཕེལ་རྒྱས་ཡར་ངོའི་ཟླ། །མེས་པོའི་སྲོལ་བཟང་ཉམས་པའི་གསར་བུ་དང་། །དེང་རབས་ཚན་རྩལ་དབེན་པའི་མགོ་མཁྲིགས་གཉིས། །རང་ལྷ་མཆོག་འཛིན་སྤྱང་པའི་གཟུར་གནས་ཀྱིས། །ཐུབ་བསྟན་ལྷ་སྤྱོད་གཙང་མས་བརྒྱན་པར་མཛོད། །ཕྱོགས་རིས་གྲུབ་མཐའི་མགྲིན་སྐྱ་གཟེངས་བཏོད་ནས། །ཕྲག་དོག་ཚིག་གི་དམོད་ངན་མི་སྒྲོག་པར། །དམ་ཚིག་འོ་ཆུ་འདྲེས་པའི་སྟོབས་ཤུགས་ཀྱིས། །ཐུན་མོང་རྟ་ནག་སྐྱོངས་ལ་ཀུན་གྱིས་འབད། །གསར་རྙིང་གྲུབ་མཐའ་རྒྱ་མཚོའི་འབྱུང་གནས་དང་། །ཁྱིན་ཅན་གནས་རི་འབུམ་གྱི་ལྷོ་གནས་མཆོག །དམ་པའི་སྐྱེས་ཆེན་གྲངས་མེད་བལྟམས་པའི་ཡུལ། །ཕ་ཡུལ་རྟ་ནག་ཁ་བའི་བླ་ནོར་ཡིན། །དམ་པ་སྟ་མས་ཡང་ཡང་བསྟགས་པའི་གནས། །དེང་རབས་བློ་གསལ་བྱེ་བའི་སྙིང་གི་ནོར། །དཔའ་མཛངས་མཁས་པའི་འབྱུང་གནས་རྟ་ནག་ཡུལ། །འཛམ་གླིང་ས་ཡི་དབུས་ན་འགྲན་མེད་ཡིན། །ངོ་མཚར་ལོ་རྒྱུས་ལྡན་པ་རྟ་ནག་ཡུལ། །ཆོས་རིག་གཙུག་ལག་རྒྱས་པ་རྟ་ནག་ཡུལ། །ཟབ་གཏེར་དབྱར་མཚོ་རྒྱས་པ་རྟ་ནག་ཡུལ། །ཕ་ཡུལ་རྟ་ནག་ནམ་ཡང་རྒྱས་གྱུར་ཅིག །ཅེས་པའང་བོད་རབ་བྱུང་བཅུ་བདུན་པའི་ཤིང་ལུག་ལོའི་བོད་ཟླ་དགུ་པའི་ཚེས་བཅུ་བཞི་ཉིན་༧བླ་མ་ས་སྐྱ་པ་ཆེན་པོ་བརྩེ་ཆེན་ཀུན་དགའ་སྙིང་པོའི་དགོངས་རྫོགས་ཀྱི་མཆོད་སྤྲིན་དུ་དམིགས་ཏེ་རྟ་ནག་ངག་དབང་ཤེས་རབ་པས་བྲིས་པ་རྟ་ནག་ཡུལ་གྱི་དབུ་འཕང་བླ་ན་འབར་བའི་རྒྱུར་གྱུར་ཅིག ||

༢༠༡༥༡༠༡༤བདེ་བར་གཤེགས་པའི་བསྟན་པ་རིན་པོ་ཆེ་ཡུལ་དུས་གནས་སྐབས་ཐམས་ཅད་དུ་རྒྱས་པར་གྱུར་ཅིག །

མཇུག་བསྡུའི་གཏམ། ད་ཐེངས་རང་ཉིད་གང་དུ་ཚེ་སྲོག་རྟེན་པའི་ཡུལ་གཙང་རྟ་ནག་གི་ཆོས་འབྱུང་རགས་བཤད་འདི་ཉིད་འབྲི་བའི་བརྒྱུད་རིམ་ནང་ལྷག་བསམ་གྱིས་ཕྱག་རོགས་གནང་མཁན་ཡོངས་དང་། ན་བགྲེས་ལོ་རྒྱུས་མཁོ་འདོན་གནང་མཁན་ཡོངས། པར་ལེན་པ་སྤྱི་སྟོད་བཟང་པོ་དང་། སངས་རྒྱས་བསྟན་འཛིན། དཔེ་སྐྲུན་ཐད་ཕྱག་རོགས་གནང་མཁན། ཞུ་དག་གི་རོགས་རམ་གནང་མཁན་བཅས་ལ་སྙིང་དབུས་ནས་བཀའ་དྲིན་ཆེ་ཞུ་བ་དང་འབྲེལ་གངས་ལྗོངས་ཆོས་རིག་གཙུག་ལག་དབུར་མཆོའི་དཔལ་བཞིན་རྒྱས་པའི་སྨོན་ལམ་བཟང་པོ་དང་བཅས་གནའ་གྲོང་ལྷ་ས་ནས།

༄༅། །དཔལ་ཧ་ནག་ཐུབ་བསྟན་རྣམ་རྒྱལ་གླིང་གི་ཆོས་འབྱུང་དང་གདན་རབས་
བསྐལ་བཟང་སངས་རྒྱས་སྟོང་རྩ་གཉིས་ཀྱི་བྱིན་རླབས་
དྲི་བསུང་འཐུལ་བའི་སྤྲོས་ཀྱི་རྫིང་བུ་
ཞེས་བྱ་བ་བཞུགས་སོ། །

ལུང་རིགས་འཕྲིན་ལས་ཀུན་ཁྱབ།

༡ མཆོད་པར་བརྗོད་ཅིང་རྩོམ་པར་དམ་བཅའ་བ།

དོན་གཉིས་མཐའ་ཕྱིན་སྟོན་པ་སངས་རྒྱས་དང་། །དྲི་མེད་གསུང་མཆོག་ཐེག་གསུམ་དམ་པའི་ཆོས། །དེ་འཛིན་རྒྱལ་སྲས་དགེ་འདུན་འཕགས་ཚོགས་ལ། །སྙིང་ནས་འདུད་དོ་བྱང་ཆུབ་བར་དུ་སྐྱོབས། །རྣམ་བརྒྱད་ཞལ་ལྡན་སྟོང་མཆོན་ཕྱག་རྣམས་མཛེས། །དགྱེས་མཛད་རྡོ་རྗེ་དཀྱིལ་འཁོར་ལྷ་ཚོགས་དང་། །བསྟན་སྲུང་ཀུན་གྱི་གཙོ་བོ་གུར་མགོན་ལ། །གུས་པས་ཕྱག་བཤགས་མཆོག་ཐུན་དངོས་གྲུབ་སྩོལ། །བདག་མེད་མཁའ་འགྲོའི་བྱིན་རླབས་འཕགས་ཡུལ་གྱི། །མདོ་སྔགས་གྲུབ་བརྒྱའི་སྤྱི་མེས་བིར་ཝ་པ། །མགོན་དེས་རྗེས་བཟུང་ས་སྐྱའི་བླ་ཆེན་རྗེ། །དེའི་གསུང་ཕྱོགས་བཅུར་རྒྱས་མཛད་གོ་རམས་རྒྱལ། །ཧ་ནག་ཐུབ་བསྟན་རྣམ་རྒྱལ་ས་གཞི་ལ། །མདོ་རྒྱུད་རིག་བཅུ་མ་ཕམ་གཡས་སུ་འཁྱིལ། །རིང་ལུགས་གཙང་པོའི་རླབས་ཕྲེང་འདི་འཕྱུར་བས། །ཕྱོགས་མེད་མཁས་པའི་རྣམ་དཔྱོད་པད་མས་རོལ། །

དེ་ཡང་སྟོན་པ་མཉམ་མེད་ཤཱཀྱ་ཐུབ་པའི་བཀའ་དྲང་ངེས་ཀྱི་ཆོས་རྣམས། ཉེ་བའི་སྲས་ཆེན་བརྒྱད་དང་། གཏད་རབས་ཆེན་པོ་བདུན། གནས་བརྟན་བཅུ་དྲུག །རྒྱན་དྲུག་མཆོག་གཉིས། གྲུབ་ཆེན་བརྒྱད་ཅུ་རྣམས་ཀྱིས་གཙོས། མདོ་སྔགས་ཀྱི་བཀའ་བསྡུ་བ་པོ་རྣམས་ཀྱིས་བསྡུས། པཎྜི་ཏ་རྣམས་ཀྱིས་འཆད། གྲུབ་ཆེན་རྣམས་ཀྱིས་བསྒོམ། མཁས་པ་རྣམས་ཀྱིས་འཆད་རྩོད་རྩོམ་གསུམ་གྱིས་གཏན་

ལ་ཕབས་པའི་སངས་རྒྱས་ཀྱི་བཀའ་དང་། རྗེས་འཇུག་མཁས་པའི་བསྟན་བཅོས་ཞེས་རྒྱ་གར་འཕགས་པའི་ཡུལ་དུ་བཞུགས་པ་རྣམས། བོད་གངས་ཅན་གྱི་ལྗོངས་འདིར་སྔ་ཕྱི་ཆོས་རྒྱལ་ལོ་པཎ་རྣམས་ཀྱི་སྒྲ་འགྱུར་དང་འགྲེལ། རྒྱལ་བསྟན་འཆད་རྩོད་རྩོམ་གསུམ། ཐོས་བསམ་སྒོམ་གསུམ། འཛིན་སྐྱོང་སྤེལ་གསུམ་གྱིས་མཛད་འཕྲིན་སྐྱོང་བ་ལས། འབྲོག་མི་ལོ་ཙཱ་དང་འཁོན་དཀོན་མཆོག་རྒྱལ་པོ་ནས་བཟུང་ཡོངས་རྫོགས་བསྟན་པའི་མངའ་བདག་ཚང་ལ་མ་ནོར་བ་དཔལ་ལྡན་ས་སྐྱ་པ་ཞེས་སྲིད་གསུམ་ཡོངས་ལ་འབྲུག་ལྟར་གྲགས་པའི་ཆོས་བརྒྱུད་ཆེན་པོ་འདི་ཡི་རྩ་བ་ས་སྐྱའི་གོང་མ་ལྔ་དང་། དེའི་བརྒྱུད་འཛིན་སྤྱིའི་གཙོ་བོ། ས་སྐྱ། ཇོ་ནང་། ཞ་ལུ། ངོར་པ། རྫོང་པ། གོང་པ། བོ་དོང་། ཧ་ནག །ཚར་པ་ཞེས་དགུ་བཞུགས་པའི་ཡ་གྱལ་དང་། ཡང་ན་གཞུང་ལུགས་བོད་ཆེན་ལྔ་པོའི་བརྒྱུད་འཛིན་གྱི་གཙོ་བོ། འདུལ་བ་མཆོ་ལ་ཐུག །དབུ་མ་རེ་ལ་ཐུག །ཤེར་ཕྱིན་གཡག་ལ་ཐུག །མངོན་པ་མཆིམས་ལ་ཐུག །ཚད་མ་ཉ་ལ་ཐུག་ཅེས་གསུངས་པ་ལྔ་བུ་དང་། མདོ་སྔགས་སྤྱིའི་རྒྱུད་འཛིན་གཙོ་བོ། བུ་དོན་ལ་གཉིས། ཉ་བརྩོན་གཉིས། གཡག་གཞོན་གཉིས་ཞེས་གསུངས་ལྔ་བུ་དང་།

དེ་བཞིན་མདོ་ཕྱོགས་གཙོ་བོ་མཛད་པའི་མཁས་པ་གཡག་གཞོན་རོང་གསུམ། སྔགས་ཕྱོགས་གཙོ་བོ་མཛད་པའི་མཁས་པ་ངོར་རྫོང་ཚར་གསུམ། མདོ་སྔགས་གཉིས་ལ་མཁས་པ་གོ་ཤཱཀ་སྟག་གསུམ་ཞེས་གངས་ལྗོངས་མཛེས་པར་བྱེད་པའི་རྒྱན་དགུ་བཞུགས་པ་རྣམས་ཀྱི་བསྟན་པ་འཛམ་གླིང་ས་ཆེན་པོའི་གོ་ལའི་ཁྱོན་ཀུན་ཁྱབ་བཞིན་པའི་ནང་ནས་ད་ལན་སྐབས་སུ་བབས་པ་གང་གླིང་བར་བྱ་བའི་ཡུལ་ནི། བདེ་བ་ཅན་གྱི་རྒྱུད་ལས། ཉན་ཐོས་པད་མ་ཅན་འདིར་མ་འོངས་དུས། །མདོ་རྒྱུད་ཀུན་མཁྱེན་བསོད་ནམ་སེང་གེ་ཞེས། །བདེ་བ་ཅན་སོགས་ཞིང་ཁམས་མཐའ་དག་མཐོང་། །འབྲེལ་བ་ཐོབ་ཚད་ཆུད་ཟོས་འགྱུར་རེ་སྐན། །ཅེས་དང་། དེ་སྐད་དུ། །ཐུབ་པའི་རྒྱལ་ཚབ་འཇམ་དབྱངས་ས་སྐྱ་པའི། །ལྷ་གྲུབ་འབྲུལ་མེད་སེང་གེ་ང་རོ་ཡིས། །ཕས་རྒོལ་གླང་པོའི་ཀླད་འགེམས་གོ་རམས་རྗེ། །རིང་ལུགས་ཕྱོགས་བཅུ་རྒྱས་པའི་བཀྲ་ཤིས་ཤོག །ཅེས་དང་། དཔལ་གདན་ས་ཆེན་པོ་ངོར་ཨེ་ཝཾ་ཐར་རྩེ་མ་ཧཱ་པཎྜི་ཏ། རྫོང་སར་འཇམ་དབྱངས་མཁྱེན་བརྩེ་སྐུ་ཕྲེང་གཉིས་པ་རིས་མེད་བསྟན་པ་རྒྱ

མཆོའི་མངའ་བདག །རྗེ་བླ་མ་ཆོས་ཀྱི་བློ་གྲོས་ཞལ་སྔ་ནས། ཐབས་ཤེས་གཉིས་མེད་བཙོམ་ལྡན་ཏེ་བརྡའི། །རྒྱུད་གསུམ་སླ་མཁས་བསོད་ནམས་སེང་གེ་དང་། །དཀོན་མཆོག་ལྷུན་གྲིས་གྲུབ་པའི་གཏེར་འགྱེད་ལས། །རིག་གསུམ་རྒྱལ་བའི་བསྟན་པ་རྒྱས་གྱུར་ཅིག་ཅེས་དང་། མཁན་ཆེན་གཞན་ཕན་ཆོས་ཀྱི་སྣང་བས། སྟོན་བྱོན་སྤྲུལ་པའི་ལོ་པཎ་གཤེགས་པའི་ཤུལ། །འཇམ་མགོན་ཆོས་རྗེ་བླ་མའི་དགོངས་པ་ཐིམ། །དཔལ་ལྡན་ས་སྐྱ་པ་ཡི་གྲུབ་པའི་མཐའ། །ཁྱོད་ཉིད་ཁོ་ནས་བཟུང་གྱིས་གཞན་གྱི་མིན། ཞེས་དམ་པ་དུ་མས་བསྔགས་པའི། གངས་ལྗོངས་རྡོ་རྗེ་འཛིན་པ་ཀུན་གྱི་གཙུག་རྒྱན། རྗེ་བཙུན་གྲགས་པ་རྒྱལ་མཚན་གྱི་རྣམ་སྤྲུལ། རང་ལུགས་ཀུན་མཁྱེན་དགོན་གྱི་བསྟན་བདག །ཡོངས་འཛིན་རྒྱལ་བ་གཉིས་པ་ཀུན་མཁྱེན་རོང་སྟོན་སངས་རྒྱས་འཕེལ་གྱི་གདན་ས། འབྲས་ཡུལ་སྐྱེད་ཚལ་དཔལ་རྫོང་དཀར་ཆོས་སྡེ་ཆེན་པོའི་གདན་རབས་གཉིས་པ། བསྐལ་བཟང་རྣམ་འདྲེན་བཞི་པས་ལུང་གིས་ཡང་ཡང་བསྔགས་པ། དཔལ་རྒྱལ་བ་ངོར་ཆེན་རྡོ་རྗེ་འཆང་ཀུན་དགའ་བཟང་པོའི་རྒྱལ་ཚབ་དང་། གདན་ས་ཆེན་པོ་ངོར་ཨེ་ཝཾ་ཆོས་ལྡན་གྱི་གདན་རབས་དྲུག་པ། གདན་ས་ཆེན་པོ་དཔལ་ཧྭ་ནག་ཐུབ་བསྟན་རྣམ་རྒྱལ་གླིང་དང་། ཡང་དགོན་ཧྭ་ནག་གསེར་གླིང་དགོན་རྣམ་གཉིས་ཕྱག་འདེབས་པ་པོའམ། ཡང་ན་ཧྭ་ནག་ཐུབ་བསྟན་རྣམ་རྒྱལ་གླིང་གི་རིང་ལུགས་སྲོལ་འབྱེད་པ་པོ། པཎ་གྲུབ་ཆེན་པོ་ཀུན་མཁྱེན་གོ་བོ་རབ་འབྱམས་པ་བསོད་ནམས་སེང་གེ་དང་། དེའི་བརྒྱུད་འཛིན་རྗེས་འབྲངས་བཅས་པའི་ཆོས་འབྱུང་དང་གདན་རབས་ཁ་གསལ་གོ་བདེ་ཁྱུངས་བཙན་འདི་ཉིད་ལགས།

༢ སྐུ་གཉིས་སངས་རྒྱས་པའི་གནས་འོག་མིན་ངོས་བཟུང་བ།

དེ་ཡང་སྤྱིར་སངས་རྒྱས་རྣམས་ནི་ཆོས་ཀྱི་སྐུའི་བདག་ཉིད་ཅན་ཡིན་པས། དེའི་སྨོན་ལམ་མཐའ་མེད་པ་དང་། མཛད་པ་ལའང་མཐའ་མེད་པས། ཞིང་ཁམས་ཡང་མཐའ་མེད་མོད། འོན་ཀྱང་དེས་དོན་གཙོ་ཆེའི་དབང་དུ་བྱས་ན། སྤྱིར་ཐེག་ཆེན་ཐུན་མོང་མ་ཡིན་པའི་བཀའ་ལུང་ལྟར་ན།

བསྐལ་བཟང་གི་སངས་རྒྱས་སྟོང་རྩ་གཉིས་པོ་འདི་ཐམས་ཅད་ཐོག་མར་འོག་མིན་སྟུག་པོ་བཀོད་པར་སངས་རྒྱས་ནས། དེའི་རྗེས་སུ་འཛམ་བུ་གླིང་འདིར་སངས་རྒྱས་ཀྱི་མཛད་པ་བཅུ་གཉིས་ཀྱང་རྩལ་

བསྟན་ཡིན་པ་གསུང་། མདོར་ན་ས་བཅུ་ནས་སྲིད་པ་ཐ་མའི་རྟེན་ལ་འོག་མིན་དུ་སངས་རྒྱས་པར་གསུངས་ཤིང་། འོག་མིན་དེ་ལ་ཡང་རྣམ་གཉིས་བཞུགས་པ་ལས། དང་པོ་སྤྲུལ་སྐུ་སངས་རྒྱས་གནས་འོག་མིན་མི་རྟག་པ་ནི། ལང་དཀར་གཤེགས་པ་ལས། འདོད་པའི་ཁམས་དང་གཟུགས་མེད་དུ། །སངས་རྒྱས་རྣམ་པར་འཚང་མི་རྒྱ། །གཟུགས་ཀྱི་ཁམས་ཀྱི་འོག་མིན་དུ། །འདོད་ཆགས་བྲལ་བ་ཁྱོད་སངས་རྒྱས། །ཞེས་གསུངས་ཤིང་། འདི་ལ་དགོངས་ནས་སློབ་དཔོན་ཀ་མ་ལ་ཤཱི་ལས་ཀྱང་། འོག་མིན་ཞེས་བྱ་བ་ནི་ལྷ་དག་སྟེ། དེ་དག་གི་ཕྱོགས་གཅིག་གནས་གཙང་མའི་རིགས་ཀྱི་ལྷ་རྣམས་ཡོད་དོ། །དེར་འཕགས་པ་ཉིད་འབའ་ཞིག་གནས་སོ། །ཞེས་གསུངས་པས་དེ་གྲུབ་བོ། །གཉིས་པ་བཅོམ་ལྡན་འདས་ལོངས་སྤྱོད་རྫོགས་པའི་སྐུ་སངས་རྒྱས་པའི་གནས་འོག་མིན་སྟུག་པོ་བཀོད་པ་ནི་མི་འཇིག་སྟེ། རྒྱུད་རྡོ་རྗེ་རྩེ་མོ་ལས། འོག་མིན་སྟུག་པོ་ཉམས་དགའ་འདི། །སྟུག་པོའི་ཞིང་ཁམས་འཇིག་མེད་པ། །དེས་ན་སངས་རྒྱས་རྣམས་ཀྱི་ཆོས། །རྫོགས་པར་ལོངས་སྤྱོད་རྩལ་འདི་འབྱུང་། ཞེས་གསུང་པས་དེ་ལྟར་ན། སློབ་དཔོན་དབྱིག་གཉེན་གྱིས་བསམ་གཏན་བཞི་པ་མི་གཡོ་བར་བཤད་པའི་དོགས་སློང་དུ། མི་རྟག་དེ་ཡི་གཞལ་མེད་ཁང་། །སེམས་ཅན་བཅས་པ་འབྱུང་འཇིག་ཕྱིར། ཞེས་བསམ་གཏན་གསུམ་པ་མན་ཆད་ལྟར་དུས་མཐའི་མེ་ཆུ་རླུང་གསུམ་གྱིས་མི་འཇིག་ཀྱང་མཐར་འཇིག་པར་གསུང་པའི་ཕྱིར་རོ། །

༣ གནས་འོག་མིན་དུ་གསང་སྔགས་ཇི་ལྟར་བྱོན་པའི་ཚུལ།

དེ་ཡང་སྟོན་པ་ལོངས་སྤྱོད་རྫོགས་སྐུ་རྒྱ་ཧེ་རུ་ཀ་ངེས་པ་ལྔ་ལྡན་ཞལ་བརྒྱད་ཕྱག་བཅུ་དྲུག་པས། འཁོར་རྡོ་རྗེ་སྙིང་པོ་ལ་སོགས་པ་ལ་ཆོས་བཅོམ་ལྡན་འདས་དཔལ་གྱི་རྡོ་རྗེའི་རྒྱུད་རྣམས་གསུངས་པ་ཡིན་ཏེ། ཇི་སྐད་དུ། གང་ཡང་འོག་མིན་ཞིང་ཁམས་ནི། །ཡེ་ཤེས་སྣང་བ་རྒྱས་པའི་ཕྱིར། བཅོམ་ལྡན་རྡོ་རྗེ་འཆང་ཆེན་གྱིས། །རྒྱུན་མི་ཆད་ཅིང་ཁྱབ་པ་དང་། །རྟག་ཅིང་འགྱུར་མེད་མཆོག་གི་ནི། །གསང་ཆེན་འདི་ནི་ཀུན་ཏུ་སྟོན། །ཅེས་གསུང་པས་དེ་གྲུབ་བོ། །

༩ འདོད་ཁམས་སུ་གསང་སྔགས་ཇི་ལྟར་བྱོན་པའི་ཚུལ།

འདི་ལ་སྟོན་པ་སྤྲུལ་སྐུ་འབྲས་བུ་ཧེ་རུ་ཀས་གསང་སྔགས་དམ་པའི་ཆོས་དེས་གསུང་པའི་རྒྱུ་ནི། འདོད་པའི་ཁམས་འདིར་དབང་ཕྱུག་ཆེན་པོ་ལ་སོགས་འཇིག་རྟེན་གྱི་དྲེགས་པ་ཅན་རྣམས་འདུལ་བའི་ཕྱིར་དུ་གསུངས་པ་ཡིན་ཏེ། དེ་ཡང་རྒྱུད་རྒྱས་པའི་དོན་བླ་མ་གོང་མ་རྣམས་ཀྱིས་ཇི་ལྟར་གསུང་པ་བཞིན་འདིར་ཅུང་ཟད་ཞུས་ན། སྟོན་ཁམས་གསུམ་ལས། གཟུགས་མེད་ཀྱི་ཁམས་ལ་ནི་བདག་པོ་མེད་ཅིང་། གཟུགས་ཁམས་ཀྱི་བདག་པོ་ཚངས་པ་དང་། འདོད་ཁམས་རྒྱ་ཆེ་བའི་བདག་པོ་དབང་ཕྱུག་ཆེན་པོ་དང་། འདོད་ཁམས་རྒྱ་ཆུང་བའི་བདག་པོ་གཞན་འཕྲུལ་དབང་བྱེད་ཀྱི་བདུད་སྡིག་ཏོ་ཅན་དང་། རི་རབ་ཀྱི་རྩེ་མོ་མན་ཆད་ཀྱི་གླིང་བཞིའི་བདག་པོ་དབང་ལྡན་ན་གནས་པའི་དྲག་པོ་དབང་ཕྱུག་ཆེན་པོ་སྟེ་གཙོ་བཞི་དང་། དེ་དག་གི་ཆུང་མ་གཽ་རི་ལ་སོགས་པ་བརྒྱད་དང་། དེ་རྣམས་ཀྱི་འཁོར་འདོད་ཁམས་ཀྱི་ཚངས་པ་ལ་སོགས་པ་དྲེགས་པ་ཅན་བརྒྱད་ཡོད་ཅིང་། དེ་དག་ལ་ཡང་རང་རང་གི་འཁོར་དང་ཆུང་མ་ལ་སོགས་བསམ་གྱིས་མི་ཁྱབ་པ་དང་ལྡན་པ་རྣམས་འདོད་ཆགས་ཤས་ཆེ་བས། སྤྱོད་ལམ་བཞིར་རང་རང་གི་ཆུང་མ་དང་འབྲུད་ཅིང་། ཞེ་སྡང་ཤས་ཆེ་བས་མི་མང་པོ་བསད་ནས་དེ་དག་གི་ཤ་ཁྲག་ལ་རོལ། གཏི་མུག་ཤས་ཆེ་བས་ལས་རྒྱུ་འབྲས་དང་། དེ་ཁོ་ན་ཉིད་ཀྱི་དོན་ལ་རྨོངས་པའི་སྟོབས་ཀྱིས་འདོད་ཡོན་ལྔ་རང་དགར་སྤྱོད་ཅིང་། འདོད་པའི་ཁམས་ཀྱི་སྐྱེ་འགྲོ་ཐམས་ཅད་དབང་དུ་བསྡུས་ནས། རང་ཡང་ལམ་ལོག་པ་ལ་ཞུགས་ཤིང་། གཞན་དག་ཀྱང་དེར་འགོད་པར་བྱེད་བཞིན་པའི་ངང་ནས་དྲེགས་པའི་རློམ་ཚིག་ཀྱང་སྨྲས་ཏེ། འདོད་པའི་ཁམས་ཀྱི་སྐྱེ་འགྲོ་རྣམས་མ་རུང་བར་བྱས་པ་དེའི་ཚེ་ལོངས་སྐུ་རྒྱུ་ཧེ་རུ་ཀས་དྲག་པོ་དབང་ཕྱུགས་ཆེན་པོ་འཁོར་དང་བཅས་པ་འདུལ་བའི་ཕྱིར་དགོངས་པ་སྣ་ཚོགས་པའི་དམ་ཚིག་ཆེན་པོས་རྣམ་པར་རོལ་པའི་རྡོ་རྗེ་ཞེས་བྱ་བའི་ཏིང་ངེ་འཛིན་ལ་ཞུགས་ཏེ། བ་སྤུའི་བུ་ག་ནས་དཀྱིལ་འཁོར་གྱི་འཁོར་ལོ་སྣ་ཚོགས་པར་འཛམ་བུ་གླིང་བཞི་བྱེ་བ་ཕྲག་བརྒྱར་གདུལ་བྱའི་དོན་དུ་སྤྲོས་ཤིང་། ཁྱར་པར་དུ་འདོད་པའི་ཁམས་འདིར་སྤྲུལ་སྐུ་ཧེ་རུ་ཀ་བཅོམ་ལྡན་འདས་དཔལ་གྱི་རྡོ་རྗེ་ཞལ་བརྒྱད་ཕྱག་བཅུ་དྲུག་པ་དང་།

དྲག་པོའི་ཆུང་མ་བརྒྱད་དང་མི་མཐུན་པར་གཽ་རི་ལ་སོགས་པའི་ལྷ་མོ་བརྒྱད་སྤྲུལ་ནས་དབང་ཕྱུག་རང་དང་། དེ་བས་ཆེ་བ་གསུམ་དང་བཅས་པ་བཅོམ་ལྡན་འདས་ཉིད་ཀྱི་གདན་དུ་མཛད་ཅིང་དྲེགས་པ་ཅན་བརྒྱད་ཀྱི་གདན་དུ་བྱས། ཞེས་དག་ལྡན་དུ་འབྱུང་ཞིང་། ས་ཆེན་གྱི་དག་པ་ལས་དྲག་པོའི་འཁོར་ཆེ་ཤོས་ནི་བཅོམ་ལྡན་འདས་ཀྱིས་མནན་ནོ། །ཞེས་གསུངས་སོ། །

གང་ལྟར་ཡང་དབང་ཕྱུག་གི་ཆུང་མ་བརྒྱད་དང་། འཁོར་གཞན་ནི་འཕྲིན་ལས་པའི་ཚུལ་གྱིས་དུར་ཁྲོད་བརྒྱད་དུ་བསྒྲད་ནས་དེ་རྣམས་ཀྱི་ཞེ་སྡང་བཏུལ། ཟུམ་བ་ལ་སོགས་པ་བདེ་བ་ཆེན་པོའི་རྣམ་འཕྲུལ་གྱིས་འདོད་ཆགས་བཏུལ། ཏ་ཏ་ཏི་ཏི་ལ་སོགས་པ་གསུང་གི་སྒྲས་གཏི་མུག་བཏུལ་བར་མཛད་པས། མདོར་ན་གདུལ་བྱ་དྲག་པོ་དབང་ཕྱུག་འཁོར་བཅས་འདུལ་བའི་དུས་གསུངས་པ་ཡིན་ཞིང་། དུས་ནམ་གྱི་ཚེ་གསུང་ཞེ་ན། དབང་ཕྱུག་འཁོར་བཅས་པ་བཏུལ་བའི་རྗེས་ཁོ་ན་ལ་རྡོ་རྗེ་བཙུན་མོའི་བྷ་ག་སྟེ་ཆོས་འབྱུང་གི་ནང་དུ་ཚུད་པའི་གཞལ་ཡས་ཁང་གི་ནང་དུ། སྟོན་པ་འབྲས་བུ་ཧེ་རུ་ཀས་འཁོར་འཇིག་རྟེན་ལས་འདས་པ་དུ་མ་ལ། ཆོས་ཀྱི་རྡོ་རྗེ་འབུམ་ཕྲག་ལྔ་པ་ཞེས་བྱ་བ་རྟོགས་པའི་རྒྱུད་དང་། ཕྱི་མའི་ཕྱི་མ་ཡེ་ཤེས་སྙིང་པོ་དང་། ཡེ་ཤེས་ཐིག་ལེའི་རྒྱུད་དང་། ཐུན་མོང་མ་ཡིན་པའི་བཤད་རྒྱུད་རྡོ་རྗེ་གུར་དང་། རྒྱུད་སྡེ་གཞན་དང་ཐུན་མོང་གི་བཤད་རྒྱུད་དཔལ་སཾ་བུ་ཊི་འབུམ་ཕྲག་སུམ་ཅུ་སོ་དྲུག་པ་དང་། སྙིང་པོའི་རྒྱུད་གྲུབ་པ་ငེས་བསྟན་ཐིག་ལེ་དང་། འབྲས་བུའི་རྒྱུད་དེ་ཁོ་ན་ཉིད་སྒྲོན་མེ་རྣམས་གསུང་པ་ཡེ་ཤེས་ཐིག་ལེའི་རྒྱུད་དང་། མཁའ་འགྲོ་རྒྱ་མཚོ་འགྲེལ་ལས་གསུངས་སོ། །

༥ འཛམ་བུ་གླིང་དུ་གསང་སྔགས་ཇི་ལྟར་བྱོན་ཚུལ།

ཐེག་པ་ཆེན་པོ་རྒྱུད་བླ་མ་ལས། སྐྱེ་བ་མངོན་པར་ཕྱོགས་པ་དང་། །དགའ་ལྡན་གནས་ནས་འཕོ་བ་དང་། །ལྷུམས་སུ་ཞུགས་དང་བལྟམས་པ་དང་། །བཟོ་ཡི་གནས་ལ་མཁས་པ་དང་། །བཙུན་མོའི་འཁོར་གྱི་རོལ་པ་དང་། །ངེས་འབྱུང་དཀའ་བ་སྤྱོད་པ་དང་། །བྱང་ཆུབ་སྙིང་པོར་གཤེགས་པ་དང་། །བདུད་སྡེ་གཙོམ་དང་རྫོགས་པ་ནི། །བྱང་ཆུབ་ཆོས་ཀྱི་འཁོར་ལོ་དང་། །མྱ་ངན་འདས་པར་གཤེགས་མཛད་རྣམས། །ཡོངས་སུ་མ་དག་ཞིང་རྣམས་སུ། །སྲིད་པ་ཇི་སྲིད་གནས་པར་

སྟོན། །ཅེས་མཛད་པ་བཅུ་གཉིས་གསུང་པ་བཞིན། ལམ་འབྲས་ཀྱི་གཞུང་བཤད་རྣམས་ལས་ཀྱང་དེ་ལྟར་བཅུ་གཉིས་ཞལ་གྱིས་བཞེས་པའི་ནང་ནས། སྟོན་པ་འདིས་འཛམ་བུའི་གླིང་དུ་ཐེག་གསུམ་ཆོས་ཀྱི་འཁོར་ལོ་རིམ་པ་གསུམ་དུ་བསྐོར་བའི་རྗེས་སུ། ཆགས་པ་དང་བྲལ་བའི་ལམ་གྱི་འདུལ་བར་མི་ནུས་པ་རྣམས་ཀྱི་དོན་དུ་གནས་རི་རབ་ཀྱི་རྩེ་ལ་སོགས་པར་གསང་སྔགས་ཀྱི་རྒྱུད་སྡེ་བསྟུས་པ་འགའ་ཞིག་དང་། ཁྱད་པར་དུ་དཔལ་ཀྱེ་རྡོ་རྗེའི་རྩ་རྒྱུད་བསྡུས་པ་བརྟག་པ་གཉིས་ཀྱི་བདག་ཉིད་ཅན་དང་། དེའི་ཐུན་མོང་མ་ཡིན་པའི་བཤད་རྒྱུད་རྡོ་རྗེ་གུར་དང་། རྒྱུད་གཞན་དང་ཐུན་མོང་གི་བཤད་རྒྱུད་དཔལ་སཾ་བུ་ཊི་རྣམས་གསུངས་པ་ཡིན་ལ།

རྒྱུད་དེ་དག་རྣམས་ཚུལ་ཇི་ལྟར་བྱུས་གསུང་པ་ཡིན་ཞེ་ན། གནས་ཕུན་སུམ་ཚོགས་པ་རྡོ་རྗེ་བཙུན་མོའི་བྷ་ག་སྟེ། བམ་པོ་མ་ཡིན་པ་ཁང་པ་བརྩེགས་པ་གྲུ་བཞི་པ་དང་སྒོ་བཞི་པ། འཇིག་རྟེན་ལས་འདས་པའི་གཞལ་ཡས་ཁང་གི་ནང་དུ་སྟོན་པ་སྤྲུལ་སྐུ་འབྲས་བུ་ཧེ་རུ་ཀ་དཔལ་ཀྱི་རྡོ་རྗེ་ཞལ་བརྒྱད་ཕྱག་བཅུ་དྲུག་པས། འཁོར་ཕུན་སུམ་ཚོགས་པ་རྡོ་རྗེ་སྙིང་པོ་ལ་སོགས་པ་དཔའ་བོའི་འཁོར་བྱེ་བ་ཕྲག་བརྒྱད་ཅུ་དང་། བདག་མེད་མ་ལ་སོགས་པ་རྣལ་འབྱོར་མའི་འཁོར་རི་རབ་ཀྱི་རྡུལ་དང་མཉམ་པ་རྣམས་དང་། གཞན་ཡང་འཁོར་དག་པ་ལྷ་དང་མི་བསམ་གྱིས་མི་ཁྱབ་པ་དང་བཅས་པ་རྣམས་ལ། དུས་སངས་རྒྱས་ནས་དགུང་ལོ་བརྒྱད་ཅུའི་བར་གྱི་དུས་གཅིག་ལན་གཅིག་ཏུ་སྟོན་པ་སྟེ་དེ་བས་ན་འདིའི་དུས་ནི་གཞན་ལས་ཁྱད་པར་དུ་འཕགས་པ་ཡིན་པས། དེ་ལྟ་བུ་ཕུན་སུམ་ཚོགས་པ་བཞི་འཛོམས་པའི་ཚེ་ཆོས་ཕུན་སུམ་ཚོགས་པ་གསུང་བར་བཞེད་ནས་སྟོན་པས་རྡོ་རྗེ་སྙིང་པོ་ལ་སྤྱན་གཟིགས་ནས་འཛུམ་པ་མཛད་དེ། ཐུགས་དཔལ་གྱི་བེའུ་ལས་འོད་ཟེར་ཕྱུང་ནས་བསྐུལ་བས། རྡོ་རྗེ་སྙིང་པོས་ཤེས་ཏེ་སྟན་ལས་ལངས་ནས་བླ་གོས་ཕྲག་པ་གཅིག་ཏུ་གཟར་ཏེ། པུས་མོ་གཡས་པ་ས་ལ་བཙུགས་ནས་ཐལ་མོ་སྦྱར་ཏེ། ཡེ་ཤེས་དབང་པོས་དེ་བཞིན་གཤེགས་པ་ཐམས་ཅད་ཀྱི་སྐུ་དང་། གསུང་དང་། ཐུགས་ཀྱི་སྙིང་པོ་རྗེ་བཙུན་གསང་བ་ལས་ཀྱང་ཆེས་གསང་བའང་བརྟན་པར་འཚལ་ན། དེ་རྣམས་ཇི་ལྟ་བུ་ལགས། ཞེས་ཞུས་པས། ཨེ་མ་ཧོ། ཞེས་ངོ་མཚར་བའི་ཚིག་དང་། ལེགས་སོ་ཞེས

གཏང་རག་ཕྱིན་ནས་བརྟག་པ་གཉིས་ཀྱི་བདག་ཉིད་ལེའུ་ཉི་ཤུ་རྩ་གསུམ་ཅན་ཤོ་ལོ་ཀ་བདུན་བརྒྱ་ལྔ་བཅུ་པ་འདི་གསུངས་ཤིང་། དེ་བཞིན་དུ་ནམ་མཁའ་ཐེམ་བཅས་དྭངས་པ་དང་། ཞེས་སོགས་ཀྱི་སྒོ་ནས་བསྟུས་རྒྱུད་དང་། ཐུན་མོང་མ་ཡིན་པའི་བཤད་རྒྱུད་མཁའ་འགྲོ་མ་རྡོ་རྗེ་གུར་དང་། འདི་སྐད་བདག་གིས་ཐོས་པ་དུས་གཅིག་ན། ཞེས་སོགས་ཀྱི་ཐུན་མོང་བའི་བཤད་རྒྱུད་སཾ་བུ་ཊི་སྟེ་དཔལ་གྱི་རྡོ་རྗེ་རྒྱུད་གསུམ་དུ་གྲགས་པ་རྣམས་གསུངས་པ་ཡིན་ནོ་ཞེས། འཇམ་མགོན་ཨ་མེས་ཞབས་ངག་དབང་ཀུན་དགའ་བསོད་ནམས་ཀྱིས་གསུངས་སོ། །

༨ བྱང་ཕྱོགས་ཨུ་རྒྱན་གྱི་ཡུལ་དུ་གསང་སྔགས་ཇི་ལྟར་བྱོན་པའི་ཚུལ།

དེ་བའི་ཚེ་དེ་བའི་དུས་བཅོམ་ལྡན་འདས་གྲོང་ཁྱེར་མཉན་ཡོད་དུ་བཞུགས་པའི་ཚེ། དེ་ནས་དཔག་ཚད་སུམ་བརྒྱ་ན་ཨུ་རྒྱན་ཞེས་བྱ་བའི་ཡུལ་ན། རྒྱལ་པོ་ཨི་ནྡྲ་བོ་དྷི་ཞེས་བྱ་བ་ཞིག་བཞུགས་པ་དེ། སྔ་དྲོའི་དུས་གཅིག་གི་ཚེ་དགེ་སློང་དུ་མ་ནམ་མཁའ་ལ་འཕུར་བ་མཐོང་བས། དེ་དག་ཅི་ཡིན་མ་ཤེས། ཕྱི་ནང་གི་བློན་པོ་རྣམས་ལ་དྲིས། དེ་རྣམས་ཀྱིས་ཀྱང་མ་ཤེས། གྲོང་ཁྱེར་གྱི་མི་རྣམས་ལ་རིམ་པས་དྲིས་པས། དེ་དག་རྣམས་ཀྱི་ནང་ནས་མཉན་ཡོད་ནས་འཁོར་བའི་ཚོང་པ་ཞིག་ན་རེ། འདི་ནས་དཔག་ཚད་སུམ་བརྒྱ་ན་མཉན་ཡོད་ཅེས་གྲོང་ཁྱེར་ཡོད་པས། དེ་ན་རྒྱལ་པོ་ཟས་གཙང་མའི་སྲས་སངས་རྒྱས་གཅིག་བཞུགས་པ་དེའི་འཁོར་གྱི་དགེ་སློང་དགྲ་བཅོམ་པ་རྣམས་འཕུར་བ་ཡིན་ནོ། །ཞེས་སླས་པ་དེ་རྒྱལ་པོས་ཐོས་པ་དང་། སངས་རྒྱས་ཞེས་བྱ་བའི་སྒྲ་དེ་ཐོས་པ་ཙམ་གྱིས་དད་དེ། རྒྱལ་པོས་དེའི་ཕྱོགས་སུ་ཕྱག་འཚལ་ནས་མེ་ཏོག་དང་བཅས་ཐལ་མོ་སྦྱར་ཏེ་འདུག་པས་མཉན་ཡོད་ན་བཅོམ་ལྡན་འདས་འཁོར་དང་བཅས་པ་བཞུགས་པ་མཐོང་བས་དད་པ་སྐྱེས་ཏེ། བཅོམ་ལྡན་འདས་ཐམས་ཅད་མཁྱེན་པ་ཐུགས་རྗེ་ཅན་རྫུ་འཕྲུལ་གྱི་ཞབས་མངའ་བ་ཁྱེད་འཁོར་དང་བཅས་པ་སང་བདག་གི་གདུགས་ཚོད་ལ་འདིར་གཤེགས་པ་གསོལ་བ་བཏབ་པས། བཅོམ་ལྡན་འདས་འཁོར་དང་བཅས་པ་སང་དེར་བྱོན་པ་དང་། རྒྱལ་པོ་འཁོར་དང་བཅས་པས་མཆོད་ཅིང་བསྙེན་བཀུར་ཏེ། རྒྱལ་པོས་གསོལ་བ། བདག་ཅག་སྲིད་པའི་སྡུག་བསྔལ་ལས་ཐར་བར་མཛད་དུ་གསོལ། ཞེས་ཞུས་པ། བཀའ་སྩལ་པ།

ཁྲིམ་ནས་ཁྲིམ་མེད་པར་རབ་ཏུ་བྱུང་ཞིག་དང་ཐབས་ཡོད་དོ་གསུངས་པས། རྒྱལ་པོ་ན་རེ། བདག་ཅག་ནི་འདོད་པའི་ཡོན་ཏན་གྱི་གདུང་བ་ཆེ་བས་འདི་མ་སྤངས་པར་ཉིད་དུ་སྡུག་བསྔལ་ལས་ཐར་པའི་ཐབས་ཞུའོ། །ཞེས་གསོལ་བས། དེ་ཉིད་ཀྱི་ཚེ་སྐྱེ་བོ་འདོད་ཆགས་ཅན་དེ་དག་རྗེས་སུ་གཟུང་བའི་ཕྱིར་རྡོ་རྗེ་བཙུན་མོའི་བྷ་ག་སྟེ་ཡེ་ཤེས་ཀྱི་དཀྱིལ་འཁོར་སྤྲུལ་ནས་དེར་དབང་བསྐུར་ཏེ་རྒྱལ་པོ་འཁོར་བཅས་སྨིན་པར་མཛད་ལ། དེ་ལྟར་ན་བཅོམ་ལྡན་འདས་ཀྱི་རྣམ་པར་འཕྲུལ་པས་འདོད་ཆགས་དང་ལྡན་པ་ཉིད་དུ་བསྟན་ནས་ཆགས་ཅན་གྱི་སེམས་སྨིན་པར་མཛད་པ་ཡིན་པ་བརྒྱུད་པ་གོང་མ་རྣམས་ཀྱིས་གསུངས་སོ། །

༧ གསང་སྔགས་རྡོ་རྗེ་ཐེག་པ་ཕྱག་ན་རྡོ་རྗེས་བྱང་ཕྱོགས་སུ་བཀའ་བསྡུས་ཇི་ལྟར་མཛད་པའི་ཚུལ།

དེ་ཡང་ངེས་དོན་གྱི་དབང་དུ་བྱས་ན། གསང་བ་གྲུབ་པ་ལས། འདི་ཡིས་སྤྱོད་པར་བྱེད་པ་པོ། །གཞན་དག་ཡོད་པ་མ་ཡིན་ཏེ། །བདག་ཉིད་འབའ་ཞིག་སྨྲ་བར་བྱེད། །ཞེས་གསུངས་ཀྱང་། སྐབས་འདིར་དྲང་དོན་གྱི་དབང་དུ་བྱས་པ་ཡིན་ལ། ཡང་ཁ་ཅིག་ཐེག་ཆེན་གྱི་ཆོས་ནི་ལྷོ་ཕྱོགས་བི་མ་ལ་སམ་བྷ་བར་བྱང་ཆུབ་སེམས་དཔའ་བྱེ་བ་ཕྲག་དགུ་བཅུ་འདུས་ནས། མགོན་པ་འཇམ་དཔལ་གྱིས། འདུལ་བ་བྱམས་པས། མདོ་སྡེ་ཕྱག་ན་རྡོ་རྗེས་བསྡུས་ཞེས་བཤད་ལ། རྗེ་བཙུན་རྩེ་མོས། དེ་ལ་སྐྱོན་ཆེན་པོ་ནི་མེད་ཅིང་། འོན་ཀྱང་གསང་སྔགས་དང་ཐེག་ཆེན་ཐུན་མོང་མ་ཡིན་པ་གཉིས་ཀ་ཕྱག་ན་རྡོ་རྗེས་བསྡུས། ཞེས་གསུངས་པ་བཞིན། དཔལ་ཡེ་ཤེས་ཐིག་ལེའི་རྒྱུད་ལས། མ་འོངས་པའི་དུས་སུ་གསང་བའི་རྒྱུད་སྐལ་བ་དང་ལྡན་པའི་སེམས་ཅན་རྣམས་ལ་སྲུས་བཤད་པར་བྱེད། བཀའ་སྩལ་པ། ཕྱག་ན་རྡོ་རྗེ་མགོན་པོས་བཤད་པར་བྱེད་དོ། །ཞེས་དང་། གསང་བ་སྒྲོན་མེའི་རྒྱུད་ལས་ཀྱང་། གསང་བ་ཆེན་མོའི་རྒྱུད་ཤེས་པ་དང་བཤད་པ་མ་འོང་པ་ན་སུས་བྱེད་བཀའ་སྩལ་པ། བྱང་ཕྱོགས་ཨུ་རྒྱན་གྱི་ཡུལ་དཔལ་རྡོ་རྗེ་ཆེན་པོའི་གནས་སུ་ཨུ་རྒྱན་གྱི་རྒྱལ་པོ་ཨིནྡྲ་བོ་དྷི་ཞེས་བྱ་བས་ཤེས་པ་དང་། བཤད་པ་དང་། སེམས་ཅན་རྣམས་ལ་གསལ་བར་བྱེད་དོ། །

གསོལ་བ། རྒྱལ་པོ་ཨིནྡྲ་བོ་དྷི་དེ་ས་བཅུའི་དབང་ཕྱུག་ལགས་སམ། བཀའ་སྩལ་པ། ཕྱག་ན་རྡོ་རྗེ་ཡེ་ཤེས་ཀྱི་སྐུ་ས་བཅུའི་དབང་ཕྱུག་དེ་ཉིད་ཀྱི་སྤྲུལ་པའི་སྐུ་སྟེ། ས་བཅུའི་དབང་ཕྱུག་གོ་ཞེས་གསུངས་སོ། །མདོར་ན་རྡོ་རྗེ་ཐེག་པའི་རྒྱུད་རྣམས་བསྡུས་པའི་གནས་ནི་ཨུ་རྒྱན་གྱི་ཡུལ་ཡིན་ལ། སྡུད་པ་པོ་ནི་ཕྱག་ན་རྡོ་རྗེ་ཡིན་ཞིང་། བསྡུས་པའི་དུས་ནི་བཅོམ་ལྡན་འདས་མྱ་ངན་ལས་མ་འདས་པའི་དུས་སུ་བསྡུས་པ་ཡིན་ཏེ། འདིའི་ལོ་རྒྱུན་ནི་གོང་དུ་བཅོམ་ལྡན་འདས་གྲོང་ཁྱེར་མཉན་ཡོད་ན་བཞུགས་པའི་ཚེ་ཞེས་པ་ནས། རྒྱལ་པོ་འཁོར་དང་བཅས་པ་སྨིན་པར་མཛད་ཅེས་པའི་བར་ཞུས་ཟིན་ལ། དེ་ན་བཅོམ་ལྡན་འདས་ཀྱི་རྣམ་པར་སྤྲུལ་པས་འདོད་ཆགས་ཅན་སྨིན་པར་མཛད་ཅིང་། དེའི་རྗེས་སུ་ཕྱག་ན་རྡོ་རྗེས་རྒྱུད་མཐའ་དག་བསྡུས་ནས་རྒྱལ་པོ་འཁོར་དང་བཅས་པ་ལ་བྱིན་པས་དེས་ཀྱང་དངོས་གྲུབ་ཐོབ། མཚན་ཨིནྡྲ་བོ་དྷི་ཆེན་པོ་ཡིན་ཞེས་བླ་མ་དམ་པ་འགའ་ཞིག་གིས་གསུང་ལ། གང་ལྟར་ཡང་སངས་རྒྱས་བཞུགས་པའི་དུས་སུ་ཕྱག་ན་རྡོ་རྗེས་གསང་སྔགས་རྡོ་རྗེ་ཐེག་པ་མཐའ་དག་བསྡུས་པར་སྤྱི་རྣམ་དུ་གསུང་པས་དེ་གྲུབ་བོ། །

༢ རྒྱ་གར་འཕགས་ཡུལ་ནཱ་ལནྡྲར་གསང་སྔགས་རྡོ་རྗེ་ཐེག་པ་ཇི་ལྟར་བྱོན་པའི་ཚུལ།

སྤྱིར་འཕགས་ཡུལ་དུ་ཡོངས་གྲགས་ཀྱི་བསྟན་འཛིན་སྐྱེས་ཆེན་གསུམ་བྱོན་པའི་ནང་ནས། བསྟན་པ་སྟོབས་ཀྱིས་འཛིན་པ་ཆོས་རྒྱལ་མྱ་ངན་མེད་སངས་རྒྱས་སྐུ་མྱ་ངན་ལས་འདས་ནས་ལོ་བརྒྱ་དང་བཅུ་ལོན་པ་ན་བྱོན་པར་ཆོས་ལ་འཇུག་པའི་སྒོ་དང་། བུ་སྟོན་ཆོས་འབྱུང་གཉིས་ཀ་ལས་གསུངས་ཤིང་། བསྟན་པ་རྩོད་པའི་སྒོ་ནས་མུ་སྟེགས་པ་རྣམས་མིང་མེད་པར་བྱས་ཏེ་སངས་རྒྱས་ཀྱི་བསྟན་པ་ཉིན་མོ་ལྟར་མཛད་པ་པོ་དཔལ་ཆོས་ཀྱི་གྲགས་པ་ནི། སངས་རྒྱས་སྐུ་མྱ་ངན་ལས་འདས་ནས་ལོ་བདུན་བརྒྱ་དང་དགུ་བཅུ་ན་སློབ་དཔོན་དབྱིག་གཉེན་བྱོན་པ་ཡིན་ཞིང་། དེའི་སློབ་མ་ཕྱོགས་གླང་། དེའི་སློབ་མ་སློབ་དཔོན་དབང་ཕྱུག་སྡེ། དེའི་སློབ་མའི་མཆོག་རྗེ་འདི་ཉིད་བྱོན་པ་ལགས་སོ། །

རྒྱལ་བསྟན་མཐུ་སྟོབས་ཀྱི་སྒོ་ནས་འཛིན་པ་རྗེ་བཙུན་རྣལ་འབྱོར་གྱི་དབང་ཕྱུག་དཔལ་བིར་ཝ་པ་བྱོན་པའི་དུས་ནི། དེ་ཡང་ཐོག་མ་འཇམ་དཔལ་རྩ་རྒྱུད་ལས། ང་ནི་འདི་ནས་མི་སྣང་ནས། །ལོ་ནི་

བཞི་བརྒྱ་ལོན་པ་ན། །ཀླུ་ཞེས་བྱ་བའི་དགེ་སློང་འབྱུང་། །ལོ་ནི་དྲུག་བརྒྱ་དག་ཏུ་འཚོ། །ཞེས་གསུངས་པ་བཞིན་སློབ་དཔོན་ཀླུ་སྒྲུབ་ལོ་དྲུག་བརྒྱའི་བར་དུ་བཞུགས་ཤིང་། དེའི་སྐུ་ཚེ་སྨད་ཀྱི་སློབ་མ་ཨཱརྻ་དེ་བ་ཡིན་ལ། དེའི་དངོས་སློབ་དཔལ་བིར་ཝ་པ་ཡིན་པ་རྒྱ་གར་གྱི་གྲུབ་ཆེན་ཕ་དམ་པས་གསུངས། དེ་བཞིན་དུ་ཨཱརྻ་དེ་བའི་དབུ་མ་བཞི་བརྒྱ་པ་ལ་སློབ་དཔོན་འདིས་འགྲེལ་བ་མཛད་པ་འཛིག་རྟེན་མགོན་པོའི་བརྟུལ་ཞུགས་ཀྱི་དབུ་མའི་འགྲེལ་བ་ལས་གསལ། ཡང་སངས་རྒྱས་མྱ་ངན་ལས་འདས་ནས་ལོ་དགུ་བརྒྱ་ན་སློབ་དཔོན་ཐོགས་མེད་བྱོན་པ་དཀོན་བརྩེགས་ཀྱི་མདོ་ལས་གསུངས། འཇམ་དཔལ་རྩ་རྒྱུད་ལས། ལོ་ནི་བརྒྱ་དང་ལྔ་བཅུར་འཚོ། ཞེས་ལུང་བསྟན་པ་ལྟར་སློབ་དཔོན་དེས་དགུང་ལོ་ཕྱེད་དང་ཉིས་བརྒྱ་བཞུགས་པ་ལུང་གིས་གྲུབ་ལ། དེའི་སློབ་མ་དཔལ་ལྡན་ཆོས་སྐྱོང་ཡིན་པར་མདོ་སྡེ་ས་བཅུ་པའི་རྒྱུད་ལས་གསུངས། དེའི་དངོས་སློབ་མཁན་ཆེན་ཞི་བ་འཚོ་ཡིན་པ་དེ་ཉིད་ལས་གསུངས་པས་མདོར་ན་རྣལ་འབྱོར་གྱི་དབང་ཕྱུག་བིར་ཝ་པ་བདག་ཅག་གི་སྟོན་པ་སྐྱ་མྱ་ངན་ལས་འདས་ནས་ལོ་སྟོང་དང་ཉི་ཤུའི་སྔོར་བྱོན་པ་གསུངས་ལ། ད་ནི་འཕགས་ཡུལ་མདོ་སྔགས་གྲུབ་བརྒྱའི་སྤྱི་མེས་རྗེ་བཙུན་མཐུ་སྟོབས་ཀྱི་དབང་ཕྱུག་བིར་ཝ་པ་ཇི་ལྟར་བྱོན་པའི་ཚུལ་ནི། རྒྱ་གར་ཤར་ཕྱོགས་བེ་ཁ་ཧེ་སྨན་གྱི་དབང་པོ་ཞེས་བྱ་བའི་གྲོང་ཁྱེར་ཆེན་པོ་ན་རྒྱལ་པོ་མུ་ཁྲིད་ཅན་གྱི་སྲས་རྒྱལ་པོ་གསེར་གྱི་འཁོར་ལོ་ཅན་ཞེས་བྱ་བའི་སྲས་སུ་སྐུ་འཁྲུངས། བྲམ་ཟེ་མཚན་མཁན་ལ་བསྟན་པས་མཐུ་སྟོབས་ཀྱི་སྒོ་ནས་རྒྱལ་བསྟན་རྒྱས་པར་བྱེད་པ་ཞིག་འབྱུང་ཞེས་ལུང་བསྟན། མཚན་དངུལ་གྱི་འཁོར་ལོ་ཅན་ཞེས་གསོལ།

དེ་ཆེར་བསྐྱེད་ནས་ཤར་ཕྱོགས་སོར་མ་ཕུ་རིའི་གཙུག་ལག་ཁང་དུ་མཁན་པོ་དུལ་བའི་ལྷ་དང་། སློབ་དཔོན་རྒྱལ་བ་གྲགས་པ་ཞེས་བྱ་བ་ལས་རབ་ཏུ་བྱུང་། སློབ་དཔོན་དེར་བསྟེན་ནས་རིག་པའི་གནས་ཐམས་ཅད་ལ་མཁས་པར་བསླབས། དགོན་པ་དེ་ཡབ་ཡུམ་གྱི་སྒྲིབ་པ་སྦྱང་པའི་སླད་དུ་གཙུག་ལག་ཁང་དཀོན་མཆོག་གསུམ་གྱི་རྟེན་བཅས་གསར་བཞེངས་གནང་སྟེ། གཙུག་ལག་ཁང་དུ་མཆོད་པའི་རྒྱན་བཟང་པོ་དང་མཁན་སློབ་དགེ་འདུན་རྣམས་ལ་བསྙེན་བཀུར་གྱི་ཐབས་རྩ་ལེགས་པར་

བཞག་རྗེས། རང་ཉིད་དཔལ་ནཱ་ལནྡྲའི་གཙུག་ལག་ཁང་དུ་བྱོན་ཏེ། དེའི་མཁན་པོ་དྷརྨ་མི་ཏྲ་སྐྱེ་ཆོས་ཀྱི་བཤེས་གཉེན་ཞེས་བྱ་བ་ལས་བསྙེན་པར་རྫོགས། ཐེག་པ་ཆེ་ཆུང་དང་རྗེས་སུ་འབྲེལ་བའི་དམ་པའི་ཆོས་བསམ་གྱིས་མི་ཁྱབ་པ་སྦྱངས། མཁན་པོ་དེའང་མཆོག་ཏུ་མཉེས་པས་ཆོས་ཐམས་ཅད་ལྷུག་པར་གསུངས། ཁྱད་པར་དུ་སློབ་དཔོན་འདི་གཅིག་པུ་ལ་གསང་ཆོས་ཀྱི་ཚུལ་དུ། སྤྱིར་མྱུར་དུ་སངས་རྒྱས་པ་ལ་གསང་སྔགས་རྡོ་རྗེ་ཐེག་པར་སློབ་དགོས་ཤིང་། དེའི་ནང་ནས་ཟབ་ཅིང་མྱུར་བ་འཁོར་ལོ་བདེ་མཆོག་ཡིན་གསུངས་ནས་སྨིན་གྲོལ་ཡོངས་སུ་རྫོགས་པ་གདམས་ཏེ། མདོར་ན་མདོ་སྔགས་ཡོངས་སུ་རྫོགས་པ་ལ་མཁས་པ་ཆེན་པོ་ཤྲཱི་དྷརྨ་པཱ་ལ་སྟེ་དཔལ་ལྡན་ཆོས་སྐྱོང་ཞེས་ཕྱོགས་ཐམས་ཅད་དུ་གྲགས་པར་གྱུར། མཁན་པོ་སྐྱ་མྱ་ངན་ལས་འདའ་ཁའི་ཞལ་ཆེམས་ལ། དཔལ་ལྡན་ཆོས་སྐྱོང་འདི་ང་དང་ཁྱད་པར་མེད་པའི་དོན་དངོས་དུ་མཁས་པ་ཆེན་པོ་ཞིག་ཡིན་པས། ངའི་གདན་སའི་མཁན་ཚབ་འདི་ཁོང་ལ་གཏད། ཁྱེད་རྣམས་ཀྱི་ཁོ་བོ་ལ་ཇི་ལྟར་བསྙེན་བཀུར་མཛད་པ་བཞིན་འདི་ལའང་དེ་ལྟར་མཛོད་ཅིག་གསུངས།

མཁན་པོ་སྐྱ་གཤེགས་རྗེས་གདུང་ཞུགས་ལ་ཕུལ་སྐབས། གདུང་རི་ཐམས་ཅད་ལྷ་སྐུ་དང་རིངས་བསྲེལ་འབའ་ཞིག་ཏུ་གྱུར་པས། ཡུལ་གྱི་རྒྱལ་པོ་དང་། དཔལ་ནཱ་ལནྡྲའི་ཕྱོགས་བཞིའི་མཁན་པོ་དང་དགེ་འདུན་སྤྱི་དང་བསྟན་པའི་སྦྱིན་བདག་ཐམས་ཅད་སྤྲར་ལས་ལྷག་པའི་དད་མོས་གྱུར་ཏེ། མཁན་པོ་ཞིང་གཤེགས་ཀྱི་བཀའ་བཞིན་དུ་དཔལ་ལྡན་ཆོས་སྐྱོང་དཔལ་ནཱ་ལནྡྲའི་སྤྱི་ཁྱབ་མཁན་པོར་མངའ་གསོལ་ཏེ། ཐམས་ཅད་ཀྱི་སྤྱི་བོ་གཙུག་གིས་མཆོད། སྤྱི་ཁྱབ་མཁན་པོས་ཀྱང་ཉིན་མོ་ཐེག་པ་ཆེ་ཆུང་གི་ཆོས་ཀྱི་འཆད་རྩོད་རྩོམ་གསུམ་དང་། འཛིན་སྐྱོང་སྤེལ་གསུམ་གྱི་མཛད་འཕྲིན་དཀྱུང་གྲངས་བདུན་ཙུ་ཙམ་གྱི་བར་དུ་གནས་ལྔ་རིག་པའི་པཎྜི་ཏ་དང་དགེ་འདུན་ཞལ་གྲངས་སྟོང་ཕྲག་ཁྲི་ཕྲག་དུ་མ་སྐྱོང་། དེ་མཚུངས་མཚན་མོ་ནི་སློབ་དཔོན་གྱིས་རྗེས་སུ་གདམས་པའི་འཁོར་ལོ་བདེ་མཆོག་གི་ཏིང་ངེ་འཛིན་ལ་རྩེ་གཅིག་ཏུ་བསྒོམས་ཀྱང་། གྲུབ་པའི་མཚན་མ་བཟང་པོ་མ་བྱུང་བའི་ཁར་མི་འཚམ་པའི་སྣང་བ་དུ་མ་ཤར་བས་སྤྱི་མཁན་ཐུགས་མུག་སྟེ། བདག་གི་ཚེ་འདི་ལ་གསང་སྔགས་རྡོ་རྗེ་ཐེག་པ་དང་འབྲེལ

བ་ཡེ་ནས་མེད་པ་ཞིག་ཡིན་ངེས་རེད་འདུག་པས། ཐེག་པ་ཐུན་མོང་གི་ཉན་བཤད་ཁོ་ནས་དུས་འདའ་བ་བྱའོ་དགོངས་ནས་དཔྱིད་ཟླ་ར་བའི་ཉ་བའི་ཚེས་ཉེར་གཉིས་སྔོད་ལ་ཅི་བདེར་བཞུགས་སོ། །ཉ་བའི་ཐོ་རངས་མནལ་ལམ་དུ་རྗེ་བཙུན་རྡོ་རྗེ་བདག་མེད་མ་ཐ་མལ་པའི་བུད་མེད་སྔོན་མོ་མཛེས་ཤིང་ཡིད་དུ་འོང་བ། དར་དང་རིན་པོ་ཆེ་དུ་མས་བརྒྱན་པའི་རྣམ་པ་ཅན་དུ་བྱོན་ཏེ། རིགས་ཀྱི་བུ་ཁྱོད་ཀྱིས་དངོས་གྲུབ་ཐོབ་ཁར་དེ་ལྟ་བུའི་སེམས་པ་མ་ལེགས། སྤྱིར་སངས་རྒྱས་ཐམས་ཅད་ལ་ཐུགས་རྗེ་ཆེ་ཆུང་མེད་ཀྱང་། བྱེ་བྲག་ཏུ་ཁྱོད་ཀྱིས་ལས་བསགས་པའི་ལྷ་དེ་ང་ཡིན་པས་ངས་བྱིན་གྱིས་བརླབ་ཀྱིས། ཕྱིང་བ་ལ་སྨོས་ཆུས་ཁྲུས་གྱིས་ལ། སྒྲུབ་པ་སྔར་བཞིན་དུ་གྱིས་ཤིག་གསུངས་ནས་མི་སྣང་བར་གྱུར། སྤྱི་ཁྲུབ་མཁན་པོ་ཐུགས་ཤིན་ཏུ་དགྱེས་ཏེ་བདག་མེད་ལྷ་མོའི་བཀའ་བཞིན་དུ་སྒྲུབ་པར་མཛད།

ཉེར་གསུམ་གྱི་སྔོད་ལ་རྗེ་བཙུན་རྡོ་རྗེ་བདག་མེད་མ་ལྷ་མོ་བཅོ་ལྔའི་དཀྱིལ་འཁོར་མངོན་སུམ་དུ་བྱོན་ནས། སྤྲུལ་པའི་དཀྱིལ་འཁོར་ཆེན་པོར་དབང་བསྐུར་བས། དབང་གི་ཡེ་ཤེས་མཐོང་ལམ་རྣམ་པར་མི་རྟོག་པའི་ཡེ་ཤེས་རྒྱུད་ལ་འཁྲུངས། དབང་བཞི་པ་ཡོངས་སུ་རྫོགས་པར་ཐོབ་པས་དབང་གི་ཆུ་བོ་མ་ནུབ། དབང་དུས་སུ་མཐོང་ལམ་ས་དང་པོའི་ཡེ་ཤེས་མངོན་དུ་བྱས་པས་བྱིན་རླབས་ཀྱི་བརྒྱུད་པ་མ་ཉམས། རྗེ་བཙུན་རྡོ་རྗེ་བདག་མེད་མའི་གདམས་ངག་ལ་བརྟེན་ནས་ཏིང་ངེ་འཛིན་ངོ་ཤེས་པ་དང་ཁམས་འདུས་པ་གསུམ་པོ་དེའང་རིམ་པ་མ་འཆོལ་བར་ཐུགས་ལ་འཁྲུངས་པས་གདམས་ངག་གི་སྙིང་མ་ལོག །དེ་དག་ལ་བརྟེན་ནས་རྗེ་བཙུན་རྡོ་རྗེ་བདག་མེད་མ་དུས་གསུམ་སངས་རྒྱས་ཐམས་ཅད་འདུས་པའི་ངོ་བོར་ཐག་ཆོད་པའི་དད་པ་འཁྲུངས་པས་མོས་གུས་ཀྱི་བསམ་པ་ཆེམ་སྐྱེ། སྐན་བརྒྱུད་ཚད་མ་བཞི་ལྡན་དུ་གྱུར། དཔལ་ཀྱི་རྡོ་རྗེ་རྒྱུད་གསུམ་གྱི་དགོངས་པ་རྗེ་བཙུན་རྡོ་རྗེ་བདག་མེད་མའི་བཀའ་བཞིན་དུ་གསུང་ངག་རིན་པོ་ཆེ་ལམ་འབྲས་བུ་དང་བཅས་པའི་ཆོས་སྐོར་རྣམས་ཀྱི་ཡེ་ཤེས་དེའི་རྒྱུན་བསྐྱངས་པས་ཞག་རེ་ལ་ས་རེའི་རྟོགས་པ་ན་འཕར་ཏེ། ཞག་དྲུག་ནས་ས་དྲུག་པ་ལ་བཞུགས་པའི་བྱང་ཆུབ་སེམས་དཔའ་ཆེན་པོར་གྱུར། ལྷ་ཚོགས་རྣམས་ལ་གཏང་རག་གི་ཚོགས་ཀྱི་འཁོར་ལོ་རྒྱ་ཆེན་པོ་ཞིག་ཕུལ་སྐབས། ལས་དག་པ་དང་མ་དག་པ་གཉིས་ཀྱི་དབར་མཐོང་ཚུལ་སྣ་ཚོགས་བྱུང་། སྤྱི་

མཁན་རང་ཉིད་ཀྱི་ཐེག་དམན་གྱི་བསྟན་པ་ལ་གནོད་པ་སྤྱངས་བའི་ཆེད་དུ་ཆོས་གོས་དང་ལྷུང་བཟེད་ལ་སོགས་པ་དགེ་སློང་ལ་ཉེར་བར་མཁོ་བའི་ཡོ་བྱད་ཐམས་ཅད་དཀོན་མཆོག་གི་དྲུང་དུ་ཕུལ་ཏེ། རང་ཉིད་བིར་ཝ་པ་ཡིན་པ་ཞལ་གྱིས་བཞེས་རྗེས་ཝཱ་རཱ་ཎ་སཱིར་བྱོན་པའི་ལམ་བར་ཆུ་བོ་གངྒཱ་ཙར་བྱོན་ཏེ། ཁྱོད་ཤིན་དུ་གཙང་བ་ཡིན། ངངན་པ་ཡིན་པས། ངས་རེག་ན་ཁྱོད་མི་གཙང་བར་འགྱུར་བས་ཁྱོད་ཀྱིས་ང་ལ་ལམ་བྱིན་ཅིག་གསུངས་པས། གངྒཱ་གྱེན་དུ་ལོག་སྟེ་ལམ་ཐམ་གྱིས་བྱུང་བ་ལ་མཁན་པོ་བྱོན་པས། དཔལ་ན་ལནྡྲའི་དགེ་སློབ་རྣམས་ཀྱིས་གྲུབ་པ་ཐོབ་པ་གཞི་ནས་ཤེས་ཏེ་སྔར་མཐོང་ཚུལ་མི་གཅིག་པ་དང་མ་དད་པའི་རྣམ་འགྱུར་སྟོན་པ་རྣམས་ལ་བཤགས་པ་ཕུལ་ཏེ། སླར་ཡང་ན་ལནྡྲའི་སྤྱི་ཁྱབ་མཁན་པོར་བཞུགས་པར་གསོལ་བ་བཏབ་ཀྱང་མཁན་པོས་ཞལ་བཞེས་མ་གནང་།

༤ གྲོང་ཁྱེར་ཆེན་པོ་ཝཱ་རཱ་ཎ་སཱིར་གསང་སྔགས་རྡོ་རྗེ་ཐེག་པ་ཇི་ལྟར་བྱོན་པའི་ཚུལ།

རྣལ་འབྱོར་གྱི་དབང་ཕྱུག་བིར་ཝ་པ་ཝཱ་ར་ཎཱ་སིའར་ཕེབས་རྗེས་ནགས་ཁྲོད་དུ་ཟླ་བ་དྲུག་གི་རིང་ལ་ཟས་གོས་ཀྱི་སྤྲོས་པ་མེད་པའི་ཏིང་ངེ་འཛིན་ཁོ་ནར་བཞུགས་པས། ཡུལ་དེ་ཡི་བགླང་རྫི་བོ་རྣམས་ཀྱིས་མཐོང་ནས་གཅིག་ནས་གཉིས་སུ་བརྒྱུད་དེ། མཐར་ཝཱ་རཱ་ཎ་སཱིའི་རྒྱལ་པོ་གོ་བིནྡ་ཏེ་བ་ལང་རྫི་གཏུག་པོ་ཞེས་བྱ་བ་མུ་སྟེགས་ཀྱི་ཆོས་བྱེད་པ་ཞིག་ཡོད་པ་དེས་ཐོས་ནས། དེ་མུ་སྟེགས་ཀྱི་རྣལ་འབྱོར་པ་ཡིན་ན་འོ་རྒྱལ་བས་འདི་ལ་སྤྱན་དྲངས་ཏེ་མཆོད་པ་བྱེད་དགོས། ཡང་ཕྱོགས་གཞན་ཞིག་ནས་བསམ་ན་དེ་ནང་པའི་རྣལ་འབྱོར་པ་ཡིན་སྲིད་པས་ཡུལ་འདིར་ནང་ཆོས་སྤེལ་ཉེན་ཡོད་པས་མྱུར་དུ་ཆར་གཅོད་དགོས་པས་གང་ཡིན་བརྟག་པ་ཐོངས་ཤིག་ཅེས་བཀའ་བསྒོས་པས། བློན་པོ་རྣམས་ཀྱིས་རྣལ་འབྱོར་པའི་དྲུང་དུ་ཕྱིན་ནས་ཇི་ཙམ་བརྟགས་ཀྱང་ཕྱི་ནང་ངོ་མ་ཤེས། རྒྱལ་པོས་རང་ཉིད་ཀྱི་བརྟག་དགོས་པས་དྲུང་དུ་ཁྲིད་ཤོག་ཟེར་བ་ལྟར་བྱས། རྒྱལ་པོས་ཇི་ཙམ་དྲིས་ཀྱང་རྣལ་འབྱོར་པས་ལན་མེད་པའི་ཁར་གུས་བཀུར་ཙམ་ཡང་མ་མཛད་པས། རྒྱལ་པོ་ཁྲོས་ཏེ། འདི་ལ་དབང་ཕྱུག་གི་མཚོན་རྟགས་ཅི་ཡང་མི་འདུག་པས་ནང་པའི་རྣལ་འབྱོར་པ་ཡིན་ངེས་རེད་འདུག་པས་ཡན་ལག་ཐམས་ཅད་ལྕགས་སྒྲོག་གིས་བཅིངས་ལ་ཆུ་ལ་སྐྱུར་ཅིག་ཟེར་བ་ལྟར་ལན་མང་བྱས་ཀྱང་། ཆུ་ལ་སྐྱུར་མཁན་རྣམས་ཀྱི་

སྟོན་ལ་སློབ་དཔོན་རྒྱལ་པོའི་རྩར་སླེབ་པ་མང་པོ་བྱུང་བས། རྒྱལ་པོ་ན་རེ་འདི་ལ་ཆུ་བཅིང་བའི་རིག་པ་འདུག་པས། ད་མཚོན་ཆ་དུ་མ་ལུས་ལ་སྣུན་ལ་སོད་ཅིག་ཟེར་བ་ལྟར་གཤེད་མ་རྣམས་ཀྱིས་མཚོན་དུ་མ་སྐྱུ་ལ་བསྣུན་ཀྱང་ཁྲོ་ཆུ་ཕ་བོང་ལ་བརྒྱབ་པ་ལྟར་མཚོན་ཆ་རྣམས་ཉམ་ཆག་ཤོར། གསོད་ཐབས་གཞན་ཡང་ས་ལ་དོང་གཏིང་རིང་དུ་བྲུས་པའི་ནང་དུ་སློབ་དཔོན་བཙུགས། དེའི་ཁར་ཁྲོ་ཆུ་དང་ལྕགས་ཀྱི་ཕ་བོང་མང་པོས་མནན། དེའི་ཁར་ས་རྡོ་མང་པོ་སྤུངས་པའི་ཁར་གླང་པོ་ཆེ་མང་པོ་སྡོད་དུ་བཙུག་པ་ན། དེ་ལྟར་བྱེད་མཁན་རྣམས་ཀྱིས་སྟོན་ལ་སློབ་དཔོན་རྒྱལ་པོའི་དྲུང་དུ་ཐོགས་མེད་དུ་བྱོན་པས། རྒྱལ་པོ་དེ་དད་ནས་བཟོད་གསོལ་དང་ལྷན་གསང་སྔགས་རྡོ་རྗེ་ཐེག་པའི་ཆོས་འཁོར་རྒྱ་ཆེན་པོ་བསྐུལ་གནང་ཡོང་བའི་གསོལ་བ་བཏབ་པ་ལྟར། རྣལ་འབྱོར་དབང་ཕྱུག་བིར་ཝ་པས་གྲོང་ཁྱེར་ཆེན་པོ་ཨཱ་རྣ་ཊ་སིའི་ཡུལ་ལུང་ཐམས་ཅད་གསང་སྔགས་རྡོ་རྗེའི་ཐེག་པ་ལ་འགོད་པར་མཛད་དོ། །

༡༠ རྒྱ་གར་གྱི་ཆུ་བོ་ཆེན་པོ་གང་གཱའི་ཉེ་འདབས་རྒྱལ་པོ་ཙ་ལ་ཛྷ་དྲའི་ཡུལ་དུ་གསང་སྔགས་ཇི་ལྟར་བྱོན་པའི་ཚུལ།

དེ་རྗེས་སློབ་དཔོན་རྣལ་འབྱོར་དབང་ཕྱུག་བིར་ཝ་པ་རྒྱ་གར་ལྷོ་ཕྱོགས་སུ་བྱོན་པའི་ལམ་ཁར་གང་གཱའི་ཉེ་འདབས་སུ་བྱོན་ཏེ། གྲུ་དཔོན་ལ་ཆུ་ལས་སྒྲོལ་ཤིག་གསུངས་ཀྱང་། གྲུ་དཔོན་གྱིས་གྲུ་བཅས་མེད་པར་ཆུ་ལས་སྒྲོལ་བའི་སྒྲོལ་འཇིག་རྟེན་ན་མེད་ཟེར། སློབ་དཔོན་གྱི་ཁྱེད་ལ་གྲུ་བཅས་ཆུ་འདི་བྱིན་པས་ཆོག་ཀྱང་། ཆུ་འདི་ཆེ་ཆུང་གང་བཟང་གསུངས་པས། གྲུ་དཔོན་ན་རེ། རྒྱལ་པོའི་དམག་དང་བྱུར་ཤིང་འཆུ་བ་སོགས་པ་ལ་ཆེ་ན་བཟང་ལ། དུས་རྒྱུན་ཆུ་འགྲམ་གྱི་རྫ་ཁྱིམ་པ་རྣམས་ཀྱི་ཁང་པ་ཆུར་ནུབ་ཀྱིས་དོགས་པས་ཆུང་ན་བཟང་ཟེར་བས། སློབ་དཔོན་གྱི་ཆུ་ལ་ཕྱིགས་མཛུབ་མཛད་པས་ཆུ་བོ་གྱེན་དུ་ལོག་སྟེ། ཆུ་འགྲམ་གྱི་ཁང་ཁྱིམ་ནུབ་ཏུ་ཉེ་བར་སོང་བས་ཐམས་ཅད་ཀྱང་འཇིགས་སྐྲག་སྣ་ཚོགས་སྐྱེས། རྒྱུ་མཚན་ཅི་ཡིན་བལྟས་པས་གྲུ་དཔོན་རྒྱུད་རྣལ་འབྱོར་པ་དེ་ཉིད་ཀྱིས་བྱས་པ་ཤེས་ནས། ཡུལ་དེའི་རྒྱལ་པོ་ཙ་ལ་ཛྷ་དྲ་འཁོར་དང་བཅས་པས་ལ་ལས། ནོར་བུ། གསེར། རྟ་བ་གླང་འབྲུ་ལ་སོགས་པ་ཕུལ་ཏེ་ཆུ་བཏང་དགོས་པའི་གསོལ་བ་བཏབ་པ་ལྟར། སློབ་དཔོན་གྱིས་སེ་གོལ་ཞིག་མཛད་པས་ཆུ་

སྔར་བཞིན་དུ་བབས་ཏེ། དེ་དག་འཇིགས་པ་ལས་གྲོལ་བར་མཛད་རྗེས་ཡུལ་པའི་ནོར་རྣམས་བྲུ་དཔོན་ལ་གནང་ཡང་། བྲུ་དཔོན་སྟོན་གྱི་ལས་སད་པས་བདག་གྲུབ་ཐོབ་འདི་ལྷ་བུ་དང་མཇལ་བས་ནོར་གྱི་དགོས་པ་ཅིའང་མི་འདུག་སྙམ་སྟེ། ནོར་རྣམས་གོད་ཆག་མེད་པ་བདག་པོ་སོ་སོར་སྤྲད་དེ། སློབ་དཔོན་གྱི་ཞབ་ཕྱིར་རྗེས་སུ་འབྲངས། དེ་དག་རྣམས་སློབ་དཔོན་གྱི་གསང་སྔགས་རྡོ་རྗེ་ཐེག་པའི་ལམ་ལ་བཀོད་པར་མཛད་དོ། །བྲུ་དཔོན་དེ་ནི་སྐལ་ལྡན་ཅིག་ཆར་བའི་ལམ་གྱིས་དགྲོ་བར་འོས་པའི་སློབ་མ་རྣམ་བི་ཧེ་རུ་ཀ་ཞེས་གྲགས་པ་དེ་ཡིན་ལ་འདི་ཡི་རྣམ་ཐར་ནི་འོག་ནས་འབྱུང་ངོ་། །

༡༡ རྒྱ་གར་ལྷོ་ཕྱོགས་ཏྲ་ཀི་ནི་པུ་ཏའི་ཡུལ་དུ་གསང་སྔགས་ཇི་ལྟར་བྱོན་པའི་ཚུལ།

དེ་ནས་རྣལ་འབྱོར་དབང་ཕྱུག་བིར་ཝ་པ་དཔོན་སློབ་གཉིས་རྒྱ་གར་ལྷོ་ཕྱོགས་ཏྲ་ཀི་ནི་ཏ་ཞེས་བྱ་བའི་ཡུལ་དུ་བྱོན། དེར་ཆང་འཚོང་མ་ཀཱ་མ་རུ་པ་སིདྡྷི་གཟུགས་ཀྱི་འདོད་པའི་དངོས་གྲུབ་ཅེས་བྱ་བ་ལས་ཆང་ཉོས་པས། ཆང་རིན་ད་ལྟ་རང་ལ་སྤྲོད་དགོས་ཟེར། དེད་ཇོམ་པ་གྱིས་དང་རིན་སྤྲིན་གསུངས་ཀྱང་། ཡིད་མ་ཆེས་པ་ལ། སློབ་དཔོན་གྱི་ཉི་གྲིབ་མཚམས་སུ་བྱུང་ལ་རི་མོ་མཛད་དེ། འདི་ནས་ཉི་མ་ཡོལ་ན་ཆང་རིན་སྤྲིན་གསུངས་ནས། ཆང་ཁང་དེ་ནང་ཡོད་པའི་ཆང་ཐམས་ཅད་ཟད་པར་གསོལ། དེ་རྗེས་རིམ་གྱིས་ཡུལ་ཁམས་བཅོ་བརྒྱད་ཀྱི་ཆང་ཐམས་ཅད་ཟད་པར་གསོལ་ཡང་། ཉི་མ་ཙུང་ཟད་ཀྱང་མ་ཡོལ། དེའི་ཚེ་རྒྱལ་པོའི་དབྱུག་དང་དུས་ཚོད་པ་ཐམས་ཅད་ཀྱང་འཆུགས། མི་ཕྱུགས་རྣམས་ཀྱང་གཉིད་ཀྱིས་མནོན་པར་གྱུར་ནས། ཡ་མཚན་སྐྱེས་ནས་གང་ཡིན་བརྟགས་པས་རྣལ་འབྱོར་དབང་ཕྱུག་གི་ནུས་པ་ཡིན་པ་ཤེས་པས། ཡུལ་དེའི་རྒྱལ་པོས་ཉི་མ་གཏོང་བར་ཞུས་ཀྱང་། སློབ་དཔོན་གྱི་ང་ལ་ཆང་རིན་སྤྲིན་རྒྱུ་མེད་གསུངས་ནས་མ་བཏང་། དེ་འཕྲལ་རྒྱལ་པོས་ཆང་རིན་ཅི་དགོས་གནང་རྗེས་སྐད་ཅིག་ལ་ཉི་མ་དམར་ཧྲིལ་གྱིས་ནུབ་སྟེ་ཞག་གསུམ་གྱི་མཚན་ཕྱེད་ཙམ་དུ་སོང་འདུག་གསུངས། དེ་ལྟར་གཏླ་ཐེངས་གཉིས་བཟློག་ཅིང་། ཉི་མ་རྟིང་པར་བཟུང་ཞེས་སྙན་གྲགས་ས་ཕྱོགས་ཐམས་ཅད་དུ་ཁྱབ་པར་གྱུར། ཡུལ་ལུང་དེའི་རྒྱལ་འབངས་མ་ལུས་པ་གསང་སྔགས་རྡོ་རྗེ་ཐེག་པའི་ལམ་ལ་བཀོད་པར་མཛད་དོ། །

༡༢ ཡུལ་གྲུ་ཆེན་པོ་ཀླི་མེ་ས་རའི་རྒྱལ་སར་གསང་སྔགས་ཇི་ལྟར་བྱོན་པའི་ཚུལ།

དེ་ནས་རིམ་གྱིས་པའི་ལམ་གྱི་དཀྱི་བར་འོས་པའི་སློབ་མ་ཤར་ཕྱོགས་ནག་པོ་པ་རྗེས་སུ་གཟུང་བའི་ཕྱིར། ཀླི་མ་ས་རའི་ཡུལ་དུ་རྣལ་འབྱོར་དབང་ཕྱུག་དཔོན་སློབ་གཉིས་བྱོན། ཡུལ་དེའི་རྒྱལ་པོ་ན་ར་པ་ཏི་སྐྱེ་མིའི་བདག་པོ་ཞེས་བྱ་བས། ཕྱི་རོལ་མུ་སྟེགས་པ་རལ་པ་ཅན་ལྔ་བརྒྱ་མཆོད་གནས་སུ་འཛིན་པ། སྔོན་བྱུང་རྒྱལ་པོ་འཇིགས་སྡེས་བྱས་པའི་དབང་ཕྱུག་གི་ལིངྒ་ཞིག་ལ། དུས་ཆེན་རེ་ལ་ར་དང་མ་ཧེ་ཁྲི་ཁྲག་མང་པོ་བསད་ནས་དམར་མཆོད་བྱེད་པ་ཞིག་ཡོད་ས་དེར་བྱོན་ནས། སཾ་སྐྲི་ཏའི་སྐད་དུ་རིག་བྱེད་དང་མཐུན་པའི་བསྟོད་པ་མང་པོ་མཛད་པས། རྒྱལ་པོ་ཤིན་ཏུ་དགའ་སྟེ་འདི་ལྷ་བུའི་མཁས་པ་ཆེན་པོ་ཕྱིན་ཆད་རྟེན་པར་དགའ་བས། རལ་པ་ཅན་ལྔ་བརྒྱའི་དཔོན་དུ་འོས་སོ་ཞེས་དེ་དག་གིས་དཔོན་དུ་བསྐོས། སློབ་དཔོན་གྱིས་ཀྱང་རལ་པ་ཅན་རྣམས་འདུལ་བའི་ཕྱིར་དུ་དེ་ལྟར་ཞལ་གྱིས་བཞེས། རལ་པ་ཅན་རྣམས་ཀྱིས་དབང་ཕྱུག་གི་རྟེན་ལ་ཕྱག་དང་མེ་ཏོག་ཕུལ་བའི་ཚེ། སློབ་དཔོན་གྱི་རལ་པའི་ཁྲོད་ཀྱི་གླེགས་བམ་བརྟག་གཉིས་སམ། བརྒྱད་སྟོང་པའང་ཡིན་ཞེས་ཟེར། གང་ལྟར་ཡང་དེ་རལ་པའི་ཁྲོད་ནས་ཕྱུང་སྟེ་ཕྱག་མཆོད་མཛད། རལ་པ་ཅན་ཁ་ཤས་ཀྱི་གནས་ཚུལ་དེ་རྒྱལ་པོ་ལ་ཞུས་ཀྱང་། རྒྱལ་པོས་ཁོང་ལྟ་བུ་རིག་བྱེད་ཀྱི་གྲུབ་མཐའ་མཐར་སོན་པའི་མཁས་པ་ཞིག་གིས་དབང་ཕྱུག་ལ་ཕྱག་མཆོད་མི་བྱེད་པ་མི་སྲིད་པས། ཁྱེད་རང་ཚོས་དེ་ལྟར་ཕྲག་དོག་མ་བྱེད་ཟེར། ཕྱིས་ཡང་དང་ཡང་དུ་དེ་ལྟར་ཞུས་པས་རྒྱལ་པོ་ཡང་ཐེ་ཚོམ་དུ་གྱུར། སྐབས་ཤིག་རྒྱལ་པོ་དང་ལྷན་ཅིག་ཏུ་རྟེན་ལ་ཕྱག་མཆོད་བྱེད་དུས་སློབ་དཔོན་གྱིས་སྔར་བཞིན་མཛད་པས། རྒྱལ་པོ་ན་རེ། དབང་ཕྱུག་གི་རྟེན་ལ་ཕྱག་མི་འཚལ་བའི་རྒྱུ་མཚན་ཅི་ཡིན་ཟེར། སློབ་དཔོན་གྱི་འདིས་བདག་གི་ཕྱག་མི་ཐེག་གསུངས་པས། རྒྱལ་པོ་ན་རེ། འདོད་པའི་ཁམས་ལ་འདི་བས་ཆེ་བ་མེད་ན། ཁྱེད་ཀྱི་ཕྱག་ཅི་བའི་ཕྱིར་མི་ཐེག་ཕྱག་འཚོལ་ཞིག་ཅེས་ནན་ཏན་གྱིས་བསྐུལ་བས། སློབ་དཔོན་གྱིས་རྟེན་དེ་ལ་ལྷ་ཁྱེད་བཟོད་པར་བཞེས་ང་ལ་རྒྱལ་པོ་དབང་ཆེན་གྱི་བསྐུལ་བས་ང་ལ་རང་དབང་མེད་གསུངས་ནས། ཐལ་མོ་སྦྱར་ཏེ་

ན་མོ་བུདྡྷ་ཡ་གསུངས་པས་རྟེན་སུམ་ཆ་གས། དྷརྨ་ཡས་སུམ་གཉིས་གས། སང་གྷ་ཡས་ཕྱེད་ཚལ་དུ་གས་པས་ན། རྒྱལ་པོ་འཁོར་བཅས་འཇིགས་ཤིང་སྐྲག་ནས། སློབ་དཔོན་གྱི་ཞབས་ལ་གཏུགས་ཏེ། རྟེན་དེ་ར་སྐྱོན་མེད་རང་སོར་བཞག་དགོས་པའི་ཞུ་བ་ཕུལ་སྐབས། སློབ་དཔོན་གྱིས་རྟེན་དེའི་སྤྱི་བོར་ཐུགས་རྗེ་ཆེན་པོའི་རྡོ་སྐུ་ནག་པོ་ཞིག་བཞག་ནས། འདི་བསལ་ན་རྟེན་འཇིག་པར་འགྱུར་ལ། འདི་ཇི་སྲིད་བཞུགས་པ་དེ་སྲིད་དུ་རྟེན་འཇིག་པར་མི་འགྱུར་རོ་ཞེས་གསུངས་ནས། སེམས་ཅན་མང་པོའི་སྲོག་བླུ་དང་། རྒྱལ་པོ་ཆབ་འབངས་དང་བཅས་པ་གནས་སྐབས་ཕན་བདེ་དང་མཐར་ཐུག་མངོན་པར་རྫོགས་པ་སངས་རྒྱས་པའི་ཉེ་ལམ་རྡོ་རྗེ་ཐེག་པ་ལ་བཀོད་པར་མཛད་དོ། །རལ་པ་ཅན་རྣམས་ཀྱི་ནང་ནས་གཅིག་སློབ་དཔོན་གྱི་རྗེས་འབྲངས་པ་ནི། ཤར་ཕྱོགས་ནག་པོ་པ་སྟེ། སངས་རྒྱས་ཀྱི་བསྟན་པ་ལ་འཇུག་འདོད་ཡོད་པ་ཞེས་བྱ་བའི་གང་ཟག་གི་མཚན་གཞིར་འཛིན་པ་སྟེ་འདིའི་རྣམ་ཐར་ནི་འོག་ནས་འབྱུང་ངོ་། །

༡༣ རྒྱ་གར་ལྷོ་ཕྱོགས་ཧམ་བྲ་བྲ་ཧི་མའི་ཡུལ་དུ་གསང་སྔགས་ཇི་ལྟར་བྱོན་པའི་ཚུལ།

དེ་ནས་རྣལ་འབྱོར་དབང་ཕྱུག་བིར་ཝ་པ་དཔོན་སློབ་གསུམ་ལྷོ་ཕྱོགས་ཧམ་བྲ་ཧྲ་ཧི་མ་ཞེས་བྱ་བའི་ཡུལ་དུ་བྱོན། དེར་རྒྱལ་པོ་ཧམ་གི་ཞེས་བྱ་བའི་སྐུ་དུས་སུ་བཞེས་པ་རྒྱུ་ལྡོན་དམར་ལས་གྲུབ་པའི་དབང་ཕྱུག་གི་སྐུ་འདྲ་ཞལ་གསུམ་ཕྱག་དྲུག་པ་ཆེ་ཚད་ཁྲུ་བརྒྱད་ཙམ་པ་ཞིག་ཡོད་པའི་སྐུ་མདུན་དུ། དུས་རེ་ལ་སྲོག་ཆགས་སྟོང་ཕྲག་མང་པོ་བསད་པའི་ཤ་ཁྲག་གིས་དམར་མཆོད་བྱེད་པ་ཞིག་ཡོད་པ་དེ་འདུལ་བའི་ཕྱིར་དུ་དེར་བྱོན་སྐབས། དེ་ན་མུ་སྟེགས་བྱེ་བ་དུ་མ་འདུས་ནས་དམར་མཆོད་བྱེད་བཞིན་འདུག་པས། སློབ་དཔོན་བླ་སློབ་གསུམ་ཀྱང་ནང་དུ་འཚངས་པས། མུ་སྟེགས་པ་རྣམས་ན་རེ། སྐལ་བ་ནི་ཕྱི་ནས་སྟེར་འདིར་ནང་དུ་མི་ཤོང་བས་མ་འོང་ཟེར། སློབ་དཔོན་གྱིས་མི་ཤོང་ན་འགྲོ་བའི་འོས་ཁྱེད་རང་ཡིན་གསུངས་ནས་དབང་ཕྱུག་གི་རྟེན་ལ་ཞབས་རྡོ་གཅིག་བརྒྱབས་པས། རྟེན་དེ་ཁོ་རང་ལུགས་ཀྱི་རབ་གནས་ཉམས་ཟིན་པས། འཁོར་འཁོར་གོམ་པ་བདུན་ཙམ་འོངས་ཏེ་ཕྱིར་སྐོར་སླེབ་པ་དང་ཁ་བུབ་ཏུ་འགྱེལ། ཚུལ་དེ་མུ་སྟེགས་པ་རྣམས་ཀྱིས་མཐོང་བས་འཇིགས་སྐྲག་སྐྱེས་ནས། སློབ་

དཔོན་གྱི་ཞབས་ལ་གཏུགས། རྟེན་འཛུགས་པར་གསོལ་བ་བཏབ་པས། ཞལ་ནས་སྲོག་གི་མཆོད་པ་མི་བྱེད་པར་འབྲས་ཆན་ལ་སོགས་པའི་དཀར་གསུམ་གྱིས་མཆོད་པ་བྱེད་ན་འཛུགས །དེ་ལྟར་མིན་ན་རྟེན་ཁྲིད་འགྲོ་ཞེས་འཇིགས་འཇིགས་མང་པོ་མཛད་པས་དེ་དག་གིས་ཀྱང་དེ་བཞིན་དུ་བྱེད་པ་ཁས་བླངས། ཡུལ་དེ་ཕན་བདེའི་ཐེག་ཆེན་ཡང་རྩེའི་ལམ་ལ་བཀོད་པར་མཛད་དོ། །རྒྱལ་འབྱོར་དབང་ཕྱུག་པིར་ཝ་པ་དཔོན་སློབ་གསུམ་ལམ་བར་ལ་བྱོན་དུས། མུ་སྟེགས་པའི་རྟེན་ཐམས་ཅད་པིར་ཝ་པས་བཤིག་གིན་འདུག་གོ་ཞེས་གྲགས་པས་ཐམས་ཅད་འཇིགས་ནས། ཉེས་སེལ་གྱི་ཚུལ་དུ་མུ་སྟེགས་པའི་རྟེན་རེ་རེའི་མགོ་ཐོག་ཏུ་ནང་པའི་རྟེན་རེ་རེ་བཞུགས་སུ་བཅུག་པ་སློབ་དཔོན་གྱིས་གཟིགས་པས། ང་ཡིས་མཚན་ཙམ་གྱིས་ཀྱང་སངས་རྒྱས་ཀྱི་བསྟན་པ་ལ་ཕན་ཐོགས་བྱུང་འདུག་སྙམ་སྟེ་ཐུགས་ཤིན་ཏུ་དགྱེས། དེ་བཞིན་སློབ་དཔོན་བྱོན་པའི་ལམ་ཁ་ཞིག་ལ་ཕྱི་པའི་རྟེན་གཅིག་གི་མགོ་ཐོག་ན་རྗེ་བཙུན་སྒྲོལ་མའི་སྐུ་གཅིག་བཞག་འདུག་པ་ལ་སློབ་དཔོན་གྱིས་བསྐོར་བ་མཛད་སྐབས། སློབ་དཔོན་གར་བྱོན་དུ་སྒྲོལ་མའི་ཞལ་ཁྲི་རི་རི་གཟིགས་བྱུང་བས་ཞལ་བསྒྱུར་སྒྲོལ་མར་གྲགས། དེ་ལ་སློབ་དཔོན་གྱིས་བརྟན་བཞུགས་མཛད་པས་རྟེན་དེའི་མགོ་དང་དབྱེར་མེད་དུ་སོང་སྟེ། སློབ་དཔོན་ཕྱིར་བྱོན་མ་ཐག་སྐུ་བརྙེ་རྩིས་བྱས་ཀྱང་བརྙེ་ཐབས་མ་བྱུང་བ་ལ་སོགས་ངོ་མཚར་བའི་རྣམ་ཐར་མང་ངོ་། །

༡༩ རྒྱ་གར་ལྷོ་ཕྱོགས་ས་ཏ་ཛ་དེ་ཤིའི་ཡུལ་དུ་གསང་སྔགས་ཇི་ལྟར་བྱོན་པའི་ཚུལ།

དེ་རྗེས་རྣལ་འབྱོར་དབང་ཕྱུག་པིར་ཝ་པ་དཔོན་སློབ་གསུམ་ལྷོ་ཕྱོགས་ས་ཏ་ཛ་དེ་ཤི་ཞེས་བྱ་བའི་ཡུལ་དུ་བྱོན། དེར་ལྷ་མོ་ཙཎྜི་ཀའི་རྡོ་སྐུ་རང་བྱོན་གྱི་སྐུ་མདུན་དུ་མུ་སྟེགས་ཀྱི་རྣལ་འབྱོར་མ་དུ་མ་གནས་ཤིང་། དེ་དག་གིས་ཡུལ་ཕྱོགས་དེར་མི་ཡོང་ཚད་ལྷ་ཁང་ནང་དུ་ཁྲིད་དེ་རང་བྱོན་གྱི་ཧེ་ཤུ་ལ་ལྐོག་མར་ཟུག་ནས་འཆི། ཤ་བ་དེ་དག་གི་ཤ་ཁྲག་ལ་ཚོགས་འཁོར་བྱེད་བཞིན་ཡོད་པ་རྣམས་འདུལ་བའི་ཕྱིར་དེར་བྱོན་པས་རྣལ་འབྱོར་མ་རྣམས་དགའ་ནས་ནང་དུ་བྱོན་ཟེར་བ་ལ། སློབ་དཔོན་གྱིས་གཡོག་གཉིས་ལ་སྐད་ཆམ་བཤད་པ་ཀླུང་ཟུང་ལ་ཕྱི་ལ་སྡོད་ཅིག་གསུངས། རྣལ་འབྱོར་དབང་ཕྱུག་པིར་ཝ་པ་ནང་དུ་བྱོན་པས། ཕྱི་པའི་རྣལ་འབྱོར་མ་རྣམས་ན་རེ། ཟླ་བོ་གཉིས་པོས་ཤོག་ཟེར། ཁྱོད་

ཆོས་པོས་ཤོག་གསུངས་པས། ཁོང་ཆོས་པོས་པས་ལན་མ་བྱུང་། ལྟེ་བར་མཛུབ་མོ་རེག་པས་དྲི་ཆེན་འབུར་འབུར་བྱུང་བས་རྫུལ་འདུག་ཟེར་ནས་བཞག །སློབ་དཔོན་ལྷ་ཁང་དེ་ཡི་ནང་དུ་ཕེབས་སྐབས། རྡོ་སྐུ་དེ་འདར་སི་ལི་ལི་བྱེད་བཞིན་འདུག་པ་ལ་སློབ་དཔོན་གྱི་རྟེན་དེའི་སྤྱི་བོར་ཐལ་མོ་གཅིག་བརྡབས་པས། མགོ་ནས་ནུ་མའི་བར་གས་སོང་བ་དང་ལྡན། རྣལ་འབྱོར་མ་རྣམས་ཁ་ནས་ཁྲག་སྐྱུགས་ཤིང་བརྒྱལ། དེ་སངས་པའི་རྗེས་སུ་ཁྲིད་ནང་པ་སངས་རྒྱས་པ་སྙིང་རྗེ་བ་མ་ཡིན་ནམ། འདི་ལྟ་བུ་མ་བྱེད་ཟེར། སློབ་དཔོན་གྱིས་ངེད་སྙིང་རྗེ་བས་འདི་བཞིན་བྱེད་པ་ཡིན་གསུངས་ནས། རྟེན་དེའི་སྤྱི་བོར་མཆོད་རྟེན་ཅིག་བཞག །རྣལ་འབྱོར་མ་དེ་དག་ཐམས་ཅད་ཀྱང་ནང་པའི་བསྟན་པ་ལ་བཙུག་སྟེ་གསང་སྔགས་རྡོ་རྗེ་ཐེག་པའི་ལམ་ལ་འགོད་པར་མཛད་དོ། །

༡༥ རྒྱ་གར་ནུབ་ཕྱོགས་སོ་བ་ནཱ་ཐའི་ཡུལ་དུ་གསང་སྔགས་ཇི་ལྟར་བྱོན་པའི་ཚུལ།

རྣལ་འབྱོར་དབང་ཕྱུག་བིར་ཝ་པས་ཕྱར་གདུ་བཟློག་ཐེངས་གཉིས་པའི་དུས་སུ་རྗེས་སུ་འབྲངས་པའི་གྲུ་དཔོན་དེ་ཉིད་སློབ་དཔོན་ཉིད་དང་རྟོགས་པ་མཉམ་པ་ས་དྲུག་པའི་སེམས་དཔའ་ཆེན་པོར་བྱིན་གྱིས་བརླབས་ཏེ། ཤར་ཕྱོགས་ར་ཊའི་ཡུལ་གྱི་རྒྱལ་པོ་ཏ་ར་འདུལ་བར་བཏང་ཚུལ་ནི་འོག་ནས་འབྱུང་ལ། རྣལ་འབྱོར་དབང་ཕྱུག་བིར་ཝ་པ་དཔོན་སློབ་གཉིས་རྒྱ་གར་ཤར་ལྷོ་དེ་བི་ཀོ་ཊའི་རི་སུལ་ན། སློབ་དཔོན་མི་ཕམ་སྣང་པའི་བཤེས་གཉེན་གྱིས་པོ་ཏ་ལ་ནས་སྤྱན་དྲངས་པའི་ཁ་སརྤ་ཎིའི་སྐུ་མདུན་དུ་བྱོན་ནས། ཕྱག་མཆོད་དང་བསྟན་པ་ལ་བྱ་བ་བྱས་ཚུལ་རྣམས་ཞུས་པས། ཐུགས་རྗེ་ཆེན་པོའི་ཞལ་ནས། རིགས་ཀྱི་བུ་ཁྱོད་ཀྱི་ནུས་པས་ནི་རི་རབ་ཀྱང་ཐལ་བར་བྱེད་ནུས་མོད་ཀྱི། སེམས་ཅན་རྣམས་ལས་ཐ་དད་པས་མུ་སྟེགས་རྣམས་ཀྱང་བརྟུལ་ཞུགས་ཀྱིས་ད་ཕན་མ་འདུལ་བར་ཐབས་ལ་མཁས་པས་ཐུལ་ཞིག་གསུངས། དེ་རྗེས་རྣལ་འབྱོར་དབང་ཕྱུག་དཔོན་སློབ་གཉིས་ཐུགས་རྗེ་ཆེན་པོའི་བཀའ་བཞིན། ནུབ་ཕྱོགས་ན་སོ་མ་ནཱ་ཐ་ཞེས་བྱ་བ་ཞིག་ལ་དུས་རེ་ལ་སྲོག་ཆགས་མང་པོ་བསད་ནས་དམར་མཆོད་བྱེད་པ་ཞིག་ཡོད་པ་དེ་འདུལ་བར་བཞེད་དེ་བྱོན་སྐབས། ཁོས་ཀྱང་ཟག་བཅས་ཀྱི་མངོན་ཤེས་ཀྱིས་ཚོར་ནས་ཁྲམ་ཟེ་ལ་སྤྲུལ་ནས་རྣལ་འབྱོར་པ་གར་འགྲོ་ཟེར་བ་ལ། རྣལ་འབྱོར་དབང་ཕྱུག་གིས་ཀྱང་

མཁྱེན་བཞིན་དུ་ཁོ་བོ་སོ་མ་ནཱ་ཐ་རླུག་པར་བྱེད་དུ་འགྲོ་གསུངས་པས། ཁོ་ན་རེ། ཁྱེད་ནང་པ་སངས་རྒྱས་པ་སྙིང་རྗེ་ཆེ་བ་ཡིན་ན་དེ་བརླག་པར་བྱས་ནས་ཅི་བྱེད་ཟེར།

སློབ་དཔོན་གྱིས་དེ་ཉིད་ཀྱི་ཕྱིར་བརླག་པར་བྱེད་གསུངས་པས། ཡང་ཁོ་ན་རེ། དེ་ཤར་ཕྱུས་འཕགས་ནས་ཚངས་པའི་འཇིག་རྟེན་དུ་སོང་ནས་མེད་ཟེར་བ་ལ། རྣལ་འབྱོར་དབང་ཕྱུག་གིས་ཁོ་བོ་ཡང་དེ་དང་དེར་ཕྱིན་ཏེ་བརླག་པར་བྱེད་གསུངས་པས། ཁོ་ཤིན་ཏུ་འཇིགས་ནས་དུས་དེ་ཉིད་དུ་རང་གཟུགས་བསྟན་ཏེ་བདག་ལགས་ན། བརླག་པར་མི་མཛད་པ་ཞུ་ཞེས་གསོལ་བ་བཏབ་པས། རྣལ་འབྱོར་དབང་ཕྱུག་གི་ཞལ་ནས། འོན་གཙུག་ལག་ཁང་བཞེངས་པ་དེར་ནང་པ་སངས་རྒྱས་པའི་དགེ་འདུན་གྱི་སྡེ་བཙུགས། གཙུག་ལག་ཁང་དེའི་སྒོ་གོང་དུ་ངའི་གཟུགས་བྲིས། སྲོག་ཆགས་ཀྱི་མཆོད་པ་སྤངས་ཏེ། འབྲས་ཆན་དང་མེ་ཏོག་ལ་སོགས་པས་ཐོག་མར་དཀོན་མཆོག་གསུམ་གྱི་རྟེན་ལ་མཆོད་པ་ཕུལ། དེ་རྗེས་ང་ཡི་སྐུ་འདྲ་ལ་མཆོད་པ་བྱས་ཏེ། དེའི་ལྷག་མས་ཁྱོད་རང་ལ་མཆོད་པ་བྱེད་ན་སྡོད་དུ་འཇུག །དེ་ལྟར་མི་བྱེད་ན་རྡུལ་ཕྲན་བཞིན་དུ་བརླག་པར་བྱེད་དོ་གསུངས་པས། ཁོས་ཀྱང་དེ་ལྟར་ཁས་བླངས་རྗེས་སློབ་དཔོན་ཉི་ཟླ་གནས་ཀྱི་བར་མཆོད་གནས་སུ་བཞུགས་པར་གསོལ་བ་བཏབ་པ་བཞིན་ཞལ་བཞེས་གནང་། ཁོས་འཕྲུལ་སྨྱུར་རྒྱ་གར་ནུབ་ཕྱོགས་ཏེ་ཤ་ལའི་རྒྱལ་པོ་ཙན་དྲ་དེ་ཝ་ལ་རྨི་ལམ་དུ་གོང་བཞིན་ལུང་བསྟན་དེ་དག་ཟླ་བ་གསུམ་ལ་གྲུབ་པར་གྱིས། གལ་ཏེ་དུས་འགྱངས་ཤོར་ན་ཡུལ་འཁོར་བརླག་པར་བྱེད་དོ་ཞེས་སྨྲས་པས། རྒྱལ་པོ་ཤིན་ཏུ་འཇིགས་ནས་འཕྲུལ་སྨྱུར་དེ་ལྟར་བསྒྲུབས་པར་ཁས་བླངས། རྣལ་འབྱོར་དབང་ཕྱུག་བིར་ཝ་པ་ས་ཆ་དེར་ཞབས་སོར་འཁོད་ཁར་རྒྱལ་པོ་འཁོར་དང་བཅས་པས་སེམས་ལ་ལྷ་དབང་ཕྱུག་ཆེན་པོའང་འཇིགས་དགོས་པའི་རྣལ་འབྱོར་པ་དེ་ཅི་འདྲ་ཞིག་ཡོད་འོང་སྙམ་ནས། ཕེབས་བསུ་དང་བསྙེན་བཀུར་རྒྱ་ཆེན་ཞུས། སློབ་དཔོན་གྱིས་སོ་མ་ནཱ་ཐ་མ་སླེབ་ཙམ་ན་སླུ་ཙ་ན་ར་ཞེས་བྱ་བའི་ས་ཕྱོགས་དེར་གཙུག་ལག་ཁང་གསར་བཞེངས་དང་། དགེ་འདུན་བརྒྱ་ཕྲག་ཡོད་པའི་ཆོས་སྡེ་གསར་བསྐྲུན་གནང་། ཡུལ་དེ་གསང་སྔགས་རྡོ་རྗེ་ཐེག་པའི་ལམ་ལ་འགོད་པར་མཛད།

དེ་རྗེས་ལྷོ་ཕྱོགས་ཧྲི་མ་པ་རའི་ཡུལ་ནས་རལ་པ་ཅན་ལྔ་བརྒྱའི་ནང་ནས་གཅིག་སློབ་དཔོན་གྱི་རྗེས་སུ་འབྲངས་པ་དེ་ཕ་ཡུལ་རྒྱ་གར་ཕྱོགས་ནས་ཡིན་པས་ཤར་ཕྱོགས་ནག་པོ་པ་ཞེས་གྲགས། དེ་རྣལ་འབྱོར་དབང་ཕྱུག་བིར་ཝ་པ་རང་ཉིད་དང་རྟོགས་པ་མི་མཉམ་པ་ལ་ཛ་བ་རྡོ་རྗེའི་ཚིག་རྐང་གཞན་ནས་རྟོགས་པ་མཉམ་པར་བྱིན་གྱིས་བརླབས་ཏེ། རྒྱ་གར་ཤར་ཕྱོགས་མུ་སྟེགས་ཀྱི་རྒྱལ་པོ་འདུལ་བ་དང་། སློབ་དཔོན་ཌ་མ་རུ་པ་རྗེས་སུ་འཛིན་པ་ནུབ་ཕྱོགས་ཨུ་རྒྱན་གྱི་ཡུལ་ནས་ལུང་སྒོར་སྡེ་ལྔ་སྤྱན་འདྲེན་པ་བཏབ་ཚུལ་རྣམས་ནི་འོག་ཏུ་འབྱུང་ལ། རྣལ་འབྱོར་དབང་ཕྱུག་རང་ཉིད་སྤྱན་རས་གཟིགས་ཀྱི་བཀའ་བཞིན་དུ། རེ་ཞིག་འཛམ་བུའི་གླིང་དུ་བརྟུལ་བཞུགས་ཀྱི་སྤྱོད་པ་མཛད་པའི་འཕྲོ་བསྡུས་ཏེ། རྡོ་སྐུའི་དབྱིབས་ཕྱག་གཡས་ཉི་མ་གཏེར་གནོན་གྱི་ཕྱག་རྒྱ་མཛད་པ་དང་། གཡོན་མཆོག་སྦྱིན་གྱི་མཐིལ་ན་གསེར་འགྱུར་གྱི་རྡོ་ཨ་རུ་ར་འབྲིང་པོ་ཙམ་འཛིན་པའི་རྣམ་པ་ཅན་ལ་ཐིམ། སྐུ་འདིར་ཡིད་ངོར་མཚར་བའི་རྣམ་ཐར་མང་ཡང་གནས་སྐབས་གཞན་ལས་ཤེས་པར་བྱའོ། །རྡོ་སྐུ་དེ་ཡི་དྲུང་ན་ཕྱག་ན་རྡོ་རྗེའི་སྤྲུལ་པ་དང་། རྡོ་རྗེ་ཕག་མོའི་སྤྲུལ་པ་གཉིས་ཀྱི་རྒྱུན་དུ་གནས་ཤིང་སྲུང་སྐྱོབ་མཛད། མདོར་ན་རྣལ་འབྱོར་དབང་ཕྱུག་བིར་ཝ་པ་ནི་བཅུ་གསུམ་རྡོ་རྗེ་འཛིན་པའི་གོ་འཕང་མངོན་དུ་གྱུར་ཏེ། དུས་ད་ལྟའང་གཞོན་ནུ་ཀཧེ་ཀའི་མཆོད་གནས་མཛད་དེ། སོ་མ་ནཱ་ཐ་ན་མངོན་སུམ་དུ་བཞུགས་པར་གསུངས་ལ། དེ་རྗེས་འཛམ་བུ་གླིང་འདིར་ཐེངས་གསུམ་བྱོན་ནས་བརྟུལ་བཞུགས་ཀྱི་སྤྱོད་པ་ཇི་ལྟར་མཛད་ཚུལ་ནི་ལམ་འབྲས་ཀྱི་ཆོས་འབྱུང་རྣམས་ལས་ཤེས་པར་བྱ་ཞིང་། འཇམ་དཔལ་ཛ་རྒྱུད་ལས། ཡི་གེ་ཧྣ་ཞེས་སྡོམ་བརྩོན་འབྱུང་། །ལྷོ་ཡི་ཕྱོགས་སུ་རྣམ་པར་གྲགས། །སྡོམ་བརྩོན་དེ་བཞིན་སྔགས་ཀྱང་འགྲུབ། །ཅེས་ལུང་བསྟན་འདིར་ཉིད་མཁས་པ་ཁ་གཅིག་གིས་དཔལ་ལྡན་ཆོས་གྲགས་ཀྱི་ལུང་བསྟན་དུའང་བཞེད་ཀྱང་། ལོ་ཆེན་འབྲོག་མི་ཡབ་སྲས་རྗེས་འབྲངས་དང་བཅས་པས་རྣལ་འབྱོར་དབང་ཕྱུག་བིར་ཝ་པ་ལུང་བསྟན་པར་བཞེད་དེ་འདི་བའི་རྒྱུ་མཚན་ནི། ཡི་གེ་ཧྣ་ཞེས་སྡོམ་བརྩོན་འབྱུང་། ཞེས་པའི་གོ་དོན་ནི་ཆོས་སྐྱོང་གི་དང་པོ་ཧྣ་སྨྲྀ་ཞེས་བྱ་བའི་དོན་ཡིན་ལ། ལྷོ་ཡི་ཕྱོགས་སུ་རྣམ་པར་གྲགས་ཞེས་པའང་། དཔལ་ཆོས་ཀྱི་གྲགས་པས་ཆེད་དུ་ལྷོ་ཕྱོགས་སུ་མུ་སྟེགས་པ་བརྟུལ་བའི་ལོ་

རྒྱུས་མི་སྣང་ལ། རྗེ་བཙུན་རྣལ་འབྱོར་དབང་ཕྱུག་བིར་ཝ་པ་འདིས་བརྟུལ་ཞུགས་ཀྱི་སྤྱོད་པས་མུ་སྟེགས་པ་བརྟུལ་བ་ཕལ་ཆེར་ལྷོ་ཕྱོགས་སུ་མཛད་པ་མ་ཚད། སྒོམ་བརྩོན་དེ་བཞིན་སྔགས་ཀྱང་གྲུབ། ཅེས་པའང་སྔགས་གྲུབ་པའི་ནི་ཕྱག་རྒྱ་ཆེན་པོ་མཆོག་གི་དངོས་གྲུབ་ཐོབ་པ་ཡིན་ལ། དཔལ་ལྡན་ཆོས་གྲགས་ཀྱི་སྔགས་གྲུབ་པ་བཤད་པའི་གསལ་ཁ་མི་སྣང་ལ། དེས་ན་རྣལ་འབྱོར་དབང་ཕྱུག་བིར་ཝ་པས་ལུང་བཞིན་སྔགས་ཀྱང་གྲུབ་པ་རྣམ་ཐར་ཁག་ལས་གསལ་བས་འདི་བཞིན་འཐད་པ་གསུངས་སོ། །

༡༨ རྒྱ་གར་ཤར་ཕྱོགས་ར་ཌའི་ཡུལ་གྱི་གྲོང་ཁྱེར་རྒྱལ་སར་གཾ་ཀ་ན་གསང་སྔགས་ཇི་ལྟར་བྱོན་པའི་ཚུལ།

ཇི་སྐད་དུ། གདིང་བ་བཏིང་ནས་གངྒཱ་བཀྲལ། །སྟག་ལ་ཞོན་ནས་དངོས་གྲུབ་བརྙེས། །ཊོམ་བི་ཧེ་རུ་ཀ་ཞེས་པའི། །བླ་མ་དེ་ལ་ཕྱག་འཚལ་ལོ། །ཞེས་པའི་བསྟོད་ཡུལ་གྲུབ་ཆེན་ཊོམ་བི་ཧེ་རུ་ཀ་ནི། རྣར་འབྱོར་དབང་ཕྱུག་བིར་ཝ་པས་ཆུ་བོ་ཆེན་པོ་གངྒཱ་བཟློག་ཐེངས་གཉིས་པ་མཛད་པའི་དུས་སུ་རྗེས་སུ་འབྲངས་པའི་གྲུ་དཔོན་དེ་སློབ་དཔོན་རང་ཉིད་དང་རྟོགས་པ་མཉམ་པ་ས་དྲུག་པའི་སེམས་པ་ཆེན་པོར་བྱིན་གྱིས་བརླབས་ཏེ། རྒྱ་གར་ཤར་ཕྱོགས་ར་ཌའི་ཡུལ་སྣ་ཚོགས་སྒྲ་ལྡན་གྱི་གྲོང་ཁྱེར་ཕོ་བྲང་གཾ་ཀ་ན་མུ་སྟེགས་ཀྱི་རྒྱལ་པོ་དེ་ཧ་ར་ཞེས་བྱ་བ་མ་རུངས་པ་ཞིག་འདུལ་བར་བཏང་བ་ལྟར། གྲུ་ཆེན་ཊོམ་བི་པས་ནགས་ཀྱི་སྟག་མི་ཟན་ལ་དུག་སྦྲུལ་གྱི་སྲབ་མཐུར་གོང་སྙེད་མཛད་དེ་ཆིབ། ཕྱག་ཏུ་དུག་སྦྲུལ་ཆེན་པོ་ཞིག་བསྣམས་པ་ལ་སོགས་པའི་བརྟུལ་ཞུགས་ཀྱི་སྤྱོད་པ་སྣ་ཚོགས་ཀྱིས་རྒྱལ་པོ་འཁོར་བཅས་གསང་སྔགས་རྡོ་རྗེ་ཐེག་པ་ལ་བཀོད་པར་མཛད་དོ། །གྲུབ་ཆེན་འདིས་དཔལ་གྱི་རྡོ་རྗེའི་རྒྱུད་གསུམ་ལ་བརྟེན་ནས་བསྟན་བཅོས་ལྷན་ཅིག་སྐྱེས་གྲུབ་མཛད་པ་དང་། ཉམས་ལེན་གྱི་ཁྲིད་ནི་ལྷན་ཅིག་སྐྱེས་པ་གསུམ་ལ་ཁྲིད་ཡིག་ཤིན་ཏུ་ངོ་མཚར་ཆེ་བ་མཛད།

༡༧ རྒྱ་གར་ཤར་ཕྱོགས་ཀྱི་རྒྱལ་སར་གསང་སྔགས་ཇི་ལྟར་བྱོན་པའི་ཚུལ།

སྔར་གོང་དུ་ཅུང་ཟད་ཞུས་པ་ལྟར་རྒྱ་གར་ལྷོ་ཕྱོགས་རལ་པ་ཅན་ལྷ་བརྒྱའི་ནང་ནས་རྣལ་འབྱོར་དབང་ཕྱུག་གི་རྗེས་སུ་འབྲངས་ཀྱང་ཕ་ཡུལ་ཤར་ཕྱོགས་ནས་ཡིན་པས་ཤར་ཕྱོགས་ནག་པའམ། ཡང་ན་སློབ་དཔོན་འདིས་ཀྱང་བརྟུལ་ཞུགས་ཀྱིས་མཛད་པ་མཐར་ཕྱིན་པས་བརྟུལ་ཞུགས་ནག་པོ་པའང་གྲགས། དེ་བཞིན་སྐུ་འཁྲུངས་ཡུལ་ཀརྞ་ཊེར་བས་ཀརྞ་པ་ཡང་གྲགས། སློབ་དཔོན་རང་ཉིད་དང་རྟོགས་པ་མི་མཉམ་པ་ལ་གསང་སྔགས་ལམ་འབྲས་ཀྱི་རྩ་བ་རྡོ་རྗེའི་ཚིག་རྐང་གནང་ནས་རྟོགས་པ་མཉམ་པར་བྱིན་གྱིས་བརླབས་ཏེ། ཤར་ཕྱོགས་མུ་སྟེགས་ཀྱི་རྒྱལ་པོ་གདུག་པ་ཅན་འདུལ་བ་དང་། སློབ་དཔོན་ཌ་མ་རུ་པ་རྗེས་སུ་འཛིན་པར། ནུབ་ཕྱོགས་ཨོ་རྒྱན་གྱི་ཡུལ་ནས་ལུང་སྡེ་ལྔ་སྤྱན་འདྲེན་པ་དང་དེ་གསུམ་སྒྲུབ་པ་བཏང་བ་ལྟར། ཐོག་མར་རི་བོ་ཨུ་ཙ་ཡ་ནར་སྒྲུབ་པ་མཛད།

དེ་ནས་རྣལ་འབྱོར་དབང་ཕྱུག་བིར་ཝ་པའི་བཀའ་བཞིན་དུ་ནུབ་ཕྱོགས་ཨུ་རྒྱན་གྱི་ཡུལ་ནས་དཔལ་ཀྱི་རྡོ་རྗེའི་རྩ་རྒྱུད་འབུམ་ལྔ་པའི་དུམ་བུ་ལུང་སྙིང་ལྔ་རྡོ་རྗེའི་ཚིག་རྐང་གི་རྒྱབ་རྟེན་དུ་སྤྱན་དྲངས། དེ་རྗེས་རྒྱ་གར་ཤར་ཕྱོགས་ན་རྒྱལ་པོ་ཞིག་བུད་མེད་ལ་ཆགས་ནས་བཙུན་མོ་རྒྱན་གཞོན་ཚོགས་ཆེན་པོས་བསྐོར་ཏེ། དེ་དག་ལ་ཉིན་མཚན་དབྱེ་བ་མེད་པ་ཆགས་སྤྱོད་སྣ་ཚོགས་བྱེད་བཞིན་པ་རྣམས་ངན་འགྲོར་འགྲོ་བར་གཟིགས་ནས། དེ་འདུལ་བའི་ཕྱིར་བཙུན་མོའི་ཕོ་བྲང་ནང་དུ་བྱོན། གནས་ཚུལ་དེ་རྒྱལ་པོས་ཤེས་ནས་ཤིན་ཏུ་ཁྲོས་ཏེ་མྱུར་དུ་གསོད་དགོས་པའི་བཀའ་བསྒྲགས། གཤེད་མ་རྣམས་བཙུན་མོའི་ཕོ་བྲང་ནང་དུ་ཕྱིན་པ་ན་སློབ་དཔོན་ཕྱི་ལ་ཐོགས་མེད་དུ་ཐལ་ཐལ་བྱོན། ཕྱིར་ཕྱིན་པ་ན་ནང་དུ་ཐོགས་མེད་བྱོན། ཕོ་བྲང་གི་ཕྱི་ནང་གཉིས་ཀ་དམག་གིས་བཀང་བས། སློབ་དཔོན་གཅིག་ལས་བརྒྱ་དང་བརྒྱ་ལས་སྟོང་ལ་སོགས་པ་མཐར་གྲངས་མེད་དུ་སྤྲུལ་པས། རྒྱལ་པོ་འཁོར་དང་བཅས་པ་དང་མོས་སྐྱེས་སྐབས་གསང་སྔགས་རྡོ་རྗེ་ཐེག་པ་ལ་བཀོད་པར་མཛད་དོ། །དེས་མཚོན་པའི་ཡུལ་དབུས་ཀྱི་རྒྱལ་པོ་ཞིག་བཏུལ་ཏེ། རྣམ་པ་ལའམ། ཌ་མ་རུ་པར་གྲགས་པ་དེ་ལ་རྣལ་འབྱོར་གྱི་དབང་ཕྱུག་བིར་ཝ་པས་བཀའ་ལུང་བསྟན་པ་བཞིན། རྗེས་སུ་འཛིན་ཏེ་ཚད་མ་སྟན་བརྒྱུད་བཞི

ཡིས་གདམས་པར་མཛད་དེ། དེ་སློབ་དཔོན་རང་ཉིད་དང་རྫོགས་པ་མཉམ་པར་བྱིན་གྱིས་བརླབས་སོ། །

༡༨ མུ་སྟེགས་ཀྱི་རྒྱལ་པོ་མ་རུངས་པའི་ཡུལ་དུ་གསང་སྔགས་ཇི་ལྟར་བྱོན་པའི་ཚུལ།

གོང་གསལ་བཞིན་སློབ་དཔོན་འདིའི་གསང་མཚན་ནི་པདྨ་བཛྲ་ཞེས་བྱ་བ་ཡིན་ལ། གྲུབ་ཆེན་ཧྣྨ་པ་ལ་ཁོང་བརྟུལ་ཞུགས་ཀྱི་སྤྱོད་པ་མཛད་པའི་དུས་སུ། ཕྱག་ཏུ་ཌ་མ་རུ་པ་ཞིག་བསྣམས་ནས་ཡུལ་ཉེར་བཞི་དང་གནས་སུམ་ཅུ་རྩ་གཉིས་ཐམས་ཅད་དུ་ཌ་མ་རུ་དེ་ཁྲོ་ལོ་ལོར་འཁྲོལ་ཞིང་སྤྱོད་པར་མཛད་པས་ཌ་མ་རུ་པ་ཞེས་ཀྱང་གྲགས། སློབ་དཔོན་ཌ་མ་རུ་པས་ཀྱང་མུ་སྟེགས་ཀྱི་རྒྱལ་པོ་མ་རུངས་པ་འདུལ་བའི་སླད་དུ། ཡུལ་དེའི་རྒྱལ་པོའི་ཕོ་བྲང་དུ་སྟག་མི་ཟ་མཁན་ཞིག་ཁྲིད་ནས་རྒྱལ་པོའི་རྩར་བྱོན། སློ་བུར་དུ་རྒྱལ་པོ་དེའི་ཐོར་ཅོག་ནས་བཟུང་སྟེ་ཕྲག་གཡས་ལ་བཀལ། སྟག་དེ་ཕྲག་པ་གཡོན་ལ་བཀལ་ནས་གྲོང་དུ་བཀྱུག་པས། རྒྱལ་པོ་འཁོར་བཅས་འཇིགས་ཤིང་སྐྲག་ནས་དེ་ལྟར་མི་མཛད་པའི་ཞུ་བ་ཕུལ་སྐབས། གྲུབ་ཆེན་ཌ་མ་རུ་པའི་ཞལ་ནས་མུ་སྟེགས་ཀྱི་གྲུབ་མཐའ་སྤྱངས་ནས་ངའི་གྲུབ་མཐའི་རྗེས་སུ་འབྲངས་ན་འཇོག །དེ་ལྟར་མི་བྱེད་ན་སྟག་ལ་སྦྱིན་པར་བྱའོ་གསུངས་པས། རྒྱལ་པོ་འཁོར་དང་བཅས་པ་འཇིགས་སྐྲག་སྔར་ལས་བརྒྱ་འགྱུར་སྐྱེས་ཀྱང་བྱ་ཐབས་གཞན་མ་རྙེད་པར་མུ་སྟེགས་ཀྱི་གྲུབ་མཐའ་སྤྱངས་ཏེ་སློབ་དཔོན་གྱི་ཞབས་ལ་བཏུག་པ་ལྟར་གསང་སྔགས་རྡོ་རྗེ་ཐེག་པ་ལ་བཀོད་པར་མཛད་དོ། །

༡༩ རྒྱ་གར་ཡུལ་དབུས་སུ་གསང་སྔགས་ཇི་ལྟར་བྱོན་པའི་ཚུལ།

སྔར་གོང་དུ་ཅུང་ཟད་ཞུས་ཟིན་པ་བཞིན། ཤར་ཕྱོགས་ནག་པོ་པས་བཀའ་ལུང་བསྟན་པ་ལྟར། གྲུབ་ཆེན་ཌ་མ་རུ་པ་ཡུལ་དབུས་ཀྱི་རྒྱལ་པོ་སེང་གེ་རྣམ་པར་རྩེན་པ་ཞེས་བྱ་བ་ཞིག་ཡོད་པ་དེ་ཐབས་སྣ་ཚོགས་ཀྱིས་བཏུལ་ཏེ་ཚད་མ་སྔན་བརྒྱུད་བཞི་ཡིས་མན་ངག་རྣམས་བསྟུལ། གསང་མཚན་ནི་བུད་ཧྣ་བཛྲ་ཞེས་གསོལ། རྒྱལ་པོ་སེང་གེ་རྣལ་པར་རྩེན་པས་ཀྱང་གྲུབ་ཆེན་ཌ་མ་རུ་པའི་གདམས་ངག

རྣམས་ཐོབ་རྗེས་སྲིད་པ་འཁོར་བ་ལ་ངེས་འབྱུང་སྐྱེས་ཏེ། རྒྱལ་སྲིད་ཀྱང་ཐལ་བ་བཞིན་དུ་སྤངས་ཏེ། གཉིས་སྤངས་ཀྱི་སྤྱོད་པ་མཛད་དེ་གྲོང་ཁྱེར་གྱི་སྲང་མདོར་བྱིས་པའི་ཚོགས་རྣམས་ཀྱི་ཁྲོད་དུ་རྩེ་ཞིང་བཞུགས་པས། མཚན་ཡོངས་གྲགས་ལ་ཨ་ཝ་དྷཱུ་ཏི་པ་ཞེས་གསོལ།

༡༠ རྒྱ་གར་ཤར་ཕྱོགས་ནྱི་ག་ལའི་རྒྱལ་ས་ཙཱམྤ་རུ་པ་ཨགྣི་ར་གསང་སྔགས་ཇི་ལྟར་བྱོན་པའི་ཚུལ།

གོང་གསལ་བཞིན་གྲུབ་ཆེན་ཨ་ཝ་དྷཱུ་ཏི་པས་ཀྱང་། རྗེ་ག་ཡ་དྷཱ་ར་རྗེས་སུ་བཟུང་བའི་ཕྱིར་རྒྱ་གར་ཤར་ཕྱོགས་ནྱི་ག་ལ་ཡི་རྒྱལ་ས་ཙཱམྤ་རུ་པ་ཨགྣི་ཞེས་བྱ་བའི་རྒྱལ་ས། ཡུལ་དེའི་རྒྱལ་པོའི་དྲུང་ཡིག་ཆེན་པོ་ཀ་ཡས་ཐ་ཞེས་བྱ་བའམ། མཚན་གཞན་ནི་ག་ཡ་དྷཱ་ར་སྟེ། ག་ཡ་འགྲོ་བ་ལའོ་ཞེས་པས། སྔོང་དུ་འགྲོ་བ་སྲིན། འོག་ཏུ་འགྲོ་བ་ཀླུ་ཡིན་པས། སྲིན་འཛིན་ནམ། ཀླུ་འཛིན་གང་རུང་ཡིན་པ་ལོ་ཆེན་འབྲོག་མིས་གཙོས་སྔ་རབས་པ་རྣམས་ཀྱིས་བཞེད་ལ། གང་ལྟར་ཡང་ཁོང་རིག་པའི་གནས་མཐའ་དག་ལ་ཤིན་ཏུ་མཁས་པ་བཞིན། རྒྱལ་པོའི་དྲུང་ཡིག་ཆེན་མོའི་ཕྱག་ལས་གནང་མཛད་ནས་བཞུགས་སྐབས། ཨ་ཝ་དྷཱུ་ཏི་པས་གྲུབ་ཆེན་ཌོམ་བྷི་པའི་བཀའ་ལུང་བཞིན་ཁྱེད་བདག་གི་གདུལ་བྱར་འོས་པ་ཡིན་འདུག་ན། ངའི་འདུག་གནས་ས་ཆ་འདི་ན་ཡིན་པས་ཁྱེད་ཅིས་ཀྱང་ཕེབས་པར་མཛོད། ཅེས་པའི་ཡི་གེ་བསྐུར་བས་དྲུང་ཆེ་ཁོང་ཡང་དགྱེས་བཞིན་དུ་ཕེབས། གྲུབ་ཆེན་ཨ་ཝ་དྷཱུ་ཏི་པས་ཀྱང་གསང་སྔགས་ཚད་མ་སྣང་བརྒྱུད་བཞིས་གདམས་ཏེ། རང་དང་རྗོགས་པ་མཉམ་པར་བྱིན་གྱིས་བརླབས་པར་མཛད་པ་དང་ཡུལ་དེ་གསང་སྔགས་རྡོ་རྗེ་ཐེག་པ་ལ་བཀོད་པར་མཛད་དོ། །གོང་གསལ་བཞིན་རྣལ་འབྱོར་དབང་ཕྱུག་བིར་ཝ་པ་ནས་རྗེ་འདིའི་བར་གྲུབ་ཆེན་རྣམས་སྨྲ་མ་སྨྲ་མས་ཕྱི་མ་ཕྱི་མ་རྣམས་བཀའ་ལུང་བསྟན་ཞིང་གདམས་ངག་ཀྱང་ཆིག་ཁོར་ན་བྱོན། སྐབས་དེ་དུས་འཕགས་ཡུལ་དུ་གསུང་ངག་ལམ་འབྲས་ཞེས་བྱ་བ་ཞིག་ཡོད་པར་འདུག་ཟེར་ཙམ་ལས་པཎ་གྲུབ་ཕལ་ཆེ་བས་མངོན་སུམ་དུ་མ་ཐོས་པའི་གསང་ཆེན་དུ་བཞུགས་པ་གསུངས་ལ། རྣལ་འབྱོར་དབང་ཕྱུག་བིར་ཝ་པ་འདི་འཕགས་ཡུལ་རྒྱ་གར་རང་ནས་པཎ་གྲུབ་ཐམས་ཅད་ཀྱི་བླ་མ་ཚད་མར་བྱེད་ཅིང་། ཀྱི་ཡ་ས་མུཏྟྲ་དང་། དཔའ་བོ་འོད་

གསལ་གྱི་གྲུབ་བརྒྱའི་འགྲེལ་བ་གཙོས་བསྟན་བཅོས་སུ་མིང་ལུང་ཁུངས་སུ་དྲངས་པ་འཇམ་མགོན་མཁྱེན་བརྩེའི་ཞལ་ནས་གསུངས་སོ། །

༢༡) སྤྱིར་རྒྱ་གར་འཕགས་ཡུལ་དུ་ལམ་སྐོར་དགུ་ཇི་ལྟར་བྱོན་པའི་ཚུལ།

སྤྱིར་འཕགས་ཡུལ་རྒྱ་གར་དུ་བྱོན་པའི་པཎ་གྲུབ་མང་པོས་ཉམས་ལེན་གྱི་སྙིང་པོ་བླ་མེད་རྡོ་རྗེ་ཐེག་པ་ཁོ་ནར་མཛད་པ་ཡིན་ལ། དེའི་ལམ་སྲོལ་ཇི་སྙེད་ཡོད་པ་ཐམས་ཅད་ཧྲིལ་གྱིས་དྲིལ་ན་ཉམས་ལེན་དུ་གང་ཟག་དགུས་མཛད་པའི་ལམ་སྐོར་དགུའི་ནང་འདུས་པ་འཇམ་མགོན་མཁྱེན་བརྩེས་གསུངས་པ་ཇི་བཞིན་ཅུང་ཟད་ཞུས་ན།

ལམ་སྐོར་དང་པོ་ནི། བླ་མ་རྡོ་རྗེ་གདན་པས་ཚོགས་གྲལ་དུ་གྲུབ་ཆེན་བརྒྱད་ཅུ་རྩ་བཞི་དུས་གཅིག་ལ་ཞལ་གཟིགས་ནས། མགྲིན་དབྱངས་གཅིག་གིས་མཛད་པའི་བསྟོད་པ་ལས། ཆུ་བོ་ཆེན་པོ་གྱེན་ལ་བཟློག །ཆང་ལ་ཉི་མ་གཏིང་པར་བཙུག །བིར་ཝ་པ་ཞེས་བྱ་བ་ཡི། །བླ་མ་དེ་ལ་ཕྱག་འཚལ་ལོ། །ཞེས་གསུངས་པའི་བསྟོད་ཡུལ་ནི། རྣལ་འབྱོར་དབང་ཕྱུག་བིར་ཝ་ཡིན་ལ། དེས་རྒྱུད་སྡེ་སྤྱི་དང་རྣལ་འབྱོར་བླ་ན་མེད་པའི་རྒྱུད་མཐའ་དག་དང་། ཁྱད་པར་དུ་དཔལ་གྱི་རྡོ་རྗེའི་རྩ་བཤད་ཀྱི་རྒྱུད་གསུམ། ཐེ་བྲག་ཏུ་རྩ་བའི་རྒྱུད་བརྟག་པ་གཉིས་པ་ལ་བརྟེན་ནས་བསྟན་བཅོས་གསང་ཆེན་ལམ་འབྲས་ཀྱི་རྩ་བ་རྡོ་རྗེའི་ཚིག་རྐང་མཛད་པ་དང་། ཉམས་བཞེས་གཙོ་བོའི་ཁྲིད་ལ་གསུང་ངག་རིན་པོ་ཆེ་ལམ་འབྲས་བུ་དང་བཅས་པའི་གདམས་ངག་མཛད་དོ། །

ལམ་སྐོར་གཉིས་པ་ནི། དགེ་སློང་ལུས་ལ་དངོས་གྲུབ་བརྙེས། །ནགས་ཀྱི་ལྷ་མོས་བདུད་རྩི་ཕུལ། །ཀླུ་སྒྲུབ་སྙིང་པོ་ཞེས་བྱ་ཡི། །བླ་མ་དེ་ལ་ཕྱག་འཚལ་ལོ། །ཞེས་པའི་བསྟོད་ཡུལ་གྱི་སློབ་དཔོན་དེས་རྒྱུད་གསང་བ་འདུས་པ་རྩ་རྒྱུད་ཀྱི་ལེའུ་དང་། རྣམ་སྣང་མངོན་བྱང་གི་བྱང་སེམས་ཀྱི་ལེའུ་ལ་བརྟེན་ནས་བསྟན་བཅོས་བྱང་ཆུབ་སེམས་འགྲེལ་མཛད་པ་དང་། ཉམས་བཞེས་ནི་སློབ་མའི་མཆོག་ཨཱརྱ་དེ་ཝ་ལ་མཆོད་རྟེན་གྱི་དྲུང་དུ་སེམས་ཐག་བཅད་པས་ན་མཆོད་རྟེན་དྲུང་ཐོབ་ཅེས་གྲགས་པ་དེ་གཙོ་བོ་ཡིན་པར་གསུངས། ལམ་སྐོར་གསུམ་པ་ནི། གདིང་བ་བསྡིང་ནས་གནྡྷ་བརྒྱལ། །སྟག་ལ་ཞོན་

ནས་དངོས་གྲུབ་བརྙེས། །ཊོམ་བི་ཧེ་རུ་ཀ་ཞེས་པའི། །བླ་མ་དེ་ལ་ཕྱག་འཚལ་ལོ། །ཞེས་པའི་བསྟོད་ཡུལ་གྲུབ་ཆེན་ཊོམ་བི་ཧེ་རུ་ཀས་དཔལ་ཀྱི་རྡོ་རྗེའི་རྒྱུད་གསུམ་ལ་བརྟེན་ནས་བསྟན་བཅོས་ལྷན་ཅིག་སྐྱེས་གྲུབ་མཛད་པ་དང་། ཉམས་བཞེས་གཙོ་བོ་ནི་ལྷན་ཅིག་སྐྱེས་པ་གསུམ་གྱི་ཁྲིད་མཛད་པ་གོང་དུ་ཙུང་ཟད་ཞུས་ཟིན་པ་བཞིན་ནོ། །

ལམ་སྐོར་བཞི་པ་ནི། རྒྱལ་རིགས་ཨུ་རྒྱན་གནས་ན་བཞུགས། །ལྷུམ་སྐྱེས་གཉིས་ཀྱིས་དངོས་གྲུབ་བརྙེས། །ཨིནྡྲ་བྷུ་ཏི་ཞེས་བྱ་བའི། །བླ་མ་དེ་ལ་ཕྱག་འཚལ་ལོ། །ཞེས་པའི་བསྟོད་ཡུལ་གྱི་གྲུབ་ཆེན་དེས་རྒྱུད་ཀྱི་རྡོ་རྗེ་དང་ཆ་མཐུན་པ་རྒྱུད་ཡེ་ཤེས་ཐིག་ལེ་ལ་བརྟེན་ནས་བསྟན་བཅོས་ཡོན་ཏན་རིམ་པ་ཞེས་བྱ་བ་མཛད་པ་དང་། ཉམས་བཞེས་གཙོ་བོ་ནི་ཕྱག་རྒྱའི་ལམ་ཡོངས་སུ་རྫོགས་པར་མཛད་དོ། །

ལམ་སྐོར་ལྔ་པ་ནི། བློ་བའི་རིགས་ལ་དངོས་གྲུབ་བརྙེས། །པདྨ་ཅན་དང་ལྷན་ཅིག་བཞུགས། །མཚོ་སྐྱེས་རྡོ་རྗེ་ཞེས་བྱ་ཡི། །བླ་མ་དེ་ལ་ཕྱག་འཚལ་ལོ། །ཞེས་པའི་བསྟོད་ཡུལ་གྱི་གྲུབ་ཆེན་དེས་རྒྱུད་རྩ་རྒྱུད་བརྟག་གཉིས་ལ་བརྟེན་ནས་བསྟན་བཅོས་སྒྲུབ་ཐབས་མཚོ་སྐྱེས་དང་མར་མེའི་རྩེ་མོ་མཛད་པ་དང་། ཉམས་བཞེས་གཙོ་བོ་ནི་ཟབ་པའི་ཚུལ་དགུ་ཞེས་གྲགས་པ་དེ་ལ་མཛད་དོ། །

ལམ་སྐོར་དྲུག་པ་ནི། ཞིང་པའི་རིགས་ལ་ཐར་རྡུའུ་ལུས། །སྨུ་དྲ་མ་དང་དངོས་གྲུབ་བརྙེས། །ཏོག་རྩེ་པ་ཞེས་བྱ་བ་ཡི། །བླ་མ་དེ་ལ་ཕྱག་འཚལ་ལོ། ཞེས་པའི་བསྟོད་ཡུལ་གྱི་གྲུབ་ཆེན་དེས་རྒྱུད་རྩ་རྒྱུད་བརྟག་གཉིས་ལ་བརྟེན་ནས་བསྟན་བཅོས་བསམ་གྱིས་མི་ཁྱབ་པའི་ཁྲིད་ཡིག་མཛད་པ་དང་། ཉམས་བཞེས་གཙོ་བོ་ནི་བསམ་མི་ཁྱབ་པའི་ཁྲིད་མཛད་དོ། །

ལམ་སྐོར་བདུན་པ་ནི། བླ་མའི་བཀའ་བཞིན་སྤྱོད་པ་མཛད། །སྲིད་པ་བར་དོར་རྫོགས་སངས་རྒྱས། །ནག་པོ་སྤྱོད་པ་ཞེས་བྱ་ཡི། །བླ་མ་དེ་ལ་ཕྱག་འཚལ་ལོ། །ཞེས་པའི་བསྟོད་ཡུལ་གྱི་གྲུབ་ཆེན་དེ་ཉིད་ཀྱི་འཁོར་ལོ་སྡོམ་པའི་རྩ་བཤད་ཀྱི་རྒྱུད་རྣམས་ལ་བརྟེན་ནས་བསྟན་བཅོས་མཁའ་འགྲོ་རྣའི་སྐད་དུ་ཨཱ་ལ་པ་ཏི་ཞེས་བྱ་བ་རིམ་པ་བཞི་པ་མཛད་པ་དང་། ཉམས་བཞེས་གཙོ་བོ་ནི་གཏུམ་མོའི

ལམ་རྫོགས་པ་ལ་ཁྲིད་ཡིག་མཛད་དོ། །

ལམ་སྐོར་བརྒྱད་པ་ནི། དཀའ་ཐུབ་པོར་ནས་སྤྱོད་པ་མཛད། །ལྷ་སྔངས་མཛད་ཅིང་དངོས་གྲུབ་རྙེད། །ནག་པོ་རྡོ་རྗེ་ཞེས་བྱ་ཡི། །བླ་མ་དེ་ལ་ཕྱག་འཚལ་ལོ། །ཞེས་པའི་བསྟོད་ཡུལ་གྱི་གྲུབ་ཆེན་དེས་འཆི་བ་མེད་པས་མ་རྒྱུད་མཐའ་དག་ལ་བརྟེན་ནས་བསྟན་བཅོས་རླུང་དབུ་མར་འཇུག་པའི་ཚིགས་བཅད་མཛད་པ་དང་། ཉམས་བཞེས་གཙོ་བོ་ནི་ཡོན་པོ་སྲོང་བ་མཛད་དོ། །

ལམ་སྐོར་དགུ་པ་ནི། རྒྱལ་རིགས་ཉི་མའི་ཟེར་ལ་གཤེགས། །རིམ་བུ་མིག་སྨན་ས་འོག་སྤྱོད། །ངག་གི་དབང་ཕྱུག་ཅེས་བྱ་བའི། །བླ་མ་དེ་ལ་ཕྱག་འཚལ་ལོ། ཞེས་པའི་བསྟོད་ཡུལ་གྱི་པཎ་གྲུབ་དེས་དཔལ་ཀྱི་རྡོ་རྗེའི་རྒྱུད་དང་། རྗེ་བཙུན་སྒྲོལ་མའི་ལུང་བསྟན་ལ་བརྟེན་ནས་བསྟན་བཅོས་བཞེས་སྣང་བ་ཡན་ལག་བདུན་ལྡན་དེ་ཁོ་ན་ཉིད་རིན་པོ་ཆེ་ཞེས་པ་དེ་དག་མཛད་པར་དང་། ཉམས་བཞེས་གཙོ་བོ་ནི་ཕྱག་རྒྱ་ཆེན་པོ་ཡི་གེ་མེད་པ་ལ་མཛད་པར་གསུངས་ལ། འདི་ཡན་ཆད་འཇམ་མགོན་མཁྱེན་བརྩེའི་ལམ་འབྲས་སློབ་བཤད་ཁྲིད་ཡིག་ཁོང་ཕྱུག་གི་རྣམ་བཤད་གདམས་ངག་བྱུང་ཚུལ་གྱི་ཟིན་བྲིས་ཀྱི་དགོངས་དོན་ཇི་བཞིན་བཞུགས་པ་ལགས་སོ། །

༢༢ བོད་དུ་དམ་པའི་ཆོས་ཀྱི་གཟུགས་བརྙན་དབུ་ཇི་ལྟར་བརྟེན་པའི་ཚུལ།

དེ་ཡང་སྔོན་བོད་ཀྱི་ས་ཆ་འདི་ཉིད་ཀྱང་ཐོག་མར་མཚོ་ཆེན་པོ་གཅིག་ཏུ་ཡོད་པ་ལས། འཕགས་པ་སྤྱན་རས་གཟིགས་ཀྱི་ཐུགས་རྗེས་རིམ་པས་ཆུ་ཕལ་ཆེར་བ་གངས་རི་ལ་བྱིན་གྱིས་བརླབས་པར་མཛད་དེ། ས་གཞི་རི་བྲག་རྩི་ཤིང་ནགས་ཚལ་མཚོ་དང་མཚེའུ་དང་བཅས་པ་རིམ་གྱིས་ཆགས་ཤིང་། ས་ཆ་དེ་དག་ལས་སྟོད་མངའ་རིས་སྐོར་གསུམ་སེང་གེ་དང་བྱ་ཁྱུང་ཆེན་ལ་སོགས་པས་འཛིན་པ། བར་དབུས་གཙང་རུ་བཞི་འབྲོང་དང་ཤ་བ་རྐྱང་ལ་སོགས་པས་ཕ་ས་བྱེད་པ་དང་། སྨད་མདོ་ཁམས་སྒང་དྲུག་ལ་གླང་པོ་ཆེ་དང་། སྟག་དང་། གཟིག །དོམ་དང་། དྲེད་དང་། སྤྲ་དང་སྤྲེའུ་ལ་སོགས་ལ་དུད་འགྲོ་ཚོགས་མང་པོ་མཆོ་གནས་བྱེད་བཞིན་པ་དང་།

གཞན་ཡང་བོད་སྤྱི་ལ་དབང་སྒྱུར་བྱེད་མཁན་ལྷ་སྲིན་སྡེ་བརྒྱད་དང་། མ་སངས་སྤུན་བདུན་ལ

སོགས་པ་མངའ་མཛད་བཅུ་དང་། རྒྱལ་ཕྲན་སིལ་མ་བཅུ་གཉིས་ལ་སོགས་པ་བྱུང་ཞིང་། དེ་དག་ཀྱང་ཕལ་ཆེ་བ་ཕན་ཚུན་གཅིག་གིས་གཅིག་ལ་གནོད་པར་བྱེད་པས་རང་དགའ་སིལ་བུར་རི་བྲག་ཤིང་ནགས་རྣམས་སུ་གནས་སྡོད་བྱེད་པ་ལ་བརྟེན། དབྱར་ཚ་བ་དང་། དགུན་ལྷགས་པས་གདུང་ཞིང་། འགྲོ་འདུག་ལ་སེམས་ཁྲལ་ཆེ་བ་དང་། གནས་བབ་ཟང་ཟིང་དུ་གྱུར་པའི་དབང་གིས་དལ་ལྷོད་ཀྱི་མཚོ་གནས་མེད་པས། ལག་ཏུ་མཚོན་ཆ་ཁྱེར་ནས། ཟས་སུ་རི་དྭགས་ཀྱི་ཤ་བཟའ་ཞིང་། པགས་པ་དང་ཤིང་ལོ་གོས་སུ་གྱོན་དགོས་བྱུང་བ་དང་། དགེ་སྡིག་བླང་དོར་གྱི་རྣམ་གཞག་གང་མི་ཤེས་པའི་དབང་གིས་སྡིག་ལས་སྣ་ཚོགས་འབར་ཞིང་སྤྱོད་པས་ཤི་ཚད་ངན་སོང་དུ་ལྷུང་ནས་སྡུག་བསྔལ་དཔག་ཏུ་མེད་པ་མྱང་དང་མྱོང་བར་འགྱུར་བ་ལ་བསྟེན། སྟོན་པ་ཐུབ་པའི་དབང་པོས་ཐུགས་བརྗེ་བ་ཆེན་པོས། དེ་དག་འདུལ་བ་ལ་འཕགས་པར་སྤྱན་རས་གཟིགས་དང་། རྗེ་བཙུན་སྒྲོལ་མ་ལ་ཞལ་འཛུམ་པ་དང་སྤྱན་ཆེད་དུ་གཟིགས་པས་བསྐུལ།

འཕགས་པ་སྤྱན་རས་གཟིགས་ཀྱི་སྤྲེའུ་རྒྱལ་པོ་ཧ་ནུ་མནྟ་ལ་དགེ་བསྙེན་གྱི་བསླབ་གཞི་ལྔ་བྱིན་ཏེ། ཁྱེད་བོད་དུ་སོང་ལ་སྒོམས་ཤིག་གསུངས་ནས་བཏངས། ཧ་ནུ་མནྟ་ལ་བསམ་ཡས་མཆིམས་ཕུའི་བྲག་ཕུག་ཏུ་བསྒོམ་ཞིང་བཞུགས་པའི་སྐབས་ཤིག་ལ། ཉིན་གཅིག་བྲག་སྲིན་མོ་མཛེས་མ་ཞིག་བྱུང་ནས་ཆོ་བ་ལྷན་དུ་སྤྱོད་པ་དང་མི་ཆེ་འབྲལ་མེད་བཟའ་ཚང་བྱེད་དགོས་ཟེར། སྤྲེའུ་ང་འཕགས་པ་ཐུགས་རྗེ་ཆེན་པོའི་དགེ་བསྙེན་ཡིན། ཁྱོད་དང་བཟའ་ཚང་བྱེད་མི་རུང་གསུངས་ནས་བཟློག་ཀྱང་། མོས་སླར་ཡང་ཨུ་ནན་གྱིས་ང་སྲིན་པོ་ཕོ་ཞིག་དང་འགྲོགས་ན་སྲིན་ཕྲུག་ལྔ་བརྒྱ་སྐྱེས།

དེ་དག་གིས་སེམས་ཅན་གཞན་དག་ལ་གནོད་པ་བྱས་པས་མཐར་འབྲས་བུ་དམྱལ་བའི་སྡུག་བསྔལ་མྱོང་བ་ནི་སློས་མི་དགོས་པས། དེ་ལྟ་བུ་མ་བྱུང་ཙམ་ལ་རེ་བ་ཡིན་ཟེར་ལ་སོགས་པའི་རྒྱུ་མཚན་མང་པོ་ཡང་ཡང་བཤད་པའི་མཐུས། སྤྲེའུའང་སྙིང་རྗེ་སྐྱེས་ཏེ། ཁྱོད་ཅུང་ཟད་སྒུག་དང་ངས་དེ་དོན་འཕགས་པ་ལ་ཞུ་བྱའོ། །ཞེས་བཤད་རྗེས་པོ་ཏ་ལ་རུ་ཕྱིན་ནས། འཕགས་པ་སྤྱན་རས་གཟིགས་ལ་རྒྱུ་མཚན་རེ་རེ་བཞིན་ཞིབ་གསལ་ཞུས་པས། འཕགས་པ་ཐུགས་འགྱེས་ཏེ་ཤིན་ཏུ་ལེགས་ཀྱི་དེ་ལྟར

གྱིས་ཤིས། ཁྱོད་ཀྱི་བུ་དང་ཚ་བོ་བརྒྱུད་པ་དང་བཅས་པ་བརྟེན་ནས་བོད་གངས་ཅན་གྱི་ལྗོངས་སུ་དམ་པའི་ཆོས་དར་བར་འགྱུར་རོ་ཞེས་ལུང་བསྟན་ཞིང་གནང་བ་ཐོབ་པ་ལ་བརྟེན། སྤྲེའུ་སྤྲུལ་ཡང་བོད་དུ་སླེབས་པའི་རྗེས་སུ། བྲག་སྲིན་མོ་དེ་དང་འགྲོགས་པ་ལས་ཐོག་མར་སྤྲེལ་ཕྲུག་བཞི་བྱུང་རྣམས་ཀྱང་། ཕ་དང་འདྲ་ཡང་སྤུ་དང་མཇུག་མ་མེད་པ་དང་། མ་དང་འདྲ་བས་ལུས་རགས་ཤིང་ཆེ་བ་དེ་དག་ལས་རིམ་གྱིས་འཕེལ་ཏེ་མིའུ་རིགས་བཞི་བྱུང་བ་ནི། སེ་དང་། དམུ་དང་། ལྡོང་དང་། སྟོང་དང་བཅས་རིགས་བཞི་དང་། ཡང་སེ་ལས་གྱེས་པ་འབྲ་དང་། དམུ་ལས་གྱེས་པ་འབྲུ་སྟེ། བོད་མིའུ་གདོང་དྲུག་བྱུང་ལ། དེ་དག་གི་བླའི་གཟུགས་ལུག་གཡག །ཧྲ། ཤ་བ་བཅས་ཡིན་པ་འཛམ་མགོན་མཁྱེན་རྡོའི་ལམ་འབྲས་སློབ་བཤད་ཁྲིད་ཡིག་ཁོག་ཕུབ་ནས་གསལ་བ་གསུངས་ཤིང་། གདུང་རྒྱུད་དེ་དག་ལས་བོད་ཀྱི་མི་ཡི་འགྲོ་བ་རྣམས་འཕེལ་ཞིང་རྒྱས་པ་བྱུང་།

བོད་ཀྱི་མི་ཡི་རྒྱལ་པོ་རྣམས་བྱོན་ཚུལ་དང་རིགས་གང་ལས་མཆེད་ཅིང་རྒྱལ་པོ་ཐོག་མ་དུས་ཇི་ཙམ་ནས་བྱོན་ཚུལ་ནི། བོད་གངས་ཅན་གྱི་ལྗོངས་སུ་ཕན་བདེ་མ་ལུས་པའི་འབྱུང་གནས་རྒྱལ་བསྟན་རིན་པོ་ཆེ་རྒྱ་གར་འཕགས་པའི་ཡུལ་ནས་བྱོན་པའི་རྒྱུ་མཚན་ལ་རྟེན། བོད་ཀྱི་མི་བོའི་རྒྱལ་པོ་ཐོག་མར་བྱོན་པ་གཉའ་ཁྲི་བཙན་པོ་ཡང་རྒྱ་གར་འཕགས་པའི་ཡུལ་གྱི་རྒྱལ་རིགས་ནས་བྱོན་པའི་གསུང་རྣམ་ཡང་ཞིབ་གསལ་ཤེས་པར་འདོད་ན། ཨ་མེས་ཞབས་ངག་དབང་ཀུན་དགའ་བསོད་ནམས་ཀྱི་བཀའ་འབུམ་པོད་(ཞ)པའི་ནང་གསལ་བས་དེ་ལས་ཤེས་པ་བྱ་ཤིང་། མདོར་ན་བོད་ཀྱི་རྒྱལ་པོ་གཉའ་ཁྲི་བཙན་པོ་ནས་བཟུང་གནམ་གྱི་ཁྲི་བདུན་དང་། སྟོད་ཀྱི་སྟེང་གཉིས། བར་དུ་ལེགས་དྲུག །ས་ལ་སྡེ་བརྒྱད། འོག་གི་བཙན་གསུམ་སྟེ་རྒྱལ་རབས་ཉི་ཤུ་རྩ་དྲུག་གི་སྐུ་རིང་ལ་དམ་པའི་ཆོས་ཀྱི་སྒྲ་ཙམ་ཡང་མ་ཐོས་ཀྱང་། རྒྱལ་རབས་ཉི་ཤུ་རྩ་བདུན་པ་འཕགས་པ་ཀུན་ཏུ་བཟང་པོའི་རྣམ་འཕྲུལ་ལྷ་ཐོ་ཐོ་རི་སྙན་ཤལ་གྱི་སྐུ་དུས་ལ། པཎྜི་ཏ་བློ་སེམས་འཚོ་དང་། པཎྜི་ཏ་ལི་བྱིན་གཉིས་བོད་དུ་བྱོན་ཀྱང་། ཡི་གེ་མེད་པ་དང་དད་མོས་ཞན་པས་བསྟན་པ་སྤྱེལ་བར་ནི་མ་ནུས་པ། དེར་ཁོང་གཉིས་ཀྱིས་མདོ་སྡེ་ཟ་མ་ཏོག་དང་། སྙིང་པོ་ཡི་གེ་དྲུག་མ། སྤང་སྐོང་ཕྱག་བརྒྱ་པ། གསེར་གྱི་མཆོད་རྟེན་ཁྲུ་གང་པ་དང་བཅས

རྒྱལ་པོའི་ཕྱག་ཏུ་གཏད་དེ། ཁྱེད་ནས་གདུང་རབས་ལྔ་ན་འདིའི་དོན་ཤེས་པའི་རྒྱལ་པོ་འབྱུང་བར་འགྱུར་རོ་ཞེས་ལུང་བསྟན་པའི་རྗེས་སུ་རྒྱ་གར་འཕགས་ཡུལ་དུ་བྱོན།

རྒྱལ་པོས་ཀྱང་རྟེན་དེ་རྣམས་ངོ་མཚར་ཆེ་བར་ནི་དགོངས་ཀྱང་། དེ་དག་གི་ནང་དོན་ནི་མ་ཤེས་ཀྱང་གཉན་པོ་གསང་བ་ཞེས་མཚན་གསོལ། རིན་པོ་ཆེའི་ཁྲི་ལ་བཞག་ནས་མཆོད་པ་ཕུལ་བས། བོད་ལ་བདེ་སྐྱིད་བསམ་གྱིས་མི་ཁྱབ་པ་བྱུང་བ་དང་། རྒྱལ་པོ་ཡང་སྐུ་གཞོན་ཤ་ཅན་དུ་གྱུར་ནས། དགུང་ལོ་བརྒྱ་དང་ཉི་ཤུ་ཐུབ་པ་བྱུང་། རྒྱུ་མཚན་དེ་དག་ལ་རྟེན་ནས་རྒྱལ་པོ་འདིའི་སྐུ་རིང་ལ་དམ་པ་ཆོས་ཀྱི་དབུ་བརྙེས་པར་ཡོངས་སུ་གྲགས་སོ། །

༢༣ བོད་དུ་དམ་པའི་ཆོས་ཀྱི་སྲོལ་ཇི་ལྟར་བྱོན་པའི་ཚུལ།

གོང་གསལ་བོད་ཀྱི་རྒྱལ་པོ་ལྷ་ཐོ་ཐོ་རི་སྙན་ཤལ་གྱི་སྲས་ཁྲི་སྙན་གཟུང་བཙན། དེའི་སྲས་འབྲོང་སྙན་ལྡེ་རུ། དེའི་སྲས་སྟག་རི་གཉན་གཟིགས། དེའི་སྲས་གནམ་རི་སྲོང་བཙན་ཡིན་ལ། རྒྱལ་པོ་འདིའི་སྐུ་དུས་སུ། རྒྱ་ནག་ནས་སྨན་དང་རྩིས་བྱུང་། རྒྱ་དང་གྲུ་གུ་བཏུལ། བྱང་ནས་ཚྭ་རྙེད་པ་ལ་སོགས་པའི་ཕྱག་ལས་ལེགས་རིགས་མང་པོ་གནང་། དེའི་སྲས་སྤྲུལ་རས་གཟིགས་ཀྱི་སྤྲུལ་པ་རྒྱལ་པོ་སྲོང་བཙན་སྒམ་པོ་བྱོན། བལ་བཟའ་དང་རྒྱ་བཟའ་རྣམ་གཉིས་བཙུན་མོ་བཞེས་པས་ཇོ་བོ་མི་བསྐྱོད་རྡོ་རྗེ་དང་། ཤཱཀྱ་མུ་ནེ་ལ་སོགས་པའི་སྐུ་གསུང་ཐུགས་རྟེན་དུ་མ་བོད་དུ་སྤྱན་དྲངས། ཐོན་མི་སཾ་བྷོ་ཊ་དང་། པཎྜི་ཏ་ལི་བྱིན་གཉིས་ཀྱིས་སྐད་གཉིས་སྒྱུར། རྟེན་དེ་དག་གི་བཞུགས་གནས་སུ་ར་སའཕྲུལ་སྣང་གི་གཙུག་ལག་ཁང་དང་། རྒྱ་སྟག་ར་མོ་ཆེ་གཙུག་ཁང་གིས་གཙོས་མཐའ་འདུལ་དང་། ཡང་འདུལ་ལ་སོགས་པའི་གཙུག་ལག་ཁང་དུ་མ་བཞེངས་པ་དང་ལྷ་ཆོས་དགེ་བ་བཅུའི་སྲོལ་རྒྱས་པར་མཛད་ཀྱང་། བསྟན་པའི་རྩ་བ་རབ་ཏུ་བྱུང་བའི་སྡེ་མེད་པའི་རྒྱུ་མཚན་ལ་བརྟེན་དམ་པའི་ཆོས་ཀྱི་སྲོལ་མཛད་པ་ཞེས་གྲགས།

༢༩ བོད་དུ་སྔ་འགྱུར་གསང་ཆེན་སྙིང་མ་པ་ཇི་ལྟར་བྱོན་པའི་ཚུལ།

གོང་གསལ་བོད་ཀྱི་རྒྱལ་པོ་གནམ་རི་སྲོང་བཙན་གྱི་དབོན་སྲས། བོད་ཀྱི་རྒྱལ་པོ་མང་སྲོང་མང་བཙན། དེའི་སྲས་འདུལ་སྲོང་མང་པོ་རྗེ་རླུང་ནམ་འཕྲུལ་གྱི་རྒྱལ་པོ། དེའི་སྲས་བོད་ཀྱི་རྒྱལ་པོ་ཁྲི་ལྡེ་གཙུག་བརྟན་མེས་ཨག་ཚོམ། དེའི་སྲས་འཇམ་དབྱངས་ཀྱི་རྣམ་སྤྲུལ་རྒྱལ་པོ་ཁྲི་སྲོང་ལྡེའུ་བཙན་བྱོན། དེས་རྒྱ་གར་ཟ་ཧོར་མཁན་ཆེན་བོ་དྷི་ས་ཏྭ་དང་། ཨུ་རྒྱན་གྱི་སློབ་དཔོན་ཆེན་པོ་པདྨ་འབྱུང་གནས་མཆོག་གིས་གཙོས་ལོ་པཎ་དུ་མ་བོད་དུ་སྤྱན་དྲངས། བསམ་ཡས་མི་འགྱུར་ལྷུན་གྱིས་གྲུབ་པའི་གཙུག་ལག་ཁང་གསར་དུ་བཞེངས། སད་མི་མི་བདུན་ལ་སོགས་པའི་རབ་ཏུ་བྱུང་བ་དུ་མ་བསྒྲུབས་ཏེ་ལོ་ཙཱ་བ་བསླབས་ནས། ལོ་ཙཱ་བ་ཆེ་བ་བརྒྱ་རྩ་བརྒྱད་དང་། ཆུང་གྲས་སྟོང་རྩ་བརྒྱད་ལ་སོགས་པས་ཐེག་པ་ཆེ་ཆུང་གི་དམ་པའི་ཆོས་མང་པོ་བསྒྱུར།

སྒོམ་སྒྲུབ་འཆད་ཉན་གྱི་ཆོས་སྡེ་མང་པོ་གསར་འཛུགས་གནང་། བོད་ཀྱི་རྒྱལ་པོ་ཁྲི་སྲོང་ལྡེའུ་བཙན་དེའི་སྲས་ཆེ་བ་བོད་ཀྱི་རྒྱལ་པོ་མུ་ནེ་བཙན་པོ། སྲས་འབྲིང་བ་བོད་ཀྱི་རྒྱལ་པོ་མུ་ཏིག་བཙན་པོ། དེའི་སྲས་ཆུང་བ་བོད་ཀྱི་རྒྱལ་པོ་ཁྲི་ལྡེ་སྲོང་བཙན་སད་ན་ལེགས་མཛིང་ཡོན་མཆོག །འདིས་དཀར་ཆུང་གི་ལྷ་ཁང་བཞེངས་པ་དང་ལྷན་བསྟན་སྲིད་ལ་བྱ་བ་རྒྱ་ཆེན་མཛད། དེའི་སྲས་བོད་ཀྱི་རྒྱལ་པོ་ལྡེང་ཁྲིའི་མཆོག །དེའི་སྲས་ཆུང་བ་བོད་ཀྱི་རྒྱལ་པོ་མངའ་བདག་ཁྲི་རལ་གྱིས་འཛམ་བུ་གླིང་གི་སུམ་གཉིས་དབང་འོག་ཏུ་བསྡུགས། འུ་ཤང་རྡོའི་ལྷ་ཁང་གསར་བཞེངས་གནང་། རྒྱ་གར་འཕགས་ཡུལ་ནས་མཁན་པོ་ཛི་ན་མི་ཏྲ་དང་། སུ་རེནྡྲ་བོ་དྷི་དང་། ཤཱི་ལེནྡྲ་བོ་དྷི་དང་། རྒྱ་གར་ཉི་འོག་གི་མཁན་པོ་ཇི་ན་མི་ཏྲ་ལ་སོགས་པ་པཎ་གྲུབ་མང་པོ་བོད་དུ་སྤྱན་དྲངས། ལོ་ཙཱ་བ་ཀ་བ་དཔལ་བརྩེགས་དང་། ལྕོག་རོ་ཀླུའི་རྒྱལ་མཚན། ཞང་སྣ་ནམ་བཀྲ་ཡེ་ཤེས་སྡེ་པ་གསུམ་གྱི་གཙོ་བོ་གྱུར་པའི་ལོ་ཙཱ་དུ་མ་བྱོན་པ་རྣམས་ཀྱིས་སྔར་མ་བསྒྱུར་བའི་ཆོས་མང་པོ་བསྒྱུར། སྔར་བསྒྱུར་ཟིན་པ་རྣམས་ལའང་རྒྱ་དང་། ལི་ཡུལ་དང་། ཟ་ཧོར་སྐད་ལ་སོགས་པ་ཡུལ་སོ་སོའི་སྐད་མི་འདྲ་བ་དུ་མ་ཡོད་པ་རྣམས་སྐད་གསར་བཅད་ཀྱིས་གཏན་ལ་ཕབ་སྟེ་གོ་བདེ་བར་བཅོས། དེ་དག་གིས་མཆོན་བསྟན་པ་ལ་མཛད་རྗེས་བསམ་གྱིས་མི་ཁྱབ་པ་

གནང་། འདི་ཡན་ཆད་ལ་བསྟན་པ་སྔ་དར་ཞེས་ཡོངས་སུ་གྲགས་སོ། །

༢༥ བོད་དུ་བར་སྐབས་རྒྱལ་བསྟན་ཇི་ལྟར་འགྲིབས་པའི་ཚུལ།

བོད་ཀྱི་རྒྱལ་པོ་མུ་ཏིག་བཙན་པོས་རང་སྲས་ཆེ་བ་གླང་དར་མ་དབུ་དུམ་བཙན་པོ་རང་རྒྱུད་ངན་པས་བསྟན་འགྲོ་ལ་གནོད་ཀྱིས་དོགས་ནས་རྒྱལ་སྲིད་ཐོག་མ་མ་གནང་ཡང་། རྒྱལ་པོ་མངའ་བདག་ཁྲི་རལ་ཅན་སྐུ་གཤེགས་པའི་རྗེས་སུ། གླང་དར་མ་དབུ་དུམ་བཙན་པོ་ལ་རྒྱལ་སྲིད་ཐོབ་པས་ཐོག་མ་ཆོས་བཞིན་བསྐྱངས་ཁུལ་མཛད་ཀྱང་། ལོ་འགའ་རྗེས་སུ་རང་གི་གོམས་གཤིས་ངན་པ་མངོན་དུ་གྱུར་ཏེ། པཎྜི་ཏ་རྣམས་རྒྱ་གར་དུ་ལོག་དགོས་པའི་བཀའ་རྒྱ་བཏང་། ཏེན་གསུམ་ཕལ་ཆེར་ཚོང་རྫས་ཀྱི་གྲལ་ལ་བཞག་སྟེ། རྒྱ་གར་དང་བལ་ཡུལ་དུ་བསྐྱལ། ཇོ་བོ་ཤཱཀྱ་མུ་ནེ་རྣམ་གཉིས་བྱེ་ཐང་དུ་སྦས་དགོས་བྱུང་། གསང་སྔགས་ཀྱི་རྒྱུད་སྡེ་རྣམས་ལ་ངན་སྔགས་ཀྱི་མིང་འདོག་བཏག །རབ་ཏུ་བྱུང་བ་ཚུལ་ལྡན་རྣམས་ལ་མཚན་སྣུབ་སྡེ་བཀྲོངས། རབ་ཏུ་བྱུང་བ་ལ་ལ་ཕབ། ལ་ལ་རྟ་ཞོན་པའི་སྟེགས་ལ་སོགས་པ་བྱས། འགའ་ཞིག་ལ་མདའ་གཞུ་བསྐུར་ཏེ་རི་དྭགས་རྔོན་དུ་བཏང་བ་རྣམས་ལ། ཡེར་པའི་བྲག་ལ་བཞུགས་པའི་ལྷ་ལུང་དཔལ་གྱི་རྡོ་རྗེས་རྒྱུ་མཚན་དྲིས་པས། བོང་རྣམས་ཀྱིས་ཞིབ་ཆ་ཞུས་པས། ལྷ་ལུང་དཔལ་གྱི་རྡོ་རྗེ་ཐུགས་ཁྲོས་ཏེ། བསམ་ཡས་སུ་བྱོན། རྒྱལ་པོ་གླང་དར་མས་རྡོ་རིང་གི་ཡི་གེ་ཀློག་གིན་འདུག་པས། ཕྱག་འཚལ་ཞུ་ཁུལ་གྱི་ལྕགས་མདའ་ཞིག་དཔྲལ་བའི་དཀྱིལ་ལ་བརྒྱབས་པས། རྒྱལ་པོ་ན་རེ། ཡང་ན་ལོ་གསུམ་གྱིས་སྔ། ཡང་ན་ལོ་གསུམ་གྱིས་འཕྱིས་ཟེར་ནས་རྒྱལ་པོ་ཤི། ལྷ་ལུང་དཔལ་གྱི་རྡོ་རྗེས་རྟ་དང་། བེར། མདུང་དང་བཅས་པ་རྣམས་སྔར་སོལ་བ་བླུགས་ཏེ་ནག་པོར་བཟོས་པ་རྣམས་སླར་ཡང་དཀར་པོར་བྱས་ཏེ་བྲོས་པས་ཐར་ཙམ་བྱུང་ཞིང་རྐྱེན་ངན་དེ་ལྟ་བུ་བཟློག་ནུས་པ་ནི་བོད་མི་མགོ་ནག་ཡོངས་ལ་བཀའ་དྲིན་ཆེ་བ་སྨོན་མ་དགོས་པ་སེམས་སོ། །

༢༨ བསྟན་པའི་མེ་རོ་མདོ་ཁམས་ནས་ཇི་ལྟར་གསོས་པའི་ཚུལ།

གོང་གསལ་རྒྱལ་པོ་གླང་དར་མ་དབུ་དྲུམ་བཙན་པོའི་གདུང་བརྒྱུད་འཁྲུལ་མེད་མངའ་བདག་འོད་སྲུང་དང་། གདུང་བརྒྱུད་ཡིན་ཟེར་བའི་མངའ་བདག་ཡུམ་བརྟན་རྣམ་གཉིས་བྱོན། ཡུམ་བརྟན་གྱི་སྲས་ལ། ཁྲི་དེ་མགོན་སྙན། དེ་ལ་སྲས་གཉིས་འཁྲུངས་པའི་ཆེ་བ་རིག་མགོན་དང་། ཆུང་བ་ཉི་མ་མགོན། ཉི་མ་མགོན་གྱི་སྲས་ཉི་འོད་དཔལ་མགོན། དེ་སྲས་ཆེ་བ་ལྷ་པོ་དང་། ཆུང་བ་རྡོ་རྗེ་འབར་བ། དེ་སྲས་ཁྲི་དབང་ཕྱུག་བཙན། དེ་སྲས་ཙ་ཡེ་ཤེས་རྒྱལ་མཚན། དེ་སྲས་མངའ་བདག་ཁྲི་པ། ཡབ་སྲས་འདི་གཉིས་ཀྱི་སྐུ་རིང་ལ་སྟོར་དཔལ་ཆེན་ཆུ་བོ་རི་ནས་བྲོས་པའི་དམར་གཡོ་གཙང་གསུམ་དང་། རྒྱ་ནག་གི་ཧ་ཤང་ཀོ་ཕུཾ་དང་། ཀཱི་པག་གཉིས་ཀྱི་ཁ་སྐོང་མཛད་ནས། ཐོག་མར་མདོ་ཁམས་ཨན་ཆུང་གི་བྲག་ཕུག་ཏུ་བླ་ཆེན་དགོངས་པ་རབ་གསལ་རབ་ཏུ་བྱུང་སྐབས། གཡོ་དགེ་འབྱུང་མཁན་པོ། གཙང་རབ་གསལ་སློབ་དཔོན། དམར་ཤཱཀྱ་མུ་ནེས་གསང་སྟོན་པ། རྒྱའི་ཧ་ཤང་རྣམ་གཉིས་ཀྱི་ཁ་སྐོང་མཛད།

དེ་ལྟར་མདོ་ཁམས་སུ་སངས་རྒྱས་ཀྱི་བསྟན་པ་དར་ཀྱང་། དབུས་གཙང་ཕྱོགས་སུ་དམ་ཆོས་མེད་པར་མུན་པའི་སྨག་རུམ་དུ་གྱུར་ནས་མི་ལོ་བརྒྱད་ཅུ་ལོན་པ་ན། གོང་གསལ་བསམ་ཡས་སུ་བཞུགས་པའི་མངའ་བདག་ཙ་ཡེ་ཤེས་རྒྱལ་མཚན་གྱིས་བདག་རྐྱེན་མཛད་ནས་མདོ་ཁམས་སུ་སྟོམ་པ་ལེན་པ་དབུས་གཙང་གི་མི་ལྔ་བཏང་ནི། ལོ་སྟོན་རྡོ་རྗེ་དབང་ཕྱུག །ཚང་ཚོ་ཤེས་རབ་སེང་གེ། འབྲི་བཙུན་རྒྱལ་བ་བྱང་ཆུབ་སྐྱེ་གཙང་པ་གསུམ། ཀླུ་མེས་འཕགས་པའི་ཤེས་རབ། སུམ་ཡེ་ཤེས་བློ་གསལ་ཏེ་དབུས་པ་གཉིས་དང་ཁྱེན་དབུས་གཙང་གི་མི་ལྔ་མདོ་ཁམས་སུ་བྱོན་ཏེ་རབ་ཏུ་བྱུང་རྗེས་སླར་ཡང་གཙང་དུ་བྱོན་ནས་རབ་བྱུང་བ་མང་པོས་མཁན་པོ་དང་། སློབ་དཔོན་གསང་སྟོན་ཁ་སྐོང་པ་དང་བཅས་པ་མཛད། དགེ་འདུན་གྱི་སྡེ་དུ་མ་གསར་བཙུགས་ཏེ་རྒྱལ་བསྟན་དར་ཞིང་རྒྱས་པ་བྱུང་བས་བསྟན་པའི་མེ་རོ་མདོ་ཁམས་ནས་སླར་བསོས་མཛད་ཅེས་ཡོངས་སུ་གྲགས་སོ། །

༡༧ བསྟན་པའི་མེ་རོ་མངའ་རིས་ནས་ཇི་ལྟར་གསོས་པའི་ཚུལ།

གོང་གསལ་བོད་ཀྱི་རྒྱལ་པོ་གླང་དར་མ་དབུ་དུམ་བཙན་པོ་སྐུ་གཤེགས་རྗེས་བོད་སྤྱི་ལ་དབང་བའི་རྒྱལ་པོ་ནི་བརྒྱུད་པ་དེ་ལས་མ་བྱོན་ཀྱང་། དེ་སྲས་མངའ་བདག་འོད་སྲུང་། དེ་སྲས་མངའ་བདག་དཔལ་འཁོར་བཙན། དེའི་སྲས་རྒན་པ་བཀྲ་ཤིས་བརྩེགས་པ་དཔལ་དང་། གཞོན་པ་སྐྱིད་ལྡེ་ཉི་མ་མགོན། སྲས་རྒན་པ་བཀྲ་ཤིས་བརྩེགས་པ་དཔལ་ལ་སྲས་དཔལ་ལྡེ། འོད་ལྡེ། སྐྱིད་ལྡེ་གསུམ་བྱུང་བ་ལ་སྨད་ཀྱི་ལྡེ་གསུམ་དུ་གྲགས་ཤིང་། སྨད་དུ་རྒྱལ་ཁྲིམས་ལྷམ་ཙམ་ཞིག་ཆགས་པས་དབུ་གཙང་རུ་བཞི་དང་། སྲས་ཆུང་བ་ཉི་མ་མགོན་མངའ་རིས་སུ་ཕྱུགས་པ་ལ་དེ་ལ་སྲས་དཔལ་གྱི་མགོན་དང་། ལྡེ་གཙུག་མགོན། བཀྲ་ཤིས་མགོན་གསུམ་བྱུང་བས་མངའ་རིས་སྟོད་སྨད་བར་གསུམ་བཟུང་བས་སྟོད་ཀྱི་མགོན་གསུམ་དུ་གྲགས་ཤིང་རྒྱལ་ཁྲིམས་ཞྭ་ཙམ་ཞིག་ཆགས་པས་མངའ་རིས་སྐོར་གསུམ་མོ། སྲས་ཆུང་བ་བཀྲ་ཤིས་མགོན་གྱིས་སྐུ་མཁར་ཉི་ཟུང་བཟུང་ནས་པུ་ཧྲངས་དང་། ཞང་ཞུང་། གློ་བོ། དོལ་པོ། གུ་གེ། ཡ་ཚེ་ལ་སོགས་དབང་བསྒྱུར་མཛད། དེ་སྲས་འོད་ཀྱི་རྒྱལ་མཚན། དེ་སྲས་སྲོང་ངེ་དང་། འཁོར་རེ་གཉིས། སྲས་ཆེ་བ་སྲོང་ངེ་སྐུ་ཚེ་སྟོད་ལ་བཙུན་མོ་ཁབ་ཏུ་བཞེས་པས་སྲས་གཉིས་འཁྲུངས་པ་ནི་ན་ག་ར་ཙ་དང་། དེ་ཝ་ར་ཙའོ། སྐུ་ཚེའི་སྨད་དུ་རབ་ཏུ་བྱུང་ནས། ལྷ་བླ་མ་ཡེ་ཤེས་འོད་ཞེས་མཚན་གསོལ། མཐོན་མཐིང་དཔལ་གྱི་ལྷ་ཁང་བཞེངས། ལོ་ཙཱ་བ་རིན་ཆེན་བཟང་པོ་དང་། རྔོག་ལེགས་པའི་ཤེས་རབ་ལ་སོགས་པ་བློ་རྣོ་བའི་ན་གཞོན་ཉི་ཤུ་རྩ་གཅིག་རྒྱ་གར་དུ་ལོ་ཙཱ་བ་དང་ནང་ཆོས་སློབ་སྦྱོང་བྱེད་པ་བཏང་། དེ་ལྟར་ཉི་ཤུ་རྩ་གཅིག་གི་ནང་ནས་བཅུ་དགུ་ཚེ་ལས་འདས་ཀྱང་། ལོ་ཆེན་རིན་ཆེན་བཟང་པོ་དང་། ལོ་ཆུང་ལེགས་པའི་ཤེས་རབ་རྣམ་གཉིས་ཀྱིས། པཎྜིཏ་ཤྲདྡྷཱ་ཀ་ར་དང་ཕདྨ་ཏ་གཉིས་བོད་དུ་སྤྱན་དྲངས་ཏེ། མདོ་མཚན་ཉིད་ཀྱི་ཐེག་པ་དང་། གསང་ཆེན་རྒྱུད་སྡེ་བཞི་པོ་བསྒྱུར་ཞིང་གཏན་ལ་ཕབ། འདུལ་བ་སྟོད་ལུགས་དར་ཞིང་རྒྱས་པར་མཛད། གཙུང་པོ་འཁོར་རེས་ཁ་ཆར་གྱི་གཙུག་ལག་ཁང་གསར་བཞེངས་གནང་། དེ་སྲས་ལྷ་ལྡེ་པས། པཎྜིཏ་སུ་བྷ་ཤི་ཏ་བོད་དུ་སྤྱན་དྲངས་ནས། དམ་པའི་ཆོས་མང་པོ་བསྒྱུར་ཞིང་གཏན་ལ་ཕབ་ནས་དམ་པའི་ཆོས་རྣམས་རིམ་གྱིས་འཕེལ་ཞིང་རྒྱས་པར་

མཛད་པ་རྣམས་ལ་བསྟན་པའི་མེ་རོ་མངའ་རིས་ནས་གསོས་ཞེས་ཡོངས་སུ་གྲགས་སོ། །

༢༨ བསྟན་པའི་མེ་རོ་གཙང་ལྷ་རྩེ་ནས་ཇི་ལྟར་གསོས་པའི་ཚུལ།

སྟོན་ཆོས་རྒྱལ་སྲོང་བཙན་སྒམ་པོའི་སྐུ་དུས་སུ་བཞེངས་པའི་རུ་གནོན་གྱི་གཙུག་ལག་ཁང་བཞི་ཡོད་པའི་ནང་ནས། གཙང་ལྷ་རྩེ་རུ་ལག་ན་གྲོམ་པ་རྒྱང་གི་གཙུག་ལག་ཁང་གི་བདག་པོ་དང་སྣང་གི་བདག་པོ་གོང་གསལ་དཔལ་ལྷ། འོད་ལྡེ་དང་། སྐྱིད་ལྡེ་གསུམ་དང་། གཙང་ལྷ་རྩེའི་ལྷ་བཙུན་མཆེད་གསུམ་བཀའ་བགྲོས་ཀྱིས་བདག་ཅག་ལ་མཆོད་གནས་དགེ་འདུན་གྲངས་ཚང་ལ་ཞིང་དགོས་ངེས་འདུག་ཅེས་ཐུགས་ཐག་བཅད་དེ། ལོ་སྟོན་དང་། ཚོང་བཙུན་གཉིས་ལ་དེ་ལྟར་སྙུལ་གནང་ཡོང་བ་ཞུ་ཞེས་ཇི་ལྟར་གསོལ་བཏབ་འབྲས་སུ། ལོ་སྟོན་གྱི་སློབ་མ་མཁན་པོ་རྒྱ་ཤཱཀྱ་གཞོན་ནུ་དང་། སེ་ཡེ་ཤེས་བརྩོན་འགྲུས་གཉིས། ཞང་རྡོ་རྗེ་རྒྱལ་མཚན་ལ་སོགས་པའི་དགེ་སློང་བདུན། དགེ་ཚུལ་གཉིས། དགེ་བསྙེན་གཅིག་རྣམས་གནང་སྟེ་གཙང་ལྷ་རྩེ་གྲོམ་པ་རྒྱང་དུ་བྱོན་ནས། རྒྱ་ཤཱཀྱ་གཞོན་ནུ་མཁན་པོ། སེ་ཡེ་ཤེས་བརྩོན་འགྲུས་སློབ་དཔོན། ཞང་རྡོ་རྗེ་རྒྱལ་མཚན་གྱིས་གསང་སྟོན་དང་། དགེ་སློང་གཞན་རྣམས་ཁ་སྐོང་མཛད་ནས། འབྲོག་མི་ཤཱཀྱ་ཡེ་ཤེས། སྟག་ལོ་གཞོན་ནུ་བརྩོན་འགྲུས། ལེགས་ཡེ་ཤེས་གཞོན་ནུ་གསུམ་ཐོག་མར་བསྙེན་པར་རྫོགས་ཤིང་། དེ་རྗེས་གཞན་ཡང་རབ་ཏུ་བྱུང་བ་ཕྱེད་དང་སུམ་བརྒྱ་ཙམ་བྱུང་བ་ནས་རིམ་པས་དར་རྒྱས་གོང་འཕེལ་བྱུང་རྣམས་ལ་བསྟན་པའི་མེ་རོ་གཙང་ལྷ་རྩེ་ནས་གསོས་པ་ཞེས་ཡོངས་སུ་གྲགས་འོས་པ་སེམས་སོ། །

༢༩ བོད་དུ་གསར་འགྱུར་གསང་ཆེན་ལམ་སྐོར་དགུ་ཇི་ལྟར་བྱོན་ཚུལ།

གོང་གསལ་མཁན་པོ་རྒྱ་ཤཱཀྱ་གཞོན་ནུ་དང་། སློབ་དཔོན་སེ་ཡེ་ཤེས་བརྩོན་འགྲུས་རྣམ་གཉིས་དང་། ལྷ་རྩེ་ལྷ་བཙུན་མཆེད་གསུམ་གྱིས་འཕགས་ཡུལ་རྒྱ་གར་དུ་ལོ་ཙཱ་བ་དང་ཆོས་འཆད་སྤེལ་སློབ་པ་འགྲོ་ནུས་པའི་སྤོབས་པ་དང་རེ་བ་ཡོད་ཚེ་མཐུན་རྐྱེན་གང་དགོས་བསྒྲུར་རྒྱུ་ཡིན་ཞེས་པའི་གསལ་བསྒྲགས་ཤིང་གནང་མ་ཐག །གོང་གསལ་གཙང་ལྷ་རྩེ་ནས་དང་པོ་བསྙེན་རྫོགས་ཞུ་མཁན་འབྲོག

སྟག་ལེགས་གསུམ་གྱིས་ཁས་བླངས་བྱས་པས། མཐུན་རྐྱེན་སྦྱར་མཁན་རྣམས་ཀྱིས་མི་རེ་རེ་ལ་གསེར་སྲང་བརྒྱ་ལྷག་ཙམ་དང་། གླ་རྩི་སྟོང་ཕྲག ། གཞན་ཡང་ཟ་མ་ལ་སོགས་པའི་འབུལ་མཚན་རྣམས་བསྐུར་ཏེ། མང་ཡུལ་སྐྱིད་གྲོང་བར་དུ་བསྐྱལ་ནས། བསླབ་བྱ་ལ་བསྟན་པའི་རྩ་བ་ཡིན་པས་འདུལ་བ་དང་། བསྟན་པའི་སྙིང་པོ་ཡིན་པས་ཕར་ཕྱིན། བསྟན་པའི་ཉིང་ཁུ་ཡིན་པས་གསང་སྔགས་རྣམས་སློབ་སྦྱོང་བྱ་དགོས་པ་བཀའ་ཡིས་བསྐུར་གནང་བ་ལྟར། ཐོག་མ་བལ་ཡུལ་དུ་བྱོན་ཏེ། བལ་པོ་ཕམ་ཐིང་པ་སྐུ་མཆེད་བཞིའི་ནང་ནས་ཆེ་བ་བལ་པོ་ཛ་ཧཱུཾ་ངམ་ཞི་བ་བཟང་པོ་དང་། པཎ་ཏ་ཤཱཀྱ་ཟླ་དྲའི་སྐུ་མདུན་དུ་ལོ་གཉིས་ལ་སཾ་སྐྲི་ཏའི་སྐད་ཡིག་སློབ་སྦྱོང་གནང་བས་འབྲོག་མི་ནི་ལོ་ཙཱ་བའི་ཚད་ལོན་ཙམ་དུ་གྱུར། གསང་འདུས་ལ་སོགས་པ་ཟབ་ཆོས་འགའ་རེ་ཞུས་གནང་མཛད་རྗེས། རྒྱ་གར་འཕགས་ཡུལ་བི་ཀྲ་མ་ཤཱི་ལའི་གཙུག་ལག་ཁང་དུ་བྱོན། དེར་པཎ་ཏ་རྣམས་ཀྱི་ནང་ནས་གཙོ་བོ་མཁས་པ་སྒོ་དྲུག་བཞུགས་པ་ལས། ཤར་སྒོ་སྲུང་བའི་པཎྜི་ཏ་ཆེན་པོ་ཤཱནྟི་པའི་ཞབས་ལ་མི་ལོ་བཅུ་གཉིས་ཀྱི་བར་དུ་བཏུག་སྟེ་སྐད་ཡིག་དང་། འདུལ་བ། ཕར་ཕྱིན། བདེ་མཆོག་དང་། དཔལ་ཀྱཻ་རྡོ་རྗེ། ཁྱད་པར་དུ་མདོ་རྒྱུད་ཀྱི་དོན་བསྡུ་བ་ཞེས་བྱ་བའི་མན་ངག་ཟབ་མོ་རྣམས་གསན། དེ་བཞིན་དུ་ལྷོ་སྒོ་སྲུང་བའི་པཎ་ཆེན་ངག་དབང་གྲགས་པ་དང་། ནུབ་སྒོ་སྲུང་བའི་པཎ་ཆེན་ཤེས་རབ་འབྱུང་གནས། བྱང་སྒོ་སྲུང་བའི་པཎ་ཆེན་ན་རོ་པ། དབུས་ཀྱི་ཀ་ཆེན་དང་པོ་པཎ་ཏ་ཁྲམ་ཟེ་རིན་ཆེན་རྡོ་རྗེ། དབུས་ཀྱི་ཀ་ཆེན་གཉིས་པ་པཎ་ཏ་ཛྙཱ་ན་ཤྲཱི་ལ་རྣམས་ལས། རིམ་པ་བཞིན་མན་ངག་དྲུག་པོ་གསན་བཞེས་གནང་སྟེ་ཕྱིས་བོད་དུ་འཆད་སྤེལ་གནང་སྐབས་འབྲོག་མི་ལོ་ཙཱ་བའི་སྒོ་དྲུག་བཀའ་ཆོས་ཞེས་གྲགས་པ་བྱུང་།

དེ་ནས་སྟོན་པཎྜི་ཏ་མི་ཕམ་བཤེས་གཉེན་གྱིས་པོ་ཏ་ལ་ནས་གདན་དྲངས་པའི་ཐུགས་རྗེ་ཆེན་པོ་ཁར་ས་པ་ཎིའི་སྐུ་དྲུག་བྱོན་ཏེ། ཕྱག་མཆོད་དང་གསོལ་བ་བཏབ་པས། ཐུགས་རྗེ་ཆེན་པོས་ཞལ་ནས་ཁྱེད་ཕེབས་པའི་ལམ་ཁ་བླ་མ་བཟང་པོ་གཅིག་དང་མཇལ་བར་འདུག །དེའི་གསུང་བཞིན་སྐབས་དང་། དེའི་རྗེས་སུ་བོད་དུའང་བླ་མ་བཟང་པོ་གཅིག་གིས་མན་ངག་སྒོ་སྐྱོལ་གྱི་ཚུལ་དུ་འོང་བར་འདུག་པས་དེའི་ཡོན་ཏན་ལོང་ཞིང་། ཉན་པའི་སྤྱོས་པ་ཆོད་ལ་ཆོས་ཤོད། བཀའ་སྟོམས། ཉམས་སུ་ལོངས།

ངས་ཀྱང་རང་གཞན་གྱི་དོན་རྒྱ་ཆེན་པོ་འགྲུབ་པར་བྱིན་གྱིས་བརླབས་པོ་ཞེས་པའི་བཀའ་ལུང་སྩི་བོར་བླངས་ཏེ། དགའ་དད་སྤྲོ་གསུམ་གྱིས་གསོལ་བ་བཏབས་བཞིན་རྒྱ་གར་ལྗོ་ཕྱོགས་ཀུ་བ་ཚལ་ཞེས་བྱ་བའི་ནགས་ཚལ་སྟུག་པོ་དེར་བྱོན་པས། བར་སྐབས་ཤིག་ལ་ལམ་ཁ་ནགས་གསེབ་ཅིག་ན་འཁར་སིལ་གྱི་སྒྲ་ཞིག་གྲགས་བྱུང་བས། ཐུགས་ལ་འདི་ན་གྲོང་ཁྱེར་ཞིག་ཡོད་པ་འདྲ་བས་སྤྱི་དྲོའི་བསོད་སྙོམས་སློང་ན་བཟང་སྙམ་ནས་གཟིགས་པས། དགེ་སློང་ཞི་ཞིང་དུལ་བ་ཞིག་ལ་ཤིང་ལོའི་གསེབ་ནས་ལག་པ་དཀར་འཛམ་རིན་པོ་ཆེ་བའི་རྒྱན་སྣ་ཚོགས་ཀྱིས་སྤྲས་པ་ཞིག་གི་བསོད་སྙོམས་འབུལ་བ་གཟིགས་ནས། དགེ་སློང་དེ་དངོས་གྲུབ་ཐོབ་པར་མཁྱེན་པས། ད་ལུང་བསྟན་ཐོག་ཏུ་བབས་པ་འདྲ་དགོངས་ནས། ཞབས་སྤྱི་བོར་བླངས་ཏེ་བདག་རྗེས་སུ་འཛིན་པ་ཞུ་ཞེས་གསོལ་བ་བཏབ་པས། རྩང་གསུངས་ནས་གསོལ་རས་གནང་བ་བཞེས་པས་རོ་བརྒྱ་དང་ལྡན་པ་འདུག་གསུངས།

ཀུ་བ་ཚལ་ནག་འདབས་ཀྱི་གྲོང་ཁྱེར་དུ། དཔལ་གྱི་རྡོ་རྗེ་དབང་ནུབ་གསུམ་པ་ཞིག་དང་མན་ངག་ཟུང་ཟད་ཅིག་གནང་སྟེ། ད་ཁྱོད་བོད་དུ་སོང་ནས་ལོ་གསུམ་གྱི་མཚམས་སུ་འདི་རྩལ་སླེབས་པར་གྱིས་དང་། ང་རྒྱལ་པོ་ཀན་ཙ་ཀས་ལོ་གསུམ་གྱི་སྔོན་ནས་ཤོག་ཟེར་བ་དེ་ལ་སོང་ནས་ལོ་དུ་མ་སྡོད་རྒྱུ་ཡིན། ང་བའི་མིང་ལ་དཔའ་བོ་རྡོ་རྗེ་ཡིན་གསུངས། བླ་མའི་བཀའ་བཞིན་བོད་དུ་ཕེབས་ཁར་འབྲོག་མི་ནི་ལོ་ཙྪ་ཤིན་ཏུ་མཁས་པ་གྱུར་ཀྱང་། གྲོགས་གཉིས་ནི་ལོ་ཙྪ་བ་ཕྲན་བརྩེད་དང་། ཤེར་རབ་སྙིང་པོ་རྒྱག་གློག་ཤེས་པ་ཙམ་ལས་མ་བྱུང་། དེ་ནས་སྐྱིད་གྲོང་ནས་གཙང་ལྷ་རྩེར་ཕེབས་སྐབས། ཡོན་བདག་ལྷ་རྩེ་ལྷ་མཆེད་ཀྱིས་གཙོས་འབངས་མི་ཡོངས་ནས་ཕེབས་བསུ་ཟབ་རྒྱས་དང་འབྲེལ་དབང་བསྐུར་དང་སྟོན་དུ་འགྲོ་བའི་ཆོས་འགའ་རེ་འཆད་ཉན་གྱིས་འགྲོ་དོན་རྒྱ་ཆེན་བྱུང་། སླར་ཡང་ལོ་གཉིས་ཀྱི་རྗེས་སུ་སྔོན་བདག་ཆོས་མཐུན་རྐྱེན་སྦྱར་ཏེ། འཕགས་ཡུལ་རྒྱ་གར་དུ་དགེ་སློང་དཔའ་བོ་རྡོ་རྗེའི་སྐུ་མདུན་དུ་རྒྱལ་པོ་ཀན་ཙ་ཀའི་ཕོ་བྲང་དུ་བྱོན།

བླ་མས་དཔལ་གྱི་རྡོ་རྗེ་དབང་ཆེན་གྱིས་གཙོས་དབང་ཆེན་བཅུ་གསུམ་བསྟུད་མར་གནང་རྗེས། བླ་མའི་ཞལ་ནས། ད་ཁྱོད་ལ་བླ་མ་ང་ཡི་བྱིན་རླབས་ཞུགས་པའི་རྟེན་འབྲེལ་ལྷུན་གྲུབ་ཏུ་འགྲིག་པ་

ཡིན་པས། ངས་ཆོས་ཤེས་པ་ནི་མཐའ་ཡས་པའི་རྒྱ་མཚོ་དང་འདྲ་བ་རྣམས་ཁྱེད་ལ་འཆད་པས་ཆོག་པར་འདུག་ཀྱང་། དེ་རྣམས་ཀྱི་ནང་ནས་ཁྱད་པར་འཕགས་པ་རྗེ་བཙུན་རྣལ་འབྱོར་དབང་ཕྱུག་ཆེན་པོ་སྟོབས་ཀྱི་མགོན་པོ་དཔལ་བིར་ཝ་པ་ནས་བརྒྱུད་པའི་ཆོས་སྐོར་རྣམས་ཡིན་ཞིག་ཐོས་པས་རྟོགས་པ་སེམས་ལ་སྐྱེས། སྨྲས་པ་ནང་ནས་ཆོད། གདུལ་བྱ་ཕྱི་ནས་འདུལ། སྙན་གྲགས་ཕྱོགས་བཅུར་རྒྱས་པ་ཡིན། ཁྱེད་དེ་རྣམས་ཕལ་ཆེ་བའི་སྣོད་དུ་རུང་བར་འདུག་པས་འབད་རྩོལ་གྱིས་ཤིག་གསུངས་ནས། དཔལ་ཀྱི་རྡོ་རྗེ་རྒྱུད་གསུམ་གྱི་རྩ་བ་དང་བཤད་རྒྱུད་ལ་མན་ངག་གི་ཁ་བཀང་སྟེ་དཀའ་བའི་གནད་དང་བཅས་པའི་རྒྱུད་ཆེ་བ་བརྒྱད་ཅུ། ར་ལི་སོགས་རྒྱུད་ཆུང་བ་བརྒྱ་དང་དྲུག་ཅུ་ཙམ་གྱི་སྨིན་གྲོལ་ལུགས་བཤད་དང་། རྗེས་གནང་ཕྱག་ལེན་ལྔ་བཅུ་ལྷག་ཙམ་ལ་སོགས་པ་མན་ངག་དུ་མ་ཐོག་མ་ལོ་གཅིག་གི་རིང་ལ་སྩལ་བས། བླ་ཆེན་འབྲོག་མི་ལོ་ཙཱ་བའི་སྐུར་ཐུགས་སུ་ཆུད་པའི་ཆོས་ཐམས་ཅད་ལ་སྨྲོས་པ་དུས་གཅིག་ལ་མཆོད་པ་དང་། འབྲོག་མི་ཐུགས་ལ་བླ་མ་འདི་དཔལ་བིར་ཝ་པའི་དངོས་སློབ་གྲུབ་ཐོབ་ཌོམ་བྷི་ཧེ་རུ་ཀ་ནས་བརྒྱུད་པའི་སློབ་དཔོན་མི་ཐུབ་ཟླ་བའི་དངོས་སློབ་ཡིན་ལས་གཞན་ལས་ཁྱད་པར་འཕགས་པ་ཡིན་དགོངས་ནས་སྐད་ཅིག་ཀྱང་མ་ཡེངས་པར་དོགས་གཅོད་ཞུས་ཤིག་བརྩོན་འགྲུས་དྲག་པོས་བསླབས་པས་ལོ་བཞི་ལ་བིར་ཝ་པའི་གསང་སྔགས་ལམ་འབྲས་ཀྱིས་གཙོས། པདྨའི་ལམ། གཏུམ་མོ་ལམ་རྫོགས། ཡོན་པོ་བསྲང་བ། མཆོད་རྟེན་དྲུང་ཐོབ། བསམ་མི་ཁྱབ་དང་བཅས་པའི་ཚིག་དོན་མ་ལུས་པ་ཁོང་དུ་ཆུད་པར་བྱུང་བ་དང་། གཞན་ཡང་པཎྜི་ཏ་ཨ་མོ་གྷ་བཛྲ་གཙོས་པཎ་ཌི་བརྒྱད་ཙམ་མཉེས་པར་མཛད་དེ་ཟབ་པ་དང་རྒྱ་ཆེ་བའི་ཆོས་དུ་མ་གསན་སྦྱོང་གནང་། དེ་སྐབས་གྲུབ་ཆེན་དཔའ་བོ་རྡོ་རྗེས་མཁའ་འགྲོ་ཆོས་སྐྱོང་རྣམས་ལ་གཏང་རག་བཟང་ཞིག་བཏང་ནས། ངའི་ཆོས་རྣམས་བར་ཆད་མེད་པར་ཁྱེད་ལ་འཕྲོད་པས་དགའ་བ་སྒོམས་ལ། ད་ཁྱེད་བོད་དུ་ཕར་སོང་། འཆད་སྤེལ་འདྲ་གྱིས་དང་། ད་དུང་པཎྜི་ཏ་ཞིག་ཁྱེད་ལ་ཆོས་སྒོ་སྐྱེལ་དུ་བྱོན་འོང་། དེའི་གསུང་བཞིན་གྱིས། ང་ཡང་ལན་གཅིག་བོད་ལ་སླེབས་ཡོང་། ཁྱེད་ལ་ཐུགས་རྗེ་ཆེན་པོས་བྱིན་གྱིས་བརླབས་ཡིན་པས་ལམ་བར་ཆད་ཙུང་ཙམ་ཡང་མི་ཡོང་བ་ངས་ཁས་ལེན་བྱེད་པ་ཡིན་ཞེས་པའི་བཀའ་ལུང་གི་དགོངས་དོན་ལྟར་

སླར་བོད་དུ་བྱོན།

གཙང་ལྷ་རྩེའི་ལྷ་བཙུན་མཆེད་གསུམ་གྱིས་མཐུན་རྐྱེན་སྦྱར་ཏེ་མང་མཁར་མུ་གུ་ལུང་དུ་བཤད་གྲྭ་བཙུགས་ནས། མདོ་སྔགས་ཐུན་མོང་བའི་ཆོས་སྐྱི་དང་རིག་གནས་དང་པ་རྣམས་ལ་འཆད་སྤྱེལ་གནང་སྐབས་མཁས་པའི་སྐད་གྲགས་དབུས་གཙང་ཁམས་གསུམ་ལ་ཁྱབ་ཅིང་། སློབ་མའི་རྒྱ་མཚོ་ལྷ་བུ་བྱུང་བ་རྣམས་ཀྱི་ནང་ནས། མར་པ་ཆོས་ཀྱི་བློ་གྲོས་དང་། འགོས་ཁུག་པ་ལྷས་བཙས་ལ་སོགས་པ་མཁས་པ་ཡང་མང་པོ་ཐོན་པ་བྱུང་། དེ་ལྟར་ལྷ་ཆེན་འབྲོག་མི་ལོ་ཙྪ་བས་ཆོས་འཆད་སྤྱེལ་མཛད་ཅིང་ལྷ་རྩེའི་བྲག་ལ་བཞུགས་པའི་ཚེ་ནུབ་གཅིག་མནལ་དུ། དེའི་ཁང་པ་གསུམ་ཐོག་ཅིག་ན་རྗེ་འབྲོག་མི་རང་ཉིད་བཞུགས་འདུག་པ་ལ། ལྷོ་ཕྱོགས་ཀྱི་རྒྱུད་ནས་འོང་བ་ཡིན་ཟེར་བའི་མི་ནག་པོ་འཇིགས་སུ་རུང་བ་ཆེ་ཚད་རི་རྡོས་ཙམ་ཞིག་ནམ་མཁའ་ནས་འཕུར་ཏེ་སླེབས་བྱུང་། དེའི་ཁ་ནས་དུང་གི་སེང་གེ་གཅིག་སྐྱུགས། དེའི་ལྟེ་བ་ནས་གསེར་གྱི་བུམ་པ་ཆུས་གང་བ་ཞིག་བྱུང་། དེ་འབྲོག་མིའི་སྐུ་ལུས་ལ་ཐིམ་པས་ཐུགས་རྒྱུད་ལ་བདེ་ཆེན་གྱི་ཡེ་ཤེས་བསམ་གྱིས་མི་ཁྱབ་པ་འཁྲུངས། དེ་ནས་སྐུ་ལས་འོད་ཀྱི་གོང་བུ་གསུམ་མཆེད་ནས་ཁང་པ་གསུམ་པོ་དེ་འོད་ཀྱིས་ཁྱབ་པར་གྱུར། སླར་དེ་ཐམས་ཅད་འོད་དུ་ཞུ་ནས་འབྲོག་མི་རང་གི་སྐུ་ལུས་ལ་ཐིམ། དེའང་འོད་དུ་ཞུ་ནས་ཞབས་གཉིས་ལ་ཐིམ། ཞབས་གཉིས་ཀྱང་མཁའ་ལ་འཇའ་ཡལ་བ་ལྟར་སོང་བའི་དང་ནས་མནལ་སད། དེ་རྗེས་སྤྲ་དྲོ་ཞིག་ལ་སྒོ་ཁང་ན་རྣ་དུང་འབུད་པའི་སྐད་ཅིག་གསན་པས་རྗེ་འབྲོག་མི་ཇོ་ཀེ་ལ་ཐུགས་བརྩེ་བར་ཡོད་པས་གང་ཡིན་བལྟ་བར་བཏང་བས། གྲུབ་ཆེན་ག་ཡ་དྷ་ར་བོད་དུ་ལན་བཞི་བྱོན་པའི་དང་པོ་དེ་ཨ་ཙ་ར་ལྷ་བུས་གོས་དམར་པོ་ཞིག་གྱོན་ཏེ་ན་རེ། ང་རྒྱ་གར་ནས་ཁྱེད་ལ་གཏད་དེ་འོངས་པ་ཡིན་པས་མཇལ་ཁ་དགོས་ཟེར་བ་ལྟར་འབྲོག་མི་ལོ་ཙྪ་བ་མཇལ་འཕྲད་གནང་སྟེ། རྒྱ་གར་གྱི་ལེགས་པར་སྦྱར་བའི་སྐད་ཐོག་ཆོས་ཀྱི་གསུང་གླེང་མཛད་པས། སྤྱིར་རྡོ་རྗེ་ཐེག་པ་དང་། ཁྱད་པར་དུ་འཕགས་ཡུལ་གྲུབ་བརྒྱའི་སྙི་མེས་རྗེ་བཙུན་ནཱ་ལ་འབྱོར་དབང་ཕྱུག་བིར་ཝ་པའི་གདམས་ངག་མངའ་བ་མཁྱེན་ནས་འབྲོག་མི་ལོ་ཙྪ་བ་ཐུགས་ཤིན་ཏུ་མཉེས།

སྔོན་ཁ་སཛྙ་ཆིས་ལུང་བསྟན་པའང་དྲན་ནས་ཞབས་ལ་གཏུགས། ཐོག་མར་བླ་མ་ལྷ་བཙུ་པའི་སྒོ་ནས་དཔོན་སློབ་གཉིས་འབྲེལ་བརྟགས་པས། བླ་སློབ་སོ་སོར་ཐུགས་ཤིན་ཏུ་མགུ་སྟེ། ཆོས་འབྲེལ་གྱི་ཐོག་མར་དོན་ཡོད་གྲུབ་པའི་བླ་མའི་རྣལ་འབྱོར་གསན། གསང་སྔགས་ཆེན་ལམ་འབྲས་ཞུ་ལ་གསོལ་བ་བཏབ་པས། ཁོ་བོ་ཕུ་རྡངས་སུ་ལོ་ཙྪ་བའི་སར་འགྲོ་བའི་ཁས་ལེན་བྱས་ཡོད་པས་གནས་སྐབས་དེར་འགྲོ། དེ་རྗེས་བོད་ནས་ཕུལ་བའི་གསེར་རྣམས་རང་ཡུལ་རྒྱ་གར་གྱི་གནས་རྣམས་སུ་ཚོགས་གསོག་གི་ཚོགས་འཁོར། བདག་གི་བླ་མ་རྣམས་ལ་མཆོད་པ་སོགས་བྱེད་པ་དང་། རྒྱ་དཔེ་འདྲའང་ལེན་དགོས་པ་ཡོད་པས་རྒྱ་གར་ལ་ལན་གཅིག་འགྲོ། རིང་ན་ལོ་གསུམ་ནས་ཐུང་ན་ཟླ་བ་ལྔ་དྲུག་ཙམ་ལ་ཚུར་འོང་བས་དེ་དུས་གདམས་པ་རྫོགས་པར་གནང་བས། རྒྱུད་ཀྱི་བཤད་བཀའི་ཡོན་ལ་གསེར་སྲང་བརྒྱ། མན་ངག་ཡོན་ལ་གསེར་སྲང་བཞི་བརྒྱ་ཙམ་དགོས་པས་སྒྲུབ་ལུགས་གྱིས་གསུངས་ནས་དཔོན་སློབ་ཞལ་དན་མཛད་དེ། ཕུ་རྡངས་ལོ་ཙྪ་པས་ཕེབས་བསུ་དང་བཅས་ཕུ་རྡངས་ནས་མཛད་རིམ་ལེགས་པར་གྲུབ་སྐབས། འཕགས་ཡུལ་རྒྱ་གར་ལ་ཞབས་སོར་འཕོད་རྗེས། གྲུབ་ཆེན་ག་ཡ་དྷ་ར་ཟླ་བ་ལྔ་ལ་བཞུགས་ཏེ། སླར་ཡང་བོད་ལ་ཐེངས་གཉིས་པ་གྲོ་མོ་བརྒྱུད་ནས་ཕེབས་བཞིན་པའི་སྐབས་སུ། ལོ་ཆེན་འབྲོག་མི་ཤཱཀྱ་ཡེ་ཤེས་དང་། ལྷ་རྩེ་ལྷ་བཙུན་མཆེད་གསུམ་གྱིས་བསྐྱལ་ནས་མཆོད་རྫས་སྣ་ཚོགས་དང་བཅས་ཕེབས་བསུ་ཞུ་མཁས་དང་པོ་རྣམས་ཀྱིས། ལ་སྟོད་ལྷོ་བྱང་ནས་རིམ་པས་གཙང་ལྷ་རྩེ་མང་མཁར་མུ་གུ་ལུང་དུ་ཞབས་སོ་འཁོད་དེ། གསང་ཆེན་ལམ་འབྲས་ཀྱིས་རྒྱུད་བཤད་དབང་ལུང་མན་ངག་དང་། ལམ་སྐོར་གཞན་རྣམས་དང་བཅས་པ་མི་ལོ་རྩིལ་པོ་ལྔ་ལ་ཞིབ་ཁྲིད་མཛད་དེ་གྲུབ་པའི་གཏང་རག་ཏུ། འབྲོག་མི་ལོ་ཆེན་གྱི་པཎྜི་ཏ་ག་ཡ་དྷ་རའི་སྐུ་དྲུང་དུ་གསེར་སྲང་ལྔ་བརྒྱ་ཐམས་ཅད་ཀ་ཏོ་ར་གཅིག་ཏུ་བླུགས་པ་དང་། གླ་རྩི་སྟོང་ཙམ། ཇ་མ་དཀར་པོ་ཤར་འདོམ་པ་གང་རེ་ཡོད་པ་ཉིས་བརྒྱ། ཇ་མ་ནག་པོ་སྟོང་ལྷག་ཙམ་དང་། གཞན་ཡང་དར་གོས་ཁ་གདན་ལ་སོགས་བརྒྱ་འབུལ་སྟོང་འབུལ་མང་པོ་དུས་ཅིག་ཅར་དུ་ཕུལ་བ་ན། འབུལ་མཆན་སྤྱི་དང་བྱེ་བྲག་ཏུ་གསེར་ཧ་ཅང་མང་ཆེས་པས་པཎྜི་ཏ་ཐུགས་ཡིད་མ་ཆེས་པ་སྒྱུར་མ་ཡིན་གྱིས་དོགས་ནས། གསེར་བརྟམས་ཏེ་མང་

མཁར་དྲིལ་ཆེན་གྱི་མི་གང་མང་སར་ཕྱིན་ཏེ། འདི་ན་ཅི་གདའ་གསུངས་ནས་བསྟན་པས། ཐམས་ཅད་ཁ་མཐུན་པར་འདི་པ་གསེར་དུ་གདའ། གསེར་གྱི་ནང་ནས་ཀྱང་བཟང་ཤོས་འདི་ལྷ་བུ་དཀོན་ཞུས་པས། ཐུགས་ཤིན་ཏུ་མཉེས་པར་གྱུར།

སྣར་འབྲོག་མི་ལོ་ཆེན་ལ་མནལ་ལམ་ཁམ་པོ་ཆེ་བྱུང་དེའི་དོན། པཎྜི་ཏ་ག་ཡ་དྷ་རས་བཀྲལ་བ་ནི་འདི་ལྟར་གསུང་། ཁང་པ་གསུམ་པོ་ནི་ཁམས་གསུམ་འཁོར་བ། ལྷོ་ཕྱོགས་ནས་འོངས་པའི་མི་ནག་པོ་ནི་འཕགས་ཡུལ་གྲུབ་བརྒྱའི་སྤྱི་མེས་རྗེ་བཙུན་རྣལ་འབྱོར་དབང་ཕྱུག་བིར་ཝ་པ། དེའི་ཁ་ནས་དུང་གི་སེང་གེ་སྐྱུགས་པ་ནི་རྣལ་འབྱོར་དབང་ཕྱུག་གི་ཐུགས་རྗེའི་རྣམ་འཕྲུལ་རྗེ་ག་ཡ་དྷ་ར་ན་བཟའ་དཀར་པོ་ཅན་དེ་མཚོན་པས་དུང་། སྔ་བའི་སེང་གེ་སུས་ཀྱང་ཐུབ་པ་མེད་པ་མཚོན་པས་སེང་གེ། དེའི་ཁ་ནས་གསེར་གྱི་རྡོ་རྗེ་སྐྱུགས་པ་ནི་གསུང་ངག་ལམ་འབྲས་རིན་པོ་ཆེ་ནི་རྡོ་རྗེ་ཐེག་པའི་བསྟན་པའི་སྙིང་པོ་ཡིན་པ་མཚོན། དེ་ནས་གསེར་གྱི་བུམ་པ་ཆུས་གང་བ་ནི་དབང་གི་ཆུ་བོ་མ་ནུབ་པ་སོགས་སྨིན་བརྒྱུད་བཞི་བར་མ་ཆད་པ་མཚོན། དེ་འབྲོག་མིའི་དབུ་གཙུག་ནས་ཐིམ་པ་ནི་དེ་ལྷ་བུའི་གདམས་པ་རྗེ་ཉིད་ལ་བཀའ་བབས་པ་མཚོན། སྐུ་ལས་འོད་གསུམ་བྱུང་བས་ཁང་པ་གསུམ་འོད་ཀྱིས་ཁེངས་པ་ནི་གཞུང་རྫོགས་པ། གདམས་པ་རྫོགས་པ། གྲུབ་པ་ཐོབ་པའི་སློབ་མ་དང་བཅས་སློབ་མ་བདེ་མཚན་གསུམ་གསུམ་དང་། དེ་དག་ཡང་སློབ་བརྒྱུད་འཛིན་དང་བཅས་པས་ཁམས་གསུམ་གྱི་མུན་པ་སེལ་བ་མཚོན། དེ་དག་ཐམས་ཅད་འོད་དུ་ཞུ་ནས་བླ་ཆེན་འབྲོག་མི་ལོ་ཙྪ་བ་ལ་ཐིམ་པ་ནི་དེ་དག་ཀྱང་བླ་ཆེན་ཉིད་དང་ཐུགས་ཡིད་འདྲེས་པ་མཚོན། བླ་ཆེན་རང་གི་ཞབས་གཉིས་ལ་ཐིམ་ནས་དེའང་ནམ་མཁའ་ལ་ཡལ་བ་ནི་གདུང་གི་སྲས་གཉིས་བྱུང་ལ། དེ་དག་ཀྱང་གཤེགས་ནས་གདུང་བརྒྱུད་མི་སྣང་བ་ཞེས་བྱ་བ་མཚོན་པ་ཡིན་ནོ་ཞེས་ལུང་བསྟན་གནང་རྗེས། པཎྜི་ཏ་ཐུགས་མཉེས་བཞིན་དུ་རྒྱ་གར་དུ་ཕྱིན།

དེ་རྗེས་འགོས་ལོ་ཙྪ་བས་གདན་དྲངས་ཏེ་སླར་ཡང་བོད་ནས་མཛད་རིམ་གྲུབ་རྗེས་རྒྱ་གར་དུ་ཕྱིན། ཡང་རེ་ཞིག་ན་གྱི་ཇོ་ལོ་ཙྪ་བ་ཟླ་བའི་འོད་ཟེར་གྱིས་སྤྱན་དྲངས་ནས། བོད་དུ་གྱི་ཇོ་ལམ་འབྲས་ཀྱང་རྫོགས་པར་བསྒྱུལ་གནང་མཛད་དེ་རྒྱ་གར་དུ་སླར་ཡང་ཕྱིན། ཡང་གཉོས་ལོ་ཙྪ་བ་ཡང་ཟེར་

མཚན་ཡོན་ཏན་གྲགས་ཞེས་པ་དེས་སྨྱུན་དྲངས་ཏེ་ཆོས་མང་ཞུ་གནང་མཛད་དེ་རྒྱ་གར་དུ་ཕྱིན། ཞིབ་གསལ་མཁྱེན་འདོད་ཡོད་རིགས་ནས། འཇམ་མགོན་མཁྱེན་བརྩེའི་ལམ་འབྲས་སློབ་བཤད་ཁྲིད་ཡིག་ཁོག་ཕུག་ལས་གཟིགས་ཞིབ་ཡོང་བ་ཞུ་རྒྱུ་དང་། ད་ལན་སྐབས་སུ་བབས་པ་མདོར་ན་པཎ་གྲུབ་འདི་ལ་ཡོན་ཏན་གྱི་ཁྱད་པར་ནི་བསྐྱེད་རིམ་ལ་བརྟན་པ་ཐོབ་ཅིང་། གཅིག་དང་དུ་མར་སྤྲུལ་པ་ལ་སོགས་པའི་རྫུ་འཕྲུལ་མངའ་བ་དང་། སྤྱིན་སྲེག་གི་མེ་འབར་བཞིན་པའི་ཁྲོད་ནས་ཡི་དྭགས་ལེན་ནུས་པ། རྡོ་རྗེ་དང་དྲིལ་བུ་བར་སྣང་ལ་འཇོག་ཐུབ་པ་སོགས་པའི་ཐུན་མོང་མ་ཡིན་པའི་ཡོན་ཏན་མང་བའི་ཐོགས་བོད་ལ་གོང་གསལ་ལྟར་བཀའ་དྲིན་ཤིན་ཏུ་ཆེ་བ་ནི་ཐུན་མོང་སྣང་ངོར་གྲུབ་པའོ། །

༣༠ གཙང་ལྷ་རྩེ་མང་མཁའ་མུ་གུ་ལུང་ནས་འབྲོག་མི་ལོ་ཆེན་གྱི་གསང་ཆེན་ལམ་འབྲས་གང་སྤྱེལ་ཇི་ལྟར་མཛད་པའི་སྐོར།

འགོང་གསལ་བླ་ཆེན་འབྲོག་མི་ཤཱཀྱ་ཡེ་ཤེས་ལ་འཕགས་ཡུལ་རྒྱ་གར་ནས་ཁ་སར་པཎྜི་ཏས། གསང་སྔགས་ཉམས་སུ་ལོངས་ལ། དེ་ཕྱིན་ཆད་བླ་མ་དང་གདམས་ངག་གཞན་འཚོལ་བའི་སྤྲོས་པ་ཆོད་ཅེས་བཀའ་ལུང་བསྟན་ལྟར། གཙང་ལྷ་རྩེ་མང་མཁར་མུ་གུ་ལུང་དུ་སྒྲུབ་པ་དང་གཞན་ཕན་སྤྱེལ་མར་མཛད་ཅིང་བཞུགས་ཡོད་པའི་སྐབས་ཤིག །གྲུབ་ཆེན་དཔའ་བོ་རྡོ་རྗེ་ནམ་མཁའ་ནས་འཕུར་ཏེ་ཕྱིན་བྱུང་། གང་ལ་ཕེབས་ཞུས་པས། གངས་རི་ཅན་གྱི་རྒྱལ་ཁམས་བལྟ་བ་དང་། བུ་ཁྱོད་ཀྱི་ཐེ་ཚོམ་འདྲ་སེལ་དུ་འོང་བ་ཡིན་གསུངས་ནས་ཟླ་གཅིག་ཙམ་བཞུགས། སྒྲུབ་ཐབས་རིན་ཆེན་འབར་བ་རྩོམ་པར་མཛད་རྗེས། ནུབ་གཅིག་གི་ཚེ། ནུབ་ཕྱོགས་ཨུ་རྒྱན་གྱི་ཡུལ་ན་བྲམ་ཟེ་སྐྱེ་བ་བདུན་པའི་ཤ་ཞིག་ལ་མཁའ་འགྲོ་མ་རྣམས་ཚོགས་འཁོར་བྱེད་ཀྱིན་འདུག་པས་དེར་འགྲོ་གསུངས་པ་ལ། ལོ་ཆེན་འབྲོག་མིས་གསེར་མང་པོ་ཕུལ་བས། དེ་ཆོས་ཁོ་བོ་ལ་དགོས་པ་ཅིའང་མེད་གསུངས་ནས། ཉི་ཟེར་ལ་ཆིབས་པའི་ཚུལ་དུ་ནམ་མཁའ་ལ་ཡུད་ཀྱིས་འཕུར་ནས་ཕྱིན་སོང་གསུངས། ཡང་བར་སྐབས་ཤིག་ལ་ནམ་མཁའ་ནས་པཎྜི་ཏ་ཞིག་འཕུར་ནས་ཕྱིན་བྱུང་། འབྲོག་མི་ལོ་ཆེན་གྱི་ཁྱེད་སུ་ལགས་ཞུས་པས། ང་མངའ་བདག་མཻ་ཏྲི་པ་ཡིན། ལྷོ་ཕྱོགས་དཔལ་གྱི་རི་ནས་ཁྱོད་ལ་གདམས་པ་འདྲ་སྤྱིན་དུ་འོངས་པ

ཡིན། གཞན་སྲུའང་མ་བཤད་པ་གསང་བ་གྱིས་གསུངས་ནས་རྡོ་རྗེ་རྣལ་འབྱོར་མའི་དབང་བསྐུར་བ་སོགས་གདམས་པ་ཟབ་མོ་མང་པོ་སྩལ་ཟིན་པའི་སྐབས་ཤིག་ལ། གོང་གསལ་དེ་དག་གསང་བའི་ཁྲུལ་བྱུས་ཀྱང་གཅིག་ནས་གཉིས་སུ་བརྒྱུད་དེ། མངའ་བདག་མི་ཏྲི་པ་མང་མཁར་མུ་གུ་ལུང་ན་ཕེབས་ཡོད་པ་འདྲ་ཞེས་ཐོས་ནས། མཇལ་འདོད་ཀྱི་སེར་སྐྱ་ཤིན་ཏུ་མང་པོ་འདུས་པ་ན། མངའ་བདག་མི་ཏྲི་པས་སྟོད་ལྤན་གྱི་སློབ་མ་དཀོན་གསུངས་ནས་ནམ་མཁའ་ལ་འཕུར་ཏེ་དཔལ་གྱི་རི་ལ་བྱོན།

སྤྱིར་བླ་ཆེན་འབྲོག་གི་ལོ་ཙྪ་ནི་གདམས་ངག་མང་ཞིང་མཁས་སྣན་ཆེ་བ་ཞིག་ཡིན་པས། རྒྱུ་མཚན་ཤེས་མཁས་ཕལ་ཆེ་བས་བསྙེན་ཅིང་འདུད་པ་ཞིག་ཡིན་ཀྱང་། ཆོས་བཤད་པ་ལ་གཅེས་སྤྲས་ཏ་ཅང་ཆེ་ཞིང་ལྷག་པར་དུ་གདམས་ངག་ལ་བཀའ་ཤིན་ཏུ་དོགས་པའི་དཔེ་ན་རྣ་བ་བཞི་པ་ལ་ཆོས་མི་འཆད་ཅེས་ཟབ་ཆོས་རྣམས་གདན་ཐོག་གཅིག་ཏུ་མི་གཅིག་ལས་མང་བ་ལ་མི་གསུངས་པ་དང་། དེ་བཞིན་དུ་རྣ་བ་དྲུག་པ་ཆོས་ཀྱིས་དབེན་ཞེས་གསང་སྔགས་ཀྱི་ཆོས་ཕལ་ཆེ་བ་སྣན་གཅིག་ལ་མི་གསུམ་ལས་མང་བ་ལ་མི་གསུངས། རྒྱུ་མཚན་དེ་དག་ལ་བརྟེན་ནས་ཆོས་འབྲེལ་ཐོབ་པ་ཙམ་ལས་གཞུང་དང་མན་ངག་ཡོངས་སུ་རྫོགས་པར་ཐོབ་པ་ནི་མ་བྱུང་བར་སྣང་ལ། སློབ་མའི་གཙོ་བོར་ནི་གཞུང་རྫོགས་པའི་སློབ་མ་དང་། མན་ངག་རྫོགས་པའི་སློབ་མ། གྲུབ་པ་ཐོབ་པའི་སློབ་མ་དང་གསུམ་མོ། ལོ་སྨྲ་མའི་མུ་འགོད། གཞུང་རྫོགས་པ་ཐོབ་པའི་སློབ་མ་ལྔ་ནི། ལྷ་རྩེའི་གྱི་ལྡང་དབུ་དཀར། ཤངས་ཀྱི་བྲག་རྩེ་སོ་ནག་པ། འཕྲང་འོག་གི་དབྲད་དཀོན་མཆོག་རྒྱལ་པོ། ས་སྐྱའི་འཁོན་དཀོན་མཆོག་རྒྱལ་པོ་བཞི་པ་སྨྲ་ཚར་བཞི་ཞེས་གྲགས་པ་དང་། བླ་མ་མངའ་རིས་པ་ལ་ཕྱི་ཚར་གཅིག་ཞེས་གྲགས་པ་དང་སྨྲ་ཕྱི་འཁྱོན་ལྔ་བྱོན། མན་ངག་རྫོགས་པར་ཐོབ་པའི་སློབ་མ་རྣམས་ལ་གཞན་ཕན་ཆེ་ཆུང་གི་སྒོ་ནས་རབ་འབྲིང་ཐ་མ་ཞེས་གསུམ་དུ་ཕྱེ་བ་ལས། ཐ་མར་ཐོབ་པ་ལྷ་བཙུན་ཀ་ལི། འབྲིང་དུ་ཐོབ་པ་འབྲོམ་དེས་པ་སྟོན་ཆུང་། རབ་ཏུ་ཐོབ་པ་སེ་མཁར་ཆུང་བ་དང་གསུམ། གྲུབ་པ་ཐོབ་པའི་སློབ་མ་ལ། ཕོ་གསུམ། མོ་བཞི་སྟེ་ཁྱེན་བདུན་བྱོན།

གྲུབ་ཐོབ་ཕོ་གསུམ་ནི། གྱེར་སྒོམ་སེ་པོ། གཤེན་སྒོམ་རོག་པོ། དབུས་པ་གྲོད་པ་ཆེ་དང་གསུམ།

གྲུབ་ཐོབ་མོ་བཞི་ནི། སྟོད་མོ་རྡོ་རྗེ་མཚོ་མོ། དབྲད་མོ་དཀོན་ནེ། ཤབ་མོ་ལྕམ་གཅིག །མཆེད་མོ་ནམ་མཁའ་ཡེ་ཤེས་དང་བཞི་བྱོན། གོང་གསལ་ཆོས་བརྒྱུད་འཛིན་སྐྱོང་སྤྱེལ་གསུམ་བྱེད་ཐུབ་པའི་སློབ་མ་བཅོ་ལྔ་བྱོན་པའི་ནང་ནས། གཙོ་བོ་མན་ངག་རྫོགས་པར་ཐོབ་པའི་སློབ་མ་སེ་མཁར་ཆུང་བས་འབྲོག་མི་ལོ་ཆེན་གྱི་ཞལ་སྔ་ནས་མན་ངག་ཡོངས་རྫོགས་ཐོབ་པའི་རྗེས་སུ། འབྲོག་མི་ལོ་ཆེན་ལ་གཞུང་བསྐུལ་བ་གསོལ་ཀྱང་། ལོ་ཆེན་གྱི་ཞལ་ནས་ངས་བླ་མ་གཅིག་རྐྱར་གཞུང་རྫོགས་པར་ཐོབ་པའི་སློབ་མ་ལ་མན་ངག་མི་གཏེར་པ་དང་། མན་ངག་རྫོགས་པ་ཐོབ་པའི་སློབ་མ་ལ་གཞུང་མི་འཆད་པའི་དམ་བཅས་པ་ཡིན། ཁྱོད་རང་གཞུང་དོན་དུ་གཉེར་ན་ངའི་གཞུང་རྫོགས་པར་ཐོབ་པའི་སློབ་མའི་གཙོ་བོ་ས་སྐྱའི་དགེ་བཤེས་འཁོན་དཀོན་མཆོག་རྒྱལ་པོའི་རྐྱར་སོང་གསུངས། དེ་ནས་སེའི་བདག་ས་སྐྱར་འགྲོ་བ་ལ། དེར་སྐྱོར་གཏོར་ཀྱི་ཕྱག་ཐམ་ཞིག་ཀྱང་གནང་དགོས། གལ་ཏེ་བདག་ལ་གསུང་ངག་རིན་པོ་ཆེ་དགོས་གསུང་བྱུང་ན་བཤད་པས་ཆོག་ལགས་སམ་ཞུས་པས། ཐམས་ཅད་རྫོགས་པར་འཆད་དུ་མི་འདོད། མན་ངག་གི་ཁོག་བསྒྲིག་དང་ས་བཅད་ཙམ་བཤད་ན་ཉན་གསུངས།

ལོ་ཆེན་འབྲོག་མི་འཁོན་དཀོན་མཆོག་རྒྱལ་པོ་ལ་ཞལ་གདམས་འདི་ལྟར་སྩལ། ངའི་གཞུང་རྫོགས་པའི་སློབ་མ་ཐམས་ཅད་ཀྱི་ནང་ནས་མཆོག་ཁྱེད་ཡིན། གདམས་ངག་རྫོགས་པའི་སློབ་ཐམས་ཅད་ཀྱི་ནང་ནས་མཆོག་སེ་ཡིན། ཁྱེད་གཉིས་ཀྱི་བླ་མ་ཐམས་ཅད་ཀྱི་མཆོག་ང་ཡིན་པས། མཆོག་གིས་མཆོག་ལ་གཏད་པའི་མཆོག་གི་བསྟན་པ་རྒྱས་པར་གྱིས་ཤིག་གསུངས་པའི་ཕྱག་ཐམ་བསྐུར་ཏེ་སེ་ས་སྐྱར་བྱོན། འཁོན་དཀོན་མཆོག་རྒྱལ་པོ་དང་མཇལ། ཕྱག་ཐམ་སྤྲད་པས། སེའི་ཕྱག་ལ་འཛུས། ཞབས་ཀྱིས་བྲོ་བརྡུངས། བླ་མས་འདི་ལྟ་བུའི་བསྟུགས་བརྗོད་མཛད། ད་ལྟ་ས་སྟེང་འདི་ན་ངེད་གཉིས་ལས་བློ་བདེ་བ་མེད་གསུངས། གཟིམ་ཁང་ལ་དར་ལྕོག་མང་པོ་བཙུགས། དགའ་སྟོན་གྱི་ཚོགས་འཁོར་བཟང་པོ་ཞིག་ཀྱང་མཛད་ནས། དེ་རྗེས་སེ་ལ་མི་ལོ་དྲུག་གི་རིང་ལ་གཙོ་བོ་རྒྱུད་གསུམ་པོ་མཐར་ཕྱིན་པ་བསླབས། སེ་མཁར་ཆུང་བས་གསེར་སྲང་ཉིས་བརྒྱ་ཙམ་གྱི་དབུས་པའི་འབུལ་བ་རྒྱ་ཆེན་ཕུལ། འཁོན་དཀོན་མཆོག་རྒྱལ་པོ་ལ་མན་ངག་གི་ཁོག་བསྒྲིག་གསུངས་ནས་ཁོང་གཉིས་ཕར

སློབ་ཚུར་སློབ་མཛད། བརྒྱུད་འཛིན་སློབ་མ་ཇི་བྱོན་འོག་ནས་གསལ་བ་བཅས་ལགས་སོ། །

༣༡) བོད་ཡུལ་དུ་དཔལ་ལྡན་ས་སྐྱ་པའི་གསང་ཆེན་ལམ་འབྲས་ཀྱི་བཀའ་སྲོལ་རྣམ་གྲངས་ཐོག་མར་བྱོན་པ་རྣམས་ཇི་ལྟར་བཞུགས་ཚུལ།

གོང་དུ་གསལ་བ་ལྟར་ལོ་ཆེན་འབྲོག་མིའི་ཐུགས་ཀྱི་སྲས་སེ་མཁར་ཆུང་བས་གཞུང་རྫོགས་པར་ཐོབ་པའི་སློབ་མའི་མཆོག་དགེ་བཤེས་འཁོན་དཀོན་མཆོག་རྒྱལ་པོ་ལས་གཞུང་རྫོགས་པ་གསན་རྗེས་དེ་ནས་འཕེལ་བའི་ལམ་འབྲས་ལ་རྒྱས་བསྡུས་འབྲིང་གསུམ་བྱོན་པ་ལས། འབྲིང་དུ་ཐོབ་པ་ཞམ་མིང་སྲིང་ནས་འཕེལ་བ་ལ་ཕོ་བརྒྱུད་མོ་བརྒྱུད་བསྲེས་བརྒྱུད། ཕོ་བརྒྱུད་ལ་སྲས་སློབ་གཉིས། མོ་བརྒྱུད་ལ་ཉང་སྒོམ་སྟོན་གཞུང་ཤེར་ཚུལ་གསུམ། བསྲེས་བརྒྱུད་ལ་གོ་བྲག་ཆ་རྐྱན་ཇོ་ནང་ཀུན་སྤང་དབང་རྒྱལ་བཞི་སྟེ་འབྲིང་བརྒྱུད་ལ་བསྡུས་ན་བཅུ་གཉིས་བྱོན། ཅུང་ཟད་དབྱེ་ན་ལམ་འབྲས་ལ་བཀའ་སྲོལ་བཅོ་བརྒྱད་དུ་འགྱུར་ཏེ། འབྲོག་མི་ལོ་ཆེན་གྱི་ཐུགས་སྲས་སེ་མཁར་ཆུང་བ་ལས་ལམ་འབྲས་རྒྱས་པ་ཐོབ་པ་ནི། ཞང་སྟོན་ཆོས་འབར་ཡིན་ལ་དེ་ཡི་བརྒྱུད་འཛིན་ཀུན་གྱི་གཙུག་རྒྱན་ས་ཆེན་ཀུན་དགའ་སྙིང་པོའི་སྲ་བུ་རྗེ་ཕག་མོ་གྲུ་དང་ལྕེ་སྒོམ་གྱི་ལུགས་གཉིས། ཕྱི་བུ་ལ་ཉེ་བརྒྱུད་དང་རིང་བརྒྱུད་གཉིས། འབྲོག་ཇོ་སྲས་གཉིས་དང་ཞང་སྟོན་སྐུ་མཆེད་གཉིས་ཏེ་ལུགས་བཞི། གསུང་མཛོད་བསྡུས་པ་མང་ལམ་ཞིག་པའི་ལུགས། ལམ་འབྲས་བསྡུས་པ་ཐོབ་པ་བྱང་ཆུབ་ཡེ་ཤེས་ཀྱིས་ཞིག་ཕྱུག་པ་ལ་གདམས་པའི་ལུགས་ཏེ། དེ་ལྟར་སྐུ་སྲས་དང་ཐུགས་སྲས་གཉིས་ཀྱི་ལུགས། བསྲེས་བརྒྱུད་ལ་ཞམ་ཕོ་ལ་སྲས་སློབ་གཉིས། མོ་ལ་གསུམ། ས་ལུགས་ལ་བཞི། མང་ལམ་ཞིག་ཕྱུག་གཉིས། ཇོ་ནང་ཀུན་སྤང་ཆེན་པོའི་ལུགས་ཏེ་ལམ་འབྲས་བསྡུས་རྒྱུད་ལ་དབྱེ་ན་བཅོ་བརྒྱད་དུ་འགྱུར།

གསང་སྔགས་ལམ་འབྲས་ལ་སྟོན་བྱོན་བཀའ་སྲོལ་རྣམས་ཅུད་ཟད་བསྡུས་པའི་ཚུལ་གྱི་སྒོ་ནས་དབྱེ་ན་ཉི་ཤུ་རྩ་བཞི་བཞུགས་པ་རྣམས་ནི་གཤམ་གསལ་ལྟར་ཡིན། ལོ་ཆེན་འབྲོག་མི་ཡབ་བརྒྱུད། བུ་བརྒྱུད་ལ་སྲས་སློབ་གཉིས། སློབ་བརྒྱུད་ལ་འབྲོག་དང་ཐུགས་སྲས་སེ་མཁར་ཆུང་བའི་ལུགས་གཉིས། སེ་ལུགས་རྒྱས་འབྲིང་བསྡུས་གསུམ་དུ་འཕེལ་བ་ལས། རྒྱས་པ་ཐོབ་པ་ལ་ཞང་ལུགས་དང་ས་ལུགས

གཉིས། ས་ལུགས་ལ་ཉེ་བརྒྱུད་རིང་བརྒྱུད་གཉིས། རིང་བརྒྱུད་ལ་སྨྲ་བུ་དང་ཕྱི་བུ་གཉིས། སྨྲ་བུ་ཕག་གྲུ་དང་གཅེས་བསྒོམ་གཉིས། ཕྱི་བུ་རྗེ་བཙུན་གྲགས་པ་རྒྱལ་མཚན་གྱིས་སྙན་བརྒྱུད་ཡི་གེར་སྤྱིལ་བ་སྙན་བརྒྱུད་དང་ཚིག་བརྒྱུད་གཉིས། ས་ཆེན་ཀུན་དགའ་སྙིང་པོའི་ཞུ་བ་པོ་སོ་སོའི་ངོར་མཛད་པའི་རྣམ་འགྲེལ་བཅུ་གཅིག །ཉེ་བརྒྱུད་ལ་སློབ་དཔོན་རིན་པོ་ཆེ་བསོད་ནམས་རྩེ་མོ་ལ་སྐུ་དངོས་ཀྱིས་ལམ་འབྲས་རྒྱས་འབྲིང་བསྡུས་གསུམ་དུ་གདམས་པ་དང་། རྗེ་བཙུན་གྲགས་པ་རྒྱལ་མཚན་ལ་སྐུའི་རྣམ་འཕྲུལ་གྱིས་དམིགས་པ་རྒྱས་འབྲིང་བསྡུས་གསུམ་དུ་གདམས་པའོ། །

ལོ་ཆེན་འབྲོག་མིའི་ཐུགས་སྲས་སེ་མཁར་ཆུང་བ་ལས་ལམ་འབྲས་འབྲིང་དུ་ཐོབ་པ་ཞང་མ་མིང་སྲིང་ལ་ཕོ་བརྒྱུད་མོ་བརྒྱུད་བསྲེས་བརྒྱུད་གསུམ། ཕོ་བརྒྱུད་ལ་སྲས་སློབ་གཉིས། མོ་བརྒྱུད་ལ་ཞ་མའི་སློབ་མ་སྨོན་མཁར་སྟོན་ཆུང་དབོན་པོ་ཤེར་ཚུལ་གསུམ་ནས་འཕེལ་བའི་ལུགས་གསུམ། གསུམ་པ་བསྲེས་བརྒྱུད་ལ། ཞ་མ་ཕོ་གཉིས་དང་མོ་བརྒྱུད་གསུམ་ལ་བརྟེན་ནས་བཤད་པ་ཚོང་ཀུན་དབང་ལུགས་དང་། རང་གི་བློས་སྦྱར་བ་ཀོ་བྲག་པ་བསོད་ནམས་རྒྱལ་མཚན་གྱི་ལུགས། ལམ་འབྲས་རྣམ་འགྲེལ་བཅུ་གཅིག་གི་ཁྱད་ཆོས་དང་རང་གི་འདོད་པ་སྦྱར་བ་ཆ་རྐྱན་གྱི་ལུགས། རྡོ་རྗེའི་ཚིག་གི་གོང་འོག་བསྒྱུར་བའི་འགྲེལ་བཤད་གནང་བ་རྗེ་ནང་ཀུན་མཁྱེན་ཆེན་པོ་མི་བསྐྱོད་རྡོ་རྗེའི་ལུགས། འཕྲོས་དོན་སྔར་ལྟར་ཡིན་པ་ལ་སྟོད་དབང་རྒྱལ་གྱི་ལུགས། འབྲོག་རྗེ་སྲས་གཉིས་དང་། ཞང་སྐུ་མཆེད་གཉིས་ཏེ་སྡེ་ཚན་བཞི་བསྡུས་པ་མང་ལམ་ཞིག་པོའི་ལུགས། འབྲོག་མི་ཡབ་སྲས་ལས་འཕེལ་བ་གཉིས་ལ་ཡང་ནང་གསེས་ཀྱི་ཕྲ་མོ་ཕྱེ་བས་ཉི་ཤུ་རྩ་གསུམ། སྔར་གྱི་གྱིས་གཞི་པཎ་ཆེན་ག་ཡ་དྷ་རས་རྡོ་ལོ་ཙཱ་ལ་ཟླ་བའི་འོད་ཟེར་ལ་བསྐུལ་པའི་ལམ་འབྲས་རྡོ་ལུགས་བགྲང་པས་ཉི་ཤུ་རྩ་བཞི་བཞུགས། །

༣༢ གཙང་ས་སྐྱ་ནས་གསང་ཆེན་བསྟན་པའི་ཤིང་རྟ་བརྩེ་ཆེན་ཀུན་དགའ་སྙིང་པོ་ རྡི་ལྷར་བྱོན་པའི་ཚུལ།

ཡབ་ས་སྐྱ་འཁོན་དཀོན་མཆོག་རྒྱལ་པོ་དང་། ཡུམ་མ་གཅིག་ཞང་མོ་རྣམ་གཉིས་ཀྱི་སྲས་སུ་སྤྱི་ལོ་༡༠༩༢ལོར་གསང་ཆེན་བསྟན་པའི་ཤིང་རྟ་མཚན་མཆོག་གསུམ་ལྡན་དཔལ་བརྩེ་བ་ཆེན་པོ་ཀུན་དགའ་སྙིང་པོ་སྐུ་འཁྲུངས། སྐུ་གཞོན་ནུའི་དུས་ནས་ཡབ་ལ་མངའ་བའི་ཆོས་ཐམས་ཅད་རྫོགས་པར་གསན། རྗེ་བཙུན་འཇམ་པའི་དབྱངས་གཙོ་འཁོར་གསུམ་གྱི་ཞལ་དངོས་སུ་གཟིགས་ཏེ། ཐེག་པ་ཆེན་པོའི་ལམ་གྱི་སྙིང་པོ་བསྡུས་པ་ཞེན་པ་བཞི་བྲལ་གྱི་གདམས་པ་བསྩལ། རོང་དུར་སྒྲིག་ཏུ་བྲང་ཏི་དར་མ་སྙིང་པོའི་ཞལ་སྔ་ནས། གཞུང་ཆེན་ལ་སློབ་སྦྱོང་མཛད། བ་རི་ལོ་ཙཱ་ལ་བདེ་ཀྱཻ་དང་། གཤིན་རྗེའི་གཤེད་སྐོར། སྒྲུབ་ཐབས་བརྒྱ་རྩ་ལ་སོགས་པ་བ་རི་བའི་གདམས་པ་མཐའ་དག་རྫོགས་པར་གསན།

འཁོན་སྒྲོ་ཆུར་དགྲ་ལྷ་འབར་གྱི་ཞལ་སྔ་ནས། འབྲོག་མི་ལོ་ཆེན་ནས་མངའ་རིས་པ་གསལ་བའི་སྙིང་པོ་ལ་བརྒྱུད་པའི་དཔལ་ཀྱཻ་རྡོ་རྗེའི་དབང་ལུང་མན་ངག་དང་། གྲུབ་ཆེན་ནག་པོའི་ལུགས། འགོས་ལོ་ཙཱ་ནས་བརྒྱུད་པའི་ཀྱཻ་རྡོར། འབྲོག་མི་ལོ་ཆེན་གྱི་མན་ངག་རྫོགས་པ་ཐོབ་པའི་སློབ་ཆེན་དང་། ས་སྐྱ་འཁོན་དཀོན་མཆོག་རྒྱལ་པོའི་ལས་གཞུང་ཡོངས་སུ་རྫོགས་པར་ཐོབ་པའི་སློབ་མ། སེ་མཁར་ཆུང་བའི་ཞལ་སྔ་ནས། གསུང་ངག་རིན་པོ་ཆེའི་གདམས་ངག་གི་ཁོག་བསྒྲིག་དང་། ས་བཅད་གསན། མལ་ལོ་ཙཱའི་ཞལ་སྔ་ནས། གྲུབ་ཆེན་ནཱ་རོ་པ་ནས་བརྒྱུད་པའི་བདེ་མཆོག་གི་རྣམ་བཤད་ཐུན་མོང་མ་ཡིན་པ་རྣམས་དང་། གཤིན་རྗེའི་གཤེད་དང་། ལོ་ཆེན་རིན་ཆེན་བཟང་པོ་ནས་བརྒྱུད་པའི་ཡོ་ག་དང་མགོན་པོ་ལ་སོགས་པའི་མན་ངག་ཡོངས་སུ་རྫོགས་པ་དང་། རྟེན་རྣམས་ཀྱང་གཏད་དེ་བསྟན་པ་ཡོངས་སུ་རྫོགས་པར་གཏད་པ་ཡིན་གསུངས། ལྷོ་སྟོད་དུ་པུ་ཧྲང་ལོ་ཆུང་ལས་བདེ་མཆོག །གསང་འདུས། དུས་འཁོར་ལ་སོགས་པ་གསན། གཞན་ཡང་སྐྲུར་ཤ་སྐྱབས། བལ་པོ་པད་མ་ཤྲཱི། རྒྱ་གར་གྱི་རྣལ་འབྱོར་པ་ཀྵོ་ཏ་ར་ཧུ་ལ། བལ་པོ་ཧྃ་ན་བཛྲ་རྣམས་ལས་ཟབ་ཆོས་དུ་མ་གསན་བཞེས་གནང་། སེ་མཁར་ཆུང་བའི་དངོས་སློབ་གཙོ་བོ་ཞང་དགོན་པ་བ་ཆོས་འབར་གྱི་ཞལ་སྔ་ནས། གསུང་ངག་རིན་པོ་ཆེ་ལ་ལོ

བཞི། ལམ་སྒོར་ཕྱི་མ་རྣམས་ལ་ལོ་བཞི་སྟེ་བརྒྱད་ལ་མཐར་ཕྱིན་པ་གསན་བསམ་སློབ་སྦྱོང་མཛད། ཞང་དགོན་པ་བ་ཆོས་འབར་གྱི་ཞལ་སྔ་ནས། ཁྱོད་ཀྱིས་སྒྲུབ་པ་སྙིང་པོར་བྱས་ན་ལུས་མ་སྤྱངས་པར་ཕྱག་རྒྱ་ཆེན་པོ་འགྲུབ། བཤད་པ་གཙོ་བོ་བྱས་ན་མཆོག་ཐོབ་པའི་སློབ་མ་གསུམ། བཟོད་པ་ཐོབ་པ་བདུན། རྟོགས་པ་དང་ལྡན་པ་བརྒྱད་ཅུ་ཙམ་འབྱུང་བར་འགྱུར། ལོ་བཅོ་བརྒྱད་ཀྱི་བར་དུ་གདམས་ངག་འདི་ཡི་གེ་ལ་མ་འབྲི། མིང་ཙམ་ཡང་ཡོད་པའི་སྒྲོས་མ་གཏང་། དེ་ནས་འཆད་དམ། ཡི་གེར་འབྲི་འམ། གང་བྱེད་ཀྱང་ཁྱོད་རང་བསྟན་པའི་བདག་པོ་ཡིན་ནོ། །ཞེས་ལུང་བསྟན་པ་དང་ལྡན་བསྟན་པའི་བདག་པོ་མངའ་གསོལ་མཛད།

དེ་རྗེས་གཟིམ་ཁང་སྙིང་མ་ཞེས་པ་བླ་བྲང་ཤར་གྱི་འཇམ་དབྱངས་སྒྲུབ་ཕུག་པར་སྐུ་མཚམས་མཛད་ཅིང་གསོལ་བ་བཏབ་པས་མནལ་ལམ་དུ་ཞང་དགོན་པ་བ་བྱོན་ནས་གདམས་ངག་གསུངས། དད་གྲུས་དྲག་པོས་གསོལ་བ་བཏབ་པས་དངོས་སུ་རྗེ་དགོན་པ་བ་བྱོན་ནས་གདམས་ངག་རྫོགས་པར་གསུངས། སླར་ཡང་ཨུ་ནན་ཆེན་པོས་ཤུགས་བསྐྱེད་ནས་གསོལ་བ་བཏབ་པས། འཕགས་ཡུལ་གྲུབ་བརྒྱའི་སྤྱི་མེ་རྗེ་བཙུན་རྣལ་འབྱོར་གྱི་དབང་ཕྱུག་བིར་ཝ་པ་སྐུ་མདོག་དམར་སྨུག་ཉི་མ་བྱེ་བའི་གཟི་འོད་ཅན། ཕྱག་གཉིས་ཀྱི་འཁོར་ལོའི་ཕྱག་རྒྱ་མཛད་པ། ཞབས་རྡོ་རྗེའི་སྐྱིལ་ཀྲུང་གིས་ས་སྐྱའི་འབབ་གྲོག་ནས་མོན་གྲོག་གི་བར་ཁེབས་ཤིང་། ས་དཀར་པོའི་རི་དེ་རྒྱབ་ཡོལ་གྱི་ཚུལ་དུ་མཛད་པ། གཡས་ན་གྲུབ་ཆེན་ནག་པོ་པ་གཡོན་མཉམ་གཞག་དང་། གཡས་ར་དུང་འབུད་པ། གཡོན་ན་ག་ཡ་དྷ་ར་པཎྜིཏ་རས་དཀར་པོའི་ན་བཟའ་ལྷེར་གོན་བྱས་པ། སྐྱིལ་ཀྲུང་ཅན། ཐུགས་ཀར་རྡོར་དྲིལ་བསྣོལ་བ། རྒྱབ་ཏུ་ཀོ་ཊ་ལི་པ་གདུགས་འཛིན་པ། མདུན་ན་བི་ན་ས་ཕྱག་གཉིས་ཀྱིས་ཐོད་པ་བཟུང་ནས་བདུད་རྩི་འཐེན་པའི། གྲུབ་ཐོབ་གསུམ་པོ་སྐུ་མདོག་སྔོ་ནག་རལ་པའི་ཅོད་པན་ཅན། རས་དཀར་པོའི་ཨང་ག་རས་རེ་གསོལ་བའི་རྣམ་པ་ཅན་གྱི་གཙོ་འཁོར་ལྔས་ཞལ་གཟིགས་པའི་དུས་སུ། ས་ཆེན་ཀུན་དགའ་སྙིང་པོའི་ཐུགས་རྒྱུད་ལ་མི་རྟོག་པའི་ཏིང་ངེ་འཛིན་བསམ་གྱིས་མི་ཁྱབ་པ་འཁྲུངས།

དེ་ནས་ཟླ་གཅིག་གི་རིང་ལ་གཙོ་འཁོར་ཅི་རིགས་ཀྱི་ཞལ་སྔ་ནས། ལྷུགས་རིའི་ཁོངས་ལས་མི་

འདའ་བའི་ཟབ་ཆོས་བཞི་དང་། རྒྱུད་སྡེ་བདུན་ཅུ་རྩ་གཉིས་ཀྱི་དབང་བཤད་མན་ངག་སྒྲུབ་ཐབས། ལམ་འབྲས་ཉེ་བརྒྱུད་ལམ་སྦས་བཤད་བཅས་པ་བསྐུལ་རྗེས་ཆོས་ཀྱི་བདག་པོར་མངའ་གསོལ། དེ་ནས་ས་ཆེན་ཀུན་དགའ་སྙིང་པོས་གསང་ཆེན་ལམ་འབྲས་མི་ལོ་བཅོ་བརྒྱད་ཉམས་སློམ་མཛད་རྗེས་བཀའ་རྒྱ་གྲོལ་བ་དང་། ཁམས་པ་ཨ་སེང་གི་གསང་ཆེན་ལམ་འབྲས་གང་བཞུགས་ཁུངས་ཆོད་ནས་གསོལ་བ་བཏབ་པ་གཉིས་རྟེན་འབྲེལ་འགྲིགས་ནས། གསང་སྔགས་རིན་པོ་ཆེ་ཐོག་མར་ཁམས་ཨ་སེང་ལ་བསྐུལ་གནང་མཛད། དེ་ནས་སློབ་མ་གཅིག་ནས་གསུམ། གསུམ་ནས་ལྔ། ལྔ་ནས་ཉི་ཤུ་རྩ་ལྔ། དེ་ནས་སུམ་ཅུ་སོ་ལྔ་ནས་མཐར་མ་ངེས་པའི་བར་ལ་དབང་ལུང་ཁྲིད་མན་ངག་རྣམས་ཀུང་ཞིབ་གསལ་བསྐུལ་བར་མཛད་དེ། བསྐལ་ལྡན་གྱི་སློབ་ཚོགས་དུ་མ་སྨིན་གྲོལ་ལ་བཀོད་ནས། བྱང་གི་སྐྱོ་པོ་ཁ་གདངས་ཀྱི་དགོན་པར་སྐྱི་ལོ་༡༡༥༤ལོར་བདེ་བར་གཤེགས་པའི་ཚུལ་བསྟན་པའི་ཆེ་སྐྱའི་བཀོད་པ་བཞི་དུས་གཅིག་ལ། བདེ་བ་ཅན། པོ་ཏ་ལ། ཨུ་རྒྱན། གསེར་མདོག་ཅན་ཏེ་ཞིང་ཁམས་བཞི་ལ་བྱོན། བརྒྱུད་འཛིན་སློབ་མ་ཇི་བྱོན་འོག་ཏུ་གསལ།

༣༣ གསང་ཆེན་བསྟན་པའི་རྒྱུད་འཛིན་ཇི་ལྟར་བྱོན་པའི་ཚུལ།

མཚན་མཆོག་གསུམ་ལྡན་གསང་ཆེན་བསྟན་པའི་ཤིང་རྟ་ཆེན་པོ་ས་ཆེན་ཀུན་དགའ་སྙིང་པོ་མཆོག་གི་བརྒྱུད་འཛིན་སློབ་མའི་ཚོགས་ཡང་མདོར་བསྡུས་ནས་ཞུ་ན། རྣམ་འགྲེལ་བསྐུལ་བའི་སློབ་མ། ལུང་བསྟན་པའི་སློབ་མ། བརྒྱུད་འཛིན་གཙོ་བོའི་སློབ་མ་དང་གསུམ་ལས། དང་པོ་རྣམ་འགྲེལ་བསྐུལ་བའི་སློབ་མ་ནི། འདི་ལ། ཨ་སེང་ཞུ་གློག་ཡུམ་དང་སྲས། ༸ླ་ཟངས་མང་སྣ་འ་ཙུ་སྣག་ཅེས་གསུངས་ཏེ། དཔལ་བརྩེ་བ་ཆེན་པོ་ས་ཆེན་ཀུན་དགའ་སྙིང་པོས་གསང་ཆེན་ལམ་འབྲས་ཀྱི་གཞུང་བཤད་ཀྱང་ཐོག་མར་ཁམས་པ་ཨ་སེང་ལ་བསྐུལ་བས་ཨ་སེང་མ། དེ་བཞིན་ཞུས་བྱས་རང་ལ་གདམས་པས་ཞུ་བྱས་མ། དེ་བཞིན་གློག་ཀྱ་མ། ས་ཆེན་གྱིས་ཐོག་མར་བོད་བཙན་པོའི་སྲས་བརྒྱད་མ་ཅིག་ཡུམ་དུ་བཞེས་པ་དེ་ལ་གདམས་པས་ཡུམ་དོན་མ། སྐུ་ཡི་སྲས་རྗེ་བཙུན་སྐུ་མཆེད་གཉིས་དང་། ཐུགས་ཀྱི་སྲས་གཉན་བསོད་ནམས་རྡོ་རྗེ་སྟེ་སྲས་གསུམ་ལ་གདམས་པ་ལམ་འབྲས་སྲས་དོན་མ། དེ་

བཞིན་ཟླ་རྒྱལ་མ། ཟངས་རི་ཕུག་མ། མང་མཁར་གྱི་རྫོ་མོ་མང་། ཆུང་མ་ལ་གདམས་པ་མང་། ཆུང་མ་ཁམས་པ་སྣ་ཐེང་ལ་གདམས་པ་སྣ་ཐང་མ། གཡའ་ཡུང་གི་རྫོ་མོ་འ་འུ་ལ་གདམས་པ་འ་འུ་མ། སྟག་གཞི་ར་བ་དབང་ཕྱུག་རྒྱལ་མཚན་ལ་གདམས་པ་རྣམ་འགྲེལ་སྟག་མ་སྟེ། འདི་ལ་རྣམ་འགྲེལ་བཅུ་གཅིག་ཅེས་པ་ཡོངས་སུ་གྲགས།

དེ་ལྟ་བུའི་བླ་མ་ས་སྐྱ་པ་ཆེན་པོ་མཆོག་གི་གསུང་ངག་རིན་པོ་ཆེ་ཡིག་ཐོག་ཡོད་པ་མཛད་པ། གཞུང་བཤད་དམ་རྣམ་འགྲེལ་བཅུ་གཅིག་པོ་དེ་ཙམ་དུ་ངེས་སམ་སྙམ་ན་བླ་ཆེན་ཉིད་ཀྱིས་སློབ་བུ་ལ་དངོས་སུ་གདམས་པ་ནི་དེ་ཙམ་དུ་གྲགས་ལ། གཞན་ཡང་སློབ་ཆེན་རྣམས་ཀྱི་གཞུང་བཤད་མཛད་པ་དང་བསྡོམས་ན་ཉི་ཤུ་ཙམ་བཞུགས་པ་གསུངས་ཏེ། བཅུ་གཅིག་གི་ཁར་སྟ་རོ་བརྩེགས་མཛད་པ་དང་། སྟོད་བསྒོམ་བྱང་ཆུབ་ཤེས་རབ་ཀྱིས་མཛད་པ། མི་ཉག་པྲཛྙཱ་ཛ་ལས་མཛད་པ། ཞུ་བྲག་དམར་བས་མཛད་པ། ཞང་ཟེ་དམར་བས་མཛད་པ། འུ་ཡུག་གི་དབར་སྒྲ་བས་མཛད་པ། ཕག་མོ་གྲུབ་པས་མཛད་པ་ལ་སོགས་པའོ། །ཨ་སེང་མ་ཆེན་མོར་གྲགས་པ་འདི་ཐེ་བའི་དབང་དུ་བྱས་པ་ཡིན། འགོན་སྤྱི་ཆུ་བ་དགྲ་ལྷ་འབར་དང་། བླ་མ་རྗེ་ཞང་དགོན་པ་བ་ལུང་བསྟན་པའི་སློབ་མ་ནི། སློབ་མ་གྲུབ་པ་ཐོབ་པ་གསུམ་དང་། བཟོད་པ་ཐོབ་པ་བདུན། རྟོགས་པ་དང་ལྡན་པ་བརྒྱད་ཅུ། ཞེས་གྲངས་སུ་འཆའ་ཡང་། གྲུབ་ཐོབ་དང་བཟོད་ཐོབ་སོགས་བསམ་གྱིས་མི་ཁྱབ་པ་བྱོན་པས་འདི་དག་ཁོ་ནའོ་ཞེས་གསུངས་ནི་མ་བྱུང་ངོ་། །

༣༩ གསང་ཆེན་བསྟན་པའི་མངའ་བདག་རྗེ་བཙུན་རིན་པོ་ཆེ་གྲགས་པ་རྒྱལ་མཚན་ཇི་ལྟར་བྱོན་པའི་ཚུལ།

གོང་གསལ་མཚན་མཆོག་གསུམ་ལྡན་གསང་ཆེན་བསྟན་པའི་ཤིང་རྟ་ཆེན་པོ་ས་ཆེན་ཀུན་དགའ་སྙིང་པོ་ལ་སྲས་བཞི་བྱོན་པ་ལས། སྲས་གཉིས་པ་སློབ་དཔོན་རིན་པོ་ཆེ་བསོད་ནམས་རྩེ་མོ་ནི་ཐོས་བསམ་སྒོམ་གསུམ་དང་འཆད་རྩོད་རྩོམ་གསུམ། བསྟན་པ་འཛིན་སྐྱོང་སྤེལ་གསུམ་བཅས་ཡབ་དང་

ན་མཉམ་པས་ལོགས་སུ་མི་སློས། སྲས་གསུམ་པ་གདངས་ལྡོངས་རྡོ་རྗེ་འཛིན་པ་ཀུན་གྱི་གཙུག་རྒྱན་རྗེ་བཙུན་རིན་པོ་ཆེ་གྲགས་པ་རྒྱལ་མཚན་ནི། རྒྱ་གར་འཕགས་ཡུལ་དུ་མི་ཐུབ་ཟླ་བ་ལ་སོགས་པ་པཎྜི་ཏ་བཅུ་གཅིག་ཏུ་སྐྱེ་བ་བཞེས། བོད་དུ་སྤྱི་ལོ་༡༡༩༧ལོར་སྐུ་འཁྲུངས་པའི་ཚེ་ཡང་མཁའ་འགྲོ་མས་རྡོ་རྗེ་གདན་གྱི་སྒོ་གོང་ལ་ཡི་གེ་སྦྱར་བ་ཀཱ་ཤ་མི་ཧྣའི་པཎྜི་ཏ་ཤྲཱིས་ཞེས་ཕྱོགས་ཀུན་ཏུ་བསྒྲགས་པ་མཛད། སྐུ་ན་གཞོན་ནུ་དུས་ནས་རིག་པའི་གནས་ཐམས་ཅད་ལ་ཕ་རོལ་ཕྱིན།

ཡབ་ས་ཆེན་ཀུན་དགའ་སྙིང་པོ་དང་། སློབ་དཔོན་རིན་པོ་ཆེ་བསོད་ནམས་རྩེ་མོ། གཉན་གཙུག་ཏོར་རྒྱལ་པོ། ཞང་ཚུལ་ཁྲིམས་གྲགས་པ། གཉག་དབང་རྒྱལ། བལ་པོ་ཛ་ཡ་སེ་ན། ལོ་ཙྪ་བ་དཔལ་དང་པོའི་རྡོ་རྗེ་རྣམས་ལས་རྒྱུད་སྡེ་བཞི་དང་། ཕར་ཕྱིན་ལ་སོགས་ལ་ཆོས་ཀྱི་རྣམ་གྲངས་བསམ་གྱིས་མི་ཁྱབ་པ་གསན་བསམ་མཐར་ཕྱིན་གནང་། དབུ་རྩེ་རྙིང་མར་ལམ་འབྲས་བསྐུལ་སྐབས་རྗེ་བཙུན་འཇམ་དཔལ་དབྱངས་ལ་སོགས་པའི་མཐོང་སྣང་མི་འདྲ་བ་གསུམ་དུས་གཅིག་ཏུ་བསྟན་ནས་སློབ་མ་མང་པོ་དག་སྣང་ལ་བཀོད་པར་མཛད། ཡི་དམ་དཔལ་ཀྱི་རྡོ་རྗེ་རྟེན་དང་བརྟེན་པར་བཅས་པའི་དཀྱིལ་འཁོར་མངོན་སུམ་དུ་ཞལ་གཟིགས་དབང་བསྐུར་བསྐུལ་ནས་ལམ་འབྲས་ཉེ་རྒྱུད་ཀྱི་བསྟན་པའི་བདག་པོ་མངའ་གསོལ་བ་གསུངས།

པོ་ཏ་ལ་ལ་སོགས་པའི་གནས་ཆེན་རྣམས་སུ་དཔའ་བོ་དང་རྣལ་འབྱོར་མའི་ཚོགས་དང་ལྷན་ཅིག་སྤྱོད་པའི་བརྟུལ་ཞུགས་སྤྱོད་པ་སོགས་རྫུ་འཕྲུལ་དུ་མ་ལ་དབང་འབྱོར་པ་དང་། ཀླུ་ནག་པོ་འཁྱུན་ཞེས་པ་སོགས་སྡིག་པ་ཅན་དུ་མ་དམ་ལ་བཏགས་པར་མཛད། ཁ་ཆེ་པཎྜི་ཏ་ཆེན་པོ་གཙང་ས་སྐྱར་བྱོན་པའི་སྐབས་སུ། པཎ་ཆེན་གྱི་ཕྱི་ལ་རྒྱ་འདྲེ་ལྷ་བ་དགུ་བརྩེགས་ཞེས་པ་འོང་གིན་འདུག་པ་གཟིགས་པས། རྡོ་དྲིལ་ནམ་མཁའ་ལ་བཞག་སྟེ་བགེགས་བསྐྲད་མཛད་དེ་རྒྱ་འདྲེ་ངན་པ་དེ་རྒྱ་མཚོའི་འགྲམ་དུ་ཡུད་ཀྱིས་བྲོས་དགོས་པ་མཛད། པཎ་ཆེན་གྱིས་ཀྱང་ཕྱག་ལན་མཛད་རྗེས། པཎ་ཆུང་རྣམས་ལ་ཁོང་མ་ཧཱ་བཛྲ་ཧྣ་ར་གསང་བ་འདུས་པའི་དཀྱིལ་འཁོར་དུ་འདུག་གསུངས།

དེ་ནས་ས་སྐྱ་བྱང་གི་ཉི་ལུང་དགོན་པ་ན་བཞུགས་པའི་ཚེ། ཆེན་པོ་རྗོར་གྱི་ཕོ་ལྷ་གནས་ཐེལ་

དཀར་པོས། རྗེ་བཙུན་རིན་པོ་ཆེ་གྲགས་པ་རྒྱལ་མཚན་ལ་སོག་ཡུལ་དུ་འབྱོན་པ་གསོལ་བ་བཏབ་ཀྱང་། རྗེ་བཙུན་གྱིས་མ་འོངས་པ་ན་ངའི་དབོན་པོ་འཇམ་དབྱངས་རྣམ་སྤྲུལ་ཀུན་དགའ་རྒྱལ་མཚན་གྱིས་ཁྱེད་སོག་ཡུལ་གྱི་ཆོས་སྲིད་རིག་གསུམ་ལ་ཕན་ཐོགས་རྒྱ་ཆེན་འོང་ཞེས་བཀའ་ལུང་བསྩལ། དེ་ནས་རྗེ་བཙུན་ས་སྐྱ་པ་ཆེན་པོ་ཀུན་དགའ་སྙིང་པོ་དངོས་སུ་བྱོན་ཏེ་རྡོ་དཀར་འཇམ་གྲུ་བཞི་པ་ལ། པདྨ་འདབ་བརྒྱད་ཀྱི་དབུས་སུ་ཧཱུྃ་དང་ཨོཾ། ཕྱོགས་བཞི་ཡ་ར་ལ་ཝཱའི་ཡི་གེ་མཚམས་ཀྱི་འདབ་མ་བཞི་སྟོང་པར་ཡོད་པ་ཞིག་གནང་ནས། བུ་སྟོར་ཁྱེད་ལ་བསྟན་པའི་ཆོས་ཐམས་ཅད་ཀྱི་དོན་འདིར་འདུས་པ་ཡིན་གསུངས་ནས། ལམ་འབྲས་བརྡ་དོན་གསལ་བ་བསྩལ་བ་མཛད།

དང་པོ། ཆོས་ཉིད་གདན་དུ་བྱ། སོགས་ཀྱི་ཚིགས་བཅད་གསུངས། དང་པོ་ཆོས་ཉིད་གདན་དུ་བྱ། །ཞེས་པས་རྒྱུ་དུས་ཀྱི་ལྟ་བ། གཉིས་པ་སྣང་ལ་སྤྱར་ཞེན་བྱ། །ཞེས་པས་སྣང་གི་རྣལ་འབྱོར། གཏུམ་མོའི་མེ་དྲོད་རབ་ཏུ་བསྐྱེད། །ཅེས་པས་ཐིག་ལེའི་རྣལ་འབྱོར། །བྱང་སེམས་ཆུ་རྒྱུན་དབུ་མར་གཞུག །ཅེས་པས་ཕྱག་རྒྱའི་རྣལ་འབྱོར། །ས་སོགས་འབྱུང་བ་དབང་དུ་སྡུད། །ཅེས་པས་རྡོ་རྗེའི་ཐ་རླབས། །ཡེ་ཤེས་ལྷ་ནི་མངོན་གྱུར་ནས། །འཆི་བ་མེད་པའི་གནས་ཐོབ་པོ། །ཞེས་པས་འབྲས་བུ་སྟེ། གསུང་ངག་རིན་པོ་ཆེ་ལམ་རྫོགས་པར་བརྡའི་སྒོ་ནས་སྟོན་པ་བརྡ་དོན་གསལ་བ་ཞེས་བྱ་བའི་གདམས་པ་ཁྱད་པར་ཅན་འདི་གསུངས། མདོར་ན་རྗེ་བཙུན་གྲགས་པ་རྒྱལ་མཚན་ལ་བརྒྱུད་པ་གསུམ་མངའ་བའི་རིང་རྒྱུད་དང་། ཉེ་བརྒྱུད་གཉིས་ལས་འོངས་པའི་གདམས་པ་རྣམས་ནི། རྗེ་ས་ཆེན་ཡབ་སྲས། གཞན་ཕུལ་བྱུང་བ་གཙུག་གཏོར་རྒྱལ་པོ། རྒྱ་སྒོམ་ཚུལ་ཁྲིམས་གྲགས་པ་དང་བཞི་ལས་ཡོངས་སུ་རྫོགས་པ་གསན་ཏེ་བརྒྱུད་པ་གསུམ་འདུས་སུ་གྱུར།

དེའང་ཉེ་བརྒྱུད་ཀྱི་བརྒྱུད་པ་ནི། སློབ་དཔོན་རིན་པོ་ཆེ་དང་། རྗེ་བཙུན་ཞལ་མཐུན་པར། ཡེ་ཤེས་ཟླ་བ་དྲི་མེད་མིག་ལ་ཤར། །སྡེ་སྣོད་གསུམ་གྱི་ཡོན་ཏན་གསལ་བར་བས། །རྒྱ་མཚོའི་ནང་ན་ནོར་བུ་ལྟ་བུར་མཛེས། །བློ་གསལ་རྣམས་ཀྱིས་རྫོགས་གྱུར་གཞན་གྱིས་མིན། །ཞེས་གསུངས་པའི་དོན་ནི། ཡེ་ཤེས་ཟླ་བ་སྟེ། ཟླ་བ་གཅིག་གི་བརྡས་མཚོན་པའི་བརྒྱུད་པ་དང་པོ་སངས་རྒྱས་རྡོ་རྗེ་འཆང

ཆེན་པོས། མིག་སྔེ་བརྒྱུད་པ་གཉིས་པ་རྣལ་འབྱོར་དབང་ཕྱུག་ལ་གདམས། སྦ་སྟོད་གསུམ་གྱིས་མཚོན་པའི་བརྒྱུད་པ་གསུམ་པ་ཆོས་རྗེ་ས་ཆེན་གྱི་གཞུང་དང་གདམས་པ་རྣམས་གསལ་བ་བས། རྒྱ་མཚོ་སྔེ་བརྒྱུད་པོ་བཞི་པ་སློབ་དཔོན་རིན་པོ་ཆེ་ཡིན་ལ། དེ་ལྟ་བུའི་ཉེ་བརྒྱུད་དེ་བློ་གྲོས་དང་ལྡན་པ་མ་གཏོགས་གཞན་གྱིས་རྟོགས་པར་མི་ནུས་སོ། །ཞེས་གསུངས་ཤིང་། རྗེ་བཙུན་རིན་པོ་ཆེ་ལ་རམ་སྟིང་མ་པ་འབྱུང་གནས་རྡོ་རྗེས། རྒྱུད་སྡེ་བདུན་ཙུ་རྩ་གཉིས་ཀྱི་བརྒྱུད་པ་གང་ཡིན་དྲིས་པའི་ལན་གྱི་ཚིགས་བཅད་སྟོང་ཐུན་གྱི་མཇུག་ཏུ་བྲིས་པའི་ནང་དུ་འདི་ལྟར་གསུངས། བླ་མེད་ཕྱོགས་ནི་རིམ་བསྒྱུར་མིག་བཅས་པ། །རིག་བྱེད་ཀྱིས་གསལ་ལག་པས་མེ་ལ་བགོ། དེ་འོད་ཀུན་གསལ་ཆུ་གཏེར་འབྱུང་བར་བབས། །བློ་ལྡན་དོན་འདི་ཤེས་ན་སླ་བར་གྱིས། །ཞེས་གསུངས་པའི་དོན། རྣལ་འབྱོར་བླ་མེད་ཀྱི་རྒྱུད་ཕྱོགས་ནི་བཙུ་ཡིན་ལ། དེ་རི་སྡེ་བདུན་གྱིས་བསྒྱུར་བའི་བདུན་ཙུ། དེ་ལ་མིག་སྡེ་གཉིས་ཀྱིས་བརྒྱན་པས་བདུན་ཙུ་རྩ་གཉིས་ཡིན་ལ། དེ་རྣམས་འཆད་ཐབས་ཀྱི་མན་ངག་རིག་བྱེད་ཀྱིས་གསལ་ཏེ་རྒྱུད་ཚད་མ་བཞི་དང་། མན་ངག་ཐམས་ཅད་སྣན་བརྒྱུད་བཞིས་བཅིངས་ནས་འཆད་པའི་ཚུལ་འདི། ལག་པ་སྡེ་བརྒྱུད་པ་གཉིས་པ་བིར་ཝ་པས། མེ་སྡེ་བརྒྱུད་པ་གསུམ་པ་ས་ཆེན་ལ་གསུངས་པ་ཡིན་ལ། དེའི་རྒྱུད་པ་དང་མན་ངག་ཐམས་ཅད་ཆུ་གཏེར་ཏེ་བརྒྱུད་པ་བཞི་པ་སློབ་དཔོན་རིན་པོ་ཆེ། འབྱུང་བའི་བརྟས་མཚོན་པ་བརྒྱུད་པ་ལྔ་པ་རྗེ་བཙུན་རིན་པོ་ཆེ་གྲགས་པ་རྒྱལ་མཚན་ལ་བཀའ་བབས་པ་འདི་ཉིད་ལགས་སོ། །

མདོར་ན་བརྒྱུད་པ་དེ་དག་དང་ལྡན་པའི་གསུང་ངག་རིན་པོ་ཆེའི་མན་ངག་རྣམས་ཕལ་ཆེ་བ་སྙན་བརྒྱུད་དུ་བཞུགས་ཤིང་། ཡིག་ཐོག་ཡོད་པ་རྣམས་ཀྱང་ཐོར་བུ་ལས་གླེགས་བམ་ཕྱོགས་གཅིག་ཏུ་བཀོད་པ་མེད་པ་ལ། རྗེ་བཙུན་གྲགས་པ་རྒྱལ་མཚན་འདི་ཉིད་ཀྱིས་འཁོར་འདས་དབྱེར་མེད་རྩ་འགྲེལ། ཁྲིད་ཀྱི་གཞུང་ཤིང་བཞི་ལ་སོགས་པ་ཡི་གེ་མང་དུ་གླེགས་བམ་གཅིག་ཏུ་བསྡུ་བར་མཛད་པའི་གླེགས་ཤིང་དང་ན་བཟའ་གཉིས་ཆེ་སེར་པོར་ཡོད་པས་པོད་སེར་དུ་གྲགས། ཉིན་ཞག་རེ་ཕྱུག་རེ་ལ་དཀྱིལ་འཁོར་མི་འདྲ་བ་བདུན་ཅུ་རེ་བསྒོམ་པ་དང་། གཞན་དོན་མཐའ་ཡས་པར་མཛད། དགུང་ལོ་

བདུན་ཅུ་མེ་ཕོ་བྱི་བའི་ལོ་ཁྲའི་ཟླ་བའི་ཚེས་བཅུ་གཉིས་ལ་བདེ་བ་ཅན་དུ་སྐུ་གཤེགས་སོ། །

༣༥ གསང་ཆེན་བསྟན་པའི་གཙུག་རྒྱན་ཆོས་རྗེ་ས་སྐྱ་པཎྜི་ཏ་ཧི་ལྟར་བྱོན་པའི་སྐོར།

གོང་གསལ་གངས་ལྗོངས་རྡོ་རྗེ་འཛིན་པ་ཀུན་གྱི་གཙུག་རྒྱན་རྗེ་བཙུན་རིན་པོ་ཆེ་གྲགས་པ་རྒྱལ་མཚན་གྱི་ཞབས་སློབ་ལྷོ་དཀར་ཤཱཀྱ་གྲགས། ནུབ་ཏུ་ནུབ་པ་རིག་འཛིན་གྲགས། བྱང་དུ་གསལ་བ་དབང་ཕྱུག་གྲགས། ཤར་དུ་བཙྙེ་གཤེན་རྗེ་གྲགས་ཏེ་གྲགས་པའི་མཐའ་ཅན་བཞི་ལ་སོགས་པ་སློབ་མའི་ཚོགས་ཤིན་ཏུ་མང་ཡང་། སློབ་མའི་གཙོ་བོ་སྐྱ་ཡི་དབོན་པོ་ཆོས་རྗེ་ས་སྐྱ་པཎྜི་ཏ་ཡིན་ལ། ཆོས་རྗེ་འདི་ཉིད་ཀྱིས་བོད་གངས་ཅན་གྱི་ལྗོངས་སུ་རིག་པའི་གནས་ཆེན་ལྔ་དང་གནས་ཆུང་ལྔ་རྣམས་སྒྲོལ་འབྱེད་ཤིང་དར་ཞིང་རྒྱས་པ་མཛད་པ་དང་། རྒྱ་གར་འཕགས་ཡུལ་ཕྱི་རོལ་མུ་སྟེགས་པའི་སྟོན་པ་འཕྲོག་བྱེད་དགའ་བོ་ཚར་བཅད་ཅིང་རྗེས་སུ་བཟུང་བ། བོད་ཡུལ་ལ་སོག་པོ་ཧོར་དམག་གི་འཇིགས་པ་ལས་སྐྱོབ་པའི་ཆེད་དུ། ཆེན་པོ་ཧོར་གྱི་རྒྱལ་ཁབ་ལ་བྱོན་ཏེ་ཡི་གེ་གསར་བཟོ་དང་། ནང་པའི་ཆོས་ཀྱི་དབུ་འཛུགས་གནང་བ། རྒྱ་ནག་གི་ཡུལ་དུ་ནང་ཆོས་དར་རྒྱས་གང་སྤེལ་མཛད་པ་བཅས་ངོ་མཚར་བའི་རྣམ་ཐར་ཤིན་ཏུ་མང་ཡང་། ད་ལན་སྐབས་སུ་བབས་པ་ཆོས་རྗེ་ས་སྐྱ་པཎ་ཆེན་གྱི་གསང་ཆེན་བསྟན་པའི་རྒྱུད་འཛིན་སློབ་མ་ཇི་ལྟར་བྱོན་པའི་ཚུལ་ནི། བཤད་པའི་བརྒྱུད་འཛིན་ལྷོ་དམར་རྣམ་གཉིས། མན་ངག་དང་བསྒྲུབ་པའི་བརྒྱུད་འཛིན་ཚོགས་སྒྲུབ་དཔོན་གསུམ་བྱོན་པ་ལས། བཤད་པའི་བརྒྱུད་འཛིན་དམར་ཆོས་ཀྱི་རྒྱལ་པོས། ཆོས་རྗེ་ས་སྐྱ་པཎ་ཆེན་གྱི་གསུང་ལ་ཟིན་བྲིས་གནང་བ་གཞུང་བཤད་དམར་མ་དང་། ཆོས་འབྱུང་ཞིབ་མོ་རྡོ་རྗེ། གེགས་སེལ་བཀའ་རྒྱ་མ། ལམ་བསྡུས་འདོད་པའི་ལྷུགས་ཀྱུ། བླ་མ་རིན་ཆེན་འབྱུང་སོགས་ཡིག་ཆ་དུ་མ་མཛད། དེའི་སློབ་མ་སྟར་ཐང་སྒང་སྟོན། དེའི་སློབ་མ་གང་སྟོན་ཤེར་འབུམ། དེས་དཀར་པོ་བྲག་པ་རིན་ཆེན་སེང྄་གེ་གྲགས། དེས་དཔལ་ལྡན་ཚུལ་ཁྲིམས་ནས་བརྒྱུད་པའི་བརྒྱུད་པ་འདི་ད་ལྟ་ཡང་བཞུགས་ཡོད་པ་གསུངས།

ཡང་བཤད་པའི་བརྒྱུད་འཛིན་ལྷོ་པ་ཀུན་མཁྱེན་རིན་ཆེན་དཔལ་བཟང་པོས་གཞུང་བཤད་ཐོག་མར་མཛད་པ་རྣམས་ལ་མཛད་བྱང་མ་བྲིས་པ་སྨོས་མེད་མཛད་ཀྱང་། ཕྱིས་རྩོམ་རྣམས་ལ་མཛད་བྱང་

མཛད་དེ་དགོང་འགྲེལ་གྱི་བསྟན་བཅོས་མང་པོ་བཞུགས། མན་ངག་གི་བརྒྱུད་འཛིན་ཚོགས་བསྒོམ་རིན་པོ་ཆེ་ཀུན་དགའ་དཔལ་བཟང་པོས། ཆོས་རྗེ་ཞབས་ལ་མི་ལོ་བཅུ་གསུམ་བསྟེན་ནས། ཐོག་མར་བཤད་སྒྲུབ་སྤྱེལ་མའི་མཛད་འཕྲིན་སྐྱོང་། བདེ་མཆོག་གི་ཆོས་སྐོར་ལ་དགོང་འགྲེལ་དང་། གསང་ཆེན་ལམ་འབྲས་ལའང་དབང་པོ་རབ་འབྲིང་ཐ་གསུམ་གྱི་ཁྲིད་ཡིག་མཛད། མན་ངག་གི་བརྒྱུད་འཛིན་གྲུབ་ཐོབ་ཡོན་ཏན་དཔལ་བཟང་པོས་ཆོས་རྗེ་ཞབས་ཕྱི་དང་། སྒྲུབ་པ་གཙོ་བོ་མཛད།

༣༨ གསང་ཆེན་བསྟན་པའི་མཛོད་འཛིན་འགྲོ་མགོན་ཆོས་རྒྱལ་འཕགས་པ་ཇི་ལྟར་བྱོན་པའི་སྐོར།

གོང་དུ་གསལ་བ་ལྟར་ཆོས་རྗེ་ས་སྐྱ་པཎ་ཆེན་གྱི་གསང་ཆེན་བསྟན་པའི་བརྒྱུད་འཛིན་རྣམས་ཀྱི་ནང་ནས། མན་ངག་དང་བསྒྲུབ་པའི་བརྒྱུད་འཛིན་ཚོགས་གྲུབ་དཔོན་གསུམ་གྱི་ཡ་གྱལ། ཆོས་རྗེ་ས་སྐྱ་པཎ་ཆེན་གྱི་སྐུ་ཡི་དཔོན་པོ་འགྲོ་མགོན་ཆོས་རྒྱལ་འཕགས་པ་འདི་ཉིད་ཀྱིས། སྐུ་གཞོན་ནུའི་དུས་ནས་རིག་གནས་ཆེ་ཕྲན་དང་མདོ་སྔགས་ལ་གསན་བསམ་སློབ་སྦྱོང་མཐར་ཕྱིན་གནང་བ་ལ་སོགས་པ་རྣམ་ཐར་གཞན་ལས་ཤེས་པར་བྱ་ལ། ཆེན་པོ་ཧོར་གྱི་རྒྱལ་པོ་གོ་དན་གྱི་གདན་འདྲེན་ཞུས་བཞིན་ཐོག་མ་ཞབས་སོར་འཁོད་དེ། སོག་ཡུལ་ནང་ཆོས་དབུ་བཙུགས་གནང་། དེ་ནས་ཆེན་པོ་ཧོར་གྱི་སྤྱི་ཁྲབ་རྒྱལ་པོ་སེ་ཆེན་གུ་ལེ་ཁན་གྱི་གདན་འདྲེན་ཞུས་པ་ལྟར། ཆེན་པོ་ཧོར་ལ་ཞབས་སོར་འཁོད་གནང་མཛད་དེ་སོག་ཡུལ་གསང་སྔགས་རྡོ་རྗེ་ཐེག་པའི་ལམ་ལ་བཀོད་པར་མཛད་དེ། འགྲོ་བ་མི་གཅིག་གི་ཚེ་སྲོག་དབང་ལུས། ལྷོ་གོས་གཏམ་གསུམ། ཆོས་སྲིད་རིག་གསུམ་གང་ལ་ཡང་གནོད་པ་མེད་པ་བོད་ཡུལ་ཁམས་ཆེན་པོ་གཅིག་གྱུར་མཛད་རྗེས། སྲིད་དབང་ཆོས་དང་མཐུན་པར་དངོས་ཐོག་བདེན་འཚོལ་འཛིན་སྐྱོང་སྤྱེལ་གསུམ་མཛད་པའི་འབྲས་བུ། བོད་མི་ཡོངས་རྫོགས་མ་གྲོས་བསམ་པ་གཅིག་མཐུན་གྱི་སྤྱི་ཚོགས་བདེ་འཇགས་ཀྱི་སྲིད་དབང་བརྟན་ བླིང་དང་། ནམ་འོང་ཆ་མེད་པའི་རྐྱ་འཕྲོག་བཅོམ་གསུམ་དང་། འཇུ་བཟུང་བཙོན་གསུམ། རྡུང་གསོད་བཅོམ་གསུམ་གྱི་སྡུག་བསྔལ་རྒྱུན་ཆད་པ་དང་། ལྷག་དོན་དུ་ཁྲལ་དང་འུ་ལག་ཆུང་བའི་ཐོག་ཁྲིམས་མཆོས་ཀྱི་རྒྱལ་ཁབ་ཁག་དང་ཉེ་འཁོར་ཚོང་

འབྲེལ་གྱིས་དཔལ་འཁོར་གོང་འཕེལ་མཛད།

སོག་པོས་རྒྱ་མི་རིགས་ཉེས་མེད་གསོད་པ་རྣམས་ལ་ཐུགས་བརྩེ་བ་ཆེན་པོས་སྲུང་སྐྱོབ་གནང་སྟེ། རྒྱ་ཡི་མི་ཡུར་ཆེན་མོའི་སྡིག་རྒྱུན་བཅད་པ་མཛད་པ་དང་། ཧོར་རྒྱལ་པོ་སེ་ཆེན་གུ་ལེའི་ཁན་གྱིས་འགྲོ་མགོན་ཆོས་རྒྱལ་འཕགས་པ་མཆོག་ལ། ཧོར་རྒྱལ་ཁབ་ཆེན་པོའི་ཁྱབ་ཁོངས་ཡོ་རོབ་དཀྱིལ་མཚོ་ཚུན་ཆད་ཀྱི་ནང་པ་ཡོངས་རྫོགས་དབུ་ཁྲིད་ཆོས་ཀྱི་རྒྱལ་པོ་ཆེན་པོ་ཞེས་པའི་མཚན་གནང་རྗེས། སོག་པོས་ཆོས་ཕྱོགས་ཀྱི་བྱ་བ་ཐམས་ཅད་བླ་མ་འགྲོ་མགོན་ཆོས་རྒྱལ་འཕགས་པའི་བཀའ་བཞིན་ཕྱག་ལེན་ཆོས་མཐུན་གནང་། འགྲོ་མགོན་ཆོས་རྒྱལ་འཕགས་པས་ཆོས་ལུགས་རིས་མེད་ཀྱི་སྲོལ་འབྱེད་པ་བཞིན་ཕྱག་སྟར་དང་། རྒྱ་ནག་གི་ཟིན་ཤིན་ཆོས་ལོག་རྩོད་པས་ཚར་བཅད་གནང་སྟེ། ནང་པ་སངས་རྒྱས་པའི་བསྟན་པ་དར་རྒྱས་གང་སྤེལ་མཛད་པ་ལ་སོགས་པའི་ངོ་མཚར་བའི་རྣམ་ཐར་ཤིན་ཏུ་མང་ཡང་། ད་ལན་སྐབས་སུ་བབས་པ་གསང་ཆེན་ལམ་འབྲས་ཀྱི་བརྒྱུད་འཛིན་སློབ་མའི་ཚོགས་ནམ་མཁའི་སྐར་མ་ལྟར་ཤིན་ཏུ་མང་བའི་ནང་ནས། འགྲོ་མགོན་ཆོས་རྒྱལ་འཕགས་པའི་ཞལ་སྔ་ནས། ཞང་ཀུན་སྤངས་ཐུགས་རྗེ་བརྩོན་འགྲུས་ཀྱིས་གསང་ཆེན་ལམ་འབྲས་ཞུས་པའི་རྗེས་སུ། ལམ་འབྲས་བརྒྱུད་པ་གསུམ་བསྡེབ་འགྲེལ་བ་མཛད་པས་ལམ་འབྲས་ཇོ་ནང་ལུགས་ཞེས་གྲགས།

དེའི་སློབ་མ་ལ་སྟོད་དབང་རྒྱལ་གྱི་ལམ་འབྲས་སྐྱོར་དྲུག་གི་སོར་སྡུད་དང་དོན་གཅིག་པ་བྱས་ནས་འགྲེལ་བ་མཛད་པས། ལམ་འབྲས་དབང་རྒྱལ་ལུགས་ཞེས་གྲགས། ཀུན་སྤངས་ཆེན་པོ་ལས། ཇོ་ནང་གདན་རབས་གཉིས་པ་བྱང་སེམས་རྒྱལ་བ་ཡེ་ཤེས་དང་། ཇོ་ནང་གདན་རབས་གསུམ་པ་མཁས་བཙུན་ཡོན་ཏན་རྒྱ་མཚོ་རྣམ་གཉིས་ཀྱི་གསན་སྦྱོང་གནང་། སྔོན་ཆད་དེ་དག་གི་བརྒྱུད་འཛིན་ལ་ལམ་འབྲས་ཇོ་ལུགས་ཞེས་པ་ཡོངས་སུ་གྲགས། ལྷག་དོན་གསང་ཆེན་ལམ་འབྲས་ཀྱི་བརྒྱུད་འཛིན་གཙོ་བོ་ཇི་བྱོན་འོག་ནས་འབྱུང་ངོ་། །

༣༧ ཁམས་ཀྱི་གཙོ་མདོ་གནས་གསར་ནས་འགྲོ་མགོན་ཆོས་རྒྱལ་འཕགས་པའི་གསང་ཆེན་སྔགས་ཀྱི་བརྒྱུད་འཛིན་གཙོ་བོ་ཇི་ལྟར་བྱོན་པའི་སྐོར།

གོང་གསལ་འགྲོ་མགོན་ཆོས་རྒྱལ་འཕགས་པའི་གསང་ཆེན་སྔགས་ཀྱི་བརྒྱུད་འཛིན་གཙོ་བོ་བླ་མ་ཞང་དཀོན་མཆོག་དཔལ་དང་། ཤཱཀྱ་དགེ་སློང་ཀུན་བློ་རྣམ་གཉིས་འགྲོ་མགོན་ཆོས་རྒྱལ་འཕགས་པའི་ཞལ་སྔ་ནས་གསང་ཆེན་ལམ་འབྲས་ཞུ་བ་འཕགས་པ་ཧོར་ཡུལ་དུ་བཞུགས་ས་བྱོན་པ་དང་། འགྲོ་མགོན་ཆོས་རྒྱལ་འཕགས་པ་ཡར་གཙང་ལ་བྱོན་པའི་ལམ་ཁ་ཁམས་ཀྱི་གཙོ་མདོ་གནས་གསར་རང་ནས་འཕགས་པ་དང་མཇལ།

ལོ་རྒྱུས་རྣམས་ཞུས་པས། འཕགས་པའི་ཞལ་ནས་སྤྱིར་དེང་སང་ངའི་ཧུར་བོད་ཡུལ་གྱི་མི་ཆེན་མང་པོ་འོང་གིན་འདུག་མོད། ཕལ་ཆེར་ཚེ་འདི་ཁོ་ནའི་ཆེད་མིན་པ་ཆོས་དོན་དུ་གཉེར་བ་མ་བྱུང་། ཁྱེད་གཉིས་ཐག་རིང་པོ་ནས་ཆོས་དོན་དུ་གཉེར་བ་ངོ་མཚར་ཆེ་གསུངས་ནས། མི་ལོ་གསུམ་ལ་གསང་ཆེན་ལམ་འབྲས་ཡོངས་སུ་རྫོགས་པར་བསྐུལ། བླ་མའི་ཐུགས་ཀྱི་སྲས་གཅིག་པུར་གྱུར་པ་གསུངས། བླ་མ་ཞང་དཀོན་མཆོག་དཔལ་ལས། གྲུབ་ཆེན་བྲག་ཕུག་པ་ཆེན་པོས་གསན། སྤྱི་གྲུབ་ཆེན་འདིས་ཆོས་རྗེ་ས་སྐྱ་པཎ་ཆེན་གྱི་གསང་སྔགས་ཀྱི་བརྒྱུད་འཛིན་གཙོ་བོ་ཚོགས་གྲུབ་དཔོན་གསུམ་གྱི་གདམས་ངག་ཐམས་ཅད་གསན་ཏེ། མན་ངག་གི་བཀའ་བབས་གྲུབ་ཆེན་འདི་ཡིན་པར་གསུངས། གྲུབ་ཆེན་བྲག་ཕུག་པ་ལས། དཔལ་ལྡན་བླ་མ་དམ་པ་བསོད་ནམས་རྒྱལ་མཚན་དང་། རི་ཁྲོད་པ་བློ་གྲོས་བརྟན་པ། བྲག་ཕུག་པ་དཀོན་མཆོག་རྒྱལ་མཚན། མདོ་ཁམས་གླིང་ཚང་ལམ་འབྲས་པ་བློ་གྲོས་དཀར་པོ་རྣམས་ཀྱིས་གསང་ཆེན་ལམ་འབྲས་ཡོངས་སུ་རྫོགས་པར་གསན།

༣༨ གསང་ཆེན་ལམ་འབྲས་ཁམས་ལུགས་མ་ཇི་ལྟར་བྱོན་པའི་སྐོར།

གོང་གསལ་གྲུབ་ཆེན་བྲག་ཕུག་པ་ཆེན་པོ་ལས། མདོ་ཁམས་གླིང་ཚང་ལམ་འབྲས་པ་བློ་གྲོས་དཀར་པོས་གསན། དེས་མདོ་སྟོད་དམ་པ་མི་ཡི་ཆོལ་ཁའི་ནང་དུ་འཆད་ཉན་ཡུན་རིང་མཛད་དེ། སྟ་

ཕྱི་སློབ་མའི་ཚོགས་ཤིན་ཏུ་མང་ཡང་གཙོ་བོ་ཁམས་གོ་འཇོ་བླ་མ་ཡེ་ཤེས་དཔལ་བྱོན། འདི་སྐུ་ཚེ་སྟོད་ལ་མདོ་ཁམས་དཔལ་གདན་ས་ཆེན་པོ་ཐང་སྐྱ་ཐུབ་བསྟན་ཆོས་འཁོར་བཤད་སྒྲུབ་དར་རྒྱས་གླིང་གི་མཁན་རབས་བཅོ་བརྒྱད་པའི་ཁྲི་ལ་ལྷུན་རིང་བཞུགས། སྐུ་ཚེའི་སྨད་དུ་དབུས་གཙང་དུ་བྱོན། གྲུབ་ཆེན་བྲག་ཕུག་པ་ལས་སྣང་གསུམ་ཐོབ་མཚམས་སུ་གྲུབ་ཆེན་བྲག་ཕུག་པ་སྐུ་གཤེགས། སླར་ཡང་རི་ཁྲོད་པ་བློ་གྲོས་བརྟན་པ་ལས། ཁྲིད་ཀྱི་འཕྲོ་རྣམས་གསན། ཕག་རི་ཁར་ནས་ལོ་མང་སྒྲུབ་པ་དང་སློབ་གཉེར་ནན་ཏན་མཛད་དེ། གདན་ས་ཆེན་པོ་དཔལ་ལྡན་ས་སྐྱ་རང་ལ་བྱོན།

སྐབས་དེ་དུས་ལམ་འབྲས་པ་ཡེ་ཤེས་དཔལ་བཟང་ཞེས་མཚན་ཡོངས་སུ་གྲགས་ཏེ་འཆད་ཉན་མང་དུ་མཛད་པའི་དུས་སུ། མཁན་ཆེན་གཡག་ཕྲུག་སངས་རྒྱས་དཔལ་མཆོག་དང་། ཞ་སེར་བསྟན་པའི་མངའ་བདག་ཤར་རྒྱལ་བ་ཙོང་ཁ་པ་བློ་བཟང་གྲགས་པས་ཀྱང་གསང་ཆེན་ལམ་འབྲས་གསན་བཞེས་མཛད། ཁམས་གོ་འཇོ་མཁན་པོ་ཡེ་ཤེས་དཔལ་བཟང་མཆོག་གི་གསང་ཆེན་སྔགས་ཀྱི་བརྒྱུད་འཛིན་གཙོ་བོ་ཁམས་པ་ཆོས་གླིང་པ་བློ་བཟང་དཀར་མོ་བྱོན། ཕྱིས་ལམ་འབྲས་པ་བློ་བཟང་དཀར་མོར་ཞེས་མཚན་ཡོངས་སུ་གྲགས་ཏེ། དཔལ་གདན་ས་ཆེན་པོ་བོ་དོང་ཨེ་ཡི་གདན་རབས་བཞི་པ་བོ་དོང་པཎ་ཆེན་ཕྱོགས་ལས་རྣམ་རྒྱལ་མཆོག་གིས་ཀྱང་། དཔལ་ཀྱི་རྡོ་རྗེ་མན་ངག་ལུགས། ཊོམ་བྷི་ལུགས། མཚོ་སྐྱེས་ལུགས། ནག་པོ་དམ་ཚིགས་རྡོ་རྗེ་ལུགས། ཟླ་གསང་ཐིག་ལེ། ཐིག་ལེ་སྐོར་གསུམ། བརྟག་གཉིས་ཀྱི་ཆོས་སྐོར་ཐམས་ཅད་གསན།

ལྷག་དོན་སྟོན་ལོ་ཆེན་གྲགས་པའི་དྲུང་དུ་གསང་ཆེན་ལམ་འབྲས་གསན་བཞེས་གནང་ཡོད་ནའང་། དུས་དེའི་ཚེ་ལམ་འབྲས་ཆེན་པོ་བློ་བཟང་དཀར་མོ་ལས་སླར་ཡང་གསན་བཞེས་གནང་དགོས་པའི་རྒྱུ་མཚན་ལ། གོང་གསལ་ལམ་འབྲས་པ་ཆེན་མོ་ནི། བླ་མ་རྡོ་རྗེ་འཆང་གི་བཀའ་བཞིན་བསྒྲུབས་པས། ཡི་དམ་དཔལ་ཀྱི་རྡོ་རྗེ་ཡབ་ཡུམ་དང་། བསྟན་སྲུང་གཙོ་བོ་གུར་གྱི་མགོན་པོའི་ཞལ་གཟིགས་ཤིང་བྱིན་གྱིས་བརླབས་ཏེ། ཉིང་དེ་འཛིན་དུ་མ་ལ་དབང་འབྱོར་ཞིང་མངོན་པར་རྟོགས་པ་རྒྱ་ཆེན་པོ་མངའ་བ། ལྡན་ཅིག་སྐྱེས་པའི་ཚང་གི་བདུད་རྩི་མྱུང་སྟེ་མཆོག་གི་སྐྱུ་མའི་གར་གྱིས་ཀུན་ཏུ་དགྱེས་པའི་

རྣལ་འབྱོར་གྱི་དབང་ཕྱུག་ཆེན་པོ་ཞིག་ཡིན་པ་དང་། ཁྱད་པར་དུ་འབྲོག་མི་ལོ་ཆེན་དང་། ས་སྐྱ་ལྷོབ་དཀོན་མཆོག་རྒྱལ་པོ་རྣམ་གཉིས་ལས་གཞུང་དང་མན་ངག་ཡོངས་སུ་རྫོགས་ཐོབ་པའི་རྣལ་འབྱོར་པ་སེ་མཁར་བའི་སྒྲུབ་རིག་འཛིན་པའི་རི་ལ་བཞུགས་པ་ཞིག་ཡིན་པ་ལ་དགོན་ནས་གསང་ཆེན་ལམ་འབྲས་གསན་བཞེས་གནང་ཞེས་གསུངས།

གོང་གསལ་བརྒྱུད་པ་འདི་དག་ལ་ལམ་འབྲས་ཁམས་ལུགས་མ་གྲགས་ཤིང་འབྱུང་ཁུངས་ཙུང་ཟད་ཞུས་ཟིན་ཏོ། །ཞིབ་གསལ་མཁྱེན་འདོད་ཡོད་རིགས་ནས། བོ་དོང་པཎ་ཆེན་ཕྱོགས་ལས་རྣམ་རྒྱལ་གྱི་རྣམ་ཐར་ངོ་མཚར་དགའ་སྟོན་དང་། མཁྱེན་བརྩེའི་ཁྲིད་སྐོར་ལས། ཁོག་ཕྱུག་གི་རྣམ་བཤད་གདམས་ངག་བྱུང་ཚུལ་གྱི་ཟིན་བྲིས། མང་ཐོས་ཀླུ་སྒྲུབ་རྒྱ་མཚོའི་བསྟན་རྩིས་གསལ་བའི་ཉིན་བྱེད། དཔལ་ས་སྐྱ་པ་ཆེན་པོ་སྔགས་འཆང་བླ་མ་ཐམས་ཅད་མཁྱེན་པ་ངག་དབང་ཀུན་དགའ་བསོད་ནམས་མཆོག་གི་མཛད་པ། ཡོངས་རྫོགས་བསྟན་པ་རིན་པོ་ཆེའི་ཉམས་ལེན་གྱི་མན་ངག་གསུང་ངག་རིན་པོ་ཆེའི་བྱོན་ཚུལ་ཁོག་ཕུབ་དང་བཅས་པ་རྒྱས་པར་བཤད་པ་ལེགས་བཤད་འདུས་པའི་རྒྱ་མཚོ། ཧ་ནག་མཁན་ཆེན་ཆོས་རྣམ་རྒྱལ་གྱིས་མཛད་པ། བསྟན་པ་དང་དེ་འཛིན་གྱི་ལོ་རྒྱུས་ཡོངས་འདུའི་མེ་ཏོག་གསར་པའི་དོ་ཤལ། ཕྲན་ག་ཟི་དགེ་བཤེས་ལུང་རིགས་འཕྲིན་ལས་ཀུན་ཁྱབ་ཀྱིས་བྲིས་པ། དཔལ་གདན་ས་ཆེན་པོ་ཐང་སྐྱ་ཐུབ་བསྟན་ཆོས་འཁོར་བཤད་སྒྲུབ་དར་རྒྱས་གླིང་གི་ཆོས་འབྱུང་དང་གདན་རབས་ངོ་མཚར་ག་ཟིའི་དབུ་རྒྱན་རྣམས་ལ་གཟིགས་ཞིབ་གནང་སྐྱོང་ཡོང་བ་ཞུ།

༣༤ གསང་ཆེན་ལམ་འབྲས་བོ་དོང་ངོར་པ་རྫོང་པ་གོང་པ་བཞི་ཡི་བཀའ་སྲོལ་ཇི་ལྟར་བྱོན་པའི་སྐོར།

དང་པོ་ལམ་འབྲས་བོ་དོང་ལུགས་ནི། དཔལ་ལྡན་བླ་མ་དམ་པ་བསོད་ནམས་རྒྱལ་མཚན་གྱིས་གསང་ཆེན་སྔགས་ཀྱི་རྒྱལ་ཚབ་ཡར་ལུང་པ་སེངྒེ་རྒྱལ་མཚན་ལ་གདམས། དེས་ཆོས་རྗེ་དཔལ་ལྡན་ཚུལ་ཁྲིམས། དེས་ཆོས་རྗེ་གཟུངས་པ། དེས་ཆོས་རྗེ་ཉ་དབོན་སངས་རྒྱས་དཔལ། དེས་བླ་མ་ཀུན་དགའ་རྒྱལ་མཚན། དེས་རྗེ་ནང་པ་མཁན་ཆེན་བྱང་ཆུབ་སེངྒེ། དེས་ལོ་ཆེན་བྱང་ཆུབ་རྩེ་མོ། དེས་ལོ་

ཆེན་གྲགས་པ་རྒྱལ་མཚན། དེས་བོ་དོང་པཎ་ཆེན་ཕྱོགས་ལས་རྣམ་རྒྱལ། དེ་དག་ནས་བརྒྱུད་པ་ལ་ལམ་འབྲས་བོ་དོང་ལུགས་ཞེས་གྲགས་ན་རུང་བ་སེམས་སོ། །གཉིས་པ་ངོར་ལུགས་ནི། དཔལ་ལྡན་བླ་མ་དམ་པ་བསོད་ནམས་རྒྱལ་མཚན་མཆོག་དང་། རི་ཁྲོད་པ་བློ་གྲོས་བརྟན་པ་རྣམ་གཉིས་ལས། གྲུབ་ཆེན་བུདྡྷ་ཤྲཱི་དང་། ཤར་ཆེན་ཡེ་ཤེས་རྒྱལ་མཚན། ཁམས་མི་ཉག་གི་སྟོན་པ་རིན་ཆེན་རྡོ་རྗེ་གསུམ་གྱིས་གསང་ཆེན་ལམ་འབྲས་གསན་བཞེས་གནང་། ཤར་ཆེན་ཡེ་ཤེས་རྒྱལ་མཚན་དང་། གྲུབ་ཆེན་བུདྡྷ་ཤྲཱི་རྣམ་གཉིས་ལས། དཔལ་རྒྱལ་བ་ངོར་ཆེན་རྡོ་རྗེ་འཆང་ཀུན་དགའ་བཟང་པོ་མཆོག་གིས་གསང་ཆེན་ལམ་འབྲས་གསན་བཞེས་གནང་།

དེས་མུས་ཆེན་སེམས་པ་ཆེན་པོ་དཀོན་མཆོག་རྒྱལ་མཚན་ལ་བསྟུལ། དེས་ཀུན་མཁྱེན་གོ་བོ་རབས་འབྱམས་པ་བསོད་ནམས་སེངྒེ་མཆོག་ལ་བསྟུལ། དེ་དག་ནས་བརྒྱུད་པའི་ལམ་འབྲས་ལ་ངོར་ལུགས་སུ་གྲགས་ཤིང་དུས་ད་ལྟར་ཡང་དར་རྒྱས་གོང་སྤེལ་འགྲོ་བཞིན་པ་འདི་ཉིད་ལགས་སོ། །ཀུན་མཁྱེན་གོ་བོ་རབས་འབྱམས་པ་བསོད་ནམས་སེངྒེའི་རྣམ་ཐར་ཞིབ་གསལ་འོག་ནས་འབྱུང་ངོ་། གསུམ་པ་ལམ་འབྲས་རྫོང་ལུགས་ནི། དཔལ་ལྡན་བླ་མ་དམ་པ་བསོད་ནམས་རྒྱལ་མཚན་མཆོག་གི། དངོས་སློབ། གསང་ཆེན་སྔགས་ཀྱི་རྒྱལ་ཚབ་རྣམ་གཉིས་ཞེས་གྲགས་པ་ནི། སྐྱེ་ཐང་པ་ཤེས་རབ་སྣང་བ་མཆོག་དང་། ཡར་ལུང་པ་སེངྒེ་རྒྱལ་མཚན་མཆོག་རྣམ་གཉིས་བྱོན་པ་ལས། ཡར་ལུང་པའི་དངོས་སློབ་ཆོས་རྗེ་དཔལ་ལྡན་ཚུལ་ཁྲིམས། དེས་ཆོས་རྗེ་གཟུངས་པ། དེས་བཟང་པོ་རྒྱལ་མཚན་མཆོག །དེས་མངའ་རིས་པ་རྒྱལ་མཚན་དཀོན་མཆོག །དེས་ཆོས་རྗེ་རྡོ་རྗེ་རྒྱལ་མཚན། དེས་རྡོ་རྗེ་གདན་པ་ཀུན་དགའ་རྣམ་རྒྱལ་མཆོག་ལ་གདམས། དེ་དག་ནས་བརྒྱུད་པའི་ལམ་འབྲས་ལ་རྫོང་ལུགས་ཞེས་གྲགས་ཤིང་དེང་སང་གི་བར་དུ་བརྒྱུད་པ་ཟམ་མ་ཆད་པ་ཡོད་པ་སེམས། བཞི་པ་ལམ་འབྲས་གོང་ལུགས་ནི། གྲུབ་ཆེན་བྲག་ཕུག་པས། དངོས་སློབ་བྲག་ཕུག་པ་དཀོན་མཆོག་རྒྱལ་མཚན་ལ་གདམས། དེ་ལས་ས་སྐྱ་བུ་སྟོན་གྱིས་གསན། དེ་ལས་ཐེག་ཆེན་ཆོས་ཀྱི་རྒྱལ་པོ། དེ་ལས་རྒྱལ་བ་བྲག་ཐོག་པ་བསོད་ནམས་བཟང་པོས་གསན། དེའི་དྲུང་དུ་གོང་རྡོ་རྗེ་གདན་པ་ཀུན་དགའ་རྣམ་རྒྱལ་མཆོག་གིས་གསན། དེ་དག་

ནས་བརྒྱུད་པའི་ལམ་འབྲས་ལ་གོང་ལུགས་སུ་གྲགས་ཤིང་ད་ལྟའི་ཆ་ཡང་བརྒྱུད་པ་བཞུགས་བཞིན་པ་ཡིན་ནོ། །

༩༠ ཀུན་མཁྱེན་གོ་བོ་རབ་འབྱམས་པ་བསོད་ནམས་སེང་གེའི་སྐུ་འཁྲུངས་ཡུལ་མཁས་པ་རྣམས་ཀྱིས་ཇི་ལྟར་གསུང་བའི་ཚུལ་ངོས་བཟུང་བ།

དེ་ཡང་ཆོས་རྗེ་འདི་ཉིད་ཀྱི་སྐུ་འཁྲུངས་སའི་ཡུལ་ཁྱད་པར་འཕགས་པའི་ཡོན་ཏན་ནི། སྤྱིར་བསྐལ་པ་ལ་མུན་པའི་བསྐལ་པ་དང་སྒྲོན་མེའི་བསྐལ་པ་ཞེས་གཉིས་སུ་འབྱུང་བའི་ནང་ནས་སྒྲོན་བསྐལ་དེ་ལའང་ཆེ་འབྲིང་ཆུང་གསུམ་ལས། བསྐལ་ཆེན་སངས་རྒྱས་ལྔ་སྟོང་ལྔ་བརྒྱ་དང་། བསྐལ་འབྲིང་སངས་རྒྱས་སྟོང་དང་རྩ་གཉིས། སྐལ་ཆུང་སངས་རྒྱས་ལྔ་བརྒྱ་འཇིག་རྟེན་གྱི་ཁམས་འདིར་བྱོན་པ་རྣམས་མངོན་པར་རྫོགས་པར་སངས་རྒྱས་པའི་གནས་མཆོག་མ་ག་དྷ་རྡོ་རྗེ་གདན་ནས་བྱང་ཕྱོགས་སུ་དཔག་ཚད་བརྒྱ་བགྲོད་པའི་ས་ཕྱོགས་ན་ཡིན་ཏེ། ཇི་སྐད་དུ་ལྷ་མོ་དྲི་མ་མེད་པས་ཞུས་པའི་མདོ་ལས། བྱང་ཕྱོགས་གངས་རིའི་རྒྱུད་ཀྱི་སར། །དགེ་བ་ལྡན་པའི་ས་ཕྱོགས་སུ། །དམ་པའི་ཆོས་ནི་རྒྱས་པར་འགྱུར། །ཞེས་དང་།

འཇམ་དཔལ་རྩ་རྒྱུད་ལས། ངའི་འདས་ནས་ལོ་བརྒྱ་ན། །ཁ་བ་ཅན་དུ་མཚོ་འགྲིབ་ནས། །སྣ་ལའི་ནགས་ནི་འབྱུང་བར་འགྱུར། །ཞེས་པ་ལ་སོགས་པ་མདོ་རྒྱུད་དུ་མས་ལུང་གིས་ཟིན་ཅིང་། ཁྱད་པར་དུ་བཀའ་གདམས་གླེགས་བམ་ལས། ཤར་རྡོ་རྗེ་གདན་གྱི་བྱང་ཕྱོགས་ན། །གནས་ཕུར་རྒྱལ་བོད་ཅེས་བྱ་བ་ཡོད། །རི་མཐོན་པོ་གནམ་གྱི་ཀ་བ་ཡོད། །མཚོ་དམའ་མོ་གཡུ་ཡི་མེ་ལོང་ཡོད། །གངས་དཀར་པོ་ཤེལ་གྱི་མཆོད་རྟེན་ཡོད། །སྤང་སེར་པོ་གསེར་གྱི་ལྷུན་པོ་ཡོད། །དྲི་ཞིམ་པོ་སྨན་གྱི་བདུག་སྤོས་ཡོད། །ཚོན་བཀྲ་བ་གཡུ་ཡི་མེ་ཏོག་ཡོད། །ཅེས་དང་ཡང་དེ་ཉིད་ལས། རི་པད་མ་སྟོང་ལྡན་དབྱིབས་ལེགས་པ། དུས་དགུན་གསུམ་དཀར་པོ་ཤེལ་གྱི་མདོག །དཔྱིད་དུས་གསུམ་ཁྲ་བོ་གཟི་ཡི་མདོག །དུས་དབྱར་གསུམ་སྔོན་མོ་གཡུ་ཡི་མདོག །སྟོན་དུས་གསུམ་སེར་པོ་གསེར་གྱི་མདོག །ཅེས་གསུངས་པ་ལྟར་བོར་ཡུལ་གངས་དཀར་གྱི་ཕྲེང་བ་ཚར་དུ་དངར་བས་ཕྱོགས

ཀུན་ཡོངས་སུ་བསྐོར་བའི་གདོང་མའི་མཛེས་ལྗོངས་ཟློ་ཏའི་ལྗོངས་སམ་བོད་ཡུལ་ཆོས་ཀྱི་ཞིང་ཁམས་ཞེས་པའི་མདོ་སྨད་ཀྱི་སའི་ཆར་གཏོགས་པའི་དབུས་སུ་འགྲོ་བ་ལྷ་དང་བཅས་པའི་རྣམ་འདྲེན་དམ་པ་པཎ་གྲུབ་ཆེན་པོ་ཀུན་མཁྱེན་གོ་བོ་རབ་འབམས་པ་བསོད་ནམས་སེངྒེ་འདི་ཉིད་སྐུ་འཁྲུངས་པ་ཡིན་ནོ། །

གོང་གསལ་དེ་དག་རྣམས་རིམ་བཞིན་ཤེས་བྱེད་ཀྱིས་ལུང་ཚད་མ་དང་སྦྱར་ན། ཀུན་མཁྱེན་གོ་བོ་རབ་འབྱམས་པ་བསོད་ནམས་སེང་གེའི་དངོས་སློབ་ཤཱཀྱའི་དགེ་སློང་རབ་འབྱམས་པ་རིན་ཆེན་དཔལ་བཟང་གིས་མཛད་པའི་ཀུན་མཁྱེན་རྣམ་ཐར་ལས་འདི་ལྟར་གསུངས་ཏེ། མི་མཛེད་ཀྱི་འཛིག་རྟེན་ཞེས་གྲགས་པའི་གླིང་ཆེན་པོ་བཞི་ལས། འཛམ་བུའི་གླིང་ཞེས་སྒྲོག་པའི་དབུས་འགྱུར་གྱི་ཚལ་རྡོ་རྗེའི་གདན། དེའི་བྱང་ཕྱོགས་གངས་རི་དཔལ་དང་ལྡན་པའི་ཁྲོད་འདིར་བསྟན་པ་སྔ་དར་དང་། ཕྱི་དར་གཉིས་ཀྱི་ཕྱི་མ་ལ་ཡང་དར་ཚུལ་གཉིས་ལས། རྗེ་འདི་ཉིད་བསྟན་པའི་མེ་རོ་མདོ་ཁམས་ནས་ཡར་དར་བ་དང་ཚུལ་མཚུངས་པ་ལ་དགོངས་ནས། མདོ་ཁམས་སྒང་གསུམ་གྱི་ནང་ནས་ཟལ་མོ་སྒང་། སྨར་ཁམས་ཀྱི་སའི་ཆ་འབོམ་པ་ཞེས་བྱ་བའི་ཡུལ་དུ་ཞེས་པ་ལ་སོགས་པ་གསུངས། དེ་བཞིན་རྗེ་བཙུན་འཇམ་པའི་དབྱངས་རྒྱལ་བ་མུས་པ་ཆེན་པོ་སངས་རྒྱས་རིན་ཆེན་གྱིས་མཛད་པའི་ཀུན་མཁྱེན་རྣམ་ཐར་ལས་སྐུ་འཁྲུངས་ཡུལ་གྱི་ཐད་ལ་འདི་ལྟར་གསུངས། འཛམ་བུ་གླིང་གི་སའི་ཆ། བོད་ཁ་བ་ཅན་གྱི་རིགས་མདོ་ཁམས་འབོམ་གྱི་ཡུལ་དུ་ཞེས་པ་ནས་རིམ་པས་གསུངས་ལ། ཡང་མངའ་རིས་དོལ་བུའི་ཆར་སྐུ་འཁྲུངས་པའི་ར་སྟོན་ཡོན་ཏན་འབྱུང་གནས་ཀྱིས་མཛད་པའི་ཀུན་མཁྱེན་རྣམ་ཐར་ལས་སྐུ་འཁྲུངས་ཡུལ་གྱི་ཐད་ལ་འདི་ལྟར་གསུངས། མདོ་ཁམས་སྨར་ཁམས་སྒང་གི་རྒྱུད་འབོམ་ཞེས་བྱ་བ་ལ་སོགས་པ་གསུངས་ཤིང་། འབྲི་ཟླ་ཟལ་མོའི་སྒང་གི་ནང་ལ་སྒང་ཆུང་གསུམ་ཡོད་པའི་ཤེས་བྱེད་ནི། ཆུ་སྒང་ལོ་རྒྱུས་དེབ་ཕྲེང་དང་པོའི་ཤོག་ངོས་བཞི་བཅུ་རྩ་བཞི་པའི་ཡིག་ཕྲེང་བཅུ་བཞི་ལས། སྒང་གསུམ་པ་འབྲི་ཟླ་ཟལ་མོ་སྒང་གི་ནང་ལ། ཀ་རེ་ལྷ་རྒྱལ་སྒང་། ཐོ་ཆབ་དྲོན་སྒང་། སྨར་ཁམས་གཡུ་སྒང་སོགས་གདོང་ལྷོ་ལ་ཕྱོགས་པའི་སྒང་ཕྲན་དུ་མ་ཤུག་པ་སྤྲག་མའི་ག་ལྟར་ཕྱེ་ནས་ཡོད། ཅེས་གསལ་བ་

གསུངས། སྔོན་གྱི་སྐར་ཁམས་སྣང་གི་རྒྱུད་ལ་དེང་གི་སྐར་ཁམས་རྫོང་གིས་མ་ཁྱབ་པའི་རྒྱུ་མཚན་དཔེར་བརྗོད་དང་པོ་ནི། དཔལ་སྟག་ལུང་བཀའ་བརྒྱུད་ཀྱི་སྲོལ་འབྱེད་པ་པོ་གོ་འཛོ་རང་ལ་སྐུ་འཁྲུངས་པའི་སྟག་ལུང་ཐང་པ་བཀྲ་ཤིས་དཔལ་གྱི་རྣམ་ཐར་དེབ་ཐེར་སྔོན་པོའི་ནང་བཞུགས་ལས། ཡབ་གཟིའི་གདུང་ལས་བྱུང་བ། ཀླུ་དགེ་བན་བློན་འབར་དང་། ཡུམ་གྲུབ་ཤིང་བཟའ་དགེ་སྲུམ་ཁྲི་མོའི་སྲས་སུ། སྣང་སྐར་ཁམས་ལ་གཏོགས་པ་ཕུན་གཡང་མུ་རུ་མཆེད་བརྒྱད་གནས་པས་མངོན་པར་བསྔགས་པའི་གཡང་ཤོད་པོང་ར་སྟེང་འཛོང་ཞེས་པའི་ཁྱིམ་དུ་ངོ་མཚར་བའི་ལྟས་དུ་མ་དང་བཅས་སྐུ་འཁྲུངས། ཞེས་གསུངས་པ་དང་། དཔེར་བརྗོད་གཉིས་པ་ནི་དེང་སང་གི་འཛོ་མདའ་རྫོང་ཁོང་རང་ལ་སྐུ་འཁྲུངས་པའི་དཔལ་ས་སྐྱའི་མཁན་ཆེན་ཁྱབ་བདག་འཁོར་ལོའི་མགོན་པོ་འཇམ་དབྱངས་བློ་གསལ་བཟང་པོའི་རང་རྣམ་ལས། རང་ཉིད་ཀྱི་སྐུ་འཁྲུངས་ཡུལ་གྱི་སྐོར་ལ་འདི་ལྟར་གསུངས། མདོ་ཁམས་སྡེ་དགེ་ཆོས་རྒྱལ་ཆེན་པོའི་མངའ་ཁུལ། འབྲི་དང་ཟླ་ཞེས་བྱ་བའི་ཆུ་བོ་ཆེན་པོ་གཉིས་ཀྱི་བར། སྐར་ཁམས་སྣང་གི་ཆར་སྟོད། ཉག་ཤིངས་སི་ཚ་ཞེས་པའི་འབྲོག་སྡེ། སྐྱེས་པའི་དུས་ནི་སངས་རྒྱས་སྐུ་མྱ་ངན་ལས་འདས་ནས་ལོ་ཉིས་སྟོང་ཙམ་ལོན་པ། ཞེས་གསུངས་པ་དང་། དཔེར་བརྗོད་གསུམ་པ་ནི་དེ་བཞིན་དུ་དེང་སང་གི་འཛོ་མདའ་རྫོང་ཁང་རང་ལ་སྐུ་འཁྲུངས་པའི་དཔལ་ས་སྐྱའི་རྫོང་སར་མཁན་ཆེན་ངག་དབང་ཀུན་དགའ་དབང་ཕྱུག་རིན་པོ་ཆེ་མཆོག་གིས། རང་ཉིད་སྐུ་འཁྲུངས་ཀྱི་ཐད་ལ་རང་རྣམ་ཚིགས་བཅད་མ་ལས་འདི་ལྟར་གསུངས།

སྐྱེ་ཡུལ་གངས་ཅན་བོད་ཀྱི་ལྷོ་ངོས། །མདོ་སྨད་ཡུལ་ཁམས་གྲགས་པ་ལས། །འབྲི་ཆུ་གསེར་ལྡན་ནུབ་ཀྱི་ཕྱོགས། །སྐར་ཁམས་ཀ་རེའི་སྣང་གི་ཆར། །ཆོས་རྒྱལ་སྡེ་དགེའི་མངའ་ཁུལ་ནི། །མདོ་གཞུང་ཡོར་བཟའ་ཨ་ཡག་གི། བུ་རུ་རབ་བྱུང་བཅོ་ལྔ་པའི། །ལྕགས་བྱའི་དབྱར་ལོའི་སྟོད་སྐོར་སྐྱེས། །ཞེས་ཞལ་གསུངས་ལུང་ཚད་མས་དེ་གྲུབ་བོ། །གོང་གསལ་དེ་དག་ཤེས་བྱེད་ཀྱི་བཀའ་ལུང་དང་རིམ་པས་སྦྱར་བ་ནི། དང་པོ་སྐུ་འཁྲུངས་ཡུལ་གོ་འཛོ་ཡིན་པའི་ཤེས་བྱེད་ཀྱི་བཀའ་ལུང་ནི། འཇམ་མགོན་ས་སྐྱ་པཎྜི་ཏའི་རྣམ་སྤྲུལ་བདག་ཆེན་ཨ་མེས་ཞབས་ངག་དབང་ཀུན་དགའ་བསོད་

ནམས་ཀྱི་བཀའ་འབུམ་པོད་ཞ་པ་ལམ་འབྲས་ཆོས་འབྱུང་ཤོག་ངོས་ལྔ་བརྒྱ་བདུན་ཅུ་རྩ་བཞིར་ལས་འདི་ལྟར་གསུངས། རྒྱལ་བ་མུས་པའི་དྲུང་དུ་ཀུན་མཁྱེན་བསོད་ནམས་སེང་གེས་གསན་ཏེ། འདི་ཁམས་གོ་རྫོའི་སར་ས་མོ་བྱ་ལ་སྐུ་འཁྲུངས། ཞེས་གསུངས་པས་ཚད་མཐོའི་ལུང་གསལ་གྱིས་དེ་གྲུབ་ལ། གཉིས་པ་ཡུལ་དཔོན་གླིང་ཆུང་དཔོན་ཚང་ཡིན་པའི་ཤེས་བྱེད་ཀྱི་བཀའ་ལུང་ནི། སྤྱིར་གོ་འཛོ་ལ་མདུན་དཔོན་བཅུ་གཉིས་ཡོད་པའི་ནང་ནས་ཀུན་མཁྱེན་གོ་བོ་རབ་འབྱམས་བསོད་ནམས་སེང་གེའི་ཡབ་གཞིས་ཀྱི་ཡུལ་དཔོན་ནི་གླིང་ཆུང་དཔོན་ཚང་ཡིན་པའི་ཤེས་བྱེད་ཀྱི་ལུང་ཚད་མ་ནི་ཧྲ་ནག་ཐུབ་བསྟན་རྣམ་རྒྱལ་གླིང་གི་མཁན་ཁྲི་རིན་པོ་ཆེས་གླིང་ཆུང་དཔོན་ལ་བསྩལ་བའི་གསུང་འཕྲིན་གྱི་ནང་དུ་གོ་འཛོ་མདུན་དཔོན་བཅུ་གཉིས་སྤྱིར་དང་། ཁྱད་པར་དུ་གླིང་ཆུང་དཔོན་ལ་ཀུན་མཁྱེན་དགོན་པ། མེས་སྲིག་ཆུ་བསྐྱར་གོང་བྱེད་ཡུལ་དཔོན་གྱི་ཕྱག་ཏུ་ཡོད་པས་མི་ཉམས་གོང་འཕེལ་དང་ཉམས་པ་སོར་ཆུད་བྱེད་དགོས་ཞེས་བཀའ་དྲག་པོ་བསྩལ་པས་ཀྱང་དེ་གྲུབ་བོ། །

གསུམ་པ་ཀུན་མཁྱེན་གོ་བོ་རབ་འབྱམས་པ་བསོད་ནམས་སེང་གེའི་ཡབ་ཚང་ར་གསར་གྲོང་བྱི་བ་ཚང་ཡིན་པའི་ཤེས་བྱེད་ཀྱི་བཀའ་ལུང་དང་པོ་ནི། ཆོས་སྲིད་ལུགས་གཉིས་ལ་མཁྱེན་རྒྱ་ཧ་ཅང་ཆེ་བའི་མཁས་དབང་དགེ་འདུན་ཆོས་འཕེལ་གྱིས་རང་གི་ཉེ་གནས་ལ། ཀུན་མཁྱེན་གོ་བོ་རབ་འབྱམས་པ་བསོད་ནམས་སེང་གེའི་སྐུ་འཁྲུངས་ཡུལ་ནི། གོ་འཛོ་གླིང་ཆུང་ར་གསར་གྲོང་བྱི་བ་ཚང་རེད་ཅེས་ཆིག་ཐག་ཆོད་པོས་གསུངས་པས་དེ་གྲུབ་བོ། །བཞི་པ་དེ་ཤེས་བྱེད་ཀྱི་བཀའ་ལུང་གཉིས་པ་ནི། བདག་ཅག་ལ་བཀའ་དྲིན་ལྷག་ཏུ་ཆེ་བའི་རིས་མེད་བསྟན་འགྲོ་སྤྱིའི་བླ་མ་རྗེ་བཙུན་འཇམ་པའི་དབྱངས་ཆོས་ཀྱི་བློ་གྲོས་གོ་འཛོ་ར་གསར་གྲོང་ནང་ཞབས་སོར་འཁོད་དེ་བཀའ་ཆོས་བསྩལ་སྐབས། སློབ་ཚོགས་སེར་སྐྱ་བརྒྱ་ཕྲག་མང་པོ་འདུས་པའི་དབུས་ནས་གསུང་སྐད་མཐོན་པོས་འདི་ལྟར་གསུངས། བྱི་བ་ཚང་འདི་ཀུན་མཁྱེན་གོ་བོ་རབ་འབྱམས་པ་བསོད་ནམས་སེང་གེའི་སྐུ་འཁྲུངས་སའི་ཡབ་ཚང་ཡིན་པས་གཞན་ལས་སྐྱེས་ཐོབ་ཀྱི་ཤེས་རབ་དང་རིགས་རུས་ཁྱད་པར་དུ་འཕགས་པས་བྱི་བ་ཚང་གི་གྲྭ་པ་ཆོས་ལྡན་འདི་ཡང་རྫོང་སར་ཁམས་བྱེའི་བཤད་གྲྭ་རུ་ཕེབས་ཏེ། གཞུང་ཆེན་ཁག་ལ་

སློབ་སྦྱོང་ཧྲུར་ཐག་གནང་ན། ཀུན་མཁྱེན་གཉིས་པ་ཞིག་ཆགས་ཐུབ་པའི་རེ་བ་དང་ཡིད་སྨོན་ཡོད་ཅེས་བཀའ་གསལ་བསྐུལ་བ་དངོས་སུ་ཞལ་མཇལ་གསུང་ཐོས་པའི་ཡུལ་མི་རྒན་རབས་རྣམས་ཀྱི་ངག་རྒྱུན་ལས་བྱུང་བ་དང་། གོང་གསལ་རྒྱུ་མཚན་དེ་དག་ལ་རྟེན་ནས་ཀུན་མཁྱེན་གོ་བོ་རབ་འབྱམས་པ་བསོད་ནམས་སེངྒེ་སྐུ་འཁྲུངས་ཡུལ་གོ་འཇོ་མདུན་དཔོན་བཅུ་གཉིས་ཀྱི་ཡ་གྱུལ་གླིང་ཆུང་དཔོན་ཀྱི་ཚབ་འབངས་ར་གསར་གྲོང་ཅི་བ་ཚང་གི་མནའ་མ་རྒྱལ་བ་སྐྱིད་ཀྱི་ཁྱིམ་ཚང་གི་དཔྱིད་ཀའི་འཁྲོག་ས་འབོམ་ལུང་ཡིན་པ་འབད་མེད་ལྷུན་གྱིས་གྲུབ་བོ། །

ལྔ་པ་ཀུན་མཁྱེན་གོ་བོ་རབ་འབྱམས་པ་བསོད་ནམས་སེང་གེའི་སྐུ་འཁྲུངས་ས་འབོམ་ལུང་ཡིན་པའི་ཤེས་བྱེད་ཀྱི་ཚད་མཐོའི་བཀའ་ལུང་ནི། ཀུན་མཁྱེན་བཀའ་འབུམ་གཞུང་ཆེན་ཁག་གི་དགོངས་འགྲེལ་གྱི་མཛད་བྱང་དུ་མདོ་ཁམས་འབོམ་གྱི་ཡུལ་དུ་ལྷེ་ཁྲག་འཕོས་པ་བསོད་ནམས་སེང་གེ་ནས། ཞེས་ཞལ་བཞེས་བཀའ་ལུང་ཟབ་མོས་དེ་གྲུབ་བོ། །དྲུག་པ་དེ་ཤེས་བྱེད་ཀྱི་བཀའ་ལུང་གཉིས་པ་ནི། ཀུན་མཁྱེན་རང་ཉིད་ཀྱི་རྒྱལ་ཚབ་དང་རྒྱུད་འཛིན་གྱི་གཙོ་བོ་གོང་སྟོན་དབང་ཕྱུག་གྲུབ་ཀྱིས་མཛད་པའི་ཆོས་རྗེ་འདི་ཉིད་ཀྱི་རྣམ་ཐར་ལས་སྐུ་འཁྲུངས་སའི་ཐད་ལ་འདི་ལྟར་གསུངས། རྗེ་བཙུན་དམ་པ་འདི་ཉིད་མདོ་ཁམས་ཀྱི་སའི་ཆ་འབོམ་ལ་སྟེང་འབོམ་ལུང་མདའ་ཞེས་སོགས་ནས་རིམ་པས་གསུངས་སོ། །དེ་བཞིན་ཆོས་རྗེ་འདི་ཉིད་ཀྱི་ཡིག་མཁན་ཕྱུག་ཕྱི་མི་ལོ་བཅུ་བདུན་ཞུས་པ་ཨའུ་གཞོན་ནུ་བཟང་པོས་མཛད་པའི་རྗེ་འདི་ཉིད་ཀྱི་རྣམ་ཐར་ལས། དཔལ་ལྡན་བླ་མ་དམ་པ་འདི་ཉིད་མདོ་ཁམས་ཀྱི་སའི་ཆ། ཡུལ་གྱི་དགེ་བ་བརྒྱད་དང་ལྡན་པ་འབོམ་ཡུལ། ཞེས་པ་ལ་སོགས་པ་རིམ་གྱིས་གསུངས་པས་དེ་གྲུབ་བོ། །བདུན་པ་དེ་ཤེས་བྱེད་ཀྱི་བཀའ་ལུང་མང་བས་དེ་ལྟར་ཞལ་བཞེས་གནང་མཁན་གྱི་མཁས་པ་རྣམས་ཀྱི་མཚན་ཙམ་སྨོས་ན། ར་དབོན་ཡོན་ཏན་འབྱུང་གནས། དགའ་གདུང་རིན་ཆེན་དཔལ་བཟང་། གསང་ཕུ་དོན་གྲུབ་ལེགས་བཟང་། བྱ་བཏང་ཀུན་དགའ་མཆོག་ལྡན། མཁས་དབང་དུང་དཀར་བློ་བཟང་འཕྲིན་ལས། མཁས་དབང་གདོང་ཐོགས་བསྟན་པའི་རྒྱལ་མཚན། ཁམས་སྤྲེ་དགེ་མཁན་ཆེན་སྐལ་ལྡན་ཚེ་རིང་། གཙང་རོང་རྟ་མཁན་ཆེན་ཐུབ་བསྟན་སྙིང་པོ། མདོ་སྨད་ཧྲེཿཕྱུར་མཁན་

ཆེན་དཔལ་ལྡན་རྒྱ་མཚོ་རྣམས་ཀྱིས་བཀའ་དགོངས་གཅིག་ཏུ་བབས་པས་དེ་གྲུབ་བོ། །

༥) ཀུན་མཁྱེན་གོ་བོ་རབ་འབྱམས་པ་བསོད་ནམས་སེང་གེའི་སྐུ་འབྲུངས་ཡུལ་གོ་འཛོའི་ཕྱི་སྣོད་ཀྱི་བཀོད་པ།

སྤྱིར་སྨར་ཤོད་གོ་འཛོའི་ཕྱི་སྣོད་ཀྱི་བཀོད་པ་ནི། དབང་གི་ལས་རང་བཞིན་གྱིས་གྲུབ་པ་མཚོན་པའི་བརྡ། སརྫོ་བྲག་རི་རྣམས་རཀྟའི་མདོག་མཐུན་མིན་གྱིས་མཛེས་ཤིང་། ཤར་ཕྱོགས་འབྲི་ཆུ་སེར་པོ་གསེར་གྱི་ཁྲེ་མར་འདྲེན་བཞིན་ཤར་དུ་མཐའ་ཡི་རྒྱ་མཚོ་དང་འདུས་པ། དེ་བཞིན་ནུབ་ཕྱོགས་སུ་རྫ་ཆུ་སྔོན་པོ་ནྭ་ཆུའི་གཏེར་ཁ་འཁྱེར་ནས་ཁ་བ་དཀར་པོ་རི་རྒྱུད་ནས་ཡུའུ་ནན་དང་། ལྷོ་ཧི་ནམ་མཚོན་པའི་ཕྱིའི་རྒྱལ་ཁབ་ཁག་ལྔ་ཙམ་བརྒྱུད་ནས་མཐར་རྒྱ་མཚོ་དང་འདྲེས་པ། གུང་ན་བོད་ཀྱི་རི་དབང་རྒྱལ་པོ་སྤྱན་དགུའི་ནུ་བོ་དགྲ་ལྷ་ཕུར་སྤུང་རྡོ་རྗེ་དང་དཀར་འཁྱིལ་བ། དབུས་སུ་དཔའ་ལ་མི་སྐྱོང་དཀར་པོའི་བཙན་རྫོང་ཤ་རུ་རྣམ་རྫོང་གི་ཉེ་འདབས་སུ་རྩ་ཤིང་ནགས་ཚལ་ལ་གནས་པའི་བྱ་དང་རི་དྭགས་རྣམས་ཀུང་བག་ཕེབས་ཀྱིས་འཚོ་གནས་བྱེད་ཅིང་མཛེས་པའི་མདངས་དང་སྙན་པའི་སྐད་སྣ་ཚོགས་འབྱིན་པ། མཐའ་གཞི་སྲ་བ་བྲག་ལས་གྲུབ་པ། ལོགས་གཉིས་ལ་ལྷོ་ནས་སྨར་ཆུ་སྔོན་མོ་བཻཌཱུརྱ་ཡི་ཞུན་མར་བརྡར་བ་ལྟ་བུ་དང་། བྱང་ནས་རས་ཆུ་གཡུ་འབྲུག་སྔོན་མོས་ཡིད་བཞིན་ནོར་བུ་འཆང་བ་དང་འདྲ་བ་གཉིས་བཙན་རྫོང་གི་མདུན་དུ་འདྲེས་ནས་ཤར་ལྷོ་མཚམས་སུ་འབབས་པ། གཞན་ཡང་དབྱིབས་ལེགས་ཤིང་ཁ་དོག་མཛེས་པའི་གངས་རི་དང་རྫ་རི་སྤང་རི་ནགས་རི་དུ་མ་ཡོད་པ་རྣམས་དཔེ་མཚོན་ཙམ་ཞུ་ན། གོ་འཛོའི་གཞུང་བཤད་ལས། ནགས་རི་ཕ་རྒྱས་ཕྱུག་མོ་དེ། །ཉེར་དགུའི་སྨུན་པ་འཐིབས་འདྲ། །བྲག་རི་རྩེ་ས་པ་མགོ་དམར་དེ། །དམར་གཏེར་དགྲ་ལ་འཕང་པ་འདྲ། །ཨ་དཀར་ར་འཛི་རྒྱལ་མོ་དེ། །སྨན་མཛངས་མས་མཛེས་རྒྱན་གྱོན་པ་འདྲ། རྩ་ཀུ་ཤའི་བུ་མོ་སྤྱུན་བདུན་དེ། གསེར་གཞོང་ཕྱེ་མས་བཀང་བ་འདྲ། །སྤྱང་རི་གནས་འདུས་འཛང་རི་དེ། །གླང་ཆེན་ཐང་ནས་འཁྱིལ་བ་འདྲ། ། ཞེས་དང་། དཔལ་ལྡན་ཐང་སྐྱའི་གདན་རབས་ངོ་མཚར་སྒྲོན་མེ་ལས། ཕུན་རི་ཆེན་པོ་གཡང་མོ་ཆེ་མཆེད་བརྒྱུད་རིན་ཆེན་གྲལ་ལ་བསྒྲིགས་པ་འདྲ་བ། བཀྲ་ཤིས་པའི་རྫས

ཧོགས་བརྒྱད་ཀྱི་མདོན་པར་བཀྲ་བ་སྟེ། སེང་དུ་འདི་སྐུ་ཡི་རྒྱལ་མཚན་གྱེན་ལ་བསྒྲེན་པ་འདྲ་བ། སེང་སྣ་འདི་མགུལ་གྱི་བུམ་པ་ལྷ་ཡི་བདུད་རྩིས་གང་བ་ལྟ་བུ། སེང་ཁྲོལ་འདི་དབུ་ཡི་གདུགས་ནམ་མཁའ་ལ་ཕྱར་བ་འདྲ་བ། གཡང་མོ་ནོ་འདི་གསུང་ཆོས་དུང་དཀར་མོ་གཡས་སུ་འཁྱིལ་བ་འདྲ་བ། སེ་བ་འདི་ཕྱག་ཞབས་གསེར་གྱི་འཁོར་ལོའི་ལྟེ་བ་ལ། དགོས་འདོད་ཀྱི་ནོར་བུ་སྤུངས་པ་འདྲ་བ། དལ་མཛོ་འདི་ཐུགས་དཔལ་གྱི་བེའུ་ལ་དར་ཟབ་ རྒྱན་འཕྱང་བ་འདྲ་བ། ཁ་གདངས་འདི་ཆུ་གཏེར་ཆེན་པོའི་དབུས་ན་སྦྲུན་གསེར་ཉ་འཁྱིལ་བ་འདྲ་བ། རྫོང་ལོ་འདི་ལྷུགས་པད་མའི་སྡོང་པོ་ལ་རྨ་བྱ་ཁ་སྒྲོད་ནས་འཛིན་པ་འདྲ་བ། གཞན་ཡང་ཤར་དུ་བྱ་ཕང་དཀར་མོ་རྒྱ་སྟག་སྐྱ་བོ་མཆེ་བ་ལྟིར་བ་འདིས་འཚོ་བའི་དགྲ་ཞི། ལྷོར་རས་ཆུ་གཡུ་འབྲུག་སྔོན་མོས་ཡིད་བཞིན་གྱི་ནོར་བུ་འཆང་བ་དང་འདྲ་བས་འདོད་རྒྱུ་སྟེར། ནུབ་ཀྱི་བྱ་དམར་པོ་དགེ་བསྙེན་ཞིལ་ར་འདི་དར་ཟབ་ཀྱི་ཡོལ་བ་བྲེལ་པ་འདྲ་བས། རིགས་རྒྱུད་དང་མངའ་ཐང་སྤེལ། བྱང་གི་བྱ་ཀྲ་འདི་རུས་སྦལ་གྱི་དབྱིབས་སུ་གནས་པས་རི་དགྲ་དང་ས་དགྲ་གནོན། ཞེས་གསུངས་པ་དང་། གཞན་ཡང་རིན་པོ་ཆེའི་འབྱུང་ཁུངས་དུ་མས་བརྒྱན་པ། འབྲུ་སྣ་གཏེར་ཁ་གདོལ་བའི་ཞིང་། ཕྱི་དགྲ་སྲུང་ནུས་པའི་འཕྲུང་དགའ་སྟེ་སེང་གེ་འགྱིངས་ཁྲུག་ལྟ་བུ་དང་། ཕྱུགས་ཧ་ནོར་ལུག་སོགས་འཁོར་ས་ག་ཟི་མོན་ཆེན་མོན་ཆུང་མཆོན་པའི་རྩྭ་ཐང་དང་། གཞན་ཡང་མཚོ་དང་མཚེའུ་རྩྭ་ཤིང་ནགས་ཚལ་དང་བྱ་རི་དྭགས་རྣམས་ཀྱིས་ཡོངས་སུ་གངས་བས་སྐོར་བ་རྣམས་ནི་ཕྱི་སྣོད་ཀྱི་བཀོད་པ་ལགས་སོ། །

༩༢ ཀུན་མཁྱེན་གོ་བོ་རབ་འབྱམས་པ་བསོད་ནམས་སེང་གེའི་སྐུ་འཁྲུངས་ཡུལ་གོ་འཛོའི་ནང་
བཅུད་སེམས་ཅན་གྱིས་བསྟན་སྲིད་ལ་ཞབས་སྲི་ཇི་ལྟར་ཞུས་སྐོར་རགས་ཙམ་གླེང་བ།

ནང་བཅུད་སེམས་ཅན་རྣམས་ཀྱིས་བསྟན་སྲིད་ལ་མཛད་རྗེས་བཀའ་དྲིན་ཅན་དུ་མ་བྱོན་པའི་ནང་ནས་ཚད་ལྡན་གྱི་ཡིག་ཆའི་ནང་བཞུགས་པ་རྣམས་སྣར་ཡང་ལན་གཅིག་བསྐྱར་ན། སྟག་ཚང་དཔལ་འབྱོར་བཟང་པོས་རྒྱ་བོད་ཡིག་ཚང་ཆེན་པོ་ལས། དཔལ་ས་སྐྱའི་དཔོན་ཆེན་དང་ནང་བློན་རིམ་བྱུང་གི་ལོ་རྒྱུས་ཤོག་ངོས་སུམ་བརྒྱ་དྲུག་ཅུ་རྩ་གཉིས་པའི་ནང་གསལ་བོད་ཡུལ་ནས་མདོ་སྟོད་སྨད་གཉིས

ཀྱི་དཔོན་ཆེན་ཐོག་མའི་བྱུང་རིམ་གྱི་ཐད་ལ་འདི་ལྟར་གསུངས། དེ་མཐུན་མདོ་སྟོད་གོ་འཇོ་མདོ་སྨད་གླིང་ཚང་སྟེ། ཆོལ་ཁ་རེ་ལ་དཔོན་ཆེན་རེ་རེའི་ཆོ་ལོ་གནང་། ཞེས་གསུངས་ཤིང་། དེ་བཞིན་དཔལ་ལྡན་ས་སྐྱ་པ་ལ་དྲིན་ཆེན་ཡུས་པོ་ཆེའི་མི་རེ་བོད་ནས་བྱོན་པ་རྣམས་ཀྱི་ཐད་ལ་ཡང་དེ་ཉིད་ལས། སྟག་སྣ་རྫོང་པའི་ལོ་རྒྱུས་ཤོག་གྲངས་བཞི་བརྒྱ་ཐམ་པ་ལས་འདིར་ལྟར་གསུངས། ཐོག་མར་ཡུས་པོ་ཆེའི་མི་གསུམ་པོ། གྲོམ་པ་ས་སྐྱའི་དཔོན་ཆེན་ཤཱཀྱ་བཟང་། །མདོ་སྨད་ཅོང་ཁའི་དགེ་བཤེས་རིན་བརྩོན་དང་། །མདོ་སྟོད་གོ་འཇོ་དཔོན་ཆེན་ནི་ཧོར་སྟོན་ཚུལ་ཁྲིམས་ཡིན། །ཞེས་དང་། དེ་སྟོན་བོད་སིལ་བུའི་དུས་ཀྱི་བདེ་འཛམས་དང་བརྟན་གླིང་ཡོང་ཆེད་འཛའ་མོ་གསར་དུ་བཙུགས་པ་རྣམས་ཀྱི་ཐད་ལ་ཡང་དེ་ཉིད་ཀྱི་ཤོག་གྲངས་ཉིས་བརྒྱ་དང་བདུན་ཅུ་རྩ་ལྔ་ལས་འདིར་ལྟར་གསུངས།

བོད་འཛའ་ཉི་ཤུ་རྩ་བདུན་སོ་སོར་ཕྱེ་ན། མདོ་སྨད་འཛའ་མོ་བདུན། མདོ་སྟོད་འཛའ་མོ་དགུ། དབུས་གཙང་ལ་འཛའ་མོ་བཅུ་གཅིག །དེའི་ནང་ནས་ཀུང་གོ་འཇོ་འཛའ་མོ་དང་། དཔལ་ཡུལ་འཛའ་མོ་གཉིས་ཀྱི་དབུས་གཙང་ལ་དྲིན་ཆེ་བ་བྱུང་གདའ་འོ། །ཞེས་གསུངས་པ་དང་། དེ་བཞིན་གངས་ཅན་རིག་མཛོད་དེབ་ཕྲེང་ཉེར་གཉིས་པ་སྟག་ལུང་ཆོས་འབྱུང་ལས་མདོ་སྟོད་ཀྱི་དཔོན་ཆེན་རིམ་བྱོན་གྱི་ཐད་ལ་དེ་ཉིད་ཀྱིས་ཤོག་གྲངས་ཉིས་བརྒྱ་ནང་འདི་ལྟར་གསུངས། ཆེ་བའི་རྒྱུད་པ་ནི་ག་ཟི་ཤཱཀྱ་བཟང་པོས་མདོ་ཁམས་ཀྱི་དཔོན་ཆེན་བྱས་པ་སོགས་མང་ཞེས་གསུངས་པ་དང་། དེ་བཞིན་འགྲོ་མགོན་ཆོས་རྒྱལ་འཕགས་པའི་བསྟན་སྦྱིན་སྟག་ལི་ཆོས་རྒྱལ་ཐོག་མའི་ཞལ་གྲས་རྣམས་དང་གོང་དུ་གསལ་བ་རྣམས་ནི་གཙོ་བོ་སྲིད་ཕྱོགས་ལ་ཕྱུག་ལས་གནང་མཁན་ཡིན་ལ། ད་ནི་ཆོས་ཕྱོགས་ལ་མཛད་རྗེས་ཆེ་བའི་སྐྱེས་ཆེན་ཁ་ཤས་རྗེས་དྲན་ཙམ་ཞུ་ན། ཡང་སྟག་ལུང་ཆོས་འབྱུང་ལས། སྒྲུབ་རིགས་ཤིང་རྟ་བརྒྱད་ཀྱི་ཡ་གྲལ་ཞི་བྱེད་གཅོད་ཀྱི་འབྱུང་ཁུངས་ཀྱི་ཐད་ལ་འདི་ལྟར་གསལ། ཞི་བྱེད་གཅོད་ཀྱི་གདམས་ངག་བོད་ཡུལ་ཐམས་ཅད་ཁྱབ་པར་མཛད་པ་པོ་ནི། རྒྱ་གར་གྱི་གྲུབ་ཆེན་ཕ་དམ་པའི་དངོས་སློབ་དང་། མ་གཅིག་ལབ་སྒྲོན་གྱི་བླ་མ་ནི། སྐྱོབ་སྟོན་བསོད་ནམས་བླ་མ་ཡིན་པ་གསུངས་ལ། དེ་ཉིད་ཀྱི་གདན་སའི་མཆོག་དཔལ་ཐང་སྐྱའི་གཙུག་ལག་ཁང་གར་སྟོན་མཐོང་བ་རང་གྲོལ་འདི་ཉིད་ཡིན་པ

ཚད་ལྡན་གྱི་ཡིག་ཆ་མང་པོའི་ནང་དུ་གསལ་བར་གསུངས། དཔལ་སྟག་ལུང་བཀའ་བརྒྱུད་ཀྱི་སྲོལ་འབྱེད་ཐང་པ་བཀྲ་ཤིས་དཔལ་ནི། གོ་འཇོ་གཡང་ཤོད་པོང་ར་སྟེང་ག་ཟི་འཛང་ཞེས་པའི་ཁྱིམ་དུ་ངོ་མཚར་བའི་ལྟས་དུ་མ་དང་བཅས་སྐུ་འཁྲུངས་ཞེས་རྒྱལ་རབས་དང་ཆོས་འབྱུང་དུ་མའི་ནང་གསལ་བ་གསུངས།

དེ་བཞིན་སྟག་ལུང་མ་ཐང་རི་བོ་ཆེ་ཕྱག་བཏབ་པ་པོ་ག་ཟི་ཟ་ལུང་སྤྲུལ་སྐུ་སངས་རྒྱས་དབོན་པོ་གྲགས་པ་དཔལ་འོད་ཟེར་བཟང་པོའི་རྣམ་ཐར་ཅུང་ཟད་ཙམ་ཞུས་ན། གངས་ཅན་རིག་མཛོད་དེབ་ཕྲེང་ཉེར་གཉིས་པ་སྟག་ལུང་ཆོས་འབྱུང་གི་ རྩ་བའི་ས་བཅད་བརྒྱད་པ། སྟག་ལུང་བཀའ་བརྒྱུད་ཀྱི་རྣམ་ཐར་རྒྱས་པར་བཤད་པའི་ནང་གསེས་ཉི་ཤུ་པ། མཆོག་གི་སྤྲུལ་པའི་སྐུ་སངས་རྒྱས་དབོན་པོ་སོགས་ཆོས་བརྒྱུད་ལ་ཕྱག་རྗེས་ཆེ་ཞིང་གདུང་རྒྱུད་རྩོད་བྲལ་དུ་གྱུར་པའི་མ་ཐང་རི་བོ་ཆེའི་གདན་སའི་ཁྲི་ལ་ཆོས་ཀྱི་འཁོར་ལོས་བསྒྱུར་བ་རྣམ་པ་བདུན་གྱི་མཛད་པའི་ལོ་རྒྱུས་མདོ་ཙམ་ཞོར་དུ་བསྟན་པ་ལས། མཆོག་སྤྲུལ་སངས་རྒྱས་དབོན་པོ་གྲགས་པ་དཔལ་འོད་ཟེར་བཟང་པོའི་རྣམ་ཐར་ཞེས་པའི་མགོ་བརྗོད་འོག ། སྟག་ལུང་ཆོས་འབྱུང་ཤོག་ངོས་ལྔ་བརྒྱ་བརྒྱད་ཅུ་གྱ་ལྔ་ལས། དང་པོ་མཆོད་བརྗོད་ལ་འདི་ལྟར་གསུངས་འདུག ། སྲིད་པ་གསུམ་ན་སྣང་བར་གྲགས་པ་རྨད་བྱུང་སྐུ་གསུང་ཐུགས་ཀྱི་དཔལ། །བསམ་གྱིས་མི་ཁྱབ་ཡོན་ཏན་འཕྲིན་ལས་འོད་ཟེར་དམ་པའི་སྣང་བ་ཅན། །རྫོགས་སངས་རྒྱས་ཀྱི་རྣམ་ཐར་བཟང་པོ་འགྲོ་ནང་མ་སྤྲས་གསལ་སྟོན་པ། །མགོན་པོ་མཆོག་དེ་གདན་སའི་རབས་བཅས་སྟག་ལུང་བཀའ་བརྒྱུད་གཉིས་པར་འདུད། །སངས་རྒྱས་མཆོག་གི་སྤྲུལ་སྐུ་བརྒྱུད་མ་ནས། །བརྒྱུད་མར་བྱུང་བ་གཞན་གྱིས་བར་མ་བཅད། །རེ་རེའང་ངོ་མཚར་གླིང་གཞི་བརྒྱ་ཕྲག་མང་། །འདི་ཚུལ་སྨྲ་ལ་དཔྱོད་ལྡན་ཅིས་མི་འཇུག །འོན་ཀྱང་དེང་གི་གདུལ་བྱའི་བློར། །འཚལ་སླད་གཙོ་བོའི་དོན་བསྡུས་ཏེ། །གཟུར་བར་སྨྲ་བ་འདི་བརྗོད་ཀྱིས། །གུས་པ་སྐྱེས་ལ་མཉན་པར་བྱོས། །ཞེས་དང་།

སྐུ་འཁྲུངས་སའི་རྒྱ་ཡབ་ཡུམ་གཉིས་ཀྱི་ཐད་ལ་འདི་ལྟར་གསུངས། རྒྱལ་བ་སྟག་ལུང་པ་ཆེན་

པོའི་སྟོན་བརྒྱུད་དྲི་མ་མེད་པའི་ཆོས་ཀྱི་གསང་མཛོད་འཛིན་ཅིང་བཀའ་བསྡུ་བ་པོ་མཆོག་གི་སྤྲུལ་པའི་སྐུ་སངས་རྒྱས་དབོན་པོ་གྲགས་པ་དཔལ་འོད་ཟེར་བཟང་པོའི་ཞབས་འཇིག་རྟེན་དུ་ཇི་ལྟར་བྱོན་པའི་ཚུལ་ནི། སྟག་ལུང་གདན་རབས་གསུམ་པ་ཆོས་སྐུ་སངས་རྒྱས་ཡར་བྱོན་ཞབས་དང་ཡབ་ཡུམ་གཅིག་ཏུ་གྱུར་པ་ཡོན་བདག་རྡོ་རྗེ་རིན་ཆེན་གྱིས། རྗེ་བོ་ཨ་མཆོག་གི་སྲས་མོ་བཙུན་བཟའ་རྗེ་དར་ཁབ་ཏུ་བཞེས་པ་ལ། ཞེས་པ་ནས་མཆོག་གི་སྤྲུལ་སྐུ་སངས་རྒྱས་དབོན་པོ་འཇིག་རྟེན་གྱི་ཁམས་སུ་བྱོན་པ་གསོལ་བ་བཏབ་དགོས་ཚུལ་ཌཱ་ཀི་མས་ལུང་བསྟན་པའི་སྐོར་ལ་འདི་ལྟར་གསུངས། ཡབ་གཟི་རྡོ་རྗེ་རིན་ཆེན་སྟག་ལུང་དུ་བྱོན་པས་ཆག་ལའི་ཁར་བུད་མེད་མི་སྡུག་པ་སེལ་པོ་ཁྱུར་བ་གཅིག་གིས་ཆིབས་ཁ་འཛུས་ནས་ང་ལ་སྐྱོན་མ་ཞིག་བླངས། རྗེ་བོ་ལྷ་ས་ནས་བུ་སློང་དུ་ཕྱོང་ཟེར་ནས་མི་སྣང་བར་གྱུར། དེ་ལ་རྟེན་ནས་ཡུམ་ལྷ་སར་བྱོན། རྗེ་བོ་ཤཱཀྱ་མུ་ནེ་མཇལ་འདོད་པའི་དོན་གྱི་གསོལ་བ་བཏབ་སྟེ་ནུབ་ལྷ་ཁང་ནང་དུ་གཟིམས་པའི་མནལ་ལམ་ན། རྗེ་བོ་ཤཱཀྱ་མུ་ནེའི་དྲུང་དུ་བུ་ཞུ་ཞུས་པས། སྤྱན་རས་གཟིགས་ཀྱི་སར་སོང་ལ་ངན་རེ་བུ་ཞིག་བྱིན་ཟེར་གྱིས་གསུངས། ཐུགས་རྗེ་ཆེན་པོའི་དྲུང་དུ་སོང་ནས་ཕྱག་ཕུལ་ནས་དེ་ལྟར་ཞུས་པས། རྗེ་བོ་རིན་པོ་ཆེས་ཁྱོད་ལ་བུ་ཅིག་སྦྱིན་གསུངས་ན། ང་ཁྱེད་ཀྱི་བུ་བྱའོ་གསུངས་པ་ཞིག་རྨིས་པས་དགའ་དྲགས་ནས་བྲོ་བརྡུང་བའི་སྟོ་གོན་བྱེད་ཙ་ན་གཉིད་སད། སྔར་ལུང་སྟོན་པའི་བུད་མེད་དེ་ནི་ཌཱ་ཀི་མར་འདུག་གསུངས། དེ་ནས་ཡབ་ཡུམ་གཉིས་ཀ་ཁམས་སུ་བྱོན། ཞེས་པ་ནས་སྐུ་འཁྲུངས་སའི་ཡབ་གཞིས་ཀྱི་ཐད་ལ་འདི་ལྟར་གསུངས། གཡང་ཤོད་པོང་ར་སྟེང་གི་ཟ་ལུང་དུ་ལྕགས་མོ་ཕག་ལོ་ལ་བལྟམས། ལྟེ་བ་བཅད་ས་ལས་ཆོས་ཀྱི་ཚིགས་སུ་བཅད་པ་བརྒྱད་གྲགས། ཞེས་དང་། ཡང་དེ་ཉིད་ལས་སྔོན་གནས་རྗེས་དྲན་གྱི་མངོན་ཤེས་མངའ་བའི་ཚུལ་ཡང་འདི་ལྟར་གསུངས། བཙས་ནས་མི་རིང་བར་གསུངས་བྱོན། ཡུམ་ལ་ང་རྒྱ་གར་དུ་རིག་པ་བརྟུལ་ཞུགས་སྤྱོད་པ་བྱེད་དུས། སོ་ས་གླིང་དུ་ཕྱིན་པས། མུ་སྟེགས་ཀྱི་ཌཱ་ཀི་དབང་ཕྱུག་རོ་ཟན་མས་བར་ཆད་བྱས་ཀྱང་། འཆི་བའི་སྣང་བ་མེད་པར་སྣང་བ་འོག་མིན་དུ་ཤར་ནས་རྣམ་པར་སྣང་མཛད་ཀྱི་སྤྱན་སྔར་བྱང་ཆུབ་སེམས་དཔའ་བའི་ཆ་བྱད་དུ་གྱུར་ནས་ཆོས་ཞུས་ཏེ་ལུང་བསྟན་པ་ནི། བསྐལ་བཟང་བསྟན་པ་སྟོབས་

ཆེན་དུས། །སྐྱོབ་པ་ཤཱཀྱ་སེང་གེ་ཡིན། །སྤྲུལ་སྣང་འཁོར་གྱི་གཙོ་བོར་གྱུར། །ཁ་བའི་ཁྲོད་དུ་ལུང་བསྟན་ཕྱིར། །སྨོན་ལམ་དག་པའི་ཏྲ་ལ་ཞོན། །ཞེས་གསུངས།

བྱང་ཆུབ་སེམས་པ་རྣམས་ཀྱི་ལེགས་སོ་བྱིན། གཡོན་ངོས་ན་ཤེལ་གྱི་གཞལ་ཡས་ཁང་གི་ནང་ན་པདྨ་འདབ་བརྒྱད་ལ། གཽ་རི་ལ་སོགས་པ་བརྒྱད་ཀྱིས་བསྐོར་བ། དེའི་ལྟེ་བ་ལ་ཨུཏྤལ་དཀར་པོ་འདབ་མ་བཅུ་དྲུག་པ་གཅིག་གི་ཟེའུ་འབྲུ་ལ་བསྟོད་པ་སྙམ་བྱེད་ཅན་བདེ་སྟོང་དུ་བརྒྱལ་ལོག་གིས་སོང་། བུད་མེད་མང་པོས་མཆོད། བླ་མ་རྣམས་ཀྱིས་ཆོས་གསུངས། རང་གིས་འཆད། མེ་ཏོག་དེ་མཚོ་ཆེན་པོ་གཅིག་གི་དཀྱིལ་ན་འདུག་གསུངས། ཡབ་ཀྱིས་རག་སྟོན་ཅན་དུ་མཚན་ཞུ་བ་ཕྱིན་པའི་ལམ་དུ་ནམ་མཁའ་ནས་མིང་དཀོན་མཆོག་སྲས་ཡིན་ཞེས་གྲགས་པ་དེ་ཉིད་དུ་གསོལ། ཞེས་པ་ལ་སོགས་པ་ངོ་མཚར་བའི་རྣམ་ཐར་མང་དུ་བཞུགས་ཀྱང་། འདིར་ཡིག་ཚོགས་མང་གི་དོགས་པས་ཤེས་པ་འདོད་ན་སྟག་ལུང་ཆོས་འབྱུང་ཤོག་ངོས་ལྔ་བརྒྱ་ལྔ་བཅུ་ང་ལྔ་ནས་བརྒྱད་ཅུ་གྱ་ལྔའི་བར་ལ་གཟིགས་ཞིབ་ཡོད་པ་ཞུ། མཆོག་སྤྲུལ་སངས་རྒྱས་དབོན་པོ་གྲགས་པ་དཔལ་འོད་ཟེར་བཟང་པོ་སྐུ་འཁྲུངས་སའི་ཡབ་གཞིས་ཀྱི་ཐད་ལ་སླར་ཡང་ཟབ་ནན་འདིར་ལྟར་གསུངས་འདུག །དཔལ་ལྡན་ཐང་སྐྱ་ཐུབ་བསྟན་ཆོས་འཁོར་གླིང་གི་གདན་རབས་ངོ་མཚར་སྒྲོན་མེ་ལས། མཆོག་གི་སྤྲུལ་སྐུ་སངས་རྒྱས་དབོན་པོ་གྲགས་པ་དཔལ་འོད་ཟེར་བཟང་པོ། གཡང་ཤོད་པོང་ར་སྟེང་གི་ཟ་ལུང་དུ་ལྕགས་མོ་ཕག་གི་ལོ་ལ་སྐུ་བལྟམས། ཞེས་པ་ནས་རིམ་པས་གསུངས། །དེ་བཞིན་མཆོག་གི་སྤྲུལ་སྐུ་ག་ཟི་ཟ་ལུང་སངས་རྒྱས་དབོན་པོ་གྲགས་པ་དཔལ་འོད་ཟེར་བཟང་པོ་མཆོག་སྟག་ལུང་མ་ཐང་རི་བོ་ཆེ་ཕྱག་བཏབ་པ་པོ་ཡིན་པས་མ་ཚད་སྟག་ལུང་ཡ་ཐང་གི་གདན་རབས་བཞི་པའི་ཁྲི་ལ་ཕེབས་པའི་ཚུལ་ཡང་འདི་ལྟར་གསུངས།

དཔལ་སྟག་ལུང་བཀའ་བརྒྱུད་པའི་གདན་རབས་ལོ་རྒྱུས་མདོར་བསྡུས་སུ་བརྗོད་པ་ཆུ་ཤེལ་དཀར་པོའི་ཕྲེང་བའི་ཤོག་ངོས་བཅུ་གཉིས་པའི་ནང་ལ། སྟག་ལུང་གདན་རབས་བཞི་པར་བྱོན་པ་སངས་རྒྱས་དབོན་རབ་བྱུང་བཞི་པའི་ལྕགས་མོ་ཕག་སྤྱི་ལོ་གཅིག་སྟོང་ཉིས་བརྒྱ་ལྔ་བཅུ་རྩ་གཅིག་ལོར་མདོ་ཁམས་སུ་ཡབ་ག་ཟི་རྡོ་རྗེ་རིན་ཆེན་དང་ཡུམ་བཙད་བཟའ་རྡོ་དར་གཉིས་ཀྱི་སྲས་སུ་སྐུ་

འབྲུངས་ཞེས་པ་ནས། སངས་རྒྱས་དབོན་པོ་རང་ཉིད་ཀྱིས་གདན་ས་ལོ་གཅིག་བསྐྱངས་རྗེས་ཁམས་ཕྱོགས་སུ་བྱོན་ཞེས་པའི་བར་གསལ་བ་གསུངས་འདུག །དེ་བཞིན་མཆོག་གི་སྤྲུལ་སྐུ་ག་ཟེ་ཟ་ལུང་སངས་རྒྱས་དབོན་པོ་གྲགས་པ་དཔལ་འོད་ཟེར་བཟང་པོ་མཆོག་ཁམས་རི་བོ་ཆེར་ཕེབས་དགོས་པའི་རྒྱུ་མཚན་ལ་འདི་ལྟར་གསུངས། གངས་ཅན་རིག་མཛོད་དེབ་ཕྲེང་བཅུ་དགུ་པ་འབྲུག་པའི་ཆོས་འབྱུང་ཤོག་ངོས་བཞི་བརྒྱ་བཅུ་ཐམ་པ་ལས། སྟག་ལུང་ཐང་པ་དགུང་གྲངས་དྲུག་ཅུ་རེ་དགུ་པ་ལ་གཤེགས། དབོན་རིན་ཆེན་མགོན་གདན་སར་བཏོན། འདིས་མཆོད་ཁང་ཆེན་མོ་བཏབ། གླིང་དར་རྒྱས་སུ་མཛད། དེའི་གདན་ས་ལ་སངས་རྒྱས་ཡར་བྱོན་ཕེབས། དེ་ལ་གདན་ས་ཟེར་བའི་དབོན་པོ་གཉིས་བྱུང་བ་ནས་གཅིག་ཁམས་སུ་བྱོན། རི་བོ་ཆེ་བཏབ།

དེ་ནས་སྟག་ལུང་ཡ་ཐང་མ་ཐང་གཉིས་སུ་གྱེས། གཉིས་ཀར་བན་སུམ་སྟོང་བརྒྱད་བརྒྱ་ལྷག་ཙམ་རེ་འཚོགས། དེང་སང་གི་བར་དབོན་བརྒྱུད་རིམ་པར་བྱོན། ཞེས་པ་ལ་སོགས་པ་མང་དུ་གསུངས་པ་རྣམས་ཀྱང་ཤེས་པ་འདོད་ན་དེ་ཉིད་ལས་བལྟ་བར་བྱའོ། །ཧ་ནག་མཁན་ཆེན་ཆོས་རྣམ་རྒྱལ་གྱིས་མཛད་པའི་བསྟན་པ་དང་བསྟན་འཛིན་གྱི་ལོ་རྒྱུས་ཡོངས་འདུའི་མེ་ཏོག་གསར་པའི་དོ་ཤལ་ཤོག་ངོས་བརྒྱད་ཅུ་རྩ་དྲུག་གི་ནང་དུ་གོ་འཛོ་བླ་མ་ཡེ་ཤེས་བཟང་པོ་ནི། ཤར་རྒྱལ་བ་ཅོང་ཁ་པ་བློ་བཟང་གྲགས་པས་དཔལ་ལྡན་ས་སྐྱ་པའི་གསང་སྔགས་ལམ་འབྲས་ཀྱིས་གཙོས་ས་ལུགས་ཀྱི་གདམས་ངག་ཕལ་ཆེར་གསན་བཞེས་གནང་སའི་བླ་མ་གཙོ་བོ་ཡིན་པ་གསལ་བར་གསུངས།

ཀུན་མཁྱེན་ཀླུ་སྒྲུབ་རྒྱ་མཚོས་མཛད་པའི་བསྟན་རྩིས་གསལ་བའི་ཉིན་བྱེད་ཀྱི་ཤོག་ངོས་ཉིས་བརྒྱ་བཅུ་མེད་བཞི་ཡི་ནང་དུ། ཀུན་མཁྱེན་རོང་སྟོན་ཤཱཀྱ་རྒྱལ་མཚན་གྱི་ལེགས་བཤད་འདོམས་པའི་འབྲས་བུ་མཁས་གྲུབ་སློབ་མའི་ཞལ་གྲངས་ནས། གསུངས་སྒྲོས་འཛིན་པའི་མཁས་པ་བཅུ་གཉིས་ཀྱི་ནང་ནས་གོ་འཛོ་སྦྱིན་པ་བཟང་པོ་དང་། ག་ཟི་བློ་གྲོས་སེང་གེ་ཞེས་ཁ་གསལ་གསུངས་འདུག ། དེ་བཞིན་ཀུན་མཁྱེན་གོ་བོ་རབ་འབྱམས་པ་བསོད་ནམས་སེང་གེའི་དངོས་སློབ་རྣམས་ཀྱི་ནང་ནས་འཕྲིན་ལས་རྒྱས་ཤོས་ཀྱི་ཁོངས་སུ་ག་ཟི་ཆོས་རྗེ་ཤཱཀྱ་བློ་གྲོས་དང་ག་ཟི་ཆོས་རྗེ་ཀུན་དགའ་བཟླ་བ་རྣམ་གཉིས

ཡིན་པ་ཚད་ལྡན་གྱི་ཡིག་ཆ་མང་པོའི་ནང་གསལ་བ་གསུངས་འདུག །རྒྱལ་ཚབ་ཀོང་སྟོན་དབང་ཕྱུག་གྲུབ་གྱིས་མཛད་པའི་ཀུན་མཁྱེན་རྣམ་ཐར་ངོ་མཚར་རིན་པོ་ཆེའི་ཕྲེང་བ་ཞོག་ངོས་སུམ་ཅུ་སོ་ལྔ་པའི་ནང་གསལ། དེ་ནས་ཧོར་ཟླ་བཅུ་གཉིས་པའི་ཚེས་བརྒྱད་ལ། ཆོས་རྒྱལ་དོན་གྲུབ་རྡོ་རྗེའི་བསྐོ་འཇའ་དང་བཅས་ཏེ། རྗེ་འདི་ཉིད་གདན་སར་བསྐོས་སོ། །དེའི་ཚེ་སྡེ་སྣོད་འཛིན་པ་ཆེན་པོ་བཀའ་བཅུ་པ་ཤཱཀྱ་བློ་གྲོས་པ་དང་། རབ་འབྱམས་པ་མགོན་པོ་དབང་ཕྱུག་གཉིས་ཆོས་འཁོར་ལ་བགྲོ་གླེང་ལ་བཞེངས་ཏེ། ཆོས་རྗེ་ག་ཛི་ཤཱཀྱ་བློ་གྲོས་པས་གཞུང་ཆེན་བཤད་པ་རླབས་ཆེན་མཛད་ཅིང་། རབ་འབྱམས་པ་མགོན་པོ་དབང་ཕྱུག་པས་ཐལ་འགྱུར་མཚུངས་པ་མེད་པ་བཏང་བས། དེར་ཚོགས་ཀྱི་བློ་གསལ་ཚོགས་པ་ཐམས་ཅད་ཡིད་སྨྲོ་བར་གྱུར་ཏེ། དགོན་པའི་མིང་ཡང་ཐུབ་བསྟན་རྣམ་པར་རྒྱལ་བའི་གླིང་ཞེས་རྗེ་འདི་ཉིད་ཀྱིས་བཏགས་པ་ཡིན་ནོ། །ཞེས་ཧ་ནག་ཐུབ་བསྟན་རྣམ་རྒྱལ་གླིང་ཕྱི་ནང་རྟེན་བཅས་གསར་བཞེངས་ལེགས་གྲུབ་ཀྱི་མཛད་སྒོ་བྱེད་དུས་རིག་པ་སྨྲ་བ་རྒྱ་ཕྲག་བདུན་འདུས་པའི་ནང་ནས། ག་ཛི་ཤཱཀྱ་བློ་གྲོས་ཀྱི་གཞུང་བཤད་རླབས་ཆེན་ལེགས་བཤད་མཆོད་འབུལ་ཞུས་རྗེས་དགོན་པའི་མཚན་ཡང་དེ་ལྟར་གསོལ་བ་གསུངས་པ་དང་། ཀུན་མཁྱེན་གོ་བོ་རབ་འབྱམས་པ་བསོད་ནམས་སེང་གེའི་སྐུ་སྐྱེར་དྲུང་ཆེ་ཨའུ་གཞོན་ནུ་བཟང་པོས་མཛད་པའི་ཀུན་མཁྱེན་རྣམ་ཐར་ལས། མདོ་ཁམས་ནས་བུ་སློབ་ཀྱི་མཆོག་ག་ཛི་ཤཱཀྱ་བློ་གྲོས་པས། དྲེའུ་བཅུ་གསུམ། ཇ་སིགས་སུམ་ཅུའི་ཐོག་དྲང་བརྒྱ་འབུལ་སླེབས། ཞེས་ཀུན་མཁྱེན་གོ་བོ་རབ་འབྱམས་པ་བསོད་ནམས་སེང་གེ་ལ་བོད་ནས་བརྒྱ་འབུལ་ཕུལ་བའི་ནང་ནས་ཐོག་མར་བརྒྱ་འབུལ་ཕུལ་མཁན་ཡིན་པས་མ་ཚད་སློབ་མའི་མཆོག་ཡིན་པར་གསུངས་འདུག །

ཡང་དེ་ཉིད་ལས་ག་ཛི་ཀུན་དགའ་ཟླ་བ་ཀུན་མཁྱེན་གོ་བོ་རབ་འབྱམས་པ་བསོད་ནམས་སེང་གེའི་སླུའི་བླ་སླན་ཡིན་པ་གསུངས་འདུག །ག་ཛི་ཆོས་རྗེ་ཀུན་དགའ་ཟླ་དང་། ག་ཛི་ཤཱཀྱ་བློ་གྲོས་རྣམ་གཉིས་ཀྱི་མཛད་པ་འཕྲིན་ལས་ཀྱི་ཐད་ལ་ཡང་ཀུན་མཁྱེན་རྣམ་ཐར་ལས། མདོ་ཁམས་ག་ཛི་ཡུལ་ན་མདོ་སྔགས་ཀྱི་བཤད་ཉན་རྒྱས་པ་སྤེལ་མཁན་ག་ཛི་ཆོས་རྗེ་ཀུན་དགའ་ཟླ་བ་དང་། བཤད་གྲྭ་ཆེན་པོ་

འཛིན་པའི་མཁས་པ་ག་ཟི་ཆོས་རྗེ་ཤཱཀྱ་བློ་གྲོས་ཞེས་གནད་བསྡུས་གསུངས་འདུག ། འདི་ཡི་མཇུག་སྨོན་དུ་དཔལ་ལྡན་ཐང་སྐྱ་ཐུབ་བསྟན་ཆོས་འཁོར་གླིང་གི་གདན་རབས་ངོ་མཚར་སྒྲོན་མེ་ལས། དྲུང་རམ་བླ་བྲང་གི་རྟེན་བརྟེན་པའི་སྐོར་ལ། ཕྱག་འདེབས་པ་པོ་ནི། ཀུན་དགའ་ཟླ་བས་སྤྱི་ལོ་གཅིག་སྟོང་དགུ་བརྒྱ་བཅུ་དྲུག་ལོ་རབ་བྱུང་དགུ་པའི་མེ་སྤྲེལ་ལོར་ཕྱག་བཏབ།

འདི་དང་ཤཱཀྱ་བློ་གྲོས་གཉིས་ཆར་ཀུན་མཁྱེན་ཆེན་པོའི་སློབ་མ་ཡིན། ཞེས་པ་ནས་སྐབས་རང་ཡུལ་དུ་ལོག །འཕྲིན་ལས་རྒྱ་ཆེན་པོ་བྱུང་ཞིང་ནོར་རྣམས་དོན་མེད་ཆུད་ཟོས་སུ་མ་བཏང་བར་གཙུག་ལག་ཁང་གཞི་ཁྱོན་ཀ་བ་ཉིས་བརྒྱ་ཙམ་ཡོད་པ་ཞིག་གསར་བཞེང་གནང་ཞེས་པ་ནས། ཀུན་དགའ་ཟླ་བ་དང་ཤཱཀྱ་བློ་གྲོས་གཉིས་ཆར་ཐང་སྐྱ་རང་གི་གྲྭ་པ་ཡིན་པར་གསུངས་ལ། དབུས་གཙང་གི་དགེ་བའི་བཤེས་གཉེན་བཅུ་ཕྲག་གསུམ་ཙམ་བསྟེན། ལོ་ངོ་ལྔ་བཅུ་ལྷག་ཙམ་དུ་དབུས་གཙང་དུ་བཞུགས་ཡོད་པར་འདུག་ཅེས་པ་ནས། ཀུན་དགའ་ཟླ་བ་དང་ཤཱཀྱ་བློ་གྲོས། གཙུང་ཆོས་དཔལ་བཟང་པོ་གཉིས་སྐུ་འདས་རྗེས་ཡང་སྲིད་བླུས་ཤིང་། དེ་ནས་བཟུང་ཐང་སྐྱའི་སྤྲུལ་སྐུ་རིམས་པར་བྱོན་སྐད་དོ། །ཞེས་དྲུང་རམ་རྒྱལ་སྤྲུལ་སྐུ་ཕྲེང་དང་པོ་གཉིས་མཁན་སྤྲུལ་ཡིན་པ་གསུངས་འདུག །

ག་ཟི་ཤཱཀྱ་བློ་གྲོས་ཀྱི་མཛད་པ་འཕྲིན་ལས་ཀྱིས་ཐད་ལ། ཧ་ནག་མཁན་པོ་ཆོས་རྣམ་རྒྱལ་གྱིས་མཛད་པའི་བསྟན་པ་དང་བསྟན་འཛིན་གྱི་ལོ་རྒྱུས་ཡོངས་འདུ་མེ་ཏོག་གསར་པའི་དོ་ཤལ་ཤོག་གྲངས་ཀྱ་དྲུག་པ་ལས། ག་ཟི་ཀ་བཅུ་པ་ཤཱཀྱ་བློ་གྲོས་ཀྱིས་རྣམ་རྒྱལ་གསེར་ཁང་གི་གྲྭ་ཚང་བཙུགས་ཏེ་ཕྱིས་ག་ཟི་གྲྭ་ཚང་དུ་གྲགས་སོ། །ཞེས་ལྷ་ས་དང་ཉེ་བའི་སྟོད་ལུང་དུ་ཡོད་པའི་རྣམ་རྒྱལ་གསེར་ཁང་དགོན་པ་ཕྱག་འདེབས་པ་པོ་ཡིན་པ་གསུངས། དེ་བཞིན་གདན་ས་ཆེན་པོ་ངོར་ཨེ་ཝཾ་ཆོས་ལྡན་དུ་ག་ཟི་ཁང་ཚན་ཞེས་བྱ་བ་ཞིག་ཡོད་པ་ནས་བཟུང་། དུས་རབས་ཉི་ཤུ་པའི་ནང་རིས་མེད་བསྟན་འགྲོ་སྤྱི་ཡི་བླ་མ་འཇམ་མགོན་ཆོས་ཀྱི་བློ་གྲོས་ཇི་ལྟར་བྱོན་པའི་བར་གྱི་ལོ་རྒྱུས་རྣམས་རིམ་པས་ཞུས་ན་ཡིག་ཚོགས་ཏ་ཅང་མང་བས་གནས་སྐབས་ཆོག་ཤེས་ཞུ་བའི་འོས་སུ་མཆིས་སོ། །

༥༣ ཀུན་མཁྱེན་གོ་བོ་རབ་འབྱམས་པ་བསོད་ནམས་སེང་གེ་སྐུ་འཁྲུངས་ས་འབོམ་ལུང་གིས་གཙོས་གོ་འཇོའི་གནས་ཆེན་ཁག་གཅིག་ངོ་སྤྲོད་མདོ་བསྡུས་ཙམ་བརྗོད་པ།

ཀུན་མཁྱེན་གོ་བོ་རམས་པ་བསོད་ནམས་སེང་གེ་སྐུ་འཁྲུངས་ས་འབོམ་ལུང་གི་གནས་ནི་འཇིག་རྟེན་དབང་ཕྱུག་གིས་བྱིན་གྱིས་བརླབས་པས་སྐྱེ་དགུ་རྣམས་ཀུང་རང་བཞིན་གྱིས་སྙིང་རྗེ་ཆེ་ཞིང་ཐེག་པ་ཆེན་པོའི་སེམས་སྐྱེད་ལ་མོས་པ་དང་། གནོད་སྦྱིན་གྱི་སྡེ་དཔོན་ཆེན་པོ་ནོར་བུ་བཟང་པོ་གནས་པས་རྫ་ཆུ་བཟང་ཞིང་། ནོར་ལུག་འཕེལ་བ། ཁང་རྗོ་ཐབ་རྫོས་མཆོད་ཡུལ་ལ་དགེ་བ་བཅུ་དང་ལྡན་ཞིང་། བར་སྐབས་ནས་བྱུང་བའི་གོ་འཇོ་རྗོང་དང་འདབ་འབྲེལ་པས་འཇིག་རྟེན་མི་ཆོས་ཁྲིམས་ཀྱི་འབྱུང་ཁུངས་དང་། སྔ་འགྱུར་སྙིང་མའི་རག་མགོ་དགོན་པ། དཔལ་ས་སྐྱའི་ཉེ་ཤར་དགོན་པ། འབྲོག་རི་བོ་འགྲོ་འདྲེན་དགོན་པ་དགོན་པ་རྣམས་དང་འདབས་འབྲེལ་བས་ནང་པའི་ཆོས་ཀྱི་བསྟི་གནས་སུ་གྱུར།

གཞན་ཡང་ཆོས་རྒྱལ་སྲོང་བཙན་སྒམ་པོ་དགུང་གྲངས་སོ་བདུན་བཞེས་པ་ཆུ་གླང་ལོར་གསར་བཞེངས་གནང་བའི་མཐའ་འདུལ་ཡང་འདུལ་གྱི་གཙུག་ལག་ཁང་དོལ་མདའ་ལྷ་ཁང་། ཡང་འབྱུང་བཞིའི་ཁ་གནོན་དུ་ཕྱོགས་བཞི་གཙུག་ལག་ཁང་བཞེངས་པའི་ནང་ནས་འབྱུང་བ་མེ་ཡི་ཁ་གནོན་དུ་གསར་བཞེངས་གནང་བའི་མེ་འདུལ་གཙུག་ལག་ཁང་། རྒྱ་བཟའ་ཀོང་ཇོ་ཕེབས་ལམ་ནས་ཕྱག་མཛུབ་ཀྱིས་བསྐྲུན་པའི་མཚམས་ཀྱི་མ་ཎི་དྲུག་གནས་ཆེན་གཞི་བདག་གླུ་མོ་དཀར་མོ་དང་། གླུ་རྒྱལ་མི་མགོན་དཀར་པོ། སློབ་དཔོན་མཚོ་སྐྱེས་རྡོ་རྗེས་ཞབས་ཀྱིས་བཅག་ནས། དམ་སྲི་སྲིན་དགུ་དམ་ལ་བཏགས་ཤིང་རྡོ་རྗེ་ཕུར་པའི་དཀྱིལ་འཁོར་ཞལ་ཕྱེ་གནང་སྟེ། ཨ་དཀར་ཕུར་པ་ལྷ་ཁང་ཕྱག་བཏབ་པར་མཛད། དེ་བཞིན་སྤྱི་ལོ་(༡༢༧༥)ལོར་འགྲོ་མགོན་ཆོས་རྒྱལ་འཕགས་པ་གོ་འཇོར་བྱོན་སྐབས། ཨ་དཀར་ཕུ་པ་ལྷ་ཁང་ནང་དུ་ཟབ་རྒྱས་ཆོས་ཀྱི་འཁོར་ལོ་བསྐོར་དང་ལྡན། སྟག་ལི་རྒྱལ་ཁང་གི་ཚོགས་ཆེན་གཙུག་ལག་ཁང་དུ་ཞབས་འཁོད་བསྟན་རབ་གནས་དང་། ཆོས་ཀྱི་འཁོར་ལོ་ཟབ་རྒྱས་བསྐོར་གནང་མཛད་པ། དེ་བཞིན་གདན་ས་ཐང་སྐྱའི་གཙུག་ལག་ཁང་མེ་འདུལ་མའི་ནང་དུ་གུར་གྱི་མགོན་པོ་ལྷ་བརྒྱད་སྐུན་འཛིམ་ལས་གྲུབ་པ་སྐུ་འདྲ་མི་ཚད་མ་དང་། དེ་ཡི་མདུན་དུ་ཀ་བ་སུམ་ཅུ་ལྷག་

གི་ས་ཁྲོན་ཡོད་པའི་དམར་འདུལ་གཙུག་ཁང་དང་། ནང་བསྟན་ཡང་རྩོར་སེང་ཆེན་གོ་དན་རྒྱལ་པོས་ཕྱུལ་བའི་ཐུབ་སྐུ་དང་། ཆོས་རྗེ་ས་སྐྱ་པཎྜི་ཏའི་སྐུ་འདྲ་རིང་བསྲེལ་གྱིས་བར་བུ་གང་བས་གཙོས་སྐུ་འདྲ་སྣ་མང་། གསུང་གི་རྟེན་རིན་པོ་ཆེ་དུ་མའི་རྒྱུ་ལས་གྲུབ་པའི་རྒྱལ་བའི་བཀའ་འགྱུར་རིན་པོ་ཆེ་དང་། གསེར་སེར་པོས་བྲིས་པའི་འབུམ་ཆ་གསུམ། དངུལ་དཀར་པོས་བྲིས་པའི་འབུམ་ཆ་གསུམ། ཐུགས་རྟེན་རྒྱུ་ལི་ལས་གྲུབ་པའི་མཆོད་རྟེན་ཁྲུ་གང་ཙམ་བཅུ་ཕྲག་བཅས་གསར་བཞེངས་གནང་སྟེ། འགྲོ་མགོན་ཆོས་རྒྱལ་འཕགས་པ་རང་ཉིད་ཀྱིས་རབ་གནས་མཛད།

དགེ་འདུན་བརྒྱ་ཕྲག་དུ་མའི་རྒྱུན་གྲོན་འཚོ་རྟེན་སྣུལ། དེ་མཚུངས་དཔལ་ལྡན་རྒྱ་ར་དགོན་པ་སླར་གསོ་དང་། རྒྱལ་བའི་བཀའ་འགྱུར་ཆེན་མོ་གསེར་བྲིས་ནང་རྟེན་བསྐུལ་གནང་མཛད་པ་ལ་སོགས་པ་མང་ཡང་། གནས་སྐབས་མདོ་བསྡུས་ནས་ཞུས་ན་གོ་འཇོའི་གཞུང་བཤད་ལས། བོད་བཀའ་དྲིན་བླ་ཆེན་ས་སྐྱའི་སྐབས། །གོ་འཇོ་མདོ་སྟོད་དཔོན་ཆེན་བྱས། །འགྲོ་མགོན་འཕགས་པ་གདན་འདྲེན་ཞུས། །དགོན་བྱིན་ཅན་ཉི་ཀུན་གསེར་གསུམ་ཆག ། རྟམ་མདོ་དངུལ་སྐུ་ཆེན་མོ་དང་། །ས་མདོ་རྡོ་སྐུ་འབུམ་ཐེར་བཞེངས། །གོ་སྟོད་འཇམ་དཔལ་ལྷ་ཁང་བཞེངས། །གོ་སྨད་ལྷ་ཁང་སེར་ཆེན་བཞེངས། །ཞེས་གསུངས་པ་བཞིན་སྙིང་བསྡུས་ཞུས་ཟིན་ཏོ། །

༩༩ ཀུན་མཁྱེན་གོ་བོ་རབ་འབྱམས་པ་བསོད་ནམས་སེང་གེ་སྐུ་རི་ལྟར་འབྲུངས་པའི་ཚུལ།

ཡབ་དཔལ་ཆེན་གོ་བོ་རུ་ཚ་བྱི་བ་ཞང་སྐྱབས་ནི། སྐྱེས་སྟོབས་ཀྱི་ཤེས་རབ་ཆེ་ཞིང་སྙིང་རྗེ་གཞན་དོན་མཛད་པ་དང་། དུས་རྒྱུན་འཇམ་དཔལ་མཚན་བརྗོད། འཕགས་མ་སྒྲོལ་མ་སོགས་ཀྱི་ཐུགས་དམ་ལ་ཤིན་ཏུ་ཐོས་སྒོམ་གནང་བ། ཡུམ་རུས་འབོར་ཚ་མཚན་རྒྱལ་བ་སྨན་ཞེས་བྱ་བ་ལ་ཡབ་ཞང་སྐྱབས་ཀྱི་ཁྱིམ་སོར་མ་སླེབ་གོང་དུ་འཁྲུངས་པའི་སྐུ་ཡི་གཅེན་པོ་བླ་མ་ཡེ་ཤེས་རྒྱལ་མཚན་དང་། ཡབ་ཡུམ་གཉིས་ཀ་གཅིག་པ་ལ་ལྷ་བཟོ་བརྩོན་འགྲུས་འབུམ་ཞེས་རྣམ་དཔྱོད་ཀྱི་ཤེས་རབ་ཕུལ་དུ་ཕྱིན་པ། གཙུང་ལེགས་པ་རྒྱལ་མཚན་དཔལ། དེ་འོག་ནམ་འབྲུག་སྟེ་སྐུ་མཆེད་བཞི་བྱོན། དེ་ལྟ་བུའི་བདག་ཉིད་ཆེན་པོ་ཀུན་མཁྱེན་གོ་བོ་རབ་འབྱམས་པ་བསོད་ནམས་སེངྒེ་འདི་ཉིད་ཡུམ་གྱི་ལྷུམས་སུ་ཞུགས་པའི་

ཚེ་ཕྱི་རོལ་དུ་ངོ་མཚར་བ་དང་། དགེ་བའི་ལྟས་དུ་མ་བྱུང་བ་ནི། ཡུམ་ལ་ཡང་རྨི་ལམ་བཟང་པོ་དུ་མ་དང་བཅས་པས་ལྷུམས་སུ་ཞུགས་སོ། །དེའི་ཚེ་ཡུམ་ཡང་ལྷག་པར་དུལ་བ་དང་། སྡོམ་པ་དང་བརྟུལ་ཞུགས་ལ་གནས་ཤིང་། སྐྱེ་བོ་སློང་མོ་བ་དག་ལ་ཡང་སྦྱིན་པ་རྒྱ་ཆེན་པོ་གཏོང་བ་ལ་སྤྲོ་བ་དང་། ཆོས་ཀྱི་དོན་ཟབ་ཅིང་རྒྱ་ཆེ་བ་རྣམས་མངོན་པར་བྱེད་ཅིང་། སྔོན་ཆད་མ་མྱོང་བའི་ལུས་དང་སེམས་ཤིན་ཏུ་བདེ་བའི་ཁྱད་པར་དག་གིས་ཉིན་མཚན་འདའ་བར་བྱེད་དོ། །

དེ་ནས་རིམ་གྱིས་བལྟམས་པའི་དུས་དང་ཉེ་བར་གྱུར་ཏེ། དཔྱིད་ཀྱི་དུས་ལ་བབས་པས་ན་ས་གཞི་ཡང་བཻཌཱུརྻ་ལྟར་ཀུན་ནས་རྩྭའི་སྨྱུ་གུ་གསར་པའི་གོས་ནི་གྱོན། མེ་ཏོག་རྣམ་པ་སྣ་ཚོགས་པ་ནི་ཆེད་དུ་བཤམས་པ་བཞིན། བུང་བ་ཆེ་ཕྲ་མང་པོས་དི་དི་སྒྲ་སྒྲོགས་པ་དང་། བྱའི་ཚོགས་དུ་མས་ཡིད་དུ་འོང་བའི་སྐད་དང་། ཉི་མ་ཡང་དལ་བུས་རྒྱུ་བས་འོད་ཀྱི་དྲ་བ་གསལ་བར་འཕྲིན་པ་དང་། ས་མོ་བྱའི་ལོ་དཔྱིད་ཟླ་ར་བའི་སྐར་མ་ལྷག་འཚམས་ལ་བབས་པའི་དུས་སུ། ཀུན་མཁྱེན་གོ་བོ་རབ་འབྱམས་པ་བསོད་ནམས་སེང་གེ་ཡུམ་ལ་ཡང་གནོད་པ་མེད་ཅིང་ངོ་མཚར་བའི་ལྟས་དུ་མ་དང་བཅས་སྤྱི་ལོ་༼༡༤༢༩༽ལོར་གོ་འཇོ་མདུན་དཔོན་བཅུ་གཉིས་ཀྱི་ཡ་གྱལ་གླིང་ཚུད་དཔོན་གྱི་ཆབ་འབངས་ར་གསར་གྲོང་བྲེ་ཚང་མཐའ་མ་རྒྱལ་སྐྱན་གྱི་ཁྱིམ་ཚང་གི་དཔྱིད་ཀའི་འབྲོག་ས་འབོམ་ལུང་དུ་སྐུ་བདེ་བར་བལྟམས་སོ། །

ཡབ་ཀྱིས་མཚན་ལ་མི་ཉག་དཔལ་ཞེས་བཏགས། དེ་ལྟར་བལྟམས་པའི་ཚེ་ཆེན་པོ་རྒྱ་མཚོའི་མཐའ་ཀླས་པའི་ས་འདི་ཡང་དལ་བུས་གཡོ་ཞིང་ནམ་མཁའ་ལས་ཀྱང་ལྷའི་བུ་དང་བུ་མོ་རྣམས་ཀྱི་རོལ་མོའི་སྒྲ་སྙན་ཅིང་འཇམ་པ་དག་འབྱིན་ལ། མེ་ཏོག་དང་སྤོས་ཀྱི་ཆུ་དྲི་ཞིམ་པོ་འདྲེས་པའི་ཆར་ཀྱང་འབབ་པར་བྱེད། འོད་ཟེར་ཁ་དོག་དུ་མའི་དྲ་བ་དག་གིས་ཀྱང་ཕྱོགས་ཀྱི་ཐ་གྲུ་གསལ་བར་བྱེད་པ་རྣམས་ནི་ཇི་ལྟར་འཕགས་པ་རྣམས་ཀྱི་སྐུ་བལྟམས་པའི་ལུགས་དང་མཐུན་པའོ། །མིའི་དབང་པོ་རྣམས་ཀྱི་ཅོད་པན་གྱིས་ཞབས་ཀྱི་པད་མོར་གཏུགས་པ། བདག་ཉིད་ཆེན་པོ་འདི་ནི་ཐེག་པ་གསུམ་གྱི་ཆོས་ཀྱི་ཆར་ཆེན་པོ་རྒྱུན་དུ་འབེབས་པས་རྫོགས་ལྡན་གྱི་སྤྲིན་ཆེན་པོ་ལྟ་བུ་དང་། འགྲོ་བ་མ་ལུས་པའི

མ་རིག་པའི་ཐེབས་པོ་དང་ཚང་ཚིང་ཐམས་ཅད་སེལ་བར་མཛད་པས་ཉི་མའི་དཀྱིལ་འཁོར་ལྟ་བུ། ཉོན་མོངས་པའི་གདུང་བ་ཐམས་ཅད་ཞི་བར་མཛད་པས་ཟླ་བའི་དཀྱིལ་འཁོར་ལྟ་བུ། ཕས་ཀྱི་རྒོལ་བ་ཐམས་ཅད་ཚར་གཅོད་ཅིང་འཇིགས་ཞུམ་མེད་པར་ཆོས་ཀྱི་སྒྲ་ཆེན་སྒྲོགས་པས་སེང་གེ་རལ་པ་ཅན་ལྟ་བུ། མང་དུ་ཐོས་པས་གཏིང་དཔག་དཀའ་ཞིང་ཡོན་ཏན་རིན་པོ་ཆེ་དུ་མའི་འབྱུང་གནས་སུ་གྱུར་པས་རྒྱ་མཚོ་ཆེན་པོ་ལྟ་བུ། ལྟ་བ་ངན་པའི་སེར་བུས་གཡོ་བར་མི་ནུས་པས་རིའི་རྒྱལ་པོ་རི་རབ་ལྟ་བུ། དགོས་འདོད་ཐམས་ཅད་འབྱུང་བས་ནོར་བུ་རིན་པོ་ཆེ་དབང་གི་རྒྱལ་པོ་ལྟ་བུ། ལྷུན་གྱིས་གྲུབ་ཅིང་རྒྱུན་མི་ཆད་པའི་འཕྲིན་ལས་ཕུན་སུམ་ཚོགས་པས་འགྲོ་བ་མཐའ་ཡས་པ་དག་སྨིན་ཅིང་གྲོལ་བར་མཛད་པས་སྐྱིགས་མའི་དུས་ཀྱི་ཐམས་ཅད་མཁྱེན་པ་ལྟ་བུ། འཇིག་རྟེན་དང་འཇིག་རྟེན་ལས་འདས་པའི་ཡོན་ཏན་ཕུལ་དུ་བྱུང་བ་དུ་མས་འཇིག་རྟེན་ཐམས་ཅད་ལས་མངོན་པར་འཕགས་པས་མཚན་ཡང་དོན་དང་མཐུན་པར་གྲགས་པས་ས་གསུམ་དུ་ཁྱབ་པ་འདི་ནི་ངེས་པར་བཅོམ་ལྡན་འདས་རྣམ་པར་སྣང་མཛད་ཀྱི་རྣམ་པར་རོལ་པའོ། །

༩༥ ཀུན་མཁྱེན་གོ་བོ་རབ་འབྱམས་པ་བསོད་ནམས་སེང་གེ་ལ་སྐྱེས་སྟོབས་ཀྱི་ཤེས་རབ་མཆོག་ཏུ་མངའ་བའི་ཚུལ།

ཀུན་མཁྱེན་གོ་བོ་རབ་འབྱམས་བསོད་ནམས་སེང་གེ་དགུང་གྲངས་ལྔའམ་དྲུག་བཞེས་པའི་སྐབས་སུ། ཡབ་ཀྱི་དབྱངས་གསལ་འབྲི་ཀློག་བསླབ་པས་ཡི་གེ་རྣམས་བཟླ་བསྟན་པ་ཙམ་གྱིས་མེ་ལོང་ལ་གཟུགས་འཆར་བ་བཞིན་དུ་བྱུང་། དེ་ཡི་ཚེ་བཟང་པོ་སྤྱོད་པའི་སྨོན་ལམ་གྱི་རྒྱལ་པོ་དཔེ་ཀློག་མཛད་པའི་དུས་སུ། དེའི་ནང་གི་བདག་ནི་འཆི་བའི་དུས་བྱེད་གྱུར་པ་ན། ཞེས་པའི་ཚིག་གཟིགས་པ་ཙམ་གྱིས། བྱམས་སྙིང་རྗེ་བསམ་གྱིས་མི་ཁྱབ་པ་ཐུགས་ལ་འཁྲུངས་ཤིང་། འདུས་བྱས་མི་རྟག་པའི་དོན་ཐུགས་ལ་འཁྲུངས་པས་སྤྱན་ཆབ་ཀྱི་ཆུ་རྒྱུན་གཡོས་པ་ལ་སོགས་པ་ནི། སྐྱེས་སྟོབས་ཀྱི་ཡོན་ཏན་བསམ་གྱིས་མི་ཁྱབ་པ་མངའ་བ་ཡིན་ཏེ། བྱ་བཏང་ཀུན་དགའ་མཆོག་ལྡན་གྱིས་མཛད་པའི་ཀུན་མཁྱེན་རྣམ་ཐར་ལས་ཚིགས་བཅད་འདི་ལྟར་གསུངས་གནང་འདུག །སོ་སོ་བྱ་ལ་ཁྱོད་ཉིད་བལྟམས

པའི་ཚེ། །ངོར་མཚར་ལྟས་སྟོན་གོམ་པའི་དབང་གིས། །གླིག་ཡིག་ལ་སོགས་བཟོ་ཅམ་བསྟན་པས། །མཁྱེན་ཚུལ་སྟོན་པར་མཛད་ལ་ཕྱག་འཚལ། །དགུང་ལོ་ལྔ་དྲུག་བཞེས་པའི་དུས་ནས། །བཟང་སྐྱོད་སྨོན་ལམ་གཟིགས་པར་གྱུར་པས། །དད་དང་ངེས་འབྱུང་སྙིང་རྗེ་འཁྲུངས་ཏེ། །སྤྱན་ཆབ་རྒྱུ་རྒྱུན་འཕེབ་ལ་ཕྱག་འཚལ། །ཞེས་པ་ལ་སོགས་པ་གསུངས་པ་ཇི་ལྟར་བ་བཞིན་ནོ། །

༤༨ ཀུན་མཁྱེན་གོ་བོ་རབ་འབྱམས་བསོད་ནམས་སེང་གེ་མཆོག་བསྟན་པའི་ཆོས་སྒོ་ལ་ཇི་ལྟར་ཞུགས་པ་མཛད་པའི་ཚུལ།

ཆོས་རྗེ་འདི་ཉིད་དགུང་ལོ་བརྒྱད་བཞེས་པའི་ཚེ། འཁོར་བ་མཐར་དག་སྡུག་བསྔལ་གྱི་རང་བཞིན་དུ་གཟིགས་པའི་ངེས་འབྱུང་བརྟན་པོ་ཐུགས་རྒྱུད་ལ་འཁྲུངས་ཏེ། ཡབ་ཡུམ་ལ་རབ་ཏུ་བྱུང་བར་ཞུས་པས་ཡབ་ཡུམ་གཉིས་ཀྱིས་ཞལ་བཞེངས་གནང་བ་ལྟར། མཁན་པོ་བསོད་ནམས་འོད་ཟེར་དང་། སློབ་དཔོན་ཀུན་དགའ་འབུམ་གྱི་གཙོས་དགེ་འདུན་གྲངས་ཚང་བའི་དབུས་སུ་རབ་ཏུ་བྱུང་བའི་སྐབས་སུ། མཚན་བསོད་ནམས་སེང་གེ་ཞེས་གསོལ། མཁན་སློབ་ལས་དགེ་ཚུལ་གྱི་བསླབ་བྱ་རྣམས་གསན་ཏེ། གོ་བོ་རབ་འབྱམས་པ་ཤེས་རབ་དཔལ་དང་། སློབ་དཔོན་བྱང་སེམས་ཀུན་དགའ་འབུམ་གྱི་ཞབས་དྲུང་ནས། སློབ་གཉེར་དངོས་ཀྱི་འགོ་བཙུགས་གནང་ནས། བསྡུས་པ་བཅོ་བ་དང་གཞུང་འཛིན་པ་ལ་སོགས་པ་གང་ལའང་ཐུགས་རབ་རླབས་པོ་ཆེ་མི་ཀུན་གྱི་བློ་ལ་མ་ཤོང་བ་ཧ་ལས་པར་གྱུར་ཏེ། གྲྭ་ཆུང་འདི་བཀའ་རབ་འབྱམས་སྨྲ་བ་ཞིག་ཡོང་ཞེས་ཀུན་གྱིས་བསྔགས་པས་རབ་འབྱམས་པ་ཞེས་པའི་མཚན་དེ་དུས་ནས་རང་དགར་ཆགས་པར་གསུངས།

སྦྱོང་བརྩོན་ཀྱང་གཞན་ལས་ཁྱད་པར་འཕགས་པ་སྣང་སྟེ། སློབ་དཔོན་དེ་ལ་སློབ་མ་བརྒྱ་ཕྲག་ཡོད་པའི་ནང་ནས་སྐུ་ན་གཞོན་ཤོས་ཆོས་རྗེ་འདི་ཉིད་ཡིན་ཚུལ་གསུངས་ཀྱང་། ཐོ་རངས་སྔ་མོ་ནས་ཤར་བྱང་སྐར་ཡོད་པ་བྱེད་པའི་དུས་སུ། སློབ་རོགས་གྲ་རྐན་མང་པོ་ན་རེ། ཁྱེད་ཀྱི་བརྩོན་འགྲུས་ཆེ་མདོག་འདིས་ངེད་རྣམས་ཀྱི་གཉིད་ལ་གནོད་ཅིང་། སློབ་དཔོན་གྱིས་ཀྱང་བཀའ་བསྐྱོན་ཡང་བྱུང་ཟེར་

ནས་ཧྲུང་རྩིས་ཡང་ཡང་བྱས་བྱུང་བས། གནས་ཚུལ་དེ་སློབ་དཔོན་གྱིས་དགོངས་ཏེ། ཤར་བྱང་མ་བསྐུལ་གྱི་གོང་དུ་དབུ་མ་འཇུག་པ་ཚར་རེ་སྐད་མེད་དུ་ཀློག །བསྐུལ་ནས་གཞན་རྣམས་དང་མཉམ་དུ་སྐད་ཡོད་ཀྱིས་གསུངས། དབུ་མ་རྩ་འཇུག །བྱམས་ཆོས་སྡེ་ལྔ། མངོན་པ་གོང་འོག ། སྡོམ་རིགས་གཉིས། རྣམ་འགྲེལ་སོགས་གཞུང་ལུགས་ཆེན་པོ་བཅོ་བརྒྱད་དང་། གཞན་ཡང་ཞར་ཕྱིན་གཡག་ཏིག་ཆེན་པོ་དང་། རོང་ཏིག་རྣམས་ཐུགས་ལ་བྱང་བར་མཛད།

རྗེ་ངོར་པའི་སློབ་མ་ཕ་པ་ཆོས་རྗེ་རྒྱལ་མཚན་དཔལ་བཟང་པོ་ལས། དཔལ་ཀྱཻ་རྡོ་རྗེའི་མན་ངག་ལུགས་ཀྱི་དབང་བཞི་རྫོགས་པར་ཞུ་དུས། སྔ་གོན་གྱི་སྐབས་མནལ་ལམ་དུ། རྒྱལ་བ་ངོར་ཆེན་རྡོ་རྗེ་འཆང་ཀུན་དགའ་བཟང་པོའི་ཕོ་ཉ་ཡིན་ཟེར་བའི་བུད་མེད་སྨིན་མ་སེ་ཁྲུག་གེ་བ་གཅིག་གིས་ཧ་འདི་ཧྲུངས་དང་ཟེར་ནས་ཧ་ཞིག་གཏད་བྱུང་། དེ་བརྡུངས་པས། སྲིད་པ་གསུམ་གཡོ་བར་ནུས་པ་ཙམ་གྱི་སྒྲ་བྱུང་ངོ་། །ཡང་འདི་ཉ་ར་གྱིས་ཟེར་ཞིང་གི་འབྲས་བུ་སྟོན་པ་གཡོང་པ་གང་ཕྱིན་པ་རྨིས་གསུངས་པ་བཞིན་རྟེན་འབྲེལ་ཐམས་ཅད་མདོ་རྒྱུད་དང་མཐུན་པར་རང་འགྲིགས་སུ་གྱུར་པར་གསུངས།

དེ་ནས་རབ་མདོར་ཆོས་རྗེ་རིན་བློ་བ་ཞེས་པ་ལས། གྲུབ་ཆེན་བརྒྱད་ཅུ་རྩ་བཞིའི་བྱིན་རླབས་དང་། རྡོ་རྗེ་གདན་པའི་བསྟོད་པའི་ལུང་ཞུས་ནས་གོ་འཇོ་རུ་ཕེབས་ཏེ། དབུས་གཙང་ལ་ཕེབས་པ་ཞལ་གྱིས་བཞེས་བཞིན་དུ། འཇམ་དབྱངས་ཨ་ར་པ་ཙ་ན་དྷཱིའི་བསྙེན་པ་མཛད་སྐབས་མནལ་ལམ་དུ། རལ་གྲི་ཤུབས་དང་བཅས་པ་ཞིག་བརྙེད་ནས། དེ་ཤུབས་ནས་ཕྱུང་བས་རལ་གྲི་མ་ལུས་པ་ཐོན་ཏེ་དབུས་གཙང་གི་གཞུང་མཐའ་དག་ཀུང་ཁྱབ་སྟེ། རལ་གྲིའི་རྩེ་མོ་གཉིས་ལ་ཕན་ཚུན་ཉི་ཟླ་གཉིས་འཆར་ཞིང་། ལོགས་གཉིས་ཤིན་ཏུ་བཀྲག་པ་ཞིག་རྨིས། རྗེས་སུ་དེ་དོན་གོ་བོ་རབ་འབྱམས་པ་ཤེས་རབ་དཔལ་ལ་ཞུས་པས། ཁོང་གི་ཞལ་ནས། དེ་ནི་རྨིས་ལྟས་བཟང་སྟེ། རྒྱ་མཚན་ནི་རལ་གྲི་ནི་ཤེས་རབ་མུ་མཐའ་མེད་པ་དང་། རྩེ་མོ་ལ་ཉི་ཟླ་འཆར་བ་མཁས་གྲུབ་གཉིས་ལྡན་གྱི་གྲགས་པ་ཆེན་པོ་འབྱུང་བ་དང་། ལོགས་གཉིས་ཤིན་ཏུ་བཀྲག་པ་ནི། སྐུ་ཚེ་སྟོད་རྣམ་རིག་གསལ་བ་དང་། སྨད་ལ་འཕྲིན་ལས་ཆེ་བ། རལ་གྲིའི་རྩེ་མོ་དབུས་གཙང་བར་ཁྱབ་པ་ནི། མཛད་འཕྲིན་གཙོ་བོ་དབུས་གཙང་ནས་ཡིན་པས། རྒྱབ་

རི་ལྷོ་འམ། ཤར་དུ་སྟེན་པའི་དགོན་པ་ཞིག་ཏུ་འཕྲིན་ལས་རྒྱ་ཆེར་འདུག་གོ་ཞེས་དང་། འདི་ལྷ་བུ་ནི་འདོད་པའི་ལྐས་རྗེས་སུ་བཟུང་བའི་མཚན་མ་ཡང་དག་པར་ཏེ། འཇམ་དཔལ་རྩ་བའི་རྒྱུད་ལ་སོགས་པ་རྒྱུད་སྡེ་མང་པོ་ཞིག་ནས་འདི་ལྷ་བུ་ངེས་པ་ཅན་གྱི་རྟགས་སུ་བཤད་དོ། །ཞེས་གསུངས་པ་བཞིན་དབུས་གཙང་ལ་འཕྲལ་དུ་ཕེབས་པ་དགོངས་ནས། དེ་དོན་གོ་བོ་རབ་འབྱམས་ཤེས་རབ་དཔལ་ལ་དགོངས་ཞུས་སྐན་གསོན་ཞུས་པས།

ཁོང་གི་ཞལ་སྔ་ནས། ངས་ཀྱང་ཆོས་རྗེ་རིང་སྟོན་ཐམས་ཅད་མཁྱེན་པ་ལ་འབུལ་བ་ཞིག་བྱེད་དགོས། གྲྭ་པ་འགའ་ཡང་འབུལ་དགོས་པ་འདུག །སྔོན་ལ་ང་རང་དང་མཉམ་དུ་རི་བོ་ཆེར་འགྲོ་གསུངས་པ་བཞིན། ཆོས་རྗེ་འདི་ཉིད་དགུང་གྲངས་བཅུ་དགུ་བཞེས་པ་ཡོས་ལོ་ལ་ཁམས་རི་བོ་ཆེར་སློབ་དཔོན་དང་ལྷན་དུ་ཕེབས། ཆོས་རྗེ་རབ་འབྱམས་པ་འཕྲིན་ལས་ཤིན་ཏུ་ཆེ་བས། རི་བོ་ཆེའི་ཁྲི་ཐོག་ཏུ་ཕེབས་ནས། སྐྱེ་འགྲོ་མང་པོ་ལ་བཀའ་ཆོས་གསུངས་པ་དང་། གཞན་དོན་རྒྱ་ཆེན་པོར་མཛད། སྐབས་དེ་དུས་དབུས་གཙང་ལ་འགྲོ་མཁན་གྲྭ་པ་དྲུག་ཅུ་རེ་གསུམ་ཙམ་འདུག་པ་རྣམས་ལ། གོ་བོ་རབ་འབྱམས་པ་ཤེས་རབ་དཔལ་གྱི་ཞལ་སྔ་ནས། སང་ང་ཆོས་འཆད་དུ་འགྲོ་དུས་ཁྱེད་རང་གྲྭ་པ་རྣམས་ཀྱི་ནང་ནས། ང་དང་དུས་མཉམ་དུ་ཁྲི་སྟེང་དུ་སླེབ་པ་དེ་བརྒྱ་འབུལ་གྱི་མིང་མགོར་གཏང་བ་ཡིན་གསུངས། དེ་ནུབ་མནལ་ལམ་དུ་རིའི་ཁ་ལྷོ་བསྟན་ཞིག་ན་ཆོས་ཁྲི་གཅིག་བརྩིག་བཞིན་འདུག །ཅི་ཡིན་གསུངས་པས་ཁྱེད་ཀྱི་བཞུགས་ཁྲི་ཡིན་ཟེར་བ་རྨིས། མནལ་སད་རྗེས་རབ་འབྱམས་པ་ཡང་མང་ཚོགས་དབུས་ན་ཆོས་ཁྲི་ཐོག་ཏུ་འབྲོན་གྱི་འདུག་པས། ཁྲིམ་སྲིབ་ཏུ་ཕྱིན་ཅན་ཆོས་རྗེ་དང་མཉམ་དུ་ཁྲི་ཐོག་ཏུ་སླེབས་པས། ཆོས་རྗེས་རྟེན་འབྲེལ་བཟང་གསུངས་ནས་ཤིན་ཏུ་དགྱེས། དེ་ནས་ཆོས་རྗེ་རབ་འབྱམས་པས། རིང་སྟོན་ཐམས་ཅད་མཁྱེན་པའི་ཞལ་དྲུང་དུ་ཞུ་ཡིག་ཕུལ་བའི་སྒོ་བརྗོད་ལ། སྟོན་པ་གཉིས་པ། མཆོག་གསུམ་པ། སངས་རྒྱས་བཞི་པ། སྒོ་སྲུང་ལྔ་པ། གནས་དྲུག་པ། རྒྱན་བདུན་པ། ཆོས་ཀྱི་རྒྱལ་པོ་ཐམས་ཅད་མཁྱེན་པ་རིང་སྟོན་སྨྲ་བའི་སེང་གེ་མཆོག་གི་ཞབས་དྲུང་དུ་གསུས་ཞུ། ཞེས་པ་ནས་སྐབས་དོན་འབུལ་བའི་རྣམ་གྲངས་ནི། གོ་རམ་ལ་སོགས་གྲྭ་པ་བརྒྱ། རྟམ་ཆུང་ལ་སོགས་ཧ་

སོགས་བརྒྱ། འཁྲིད་དཀར་ལ་སོགས་མཛོ་ཕོ་བརྒྱ། ཞེས་སོགས་ཞུ་ཡིག་དང་། བརྒྱ་འབུལ་མཚན་གྲངས་རྣམས་སྣ་གོན་ལེགས་པར་བྱས།

༩༧ ཀུན་མཁྱེན་རོང་སྟོན་ཐམས་ཅད་མཁྱེན་པའི་གདན་ས་དབུས་འཕན་པོ་ན་ལེནྡྲ་ནས་ཐོས་པ་མཛད་པའི་ཚུལ།

གོང་དུ་གསལ་བ་བཞིན་ཆོས་རྗེ་འདི་ཉིད་དགུང་གྲངས་ཉི་ཤུ་བཞེས་པ་ས་འབྲུག་གི་ལོ་ལ་གོང་ལམ་བརྒྱུད་དེ་རིམ་གྱིས་བསམ་ཡས། གསང་ཕུ་ལྷ་ས་རྣམས་སུ་བྱོན་ནས་ཡན་ལག་བདུན་པ་དང་། སྨོན་ལམ་རྒྱས་པར་མཛད། དེ་ནས་འཕན་པོ་ན་ལེན་དྲར་རོང་སྟོན་ཐམས་ཅད་མཁྱེན་པའི་ཞབས་དྲུང་དུ་བར་ཆད་མེད་པར་དབྱར་ཆོས་ཀྱི་དུས་སུ་བདེ་བར་ཕེབས་ཏེ་ཐུགས་བསམ་ཆིམ་པར་གྱུར་ཏེ། དེའི་དུས་ན་རོང་སྟོན་ཐམས་ཅད་མཁྱེན་པའི་ཞབས་དྲུང་དུ་གོ་བོ་རབ་འབྱམས་པ་ཤེས་རབ་དཔལ་བས་བརྒྱ་འབུལ་རྣམ་གྲངས་རྣམས་ཀྱི་མིང་མགོར་ཆོས་རྗེ་འདི་ཉིད་ཡིན་པ་གོང་དུ་གསལ་བ་བཞིན་ནོ། །

དེའི་ཚེ་རོང་སྟོན་ཆོས་རྗེ་འཁོར་ཚོགས་རྒྱ་མཚོའི་དབུས་ན་ལྷམ་མེ་ལྷང་ངེ་ལྷན་ནེར་བཞུགས་ནས་ཆོས་ཀྱི་འཁོར་ལོ་བསྐོར་བར་མཐོང་ཞིང་ཐོས་པས། དགའ་བ་དང་དད་པའི་སྤུ་ལོང་ཆེས་ཆེར་རྒྱས་ཤིང་འདིར་ཚོགས་པ་ཐམས་ཅད་ནི་ལུང་དང་རིགས་པ་ཤེས་པ་ཤ་སྟག་ཡིན་ནོ་སྙམ་ནས་གུས་པ་དང་ཞུམ་པ་སྐྱེས་ཏེ། རིགས་ལམ་གྱི་ཚེ་ཐོག་མར་བསྡུས་གྲྭ་བ་རྣམས་ཀྱི་དཀྱིལ་དུ་བྱོན་པས། ཞག་འགའ་ནས་ཁོང་རྣམས་ཀྱི་རྟོགས་པའི་ཚད་ལོངས། དེ་ནས་ལུང་ཆུང་བ་རྣམས་ཀྱི་ནང་དུ་ཞུགས་པས་སྔ་མ་བཞིན་དུ་ལོངས། དེ་ནས་ལུང་འབྲིང་བ་རྣམས་ཀྱི་ནང་དུ་བྱོན་པས་ལུང་འབྲིང་བ་ཡིན་པ་འཛིན་གྲྭ་མཉམ་པ་ལ་ཙུང་ཟད་ཤེས་ཚད་དྲག་ཤོས་རྣམས་དང་འདྲ་ཤར་རེ་བའི་ངོས་ནས་བགྲོ་གླེང་འཕེལ་པོ་ཡོང་གིན་འདུག་པས་དབྱར་ཐོག་དེ་ལ་ལུང་འབྲིང་བ་བྱས་གསུངས། དབྱར་ཆོས་དེའི་ཆོས་ཁྲི་སྟེང་ནས་གང་གསུང་གི་ཆོས་ཐམས་ཅད་གསན། སྐབས་དེ་དུས་རྗེ་བཙུན་མི་གཡོ་བས་རྗེས་སུ་གནང་བ་མཛད་དུས་ཆོས་རྗེ་འདི་ཉིད་ལ་ཉམས་སྣང་ཁྱད་པར་ཅན་ཐུགས་རྒྱུད་ལ་འཁྲུངས། རོང་སྟོན་ཐམས་ཅད་མཁྱེན་པའི་ཞལ་ནས་མི་གཡོ་བ་ནི་གྲྭ་པ་བརྒྱའི་དོན་ཁམས་པ་མགོ་བོ་ཆེ་ལ་ཐིམ་སོང་གསུངས། །

༩༨ ཀུན་མཁྱེན་རོང་སྟོན་སངས་རྒྱས་འཕེལ་གྱི་གདན་ས་གཙང་རྫོང་དཀར་འབྲས་ཡུལ་སྐྱིད་མོས་ཚལ་ནས་གཞུང་ཆེན་བཅུ་གསུམ་དང་གྲགས་ཆེན་བཅོ་བརྒྱད་ལ་ཐོས་བསམ་མཐར་ཕྱིན་གནང་བའི་ཚུལ།

གཙང་ནས་ཐོས་པ་མཛད་པའི་ཚུལ་ནི། ཀུན་མཁྱེན་རོང་ཆེན་པོའི་ཞལ་ནས། ངེད་རང་གི་སློབ་མ་དགེ་བཤེས་བྱམས་ཆེན་རབ་འབྱམས་པས། འབྲུག་ལོ་ནས་བཟུང་བོད་འབྲུག་དགོན་པར་འཆད་ཉན་བཙུགས་པའི་རྟེན་འབྲེལ་བཟང་། བོད་གངས་ཅན་གྱི་ལྗོངས་འདིར་འཆད་ཉན་འབྲུག་ལྟར་བ་ལྟ་བུ་འོང་བའི་སྔ་ལྟས་འདུག །དེང་སང་སློབ་གཉེར་ཡང་ཤིན་ཏུ་འཕེལ་བ་ཁྱེད་དེར་ཕྱིན་ན་ལེགས་པའི་བཀའ་ལུང་བསྟན་པ་བཞིན། ཆོས་རྗེ་འདི་ཉིད་དགུང་གྲངས་ཉེར་གཅིག་བཞེས་པ་ས་སྦྲུལ་གྱི་ལོ་ལ་སླེ་བའི་དབང་པོ་བྱམས་ཆེན་རབ་འབྱམས་པ་ཀུན་མཁྱེན་རང་སྟོན་སངས་རྒྱས་འཕེལ་གྱི་ཞབས་དྲུང་ནས། བྱམས་ཆོས་སྡེ་ལྔ་རྒྱ་ཆེན་སྤྱོད་པའི་སྒྲོལ་དང་། །ཚ་འཛུག་བཞི་སྤྱོད་ཟབ་མོ་དབུ་མའི་ལུགས། །མཛོད་དང་ཀུན་བཏུས་མངོན་པའི་སྡེ་སྣོད་དང་། །སོར་མདོ་མདོ་རྩ་འདུལ་བའི་སྡེ་སྣོད་ཡིན། །ཞེས་གསུངས་པ་བཞིན་གཞུང་ཆེན་བཅུ་གསུམ་ཆ་ལག་རྒྱ་འགྲེལ་དང་བཅས་པ་དང་། ཚད་མ་མདོ་དང་ཚད་མ་སྡེ་བདུན་རང་འགྲེལ་རྒྱ་འགྲེལ་གཞན་སྣ་ཚོགས་དང་བཅས་པ། སྡོམ་གསུམ་ཚད་མ་རིགས་གཏེར་རང་འགྲེལ་དང་བཅས་པ་སྟེ། སྔར་གྱི་བཅུ་གསུམ་གྱི་སྟེང་ལ་ཚད་མ་མདོ་རྣམ་འགྲེལ་དང་རྣམ་ངེས། སྡོམ་རིགས་གཉིས་ཀྱི་གཙོས་གྲགས་ཆེན་བཅོ་བརྒྱད་དང་། དེ་བཞིན་སའི་དངོས་གཞི་གཙོས་ས་སྡེ་ལྔ་དང་། པྲ་ཀ་ར་ཎ་སྡེ་བརྒྱད་ལ་སོགས་པའི་གཞུང་ལུགས་ཆེ་ཕྲ་རྣམས་གསན་སྦྱོང་མཐར་ཕྱིན་པ་མཛད། སྐབས་དེ་དུས་ནས་ཆོས་སྡེ་དེ་ཉིད་ཀྱིས་གཙོས་བོད་ལྗོངས་ནས་མཐའ་འཁོར་ནས་ཡུལ་གྲུ་ཁག་ལ་མཁས་པའི་སྙན་གྲགས་ཀྱིས་ཁྱབ་པར་གསལ། །

༩༩ དཔལ་རྒྱལ་བ་ངོར་ཆེན་རྡོ་རྗེ་འཆང་ཀུན་དགའ་བཟང་པོའི་གདན་ས་གཙང་ངོར་ཨེ་ཝཾ་ཆོས་ལྡན་ནས་མདོ་སྔགས་དམ་པའི་ཆོས་ལ་ཐོས་པ་རྒྱ་ཆེན་མཛད་པའི་ཚུལ་སྐོར།

དེ་ནས་ཀུན་མཁྱེན་གོ་བོ་རབ་འབྱམས་པ་བསོད་ནམས་སེངྒེ་མཆོག་སྟོན་གྱི་བག་ཆགས་སད་པའི་

དབང་གིས། རྗེ་བཙུན་ས་སྐྱ་པའི་མདོ་སྔགས་ཀྱི་ལྷ་གྲུབ་རྣམ་པར་དག་པ། དཔལ་རྒྱལ་བ་ངོར་ཆེན་རྡོ་རྗེ་ཀུན་དགའ་བཟང་པོ་ཡབ་སྲས་དང་མཇལ་ན་འདི་ཡང་ཚེ་སྔོན་གྱི་བསོད་ནམས་རྒྱ་ཆེན་བསགས་པའི་འབྲས་བུ་ཡིན་པས། རྗེ་བླ་མའི་གསུང་གི་བདུད་རྩི་འཐུང་ངོ་སྙམ་དུ་དགོངས་ནས། དཔལ་གདན་ས་ཆེན་པོ་ངོར་ཨེ་ཝཾ་ཆོས་ལྡན་དུ་རྒྱལ་བ་ངོར་ཆེན་རྡོ་རྗེ་འཆང་གི་དྲུང་དུ་ཕྱག་ཕེབས་ཏེ་ཞབས་ལ་གཏུགས་ཤིང་། གསར་ཆོས་ལ་དཔལ་ཀྱི་རྡོ་རྗེའི་འགྲེལ་བ་ལུགས་ཀྱི་དབང་ཆེན་དང་། དེ་ནས་རིམ་པ་བཞིན་ཀྱི་རྡོ་རྗེའི་རྒྱུད་གསུམ་དང་། ངན་སོང་སྦྱོང་བའི་རྒྱུད་དང་། བདེ་མཆོག་རྩ་བའི་རྒྱུད། བཤད་པའི་རྒྱུད། རྣལ་འབྱོར་མ་མཁའ་སྤྱོད་ཀྱི་བཤད་པ་རྣམས་རྗེ་བཙུན་ས་སྐྱ་པའི་བཀའ་སྲོལ་བཞིན་རྫོགས་པར་གསན།

དཔལ་ཀྱི་རྡོ་རྗེ་ལ་སོགས་པའི་གཉིས་མེད་ཀྱི་དབང་དང་། བདེ་མཆོག་ལུ་དྲིལ། མཁའ་འགྲོ་རྒྱ་མཚོ་ལ་སོགས་པ་མ་རྒྱུད་ཀྱི་དབང་དང་། གསང་འདུས་འཕགས་ལུགས། གཤེད་དམར་ལྷ་ལྔ། རྡོ་རྗེ་འཇིགས་བྱེད་ས་ལུགས་ལ་སོགས་པའི་ཕ་རྒྱུད་བླ་མེད་ཀྱི་བཀའ་དབང་རྣམས་དང་།

ཀུན་རིག་རྩ་བའི་དབང་ཆེན་གྱིས་གཙོས། སྦྱོང་རྒྱུད་བཅུ་གཉིས་ལ་སོགས་པ་བྱ་རྒྱུད་ཀྱི་དབང་ཆེན་རྣམས་དང་། ཨ་ར་པ་ཙ་ལྷ་ལྔའི་དབང་ལ་སོགས་པའི་སྤྱོད་རྒྱུད་ཀྱི་བཀའ་དབང་རྣམས་དང་། རིགས་གསུམ་སྤྱི་དབང་ལ་སོགས་པ་སྤྱོད་རྒྱུད་ཀྱི་བཀའ་དབང་སྔེ་ཡི་དམ་རྒྱུད་སྡེ་བཞིའི་དབང་ཆེན་རྣམས་དང་། སྒྲུབ་ཐབས་རྒྱ་མཚོ། གྲུབ་ཐོབ་བརྒྱ་རྩ་སྙེ་རྗེས་གནང་དང་། སྒྲུབ་ཐབས་གཅིག་ཏུ་བསྡུས་པ་དང་། རྡོ་རྗེ་གདན་པ་ལས་བརྒྱུད་པ་སོགས་དང་། ཐུགས་རྗེ་ཆེན་པོ་འཕགས་ལུགས་དང་། དཔལ་མོ་ལུགས་ལ་སོགས་པ་ཞི་བའི་ལས་བསྒྲུབ་པའི་ལྷ་ཚོགས་དང་། མི་གཡོ་བ་དཀར་སྔོན་ལ་སོགས་པའི་ཤེས་རབ་རྒྱས་པའི་ལྷ་རྣམས། ཚེ་ལྷ་རྣམ་གསུམ་གྱི་གཙོས་ཚེ་རྒྱས་པའི་ལྷ་ཚོགས་རྣམས། རྡོ་རྗེ་རྣམ་འཇོམས་མ། ཤ་བ་རི་ལ་སོགས་པའི་ནད་གདོན་སྲུང་བའི་ལྷ་ཚོགས་རྣམས། དམར་པོ་བསྐོར་གསུམ་ལ་སོགས་པའི་ལས་སྣ་ཚོགས་དབང་དུ་བྱེད་པའི་ལྷ་ཚོགས་རྣམས་དང་། དཔལ་རྡོ་རྗེ་ནག་པོ་ཆེན་པོ་ལྕམ་དྲལ་ལྷ་བརྒྱད་ལ་སོགས་པའི་མི་མཐུན་ཕྱོགས་ཚར་གཅོད་པ་བྱེད་པའི་ལྷ་རྣམས་ཚོགས་ཀྱི་རྗེས

སུ་གནང་བ། ཞེན་པ་བཞི་བྲལ། གསུང་ངག་རིན་པོ་ཆེ་ལམ་འབྲས། དྲིལ་བུ་རིམ་ལྔ། བདེ་མཆོག་དཀར་པའི་ཁྲིད་ཤིན་ཏུ་སྤྲོས་མེད་ལ་སོགས་པའི་བཀའ་ཁྲིད་ཟབ་མོ་རྣམས་དང་། མཆིམས་ཀྱི་ས་བཅད་དང་བཅས་པའི་མདོ་དུམ་བུ་བཅུ་བདུན། འཕགས་པའི་ས་བཅད་དང་བཅས་པའི་ཟབ་མོ་མདོ་ལྔ། བརྒྱད་སྟོང་པ། གཞན་ཡང་དབུ་མ་རིན་ཆེན་ཕྲེང་བ། བཤེས་སྤྲིངས་ལ་སོགས་པའི་ལུང་བསམ་གྱིས་མི་ཁྱབ་པ་གསན། ཆོས་རྗེ་ཁ་འཕུར་བའི་དྲུང་དུ། གུར་རིགས་བསྡུས་ཀྱི་དབང་། ཧ་མགྲིན་ལུགས་རལ་ཅན། སྤྱན་རས་གཟིགས་སེངྒེ་སྒྲ། འཇམ་དབྱངས་དམར་སེར། སྒྲོལ་མ་ལ་སོགས་པ་གསན། །

༥༠ མུས་ཆེན་སེམས་དཔའ་ཆེན་པོའི་གདན་ས་མུས་སྟག་མོ་གླིང་ཁ་ནས་མདོ་སྔགས་ཟུང་འབྲེལ་ལ་གསན་བཞེས་མཐར་ཕྱིན་གནང་བའི་ཚུལ།

ཀུན་མཁྱེན་གོ་བོ་རབ་འབྱམས་པ་བསོད་ནམས་སེངྒེ་མཆོག་གདན་ས་མུས་སྟག་མོ་གླིང་ཁར་ཆེད་ཕེབས་གནང་སྟེ། ཆོས་རྗེ་བླ་མ་མུས་ཆེན་སེམས་པ་ཆེན་པོ་ཞལ་སྔ་ནས་ཀཱ་རི་ཀ་ལྔ་བཅུ་པ། སུམ་བརྒྱ་པ་འོད་ལྡན་དང་བཅས་པ། དུལ་བ་ལྷས་མཛད་པའི་འགྲེལ་བ་དང་། ཡོན་ཏན་འོད་ཀྱིས་མཛད་པའི་མདོ་རྩའི་འགྲེལ་བ། གསེར་གླིང་པས་མཛད་པའི་རྒྱ་ཆེན་འགྲེལ་དང་བཅས་པ། ལས་བརྒྱ་རྩ་གཅིག་པ། དགེ་ཚུལ་གྱི་ལོ་དྲི་བ། སོ་སོ་ཐར་པའི་མདོའི་འགྲེལ་པ། འདུལ་བ་རྣམ་འབྱེད་ཀྱི་འགྲེལ་པ་ཚུལ་ཁྲིམས་བསྐྱང་གིས་མཛད་པ། རྩ་བའི་ལུང་སོ་སོ་ཐར་པ། བཤད་པའི་ལུང་བཞི་རྣམ་འབྱེད་ཞུ་བ་ཕྲན་ཚེགས་ཏེ་གཞི་ཐམས་ཅད་ཡོད་པར་སྨྲ་བའི་འདུལ་བ་ལུང་གི་སྡེ་ཚ་ཚང་བར་གསན།

མན་ངག་གི་ཁྲིད་ནི་ཞེན་པ་བཞི་བྲལ། རྗེ་བོའི་བློ་སྦྱོང་དོན་བདུན་མའི་ཉམས་ཁྲིད། བློ་སྦྱོང་ཐོར་བུ་བ་གཅིག་ཏུ་སྡོམ་པ། མཚོན་ཆ་འཁོར་ལོ། རྨ་བྱ་དུག་འཇོམས་སེམས་དཔའི་རིམ་པ། བྱང་ཆུབ་སེམས་དཔའ་ཀུན་ཏུ་བཟང་པོའི་བློ་སྦྱོང་། བིར་ཝ་པའི་བློ་སྦྱོང་། སུམ་པ་ལོ་ཙྪ་བའི་བློ་སྦྱོང་། སྐྱིད་སྡུག་ལམ་ཁྱེར་གྱི་བློ་སྦྱོང་། རྟེན་འབྲེལ་སྙིང་པོའི་བློ་སྦྱོང་། ཟས་ལ་སོགས་པ་སྤྱོད་ལམ་ལ་བརྟེན་པའི་བློ་སྦྱོང་། ཕུང་པོ་ཟན་དུ་བསྒྱུར་བ། ཀུ་ས་ལིའི་ཚོགས་བསགས། གླང་རི་ཐང་པའི་ཚིག་རྐང་བརྒྱད་མ། ཁྱེར་

སྒོམ་རྡོ་རྗེའི་གླུ། སངས་རྒྱས་བསྒོམ་པའི་ཉམས་ལེན། རྫོ་བོའི་ལམ་ཡིག་ཆུང་བ་དང་། རྒྱལ་སྲས་བཀའ་འབུམ། འགྲོ་མགོན་དཔལ་ལྡན་ཡེ་ཤེས་ཀྱིས་མཛད་པའི་རྒྱལ་སྲས་པའི་རྣམ་ཐར་བློ་སྦྱོང་ཟིན་བྲིས་མ། ཆོས་རྗེ་རྒྱལ་མཆོག་པའི་བློ་སྦྱོང་། ཀུན་སྤོམ་ཆེན་མོ་ལ་སོགས་པ་བློ་སྦྱོང་མན་ངག་གི་རིགས་སུ་གཏོགས་པ་རྣམས་དང་། བསྒོམ་རིམ་གསུམ་དང་། རྒྱལ་ཆེན་སྤྱོད་པ་སྟོན་པ། བྱང་ས་དང་། མདོ་སྡེ་རྒྱན། ངོ་མཚར་སྤྱོད་པ་སྟོན་པ་དཔའ་བའི་སྐྱེས་རབས། ཆོས་སྐྱོབས་ཀྱི་ཆེད་དུ་བརྗོད་པའི་ཚོམས། ལྟ་སྤྱོད་ཟུང་འཇུག་སྟོན་པ་ཞི་བ་ལྷའི་བསླབ་སྤྱོད་གཉིས་ཏེ་བཀའ་གདམས་གཞུང་དྲུག་ཏུ་གྲགས་པ་དང་། ཡང་དབུ་མ་རིན་ཆེན་ཕྲེང་བ། བཤེས་སྤྲིངས་དང་། ས་ལུ་ལྗང་པའི་མདོ་འགྲེལ། ཡེ་ཤེས་སྙིང་པོ་ཀུན་ལས་བཏུས་པ། རྫོ་བོའི་ཆོས་ཆུང་བརྒྱ་རྩ་ལ་སོགས་པ་བློ་སྦྱོང་བའི་ཆོས་སུ་གྲགས་པ་རྣམས་དང་། གཙོད་སྐོར་གསུམ་གྱི་དམིགས་ཁྲིད། གཙོད་བཀའ་སྙིང་མ་ཤིན་ཏུ་དག་ཅིང་། ཁྲམ་ཟེ་ཧྲུམ་དེ་ཝའི་གཞུང་གསུམ་དང་བཅས་པ་རྣམས་དང་། ཐུགས་རྗེ་ཆེ་པོ་གཙོ་འཁོར་གསུམ་གྱི་རིགས་གཏད། དོན་ཡོད་ཞགས་པའི་རིགས་གཏད། དཔལ་མོའི་གཞུང་བཞི་ལ་སོགས་པ་ཐུགས་རྗེ་ཆེན་པོའི་བསྐོར་དང་། འཇམ་དབྱངས་དམར་སེར། ཕྱག་ན་རྡོ་རྗེ་ཨུ་ཙ་གོས་སྔོན་ཅན། འབྱུང་པོ་འདུལ་བྱེད། རྨི་བ་བརྩེགས་པ། རྣམ་འཇོམས་བིར་ལུགས། བ་རིའི་ལུགས། གཉན་སྒྲོལ་ཡན་ལག་དྲུག་པ་དང་བཅས་པ། མགོན་པོ་ལྷུམ་བྲལ། གུར་ལྷ་བརྒྱད། དམར་པོ་བསྐོར་གསུམ་ལ་སོགས་པའི་རྗེས་སུ་གནང་དང་། དཔལ་ཀྱི་རྡོའི་རྒྱུད་གསུམ། བདེ་མཆོག་རྩ་རྒྱུད། གསང་འདུས་རྩ་རྒྱུད། ངན་སོང་སྦྱོང་རྒྱུད་ཀྱི་བཤད་བཀའ་དང་། དཔལ་ཀྱི་རྡོ་རྗེ་འགྲེལ་བ་ལུགས་ཀྱི་རྒྱུད་འགྲེལ་ཀུ་མུ་དི། སྒྲུབ་ཐབས་ཡན་ལག་དྲུག་པ། དཀྱིལ་ཆོག་བཟང་པོ་ཡོངས་བཟུང་། རིན་ཆེན་འབར་བ་ལ་སོགས་པའི་གཞུང་ཕྲན་རྣམས་དང་། དཔལ་ཀྱི་རྡོ་རྗེ་མཚོ་སྐྱེས་ཀྱི་རྒྱུད་འབྲེལ་པདྨ་ཅན། སྒྲུབ་ཐབས་མཚོ་སྐྱེས། དཀྱིལ་མཆོག་ནས་གླིང་མ་ལ་སོགས་པའི་གཞུང་ཕྲན་རྣམས་དང་། དཔལ་ཀྱི་རྡོ་རྗེ་ནག་པོ་ལུགས་ཀྱི་དཀྱིལ་ཆོག །སྒྲུབ་ཐབས་སོགས་གཞུང་ཕྲན་རྣམས་དང་། དཔལ་ཀྱི་རྡོ་རྗེ་མན་ངག་ལུགས་ཀྱི་རྒྱ་གཞུང་རྡོ་རྗེའི་ཚིག་རྐང་ཐུན་མོང་བའི་ཡིག་སྣ་བཅུ་བཞི། གསུང་ངག་གི་ཡིག་སྣ་དྲུག་ཅུ། རྒྱུད་འཆད་ཐབས་ཀྱི་ཆོས་སྣ་བཅུ་བཞི་ལ་

སོགས་པ་རྗེ་བཙུན་ས་སྐྱ་པའི་གསུང་རབ་རྣམས་དང་། བདེ་མཆོག་ནག་པོའི་གཞུང་དྲུག །ལཱུ་ཧི་པའི་ཞི་པ་སླན་ལྔ། དྲིལ་བུ་བསྐོར་གསུམ། མཁའ་འགྲོ་རྒྱ་མཚོའི་རིན་ཆེན་སྣ་བདུན། སངས་རྒྱས་ཐོད་པའི་སྒྲུབ་ཐབས། དཀྱིལ་ཆོག །གསང་འདུས་འཕགས་ལུགས་ཀྱི་འགྲེལ་ཆེན་སྒྲོན་ལམ་གསལ་བ། སྒྲུབ་ཐབས་མདོ་བྱང་། མདོ་སྲེ། སྤྱོད་བསྡུས་སྒྲོན་མེ། རིམ་ལྔ། སྦྱིན་སྲེག །དཀྱིལ་མཆོག་ཉི་ཤུ་པ། ཟླ་གྲགས་ཀྱི་ཕྱི་རོལ་མཆོད་པའི་ཆོ་ག་ལ་སོགས་པ་གཞུང་ཕྲན་ཚེགས་མཐའ་དག་དང་། འགོས་ཀྱི་སྟོང་ཐུན། རྫོག་གི་གོང་འཐུན། བུ་སྟོན་གྱི་གྲུབ་མཐའ་རབ་གསལ། གསུང་ངག་ཆེན་རིན་པོ་ཆེ་ལམ་འབྲས་ཀྱིད་ཁྲིད། ལམ་སྦས་བཤད་ཀྱི་ཁྲིད། ནག་པོ་རིམ་བཞིའི་ཁྲིད། རིལ་བུ་རིམ་ལྔའི་ཁྲིད། གསང་འདུས་རིམ་ལྔའི་ཁྲིད། ཤིན་ཏུ་སྤྲོས་མེད་ཀྱི་ཁྲིད། གཞན་ཡང་ཐུན་མོང་མ་ཡིན་པའི་ལམ་ཟབ་བླ་མའི་རྣལ་འབྱོར། བིར་བསྲུང་ཐུན་མོང་མ་ཡིན་པ། རྣལ་འབྱོར་མའི་འཕོ་ཆུང་། རྗེ་བཙུན་གོང་མ་གསུམ་གྱི་གསུང་འབུམ། ས་སྐྱ་པཎྜི་ཏའི་སྡོམ་གསུམ། ཚད་མ་རིགས་གཏེར་རང་འགྲེལ། ཐུབ་པའི་དགོངས་གསལ། སངས་རྒྱས་ཀྱི་ཞུ་འཕྲིན། དྲིན་ལན་གྱི་ཚོགས་འགའ་ཞིག །རྡོ་རྗེ་འཆང་གི་གསུང་འབུམ། ཆོས་རྗེ་མུས་པ་ཉིད་ཀྱི་གསུང་འབུམ་ལ་སོགས་པ་གསན། དེ་བཞིན་ངོར་པའི་མཁན་རབས་བཞི་པ་ཆོས་རྗེ་ཀུན་དགའ་དབང་ཕྱུག་གི་ཞལ་སྔ་ནས། མགོན་པོ་ཆེ་ཆུང་གི་རྗེས་གནང་སོགས་ཆོས་བསྐོར་བསམ་གྱིས་མི་ཁྱབ་པ་གསན།

དཔེར་ན་ངོར་པའི་མཁན་རབས་གཉིས་པ་མུས་ཆེན་སེམས་པ་ཆེན་པོ་ཁོ་ནའི་ཞལ་སྔ་ནས་གསང་སྔགས་ལམ་འབྲས་ཚར་ལྔ། བདག་ཆེན་ཞ་ལུ་པ་དང་། བདག་ཆེན་ཆུ་མིག་པ་རྣམ་གཉིས་ཀྱི་ཞལ་སྔ་ནས་ཀྱང་། སྡོམ་པ་གསུམ་གྱི་རབ་ཏུ་དབྱེ་བ་དང་། མགོན་པོ་ཞལ་བཞི་པའི་རྗེས་གནང་དང་། འབྲོག་མི་ལུགས་ཀྱི་མགོན་ཀྱང་རྗེས་གནང་ལ་སོགས་པ་གསན་ཅིང་། མདོར་ན་རིས་སུ་མ་ཆད་པའི་མཁས་གྲུབ་བཅུ་ཕྲག་མང་པའི་ཞལ་སྔ་ནས་དབང་ལུང་ཁྲིད་མན་ངག་ཕྲུག་ལེན་ཕྲ་མོ་ཙུན་ཆད་ལ་ཐོས་བསམ་གྱི་སྒྲོ་འདོགས་ཆོད་པར་མཛད།

༥༡ ཀུན་མཁྱེན་གོ་བོ་རབ་འབྱམས་པ་བསོད་ནམས་སེངྒེའི་བསམ་བསྒོམ་མཛད་པས་གྲོལ་བ་རྙེད་པའི་ཚུལ།

མདོ་སྔགས་རིག་གཞུང་དང་བཅས་པ་ལན་རེ་ཙམ་ཐུང་རེ་ཐོས་པ་ཙམ་གྱིས་ཤེས་བྱའི་གནས་མ་ལུས་པ་ཤེས་ཀྱང་ང་རྒྱལ་མེད་ཅིང༌། ཐོས་པ་རྒྱ་མཚོས་མི་ངོམས་པ་དང༌། བསམ་བྱུང་རིགས་པས་མདོ་རྒྱུད་རྒྱ་བོད་ཀྱི་གཞུང་ལུགས་རྣམས་གོང་འོག་བསྡེབས་ནས་ཚུལ་བཞིན་དུ་དཔྱད་པས་རང་གཞན་གྲུབ་མཐའ་རྒྱ་མཚོའི་ཕ་མཐར་སོན་ཞིང༌། སྒོམ་བྱུང་རྣལ་འབྱོར་མངོན་སུམ་རྒྱུན་དུ་བསྒོམ་པས་གྲོལ་བ་བརྙེས་པ་ཡིན་ཏེ། ཀུན་མཁྱེན་གོ་བོ་རབ་འབྱམས་པ་བསོད་ནམས་སེངྒེ་འདི་ཉིད་ཀུན་མཁྱེན་རོང་སྟོན་སངས་རྒྱས་འཕེལ་གྱི་གདན་ས་འབྲས་ཡུལ་སྐྱེད་མོས་ཚལ་དུ་བཞུགས་སྐབས་ཅུང་ཟད་སྙིང་ཚུལ་བཞེས་པའི་དུས་སུ། མཐུ་སྟོབས་ཀྱི་དབང་ཕྱུག་ཆོས་རྗེ་འདི་བའི་སྐུ་རིམ་ལ་བཞུགས་པའི་མནལ་ལམ་དུ། ཆོས་རྗེ་ཉིད་ལ་གྲུ་གུའི་རྒྱལ་པོ་ཡིན་ཟེར་བ་ཞིག་གིས་བར་ཆད་བྱེད་པ་སྨྲས་པས་རྒྱལ་པོ་འདི་ལ་དམིགས་པའི་ཐུགས་དམ་མཛད་གསུངས་པ་བཞིན། ལྟ་བ་འཁོར་འདས་དབྱེར་མེད་གཙོ་བོར་སྒོམ་པའི་སྐབས་སུ། གོང་གསལ་རྒྱལ་པོ་དེའི་ཚེ་འཕྲུལ་བྱུང་བའི་ཚེ། བདག་གཞན་བརྗེ་བའི་བྱང་ཆུབ་ཀྱི་སེམས་རིན་པོ་ཆེ་དང༌། ལྟ་བ་རྩེ་གཅིག་པ་མཛད་པས་རྒྱལ་པོ་འཇའ་ཡལ་བ་ལྟར་སོང་སྟེ། བར་དུ་གཅོད་པ་དང་བདུད་ཀྱི་ཚོགས་ཐམས་ཅད་ལས་རྣམ་པར་རྒྱལ་བ་གྱུར། ལྷག་དོན་དུ་བདེ་ཀྱཻ་གཉིས་ཀྱི་གཞི་བསྙེན་མཛད་པའི་དུས་སུ་གྲོལ་བྱེད་ས་ལམ་གྱི་རྟོགས་པ་ཁྱད་པར་ཅན་དུ་མ་ཐུགས་རྒྱུད་ལ་འཁྲུངས་པའི་ཚུལ་ནི་ཞིབ་ཏུ་གསལ་ཡང༌། འདི་དག་ནི་གསང་ཆེན་སྔགས་ཀྱི་གསང་བའི་མན་ངག་དང་འབྲེལ་བས་ཞིབ་གསལ་འདིར་མ་བྲིས། །

༥༢ ཀུན་མཁྱེན་གོ་བོ་རབ་འབྱམས་པ་བསོད་ནམས་སེངྒེ་མཆོག་གདན་ས་རྫོང་དཀར་འབྲས་ཡུལ་སྐྱེད་མོས་ཚལ་གྱི་མཁན་པོའི་ཁྲི་ལ་ཕེབས་པའི་སྐོར།

དེ་ལྟར་སློབ་གྲོལ་ལ་མངའ་བརྙེས་པས་གསུང་རབ་རབ་འབྱམས་ལ་མི་འཇིགས་པའི་སྤོབས་པ་ཐོབ་སྟེ། གདུལ་བྱ་སོ་སོའི་བློ་དང་འཚམ་པ་རྗོད་བྱེད་ཀྱི་ཚིག་རྣམས་གོ་བདེ་ཞིང་འབྲེལ་ཆགས་པ།

བརྗོད་བྱ་དོན་དང་ལྡན་པ། བྱེད་ལས་ཐར་པ་ཐོབ་པ་དང་རྗེས་སུ་མཐུན་པར་ཟབ་པ་དང་རྒྱ་ཆེ་བའི་ཆོས་སྟོན་པ་ཞིག་སྟེ། དེ་ཡང་མདོ་འཆད་ན་ཕུན་སུམ་ཚོགས་པ་ལྔ། རྒྱུད་འཆད་ན་མཐའ་དྲུག་ཚུལ་བཞི་སོགས་དང་། བསྟན་བཅོས་འཆད་ན་དགོས་དོན་བསྡུས་དོན། ཚིག་དོན། མཚམས་སྦྱར། བརྒལ་ལན་གྱིས་གདན་ལ་ཕབ་པ་ལྔའི་སྒོ་ནས་ལེགས་པར་འཆད་པ་མཛད་པའི་ཚུལ་ནི། ཀུན་མཁྱེན་གོ་བོ་རབ་འབྱམས་པ་བསོད་ནམས་སེངྒེ་དགུང་གྲངས་སུམ་ཅུ་སོ་གཉིས་བཞེས་པའི་དུས་སུ་འབྲུག་ལོ་ཤར་བ་དང་། སྐུ་ཡི་གཉེན་པོ་ཡེ་ཤེས་རྒྱལ་མཚན་པས་བསྐུལ་ནས་མདོ་ཁམས་གོ་འཇོ་རང་ལ་ཕེབས་པ་དགོངས་ནས། འབྲས་ཡུལ་སྐྱེད་མོས་ཚལ་དུ་ཡོངས་འཛིན་དམ་པ་བྱམས་ཆེན་རབ་འབྱམས་པའི་དྲུང་དུ་བྱོན་ཏེ། ཞག་འགའ་ཤས་ཞབས་དྲུང་འདིར་ངལ་གསོ་བར་བྱའོ་སྙམ་དུ་དགོངས་ནས་བཞུགས་པའི་སྐབས་སུ། ཚོགས་ཆེན་དུ་མང་ཇ་ཞིག་བྱུང་བའི་ཚོགས་དབུས་ནས་ཀུན་མཁྱེན་རོང་སྟོན་སངས་རྒྱས་འཕེལ་གྱི་ཞལ་ནས། དེ་རིང་རབ་འབྱམས་པ་སངས་ལྡན་གྱིས་མངོན་པ་ཀུན་ལས་བཏུས་པ་ལ་དམ་བཅའ་ཞོག །ཀུན་མཁྱེན་གོ་བོ་རབ་འབྱམས་པས་སྡོམ་གསུམ་རབ་དབྱེ་ལ་དམ་བཅའ་ཞོག །བཀའ་བཅུ་པ་བསྟན་གསལ་གྱིས་ཚད་མ་རིགས་གཏེར་ལ་དམ་བཅའ་ཞོག །དགེ་བཤེས་བློ་གསལ་བ་རྣམས་ཀྱིས་ཐལ་འགྱུར་ཐོང་ཞེས་བཀའ་ཕེབས་པ་ལ། ཆོས་རྗེ་འདི་ཉིད་དང་བཀའ་བཅུ་པ་བསྟན་གསལ་རྣམ་གཉིས་ཀྱིས་དམ་བཅའ་མ་བཞག་གོང་ནས། རབ་འབྱམས་པ་སངས་རྒྱས་ལྡན་གྲུབ་ཀྱིས་མངོན་པ་གོང་འོག་གི་འགྲེལ་བཤད། བོད་སྔ་རབས་པ་རྣམས་ཀྱི་བགྲོས། དེང་སང་གི་དགེ་བཤེས་རྣམས་ཀྱི་བཞེད་ཚུལ་བཅས་རྒྱས་བཤད་མཛད་པ་ལ། བྱམས་ཆེན་རབ་འབྱམས་པས་བཤད་པ་ཉག་ཉོག་གི་དགོས་དོན་ཆུང་། དམ་བཅའ་ཧྲིལ་པོ་ཞིག་ཞོག་གསུངས་པ་ལ། དཔང་ལོ་ཆེན་པོའི་བཞེད་པ་དང་བསྟུན་ནས་མདོ་སྡེ་ས་ཡན་ལ་ཡང་སེམས་སེམས་བྱུང་རྫས་ཐ་དད་པ་ཡིན་ཞེས་གསུངས་སོ། །དེ་ནས་གྲྭ་པ་བློ་གསལ་རྣམས་ཀྱི་ཕྱོགས་ཕྱོགས་ནས་བགྲོ་གླེང་གི་འགོ་བཙུགས་ནས་གང་མཚམས་སོང་སྐབས། མཇུག་ཏུ་ཀུན་མཁྱེན་གོ་བོ་རབས་འབྱམས་པས་ངས་བགྲོ་གླེང་གི་གཏོང་བས་གསན་ཞིག་གསུངས་པ་དང་། རབ་འབྱམས་པ་སངས་རྒྱས་ལྡན་གྲུབ་ཀྱི་ཐུགས་ཀྱི་དགོངས་པ་ལ། དང་པོ་གཞུང་

ལ་སློབ་གཉེར་བྱེད་པའི་སྐབས་སུ་དུས་ཚོད་ཐུང་ངུ་ལ་གཞུང་ཆེན་མང་པོ་ལྷན་དུ་སྦྱོང་།

བར་སྐབས་སུ་གདན་ས་ངོར་དུ་ཡུན་རིང་པོ་བཞུགས་ཡོད་པས་ངེས་ཆ་དེ་ཙམ་མེད་པ་ཚོད་དཔག་ཐུབ་ཀྱང་། འདི་མཁས་པ་སྐན་གྲགས་ཅན་ཞིག་ཡིན་པས། དེ་རིང་ངས་བགྲོ་གླེང་ལེགས་པ་ཞིག་བྱས་ནས་མཚན་སྐན་ཁམས་གསུམ་དུ་གྲགས་པ་ཞིག་བྱ་དགོས་བསམ་ནས་ཤིན་ཏུ་དགའ་སྟེ། ཧལ་གྱིས་ལངས་ཏེ་ཞྭ་ཕུད་ཚོགས་མང་ལ་འདི་སྐད་གསུངས་སོ། །ངེད་ལ་ཀུན་མཁྱེན་གོ་བོ་རབ་འབྱམས་པས་བགྲོ་གླེང་མཛད་ཀྱི་ཡོད་པས་གསན་ཅིག་གསུངས་སོ། །དེ་རྗེས་ཐལ་འགྱུར་ཚར་འགའ་ཡར་སོང་རྗེས་ཁྱབ་པ་རེ་འགལ་ཕུད་སྐབས། ཁོང་ན་རེ། ཤིང་སྟོང་འདིའི་རྩ་ར་དོན་གོ་བ་ང་མིན་པ་སུ་མ་བྱུང་ཟེར་ཏེ་ཤམ་ཤམ་མང་པོ་བྱེད་དོ། །དེ་ནས་སྔར་གྱི་གྲུབ་མཐའ་དང་སྒྲོ་བསྟུན་ནས། གཙོ་སེམས་གཅིག་གི་འཁོར་དུ་བྱུང་བའི་སེམས་བྱུང་དེ། གཙོ་བོར་སེམས་དེ་ལ་ལྟོས་པའི་གཙོ་བོར་འགྱུར་བ་མེད་པར་ཐལ། གཙོ་བོ་སེམས་དང་འཁོར་སེམས་བྱུང་རྫས་ཐ་དད་ཡིན་པའི་ཕྱིར་ཞེས་གསུངས་པས། འདོད་གསུངས་པས་འོ་ན་ཆོས་མངོན་པའི་གཙོ་བོ་སེམས་བྱུང་ཤེས་རབ་ཡིན་པར་ཐལ། ཆོས་མངོན་ཤེས་རབ་དྲི་མེད་རྗེས་འབྲངས་བཅས་ཞེས་གསུངས་པའི་ཕྱིར་བྱས་པས། འདོད་ཟེར་འོ་ན་ཆོས་མངོན་པའི་སྐབས་སུ་གཙོ་བོ་ཡིན་ན། རང་འཁོར་དང་ལྡན་པའི་གཙོ་སེམས་དེ་ལ་ལྟོས་པའི་གཙོ་བོ་ཡིན་དགོས་པར་ཐལ། ཟག་མེད་ཀྱི་ཤེས་རབ་དེ་ཆོས་མངོན་པའི་གཙོ་བོ་ཡིན་པའི་ཕྱིར་གསུངས་པས། འདོད་ཟེར། འོ་ན་གཙོ་བོ་སེམས་དང་མཚུངས་པར་ལྡན་པའི་ཟག་མེད་ཀྱི་ཤེས་རབ་དེ་ཆོས་ཅན། ཁྱོད་རང་འཁོར་དུ་ལྡན་པའི་གཙོ་བོ་སེམས་ལ་ལྟོས་ཏེ་གཙོ་བོ་ཡིན་པའི་ཕྱིར། འཁོར་གསུམ་མོ་གསུངས་པས་བྱམས་ཆེན་རབ་འབྱམས་པ་ཀུན་མཁྱེན་རོང་སྟོན་སངས་རྒྱས་འཕེལ་ཐུགས་ཤིན་ཏུ་དགྱེས་ཏེ། ཀུན་མཁྱེན་གོ་བོ་རབ་འབྱམས་པའི་སྐུ་གསུང་ཐུགས་ལ་བསྟོད་པ་དཔག་ཏུ་མེད་པར་གནང་བའི་ཁར། ཆོས་རྗེ་ཉིད་ཀྱི་སྐུ་ཡི་ཆོས་གོས་རྣམ་གསུམ་གནང་སྟེ། དུས་ད་ནས་བཟུང་སྟེ་འཆད་ཉན་རྐང་ཚུགས་པ་གྱིས་ཤིག་གསུངས་པའི་བཀའ་ལུང་ནན་ཆེན་གནང་བ་དང་ལྷན། གནས་སྐབས་ཟུར་འཆད་ཀྱི་མཁན་ཚབ་བསྐོས། བསྙེན་རྫོགས་བྱེད་པའི་བསླབ་བྱ་འགའ་གློ་བུར་དུ་བྱུང་ནས། དགོང་མོ་གཅིག་གི་སྔ་ཐུན་

ལ་བྱམས་ཆེན་ཆོས་རྗེའི་ཞལ་ནས་ཁྱོད་ཀྱིས་སང་ཉིན་ལས་སློབ་བྱེད་དགོས་པས། ལས་དེ་རྣམས་ལ་བློ་ལ་འོང་བ་གྱིས་གསུངས།

དེ་ནུབ་གོང་བུ་སྐྱར་ནས་གཟིགས་པས་ནམ་གྱི་གསུམ་ཆ་ཡན་ལ་གདམས་ངག་བརྗོད་པ་ལས་སློབ་པ་ལ་དགོས་ཐམས་ཅད་ཐུགས་སུ་ཆུད། སང་བསླབ་བུ་རྣམས་ཀྱི་སློབ་དཔོན་མཛད། གདམས་ངག་ཀྱང་ཐུགས་ནས་གསུངས་པས། ཆོས་རྗེ་བྱམས་ཆེན་རབ་འབྱམས་པ་ཀུན་མཁྱེན་རོང་སྟོན་སངས་རྒྱས་འཕེལ་གྱི་དགོངས་པ་ལ། དགེ་བཤེས་མཁས་པ་འདི་འདྲ་ཁམས་གོ་འཛོ་ལ་བཏང་ན་ཕངས། ང་རང་གི་མཁན་ཚབ་གདན་ས་ལ་འོས་སོ་སྙམ་དུ་དགོངས་ནས་ཤཀྱ་ཐུ། བསྟན་པའི་སྦྱིན་བདག་ཆེན་པོ་རིན་སྤུངས་ཆོས་རྒྱལ་དུང་ཆེ་ནོར་བུ་བཟང་པོ་མཆོག་དང་། མུས་ཆེན་སེམས་དཔའ་ཆེན་པོ་དཀོན་མཆོག་རྒྱལ་མཚན་པ་གཉིས་ལ་ཉིད་ཀྱི་གདན་ས་ལ་བཞུགས་དགོས་པའི་བཀའ་ནན་ཕེབས་དགོས་པའི་རྒྱུ་མཚན་དང་ཞུ་ཡིག་ཕུལ་བས། རིན་སྤུངས་ཆོས་རྒྱལ་ནོར་བུ་བཟང་པོས་གདན་ས་ལ་བཞུགས་དགོས་པའི་བཀའ་ལུང་ནན་ཆེན་ཕེབས་ན་འང་། ཀུན་མཁྱེན་གོ་བོ་རབ་འབྱམས་པ་བསོད་ནམས་སེངྒེས་ཕྲན་གྱི་ཕ་མ་ལོ་ན་མཐོ་བའི་ཐོག་ལོ་མང་འཕྱུག་ཕྲད་མ་བྱུང་བས་གནས་སྐབས་དགོངས་འགྲེལ་ཡོང་བའི་ཞུ་བ་ནན་ཆེར་ཕུལ་བ་ལ། ཆོས་རྗེ་ཀུན་མཁྱེན་རོང་སྟོན་སངས་རྒྱས་འཕེལ་གྱི་ཞལ་ནས། ང་རོང་གཉིས་ཀའི་བླ་མ་མུས་ཆེན་སེམས་དཔའ་ཆེན་པོ་ཡིན་པས་དེ་དོན་ཁོང་ནས་དུས་གསུམ་མངོན་གཟིགས་ཀྱིས་གང་གསུངས་པ་བཞིན་བྱས་ན་ལེགས་གསུངས་པ་བཞིན་ཀུན་མཁྱེན་ཡབ་སྲས་གཉིས་མུས་སུ་བྱོན།

མུས་ཆེན་སེམས་དཔའ་ཆེན་པོའི་ཞལ་ནས། བརྟག་པ་བྱ་མི་དགོས། ཁམས་སུ་ཕྱིན་ན་ཡོངས་སྤྱོད་ཆེན་པོ་འོང་བ་ནི་སྨོས་མི་དགོས་ཀྱང་། བསྟན་པ་དང་སེམས་ཅན་ལ་ཧ་ཅང་ཕན་ཐོགས་ཆེན་པོ་ཡོང་བར་དཀའ། ཀུན་མཁྱེན་གོ་བོ་རབ་འབྱམས་པ་ཁྱེད་གཙང་ཕྱོགས་འདི་རུ་བཞུགས་ན་སྐུ་ཚེ་རིང་བ་དང་། བསྟན་འགྲོ་ལ་ཕན་ཐོགས་རྒྱ་ཆེན་པོ་འོང་བ་འདུག་གསུངས་ཏེ་ལུང་བསྟན་པ་ལྟར། སྐུ་ཡི་གཅེན་པོ་ཡེ་ཤེས་རྒྱལ་མཚན་པ་ཁམས་གོ་འཛོ་རང་ལ་བྱོན། ཀུན་མཁྱེན་གོ་བོ་རབ་འབྱམས་པ་བསོད་

ནམས་སེ་ཏྲཻ་འབྲས་ཡུལ་སྐྱིད་མོས་ཚལ་དུ་བཞུགས། ཐོག་མར་སྐལ་ལྡན་སློབ་མ་འགའ་ཞིག་ལ་གཞུང་ཆེན་ཟླུར་འཆད་མཛད། དེ་རྗེས་ཀུན་མཁྱེན་ཆོས་ཀྱི་རྒྱལ་པོ་རིང་སྟོན་སངས་རྒྱས་འཕེལ་གྱི་རྒྱལ་ཚབ་ཏུ་དབང་བསྐུར་ཏེ། དགེ་བའི་བཤེས་གཉེན་རབ་ཏུ་མང་པོ་ལ་སྡོམ་པ་གསུམ་གྱི་རབ་ཏུ་དབྱེ་བའི་བཤད་པ་རྒྱ་ཆེར་མཛད། ཀུན་མཁྱེན་ཆོས་ཀྱི་རྒྱལ་པོ་རིང་སྟོན་སངས་རྒྱས་འཕེལ་སྐུ་འཁོར་ཞུང་དུ་དང་བཅས་པ་མུས་ཆེན་སེམས་དཔའ་ཆེན་པོའི་ཞབས་དྲུང་ལ་བཀའ་ཆོས་ཞུ་བར་ཕེབས་པའི་སྐབས་སུ། ཧ་ལུག་སྤྲེལ་གསུམ་ལ་དམ་པའི་ཆོས་ཀྱི་ཆར་ཆེན་པོ་ཕབ་པ་ནི། སྡོམ་གསུམ་རབ་དབྱེ། ཚད་མ་རིགས་གཏེར། དབུ་མ་རྩ་འཇུག་བཞི་གསུམ། བྱམས་ཆོས་སྡེ་ལྔ། མངོན་པ་མཛོད་ལ་སོགས་པའི་གཞུང་ཆེན་ཁག་གི་བཤད་པ་དང་། བཅོམ་ལྡན་འདས་གཤིན་རྗེ་གཤེད་དམར་པོ་ལྷ་ལྔའི་དཀྱིལ་འཁོར་དུ་སྨིན་པར་བྱེད་པའི་དབང་བསྐུར་བ་མཛད་ནས། སྔགས་སྡོམ་གྱི་བཤད་ཁྲིད་ཤིན་ཏུ་རྒྱས་པ་དང་། རྗེས་སུ་གནང་བ་དང་མན་ངག་ཟབ་མོ་འགའ་ཞིག་གིས་སྒྲོ་ནས་སྐལ་ལྡན་གྱི་སློབ་མ་མང་པོ་ཞིག་སྨིན་གྲོལ་ལ་འགོད་པར་མཛད་པ་ལ་སོགས་པ་ཀུན་མཁྱེན་རིང་སྟོན་སངས་རྒྱས་འཕེལ་བཞུགས་པ་དང་ཚུལ་མཚུངས་པའི་སྐན་པའི་གྲགས་པས་ས་སྟེང་མ་ལུས་པར་ཁྱབ་བཞིན་པའི་སྐབས་སུ། མུས་སུ་བཞུགས་པའི་ཀུན་མཁྱེན་ཆོས་ཀྱི་རྒྱལ་པོ་རང་སྟོན་སངས་རྒྱས་འཕེལ་གྱིས་གསན་ཏེ། ཐུགས་དགྱེས་ཆོར་ཆེན་པོས་ངས་མཁས་པ་ཆེན་པོ་ཀུན་མཁྱེན་གོ་བོ་རབ་འབྱམས་པ་བསོད་ནམས་སེངྒེ་མཆོག་ང་རང་གིས་སྐུ་ཚབ་མཁན་པོ་ཁྲི་པར་བསྐོས་པ་བཞིན། ང་རང་དང་ཆོས་འཆད་ཉན་དང་འཛིན་སྐྱོང་སྤེལ་གསུམ་ཁྱད་པར་མེད་པར་ཡོད་པའི་སྐན་པས་ཁྱབ་པ་བཞིན། དོན་ལ་ཡང་གནས་པས། མང་དུ་ཐོས་པ་ནགས་ཀྱི་ཚལ་དག་ཏུ། །མང་འཚོ་ཡོལ་བ་རྣམས་ཀྱི་གནས་པ་བདེ། །ཞེས་གསུངས་པ་དང་མཐུན་པར་ད་ང་རང་ནི་སྒྲུབ་པ་ལ་རྩེ་གཅིག་ཏུ་བཞུགས་པ་དགོངས་ནས། དེ་དོན་ཆོས་རྗེ་མུས་ཆེན་སེམས་དཔའ་ཆེན་པོ་ལ་ཞུས་པས། མུས་ཆེན་གྱི་ཞལ་སྔ་ནས་ཁྱེད་ལྷ་བུའི་མཁས་པ་ཆེན་པོ་ཚེ་འདིར་བསྒྲུབ་པ་རང་ལ་ལྟོས་མི་དགོས། མཁས་གྲུབ་དུ་མའི་སྐྱེ་བ་བརྒྱུད་མར་བཞེས་པ་འདུག་པས། བཤད་ཉན་གྱི་རྒྱུན་མཐུད་ན་གཞན་དོན་རྒྱ་ཆེན་པོ་འོང་། གནས་དབེན་པ་སྟེན་པ་ལས་སྒྲུབ་མ་འབྲས་ཡུལ་དུ་བྱོན་ན

ལེགས། དེང་གི་འདིར་གསུང་ངག་རིན་པོ་ཆེ་ཆ་ལག་མཐའ་རྟེན་དང་བཅས་པ་བུམ་པ་གང་བྱོན་ཚུལ་དུ་ཕུལ་ཆོག །དེ་བཞིན་དཔལ་གསང་བ་འདུས་པ་དང་། བདེ་མཆོག་སྐོར་བཅས་རྒྱུད་འགྲེལ་རྒྱ་གཞུང་ལུང་མན་ངག་རྣམས་ཀྱི་བཤད་ཁྲིད་ཀྱང་ཕུལ་ཆོག་གསུང་།

དེ་ར་རོང་སྟོན་སངས་རྒྱས་འཕེལ་གྱིས་གོང་གསལ་བཞིན་བསྒྲུར་ནན་ཞུས་ཀྱང་། མུས་ཆེན་གྱི་ཞལ་སྔ་ནས། ཀུན་མཁྱེན་གོ་བོ་རབ་འབྱམས་པ་ལ་འདིར་བདེ་མཆོག་གི་ཆོས་འཁྲོ་མ་འདྲ་དགོས་པ་ཡོད་ལ། གཙང་ཕྱོགས་འདིར་གཙོས་པའི་དཔལ་ལྡན་ས་སྐྱ་པའི་བསྟན་པ་སྤྱི་ལ་ཕན་པའི་འཆད་ཉན་ཞིག་ཚུགས་སུ་རེ་བ་ཡིན། དེང་གི་ཡི་གེ་འདི་ཁོང་ལ་སྦྲོད། རིན་སྤུངས་དྲུང་ཆེ་ནོར་བུ་བཟང་པོ་མཆོག་ཕེབས་འཕྲལ་བཀའ་བསྒྱུར་གནང་དགོས་ཞེས་ཕེབས་པ་བཞིན། མུས་ཆེན་སེམས་དཔའ་ཆེན་པོའི་བཀའ་ཤོག་དང་ལྷན་དུ་བྲམས་ཆེན་རབས་འབྱམས་ཀུན་མཁྱེན་སངས་རྒྱས་འཕེལ་གྱི་ཕྲུག་བྲིས་འདི་བཞིན་གནང་འདུག་ནའང་། དེང་གི་བསམ་པ་ནི་ཁྱེད་ཀྱི་གདན་ས་སྐྱོང་ན་སློབ་མ་རྣམས་ལའང་ཕན་ཐོགས་ཆེ་ཞིང་། དེང་གིས་བསླེན་པ་དང་དགེ་སྦྱོར་ལ་གཙོ་བོར་བསྒྲིལ། སྔགས་ཀྱི་བཤད་པ་བྱུས་ན་ཐབས་ཤེས་ཟུང་འཇུག་ཏུ་འགྲོ་བ་འདུག་པས། མུས་ཆེན་སེམས་དཔའ་ཆེན་པོའི་དྲུང་དུ་དེ་དོན་ཞུ་ཡིག་རེ་ཕུལ་ན་བཀའ་འཁྲོལ་གནང་བསམ་པ་ནི་སེམས་ལ་ཤར། གང་ལེགས་ཁྱེད་ཀྱི་གཟིགས་དང་གསུངས་པའི་ཕྲུག་བྲིས་འབྱོར་སྐབས། ཀུན་མཁྱེན་གོ་བོ་རབ་འབྱམས་པས་མུས་ཆེན་སེམས་དཔའ་ཆེན་པོའི་དྲུང་ནས་བདེ་མཆོག་ལྷ་སོ་སོའི་ཆོས་རྣམས་མི་ཞུ་ཁ་མེད་ཡོད་པ་དང་། གཞན་ཡང་ཟབ་ཆོས་འདྲ་ཞུ་འདོད་ཡོད་པས་འབྱོན་ཆོག་པའི་བཀའ་འཁྲོལ་ཞུ་ཐོབ་ལྟར། ན་བཟའ། ཆིབས་པ། གསོལ་ཇ་དཀར་ཡོལ། གོས་དར་སོགས་ཀྱི་གནང་སྦྱིན་རྒྱ་ཆེན་པོ་དང་། ཆོས་རྗེ་ཉིད་ཀྱི་ཞབས་ཕྱི་ཡང་འགའ་ཤས་གནང་སྟེ། བྱ་ལོ་ཟླ་བ་དང་པོ་ལ་མུས་སུ་ཆོས་རྗེ་སེམས་དཔའ་ཆེན་པོའི་དྲུང་དུ་ཕེབས།

ཆོས་རྗེ་མུས་པ་ཆེན་པོ་ཐུགས་དགྱེས་པ་ཆེན་པོས་བདེ་མཆོག་ནག་པོ་པའི་དབང་བཀའ་ནག་པོ་རིམ་བཞིའི་ཁྲིད། གཞན་ཡང་མན་ངག་གི་གནད་དུ་མ་ཞིག་ཀྱང་བསྟུལ། དད་ལྡན་དོན་གཉེར་བ་བརྒྱ་ཕྲག་འགའ་ཤས་ལ་གསང་ཆེན་སྔགས་ཀྱི་བཤད་ཁྲིད་གྱིས་གསུངས་པ་ལྟར། དབང་རྗེས་གནང་རྒྱུད་

རྒྱ་གཞུང་གི་བཤད་པ་སོགས་མང་དུ་མཛད། ཁྲི་ལོར་མུས་ཆེན་སེམས་པ་ཆེན་པོ་བྱང་ངམ་རིང་དུ་ཕེབས། ཚོགས་པ་སྟོང་ལྷག་ཙམ་ལ་གསུང་ངག་རིན་པོ་ཆེ་གསུངས་པའི་ཕྱག་ཕྱིར་ཆོས་རྗེ་འདི་ཉིད་ཀྱང་ཕེབས། རྗེ་མུས་པའི་ཞལ་ནས་གསུང་ངག་ལ་སོགས་པའི་ཁྲིད་རྣམས་ངས་སྐྱོང་། རྒྱུད་གསུམ་གྱི་དགག་བསྒྲུབ་ཀྱི་བཤད་པ་རྒྱ་ཆེ་བ་རྣམས་ཀུན་མཁྱེན་གོ་བོ་རབ་འབྱམས་པས་གྱིས་གསུངས་པ་བཞིན།གསང་སྔགས་ལམ་འབྲས་ཞུ་མཁན་འདུན་པ་སྟོང་ཕྲག་ལྷག་ཙམ་གྱི་ནང་སྡེ་སྣོད་ཀྱི་ཕ་རོལ་ཕྱིན་པ་ཕྱེད་དང་བཞི་བརྒྱ་ཙམ་ལ་རྒྱུད་གསུམ་གྱི་བཤད་པ་ས་ཇོ་བོ་དོང་བཅས་པ་གྲུབ་མཐར་ནང་ཁྲུལ་ལའང་དགག་སྒྲུབ་དང་དགེ་འདུན་རྣམས་ལ་ས་སྐྱ་བཀའ་འབུམ་གྱི་བཤད་ལུང་ཡང་བསྩལ། །

༥༣ ཀུན་མཁྱེན་གོ་བོ་རབ་འབྱམས་པ་བསོད་ནམས་སེངྒེའི་གདན་ས་ཧྭ་ནག་གསེར་གླིང་དགོན་པ་ཕྱག་བཏབ་ནས་བཤད་ཉན་རང་རྒྱུ་ཐུབ་པ་མཛད་པའི་ཚུལ།

སྐུ་ཡི་ཡོངས་འཛིན་བྱམས་ཆེན་རབ་འབྱམས་པ་ཀུན་མཁྱེན་རོང་སྟོན་སངས་རྒྱས་འཕེལ་དང་བཀའ་བསྟུར་ཡང་ཡང་གནང་བའི་འབྲས་བུ། ས་ཆ་གལ་གནད་ཆེ་ས་ཞིག་ལ་བཤད་གྲྭ་གསར་སྐྲུན་ཐུབ་ན་བསྟན་འགྲོ་ལ་ཕན་ཐོགས་རྒྱ་ཆེན་ཡོང་བ་དགོངས་པ་བརྩེ་མཐུན་བྱུང་བ་ལྟར། སང་ཉིན་དེ་དོན་མུས་ཆེན་སེམས་དཔའ་ཆེན་པོ་མཆོག་ལ་ཞུ་བར་བཅར་ལ་ཉེ་བའི་དེ་ནུབ་བྱམས་ཆེན་རབ་འབྱམས་པ་ཀུན་མཁྱེན་སངས་རྒྱས་འཕེལ་གྱི་མནལ་ལམ་དུ་ཆོས་ཁྲི་ཆེན་པོ་གཅིག་བརྩིག་གིན་འདུག་པ་སྲུའི་ཡིན་དྲིས་པས། རྗེ་བཙུན་གྲགས་པ་རྒྱལ་མཚན་གྱི་ཡིན་ཟེར་བ་རྨིས་པ། ཕྱི་ཉིན་ཆོས་རྗེ་དཔོན་སློབ་གསུམ་ཞལ་འཛོམས་བྱུང་དུས་བྱམས་ཆེན་ཆོས་རྗེ་མཆོག་གི་རྨི་ལམ་རྨིས་ཚུལ་གསུངས་པ་དང་། བཤད་གྲྭ་གསར་བསྐྲུན་གནང་རྒྱུ་ཐུགས་ཐག་བཅད། བྱམས་ཆེན་ཆོས་རྗེ་མཆོག་གིས་གསེར། དངུལ། དར། གོས། ནས་ཁལ་སྟོང་དང་། རྟ། དྲེལ། མཛོ། གཡག་ལ་སོགས་པའི་ཐེབས་རྩ་རྒྱ་ཆེན་གནང་། བསྟན་པའི་སྦྱིན་བདག་ཆེན་པོ་རིན་སྤུངས་སྐུ་སྲས་གཙང་ཆེན་དོན་གྲུབ་རྡོ་རྗེ་མཆོག་གི་ཀུན་མཁྱེན་གོ་བོ་རབ་འབྱམས་པའི་སྐུ་འཁོར་ཡོངས་ཀྱི་འགྲོ་མགྲོན་ཆ་ཚང་དང་། སློབ་མ་གྲྭ་མང་བྱིངས་ལ་ཡང་དབྱར་ཐོགས་ཀྱི་རྒྱུན་བཙུགས་པའི་ཐོག །གཙུག་ལག་ཁང་གསར་བཞེངས་ཀྱི་སྦྱིན་བདག་ཆེན་པོར་ཞལ་

བཞེས་མཛད།

དཔོན་དྲུང་གཡུང་པ་ཚེ་དབང་བཀྲ་ཤིས་མཆོག་གིས་ཀྱང་མདོ་མཁར་ནས་མ་འོངས་པའི་སློབ་མ་ཡོངས་ལ་དགུན་ཐོག་ས་རྒྱུན་མར་འབུལ་རྒྱུ་ཞལ་བཞེས་མཛད། དེ་རྗེས་མུས་ཆེན་སེམས་དཔའ་ཆེན་པོས་དངོས་བརྒྱུད་ཀྱི་བླ་མ་རྣམས་དང་། ཡི་དམ་དཀྱིལ་འཁོར་གྱི་ལྷ་ཚོགས། མཁའ་འགྲོ་ཆོས་སྐྱོང་ལ་བདེན་བདར་མཛད་པའི་ཚུལ་ནི། ཀུན་མཁྱེན་གོ་བོ་རབ་འབྱམས་པ་བསོད་ནམས་སེངྒེ་འདིས་བསྟན་པ་སྤྱི་དང་བྱེ་བྲག་འཆད་ཉན་ཚུལ་བཞིན་དུ་བྱེད་པ་ཡོད་པས། བླ་མ་དམ་པ་རྣམས་ཀྱི་ཐུགས་རྗེ་དང་། བྱིན་རླབས་མ་ལུས་པ་འཇུག་པར་གྱུར་ཅིག །ཆོས་སྐྱོང་བའི་སྲུང་མ་རྣམས་ཀྱིས་ཀྱང་འགལ་རྐྱེན་བར་ཆད་སྲུངས་ཤིག ། མཐུན་རྐྱེན་ཆོས་བཞིན་དུ་སྒྲུབ་པའི་འཕྲིན་ལས་མཛོད་ཅིག །ཅེས་བསྟན་བསྒོ་མཛད་པའི་ཚེ་སྣ་ལ་འཕར་གཡོ་སོགས་ཉམས་ཁྱད་པར་འབྱུངས། དེའི་ཚེ་ཆོས་རྗེ་མུས་པ་ཆེན་པོས་བྱིན་རླབས་ཀྱི་རྟེན། ཆོས་གོས་རྣམ་གསུམ་བདུད་རྩི་རིམ་བུ་བརྒྱ་ཕྲག་དང་། སྟོང་དོ་མ་སོགས་གནང་སྦྱིན་རྒྱ་ཆེན་པོ་མཛད། བྲམས་ཆེན་རབ་འབྱམས་པ་ཀུན་མཁྱེན་རོང་སྟོན་སངས་རྒྱས་འཕེལ་གྱི་ཞལ་གདམས་འདི་ལྟར་མཛད། གྲྭ་པ་མང་ཉུང་། མཐུན་རྐྱེན་འཛོམས་མི་འཛོམས་ཇི་ལྟར་བྱུང་ཡང་དཀའ་བ་སྤྱད་དགོས། ངེད་ཀྱིས་ཀྱང་བོད་འབྲུག་དགོན་པར་འཆད་ཉན་བཙུགས་ཚུལ་ལ་མིག་དཔེ་གཟིགས་ན་ལེགས། མུས་ཆེན་སེམས་དཔའ་ཆེན་པོ་ཐུགས་མཁྱེན་མངའ་བའི་ཐོག །སྦྱིན་བདག་རྣམས་ཀྱི་མཐུན་རྐྱེན་ལེགས་པས་བསྟན་འགྲོ་ལ་ཕན་པའི་འཕྲིན་ལས་རྒྱ་ཆེན་པོ་ཡོང་གསུངས་པའི་བཀའ་ལུང་བཟང་པོ་ཕེབས་པ་ལྟར། རྟ་ནག་གསེར་གླིང་དགོན་པ་མེ་ཕོ་ཁྱི་ལོ་སྣར་མ་རྒྱལ་གྱི་ཉ་བའི་ཆོས་བཅོ་ལྔ་ལ་ཕྱག་བཏབ་པར་མཛད།

ཐོག་མར་སློབ་གཉེར་བ་བཞི་བཅུ་ཙམ་ལ་གཞུང་ཆེན་འཆད་ཉན་མཛད་པའི་ཚེ། ཆོས་རྗེ་ཉིད་ཀྱིས་མཛད་པའི་བཅའ་ཡིག་ཏུ། རང་རེའི་འཆད་ཉན་བདྲ་ཆད་འདི་དག་རྗེ་བཙུན་རྡོ་རྗེ་འཆང་རྒྱལ་བ་ཀུན་དགའ་བཟང་པོའི་ཞལ་སྔ་ནས་སྔ་སྟོད་ཀྱི་འཆད་ཉན་ལ་ཐུགས་ཤིན་ཏུ་དགྱེས་པར་ཡོད་པ་ལ་གཞིར་བཞག །མུས་ཆེན་སེམས་དཔའ་ཆེན་པོའི་ཞལ་སྔ་ནས་མདོ་སྔགས་ཀྱིས་འཆད་ཉན་རང་རྐང་

ཚུགས་པ་གྱིས་ཞེས་དངོས་སུ་བཀའ་ལུང་གནང་བ་ལ་རྟེན། ཆོས་རྗེ་ཀུན་མཁྱེན་རོང་སྟོན་སངས་རྒྱས་འཕེལ་མཆོག་དང་། བསྟན་པའི་སྦྱིན་བདག་ཆེན་པོ་རིན་སྤུངས་སྐུ་སྲས་གཙང་ཆེན་དོན་གྲུབ་རྡོ་རྗེ་མཆོག་གི་གཙོ་འགན་བཞེས་པའི་ཐོག །དཔོན་གཡུ་པ་ཆེ་དབང་བཀྲ་ཤིས་རྒྱལ་མཚན་དཔལ་བཟང་པོས་ཀྱང་བདག་རྐྱེན་སྒྲུར་ཏེ། མེ་ཕོ་ཁྱི་ལོ་སྐར་མ་རྒྱལ་གྱི་ཉ་བའི་ཆོས་བཅོ་ལྔ་ལ་ཧ་ནག་གསེར་གླིང་དགོན་པ་བཏབ་པ་འདི། སྤྱིར་སངས་རྒྱས་བསྟན་པ་དར་བའི་ཕྱིར་དང་། ཁྱད་པར་གྲུབ་མཐའ་བཟང་པོའི་གནད་མི་ནུབ་པ་བྱ་བའི་ཕྱིར་དང་། རང་ཉིད་གསུང་རབ་ཀྱི་ཚིག་དོན་ལ་གོམས་པ་ལྷུར་ལེན་པའི་ཆེད་དུ་ཡིན་གྱི། དེ་ལས་གཞན་པའི་ཀུན་སློང་གི་གཙོ་བོ་མི་དགེ་བ་དང་ལུང་མ་བསྟན་གྱི་བསམ་པ་མེད། དེའི་རྒྱུ་མཚན་ཡང་དེར་སྟོན་མི་ལོ་བརྒྱད་ཀྱི་རིང་ལ་ཆོས་མཐུན་གྱི་བཤད་ཉན་གོང་འཕེལ་དུ་སོང་བ་འདིས་ཀྱང་ཤེས་པར་ནུས། དེ་རིང་ནས་བཟུང་སྟེ་ཇི་སྲིད་འཆད་ཉན་འདིའི་རྒྱུན་གནས་ཀྱི་བར་དུ་འདིར་བཞུགས་པའི་དགེ་འདུན་རྣམས་ཀྱི་མཛད་སྤྱོད་ཀྱི་ཚུལ་མདོ་ཙམ་བཀོད་ན། སྤྱིར་བྱིན་རླབས་ཀྱི་བཀའ་བབས། དོན་དམ་གྱི་ལྟ་བ། ཀུན་རྫོབ་ཀྱི་གྲུབ་མཐའ། གསུང་རབ་ཀྱི་འགྲེལ་ཚུལ། བཤད་སྒྲུབ་ཀྱི་ཕྱག་ལེན་ཐམས་ཅད་གངས་ཅན་བསྟན་པའི་བདག་པོ་རྗེ་བཙུན་ས་སྐྱ་པ་ཡབ་སྲས་ཀྱི་བཀའ་སྲོལ་གྱི་རྗེས་སུ་འབྲང་དགོས། ཁྱད་པར་སུ་སྟོད་ཀྱི་འཆད་ཉན་བརྩོན་པས་སྒྲུབ་པ་དང་། དེའི་ཕྱག་ལེན་གྱི་ཚུལ་རྣམས་མཁས་པའི་དབང་པོ་གཡག་རོང་རྣམ་གཉིས། མཁྱེན་རབ་དབང་ཕྱུག་གྲགས་པ་བཟང་པོ། དེའི་སྲས་ཀྱི་མཐུ་བོ་བདག་གི་བླ་མ་སྨྲ་བའི་དབང་པོ་ཀུན་མཁྱེན་རོང་སྟོན་སངས་རྒྱས་འཕེལ་གྱི་ཇི་ལྟར་མཛད་པའི་ཕྱག་ལེན་ལ་རྟེན་དགོས་སོ་ཞེས་བཀའ་གསལ་བསྐྱལ།

སུ་སྟོད་ཀྱི་གཞུང་འཆད་པའི་རྣམ་གྲངས་ལ། ཡོན་ཏན་རིང་པོ་བསྡུས་པའི་ཚིགས་སུ་བཅད་པ། བྱམས་ཆོས་སྡེ་ལྔ། མངོན་པ་གོང་འོག །དབུ་མ་རྩ་འཇུག་བཞི་སྦྱོད། འདུལ་བ་སོར་མདོ་མདོ་རྩ། ཚད་མ་རྣམ་འགྲེལ་རྣམ་ངེས། རིགས་གཏེར། སྡོམ་གསུམ་རབ་དབྱེ་ལ་སོགས་པ་རྣམས་ཀྱི་སྤྱི་དོན། དཀའ་འགྲེལ་ལ་སོགས་པ་ཆ་ལག་ཡོངས་སུ་ཚང་བའི་སྒོ་ནས་བཏར་ཤ་ཆོད་པར་གསུངས། སྔགས་ཀྱི་རྒྱུད་མན་ངག་དབང་བསྐུར་ལ་སོགས་པ་གསུངས་པའི་རྣམ་གྲངས་ནི། རྩ་རྒྱུད་བརྟག་པ་གཉིས་པ་

དག་ལྡན་དང་བཅས་པ། གུར་གུར་རྒྱན་དང་བཅས་པ། སམྦུ་ཊི་གནད་ཀྱི་གསལ་བྱེད་དང་བཅས་པ། བདེ་མཆོག་རྩ་རྒྱུད་སྨུ་ཏིག་ཕྲེང་བའི་འགྲེལ་བ་དང་བཅས་པ། ཀུན་སྤྱོད་རྗེ་བཙུན་གྲགས་པ་རྒྱལ་མཚན་གྱི་འགྲེལ་བ། གསང་འདུས་རྩ་རྒྱུད། འགྲེལ་བ་སྒྲོན་གསལ་དང་བཅས་པ། སྦྱོང་རྒྱུད་རྗེ་རང་ཉིད་ཀྱིས་མཛད་པའི་ཊཱི་ཀཱའི་སྙིང་བཤད་པ་མཛད་དོ། །མན་ངག་ལ་གསང་ཆེན་ལམ་འབྲས་ཀྱི་དབང་ལུང་ཁྲིད་གསུམ་ཆ་ལག་ཡོངས་སུ་རྫོགས་པ་དང་། དྲིལ་བུ་རིམ་ལྔ། རྩ་དབུ་མ། ནག་པོ་རིམ་བཞི། བདེ་མཆོག་དཀར་པོའི་ཁྲིད་ལ་སོགས་པ། གཤེད་དམར་སྤྲོས་མེད། གསང་འདུས་རིམ་ལྔ་ལ་སོགས་གནང་བར་མཛད་དོ། །

དབང་བསྐུར་མཛད་པའི་རྣམ་གྲངས་ནི། དཔལ་ཀྱཻ་རྡོ་རྗེ་མན་ངག་ལུགས་ཀྱི་རྒྱུད་ལམ། བཀའ་བབས་གཞན་གནས་གསུམ་གྱི་དབང་། བདག་མེད་ལྷ་མོ་བཅོ་ལྔའི་དབང་བྱིན་རླབས་དང་བཅས་པ། གུར་སཾ་གཉིས། གསང་འདུས། རིགས་གསུམ། བདེ་མཆོག་ལུ་དྲིལ་གཉིས། མཁའ་འགྲོ་རྒྱ་མཚོ། སངས་རྒྱས་ཐོད་པ། འཇིགས་བྱེད་ས་ལུགས། གཤེད་དམར་ལྷ་ལྔ། སྒྲོལ་མ་བཅུ་བདུན་མ། ཀུན་རིག་འཆི་འཇོམས། ཨ་ར་པ་ཙ་ན་ལྷ་ལྔ། ཚེ་དཔག་མེད། རིགས་གསུམ་སྤྱི་དབང་ལ་སོགས་པའི་དབང་ཆེན་རྣམས་བསྐྱལ་གནང་མཛད། དེ་ལྟ་བུའི་རྒྱུད་མན་ངག་དབང་བསྐུར་བ་རྣམས་ཀྱི་བཤད་པ་དང་། དེ་དག་འབྲེལ་བའི་ལུང་ཡང་གནང་བར་མཛད་དོ། །

རྗེས་གནང་ལ། སྒྲུབ་ཐབས་བརྒྱ་རྩ། རྒྱ་མཚོ། རྣམ་འཇོམས། ཨ་ར་པ་ཙ་ན། རྟ་མགྲིན་ལྕགས་རལ་ཅན། ཨུ་ཙ། འབྱུང་འདུལ། སྒྲོལ་མ་དཀར་སྔོན། མི་གཡོ་བ་དཀར་སྔོན་དང་། དོན་ཞགས། ཐུགས་རྗེ་ཆེན་པོའི་རིགས་གཏད། རྣམ་འཇོམས་བིར་ལུགས། དམར་པོ་སྐོར་གསུམ། ཆོས་སྐྱོང་མགོན་པོ་ཆེ་ཆུང་རྣམས་ཀྱི་རྗེས་གནང་ལ་སོགས་པ་བསམ་གྱིས་མི་ཁྱབ་པ་བསྐྱལ་གནང་བར་མཛད་དོ། །གཞན་ཡང་དབུ་མ་ལུགས་ཀྱི་སེམས་བསྐྱེད། ཞེན་པ་བཞི་བྲལ། གཅོད་ཁྲིད། བློ་སྦྱོང་དོན་བདུན་མའི་ཁྲིད་རྣམས་ཀྱང་གསུངས་སོ། །བཀའ་འབུམ་གྱི་ལུང་ལ་ས་ཆེན་གོང་མ་ལྔ། རྒྱལ་བ་ངོར་ཆེན་ཡབ་སྲས་ཀྱི་བཀའ་འབུམ། རྗེ་རང་ཉིད་ཀྱིས་མཛད་པའི་གསུང་འབུམ་མཛད་ཟིན་པ་རྣམས་དང

བཙས་པ་བསམ་གྱིས་མི་ཁྱབ་པ་གསུངས་པར་མཛད་དོ། །ཀུན་མཁྱེན་བསོད་ནམས་ཆེན་པོའི་མནལ་ལམ་དུ། དཔལ་ལྡན་ས་སྐྱའི་བསྟན་སྲུང་གུར་གྱི་མགོན་པོས་ཕུར་མོ་ཆོས་རྫོང་དུ་གོམ་པ་ཞིག་བཞག་ནས་བྲག་སྟ་བ་ལ་སྣར་རྒྱབ་བྱུང་བ་ལ་ཅི་ཡིན་ན་དགོངས་ཀྱང་། ཕྱིས་ཆོས་རྗེ་འདི་ཉིད་ཀྱི་ཧྭ་ནག་གསེར་གླིང་དགོན་པ་ཕྱག་བཏབ་པ་དེ་ལ་ལྟ་བར་འདུག་པས། རྒྱལ་བསྟན་སྤྱི་དང་བྱེ་བྲག་དཔལ་ལྡན་ས་སྐྱ་པའི་བསྟན་པ་དར་རྒྱས་ཡོང་བ་འདུག་གསུངས་པའི་ལུང་དང་མཐུན་པ་བྱུང་བ་གསུངས་སོ། །

༥༩ ཀུན་མཁྱེན་གོ་བོ་རབ་འབྱམས་པ་བསོད་ནམས་སེངྒེའི་གདན་ས་ཆེན་པོ་ཧྭ་ནག་ཐུབ་བསྟན་རྣམ་རྒྱལ་གླིང་ཕྱག་བཏབ་མཛད་པའི་སྐོར།

དེ་ནས་བསྟན་པའི་སྦྱིན་བདག་ཆེན་པོ་ས་སྐྱོང་རིན་སྤུངས་པ་གཙང་ཆེན་དོན་འགྲུབ་རྡོ་རྗེ་འམ་དོན་ཡོད་རྡོ་རྗེ་དཔོན་སློན་རྣམས་ཀྱི་ཧྭ་ནག་ཡོངས་རྫོགས་མངའ་དབང་དུ་བསྡུག་པ་མཛད་དེ། རིན་ཆེན་རྩེ་ཐུབ་བསྟན་རྣམ་པར་རྒྱལ་བའི་དགོན་གནས་ཀུན་མཁྱེན་གོ་བོ་རབ་འབྱམས་པ་བསོད་ནམས་སེངྒེ་ལ་ཕུལ་བའི་སྐབས་སུ། ཆོས་སྡེའི་བོད་རྟ་རྣམས་ཀྱི་ཡོང་སྒོ་སྟར་ལུགས་བཞིན་སྤྱིར་ནས། ཆོས་རྗེ་ཉིད་ལ་སྟོན་མནལ་ལྟས་ཁྱད་པར་ཅན་བྱུང་བ་བཞིན་དགོན་པ་སླར་གསོ་གནང་རྒྱུའི་ཐུགས་ཐག་བཅད་དེ། ཐོག་མར་གྲྭ་ཁང་དང་། ལྷ་བྲང་། གཙུག་ལག་ཁང་ཆེན་པོ། འཛིན་ཁང་། རྟ་ཁང་། སྒོས་ཁང་ལ་སོགས་གསར་བཞེངས་དང་ཉམས་གསོ་བདག་རྐྱེན་ཡང་དག་པ་མཛད། ཆོས་རྗེ་ཉིད་དགུང་གྲངས་ཞེ་ལྔ་བཞེས་པ་སྤྱི་ལོ་༡༩༧༣ལོར་ཆུ་མོ་སྦྲུལ་གྱི་ཧོར་ཟླ་བཅུ་གཉིས་པའི་ཚེ་བརྒྱད་ཀྱི་ཉིན་མོར་སྒོ་འབྱེད་མཛད་སྒོའི་སྐུ་མགྲོན་གཙོ་བོ་བསྟན་པའི་སྦྱིན་བདག་ཆེན་པོ་ས་སྐྱོང་རིན་སྤུངས་ནང་སོ་ཆོས་རྒྱལ་གཙང་ཆེན་དོན་གྲུབ་རྡོ་རྗེ་སློན་འབངས་དང་བཅས་པ་ཞབས་སོར་འཁོད་པ་དང་བསྟུན། ཆོས་རྗེ་འདི་ཉིད་ཀྱི་ཆོས་རྒྱལ་དཔོན་སློན་རྣམས་ལ། ངས་དེ་སྔར་འཆད་ཉན་མི་ལོ་རྡོལ་པོ་བཅུ་བཞི་ཙམ་བྱས། ད་ལྟ་དགོན་པ་འདིར་བཤད་སྒྲུབ་གང་དགོས་བསྟན་པའི་སྦྱིན་བདག་ཆེན་པོ་མཆོག་གི་ལམ་སྟོན་ཁ་གསལ་བསྐུལ་གནང་ཡོང་བ་ཞུ་ཞེས་གསུངས་པས། བསྟན་པའི་སྦྱིན་བདག་ཆེན་པོ་ས་སྐྱོང་རིན་སྤུངས་ཆོས་རྒྱལ་མཆོག་གི་དར་ནང་མཛོད་རྟེན་གསུམ་གྱིས་གཙོས་འབུལ་བའི་རྣམ་གྲངས་དཔག་ཏུ་མེད་

འདིགས་འབྱུལ་དང་ལྡན། ཡན་ལག་ལྔ་ས་ལ་རེག་པའི་ཕྱག་འབུལ་གནང་སྟེ། སྤྱིར་དེད་མི་ནག་རྣམས་ཀྱི་བཤད་སྒྲུབ་རྣམ་གཉིས་ཀྱི་སྐོར་ལ་ཆེན་པོ་མི་ཤེས་ཀྱང་། སྟོན་བུ་སྟོན་ཐམས་ཅད་མཁྱེན་པ་མཆོག་དང་། དཔལ་ལྡན་བླ་མ་དམ་པ་བསོད་ནམས་རྒྱལ་མཚན་མཆོག །རྒྱལ་སྲས་དངུལ་ཆུ་ཐོགས་མེད་བཟང་པོ་གསུམ་དཔལ་ལྡན་ས་སྐྱ་པའི་མཁས་དབང་འདྲ་མཉམ་ཡིན་ཚོད་འདུག་ལ། བུ་དང་བླ་མ་དམ་པས་བཤད་གྲྭ་སྐྱོང་བ་དང་། རྒྱལ་སྲས་པས་སྒོམ་སྒྲུབ་གནང་ཡོད་ཚོད་འདུག །དེང་སང་བུ་སྟོན་དང་བླ་མ་དམ་པའི་འཕྲིན་ལས་འདི་ཡིན་ཞེས་པའི་འཛིན་སྐྱོང་བྱེད་མཁན་མང་པོ་འདུག་སྟེ། རྒྱལ་སྲས་པས་བློ་སྦྱོང་རེ་བསྒོམ་མཁན་ཙམ་མ་གཏོགས་འཕྲིན་ལས་ཆེན་པོ་བྱུང་མི་འདུག

རྒྱལ་སྲས་པ་ཡང་སྒོམ་པ་མཛད་པས་གྲོལ་བ་ཡིན་ཡང་། ཁོང་གཉིས་པོ་ཡང་འཆད་ཉན་མཛད་པས་འཁོར་བ་རང་ལ་གཤེགས་པ་གོ་ཐོས་མ་བྱུང་བས། ཆོས་རྗེ་ཉིད་ཀྱི་འཆད་ཉན་ཅི་ནས་ཀྱང་མཛད་པ་ཞུ་ཞུ་ཞུ། མཁྱེན། མཁྱེན། ཞེས་གསོལ་བ་འདེབས་པ་ལགས་ཞེས་གསུངས་པར་ལྟར། རིགས་པ་སྨྲ་བའི་དགེ་འདུན་བརྒྱ་ཕྲག་བཅུ་བདུན་ལྷག་ཙམ་གྱི་ནང་ནས་སྡེ་སྣོད་འཛིན་པ་ཆེན་པོ་བཀའ་བཅུ་པ་ག་ཟི་ཤཱཀྱ་བློ་གྲོས་ཀྱིས་གཞུང་བཤད་པ་སྐབས་ཆེན་མཛད་ཅིང་། རབ་འབྱམས་པ་མགོན་པོ་དབང་ཕྱུག་གིས་གཙོས་པས་ཐལ་འགྱུར་མཚུངས་པ་མེད་པ་བཏང་བས། དེར་ཚོགས་ཀྱི་བློ་གསལ་པ་ཐམས་ཅད་ཡིད་སྨོ་བར་གྱུར་ཏེ། དགོན་པའི་མིང་ཡང་ཐུབ་བསྟན་རྣམ་པར་རྒྱལ་པའི་གླིང་ཞེས་ཆོས་རྗེ་འདི་ཉིད་ཀྱིས་མཚན་གསོལ་སྐྱོང་བར་མཛད།

སྤྱིར་བོད་གངས་ཅན་མཁས་པ་ཀུན་གྱི་གཙུག་རྒྱན་གྲུབ་ཐོབ་ཀུན་གྱི་འབྱུང་ཁུངས་ཀུན་མཁྱེན་གོ་བོ་རབ་འབྱམས་པ་བསོད་ནམས་སེང་གེའི་ཉིན་ཞག་ཕྱུག་གཅིག་གི་ཆོས་སྤྱོད་ཀྱི་རིམ་པ་ནི། སྔོད་ཐུན་གྱི་མཇུག་ཏུ་ཉལ་བའི་རྣལ་འབྱོར་གྱིས་གཟིམས་ནས་ཐོ་རངས་སྔ་ཆ་ལྡང་བའི་རྣལ་འབྱོར་གྱིས་བཞེངས་ཏེ། ཐོག་མར་བིར་སྲུང་ཐུན་མོང་དང་ཐུན་མོང་མ་ཡིན་པ་གཉིས། དེ་ནས་ལམ་ཟབ་བླ་མའི་རྣལ་འབྱོར་དང་། ན་རོ་མཁའ་སྤྱོད་ཀྱི་ཐུགས་དམ་མཛད། དེའི་རྗེས་སུ་ལམ་དུས་རྒྱས་པ་མཇུག་ཏུ་སྲོག་རྩོལ་རླུང་གི་རྣལ་འབྱོར་བཟླས་པ་དང་བཅས་པ་མཛད་ནས། རྣམ་འཇོམས་མ་ལ་སོགས་པའི་

གཟུངས་སྔགས་མང་པོ་ཆ་མེད་དུ་བཟླ། ནམ་ལངས་པ་ན་ཉིན་གུང་འཆད་རྒྱུའི་གཞུང་ཆེན་རྣམས་ལ་དཔེ་ལྟས་ཙུང་ཟད་རེ་མཛད་རྗེས། དེའི་འཕྲལ་ཆོས་གཏྲ་བྱུང་བ་དང་ཆོས་ཁྲིའི་ཐོག་ཏུ་ཕེབས་ཏེ། ཕར་ཚད་ཀྱི་གཞུང་ཆེན་འཆད་ཁྲིད་དང་། མངོན་པ་མཛོད་ལ་སོགས་པ་མདོར་ན་སློབ་གཉེར་བའི་འདོད་པ་དང་མཐུན་པའི་ཆོས་ཅི་རིགས་དང་། དེ་རྗེས་རྒྱུད་དང་མན་ངག་ལ་སོགས་པའི་སྔགས་ཆོས་ཅི་རིགས་པ་གསུངས།

ཉིན་གུང་ནང་དུ་བྱོན་ཏེ་གུང་ཐུན་ལ་གུང་ཚིགས་མཛད། གུང་ཚིགས་གྲོལ་འཕྲལ་ཆོས་གཏྲ་བྱུང་བ་དང་ལྷན། ཡང་ཆོས་ཁྲིའི་ཁར་བྱོན་ཏེ། ཉི་མ་ཐུང་དུས་ནི་ཆོས་ཁྲིད་ཙུང་ཙམ་ལས་མི་གསུང་ཡང་། ཉི་མ་རིང་དུ་སོང་ན་འདུལ་བ། སྤྱོད་འཇུག་བསླབ་བཏུས་བློ་སྦྱོང་ལ་སོགས་པའི་ཆོས་དང་། དེ་ནས་ཕར་ཚད་ཀྱི་གཞུང་དོན་བསྡུས་པ་རེ་དང་། པོ་ཏི་ཕྱི་མ་གང་ཡང་རུང་བ་རེ་དང་། སྤྱི་དོན་ལ་སོགས་གྲྭ་པ་དོན་གཉེར་བ་རྣམས་ཀྱི་བློ་དང་མཐུན་པ་ཆོས་ཐུན་བཙུ་རེ་ཆག་མེད་གསུངས། དེ་ནས་ནང་དུ་བྱོན་ཏེ། ལམ་ཟབ་བླ་མའི་རྣལ་འབྱོར་ན་རོ་མཁའ་སྤྱོད་ལ་སོགས་པའི་སྒོམ་བཟླས་མང་དུ་མཛད། དེ་རྗེས་ཡི་དམ་དང་། ཆོས་སྐྱོང་གི་གཏོར་བསྔོ་རྒྱས་པ་མཛད། དེ་ནས་ཕྱིར་སྲུང་ཕྱི་ནང་གཉིས་མཛད། དེ་ནས་ཉལ་བའི་རྣལ་འབྱོར་གྱིས་འོད་གསལ་ལ་རྩེ་གཅིག་ཏུ་བཞུགས་ཏེ། སླར་ཡང་ལྡང་བའི་རྣལ་འབྱོར་གྱིས་བཞེངས་པ་སོགས་སྔར་སྨོས་པ་ལྟར་མཛད་པ། ཆོས་རྗེ་ཉིད་ཀྱི་རྒྱལ་ཚབ་རབ་འབྱམས་པ་ཀོང་སྟོན་དབང་ཕྱུག་གྲུབ་པས་གསུངས་པས་ཤིན་ཏུ་ཁུངས་བཙན་པར་སེམས། གཞན་ཡང་ཆོས་མཚམས་ཀྱི་སྐབས་སུ་ཐུགས་དམ་གྱི་རིམ་པ་སྔར་གྱི་དེ་གཞིར་བཞག་གི་སྟེང་དུ་དབང་བསྐུར་རྗེས་གནང་། རབ་གནས། སྦྱིན་སྲེག །བསྟན་བཅོས་རྩོམ་པ་དང་། རྩོད་པ་མཛད་པ་བཅས། མདོར་ན་གདན་ས་ཆེན་པོ་ཏྲ་ནག་ཐུབ་བསྟན་རྣམ་རྒྱལ་གླིང་གི་དགོན་པ་འདིར་ཟབ་པ་དང་རྒྱ་ཆེ་བའི་ཆོས་ཀྱི་འཁོར་ལོ་མི་ལོ་དུ་མར་བསྐོར་གནང་མཛད་པའི་ཆོས་ཀྱི་རྣམས་གྲངས་ཕལ་ཆེ་བ། སྔར་ཏྲ་ནག་གསེར་གླིང་དགོན་པ་དང་ཏྲ་ལམ་གཅིག་མཚུངས་སུ་སྣང་བས་འདིར་ལོགས་སུ་མ་སྨོས་སོ། །

༥༥ ཀུན་མཁྱེན་གོ་བོ་རབ་འབྱམས་པ་བསོད་ནམས་སེངྒེ་མཆོག་གདན་ས་ཆེན་པོ་ངོར་ཨེ་ཝཾ་ཆོས་ལྡན་གྱི་མཁན་པོའི་ཁྲི་ལ་ཕེབས་པའི་སྐོར།

དེ་ཡང་ལྟུགས་མོ་གླང་གི་ལོར་རྒྱ་མིག་ཏུ་བདག་ཆེན་བློ་གྲོས་དབང་ཕྱུག་གི་ཞབས་རིམ་ལ། གདན་ས་ཆེན་པོ་ངོར་ཨེ་ཝཾ་ཆོས་ལྡན་དང་། གདན་ས་ཐུབ་བསྟན་གསེར་མདོག་ཅན། གདན་ས་ཧྭ་ནག་ཐུབ་བསྟན་རྣམ་རྒྱལ་གླིང་གིས་གཙོས་གདན་ས་གྲྭ་ཚང་ཁག་གི་མཁན་སྤྲུལ་དགེ་བཤེས་དགེ་འདུན་འདུས་པ་རྒྱ་མཚོ་རྣམས་སྤྱན་དྲངས་ཏེ། ཞབས་རིམ་དང་ལྷན་ངོར་པའི་མཁན་རབས་ལྔ་པ་ཆོས་རྗེ་དཔལ་ལྡན་རྡོ་རྗེ་མཆོག་མཁན་པོ། གསེར་མདོག་པཎ་ཆེན་ཤཱཀྱ་མཆོག་ལྡན་པས་ལས་སློབ། ཀུན་མཁྱེན་གོ་བོ་རབ་འབྱམས་པ་འདི་ཉིད་ཀྱི་གསང་སྟོན་མཛད་ནས་སྒྲོལ་མ་བའི་ཆོས་རྗེ་བསོད་ནམས་དཔལ་མཆོག་གིས་གཙོས་པའི་བསྙེན་རྫོགས་བརྒྱ་ཕྲག་དུ་མ་མཛད།

དེའི་སྐབས་ཁ་གདན་ས་ངོར་པའི་མཁན་རབས་ལྔ་པ་ཆོས་རྗེ་དཔལ་ལྡན་རྡོ་རྗེ་མཆོག ། གདན་ས་ཆེན་པོ་དཔལ་ལྡན་ས་སྐྱར་ཆོས་འཁྲིལ་ཕེབས་པ་ལ་བརྟེན་ནས། དེ་ལོའི་དགུན་ངོ་གདན་ས་ངོར་ཨེ་ཝཾ་ཆོས་ལྡན་གྱི་གནད་ཡོད་མི་སྣ་ཁྲུ་གཅིག་གདན་ས་ཧྭ་ནག་ཐུབ་བསྟན་རྣམ་རྒྱལ་གླིང་དུ་བྱོན་ནས། ཆོས་རྗེ་ཉིད་ལ་རབ་གནས་ངོར་པའི་མཁན་པོ་ཁྲི་པ་མཛད་གནང་ཡོང་བ་དང་། དེ་བཞིན་མ་བྱུང་ནའང་ལོ་ཤས་ཀྱི་རིང་ལ་གདན་ས་ངོར་ཨེ་ཝཾ་ཆོས་ལྡན་གྱི་མཁན་ཚབ་མཛད་ནས་གསང་ཆེན་ལམ་འབྲས་ཅི་ནས་ཀྱང་བཀའ་དྲིན་བསྐྱལ་གནང་ཡོང་བ་ཞུས་པས། ཆོས་རྗེ་ཉིད་ཀྱི་དགོངས་པ་ལ་གདན་ས་ཧྭ་ནག་ཐུབ་བསྟན་རྣམ་རྒྱལ་དུ་གྲྭ་ཚོགས་རྒྱས་ཤིང་མདོ་སྔགས་ཀྱི་འཆད་ཉན་རྒྱུན་མ་ཆད་པ་ཡོད་དགོས་པས། གདན་ས་ངོར་དུ་ཕྱིན་ན་འདི་ལ་གནོད་ངེས་འདུག་ནའང་། རྗེ་བླ་མའི་དགོན་པ་ལ་འཛིན་སྐྱོང་བྱེད་མཁན་ཇི་བཞིན་མ་བྱུང་བ་ལ་བརྟེན་ནས། ཉམས་པར་གྱུར་ན་ནི་ཤིན་ཏུ་མི་འོས་ལ། རང་གི་དགོན་པ་ཁྲིད་དུ་བསད་ན་བུ་སློབ་རྣམས་ཅི་དགོངས་མི་ཤེས་དགོངས་ནས། བླ་མ་གཙོས་མཆོག་གསུམ་ལ་གསོལ་བ་སྟེང་ནས་འདེབས་བཞིན་ཉལ་བའི་རྣལ་འབྱོར་ལ་བཞུགས་པའི་ཚེ། ཆོས་ཁྲི་ཞིག་གི་སྟེང་དུ་བཞུགས་ནས་མི་མང་པོ་ཞིག་ལ་ཆོས་གསུང་གིན་འདུག་པ་དང་། ཆོས་ཁྲི་དེའི་ཕྱོགས་བཞི

ནས་རྒྱ་གར་གྱི་པཎྜི་ཏ་འཕགས་པ་ཀླུ་སྒྲུབ། འཕགས་པ་ལྷ། དབྱིག་གཉེན། ཕྱོགས་གླང་དང་བཞི་ཡིས་རིམ་པ་བཞིན། གདམས་པའི་རིན་ཆེན་ལྷུན་བརྩེགས་མཆོག །བསོད་ནམས་རྒྱ་མཚོའི་དབུས་གནས་ཤིང་། །ལེགས་བཤད་སེང་གེའི་བསྟི་གནས་པ། །ཡོན་ཏན་རི་དབང་ལ་ཕྱག་འཚལ། །ཞེས་གསུངས་པ་རྨིས་པས་རྟེན་འབྲེལ་ཁྱད་པར་ཅན་འགྲིག་པར་དགོངས་ཏེ་ཐུགས་ཤིན་ཏུ་དགྱེས་ཤིང་ངོ་མཚར་ཆེ་བར་དགོངས་ཏེ། གདན་སའི་མཁན་ཚབ་ལ་བྱོན་པར་ཞལ་གྱིས་བཞེས། མདོ་མཁར་ལ་བཀའ་ཆོས་གསུངས་གྲུབ་པའི་རྗེས་སུ། གདན་ས་ཆེན་པོ་ངོར་ཨེ་ཝཾ་ཆོས་ལྡན་དུ་བྱོན་ནས་སྟག་ལོ་ལ་གདན་སའི་མཁན་ཚབ་མཛད་དེ། གསང་ཆེན་ལམ་འབྲས་ལ་སོགས་པའི་གསུང་ཆོས་དུ་མ་བསྐྱལ། དེ་ནས་ཆུ་མོ་ཡོས་ཀྱི་ལོར་གདན་ས་ངོར་པའི་སློབ་དཔོན། ཁང་ཚན་ཁག་གི་འགན་འཛིན་རྣམས་པ་དང་གྲྭ་མང་དང་བཅས་པ་རྣམས་ཀྱིས་ས་གདན་སའི་མཁན་པོ་ཁྲི་པ་མཛད་དགོས་པའི་ཞུ་བ་ནན་ཆེ་བ་དང་། རྒྱལ་བ་ངོར་ཆེན་རྡོ་རྗེ་འཆང་ཀུན་དགའ་བཟང་པོ་ཡབ་སྲས་ཀྱི་ཐུགས་དགོངས་རྫོགས་པའི་ཐབས་ལ་དགོངས་ནས། གདན་ས་ཧ་ནག་ཐུབ་བསྟན་རྣམ་རྒྱལ་གླིང་དུ་སྐུ་བཞུགས་གནང་མཁན་སློབ་བུ་རྣམས་ལ་གསུངས་དོན། ངེད་གདན་ས་ཆེན་པོ་ངོར་ཨེ་ཝཾ་ཆོས་ལྡན་དུ་སྡོད་རིང་ལ། གསོལ་དཔོན་དགེ་འདུན་བཟང་པོས་བླ་བྲང་བཟུང་། གཙོ་བོ་མཁན་ཚབ་པཎ་ཆེན་ཀོང་སྟོན་དབང་ཕྱུག་གྲུབ་པ་མཆོག་གིས་གནང་རྒྱུ་དང་། ཕྱག་རོགས་རབ་འབྱམས་པ་ཐུགས་རྗེ་དཔལ་བཟང་མཆོག །བཀའ་བཅུ་པ་བསོད་ནམས་རྒྱ་མཚོ་ལ་སོགས་པ་སྐབས་བསྟུན་གཞུང་འཆད་མཁན་ཇི་དགོས་བཅས་གཟིགས་མཛད། ང་རང་བཞུགས་པ་དང་ཆ་མཚུངས་པའི་འཆད་ཉན་རྣམས་ཡོང་བའི་ཡིད་ཆེས་དང་རེ་སྨོན་ཞུ་རྒྱུ་ཡིན། འཇིག་རྟེན་གྱི་བྱ་བ་ཐལ་པ་རྣམས་གསོལ་དཔོན་དགེ་འདུན་བཟང་པོས་གྱིས་ཤིག་གསུངས་པའི་རྗེས་སུ། གདན་ས་ཧ་ནག་ཐུབ་བསྟན་རྣམ་རྒྱལ་གླིང་དུ་དགུན་ཆོས་ཚོགས་པའི་སྐབས་ཀྱི་གཞུང་འཆད་རྒྱུའི་བང་རིམ་དང་། འཆད་རྩོད་གནང་ཕྱོགས་བཅས་ལ་བསླབ་བྱའི་ཞལ་བཀོད་རྣམས་མཛད། དེ་རྗེས་མདོ་མཁར་ལ་བཀའ་ཆོས་བསྐྱལ་གྲུབ་མཚམས་ཤབ་སྨད་ནས་བརྒྱུད་དེ་གདན་ས་ཆེན་པོ་ངོར་ཨེ་ཝཾ་ཆོས་ལྡན་ལ་ཞབས་སོར་བདེ་བར་འཁོད་པ་དང་བསྟུན། ཡོས་ལོ་ཧོར་ཟླ་དང་པོའི་ཚེས་ལྔ་སྤྱི་ལོ་

༡༩༨༣ལོར་གདན་ས་ངོར་པའི་མཁན་རབས་དྲུག་པའི་ཁྲི་ལ་མངའ་གསོལ་ནས་གསུང་ངག་རིན་པོ་ཆེ་ལམ་འབྲས་བུ་བཅས་པས་ཐོག་དྲངས་པའི་རྡོ་རྗེ་ཐེག་པའི་ཆོས་ཟབ་ཅིང་རྒྱ་ཆེ་བ་རྣམས་དང་། དབུ་མ་ལུགས་ཀྱི་ཐེག་པ་ཆེན་པོའི་སེམས་བསྐྱེད་དང་། ཐེག་ཆེན་སེམས་བསྐྱེད་གཞན། བུ་དགོན་ཁག་ནས་ཕེབས་པའི་དགེ་འདུན་པ་བསྒྲུབ་བྱ་དཔག་ཏུ་མེད་པ་ལ་རབ་ཏུ་བྱུང་བ་དང་བསྙེན་པར་རྫོགས་པ་ལ་སོགས་པས་ཆོས་ཕྱོགས་ཀྱི་མངོན་འདོད་ཐམས་ཅད་ཆེམས་པར་མཛད།

མདོར་ན་ཡོས་ལོ་ཧོར་ཟླ་དང་པོའི་ཚེས་ལྔ་ལ་གདན་སའི་མཁན་ཁྲིར་མངའ་གསོལ་བ་ནས་བཟུང་། ཡོས་འབྲུག་སྦྲུལ་རྟ་བཞི་ལ་རྒྱུད་སྡེ་བཞིའི་དབང་ལུང་གཞུང་བཤད་མན་ངག་དང་བཅས་པ་ལ་སོགས་པ་མདོ་སྔགས་ཀྱི་ཆོས་ཚུལ་དུ་མའི་སྒོ་ནས་གདུལ་བྱ་དཔག་ཏུ་མེད་སྨིན་གྲོལ་ལ་འགོད་པར་མཛད། ཀུན་མཁྱེན་ཆོས་ཀྱི་རྒྱལ་པོ་ཉིད་སྡེ་སྣོད་གསུམ་གྱི་ཚིག་དོན་ལ་གཡེལ་བ་མེད་པར་བཞུགས་པའི་ཚེ། མཁས་པའི་མཚན་སྙན་གྱི་གྲགས་པའི་འབྲུག་སྒྲ་ནི་ཤིན་ཏུ་ཆེ། འཕྲིན་ལས་ཀྱི་འོད་ཟེར་ནི་ཕྱོགས་བཅུར་གསལ། བུ་སློབ་ཀྱི་ལྷོན་པ་ནི་འཛིན་མའི་ཁྱོན་ཀུན་ཏུ་ཁྱབ་པ་བྱུང་ཞིང་། ཤིང་ཕོ་འབྲུག་གི་ལོར་གསུང་ངག་རིན་པོ་ཆེ་ལམ་འབྲས་ཀྱི་བཀའ་ཆོས་བསྐྱལ་བའི་དུས་སུ། ཞལ་སློབ་ཕྱོགས་བཞི་ནས་ཕེབས་པའི་དགེ་བཙུན་དང་། དེ་བཞིན་ཆེན་པོ་ཧོར། རྒྱ་ནག བལ་པོ། རྒྱ་གར་གྱི་ས་ཁུལ་ཧི་མ་ལ་རི་རྒྱུད་ནས་ཕེབས་པ་བཅས་དགེ་འདུན་ཞལ་གྲངས་སུམ་ཁྲི་ཉིས་སྟོང་ལྔ་བརྒྱ་ལྷག་ཙམ་བྱུང་བ་རྣམས་ལ། དགེ་འདུན་པ་ཞལ་གྲངས་ཉེར་ལྔ་རེ་ལ་དཔལ་ཀྱི་རྡོ་རྗེའི་དངོས་ཁའི་དབང་ཆེན་གནང་བ་དུས་སུ། དགུན་དུས་གནམ་གཤིས་གྲང་བ་དང་དགེ་འདུན་པ་ཞལ་གྲངས་མང་བའི་དབང་གིས་དབང་ཁང་གི་ནང་དུ་གདན་གྱི་སྟེང་ལ་ཉིན་མོ་ཙུང་ཟད་སྐྱུང་ལ་གསོ་བར་མཛད་པའི་སྐབས་དེར། གཙུག་ལག་ཁང་གི་རྒྱ་མཐོང་གི་ཐད་དུ་རྗེ་བཙུན་ས་སྐྱ་པ་ཆེན་པོ་ཀུན་དགའ་སྙིང་པོ་སྐུ་གཟི་མདངས་དང་བཅས་པས་ཕྱག་གཡས་པས་སེ་གོལ་གྱི་བརྡ་མཛད་དེ། རིགས་ཀྱི་བུ་ཁྱེད་ཀྱིས་སེམས་ཅན་གྱི་དོན་མཛད་ལ་གཡེལ་བ་མ་བྱེད་གསུངས་པའི་གསལ་སྣང་བྱུང་སྐབས། རིགས་དྲུག་ཀུན་གྱི་བདག་པོ་རྡོ་རྗེ་འཆང་། །རྒྱལ་བ་ཀུན་གྱི་མཁྱེན་པ་འཛམ་པའི་དབྱངས། །སངས་རྒྱས་ཀུན་གྱི་མཐུ་སྟོབས་ཕྱག་ན་རྡོ

པ། །དབྱེར་མེད་བླ་མ་ཁྱེད་ལ་བདག་སྐྱབས་མཆི། །ཞེས་པའི་སྐྱབས་འགྲོ་ཤོར་བས། དེ་ཁ་ཙམ་ཐོངས་གསུངས་ནས་མི་སྣང་ངོ་། །

དེའི་དུས་སུ་བླ་མ་ས་སྐྱ་པ་ཆེན་པོའི་བྲིས་སྐུ་གངས་ཅན་ན་སྐུ་ཚད་དེ་ལས་ཆེ་བ་མེད་པ་ངོ་མཚར་ཞིང་བྱིན་རླབས་ཀྱི་དཔལ་འབར་དེ་གསར་བཞེངས་མཛད། བཀའ་ཆོས་གྲུབ་པའི་རྗེས་སུ། ས་ཆེན་གོང་མ་རྣམ་ལྔ། ངོར་པའི་མཁན་རབས་དང་པོ་དཔལ་རྒྱལ་བ་ངོར་ཆེན་རྡོ་རྗེ་འཆང་ཀུན་དགའ་བཟང་པོ། ངོར་པའི་མཁན་རབས་གཉིས་པ་མུས་ཆེན་སེམས་དཔའ་ཆེན་པོ་དཀོན་མཆོག་རྒྱལ་མཚན་རྣམ་གཉིས་ཀྱི་ཐུགས་དགོངས་རྫོགས་པའི་ལྷ་མཆོད་ལ་དཀྱིལ་འཁོར་ལྔའི་སྒྲུབ་མཆོད་གསར་འཛུགས་གནང་བས། ངོར་པའི་མཁན་རབས་བཞི་པ་ཆོས་རྗེ་ཀུན་དགའ་དབང་ཕྱུག་མཆོག་གི་ལྷ་མཆོད་ཀྱང་མ་ཆག་ཡོད་པས། སྤྱིར་གདན་ས་ལ་སྦྱིན་བདག་དད་པ་ཅན་རྣམས་ཀྱིས་འབུལ་བ་སྟོབས་ཆེན་འབུལ་གྱི་ཡོད་ན་ཡང་། ལོ་རེ་དགེ་འདུན་པ་བརྒྱ་ཕྲག་མང་པོ་ལ་མང་ ཇ་བླ་མཆོད་ལྷ་མཆོད་ཉི་ཤུ་ཙམ། དུས་ཆེན་བཞི་དང་ཚ་བརྒྱད། བསྒྲུབ་མཆོད་ལ་ཉི་མ་བདུན་རེ་ལ་སྡེ་ཕྱི་མང་ཇ་གཉིས་གཉིས་འདྲེན་པས་མང་ཇ་བཞི་བཅུ་ཙམ་རེ་གདན་ས་རང་ནས་གནང་དགོས་པ་དང་། གཙུག་ལག་ཁང་གི་རྟེན་གསུམ་རྣམས་ཀྱི་དྲུང་དུ་ཉིན་མཚན་འཁོར་མོ་ཡུག་ཏུ་དཀར་མེ་སྟོབས་ཆེན་འབུལ་དགོས་པའི་ཐོག །གདན་སའི་རྒྱུན་གྲོན་གཞན་ཡང་ཧ་ཅང་ཆེ་བ་ལ་དགོངས་ནས། བཀའ་བཅུ་པ་སངས་རྒྱས་རྒྱལ་མཚན་དཔོན་སློབ་རྣམས། བསྟན་པའི་སྦྱིན་བདག་སྲ་བརྟན་ཡོད་ས་མདོ་ཁམས་ཕྱོགས་སུ་ཡོས་ལོ་ལ་བསྐོར་འབུལ་བྱོན་ཁར། གདན་ས་ངོར་པའི་མཁན་པོ་ཁྲི་པ་ཀུན་མཁྱེན་གོ་བོ་རབ་འབྱམས་པ་བསོད་ནམས་སེངྒེས་འཕྲིན་བཅོལ་འདི་ལྟར་མཛད་པ་གསལ།

གསུང་རབ་ཀུན་གྱི་རྒྱ་མཚོ་གནས་བཅས་ནས། །དགའ་བཞིའི་ནོར་བུས་རིམ་གཉིས་སྤྱི་བོར་མཛེས། །འཕྲིན་ལས་བཟང་པོས་ནོར་ལ་དབང་འགྱུར་བ། །རྗེ་བཙུན་བླ་མ་གདེང་ཅན་དབང་པོ་རྒྱལ། །ཞེས་སོགས་བླ་མ་དང་། དཀོན་མཆོག་གསུམ་ལ་མཆོད་པར་བརྗོད་པ་སྔོན་དུ་བཏང་བའི་འབུལ་ཡིག་གི་མཇུག་ཏུ། ལྷ་གམ་དབང་གི་དཀྱིལ་འཁོར་དབུས་གནས་ཤིང་། །ཡན་ལག་རབ་རྒྱས་

རིན་ཆེན་རྒྱན་འཕྲེང་ལྡན། །ཁམས་གསུམ་འདོད་པ་ཀུན་ལ་དབང་བསྒྱུར་བ། །འདོད་པའི་རྒྱལ་པོས་དོན་འདི་དགེ་ལེགས་མཛོད། །འོད་ཟེར་དམར་པོའི་འཕྲིན་ལས་སྲིད་གསུམ་གསལ། །ཨུཏྤལ་དམར་པོའི་མདའ་གཞུའི་ཁམས་གསུམ་དགུག ། ཁྲོ་ཆགས་བཞད་པའི་སྤྱན་ཟུར་གཡོ་བ་ཅན། རིག་བྱེད་ལྷ་མོ་དེ་ཡིས་དགེ་ལེགས་མཛོད། །གླང་ཆེན་ཞལ་ལྡན་འཛུམ་ཁྲོའི་མཆེ་བ་གཙིགས། །གཞོན་ནུ་ལང་ཚོ་དར་དམར་ཅོད་པན་བཅིངས། །བཅུ་གཉིས་ཕྱག་ཅན་ཞབས་གཉིས་འགྱིང་བག་ཅན། །ཁྲོ་རྒྱལ་དེ་ཡིས་དོན་འདིར་དགེ་ལེགས་མཛོད། །རྗེ་བཙུན་བརྒྱུད་པར་བཅས་པ་ཐམས་ཅད་ཀྱི། བསྟན་པ་བསྟན་འཛིན་བསྲུང་བར་བཀའ་བསྒོས་པའི། བསྲུང་མའི་དབང་པོ་བགྲང་ཡས་ཐམས་ཅད་ཀྱི། །འགལ་རྐྱེན་བསལ་ཞིང་མཐུན་རྐྱེན་བསྒྲུབ་པར་མཛོད། །ཅེས་པའི་དམར་པོ་སྐོར་གསུམ་དང་། སྲུང་མ་རྣམས་ལ་བཅོལ་དམ་གནང་སྟེ་བཟུངས་པས། ཧ་ལོའི་དགུན་ཁ་བཀའ་བཅུ་པ་མདོ་ཁམས་ནས་གདན་ས་ངོར་ཨེ་ཝཾ་ཆོས་ལྡན་དང་ཉེ་སར་སྦྲོན་མའི་རྫོང་དུ་ཕེབས་པའི་དུས་སུ། ཆོས་རྗེ་རང་ཉིད་ངོར་པའི་མཁན་པོ་ཁྲི་པའི་ཕྱག་ལས་ཀྱི་ངོ་བོའི་ཐོག་ནས་ཕེབས་བསུ་ཕྱིན། སྦྱིན་བདག་དད་པ་ཅན་རྣམས་ཀྱིས་འབུལ་བའི་དངོས་པོ་གསེར། དངུལ། གཟི། བྱུ་རུ། མུ་ཏིག ། པདྨ་རག་ག །གཡུ་ཀ་ཏོར་གང་། ཇ་སིགས་ཕྲེད་དང་སུམ་བརྒྱ་དང་། ཧ་དྲེལ་མཛོ་གཡག་ར་ལུག་དང་བཅས་པ་བརྒྱ་ཕྲག་ཉི་ཤུ་རྩ་ལྔ་རེ། གོས་ཆེན་སྣུམ་ལེགས་ཁ་ལྔ་བརྒྱ། དར་ནང་མཛོད། གྲུམ་བཙེམ་མ་དུ་མ། གུ་གུམ་ཁ་ཆེ་ཤ་ཀམ་གཙོ་བྱས་པའི་མཆ་ཏལ་དུ་མ། གཞན་ཡང་དུང་རྣ་ཅན་ལ་སོགས་པ་མཆོད་རྫས་དཔག་ཏུ་མེད་པ་དང་། འབྲུ་རིགས་ཡོན་ཆེན། མར་རྒྱ་མ་ཤིན་ཏུ་མང་པོ། ཐན་རྒྱ་ཁབ། མེ་ལྕགས། སྣོད་པ་དོ་པོ་མང་པོ་དང་བཅས་ཏེ། དངོས་གཙང་ཞིང་རྣམ་པར་དག་པ་རེ་རེ་ནས་མ་ཡིག་གི་ནང་དུ་ཐེབ་པ་མཛད་ནས་འདུག་པ་ལ། ཆོས་རྗེ་ཉིད་ཐུགས་དགྱེས་ཚོར་ཆེན་པོས་རྗེས་བཞེས་གནང་། ཇ་འབྲུ་གཅིག་ཀྱང་སྣ་སྒྲིན་སོགས་མི་བྱེད་པའི་བཅའ་བ་མཛད། ཚོགས་ཆེན་མང་ཇ་ཚར་ལྔ་རུ་སྤར། དད་ཚུམ། ཁྲོད་ཉིད་དམ་པ་མ། རྗེ་ཉིད་ཀྱིས་མཛད་པའི་བདེ་བ་ཅན་གྱི་སྨོན་ལམ་ལ་སོགས་པ་གསར་དུ་འཛུགས་པའི་བཀའ་བསྒྱུ་རྗེ་དགོས་དོན་བཞིན་མཛད།

ལུག་ལོའི་སྟོན་ཁ་ཡང་འབུལ་སྐྱིད་ཀྱི་ལྷག་མ་ཛ་སིགས་ལྔ་བཅུ་ཙམ་བྱུང་སྟེ། རྗེས་པས་ད་ལྟའི་དགེ་འདུན་ཞལ་གྲངས་འདི་ཙམ་གྱི་ལོ་ཉི་ཤུ་རྩ་བདུན་གྱི་བར་ཚོགས་ཆེན་མང་ཇ་འདང་གི་ཟེར། གོང་དུ་སྨོས་པའི་དངོས་པོ་དེ་དག་གིས་མཚོན་ཀུན་མཁྱེན་གོ་བོ་རབ་འབྱམས་པ་བསོད་ནམས་སེངྒེ་མཆོག་གདན་ས་ཆེན་པོ་ཨེ་ཝཾ་ཆོས་ལྡན་གྱི་མཁན་པོ་ཁྲི་པ་ལོ་བཞི་བཞུགས་པའི་རིང་ལ། མངའ་རིས་ནས་དབུས་གཙང་། མདོ་ཁམས་དང་མདོ་སྨད་ཀྱི་ཡུལ་གྲུ་ཁག་ནས་གདུལ་བྱ་འགྲོ་བ་ཆེ་ཞིང་གཏོང་ཕོད་རྣམས་ཀྱིས་འབུལ་བའི་དངོས་པོ་ཚར་ལྟར་བབས་པ་ཐམས་ཅད་ཙུང་ཟད་ཀྱང་བདག་གིར་མ་མཛད་པར། གདན་ས་དགོན་གཞུང་གི་མཁོ་བའི་ཡོ་བྱད་ལ་གནང་སྦྱིན་སྦྱོར་བར་མཛད། །

༥༨ ཡོངས་འཛིན་དམ་པ་དཀོན་མཆོག་འཕེལ་མཆོག་ཆོས་རྗེ་ཉིད་ཀྱི་རྒྱལ་ཚབ་གདན་ས་ངོར་པའི་མཁན་རབས་བདུན་པའི་ཁྲི་ལ་མངའ་གསོལ་གནང་བའི་ཚུལ།

དེ་ནས་མེ་ཕོ་རྟ་ལོ་ས་ག་ཟླ་བའི་ཉེར་ལྔའི་དུས་ཆེན་ཁྱད་པར་ཅན་གྱི་ཉིན་མོར། རྒྱལ་བ་ངོར་ཆེན་རྡོ་རྗེ་འཆང་ཡབ་སྲས་ཀྱི་ལུང་བསྟན་པ་དང་། ཆོས་རྗེ་རང་ཉིད་ཀྱི་ཐུགས་དམ་བརྟག་པའི་རྟེན་འབྲེལ་བཟང་པོ་དང་བསྟུན། འདུལ་བ་འབུམ་སྡེའི་གཞུང་ལ་དབང་འགྱུར་ཞིང་། བསླབ་པ་རིན་པོ་ཆེ་རྣམ་པ་གསུམ་ལ་མིག་འབྲས་ལྟར་གཅེས་པར་འཛིན་པ། དྲན་ཤེས་བཞིན་བག་ཡོད་པ་གསུམ་གྱི་དབང་པོའི་སྒོ་སྡོམ་པ། ཧུར་སྐྱིག་འཛིན་པ་རྣམས་ཀྱི་གཙུག་ན་རྒྱལ་མཚན་གྱི་ཏོག་ལྟར་མངོན་པར་མཐོ་བ་དགྲ་བཅོམ་པ་ཉེ་བར་འཁོར་ལྟ་བུ། བྱང་ཆུབ་སེམས་དཔའི་སྤྱོད་རྒྱ་མཚོ་ལྟ་བུའི་ཕ་རོལ་སོན་པ། བྱང་ཆུབ་ཀྱི་སེམས་གཉིས་ཐུགས་ལ་འབྱུངས་ཏེ་བདག་ལས་གཞན་གཅེས་པའི་བྱང་ཆུབ་སེམས་ཀྱི་ཐྲ་གླིང་གཡོས་པ་རྣམ་པ་ཐམས་ཅད་དུ་གཞན་དོན་དུ་མཛད་པ་སྐབས་པོ་ཆེ་ལ་གཡེལ་བ་མི་མངའ་བ་བྱང་ཆུབ་སེམས་དཔའ་ཀུན་ཏུ་བཟང་པོ་ལྟ་བུ། རིག་པ་འཛིན་པའི་རྒྱུད་སྡེ་རྒྱ་མཚོ་ལྟ་བུ་ལ་མངའ་བརྙེས་ཤིང་། རིམ་གཉིས་ཟབ་མོའི་ཏིང་ངེ་འཛིན་གྱི་རྟོགས་པ་བརྟན་པས་ཐ་མལ་སྣང་ཞེན་གྱི་འཆིང་བ་ལས་གྲོལ་ཏེ། རྣམ་པར་གྲོལ་བའི་འབྲས་བུ་ཕྱག་རྒྱ་ཆེན་པོ་མཆོག་གི་དངོས་གྲུབ་བརྙེས་པ་རྣལ་འབྱོར་གྱི་དབང་ཕྱུག་བིར་ཝ་པ་ལྟ་བུ་སྟེ། མདོར་ན་དུས་གསུམ་སངས་རྒྱས་ཐམས་ཅད་ཀྱི་ངོ་བོ། །

སྲིད་པ་གསུམ་གྱི་འདྲེན་མཆོག་དམ་པར་གྱུར་པ་མཚུངས་མེད་ཆོས་ཀྱི་རྗེ་ཡོངས་འཛིན་དཀོན་མཆོག་འཕེལ་བའི་མཚན་ཅན་མཆོག་སྤྱི་ལོ་༡༩༨༨ལོར་གདན་ས་ཆེན་པོ་ངོར་ཨེ་ཝཾ་ཆོས་ལྡན་གྱི་མཁན་རབས་བདུན་པའི་ཁྲི་ལ་དབང་བསྐུར་མཛད་པའི་ཐོག་མར། ཆོས་རྗེ་ཉིད་ཀྱི་སྐུ་གསུང་ཐུགས་ཡོན་ཏན་འཕྲིན་ལས་ཀྱི་རྟེན་རྣམས་དང་ཆོས་གོས་རྣམ་གསུམ་སྤུས་ལེགས་ཀྱི་གཙོས་འདེབས་འབུལ་གནང་བ་དང་། མཁན་སློབ་དགེ་འདུན་རྒྱ་མཚོ་ནས་དར་ནང་མཛོད་དཀར་གཙང་མཛལ་འབུལ་གྲུབ་པའི་མཚམས་དེ། ཡང་ཆོས་རྗེ་ཉིད་ཀྱི་དགེ་ལེགས་རྒྱ་མཚོ་ཞེས་བརྗོད། ཚོགས་པ་རྣམས་ཀྱིས་ཀྱང་རབ་ཏུ་གནས་པའི་བཀྲ་ཤིས་ཀྱི་དབྱངས་དང་མེ་ཏོག་གི་ཆར་ཆེན་པོ་ཕབ།

ཆོས་རྗེ་ཉིད་ཁྲི་ལ་ཕེབས་པའི་ལུགས་བཞིན་སྐུ་མགྲོན་གཙོ་བོ་བསྟན་པའི་སྦྱིན་བདག་ཆེན་པོ་རིན་སྤུངས་ས་སྐྱོང་གཙང་ཆེན་དོན་གྲུབ་རྡོ་རྗེ་མཆོག་གིས་ཐོག་དྲངས་བསྟན་པ་རིན་པོ་ཆེའི་སྦྱིན་བདག་རྣམས་དང་། ཆོས་སྡེ་གཞན་གྱི་སྐུ་ཚབ་དང་བཅས་པ་རྣམས་ལ། གདན་སའི་ཁམས་ཚན་ཁག་སོ་སོར་ནས་དགའ་སྟོན་གྱི་འབུལ་བ་རྒྱ་ཆེན་ཕུལ། ཕྱི་ཉིན་གདན་ས་དགོན་གཞུང་ནས་ཀྱང་དགའ་སྟོན་གསོལ་ཇ་འབྲས་སིལ་དང་། མཁན་སྤྲུལ་ཆོས་བརྒྱུད་གཞན་གྱི་སྐུ་ཚབ་བསྟན་སྦྱིན་ཆེ་ཁག་རྣམས་ལ་ཕར་འབུལ། གདན་སའི་ལས་གནས་རྣམས་ལ་གང་ལ་གང་འོས་ཀྱི་རྣམ་བཞག །དགེ་འདུན་སྟོང་ཕྲག་ལ་ཀ་དན་ཟུང་འབྲེལ་གྱི་གནང་སྦྱིན་ཕུན་སུམ་ཚོགས་པ་དང་བཅས་ཏེ་བསྔོ་བ་དང་སྨོན་ལམ་གྱིས་རྒྱས་བཏབ། ཞེས་བརྗོད་ཀྱི་རབ་ཏུ་གནས་པ་སོགས་ཞག་བདུན་ཕྲག་ནས་ལེགས་པར་གྲུབ་རྗེས། གདན་ས་ངོར་པའི་མཁན་ཟུར་ཀུན་མཁྱེན་གོ་བོ་རབ་འབྱམས་བསོད་ནམས་སེངྒེའི་ཞལ་སྔ་ནས། དེ་ནི་གདན་ས་ཆེན་པོ་ངོར་ཨེ་ཝཾ་ཆོས་ལྡན་གྱི་འཛིན་སྐྱོང་སྤྱིལ་གསུམ་གྱི་མཛད་འཕྲིན་རྣམས་མཁན་པོ་ཁྲི་པའི་བཀའ་དགོངས་ཇི་བཞིན་གྲུབ་པར་གྱིས། ང་རང་ནི་གདན་ས་ཧྲ་ནག་ཐུབ་བསྟན་རྣམ་རྒྱལ་གླིང་དུ་འཕྲལ་མྱུར་འགྲོ་གི་ཡིན་གསུངས་པ་ལྟར། ཆོས་རྗེ་ཉིད་ཀྱི་གདན་ས་རྟ་ཕྱུགས་ཕེབས་ཏེ་གང་འོས་ཆོས་ཀྱི་འཁོར་ལོ་རྒྱུན་མི་ཆད་པ་བསྐོར་གནང་མཛད།

༥༧ ཀུན་མཁྱེན་གོ་བོ་རབ་འབྱམས་པ་བསོད་ནམས་སེངྒེས་རྩོད་པའི་སྒོ་ནས་རྒྱལ་བསྟན་ཉིན་མོ་ལྟར་གསལ་བར་མཛད་པའི་ཚུལ།

གོང་གསལ་ཀུན་མཁྱེན་རོང་སྟོན་སངས་རྒྱས་འཕེལ་གྱི་གདན་ས་འབྲས་ཡུལ་སྐྱེད་མོས་ཚལ་དུ་མཁན་པོ་གནང་རིང་དང་། ཐུས་ཆེན་སེམས་པ་ཆེན་པོའི་གདན་ས་ཐུས་སྟག་མོ་གླིང་ཁ། བྱང་ངམ་རིང་། སྐུ་ཉིད་ཀྱི་གདན་ས་ཧ་ནག་གསེར་གླིང་དགོན་པ་དང་། ཧ་ནག་ཐུབ་བསྟན་རྣམ་རྒྱལ་གླིང་། གདན་ས་ཆེན་པོ་ཨེ་ཝཾ་ཆོས་ལྡན་གྱི་མཁན་པོ་གནང་རིང་བཅས་ལ་མདོ་སྔགས་རིག་གཞུང་དང་བཅས་པ་ལ་འཆད་སྤེལ་མི་ལོ་བཅུ་ཕྲག་གསུམ་ལྷག་པ་གནང་བའི་སྐབས་སུ། དགག་བཞག་སྤོང་གསུམ་གྱིས་གཞན་གྱིས་མ་རྟོགས་པ་དང་། ལོག་པར་རྟོག་པ། ཐེ་ཚོམ་དྲ་བ་རྣམས་ཚར་བཅད་པ་དང་། དཔེར་ན་ཚོགས་ཆེན་དུའང་ཆོས་རྗེ་རྩེད་ཐང་རབ་འབྱམས་པས་ཞལ་ཕྱོད་ཆེན་པོ་དང་བཅས་ཏེ་དམ་བཅའ་བཞག་པ་ལ་ཀུན་མཁྱེན་ཆོས་ཀྱི་རྒྱལ་པོ་འདིས་དངོས་པོ་སྟོབས་ཞུགས་ཀྱི་རིགས་པས་སུན་ཕྱུང་བ་ལ། སྐུ་ཡི་ཡོངས་འཛིན་ཀུན་མཁྱེན་རོང་སྟོན་སངས་རྒྱས་འཕེལ་གྱིས་བསྟོད་བཀུར་བསྔགས་གསུམ་མཛད་པ།

དེ་དག་ལས་ཀྱང་ཤིན་ཏུ་གལ་གནད་ཆེ་བ་ཞིག་ནི། སྤྱིར་སངས་རྒྱས་ཀྱི་བསྟན་པ་དང་། ཁྱད་པར་དཔལ་ལྡན་ས་སྐྱ་པའི་བསྟན་པ་དྲི་མ་མེད་པ་ལ་མ་རྟོགས་ལོག་རྟོག་ཐེ་ཚོམ་གྱི་དྲི་མ་འཕྱུག་པོས་སྒྲིབ་པ་རྣམས་སུན་དབྱུང་བའི་ཕྱིར་དུ། དབུ་མའི་ལྟ་བ་ཤན་འབྱེད། སྟོང་ཐུན་ཆེན་མོ། ཀྱཻ་རྡོར། གསང་འདུས། ཀུན་རིག་གསུམ་གྱི་རྩོད་སྤོང་། སྡོམ་གསུམ་དྲིས་ལན་སོགས་ཀྱི་རྒྱལ་བའི་བསྟན་པ་བསྐལ་པ་ཇི་སྲིད་པ་གསལ་མཛད་པས་དེ་གྲུབ་བོ། །

༥༨ ཀུན་མཁྱེན་གོ་བོ་རབ་འབྱམས་པ་བསོད་ནམས་སེངྒེའི་རྩོམ་པས་རྒྱལ་བསྟན་སྲ་བརྟན་མཛད་པའི་ཚུལ།

ཀུན་མཁྱེན་གོ་བོ་རབ་འབྱམས་པ་བསོད་ནམས་སེང་གེ་བཀའ་འབུམ། ད་ལྟར་བཞུགས་པ་རྣམས་ཀྱི་མཚན་བྱང་གཤམ་གསལ། གླེགས་བམ་དང་པོ། ཕྱོགས་ཐམས་ཅད་ལས་རྣམ་པར་རྒྱལ་བ

ཀུན་མཁྱེན་བླ་མར་མཆོད་བརྗོད་ཞལ་གསུང་མ། ཀུན་མཁྱེན་བླ་མའི་གསུང་འབུམ་གྱི་མཚན་བྱང་དང་། བཞུགས་བྱང་མདོར་བསྡུས་སུ་བཀོད་པ། རྗེ་བླ་མ་ཀུན་མཁྱེན་ཆེན་པོའི་བཀའ་འབུམ་གྱི་པོ་ཏི་ཐོག་མའི་སྐབས་ལས་བསྟོད་ཚོགས་ཀྱི་སྐོར། དཔལ་ལྡན་བླ་མ་རིན་ཆེན་འབྱུང་ལྡན་ལ་གསོལ་བ་འདེབས་པ་བསོད་ནམས་རབ་རྒྱས། རྗེ་བཙུན་བླ་མ་ཀུན་དགའ་བཟང་པོ་ལ་བསྟོད་པ་བསྟོད་དབྱངས་རྒྱ་མཚོའི་རྣམ་པ་རོལ་པ། རྡོ་རྗེ་འཆང་ཀུན་དགའ་བཟང་པོ་ལ་བསྟོད་པ། རྗེ་བཙུན་བླ་མ་མུས་པ་ཆེན་པོའི་རྣམ་པར་ཐར་པ་ངོ་མཚར་ཆུ་རྒྱུན་ཁ་སྐོང་། མཚན་སྤེལ་གྱི་བསྟོད་པ་རིན་ཆེན་དཀོན་མཆོག་མ། བདག་ཆེན་ཆུ་མིག་པ་ལ་བསྟོད་པ། ཀུན་དགའ་དབང་ཕྱུག་པའི་བསྟོད་པ། རབ་འབྱམས་པ་ཤེས་རབ་དཔལ་བཟང་པོ་ལ་བསྟོད་པ། རབ་འབྱམས་པ་སངས་རྒྱས་འཕེལ་ལ་བསྟོད་པ་ཀ་ལི་སྤེལ་བ། ཀུན་མཁྱེན་རྫོང་དཀར་པ་སངས་རྒྱས་འཕེལ་བ་ལ་བསྟོད་པ། མཁས་པ་གྲུ་རུ་ལ་བསྟོད་པ། དཀོན་མཆོག་རྒྱལ་པོ་ལ་བསྟོད་པ། བདག་ཆེན་བློ་གྲོས་པ་ལ་བསྟོད་པ། སློབ་དཔོན་ཀུན་དགའ་འབུམ་གྱི་བསྟོད་པ། རྗེ་ཉིད་ཀྱི་བསྟོད་ཁག་གཉིས་པ། ཡོངས་འཛིན་དཀོན་མཆོག་འཕེལ་ལ་བསྟོད་པ། པཎྜི་ཏ་གྲགས་པ་རྡོ་རྗེའི་བསྟོད་པ། ཀརྨ་པའི་བསྟོད་པ། གླིང་སྨད་པཎྜི་ཏ་ལ་བསྟོད་པ། རྗེ་རིན་པོ་ཆེ་སྣ་སྐྱ་བའི་དབྱུང་གི་བསྟོད་པ། ཆུ་འདུས་མཁས་བཙུན་པ་ལ་བསྟོད་པ། འཇམ་སྦྱེ་ཆེན་གྱི་མཁན་པོ་ནམ་མཁའ་དཔལ་སྐྱོང་གི་བསྟོད་པ། སློབ་དཔོན་སྤྲིན་བཟང་པའི་བསྟོད་པ། རྗེ་ཉིད་ཀྱིས་བཞེངས་པའི་གསུང་དག་བརྒྱུད་པའི་བྲིས་སྐུའི་ངོས་གནས་བཤུས་ཏེ་བྲིས་པའི་བརྒྱུད་འདེབས། ཀྱེ་རྡོར་འགྲེལ་པ་ལུགས་ཀྱི་བརྒྱུད་པའི་ཁ་སྐོང་། བདེ་མཆོག་བརྒྱུད་པའི་གསོལ་འདེབས་ཁ་སྐོང་། གསང་འདུས་རིམ་ལྔའི་བརྒྱུད་འདེབས་ཁ་སྐོང་། ཕར་ཕྱིན་བརྒྱུད་འདེབས། ཚད་མའི་བརྒྱུད་འདེབས། རྒྱལ་ཚབ་བྱམས་པའི་བསྟོད་པ། རྗེ་བཙུན་མ་སྒྲོལ་མའི་བསྟོད་པ། ཆོས་སྐྱོང་གི་བསྟོད་པ། དམར་པོ་སྐོར་གསུམ་གྱི་བསྟོད་པ། ནོར་ལྷའི་བསྟོད་པ། རྒྱས་པའི་བསྟན་བཅོས་ཚད་མ་རྣམ་འགྲེལ་གྱི་ངག་དོན་ཀུན་ཏུ་བཟང་པོའི་ཉི་མ།

གླེགས་བམ་གཉིས་པ། རྒྱས་པའི་བསྟན་བཅོས་ཚད་མ་རྣམ་འགྲེལ་རྣམ་པར་བཤད་པ་ཀུན་ཏུ་བཟང་པོའི་འོད་ཟེར། སྡེ་བདུན་མདོ་དང་བཅས་པའི་དགོངས་པ་ཕྱིན་ཅི་མ་ལོག་པར་འགྲེལ་པ་ཚད་

མ་རིགས་པའི་གཉེར་གྱི་དོན་གསལ་བར་བྱེད་པ། ཏགས་ཀྱི་འཁོར་ལོ་གཏན་ལ་དབབ་པ། གླེགས་བམ་གསུམ་པ། ཚད་མ་རིགས་པའི་གཉེར་གྱི་དཀའ་བའི་གནས་རྣམ་པར་བཤད་པ་སྡེ་བདུན་རབ་གསལ། གླེགས་བམ་བཞི་པ། རབ་ཏུ་བྱུང་བ་རྣམས་ཀྱི་བསླབ་བྱ་ཉམས་སུ་བྱུང་བའི་ཆོས་འདུལ་བརྒྱ་མཚོའི་སྙིང་པོ། ཆོས་མངོན་པ་མཛོད་ཀྱི་བཤད་ཐབས་ཀྱི་མན་ངག་ངོ་མཚར་གསུམ་ལྡན། ཕྱུང་ཁམས་སྐྱེ་མཆེད་ཀྱི་རྣམ་གཞག་ཇི་སྙེད་ཤེས་བྱའི་སྒོ་འབྱེད། དབུ་མ་རྩ་བའི་ཤེས་རབ་ཀྱི་རྣམ་པར་བཤད་པ་ཡང་དག་ལྟ་བའི་འོད་ཟེར། གླེགས་བམ་ལྔ་པ། རྒྱལ་བ་ཐམས་ཅད་ཀྱི་ཐུགས་ཀྱི་དགོངས་པ་ཟབ་མོ་དབུ་མའི་དེ་ཁོ་ན་ཉིད་སྤྱིའི་ངག་གིས་སྟོན་པ་ངེས་དོན་རབ་གསལ། ལྟ་བའི་ཤན་འབྱེད་ཐེག་མཆོག་གནད་ཀྱི་ཟླ་ཟེར། དབུ་མ་འཇུག་པའི་དགྲུས་ཀྱི་ས་བཅད་པ་དང་། གཞུང་སོ་སོའི་དཀའ་བའི་གནད་ལ་དཔྱད་པ་ལྟ་བ་ངན་སེལ། གླེགས་བམ་དྲུག་པ། ཤེས་རབ་ཀྱི་ཕ་རོལ་ཏུ་ཕྱིན་པའི་མན་ངག་གི་བསྟན་བཅོས་མངོན་པར་རྟོགས་པའི་རྒྱན་འགྲེལ་པ་དང་བཅས་པའི་དཀའ་བའི་གནས་རྣམ་པར་བཤད་པ་ཡུམ་དོན་རབ་གསལ། གླེགས་བམ་བདུན་པ། ཤེས་རབ་ཀྱི་ཕ་རོལ་ཏུ་ཕྱིན་པའི་མན་ངག་གི་བསྟན་བཅོས་མངོན་རྟོགས་རྒྱན་གྱི་གཞུང་སྤྱི་ཕྱིའི་འབྲེལ་དང་དཀའ་བའི་གནས་ལ་དཔྱད་པ་སྦས་དོན་ཟབ་མོ་གཉེར་གྱི་ཁ་འབྱེད། འགྲེལ་བ་དོན་གསལ་གྱི་ངག་དོན། རྒྱུད་བླའི་དཀའ་འགྲེལ་བ། ཏགས་འཇུག་གི་འགྲེལ་བ། གླེགས་བམ་བརྒྱད་པ། ཤེས་རབ་ཀྱི་ཕ་རོལ་ཏུ་ཕྱིན་པའི་མན་ངག་གི་བསྟན་བཅོས་མངོན་པར་རྟོགས་པའི་རྒྱན་གྱི་མཆོན་བྱེད་ཀྱི་ཆོས་རྣམས་ཀྱི་ཡན་ལག་རྒྱས་པར་བཤད་པ་སྦས་དོན་རབ་གསལ། བཞུགས་གནས་ཀྱི་རྣམ་བཞག་སྐྱེས་བུ་མཆོག་གི་གསལ་བྱེད། གླེགས་བམ་དགུ་པ། སྡོམ་པ་གསུམ་གྱི་རབ་ཏུ་དབྱེ་བའི་རྣམ་བཤད་རྒྱལ་བའི་གསུང་རབ་ཀྱི་དགོངས་པ་གསལ་བ། སྡོམ་གསུམ་རབ་དབྱེའི་སྤྱི་དོན་ཡིད་བཞིན་ནོར་བུ། སྡོམ་པ་གསུམ་གྱི་རབ་ཏུ་དབྱེ་བའི་ཁ་སྐོང་གཞི་ལམ་འབྲས་གསུམ་གསལ་བར་བྱེད་པའི་ལེགས་བཤད་འོད་ཀྱི་སྣང་བ། སྡོམ་གསུམ་ཁ་སྐོང་གི་བསྡུས་དོན། གླེགས་བམ་བཅུ་པ། རྗེ་བཙུན་བླ་མ་མུས་ཆེན་སེམས་པ་ཆེན་པོས་རྣམ་པ་ཐར་པ་ངོ་མཚར་རྒྱ་མཚོ། དྲིས་ལན་པད་མོ་བཞད་པ། ཉི་ཟླ་སེང་གེའི་དྲིས་ལན། མདོ་ཁམས་པ་དབང་ཕྱུག་རྒྱལ་མཚན་གྱི་དྲིས

ལན། སྔགས་འཆང་རཏྣ་ཤྲཱིའི་དྲིས་ལན། རིན་ཆེན་དཔལ་གྱི་དྲིས་ལན། མུས་སྲས་པ་རྡོ་རྗེ་རྒྱལ་མཚན་གྱི་དྲིས་ལན། སྒྲུབ་པ་ཚུལ་ཁྲིམས་བཟང་པོའི་དྲིས་ལན། ལྷུན་མ་ཤེས་རབ་སེང་གེའི་དྲིས་ལན། བཀའ་བཅུ་པ་དྲིན་ཆེན་བྱང་ཆུབ་ཀྱི་དྲིས་ལན་ཟླ་ཟེར་བྱ་བ། ལྷུན་མ་ཀེ་རྒྱལ་སྐྱབས་ཀྱི་དྲིས་ལན། རྣལ་འབྱོར་ཆེན་པོའི་གནད་བྱེ་བྲག་ཏུ་བཤད་པ། ཟབ་དོན་བདུད་རྩིའི་ཉིང་ཁུ་འཆི་བ་མེད་པའི་གོ་འཕང་སྦྱིན་པའི་རྣམ་བཤད་བདུད་རྩི་སྤྲེལ་བ། འཇིག་རྟེན་དབང་ཕྱུག་གི་གཞུང་བཞི་ཉམས་སུ་ལེན་ཚུལ་ཡང་དག་པར་རྫོགས་པའི་སངས་རྒྱས་གཟི་བརྗིད་ཀྱི་རྒྱལ་པོ་བརྟག་པའི་རྣམ་པར་བཤད་པ་གཞན་ཕན་ཀུན་ཁྱབ། ཀུན་རིག་གི་ཞི་བའི་སྦྱིན་སྲེག །བཅོམ་ལྡན་འདས་ཀུན་རིག་གི་ཆོ་ག་ལག་ཏུ་བླང་བའི་རིམ་པ་གཞན་ཕན་འོད་ཟེར་ལ་རྟེན་པ་སྣང་བ་གཞན་ཕན་གནོད་འཇོམས། འཇམ་པའི་རྡོ་རྗེའི་སྒྲུབ་ཐབས་ཀུན་ཏུ་བཟང་པོའི་ཉི་འོད། འཇམ་པའི་རྡོ་རྗེའི་སྒྲུབ་ཐབས་ཀུན་ཏུ་བཟང་པོའི་ཉི་འོད། འཇམ་པའི་རྡོ་རྗེའི་དཀྱིལ་ཆོག་ཡེ་ཤེས་རྣམ་རོལ། འཇམ་པའི་རྡོ་རྗེ་དང་སྤྱན་རས་གཟིགས་ཀྱི་སྒྲུབ་དཀྱིལ་མི་འདྲ་བའི་ཁྱད་པར། འཇམ་པའི་རྡོ་རྗེའི་གཏོར་ཆོག་འཕྲིན་ལས་རྣམ་རོལ། དཔལ་གསང་བ་འདུས་པ་འཇམ་པའི་རྡོ་རྗེའི་ཕྱི་རོལ་ཚོགས་བསགས་ཀྱི་ཆོ་ག་མཎྜལ་ལ་རྟེན་ཏེ་སྒྲུབ་ཅིང་མཆོད་པ། གསང་བ་འདུས་པའི་རིམ་པ་ལྔའི་མན་ངག་གི་ཁྲིད་ཡིག་ཟུང་འཇུག་གསལ་བའི་སྒྲོན་མེ། རྡོ་རྗེ་ཐེག་པ་ལ་ལོག་སྨྲ་བ་ཚར་གཅོད་པ་རིགས་པའི་མཚོན་ཆ། གླེགས་བམ་བཅུ་གཅིག་པ། དཔལ་གསང་བ་འདུས་པའི་སྒྲུབ་ཐབས་ཀུན་ཏུ་བཟང་པོའི་ཉི་འོད་ཀྱི་དོན་འགྲེལ་ལམ་བཟང་གསལ་བའི་སྣང་བ། དཔལ་རྡོ་རྗེ་འཇིགས་བྱེད་ཀྱི་དཀྱིལ་འཁོར་གྱི་ཆོ་ག །བདེ་མཆོག་ཆོས་འབྱུང་བརྒྱུད་པའི་རྣམ་ཐར་དང་བཅས་པ། དཔལ་འཁོར་ལོ་བདེ་མཆོག་ལུ་ནག་གཉིས་ཀྱི་སྒྲུབ་ཐབས་མངལ་སྒོ་སྦྱོང་བའི་ཚུལ། མཁའ་སྤྱོད་སྒོ་འབྱེད། དཔལ་འཁོར་ལོ་བདེ་མཆོག་ལུ་ཧི་པའི་རྣམ་བཤད་དཔག་བསམ་ལྗོན་པ། གླེགས་བམ་བཅུ་གཉིས་པ། གསུང་ངག་ལམ་འབྲས་དོན་བསྡུས་མའི་རྣམ་བཤད་ཟབ་དོན་གནད་ཀྱི་སྒྲོན་མེ། ལམ་འབྲས་བུ་དང་བཅས་པའི་མན་ངག་གི་བྱུང་ཚུལ་གསུང་ངག་བསྟན་པ་རྒྱས་པའི་ཉི་འོད་ཁ་སྐོང་དང་བཅས་པ། དཔལ་ཀྱི་རྡོ་རྗེ་མན་ངག་ལུགས་ཀྱི་མཆོད་གཏོར་གྱི་རྣལ་འབྱོར། མཚོ་སྐྱེས་ལུགས་ཀྱི་ཕྲ་

མིག །སམྦུ་ཊི་གསལ་བྱེད། དབང་ཆུ་ཆེན་མོའི་ཚོ་གའི་གསལ་བྱེད། རྟེན་སྙིང་པ་ལ་བྱ་བའི་ཨཀྨ་ཚོ་ག་རྗེ་བཙུན་རྡོ་རྗེ་བདག་མེད་མའི་མངོན་དཀྱིལ་ཐོ་ཡིག །གུར་རིགས་བསྡུས་པའི་སྒྲུབ་ཐབས་དངོས་གྲུབ་རྒྱ་མཚོ། རབ་གནས་ཀྱི་ཆོ་ག་དགེ་ལེགས་རྒྱ་མཚོ། མགོན་པའི་སྲུང་འཁོར། ལམ་དུས་ཀྱི་དབང་བསྐུར་བ་དང་། གསོ་བ་དང་། བིར་སྲུང་ཐུན་མོང་མ་ཡིན་པའི་ཕྱག་ལེན།

འདིའི་ནང་ལེའུ་ཚན་པ་ལྔ་སྟེ། ལམ་དུས་ཀྱི་དབང་བསྐུར་བ། ལམ་དུས་ཀྱི་དབང་གསོ་བའི་ཕྱག་ལེན། རྣལ་འབྱོར་དབང་ཕྱུག་གི་སྲུང་བ་ཐུན་མོང་མ་ཡིན་པའི་བྱིན་རླབས། རྗེ་ག་ཡ་དྷ་ར་ནས་བརྒྱུད་པའི་མགོན་པོ་དཔའ་གཅིག་གི་རྗེས་གནང་བྱ་ཚུལ། ལམ་འབྲས་བླ་མ་བརྒྱུད་པ་ལ་ཡན་ལག་བདུན་པ་འབུལ་ཞིང་གསོལ་བ་བཏབ་དཀྱིལ་ངེས་པའི་དཔལ་སྟེར། རྒྱུད་ཀྱི་ཚིག་དོན་ལ་དོགས་གཅོད། སམ་བུ་ཊིའི་བསྡུས་དོན་ཚིགས་བཅད་མ། གཞུང་ཇི་བཞིན་དུ་བཀྲི་བའི་ལམ་སྤྱིའི་རྣམ་བཞག །མངོན་པར་བྱང་ཆུབ་པའི་ཚུལ་ལ་དྲང་ངེས་ཕྱེ་བ། གཞལ་ཡས་ཁང་གི་ཆག་ཚད། ཀུན་རིག །རིགས་བསྡུས། བདེ་མཆོག་གསང་འདུས་སོགས་ཀྱི་བློས་སློང་གི་སྦྲག་སོགས་ཀྱི་ཁྱད་པར། སྣང་བ་གསུམ་གྱི་སྐབས་སུ་ཉེ་བར་མཁོ་བའི་གསལ་བྱེད། དཔལ་གྱི་རྡོ་རྗེའི་སྒྲུབ་པའི་ཐབས་ཀྱི་རྒྱ་ཆེར་བཤད་པ་བསྐྱེད་རིམ་གནད་ཀྱི་ཟླ་ཟེར་ལ་རྩོད་པ་སྤོང་བ་གནད་ཀྱི་གསལ་བྱེད།

གླེགས་བམ་བཅུ་གསུམ་པ། དཔལ་གྱི་རྡོ་རྗེའི་ལུས་དཀྱིལ་གྱི་རྣམ་པར་བཤད་པ་བདེ་ཆེན་བཅུད་ཀྱི་སྙིང་པོ། དཔལ་གྱི་རྡོ་རྗེའི་དབང་གི་ཆུ་བོ་ཆེན་མོའི་རྣམ་བཤད་བདེ་ཆེན་རྒྱ་མཚོ། རྒྱུད་སྡེ་བཞི་དང་འབྲེལ་བའི་ལྷག་པའི་ལྷ་སྤྱིའི་བསྙེན་ཐབས་དངོས་གྲུབ་བུམ་བཟང་། སོག་པོ་བཀའ་བཅུ་པ། གོ་བོ་སངས་རྒྱས་རྒྱལ་མཚན། རིན་སྤུངས་དྭང་ཆེན་མཆོག་དང་། ཀུན་སྤངས་པ་རྣམས་ལ་གདམས་པ་རེ་རེ། མདོ་ཁམས་ལ་འབུལ་སྤྲོད་རྫོང་དུས་ཀྱི་ཡི་གེ། ཁྱང་གཉེར་དགེ་གསུམ་གྱི་ཡོན་བདག་རྣམས་ལ་གནང་བའི་ཡི་གེ་དཔོན་དྲུང་གཡུང་པ་ལ་གདམས་པ། ཀུན་མཁྱེན་བླ་མའི་གསུང་འབུམ་ལས་སྨོན་ལམ་གྱི་སྐོར། རྗེ་ས་ཆེན་གྱི་ཁྲིས་སྐུ་ཆེན་མོ་བཞེངས་སྐབས་ཀྱི་བསྔོ་སྨོན། གསུང་ངག་བརྒྱུད་པའི་ཁྲིས་སྐུ་ཆེན་མོ་བཞེངས་སྐབས་ཀྱི་བསྔོ་སྨོན། གསུང་ངག་བརྒྱུད་པའི་ཁྲིས་སྐུའི་ངོར་ནས་བཤུས་པའི་བརྒྱུད་

འདེབས། སྟེ་ས་ཨེ་སེང་ལ་གསུང་ངག་བརྒྱུད་པའི་གསེར་སྐྱུ་ཕྱུལ་དུས་ཀྱི་ཕྱག་རྟགས། ལམ་འབྲས་ཀྱི་སྨོན་ལམ། རྩ་རྒྱུད་ཕྱི་མ་བརྒྱུད་པར་གསུངས་པའི་སྨོན་ལམ། དབང་བཞི་ལ་སྦྱར་བ། བདེ་བ་ཅན་གྱི་སྨོན་ལམ། བསྔོ་བའི་ཡོན་བཤད་མདོར་བསྡུས། སྨོན་ལམ་ཆེན་པོ་བཅུ་པ་བསྡུས་པ་ཚིགས་བཅད། སྨོན་ལམ་ཆེན་པོ་བཅུ་པ་རྒྱས་པ་རྣམས་སོ། །

༥༩ ཀུན་མཁྱེན་གོ་བོ་རབ་འབྱམས་པ་བསོད་ནམས་སེངྒེའི་མཁས་པའི་ཡོན་ཏན་གྱིས་རྒྱལ་བསྟན་རྩ་ལག་རིན་པོ་ཆེ་ཆེས་ཆེར་གསལ་བར་མཛད་པའི་ཚུལ།

གོང་དུ་གསལ་བ་ལྟར་མཁས་པའི་བྱ་བ་གསུམ་གྱིས་རྒྱལ་བའི་བསྟན་པ་རིན་པོ་ཆེ་གསལ་བར་མཛད་པས་མཁས་པའི་གྲགས་པས་ས་སྟེང་མ་ལུས་པ་ཁྱབ་སྟེ། གངས་ཅན་མཁས་གྲུབ་ཀུན་གྱི་གཙུག་གི་རྒྱན་དམ་པར་གྱུར་པའི་ཚུལ་ནི། དེ་ཡང་བསྙེན་པར་རྫོགས་ནས་ལྔ་ཕྲུགས་ཀྱི་ཡོན་ཏན་ཉེར་གཅིག་ལ་མཁས་པའི་སྒོ་ནས་འདུལ་བ་འབུམ་ཕྲག་གི་བདག་པོ་ཉེ་བར་འཁོར་ལྷ་བུ་དང་། བྱང་ཆུབ་མཆོག་ཏུ་སེམས་བསྐྱེད་ནས། ཇི་སྐད་དུ། རྟག་པར་དགེ་བའི་བཤེས་གཉེན་ནི། །ཐེག་ཆེན་དོན་ལ་མཁས་པ་དང་། །ཞེས་གསུངས་པ་ལྟར་མདོ་སྡེ་ཟབ་མོའི་ཚིག་དོན་མ་ལུས་པ་ལ་མཁས་པར་གྱུར་པས། མདོ་སྡེ་འབུམ་ཕྲག་གི་བདག་པོ་ཀུན་དགའ་བོ་ལྟ་བུ། རྡོ་རྗེ་འཛིན་པ་ཆེན་པོ་དངོས་སུ་གྱུར་པས་ཟབ་དོན་མཐའ་དག་ལ་མཁས་པའི་སྒོ་ནས་རྒྱུད་འབུམ་ཕྲག་གི་བདག་པོ་ཕྱག་ན་རྡོ་རྗེ་ལྟ་བུ་སྟེ། མདོར་ན་མདོ་རྒྱུད་མན་ངག་གི་གནད་མཐའ་དག་ལ་མཁས་པའི་སྒོ་ནས་གྲུབ་པའི་མཐའ་བཞི་སྡེ་སྣོད་གསུམ། རྒྱུད་སྡེ་བཞིའི་དོན་ལ་ཐུན་མོང་བ་རྣམས་མི་འགལ་ཞིང་ཐུན་མོང་མིན་པ་རྣམས་སོ་སོར་འབྱེད་པ་ལ་མཁས་པ། འཛམ་གླིང་མཛེས་པར་བྱེད་པའི་རྒྱན་དྲུག་མཆོག་གཉིས་དང་མཚུངས་པས་སོ། །

༦༠ ཀུན་མཁྱེན་གོ་བོ་རབ་འབྱམས་པ་བསོད་ནམས་སེངྒེའི་བཙུན་པའི་ཡོན་ཏན་དང་ལྡན་དང་བ་འདྲེན་པའི་མིག་རྒྱན་དུ་གྱུར་པའི་ཚུལ།

སློབ་པ་རིན་པོ་ཆེ་ལ་མིག་འབྲས་བཞིན་གཅེས་པར་མཛད་པས་ཉེས་ལྟུང་གི་དྲི་མ་ཕྲ་ཞིང་ཕྲ་བས

མ་གོས་ཤིང་། དྲན་ཤེས་བཞིན་བག་ཡོད་གསུམ་གྱིས་དབང་པོའི་སྒོ་སྡོམ་ཞིང་། ཀུན་སྤྱོད་འདུལ་བ་དང་མཐུན་པའི་སྒོ་ནས་གཙང་བ་གསུམ་གྱིས་བརྒྱན་པ། ངུར་སྨྲིག་འཛིན་པ་རྣམས་ཀྱི་གཙུག་གི་ནོར་བུར་གྱུར་པ་སྟེ། མུས་སུ་ཆོས་རྗེ་འདི་ཉིད་དང་། གནས་བརྟན་སྐྱ་སྒྲུར་བ། བྱ་རོང་ཀུན་དགའ་འབུམ་དང་གསུམ་མཉམ་དུ་བཞུགས་པའི་དུས་སུ། གྲོ་ཆས་ཤིན་ཏུ་དཀོན་པ་མུས་ཆེན་སེམས་དཔའ་ཆེན་པོས་དགོངས་ཏེ། འབྲོག་པ་ཞིག་གི་ལུག་ཤི་བའི་ཤ་གཅིག་གི་འབུལ་བ་བྱུང་སྐབས། ཤ་འདི་ཚང་མ་དགེ་སློང་གསུམ་ལ་སྦྱིན་གསུངས་པ་ལྟར་ཉི་མ་ཕྱེད་ཡོལ་ནས་གནང་འགྱུར་བྱུང་སྐབས། དགེ་སློང་རྒན་པས་ཤ་ཚོང་གྲབས་དང་བཟའ་རྩིས་བྱེད་པའི་དུས་སུ། ཀུན་མཁྱེན་ཆོས་ཀྱི་རྒྱལ་པོ་འདི་ཉིད་ཀྱི་ཞལ་སྔ་ནས། ངེད་རང་གསུམ་ཀ་དགེ་སློང་ཡིན་སང་སྔ་དྲོ་རྗེ་བཙོས་བྱས་ན་རུང་གསུངས་ནས་མ་གནང་བར་ཉེས་བྱས་ཕྲ་མོ་ཙམ་ཡང་གཞན་དབང་དུ་མ་སོང་བ་མིག་འབྲས་བཞིན་དུ་སྲུང་བ་མཛད་པ་ནི། སློབ་དཔོན་སེང་གེ་བཟང་པོས། རྟག་ཏུ་མཉམ་པར་གཞག་པ་ཉིད་ཀྱི་དྲན་པ་དང་ཤེས་བཞིན་དང་ལྡན་པ་དང་། གཙང་སྦྲ་ཀུན་ཏུ་སྤྱོད་པ་ཉིད་ཀྱི་གོས་ལ་སོགས་པ་ཡོངས་སུ་སྤྱོད་པ་གཙང་བ། ཞེས་གསུངས་པ་དང་མཐུན་པ་བཙུན་པའི་མཆོག་ཡོན་ཤཱཀྱ་རྣམ་གཉིས་དང་མཚུངས་པར་སེམས་སོ། །

(༤) ཀུན་མཁྱེན་གོ་བོ་རབ་འབྱམས་པ་བསོད་ནམས་སེངྒེའི་བཟང་པོའི་ཡོན་ཏན་འགྱུར་ལྡན་བསོད་ནམས་བསག་པའི་ཞིང་སར་གྱུར་པའི་ཚུལ།

ཀུན་མཁྱེན་ཆོས་ཀྱི་རྒྱལ་པོ་གོ་བོ་རབ་འབྱམས་པ་བསོད་ནམས་སེངྒེ་ཉིད་ཀྱི་ཞལ་སྔ་ནས། ང་རང་གི་གསང་ཆེན་སྔགས་ཀྱི་ཆོས་སྐོར་རྣམས་ཞུ་དུས་ཕ་ཡུལ་དང་ས་ཐག་ཏ་ཅང་རིང་པའི་དབང་གིས་བྲ་ཁ་ཤིན་ཏུ་དཀོན་ཡང་བསོད་སྙོམས་སོགས་ལྷོ་གོས་ཀྱི་རྩོལ་བ་མ་བྱས་པར། ཆོས་དོན་དུ་གཉེར་བ་གཙོ་བོར་བྱས། དཔལ་རྒྱལ་བ་ངོར་ཆེན་རྡོ་རྗེ་འཆང་ཀུན་དགའ་བཟང་པོ་ཡབ་སྲས་ལ་སངས་རྒྱས་དངོས་ཀྱི་འདུ་ཤེས་སྐྱེས། ཉི་ཤུ་ལྔ་མཆོད་དང་སོགས་ཟླ་མཆོད་མ་ཆག་ཙམ་དང་། ཟབ་ཆོས་རྣམས་ཞུ་དུས་རབ་གསེར་དངུལ། ཐན་ཡང་ནས་ཞོ་རེ་ཙམ་རི་བའི་དངོས་པོ་རེ་རྩོལ་བ་ཆེན་པོ་བྱས་ནས་ཕུལ། དེའི་ཕྱིན་རླབས་དང་ཐུགས་རྗེས་ང་རང་ལོངས་སྤྱོད་ཆེན་པོ་བྱུང་ཡང་དགའ་ཚོར་ཆེན་པོ་མེད་ཅེས

གསུངས་པ་ལྟ་བུ་དང་། གཞན་ཡང་ཕན་བདགས་པའི་ལན་དུ་གནོད་པ་སྐྱེལ་བ་ལ་སོགས་པའི་འཁོར་བའི་ཉེས་དམིགས་གཟིགས་པས་གཞན་དོན་ལ་ཡོངས་སུ་སྐྱོ་བ་མེད་པའི་སྒོ་ནས་གཞན་གྱི་ཕན་པ་ཆུང་ངུ་ཡང་ཐུགས་ལ་དྲན་ཞིང་དྲིན་དུ་གཟོ་བ་དང་། གཞན་གྱིས་ཚུར་གནོད་པ་ཆེན་པོ་བྱས་པ་ལ་ཡང་། གནོད་བྱེད་ལ་ཧ་ཅི་སྙམ་པའི་བཟོད་པ་ཆེན་པོ་བསྒོམ་སྟེ། གནོད་ལན་དུ་ཕན་པ་བསྒྲུབ་པ་ལ་སོགས་པའི་བྱང་ཆུབ་ཀྱི་སེམས་རིན་པོ་ཆེ་ཐུགས་རྒྱུད་ལ་བསྐྱེམས་པའི་སྒོ་ནས་བྱང་ཆུབ་སེམས་དཔའ་ཀུན་ཏུ་བཟང་པོ་པའི་མཛད་སྤྱོད་རླབས་པོ་ཆེ་དང་ཚུལ་མཚུངས་པ་མཛད་པ་སྣང་ངོ་། །

༤༢ ཀུན་མཁྱེན་གོ་བོ་རབ་འབྱམས་པ་བསོད་ནམས་སེངྒེའི་ཞུས་པས་བདུད་གདུག་པ་ཅན་ཁྲོ་ཕུར་གཡུ་འབར་ཚ་གསུམ་དམ་ལ་བཏགས་པ་མཛད་པའི་ཚུལ།

ཇི་སྐད་དུ། ཁྲོ་ཕུར་གཡུ་འབར་ཚ་གསུམ་དམ་ལ་བཏགས། །རིག་པའི་དབང་ཕྱུག་སྟོན་གྱི་མཁས་རྣམས་ལས། །ནུས་པ་ཆེ་བའི་གྲགས་པ་ལེགས་ཐོབ་པའི། །ཕུལ་བྱུང་མཐུ་སྟོབས་ལྡན་ལ་ཕྱག་འཚལ་ལོ། །ཞེས་གསུང་པ་ལྟར་ཁྲོ་ཕུར་དུ་སྟོན་མཁན་ཆེན་གཡག་པ་དང་། མཁྱེན་རབ་དབང་ཕྱུག་ལ་སོགས་པ་མཁས་པ་མང་པོས་བཀའ་ཆོས་གསུངས་པའི་དུས་སུ། རྒྱལ་པོ་གཡུ་ཕྲེང་ཅན་དང་། སླ་ར་འབར་བ། ཚ་ཅི་མ་གསུམ་གྱི་བར་ཆད་ཀྱི་མཚན་མ་མང་དུ་བྱུང་ཡང་། ཆོས་རྗེ་ཀུན་མཁྱེན་གོ་བོ་རབ་འབྱམས་པ་བསོད་ནམས་སེངྒེ་འདིས་ཁྲོ་ཕུར་དུ་བཀའ་ཆོས་མ་གསུངས་གོང་ནས། གོང་གསལ་གྱི་རྒྱལ་པོ་གསུམ་དམ་ལ་བཏགས་པ་མཛད་པས། བཀའ་ཆོས་དངོས་གཞི་སྩོལ་བའི་དུས་ནས་བཟུང་སྟེ་གྲོན་པའི་ཚེ་སྐྱེལ་བསུ་དང་། བཞུགས་པའི་ཚེ་མཐུན་རྐྱེན་འབའ་ཞིག་སྒྲུབ་པས་ན་ཐམས་ཅད་ཀྱི་ནུས་པ་ཕུལ་དུ་ཕྱིན་པ་རྟོགས་པ་གསུངས་སོ། །

༤༣ ཀུན་མཁྱེན་གོ་བོ་རབ་འབྱམས་པ་བསོད་ནམས་སེངྒེའི་ནུས་པས་བདུད་ཀྱི་རྒྱལ་པོ་ཕུང་པོའི་བདུད་བཅོམ་པ་མཛད་པའི་ཚུལ།

ཕུང་པོའི་བདུད་ཀྱིས་མཛེ་ཡི་ནད་བཏབ་ཚེ། །བླ་མ་ལྷག་པའི་ལྷ་ཡི་བྱིན་རླབས་དང་། ཉིད་ཀྱི་

རྩོལ་བས་དེ་ཉིད་བཟློགས་བྱས་ནས། །ནུས་པའི་གྲགས་པ་ཐོབ་ལ་ཕྱག་འཚལ་ལོ། །ཞེས་གསུངས་པ་བཞིན་གདན་ས་ཆེན་པོ་གཙང་རོང་རྟ་དགོན་དུ་གསང་སྔགས་གཙོ་བོ་གྱུར་པའི་བཀའ་ཆོས་འགའ་གསན་བཞེས་མཛད་བཞིན་པའི་སྐབས་ཤིག་ནད་ངན་པ་ཞིག་གི་འཕྲོ་མ་ཆོད་པ་དང་། ཕ་ཡུལ་ས་ཐག་རིང་བའི་དབང་གིས་འཚོ་བའི་ཡོ་བྱད་ཅུང་དཀོན་ན་ཡང་། ཐུགས་སློབ་གཉེར་གྱི་འདུན་པ་མ་བཤོལ་བར། ཐུགས་དམ་ཆག་མེད་གྲུབ་རྗེས། རིགས་གཏེར་རང་འགྲེལ་དང་། སཾ་བྷུ་ཊིའི་འགྲེལ་པ་གཞན་གྱི་གསལ་བྱེད་དང་། བརྟག་གཉིས་དག་ལྡན་ཁ་སྐོང་ཤར་བས་མཛད་པ། གུ་གུར་བརྒྱན་དང་བཅས་པ། ཚུལ་བཞིའི་སྒྲོན་བྱེད། རྒྱུད་སྡེ་སྤྱི་རྣམ། མངོན་རྟོགས་ལྗོན་ཤིང་། བདག་མེད་སྟོད་འགྲེལ། རྟ་ལྷུང་འཁྲུལ་སྒྲོངས། སྡོམ་གསུམ་རབ་དབྱེ་ལ་སོགས་ལ་ཉིན་རེ་བཞིན་ཞལ་འདོན་གནང་བའི་སྐབས་སུ། དུས་དུས་སུ་དཀའ་གནད་ལ་ཐུགས་ཞིབ་པས་ནམ་ལང་བ་ཡང་མ་གསན་པར་མཛད། སྐབས་དེ་དུས་སྐུ་ལུས་ལ་སྙུང་གཞི་དྭངས་མེད་ཀྱང་། སྒྲོ་འདོགས་ཀྱི་འཁྲི་ཤིང་ཐམས་ཅད་བཅད།

དཔལ་རྒྱལ་བ་རྡོར་ཆེན་རྡོ་རྗེ་འཆང་ཀུན་དགའ་བཟང་པོ་མཆོག་ལ། ངའི་ནད་འདི་ལ་ཕན་པའི་ཆོས་ཤིག་ཞུ་ཞུས་པས། ཆོས་རྗེ་རྡོར་པས། ཐོག་མར་གཤེད་དམར་ལྷ་ལྔའི་སྐུ་གཏོར་གྱི་དབང་ཞིག་གནང་བས་དེ་ནུབ་གཟིམ་ལམ་དུ། སྐྱེས་པ་གོས་དཀར་པོ་གྱོན་པ་གཅིག་ན་རེ། ལུས་འདི་བཀྲུ་དགོས་པ་འདུག་པས་ཁྲུས་ཤིག་བྱས་པ་དྲག་ཟེར་བ་བྱུང་། གང་གིས་བཀྲུ་བྱས་པས་བུམ་ཆུ་འདིས་ཁྲུས་ཟེར་ནས་བུམ་པ་ཁ་དོག་མི་འདྲ་བ་བཞི་ཆུ་མི་འདྲ་བ་བཞིས་བཀང་ནས། མི་མདོག་དམར་པོ་ཞིག་གི་ཐོད་པ་རས་ཀྱིས་བཅིང་བའི་ནང་ཆང་བཟང་པོས་བཀང་ནས་སྔོན་ལ་འདི་འཐུང་། དེ་ནས་ཁྲུས་ཀྱིས་ཟེར་ནས་ཆང་དེ་གསོལ་རྗེས། མི་མདོག་མི་འདྲ་བ་བཞིས་བུམ་པ་རེ་རེ་བཟུང་ནས་ཁྲུས་བྱས་པ་རྨིས། མནལ་སད་པ་དང་། ཆོས་རྗེ་ཉིད་ཡི་དམ་གྱི་བསྐྱེད་རིམ་དང་རྟ་སྔགས་ཞལ་འདོན་མཛད། དབང་དངོས་གཞི་ཐོབ་པ་དང་ལྷན་ནད་ཀྱི་ལྷག་མ་མེད་པ་གྱུར་པ་གསུངས་པས་དེ་གྲུབ་བོ། །

༨༤ ཀུན་མཁྱེན་གོ་བོ་རབ་འབྱམས་པ་བསོད་ནམས་སེངྒེའི་ནུས་པས་བདུད་ཀྱི་རྒྱལ་པོ་
ཉོན་མོངས་པའི་བདུད་བཅོམ་པ་མཛད་པའི་ཚུལ།

ཉོན་མོངས་བདུད་ངོ་གློ་རྣག་གིས་གཅེས་ཆེ། །དབྱེར་མེད་ཟུང་འཇུག་རྒྱ་ཡི་སངས་རྒྱས་ནས། །ཉམས་སྨྱོང་ཚད་མས་རང་རྒྱུད་གྲོལ་མཛད་པའི། །མན་ངག་ཚད་མར་གྱུར་ལ་ཕྱག་འཚལ་ལོ། །ཞེས་གསུངས་པ་བཞིན་ཀུན་མཁྱེན་རོང་སྟོན་སངས་རྒྱས་འཕེལ་གྱིས་གདན་ས་རྗོང་དཀར་འབྲས་ཡུལ་སྐྱེད་མོས་ཚལ་དུ་ཀུན་མཁྱེན་གོ་བོ་རབ་འབྱམས་པ་བསོད་ནམས་སེངྒེ་བཞུགས་བཞིན་པའི་སྐབས་སུ། གླུ་གདོན་གྱི་གནོད་པས་གློ་རྣག་གི་ནད་ཅིག་སྐུ་ལུས་ལ་བཞེས་པའི་དུས་སུ། ཆོས་རྗེ་ཉིད་ཀྱི་ཐུགས་དགོངས་ལ། ཉོན་མོངས་པའི་བདུད་ནི། སེམས་རྒྱུད་རབ་ཏུ་མ་ཞི་བར་བྱེད་པའི་ནུས་པ་སྟེ། རྩ་བ་དུག་གསུམ་ལས་བྱུང་བ་ཡིན་ཡང་། གཙོ་བོ་གཏི་མུག་ལས་གླུ་གདོན་གྱི་རྩ་བ་གློ་རྣག་གི་ནད་གཞི་འབྱུང་ཞིང་། དེའི་གཉེན་པོ་ཟུང་འཇུག་ལ་ཟུང་འཇུག་གིས་རྒྱས་བཏབ་ནས་ལྟ་བ་འཁོར་འདས་དབྱེ་བ་མེད་པ་བཞིན་བསྒོམ་དགོས་པ་ཐུགས་ལ་ཤར་ནས། དེ་ལྟར་མཛད་པས་གླུ་གདོན་གྱི་གནོད་པས་བྱས་པའི་གློ་རྣག་གི་ནད་ཐམས་ཅད་ཞི་ནས། ཚད་མ་བཞིའི་གོ་རིམ་གྱི་ནང་ནས་ཐོག་མ་ཉམས་སྨྱོང་ཚད་མ་ཐུགས་རྒྱུད་ལ་སྐྱེས་ཏེ། ཚད་མ་གཞན་གསུམ་ཡང་རིམ་པ་ལྟར་ཐུགས་ལ་རྒྱུད་སྐྱེས་པ་གསུངས་པས་དེ་གྲུབ་བོ། །

༨༥ ཀུན་མཁྱེན་གོ་བོ་རབ་འབྱམས་པ་བསོད་ནམས་སེངྒེའི་ནུས་པས་བདུད་ཀྱི་རྒྱལ་པོ་
འཆི་བདག་གི་བདུད་བཅོམ་པར་མཛད་པའི་ཚུལ།

འཆི་བདུད་ཆུ་ཡི་ངོགས་སུ་ཞུགས་པའི་ཚེ། །ས་སྐྱའི་འཇམ་དབྱངས་བླ་མའི་གསུང་རབ་དང་། །བསྟོད་པ་གུས་པའི་སྒོ་ནས་ལེགས་བརྟེན་པས། །མོད་ལ་བཟློག་པར་གྱུར་ལ་ཕྱག་འཚལ་ལོ། །ཞེས་གསུངས་པ་བཞིན་ཆོས་རྗེ་དགེ་བ་རྒྱལ་མཚན་པའི་དྲུང་དུ་འཇིགས་བྱེད་རྟོག་པ་བདུན་པའི་གཞུང་བཤད་དང་། དེ་བའི་མན་ངག་གི་གནད་འགའ་ཞིག་ཡུལ་དབུས་ནས་གསན་རྗེས། ཀུན་མཁྱེན་རོང་སྟོན་སངས་རྒྱས་འཕེལ་གྱི་གདན་ས་གཙང་འབྲས་ཡུལ་སྐྱེད་མོས་ཚལ་དུ་བྱོན་པའི་ལམ་བར།

གཙང་རོང་ཆུང་གི་འཕྲང་ནས་གཙང་ཆུ་ཆེན་པོའི་ནང་དུ་ལྷུང་བའི་སྐབས་སུ། འབོག་ཁྲིན་སྟེང་དུ་ཚད་མ་རིགས་པའི་གཏེར་གྱི་རྩ་བ་དང་། རང་འགྲེལ་པོད་ཁྲིས་ཤིག་བསྣམས་ཡོད་པས་དེས་བཏེགས་ནས་ཆུ་ནང་དུ་འཁོར་ཅིང་ལུས་པའི་ཚེ། ཆོས་རྗེ་འཇམ་དབྱངས་བླ་མ་ས་སྐྱ་པཎ་ཆེན་ལ་མོས་གུས་དྲག་པོའི་སྒོ་ནས་བསྟོད་པ་ཆོས་ཀྱི་རྒྱལ་པོ་མ་དང་། ཤེས་བྱ་ཐམས་ཅད་ལ་དབྱངས་དང་བཅས་ཞལ་འདོན་གནང་བས། ཆོས་རྗེ་ཐུགས་ཀྱིས་རྗེས་སུ་བཟུང་སྟེ། ཕྱི་ཚུལ་ལ་ལམ་འགྲུལ་ཁག་ཅིག་བྱུང་སྟེ་ཐག་པ་དང་། སྒོ་རགས་སོགས་མང་དུ་མཐུད་དེ་བཏང་བྱུང་བ་ལ་བླ་མ་མཁྱེན་སྣམ་དུ་འཛུས་པས་ཉེས་མེད་གཙང་ཆུ་ལས་བདེ་བ་གྲོལ་བ་གསུངས་པས་ན། འདིས་འཆི་བདག་གི་བདུད་བཅོམ་པ་ཡིན་ཏེ། འཆི་བདག་བདུད་ནི་རང་དབང་མེད་པར་སྲོག་འགག་པར་བྱེད་མཁན་ཡིན་པས། གོང་གསལ་གྱི་དཔེ་མཚོན་འདིས་གཅིག་པུར་འཆི་བདག་གི་བདུད་བཅོམ་པ་གྲུབ་པོ། །

༤༨ ཀུན་མཁྱེན་གོ་བོ་རབ་འབྱམས་པ་བསོད་ནམས་སེངྒེའི་ནུས་པས་བདུད་ཀྱི་རྒྱལ་པོ་ལྷ་ཡི་བུའི་བདུད་བཅོམ་པ་མཛད་པའི་ཚུལ།

ཇི་སྐད་དུ། ལྷ་བུའི་བདུད་ངོ་བྱད་ཁས་འདྲེན་གཅེས་ཚེ། །འཇམ་དབྱངས་བླ་མས་བསྟོད་པས་བཟློག་བྱས་ནས། །མི་མཐུན་ཕྱོགས་ཀུན་ཉེ་བར་ཞི་མཛད་པ། །འདོད་པའི་འཆིང་ལས་གྲོལ་ལ་ཕྱག་འཚལ་ལོ། །ཞེས་གསུངས་པ་བཞིན། ཀུན་མཁྱེན་རང་སྟོན་སངས་རྒྱས་འཕེལ་གྱི་གདན་ས་འབྲས་ཡུལ་སྐྱེད་མོས་ཚལ་དུ་དཔལ་ཀྱི་རྡོ་རྗེའི་གཞི་བསྙེན་ཞིག་མཛད་བཞིན་པའི་སྐབས་སུ། ཉིན་གཅིག་མི་ནག་པོ་ཤིན་ཏུ་ཆེ་བ་གཅིག་གིས་སྐྱེད་ཚལ་གྱི་ལྡོ་རི་ལ་བཏེགས་བྱས་ནས། ཆོས་རྗེ་འདི་ཉིད་པང་དུ་ལུབ་ཀྱིས་བསྡུས་ཏེ་ཐམ་ཐམ་སོང་བ་དང་། ཆོས་རྗེ་ས་སྐྱ་པཎ་ཆེན་གྱི་བསྟོད་པ་ཆོས་ཀྱི་རྒྱལ་པོ་མ་ཞལ་འདོན་གནང་ཞིང་། ཐུགས་ལྷག་པའི་ལྷ་ཡི་ང་རྒྱལ་བཞེས་པའི་སྒོ་ནས་ཁྱོད་ཀྱི་ང་ཟ་ནུས་པོ་གྱིས་ཤིག་དགོངས་ནས་ཡུན་ཙམ་སོང་བ་དང་། དར་ལྷོད་ལྷོད་ཀྱི་དང་ནས་ཕྱིར་བཏང་བྱུང་། དེ་ནས་ཁྱོད་གང་ནས་འོངས་གསུངས་པས། ངག་གུ་གེ་ནས་འོང་ཟེར། ཅི་བའི་ཕྱིར་དུ་འོང་གསུངས་པས། མ་འོང་པ་ན་ཁྱེད་ངོར་པའི་བསྟན་འཛིན་ཀུན་གྱི་གཙུག་རྒྱན་དུ་འོང་པ་འདུག །དེད་གུ་གེའི་རྒྱུ་ནོར་དྲག

ཚད་གློ་བོ་རྒྱལ་པོས་ཁྱེར། དེ་རྣམས་དཔལ་རྒྱལ་བ་རྡོར་ཆེན་རྡོ་རྗེ་འཆང་ཀུན་དགའ་བཟང་པོ་ལ་ཕུལ། ཁོང་ལ་ནི་བརྟགས་བལྟ་མ་ནུས། ཁྱེད་ལ་བར་ཆད་བྱེད་ནུས་སམ་བསམ་ནས་འོང་བ་ཡིན། ད་ནི་ཁྱེད་ལའང་འཇིགས་པོ་ཟེར་ནས་མི་མངོན་པར་སོང་བ་གསུངས་པས་ན། སྤྱིར་ལྷའི་བུའི་བདུད་ནི་བདུད་གཞན་གསུམ་ལས་མ་འདའ་བ་ལ་བར་དུ་གཅོད་བྱེད་ཡིན་པས། དེ་ནི་མཉམ་བཞག་དེ་ཁོ་ནས་བཅོམ་པས་དེ་གྲུབ་བོ། །

༤༧ ཀུན་མཁྱེན་གོ་བོ་རབ་འབྱམས་པ་བསོད་ནམས་སེངྒེའི་ནུས་པས་འབྱུང་བ་ཆེན་པོའི་བར་ཆད་ལས་གྲོལ་བ་མཛད་པའི་ཚུལ།

ཕྱི་རོལ་འབྱུང་བའི་གནོན་པས་གཙེས་པའི་ཚེ། །དེ་ཉིད་བཟློག་ཕྱིར་ཐུགས་དམ་ལ་བཞུགས་པས། །འཕྲིན་ལས་ལྷ་མོས་གྲོལ་བའི་མཚན་མ་དག །མནལ་ལམ་འོད་གསལ་ངང་དུ་བསྟན་ཕྱག་འཚལ། །ཞེས་གསུངས་པ་བཞིན། ཀུན་མཁྱེན་གོ་བོ་རབ་འབྱམས་པ་བསོད་ནམས་སེངྒེ་དགུང་གྲངས་ལྔ་བཅུ་ང་དགུ་བཞེས་པའི་ཚེ། འབྱུང་བ་ས་གཡོ་བའི་བར་ཆད་ཇོམ་ལ་ཉེར་བའི་སྐབས་སུ། དེ་བཟློག་པའི་ཕྱིར་དུ་ཡི་དམ་རྗེ་བཙུན་སྒྲོལ་མའི་ཐུགས་དམ་མཛད་པས། ནུབ་ཅིག་མནལ་ལམ་དུ་རྣམ་པར་ཆོས་རྗེ་ཉིད་ཀྱི་ཡུམ་ཡིན་སྙམ་པའི་བུད་མེད་ཅིག་བྱུང་ནས། སྒྲོལ་མ་ཡོན་ཟེར། སླར་ཡང་ཐུགས་དམ་གྱི་བསྟོན་པ་མཛད་པས། ཆོས་རྗེ་རང་ཉིད་ཀྱིས་མཛད་པའི་སྒྲོལ་མའི་བསྟོད་པ་དངོས་གྲུབ་རྒྱ་མཚོའི་སྒྲ་ནམ་མཁའ་ལ་ཙུར་ཙུར་འདུག་པས། དེ་ལ་ཐུགས་རྩེ་གཅིག་གིས་བསྟོན་པ་སྙིང་ནས། གསོལ་བ་དྲག་ཏུ་བཏབ་པས་མནལ་ལམ་གྱི་ཚུལ་དུ་རྗེ་བཙུན་མ་འཕགས་མ་སྒྲོལ་མ་ལྗང་གུ་གཡས་ན་རྗེ་བཙུན་གྲགས་པ་རྒྱལ་མཚན། གཡོན་ན་གཙུག་ཏོར་རྣམ་རྒྱལ་མ་བཞུགས་ནས་གཙོ་བོའི་ཞལ་ནས། ད་ལན་གྱི་བར་ཆད་འདི་ངས་སེལ་བ་བྱེད་དོ་གསུངས་ནས་བར་ཆད་ཞི་བར་མཛད། སྐབས་དུས་མན་ངག་ཐུན་མོང་མ་ཡིན་པ་ལས་བྱུང་བའི་བཟྟ་དང་བཟྟའི་ལན་མཛད་པས་ཡང་དག་པ་ཁོ་ན་ཡིན་པ་གསུངས་པས་དེ་གྲུབ་བོ། །

༤༧ ཀུན་མཁྱེན་གོ་བོ་རབ་འབྱམས་པ་བསོད་ནམས་སེངྒེའི་མཁྱེན་པའི་སྟོབས་ཀྱིས་སྟོན་པ་ཚད་མར་གྲུབ་པའི་ཚུལ།

དེ་ལྟར་ཕྱི་ནང་གསང་བའི་བདུད་དཔུང་རྣམས། །ལེགས་བཅོམ་ཡོན་ཏན་ཀུན་གྱི་མཛོད་ལྡན་པས། །སྲིད་གསུམ་སངས་རྒྱས་གཉིས་པར་རབ་གྲགས་པའི། །སྟོན་པ་གཉིས་པར་གྱུར་ལ་ཕྱག་འཚལ་ལོ། །ཞེས་གསུངས་པ་བཞིན་གོང་གསལ་ཕྱི་ནང་གསང་གསུམ་གྱི་བདུད་དཔུང་རྣམས་བཅོམ་པས་སྤྱངས་པ་ཕུན་ཚོགས་དང་། རྒྱལ་བའི་བསྟན་པ་འཛིན་སྐྱོང་སྤེལ་གསུམ། ཐོས་བསམ་སྒོམ་གསུམ་མཛད་འཕྲིན་མཐར་ཕྱིན་པ་མཛད་པས་ཡེ་ཤེས་ཕུན་ཚོགས་དང་ལྡན་པའི་ཕྱིར། སྲིད་པ་གསུམ་ལ་སངས་རྒྱས་གཉིས་པར་ཞེས་ཡོངས་སུ་གྲགས་ཏེ། འཆད་རྩོད་རྩོམ་གསུམ་གྱི་རྒྱལ་བསྟན་དྲི་མ་མེད་པ་དུས་ཇི་སྲིད་བར་མི་ནུབ་པའི་སྲོག་རྩ་འཛིན་པས་སྟོན་པ་གཉིས་པ་དང་མཚུངས་པའི་སྐུ་དྲིན་བླ་ན་མེད་པར་མཛད་པས་དེ་གྲུབ་བོ། །

༤༨ ཀུན་མཁྱེན་གོ་བོ་རབ་འབྱམས་པ་བསོད་ནམས་སེངྒེའི་བརྩེ་བའི་སྟོབས་ཀྱིས་གཞན་དོན་འཕྲིན་ལས་རྒྱ་ཆེན་མཛད་པའི་ཚུལ།

སྤྱིར་ཀུན་མཁྱེན་གོ་བོ་རབ་འབྱམས་པ་འདི་ར་སྐུ་ཚེ་སྨ་མའི་རྟེན་འབྲེལ་གྱི་ཤུགས་ཀྱིས་བསྟན་པའི་མེ་རོ་མདོ་ཁམས་ནས་གསོས་དང་མཐུན་པ། མདོ་ཁམས་སུ་སྤྱི་ལོ་༡༩༢༩ལོར་སྐུ་འཁྲུངས་པ་དང་དུས་མཚུངས། གཙང་ནས་གདན་ས་ཆེན་པོ་ངོར་ཨེ་ཝཾ་ཆོས་ལྡན་གྱི་དགོན་པ་འདི་ཉིད་གཞི་འདིང་བ་དང་ཉིན་གཅིག །ཆོས་རྗེ་འདི་དབུས་གཙང་ལ་མདོ་སྔགས་སློབ་སྦྱོང་ཆེད་ཐོན་པ་དང་། བསྟན་པའི་སྦྱིན་བདག་ཆེན་པོ་ས་སྐྱོང་རིན་སྤུངས་སྐུ་སྲས་དོན་གྲུབ་རྡོ་རྗེ་སྐུ་འཁྲུངས་པ་དང་དུས་མཚུངས། ཆོས་རྗེ་འདི་གཙང་ཧྲ་ནག་ཐུབ་བསྟན་རྒྱལ་གླིང་གི་དགོན་པའི་བཤད་གྲྭ་གསར་འཛུགས་གནང་བ་དང་། བསྟན་པའི་སྦྱིན་བདག་ཆེན་པོ་ས་སྐྱོང་རིན་སྤུངས་གཙང་ཆེན་ནང་སོ་དོན་གྲུབ་རྡོ་རྗེ་མཆོག་གིས་ཡུལ་གྱི་མངའ་ཁོངས་ལ་དབང་བསྒྱུར་མཛད་པ་དང་ལོ་ངོ་མཚུངས།

ལྷག་དོན་དུ་རྗེ་བཙུན་མཐུ་སྟོབས་ཀྱི་མངའ་བདག་རྗེ་བཙུན་སྒྲོལ་མ་ཕོ་བྲང་གི་གདུང་རྒྱུད་ཆད་ལ་ཉེ་བའི་དུས་སུ། ཆོས་རྗེ་འདི་ལ་ཡབ་ཡུམ་གཉིས་ཀར་གྱི་ཚེ་དཔག་མེད་ཀྱི་དབང་ཞུས་པས་རིགས་སྲས་སྐུ་འཁྲུངས་པ་དང་། ཆུང་སྔ་ནས་ཞུས་ན་བྱ་རྒྱུའི་ཁྲོད་དུ་འབྲོག་པ་བུ་ཚ་མ་བྱུང་བ་ཁྱིམ་ཚང་གཉིས་ཀྱི་ཧ་ནག་ཐུབ་བསྟན་རྣམ་རྒྱལ་གླིང་གི་དགེ་འདུན་ལ་ཚོགས་ཆེན་མང་ཇ། ཆོས་རྗེ་འདི་ཉིད་ཀྱི་ཞབས་ལ་བཏུག་སྟེ། ཡི་དམ་རྟ་མགྲིན་གྱི་རྗེས་གནང་ཞུས་པས་བུ་བྱུང་བ་ལ་སོགས་ལ་གཞན་ཕན་འཕྲིན་ལས་ཆེ་ཕྲ་མཛད་པའི་ཚུལ་ཤིན་ཏུ་རྒྱ་ཆེ་ཡང་གནས་སྐབས་དཔེ་མཚོན་ཙམ་ཞུས་ཟིན་པས་དེ་གྲུབ་བོ། །

༧༠ ཀུན་མཁྱེན་རོང་སྟོན་ཐམས་ཅད་མཁྱེན་པ་ཡབ་སྲས་རྣམ་གསུམ་གྱིས་རྗེས་སུ་བཟུང་བའི་ཚུལ།

དང་པོ་མདོ་ཁམས་སུ་སྐུ་བཞུགས་པའི་རིང་ལ་གོ་བོ་རབ་འབྱམས་པ་ཤེས་རབ་དཔལ་གྱི་རྗེས་སུ་བཟུང་བ་ཡིན་ཏེ། མ་འོངས་པ་ན་རྒྱབ་རི་ཁ་ལྷོ་ཕྱོགས་བསྟན་པ་ཞིག་ཏུ་བསྟན་འགྲོའི་དོན་རྒྱ་ཆེན་པོ་འབྱུང་ངོ་ཞེས་ལུང་བསྟན་པ་བཞིན་དུ། ཀུན་མཁྱེན་རོང་སྟོན་སངས་རྒྱས་འཕེལ་གྱི་གདན་ས་འབྲས་ཡུལ་སྐྱེད་མོས་ཚལ་དང་། སྐུ་ཉིད་ཀྱི་གདན་ས་ཧ་ནག་གསེར་གླིང་དགོན་པ། ཧ་ནག་ཐུབ་བསྟན་རྣམ་རྒྱལ་གླིང་། རྒྱལ་བ་རྡོར་ཆེན་རྡོ་རྗེ་འཆང་ཀུན་དགའ་བཟང་པོའི་གདན་ས་ངོར་ཨེ་ཝཾ་ཆོས་ལྡན་རྣམས་ཀྱི་མཁན་པོའི་ཁྲི་ལ་ཕེབས་ཏེ། གཞན་དོན་རྒྱ་ཆེན་འགྲུབ་པ་ལ་ལྟ་བ་འདྲ་བ་གསུངས་པ་དང་། ཀུན་མཁྱེན་རོང་སྟོན་ཆེན་པོས་རྗེས་སུ་བཟུང་བ་ཡིན་སྟེ། རྗེ་བཙུན་མི་གཡོ་བའི་བྱིན་རླབས་བསྐུལ་བའི་སྐབས། རྗེས་སུ་འཛིན་པའི་ཚུལ་གོང་དུ་ཞུས་ཟིན་ལ། ཀུན་མཁྱེན་བྱམས་ཆེན་རབ་འབྱམས་པ་སངས་རྒྱས་འཕེལ་གྱིས་རྗེས་སུ་བཟུང་བ་ཡིན་ཏེ། ཀུན་མཁྱེན་གོ་བོ་རབ་འབྱམས་པ་བསོད་ནམས་སེངྒེ་ཕ་ཡུལ་མདོ་ཁམས་ཕྱོགས་སུ་བྱོན་རྩིས་མཛད་པའི་དུས་སུ་ཐུགས་ཀྱིས་མ་བཟོད་ནས། དབུས་གཙང་རང་ལ་བཞུགས་དགོས་པའི་བཀའ་ནན་ཆེད་ཕེབས་དང་ལྡན། མུས་ཆེན་སེམས་པ་ཆེན་པོ་མཆོག་དང་། བསྟན་པའི་སྦྱིན་བདག་ཆེན་པོ་ས་སྐྱོང་རིན་སྤུངས་པ་དྲུང་ཆེ་ནོར་བུ་བཟང་པོ་རྣམ་གཉིས་ལ་དེ་དོན་

བཀའ་ནན་ཕེབས་དགོས་པའི་བསྐུར་མ་གནང་སྟེ། ཆོས་རྗེ་ཀུན་མཁྱེན་རོང་སྟོན་སངས་རྒྱས་འཕེལ་རང་གི་རྒྱལ་ཚབ་དམ་པ་དབང་བསྐུར་ཏེ། འཕྲིན་ལས་ཀྱི་སྒོ་ཡངས་པོ་ཕྱེ་བ་མཛད་པའི་ཐོག་ཕྱི་ནང་གསང་གསུམ་གྱི་རྟེན་འབྲེལ་བསྒྲིགས་པར་མཛད་པའི་ཚུལ་གང་དུ་ཞུས་ཟིན་ཏོ། །

༧༡) དཔལ་རྒྱལ་བ་ངོར་ཆེན་རྡོ་རྗེ་འཆང་ཀུན་དགའ་བཟང་པོ་ཡབ་སྲས་རྣམ་གཉིས་ཀྱིས་རྗེས་སུ་བཟུང་བའི་ཚུལ།

དཔལ་རྒྱལ་བ་ངོར་ཆེན་རྡོ་རྗེ་འཆང་ཀུན་དགའ་བཟང་པོས་རྗེས་སུ་བཟུང་བ་ཡིན་སྟེ། ཆོས་རྗེ་འདི་ཉིད་ཀྱི་སྐུ་ལུས་ལ་ནད་ངན་པ་ཞིག་བཞེས་པའི་སྐབས་སུ། ཆོས་རྗེ་ངོར་པས་གཤེད་དམར་ལྷ་ལྔའི་དབང་བསྐུར་བསྐུལ་བས་ནད་ཀྱི་ལྷག་མ་མེད་པ་མཛད་པའམ་གོང་དུ་ཞུས་ཟིན་ལ། མུས་ཆེན་སེམས་དཔའ་ཆེན་པོས་རྗེས་སུ་བཟུང་བ་ཡིན་སྟེ། དེ་ཡང་ཆོས་རྗེ་ཉིད་ཀྱི་གདན་ས་ཧྰ་ནག་གསེར་གླིང་དགོན་དུ་སྡོམ་གསུམ་ཁ་སྐོང་མཛད་རྒྱུ་དབུ་ཙུགས་ནས་རྩོམ་འཕྲོ་མ་གྲུབ་པ་ཡུན་རིང་ལུས་པའི་ཚེ། ནུབ་གཅིག་མནལ་དུ་མུས་ཆེན་སེམས་དཔའ་ཆེན་པོ་བྱོན་ནས། བསྟན་པའི་བྱི་དོར་ལ་གཡེལ་བ་མ་བྱེད་ཅེས་གསུངས་པ་དང་། དཔལ་མགོན་ཞལ་བཞི་པ་མི་དགའ་བའི་ཚུལ་བསྟན་ནས་འདུག་པ་ལ་ཅི་ཡིན་གསུངས་པས། བསྟན་བཅོས་འདིས་འགྲོ་མི་རྩོམ་པ་ཡུན་རིང་སོང་གསུངས་པ་ལྟར། ཆོས་རྗེ་འདི་ཉིད་སྡོམ་གསུམ་རབ་དབྱེར་ཆོས་ཀྱི་བདག་པོ་གྱུར་པས། སྡོམ་གསུམ་སྤྱི་དོན་ལ་སོགས་ལ་དགོངས་འགྲེལ་ཇི་མཛད་གོང་དུ་ཞུས་ཟིན་ལ། ཡང་མུས་སྨུག་མོ་གླིང་ཁར་གཞུང་ཆེན་བཤད་ཁྲིད་གནང་བའི་སྐབས་སུ། གློ་བུར་དུ་སྣང་གཞི་དྲག་པོ་ཞིག་བཞེས་བྱུང་བ་ལ། མུས་ཆེན་སེམས་དཔའ་ཆེན་པོ་མཁྱེན་སླམ་དུ་གཟིམ་ཁང་ལ་དབུ་གཏད་དེ་ཙུད་ཟད་བཞུག་པའི་ཚེ། མནལ་ལམ་གྱི་ཚུལ་དུ་ཁང་པའི་ནང་དྲི་བཟང་གི་གང་། སེམས་པ་ཆེན་པོས་ཞལ་ཆབ་མང་པོ་བཏང་བའི་སྣང་བ་བྱུང་།

དེའི་མོད་ལ་མནལ་སད་དེ་ནད་ཐམས་ཅད་སྤྲིན་དང་བྲལ་བ་བཞིན་སོང་གསུངས་པ་དང་། དེ་བཞིན་དུ་བྱང་ངམ་རིང་དུ་ཀུན་རིག་རྩོད་སྤོང་རྩོམ་བཞིན་པའི་དུས་སུ་མནལ་ལམ་གྱི་ཚུལ་དུ་ནེའུ་གསིང་གི་ཐང་ཆེན་པོ་ཞིག་ན་གྲྭ་པ་མང་པོས་ཆོས་ཁྲི་ཆེན་པོ་ཞིག་རྩིག་གིན་འདུག་པ་ལ་སུའི་ཁྲི་བྱེད་

པ་ཡིན་ཞེས་དྲིས་པས། མུས་ཆེན་སེམས་དཔའ་ཆེན་པོས་སྒྲོང་རྒྱུད་གསུངས་སའི་ཆོས་ཁྲི་ཡིན་ཟེར། ཆོས་རྗེ་ཉིད་ཀྱིས་ཀྱང་རོགས་མཛད་དེ་ཁྲི་གྲུབ་པའི་སྟེང་དུ་མུས་ཆེན་སེམས་དཔའ་ཆེན་པོ་ཕེབས། ཞལ་ཕྱོད་ཆེན་པོ་དང་བཅས་རྒྱུད་སྒྲོང་གསུངས་པ་གསན་པས་ཕལ་ཆེར་ཐུགས་ལ་ཟིན་པ་བྱུང་བས་མནལ་སད་པར་གསུངས། ཀུན་རིག་རྩོད་སྤོང་དུ་ཆོག་རིས་མཛད་པའི་མཇུག་ཏུ་མནལ་ལམ་རི་རྩེར་རྟགས་ཀྱི་མཚན་མ་ཐོན་ཞེས་པ་ཡང་མཛད་དོ། །

༧༢ རྗེ་བཙུན་ས་ཆེན་[ལ] གོང་མ་རྣམ་གསུམ་གྱིས་རྗེས་སུ་བཟུང་བའི་ཚུལ།

རྗེ་བཙུན་ས་སྐྱ་པ་ཆེན་པོས་རྗེས་སུ་བཟུང་བའི་ཡིན་ཏེ། ཆོས་རྗེ་འདི་ཉིད་ཤིང་ཕོ་འབྲུག་གི་ལོར་གདན་ས་ཆེན་པོ་ཊོར་ཨེ་ཝཾ་ཆོས་ལྡན་གྱི་མཁན་པོའི་ཁྲི་ལ་ཕེབས་ཟིན་པ་ལྟར། འདུས་མང་རྒྱ་མཚོ་ལྟ་བུར་གསང་ཆེན་ལམ་འབྲས་ཀྱི་བཀའ་དབང་བསྐུལ་པའི་སྐབས་སུ། དཔལ་བརྩེ་བ་ཆེན་པོ་ཀུན་དགའ་སྙིང་པོས་ཞལ་གཟིགས་ཤིང་ལུང་བསྟན་གནང་བ་གོང་དུ་ཞུས་ཟིན་ལ། གངས་ལྗོངས་རྡོ་རྗེ་འཛིན་པ་ཀུན་གྱི་གཙུག་རྒྱན་རྗེ་བཙུན་གྲགས་པ་རྒྱལ་མཚན་གྱི་རྗེས་སུ་བཟུང་བ་ཡིན་ཏེ། རྒྱུ་དུས་ཀྱི་དབང་གཅིག་གི་སྐབས་སུ་མཉམ་བཞག་དུ་མི་དཀར་པོ་ཞིག་གིས་ཁྱེད་གཞན་དོན་འཕྲིན་ལས་རྒྱ་ཆེན་འགྲུབ་པའི་ཐབས་བྱེད་པ་ཡིན་ཟེར་ནས། རྗེ་བཙུན་གྲགས་པའི་བུམ་ཆུ་ཡིན་གསུངས་བ་གཅིག་ལུས་ལ་བྱུག ། ཞལ་ལ་ཡང་བླུག་བྱུང་བ་མཐར་ཆོ་དཔག་མེད་ཀྱི་གཟུགས་སུ་སོང་བའི་སྣང་བ་བྱུང་གསུངས།

དེ་དང་མཐུན་པར་མཁས་པ་དུ་མ་ཞིག་ལ། ཀུན་མཁྱེན་གོ་བོ་རབ་འབྱམས་པ་འདི་གདན་ས་ཊོར་པའི་ཁྲི་ཐོག་ན་བཞུགས་རིང་སྟེང་གི་བར་སྣང་ན། རྗེ་བཙུན་གྲགས་པ་རྒྱལ་མཚན་བཞུགས་ནས་འདིས་གཞན་དོན་རྒྱུན་རིང་བའི་ཐབས་བྱེད་གསུང་བ་སྣམས་པ་ཞིག་ལ། རྗེ་བཙུན་ཆེན་པོ་ཚེ་དཔག་མེད་གཅིག་ཏུ་སོང་བའི་སྣང་བ་བྱུང་གསུངས་སོ། །གངས་ལྗོངས་རིག་བཅུའི་སྒྲོལ་འབྱེད་ཆོས་རྗེ་ས་སྐྱ་པཎ་ཆེན་གྱི་རྗེས་སུ་བཟུང་བ་ཡིན་ཏེ། གཙང་རོང་ཆུང་གི་འཕྲང་འགག་དོག་མོ་ནས་གཙང་ཆུའི་ནང་དུ་ཆོས་རྗེ་འདི་ཉིད་ལྷུང་བའི་ཚེ། འཇམ་དབྱངས་བླ་མ་ལ་མོས་དྲག་པོའི་སྒོ་ནས་བསྟོད་པ་ཆོས་རྒྱལ་མ་ཚར་ཉེར་ལྔ་བཏོན་པས་ཉེས་མེད་བདེ་ཐང་གཙང་ཆུ་ལས་ཐར་བ་གོང་དུ་ཞུས་ཟིན།

༧༣ ལྷག་དོན་དུ་རྒྱལ་བས་ལུང་གིས་བསྔགས་པའི་སྐྱེས་བུ་མཆོག་ཏུ་གྱུར་པས་རྗེས་སུ་བཟུང་བའི་ཚུལ།

རྒྱལ་བ་ངོར་ཆེན་རྡོ་རྗེ་འཆང་ཀུན་དགའ་བཟང་པོས་རྗེས་སུ་བཟུང་བ་ཡིན་ཏེ། གདན་ས་ངོར་དུ་རྒྱལ་བ་ངོར་ཆེན་རྡོ་རྗེ་འཆང་གི་རྗེ་བཙུན་མ་ཀུ་ལུ་ལླེའི་རྗེས་གནང་གྲུབ་པའི་རྗེས་སུ། གོས་ཆེན་དམར་སླག་གྱོན་པའི་བུད་མེད་ཅིག་གི་ཤིང་ཏོག་ཀློན་པ་ཐུབ་གང་སྤྲད་ནས་འདི་ཟོ་ཞེས་པ་དང་། ཟ་དམར་པོ་གཅིག་གཏད་དེ་བཏུངས་ཤིག་པའི་བརྡ་མཛད། དེ་བཏུངས་པས་སྐད་ཆེན་པོ་བྱུང་། མནལ་སད་པ་དང་། ཐུགས་ལ་བདེ་ཉམས་ཆེན་པོ་སྐྱེས་གསུངས། དེ་བཞིན་རྒྱལ་བ་ངོར་ཆེན་རྡོ་རྗེ་འཆང་ཀུན་དགའ་བཟང་པོ་སྐུ་མྱ་ངན་ལས་འདས་ཁ་རྫུ་ཁྲིད་མཇལ་ཞུས་པས། རྗེ་བཙུན་རིན་པོ་ཆེ་གྲགས་པ་རྒྱལ་མཚན་གྱི་སྐུ་འདྲ་གཅིག་འདུག་པས་དེ་རེད་ལ་བསྐུལ་གནང་ཡོང་བ་ཞུ་ཞུས་པས། སྐུ་འདྲ་དེ་འཇམ་རྡོར་གྱི་སྐུ་འདྲ་ཞིག་ཏུ་གྱུར། ཞབས་ཀྱི་མཐེ་བོང་གཅིག་མ་ཚང་བར་འདུག

དེ་སྐབས་ཆོས་རྗེ་ངོར་པའི་ཞལ་ནས། སྐུ་འདྲ་ཞལ་འགྱུར་སོང་བ་དེ་རེད་ལ་མི་བཟང་ཡང་། མ་འོངས་པ་ན་ངའི་བརྒྱུད་འཛིན་གཙོ་བོ་ཞིག་གིས་འཇམ་རྡོར་གྱི་སྒྲོལ་འབྱེད་པར་འདུག་ཅེས་ལུང་པ་དེ་རྗེ་འདི་ཉིད་ཡིན་པ་གསུངས་ཤིང་། ཁྱད་པར་དུ་མུས་ཆེན་སེམས་དཔའ་ཆེན་པོ་ལ། རྗེ་བཙུན་ས་སྐྱ་པ་ཆེན་པོས་ཞལ་མངོན་སུམ་དུ་གཟིགས་ནས། ཐོག་མར་འཇམ་རྡོར་གྱི་བཀའ་དབང་བསྐུལ་བ་གསུང་པ་བ་དེ་ཆོས་རྗེ་འདི་ཉིད་ལ་བ་གནང་བ་དང་ལྡན། ཟང་དཀར་ལོ་ཙ་བའི་ཐུགས་དམ་འཇམ་རྡོར་གྱི་རག་སྐུ་ཤིང་ཏུ་ཐུགས་རྗེས་ཆེ་བ་དེ་གནང་ནས། འཇམ་རྡོར་གྱི་བདག་པོ་དབང་བསྐུར་བ་ཡིན་ཞེས་མུས་ཆེན་སེམས་དཔའ་ཆེན་པོས། བྱམས་ཆེན་རབ་འབྱམས་པ་ཀུན་མཁྱེན་སངས་རྒྱས་འཕེལ་ལ་གསུངས། གོང་གསལ་གྱི་རྒྱུ་མཚན་དེ་དག་ལ་བརྟེན་ནས། ཀུན་མཁྱེན་གོ་བོ་རབ་འབྱམས་པ་བསོད་ནམས་སེངྒེ་འདི་ཉིད་ནི། ཕ་རྒྱུད་མཐའ་དག་གི་བདག་པོར་གྱུར་པ་ལྟར། དེ་དག་གི་གསལ་བྱེད། འཇམ་རྡོར་གྱི་སྒྲུབ་དཀྱིལ། གཏོར་ཆོག ། མཎྜལ་མཆོག་ཆོག ། རྣམ་བཤད། སྨིན་རས་གཟིགས་དང

མི་འདྲ་བའི་ཁྱད་པར། རིམ་ལྔའི་ཁྲིད་ཡིག །གསང་འདུས་རྩོད་སྤོང་། འཇིགས་བྱེད་ཀྱི་མངོན་དཀྱིལ། སྤྲོས་མེད་རྒྱུད་ཀྱི་ཉམས་ལེན་ལ་སོགས་པ་སོ་སོའི་བཤད་སྲོལ་དང་མི་འགལ་ཞིང་། གདམ་པའི་གནད་མ་འཕྲུགས་པར་ད་ལྟར་ཡང་བཞུགས་བཞིན་པ་མངོན་སུམ་ཚད་མའི་ཡུལ་དུ་གྱུར་པ་ཉིད་ལགས་སོ། །

༧༤ དཔལ་ཁྲོ་བོའི་རྒྱལ་པོ་རྡོ་རྗེ་འཇིགས་བྱེད་ཀྱིས་རྗེས་སུ་བཟུང་བའི་ཚུལ།

ཁྲོ་བོའི་རྒྱལ་པོ་རྡོ་རྗེ་འཇིགས་བྱེད་ཀྱིས་རྗེས་སུ་བཟུང་བ་ཡིན་ཏེ། ཀུན་མཁྱེན་གོ་བོ་རབ་འབྱམས་པ་བསོད་ནམས་སེངྒེ་རང་ཡུལ་མདོ་ཁམས་སུ་བཞུགས་པའི་སྐབས་ཤིག །མནལ་ལམ་ལ་གསེར་གྱིས་བྲིས་པའི་པོ་ཏི་མང་པོ་གཟིགས་པས། བཅོམ་ལྡན་འདས་མ་ཧེ་དབང་པོ་ལ་ཕྱག་འཚལ་ལོ། གསུངས་པ་མང་པོ་བྱུང་པ་དེ་འཇིགས་བྱེད་ས་ལུགས་ཀྱི་མངོན་དཀྱིལ་བརྩམས་པས་བསྟན་འགྲོའི་དོན་རྒྱ་ཆེན་འགྲུབ་པ་འདི་ལ་ལྟ་བ་འདྲ་གསུངས། དེ་བཞིན་དུ་ཟླ་བ་གཟའ་འཛིན་ཞིག་བྱུང་བའི་ནུབ་མོ་རྗེ་བཙུན་འཇམ་དབྱངས་ཀྱི་བསྙེན་པ་མཛད་པའི་དུས་སུ། མནལ་ལམ་དུ། མི་གཅིག་གིས་དུང་དཀར་ཤིན་ཏུ་ཆེ་བ་གཅིག་པང་དུ་བཞག་པ་རྨིས། དེ་དབང་རྫས་ཀྱི་དུང་བསྐུར་ཏེ་འབྱུད་པ་ལ་ལྟ་བ་འདྲ་གསུངས།

༧༥ རྒྱལ་ཚབ་བྱམས་པ་མགོན་པོས་རྗེས་སུ་བཟུང་བའི་ཚུལ།

རྒྱལ་ཚབ་བྱམས་པ་མགོན་པོས་རྗེས་སུ་བཟུང་བ་ཡིན་ཏེ། ཇི་སྐད་དུ། དགའ་ལྡན་ཁྲི་ཕུར་ཕྱག་ཕེབས་བསྟོད་པའི་ཚེ། །ཡ་མཚན་བྱམས་པས་མངོན་སུམ་ལེགས་པ་བྱིན། །བྱམས་དང་སྙིང་རྗེའི་སེམས་ལ་དབང་འབྱོར་པ། །སེམས་དཔའ་ཆེན་པོར་གྱུར་ལ་ཕྱག་འཚལ་ལོ། །ཞེས་གསུངས་པའི་དོན་ནི། ཁ་ཆེ་པཎ་ཆེན་ཤཱཀྱ་ཤྲཱི་བོད་དུ་བྱོན་པའི་ཤིང་ཕྱི་ལོ་ནས་དབུ་བཙུགས། ཆུ་སྤྲེལ་སྤྱི་ལོ་༡༢༡༢ འཁོར་བྱམས་ཆེན་གཙུག་ལག་ཁང་དང་བཅས་གསར་བཞེངས་གྲུབ་ཀྱི་རབ་གནས་པཎ་ཆེན་ཉིད་ཀྱིས་གནང་བའི་སྐུ་འདྲ་བྱིན་ཅན་ཁྲི་ཕུར་བྱམས་ཆེན་གྱི་སྐུ་མདུན་ལ་ཀུན་མཁྱེན་གོ་བོ་རབ་འབྱམས་པ་བསོད་ནམས་སེངྒེ་ལན་ལྔ་ཕེབས་ཏེ། བྱམས་པའི་བསྟོད་པ་བྱམས་པའི་དཀྱིལ་མ་མཛད་ནས།

དགོང་ཅིག་ཞལ་རས་ལྷ་ཁང་དུ་ཆོས་རྗེ་འདི་ཉིད་ཀྱི་ཞལ་འདོན་ཚར་བཅུ་གཅིག་ཙམ་མཛད། རྩོམ་སྒྲ་མ་ལ། ཕ་རོལ་ཕྱིན་དྲུག་བསྔོན་པས་གོ་བགོས་ནས། ཞེས་སོགས་ཀྱི་ཚིགས་བཅད་དེའི་མཇུག་ཏུ། གནས་སྐབས་ཀུན་དུ་མགོན་པོ་ཁྱེད་ཉིད་ཀྱི། ཞེས་སོགས་ཀྱི་ཚིགས་བཅད་དེར་སླེབས་པ་ཡོད་པས་མཉལ་དུ་ཙུད་ཟད་ཅིག་སོང་བའི་སྣང་བ་བྱུང་བས། རྗེ་བཙུན་བྱམས་པ་མགོན་པོས་ཞལ་མངོན་སུམ་དུ་གཟིགས་ཏེ། ལམ་བཞིའི་རིམ་པ་དེ་འཁྲིག་ལ་དོན་བཟང་བ་ཅིག་འདུག་གསུངས།

ལམ་བཞིའི་རིམ་པ་གང་ལགས་ཞུས་པས། རྗེ་བཙུན་གྱི་ཞལ་ནས། ཕ་རོལ་ཕྱིན་དྲུག་སྤྱོད་པའི་སྒོ་ནས་ནས། །ཞེས་པ་འདི་ཚིགས་ལམ། །ཡང་དག་ལྟ་བའི་ཉམས་མྱོང་གསལ་བ་ཡི། །ཞེས་པ་འདི་སྦྱོར་ལམ། རང་བཞིན་དག་པའི་གནས་ལུགས་མངོན་གྱུར་ནས། །ཞེས་པ་འདི་མཐོང་ལམ། བག་ཆགས་སྦྱོང་ཕྱིར་བསྒོམ་པར་བྱིན་གྱིས་རློབས། །ཞེས་པ་འདིས་བསྒོམ་ལམ་བསྟན་པ་ཡིན་གསུངས། ཕྱིས་དེའི་མཇུག་ཏུ་འབྲས་བུ་སྟོན་པ། སྒྲིབ་གཉིས་སྤྲིན་བྲལ་ཆོས་དབྱིངས་ནམ་མཁའ་ལ། །ཞེས་སོགས་ཚིགས་བཅད་བསྣན་པ་ཡིན་ཞེས་གསུངས་སོ། །དེ་ལྟར་ན་མགོན་པོ་བྱམས་པས་དངོས་སུ་ཞལ་གཟིགས་ཤིང་བྱིན་གྱིས་བརླབས་པས་ཡུམ་ཆེན་མོ་ཤེས་རབ་ཀྱི་ཕ་རོལ་ཕྱིན་ལ་དབང་འབྱོར་ཏེ། དེའི་དགོངས་འགྲེལ་གྱི་བསྟན་བཅོས་ཧི་མཛད་གོང་དུ་ཞུས་ཟིན་ཏོ། །

༧༨ རྒྱལ་ཀུན་སྙིང་རྗེའི་རང་གཟུགས་འཕགས་མཆོག་སྤྱན་རས་གཟིགས་ཀྱིས་རྗེས་སུ་བཟུང་བའི་ཚུལ།

རྒྱལ་ཀུན་སྙིང་རྗེའི་རང་གཟུགས་འཕགས་མཆོག་སྤྱན་རས་གཟིགས་ཀྱིས་རྗེས་སུ་བཟུང་བ་ཡིན་ཏེ། དཔའ་བོ་དོང་པའི་མཁས་གྲུབ་རིམ་བྱོན་གྱི་གདན་ས་བོ་དོང་ཨེ་རུ་ཀུན་མཁྱེན་གོ་བོ་རབ་འབྱམས་པ་བསོད་ནམས་སེང་གེ་འདི་ཉིད་ཀྱིས་བཀའ་ཆོས་བསྐུལ་གྲུབ་པའི་རྗེས་སུ། བྱམས་ཆེན་རབ་འབྱམས་པ་ཀུན་མཁྱེན་རོང་སྟོན་སངས་འཕེལ་མཆོག་ལ། ཀུན་མཁྱེན་རོང་སྟོན་ཐམས་ཅད་མཁྱེན་པས་ཁ་རིག་བོད་འབྲུག་ཏུ་བཤད་སྒྲུབ་གསར་བསྐྲུན་གནང་དགོས་པའི་བཀའ་དགོངས་ལྟར། བཤད་སྒྲུབ་གསར་བསྐྲུན་གནང་གྲུབ་པ་དང་ལྷན་དུ་གཞུང་ཆེན་འཆད་སྤྱེལ་ལོ་མང་གནང་བའི་རྗེས་སུ། བསྟན་པའི་སྤྲིན་

བདག་ཆེན་པོ་ས་སྐྱོང་རིན་སྤུངས་པ་དྲུང་ཆེ་ནོར་བུ་བཟང་པོས་མཐུན་རྐྱེན་སྦྱར་ཏེ་འབྲས་ཡུལ་སྐྱེད་མོས་ཚལ་༼༡༽དུ་བཤད་གྲྭ་གསར་བསྐྲུན་གྱིས་གཞུང་ཆེན་འཆད་སྤེལ་ཡུན་རིང་མཛད། དེ་བཞིན་ཀུན་མཁྱེན་རོང་སྟོན་སངས་རྒྱས་འཕེལ་གྱི་བཀའ་དགོངས་དང་། བསྟན་པའི་སྦྱིན་བདག་ཆེན་པོ་ས་སྐྱོང་རིན་སྤུངས་པ་དྲུང་ཆེ་ནོར་བུ་བཟང་པོས་སྦྱིན་བདག་གནང་སྟེ། གོང་གསལ་ལྟར་ཀུན་མཁྱེན་གོ་བོ་རབ་འབྱམས་པ་བསོད་ནམས་སེངྒེས་རྟ་ནག་གསེར་གླིང་དགོན་པ་ཕྱག་བཏབ་སྟེ་གཞུང་ཆེན་འཆད་སྤེལ་ཡུན་རིང་མཛད་པའི་རྗེས་སུ། བསྟན་པའི་སྦྱིན་བདག་ཆེན་པོ་ས་སྐྱོང་རིན་སྤུངས་གཙང་ཆེན་དོན་གྲུབ་རྡོ་རྗེའམ་དོན་ཡོད་རྡོ་རྗེ་མཆོག་གིས་སྦྱིན་བདག་གནང་སྟེ། རྟ་ནག་ཐུབ་བསྟན་༼༢༽རྣམ་རྒྱལ་གླིང་ཕྱག་བཏབ་པའི་རྗེས་སུ་མདོ་སྔགས་འཆད་ཉན་ཡུན་རིང་མཛད།

ཀུན་མཁྱེན་གོ་བོ་རབ་འབྱམས་པ་བསོད་ནམས་སེངྒེའི་བཀའ་དགོངས་བཞིན། དངོས་སློབ་མུས་རབ་འབྱམས་པ་ཐུགས་རྗེ་དཔལ་བཟང་མཆོག་གིས་ཐུབ་བསྟན་༼༣༽ཡངས་པ་ཅན་གྱི་བཤད་གྲྭ་ཕྱག་བཏབ་སྟེ་གཞུང་ཆེན་བཤད་ཁྲིད་ཡུན་རིང་མཛད། མུས་རབ་འབྱམས་པ་ཐུགས་རྗེ་དཔལ་བཟང་མཆོག་གི་བཀའ་དགོངས་བཞིན། དངོས་སློབ་འབུམ་རབ་འབྱམས་པ་ཆོས་དོན་གྲུབ་མཆོག་གིས་བྱ་རྐོད་༼༤༽གཤོང་དུ་བཤད་གྲྭ་གསར་བསྐྲུན་གནང་ནས་འཆད་ཉན་ཡུན་རིང་མཛད། འབུམ་རབ་འབྱམས་པ་ཆོས་དོན་གྲུབ་མཆོག་གི་བཀའ་དགོངས་བཞིན། དངོས་སློབ་གཞུང་བརྒྱ་པ་དངོས་གྲུབ་དཔལ་འབར་གྱིས་ཆོས་འཁོར་༼༥༽ལྷུན་པོའི་བཤད་གྲྭ་ཕྱག་བཏབ་སྟེ། གཞུང་ཆེན་བརྒྱ་ལྷག་འཆད་སྤེལ་མཛད། གཞུང་བརྒྱ་པ་དངོས་གྲུབ་དཔལ་འབར་གྱི་བཀའ་དགོངས་བཞིན། དངོས་སློབ་མངའ་རིས་པ་ལྷ་དབང་བློ་གྲོས་ཀྱིས་གཞའ་རི་༼༦༽སྐྱིད་ཚལ་བཤད་གྲྭ་ཕྱག་བཏབ་སྟེ། གཞུང་ཆེན་འཆད་ཁྲིད་ཡུན་རིང་མཛད། གོང་གསལ་དཔལ་ལྡན་ས་སྐྱ་པའི་མདོ་ཕྱོགས་རང་རྐང་འཛིན་པའི་གདན་ས་དྲུག་གི་ཡ་གྱལ་བྱ་རྐོད་གཤོང་དུ་སྤྱན་རས་གཟིགས་རང་བྱོན་ཡོད་ས་ལ་མཇལ་དུ་བྱོན་པས། མི་ཏོག་གི་ཆར་ཆེན་པོ་བབས་པ་ལ་སོགས་པ་ཡི་དམ་ལྷས་རྗེས་སུ་བཟུང་བའི་ངོ་མཚར་བའི་རྣམ་པར་ཐར་པ་བརྗོད་ཀྱིས་མི་ལང་བར་བཞུགས་འདུག་ཀྱང་། གནས་སྐབས་དཔེ་མཚོན་ཙམ་ཞུས་པ་ཡིན་ནོ། །

༧༧ དཔལ་ལྡན་མགོན་པོ་གདོང་བཞི་པས་རྗེས་སུ་བཟུང་བའི་ཚུལ།

ཀུན་མཁྱེན་གོ་བོ་རབ་འབྱམས་པ་བསོད་ནམས་སེངྒེ་མཆོག་གདན་ས་ཆེན་པོ་དཔལ་ལྡན་ས་སྐྱ་ལ་བཀའ་ཆོས་བསྐྱལ་བར་དང་པོ་ཕེབས་པའི་དུས་སུ། ཁའུ་བྲག་རྫོང་སྙིང་ལྷས་ཀྱི་མགོན་ཁང་དུ་གཏོར་བསྐྲུབ་མཛད་པས། གཉེན་ལོས་རྒྱ་གར་ནས་གདན་དྲངས་པའི་འོད་མི་ཐུག་ཅིག་ཡོད་པ་དེར། ཆོས་རྗེ་རང་ཉིད་གར་ཕེབས་ཀྱི་ཕྱོགས་སུ་མགོ་དུད་དུད་བྱེད་པ་བྱུང་བ་དང་། དེ་བཞིན་ཆོས་རྗེ་འདི་ཉིད་ཀྱི་གདན་ས་ཏ་ནག་ཐུབ་བསྟན་རྣམ་རྒྱལ་གླིང་དུ་བཞུགས་པའི་དུས་སུ། མནལ་ལམ་གྱི་ཚུལ་དུ་ཁའུ་སྙིང་ལྷས་ཀྱི་བྲག་ཕུག་ཡིན་སྙམ་པ་ཞིག་ན་དཔོན་སློབ་འགའ་ཤས་བཞུགས་པ་ལ། མོན་པ་ཕྲུ་གུ་གཉིས་བྱུང་བ་ལ། ཆོས་རྗེས་ཕྱུག་ཕྱི་བརྣམས་ལ་གདོང་བཞི་པའི་སྤྲུལ་པ་བྲམ་ཟེའི་གཟུགས་ཅན་ཡིན་པར་འདུག་གསུངས་པས། མོན་པ་ཕྲུ་གུ་གཉིས་འཛུམ་མུ་ལུ་ལུ་བྱེད། ཁྱེད་ཡེ་ཤེས་ཀྱི་མགོན་པོ་ཡིན་པས་མངོན་པ་ཤེས་པར་ཐོགས་མེད་དུ་མངའ་ངས་ཆོ་མཛུག་ལ་སྐྲུབ་པ་བྱས་ན་ལེགས་སམ། བཤད་པ་བྱས་ན་དགའ་གསུངས་པས། མོན་ཕྲུག་གཉིས་ཀྱིས་སྐྲུབ་པ་སྐྲུབ་པ་ཞེས་བརྗོད་མགོ་རིམ་རིམ་བྱེད་གསུངས།

ཡང་ཆོས་རྗེ་འདི་ཉིད་གདན་ས་ཏ་ནག་གསེར་གླིང་དགོན་དུ་བཞུགས་ཏེ། སྡེ་བདུན་མདོ་དང་བཅས་པའི་དགོངས་པ་ཚུལ་བཞིན་དུ་འགྲེལ་བ་ཚད་མ་རིགས་པའི་གཏེར་གྱི་སྤྱི་དོན་ཆེན་མོའི་འགྲེལ་བ་རྩོམ་པ་མཛད་པའི་ཚེ། ནུབ་གཅིག་མནལ་ལམ་དུ། ཆོས་རྗེ་རང་ཉིད་དགེ་སློང་བློ་རིན་པ་ལྷན་མི་རྟོགས་མ་དབྱངས་འཕེན་བཞིན་བཞུགས་པས། དཔལ་ལྡན་མགོན་པོ་གདོང་བཞི་པ་འཁོར་དང་བཅས་པ་བྱོན་ཏེ། གཟིགས་མི་ནུས་པ་ཙང་། ཞབས་ཀྱི་ལོང་བུ་མན་ཆད་ལ་ཐོ་གསུམ་རེ་ཙམ་འདུག །འཁོར་རྣམས་ཀྱི་མཆོན་ཆའི་འོད་ལམ་ལམ་འབར་བ་དང་། ཞབས་ལྷམ་གྱི་འབུར་རྣམས་ནི་འོད་ཁྲིམ་ཁྲིམ་འཕྲོས་ནས། ཁྱེད་ཀྱི་བསྟན་བཅོས་ཀྱི་ཆ་ཤས་ཡོངས་སུ་རྫོགས་པ་རྩོམ་ཞིག །བདག་པོ་དེད་རྣམས་ཀྱིས་བྱེད་པ་ཡིན་གསུངས་སོ། །དེ་ལྟར་བསྟན་སྲུང་གཙོ་བོས་བར་ཆད་སྲུང་བར་ཞལ་གྱིས་བཞེས་པ་བཞིན། ཚད་མ་རིགས་པའི་དགོངས་འགྲེལ་ཇི་མཛད་གོང་དུ་ཞུས་ཟིན་ཏོ། །

༧༨ བསྟན་སྲུང་གཙོ་བོ་གུར་གྱི་མགོན་པོས་རྗེས་སུ་བཟུང་བའི་ཚུལ།

དེ་བཞིན་དུ་ཆོས་རྗེ་བསོད་ནམས་ཆེན་པའི་ཞལ་སྔ་ནས། ངེད་ལ་མནལ་ལམ་དུ་གཙང་རྟ་ནག་གི་ས་ཆ་ཞིག་ལ། དཔལ་ལྡན་ས་སྐྱ་པའི་བཀའ་སྲུང་གཙོ་བོ་གུར་གྱི་མགོན་པོ་སྣར་ཡིན་ཟེར་བ་ཞིག་ཏུ་སོང་བ་རྨིས་པས། མ་འོངས་པ་ན་རྟ་ནག་འདིར་ས་སྐྱ་པའི་བསྟན་པ་ཉི་མ་ཤར་བ་ལྟ་བུ་འོང་བར་འདུག་ཅེས་གསུངས་པ་དང་མཐུན་པར་བྱུང་བ་གསུངས། གཞན་ཡང་ཆོས་རྗེ་འདི་ཉིད་ཀྱི་སྐུ་དྲུང་ན་མི་ལོ་བརྒྱ་བདུན་ཡིག་མཁན་གྱི་ཞབས་ཕྱིར་ཞུས་པ་ཨ་བོ་གཞོན་ནུ་བཟང་པོ། ངཆོས་རྗེ་ཉིད་ཀྱི་སྐུ་དྲུང་དུ་ཡོད་དུས་ཆོས་སྐྱོང་སྲུང་མ་རྣམས་ཀྱི་འཕྲིན་ལས་ཐོགས་མེད་སྒྲུབ་པའི་རྟགས་ལན་མང་བྱུང་གསུངས་པ་བཞིན། མདོར་ན་དཔལ་ལྡན་མགོན་པོ་ནག་པོ་ཆེན་པོ་ལྕམ་དྲལ་དང་། ཞིང་སྐྱོང་དབང་ཕྱུག་ཆེན་པོ། ཡུམ་ཆེན་སྲིང་མོ་བཞི་འཁོར་དང་བཅས་པ། ལས་ཀྱི་མགོན་པོ། གནོད་སྦྱིན་ཡབ་ཡུམ། ཕུ་ཏྲ་ལྕམ་སྲིང་། རྣ་འདྲེན་སྡེ་བཞི་རྣམས་བྲན་དུ་འཁོར་ཞིང་། ཞི་རྒྱས་དབང་དྲག་གི་འཕྲིན་ལས་ཐོགས་མེད་དུ་བསྒྲུབས་པ་ལགས་སོ། །

༧༩ ཀུན་མཁྱེན་གོ་བོ་རབ་འབྱམས་པ་བསོད་ནམས་སེངྒེ་མཆོག་གིས་རིན་སྤུངས་བྱམས་ཆེན་གཙོ་བོར་གྱུར་པའི་ཆོས་སྡེ་ཆེན་པོ་བཞི་ལ་སྟོན་དབྱར་དགུན་ཆོས་བསྐུལ་གནང་མཛད་པའི་སྐོར།

ཆོས་རྗེ་འདི་ཉིད་གནས་གཞན་ལ་ཆོས་པར་ཕེབས་པའི་ཚུལ་རྣམས་རགས་ཙམ་ཞུས་ན། ཕག་ལོའི་དཔྱིད་ཀ་བྲག་དམར་ཆོས་སྡེ་ཆེན་པོའི་མཁན་སློབ་འདུས་མང་ལྡན་ནས་ཇི་ལྟར་གསོལ་བ་བཏབ་པ་བཞིན་ཞབས་སོར་འཁོད་དེ། གང་འོས་དཔྱིད་ཆོས་བསྐུལ་བར་མཛད། ཡང་དེ་ལོའི་སྟོན་ཆོས་མདོ་མཁར་དུ་བསྐུལ། དེ་བཞིན་བྱི་བ་ལོའི་དཔྱིད་ཆོས་ཡང་ས་ཆའི་གནས་བབ་ལེགས་པས་མདོ་མཁར་དུ་མཁན་སྤྲུལ་གྲྭ་བཙུན་སྔགས་གསུམ་དང་། སྐྱེ་བོ་ཕོ་མོ་རྒན་གཞོན་བྱིས་གསུམ་བཅས་ཞལ་གྲངས་སྟོང་ཕྲག་བརྒྱ་གཅིག་ལྷག་ཙམ་ལ་བསྐུལ་གནང་མཛད། དེ་ལོའི་དབྱར་ཆོས་བསྐུལ་བའི་གནས་ནི། བསྟན་པའི་སྦྱིན་བདག་ཆེན་པོ་ས་སྐྱོང་རིན་སྤུངས་དྲུང་ཆེ་ནོར་བུ་བཟང་པོ་མཆོག །རིན་སྤུངས་རྫོང་དཔོན་མི་ལོ་བརྒྱ་གཉིས་ཙམ་གནང་གྲུབ་ནས། གཞིས་ཀ་བསམ་གྲུབ་རྩེའི་རྫོང་དཔོན་གྱི་ཐུགས་འགན་བཞེས

ཏེ། གཙང་རོང་ཤངས་གསུམ་ལ་དབང་སྒྱུར་མཛད་བཞིན་པའི་ས་སྐྱོང་ཉིད་དགུང་གྲངས་ཉེར་ལྔ་བཞེས་པ་མེ་མོ་ལུག་ལོ་ལ། མུས་ཆེན་སེམས་པ་ཆེན་པོས་ཞལ་བཀོད་གནང་བ་ལྟར། རིན་སྤུངས་སུ་བྱམས་ཆེན་དང་གཙུག་ལག་ཁང་གཞི་བཏིངས་ནས་ངོ་ལོ་བདུན་ནས་ལེགས་པར་གྲུབ་པའི་རིན་སྤུངས་བྱམས་ཆེན་ཆོས་སྡེར་ཞབས་སོར་འཁོད་གནང་མཛད་དེ། ཞལ་སློབ་ཁྲི་ཕྲག་འགའ་ཤས་ལ་ཟབ་པ་དང་རྒྱ་ཆེ་བའི་བཀའ་ཆོས་དུ་མ་བསྩལ་གནང་མཛད། དེ་རྗེས་སྟག་ལོ་དང་འབྲུག་ལོ་གཉིས་ཆར་ལ་དགའ་བ་ཚལ་དུ་དབྱར་ཆོས་དང་དགུན་ཆོས་བསྩལ། ལོ་དེ་གཉིས་ཀྱི་བར་གྱི་ཡོས་ལོ་ལ་མདོ་མཁར་ལ་སྟོན་ཆོས་བསྩལ། དེ་ནས་ཆུ་མོ་སྦྲུལ་ལོ་ནས་མེ་ཕོ་སྤྲེའུ་བར་ལོ་བཞི་ལ། ཆོས་རྗེ་ཉིད་ཀྱི་གདན་ས་རྟ་ནག་གསེར་གླིང་དགོན་དང་། རྟ་ནག་ཐུབ་བསྟན་རྣམ་རྒྱལ་གླིང་རྣམ་གཉིས་བར་ཡར་འགྲོན་མར་འགྲོན་གྱི་དུས་བཞི་སོ་སོ་ལ་བཀའ་ཆོས་བསྩལ་གནང་མཛད། །

༡༠ པཎ་ཆེན་ཤཱཀྱ་ཤྲཱིའི་གདན་ས་ཁྲོ་ཕུར་སྨོན་ལམ་ཆེན་མོའི་ཚོགས་མགོན་དུ་ཕེབས་དགའ་བའི་གནས་ཚུལ་ཇི་ལྟར་བྱུང་བའི་སྐོར།

ཤིང་མོ་ལུག་གི་ལོ་ལ་ཀུན་མཁྱེན་གོ་བོ་རབ་འབྱམས་པ་བསོད་ནམས་སེངྒེ་མཆོག་ལ། ཁྲོ་ཕུར་སྨོན་ལམ་ཆེན་པོའི་ཚོགས་མགོན་དུ་ཇི་ལྟར་གསོལ་བ་བཏབ་པ་བཞིན་ཞལ་བཞེས་གནང་ཡང་། དེ་སྐབས་དཔོན་གཡུང་པ་ཚེ་དབང་དང་། ཁྲོ་ཕུར་མདའ་དཔོན་གཉིས་ཀྱི་བར་ཕན་ཚུན་འཁྲུག་ལོང་བྱེད་ལ་ཉེ་བས། དོན་མེད་ཆབ་སྲིད་ཀྱི་ཆོ་འཕྲུལ་བྱུང་གི་དོགས་ནས། དེ་ལོའི་སྨོན་ལམ་ཆེན་མའི་ཚོགས་མགོན་དུ་ངོས་ཕེབས་མི་དགོས་པ་མི་ཞུ་ཐབས་མེད་ཀྱི་གནས་སུ་གྱུར། སྦྲུལ་ལོ་ལ་ཤབ་སྨད་དུ་ཟིང་འཁྲུག་བྱུང་ནས་ཁྲོ་ཕུར་མདའ་དཔོན་ལ་མ་ཉེས་ཁ་གཡོག་གིས་གནས་སྐབས་ཡུལ་བུད་བཏང་དགོས་བྱུང་བ་གསལ། བྱ་ལོའི་སྟོན་ཁ་ཁྲོ་ཕུར་བྱམས་ཆེན་ཆོས་སྡེའི་ཆོས་རྗེ་སངས་རྒྱས་དར་བས་ཇི་ལྟར་གསོལ་བ་བཏབ་པ་བཞིན། ཧོར་ཟླ་བཅུ་གཉིས་པའི་ནང་དུ་ཁྲོ་ཕུར་སྨོན་ལམ་ཆེན་པོའི་ཚོགས་མགོན་དུ་ཞབས་སོར་འཁོད་དེ། དགེ་འདུན་འདུས་པ་རྒྱ་མཚོ་ལ་མང་ཇ་སྣ་འགྱེད་བཀའ་ཆོས་བསྩལ་ཏེ་སྨོན་ལམ་ཆེན་པོ་ལེགས་པར་གྲུབ།

༤༧ ཀུན་མཁྱེན་གོ་བོ་རབ་འབྱམས་པ་བསོད་ནམས་སེང྄་གེ་མཆོག་གིས་གདན་ས་ཆེན་པོ་དཔལ་ལྡན་ས་སྐྱར་གནས་གཟིགས་ཕེབས་པའི་ཞོར་ལ་གཞན་ཕན་མཛད་འཕྲིན་རྒྱ་ཆེན་བསྒྲུབས་པའི་སྐོར།

ཀུན་མཁྱེན་གོ་བོ་རབ་འབྱམས་པ་བསོད་ནམས་སེང྄་གེ་མཆོག་ས་ཕོ་ཁྲི་ལོ་ལ་གདན་ས་ཆེན་པོ་དཔལ་ལྡན་ས་སྐྱ་ལ་གནས་གཟིགས་ཕེབས་པའི་ལམ་ཞོར་མདོ་མཁར་ལ་ཟླ་ཕྱེད་ཙམ་བཀའ་ཆོས་བསྩལ་བར་མཛད་དེ། ཤབ་སྨད་དུ་བཞུགས་པའི་“བདག་ཆེན་བློ་གྲོས་དབང་ཕྱུག་མཇལ་ཁ་ཞུས། དེ་ནས་འཇམ་དབྱངས་ཨ་ར་པ་ཙ་ལ་སོགས་པའི་བཀའ་ཆོས་བསྩལ་བའི་རྗེས་སུ། ཁྲོ་ཕུར་བྱམས་ཆེན་ཆོས་སྡེ་བྱོན་ཏེ་ཕྱག་མཆོད་སྨོན་ལམ་རྒྱ་ཆེན་མཛད། སྐབས་དེ་དུས་ཁྲོ་ཕུར་མདའ་དཔོན་གྱི་གོ་གནས་སླར་གསོ་བྱུང་འདུག་ཀྱང་། མཆོད་ཡོན་གྱི་འབྲེལ་བ་བྱེད་དཀའ་བའི་གནས་སུ་གྱུར། སྟོན་འཁོར་རྣམས་ཞལ་དཀར་དང་ཞོང་བརྒྱུད་གདན་ས་ཆེན་པོ་དཔལ་ས་སྐྱ་དང་ཉེ་བར་ཞབས་སོར་འཁོད་པའི་སྐབས་དེར། གདན་སའི་ལས་ཆེན་རབ་འབྱམས་པ་བྱམས་པ་སེང྄་གེས་ཐོག་དྲངས་པའི་གནས་བརྟན་ཆེས་བགྲེས་པ་མང་པོ་ཕེབས་བསུ་སེར་སྦྲེང་ལ་བྱོན།

ཆོས་རྗེའི་ཞལ་ནས་གདན་ས་ལ་ཆེ་མཐོང་ཞུ་དགོས་པས་རིད་རྣམས་རྟ་ལས་བབ་དགོས་གསུངས། སྤྲུལ་པའི་ལྷ་ཁང་ཆེན་པོར་ཞབས་སོར་འཁོད་ཁར་སྐུ་སེར་མི་ཚོགས་མང་པོས་དགའ་དང་སྤྲོ་གསུམ་གྱིས་ཕེབས་བསུ་ཟབ་རྒྱས་ཞུས། བཞུགས་ཤག་བླ་བྲང་ཤར་དུ་མཛད། ཆོས་རྗེ་ས་སྐྱ་པཎ་ཆེན་གྱི་དུས་མཆོད་དང་བསྟུན་“བདག་ཆེན་ཁྲི་རབས་ཉི་ཤུ་པ་རྒྱ་གར་ཤེས་རབ་རྒྱལ་མཚན་མཇལ་ཁ་དང་བརྒྱ་འབུལ་ཕུལ། གདན་སའི་ལས་གནས་རྣམས་ལ་འཕར་འབུལ་དང་། དགེ་འདུན་འདུས་པ་རྒྱ་མཚོ་ལ་ཀ་དན་ཁ་དོའི་རེ་གྲལ་འགྱེད་ཕུལ། ལྷ་ཁང་ཆེན་པོ་དང་། དབུ་རྩེ་རྙིང་པ། སྒོ་རུམ་རྣམས་ཀྱིས་གཙོས་རྟེན་གསུམ་གྱི་སྐུ་མདུན་མཆོད་རྫས་དཔག་མེད་ཕུལ་བ་དང་ལྡན་ཐུགས་སྨོན་རྒྱ་ཆེན་གནང་། སྤྲུལ་པའི་ལྷ་ཁང་ཆེན་མོའི་མདོ་སྔགས་ཀྱི་ཟབ་གསལ་བཀའ་ཆོས་བསྩལ་རྗེས། ཆོས་མཚམས་ལ་ཆ

འདུལ་བས་གདན་འདྲེན་ཞུས་པ་ལྟར་ཞབས་སོར་འཁོད་དེ། ཆོས་རྗེ་སངས་རྒྱས་རྒྱ་མཚོ་དབུ་བཞུགས་ཐོག་སྐྱབས་གནས་དགེ་འདུན་པ་རྣམ་པ་དང་། ཆ་འདུལ་བ་དཔོན་གཡོག་མི་མང་ཡོངས་ལ་ཐེག་ཆེན་སེམས་བསྐྱེད་དང་། གཤེད་དམར་འཇིགས་བྱེད་ལ་སོགས་པའི་དབང་རྗེས་གནང་བླང་དོར་གྱི་བཀའ་སློབ་ཡིད་ཆེམ་པ་བསྩལ།

དེ་རྗེས་ཁའུ་རྐེད་ལྟས་ལ་བྱོན་ནས། "བདག་ཆེན་བློ་གྲོས་རྒྱལ་མཚན་དཔལ་བཟང་སྐུ་མཚམས་ལ་བཞུགས་འདུག་པ་མཇལ་ནས་གསུང་གླིང་ཞིབ་རྒྱས་མཛད་པའི་རྗེས་སུ། དཀར་བདུད་རྣམ་གཉིས་ཀྱི་རྗེས་གནང་ཞུ་ཐོབ་བྱུང་བ་དང་། དེ་ནུབ་མགོན་པོ་གདོང་བཞི་པ་བཞུགས་པའི་བྲག་ཕུག་ཏུ་གཏོར་བསྔོས་དང་བསྐང་གསོ་འཕྲིན་བཅོལ་རྒྱས་པ་མཛད་པའི་སྐབས་སུ། མགོན་པོས་འཕྲིན་ལས་ཐོགས་མེད་སྒྲུབ་པའི་མཚན་རྟགས་དུ་མ་བྱུང་བ་གསུངས། དེ་ནས་ས་སྐྱར་ཕེབས་བླ་བྲང་ཤར་དུ་བརྟེ་གཤེན་རྗེ་གྲགས་ཀྱིས་བཞེངས་པ། རྗེ་བཙུན་གྲགས་པ་རྒྱལ་མཚན་གྱི་སྐུ་འདྲ་བྱིན་ཅན་གྱི་སྐུ་མདུན་དུ། ཉིན་ཞག་བདུན་ལ་ཕྱག་མཆོད་རྒྱ་ཆེན་ཕུལ་ཏེ་གསོལ་བ་བཏབ་པས་ཉམས་སྣང་ངོ་མཚར་ཅན་འགའ་ཤས་ཐུགས་རྒྱུད་ལ་འཁྲུངས། ཡང་མཁས་པའི་དབང་པོ་མུས་སྲས་རྡོ་རྗེ་རྒྱལ་མཚན་མཆོག་དང་། བྲང་མོ་ཆེ་བརྒྱ་དཔོན་སྐུ་འཁོར་དང་བཅས་པས་གདན་དྲངས་ཏེ་ཡོན་འབུལ་རྒྱ་ཆེན་ཕུལ། མུས་སྲས་མཆོག་དང་འབེལ་གཏམ་མཛད་པས་ཤིན་ཏུ་ལེགས་པ་བྱུང་། གཞན་ཡང་གདན་ས་བྱ་འདབས་ཅན་གྱི་སྐུ་བཙུན་གྲྭ་ཕྲུགས་ཡོངས་ལ་སྐྱབས་འགྲོ་སེམས་བསྐྱེད་ཀྱི་བཀའ་ཁྲིད་དང་། རབ་བྱུང་བསྙེན་རྫོགས་ཡང་བཙུ་ཕྲག་འགའ་ཤས་བསྩལ། དེ་ནས་ཆོ་འཕྲུལ་ཟླ་བའི་ཚེས་བཅོ་ལྔ་ལ་གདན་ས་ཆེན་པོ་དཔལ་ལྡན་ས་སྐྱར་རྗེ་བཙུན་འཇམ་པའི་དབྱངས་ཀྱི་སྐུ་འདྲའི་དྲུང་དུ་གྲྭ་བཙུན་ཕྲུགས་གསུམ་དང་། སྐྱ་བོ་དང་ལྡན་པ་ཡོངས་ལ་དབུ་མ་ལུགས་ཀྱི་སེམས་བསྐྱེད་དང་སྨོན་ལམ། འཇམ་དབྱངས་དམར་སེར་གྱི་རྗེས་གནང་བསྩལ་རྗེས། གདན་སའི་ལས་སྣེ་ཡོངས་ཀྱིས་ཕེབས་སྐྱེལ་ཞུས་ཏེ། ཆོས་རྗེ་ཉིད་ཀྱི་གདན་ས་ལ་རིམ་པས་བྱོན། །

༤༢ ཀུན་མཁྱེན་གོ་བོ་རབ་འབྱམས་པ་བསོད་ནམས་སེངྒེ་མཆོག་གིས་འབྲོག་མི་ལོ་ཆེན་གྱི་གདན་ས་མང་མཁར་མུ་གུ་ལུང་དང་གདན་ས་ཆེན་པོ་ཇོ་མོ་ནང་གི་གཙོས་པའི་ས་ཁུལ་ཁག་དགུ་ལ་གཞན་ཕན་མཛད་འཕྲིན་བསྐྱངས་པའི་སྐོར།

གོང་གསལ་གདན་ས་ཆེན་པོ་དཔལ་ལྡན་ས་སྐྱ་ནས་ཆོས་རྗེ་ཉིད་ཀྱི་གདན་ས་ལ་རིམ་པས་ཕེབས་སྐབས། གདོང་ཁ་ནས་བཀྲིས་འཛོམ་པས་སྤྱན་དྲངས་ཏེ། ཐེག་ཆེན་ཆོས་རྒྱལ་པོའི་དྲུང་སྐོར་ཡིན་པའི་ཆོས་རྗེ་དཔལ་ལེགས་བྱ་བའི་དགེ་བཤེས་བཟང་པོ་གཅིག་འདུག་པ་དེ་དང་འབེལ་གཏམ་མཛད། དེ་ནས་གཞིས་ཆེན་དུ་སྤྱན་དྲངས་པ་ལྟར་ཞབས་སོར་འགོད་དེ་འགྲོ་མགོན་ཆོས་འཕགས་ཀྱི་སྐུ་འདྲའི་མདུན་དུ་ཕྱག་མཆོད་སྨོན་ལམ་རྒྱས་པར་མཛད། ཆོས་རྗེ་བསོད་ནམས་མགོན་པོས་སྤྱན་དྲངས་པ་བཞིན་ལུག་རྩ་དགའ་ལྡན་དུ་ཞབས་སོར་འགོད་དེ། ཞག་བཅུ་ལ་ཟབ་གསལ་གསུང་ཆོས་སྣ་མང་བསྩལ། དེ་མཚུངས་མང་མཁར་བསམ་གྲུབ་པས་སྤྱན་དྲངས་ཏེ། སློན་འཁོར་རྣམས་ཞག་གཉིས་བཞུགས་ཏེ་བཀའ་ཆོས་བསྩལ། གསང་ཆེན་ལམ་སྐོར་དགུའི་འབྱུང་གནས་མང་མཁར་མུ་གུ་ལུང་དུ་བྱོན། འབྲོག་མི་ལོ་ཆེན་གྱི་སྐུ་འདྲའི་དྲུང་དུ་ཕྱག་མཆོད་སྨོན་ལམ་གང་ཟབ་མཛད། འདར་པ་ནང་སོས་གདན་འདྲེན་ཞུས་པ་ལྟར་འདར་པའི་ཞལ་ངོ་ཡིན་པའི་མཁན་པོས་གཙོས་དད་ལྡན་པ་རྣམས་ལ་བཀའ་ཆོས་བསྙེན་རྫོགས་ཀྱི་སྡོམ་པ་ཁྱུང་ཤས་བསྩལ། སློན་འཁོར་ཧྲག་བསྡུས་ཚོ་པོ་ལྷ་རྩེ་གཉིས་ནས་གདན་འདྲེན་ཞུས་པ་ལྟར་ཞབས་སོར་འགོད་དེ། ལྷ་རྩེའི་ནང་རྟེན་དང་མགོན་ཁང་རྣམས་སུ་རབ་གནས་དང་ཐུགས་སྨོན་གནང་། དེ་བཞིན་ས་ཐང་དིང་བྱང་དགོན་པས་ཇི་ལྟར་གསོལ་བ་བཏབ་པ་བཞིན་ཞབས་སོར་འགོད་དེ་སྐུ་འབུམ་ལ་རབ་གནས་དང་མཆོད་པ་སྨོན་ལམ་རྒྱས་པར་མཛད།

དེ་རྗེས་རིམ་པས་ཆོས་རྗེ་ས་པཎ་གྱི་དངོས་སློབ་ཀུན་མཁྱེན་ཆོས་སྐུ་འོད་ཟེར་དང་། འགྲོ་མགོན་ཆོས་རྒྱལ་འཕགས་པའི་དངོས་སློབ་ཆོས་རྗེ་འཇམ་དབྱངས་གསར་མ། འཇམ་དབྱངས་གཞི་ཐོག་པ་རིན་ཆེན་རྒྱལ་མཚན་རྣམས་ཀྱི་དངོས་སློབ། ཀུན་སྤྱངས་ཞང་ཐུགས་རྗེ་བརྩོན་འགྲུས་ཤེས་རབ་གྲགས་ཀྱིས་ཇོ་མོ་ནང་དུ་དགོན་པ་ཕྱག་བཏབ་པས་ཇོ་ནང་ཞེས་པ་བྱུང་ལ། དེའི་དངོས་སློབ་བྱང་སེམས་རྒྱལ་

བ་ཡེ་ཤེས། དེ་རྗེས་མཁས་བཙུན་ཡོན་ཏན་རྒྱ་མཚོ། ཀུན་མཁྱེན་དོལ་པོ་ཤེས་རབ་རྒྱལ་མཚན། ལོ་ཙྪ་བ་བློ་གྲོས་དཔལ། །ཇོ་ནང་ཕྱོགས་ལས་རྣམ་རྒྱལ། དཀོན་མཆོག་རྒྱལ་མཚན་པ། མཁན་ཆེན་བྱང་ཆུབ་སེངྒེ། ཉ་དབོན་ཀུན་དགའ་དཔལ་རྣམས་ཀྱི་སྐུ་དུས་ནས་རིམ་པས་འཛིན་སྐྱོང་གནང་བའི་ཇོ་མོ་ནང་དུ་ཞབས་སོར་འཁོད་དེ། གནས་གཟིགས་ཐུགས་སྨོན་རྒྱ་ཆེན་མཛད། དེ་ནས་ཆོས་རྗེ་ཉིད་ཀྱི་གདན་ས་ཧྲ་ནག་ཐུབ་བསྟན་རྣམ་རྒྱལ་གླིང་དུ་ཞབས་སོར་འཁོད་དེ། གཞི་གནས་ཀྱི་སྐྱེ་བོ་ཡོངས་ལ་ཐེག་ཆེན་སེམས་བསྐྱེད་དང་བླང་དོར་བཀའ་ཆོས་དུ་མ་བསྩལ། །

༡༣ ཁྲོ་ཕུར་མདའ་དཔོན་མཆོག་དང་བསྟན་པའི་སྦྱིན་བདག་ཆོས་སྐྱོང་འབོས་ཐུན་མོང་ནས་མི་ལོ་དགུ་ལ་མདོ་མཁར་གྱི་གསུང་ཆོས་གོ་སྒྲིག་གནང་བའི་སྐོར།

དེ་ནས་ཀུན་མཁྱེན་གོ་བོ་རབ་འབྱམས་པ་བསོད་ནམས་སེངྒེ་སྐུ་ཉིད་ཀྱི་གདན་ས་ཧྲ་ནག་ཐུབ་བསྟན་རྣམ་རྒྱལ་གླིང་དུ་བཞུགས་སྐབས། དཔལ་སྡིངས་པའི་ཡོན་བདག་ཆོས་སྐྱོང་འབོས་ཀྱིས་སྤྱན་དྲངས་ཏེ། ཁྲོ་ཕུར་བྱམས་ཆེན་ཆོས་སྡེ་ལ་ཟླ་བ་གཅིག་གི་རིང་ལ་སློབ་ཚོགས་སྡེ་སྣོད་འཛིན་པའི་མཁན་པོ་དང་། ཟླ་སྤྲུལ་སེར་སྐྱ་མི་ཚོགས་ཤིན་ཏུ་མང་པོ་རྣམས་ལ་མདོ་སྔགས་གཉིས་ཀའི་བཀའ་ཆོས་ཟབ་རྒྱས་བསྩལ། གསུང་ཆོས་ཀྱི་མཇུག་ཏུ་སྨོན་ལམ་ཚོགས་སྐབས་མི་ཚོགས་མང་པོ་འཕར་སྣོན་བྱུང་ཡང་ཉེར་འཚེ་མེད་པར་ལེགས་པར་གྲུབ། སྐབས་དེ་དུས་ཁྲོ་ཕུར་མདའ་དཔོན་གོ་གནས་སྤར་གསོ་གནང་སྐུ་གཞིས་ལ་བཞུགས་འདུག་པ་བཞིན། ཆོས་རྗེ་འདི་ཉིད་ལ་དགའ་གུས་ཆེན་པོས་ཕྱག་འབུལ། དགེ་འདུན་སྡེ་ལ་ཚོགས་གདན་བཟང་པོའི་ཐེབས་རྩ་ཕུལ།

ཡང་དེ་ལོའི་སྟོན་ཁ་མདོ་མཁར་ལ་ཕེབས་ཏེ་གསུང་ཆོས་ལེགས་པར་གྲུབ། དེ་རྗེས་ཁྲོ་ཕུར་མདའ་དཔོན་མཆོག་དང་བསྟན་པའི་སྦྱིན་བདག་ཆོས་སྐྱོང་འབོས་རྣམ་གཉིས་ཐུན་མོང་ནས་སྦྱིན་བདག་གནང་སྟེ། གླང་ལོ་ནས་བྱ་ལོའི་བར་མི་ལོ་རྫིལ་པོ་དགུ་ལ་ལོ་རེ་བཞིན་དུས་དབྱར་སྟོན་དགུ་དཔྱིད་བཞི་པོ་གང་རུང་ལ། མདོ་མཁར་ལ་བྱོན་ཏེ་མདོ་སྔགས་རིག་གཞུང་དང་བཅས་པའི་ཟབ་གསལ་བཀའ་ཆོས་སྣ་མང་བསྩལ།

༢༩ གདན་ས་ཆེན་པོ་བོ་དོང་ཨེ་བྱ་རྒོད་གཤོང་བསམ་འགྲུབ་རྩེ་དང་བཅས་པ་ལ་དམ་པའི་ཆོས་ཀྱི་འཁོར་ལོ་རྒྱ་ཆེན་བསྐོར་བའི་ཚུལ།

དེ་ནས་ཀུན་མཁྱེན་གོ་བོ་རབ་འབྱམས་པ་བསོད་ནམས་སེང྄་མཆོག་ལ། གདན་ས་བོ་དོང་ཨེ་འདུས་མང་ནས་ཇི་ལྟར་གསོལ་བ་བཏབ་བཞིན་ཞབས་སོར་འཁོད་གནང་མཛད། སྤྱིར་གདན་ས་བོ་དོང་ཨེ་ནི་ཐོག་མར་བཞེངས་གཉེན་མུ་ཏྲ་ཆེན་པོས་རྨང་གཞི་བཏིང་། གཉན་ལོ་ཙྪ་བ་དར་མ་གྲགས་ཀྱིས། རྒྱ་གར་ཤར་ཕྱོགས་ཀྱི་པཎྜི་ཏ་འབུམ་ཕྲག་གསུམ་པ་གནས་དེར་གདན་དྲངས་ཏེ། ཆོས་མངོན་པ་མཛོད་ལ་སོགས་པའི་གཞུང་ཆེན་མང་པོ་འཆད་སྤེལ་མཛད།

འགྲོ་མགོན་ཆོས་རྒྱལ་འཕགས་པའི་དངོས་སློབ་ཤོང་སྟོན་རྡོ་རྗེ་རྒྱལ་མཚན་གྱི་གཅུང་ཤོང་སྟོན་བློ་གྲོས་བརྟན་པའི་དངོས་སློབ། དཔང་ལོ་ཙྪ་བ་བློ་གྲོས་བརྟན་པ། དེའི་དབོན་པོ་ལོ་ཆེན་བྱང་ཆུབ་རྩེ་མོ། དེའི་དབོན་པོ་བོ་དོང་པཎ་ཆེན་ཕྱོགས་ལས་རྣམ་རྒྱལ་རྣམས་ཀྱི་སྐུ་དུས་ནས་རིམ་པས་འཛིན་སྐྱོང་གོང་སྤེལ་གནང་བའི་གདན་ས་དེ་གའི་གྲྭ་ཚོགས་ཤིན་ཏུ་མང་པོ་རྣམས་ལ་བཀའ་ཆོས་བསྩལ་བའི་སྐབས་སུ། མདུན་གྱི་ནམ་འཁའ་ནས་མེ་ཏོག་གི་ཆར་བབས་པ་ལ་སོགས་པའི་ངོ་མཚར་བའི་རྟགས་དུ་མ་བྱུང་། བྱ་རྒོད་གཤོང་དུ་ཇོ་བོ་མཇལ་བར་ཕེབས་ཏེ་ཕྱག་མཆོད་ཐུགས་སྨོན་རྒྱ་ཆེན་གནང་།

དེ་ནས་ཆོས་རྗེ་སྟོན་འཁོར་རྣམས་བསྟན་པའི་སྦྱིན་བདག་ཆེན་པོ་ས་སྐྱོང་རིན་སྤུངས་ཆོས་རྒྱལ་དོན་གྲུབ་རྡོ་རྗེ་མཆོག་གིས་ཇི་ལྟར་གསོལ་བ་བཏབ་པ་བཞིན་བསམ་གྲུབ་རྩེར་ཞབས་སོར་འཁོད་དེ། ས་སྐྱོང་ཆོས་རྒྱལ་མཆོག་དང་། མཁན་སློབ་སེར་སྐྱ་མི་ཚོགས་ཧ་ཅང་མང་པོ་ལ་ཚེ་དབང་དང་བཀའ་ཆོས་བསྩལ་རྗེས། ས་སྐྱོང་སྐུ་འཁོར་གནད་བསྡུས་ལ་གུར་གྱི་མགོན་པོའི་རྗེས་གནང་བསྩལ། སྐབས་དེ་དུས་ས་སྐྱོང་ཆེན་པོས་ཆོས་རྗེ་ཉིད་ལ་བརྒྱ་འབུལ་དང་། དགེ་འདུན་རྣམས་ལ་སྐུ་འགྲེད་རྒྱ་ཆེན་ཕུལ། སྤྱིར་བསྟན་པའི་སྦྱིན་བདག་ཆེན་པོ་ས་སྐྱོང་རིན་སྤུངས་པའི་མི་བརྒྱུད་ནི། བོད་ཀྱི་མིའི་རྒྱལ་པོ་ཐོག་མར་གཉའ་ཁྲི་བཙན་པོ་བྱོན་པོའི་སྐུ་དུས་ནས་རིམ་པས། ཕྱི་སྨེར་དང་། དམག་དཔོན་གྱི་སྨེར། གྲུབ་

ཐོབ་ཀྱི་སྙེར་ཞེས་ཆོས་སྲིད་གཉིས་ཆར་ལ་མཛད་རྗེས་ཅན་དུ་མར་བྱོན་པའི་གདུང་བརྒྱུད་ཅིག་ཡིན་ཐོག །ནམ་མཁའ་རྒྱལ་མཚན་ལ་སྔེ་གདོང་གོང་མ་མི་དབང་གྲགས་པ་རྒྱལ་མཚན་གྱིས་རིན་སྤུངས་རྫོང་དཔོན་གྱི་གོ་མིང་གནང་བ་ནས་བཟུང་གདུང་བརྒྱུད་དེ་ལ་རིན་སྤུངས་པའི་མིང་གིས་ཁྱབ། དེའི་རྒྱུ་མཚན་ནི་རིན་སྤུངས་རྫོང་གི་ས་ཆའི་དབྱིབས་ནི་རིན་པོ་ཆེ་དུ་མ་སྤུངས་པ་དང་འདྲ་བས་དེ་སྐད་ཅེས་བྱ་ལ། ཡང་ཆོས་རྗེ་སྐྱ་འཁོར་རྣམས་ལོ་མཇུག་ཏུ་མདོ་མཁར་དང་། བྱ་རྒོད་གཤོང་དུ་བཀའ་ཆོས་བསྩལ། །

༢༥ བདག་ཆེན་ནམ་མཁའ་རྒྱལ་མཚན་གྱི་གདན་ས་འཛད་ཨང་དུ་ལན་བཞི། ཁྲི་ཕུར་ལན་གསུམ། བོ་དོང་དང་ཆོས་སྡེ་ཆེན་པོ་ཆུམ་བདེ་ཆེན་དང་བཅས་པ་ལ་བཀའ་ཆོས་བསྩལ་བའི་སྐོར།

དེ་ནས་ཀུན་མཁྱེན་གོ་བོ་རབ་འབྱམས་པ་བསོད་ནམས་སེངྒེ་མཆོག་ལ། ཆོས་ཀྱི་རྒྱལ་པོ་བདག་ཆེན་ནམ་མཁའ་རྡོ་རྗེ་ཡབ་སྲས་ཀྱི་སྤྱན་དྲངས་བ་བཞིན་འཛད་ཨང་ཚང་དུ་ཞབས་སོར་འཁོད་དེ། འཁོར་ལོ་བདེ་མཆོག་གཤིན་གཤེད་དམར་པོ་ལ་སོགས་པའི་དབང་ཆེན་དང་ཟབ་ཁྲིད་རྒྱས་པ་བསྩལ་བའི་སྐོ་ནས་གདུལ་བྱ་རྣམས་ཐུགས་ཡིད་ཆིམ་པར་མཛད། དེ་རྗེས་དཔྱིད་ཆོས་ཁྲི་ཕུར་ལ་བསྩལ་གནང་མཛད་པ་དང་། དེའི་ལོ་མཇུག་གི་དགུན་ཆོས། ཆོས་རྗེ་ཉིད་ཀྱི་གདན་ས་ཧ་ནག་ཐུབ་བསྟན་རྣམ་རྒྱལ་གླིང་དུ་བསྩལ། ཆུམ་བདེ་ཆེན་མཁན་པོས་ཇི་ལྟར་གསོལ་བ་བཏབ་བ་བཞིན། ཆོས་རྗེ་ཉིད་ལ་སྐྱ་འཁོར་དགེ་འདུན་བརྒྱ་བསྐོར་ཙམ་དང་ལྷན་ཆོས་སྡེ་ཆེན་པོ་ཆུམ་བདེ་ཆེན་དུ་ཞབས་སོར་འཁོད།

གསུང་ངག་རིན་པོ་ཆེ་ལམ་འབྲས་ཀྱིས་གཙོས་པའི་ཟབ་གསང་ཐེག་ཆེན་ཆོས་ཀྱི་འཁོར་ལོ་བསྐོར་གནང་མཛད་དེ་གདུལ་བྱ་དཔག་ཏུ་མེད་པ་སྨིན་གྲོལ་ལ་བཀོད་པར་མཛད། ཡང་བདག་པོ་ཆེན་པོས་འཛད་ཨང་དུ་སྤྱན་དྲངས་ཏེ་དུས་ཡུན་ཟླ་བ་གཅིག་ལ། དགེ་འདུན་གཅིག་སྟོང་མ་ཟིན་ཙམ་ལ་གཞུང་ཆེན་ཤེར་ཕྱིན་གྱི་བཤད་ཁྲིད་མཛད། དེ་ལོའི་ལོ་མཇུག་ཏུ་བོ་དོང་ནས་སྤྱན་དྲངས་པ་ལྟར་ཞབས་སོར་འཁོད་དེ་གསུང་ཆོས་ སྔར་བཞིན་བསྩལ། དེ་རྗེས་དཔྱིད་ཆོས་ཁྲི་ཕུར་ཐེབས་ཏེ་གསུང་ཆོས་དང་སྨོན་ལམ་སྔར་ལས་ལྷག་པ་བྱུང་། ལོ་དེའི་དབྱར་ཁ་བྱུང་བདག་པོ་ཆེན་པོས་འཛད་ཨང་དུ་སྤྱན་

བྲངས་ཏེ། རིས་སུ་མ་ཆད་པའི་གྲྭ་བཙུན་སྔགས་གསུམ་ལ་མདོ་སྔགས་གཉིས་ཀའི་ནང་དོན་ངོ་སྤྲོད་གནང་། དེ་ནས་དཔྱིད་ཆོས་ཁྲི་ཕུར་ལ་སྤར་ལམ་བཞིན་ལེགས་པར་གྲུབ། དེ་རྗེས་རྒྱ་མཁར་བས་སྤྱན་དྲངས་ཏེ་འཛད་སྣང་ཁར་བཀའ་ཆོས་བསྩལ། ཡང་ཁྲི་ཕུར་མདའ་དཔོན་གྱི་སྐྱེས་མ་བགྲེས་མོའི་དོན་དུ་སྤྱན་དྲངས་ནས། ཁྲི་ཕུར་སྨྱོན་ལམ་རྒྱས་པ་མཛད།

༤༨ གདན་ས་ཆེན་པོ་གཙང་རྟ་ནག་ཐུབ་བསྟན་རྣམ་རྒྱལ་གླིང་དུ་གསང་ཆེན་ལམ་འབྲས་ཀྱི་བཀའ་ཆོས་སྩལ་བཞིན་པའི་སྐབས་སུ་བོད་ཡུལ་ནས་ཕུལ་བའི་བརྒྱ་འབུལ་འབུལ་བཞེས་གནང་བའི་སྐོར།

ལོ་དེའི་དབྱར་ཆོས་གསང་ཆེན་ལམ་འབྲས་སླ་ཉིད་ཀྱི་གདན་ས་རྟ་ནག་ཐུབ་བསྟན་རྣམ་རྒྱལ་གླིང་དུ་བསྩལ་བ་མཛད་པའི་དུས་སུ། བོད་ཀྱི་ཡུལ་གྲུ་གཙོ་བོར་གྱུར་པའི་ཞལ་སློབ་ཏུ་སྡེ་སྣོད་བཀའ་རབ་འབྱམས་པའི་མཁན་པོ། སྤྲུལ་སྐུ། དགེ་བཤེས། སློབ་དཔོན། མི་དཔོན། སྦྱིན་བདག་བཅས་སེར་སྐྱ་མི་ཚོགས་ཞལ་གྲངས་མང་བས། གདན་སའི་གཙུག་ལག་ཁང་ཆེན་དུ་མི་ཤོང་བ་རྗེ་གཅལ་ནང་དུ་དབུ་གུར་ཆེན་པོ་ཕུབ་པས་ཁེལ་ཙམ་བྱུང་། སྐབས་དེ་དུས་མདོ་ཁམས་ནས་ཆོས་རྗེ་ཉིད་ཀྱི་སློབ་མཆོག་ཆོས་རྗེ་ག་ཟི་ཤཱཀྱ་བློ་གྲོས་པས་དྲེའུ་བཅུ་གསུམ་ལ། ཇ་སིགས་སུམ་ཅུས་ཐོག་དྲངས་བརྒྱ་མཚན་བརྒྱ་ཡི་བརྒྱ་འབུལ་ཕུལ། མངའ་རིས་ནས་བྱ་ཚང་མཁན་པོས་གསེར་ཞོ་སུམ་ཅུ་སོ་བདུན་གྱི་གཙོ་བྱས་བརྒྱ་འབུལ་ཕུལ། མདོ་སྨད་ནས་དངོས་སློབ་རྣམས་ཀྱིས་གསེར་ཞོ་སུམ་ཅུ་ཙམ་དང་འབྲི་གཡག་བརྒྱ་ཙམ་གྱིས་ཐོག་དྲངས་བརྒྱ་འབུལ་ཕུལ།

གསང་སྔགས་ལམ་འབྲས་ཀྱི་དབང་ལུང་ཁྲིད་མན་ངག་རྣམས་ཞིབ་གསལ་བསྩལ་ཟིན་པའི་རྗེས་སུ། དེ་ལའི་སྟོན་ཁ་གདན་ས་ཆེན་པོ་ངོར་ཨེ་ཝཾ་ཆོས་ལྡན་ལ་བྱོན་ཏེ། ཆོས་རྗེ་ཉིད་ཀྱི་རྒྱལ་ཚབ་ཡོངས་འཛིན་དཀོན་མཆོག་འཕེལ་མཆོག་གིས་གཙོས་དགེ་འདུན་འདུས་པ་རྒྱ་མཚོ་ལ་དཔལ་ས་སྐྱའི་ཐུགས་དམ་ཆག་མེད་རྣམ་བཞིའི་ཟབ་ཁྲིད། དཔལ་ལྡན་མགོན་པོ་གདོང་བཞི་པའི་རྗེས་གནང་། གཞན་ཡང་དབང་བསྐུར་རྗེས་གནང་ལུང་མན་ངག་རྣམས་ཀྱི་ལྷག་མ་ལུས་པ་བསྩལ། གདན་ས་ཆེན་པོ་ངོར་ཨེ་ཝཾ

ཆོས་ལྡན་གྱི་འདུས་མང་ནས་གསེར་ཞོ་བཅུ་གསུམ་གྱིས་ཐོག་དྲངས་བསམ་གྱིས་མི་ཁྱབ་པའི་འབུལ་བ་རྒྱ་ཆེན་འབུལ་བཞེས་གནང་། ཆོས་རྗེ་སྣར་པ་དང་། བཞི་པ་སྐྱ་མཆེད་ཀྱིས་ཐོག་དྲངས་ཞབས་སློབ་ཉེར་ལྔ་ལ་མཁའ་འགྲོ་རྒྱ་མཚོའི་བཀའ་དབང་དང་། མཐར་རྟེན་མགོན་པོ་ཞལ་བཞི་པའི་རྗེས་གནང་བསྐུལ་ཏེ་དེ་གའི་བཀའ་ཆོས་ལེགས་པར་གྲུབ། །

༡༧ ཀུན་མཁྱེན་གོ་བོ་རབ་འབྱམས་པ་བསོད་ནམས་སེངྒེ་མཆོག་གདན་ས་ཆེན་པོ་དཔལ་ལྡན་ས་སྐྱ་ལ་བྱོན་ཁར་ཆབ་སྲིད་ཀྱིས་གཡོ་འཕྲུལ་ངན་པས་ཞབས་སོར་འཁོད་དཀའ་བའི་གནས་ཚུལ་ཅི་བྱུང་གི་སྐོར།

ཀུན་མཁྱེན་གོ་བོ་རབ་འབྱམས་པ་བསོད་ནམས་སེངྒེ་མཆོག་ལ་སྐུ་འཁོར་སྡེ་སྣོད་འཛིན་པའི་དགེ་སློང་ལྔ་བརྒྱས་བསྐོར་ཏེ། གདན་ས་ཆེན་པོ་དཔལ་ལྡན་ས་སྐྱ་ཡུལ་ཁམས་བདེ་བའི་སྨོན་ལམ་འདེབས་པར་བྱོན་པའི་སྟ་གོན་བྱེད་བཞིན་པའི་དུས་སུ། དབྲད་རིན་ཆེན་རྩེ་དང་། སེངྒེ་རྩེ་གཉིས་ནས་མི་ངན་ངོ་འབག་ཅན་རྣམས་ཀྱི་ཁ་ལ་གནས་ནས། ཕྱག་དམ་ཕྲུག་པོ་ཉ་དང་བཅས་པ་ཆོས་རྗེ་ཉིད་གདན་ས་ཆེན་པོ་ཕེབས་མི་ཆོག་པའི་བཀོད་ཁྱབ་བཏང་བྱུང་ཞིང་། ཆོས་རྗེས་བཀའ་ལན་དུ་ངེད་གདན་ས་ལ་འགྲོ་བ་དང་ཆབ་སྲིད་ཀྱི་བར་ལ་འབྲེལ་བ་གང་ཡང་མེད། དེ་བའི་རྒྱུ་མཚན་ནི་སྤྱིར་བསྟན་པ་དང་སེམས་ཅན་ལ་ཕན་པའི་ཆེད་དང་། ཡང་སྒོས་ཡུལ་ཁམས་བདེ་བའི་སྨོན་ལམ་འདེབས་པའི་ཆེད་དུ་ཡིན་པས་དེ་དོན་ཞིབ་དཔྱད་ཀྱི་བཀའ་འཁྲོལ་གནང་སྒྲོང་ཡོང་བ་ཞུ་གསུངས་པས། འབྲེལ་ཡོད་ནས་དགོང་སེལ་དང་ལྷན་དུ་ཐུགས་སྨོན་ཟབ་རྒྱས་ཡོང་བའི་གསོལ་འདེབས་ཕུལ།

དེ་ནས་ཆོས་རྗེ་སྟོན་འཁོར་ལྔ་བརྒྱ་ཁྲི་ཕུར་བརྒྱུད་ཆེས་བཅུ་ལ་གདན་ས་ཆེན་པོ་དཔལ་ལྡན་ས་སྐྱར་ཞབས་སོར་འཁོད། ཆེས་བཅུ་བཞི་ས་སྐྱ་པཎྜི་ཏའི་འདུས་མཆོད་དུས་ཆེན་ལ་འཇམ་དབྱངས་གཞི་འོད་འབར་གྱི་གཙོ་མཛད་རྟེན་གསུམ་རྣམས་ལ་མཆོད་རྫས་དཔག་ཏུ་མེད་པ་ཕུལ། ཚོགས་ཆེན་ལ་མང་ཇ། དབུ་རྩེ་རྙིང་པ་ལ་གཞི་བྱེས་ཀྱི་སྡེ་སྣོད་འཛིན་པའི་དགེ་འདུན་པ་སྟོང་ཕྲག་གཉིས་ལྷག་གིས་གཙོས་པའི་དགེ་འདུན་པ་རྣམས་ལ། དགེ་འདུན་པ་བརྒྱད་རེ་ལ་གསེར་ཞོ་གང་རེ་སྐུ་འགྱེད་ཕུལ་བས

གཙོ་བྱས། གཞན་ཡང་གཡུ། བྱུ་རུ། གོས། གླ་རྩི་ལ་སོགས་པའི་དངོས་པོ་ཅི་རིགས་མཆོད་ཕུལ། དཀར་མེ་ཆེ་འབར་གྱི་མ་རྩ་ལ་མར་རྒྱ་མ་ལྔ་བརྒྱ་ཕུལ། “བདག་ཆེན་ཁྲི་འཛིན་རིན་པོ་ཆེ་ལ་དམིགས་བསལ་འབུལ་བ་རྒྱ་ཆེན་ཕུལ། དབུལ་འཕོངས་རྣམས་ལ་སྦྱིན་གཏོང་རྒྱ་ཆེན་མཛད། སྐུ་བཞུགས་ས་དབུ་རྩེ་རྙིང་པ་ཐེག་ཆེན་ཆོས་ཀྱི་རྒྱལ་པོའི་གཟིམས་ཁང་དུ་མཛད། དེ་སྐབས་དཔལ་ས་སྐྱའི་དགེ་བཤེས་རྣམས་ལ་དཔལ་ཀྱེ་རྡོ་རྗེ་མཚོ་སྐྱེས་ལུགས་ལ་སོགས་པའི་རྗེས་གནང་། རྒྱུད་སྡེ་སྤྱི་རྣམ། རྩ་རྒྱུད་བརྟག་པ་གཉིས་པ་སོགས་སྔགས་ཀྱི་བཤད་པ་དུ་མ་དང་། དགེ་འདུན་པ་སྤྱི་ལ་ཡང་སྡོམ་གསུམ་རབ་དབྱེ་ལ་སོགས་པའི་སྡེ་སྣོད་ཀྱི་ཆོས་བསམ་གྱིས་མི་ཁྱབ་པ་དང་། སྐྱ་བོའི་ཚོགས་རྣམས་ལ་ཞེན་པ་བཞི་བྲལ་ལ་སོགས་པའི་ཆོས་ཀྱི་སྦྱིན་པ་རྒྱ་ཆེན་བསྩལ། བསྟན་པའི་བཀའ་སྲུང་རྣམས་ལ་གཏོར་བསྔོ་བསྐང་གསོ་ཚོགས་མཆོད་གྲངས་མང་ཕུལ།

སྤྲུལ་པའི་ལྷ་ཁང་ཆེན་མོའི་ནང་དུ་དཔལ་ས་སྐྱའི་ཁྲི་རབས་ཉེ་ཤུ་རྩ་གཉིས་པ་“བདག་ཆེན་བློ་གྲོས་རྒྱལ་མཚན་མཆོག་གིས་གཙོ་མཛད་སློབ་ཚོགས་ཤིན་ཏུ་མང་པོ་ལ་བདེ་མཆོག་མཁའ་འགྲོ་བརྒྱ་རྩའི་དབང་དང་། ཆོས་རྗེ་ཉིད་ཀྱིས་མཛད་པའི་དབང་ཆུའི་རྣམ་བཤད་ཀྱི་ལུང་། རྟ་མགྲིན་ལྕགས་རལ་ཅན་དང་། སྒྲོལ་མ་ལྗང་གུའི་རྗེས་གནང་བཅས་ཆོས་ཀྱི་རྣམ་གྲངས་དུ་མའི་སྒོ་ནས་གདུལ་བྱ་བགྲང་ལས་འདས་པའི་བློ་ཡིད་ཚིམས་པར་མཛད། སྐབས་དེ་དུས་འཁོར་ལྡན་གཏོང་ཕོད་ཅན་གྱིས་ཕུལ་བའི་འབུལ་བའི་དངོས་པོ་རིན་ཆེན་གྱི་རིགས་དུ་མ་དང་། ཆུང་ས་ནས་གྲོ་ནས་གདན་གོས་ཕྱུག་བཅས་དུ་མ་བྱུང་བ་རྣམས་དབུ་རྩེ་རྙིང་པའི་བླ་མ་གོང་མ་རྣམས་ཀྱི་ཕྱི་ནང་གི་རྟེན་རྣམས་ཞིག་གསོས་ཀྱི་ཐེབས་རྩ་གཞི་ཐོགས་སྤྱི་གཉེར་ཆེན་པོ་དང་། གདན་ས་རང་གི་ལས་སྣེ་རྣམས་ལ་ཞིབ་རྩིས་འབུལ་ཕུལ། གདན་ས་ཆེན་པོ་ས་སྐྱ་ལ་སྐུ་བཞུགས་པའི་རིང་ལ་སྤྱིར་འཇིག་རྟེན་གྱི་ཁམས་འདི་བདེ་བའི་སྨོན་ལམ། ཁྱད་པར་དུ་བསྟན་པའི་སྦྱིན་བདག་ཆེན་པོ་ས་སྐྱོང་རིན་སྤུངས་པ་ནང་སོ་དུང་ཆེ་ནོར་བུ་བཟང་པོ་མཆོག་དང་། དཔོན་དྲུང་གཡུ་པ་མཆོག ། རྒྱལ་མཁར་རྩེ་ནང་སོ་ནམ་མཁའ་ཚེ་རྒྱལ་མཆོག ། མུས་པ་ནང་སོ་ནམ་མཁའ་རྒྱལ་མཚན་མཆོག ། རིན་ཆེན་རྩེ་བའི་ནང་སོ་སྐུ་མཆེད་གཉིས་ལ་སོགས་པ་སྐུ་

གཤེགས་དམ་པ་རྣམས་ཀྱི་ཐུགས་དགོངས་རྫོགས་པའི་སྨོན་ལམ། ལྷག་དོན་དུ་བསྟན་པའི་སྦྱིན་བདག་ཆེན་པོ་ས་སྐྱོང་རིན་སྤུངས་པ་གཙང་ཆེན་དོན་འགྲུབ་རྡོ་རྗེ་བློན་འབངས་དང་བཅས་པ་རྣམས་དང་། མི་དབང་ནམ་མཁའ་རྡོ་རྗེ་མཆོག ། ཆོས་ཀྱི་རྒྱལ་པོ་ཆེན་པོ་ཨ་སེང་རྡོ་རྗེ་བརྟན་པ་སྐྱ་མཆེད་ཟུང་། དཔལ་ས་སྐྱའི་གདུང་བརྒྱུད་དྲི་མ་མེད་པ་རྗེ་གདོང་ནང་སོ་བདག་པོ་ཆེན་པོ་ནམ་མཁའ་བཀྲ་ཤིས་རྒྱལ་མཚན་དཔལ་བཟང་པོ་ལ་སོགས་པའི་དཔལ་ལྡན་ས་སྐྱ་པའི་བསྟན་པ་སྟོབས་ཀྱིས་འཛིན་པའི་མིའི་དབང་པོ་རྣམས་ཀྱིས་སྐུ་ཚེ་རིང་ཞིང་རླབས་ཆེན་ཆོས་སྲིད་ཀྱི་མཛད་པ་འཕྲིན་ལས་རྣམས་ལ་འགལ་རྐྱེན་བར་ཆད་ཞི་ཞིང་བསམ་དོན་ཆོས་མཐུན་ཡིད་བཞིན་འགྲུབ་པའི་ཐུགས་སྨོན་དང་། དམིགས་གསལ་དུ་དུས་ཀྱི་འཁྲུག་པ་ཞི་བའི་སྨོན་ལམ་ཟབ་རྒྱས་མཛད། དེ་ནས་ཚེ་འཕྲུལ་ཟླ་བའི་ཡར་ཚེས་ནང་གདན་ས་ཆེན་པོ་ནས་ཐོན་ཏེ། རིམ་པས་ན་བཟའ་བྲག་ཕུག་ཏུ་གནས་མཇལ་ཐོན་རྗེས་ཆོས་རྗེ་ཉིད་ཀྱི་གདན་ས་ཧ་ནག་ཐུབ་བསྟན་རྣམ་རྒྱལ་གླིང་དུ་ཞབས་སོར་བདེ་བར་འཁོད། །

༢༢ ཀུན་མཁྱེན་གོ་བོ་རབ་འབྱམས་པ་བསོད་ནམས་སེངྒེ་མཆོག་ཐུགས་དགྱེས་ཚོར་ཆེན་པོས་ཐུགས་སྨོན་དང་ཞལ་གདམས་བསྩལ་བའི་སྐོར།

དེ་ནས་ཀུན་མཁྱེན་གོ་བོ་རབ་འབྱམས་པ་བསོད་ནམས་སེངྒེ་མཆོག་གི་ཐུགས་དགོངས་ལ། ང་རང་ལོ་ངོ་ལྔ་བཅུ་ང་བརྒྱད་ལ་སླེབས་པ་ཧ་ལོར་གདན་ས་ཆེན་པོ་ངོར་ཨེ་ཝཾ་ཆོས་ལྡན་དུ། ཆོས་རྗེ་ཉིད་ཀྱི་དངོས་སློབ་ཡོངས་འཛིན་དཀོན་མཆོག་འཕེལ་མཆོག་མཁན་རབས་བདུན་པའི་ཁྲི་ལ་ཕེབས་པ་དང་། ཡང་དེ་ལོ་མུས་སྨྲ་མོ་གླིང་ཁའི་གདན་ས་ལ་ཆོས་རྗེ་སངས་རིན་པ་ཕེབས། དགུང་གྲངས་ལྔ་བཅུ་ང་དགུ་བཞེས་པའི་ཚེ་གདན་ས་ཆེན་པོ་དཔལ་ལྡན་ས་སྐྱ་པའི་ཁྲི་རབས་ཉི་ཤུ་རྩ་གཉིས་པའི་ཁྲི་ལ་ཆོས་རྗེ་ཉིད་ཀྱི་དངོས་སློབ་༧བདག་ཆེན་བློ་གྲོས་རྒྱལ་མཚན་མཆོག་ཕེབས་པ། དགུ་གྲངས་ལྔ་བཅུ་ང་ལྔ་བཞེས་པའི་ཚེ་ཆོས་རྗེ་ཉིད་གདན་ས་ངོར་ཨེ་ཝཾ་ཆོས་ལྡན་གྱི་ཁྲི་ལ་ཕེབས་སྐབས་གནས་ལྔ་རིག་པའི་པཎྜི་ཏ་ཆེན་པོ་ཀོང་སྟོན་དབང་ཕྱུག་གྲུབ་པ་མཆོག་གདན་ས་ཧ་ནག་ཐུབ་བརྟན་རྣམ་རྒྱལ་གླིང་གི་མཁན་ཚབ་ཏུ་ཕེབས་དགོངས་པའི་བཀའ་ལྟར་ཕེབས་པ་དང་། སླར་ཡང་ཆོས་རྗེ་ཉིད་དགུང་གྲངས

དྲུག་ཅུ་བཞེས་པའི་ཆེ་གདན་ས་ཆེན་པོ་ཧ་ནག་ཐུབ་བསྟན་རྣམ་རྒྱལ་གླིང་མཁན་རབས་གཉིས་པའི་ཁྲི་ལ་མངའ་གསོལ་ཟབ་རྒྱས་མཛད་དེ། གདན་སའི་འཛིན་སྐྱོང་སྤེལ་གསུམ་ཆོས་རྗེ་རང་ཉིད་དང་ན་མཉམ་པའི་མཛད་འགན་བཞེས་བཞིན་པ་དང་། གཞན་ཞལ་སློབ་རྣམས་ཀྱིས་ཀྱང་རང་རང་གི་ངོ་སྐལ་བསྟན་དོན་སྒྲུབ་བཞིན་པ་བཅས་ལ་དགོངས་ནས་ཆོས་རྗེ་ཉིད་ཐུགས་ཞེན་ཏུ་དགྱེས་པར་གསུངས།

ཞལ་སྔ་ནས་ངས་སྔར་གཞུང་ཆེན་འཆད་སྤེལ་བྱེད་པའི་ཆེ་ཡང་སློབ་ཚོགས་ཤིན་ཏུ་འཕེལ་པོ་བྱུང་། སློབ་མ་རྣམས་ཀྱི་ཀུ་རེ་ཆེ་ས་ནས་མ་བསླུས་པར་ང་རང་ཡང་དགའ་པོ་བྱུང་། ད་ང་རང་ན་རྒས་ཀྱང་དཔལ་རྒྱལ་བ་ངོར་ཆེན་རྡོ་རྗེ་འཆང་ཀུན་དགའ་བཟང་པོ་ཡབ་སྲས་ཐུགས་ཀྱི་དགོངས་པ་ཅི་རིགས་གྲུབ་པས་ད་ནི་སྨོན་ལམ་རྣམ་པར་དག་པས་མཚམས་སྦྱོར་དགོས་པ་འདྲ་གསུངས་ཏེ། བདེ་བ་ཅན་གྱི་སྨོན་ལམ་མཛད། བདེ་ཆེན་ཞིང་བཀོད་ཀྱི་བྲིས་སྐུ་དེ་དང་མཐུན་པར་གསར་བཞེངས་མཛད། དེ་བཞིན་ཐུབ་པའི་གོས་ཐང་། མགོན་པོའི་གོས་ཐང་། བྱམས་པའི་ཞིང་བཀོད། གྲུབ་ཆེན་བརྒྱད་ཅུ་རྩ་བཞི་ལ་སོགས་པ་བྲིས་སྐུ་ངོ་མཚར་ཅན་དུ་མ་སྣང་། ས་སྐྱ་བཀའ་འབུམ། ངོར་ཆེན་བཀའ་འབུམ། མུས་ཆེན་བཀའ་འབུམ་ལ་སོགས་པ་གསུང་གི་རྟེན་རབ་ཏུ་མང་པོ་དང་། ཁྱད་པར་དུ་སྦྱིན་བདག་ཨ་སེང་རྡོ་རྗེ་བརྟན་པས་ཕུལ་བའི་ལམ་འབྲས་བླ་མ་བརྒྱུད་པ་གསེར་སྐུ་མགོན་པོ་དང་བཅས་པ། བསྟན་པའི་སྦྱིན་བདག་ཆེན་པོ་ས་སྐྱོང་རིན་སྤུངས་གཙང་ཆེན་དོན་འགྲུབ་རྡོ་རྗེ་མཆོག་གིས་ཕུལ་བའི་རྡོ་རྗེ་ཕྲེང་བ། ཀྱེ་ཡའི་དཀྱིལ་འཁོར་གསུམ་མགོན་པོ་དང་བཅས་པ། རས་བྲིས་ཀྱི་ཐང་ཁ་བཞི་བཅུ་ཞེ་དྲུག་གསར་བཞེངས་དང་གོང་གསལ་རྟེན་དེ་དག་ལ་ཆོས་རྗེ་ཉིད་ཀྱིས་རབ་གནས་མཛད།

བསྟན་པའི་སྦྱིན་བདག་ཆེན་པོ་ས་སྐྱོང་རིན་སྤུངས་པ་གཙང་ཆེན་དོན་གྲུབ་རྡོ་རྗེ་མཆོག་དང་། བཀྲ་ཤིས་མགོན་པོ་ལ་སོགས་པའི་དཔོན་རིགས་རྣམས། ཆོས་རྗེ་ཉིད་ཀྱི་དངོས་སློབ་ཕྱོགས་མཐའ་ཁག་ལ་བཞུགས་པ་རྣམས་དང་། ཤར་མི་ཉག་གི་པཎྜི་ཏ་གྲགས་རྡོ་རྗེ་མཆོག །རྗེ་བཙུན་ས་སྐྱ་པའི་མཁན་ཆེན་བསོད་ནམས་ལྷུན་གྲུབ་མཆོག་དང་བཅས་སོ་སོའི་སྐུ་མདུན་ལ། ཆོས་རྗེ་ཉིད་ཀྱི་བཞེངས་དགོངས་གྲུབ་ཟིན་པའི་ཚུལ་དང་། མ་འོངས་པར་ཆོས་སྲིད་ཆར་གྱི་ཕྱག་ལས་གནང་ཕྱོགས་ཀྱི་ཐད་ལ་

གོང་གསལ་བླ་དཔོན་ཁྲིད་རྣམ་པས་བསྟན་འགྲོའི་དོན་ཆེན་སྤར་ལྷག་སྒྲུབ་དགོས་པའི་ཞལ་གདམས་མཛད། །

༤༩ ཀུན་མཁྱེན་གོ་བོ་རབ་འབྱམས་པ་བསོད་ནམས་སེངྒེ་མཆོག་གདུལ་བྱ་གཞན་དོར་གཟུགས་སྐུ་ཆོས་དབྱིངས་སུ་ཐིམ་ཚུལ་མཛད་པའི་སྐོར།

ཇི་སྐད་དུ། གཞན་དོན་དགོས་པའི་དབང་གིས་ནི། །ལྷ་རྒྱལ་རྫོང་དུ་སློབ་མའི་ཚོགས་ཕེབས་ནས། །དམ་ཆོས་བདུད་རྩི་དཔལ་ལ་རོལ་པའི་ཚེ། །གདན་འདྲེན་མཚན་མ་བྱུང་ལ་ཕྱག་འཚལ་ལོ། །ཞེས་གསུངས་པ་ལྟར་ཀུན་མཁྱེན་གོ་བོ་རབ་འབྱམས་པ་བསོད་ནམས་སེངྒེ་མཆོག་གི་མཛད་རིམ་སྔོན་སོང་བཞིན་ཁྲི་ཐུར་ཞབས་སོར་འཁོད་དེ་ཟླ་ཕྱེད་ཙམ་ལ་བཀའ་ཆོས་བསྐྱལ་གྲུབ་པའི་རྗེས་སུ། ཆོས་རྗེ་ཉིད་ཀྱི་གདན་ས་ཧྲ་ནག་ཐུབ་བསྟན་རྒྱལ་རྣམ་གླིང་དུ་ཞབས་སོར་འཁོད། ཡང་ཁྲི་ཐུར་སྔོན་ལམ་ཆེན་པོའི་ཚོགས་མགོན་སྤར་ལྟར་ཞབས་སོར་འཁོད་དེ་ཟབ་རྒྱས་བཀའ་ཆོས་བསྐྱལ་བའི་རྗེས་སུ། ཆོས་རྗེ་ཉིད་ཧྲ་ནག་ཐུབ་བསྟན་རྣམ་རྒྱལ་གླིང་དུ་སྐུ་གཤེགས་པའི་ཐུགས་དགོངས་ཡོད་པ་ལྟར་གདན་ས་རང་ལ་བཞུགས་རྒྱུ་གནང་ཡང་། ནམ་རྒྱུན་བསྟན་པའི་སྦྱིན་བདག་ཆེ་གྲས་པོ་དོང་ནང་སོགས་གདན་འདྲེན་ཨུ་ནན་གྱིས་ཞུས་པས། ཟླ་བ་དང་པོའི་ཚེས་བཅུ་གཅིག་ལ་ལྷ་རྒྱལ་སྔོན་མོ་རྫོང་དུ་ཕྱིན། བཅུ་གསུམ་ནས་བཀའ་ཆོས་དབུ་བཙུགས་ཏེ་གསུང་ཆོས་ཀྱི་བར་མཚམས་ཤིག་ཏུ། སྤྱན་ནམ་མཁའ་ལ་ཧུར་ཧུར་དུ་ཡང་ཡང་གཟིགས་པར་མཛད་དོ། །

ཡང་ཚེས་བཅོ་བརྒྱད་དང་བཅུ་དགུ་གཉིས་ལ་འཇའ་རིས་ཀྱི་ཚོགས་སྤར་མཐོང་སྨོང་མེད་པ་དུ་མ་ཤར་བ་དང་། ཉི་མའི་འོད་ཤིན་ཏུ་དྲོ་ཞིང་ཆུ་གཞུང་གི་འཁྱགས་པ་ལ་སོགས་པ་རྣམས་ཀྱང་བཞུས་ཏེ་དཔྱིད་ཚ་བའི་དུས་ལྟ་བུར་གྱུར། སྤྱན་ནམ་མཁའ་ལ་གཟིགས་ནས་ད་རེས་དཔལ་ལྡན་ས་སྐྱ་པའི་བསྟན་འཛིན་ངོར་པ་ཡིན་པ་ཞིག་སྐུ་གཤེགས་པའི་ལྟས་སུ་འདུག་གསུངས་པའི་རྗེས་སུ། ཨ་ཧ་ཀུ་རེ་ཡིན་གཞན་འདྲ་འཆི་བ་ཡིན་ཤས་ཆེ་ཞེས་གསུངས། མ་འོངས་པའི་སྐོར་ལ་ལམ་སྟོན་བཀའ་སློབ་ཞིབ་གསལ་བསྐྱལ། ཚེས་ཉི་ཤུའི་སྔ་དྲོ་སྐུ་སྙུང་བའི་ཚུལ་བསྟན་ནས་ཕྱི་དྲོ་གཟིམ་ཁང་དུ་བཞུགས་པའི་དུས་

སུ། ཆོས་རྗེ་གོ་འཛོ་ག་ཟེ་ཀུན་དགའ་ཡེ་ཤེས་ཀྱི་ཕྱག་རྩ་བལྟས་པས་སེར་མ་གཡོགས་འདུག་ཞུས་པས། ཆོས་རྗེའི་ཞལ་སྔ་ནས། ད་རེས་ནད་འདི་ལས་མི་ཐར། རང་ལོ་རེའི་སྟེང་དུ་དཔལ་གྱི་རྡོ་རྗེ་མན་ངག་ལུགས་ཀྱི་དབང་རེ་ཐོབ། རང་ལོ་བཅུ་གསུམ་གྱི་སྟེང་ལ་ཆོས་རྗེ་རྒྱལ་མཚན་བཟང་པོའི་ཞལ་སྔ་ནས་དཔལ་གྱི་རྡོ་རྗེའི་དབང་ཆེན་ཐོབ། ཉེར་ལྔ་ལ་རྒྱལ་བ་དོར་ཆེན་རྡོ་རྗེ་འཆང་ཀུན་དགའ་བཟང་པོའི་ཞལ་སྔ་ནས་དཔལ་གྱི་རྡོ་རྗེ་དབང་ཆེན་ཐོབ། རང་ལོ་སོ་བདུན་པ་ལ་མུས་ཆེན་སེམས་དཔའ་ཆེན་པོའི་ཞལ་སྔ་ནས་དཔལ་གྱི་རྡོ་རྗེ་དབང་ཆེན་ཐོབ།

རང་ལོ་ཞེ་དགུ་པ་ལ་གདན་ས་ངོར་པའི་མཁན་རབས་བཞི་པ་ཆོས་རྗེ་ཀུན་དགའ་དབང་ཕྱུག་པའི་ཞལ་སྔ་ནས་དཔལ་གྱི་རྡོ་རྗེའི་དབང་ཆེན་ཐོབ། ད་ལོ་དྲུག་ཅུ་རེ་གཅིག་ཡིན་ཀྱང་དབང་ཞུ་འོས་པའི་བླ་མ་མི་ཡུལ་འདི་ན་དཀོན་པས། བདེ་བ་ཅན་ན་ཆོས་རྗེ་བླ་མ་ཡབ་སྲས་བཞུགས་ཡོད་པས། དེར་སྐྱེ་བའི་སྨོན་ལམ་བཏབ་ཀྱི་ཡིན་གསུངས། དེའི་སྲོད་ཐུགས་དམ་དང་གཏོར་བསྔོ་རྒྱས་པ་མཛད་པའི་རྗེས་སུ། གྲྭ་ཏྲན་ཤེས་རབ་རྒྱལ་མཚན་སང་གནང་ཆོས་གྲངས་ནས་ཡིན་གསུངས། དེ་ནས་མནལ་ལ་ཅུང་ཟད་ཅིག་སོང་བ་དང་། རྨི་ལམ་ཡ་མཚན་ཆེ་ཞིག་ལ་ཧ་སྣ་བཏད་གཅིག་དང་། རྟ་པ་གསུམ་འདུག ། རྟ་པ་གཅིག་གདན་ས་ཆེན་པོ་དཔལ་ལྡན་ས་སྐྱ་འོང་བའི་མགོན་པོ་གུར། གཅིག་ཁའུ་ནས་འོང་བའི་མགོན་པོ་གདོང་བཞི་པ། གཅིག་བྲ་རྒོད་གཤོང་ནས་འོང་བའི་རྣམ་སྲས་མདུང་དམར་ཅན་ཡིན་ཟེར། དེ་གསུམ་གྱིས་ཕེབས་བསུ་དང་བར་ཆད་ཞི་བའི་དོན་དུ་འོང་བ་ཡིན་ཟེར་རྨིས་པ་གསུངས།

དེ་ནས་ཆོས་ཉི་ཤུའི་ཉིན་མཚན་བར་མ་ཆད་པ་དགེ་འདུན་པ་རྣམས་ཀྱིས་ཆོས་རྗེ་སྐུ་རིམ་ལ་ཆོས་རྗེ་ས་སྐྱ་པཎྜི་ཏའི་སྐུ་སྟོད་ཆོས་རྒྱལ་དབྱངས་དང་པས་ཞུར་འདོན། བསྟན་སྲུང་གཙོ་བོ་གུར་གྱི་མགོན་པོའི་རྩ་སྔགས་ཤ་ས་ན་གྲངས་མང་གསུངས་པའི་ཡོན་འབུལ་ལ། ཆོས་རྗེ་ཉིད་ཀྱི་ན་བཟའ་སྐུ་ཆས་གསེར་ཞོ་ཉི་ཤུ་རྩ་གཅིག་རྣམས་ཕུལ། དེ་ནས་ཆོས་ཉི་ཤུ་རྩ་གཅིག་གི་སྔ་དྲོར་ཐུགས་དམ་ཆག་མེད་རྣམས་དང་། གཏོར་མ་འབུལ་བའི་བར་དུ་མཛད། ཉི་མ་ཤར་རྒྱང་ཙམ་དུ་རྣལ་འབྱོར་མའི་ཐུགས་དམ་མཛད་རྗེས་མགོན་པོ་མྱུར་མཛད་འདས་གཟིམས་ལྷར་མཛད་དེ་རྣམ་འབྱོར་མའི་འཕོ་བ་མཛད་ནས་དགུང་

གྲངས་དྲུག་ཅུ་རེ་གཅིག་བཞེས་པ་ས་བྱ་ལོ་ཆོ་འཕྲུལ་ཟླ་བའི་ཚེས་ཉེར་གཅིག་ཉི་ཤར་འབྲུག་གི་དུས་སྤྱི་ལོ་༡༩༤༩ལོར་ལྷ་རྒྱལ་སྟོན་མོ་རྫོང་དུ་དགོངས་པ་ཆོས་དབྱིངས་སུ་ཐིམ། སྐབས་དེ་དུས་གདན་ས་ཆེན་པོ་བོ་དོང་ཨེ་དང་། མདོ་མཚན་ཉིད་ཀྱི་གདན་ས་ཆེན་པོ་བྱ་རྒོད་གཤོང་དང་བྱེས་ལ་ཕེབས་པའི་བླ་གྲྭ་སྟོན་མོ་རྫོང་གི་སློབ་མ་མི་མང་དང་བཅས་པ་ལ། དགོངས་རྫོགས་སྐྱབ་པའི་ཡོན་འབུལ་རྒྱ་ཆེན་སྤར་ལྷར་ཕུལ། ཐུགས་དམ་གྲོལ་བའི་རྟགས་ཤངས་བུག་གཉིས་ནས་བྱང་སེམས་དཀར་དམར་གྱི་རྒྱུན་བབས། དེ་བར་སྐུ་ལུས་ལ་གཉེར་མ་མེད་ཅིང་གཞོན་ཤའི་རྣམ་པ་མདངས་གཟི་བརྗིད་ཕུན་སུམ་ཚོགས་པར་བཞུགས་པ་ཡིག་མཁན་ཨ་བོ་གཞོན་ནུ་བཟང་པོས་གསུངས།

ཆོས་ཉེར་གཉིས་ཉིན་སྐུ་གདུང་རིན་པོ་ཆེ་བཞུགས་ས་ཤིང་གི་སྒྲོམ་བུ་བཅོས། ཆོས་ཉེར་གསུམ་གྱི་ཉིན་རྒྱབ་ལ་དྲི་བཟང་གི་བྱུག་པ་དང་། དར་ཡུག་དང་རས་ཡུག་གིས་སྐུ་གདུང་ཆེན་པོ་དྲིལ་ཏེ་སྒྲོལ་བུར་བཞུགས་སུ་གསོལ། སྔོད་ནས་དད་ལྡན་གྱི་གྲྭ་པ་སུམ་ཅུ་བསྐོར་གྱིས་སྐུ་གདུང་རིན་པོ་ཆེ་གདན་དྲངས། ཉེར་བཞིའི་ནམ་ལང་ལ་ཆོས་རྗེ་ཉིད་ཀྱི་གདན་ས་ཧ་ནག་ཐུབ་བསྟན་རྣམ་རྒྱལ་གླིང་དུ་སྐུ་གདུང་རིན་པོ་ཆེ་གདན་འདྲེན་ཞུས་ཟིན་པའི་རྗེས་སུ། སྐུ་གདུང་རིན་པོ་ཆེ་མཆོད་རྟེན་གྱི་ནང་དུ་བཞུགས་སུ་གསོལ་བའི་དུང་དུ་དགེ་འདུན་པ་བཞི་སྡེས་དཔལ་ཀྱི་རྡོ་རྗེའི་སྒྲུབ་མཆོད་རྒྱུན་མ་ཆད་པ་དང་། ཆོས་ཉེར་ལྔ་ནས་དབུ་འཛུགས་ཀྱིས་བྱ་ལོ་ཧོར་ཟླ་གཉིས་པའི་གནམ་གང་གི་བར་དུ་གཙོ་ཆེན་ཆོས་རྗེ་ཉིད་ཀྱི་ཕྲུག་རྫས་ཀྱི་སྟེང་ནས་ཉིན་རེ་བཞིན་སྤུ་ཕྱི་དྲོ་གཉིས་ལ། ཚོགས་ཆེན་མང་ཇ་བཟང་པོ་རེ་རེ། མཁན་སློབ་ལས་སྣེ་རྣམས་ལ་འཕར་འབུལ། དགེ་འདུན་འདུས་པ་རྒྱ་མཚོ་ལ་སྐུ་འགྱེད་ཕུལ་དང་། གཞན་ཡང་སློབ་མའི་གཙོ་བོ་དང་བསྟན་པའི་སྦྱིན་བདག་ཆེ་ཁག་རྣམས་ཀྱིས་དགེ་འདུན་པ་བརྒྱད་བརྒྱ་བསྐོར་གྱི་དགོངས་རྫོགས་མཆོད་འབུལ་ཕུལ། རིན་ཆེན་རྩེ་ཆོས་སྡེ་བོད་རུ་འབྲོག་པའི་མི་མང་ལ་ནས་འགྱེད་དང་། སྐམ་ཟོག་གི་འགྱེད་དང་བཅས་པ་དང་། གཞན་ཡང་ཧ་ནག་རི་ཁྲུང་། ཆོས་རྗེ་ཉིད་ཀྱི་གདན་ས་ཧ་ནག་གསེར་གླིང་དགོན། གདན་ས་ཆེན་པོ་ངོར་ཨེ་ཝཾ་ཆོས་ལྡན། གདན་ས་རྫོང་དཀར་འབྲས་ཡུལ་སྐྱིད་མོ་ཚལ་རྣམས་ཀྱིས་གཙོས་དགོན་སྡེ་ཁག་ལ་ཚོགས་ཆེན་མང་ཇ་དང་སྐུ་འགྱེད་

འཕར་འབུལ་ཕུལ། །

༩༠ ཆོས་རྗེ་ཉིད་ཀྱི་རྒྱལ་ཚབ་མདོ་སྔགས་ཀྱི་བརྒྱུད་འཛིན་མཁན་ཆེན་རྣམ་བཞིས་སྐུ་གདུང་རིན་པོ་ཆེ་ཞུགས་འབུལ་ཕུལ་བ་དང་ལྷན་གདུང་རྟེན་གསར་བཞེངས་གནང་བའི་སྐོར།

དེ་ནས་བྱ་ལོ་ཧོར་ཟླ་ལྔ་པའི་ཚེས་ཉེར་དྲུག་ལ་གདན་ས་ཆེན་པོ་ངོར་ཨེ་ཝཾ་ཆོས་ལྡན་གྱི་མཁན་རབས་བདུན་པ་ཡོངས་འཛིན་དཀོན་མཆོག་འཕེལ་མཆོག །གདན་ས་རྟ་ནག་ཐུབ་བསྟན་རྣམ་རྒྱལ་གླིང་དུ་ཞབས་སོར་འཁོད་དེ། གདན་ས་རྟ་ནག་ཐུབ་བསྟན་རྣམ་རྒྱལ་གླིང་གི་མཁན་རབས་གཉིས་པ་པཎ་ཆེན་ཀོང་སྟོན་དབང་ཕྱུག་གྲུབ་པ་མཆོག་དང་བཀའ་བསྟུ་གནང་རྗེས། མདོ་སྔགས་ཀྱི་བརྒྱུད་འཛིན་མཁན་ཆེན་རྣམ་གཉིས་ལྷན་ནས་ཞལ་བཀོད་གནང་སྟེ། ཕྱི་གཙུག་ལག་ཁང་དང་ནང་རྟེན་གསུམ་གསར་བཞེངས་གནང་རྒྱུའི་དབུ་འཛུགས་གནང་། གསོལ་དཔོན་དགེ་འདུན་བཟང་པོས་འཛུགས་བསྐྲུན་གྱི་སྤྱི་ཁྱབ་འགན་འཛིན་གནང་སྟེ། གྲྭ་བཙུན་མི་མང་ལྷན་ནས་གཙུག་ལག་ཁང་དང་གཙང་ཁང་གསར་བཞེངས་ལེགས་པར་བསྐྲུབས། ཟངས་ཁལ་ཕྱེད་དང་ཉིས་བརྒྱ། གསེར་ཞོ་དགུ་བཅུ་གོ་གཉིས་ཀྱིས་གཏོས་པའི་རྒྱུ་ཆ་བཟང་པོ་ལ་ལྷ་བཟོ་མཁས་པས། སྟོན་པའི་སྐུ་མཐོ་བཅུ་གསུམ་ཡོད་པ་དང་། གཙང་ཁང་ཀ་བཞི་མའི་ནང་དུ་ས་ཆེན་ཀུན་དགའ་སྙིང་པོ། རྣལ་འབྱོར་དབང་ཕྱུག་བིར་ཝ་པ་རྣམ་གཉིས་ཞལ་སྦྱོར་སྐུ་ཚད་སྟོན་པའི་སྐུ་འདྲ་དང་མཉམ་པ་ཙམ་དང་། བདེ་གཤེགས་སོ་ལྔ། སྒོ་གོང་གི་དབུས་སུ་འཛམ་དབྱངས་གཙོ་འཁོར་གསུམ། ལྡེབས་བྲིས་ཀྱི་བཀོད་པ་ལ། ཕྱོགས་བཅུའི་སངས་རྒྱས་ལ་སྣང་སྙིང་ཕྱག་བརྒྱ་པ་ནས་གསུངས་པའི་བྱང་ཆུབ་སེམས་དཔའ་དང་བཅས་པ། སྒོའི་གཡས་ཀྱི་ནང་ཁྱུགས་སུ་གུར་གྱི་མགོན་པོ། གཡོན་གྱི་ནང་ཁྱུགས་སུ་ནོར་ལྷ་གནོད་སྦྱིན་དང་བཅས་པ་གྲུབ་པར་མཛད། ཧོར་ཟླ་བརྒྱད་པའི་ཚེས་ཉེར་གཅིག་གི་ཐོ་རངས་ཀྱི་ཆ་ལ། གདན་ས་ངོར་པའི་མཁན་པོ་ཁྲི་པ་ཡོངས་འཛིན་དཀོན་མཆོག་འཕེལ་མཆོག་དང་། གདན་ས་རྟ་ནག་ཐུབ་བསྟན་རྣམ་རྒྱལ་གླིང་གི་མཁན་པོ་ཀོང་སྟོན་དབང་ཕྱུག་གྲུབ་པ་མཆོག །མུས་རབ་འབྱམས་པ་ཐུགས་རྗེ་དཔལ་བཟང་མཆོག །མདོ་ཁམས་ཀོ་འཇོ་མཁན་པོ་ཆོས་རྗེ་ག་ཟི་ཤཱཀྱ་བློ་གྲོས་མཆོག་བཅས་མཁན་ཆེན་རྣམ་བཞི་དབུ་བཞུགས

ཐོག་དགེ་འདུན་འདུས་པ་རྒྱ་མཚོས་ཕྱོགས་བཞི་དཀྱིལ་འཁོར་བཞི་ཡི་སྒོ་ནས་སྒྲ་གདུང་རིན་པོ་ཆེ་ཞུ་འབུལ་གནང་།

གདན་ས་ཆེན་པོ་ངོར་ཨེ་ཝཾ་ཆོས་ལྡན་ནས་བླ་ཆེན་མཁན་སྤྲུལ་རྣམས་ལ་འཕར་འབུལ་དང་། དགེ་འདུན་འདུས་པ་རྒྱ་མཚོ་ལ་ཚོགས་ཆེན་མང་ཇ་སྐྱ་འགྱེད་ཤིན་ཏུ་ལེགས་པ་ཕུལ། དེ་ནས་གནམ་གང་གི་བར་དུ་གདུང་ཁང་ཞལ་མ་ཕྱེ་བར་ལམ་འབྲས་བླ་མཆོད་ཀྱི་ཆོ་གའི་སྒོ་ནས་གསོལ་བ་བཏབ། གནམ་གང་ལ་གདུང་ཁང་ཞལ་ཁ་ཕྱེ་བའི་དུས་སུ་ནམ་མཁའ་ནས་མེ་ཏོག་གི་ཆར་འབབ་པ་ལ་སོགས་པའི་ངོ་མཚར་བའི་རྟགས་དུ་མ་བྱུང་། དབུ་རིལ་པོ་བྱོན་ནས་རིགས་ཀྱི་བདག་པོ་བཅོམ་ལྡན་འདས་གཤིན་རྗེ་གཤེད་དང་། རྣལ་འབྱོར་མ་རང་བྱོན་གསལ་ལམ་མེ་ཡོད་པའི་ལྷ་ཚོགས་དང་། གཞན་ཡང་གདུང་རིས་ལ་རིང་བསྲེལ། ལྷ་སྐུ། ཡིག་འབྲུའི་ཚོགས་མང་པོ་དང་བཅས་པ་རང་བྱོན་མང་པོ་བཞུགས་སོ། །

(༩) རྟ་ནག་མཁན་རབས་གཉིས་པ་པཎ་ཆེན་ཀོང་སྟོན་དབང་ཕྱུག་གྲུབ་པ་མཆོག་གི་གདུང་རྟེན་ཁག་ལ་གཟུངས་གཞུག་ཕུལ་བ་མཛད་པའི་སྐོར།

དེ་ནས་རྟ་ནག་མཁན་པོ་ཁྲི་པ་པཎ་ཆེན་ཀོང་སྟོན་དབང་ཕྱུག་གྲུབ་པ་མཆོག་གིས་གཙོ་འགན་བཞེས་ཏེ། གདུང་རིས་དང་། གདུང་ཚ། གདུང་ཐལ་དང་བཅས་ལ་རྗེ་བཙུན་འཇམ་དཔལ་དབྱངས་ཀྱིས་བཏབ་པ་ཁྲི་ཚོ་བཞི་ལྷག་ཙམ་དང་། ནང་རྟེན་གྱི་གཟུངས་གཞུག་ཚུལ་དུ་གདུང་ཚ་ཁྲི་ཚོ་བཞི་དང་བཅས་གསེར་གྱི་ལེགས་པར་བརྒྱན་ཏེ་གྲུབ་པར་མཛད་པ་དང་། རིན་པོ་ཆེ་སྣ་ཚོགས། སྨན་བཟང་དྲུག་རིགས་གང་མང་། བྱིན་རླབས་ཀྱི་རྟེན་མང་པོ་དང་བཅས་པས་བཀང་།

གོས་དར་གྱི་ན་བཟའ་མང་པོས་དྲིལ་བ་དང་། རྟེན་གྱི་སྟོད་སྨད་བར་གསུམ་དུ་བཞུགས་པར་འོས་པའི་གཟུངས་སྣ་ཚོགས་གསར་བྲིས་དང་། སྔར་བཏབ་པ་རྣམས་ལ་དྲི་བཟང་སྤོས་ཀྱི་བྱུགས་པ་རྣམས་དང་། ཟངས་ལེབ་ལ་གནོད་སྦྱིན་འཁོར་ལོ་གསེར་གྱིས་བྲིས་པ། གཞན་ཡང་འབྲུ་སྣ་ཚོགས། ཤིང་སྣ་ཚོགས། ཆོས་རྗེ་ཉིད་ཀྱི་ཕྱག་ཏུ་བྱུང་བའི་རྟེན་གསུམ་ཁྱུང་བཙན་ལ་བྱིན་རླབས་ཀྱི་དཔལ་འབར་བར་

ཤིན་ཏུ་ཐུགས་རྗེས་ཆེ་བ་རྣམས་དང་། དཔལ་ས་སྐྱ་པའི་བླ་མ་གོང་མ་རྣམས་ཀྱི་རིང་བསྲེལ་དང་། ན་བཟའ། ཐུགས་དམ་བདུད་རྩི་རིལ་བུ། རྒྱལ་བ་རྡོར་ཆེན་རྡོ་རྗེ་འཆང་ཀུན་དགའ་བཟང་པོའི་ན་བཟའ། མུས་ཆེན་སེམས་པ་ཆེན་པོའི་ཆོས་གོས། ཆོས་རྗེ་ཉིད་ཀྱི་སྣམ་སྦྱར་ལ་སོགས་པ་གཟུངས་རྫོང་གི་ཆས་ཕུན་སུམ་ཚོགས་པ་རྣམས་ཆ་ཚང་བཤལ་ཏེ་སྣ་གོན་ལེགས་པར་གྲུབ། ཧོར་ཟླ་དགུ་པའི་ཚེས་བདུན་གྱི་ཉིན་ལྷ་བཟོ་བས་པདྨ་ནས་བསྒྲིགས་པ་ཚར་རིམས་ཀྱི་སྟོད་སྨད་ཐད་ཐད་ཀྱི་གཟུངས་རྫོགས་བཞུགས་ལུགས་གནད་རྣམས་མ་འཕྱུགས་པར་རྒྱུད་སྡེ་ནས་གསུངས་པ་བཞིན་དུ་ཧ་ནག་མཁན་པོ་གོང་སྟོན་དབང་ཕྱུག་གྲུབ་པ་ཁོ་ནས་འཛུག་པའི་རིམ་པ་ལ། པདྨའི་ནང་དུ་གནོད་སྦྱིན་འཁོར་ལོས་གཅོས་པད་གཟུངས་དང་། རིན་པོ་ཆེ་སྣ་ཚོགས། འབྲུ་སྨན་སྣ་ཚོགས། གཞན་ཡང་ཞབས་མགོ་ཕྱག་མགོ་སོགས་ཕྱག་ཞབས་རྣམས་ལ་ཡང་རང་རང་ཐོབ་ཚུལ་གྱི་གཟུངས། སྐྱིལ་ཀྲུང་མཛད་པའི་སྐུ་སྨད་ཀྱི་ཆ་ལ་གོང་དུ་སྨོས་པའི་ན་བཟའ་རྣམས་དང་ཐོབ་ཚུལ་གྱི་གཟུངས་རྣམས་དང་། འབྲུ་སྣ་སྨན་སྣ་ལ་སོགས་པ་བཞུགས།

དེ་ནས་ཐུབ་སྐུའི་སྐེད་པ་ནས་མགྲིན་པའི་བར་རང་རང་ཐོབ་ཚུལ་གྱི་གཟུངས་དང་། ཐུགས་ཁའི་དབུས་སུ་དབུ་ཐོད། དེའི་གཡས་སུ་རྒྱལ་བ་རྡོར་ཆེན་རྡོ་རྗེ་འཆང་གིས་བསྐུལ་བའི་འཛམ་རྡོར་གྱི་སྐུ་ལི་མ་ཟངས་དཀར་ལོ་ཙྪ་བའི་ཐུགས་དམ་ཡིན་པ། དབུ་ཐོད་ཀྱི་གཡོན་དུ་མུས་ཆེན་གྱི་ཐུགས་དམ་རྡོ་རྗེ་རྣལ་མའི་གསེར་སྐུ། དབུ་ཐོད་ཀྱི་རྒྱབ་ཏུ་རྡོ་རྗེ་འཆང་གི་ཕྱག་ནས་བཞུགས་པའི་སངས་རྒྱས་རྡོ་རྗེ་འཆང་གི་གསེར་སྐུ། དབུ་ཐོད་ཀྱི་མདུན་དུ་རྒྱལ་སྲས་ཐོགས་མེད་བཟང་པོའི་ཡི་དམ་སྟོན་པའི་གསེར་སྐུ། རང་རང་ཐོབ་ཚུལ་གྱི་གཟུངས་སྣ་ཚོགས། འབྲུ་སྣ་སྨན་སྣ་དང་། ཆོས་རྗེ་ཉིད་ཀྱི་གདུང་ཚ་བརྒྱད་བརྒྱད་པ་ཕལ་ཆེ་བ་རྣམས་བཞུགས། སྐུ་འདྲ་གསར་བཞེངས་ཀྱི་དབུའི་ནང་དུ་ཆོས་རྗེ་ཉིད་ཀྱིས་བཞེངས་ཤིང་རབ་གནས་མཛད་པའི་རིགས་ལྔ་རྣམ་སྣང་དབུལ། གཞན་རྣམས་ལི་མ་ཡིན་པ་རྣམས་དང་། ཐོབ་ཚུལ་གྱི་གཟུངས། བླ་མ་གོང་མ་ཆོས་རྗེ་ཉིད་དང་བཅས་པའི་གདུང་ཚ། གཞན་ཡང་བྱིན་རླབས་ཀྱི་རྟེན་རབ་མང་པོ་རྣམས་བཞུགས།

གཙུག་གཏོར་འོག་མའི་ནང་དུ་ཆོས་རྗེ་རང་ཉིད་ཀྱིས་མཛད་པའི་ཙཀྲ་དམར་པོ་དང་། རྡོ་གཉན་ལས་གྲུབ་པའི་ས་བིར་གཉིས་ཀྱི་སྐུ་འདྲ་དང་། གདུང་ཚ་ལ་སོགས་པའི་བྱིན་རླབས་ཀྱི་རྟེན་རབ་ཏུ་མང་པོ་རྣམས་བཞུགས། གཙུག་གཏོར་གོང་མའི་ནང་དུ་བཟོད་ཟིན་པའི་རིང་བསྲེལ་ལ་སོགས་པ་དང་། གཟུངས་སོགས་བྱིན་རླབས་ཀྱི་རྟེན་ཤིན་ཏུ་ཐུགས་རྗེས་ཆེ་བ་རྣམས་བཞུགས་པ་བཅས་སྐུ་འདྲ་ལ་གཟུངས་གཞུག་ཞུལ་བའི་རིམ་པ་ལེགས་པར་གྲུབ། །

༨༢ གདན་ས་ཆེན་པོ་ཧ་ནག་ཐུབ་བསྟན་རྣམ་རྒྱལ་གླིང་གི་རྟེན་གསུམ་གསར་བཞེངས་ལ་

དཔལ་ཀྱི་རྡོ་རྗེའི་དཀྱིལ་འཁོར་སྒྲུབ་ཆོག་གི་སྒོ་ནས་རབ་གནས་རྒྱས་པ་མཛད་པའི་སྐོར།

དེ་ནས་གདན་ས་ཧ་ནག་ཐུབ་བསྟན་རྣམ་རྒྱལ་གླིང་གི་མཁན་པོ་ཁྲི་པ་པཎ་ཆེན་ཀོང་སྟོན་དབང་ཕྱུག་གྲུབ་པ་མཆོག་གི་གཙོ་བོ་མཛད་པའི་དགེ་འདུན་འདུས་མང་ནས། དཔལ་ཀྱི་རྡོ་རྗེའི་དཀྱིལ་འཁོར་བསྒྲུབ་མཆོད་དང་འབྲེལ་བའི་སྒོ་ནས་རབ་གནས་ཕུན་སུམ་ཚོགས་པར་མཛད། དེ་དག་གི་སྐབས་སུ་ནམ་མཁའ་ནས་མེ་ཏོག་གི་ཆར་རྒྱུན་མི་ཆད་འབབས་པ་དང་། འདས་མཆོད་ཚོགས་བཞིན་པའི་དུས་སུ་སྐབས་སྐབས་སུ་འཇའ་སྤྲིན་ངོ་མཚར་ཅན་རྒྱུན་དུ་བྱུང་བ་ཀུན་གྱི་མཐུན་སྣང་དུ་གྲུབ། དེ་ནས་ལྷ་བཟོ་རྣམས་ལ་ཡང་ཡོན་རྫོང་གསེར་ཞོ་བདུན་ཅུ་དོན་དྲུག་གི་མགོ་བྱས། ཟ་མ་དཀར་ནག །གོས་དར། འཕྲུལ་ཆས། སྟོན་མོ། སྟོན་རྒྱུབ་སོགས་མདོར་ན་རྟེན་བཞེངས་པའི་ཆ་ལག་ཕུན་སུམ་ཚོགས་པ་ཐམས་ཅད་གསོལ་དཔོན་དགེ་འདུན་བཟང་པོས་ཆོས་རྗེ་ཉིད་ཀྱི་སྐུ་དྲིན་འཁོར་མེད་ལ་བསམ་ནས་བློ་གཟུར་གནས་ཀྱི་མིས་སྔོད་གདགས་ས་མེད་པའི་མཛད་པ་ཕུན་སུམ་ཚོགས་པ་མཐར་ཕྱིན་པ་མཛད་པར་ཡིག་མཁན་ཨའུ་གཞོན་ནུ་བཟང་པོ་གཙོ་བོར་མཛད་པའི་ཆོས་རྗེའི་རྣམ་ཐར་མཛད་མཁན་རྣམས་ཀྱིས་གསུངས། རྟེན་དེ་དག་ལ་རབ་གནས་གྲུབ་ནས་བཟུང་སྟེ་ཕྱག་མཆོད་རྒྱ་ཆེན་ཕུལ་བ་དང་། རྟེན་དེའི་ཞལ་གྱི་དཀྱིལ་འཁོར་ལ་འོད་ཟེར་སྣ་ཚོགས་འཕྲོ་བསྡུ་མཛད་པ་བཅས་ངོ་མཚར་བའི་རྟགས་དུ་མ་བྱུང་བ་གསུངས། །

༨༣ ཀུན་མཁྱེན་གོ་བོ་རབ་འབྱམས་པ་བསོད་ནམས་སེངྒེའི་དངོས་སློབ་དཔལ་ས་སྐྱ་གོང་མ་བདག་ཆེན་ཁྲི་རབས་ཉེར་གཉིས་པ་མཆོག་གིས་དབུས་ཡོངས་གྲགས་མཁན་ཆེན་སུམ་ཅུ་སོ་ལྔའི་མཚན་ཅམ་སྨོས་པ།

གོང་དུ་གསལ་བ་ལྟར་ཀུན་མཁྱེན་གོ་བོ་རབ་འབྱམས་པ་བསོད་ནམས་སེངྒེ་མཆོག་གི་ཕ་ཡུལ་མདོ་ཁམས་དང་། ཡང་ཁམས་རི་བོ་ཆེ། གདན་ས་དབུས་ཕན་པོ་ན་ལེནྡྲ། གདན་ས་རྗོང་དཀར་འབྲས་ཡུལ་སྐྱིད་མོས་ཚལ། གདན་ས་གཙང་ངོར་ཨེ་ཝཾ་ཆོས་ལྡན། གདན་ས་མུས་སྟག་མོ་གླིང་ཁ་རྣམས་སུ་ཐོས་བསམ་བྱེད་ཞོར་ཟུར་འཆད་ཀྱང་སྐབས་རེ་གནང་བ་དང་། གདན་ས་རྫོང་དཀར་འབྲས་ཡུལ་སྐྱིད་མོ་ཚལ། གདན་ས་མུས་སྟག་མོ་གླིང་ཁ། བྱང་ངམ་རིང་ཆོས་སྡེ། གདན་ས་ཧ་ནག་གསེར་གླིང་དགོན་པ། གདན་ས་ཧ་ནག་ཐུབ་བསྟན་རྣམ་རྒྱལ་གླིང་། གདན་ས་ཆེན་པོ་ངོར་ཨེ་ཝཾ་ཆོས་ལྡན་རྣམས་ཀྱིས་གཙོས། གདན་ས་དང་ཆོས་སྡེ་ས་གནས་གཞན་ཁག་བཅས་ལ་མཁན་པོའི་མཚན་ཐོག་ནས། མདོ་སྔགས་རིག་གཞུང་དང་བཅས་པའི་ཟབ་གསལ་ཆོས་ཀྱི་འཁོར་ལོ་རྒྱ་ཆེན་བསྐྱལ་བའི་དབང་གིས། སློབ་ཚོགས་ནམ་མཁའི་སྐར་ཚོགས་ལས་གྲངས་མང་བ་བྱོན་འདུག་ཀྱང་ད་རེས་སྐབས་སུ་བབས་པ། གངས་ལྗོངས་ཆོས་བརྒྱུད་ཆེན་པོ་དཔལ་ལྡན་ས་སྐྱ་པའི་གདན་ས་དང་གྲྭ་ཚང་ཡུལ་ལུང་སོ་སོའི་ནང་དུ། རྒྱལ་བའི་བསྟན་པ་རིན་པོ་ཆེ་འཛིན་སྐྱོང་སྤེལ་གསུམ་གནང་བཞིན་པའི་ལས་ཐོག་གཙོ་བོ་རྣམས་ཀྱི་མཚན་ཙམ་སྨོས་ན། ཀུན་མཁྱེན་གོ་བོ་རབ་འབྱམས་པ་བསོད་ནམས་སེངྒེ་མཆོག་གི་དངོས་སློབ་ཀྱི་གཙོ་བོ། དཔལ་ས་སྐྱ་གོང་མ་བདག་ཆེན་ཁྲི་རབས་ཉེར་གཉིས་པ་བདག་ཆེན་བློ་གྲོས་རྒྱལ་མཚན་མཆོག་དང་། གདན་ས་ཆེན་པོ་ངོར་ཨེ་ཝཾ་ཆོས་ལྡན་གྱི་མཁན་རབས་བདུན་པ་ཡོངས་འཛིན་དཀོན་མཆོག་འཕེལ་མཆོག །གདན་ས་མུས་སྟག་མོ་གླིང་ཁའི་མཁན་རབས་གཉིས་པ་ཆོས་རྗེ་སངས་རྒྱས་རིན་ཆེན་མཆོག །གདན་ས་ཧ་ནག་ཐུབ་བསྟན་རྣམ་རྒྱལ་གླིང་གི་མཁན་རབས་གཉིས་པ་རྒྱལ་ཚབ་པཎ་ཆེན་ཀུང་སྤོན་དབང་ཕྱུག་གྲུབ་པ་མཆོག །གདན་ས་ཕན་པོ་ན་ལེནྡྲའི་མཁན་པོ་ཆོས་རྗེ་སངས་རྒྱས་རིན་ཆེན་དཔལ་བཟང་པོ་མཆོག །བོད་ཀྱི་རྡོ་རྗེ་གདན་གསང་ཕུ་ནེའུ་ཐོག་གླིང་སྟོད་ཀྱི་

གདན་ས་ཆོས་རྗེ་རྒྱལ་བ་དོན་གྲུབ་མཆོག །དེ་བཞིན་གླིང་སྨད་ཀྱི་གདན་ས་ཆོས་རྗེ་ཀུན་དགའ་དཔལ་འབྱོར་མཆོག །དཔལ་ལྡན་ས་སྐྱ་པའི་མདོ་མཚན་ཉིད་ཐེག་པའི་གདན་ས་ཆེ་གྲས་ཐུབ་བསྟན་ཡངས་པ་ཅན་ཕྱུག་འདེབས་པ་པོ་ཆོས་རྗེ་མུས་རབ་འབྱམས་པ་ཐུགས་རྗེ་དཔལ་བཟང་མཆོག །

དེ་བཞིན་མདོ་མཚན་ཉིད་ཐེག་པའི་གདན་ས་ཆེ་གྲས་བྱ་རྐྱོང་གཤོང་ཕྱུག་འདེབས་པ་པོ་འབུམ་རབ་འབྱམས་པ་ཆོས་དོན་གྲུབ་མཆོག །མདོ་ཁམས་གདན་ས་ཐང་སྐྱ་དགོན་པའི་མཁན་རབས་ཉི་ཤུ་རྩ་བཞི་པ་དང་། དབུས་ལྷ་ས་སྟོད་ལུང་བདེ་ཆེན་དུ་མདོ་མཚན་ཉིད་ཐེག་པའི་ཆོས་སྡེ་རྣམ་རྒྱལ་གསེར་སྒང་ཕྱུག་འདེབས་པ་པོ། ཆོས་རྗེ་ག་ཟི་ཤཱཀྱ་བློ་གྲོས་མཆོག །གདན་ས་ཐང་སྐྱ་དགོན་པའི་མཁན་རབས་ཉི་ཤུ་རྩ་ལྔ་པ་དང་། བྲུང་ནམས་བླ་བྲང་ཆེན་པོ་ཕྱུག་འདེབས་པ་པོ་ཆོས་རྗེ་ག་ཟི་ཀུན་དགའ་བློ་བ་མཆོག །སེ་མཁར་ཆུང་གི་གདན་སའི་མཁན་པོ་ཆོས་རྗེ་སྤྱན་ཚབ་པ་མཆོག །བྱང་ངམ་རིང་གི་མཁན་པོ་བྱང་སེམས་པ་མཆོག །ཆུམ་བདེ་ཆེན་མཁན་པོ་ནམ་མཁའ་དཔལ་སྐྱོང་མཆོག །ཆོས་འཁོར་སྒང་གི་གདན་ས་པཎ་ཆེན་ཤར་རིན་གྱི་སྐུ་སྐྱེ་ཆོས་རྗེ་ཤེས་རབ་རིན་ཆེན་མཆོག ། ལ་སྟོད་བྱང་བུ་ཞེ་དགོན་གྱི་གདན་ས་མཁན་པོ་ཉི་ཟླ་སེངྒེ་མཆོག །གྲྭ་ཚང་ཆེན་པོའི་མཁན་པོ་ལ་ཆོས་རྗེ་ཆོས་སྐྱོང་རྒྱལ་མཚན་མཆོག །དཔལ་འཁོར་བདེ་ཆེན་གྱི་མཁན་པོ་ཚབ་ཆོས་རྗེ་དགེ་འདུན་བློ་འཕེལ་མཆོག །སྟག་ལུང་སྣ་དཀར་གྱི་མཁན་པོ་ཆོས་རྗེ་གྲགས་པ་ཡེ་ཤེས་མཆོག །མངའ་རིས་ན་བྱ་ཚང་མཁན་པོ་མཆོག །མདོ་ཁམས་སྡེ་ཆེན་མཁན་པོ་མཆོགནམ་གླིང་མཁན་པོ་མཆོག །གདན་ས་ངོར་ཨེ་ཝཾ་དུ་སློབ་དཔོན་ཆོས་རྗེ་སངས་རྒྱས་རྒྱལ་མཚན་དཔལ་བཟང་པོ་མཆོག ། ས་སྐྱ་ཕྱོགས་སུ་བསྟན་པ་སྤེལ་བ་ལ་ཆོས་རྗེ་མགོན་པོ་དབང་ཕྱུག་མཆོག །མུས་སུ་ཆོས་རྗེ་ཚུལ་ཁྲིམས་བཟང་པོ་མཆོག །མངའ་རིས་གློ་བོ་མཁན་པོ་བྱང་དཀོན་མཆོག་སྐྱབས་མཆོག །དོལ་པོར་མཁན་པོ་རབ་འབྱམས་པ་མགོན་པོ་བཟང་པོ་མཆོག །གུ་གེ་བཞི་སྡེ་ཆོས་རྗེ་མཁན་པོ་མཆོག །འབྲི་མཚམས་མཁན་པོ་ཆོས་རྗེ་ཀུན་དགའ་མཆོག་ལྡན་མཆོག །

ཁམས་དགས་ཀོང་མཁན་པོ་རབ་འབྱམས་པ་བསོད་ནམས་བསྟན་འཛིན་མཆོག །མཁན་པོ་རབ་

འབྲུམས་པ་ལྷ་དབང་བློ་གྲོས་མཆོག །ཁམས་ཉ་རོང་མཁན་པོ་དགེ་འདུན་སེངྒེ་མཆོག །མདོ་ཁམས་སྡེ་དགེ་འཛིན་པ་མཁན་པོ་སངས་རྒྱས་དཔལ་གྲུབ་མཆོག །མཁན་པོ་སེམས་དཔའ་ཆེན་པོ་བསོད་ནམས་རྒྱ་མཚོ་མཆོག །མདོ་ཁམས་གོ་འཇོ་མཁན་པོ་སྐྱུའི་གཙུང་པོ་ལེགས་པ་རྒྱལ་མཚན་མཆོག །མདོ་ཁམས་བྲག་གཡབ་མཁན་པོ་འཇམ་དབྱངས་དཔལ་བཟང་མཆོག་བཅས་གོང་གསལ་ལྟར་དཔལ་ས་སྐྱའི་གོང་མ་ཁྲི་ཆེན་མཆོག་གིས་དབུས་མཁན་ཆེན་སུམ་ཅུ་སོ་ལྔའི་མཚན་ཙམ་སྨོས་ཟིན་ནས། གཞན་ཡང་མདོ་སྔགས་འཆད་སྤེལ་མཛད་བཞིན་པའི་བཀའ་བཅུ་གཙོ་གྲས་འགའ་ཤས་ཀྱི་མཚན་ཙམ་སྨོས་ན། སྨར་ཁམས་བསྟན་པ་གསལ་བྱེད་བཀའ་བཅུ་པ་འཇམ་དབྱངས་དཔལ་བཟང་མཆོག །ཁང་པོ་ཆེ་བ་བཀའ་བཅུ་པ་ཚུལ་ཁྲིམས་འོད་ཟེར་མཆོག །རོང་པོའི་ཡུལ་དུ་བཀའ་བཅུ་པ་རང་པོ་རྗེ་བཟང་མཆོག །འདན་མའི་ཡུལ་དུ་བཀའ་བཅུ་པ་ཤེས་རབ་སེངྒེ་མཆོག །མདའ་རིས་ན་བཀའ་བཅུ་ཤེས་རབ་རིན་ཆེན་མཆོག །བཀའ་བཅུ་པ་ཤཱཀྱ་རྒྱལ་མཚན་མཆོག་དང་བཅས་མང་།

༨༩ ཀུན་མཁྱེན་གོ་བོ་རབ་འབྱམས་པ་བསོད་ནམས་སེངྒེ་མཆོག་གི་ཐུགས་ཕྱོགས་ཀྱི་བརྒྱུད་འཛིན་གཙོ་བོ་གདན་ས་ཆེན་པོ་ངོར་ཨེ་ཝཾ་ཆོས་ལྡན་གྱི་མཁན་རབས་རིམ་བྱོན་རྣམས་ཀྱི་མཚན་ཙམ་སྨོས་པ།

ཀུན་མཁྱེན་གོ་བོ་རབ་འབྱམས་པ་བསོད་ནམས་སེངྒེ་མཆོག་གི་གསང་ཆེན་ཐུགས་ཀྱི་ཆོས་བསྐོར་དུ་མ་གསན་བཞེས་རྒྱ་ཆེན་གནང་བ་ལྟར། བསྐལ་ལྡན་གྱི་སློབ་ཚོགས་གྲངས་ལས་འདས་པ་ལ་སྨིན་བྱེད་ཀྱི་དབང་དང་། གྲོལ་བྱེད་ཀྱི་ཁྲིད། རྒྱབ་རྟེན་གྱི་ལུང་། གསང་བའི་མན་ངག །ཆོ་ག་ཕྱག་ལེན་ཚུན་ཆད་ཟབ་གསལ་གྱི་འཆད་སྤེལ་མི་ལོ་བཅུ་ཕྲག་དུ་མ་མཛད་པ་ལྟར། བརྒྱུད་འཛིན་གྱི་སློབ་ཚོགས་བསམ་གྱིས་མི་ཁྱབ་པ་བྱོན་པའི་ནང་ནས་བརྒྱུད་འཛིན་གཙོ་བོ་གདན་ས་ཆེན་པོ་ངོར་ཨེ་ཝཾ་ཆོས་ལྡན་གྱི་མཁན་རབས་རིམ་བྱོན་རྣམས་ཡིན་པ་སྣང་བས། མཁན་རབས་རིམ་བྱོན་གྱི་མཚན་བྱང་ནི། གདན་ས་ཆེན་པོ་ངོར་ཨེ་ཝཾ་ཆོས་ལྡན་གྱི་མཁན་རབས་བདུན་པ་ཆོས་རྗེ་ཉིད་ཀྱི་དངོས་སློབ་དང་རྒྱལ་ཚབ་ཡོངས་འཛིན་དཀོན་མཆོག་འཕེལ་མཆོག །ངོར་མཁན་རབས་བརྒྱད་པ་མཁས་གྲུབ་ཆེན་པོ་སངས་རྒྱས་རིན་

ཆེན་མཆོག །ངོར་མཁན་རབས་དགུ་པ་རྒྱལ་བ་ལྷ་མཆོག་སེངྒེ་མཆོག །ངོར་མཁན་རབས་བཅུ་པ་ཐམས་ཅད་མཁྱེན་པ་དཀོན་མཆོག་ལྷུན་གྲུབ་མཆོག །ངོར་མཁན་རབས་བཅུ་གཅིག་པ་ཕྱོགས་རབ་འབྱམས་པ་འཇམ་དབྱངས་སངས་རྒྱས་སེངྒེ་མཆོག །ངོར་མཁན་རབས་བཅུ་གཉིས་པ་མཚུངས་མེད་དཀོན་མཆོག་དཔལ་ལྡན་མཆོག །

ངོར་མཁན་རབས་བཅུ་གསུམ་པ་གནས་ལྔ་རིག་པའི་པཎ་ཆེན་ཐར་རྩེ་ནམ་མཁའ་དཔལ་བཟང་མཆོག །ངོར་མཁན་རབས་བཅུ་བཞི་པ་ཤར་ཆེན་འབྱམས་པ་ཀུན་དགའ་བཀྲ་ཤིས་མཆོག །ངོར་མཁན་རབས་བཅོ་ལྔ་པ་རྩེ་གདོང་ཁྲི་ཆེན་འཇམ་དབྱངས་ཀུན་དགའ་བསོད་ལྷུན་གྲུབ་མཆོག །ངོར་མཁན་རབས་བཅུ་དྲུག་པ་མཁས་ཤིང་གྲུབ་པའི་དབང་ཕྱུག་སྒྲུབ་ཁང་དཔལ་ལྡན་དོན་གྲུབ་མཆོག །ངོར་མཁན་རབས་བཅུ་བདུན་པ་བྲང་ཏི་གྲུབ་པའིདབང་ཕྱུག་ནམ་མཁའ་སངས་རྒྱས་མཆོག །ངོར་མཁན་རབས་བཅོ་བརྒྱད་པ་ཤར་ཆེན་ཡེ་ཤེས་འབྱུང་གནས་དཔལ་བཟང་པོ་མཆོག །ངོར་མཁན་རབས་བཅུ་དགུ་པ་བྲང་ཏི་མཁན་ཆེན་མཁའ་རིན་ཆེན་མཆོག །ངོར་མཁན་རབས་ཉི་ཤུ་པ་རྒྱལ་རྩེ་བྱང་པ་ངག་དབང་བསོད་ནམས་རྒྱལ་མཚན་མཆོག །ངོར་མཁན་རབས་ཉི་ཤུ་རྩ་གཅིག་སྣར་ཐང་ཁང་གསར་མཁན་ཆེན་བསོད་ནམས་རྒྱ་མཚོ་མཆོག །ངོར་མཁན་རབས་ཉི་ཤུ་རྩ་གཉིས་པ་མཁན་ཆེན་འཇམ་དབྱངས་དཔལ་མཆོག་རྒྱལ་མཚན་མཆོག །ངོར་མཁན་རབས་ཉི་ཤུ་རྩ་གསུམ་པ་ཧོར་སེ་ཆེན་གོ་དན་གྱི་རྒྱུད་པ་འདྲེན་མཆོག་ནམ་མཁའ་དཔལ་བཟང་མཆོག །ངོར་མཁན་རབས་ཉི་ཤུ་རྩ་བཞི་པ་ཤར་མི་ཉག་གི་སྟོན་པ་འཇམ་མགོན་ལྷུན་གྲུབ་དཔལ་ལྡན་མཆོག །ངོར་མཁན་རབས་ཉི་ཤུ་རྩ་ལྔ་པ་སྙིགས་དུས་བསྟན་པའི་ཉི་མ་མཁན་ཆེན་འཇམ་པའི་དབྱངས་སངས་རྒྱས་ཕུན་ཚོགས་མཆོག །

ངོར་མཁན་རབས་ཉི་ཤུ་རྩ་དྲུག་པ་ཤར་ཆེན་བྱང་ཆུབ་སེམས་དཔའ་ཆེན་པོ་སངས་རྒྱས་བསྟན་འཛིན་མཆོག །ངོར་མཁན་རབས་ཉི་ཤུ་རྩ་བདུན་པ་ཛཱི་ལུང་མཁན་ཆེན་འབྱམས་པ་ཤེས་བྱ་བཟང་པོ་མཆོག །ངོར་མཁན་རབས་ཉི་ཤུ་རྩ་བརྒྱད་པ་ཁམས་མི་ཉག་རབ་སྒང་པ་འཇམ་དབྱངས་འབྱམས་པ་ཚུལ་ཁྲིམས་དཔལ་བཟང་མཆོག །ངོར་མཁན་རབས་ཉི་ཤུ་རྩ་དགུ་པ་མཚུངས་མེད་བསོད་ནམས

དཔལ་ལྡན་མཆོག །ངོར་མཁན་རབས་སུམ་ཅུ་པ་ཁང་གསར་གྲུབ་པའི་དབང་ཕྱུག་འཇམ་མགོན་བྱམས་པ་བསོད་ནམས་བཟང་པོ་མཆོག །ངོར་མཁན་རབས་སུམ་ཅུ་སོ་གཅིག་པ་གཙང་མདོར་མཁན་ཆེན་བཀྲིས་ལྷུན་གྲུབ་མཆོག །ངོར་མཁན་རབས་སུམ་ཅུ་སོ་གཉིས་པ་ཁམས་དར་མདོ་མཁྱེན་རབ་མངའ་བདག་བྱམས་པ་ཚུལ་ཁྲིམས་ལྷུན་གྲུབ་མཆོག །

ངོར་མཁན་རབས་སུམ་ཅུ་སོ་གསུམ་བྲང་ཏི་མཁན་ཆེན་གྲུབ་པའི་དབང་ཕྱུག་བྱམས་པ་ནམ་མཁའ་བསམ་འགྲུབ་མཆོག །ངོར་མཁན་རབས་སུམ་ཅུ་སོ་བཞི་པ་མཁན་ཆེན་དོ་རྗེ་འཆང་དཔལ་ལྡན་ཆོས་སྐྱོང་མཆོག །ངོར་མཁན་རབས་སུམ་ཅུ་སོ་ལྔ་པ་མཁས་གྲུབ་འཇམ་མགོན་སངས་རྒྱས་དཔལ་བཟང་མཆོག །ངོར་མཁན་རབས་སུམ་ཅུ་སོ་དྲུག་པ་ཁང་གསར་མཁན་ཆེན་བྱམས་པ་བསོད་ནམས་ལྷུན་གྲུབ་མཆོག །ངོར་མཁན་རབས་སུམ་ཅུ་སོ་བདུན་པ་བྱང་ཆུབ་སེམས་དཔའ་རིན་ཆེན་མི་འགྱུར་རྒྱལ་མཚན་མཆོག །ངོར་མཁན་རབས་སུམ་ཅུ་སོ་བརྒྱད་པ་མཁན་ཆེན་བཀྲ་ཤིས་ལྷུན་གྲུབ་མཆོག །ངོར་མཁན་རབས་སུམ་ཅུ་སོ་དགུ་པ་འཇམ་དབྱངས་ཆོས་ཀྱི་རྗེ་དཀོན་མཆོག་གྲགས་པ་མཆོག །ངོར་མཁན་རབས་བཞི་བཅུ་པ་ཁང་གསར་ངག་དབང་ཆོས་སྐྱོང་བཟང་པོ་མཆོག །ངོར་མཁན་རབས་བཞི་བཅུ་ཞེ་གཅིག་པ་མཁས་གྲུབ་སངས་རྒྱས་གྲགས་པ་མཆོག །ངོར་མཁན་རབས་བཞི་བཅུ་ཞེ་གཉིས་པ་མཚུངས་མེད་ཕུན་ཚོགས་དོན་གྲུབ་མཆོག །

ངོར་མཁན་རབས་བཞི་བཅུ་ཞེ་གསུམ་པ་མཁས་གྲུབ་ཆེན་པོ་བྱམས་པ་ཀུན་དགའ་བསོད་ནམས་མཆོག །ངོར་མཁན་རབས་བཞི་བཅུ་ཞེ་བཞི་པ་བྲང་ཏི་མཁན་ཆེན་ཐམས་ཅད་མཁྱེན་པ་བྱམས་པ་ནམ་མཁའ་འཆི་མེད་མཆོག །ངོར་མཁན་རབས་བཞི་བཅུ་ཞེ་ལྔ་པ་རབ་འབྱམས་པ་ངག་དབང་དམ་ཆོས་མཆོག །ངོར་མཁན་རབས་བཞི་བཅུ་ཞེ་དྲུག་པ་སྨྲ་བའི་དབང་ཕྱུག་མཁན་ཆེན་བསོད་ནམས་དཔལ་འབྱོར་མཆོག །མཁན་རབས་བཞི་བཅུ་ཞེ་བདུན་པ་བྲང་ཏི་བྱམས་པ་ཀུན་དགའ་བསྟན་འཛིན་མཆོག །ངོར་མཁན་རབས་བཞི་བཅུ་ཞེ་བརྒྱད་པ་ཁང་གསར་ངག་དབང་བློ་གྲོས་བཟང་པོ་མཆོག །ངོར་མཁན་རབས་བཞི་བཅུ་ཞེ་དགུ་པ་ཁམས་མི་ཉག་པཎྜི་ཏ་དཔལ་ལྡན་ཆོས་ཀྱི་རྒྱལ་མཚན་

མཆོག །ངོར་མཁན་རབས་ལྔ་བཅུ་པ་ཕན་ཁང་བྱམས་པ་དཔལ་ལྡན་བཟང་པོ་མཆོག །ངོར་མཁན་རབས་ལྔ་བཅུ་ང་གཅིག་པ་བྲང་དྲི་འི་རིགས་བརྒྱ་ཁྱབ་བདག་རྣལ་འབྱོར་འཇམ་དཔལ་བཟང་པོ་མཆོག །ངོར་མཁན་རབས་ལྔ་བཅུ་ང་གཉིས་པ་ཁང་གསར་མཁན་ཆེན་མཚུངས་མེད་ངག་དབང་བློ་གྲོས་བསྟན་འཛིན་མཆོག །ངོར་མཁན་རབས་ལྔ་བཅུ་ང་གསུམ་པ་ཕན་ཁང་མཁན་ཆེན་ཀུན་དགའ་བསྟན་པའི་བློ་གྲོས་མཆོག །ངོར་མཁན་རབས་ལྔ་བཅུ་ང་བཞི་པ་བྲང་དྲི་མཁན་ཆེན་ཐམས་ཅད་མཁྱེན་པ་བྱམས་པ་ཀུན་དགའ་བསྟན་པའི་རྒྱལ་མཚན་མཆོག །ངོར་མཁན་རབས་ལྔ་བཅུ་ང་ལྔ་པ་ཁང་གསར་མཁན་ཆེན་ངག་དབང་བསོད་ནམས་རྒྱལ་མཚན་མཆོག །ངོར་མཁན་རབས་ལྔ་བཅུ་ང་དྲུག་པ་འཇམ་དབྱངས་ཞིས་རབ་རྒྱ་མཚོ་མཆོག །

ངོར་མཁན་རབས་ལྔ་བཅུ་ང་བདུན་པ་ཕན་ཁང་མཁན་པོ་དཔལ་ལྡན་བློ་གྲོས་རྒྱལ་མཚན་མཆོག །ངོར་མཁན་རབས་ལྔ་བཅུ་ང་བརྒྱད་པ་བྲང་དྲི་འཇམ་དབྱངས་རིན་ཆེན་རྡོ་རྗེ་མཆོག །ངོར་མཁན་རབས་ང་དགུ་པ་ཟབ་གསང་རྒྱུད་སྡེ་མངའ་བདག་ཁང་གསར་མཁན་ཆེན་རྡོ་རྗེ་འཆང་ངག་དབང་བློ་གྲོས་སྙིང་པོ་མཆོག །ངོར་མཁན་རབས་དྲུག་ཅུ་པ་མཁན་ཆེན་ངག་དབང་མཁྱེན་རབ་འཇམ་དཔལ་སྙིང་པོ་མཆོག །ངོར་མཁན་རབས་དྲུག་ཅུ་རེ་གཅིག་ཕན་ཁང་ངག་དབང་ཀུན་དགའ་བསྟན་པའི་རྒྱལ་མཚན་མཆོག །ངོར་མཁན་རབས་དྲུག་ཅུ་རེ་གཉིས་པ་མཁས་བཙུན་བྱམས་པ་དཔལ་ལྡན་ཆོས་མཛད་མཆོག །ངོར་མཁན་རབས་དྲུག་ཅུ་རེ་གསུམ་པ་ཐར་རྩེ་འཇམ་དབྱངས་ཀུན་བཟང་བསྟན་པའི་རྒྱལ་མཚན་མཆོག །ངོར་མཁན་རབས་རེ་བཞི་པ་ཕན་ཁང་ངག་དབང་ཀུན་དགའ་བསྟན་པའི་རྒྱལ་མཚན་མཆོག །ངོར་མཁན་རབས་དྲུག་ཅུ་རེ་ལྔ་པ་མཁས་བཙུན་གྲུབ་པའི་དབང་ཕྱུག་ཁང་གསར་མཁན་ཆེན་ངག་དབང་བློ་གྲོས་གཞན་ཕན་སྙིང་པོ་མཆོག །

ངོར་མཁན་རབས་དྲུག་ཅུ་རེ་དྲུག་པ་ཀླུ་ལྡིང་རྒྱལ་སྲས་འཇམ་དབྱངས་ཆོས་ཀྱི་ཉི་མ་མཆོག །ངོར་མཁན་རབས་དྲུག་ཅུ་རེ་བདུན་པ་ཐར་རྩེ་འཇམ་དབྱངས་ཀུན་བཟང་ཐུབ་བསྟན་ཆོས་ཀྱི་རྒྱལ་མཚན་མཆོག །ངོར་མཁན་རབས་དྲུག་ཅུ་རེ་བརྒྱད་པ་ཕན་ཁང་ངག་དབང་བློ་གྲོས་ཐེག་མཆོག་བསྟན་པའི་

རྒྱལ་མཚན་མཆོག །ངོར་མཁན་རབས་དྲུག་ཅུ་རེ་དགུ་པ་ཁང་གསར་ངག་དབང་ཡོན་ཏན་རྒྱ་མཚོ་མཆོག །ངོར་མཁན་རབས་བདུན་ཅུ་པ་ཕན་ཁང་ངག་དབང་མཁས་གྲུབ་རྒྱལ་མཚོ་མཆོག །ངོར་མཁན་རབས་བདུན་ཅུ་དོན་གཅིག་པ་ཐར་རྩེ་བྱམས་པ་ནམ་མཁའ་ཀུན་བཟང་བསྟན་པའི་རྒྱལ་མཚན་མཆོག །ངོར་མཁན་རབས་བདུན་ཅུ་དོན་གཉིས་པ་ཀླུ་ལྡིང་འཇམ་དབྱངས་ཐུབ་བསྟན་ལུང་རྟོགས་རྒྱལ་མཚན་མཆོག །ངོར་མཁན་རབས་བདུན་ཅུ་དོན་གསུམ་པ་ཁང་གསར་མཁན་ཆེན་དམ་པ་རྡོ་རྗེ་འཆང་ངག་དབང་མཁྱེན་བརྩེ་ཐུབ་བསྟན་སྙིང་པོ་མཆོག །

ངོར་མཁན་རབས་བདུན་ཅུ་དོན་བཞི་པ་ཐར་རྩེ་འཇམ་དབྱངས་ཀུན་དགའ་བསྟན་པའི་རྒྱལ་མཚན་མཆོག །ངོར་མཁན་རབས་བདུན་ཅུ་དོན་ལྔ་པ་བདག་ཅག་རྣམས་ལ་བཀའ་དྲིན་ལྷག་པར་དུ་ཆེ་བ་རྩ་བའི་བླ་མ་གཙུག་གི་ནོར་བུ་རིགས་དང་དཀྱིལ་འཁོར་རྒྱ་མཚོའི་ཁྱབ་བདག་ཀླུ་ལྡིང་མཁན་ཆེན་འཇམ་དབྱངས་བསྟན་པའི་ཉི་མ་བཀྲ་ཤིས་གྲགས་པའི་རྒྱལ་མཚན་དཔལ་བཟང་པོ་མཆོག །ངོར་མཁན་རབས་བདུན་ཅུ་དོན་དྲུག་པ་ཤར་ཆེན་ཀླུ་ལྡིང་མཁན་པོ་སྐྱ་གཞོན་ཐུབ་བསྟན་ཆོས་ཀྱི་རྒྱལ་མཚན་མཆོག །ངོར་མཁན་རབས་བདུན་ཅུ་དོན་བདུན་པ་ཐར་རྩེ་མཁན་པོ་ངག་དབང་བསོད་ནམས་མཆོག་ལྡན་མཆོག ། ངོར་མཁན་རབས་དོན་བརྒྱད་པ་ཕན་ཁང་མཁན་པོ་འཇམ་དབྱངས་ཐུབ་བསྟན་སྙིང་པོ་མཆོག་དང་བཅས་པ་རྣམས་སོ། །གོང་གསལ་གདན་ས་ཆེན་པོ་ངོར་ཨེ་ཝཾ་ཆོས་ལྡན་གྱི་མཁན་རབས་རིམ་བྱོན་རྣམས་ཀྱི་ནང་ནས་ཁང་གསར་མཁན་ཆེན་མཆོག་དང་། ཐར་རྩེ་མཁན་ཆེན་མཆོག །ཤར་ཆེན་ཀླུ་ལྡིང་མཁན་ཆེན་མཆོག་བཅས་མཁན་ཆེན་རྣམ་གསུམ་རྒྱ་གར་འཕགས་པའི་ཡུལ་དུ་ཕེབས་དགོས་བྱུང་ཞིང་། ཁང་གསར་དང་ཐར་རྩེ་མཁན་ཆེན་རྣམ་གཉིས་དགོངས་པ་ཆོས་དབྱིངས་སུ་ཐིམ་ཟིན་ནའང་། “སྐྱབས་རྗེ་ངོར་ཤར་ཆེན་ཀླུ་ལྡིང་མཁན་ཆེན་འཇམ་དབྱངས་བསྟན་པའི་ཉི་མ་མཆོག །དགུང་གྲངས་བརྒྱད་ཅུ་གྱ་གསུམ་བཞེས་ཀྱང་ཚུལ་བསྟན་མི་འདོད་པའི་ཉེར་འཚེ་མཐའ་དག་དང་བྲལ་ཞིང་། ཐུབ་བསྟན་ཕྱོགས་བཅུར་སྤེལ་ཏེ་སྐུ་ཚེ་བསྐལ་བརྒྱར་བཞུགས་བཞིན་འདི་ཉིད་དང་། ངོར་ཤར་ཆེན་ཀླུ་ལྡིང་མཁན་པོ་སྐྱ་གཞོན་མཆོག །གློ་རྒྱལ་པོའི་སྐུ་ཚབ་ངོར་ཐར་རྩེ་མཁན་རིན་པོ་ཆེ་

རྣམ་གཉིས་རྒྱ་གར་འཕགས་པའི་ཡུལ་དང་གློ་བོར་སྙ་འབྲུངས་ཤིང་། མདོ་སྔགས་རིག་གཞུང་དང་བཅས་པ་ཐོས་བསམ་མཐར་ཕྱིན་པ་མཛད་དེ། རྒྱལ་བསྟན་སྤྱི་དང་བྱེ་བྲག་དཔལ་ལྡན་ས་སྐྱ་པའི་བསྟན་པ་འཛམ་གླིང་ས་ཆེན་པོ་གོ་ལའི་ཁྱོན་ཀུན་ལ་ཁྱབ་པ་སྤེལ་བའི་དབུ་མཛུགས་གནང་ཞིན་པ་དང་སྤེལ་འཆར་ཡིན་པ་བཅས་སོ། །

གདན་ས་ཆེན་པོ་ངོར་ཨེ་ཝྃ་ཆོས་ལྡན་གྱི་མཁན་རབས་རིམ་བྱོན་རྣམས་ཀྱིས། ཐོས་བསམ་སྒོམ་གསུམ། འཆད་རྩོད་རྩོམ་གསུམ། འཛིན་སྐྱོང་སྤེལ་གསུམ་གྱི་རྒྱལ་བསྟན་དར་རྒྱས་ཡུན་གནས་ཇི་མཛད་མཁན་ཆེན་སོ་སོའི་རང་རྣམ་མམ་རྣམ་ཐར་ཁག་དང་། གདན་ས་ཆེན་པོ་ངོར་ཨེ་ཝྃ་ཆོས་ལྡན་གྱི་གདན་རབས་ནོར་བུའི་ཕྲེང་བ། གདན་རབས་ཁ་སྐོང་། ཐར་རྩེ་པཎ་ཆེན་འཇམ་དབྱངས་མཁྱེན་བརྩེ་དབང་པོས་མཛད་པ་ངོར་པའི་གདན་རབས། ཧ་ཧོར་མཁས་དབང་གདོང་ཐོག་བསྟན་པའི་རྒྱལ་མཚན་རིན་པོ་ཆེས་མཛད་པའི་ངོར་པའི་མཁན་རབས་མཚན་བྱང་དང་། ངོར་ཀླུ་ལྡིང་མཁན་ཆེན་འཇམ་དབྱངས་བསྟན་པའི་ཉི་མ་མཆོག་གིས་མཛད་པ། གདན་ས་ཆེན་པོ་ངོར་ཨེ་ཝྃ་ཆོས་ལྡན་གྱི་གདན་རབས་ཟབ་རྒྱས་མ། ངོར་བཤད་གྲྭའི་མཁན་པོ་ཐུབ་བསྟན་སྙིང་པོས་བརྩམས་པ། ངོར་ཨེ་ཝྃ་ཆོས་ལྡན་གྱི་ལོ་རྒྱུས་ངོ་མཚར་ནོར་བུའི་ཕྲེང་བ་རྣམས་ལ་ཞིབ་གཟིགས་ཡོང་བ་ཞུ། །

༩༥ གོ་བོ་རབ་འབྱམས་པ་བསོད་ནམས་སེངྒེ་མཆོག་གི་མདོ་མཚན་ཉིད་ཐེག་པའི་བརྒྱུད་འཛིན་གྱི་གཙོ་བོ་གདན་ས་ཆེན་པོ་ཧ་ནག་ཐུབ་བསྟན་རྣམ་རྒྱལ་གླིང་གི་མཁན་རབས་རིམ་བྱོན་གྱི་མཚན་ཙམ་སྨོས་པ།

ཀུན་མཁྱེན་གོ་བོ་རབ་འབྱམས་པ་བསོད་ནམས་སེངྒེ་མཆོག་སྐུ་ན་ཆུང་ངུའི་དུས་ནས་ཕ་ཡུལ་མདོ་ཁམས་གོ་འཛོ་རང་ནས་མདོ་སྔགས་རིག་གཞུང་དང་བཅས་པ་སློབ་སྦྱོང་རྒྱ་ཆེན་གནང་རྗེས། དེ་རྗེས་རིམ་པ་བཞིན་དབུས་ཕན་པོ། གཙང་ངོར་རྫ། མུས་སྟག་མོ་གླིང་ཁ། གཙང་རྫོང་དཀར་འབྲས་ཡུལ་རྣམས་ཀྱི་གཙོ་བོར་གྱུར་པའི་གདན་ས། གྲྭ་ཚང་། རི་ཁྲོད། དེ་བཞིན་ས་གནས་ངེས་མེད་ལ་བཞུགས་པའི་མཁས་གྲུབ་མང་པོའི་ཞབས་ལ་བཏུག་སྟེ། ཐོས་བསམ་སྒོམ་གསུམ་མཐར་ཕྱིན་གནང་བ་ལྟར།

དགུང་གྲངས་སུམ་ཅུ་སོ་གཉིས་བཞེས་པའི་ཚེ། གདན་ས་རྫོང་དཀར་འབྲས་ཡུལ་སྐྱེད་མོས་ཚལ་གྱི་མཁན་པོའི་ཁྲི་ལ་ཕེབས་པ་ནས་བཟུང་སྟེ། དགུང་གྲངས་དྲུག་ཅུ་རེ་གཅིག་ལོ་གཟུགས་སྐུ་ཆོས་དབྱིངས་ལ་མ་གཤེགས་ཀྱི་བར་དུ། མི་ལོ་སུམ་ཅུ་སོ་དགུ་རིང་ལ་དངོས་སུ་འཆད་རྩོད་རྩོམ་གྱི་རྒྱལ་བསྟན་ཉིན་མོ་ལྟར་ཆེས་ཆེར་གསལ་བར་མཛད་པའི་བརྒྱུད་འཛིན་གྱི་སློབ་ཚོགས་བསམ་གྱིས་མི་ཁྱབ་པ་རིམ་པས་བྱོན་པ་རྣམས་ཀྱི་ཡ་གྱལ། མདོ་མཚན་ཉིད་ཐེག་པའི་རྒྱུད་འཛིན་ཡང་ཤིན་ཏུ་མང་པོ་བྱོན་པ་རྣམས་ཀྱི་ནང་ནས་གཙོ་བོ་ཆོས་རྗེ་ཉིད་ཀྱི་གདན་ས་རྟ་ནག་ཐུབ་བསྟན་རྣམ་རྒྱལ་གླིང་གི་མཁན་རབས་རིམ་བྱོན་རྣམས་ཡིན་སྣང་བས་མཁན་རབས་རིམ་བྱོན་རྣམས་ཀྱི་མཚན་ཙམ་སྨོས་ན། ཆོས་རྗེ་ཉིད་ཀྱི་རྒྱལ་ཚབ་རྟ་ནག་མཁན་རབས་གཉིས་པ་པཎ་ཆེན་ཀོང་སྟོན་དབང་ཕྱུག་གྲུབ་པ་མཆོག །རྟ་ནག་མཁན་རབས་གསུམ་པ་སྣར་ཐང་སྤྲུལ་སྐུ་རིན་པོ་ཆེ་མཆོག །རྟ་ནག་མཁན་རབས་གསུམ་པ་མཁས་གྲུབ་ཆེན་པོ་བློ་གྲོས་རབ་ཡངས་མཆོག །རྟ་ནག་མཁན་རབས་བཞི་པ་དཔལ་ས་སྐྱ་པ་ཆེན་པོ་ʺབདག་ཆེན་ངག་གི་དབང་ཕྱུག་གྲགས་པ་རྒྱལ་མཚན་མཆོག །རྟ་ནག་མཁན་རབས་ལྔ་པ་གཙང་སྟོད་རྩོམ་པའི་ཁྱུ་མཆོག་བཀྲ་ཤིས་བརྟན་པ་བཟང་པོ་མཆོག །རྟ་ནག་མཁན་རབས་དྲུག་པ་མཁས་པའི་དབང་པོ་འབུམ་རབ་འབྱམས་པ་དཔལ་ལྡན་དོན་གྲུབ་རྒྱལ་མཚན་མཆོག །རྟ་ནག་མཁན་རབས་བདུན་པ་རྩེ་ཐང་གླིང་སྟོད་པ་ཆེན་པོ་བློ་གྲོས་འབྱུང་གནས་འཇམ་དབྱངས་དགའ་བའི་བློ་གྲོས་མཆོག །

རྟ་ནག་མཁན་རབས་བརྒྱད་པ་ཉང་སྟོད་མཁས་པའི་དབང་པོ་བྱམས་དཔལ་ལྡན་རྒྱལ་མཚན་མཆོག །རྟ་ནག་མཁན་རབས་དགུ་པ་རྩེ་ཐང་གླིང་སྟོད་པ་ཆེན་པོ་བློ་གྲོས་འབྱུང་གནས་མཆོག །རྟ་ནག་མཁན་རབས་བཅུ་པ་ཏྲེ་ཧོར་འཇམ་མགོན་ཆོས་སྐྱོང་འོད་ཟེར་བཟང་པོ་མཆོག །རྟ་ནག་མཁན་རབས་བཅུ་གཅིག་པ་མདོ་ཁམས་འཇམ་མགོན་གྲུབ་པའི་དཔའ་བོ་བསོད་ནམས་ཆོས་འཕེལ་མཆོག །རྟ་ནག་མཁན་རབས་བཅུ་གཉིས་པ་ཆུ་འདུས་པཎ་ཆེན་བཟོད་པ་རྒྱ་མཚོ་མཆོག །རྟ་ནག་མཁན་རབས་བཅུ་གསུམ་པ་འཇམ་པའི་དབྱངས་ཆོས་རྣམ་རྒྱལ་དཔལ་བཟང་པོ་མཆོག །རྟ་ནག་མཁན་རབས་བཅུ་བཞི་པ་ཀོང་པོ་མཁས་པའི་དབང་པོ་དོན་གྲུབ་དཔལ་བཟང་མཆོག །རྟ་ནག་མཁན་རབས་བཅོ་ལྔ་པ་

ཤར་རྒྱལ་མོ་རོང་པ་མཁས་གྲུབ་བཀྲ་ཤིས་ཆོས་འཕེལ་མཆོག །ཧྲ་ནག་མཁན་རབས་བཅུ་དྲུག་པ་མཁས་གྲུབ་བསོད་ནམས་བློ་གྲོས་བསྟན་པའི་རྒྱལ་མཚན་དཔལ་བཟང་པོ་མཆོག །ཧྲ་ནག་མཁན་རབས་བཅུ་བདུན་པ་མཁན་ཆེན་ངག་དབང་བསྟན་པའི་རྡོ་རྗེ་དཔལ་བཟང་པོ་མཆོག །ཧྲ་ནག་མཁན་རབས་བཅོ་བརྒྱད་པ་མཁྱེན་རབ་ཀྱི་དབང་ཕྱུག་ཆོས་དཀར་རྣམ་རྒྱལ་མཆོག །ཧྲ་ནག་མཁན་རབས་བཅུ་དགུ་པ་འཇམ་པའི་དབྱངས་ཀུན་དགའ་བསོད་ནམས་མཆོག །ཧྲ་ནག་མཁན་རབས་ཉི་ཤུ་པ་མངའ་རིས་རྭ་ཕྲོག་མཁས་མཆོག་དཔལ་འབྱོར་རྣམ་རྒྱལ་མཆོག །ཧྲ་ནག་མཁན་རབས་ཉི་ཤུ་རྩ་གཅིག་པ་མདོ་ཁམས་མཁས་བཙུན་བཟང་པོ་རྒྱལ་མཚན་མཆོག །ཧྲ་ནག་མཁན་རབས་ཉི་ཤུ་རྩ་གཉིས་པ་མཁས་པའི་དབང་པོ་བསོད་ནམས་རྒྱ་མཚོ་མཆོག །

ཧྲ་ནག་མཁན་རབས་ཉི་ཤུ་རྩ་གསུམ་པ་མཚུངས་མེད་རྡོ་རྗེ་རྣམ་རྒྱལ་མཆོག །ཧྲ་ནག་མཁན་རབས་ཉི་ཤུ་རྩ་བཞི་པ་མཁས་མཆོག་རྣམ་རྒྱལ་བཟང་པོ་མཆོག །ཧྲ་ནག་མཁན་རབས་ཉི་ཤུ་རྩ་ལྔ་མཁན་པོ་འཇམ་མགོན་ཆོས་སྐྱབས་རྣམ་རྒྱལ་མཆོག །ཧྲ་ནག་མཁན་རབས་ཉི་ཤུ་རྩ་དྲུག་པ་ཀུན་སྤངས་ཕུན་ཚོགས་རྒྱལ་མཚན་མཆོག །ཧྲ་ནག་མཁན་རབས་ཉི་ཤུ་རྩ་བདུན་པ་འཁོར་ལོ་སྡོམ་པ་ཚུལ་ཁྲིམས་བཟང་པོ་མཆོག །ཧྲ་ནག་མཁན་རབས་ཉི་ཤུ་རྩ་བརྒྱད་པ་མཁན་ཆེན་ངག་དབང་བསྟན་འཛིན་རྒྱ་མཚན་མཆོག ། ཧྲ་ནག་མཁན་རབས་ཉི་ཤུ་རྩ་དགུ་པ་གྲུབ་མཆོག་ཀླུ་དབང་རྒྱ་མཚོ་མཆོག །ཧྲ་ནག་མཁན་རབས་སུམ་ཅུ་པ་ཆོས་རྗེ་པདྨ་རྒྱལ་མཚན་དཔལ་བཟང་པོ་མཆོག །ཧྲ་ནག་མཁན་རབས་སུམ་ཅུ་སོ་གཅིག་པ་རབ་འབྱམས་པ་ངག་དབང་ཚུལ་ཁྲིམས་རབ་རྒྱས་མཆོག །ཧྲ་ནག་མཁན་རབས་སུམ་ཅུ་སོ་གཉིས་པ་མང་ཐོས་བྱམས་བསོད་བསྟན་དར་མཆོག །

ཧྲ་ནག་མཁན་རབས་སུམ་ཅུ་སོ་གསུམ་པ་ངག་དབང་ཀུན་དགའ་བཟང་པོ་མཆོག །ཧྲ་ནག་མཁན་རབས་སུམ་ཅུ་སོ་བཞི་པ་ངག་དབང་ཚུལ་ཁྲིམས་དཔལ་འབྱོར་བསྟན་པའི་རྒྱལ་མཚན་མཆོག །ཧྲ་ནག་མཁན་རབས་སུམ་ཅུ་སོ་ལྔ་པ་ངག་དབང་ཚུལ་ཁྲིམས་རབ་རྒྱས་མཆོག །ཧྲ་ནག་མཁན་རབས་སུམ་ཅུ་སོ་དྲུག་པ་གྲུབ་དབང་ངག་དབང་ཚུལ་ཁྲིམས་རྒྱལ་མཚན་མཆོག །ཧྲ་ནག་མཁན་རབས་

སུམ་ཅུ་སོ་བདུན་པ་མཁན་ཆེན་པཎ་ཡེ་སིདྡྷི་མཆོག །རྟ་ནག་མཁན་རབས་སོ་བརྒྱད་པ་ངག་དབང་འཕྲིན་ལས་རྒྱ་མཚོའམ་མི་ཕམ་སིདྡྷི་རབ་རྒྱས་མཆོག །རྟ་ནག་མཁན་རབས་སོ་དགུ་པ་མཁན་ཆེན་སངས་རྒྱས་བསྟན་འཛིན་མཆོག་འདི་རྒྱ་གར་འཕགས་པའི་ཡུལ་དུ་ཕེབས་དགོས་བྱུང་ཡང་སྔགས་ས་ཆོས་སྐར་དང་། ཤྰ་ཙ་གཙུག་ལག་སློབ་གྲྭ་ཆེན་མོ། ཀུམ་ཀུ་རུ་དགོན་པ་རྣམས་སུ། མདོ་སྔགས་རིག་གཞུང་དང་བཅས་པ་འཆད་སྤེལ་མཛད། ཁྱད་པར་དུ་༧རྒྱལ་མཆོག་སྐུ་ཕྲེང་བཅུ་པ་ཆེན་པོ་མཆོག་གི་སྐུ་ཡི་ཡོངས་འཛིན་དུ་བཞེངས། སྡོམ་གསུམ་རབ་དབྱེ་དང་། སྡོམ་གསུམ་ཁ་སྐོང་། སྡོམ་གསུམ་འཇམ་དབྱངས་བླ་མའི་དགོངས་རྒྱན། དབུ་མ་འཇུག་པ། དབུ་མ་བཞི་བརྒྱ་པ། བཤེས་སྤྲིངས། ཚད་མ་རིགས་གཏེར། འདུལ་བ་མདོ་རྩ་ལ་སོགས་ཀྱི་དགོངས་འགྲེལ་བརྩམས་པ་བཅས་ཆོས་ཕྱོགས་ནས་མཛད་འཕྲིན་མི་དམན་ཙམ་བྱུང་།

གོང་གསལ་གདན་ས་ཆེན་པོ་རྟ་ནག་ཐུབ་བསྟན་རྣམ་རྒྱལ་གླིང་གི་མཁན་རབས་རིམ་བྱོན་རྣམས་ཀྱིས་རྒྱལ་བསྟན་སྤྱི་དང་བྱེ་བྲག་གངས་ལྗོངས་ཆོས་བརྒྱུད་ཆེན་པོ་དཔལ་ལྡན་ས་སྐྱ་པའི་བསྟན་པ་བཤད་སྒྲུབ་ལས་གསུམ་གྱི་དར་རྒྱས་གོང་སྤེལ་ཇི་མཛད། ཀུན་མཁྱེན་གོ་བོ་རབ་འབྱམས་པ་བསོད་ནམས་སེངྒེའི་རྣམ་ཐར་ཁག་བཅུ་གཉིས་ད་ལྟར་བཞུགས་བཞིན་པ་རྣམས་དང་། མཁན་རབས་རིམ་བྱོན་གྱི་སྐོར་ལ་རྟ་ནག་མཁན་ཆེན་མི་ཕམ་ངག་གི་དབང་ཕྱུག་མཆོག་གིས་མཛད་པ། གདན་ས་རྟ་ནག་ཐུབ་བསྟན་རྣམ་རྒྱལ་གླིང་གི་རྟེན་གདན་རབས་དང་བཅས་པའི་ལོ་རྒྱུས་མདོ་ཙམ་བརྗོད་པ་ངོ་མཚར་དད་པའི་སྒོ་འབྱེད། འཕགས་ཡུལ་རྫོང་སར་མཁན་ཆེན་ངག་དབང་ཀུན་དགའ་དབང་ཕྱུག་མཆོག་གིས་མཛད་པའི་ཚད་མའི་བླ་བརྒྱུད་ཀྱི་བརྒྱུད་འདེབས་ལ་གཟིགས་ཞིབ་ཡོང་བ་ཞུ། །

༨༤ ཀུན་མཁྱེན་གོ་བོ་རབ་འབྱམས་པ་བསོད་ནམས་སེངྒེ་མཆོག་གི་བཀའ་སྲོལ་གཞུང་ཆེན་ཁག་གི་བཤད་རྒྱུན་རྣམས་འཕེལ་འགྲིབ་ཇི་ལྟར་བྱུང་བའི་སྐོར་རགས་ཙམ་བཤད་པ།

སྤྱིར་ཡང་ཀུན་མཁྱེན་གོ་བོ་རབ་འབྱམས་པ་བསོད་ནམས་སེངྒེ་མཆོག་གི་བཀའ་སྲོལ་གཞུང་ཆེན་ཁག་གི་བཤད་རྒྱུན་རྣམས་བོད་ཀྱི་མཁས་དབང་རིམ་བྱོན་རྣམས་ཀྱི་སྐབས་སུ་འཕེལ་འགྲིབ་ཇི་ལྟར

བྱུང་བའི་ཚུལ་སྤྱིར་བཤད་པ་ལས། དང་པོ་རིན་སྤུངས་པའི་དབང་སྒྱུར་སྐབས་སུ་འཕེལ་འགྲིབ་ཇི་ལྟར་བྱུང་བའི་ཚུལ་ནི། བསྟན་པའི་སྦྱིན་བདག་ཆེན་པོ་ས་སྐྱོང་རིན་སྤུངས་པ་དྲུང་ཆེ་ནོར་བུ་བཟང་པོ་མཆོག་གི་སྐུ་དུས་དང་། དེ་ལ་སྲས་ལྷ་བྱིན་པ་ལས་སྲས་བཞི་པ་མཚོ་སྐྱེས་རྡོ་རྗེས་སྟེ་གདོང་གཞུང་གི་སྲིད་ཚབ་མཛད། དེ་བཞིན་བསྟན་པའི་སྦྱིན་བདག་ཆེན་པོ་རིན་སྤུངས་ཆོས་རྒྱལ་དོན་གྲུབ་རྡོ་རྗེ་འམ་དོན་ཡོད་རྡོ་རྗེ་མཆོག་གི་སྐུ་དུས་ལ་ཐོག་མར་ཀུན་མཁྱེན་གོ་བོ་རབ་འབྱམས་པ་བསོད་ནམས་སེངྒེའི་བསྟན་པའི་སྦྱིན་བདག་གནང་སྟེ། གདན་ས་རྟ་ནག་གསེར་གླིང་དགོན་པ་དང་། གདན་ས་ཆེན་པོ་རྟ་ནག་ཐུབ་བསྟན་རྣམ་རྒྱལ་གླིང་རྣམ་གཉིས་ཕྱག་བཏབ་པ་ནས་བཟུང་མདོ་སྔགས་ཀྱི་གཞུང་ཆེན་རྣམས་འཆད་སྤེལ་གྱི་དབུ་ཚུགས་པ་དང་། དེ་ནས་བསྟན་པའི་སྦྱིན་བདག་ཆེན་པོ་ས་སྐྱོང་རིན་སྤུངས་པའི་གདུང་རྒྱུད་རིམ་བྱོན་རྣམས་ཀྱི་སྐུ་རིང་ལ་བོད་ཡོངས་ལ་ཆོས་ཀྱི་མངའ་དབང་བསྒྱུར་གནང་མཛད་པའི་རིང་དང་བཅས་མི་ལོ་བཅུ་ཕྲག་བརྒྱད་ལྷག་ཙམ་ལ། ཀུན་མཁྱེན་གོ་བོ་རབ་འབྱམས་པ་བསོད་ནམས་སེངྒེ་མཆོག་གི་བཀའ་སྲོལ་གཞུང་ཆེན་ཁག་གི་བཤད་རྒྱུན་རྣམས་དར་རྒྱས་གོང་སྤེལ་བོད་ཡུལ་ཡོངས་ལ་ཁྱབ་པའི་བཀའ་དྲིན་ཆེན་པོ་གནང་།

གཉིས་པ་སྡེ་པ་གཙང་པའི་སྐབས་སུ་འཕེལ་འགྲིབ་ཇི་ལྟར་བྱུང་བའི་ཚུལ་བཤད་པ་ནི། རིན་སྤུངས་པའི་ཞབས་འབྲིང་ཤིང་ཤག་པ་ཚེ་བརྟན་རྡོ་རྗེས་བཀའ་དྲིན་ལ་བསམ་ཤེས་མེད་པ་དྲིན་ལན་ལོག་འཇལ་དང་། ངོ་ཚ་ཁྲེལ་མེད་ལས་འབྲས་ཁྱད་གསོད་ཀྱིས་རིན་སྤུངས་སྐུ་སྲས་ཀུན་མཁྱེན་པདྨ་དཀར་པོ་མཆོག་ལྐོག་གསོད་བཏང་བའི་རྗེས་སུ། ད་དུང་ཆོག་ཤེས་མེད་པ་ཉང་སྟོད་སྨད་ཀྱི་ས་ཁུལ་ནས་དྲག་པོའི་དམག་གིས་རིན་སྤུངས་པའི་སྲིད་གཞུང་ལ་ཚུར་རྒོལ་ཐེངས་མང་བྱས་རྗེས། རིན་སྤུངས་པའི་སྲིད་གཞུང་རིམ་པས་མངའ་ཐང་ཇེ་ཞན་དུ་གྱུར། གཙང་པ་ཤིང་ཤག་ཚེ་བརྟན་རྡོ་རྗེ་དང་། དེའི་སྲས་བསྟན་སྲུང་དབང་པོ། དེའི་སྲས་ཕུན་ཚོགས་རྣམ་རྒྱལ་གྱིས་རང་གི་ཁྱབ་ཁོངས་གང་ཡོད་ཀྱི་ཆབ་སྲིད་ཀྱི་འགན་དབང་བཞེས། དེའི་སྲས་ཀརྨ་བསྟན་སྐྱོང་དབང་པོས་དབུ་ཁྲིད་པའི་སྡེ་པ་གཙང་པའི་སྲིད་གཞུང་ལ། སོག་པོ་གུ་ཤྲི་ཁང་གིས་དམག་དྲངས་ཏེ། སྲིད་དབང་མ་འཕྲོག་གི་བར་དུ་མི་ལོ་བཅུ

ཕྲག་བདུན་ཙམ་གྱི་རིང་ལ། ཀུན་མཁྱེན་གོ་བོ་རབ་འབྱམས་པ་བསོད་ནམས་སེངྒེ་མཆོག་གི་བཀའ་སྲོལ་གཞུང་ཆེན་ཁག་གི་བཤད་རྒྱུན་རྣམས་ཉམས་རྒྱུད་མེད་པར་གནས་ཐུབ་པའི་བཀའ་དྲིན་ཆེན་པོ་གནང་།

གསུམ་པ་གཞུང་ས་དགའ་ལྡན་ཕོ་བྲང་གི་སྐབས་སུ་འཕེལ་འགྱིབ་ཇི་ལྟར་བྱུང་བའི་ཚུལ་བཤད་པ་ནི། སྡེ་པ་གཙང་པ་ཀརྨ་བསྟན་སྐྱོང་དབང་པོ་སྲིད་གཞུང་དང་། དབུས་སྟག་རྩེ་སྡེ་པ་གཉིས་ཀྱི་བར་ཆོས་ལུགས་འཛིན་འཁྲིར་ལྟ་བུས་ཕན་ཚུན་དམག་འཁྲུགས་ཀྱང་ལན་མང་བྱེད་དགོས་བྱུང་བས། སྟག་རྩེ་སྡེ་པས་སོག་པོ་གུ་ཤྲཱི་ཁང་གི་དམག་སྣ་དྲངས་ཏེ། སྡེ་པ་གཙང་པའི་སྲིད་དབང་ཡོངས་སུ་ཕྲོགས་ཏེ། ༧རྒྱལ་མཆོག་སྐུ་ཕྲེང་ལྔ་པ་ཆེན་པོ་མཆོག་ལ་ཕུལ་བ་ལྟར། གཞུང་ས་དགའ་ལྡན་ཕོ་བྲང་གི་སྲིད་གཞུང་དབུ་བརྙེས། རྒྱལ་མཆོག་ལྔ་པ་ཆེན་པོས་གུ་ཤྲཱི་ཁྭང་ལ་བསྟན་འཛིན་ཆོས་ཀྱི་རྒྱལ་པོའི་ཚོ་ལོ་དང་། ཐམ་ག་བསྩལ། ཕྱག་མཛོད་བསོད་ནམས་ཆོས་འཕེལ་ལ་སྡེ་སྲིད་ཀྱི་འགན་དབང་བསྩལ། དེ་ནས་བཟུང་སྡེ་གོ་ཐོས་ལྟར་ན་བོད་ཡུལ་གྱི་ས་ཁུལ་ནས་དགོན་སྡེ་ཆེ་ཕྲ་མང་པོའི་ཁྲབ་ཁོངས་དང་བཅས་པ་དགེ་བསྒྱུར་བྱས་ཀྱང་ཟེར། དེ་རྗེས་ད་དུང་སླར་གསོ་མི་ཆོག་པའི་བཀའ་རྒྱ་དམ་བསྒྲགས་མི་ལོ་བརྒྱ་ལྷག་ཙམ་བྱས་ཏེ། གཞུང་ཆེན་ཁྲིད་རྒྱུན་ཆད་པ་ཉེ་བའི་ཤིན་ཏུ་ཛ་དྲག་གི་གནས་ཚུལ་ཐབས་སྡུག་རིམ་པས་སྲིད་ཚབ། སྡེ་སྲིད་དང་བཅས་པ་འགན་འཛིན་རིམ་བྱོན་རྣམས་ཀྱི་སྐུ་དུས་ལ་སྲིད་རྗེས་ཙང་ཟད་གུ་ཡངས་ཐོབ་ཀྱང་མི་ལོ་བརྒྱ་ལྷག་ཙམ་ལ་སླར་གསོ་དཀའ་བའི་གནས་སུ་གྱུར། དེ་ནས་རིམ་པས་༧རྒྱལ་མཆོག་སྐུ་ཕྲེང་བཅུ་གསུམ་པ་ཆེན་པོ་མཆོག་གི་སྐུ་ཚེ་སྨད་ཙམ་ནས་འཕེལ་རྒྱས་ཀྱི་ཕྱོགས་སུ་སྐྱོད་ཐུབ་པ་བྱུང་།

༡༧ ཀུན་མཁྱེན་གོ་བོ་རབ་འབྱམས་པ་བསོད་ནམས་སེངྒེ་མཆོག་གི་བཀའ་སྲོལ་གཞུང་ཆེན་ཁག་གི་བཤད་རྒྱུན་རྣམས་མདོ་སྟོད་སྡེ་དགེ་རྫོང་སར་ཁམས་བྱེའི་བཤད་གྲྭ་ཆེན་མོ་ནས་དར་རྒྱས་གོང་སྤེལ་གནང་བའི་མཁན་རབས་རིམ་བྱོན་རྣམས་ཀྱི་མཚན་ཙམ་སྨོས་པ།

དེ་ཡང་རྫོང་སར་ཁམས་བྱེའི་བཤད་གྲྭ་ཆེན་མོའི་མ་དགོན་ནི། རྫོང་སར་དགོན་པ་ཞེས་བོད་མདོ་

ཁམས་སྡེ་དགེ་སྨན་ཤོད་དུ། འགྲོ་མགོན་ཆོས་རྒྱལ་འཕགས་པས་རབ་བྱུང་བཞི་པའི་སྐབས་ཙམ་དུ་ཆགས་བཏབ་པའང་། ཡང་ན་བསྐྱར་གསོས་གནང་། དེ་ནས་རབ་བྱུང་བཅུ་བཞི་པའི་ནང་དུ་རྫོང་སར་དགོན་པའི་བླ་མ། འཇམ་དབྱངས་མཁྱེན་བརྩེ་དབང་པོ་ཞེས་རིས་མེད་ཆོས་ལུགས་སྤྱི་ཡི་བསྟན་པའི་བདག་པོ་གྱུར་པ་ལྟ་བུ་ཞིག་བྱོན། དེས་རྫོང་སར་དགོན་པའི་རི་གཞམ་སྨན་སྣ་རྩ་ཆེན་ཁམས་གྱི་བཞ་ཀ་ར་ཞེས་བྱ་བ་དེར་སྐྱེ་སའི་ཐང་སྟེང་དུ། རིགས་གསུམ་སྤྲུལ་པའི་གཙུག་ལག་ཁང་ཕྱག་བཏབ་པར་མཛད། རྫོང་སར་མཁྱེན་བརྩེ་སྐུ་ཕྲེང་གཉིས་པ་འཇམ་དབྱངས་བླ་མ་ཆོས་ཀྱི་བློ་གྲོས་མཆོག་གིས། སྐུ་གོང་མའི་འཕྲིན་ལས་ཀྱི་རྒྱུན་མཐུད་པ་དང་། རྒྱལ་བསྟན་རིན་པོ་ཆེ་ཉམས་པ་སླར་གསོ་ལ་དགོངས་ཏེ། སྤྱི་ལོ་༡༨༡༧ལོར་རིགས་གསུམ་སྤྲུལ་པའི་གཙུག་ལག་ཁང་གི་གཡས་གཡོན་དང་མདུན་དུ་གྲྭ་ཤག་གི་བསྐོར་གནང་མཛད་གྲུབ་རྗེས། རྫོགས་ཆེན་ནས་མཁན་ཆེན་རྒྱལ་སྲས་གཞན་ཕན་མཐའ་ཡས་མཆོག་གདན་དྲངས་ཏེ། བཤད་གྲྭ་དངོས་སུ་དབུ་འཛུགས་གནང་སྟེ། ཆོས་ལུགས་རིས་མེད་ཀྱི་སློབ་ཚོགས་སྐྱོང་གནང་མཛད་པ་ནས་བཟུང་། རྫོང་སར་ཁམས་བྱེའི་བཤད་གྲྭ་ཆེན་མོ་ཞེས་མཚན་ཡོངས་སུ་གྲགས།

རྫོང་སར་ཁམས་བྱེའི་མཁན་རབས་གཉིས་པ་བྱོན་པ་དབོན་སྟོད་མཁྱེན་རབ་ཆོས་ཀྱི་འོད་ཟེར་ནི། སྐུ་གཞོན་ནུའི་དུས་ནས་རིས་མེད་ཀྱི་མཁས་གྲུབ་མང་པོའི་ཞབས་ལ་བཏུགས་ཏེ། གསན་བསམ་སློབ་སྦྱོང་དུ་མར་མཛད། ཁྱད་པར་དུ་ངོར་གསང་བདག་བློ་གཏེར་དབང་པོ་སྡེ་དགེ་དངུལ་ཕུར་བཞུགས་པའི་ཞབས་ལ་བཏུགས་ཏེ། གསང་བདག་བློ་གཏེར་དབང་པོ་མཆོག་ལ། གདན་ས་གཙང་ཧྲ་ནག་ཐུབ་བསྟན་རྣམ་རྒྱལ་གླིང་ནས། མཁན་རབས་སུམ་ཅུ་སོ་བརྒྱད་པ་མཁན་ཆེན་མི་ཕམ་སེནྡྷེ་རབ་རྒྱས་ཀྱི་ཞལ་སྔ་ནས། ཀུན་མཁྱེན་གོ་བོ་རབ་འབྱམས་པ་བསོད་ནམས་སེངྒེ་མཆོག་གི་བཀའ་འབུམ་གཞུང་ཆེན་ཁག་གི་ཁྲིད་རྒྱུན་ཐོབ་པ་རྣམས། འཆད་ཁྲིད་ཞུ་ཐོབ་གསན་བསམ་སློབ་སྦྱོང་མཐར་ཕྱིན་གནང་བའི་རྗེས་སུ། རྫོང་སར་ཁམས་བྱེའི་བཤད་གྲྭའི་མཁན་རབས་གཉིས་པའི་ཁྲི་པར་ཕེབས་ཏེ། མི་ལོ་བཅུ་ཕྲག་གཅིག་ལ་ཀུན་མཁྱེན་གོ་བོ་རབ་འབྱམས་པ་བསོད་ནམས་སེངྒེ་བཀའ་སྲོལ་གཞུང་ཆེན་

ཁག་གི་ཁྲིད་རྒྱུན་རྣམས་འཆད་སྤེལ་མཛད།

རྫོང་སར་ཁམས་བྱེའི་མཁན་རབས་གསུམ་པ་བྱོན་པ་འདུལ་འཛིན་བྱེ་བའི་གཙུག་རྒྱན་སླ་སྟོང་བླ་མ་འཇམ་དབྱངས་རྒྱལ་མཚན་མཆོག་གི་སྐུ་དུས་ལ། རྫོགས་ཆེན་མཁན་ཆེན་གཞན་ཕན་ཆོས་ཀྱི་སྣང་བ་མཆོག་གི་བཀའ་ལུང་བསྟན་པ་བཞིན། ཀུན་མཁྱེན་གོ་བོ་རབ་འབྱམས་པ་བསོད་ནམས་སེངྒེ་མཆོག་གི་བཀའ་འབུམ་མ་པོད་བཅུ་གསུམ་ཡོངས་རྫོགས། གདན་ས་གོ་འཛོ་ཐང་སྐྱ་དགོན་པ། སྟེ་དགེ་ཕ་ར་དགོན་པ། མཁྱེན་བརྩེ་བླ་བྲང་རྣམས་ནས་ཆོལ་སྒྲུབ་ལེགས་པར་གྲུབ་རྗེས། མཁན་ཆེན་ཉིད་ཀྱིས་ཐུགས་འགན་བཞེངས་ཏེ་ཤིང་སྤར་བརྐོ་རྒྱུ་མི་ལོ་བརྒྱད་ནས་ཞུ་དག་ཤིན་ཏུ་མཐའ་གཙང་དང་བཅས་ལེགས་པར་གྲུབ། རྫོང་སར་ཁམས་བྱེའི་མཁན་རབས་བཞི་པ་ལི་ཐང་མཁས་པའི་དབང་པོ་སྟེ་གཞུང་ཆོས་འཕེལ་མཆོག ། རྫོང་སར་ཁམས་བྱེའི་མཁན་རབས་ལྔ་པ་མཁས་གྲུབ་བྲག་གཡབ་བློ་གྲོས་རྒྱལ་མཚན་མཆོག །

རྫོང་སར་མཁན་རབས་དྲུག་པ་སྡེ་དགེ་ཁང་དམར་རིན་ཆེན་མཆོག །རྫོང་སར་མཁན་རབས་བདུན་པ་སྡེ་དགེ་མདོ་སྲིབ་མཁན་ཆེན་ཐུབ་བསྟན་རྒྱལ་མཚན་མཆོག །རྫོང་སར་ཁམས་བྱེའི་བཤད་གྲྭའི་མཁན་རབས་བརྒྱད་པ་ཤར་མི་ཉག་དམ་ཆོས་བསྟན་པ་མཆོག །རྫོང་སར་ཁམས་བྱེའི་བཤད་གྲྭའི་མཁན་རབས་དགུ་པ་བྲག་གཡབ་གཙང་སར་སླ་བའི་གཙུག་རྒྱན་མཁྱེན་རབ་སེངྒེ་མཆོག་བཅས་མ་བྱུང་གོང་དུ་མཁན་རབས་དགུ་བྱོན་པ་རྣམས་ཀྱིས། མདོ་སྔགས་རིག་གཞུང་བཅས་པ་རྣམས་ལ་ཐོས་བསམ་སྒོམ་གསུམ། འཆད་རྩོད་རྩོམ་གསུམ། འཛིན་སྐྱོང་སྤེལ་གསུམ་མི་ལོ་ལྔ་བཅུ་ལྷག་ཙམ་གནང་བའི་རིང་ལ་ཞལ་སློབ་གྲངས་ལས་འདས་པ་བྱོན་ཀྱང་། གཙོ་བོར་བོད་ཀྱི་ཆོས་བརྒྱད་ཆེན་པོ་རྙིང་མ། ས་སྐྱ། བཀའ་རྒྱུད་གསུམ་གྱི་ནང་དུ་གཙོ་བོ་བཤད་གྲྭ་གསར་བསྐྲུན་གནང་སྟེ་གཞུང་ཆེན་འཆད་སྤེལ་གནང་མཁན་གྱི་མཁན་ཆེན་རྣམ་པ་དང་། ཡང་ན་ཆོས་སྡེ་སོ་སོའི་ནང་དུ་གཞུང་ཆེན་འཆད་ཁྲིད་མཁན་གྱི་མཁན་པོ།

ཡང་ན་གཞུང་ཆེན་གྱི་དགོངས་འགྲེལ་མཛད་མཁན་རྣམས་དང་། མདོར་བསྡུས་ན་བསྟན་དོན་

ལ་ཕྱུག་རྗེས་ཅན་རྣམས་ཀྱི་ནང་ནས་རང་གི་གང་ཤེས་ཤུང་ཤས་ཙམ་གྱི་མཚན་ནས་སྨོས་ན། གདན་ས་ཆེན་པོ་དཔལ་ལྡན་ས་སྐྱའི་མཁན་ཆེན་འཇམ་དབྱངས་བློ་གསལ་བཟང་པོ་མཆོག །གདན་ས་ཆེན་པོ་ངོར་ཨེ་ཝཾ་ཆོས་ལྡན་གྱི་ཁང་གསར་མཁན་ཆེན་དམ་པ་རིན་པོ་ཆེ་མཆོག །སྡེ་གཞུང་སྤྲུལ་སྐུ་ཀུན་དགའ་རྒྱལ་མཚན་མཆོག །རྫོགས་ཆེན་པོད་པ་སྤྲུལ་སྐུ་མཆོག །བྲག་གཡབ་གཙང་སར་སྤྲུལ་སྐུ་མཆོག །རྒྱ་གར་ཁུ་ནུ་བླ་མ་བསྟན་འཛིན་རྒྱལ་མཚན་མཆོག །གོ་འཇོ་ཐང་སྐྱ་དགོན་ནག་མིག་མཁན་པོ་མཆོག །ཁྲི་ཆོས་དགོན་མཁན་པོ་ཡེ་ཤེས་ལེགས་གྲུབ་མཆོག །

སྡེ་དགེ་རྫོང་མདོ་དགོན་དཔལ་ལྡན་ཚུལ་ཁྲིམས་མཆོག །མཁན་བློ་གྲོས་སེངྒེ་མཆོག ། སྡེ་གཞུང་མཁན་ཆེན་ཆོས་འཕེལ་མཆོག །སྡེ་གཞུང་ཨ་འཇམ་རིན་པོ་ཆེ་མཆོག །གོ་འཇོ་ཆོས་རོ་མཁན་ཆེན་ལེགས་བཤད་མཆོག །འཛིན་སྟངས་འཇམ་དགོན་མཁན་ཆེན་ཀརྨ་རྡོ་རྗེ་མཆོག །སྡེ་དགེ་མདོ་སྲིབ་མཁན་ཆེན་ངག་དབང་ཀུན་དགའ་དབང་ཕྱུག་མཆོག །ཁྲི་ཆོས་མཁན་ཆེན་རིན་ཆེན་བཟང་པོ་མཆོག །གསེར་ལྷོངས་མཁན་ཆེན་ངག་དབང་ཡོན་ཏན་བཟང་པོ་མཆོག ། མཁན་ཆེན་བྲག་གཡབ་པདྨ་དམ་ཆོས་དཔལ་བཟང་པོ་མཆོག །སྤྲོ་ཞྭ་ཤར་མཆོག་སྤྲུལ་རིན་པོ་ཆེ་མཆོག །ཏྲེ་ཧོར་གདོང་ཐོག

སྤྲུལ་སྐུ་རིན་པོ་ཆེ་མཆོག །སྡེ་དགེ་དགོན་ཆེན་བླ་མ་ཆོས་གྲགས་རྒྱ་མཚོ་མཆོག །རྫོང་སར་དཔལ་ལྡན་ཕུན་ཚོགས་མཆོག །རྫོང་སར་ཚུལ་ཁྲིམས་གྲགས་པ་མཆོག །རྫོང་སར་མཁན་པོ་འཆི་མེད་མཆོག །འཛིན་པ་འཆི་མེད་མཆོག །དཔལ་ཡུལ་ཀརྨ་མཆོག །

བྲག་གཡབ་མཁན་ཆེན་ཆོས་དར་མཆོག །ཡེ་ན་ཆོས་འཕེལ་རབ་རྒྱས་མཆོག །རབ་བརྟན་ཐུབ་བསྟན་འཕེལ་རྒྱས་མཆོག །ནང་ཆེན་པད་མ་དམ་ཆོས་མཆོག །ནང་ཆེན་རྣམ་རྒྱལ་མཆོག །འདན་མ་ཐུབ་བསྟན་སྙན་གྲགས་མཆོག །ཞ་ར་སངས་རྒྱས་ཡེ་ཤེས་མཆོག །ས་སྐྱ་མ་དགོན་ངག་དབང་ཆོས་གྲགས་མཆོག །སྒོ་དགོན་དོན་འགྲུབ་རྒྱལ་མཚན་མཆོག །ཁྲི་ཆོས་མཁན་པོ་བློ་གྲོས་བཟང་པོ་མཆོག །ཁྲི་ཆོས་མཁན་པོ་འཇམ་དབྱངས་དཔལ་ལྡན་མཆོག །སྡེ་གཞུང་སྤྲུལ་སྐུ་ལུང་རིགས་ཉི་མ་མཆོག་དང་བཅས་མང་།

གོང་གསལ་ལྟར་རྫོང་སར་ཁམས་བྱེའི་བཤད་གྲྭ་སློབ་རྒྱུད་ཀྱི་ཆོས་སྡེ་ཆེན་པོ་གཞན་དག་ཏུ་སྔ་ཕྱི་བཤད་གྲྭ་གསར་དུ་ཚུགས་པ་ཡང་། སྡེ་དགེ་དགོན་ཆེན་ལྷུན་འགྲུབ་སྟེང་མཛེས་ཕུད་བཤད་གྲྭ། གོ་འཛོ་ཐང་སྐྱ་ཐུབ་བསྟན་ཆོས་འཁོར་བཤད་སྒྲུབ་དར་རྒྱས་གླིང་གི་ལྷ་རིག་བཤད་གྲྭ། སྒ་སྐྱེ་རྒུ་དགོན་དོན་གྲུབ་གླིང་གི་བཤད་གྲྭ། ཁྲོམ་རྡོ་ཁོ་དགོན་ཆེན་གྱི་བཤད་གྲྭ། ཁམས་པ་དགོན་གྱི་བཤད་གྲྭ། སྐྱབས་རྗེ་དགོན་གྱི་བཤད་གྲྭ། སྡེ་དགེ་ཝ་ར་དགོན་གྱི་བཤད་གྲྭ། མི་ཉག་དཔལ་ལྷ་སྒང་དགོན་གྱི་བཤད་གྲྭ། ནང་ཆེན་གནས་བརྟན་དགོན་གྱི་བཤད་གྲྭ། སྒ་ཁྲི་འདུལ་བསྐལ་བཟང་དགོན་གྱི་བཤད་གྲྭ། གདན་ས་གཙང་རྟ་ནག་ཐུབ་བསྟན་རྣམ་རྒྱལ་གླིང་གི་རིག་གནས་སློབ་གྲྭ། གདན་ས་ཆེན་པོ་ངོར་ཨེ་ཝཾ་ཆོས་ལྡན་གྱི་བཤད་གྲྭ། དཔོན་སློབ་ལྷུན་པོ་རྩེ་ཡི་བཤད་གྲྭ། ཡིད་ལྷུང་རྒྱལ་དགོན་གྱི་བཤད་གྲྭ། སྒྲུ་ཚེ་གསེར་ལྗོངས་དགོན་གྱི་བཤད་གྲྭ། གོ་འཛོ་རབ་འགོ་དགོན་གྱི་བཤད་གྲྭ། རི་མདའ་མདོ་སྲིབ་དགོན་གྱི་བཤད་གྲྭ། སྡེ་དགེ་དུང་མདོ་དགོན་གྱི་བཤད་གྲྭ། སྡེ་དགེ་རབ་བརྟན་དགོན་གྱི་བཤད་གྲྭ་དང་བཅས་བཤད་གྲྭ་གསར་འཛུགས་མང་ཡང་གནས་སྐབས་ང་རང་གིས་གང་ཤེས་ཙམ་བྲིས་པ་ཡིན། འདི་དག་ཞིབ་གསལ་མཁྱེན་འདོད་ཡོད་རིགས་ནས། [༡]སྐྱབས་རྗེ་བཅོ་བརྒྱད་ཁྲི་ཆེན་ངག་དབང་མཁྱེན་རབ་ལེགས་བཤད་རྒྱ་མཚོ་མཆོག་གིས་མཛད་པ། གངས་ལྗོངས་མདོ་སྔགས་ཀྱི་བསྟན་པའི་ཤིང་རྟ་དཔལ་ལྡན་ས་སྐྱ་པའི་ཆོས་འབྱུང་མདོར་བསྡུས་སྐལ་བཟང་ཡིད་ཀྱི་དགའ་སྟོན། འཕགས་ཡུལ་རྫོང་སར་བཤད་གྲྭ་མཁན་ཆེན་ངག་དབང་ཀུན་དགའ་དབང་ཕྱུག་མཆོག་གི་མཛད་པ། རྫོང་སར་ཁམས་བྱེའི་བཤད་གྲྭ་ཆེན་མོའི་ལོ་རྒྱུས་དང་། མཁན་རབས་ཀྱི་རྟོགས་བརྗོད། བོད་རྫོང་སར་མ་དགོན་གྱི་འགན་འཛིན་ཁྲ་བུ་བློ་གྲོས་ཕུན་ཚོགས་ལགས་ཀྱིས་མཛད་པ། རྫོང་སར་ཁམས་བྱེའི་མཁན་རབས་གཉིས་པ་མཁན་ཆེན་དཔོན་སློབ་མཁྱེན་རབ་ཆོས་ཀྱི་འོད་ཟེར་མཆོག་གི་རྣམ་ཐར། རྫོང་སར་དགོན་པའི་ལོ་རྒྱུས་རྒྱས་འབྲིང་བསྡུས་གསུམ། བསྟན་འཛིན་ཀུན་དགའ་ལུང་རྟོགས་བསྟན་པའི་ཉི་མས་བརྩམས་པ། སྔ་འགྱུར་རྫོགས་ཆེན་ཆོས་འབྱུང་ཆེན་མོ་རྣམས་ལ་གཟིགས་ཞིབ་ཡོང་བ་ཞུ། །

༩༢ མཁས་གྲུབ་བྱེ་བའི་འབྱུང་གནས་རྫོང་སར་ཁམས་བྱེའི་བཤད་གྲྭ་ཆེན་མོ་བསྐྱར་གསོ

གནང་བའི་མཁན་རབས་རིམ་བྱོན་རྣམས་ཀྱི་མཚན་ཙམ་སྨོས་པ།

ཀུང་གོ་མི་དམངས་སྤྱི་མཐུན་རྒྱལ་ཁབ་ཀྱི་སྲིད་ཇུས་ཡང་དག་ལག་བསྟར་གནང་རྗེས། ཐོག་མར་རྫོང་སར་མ་དགོན་བསྐྱར་གསོའི་དབུ་འཛུགས་གནང་། དེ་རྗེས་རིམ་པས་རྫོང་སར་མཁྱེན་བརྩེ་སྐུ་ཕྲེང་གསུམ་པ་ཐུབ་བསྟན་ཆོས་ཀྱི་རྒྱ་མཚོ་མཆོག་གི་བཀའ་དགོངས་ལམ་སྟོན་ལྟར། རྫོང་སར་དགོན་སྡེ་ཐུན་མོང་ནས་འབྲེལ་ཡོད་རིམ་པ་ཁག་ལ་རྫོང་སར་ཁམས་བྱེའི་བཤད་གྲྭ་ཆེན་མོ་བསྐྱར་གསོ་ཆོག་པའི་བཀའ་འཁྲོལ་རིམ་ཞུས་དང་། ལྷག་དོན་དུ་“ཀུན་གཟིགས་”པཎ་ཆེན་སྐུ་ཕྲེང་བཅུ་པ་ཆེན་པོ་རྗེ་བཙུན་བློ་བཟང་འཕྲིན་ལས་ལྷུན་གྲུབ་ཆོས་ཀྱི་རྒྱལ་མཚན་དཔལ་བཟང་པོ་མཆོག་གི་རྫོང་སར་ཁམས་བྱེའི་བཤད་གྲྭ་ཆེན་པོ་བསྐྱར་གསོ་ཆོག་པའི་བཀའ་འཁྲོལ་བསྩལ་བ་བཞིན། སྤྱི་ལོ་༡༩༨༧ལོར་བྲག་གཡབ་ནས་མཁན་ཆེན་པདྨ་དམ་ཆོས་དཔལ་བཟང་པོ་མཆོག་གདན་དྲངས་ནས། ཐོག་མར་རྫོང་སར་མངའ་རིའི་བླ་བྲང་ནང་དུ་བཤད་གྲྭ་དབུ་འཛུགས་གནང་།

དེ་ནས་རིམ་པས་རྫོང་སར་ཁམས་བྱེའི་བཤད་གྲྭ་བསྐྱར་གསོ་ལེགས་གྲུབ་བྱུང་བ་བཞིན། མཁན་ཆེན་པདྨ་དམ་ཆོས་དཔལ་བཟང་པོ་མཆོག་རྫོང་སར་ཁམས་བྱེའི་བཤད་གྲྭ་ཆེན་མོའི་མཁན་རབས་བཅུ་པའི་ཁྲི་ལ་མངའ་གསོལ་མཛད་པ་ལྟར། མཁན་ཆེན་མཆོག་གི་དཀའ་བ་ཁྱད་གསོད་དང་། ངལ་བ་དང་དུ་བླངས་མཛད་དེ་གཞུང་ཆེན་འཆད་སྤྱིལ་སྟར་ལུགས་བཞིན་སྐྱོང་གནང་མཛད་པས། སློབ་ཚོགས་ཡང་བསྟན་འགྲོའི་དོན་ཆེན་སྒྲུབ་ཐུབ་པའི་མཁན་ཆེན་དང་། གཞུང་ཆེན་འཆད་ཁྲིད་གནང་ཐུབ་མཁན་བཅས་མཁན་པོ་བརྒྱ་ལྷག་ཙམ་བྱུང་བའི་ནང་ནས་དེ་རེས་རྩོམ་པ་པོས་གང་ཤེས་ཙམ་འབྲི་ན། བྲག་གཡབ་མཁན་ཆེན་ཕུན་ཚོགས་རྣམ་རྒྱལ་མཆོག །འདི་རྫོང་སར་ཁམས་བྱེའི་བཤད་གྲྭ་ཆེན་མོའི་མཁན་རབས་བཅུ་གཅིག་པའི་ཁྲི་ལ་ཕེབས། སྡེ་དགེ་མཁན་ཆེན་སྐལ་ལྡན་ཚེ་རིང་མཆོག །འདི་སྡེ་དགེ་དགོན་ཆེན་ལྷུན་འགྲུབ་སྟེང་མཛེས་ཕུད་བཤད་གྲྭ་བསྐྱར་གསོ་གནང་བའི་མཁན་པོ་མཛད། ཁམས་མདོ་མཁན་ཆེན་ཆོས་འཕེལ་རབ་རྒྱས་མཆོག །འདི་ཐོག་མ་སྣ་ཁྲི་འདུ་བསྐལ་བཟང་དགོན་པའི་བཤད་གྲྭ་བསྐྱར་གསོ་གནང་བའི་མཁན་པོ་མཛད། དེ་རྗེས་ཁམས་མདོ་དགོན་པའི་བཤད་གྲྭ་གསར་བསྐྲུན་

གནང་བའི་མཁན་པོ་གནང་།

ནང་ཆེན་མཁན་ཆེན་བསོད་ནམས་མཆོག །འདི་འཛོམ་མདའ་ཁྲི་རུ་དགོན་པའི་བཤད་གྲྭའི་མཁན་པོ་མཛད། བྲག་གཡབ་མཁན་ཆེན་ཐུབ་བསྟན་བཤད་སྒྲུབ་སེངྒེ་མཆོག །འདི་བྲག་གཡབ་གཙང་གསར་དགོན་པའི་བཤད་གྲྭའི་མཁན་པོ་མཛད། ཁྲི་ཆོས་མཁན་ཆེན་ཨ་དཀར་རྡོ་རྗེ་མཆོག །འདི་དཔལ་བསམ་ཡས་མི་འགྱུར་ལྷུན་གྱིས་གྲུབ་པའི་བཤད་གྲྭའི་མཁན་པོ་མཛད། བྲག་གཡབ་མཁན་ཆེན་གཞོན་ནུ་ཉི་མ་མཆོག །འདི་ཆོས་སྡེ་ཆེན་པོ་ཤར་དཔལ་སྤུངས་དགོན་པའི་བཤད་གྲྭའི་མཁན་པོ་མཛད། ར་སྔགས་མཁན་ཆེན་འཇམ་དབྱངས་སེངྒེ་མཆོག །འདི་ག་གུ་བྱང་ཆུབ་ལྡིངས་པའི་གསང་ཆེན་སྔགས་ཀྱི་མཁན་པོ་མཛད། ཉ་རོང་མཁན་ཆེན་འཇམ་དབྱངས་ཕུན་ཚོགས་མཆོག །འདི་ཉ་རོང་བྱེད་སློ་དགོན་དང་རི་ཁྲོད་ཀྱི་གསང་ཆེན་སྔགས་ཀྱི་མཁན་པོ་མཛད། བྲག་གཡབ་མཁན་ཆེན་བཀྲ་ཤིས་ཟླ་བ་མཆོག །འདི་ཐོག་མ་གསེར་ལྡིངས་བཤད་གྲྭའི་མཁན་པོ་མཛད། དེ་རྗེས་བྲག་གཡབ་བཻ་ཉ་དགོན་པའི་གྲྭ་ཚང་མཁན་པོ་མཛད།

སྨན་ཤོད་མཁན་པོ་ངག་དབང་རྣམ་རྒྱལ་མཆོག །འདི་སྡེ་དགེ་འདན་མ་དགོན་པའི་བཤད་གྲྭའི་མཁན་པོ་མཛད། ནང་ཆེན་མཁན་པོ་རྡོ་རྗེ་མཆོག །འདི་ནང་ཆེན་གཙང་མདའ་དགོན་པའི་བཤད་གྲྭ་མཁན་པོ་མཛད་། དགོན་ཆེན་མཁན་པོ་བསོད་ནམས་མཆོག །འདི་འཛོམ་མདའ་ཤང་ཐོ་དགོན་པའི་བཤད་གྲྭའི་མཁན་པོ་མཛད། གོ་འཛོ་མཁན་པོ་ཚེ་རིང་དངོས་གྲུབ་མཆོག །འདི་གོ་འཛོ་ཟབ་ལུང་དགོན་པའི་བཤད་གྲྭའི་མཁན་པོ་མཛད། སྡེ་དགེ་མཁན་པོ་ཡེ་ཤེས་བློ་གྲོས་མཆོག །འདི་ཡིད་ལྷུང་ལྷ་རྒྱལ་དགོན་པའི་བཤད་གྲྭ་བསྐྱར་གསོ་གནང་པའི་མཁན་པོ་མཛད། བྲག་གཡབ་མཁན་པོ་གྲགས་རྒྱལ་མཆོག །འདི་བྲག་གཡབ་རྩིས་བཀྲམས་དགོན་པའི་བཤད་གྲྭ་གསར་བསྐྲུན་གནང་པའི་མཁན་པོ་མཛད། གོ་འཛོ་མཁན་པོ་འཇིགས་མེད་བསྟན་འཛིན་འཕྲིན་ལས་མཆོག །འདི་གོ་འཛོ་ཐང་སྐྱ་དགོན་པའི་གྲྭ་ཚང་མཁན་པོ་དང་སྒྲུབ་གྲྭ་མཁན་པོ་གཅིག་ལྷུག་གནང་བཞིན་པ། མི་ཉག་མཁན་པོ་ཉི་མ་མཆོག །འདི་མི་ཉག་དཔལ་ལྷ་སྔང་དགོན་གྱི་གྲྭ་ཚང་གི་མཁན་པོ་མཛད།

འཛོ་མདའ་མཁན་པོ་ངག་དབང་བསམ་གཏན་མཆོག །འདི་སྡེ་དགེ་དུང་མདོ་དགོན་པའི་གྲྭ་ཚང་མཁན་པོ་མཛད། གཞན་ཡང་འཛམ་ལུང་དགོན། ཁྲི་ཆོ་དགོན། ཞིཾ་པ་དགོན། སྦོ་ལུ་དགོན། སྡེ་དགེ་ལྷུག་ར་དགོན་པ་དང་བཅས་པ་ལ་གྲྭ་ཚང་མཁན་པོ་མང་པོ་བྱོན། མདོ་ར་ན་མཁན་ཆེན་པདྨ་དམ་ཆོས་དཔལ་བཟང་པོ་མཆོག་གི་བྲག་གཡབ་རྗེས་བཀྲམས་དགོན། གོ་འཛོ་ལྷ་ཕུག་དགོན། ནང་ཆེན་གཙང་མདའ་དགོན། རྫོང་སར་ཁམས་བྱེའི་བཤད་གྲྭ་ཆེན་མོ། སྡེ་དགེ་དགོན་ཆེན་ལྷུན་འགྲུབ་སྟེང་མཛེས་ཕུད་བཤད་གྲྭ། བྲག་གཡབ་གཙང་གསར་དགོན་པ་དང་བཅས་ལ་གཞུང་ཆེན་འཆད་སྤེལ་ཡུན་རིང་མཛད་པས། དངོས་སློབ་གཞུང་ལུགས་པོད་ཆེན་དྲུག་འཆད་ཁྲིད་གནང་ཐུབ་མཁན་གྱི་མཁན་པོ་བརྒྱ་ལྷག་བྱོན་པ་ཡོངས་སུ་གྲགས་ཀྱང་། ད་རེས་དགེ་བཤེས་ག་ཟི་ཚེ་རིང་པོ་འམ་ལུང་རིགས་འཕྲིན་ལས་ཀུན་ཁྱབ་བདག་གི་བློ་ངོར་འཆར་གང་ཐུབ་ཙམ་བྲིས་པ་ཡིན་པས་རྗེས་མ་ཁ་སྐོང་ཞུ་རྒྱུ་ཡིན་པ་བཅས་སོ། །རྫོང་སར་ཁམས་བྱེའི་བཤད་གྲྭ་ཆེན་མོའི་མཁན་རབས་བཅུ་གཅིག་པ་མཁན་ཆེན་ཕུན་ཚོགས་རྣམ་རྒྱལ་མཆོག །མཁན་ཆེན་མཆོག་གི་དངོས་སློབ། གཙོ་བོ་གདོང་ཚོང་མཁན་ཆེན་ཚེ་བརྟན་མཆོག །འདི་རྫོང་སར་ཁམས་བྱེའི་བཤད་གྲྭ་ཆེན་མོའི་མཁན་རབས་བཅུ་གཉིས་པའི་ཁྲི་ལ་ཕེབས། གཙང་པ་མཁན་ཆེན་ཐུབ་བསྟན་སྙིང་པོ་མཆོག །འདི་གདན་ས་ཆེན་པོ་ངོར་ཨེ་ཝཾ་ཆོས་ལྡན་གྱི་བཤད་གྲྭ་བསྐྱར་གསོ་གནང་བའི་མཁན་པོ་མཛད། ནང་ཆེན་མཁན་ཆེན་ཚེ་དགའ་མཆོག །འདི་ཐོག་མར་སྣ་སྟོད་ཨ་ཁྲོ་དར་རྒྱས་དགོན་པའི་བཤད་གྲྭ་མཁན་པོ་མཛད།

དེ་རྗེས་འཕགས་ཡུལ་རྒྱ་གར་བྱང་ཕྱོགས་ལྡེ་ར་དྷུན་མན་ཊལ་ཕྱ་ལ་དཔལ་ས་སྐྱའི་གསང་ཆེན་རྒྱུད་ཀྱི་བཤད་གྲྭ་མཁན་པོ་མཛད། འབྲུག་པ་བཀའ་བརྒྱུད་མཁན་ཆེན་ལྷ་དབང་རྡོ་རྗེ་མཆོག །འདི་ཁམས་པ་དགོན་པའི་བཤད་གྲྭ་བསྐྱར་གསོ་གནང་བའི་མཁན་པོ་མཛད། རྫད་པ་མཁན་པོ་ཆོས་འཕེལ་ཐུབ་བསྟན་མཆོག །འདི་ཏྲེ་ཧོར་གདོང་ཐོག་དགོན་པའི་བཤད་གྲྭ་གསར་མཛུགས་ཀྱི་མཁན་པོ་མཛད། སྣ་ལེན་མཁན་པོ་བཀྲ་ཤིས་ཆོས་འཕེལ་མཆོག །འདི་དབོན་སྟོད་ལྷུན་པོ་རྩེ་དགོན་པའི་བཤད་གྲྭ་བསྐྱར་གསོ་གནང་བའི་མཁན་པོ་མཛད། གོ་འཛོ་མཁན་པོ་ཀུ་དྲག་བཟང་པོ་མཆོག །འདི་གོ་འཛོ་རག་

མགོ་དགོན་པའི་བཤད་གྲྭ་མཁན་པོ་མཛད། གོ་འཇོ་ཐང་སྐྱ་མཁན་པོ་འཆི་མེད་ཚེ་རིང་མཆོག །འདི་ཐོག་མར་ལྷོ་ཁ་ཐུབ་བསྟན་ར་སྨད་དགོན་དུ་གཞུང་ཆེན་འཆད་ཁྲིད་མཛད། དེ་རྗེས་རིས་མེད་བཀའ་བསྟན་ལྷན་ཚོགས་ཆེན་མོའི་ཚོགས་གཙོ་གནང་བཞིན་པ་ལགས། མཁན་པོ་ངག་རྒྱལ་མཆོག །འདི་ཟེས་སྣ་ལེན་དགོན་པའི་གྲྭ་ཚང་མཁན་པོ་མཛད། བྲག་གཡབ་མཁན་པོ་ངག་དབང་ཤེས་རབ་མཆོག །འདི་བྲག་གཡབ་ཨེ་ཝཾ་དགོན་པའི་གྲྭ་ཚང་མཁན་པོ་མཛད། གོང་གསལ་རྫོང་སར་ཁམས་བྱེའི་མཁན་རབས་བཅུ་གཅིག་པ་མཁན་ཆེན་ཕུན་ཚོགས་རྣམ་རྒྱལ་མཆོག་གི་གདན་ས་ཆེན་པོ་རྔོར་ཨེ་ཝཾ་ཆོས་ལྡན། སྔ་འགྱུར་སྙིང་མའི་ཆོས་སྡེ་ཆེན་པོ་ཨ་འཛོམ་ཆོས་སྒར། སྡེ་དགེ་ཞ་ར་དགོན་པ། མདོ་སྨད་ས་སྐྱ་དགོན་པ། སྡེ་དགེ་སྤྱི་ཞར་དགོན་དང་བཅས་པའི་བཤད་གྲྭ་གསར་བསྐྲུན་སྐབས་གཞུང་ཆེན་འཆད་ཁྲིད་མཛད་པ་དང་། པེ་ཅིང་ནང་བསྟན་སློབ་གྲྭ་ཆེན་པོའི་དགེ་རྒན་མཛད།

རྫོང་སར་ཁམས་བྱེའི་བཤད་གྲྭ་ཆེན་མོ་མཁན་རབས་བཅུ་གཉིས་པ་མཁན་ཆེན་གདོང་ཚོང་ཚེ་བརྟན་མཆོག་གིས། སྣ་སྐྱེ་རྒྱུ་དོན་འགྲུབ་གླིང་གི་བཤད་གྲྭ་ལ་གཞུང་ཆེན་འཆད་ཁྲིད་དང་། མི་ཉག་དཔལ་ལྷ་སྒང་དགོན་པའི་བཤད་གྲྭ་གསར་བསྐྲུན་གྱི་མཁན་པོ་མཛད་རྗེས། ད་ཆ་པེ་ཅིང་ནང་བསྟན་སློབ་གྲྭ་ཆེན་པོའི་དགེ་རྒན་གནང་ཞོར་གདོང་ཚོང་བཤད་གྲྭའི་མཁན་པོ་མཛད་བཞིན་པ་ཡིན། གོང་གསལ་རྫོང་སར་ཁམས་བྱེའི་བཤད་གྲྭའི་མཁན་རབས་བཅུ་གཅིག་པ་མཆོག་དང་། བཅུ་གཉིས་པ་མཆོག་རྣམ་གཉིས་ཐུན་མོང་གི་དངོས་སློབ་མཁན་ཆེན་ཁག་དང་། བཤད་གྲྭའི་མཁན་པོ།

གྲྭ་ཚང་མཁན་པོ་གཞན་ཡང་འཛིན་སྐྱོང་ཅི་རིགས་ཀྱི་སྣོ་ནས་ཕྲུག་ལས་གནང་བཞིན་པའི་མཁན་པོ་ཁ་ཤས་དང་བཅས་པ་རྣམས་ཀྱི་མཚན་ཙམ་སྨོས་ན། གསེར་ལྗོངས་མཁན་ཆེན་བསམ་འགྲུབ་མཆོག །འདི་རྫོང་སར་ཁམས་བྱེའི་བཤད་གྲྭ་ཆེན་མོའི་མཁན་རབས་བཅུ་གསུམ་པའི་ཁྲི་ལ་ཕེབས། ཉ་རོང་དགོན་གསར་མཁན་ཆེན་བློ་གདན་མཆོག །འདི་ཨ་འཛོམས་ཆོས་སྡེ་ཆེན་པོའི་བཤད་གྲྭའི་མཁན་པོ་མཛད། ནང་ཆེན་རེ་བླ་མཁན་ཆེན་ཀརྨ་ཐར་རྒྱལ་མཆོག །འདི་འཇོ་མདའ་གསེར་ལྗོངས་དགོན་པའི་བཤད་གྲྭའི་མཁན་པོ་མཛད།

གཙང་ས་སྐྱ་མཁན་ཆེན་མཐུ་སྟོབས་སེངྒེ་མཆོག །འདི་གདན་ས་ཆེན་པོ་དཔལ་ལྡན་ས་སྐྱ་མ་དགོན་གྱི་བཤད་གྲྭའི་མཁན་པོ་མཛད། གཙང་མང་མཁར་མཁན་ཆེན་ཚར་པ་ཀུན་དགའ་རྒྱལ་མཚན་མཆོག །འདི་ཐོག་མར་མི་ཉག་བཀའ་བཞི་དགོན་པའི་བཤད་གྲྭ་གསར་བསྐྲུན་གྱི་མཁན་པོ་གནང་། དེ་རྗེས་ནང་ཆེན་གཙང་མདའ་དགོན་པའི་བཤད་གྲྭའི་མཁན་པོ་མཛད། ལྷོ་ཁ་བདུན་ཕུད་མཁན་ཆེན་བཀྲ་ཤིས་མཆོག །རྫོང་སར་བཤད་གྲྭའི་འཛིན་གྲྭའི་མཁན་པོ་མཛད། ཁྲག་གཡབ་མཁན་ཆེན་སྐྱུ་དཀོན་མཆོག་བསྟན་དར་མཆོག །འདི་ཁྲག་གཡབ་ཅང་གསར་དགོན་པའི་བཤད་གྲྭའི་མཁན་པོ་མཛད།

འབྲི་རུ་མཁན་ཆེན་ངག་དབང་བསྟན་འཛིན་མཆོག ། འདི་མི་ཉག་དཔལ་ལྷ་སྣང་དགོན་པའི་བཤད་གྲྭའི་མཁན་པོ་མཛད། དུང་མདོ་མཁན་ཆེན་བློ་གྲོས་དཔལ་ལྡན་མཆོག །འདི་ཤང་མཐོ་དགོན་པའི་བཤད་གྲྭའི་མཁན་པོ་མཛད། བླ་ཆེན་མཁན་ཆེན་ཆོས་ཀྱི་ཉི་མ་མཆོག །འདི་ཧྲེ་ཧོར་བོན་དགོན་དགོན་པའི་བཤད་གྲྭའི་མཁན་པོ་མཛད། རྫད་པ་མཁན་ཆེན་དབང་ཆེན་མཆོག །རྫད་འདམས་ཐོག་དགོན་པའི་བཤད་གྲྭའི་མཁན་པོ་མཛད། གཙང་ས་སྐྱ་མཁན་པོ་བསྟན་པ་ཡར་འཕེལ་མཆོག །འདི་ཐོག་མ་མདོ་སྨད་རྫ་བ་ས་སྒྲོང་དགོན་པའི་བཤད་གྲྭའི་མཁན་པོ་གནང་། དེ་རྗེས་སྡེ་དགེ་ལྷ་རུ་བཤད་གྲྭ་ཆེན་པོའི་མཁན་པོ་མཛད། གོ་འཛོ་ཐང་སྐྱ་མཁན་པོ་བསྐལ་བཟང་འཕྲིན་ལས་མཆོག །འདི་སྨར་ཁམས་འོལ་འཕྲེན་དགོན་པའི་བཤད་གྲྭའི་མཁན་པོ་མཛད།

སྒ་སྟོད་ཨ་ཁྲོ་སྤྲུལ་སྐུ་རིན་པོ་ཆེ་མཆོག །འདི་ཨ་ཁྲོ་དགོན་པའི་བཤད་གྲྭའི་མཁན་པོ་མཛད། གཙང་ཧ་ནག་མཁན་པོ་ངག་དབང་ཤེས་རབ་མཆོག །འདི་ཐོག་མ་མི་ཉག་བཀའ་བཞི་དགོན་པའི་བཤད་གྲྭའི་མཁན་པོ་མཛད། དེ་རྗེས་གདན་ས་གཙང་ཧ་ནག་ཐུབ་བསྟན་རྣམ་རྒྱལ་གླིང་གི་གྲྭ་ཚང་མཁན་པོ་མཛད། ནང་ཆེན་མཁན་པོ་ཚེ་རིང་རྡོ་རྗེ་མཆོག །འདི་གླིང་མགོན་གཟིགས་དགོན་པའི་བཤད་གྲྭའི་མཁན་པོ་མཛད།

ཡིད་ལྷུང་མཁན་པོ་ནོར་བུ་དབང་རྒྱལ་མཆོག །འདི་ཡིད་ལྷུང་ལྷ་རྒྱལ་དགོན་པའི་བཤད་གྲྭའི

མཁན་པོ་མཛད། བྲག་གཡབ་མཁན་པོ་ཨ་འཕྲིན་མཆོག །འདི་ཆབ་མདོ་སྐྱོ་མདའ་དགོན་པའི་བཤད་གྲྭའི་མཁན་པོ་མཛད། ཨ་མདོ་རྡ་པ་ས་སྣང་མཁན་པོ་ཚུལ་ཁྲིམས་མཆོག །འདི་སྡེ་དགེ་སྡེ་ཕར་དགོན་པའི་བཤད་གྲྭའི་མཁན་པོ་མཛད། ནང་ཆེན་མཁན་པོ་སྟག་རྒོད་མཆོག །འདི་ནང་ཆེན་འཛམ་དམར་དགོན་པའི་བཤད་གྲྭའི་མཁན་པོ་མཛད། གསེར་ལྗོངས་མཁན་པོ་ཚེ་དབང་རྒྱ་མཚོ་མཆོག །འདི་ཐོག་མར་གསེར་ལྗོངས་དགོན་པའི་བཤད་གྲྭའི་མཁན་པོ་མཛད། དེ་རྗེས་གསེར་ལྗོངས་དགོན་པའི་སློབ་གྲྭའི་དགེ་རྒན་གནང་བཞིན་པ་ཡིན། ནང་ཆེན་བླ་ཆུང་མཁན་པོ་ཀརྨ་དོན་ལྡན་མཆོག །འདི་བླ་ཆུང་དགོན་པའི་བཤད་གྲྭའི་མཁན་པོ་མཛད། ནང་ཆེན་བླ་ཆུང་མཁན་པོ་ཉི་མ་བློ་གསལ་མཆོག །འདི་ནང་ཆེན་ཤོམ་མདའ་བཤད་གྲྭའི་མཁན་པོ་མཛད།

འཛིན་པ་མཁན་པོ་ཨོ་དགའ་མཆོག །འདི་འཛིན་སྒྲ་ཐོ་དགོན་པའི་གྲྭ་ཚང་མཁན་པོ་མཛད། སེ་ར་མཁན་པོ་ཉི་མ་མཆོག །འདི་སྒྲ་སེ་ར་དགོན་པའི་གྲྭ་ཚང་མཁན་པོ་མཛད། སྒྲ་ཁྲི་འདུ་མཁན་པོ་ཀུན་དགའ་ཚེ་རིང་མཆོག །འདི་སྒྲ་ཁྲི་འདུ་བསྐལ་བཟང་དགོན་པའི་གྲྭ་ཚང་མཁན་པོ་མཛད། རྫོང་སར་ཁམས་བྱེའི་བཤད་གྲྭ་ཆེན་མོ་མཁན་རབས་བཅུ་གཅིག་པ་དང་། བཅུ་གཉིས་པ་རྣམ་གཉིས་ཀྱི་དངོས་སློབ་གོང་གསལ་མཁན་པོ་ཁག་དང་གཞི་རིམ་ནས། མཐོ་རིམ་སློབ་ཐོན་ལག་འཁྱེར་མ་ཐོབ་ཀྱི་བར་དུ་འཛིན་གྲྭ་གཅིག་པ་དང་། ཤེས་ཡོན་གྱི་གནས་ཚད་ཀྱང་ན་མཉམ་པ་མི་ཉག་དཔལ་ལྡེ་སྣང་མཁན་པོ་བཀྲ་ཤིས་རྒྱ་མཚོ་ལགས་ནི། རྒྱ་བོད་གཉིས་སུ་ཡར་འབྱོན་མར་འབྱོན་ལན་མང་གནང་སྟེ། ད་དུང་ཡང་སྔགས་པའི་རྣལ་འབྱོར་གྱི་ཚུལ་དུ་གྲྭ་རྐྱང་དཀྱུས་མའི་འཚོ་ཐབས་ཀྱིས་མདོ་སྔགས་རིག་གཞུང་ལ་གསན་བསམ་དང་། དབྱིན་ཇི་སྐད་ཡིག་ལའང་སློབ་སྦྱོང་གནང་མུས་ཡིན།

གོ་འཇོ་དགེ་བཤེས་ག་ཟེ་ལུང་རིགས་འཕྲིན་ལས་ཀུན་ཁྱབ་ཅེས་འབོད་པ་བདག་ཀྱང་གོང་གསལ་མཁན་ཆེན་རྣམ་གཉིས་ཀྱི་དངོས་སློབ་མཁན་པོ་རྣམས་དང་འཛིན་རིམ་གཅིག་ཁུལ་གྱི་སློབ་ཐོན་ལག་འཁྱེར་ཐོབ་རྗེས། ཡུལ་གཞན་དུ་བཞུགས་པའི་བླ་ཆེན་ཁག་དང་། མཁན་ཆེན་རྣམ་པ་སོ་སོའི་སྐུ་མདུན་ནས་མདོ་སྔགས་གཞུང་ཆེན་ལ་སློབ་སྦྱོང་བྱེད་རྒྱུའི་དམིགས་ཡུལ་གཙོ་བོར་བཟུང་ནས།

ཡུལ་གཞན་དུ་འགྲོ་ར་སྐབས། ཅོན་ཧྲ་ར་རྫོང་སར་བཤད་གྲྭ་གཙོ་བོ་གྱུར་པའི་ས་གནས་མང་པོ་ལ་བཞུགས་པའི་མཁས་གྲུབ་གཉིས་ལྡན་གྱི་དམ་པའི་སྐྱེས་བུ་རྫོང་སར་མཁན་ཆེན་ངག་དབང་ཀུན་དགའ་དབང་ཕྱུག་མཆོག་དང་། གསེར་ལྤོངས་མཁན་ཆེན་ཨ་པད་རིན་པོ་ཆེ་མཆོག །༸སྐྱབས་རྗེ་རྫོང་སར་མཁྱེན་བརྩེ་ཐུབ་བསྟན་ཆོས་ཀྱི་རྒྱ་མཚོ་མཆོག །༸སྐྱབས་རྗེ་ངོར་ཀླུ་ལྡིང་མཁན་ཆེན་འཇམ་དབྱངས་བསྟན་པའི་ཉི་མ་མཆོག །༸སྐྱབས་རྗེ་བཅོ་བརྒྱད་ཁྲི་ཆེན་ངག་དབང་མཁྱེན་རབ་ལེགས་བཤད་རྒྱ་མཚོ་མཆོག །དཔལ་ས་སྐྱའི་༸གོང་མ་༸བདག་ཆེན་འཇིགས་བྲལ་རིན་པོ་ཆེ་མཆོག །དཔལ་ས་སྐྱའི་༸གོང་མ་༸ཁྲི་འཛིན་ངག་དབང་ཀུན་དགའ་ཐེག་ཆེན་དཔལ་འབར་འཕྲིན་ལས་བསམ་འཕེལ་དབང་གི་རྒྱལ་པོ་མཆོག་རྣམས་ཀྱི་ཞལ་སྔ་ནས། མདོ་སྔགས་རིག་གཞུང་དང་བཅས་པའི་བཤད་ཁྲིད་དབང་ལུང་མན་ངག་དང་བཅས་པ་བུམ་པ་གང་བྱོ་ཡི་ཚུལ་དུ་སྔ་ཕྱིར་ལན་མང་ཐོབ། ས་དགོན་བརྩེ་ཆེན་ཆོས་འཁོར་གླིང་དུ་གཞུང་བཤད་འབུད་ཙམ་བྱེད་བཞིན་པའི་དུས་སུ། དཔལ་ས་སྐྱ་ཁོངས་ནས་མང་མོས་འོས་ཐོན་བྱུང་བ་ལྟར་ལས་ཁུར་ཧུར་ཐག་བྱས། སྐབས་དེར་ཡོ་རོབ་རྒྱལ་ཁབ་འགའ་ཤས་ནང་ཕྱོགས་བསྐྱོད་དང་བརྗོད་གཞི་སྣ་མང་ཐོག་གཏམ་བཤད་བྱས། ལྷག་དོན་རྒྱལ་སྤྱི་མཁས་པའི་ཚོགས་ཆེན་ཐེངས་ལྔ་པར་ཚོགས་བཅར་ཞུས།

ས་ཆུང་དང་། མང་ཚོགས་རྩེས་ཁྲ་ཚོགས་གཙོས་ཚོགས་ཆུང་ཁག་ལྔའི་ཚོགས་མི་བྱས། མ་ཚད་དཔལ་ས་སྐྱའི་རྒྱལ་ཡོངས་ཚོགས་སྐབས་དང་པོའི་ཚོགས་མི་བྱ་སྒོར། རྩོམ་འབྲི་ཇི་བྱས་ནི། སོག་པོ། རྒྱ་ནག །རིན་སྤུངས། གློ། ཇོ་ནང་། ཧ་ནག །བོ་དོང་། ཐང་སྐྱ། ས་སྐྱ། ཚད་མ། ཕར་ཕྱིན་རྣམས་ཀྱི་རྒྱལ་རབས་དང་། ཆོས་འབྱུང་། ཟླ་བརྒྱུད་བཅས་དེབ་ཕྲེང་ལྔ་དྲུག་བརྩམས་ཁྲིས་བྱས་ཟིན་པ་དང་རྩོམ་བཞིན་པ་རྣམས་དཔར་སྐྲུན་ཞུས་དང་ཞུ་འཆར་ཡིན། མདོར་ན་ས་སྐྱའི་འོས་ཐོན་ལས་ཁུར་མི་ལོ་ལྔ་ལ་ཞུས། དེ་རྗེས་ཁམས་པའི་དབུས་སྤྱི་ཁྲབ་རྒྱུན་ལས་སྐབས་བཅུ་དགུ་པ་འོས་ཐོན་བྱུང་བ་བཞིན་ལས་ཁུར་ཞུ་སྐབས། ཁམས་པའི་ལོ་རྒྱུས་ཆེན་པོ་དེབ་ཕྲེང་བཞི་པའི་སྤྱི་ཁྲབ་རྩོམ་བསྒྲིགས་གཉེན་པའི་ལས་ཁུར་མཐར་ཕྱིན་བྱས། རྫོང་སར་ཁམས་བྱེའི་བཤད་གྲྭ་ཆེན་པོ་བསྐྱར་གསོ་གནང་རྗེས། མཁན་རབས་

བཞི་རིམ་པས་བྱོན་པའི་ནང་ནས་མཁན་རབས་བཅུ་གསུམ་པ་མཁན་ཆེན་གསེར་ལྡོངས་བསམ་གྲུབ་མཆོག་ད་ལྟར་ལས་ཐོག་མཁན་པོའི་ཐུགས་འགན་བཞེས་བཞིན་པ་དང་། སློབ་ཚོགས་ཡང་བརྒྱ་ཕྲག་ལྔ་ནས་བདུན་བར་གོང་འཕེལ་འགྲོ་བཞིན་པ་དང་། དངོས་སློབ་གཞུང་ཆེན་འཆད་ཁྲིད་གནང་ཐུབ་མཁན་བཅུ་ཕྲག་དྲུག་ལྷག་ཙམ་ཡོད་པ་གོ་ཐོས་བྱུང་ཡང་གནས་སྐབས་འདིར་མ་བྲིས། གོང་གསལ་མཁན་ཆེན་རྣམ་གསུམ་གྱི་དངོས་སློབ་མཁན་ཆེན་ཁག་དང་། མཁན་པོ་གཞན་རྣམས་ཀྱི་མཚན་གཞུང་ནི་ང་རང་གིས་མཐོང་ཐོས་ཡོད་པ་རྣམས་བློ་ངོར་གང་འཆར་ཙམ་བྲིས་པ་ཡིན་པས། མཁན་པོའི་མཚན་གཞུང་ཆད་པ་རྣམས་ཁ་སྐོང་དང་། མཁན་པོ་གསར་ཕེབས་རྣམས་ཀྱི་མཚན་གཞུང་ཁ་སྣོན་གནང་སྐྱོང་ཡོད་པར་ཞུ། །

(འདི་ནས་ལེ་ཚན་ཁ་ཤས་གནས་སྐབས་འགོད་ཐབས་མ་བྱུང་བས་དགོངས་འཛེམས་འཚལ། སྒྲིག་པ་པོའི་མཆན།)

མཇུག་སྡོམ་ཐུབ་བསྟན་རྣམ་པར་རྒྱལ་བའི་སྨོན་ལམ་ཆེན་མོ།

ཡོངས་སྤྱོད་རྫོགས་སྐུ་རྒྱུ་ཡི་ཧེ་རུ་ཀའི། །འོག་མིན་ཞིང་དུ་འཁོར་ཚོགས་ངེས་པ་ལ། །རྟག་ཅིང་འགྱུར་མེད་གསང་ཆེན་བསྐུལ་བའི་མཐུས། །ཐུབ་བསྟན་རྣམ་པར་རྒྱལ་བའི་རྒྱུར་གྱུར་ཅིག །འདོད་པའི་ཁམས་སུ་སྤྲུལ་སྐུ་ཧེ་རུ་ཀས། །དྲེགས་པ་སྡེ་བརྒྱད་འདུལ་ཕྱིར་འཕགས་ཚོགས་ལ། །གསང་ཆེན་རྒྱུད་དྲུག་བསྐུལ་བའི་བྱིན་མཐུ་ཡིས། །ཐུབ་བསྟན་རྣམ་པར་རྒྱལ་བའི་རྒྱུར་གྱུར་ཅིག ། མཉན་ཡོད་གནས་བཞུགས་སྟོན་པ་སྐུ་འཁོར་རྣམས། །བྱང་ཕྱོགས་ཨུ་རྒྱན་ཡུལ་བྱོན་རྒྱལ་བློན་འཁོར། །ཡེ་ཤེས་དཀྱིལ་འཁོར་དབང་བསྐུར་རྒྱུད་སྨིན་པས། །ཐུབ་བསྟན་རྣམ་པར་རྒྱལ་བའི་རྒྱུར་གྱུར་ཅིག ། འགྲོ་བའི་འདྲེན་མཆོག་སྟོན་པ་ཞལ་བཞུགས་སྐབས། །ཨུ་རྒྱན་ཡུལ་ནས་གསང་བའི་བདག་པོ་ཡིས། །གསང་ཆེན་རྒྱུད་ཀུན་བཀའ་བསྡུ་མཛད་པའི་མཐུས། །ཐུབ་བསྟན་རྣམ་པར་རྒྱལ་བའི་རྒྱུར་གྱུར་ཅིག ། ན་ལེན་ཊ་ར་ནས་རྒྱལ་ཡུམ་བདག་མེད་མས། །པཎ་གྲུབ་གཙོ་བོ་དཔལ་ལྡན་བིར་ཝ་པ། །རྗེས་བཟུང་རྒྱུད་འཛིན་འཕགས་ཡུལ་ཁྱབ་པའི་མཐུས། །ཐུབ་བསྟན་རྣམ་པར་རྒྱལ་བའི་རྒྱུར་གྱུར་ཅིག ། བླ་མ་ལྷ་ཡིས་ཞལ་གཟིགས་བྱིན་བརླབས་ཀྱིས། །འཕགས་ཡུལ་པཎ་གྲུབ་དགུ་ཡིས

གསང་ཆེན་རྒྱུད། །ཐམས་ཅད་འདུས་པ་ལམ་སྐོར་དགུ་མཛད་པས། །ཐུབ་བསྟན་རྣམ་པར་རྒྱལ་
བའི་རྒྱུར་གྱུར་ཅིག །འཕགས་ཡུལ་ལམ་སྐོར་དགུ་ཡིས་བཀའ་སྲོལ་རྣམས། །ཁ་སརྤཎིའི་ལུང་
བསྟན་ཇི་བཞིན་དུ། །ག་ཡ་དྷ་རས་འབྲོག་ལ་སྤེལ་བའི་མཐུས། །ཐུབ་བསྟན་རྣམ་པར་རྒྱལ་བའི་
རྒྱུར་གྱུར་ཅིག །འབྲོག་མི་ལོ་ཆེན་གཞུང་དང་མན་ངག་རྣམས། །རྒྱུད་འཛིན་འཁོན་དཀོན་སེ་མཁར་
ཆུང་བ་ཡིས། །བཀའ་བབས་གཅིག་ཏུ་འདྲེས་པའི་བྱིན་མཐུ་ཡིས། །ཐུབ་བསྟན་རྣམ་པར་རྒྱལ་བའི་
རྒྱུར་གྱུར་ཅིག །གསང་ཆེན་ལམ་འབྲས་སྟོན་བྱོན་བཀའ་སྲོལ་རྣམས། །བསྡུ་ན་བཅུ་གཉིས་དབྱེ་ན་
བཅོ་བརྒྱད་དང་། །ཞིབ་ཏུ་དབྱེ་ན་ཉེར་བཞི་བྱོན་པའི་མཐུས། །ཐུབ་བསྟན་རྣམ་པར་རྒྱལ་བའི་རྒྱུར་
གྱུར་ཅིག །མཚན་མཆོག་གསུམ་ལྡན་ཀུན་དགའ་སྙིང་པོ་ལ། །གྲུབ་བརྒྱའི་སྤྱི་མེས་པཎ་ཆེན་བིར་
ཝ་པས། །ཞལ་གཟིགས་ལམ་འབྲས་རྒྱུད་སྡེ་བསྐུལ་བའི་མཐུས། །ཐུབ་བསྟན་རྣམ་པར་རྒྱལ་བའི་
རྒྱུར་གྱུར་ཅིག །གསང་ཆེན་ཤིང་རྟ་བསོད་ནམས་རྩེ་མོ་དང་། །རྗེ་འཛིན་གཙུག་རྒྱན་གྲགས་པ་རྒྱལ་
མཚན་ལ། །ཡི་དམ་ཀྱཻ་རྡོར་དཀྱིལ་འཁོར་ཞལ་གཟིགས་མཐུས། །ཐུབ་བསྟན་རྣམ་པར་རྒྱལ་བའི་
རྒྱུར་གྱུར་ཅིག །རིག་བཅུ་སྲོལ་འབྱེད་ཆོས་རྗེ་ས་པཎ་གྱིས། །འཕགས་ཡུལ་བསྟན་པའི་དགྲ་བོ་
རིགས་པས་བཏུལ། །ཧོར་དང་རྒྱ་ནག་ཆོས་ལ་བསྒྱུར་བའི་མཐུས། །ཐུབ་བསྟན་རྣམ་པར་རྒྱལ་བའི་
རྒྱུར་གྱུར་ཅིག །གསང་ཆེན་མཛོད་འཛིན་འགྲོ་མགོན་ཆོས་འཕགས་ཀྱིས། །གངས་ཅན་ཡུལ་གྱི་ཡུན་
རིང་འཕེལ་རྒྱས་ཆེད། །ཧོར་འདུལ་རྒྱ་ཡིས་ཆོས་ལོག་ཚར་བཅད་པས། །ཐུབ་བསྟན་རྣམ་པར་རྒྱལ་
བའི་རྒྱུར་གྱུར་ཅིག །དཀོན་མཆོག་དཔལ་གྱི་འགྲོ་མགོན་ཞལ་སྔ་ནས། །གསང་ཆེན་ཐོབ་རྗེས་བྲག་
ཕུག་པ་བསྐུལ་ལས། །རྒྱུད་འཛིན་གཙོ་བོ་ལྔ་བྱོན་བྱིན་མཐུ་ཡིས། །ཐུབ་བསྟན་རྣམ་པར་རྒྱལ་བའི་
རྒྱུར་གྱུར་ཅིག །བྲག་ཕུག་དངོས་སློབ་མདོ་ཁམས་གླིང་ཚང་བ། །བློ་གྲོས་དཀར་པོས་མདོ་སྟོད་ཆོལ་
ཁའི་ནང་། །གསང་ཆེན་ལམ་འབྲས་ཡུན་རིང་འཆད་པའི་མཐུས། །ཐུབ་བསྟན་རྣམ་པར་རྒྱལ་བའི་
རྒྱུར་གྱུར་ཅིག །བློ་དཀར་དངོས་སློབ་གོ་འཇོ་ཡེ་ཤེས་དཔལ། །སྐུ་ཆེ་སྨད་དུ་གཙང་གི་ཕྱོགས་ཕེབས་
ནས། །གསང་སྔགས་ལམ་འབྲས་གསན་སྦྱོང་མཛད་པའི་མཐུས། །ཐུབ་བསྟན་རྣམ་པར་རྒྱལ་བའི་

རྒྱུར་གྱུར་ཅིག ། མཁན་པོ་ཡེ་ཤེས་དཔལ་གྱིས་ས་སྐྱ་ནས། །རྒྱལ་བ་གཙང་ཁ་མཁན་ཆེན་གཡག་ཕྲུག་ལ། །ཟབ་གསང་ལམ་འབྲས་ཞིབ་ཁྲིད་ཕུལ་བའི་མཐུས། །ཐུབ་བསྟན་རྣམ་པར་རྒྱལ་བའི་རྒྱུར་གྱུར་ཅིག །གོ་འཛམ་མཁན་པོའི་དངོས་སློབ་ཁམས་ཆོས་གླིང་། བློ་བཟང་དཀར་མོས་པོ་དོང་པཎ་ཆེན་གཙོས། །ལམ་འབྲས་ཁམས་ལུགས་ཕྱོགས་མཐར་སྤེལ་བའི་མཐུས། །ཐུབ་བསྟན་རྣམ་པར་རྒྱལ་བའི་རྒྱུར་གྱུར་ཅིག ། ན་བཟའ་བྲག་ཕུག་བསོད་རྒྱའི་རྒྱུད་འཛིན་གཙོ། །ལོ་ཆེན་རྣམ་གཉིས་བོ་དོང་པཎ་ཆེན་གྱིས། །རྒྱུད་འཛིན་བོ་ལུགས་ལམ་འབྲས་ཡོངས་གྲགས་མཐུས། །ཐུབ་བསྟན་རྣམ་པར་རྒྱལ་བའི་རྒྱུར་གྱུར་ཅིག ། བླ་མ་དམ་པའི་རྒྱལ་ཚབ་ངོར་ཆེན་དང་། །མུས་ཆེན་ཆོས་རྗེ་ཀུན་མཁྱེན་གོ་རམ་གྱིས། །རྒྱུད་འཛིན་ངོར་ལུགས་ལམ་འབྲས་གང་སྤེལ་མཐུས། །ཐུབ་བསྟན་རྣམ་པར་རྒྱལ་བའི་རྒྱུར་གྱུར་ཅིག ། བསོད་ནམས་རྒྱལ་མཚན་རྒྱལ་ཚབ་སེངྒེ་རྒྱལ། །དཀོན་མཆོག་རྒྱལ་མཚན་ཀུན་དགའ་རྣམ་རྒྱལ་གྱིས། །རྒྱུད་འཛིན་རྫོང་ལུགས་ལམ་འབྲས་བཞུགས་པའི་མཐུས། །ཐུབ་བསྟན་རྣམ་པར་རྒྱལ་བའི་རྒྱུར་གྱུར་ཅིག ། ན་བཟའི་དངོས་སློབ་བྲག་དཀོན་བུ་སྟོན་རྗེ། །བྲག་ཐོག་བསོད་བཟང་རྡོ་རྗེ་གདན་པ་ཡིས། །རྒྱུད་འཛིན་ལམ་འབྲས་གོང་ལུགས་བྱོན་པའི་མཐུས། །ཐུབ་བསྟན་རྣམ་པར་རྒྱལ་བའི་རྒྱུར་གྱུར་ཅིག ། སྟོན་པས་བྱ་རྒོད་ཕུང་རིར་འཁོར་བཞི་དང་། །བྱང་ཆུབ་སེམས་དཔའ་བྱེ་བ་ཁྲག་ཁྲིག་ལ། །ཤེར་ཕྱིན་མདོ་ཡིས་ཆོས་འཁོར་གསུམ་བསྐོར་མཐུས། །ཐུབ་བསྟན་རྣམ་པར་རྒྱལ་བའི་རྒྱུར་གྱུར་ཅིག ། རྒྱལ་ཚབ་བྱམས་པས་དགའ་ལྡན་ལྷ་ཡུལ་ནས། ཐོགས་མེད་རྗེས་བཟུང་སྐུ་མཆེད་དབྱིག་གཉེན་དང་། །འཕགས་བཙུན་སྡེ་གཉིས་དགོངས་འགྲེལ་བརྩམས་པའི་མཐུས། ཐུབ་བསྟན་རྣམ་པར་རྒྱལ་བའི་རྒྱུར་གྱུར་ཅིག ། མཆོག་དུལ་སྡེ་གཉིས་མཁན་ཆེན་རྣམ་སྣང་མཛད། །སློབ་དཔོན་སེང་བཟང་རྣམ་གྲོལ་ཡེ་ཤེས་ཞབས། །ཡོན་ཏན་བཤེས་གཉེན་རྣམས་ཀྱིས་འཆད་རྩོམ་མཐུས། །ཐུབ་བསྟན་རྣམ་པར་རྒྱལ་བའི་རྒྱུར་གྱུར་ཅིག ། བཟང་གཉིས་བསྟན་སྐྱོང་ཀུན་མཁྱེན་ལོ་ཙྪ་བ། །ཤེས་རབ་འབར་དང་བྱང་ཆུབ་ཡེ་ཤེས་ཞབས། །གཞོན་ནུ་ཚུལ་ཁྲིམས་རྣམས་ཀྱིས་བསྒྱུར་སྤེལ་མཐུས། །ཐུབ་བསྟན་རྣམ་པར་རྒྱལ་བའི་རྒྱུར་གྱུར་ཅིག ། འབུམ་གཉིས་གྲུབ་དབང་

འཇམ་རྗོར་དར་རྩུལ་ཞབས། །མཁས་དབང་བརྩོན་རྡོ་གྲུབ་པ་སེངྒེ་ཡིས། །གཞུང་ཆེན་རྩུལ་བཞིན་འཆད་པའི་བསོད་ནམས་ཀྱིས། །ཐུབ་བསྟན་རྣམ་པར་རྒྱལ་བའི་རྒྱུར་གྱུར་ཅིག །མཁན་ཆེན་གཡག་དང་བུ་སྟོན་སྒྲ་ཚད་རྗེ། །བྱམས་ཆེན་རབ་འབྱམས་རོང་སྟོན་གཞུང་བརྒྱ་ཡིས། །འཆད་རྩོད་རྩོམ་གྱི་རྒྱལ་བསྟན་འཛིན་པའི་མཐུས། །ཐུབ་བསྟན་རྣམ་པར་རྒྱལ་བའི་རྒྱུར་གྱུར་ཅིག ། གཞུང་ཆེན་གཙོ་འཛིན་རོང་སྟོན་སངས་རྒྱས་འཕེལ། །བསྟན་འཛིན་གཙུག་རྒྱན་ཀུན་མཁྱེན་གོ་རམ་པས། །འཆད་རྩོད་རྩོམ་གྱི་རྒྱལ་བསྟན་གསལ་བའི་མཐུས། །ཐུབ་བསྟན་རྣམ་པར་རྒྱལ་བའི་རྒྱུར་གྱུར་ཅིག ། གོང་སྟོན་དབང་ཕྱུག་ནས་བཟུང་ཧ་ནག་གི། །མཁན་རབས་སོ་བདུན་མདོ་སྔགས་འཆད་སྤེལ་མཐུས། །ཐུབ་བསྟན་རྣམ་པར་རྒྱལ་བའི་རྒྱུར་གྱུར་ཅིག ། ཧ་ནག་མཁན་ཆེན་ཞལ་སྔ་བློ་གཏེར་རྗེའི། །གསན་པའི་ཀུན་མཁྱེན་བཀའ་འབུམ་ཁྲིད་ལུང་རྣམས། །རྫོང་སར་མཁན་ཆེན་མཆོག་ལ་བསྩལ་པའི་མཐུས། །ཐུབ་བསྟན་རྣམ་པར་རྒྱལ་བའི་རྒྱུར་གྱུར་ཅིག ། དཔོན་སློབ་མཁྱེན་རབ་འཆད་སྤེལ་གནང་བ་དང་། །མཁན་རབས་གསུམ་པ་སྨྲ་སྟོད་འཇམ་རྒྱལ་གྱིས། །ཀུན་མཁྱེན་བཀའ་འབུམ་ཚོལ་སྒྲུབ་ཞིང་བསྐྲོས་མཐུས། །ཐུབ་བསྟན་རྣམ་པར་རྒྱལ་བའི་རྒྱུར་གྱུར་ཅིག ། རྫོང་སར་མཁན་ཆེན་སྡེ་གཞུང་ཆོས་འཕེལ་མཆོག །མཁས་པའི་དབང་པོ་བྲག་གཡབ་བློ་གྲོས་ཀྱིས། །མདོ་སྔགས་གཞུང་ཆེན་རང་རྐང་འཛིན་པའི་མཐུས། །ཐུབ་བསྟན་རྣམ་པར་རྒྱལ་བའི་རྒྱུར་གྱུར་ཅིག ། མཁན་རབས་བདུན་པ་ཁང་དམར་རིན་ཆེན་མཆོག །མི་ཉག་དམ་ཆོས་མཁྱེན་རབ་སེངྒེ་ཡིས། །རིག་བཅུ་མདོ་སྔགས་ཕྱོགས་དབུས་སྤེལ་བའི་མཐུས། །ཐུབ་བསྟན་རྣམ་པར་རྒྱལ་བའི་རྒྱུར་གྱུར་ཅིག །

ཅེས་པ་ག་ཟེ་བོང་རའི་གདུང་གི་ཁྲིན་གྱིས་བསྐུལ་བས་པ་མདོ་ཁམས་ཀོ་འཛོ་བ་ག་ཟེ་དགེ་བཤེས་ལུང་རིགས་འཕྲིན་ལས་ཀུན་ཁྱབ་ཏུ་འབོད་པས། ཀུན་མཁྱེན་གོ་བོ་རབ་འབྱམས་པ་བསོད་ནམས་སེངྒེ་མཆོག་གཟུགས་སྐུའི་བཀོད་པ་ཆོས་དབྱིངས་སུ་ཐིམ་ཚུལ་བསྟན་པའི་བཀའ་དྲིན་རྗེས་དྲན་གྱི་དུས་དྲན་སྲུང་བརྩི་དང་བསྟུན། །རྫོང་སར་བཤད་གྲྭ་ཆོས་ཀྱི་བློ་གྲོས་ཀྱི་སློབ་ཐོན་ཁང་རང་ཤགས་ཨང་བརྒྱད་པའི་ནང་མཇུག་རྫོགས་པར་བྲིས་སོ། །དགེའོ། །མངྒལཾ། །

༄༅། །རྟ་ནག་ཆོས་འབྱུང་།

མཛད་པ་པོ།	མཁན་པོ་ཆོས་རྣམ་རྒྱལ་སོགས།
འཚོལ་བསྡུ་ཞིབ་སྒྲིག་མཁན།	སི་ཁྲོན་ཞིང་ཆེན་བོད་ཡིག་དཔེ་རྙིང་བསྡུ་སྒྲིག་ཁང་།
རྩོམ་སྒྲིག་འགན་འཁུར་བ།	ཀ་རིང་མཁའ་འགྲོ།
མདུན་ཤོག་མཛེས་འཚོས་པ།	ནོར་བཟང་བཀྲ་ཤིས།
དཔེ་སྐྲུན་འགྲེམས་སྤེལ་ཚན་པ།	བོད་ལྗོངས་མི་དམངས་དཔེ་སྐྲུན་ཁང་། (ལྷ་ས་གླིང་སྐོར་བྱང་ལམ་སྒོ་ཨང་20པ།)
པར་འདེབས་ཚན་པ།	ཁྲིན་ཏུའུ་ཧུང་ཅན་པར་འདེབས་ཚད་ཡོད་ཀུང་སི།
དེབ་ཚད།	787×1092 1/16
པར་ཤོག	26.5
ཡིག་གྲངས།	ཁྲི་35
པར་གཞི།	2018ལོའི་ཟླ་11པར་པར་གཞི་1བསྒྲིགས།
པར་ཐེངས།	2018ལོའི་ཟླ་11པར་པར་ཐེངས་1བཏབ།
པར་གྲངས།	01-3,000
དཔེ་རྟགས།	ISBN978-7-223-05968-8
རིན་གོང་།	སྒོར་62.00